Handbuch Liberalismus

Michael G. Festl
(Hrsg.)

Handbuch Liberalismus

J.B. METZLER

Hrsg.
Michael G. Festl
Universität St. Gallen
St. Gallen, Schweiz

ISBN 978-3-476-05797-6 ISBN 978-3-476-05798-3 (eBook)
https://doi.org/10.1007/978-3-476-05798-3

Die Deutsche Nationalbibliothek verzeichnet diese Publikation in der Deutschen Nationalbibliografie; detaillierte bibliografische Daten sind im Internet über http://dnb.d-nb.de abrufbar.

Planung/Lektorat: Franziska Remeika
J.B. Metzler ist ein Imprint der eingetragenen Gesellschaft Springer-Verlag GmbH, DE und ist ein Teil von Springer Nature.
Die Anschrift der Gesellschaft ist: Heidelberger Platz 3, 14197 Berlin, Germany

Einleitung: Liberale Tränen

„Make Liberals Cry Again", ‚bringt die Liberalen nochmals zum Weinen', war nach „Make America Great Again" der wichtigste Slogan von Donald Trumps 2020er-Kampagne zur Wiederwahl. Und in der Tat, Trump und andere rechte Populisten haben dem Liberalismus in den letzten Jahren viel Grund zum Heulen gegeben. Aber Tränen sind dem Liberalismus nicht fremd. Kein Wunder, ist der Liberalismus doch seit über 300 Jahren, seit dem ausgehenden 17. Jahrhundert, Teil der westlichen Welt, und wer lange lebt, der weint auch viel. Alle Grundpositionen der politischen Philosophie, die es heute mit dem Liberalismus aufnehmen können, z. B. der Konservatismus oder der Populismus, sind jünger als er. Alle Grundpositionen, die älter sind als er, z. B. der Absolutismus oder die Aristokratie, sind heute obsolet oder wie der Republikanismus nur mehr dem Namen nach mit ihrer Ursprungszeit identisch (beim Republikanismus das Alte Rom). So steht zu vermuten, dass auch ein Donald Trump nicht genügen wird, um den Lauf des Liberalismus zu beenden. Schon früher erlebte der Liberalismus seine glücklichsten Tage nach Phasen der Trauer.

Sein Erfolgsgeheimnis ist die Wandelbarkeit. Indem der Liberalismus den Anti-Dogmatismus zum Dogma erhoben hat, ist er stets in der Lage, sich an neue Bedingungen anzupassen. Dies ist essentiell, will man als politische Philosophie in der westlichen Welt, deren Markenzeichen doch die Transformation ist, reüssieren. Andere politische Philosophien wie der Sozialismus sind genau daran gescheitert. Klassenkampf bleibt Klassenkampf – man braucht mindestens zwei Klassen und einen Kampf. Freiheit, Pluralismus und Toleranz lassen sich dagegen immer wieder anders füllen. So kann sich der Liberalismus stets neu erfinden. Viele stört genau das. In der Weimarer Republik bspw. wurde der Liberalismus von Denkern wie Carl Schmitt, Ernst Jünger und Oswald Spengler als opportunistisch verurteilt, als eine Doktrin, die sich stets an die Herrschenden ‚ranschmeißt' und nur so ihre jeweiligen Inhalte gewinnt – herrscht gerade die Bourgeoisie, gibt er sich bürgerlich, steht Nationalismus auf der Agenda, wird er patriotisch und ist der Sozialismus in Mode, kleidet er sich in Gleichheit. Doch wenn dem wirklich so wäre, wenn der Liberalismus sich immer nur anbiedern würde, dann könnte man nicht erklären, wieso es ihn überhaupt braucht. Was etwa hat der Nationalismus von der liberalen Beigabe, wenn er, so ja die Annahme, ohnehin gerade dominiert? Man könnte auch nicht erklären, warum, wie das vorliegende Handbuch zeigt, so viele Menschen im Namen des Liberalismus gehandelt haben, angetrieben durch seine Idee der Befreiung.

Nein, der Liberalismus ist kein Parasit der Ideengeschichte. Er verkörpert selbst grundlegende Werte. Er ist sich aber bewusst, dass Werte angesichts gesellschaftlicher Veränderungen immer wieder neu ausgelegt werden müssen. Seine Wandelbarkeit ist nicht Ausdruck von Opportunismus, sondern Ausdruck der Offenheit, die er propagiert. Wie keine andere politische Philosophie pocht der Liberalismus auf sein Recht, dazulernen zu dürfen, sein Recht, Fehler und Kurzsichtigkeiten zu korrigieren, sein Recht, es nochmal zu versuchen, wenn er gescheitert ist. Und gescheitert ist er oft – aus fremdem Verschulden, etwa wenn er wie gegen Ende der Weimarer Republik seinen Gegnern unterlegen war, aber auch aus eigenem Verschulden, etwa wenn er seine Gegner wie im Falle Trump und Brexit unterschätzte. Auch ein Unschuldslamm ist er nicht. Seine Beziehungen zu Rassismus, Kolonialismus und Misogynie belegen dies, Verbrechen, von denen er sich auf jeden Fall zu spät distanzierte, wenn nicht Schlimmeres. Doch was den Liberalismus auszeichnet, ist, dass er jedes Mal zurückkommt. Deshalb wird er auch heute gebraucht. Der Liberalismus ist die Philosophie der Selbstkorrektur und damit prädestiniert für eine Welt steten Wandels.

Zwei Liberalismen – mindestens

Die Wandelbarkeit, Geheimnis seines Erfolges, macht es schwer, den Liberalismus auf einen Nenner zu bringen. Dass es, wie oft bemängelt, an Überblickswerken zur Geschichte des Liberalismus mangelt, dürfte vor allem darin begründet sein, dass viele verschiedene Dinge mit ihm assoziiert werden können. Das erklärt, warum manche den Liberalismus für etwas schelten, das er für andere nicht einmal ist. Am perplexesten macht hierbei, dass der Begriff ‚Liberalismus' in Kontinentaleuropa für die Nicht-Einmischung des Staates in die Wirtschaft steht, im anglo-amerikanischen Raum für das genaue Gegenteil, die Regulierung der Wirtschaft durch den Staat, wofür man in Deutschland eher den Begriff ‚Sozialdemokratie' gebrauchen würde. So ist Barack Obamas Einsatz für eine universelle Gesundheitsversicherung in den USA ‚liberal' und einer der Gründe, warum Trumps Anhänger die Liberalen zum Weinen bringen möchten.

Dieser begriffliche Gegensatz ist primär durch den unterschiedlichen Eindruck bedingt, den der Liberalismus jeweils hinterlassen hat. Die historische Wurzel für den anglo-amerikanischen Liberalismusbegriff liegt in der *ersten* Hälfte des 20. Jahrhunderts. Primär als Reaktion auf die Weltwirtschaftskrise der 1930er Jahre argumentierten Philosophen wie John Dewey und Ökonomen wie John Maynard Keynes für staatliche Eingriffe und neue Institutionen zur Stabilisierung der Wirtschaft. Sie taten dies im Namen des Liberalismus und dies blieb im anglo-amerikanischen Diskurs hängen.

Die historische Wurzel des kontinentaleuropäischen Begriffs von Liberalismus liegt dagegen in der *zweiten* Hälfte des 20. Jahrhunderts. Angesichts totalitärer Regime, insbesondere Hitler-Deutschlands und Stalin-Russlands, grenzen Philosophen wie Isaiah Berlin und Friedrich August von Hayek den Liberalismus von allen Versuchen einer Lenkung der Gesellschaft von oben ab. Liberalismus wird ihr Kampfbegriff gegen politische Einmischung in das private Leben, sehen sie in staatlicher Einmischung doch den Beginn einer nicht zu stoppenden Kettenreaktion mit der Implosion individueller Freiheit am Ende der kausalen Kette. Dieser Begriff von Liberalismus setzte sich auf dem europäischen Festland durch.

Doch damit nicht genug des begrifflichen Wandels. Der Beginn des Liberalismus im ausgehenden 17. Jahrhundert liegt in der Auflehnung gegen den Absolutismus. Der englische König will werden wie der französische Sonnenkönig – der Staat soll sein Eigentum werden, *l'État, c'est moi* –, so fürchten einflussreiche englische Adlige und starten eine Gegenbewegung. Die überdauernden Schriften dieser Zeit sind John Lockes *Zweite Abhandlung über die Regierung* und sein *Brief über die Toleranz*. Mindestens mal die Glaubensfreiheit und das Recht auf Eigentum inklusive körperlicher Unversehrtheit sollen den Individuen gesichert werden. Locke erhebt damit den politischen Arm der Aufklärung, welcher im 18. Jahrhundert Britannien und das europäische Festland (insbesondere Frankreich) intellektuell dominiert.

Als Reaktion auf die Französische Revolution und die anschließenden Wirren beginnt im frühen 19. Jahrhundert eine neue Epoche des Liberalismus, nun zum ersten Mal unter tatsächlicher Verwendung des Begriffs. Seine Anhänger, z. B. Benjamin Constant, sind darum bemüht, einen Ausgleich zwischen königlicher und bürgerlicher Macht zu finden. Die Zeit vor der Revolution, so stellen sie fest, überbetonte Erstere, die Französische Revolution Letztere. Folglich geht es den ersten Liberalen *après la lettre* darum, die goldene Mitte zu finden.

Sucht man weiter nach den großen Umschwüngen im Liberalismus – nach der eingangs beschworenen Wandelbarkeit –, wird man um die Mitte des 19. Jahrhunderts fündig. Zu dieser Zeit entdeckt Alexis de Tocqueville die Verwirklichung liberalen Denkens in Amerika, genauer gesagt in der US-amerikanischen Demokratie. Liberalismus hört auf, Ausgleich zwischen königlicher und bürgerlicher Macht zu sein. Er wird die Angelegenheit des Volkes, dessen Macht nur mehr durch den Rechtsstaat begrenzt ist, welcher, insbesondere, indem er verhindert, dass manche Angelegenheiten überhaupt zur Abstimmung gestellt werden können, eine Tyrannei der Mehrheit der Bürger verhindern soll.

Die nächste Umwertung liberaler Werte ist dann schon die bereits beschriebene, wohlfahrtsstaatliche Reaktion auf die Weltwirtschaftskrise, welche aus Sicht der Liberalen der ersten Hälfte des 20. Jahrhunderts das Ende des unregulierten Kapitalismus markiert. Und darauf wiederum folgt, wie ebenfalls schon erwähnt, die liberale Reaktion auf den Totalitarismus, welche als Beiprodukt der Angst vor staatlicher Repression wieder stärker auf die Idee unregulierter Märkte setzt. Mit 1989 und dem Ende des Kalten Krieges beginnt die bis heute andauernde Epoche des Liberalismus. In vielerlei Hinsicht ist diese um Anschluss an die wohlfahrtsstaatliche Epoche der ersten Hälfte des 20. Jahrhunderts bemüht. Liberale sehen im staatlichen Handeln wieder Lösungen und nicht mehr vor allem Probleme. Dass Laissez-faire aus der Mode ist, zeigte die US-Präsidentschaftswahl des Jahres 2012 als mit Mitt Romney ein Vertreter des Laissez-Faire-Kapitalismus eindeutig unterlag. Es zeigt sich des Weiteren in den Bemühungen, eine ökologische Wende mittels nationalstaatlicher Lenkung und internationaler Abkommen herbeizuführen. Und es zeigt sich insbesondere in den staatlichen Reaktionen auf die Finanzkrisen der ausgehenden ersten Dekade des 21. Jahrhunderts und den Stabilisierungspaketen als Reaktion auf die COVID-19-Pandemie der Jahre 2020 und 2021. Im Gegensatz zu den Mahnungen liberaler Denker in der zweiten Hälfte des 20. Jahrhunderts greift der Staat heute wieder intensiv in die Wirtschaft ein, speziell, wenn es darum geht, wirtschaftliches Handeln in Krisensituationen wieder anzukurbeln. Der Erfolg gibt diesen Bemühungen recht. So ist offensichtlich, dass die Agenda der staatlichen Eingriffe unserer Tage deutlich bessere ökonomische Ergebnisse zeitigt als die Laissez-Faire-Reaktion auf die Weltwirtschaftskrise der 1930er Jahre, von der Prävention von Hungersnöten und existenzieller Armut ganz zu schweigen.

Jedoch wird es sich der Liberalismus unserer Tage nicht so leicht machen können und begrifflich-intellektuell einfach an die erste Hälfte des 20. Jahrhunderts anschließen. Was es heute mehr denn je braucht – und hier steht der Liberalismus immer noch am Anfang – ist die Ausweitung supranationaler regulierender Aktivität, Exekutivgewalt inklusive. Der Nationalstaat, in seiner Domäne noch immer mächtig und wichtig, ist zu klein geworden, um eine globale Welt in freiheitliche Bahnen zu lenken. Die zentrale Herausforderung für den Liberalismus unserer Tage ist daher die Globalisierung. Was braucht es, um Freiheit, Pluralismus und Toleranz, aber auch das Ende radikaler ökonomischer Ungleichheit auf globaler Ebene zu verwirklichen? Das ist die Frage aller Fragen für den Liberalismus heute. An ihr muss er sich beweisen.

Aufbau des Handbuchs

Vom Liberalismus wie von einer Person zu sprechen, ist verführerisch, ja, aus Gründen der Rhetorik eigentlich unvermeidbar – ansonsten muss man jeden Satz verkomplizieren. Doch natürlich ist der Liberalismus keine Person. Er ist bloß ein Name, ein Name für eine von manchen geliebte, von anderen gehasste und von vielen ignorierte Denkgewohnheit. Um zu existieren, braucht der Liberalismus folglich Personen, die ihm Leben einhauchen. Diese Personen – nicht irgendwelche, sondern diejenigen, die jeweils repräsentativ für den Liberalismus waren und sind – sollen im Mittelpunkt dieses Handbuchs stehen. Ihnen sind in Teil I exakt 21 Kapitel gewidmet, welche ‚Klassische Vertreterinnen und Vertreter' vorstellen. Darunter sind natürlich die ‚üblichen Verdächtigen' wie Locke, Smith, Kant und Mill, aber hoffentlich auch manche, die Leserinnen und Leser des Handbuchs überraschen, im Idealfall gar provozieren werden.

Ich habe die Wandelbarkeit als Kennzeichen des Liberalismus ausgewiesen. Doch Wandelbarkeit setzt auch eine gewisse Konstanz voraus – es braucht ein gewisses Etwas, das gewandelt wird. Die politische Philosophie als normative Disziplin hat es bei diesem Etwas mit Prinzipien und Werten zu tun. Folglich befasst sich Teil II mit den zentralen ‚Prinzipien und Werten' des Liberalismus und zeigt auf, wie diese sich jeweils räumlich und/oder zeitlich gewandelt haben und weiterhin wandeln.

Die drei darauffolgenden Teile sollen helfen, den Liberalismus zu durchdringen. Dies passiert zunächst negativ. Um zu wissen, was jemand ist, ist es oft hilfreich zu fragen, was er *nicht* sein will. Teil III beschäftigt sich daher mit den ‚Konkurrenten' des Liberalismus, den politisch-philosophischen Schulen, von denen er sich abgrenzt. Als wandelbare Philosophie kommt der Liberalismus aber auch selbst in verschiedenen Gestalten vor. Mitunter rivalisiert er sogar mit sich selbst. Dementsprechend stellt Teil IV verschiedene ‚Varianten' des Liberalismus vor. Schließlich ist die lange Tradition des Liberalismus zu berücksichtigen. Um jemanden zu verstehen, muss man reflektieren, was er erlebt hat. Teil V nimmt daher ‚Historische Ereignisse und Perioden' in den Blick, die den Liberalismus beeinflusst haben und welche er mitunter auch angeschoben hat.

Wer an Liberalismus denkt, denkt zunächst wohl an den Westen. In positiver Hinsicht, etwa als Durchbruch der Herrschaft des Volkes, aber auch in negativer Hinsicht, etwa als Narrativ der selbsterklärten ‚Herrenrasse'. *De facto* hat der Liberalismus aber nicht nur die westliche Welt geprägt, sondern auch den Rest der Welt beeinflusst. Dem geht Teil VI ‚Über den Westen hinaus' in ausgewählten Ländern und Regionen auf den Grund.

Als Philosophie der Wandelbarkeit setzt der Liberalismus darauf, dass die Welt sich wandelt. In einer Welt, die nicht im Wandel begriffen ist, wäre er seiner größten Stärke beraubt. So wird ein Liberalismus, der sich über sich selbst im Klaren ist, nicht nur zähneknirschend akzeptieren, dass er auch heute herausgefordert wird, sondern Kraft aus diesen Herausforderungen schöpfen, große Kraft angesichts der Vielzahl der Herausforderungen. Manchen von ihnen widmet sich Teil VII ‚Neue Herausforderungen'. Dieser abschließende Teil unterstreicht, dass der Liberalismus so schnell nicht arbeitslos werden wird. Ein Ende seiner Geschichte ist jedenfalls nicht in Sicht. Freilich ist angesichts der genannten Hürden auch ein Ende seiner Enttäuschungen nicht in Sicht. Der Liberalismus, so viel ist schon mal sicher, wird noch viele Tränen zu vergießen haben.

Einsicht und Dank

Bis vor einigen Jahren war mir der Liberalismus ziemlich egal. Politisch kam ich ganz gut ohne ihn zurecht. In Deutschland, dem Land, in dem ich wahlberechtigt bin, ist die Frage, ob man liberal ist oder nicht, nicht besonders virulent. Im weiteren Sinne des Begriffs sind ja alle deutschen Parteien, die gebildete Menschen als wählbar in Erwägung ziehen können, liberal. In der Schweiz ist die Situation ähnlich. Die hohe Bedeutung dieser liberalen Selbstverständlichkeit wurde mir erst durch meine Beschäftigung mit der politischen Philosophie der Weimarer Republik, welche ich 2012 startete, bewusst. Die in der Republik Weimars von vielen Seiten, aber insbesondere von rechts, kommenden intellektuellen Angriffe auf den Liberalismus ließen mich aufhorchen. Die rechten Denker dieser Zeit haben verstanden, was es braucht, um Demokratie und Freiheit zu zerstören – den Tod des Liberalismus. Wenigstens das kann man von ihnen lernen. Bestätigt in der Annahme, dass der Zusammenbruch politischen Anstands über die Leiche des Liberalismus führt, wurde ich in der Zwischenzeit durch manch politische Ereignisse in den USA und England, aber natürlich auch in Ungarn und Polen, Russland und der Türkei sowie in Brasilien. Glücklich schätzen können sich die Länder, in denen der Liberalismus den politischen Grundkonsens darstellt, selbst dann noch, wenn die genaue Ausprägung des Liberalismus, etwa in Hinsicht auf Laissez-faire, umstritten sein mag. Den Liberalismus gegen die Gebildeten unter seinen Verächtern zu verteidigen, scheint mir daher ein bedeutsames Unterfangen. Das vorliegende Handbuch soll den Startschuss dafür abgeben.

Daher bin ich den Beitragenden dieses Handbuchs dankbar – ich, der ich die Ehre hatte, jedes einzelne der hier versammelten Kapitel mehrmals zu lesen, durfte viel von ihnen lernen, so wie hoffentlich auch Leserinnen und Leser des Handbuchs viel von ihnen lernen werden. Dieter Thomä, einem der Beitragenden, gebührt darüber hinaus mein Dank für die produktive Arbeitsatmosphäre, die er als Leiter des Fachbereichs Philosophie an der Universität St. Gallen schafft. Dies wird ergänzt durch den anregenden Austausch mit den exzellenten Studierenden der genannten Universität und den Mitgliedern der Philosophischen Gesellschaft Ostschweiz, insbesondere Armin Wildermuth und Hermann Büchi. Cedric Braun hat hervorragende Übersetzungen einiger Artikel aus dem Englischen geliefert. Barbara Jungclaus hat wertvolle und wie immer extrem zuverlässige Arbeit am Manuskript geleistet. Nach unserem Handbuch zum Pragmatismus durfte ich auch dieses Mal wieder von der Kompetenz und den Ideen Franziska Remeikas vom Verlag J.B. Metzler profitieren – wir haben es wieder geschafft, und auch dieses Mal, trotz Corona, in angemessener Zeit!

St. Gallen
im Januar 2021

Michael G. Festl

Inhaltsverzeichnis

Teil V Historische Ereignisse und Perioden

Teil VI Über den Westen Hinaus

Teil VII Neue Herausforderungen

Die Autorinnen und Autoren

Hannes Bajohr, Dr., Universität Basel (I.20 Judith N. Shklar)

Martin Beckstein, PD Dr., Universität Zürich (III.40 Kommunitarismus)

Daria Berg, Prof. Dr., Universität St. Gallen (VI.62 China)

Olaf Briese, PD Dr., Humboldt-Universität zu Berlin (III.38 Anarchismus)

Rebecca Brückmann, Prof. Dr., Ruhr-Universität Bochum (VII.71 Rassismus)

Claudia Franziska Brühwiler, PD Dr., Universität St. Gallen (IV.46 Neo-Liberalismus)

Faviola Rivera Castro, Prof., Universidad Nacional Autónoma de México (VI.59 Latin America)

Tony Claydon, Prof., Bangor Universität (V.50 Glorious Revolution)

Alan Coffee, Dr., King's College London (I.7 Mary Wollstonecraft)

George Crowder, Prof., Flinders Universität (I.18 Isaiah Berlin; II.26 Pluralism)

Julian Culp, Prof. Dr., The American University of Paris (I.19 John Rawls; I.21 Marha C. Nussbaum; II.33 Supranationalität)

Stephanie Deig, M.A., Universität Bern (II.30 Frauenrechte)

Franziska Dübgen, Prof. Dr., Westfälische Wilhelms-Universität Münster (VI.60 Subsahara-Afrika)

Michael G. Festl, Prof. Dr., Universität St. Gallen (Einleitung; I.5 Thomas Jefferson; I.8 Germaine de Staël und Benjamin Constant; I.9 Wilhelm von Humboldt; I.13 John Dewey; I.15 W.E.B. Du Bois; II.22 Freiheit; V.57 1989 – 11. September – Heute)

Johannes Giesinger, Dr., Lehrer an der Kantonsschule Sargans und wissenschaftlicher Mitarbeiter an der Universität Zürich (II.32 Bildung)

Florian Grosser, Dr., University of California Berkeley (VII.69 Flucht und Vertreibung)

Jens Hacke, Prof. Dr., Universität der Bundeswehr München (III.36 Nationalismus; V.53 Zwischenkriegszeit)

Michael Hochgeschwender, Prof. Dr., Ludwig-Maximilians-Universität München (III.35 Katholische Soziallehre; V.51 Die Amerikanische Unabhängigkeit)

Peter Koller, Em.o.Univ.-Prof. DDr., Karl-Franzens-Universität Graz (II.27 Solidarität)

Skadi Siiri Krause, Dr., TU Darmstadt (I.11 Alexis de Tocqueville)

Wolfgang Kraushaar, Dr., Hamburger Institut für Sozialforschung (V.56 68er-Bewegung)

Bernd Ladwig, Prof. Dr, Freie Universität Berlin (II.31 Menschenrechte)

Sebastian Lange, Dr., Humboldt-Universität zu Berlin (III.41 Religiöser Fundamentalismus; VII.68 Terrorismus)

Wulf Loh, Dr., Eberhard Karls Universität Tübingen (VII.67 Soziale Medien)

Federico Luisetti, Prof., Universität St. Gallen (VII.72 Pandemien)

Carl David Mildenberger, Dr. Dr., Universität Zürich (I.17 Friedrich August von Hayek; IV.45 Libertarismus)

Oskar Mulej, PhD, Universität Wien (IV.44 Nationalliberalismus)

Carol Nackenoff, Prof., Swarthmore College (I.14 Jane Addams)

Walter Ötsch, Prof. Dr., Cusanus Hochschule (IV.47 Ordoliberalismus; VII.66 Populismus)

Henning Ottmann, Prof. Dr., Ludwig-Maximilians-Universität München (I.1 John Locke)

Stephan Pühringer, Dr., Universität Linz (IV.47 Ordoliberalismus)

Michael Räber, Dr., Universität Zürich (IV.48 Multikultureller Liberalismus)

Shruti Rajagopalan, Dr., Fellow am Mercatus Center der George Mason Universität und Fellow am Classical Liberal Institute der NYU School of Law (VI.64 Indien)

Gregor Ritschel, Dr., Hochschule Merseburg (I.6 Jeremy Bentham)

Bastian Ronge, Dr., Humboldt-Universität zu Berlin (I.3 Adam Smith)

Michael Schefczyk, Prof. Dr., Karlsruher Institut für Technologie (I.12 John Stuart Mill; II.24 Rede- und Meinungsfreiheit)

Christine Schirrmacher, Prof. Dr., Universität Bonn (VI.61 Naher Osten)

Susanne Schmetkamp, Dr., Universität Fribourg (II.25 Toleranz)

Ulrich Schmid, Prof. Dr., Universität St. Gallen (VI.58 Russland)

Michael A. Schneider, Prof., Knox College (VI.63 Japan)

Dieter Schönecker, Prof. Dr., Universität Siegen (I.4 Immanuel Kant)

Florian Schui, Prof. Dr., Universität St. Gallen (I.16 John Maynard Keynes)

Daniel Schulz, Prof. Dr., Freie Universität Berlin (III.39 Republikanismus)

Christian Schwaabe, PD Dr., Ludwig-Maximilians-Universität München (I.2 Jean-Jacques Rousseau)

Gottfried Schweiger, Dr., Universität Salzburg (III.37 Sozialismus)

Dennis Sölch, Dr., Heinrich Heine Universität Düsseldorf (I.10 Ralph Waldo Emerson)

Manfred B. Steger, Prof., Universität von Hawaii in Manoa (VII.65 Globalization)

Bernd Stöver, Prof. Dr., Universität Potsdam (V.55 Kalter Krieg)

Giorgio Strafella, Dr., Palacký University Olomouc' (VI.62 China)

Richard Sturn, Prof. Dr., Karl-Franzens-Universität Graz (IV.43 Sozialer Liberalismus)

Dieter Thomä, Prof. Dr., Universität St. Gallen (V.52 Die Französische Revolution)

Eno Trimçev, PhD, Universität Greifswald (III.34 Konservatismus)

Ivo Wallimann-Helmer, Prof. Dr., Universität Fribourg (II.28 Chancengleichheit; VII.70 Klimawandel)

Simon Weber, Dr., Universität Bonn (V.49 Griechische Wurzeln)

Fabian Wendt, Dr., Chapman Universität (II.29 Marktwirtschaft)

Tim Wihl, Prof. Dr., Humboldt-Universität zu Berlin (II.23 Rechtsstaatlichkeit; IV.42 Verfassungsliberalismus)

Mason B. Williams, Prof., Williams College (V.54 New Deal)

Ruth Wodak, Prof., Lancaster Universität (VII.66 Populismus)

Teil I
Klassische Vertreterinnen und Vertreter

1 John Locke

Henning Ottmann

Dem Liberalismus wird gerne vorgeworfen, etwa von Carl Schmitt (1963, 68–70), dass er keinen Inhalt habe, sondern sich an andere politische Strömungen anlehnen müsse, um politische Substanz zu gewinnen. Er sei zunächst bürgerlich gewesen, dann national, dann sozial, dann neoliberal oder ultrakapitalistisch. Selbst sei er aber nichts. Man könnte Ähnliches freilich ebenso gut vom Konservatismus oder anderen modernen politischen Strömungen behaupten. Auch der Konservatismus hat viele Arten. Es gibt ihn als liberalen, romantischen, sozialen, ja in den 1920er Jahren, sogar als revolutionären (was den Begriff an seine Schmerzgrenze bringt). Politische Sammelbegriffe können spannungsreich sein und irgendwann einmal sogar implodieren. Gleichwohl kann man schon an der Entstehungsgeschichte der modernen politischen Strömungen zeigen, was sie voneinander unterscheidet. Der Konservatismus wurde als Antwort auf die Französische Revolution geboren, der Sozialismus als Antwort auf die Lage des Proletariats, der Liberalismus als Antwort auf den Absolutismus und die rechtlich unbeschränkte Gewalt des Souveräns. Aus diesem Grund war der Liberalismus zunächst einmal verbunden mit der Forderung nach rechtlicher Beschränkung und Teilung der Gewalten, nach vorstaatlich bereits geltenden Rechten des Einzelnen, nach Toleranz und nach individueller Zustimmung. Besonders prominent waren das Recht auf Eigentum und das Recht auf Religionsfreiheit.

Wie alle modernen politischen Strömungen hatte auch der Liberalismus seine große Zeit im 19. Jahrhundert. Aber es ist keineswegs anachronistisch, wenn man seine Frühform schon bei Thomas Hobbes oder John Locke (1632–1704) entdecken will. Schon bei Hobbes begegnen präliberale Ideen. Sie reichen vom Beginn beim Einzelnen und seinen Rechten über die Freilassung der Wirtschaft bis zur zivilreligiösen Freisetzung des Glaubens. Allerdings hatte Hobbes den präliberalen Ertrag seiner politischen Philosophie selbst wieder verspielt, wenn er die individuelle Zustimmung in eine unbeschränkte Autorisierung des absolutistischen Souveräns umkippen ließ. Das und anderes mehr sollte Locke besser machen. In einer Monarchie mit absoluter, unbeschränkter Gewalt war nach Locke eine Sicherung der Rechte nicht möglich. Gesetze sollen herrschen, nicht Personen. Um dem Machtmissbrauch vorzubeugen, sollten die Gewalten geteilt werden. Selbst der Legislative sind Schranken zu ziehen. Auch sie hat die vorstaatlichen Rechte des Einzelnen zu respektieren, so auch das Recht auf Eigentum. Schon die *Magna Carta* deklarierte, dass keine Steuern ohne gemeinsame Beratung erhoben werden können (Art. 12 und 14). Lockes Theorie des

H. Ottmann (✉)
Ludwig-Maximilians-Universität München,
München, Deutschland

M. G. Festl (Hrsg.), *Handbuch Liberalismus*, https://doi.org/10.1007/978-3-476-05798-3_1

Eigentums fordert dies ebenfalls, und „no taxation without representation“ wird ein zündendes Schlagwort der Amerikanischen Revolution sein. Als letzten Notnagel sollte es zudem ein Recht auf Widerstand geben, wobei natürlich die Frage ist, wer es ausüben darf und aus welchem Grund.

Locke hat alle großen Umschwünge im England des 17.Jahrhunderts erlebt: den Bürgerkrieg und das Interregnum als Schüler an der Westminster School in London sowie als Student und Tutor in Oxford, anschließend die Restauration und die letzten Regierungsjahre Charles II., schließlich auch noch die *Glorious Revolution* (1689), die für die englische Geschichte von so großer Bedeutung war (s. Kap. 50). Im Vorwort zu seinem politischen Hauptwerk, den *Two Treatises of Government,* begrüßt Locke die Machtergreifung Wilhelms von Oranien. Das hat der Legende Vorschub geleistet, Lockes politische Philosophie sei nichts anderes als eine Befürwortung dieser Revolution, zumal sich von da aus eine Brücke schlagen ließ zum Sieg des englischen Parlaments über die Krone und zur *Bill of Rights,* ja sogar noch bis zur Amerikanischen Revolution und zur *Declaration of Independence.* Diese Verbindungen bestehen. Aber nur von ihnen zu sprechen, verkennt die historische Ausgangslage.

Seit Laslett (1956) wissen wir, dass die *Two Treatises* nicht im Zusammenhang der *Glorious Revolution* entstanden sind, sondern früher, zu Zeiten der *Exclusion Crisis* (1679–81). Damals ging es darum, den katholischen Jakob von York von der Thronfolge auszuschließen. 1689 kulminierte nur, was sich schon lange zugespitzt hatte: der Konflikt zwischen dem Parlament und der Krone um die Vorherrschaft, der Konflikt zwischen den Katholiken und den anderen Denominationen, der theologische und zugleich politische und soziale Sprengstoff, der sich in der Zeit des Bürgerkrieges und des Interregnum angesammelt hatte. Damals gab es unzählige Sekten und Glaubensrichtungen, die auch sozial und politisch engagiert waren: Independenten, Erastianer und Levellers, versammelt vor allem in der Armee; Presbyterianer, zahlreich vertreten im Parlament; kommunistische Diggers und andere mehr. Das alles wird bei Locke in bürgerliche Bahnen gelenkt. Der Sieg, den 1689 das Parlament über die Krone erlangte, wird begrüßt. Die heiße Frage der Zeit, welcher Glaube, welche Konfession soll herrschen, wird durch eine Lehre von der Toleranz entschärft, wobei allerdings Katholiken (und Atheisten) bei Locke nicht auf Toleranz rechnen dürfen.

Locke studierte Naturwissenschaften und Medizin. Politik war ihm zunächst fremd. Er assistierte in London dem berühmten Arzt Sydenham. Während der Restaurationszeit stieß die Religionspolitik auf sein Interesse, die er erstmalig in den *Two Tracts on Government* (1660/61) behandelte. Dass er auch schon an eine Grundlegung von Recht und Politik dachte, zeigen seine *Essays on the Law of Nature* (1663/64; 1954). Im Jahre 1667 begegnet ihm Lord Ashley (ab 1672, erster Earl of Shaftesbury). Er wird die für sein weiteres Leben entscheidende Person sein. Locke wird Shaftesburys Arzt, sein Vertrauter und sein politisches Sprachrohr.

Shaftesbury ist eine entscheidende Figur der englischen Politik in den 1660er und den beginnenden 1680erJahren. Er ist ein Anwalt der *Dissenters,* all jener, die vom offiziellen Anglikanismus abweichen. Obwohl kein prinzipieller Gegner der Monarchie, vertritt er die Interessen des Parlaments gegen die Krone. Er ist ein „Katholikenfresser“ und einer der ersten Kapitalisten Englands. „[H]e was the complete progressive capitalist in politics, he might almost have been invented by Marx“ (Cranston 1957, 107). Als einer der Eigentümer von Carolina verschafft er Locke mehrere Posten in der Kolonialverwaltung, so den des Sekretärs der Eigentümer von Carolina. Der *Verfassungsentwurf für Carolina* (1669), vermutlich von Locke und Shaftesbury gemeinsam verfasst, bietet eine gewisse Religionsfreiheit (Art. 97–109), aber auch einen Artikel über Sklaverei (Art. 110). Die Rechtfertigung der Sklaverei ist ein dunkler Punkt in Lockes Lehre von Freiheit und Gleichheit. Zwar vertritt Locke nicht die aristotelische Theorie der Sklaverei von Natur aus. Aber er zeigt doch Verständnis für die Kriegssklaverei, dass jemand am Leben bleiben will und dafür die Sklaverei in Kauf nimmt (ST § 23). Wie das die Sklaverei in Amerika rechtfertigen könnte, ist rätselhaft, weil sie nicht einem Krieg, schon gar nicht einem gerechten Krieg entsprungen ist. Locke gehörte wie Shaftesbury zu den Subskribenten der *Royal African Company,* die den Sklavenhandel in großem Stil betrieb.

Shaftesbury wurde 1672 Lordkanzler, zerstritt sich aber mit Charles II. Er war der Erfinder des modernen Wahlkampfs und er machte Politik mit Pamphleten, Petitionen, Demonstrationen, Clubs und einer mobilisierten Öffentlichkeit. Seine große Zeit kam, als er den katholischen Thronfolger von der Thronfolge auszuschließen versuchte. 1681 wandert Shaftesbury in den Tower, 1682 flieht er ins Exil nach Holland. Locke folgt ihm 1683. Elf Tage nach der Landung Wilhelms von Oranien kehrt Locke wieder nach England zurück.

In den Jahren 1689/90 erscheinen drei Werke Lockes: der *Essay concerning Human Understanding,* die *Two Treatises of Government* und die *Epistola de tolerantia.* Der *Essay* gibt eine empiristische Erkenntnistheorie, nach welcher der Verstand eine *tabula rasa* ist, auf welche erst die Erfahrung ihre Zeichen schreibt. Für Lockes Naturrecht ist dieser Empirismus ein Störfaktor. Angeborene Ideen werden verworfen, angeborene Rechte aber gefordert. Wie soll das zusammenpassen? In den *Essays on the Law of Nature* (1663/64) wird das Naturrecht theologisch begründet. Es sei im Willen des Schöpfers verankert und es gelte „universal" und „perpetual". Damit ist es aller empiristischen Begründung uneinholbar voraus. Allerdings kennt Locke auch eine empiristisch-hedonistische Variante der Naturrechtsbegründung, die vom Glücksstreben des Menschen ausgeht. Ist dies ein Widerspruch (Macpherson 1980; Euchner 1967)? Hat Locke das klassische Naturrecht zerstört (Strauss 1977)? Oder hat er doch noch an ihm festgehalten (Polin 1960)? Das alles wird vertreten, und es besteht auch noch die Möglichkeit, an eine Entwicklung des Autors zu denken, der sich von traditionellen Anfängen zu moderneren bekehrt haben könnte.

Die *Two Treatises* sind Lockes politisches Hauptwerk (abgekürzt als FT für *First Treatise* und ST für *Second Treatise*). Die Abhandlungen bieten das ganze politische Programm Lockes: die Ablehnung des Patriarchalismus, Grundrechte des einzelnen von Natur aus, freie Zustimmung als Grundlage staatlicher Herrschaft, Gewaltenteilung und das Recht auf Widerstand.

Dem Einzelnen stehen Rechte schon vor aller Vereinbarung zu. Im Naturzustand herrscht nicht die unbeschränkte Freiheit des hobbesschen *ius omnium in omnia,* sondern die naturrechtlich beschränkte Freiheit, „dass niemand einem anderen, da alle gleich und unabhängig sind, an seinem Leben und Besitz, seiner Gesundheit und Freiheit, Schaden zufügen soll" (ST § 6). Freiheit ist nicht mehr wie bei Hobbes eine Lizenz, das eigene Leben mit allen Mitteln zu schützen. Da im Naturzustand Polizei und Gerichte fehlen, steht jedem ein natürliches Recht auf Strafe zu. Aber dieses muss der Wiedergutmachung und der Abschreckung dienen und verhältnismäßig ausgeübt werden. Menschen schulden einander etwas schon vor der Staatsbildung. Ein Schweizer und ein Indianer, die sich im Urwald begegnen, sind verpflichtet, einander gegebene Versprechen zu halten, auch wenn sie nicht Bürger eines gemeinsamen Staates sind (ST § 15). Locke verwendet stereotyp die Formel „life, liberty and estates", um die grundlegenden Rechte zu umschreiben. Gemeinsamkeiten und Unterschiede zur *Declaration of Independence* springen ins Auge, wird diese doch „Life, liberty and the pursuit of happiness" fordern.

Im *First Treatise* zerpflückt Locke Filmers *Patriarcha* (1680), ein Werk, das mit Berufung auf das Buch *Genesis* eine patriarchalische Rechtfertigung der absoluten Monarchie versucht. Die absolute Gewalt soll von Adam per Erbschaft an die Väter und die Monarchen gewandert sein. In einer Gesellschaft, die durch und durch patriarchalisch war, mochte Filmer darauf hoffen, mit seiner Theorie auf Gegenliebe zu stoßen, zumal sie den Monarchen auch noch als fürsorglichen Herrscher erscheinen lassen konnte. Aber Filmer bewies mehr als er wollte, nämlich dass nach seiner Theorie alle Väter Könige sein müssten. Adam sei, so Locke, kein persönliches Eigentumsrecht an der Erde verliehen worden. Er habe ein solches nur als „ein gemeinsames mit der übrigen Menschheit" erhalten (FT § 29). Väter hätten auch keine Gewalt über Leben und Tod ihrer Frauen und Kinder. Kinder seien nicht ihr Leben lang „Untertanen" ihres Vaters, sondern würden irgendwann einmal mündig. Nicht einmal die Geschichte des jüdischen Volkes könne mit Filmers Theorie der Vererbung stimmig erzählt werden, und je weiter man in der Geschichte voranschreite, desto schwieriger werde es, direkte Erben Adams zu finden.

Hobbes ist als Gegenspieler im *Second Treatise* allgegenwärtig, auch wenn der *Leviathan* nur einmal erwähnt wird (ST § 98). Es geht um die Legitimation, aber auch um die Begrenzung der Herrschaft. Warum einen Ober-Wolf über die Wölfe setzen? „Dies hieße die Menschen für so töricht halten, dass sie zwar zu verhüten suchen, was ihnen Marder und Füchse antun könnten, aber glücklich sind, ja es für Sicherheit halten, von Löwen verschlungen zu werden" (ST § 93). Der Naturzustand ist zunächst friedlich, nicht *per se* kriegerisch (wie bei Hobbes). Jeder ist verpflichtet, dem anderen nicht zu schaden. Alle sind frei und gleich, alle stammen aus der Hand des Schöpfers. Der Mensch hat die Pflicht, sich selbst zu erhalten. Er hat aber auch für die Selbsterhaltung der Menschheit zu sorgen, „wenn es seine Selbsterhaltung nicht gefährdet" (ST § 6). Zu den natürlichen Rechten gehört das Recht auf Privateigentum. Bei Hobbes wird es erst durch den Souverän geschaffen. Bei Locke avanciert es zu einem vorstaatlichen Recht des Einzelnen. Das Kapitel, das vom Eigentum handelt (ST Kap. 5), ist eines der bekanntesten der politischen Philosophie der Neuzeit, für manche der Paradefall einer frühkapitalistisch enthemmten Eigentumstheorie, eine unerhört neue Lehre auf jeden Fall.

Gott hat die Erde allen Menschen gemeinsam gegeben, heißt es im Psalm 116. Wer wie Locke diese Ausgangsprämisse akzeptiert, muss schon einiges an Scharfsinn aufbieten, um von diesem „Kommunismus" zu einer Rechtfertigung des Privateigentums zu gelangen. Locke versucht es über folgende Schritte. *Schritt 1:* Jeder habe schon ein Eigentum an sich selbst. *Schritt 2:* Arbeit schaffe Eigentum. Wann immer der Mensch ein Objekt mit seiner Arbeit „mische" (eine etwas unglückliche Umschreibung für den Arbeitsvorgang), werde aus dem allgemeinen Eigentum ein privates. Dazu sei kein Vertrag mit anderen nötig (ST § 25). Man würde vor Hunger sterben, wenn man bei einer ersten Aneignung auf die Zustimmung der ganzen Menschheit warten müsse. *Schritt 3:* Es gebe zwei naturrechtliche Schranken der Aneignung von Eigentum: die Suffizienz-Klausel, dass von dem angeeigneten Gut für andere „bei gleicher Qualität noch genug vorhanden sei", und die Verderbnisklausel, dass jeder zum eigenen Nutzen nur so viel aneignen dürfe, „bevor es verdirbt" (ST § 31). Sobald das Geld eingeführt werde, *Schritt 4,* würden die Klauseln außer Kraft gesetzt. Metallgeld verderbe nicht. Geld gehe aus der Übereinkunft der Menschen hervor. Sobald es Geld gebe, gebe es ungleichen Besitz. Die einen sind fleißig, die anderen faul. Die einen konsumieren, die anderen sparen. Gott habe die Schöpfung den „Fleißigen und Verständigen gegeben" (ST § 33). Wer der Einführung des Geldes zustimme, habe auch der Ungleichheit des Besitzes zugestimmt.

Locke, der so großen Wert darauf legt, dass für eine erste Aneignung die Zustimmung der anderen nicht nötig sei, schmuggelt an dieser Stelle doch eine Übereinkunft ein. Ob mit der Einführung des Geldes die Außerkraftsetzung der naturrechtlichen Schranken ausreichend begründet wird, ist jedoch fraglich. Der Metallismus Lockes überzeugt nicht. Zwar geht Geld aus Übereinkunft hervor, aber wenn dem so ist, ist es gleichgültig, aus was es besteht, ob aus Metall oder Papier oder sonst etwas. Sowohl Metall- als auch Papiergeld können „verderben". Münzen wurden beschnitten und ihr Gewicht gefälscht, Papiergeld kann der Inflation verfallen. Locke beruft sich darauf, dass der in der Geldwirtschaft entstehende Gesamtnutzen höher sei als der einer geldlosen Wirtschaft. „Der König eines großen und fruchtbaren Landes dort [in Amerika, H. O.] nährt und kleidet sich schlechter als ein Tagelöhner in England" (ST § 41). Vor der Einführung des Geldes ist die Wirtschaft stationär. Niemand hat einen Anreiz, mehr zu erwerben, als er konsumieren kann. Mit der

Einführung des Geldes wird das Wirtschaften dynamisch. Man kann aus dem Kreislauf von Arbeit und Konsumtion heraustreten. Man kann sparen und investieren.

Arbeit schafft nicht nur Eigentum. Nach Locke schafft sie auch den eigentlichen Wert eines Objekts. Der bearbeitete Acker werfe zehnmal (ST § 37) oder sogar tausendmal (ST § 43) so viel ab wie der unbebaute. Die Frage ist freilich, wem dies zugutekommt. Hätte Locke nicht eine dritte Klausel einführen müssen, dass nur *eigene* Arbeit Eigentum schafft? Locke äußert sich dazu in einem viel interpretierten Satz: „Das Gras, das mein Pferd gefressen, der Torf, den mein Knecht gestochen, das Erz, das ich an einem Ort gegraben, an dem ich mit anderen ein Recht dazu habe, werden demnach mein Eigentum, ohne irgendjemandes Zustimmung" (ST § 28). Die Annahme, nur *eigene* Arbeit schaffe Eigentum, wird also gar nicht gemacht. Der eine mehrt sein Eigentum, der andere erhält seinen Lohn. Was der gerechte Lohn wäre, ist seit dem Alten Testament eine unablässig wiederholte und strittige Frage. Sie wird bei Locke nicht näher erläutert. Allenfalls erfahren wir noch etwas über seine Einschätzung von Geld und Zins. Locke spricht sich gegen eine gesetzliche Senkung des Zinssatzes und gegen eine Festlegung von Höchstpreisen für Häuser und Schiffe aus. Der Markt mache den Zins. Je größer die Geldmenge, desto niedriger der Zins. Die aristotelische Verurteilung des Zinses lässt Locke nicht mehr gelten. Es scheine nur so, dass Geld „a barren thing" sei, vergleiche man es mit der Fruchtbarkeit des Bodens (1692, 53). In Wahrheit seien Grundrente und Zins dasselbe. Beide brächten Gewinn.

Lockes Eigentumstheorie und dem Liberalismus selber wird oft vorgeworfen, eine besitzbürgerliche Ideologie zu sein: Der Staat Lockes sei nur „ein Staat der Eigentümer" (Euchner 1967, 34), Locke ein Ideologe des *possessive individualism* (Macpherson 1980). Daran ist wahr, dass Locke die kapitalistische Akkumulation freisetzt. Er macht dem Besitzstreben ein gutes Gewissen. Nur als Nebenbemerkung taucht einmal eine Verurteilung der verbrecherischen Habgier, des „amor sceleratus habendi", auf (ST § 111). Hinter dem Streben nach Eigentum und wirtschaftlichem Erfolg steht wohl die calvinistische und protestantische Heiligung von Arbeit, Beruf und Fleiß (Dunn 1969). Sie erklärt auch, warum das Erwirtschaftete nicht konsumiert und genossen werden darf, sondern in „innerweltlicher Askese" gespart und investiert werden sollte. Dies bedeutet allerdings nicht, dass sich bei Locke Staat und Politik nur um das Eigentum drehen. Zwar mag ein die Rechte sichernder liberaler Staat auch den Besitzbürgern willkommen sein. Sie würden ihn wohl dem unberechenbaren Leviathan und seiner willkürlichen Gewalt vorziehen. Aber wenn Locke schreibt: „Das große und *hauptsächliche Ziel,* weshalb Menschen sich zu einem Staatswesen zusammenschließen […] *ist die Erhaltung ihres Eigentums*" (ST § 124), so ist dieser Satz nicht auf das materielle Eigentum beschränkt. Er zielt vielmehr auf die ganze Fülle der subjektiven Rechte, die damals mit dem Wort „property" gemeint sein konnten: Freiheit, Gleichheit, körperliche Unversehrtheit, Religionsfreiheit, Widerstandsrecht (Laukötter/Siep 2010).

Das Wahlrecht, das die Levellers schon allen zugestehen wollten, war bis ins 19. Jahrhundert an den Besitz oder an die Steuerleistung gebunden. Locke äußert sich dazu nur im Rahmen der Frage nach einer gerechten und sich möglicherweise ändernden Repräsentation (ST § 158). Wie er mit den Armen verfahren wollte, zeigt sein *Scheme for Setting to Work the Poor* (1697). Armut erklärt sich für ihn als moralisches Versagen und er antwortet darauf durch ein Erziehungs- und Strafprogramm, das erschreckende Züge aufweist (drei Jahre Zwangsarbeit auf Schiffen für Bettler, die außerhalb ihrer Gemeinde aufgegriffen werden; das Abscheiden der Ohren und die Verschiffung in die Kolonien für Passfälscher; Kinder unter 14 Jahren, die beim Betteln erwischt werden, kommen in Arbeitshäuser; Arbeitsunfähige, das immerhin, erhalten staatliche Unterkünfte). Der soziale Liberalismus Mills (s. Kap. 12) und der Wohlfahrtsstaat sind noch mehr als ein Jahrhundert fern.

Grundlage des lockeschen Staates ist die individuelle Zustimmung, die in der Form eines Vertrages bekundet wird. Im Gegensatz zu Hobbes, Kant (s. Kap. 4) oder Rawls (s. Kap. 19), die mit fiktiven Verträgen operieren, soll es ein Urvertrag (*original contract*) sein, d. h. ein faktisch geschlossener Vertrag. Rom, Tarent, Venedig und der Bund Israels mit Jahwe gelten als Beispiele. Allerdings erzeugt der Vertrag nur den politischen Körper (*body politick*), während das Verhältnis der Einzelnen zu den Gewalten eine Sache des Vertrauens (*trust*) ist. Ämter sind ein anvertrautes Gut (ST §§ 149, 156), die Regierung ist nur eine Art Treuhänder. Das Widerstandsrecht wird nicht durch den Vertragsbruch begründet, sondern durch den Missbrauch des Vertrauens (ST §§ 221–222).

Neben dem expliziten Vertrag beruft sich Locke zudem auf stillschweigende Zustimmung (*tacit consent*) und einen impliziten Vertrag. Wer erben, sich niederlassen wolle oder die Straßen eines Landes benutze, stimme stillschweigend der jeweiligen Ordnung zu. Die jeweiligen Handlungen sind „konkludent". Sie erlauben die *conclusio,* dass man einverstanden ist. Dem ließe sich entgegnen, dass die Schlussfolgerungen zu weitgehend sind. Wer etwas erben will, stimmt nur dem Erbrecht zu, wer die Straßen benutzen will, nur der Verkehrsordnung, nicht jeweils der Ordnung als ganzer. Schweigen kann zudem nur als Zustimmung gelten, wenn Kritik und Opposition gefahrlos geäußert werden können. In autoritären oder totalitären Staaten ist die Figur der stillschweigenden Zustimmung nicht ansetzbar.

Regiert werden soll nach feststehenden öffentlichen Gesetzen. Die Gewalten sind gesetzlich gebunden und durch die vorstaatlichen Rechte begrenzt. Wie wichtig Locke die Sicherung des Eigentums war, zeigt seine Bemerkung, ein Feldwebel könne einem Soldaten befehlen, „auf die Mündung einer Kanone loszumarschieren", ihm aber nicht befehlen, „auch nur einen Pfennig seines Geldes an ihn abzugeben" (ST § 139). Die Teilung der Gewalten wird begründet aus der „Schwäche der menschlichen Natur" (ST § 143). Wenn Gesetzgeber und Exekutoren des Gesetzes dieselben Personen seien, werde die Versuchung zu groß, die Macht zu missbrauchen. So wird das Kernstück der lockeschen Gewaltenteilung die Trennung von Legislative und Exekutive. Die Judikative wird nicht erwähnt. Von einer *balance of powers* spricht Locke nicht, auch nicht von einer Mischverfassung wie Harrington oder Charles I. Es soll eine höchste Gewalt geben. Welche dies bei Locke sein soll, ist unklar. Oft bezeichnet er die Legislative als eine solche (ST §§ 150, 152, 153). Es kommt aber auch die monarchische Gewalt in Frage, die ja als *king in parliament* selbst auch Teil der Legislative ist. Die monarchische Gewalt vereinigt Exekutive, Föderative (außenpolitische Verträge, die Entscheidung über Krieg und Frieden) und Prärogative („wo das Gesetz schweigt, verschiedene Dinge nach ihrem eigenen freien Ermessen zu tun und zuweilen auch gegen den ausdrücklichen Buchstaben des Gesetzes zu handeln") (ST § 164). Hier streift Locke das alte Verständnis von Souveränität, das eng mit dem Ausnahmezustand und dem Notfall verbunden war.

Das Widerstandsrecht begegnet im Schlusskapitel des *Second Treatise.* Genannt werden die üblichen Anlässe für Widerstand: Eroberung, Usurpation, Tyrannis und dazu die „Auflösung" einer Regierung. Der Widerstandsfall tritt ein, wenn Willkür an die Stelle der Gesetze tritt, die Legislative gehindert wird, sich zu versammeln oder sich frei zu entscheiden, wenn Wahlkreise oder der Wahlmodus verändert oder das Volk einer auswärtigen Regierung ausgeliefert wird (ST §§ 214–217). In allen diesen Fällen sei das Volk berechtigt, gewaltsam Widerstand zu leisten und sich eine neue Verfassung zu geben (ST § 220). Einen „Gärstoff häufiger Revolutionen" müsse man nicht befürchten. Ein Volk ertrage lange Zeit schlechte Gesetze. Erst „a long train of abuses, prevarications and artifices" lasse es zur Gewalt greifen (ST 225). Diese Formulierung kehrt wieder bei James Otis und in der *Declaration of Independence.*

Wer darf entscheiden, wann ein Widerstandsfall vorliegt? Das Volk, die Mehrheit oder jeder Einzelne? Locke versichert mehrmals, es sei das Volk (ST § 240). Da aber im Falle des Falles keine anerkannte irdische Gewalt mehr vorliegt, nimmt er den Ausweg des „appeal to heaven", der „Anrufung des Himmels". Die Formulierung war im jungen Amerika außerordentlich beliebt. Sie begegnet in der *Unabhängigkeits-*

erklärung, in Patrick Henrys Rede *Liberty or Death* sowie auf der *pine tree flag* von Washingtons kleiner Flotte.

Lockes Widerstandsrecht ist kein ständisches mehr. Es bleibt nicht einmal im Rahmen der vorliegenden Verfassung, wenn das Volk ermächtigt wird, sich eine neue Verfassung zu geben. Das kann allen, die sich auf historische Rechte und auf Englands *ancient constitution* berufen, nicht gefallen haben. Bemerkenswert ist auch, wie kunstvoll Locke den aktuellen Anlass seiner Widerstandslehre verschleiert. Es ist von zig Widerstandsfällen die Rede, aber nur zwei Mal und auch nur indirekt von einem *religiös* motivierten Widerstand, so wenn Locke von einer Gefährdung nicht nur der Rechte, sondern „vielleicht sogar ihrer Religion" spricht (ST § 209) oder wenn er den Monarchen mit dem Kapitän eines Schiffes vergleicht, der eigentlich den Sklavenhafen Algier anlaufen wolle und nur aufgrund widriger Winde einen anderen Kurs einschlage (ST § 210). Monarchen und die Katholische Kirche werden verdächtigt, eigentlich wieder die absolute Monarchie einführen zu wollen, aber nur wegen widriger Umstände davon abgelassen zu haben.

Locke hatte sich schon vor 1689 zur großen Frage der Zeit, zur Toleranz geäußert. In den *Two Tracts on Government* (1660/61) erlaubte er dem Staat noch, „indifferente" Fragen der Gottesverehrung zu bestimmen (wo man sich versammelt, ob man stehend oder knieend feiert etc.). Im *Essay on Toleration* (1667) nimmt er dem Staat das Recht, diese Fragen zu entscheiden. In seiner berühmten *epistola on tolerantia* (1689) beruft er sich auf die unterschiedlichen Aufgaben von Staat und Religion. Der Staat sichere die Rechte, die Religion das Heil der Seele. Über das Seelenheil habe der Staat keine Gewalt. Der Eintritt in eine Kirche müsse freiwillig erfolgen. Sei man eingetreten, könne man, wenn man gegen die Satzung verstoße, wie aus einem Verein ausgeschlossen werden, jedoch dürfe ein Ausschluss nicht die bürgerlichen Rechte tangieren. Glaubensartikel seien spekulativ oder praktisch. Die spekulativen gingen den Staat nichts an, da er über Wahrheit oder Falschheit nicht zu entscheiden habe. Die praktischen seien Sache des Gewissens. Toleranz sei den *Dissenters* zu gewähren, „auch den Presbyterianern, Independenten, Anabaptisten, Arminianern, Quäkern und anderen" (1966, 107). Es dürften zudem „weder Heide noch Mohammedaner noch Jude wegen seiner Religion von den bürgerlichen Rechten des Gemeinwesens ausgeschlossen sein" (ebd.). Toleranz verweigert wird Atheisten und Katholiken, den Atheisten, weil sie, wenn sie Gott leugnen, zugleich die göttliche Stiftung des Naturrechts bestreiten und sich nicht an Abmachungen und Eide halten; den Katholiken, weil sie einer fremden Rechtsgewalt (dem Papst) unterworfen seien, weil der Papst Könige exkommuniziere und Katholiken verträten, man müsse Ketzern nicht das Wort halten. (Wie die im St. Johns College in Annapolis entdeckte Skizze „Reasons for tolerating Papists equally with others" einzuschätzen ist, wird zu diskutieren sein. Ein bloßes brainstorming? Oder eine Locke gar nicht zuzutrauende Toleranz auch gegenüber Katholiken?). Locke ließ dem ersten Toleranzbrief noch drei weitere folgen. Sie alle haben ihre Grenze darin, dass Locke weder das Privileg der *national church* in Frage stellt noch eine allgemeine Gewissensfreiheit zugestehen will. Seine Lehre lag auf der Linie des *Toleration Act* von 1689, der Katholiken, Sozinianer und Deisten von der Toleranz ausnahm. Der Ausschluss von den Universitäten und den politischen Ämtern blieb für Katholiken und Juden bis ins 19. Jahrhundert bestehen.

Die Wirkung der lockeschen politischen Philosophie war groß. Sie dokumentiert sich in den großen Rechteerklärungen wie der *Declaration of Independence* (1776) und der französischen *Erklärung der Menschen- und Bürgerrechte* (1789). Patrick Henry warf Jefferson vor, die *Unabhängigkeitserklärung* bei Locke abgeschrieben zu haben. Nach Hartz (1955) dachten die Amerikaner schon individualistisch, besitzbürgerlich und freiheitlich, bevor sie Locke gelesen hätten. Beides stimmt nur zur Hälfte, da bei Jefferson und der Amerikanischen Gründung auch die Schottische Aufklärung sowie republikanische Traditionen im Spiel gewesen sind. Hume kritisierte in seinen *Essays* (1740) scharf die lockesche Vertragstheorie und die Fiktion, dass die *Glorious Revolution* auf individueller Zustimmung basiert habe. In Wahrheit hätten ca. 700 Personen für Millionen entschieden. Rousseau (s. Kap. 2) wiederum übernimmt Lockes Eigentumstheorie sowie die Triade von Leben, Freiheit und Eigentum, um sie dann in seine anders geartete republikanische Theorie der *volonté générale* einzubetten. Nozick (1976) beruft sich auf Lockes Theorie der individuellen Rechte, opponiert gegen den angeblich unmoralischen Wohlfahrtsstaat und setzt an dessen Stelle einen Minimalstaat. Ob man diesen Libertarismus noch „liberal" nennen kann, ist mehr als fraglich (s. Kap. 45).

Literatur

Ashcraft, Richard: Revolutionary Politics and Lockes's Two Treatises on Government. Princeton 1986.

Cranston, Maurice: John Locke. A Biography. London 1957.

Dunn, John: The Political Thought of John Locke. An Historical Account of the Two Treatises on Government. Cambridge 1969.

Euchner, Walter: Einleitung. In: Ders. (Hg.): John Locke, Zwei Abhandlungen über die Regierung. Frankfurt a.M. 1967, 5–47.

Hartz, Louis: The Liberal Tradition in America. New York 1955.

Laslett, Peter: The English Revolution and Locke's Two Treatises of Government. In: Cambridge Historical Journal 12 (1956), 40–55.

Laukötter, Sebastian/Siep, Ludwig: Grundrechte als Eigentum. In: Samuel Salzborn (Hg.): Der Staat des Liberalismus. Baden-Baden 2010, 149–163.

Locke, John: The Works of John Locke. A New Edition, 10 Bde. London 1823, Nachdr. Aalen 1963.

Locke, John: Essays on the Law of Nature. Hg. von W. von Leyden. Oxford 1954.

Locke, John: Ein Brief über Toleranz, engl.-dt. Hg. von Julius Ebbinghaus. Hamburg [2]1966.

Locke, John: Some Considerations of the Consequences of Lowering the Interest. London 1692.

Macpherson, C. B.: Die politische Theorie des Besitzindividualismus. Von Hobbes bis Locke. Frankfurt a.M. [2]1980.

Nozick, Robert: Anarchie, Staat und Utopia. München 1976.

Polin, Raymond: La politique moral de John Locke. Paris 1960.

Schmitt, Carl: Der Begriff des Poltischen. Text von 1932 mit einem Vorwort und drei Corolarien. Berlin 1963.

Strauss, Leo: Naturrecht und Geschichte. Stuttgart 1977.

2 Jean-Jacques Rousseau

Christian Schwaabe

2.1 Der Republikaner Rousseau – ein Liberaler?!

In der politischen Ideengeschichte wird Jean-Jacques Rousseau (1712–1778) gemeinhin dem Republikanismus zugeordnet, nicht dem Liberalismus. Mehr noch: Er gilt nicht nur als der vielleicht wichtigste Vertreter des Republikanismus in der Moderne, sondern wird oftmals auch als prominenter Kritiker des Liberalismus rezipiert. Umgekehrt häufen sich im 20. Jahrhundert die liberalen Zurückweisungen der rousseauschen politischen Philosophie: Diese sei antipluralistisch, kollektivistisch, ja in gewisser Hinsicht sogar totalitär.

Die Unterschiede zwischen Rousseaus Denken und dem Liberalismus sind zweifelsohne groß. Kaufmann versammelt vier Positionen, die er unter „politischen Rousseauismus" subsumiert: die politische Zentralität der Tugend; das Ungenügen bloß formaler Rechtsgleichheit und das Pochen auf substantielle Gleichheit; das Aufgehen des Individuums in der politischen Gemeinschaft bei Erhalt seiner Freiheit; die Legitimierung politischer Entscheidungen durch den Gemeinwillen, der mehr ist als die Summe der Einzelwillen (vgl. Kaufmann 2003, 177–180). Und tatsächlich: Die meisten liberalen Ansätze würden allen vier Positionen mehr oder weniger deutlich widersprechen.

Doch ganz so einfach ist es nicht. So steht im Zentrum des politischen Denkens Rousseaus ganz ohne Zweifel die Freiheit. Wenn Freiheit aber zugleich im Zentrum des Liberalismus in der ganzen Vielfalt seiner unterschiedlichen Strömungen steht, dann kann der Liberalismus das rousseausche Denken nicht ganz so leicht als verfehlt abtun, wie dies im Falle dezidiert antiliberaler Denker (wie Carl Schmitt) angezeigt zu sein scheint. Mehr noch: Viele Stellen, an denen Rousseaus Freiheitsverständnis in einen Gegensatz tritt zu verbreiteten liberalen Positionen, verweisen womöglich auf tatsächliche Defizite des Liberalismus, die er im eigenen Interesse beheben oder doch wenigstens als Defizite erkennen sollte.

2.2 Leben und Wirken

Rousseau ist ein widersprüchlicher und schwer einzuordnender Denker. Dass Locke und Mill Liberale sind, ist weithin unstrittig – „Rousseau dagegen wird von jedem so gelesen, wie er die Moderne liest. Hier findet jeder, was er sucht: Vorwegnahme der Französischen Revolution, kulturkritischen Konservatismus, Liberalismus, Romantik oder sogar eine Vorahnung der totalitären Demokratien. Rousseau kann allen alles sein." (Ottmann 2006, 462) Trotz dieser

C. Schwaabe (✉)
Ludwig-Maximilians-Universität München,
München, Deutschland
E-Mail: schwaabe@lrz.uni-muenchen.de

M. Festl (Hrsg.), *Handbuch Liberalismus*, https://doi.org/10.1007/978-3-476-05798-3_2

Unklarheit kann man von ihm doch wenigstens dies behaupten: „Liberté, Égalité, Fraternité“, die Prinzipien von 1789, sind auch die Grundprinzipien des rousseauschen Denkens – womit sich schon hier eine nie ganz überbrückbare Kluft zum Liberalismus zeigt, der in seinen vielen Varianten zumeist erhebliche Brüderlichkeitsdefizite und wenig Sensibilität für gesellschaftliche Ungleichheitsfragen hat.

Herangewachsen ist Rousseau in der sittenstrengen calvinistischen Republik Genf – ein Herkommen, auf das er später immer wieder verweist: „als Bürger einer Republik geboren und Sohn eines Vaters, dessen stärkste Leidenschaft die Vaterlandsliebe war“, bildete sich in ihm schon in früher Kindheit „der freie, republikanische Geist, der unbezähmbare, stolze Charakter, […] unfähig, Joch und Knechtschaft zu ertragen“ (B: I, 13). In Genf freilich hält es ihn nicht, mit sechzehn Jahren verlässt er seine Vaterstadt und beginnt eine lebenslange Wanderschaft. Er verbringt viele Jahre auf dem französischen Land, widmet sich der Musik und der Literatur. Danach geht er nach Paris, die große Metropole mit ihrem pulsierenden Leben. Mit eben diesem gesellschaftlichen Umfeld kommt er auf Dauer nicht zurecht, empfindet es als heuchlerisch und dekadent. Diese zweifache Prägung durch das republikanische Genf und das dekadente Paris wird in seinem gesamten schriftstellerischen Schaffen dominant bleiben.

Rousseau lebt im 18. Jahrhundert, der hohen Zeit des Rationalismus und der Aufklärung. Es ist zudem die letzte Phase des *Ancien Régime* und seiner Adelskultur. Gegen dieses sein Jahrhundert lehnt sich Rousseau mit seinem Denken auf. Das Fundament dieser „Rebellion“ ist eine äußerst zivilisationskritische Haltung, die ihren Ausdruck in den beiden berühmten ersten Diskursen findet.

2.3 Rousseau als Kultur- und Gesellschaftskritiker: Der erste und zweite Diskurs

Rousseaus erster *Discours* über Kunst und Wissenschaft von 1749 ist ein Frontalangriff gegen die Aufklärung, gegen die Vernunft und die Wissenschaft der Zeit. Der spezialisierte Geist der Wissenschaft habe den Bezug zum Ganzen und seine Verbindung zum Menschen verloren, vor allem zur Tugend. Deren Prinzipien indes werden nicht vom alles zergliedernden Verstand erfasst, sondern sind in die Herzen der Menschen eingeschrieben.

Rousseau lobt Sparta, und das frühe tugendhafte Rom, und sieht den Niedergang mit dem Einzug von Luxus und „Pomp“ kommen: „Bis dahin begnügten sich die Römer damit, gemäß der Tugend zu leben. Alles war verloren, als sie anfingen, sie zu studieren. […] Welch verhängnisvoller Glanz ist auf die römische Einfachheit gefolgt!“ (KuW, 25) Diese Dekadenztheorie ist ein alt bekanntes Thema des republikanischen Tugenddiskurses. Für Rousseau liefert sie die Negativfolie seiner eigenen politischen Tugendlehre: „Keine aufrichtigen Freundschaften mehr, kein wirkliches Ansehen, kein gegründetes Vertrauen. Verdächte, Argwohn, Furcht, Kälte, Reserve, Haß, Verrat verbergen sich ständig unter dem gleichaussehenden und scheinheiligen Schleier der Höflichkeit.“ (KuW, 13).

Der zweite *Discours* baut auf dem ersten auf und hat die Ungleichheit zum Gegenstand. Rousseau unterscheidet zwei Arten der Ungleichheit: „die eine, die ich natürlich oder physisch nenne, weil sie durch die Natur begründet wird, und die im Unterschied der Lebensalter, der Gesundheit, der Kräfte des Körpers und der Eigenschaften des Geistes und der Seele besteht; und die andere, die man moralische oder politische Ungleichheit nennen kann, weil sie von einer Art Konvention abhängt und durch die Zustimmung der Menschen begründet oder zumindest autorisiert wird. Die Letztere besteht in unterschiedlichen Privilegien, die einige zum Nachteil der anderen genießen – wie reicher, geehrter, mächtiger als sie zu sein oder sich sogar Gehorsam bei ihnen zu verschaffen.“ (DU, 67) Die natürliche Ungleichheit der Menschen ist unproblematisch, sie ist naturgegeben. Die „politische Ungleichheit“ hingegen ist nicht von Natur. Sie ist begründungsbedürftig.

Auch Rousseau fragt nach dem Naturzustand. Die Philosophen, die dies vor ihm taten, so Rousseau, seien freilich beim wahren

Naturzustand niemals angelangt. Sie alle „haben unablässig von Bedürfnis, von Habsucht, von Unterdrückung, von Begehren und von Stolz gesprochen und damit auf den Naturzustand Vorstellungen übertragen, die sie der Gesellschaft entnommen hatten. Sie sprachen vom wilden Menschen und beschrieben den bürgerlichen Menschen." (DU, 69–70)Insbesondere Hobbes habe die gesellschaftlich bedingten Missstände seiner Zeit in den Naturzustand projiziert – mit weitreichenden Folgen für das Staats- und Politikverständnis, das sich daraus im herkömmlichen Kontraktualismus ergibt!

Rousseau hingegen beschreibt den natürlichen Menschen als relativ gutmütigen und bedürfnisarmen Wilden. Dessen unproblematische Selbstliebe („amour de soi-même") grenzt Rousseau scharf von der Eigenliebe („amour-propre") ab: „Die Selbstliebe ist ein natürliches Gefühl, das jedes Tier dazu veranlasst, über seine eigene Erhaltung zu wachen, und das, im Menschen von der Vernunft geleitet und durch das Mitleid modifiziert, die Menschlichkeit und die Tugend hervorbringt. Die Eigenliebe ist nur ein relatives, künstliches und in der Gesellschaft entstandenes Gefühl, das jedes Individuum dazu veranlasst, sich selbst höher zu schätzen als jeden anderen, das den Menschen all die Übel eingibt, die sie sich wechselseitig antun, und das die wahrhafte Quelle der Ehre ist." (DU, 369, Anm. XV).

Der Naturmensch kennt keine Eigenliebe, denn es gibt in seinem Leben gar keinen Anlass für sie. Das ändert sich mit dem Zivilisationsprozess, der den Anstoß für Eigenliebe, Eitelkeit und Neid gibt, für das Verlangen der Menschen, sich zu vergleichen, nach Prestige und Ehre zu streben. Als eigentlicher Grund all dieser politisch hoch relevanten Psychopathologien erscheint bei Rousseau bekanntermaßen das Eigentum. Schärfer kann man sich kaum gegen den bürgerlichen Liberalismus positionieren.

Rousseau hält diese Entwicklung für fatal, aber auch für unumkehrbar. Und das hat (gerade mit Blick auf etliche liberale Anliegen) zwei wichtige Konsequenzen: Zum einen plädiert er keineswegs für eine völlige Abschaffung des Privateigentums, sondern dafür, Privateigentum und Gemeinwohl in Einklang zu bringen (vgl. Rehm 2005). Zum anderen betont Rousseau, dass die Kritik an den bestehenden Verhältnissen kein „Zurück zur Natur" nahelege. Rousseau ist kein verträumter Kulturkritiker – sehr wohl aber ein scharfer Gesellschaftskritiker: Denn die gegebene gesellschaftliche Ungleichheit ist Ausdruck größten Unrechts. Nichts, so Rousseau, rechtfertigt einen Zustand, in dem „eine Handvoll Leute überfüllt ist mit Überflüssigem, während die ausgehungerte Menge am Notwendigsten Mangel leidet" (DU, 271–272). Denkbar weit ist Rousseau vom Zynismus des Libertären Robert Nozick entfernt, der den Ausgegrenzten das Hoffen auf die Philanthropie der Reichen empfiehlt. Entsprechend folgt Rousseau auch nicht den kontraktualistischen Argumenten Hobbes' oder Lockes, sondern entwirft mit dem *Contrat Social* einen ganz eigenen Weg zur Einrichtung einer Gesellschaft, die dem Leitwert einer gehaltvollen Freiheit wirklich verpflichtet ist.

2.4 Der Contrat Social: Volkssouveränität und bürgerliche Freiheit

„Der Mensch wird frei geboren, aber überall liegt er in Ketten." (GV: I, 1) Dieser emphatische Beginn der Schrift verweist auf das thematische Zentrum des *Contrat Social,* die Freiheit. „Auf seine Freiheit verzichten heißt, auf sein Menschtum, auf die Menschenrechte, sogar auf seine Pflichten zu verzichten." (GV: I, 4) Andererseits bestreitet Rousseau keineswegs die Notwendigkeit von Regierung und Herrschaft – mehr noch: „Die Gesellschaftsordnung ist ein heiliges Recht, das die Grundlage aller anderen Rechte ist. Diese Ordnung entspricht aber nicht der Natur. Sie ist durch Vereinbarungen begründet." (GV: I, 1).

Die Lösung, die Rousseau sich zur Erhaltung der Freiheit vorstellt, ist bei Liberalen auf scharfe Kritik gestoßen: Der Weg zur wahren Freiheit scheint den Menschen in einen totalen Staat zu führen! Mit dem Gesellschaftsvertrag behält kein Bürger irgendwelche Rechte aus dem Naturzustand. Vollständig geht der Mensch in den Staat ein, auf dem Wege einer vorbehaltlosen „Überäußerung eines jeden Mitglieds mit all seinen Rechten an die Gemeinschaft" (GV: I, 6) Die Menschen werden zu einem „gemeinsamen Ich" vergesellschaftet, „sie werden bis in den Nerv ihrer Existenz Glieder der Gesellschaft" (Brandt/Herb 2000a, 1). Schon hier liegt die Frage nahe, ob Rousseaus politische Theorie überhaupt in den Kontraktualismus passt: „Rousseau will mit Hilfe einer Vertragstheorie eine republikanische Ordnung begründen. Dazu taugt eine Vertragstheorie nicht. Sie tendiert zur Abgrenzung des einzelnen vom Staat, zur Sicherung der Rechte des einzelnen. Sie formuliert ein Geschäft auf Gegenseitigkeit, nicht aber das, was Bürger so eng aneinanderbindet wie eine republikanische Ordnung" (Ottmann 2006, 481).

Rousseaus Bürger sind nicht nur Untertanen („sujets"), sondern auch „citoyens", politische Bürger: Sie sind „Teilhaber" der Souveränität. Der Gesellschaftsvertrag ist nicht ein nur hypothetisches Konstrukt, sondern „muß selbst zur Verfassung und zur Verlaufsform gesellschaftlichen Lebens werden. Rousseaus Vertrag [...] verlangt gesellschaftsweite Realität und andauernde Präsenz. Er ist selbst das Muster der politischen Organisation der Gesellschaft." (Kersting 2003, 18) Das wertet den einzelnen enorm auf, ordnet ihn aber zugleich völlig dem Ganzen unter: „Wer dem Gemeinwillen den Gehorsam verweigert, muß durch den ganzen Körper dazu gezwungen werden. Das heißt nichts anderes, als dass man ihn dazu zwingt, frei zu sein" (GV: I, 7).

Der Hauptprotagonist des rousseauschen Staates ist der vergesellschaftete „citoyen". Auf ihn und seine Tugenden kommt es an – nicht auf die Ausstattung und die Kalküle des Naturzustandsbewohners. Mit diesem ist der Bürger des *Contrat* auch deshalb nicht zu vergleichen, weil Rousseau eine „Veredelung" des Menschen beim Eintritt in den bürgerlichen Stand unterstellt: „Dieser Übergang vom Natur- zum Zivilstatus bringt im Menschen eine sehr bemerkenswerte Verwandlung hervor: anstelle des Instinkts setzt er die Gerechtigkeit und verleiht seinen Handlungen jene moralische Verpflichtung, die ihnen vorher gefehlt hatte." (GV: I, 8) Rousseaus Republik ist eine Republik der Tugend.

Durch die Aufgabe seiner natürlichen Freiheit erreicht der Mensch mit der bürgerlichen Freiheit die wahre Freiheit: „Reine Begierde ist Sklaverei; Gehorsam dem Gesetz gegenüber, das man sich selber gegeben hat, ist Freiheit." (GV: I, 8) Politischer „Herr seiner selbst" zu sein impliziert indes ein enormes Maß an Engagement und Identifikation mit dem Gemeinwesen. Das Volk als Souverän darf sich nicht ins Private zurückziehen. Bürgerliche Freiheit ist nicht nur eine „negative" Freiheit, die durch Abwehrrechte gegen den Staat gesichert wird. Es ist eine republikanische Freiheit, und sie verlangt vom Bürger Opferbereitschaft bis zur Hingabe des eigenen Lebens.

Neben Freiheit und Tugend sind zwei weitere Konzepte zentral, die einen genuin modernen Akzent setzen: Volkssouveränität und „volonté générale": „Die erste und wichtigste Folgerung aus den obigen Prinzipien ist, dass allein der Gemeinwille die Kräfte des Staates dem Zweck seiner Gründung entsprechend lenken kann. Der Zweck aber ist das Gemeinwohl. Denn wenn der Gegensatz der Einzelinteressen die Bildung von Gesellschaften notwendig gemacht hat, so hat sie das Zusammenspiel der gleichen Interessen möglich gemacht. Das soziale Band bildet das Gemeinsame in diesen verschiedenen Interessen." (GV: II, 1) Um dieses „Gemeinsame" geht es Rousseau vor allem. Das Kollektiv steht über dem einzelnen. Dieser ist dem Gemeinwesen vollständig verpflichtet, weil er mit dem Gemeinwesen identisch ist. Frei ist der Einzelne dabei gleichwohl: Denn wenn er als Teil des Volksganzen dessen Gesetzen folgt, dann folgt er ja, so Rousseau, seinen eigenen Gesetzen.

Souverän ist *das Volk* – kein einzelner, keine Führungsclique, kein Leviathan. Und: Souverän ist das Volk *als Kollektiv* – nicht die Einzelnen, nicht die Menschen als Individuen. Die Volkssouveränität setzt Rousseau absolut: Sie ist prinzipiell unveräußerlich und unteilbar. Sie kann durch keine Verfassung begrenzt werden, durch keine individuellen Grundrechte oder gar die Ansprüche bestimmter gesellschaftlicher Gruppen. Der Inhalt der Souveränität liegt einzig in der Gesetzgebung, und die ist dem Volk als Ganzem vorbehalten. Welche Regierungsform gewählt wird (Demokratie, Aristokratie oder Monarchie), bleibt für Rousseau sekundär.

Eine weitere Konsequenz ist, dass jede Form von Repräsentation wie auch jede Art von Organisation partikularer Interessen strikt abgelehnt werden. „Wenn sich aber auf Kosten der Gemeinschaft Klüngel und Parteien bilden, dann wird aus dem Willen eines jeden dieser Verbände in bezug auf seine Mitglieder ein Gemeinwille und in bezug auf den Staat ein Sonderwille" (GV: II, 3).

Rousseaus gesamtes politisches Denken ist von der Überzeugung getragen, „dass Freiheit ihrerseits eine Voraussetzung machen muß, um die ihr angemessene Herrschaftsform verwirklichen zu können, um sich gegen ihre privatistisch-liberale Degeneration zu schützen. Und diese Voraussetzung ist die Tugend. Rousseau wendet sich entschieden gegen die These von der Priorität des Rechts." (Kersting 2003, 19) Gerade hier wird der Unterschied zum Liberalismus deutlich: „Die verlangte Bürgertugend sprengt das liberale Schema des nach lockeschem Muster verfaßten Staates." (Herb 2000, 169) Mehr noch, der Liberalismus ist letztlich eine politische Theorie, die ihre eigene Berechtigung aus einer tiefen Skepsis gegenüber der zu erwartenden Tugendhaftigkeit des Durchschnittsbürgers ableitet.

Für den Liberalismus ist die Lehre von der „volonté générale" in hohem Maße problematisch. Rousseau geht davon aus, „dass der Gemeinwille immer recht hat und immer auf das Gemeinwohl zielt" (GV: II, 3). Kein vorstaatliches Recht, keine Grundrechte, kein Minderheitenschutz begrenzen die Herrschaft des Gemeinwillens.

Summa summarum lässt sich die Differenz zu einigen wichtigen Positionen des Liberalismus mit Kersting auch so zusammenfassen: Mit der reduktionistischen Anthropologie des Liberalismus lässt sich „ein liberaler Rechtssicherungsstaat, aber keine Republik machen". In liberalen Rechtsstaaten dürfen die Individuen auch Egoisten sein, ihre Rationalität muss über abwägende Klugheit und vorteilsmaximierende Verständigkeit nicht wesentlich hinausgehen. Rousseaus Republik hingegen „ist eine Gemeinschaft, die sich selbst organisiert, die in ihren Mitgliedern lebt, in deren Mitte ein Gemeinwille entsteht, der die Geschicke der Allgemeinheit lenkt und leitet, deren interne Stabilisierung im Patriotismus und Gemeinsinn der Bürger wurzelt" (Kersting 2003, 21).

2.5 Zivilreligion als Gesinnung des Miteinander – *per se* illiberal?

In Rousseaus Republik sollen sich die Bürger mit dem Kollektiv identifizieren – und das kann man durch rechtliche Bestimmungen allein niemals erreichen. Rousseau bestimmt als die wichtigste Art von Gesetzen jene, „die weder in Erz noch in Marmor, sondern in die Herzen der Bürger eingegraben wird" und die „die eigentliche Verfassung des Staates" ausmacht: die Sitten und die Gebräuche (GV: II, 12). Sie vermögen „an die Stelle der Autorität die Macht der Gewohnheit" zu setzen und damit der Verfassung erst ihre Stabilität zu verleihen. „Rousseau spürt, dass der Staat nicht allein aus den Voraussetzungen zu existieren vermag, die durch den Gesellschaftsvertrag und die republikanischen Institutionen geschaffen werden" (Brandt/Herb 2000b, 11).

Um diese Voraussetzungen sicherzustellen, bedarf das rationale Konstrukt des Vertrages einer Ergänzung auf affektiver Ebene. Schon in seiner „Politischen Ökonomie" (1755) hat Rousseau erkannt: „wenn ihr wollt, daß man den Gesetzen gehorcht, dann tut alles, daß man sie liebt." (PÖ, 23) Wie ist das zu bewerkstelligen? Rousseau stellt fest, „dass noch nie ein Staat gegründet worden ist, dem die Religion nicht als Grundlage gedient hätte" (GV: IV, 8). Religion ist in besonderer Weise geeignet, das „soziale Band" zu stärken. Andererseits bietet die Geschichte viele Beispiele für die äußerst problematischen Suprematieansprüche der Kirche. Rousseaus Lösung ist die sog. „Zivilreligion". Sie bildet eine Synthese aus zwei anderen Formen: der „Religion des Menschen" (der Universalreligion des Evangeliums, in der alle

Menschen sich als „Brüder“ erkennen) und der „Religion des Bürgers“ (den alten Polis-Religionen, die eine Identifizierung mit der konkreten Gemeinschaft ermöglichten).

Rousseaus Zivilreligion ist ein rein politisches Konzept. Theologische oder metaphysische Fragen spielen dabei keine Rolle. Die Zivilreligion soll die Bürger tugendhaft machen. Die Republik braucht Patrioten, keine egoistischen Nutzenmaximierer. Wer von den zivilreligiösen Glaubenssätzen überzeugt ist, der bringt die Voraussetzungen mit, ein verlässlicher „citoyen“ zu sein. Wer sich dagegen so verhält, als glaube er daran nicht, „der soll mit dem Tod bestraft werden“ (ebd.). Das klingt drastisch, ist aber zu erklären aus dem, was andernfalls drohen würde: der Tod des politischen Körpers.

Dennoch hat auch die Zivilreligion ihre Grenzen – sie ist eben *keine* totalitäre Ideologie! Im Werben für Toleranz und im Respekt vor den Überzeugungen des anderen, so Rehm, anerkennt die rousseausche Republik, „dass sie keine Macht über die Seelen hat“. Eben darin zeige sich die Liberalität Rousseaus: „Die Politik aber ist bei Rousseau eindeutig das Vorletzte. Und in diesem Sinne scheint es denn auch durchaus gerechtfertigt, Rousseau, den Modernen mit antiker Seele, einen *libéral malgré lui* zu nennen.“ (Rehm 2006, 198).

Die Zivilreligion beleuchtet noch einmal die ganze Ambivalenz des rousseauschen Denkens. Liberale Vorbehalte muss vor allem der kollektivistische Grundzug seiner gesamten Theorie hervorrufen. „Rousseau kennt letztlich nur die Freiheit *im* Gemeinwesen, nicht die Abgrenzung *von* ihm. *Volonté générale* und *religion civile* fordern ein hohes Maß an Homogenität. Dem Rechtsstaat fehlen bei Rousseau die eingriffsresistenten Rechte genauso wie eine klare Gewaltenteilung.“ (Ottmann 2006, 506) Auf der Linie dieser Kritik liegen die meisten Einwände, die gegen Rousseau bis heute erhoben wurden. Dass indes jedes demokratische Gemeinwesen auf ein soziales Band angewiesen ist, dass Bürger über ein Minimum an solidarischer Gesinnung und Gemeinwohlorientierung verfügen sollten, ist wohl kaum zu bestreiten.

2.6 Der liberale Haupteinwand: Rousseau als Stammvater des Totalitarismus?

Nicht zuletzt mit Blick auf die politischen Entwicklungen des 20. Jahrhunderts hat sich die liberale Kritik an Rousseaus Kollektivismus erheblich verstärkt. Diese Entwicklungen scheinen zu belegen, dass ein allzu emphatischer Kollektivismus eine gefährliche Dynamik entfalten kann – und zwar gerade im Namen des „Volkes“. Das hat u. a. die deutsche Entwicklung gezeigt: Die Ideologie nationaler Einheit und Geschlossenheit hat die Freiheit erstickt. Die Konsensdiktatur des Dritten Reiches mit ihrem totalen Kollektivismus stützt sich dabei keineswegs nur auf Terror. Ihr Erfolg verdankt sich vielmehr der massenhaften Zustimmung zu ihren unablässig propagierten Sozialmaximen: „Zwietracht zerstört, Eintracht vermehrt“, „Gemeinnutz geht vor Eigennutz“, „Einer für alle, alle für einen“. Für die große Mehrheit der Volksgenossen waren diese Prinzipien gültiger Ausdruck ihres Ideals von „volonté générale“.

Politiktheoretischen Ausdruck hat dies in Carl Schmitts radikalem Antiliberalismus gefunden. In seinem Versuch, den Faschismus als zwar antiliberal, aber sehr wohl als demokratisch einzuordnen, beruft sich Schmitt ausdrücklich auf Rousseau, dessen politische Theorie auf Einheit und Homogenität abziele. „Jede wirkliche Demokratie beruht darauf, dass nicht nur Gleiches gleich, sondern, mit unvermeidlicher Konsequenz, das Nicht-gleiche nicht gleich behandelt wird. Zur Demokratie gehört also notwendig erstens Homogenität und zweitens – nötigenfalls – die Ausscheidung oder Vernichtung des Heterogenen. [...] Die politische Kraft einer Demokratie zeigt sich darin, dass sie das Fremde und Ungleiche, die Homogenität Bedrohende zu beseitigen oder fernzuhalten weiß“ (1996, 14–15) Carl Schmitts Lesart der rousseauschen Philosophie bestätigt auf den ersten Blick alle Befürchtungen des Liberalen.

Wie nahe also liegen die genannten Maximen der Volksgemeinschaft dem zivilreligiösen Bekenntnis Rousseaus? „Alles, was die soziale Einheit zerreißt, taugt nichts." (GV: IV, 8)? Das war auch das Credo der NSDAP. Aber was besagt das? „Du bist nichts, Dein Volk ist alles" – lässt sich das noch irgendwie mit Rousseaus politischer Theorie in Verbindung bringen? Manche Kritiker Rousseaus haben diese Frage bejaht. Besondere Prominenz erlangte Jacob L. Talmon, der in seinen *Origins of Totalitarian Democracy* (1951) Rousseau als Wegbereiter des „politischen Messianismus" des 20. Jahrhunderts begreift. Ernst Fraenkel hat das ähnlich, aber ein wenig vorsichtiger so formuliert:

> Politische Bildung kommt nicht darum herum, sich stets und von neuem mit dem Phänomen Rousseau auseinanderzusetzen. Sie muß eindeutig zu der vielleicht erregendsten Streitfrage der modernen politischen Theorie Stellung nehmen, ob es tatsächlich zulässig ist, Jean-Jacques Rousseau zu den Ahnherrn der westlichen Demokratie zu zählen, oder ob es nicht viel mehr berechtigt ist, ihn als den eigentlichen Stammvater des politischen Totalitarismus zu bezeichnen und in einigen seiner Schriften den Urquell dessen zu erblicken, was man bewusst provokatorisch und, ohne den Vorwurf der Paradoxie zu scheuen, als ‚totalitäre Demokratie' bezeichnet hat. (Fraenkel 1991, 267).

Nun, Rousseaus Denken ist ohne jeden Zweifel mit dem Faschismus weithin inkompatibel. Unabhängig davon aber ist die liberale Lehre eindeutig anti-kollektivistisch: Individuelle Freiheit und gesellschaftlicher Pluralismus bedürfen des Schutzes – nicht nur gegen autoritäre Obrigkeiten, sondern zuweilen auch gegen die „Tyrannei der Mehrheit" (Mill) oder gegen „Volkes Stimme". In diesem Zusammenhang kann man denn auch sehr nüchtern Rousseaus Konzepte kritisieren und mit Fraenkel die Vorstellung zurückweisen, es gäbe so etwas wie ein „Gemeinwohl apriori" überhaupt: „In einer pluralistischen Demokratie ist das bonum commune zwar eine regulative Idee, aber kein realisierbares Aktionsprogramm." (ebd., 142) Deswegen sind aus liberaler Sicht Verbände, Parteien und andere intermediäre Formen der Interessenartikulation auch kein Übel, sondern unverzichtbar.

Man kann Rousseau also durchaus als „Apostel des Anti-Pluralismus" kritisieren (ebd., 307). Ob man indes so weit gehen sollte wie Isaiah Berlin, ist eine andere Frage. Berlin zählt Rousseau zu den wichtigsten „enemies of human liberty". Rousseau wolle die Menschen zwingen, frei zu sein, und dies unter Berufung auf ein als wahr und richtig erkanntes vernünftiges Ziel – was, so Berlin, den Aufklärer zwar von irrationalen Despoten unterscheide, ihn aber zugleich zum Vorläufer typisch moderner Varianten totalitärer Weltbefreiungs- und Menschheitsbeglückungsideologien mache (vgl. Berlin 2002, 48–49). Für Liberale wie Berlin ist Rousseaus ganzes Denken eine einzige Warnung vor den gefährlichen Versprechen „positiver" Freiheit (s. Kap. 18).

2.7 Antimoderne Melancholie oder unverzichtbares Korrektiv liberaler Minimalismen?

Die referierte Kritik wirft die Frage auf, wie viel der Liberalismus mit Rousseau überhaupt anfangen kann. Zu radikal scheinen seine Vorstellungen, zu weit ist er von der liberalen Demokratie unserer Zeit entfernt, zu weit von den Realitäten parlamentarischer Regierungssysteme und den normativen Grundlagen pluralistischer Gesellschaften. Mehr noch: Kann man Rousseau überhaupt noch einen modernen Denker nennen? Rousseau war sich sehr bewusst, dass die guten alten Zeiten des Republikanismus vorbei sind. Mit Blick auf die Gesellschaft seiner Zeit, die er als krisenhaft beschreibt, auf die historischen Vorbilder, die er heranzieht, wie auch mit Blick auf seine philosophischen Positionen kann man dem *Contrat Social* durchaus einen „rückwärtsgewandten Charakter" (Brandt/Herb 2000b, 7) attestieren, der insbesondere an der „republikanischen Überfrachtung der Vertragsidee" zu Tage tritt.

Tatsächlich erscheint Rousseaus Republikanismus (auch) als melancholischer Protest gegen die Moderne. Er führt „zu einer Kritik der bürgerlichen Moderne, die weder für die Gegenwart noch für die Zukunft versöhnliche Aussichten eröffnet. Am Beispiel des antiken Bürgers wird der zeitgenössische Bürger als *bourgeois* entlarvt, der an den Ansprüchen republikanischen Bürgerseins scheitert“ (Herb 2000, 179). Damit aber wird Rousseaus Kritik insgesamt problematisch – sofern man pragmatisch nach den relativ besten Lösungen sucht.

Und dennoch legt Rousseau den Finger in eine offene Wunde des Liberalismus, die zu seinen größten Schwächen zählt: jenen Mangel an „Sittlichkeit“, der schon von Hegel als eklatantes Manko der vertragstheoretischen Tradition wie auch des darauf aufbauenden Liberalismus identifiziert wurde. Liberale Theorien sind oft zu rationalistisch oder abstrakt angelegt, die Argumentation operiert nicht selten mit einem moralphilosophischen Bürger-Typus, der keine substantielle sittliche Anbindung an sein Gemeinwesen hat, keine affektive Identifizierung mit ihm. Weder ökonomische Nutzenmaximierer noch idealisierte Diskursteilnehmer oder moralische Vernunftwesen sind gute „citoyens“. Das ist der klassische Vorwurf, den die republikanische Tradition seit jeher gegen alle liberalen Ansätze im weitesten Sinn vorbringt – bis hin zur sog. Kommunitarismusdebatte (s. Kap. 39; 40).

Eine entscheidende Frage für den Liberalismus ist wohl die, ob und wie diese Kritik fruchtbar gemacht werden kann. Dabei, so Jürgen Habermas, müsse man zunächst einmal jene typisch republikanische „Tugendzumutung“ abmildern, „durch die die Bürger seit eh und je moralisch überfordert waren“ (Habermas 1992, 627). Dennoch müsse man konzedieren, dass auch liberale Demokratien „nicht ohne die Rückendeckung einer entgegenkommenden politischen Kultur, nicht ohne jene durch Tradition und Sozialisation vermittelten Gesinnungen einer an politische Freiheit *gewöhnten* Bevölkerung operieren können“ (ebd., 626–627). Unter Bedingungen gesellschaftlichen Pluralismus’ und kultureller Modernität müsse man die Antwort freilich anders formulieren. Moderne Menschen sind nun einmal nicht so, wie Aristoteles oder Rousseau sich den idealen Bürger vorstellen. Es ist also – gegen Rousseau – in Rechnung zu stellen, „daß die politische Moral nur noch in kleiner Münze erhoben wird“ (ebd.).

Rousseau war kein illiberaler Denker. Ja, selbst Versuche, Rousseau in die Geschichte des Liberalismus einzureihen, seien, so Ottmann, mit Blick auf einige Berührungspunkte „nicht völlig falsch“. Am Ende aber bleibe Rousseau unzweideutig Republikaner. Der Liberale kann von ihm indes trotz aller Vorbehalte Wichtiges lernen: „Der Republikanismus kann in modernen Gesellschaften in der Gefahr schweben, ein Zuviel an Identität und Gemeinsamkeit zu fordern. Er lebt aber – auch und gerade in der Moderne – weiter, weil man sich mit der Politik des Privatbürgers, des *bourgeois,* nicht bescheiden kann. Wenn Rousseau nicht die richtigen Antworten parat hat, so stellt er doch die richtigen Fragen“ (Ottmann 2006, 506–507).

Literatur

Berlin, Isaiah: Freedom and its Betrayal. Six enemies of Human Freedom. Princeton and Oxford 2002.

Brandt, Reinhard/Herb, Karlfriedrich: Vorwort. Zu: Dies. (Hg.): Jean-Jacques Rousseau, Vom Gesellschaftsvertrag oder Prinzipien des Staatsrechts (Reihe Klassiker Auslegen; Band 20). Berlin 2000a, 1–2.

Brandt, Reinhard/Herb, Karlfriedrich: Einführung in Rousseaus Gesellschaftsvertrag. In: Dies. (Hg.): Jean-Jacques Rousseau, Vom Gesellschaftsvertrag oder Prinzipien des Staatsrechts (Reihe Klassiker Auslegen; Band 20). Berlin 2000b, 3–25.

Fraenkel, Ernst: Deutschland und die westlichen Demokratien. Frankfurt a.M. 1991.

Habermas, Jürgen: Volkssouveränität als Verfahren. In: Ders.: Faktizität und Geltung. Beiträge zur Diskurstheorie des Rechts. Frankfurt a. M. 1992, 600–631.

Herb, Karlfriedrich: Verweigerte Moderne. Das Problem der Repräsentation. In: Brandt, Reinhard/Herb, Karlfriedrich (Hg.): Jean-Jacques Rousseau, Vom Gesellschaftsvertrag oder Prinzipien des Staatsrechts (Reihe Klassiker Auslegen; Band 20). Berlin 2000, 167–188.

Kaufmann, Matthias: Politischer Rousseauismus. Einige Kapitel aus der Wirkungsgeschichte des Contrat Social. In: Kersting, Wolfgang (Hg.): Die Republik der Tugend. Jean-Jacques Rousseaus Staatsverständnis. Baden-Baden 2003, 177–200.

Kersting, Wolfgang: Vom Vertragsstaat zur Tugendrepublik. Die politische Philosophie Jean-Jacques Rousseaus. In: Ders. (Hg.): Die Republik der Tugend. Jean-Jacques Rousseaus Staatsverständnis. Baden-Baden 2003, 11–24.

Ottmann, Henning: Geschichte des politischen Denkens. Band 3: Die Neuzeit, Teilband 1: Von Machiavelli bis zu den großen Revolutionen. Stuttgart/Weimar 2006.

Rehm, Michaela: Bürgerliches Glaubensbekenntnis. Moral und Religion in Rousseaus politischer Philosophie. München 2006.

Rehm, Michaela: „Ihr seid verloren, wenn ihr vergeßt, daß die Früchte allen gehören und die Erde niemandem": Rousseaus bedingte Legitimation des Privateigentums. In: Eckl, Andreas/Ludwig, Bernd (Hg.): Was ist Eigentum? Philosophische Eigentumstheorien von Platon bis Habermas. München 2005, 103–117.

Rousseau, Jean-Jacques: Abhandlung über die Politische Ökonomie. In: Ders., Politische Schriften. Band 1, Übers. u. Einf. v. Ludwig Schmidts. Paderborn 1977 [PÖ].

Rousseau, Jean-Jacques: Die Bekenntnisse. Die Träumereien des einsamen Spaziergängers. München 1978 [B].

Rousseau, Jean-Jacques: Diskurs über die Ungleichheit. Hrsg., übers. u. komment. v. Heinrich Meier. Paderborn 1990 [DU]

Rousseau, Jean-Jacques: Über Kunst und Wissenschaft. In: Ders., Schriften zur Kulturkritik, eingel., übers. u. hrsg. v. Kurt Weigand. Hamburg 1995, 1–59 [KuW].

Rousseau, Jean-Jacques: Vom Gesellschaftsvertrag. In: Ders.: Politische Schriften. Band 1, übers. u. einf. v. Ludwig Schmidts. Paderborn 1977 [GV].

Schmitt, Carl: Die geistesgeschichtliche Lage des heutigen Parlamentarismus. Berlin 1996.

3 Adam Smith

Bastian Ronge

3.1 Leben, Werk und Einflüsse

Adam Smith (1723–1795) wird 1723 in der schottischen Hafenstadt Kirkcaldy geboren. Nach dem Besuch der dortigen Grundschule, geht Smith im Alter von 14 Jahren nach Glasgow, um dort u. a. bei Francis Hutcheson – dem ‚Vater der Schottischen Aufklärung' –, zu studieren. Neben David Hume, den Smith erst nach Beendigung seines Studiums kennenlernt, besitzt der ‚never to be forgotten Dr Hutcheson' (Smith) wohl den größten Einfluss auf Smiths Denken. Dieser zeigt sich sowohl in Smiths Konzeptualisierung des Zusammenhangs von moralischen, ästhetischen und affektiven Urteilen in der *Theory of Moral Sentiments* wie auch in seiner ungewöhnlichen, weil emotionstheoretischen Perspektive auf Genese und Geltung des Rechts in seinen *Lectures on Jurisprudence,* die durch studentische Mitschriften überliefert sind.

Aufgrund seiner herausragenden Leistungen erhält Smith nach Abschluss seines Studiums an der Universität Glasgow das angesehene Snell-Stipendium, das ihm ein Studium am Balliol College in Oxford ermöglicht. Die generelle Erwartung an die Snell-Stipendiaten, nach Abschluss ihres Studiums ein Amt in der schottischen Episkopalkirche zu übernehmen, erfüllt Smith indes nicht. Obwohl in einem stark religiösen Umfeld aufgewachsen, zeigt sich Smith insgesamt eher der antiken Ethik und insbesondere dem Stoizismus zugeneigt als christlichen Moralvorstellungen. Deutlich wird dies nicht nur in seinem Nachruf auf David Hume, in dem er dessen stoischen Umgang mit dem eigenen Tod würdigt und damit einen öffentlichen Skandal auslöst, sondern auch an den verschiedenen Überarbeitungen der *Theory of Moral Sentiments.* Smiths Hauptwerk erlebt zu seinen Lebzeiten insgesamt fünf Neuauflagen. An der sechsten Auflage arbeitet Smith bis kurz vor seinem Tod. Betrachtet man die Passagen genauer, die Smith überarbeitet bzw. gestrichen hat, fällt auf, dass vermeintlich ‚christlich' gemeinte Passagen immer stärker durch stoisch inspirierte Passagen ersetzt werden – ein Detail, das für die Interpretation von Theoremen wie dem *Impartial Spectator* oder der *Invisible Hand* bedeutsam ist, insofern hier in der Forschung christliche Deutungen (der unparteiische Zuschauer als Gott bzw. die unsichtbare Hand als Ausdruck eines deistischen Weltbildes) mit stoischen Interpretationen (der unparteiische Zuschauer als Fremder bzw. die unsichtbare Hand als Ausdruck der Schicksalsergebenheit) konkurrieren.

Smiths Interesse an der Antike prägt auch sein Studium in Oxford (1740–1746). Während

B. Ronge (✉)
Humboldt-Universität zu Berlin, Berlin, Deutschland
E-Mail: bastian.ronge@hu-berlin.de

M. Festl (Hrsg.), *Handbuch Liberalismus,* https://doi.org/10.1007/978-3-476-05798-3_3

an seiner Alma Mater – wie an vielen schottischen Universitäten – nach dem Vorbild der Leidender Universität gelehrt wird, d. h. die Professoren „nur noch *einen* Gegenstand unterrichten“, teilweise sogar wie Hutcheson auf Englisch, und vor dem Hintergrund der „experimentelle[n] Naturphilosophie Newtons“ (Streminger 2017, 27), „beschränkten sich Oxfords Denker in ihrer Erklärung der Welt weiterhin fast ausschließlich auf die Lektüre aristotelischer Schriften und deren Kommentierung“ (Streminger 2017, 31). Enttäuscht von Form und Inhalt des Studiums, nutzt Smith die Oxforder Zeit, um sich mit den Hauptwerken der klassischen Antike auseinanderzusetzen und seine ohnehin schon sehr guten Latein- und Griechischkenntnisse weiter zu vertiefen.

Smiths Erfahrung in Oxford wirft ein Schlaglicht auf das komplexe Verhältnis zwischen Schotten und Engländern im 18. Jahrhundert. Der *Act of Union,* mit dem Schottland 1707 seine politische Unabhängigkeit zugunsten einer politischen und wirtschaftlichen Einheit mit England aufgegeben hat, hinterlässt bei vielen Schotten das Gefühl kultureller Minderwertigkeit. Während London als europäische Kulturstadt ersten Ranges gilt, leben unweit der kulturellen Zentren Schottlands die Menschen noch in Clan-Strukturen wie vor 100 Jahren. Und selbst der kultivierteste Bürger Edinburghs verrät sich als ‚Nicht-Engländer‘, sobald er beginnt zu sprechen. Gleichzeitig erlebt Schottland seit der *Union* eine wirtschaftliche und vor allem kulturelle Blüte. Die Namen der Vertreter der schottischen Aufklärung – Francis Hutcheson, David Hume, Adam Ferguson oder Adam Smith – kennt man bis heute, während die Tatsache, dass es auch eine ‚englische Aufklärung‘ gegeben hat, fast in Vergessenheit geraten ist. Wer das Werk von Smith verstehen und geistesgeschichtlich einordnen will, muss es als Dokument der Schottischen Aufklärung verstehen, die eben nicht die englische Aufklärung ist und mit dieser auch nicht einfach in eine britische Geistesgeschichte eingereiht werden kann. Nichts wäre irreführender als Smith in eine Reihe mit englischen Philosophen wie Thomas Hobbes oder John Locke (s. Kap. 1) zu stellen, ohne auf das komplexe schottisch-englische Verhältnis einzugehen. Dies gilt auch und insbesondere für den Versuch, Smith in die Geschichte des Liberalismus einzuordnen, dessen historischer Ursprung häufig in Großbritannien verortet wird, ohne dass dabei auf die teils gravierenden Unterschiede zwischen schottischer und englischer Geistesgeschichte eingegangen wird.

Nach Beendigung seines Studiums kehrt Smith nach Schottland zurück, wo er zunächst als Rhetorik-Lehrer seinen Landsleuten dabei hilft, ihren harten schottischen Akzent loszuwerden. Im Jahre 1751 wird Smith zum Professor für Logik an die Universität Glasgow berufen, wo er ein Jahr später auf den Lehrstuhl für Moralphilosophie wechselt. In dieser Funktion hält er jeden Morgen Vorlesungen über Ethik, Politik, Rechtstheorie und natürliche Theologie. Im Jahr 1764 verlässt er die Universität, um als Privatlehrer mit dem Herzog von Buccleugh durch Frankreich zu reisen, bis er 1766 – ausgestattet mit einer großzügigen jährlichen Pension des Herzogs – nach Schottland zurückkehrt, um im heimischen Kirkcaldy am *Wealth of Nations* zu arbeiten, der zehn Jahre später, im Jahr 1776, erscheint. Nach diesem publizistischen Paukenschlag wird Smith zwei Jahre später zum Zollkommissar für Schottland ernannt und siedelt zusammen mit seiner Mutter und seiner Cousine nach Edinburgh über, wo er bis zu seinem Tod 1795 lebt.

3.2 Wirkungsgeschichte: Adam Smith im Kontext des Liberalismus

Kaum ein Name ist so eng mit dem Begriff des Liberalismus verknüpft wie derjenige Adam Smiths. Egal wie man die Geschichte des Liberalismus schreibt – Smith wird darin eine Rolle spielen. Verantwortlich hierfür ist vor allem sein *Wealth of Nations,* der bereits kurz nach seiner Veröffentlichung zum Bezugspunkt der politischen wie theoretischen Auseinandersetzung um den ökonomischen und politischen Liberalismus geworden und seitdem geblieben ist (vgl. Miltgate/Stimson 2009). Wer vom Liberalismus spricht, so scheint es, kann über Smith und seinen *Wealth of Nations* nicht schweigen.

Dies führt nicht nur dazu, dass über Smith fast pausenlos gesprochen wird (insbesondere in Krisenzeiten des Liberalismus), sondern auch und vor allem dazu, dass die Bezugnahme auf Smith häufig einen *polemischen Charakter* hat. Indem man sich auf Smith bezieht, vollzieht man immer auch eine Bewegung im umkämpften Diskurs des Liberalismus der eigenen Gegenwart: Man gebraucht seine Überlegungen, um sich für oder gegen den Freihandel auszusprechen (wie in der deutschen Rezeption des frühen 19. Jahrhunderts), um das Menschenbild des Liberalismus zu bestätigen oder zu kritisieren (insbesondere im Nachgang der marxschen Smith-Rezeption), um die Idee der effizienten und selbstregulierenden Märkte als Ur-Idee des Liberalismus auszuweisen oder als historische Schimäre zu bezweifeln (wie infolge der neoliberalen Smith-Rezeption).

Die früh einsetzende und bis heute fortdauernde polemische Gebrauchsweise von Smith erschwert nicht nur die wissenschaftliche, tendenziell wertfreie Auseinandersetzung mit seinem Denken, sondern macht es geradezu unmöglich, dieses „im Kontext" des Liberalismus zu verorten. Da der Name Adam Smith unmittelbar und unauflösbar mit der Darstellung und der Deutung des Liberalismus verbunden ist, liegt jedem Begriff von Liberalismus immer schon eine bestimmte Smith-Interpretation zugrunde. So wie es unmöglich erscheint, das Werk von Karl Marx „im Kontext" des Marxismus zu verorten, insofern der Kontext des Marxismus gar nichts anderes ist, als das Netz von zeitlich aufeinander folgenden, inhaltlich aufeinander Bezug nehmenden Interpretationen des Werks von Marx, so scheint auch die Verortung von Smith im Kontext des Liberalismus unmöglich. Was möglich wäre, ist, die Geschichte des Liberalismus als Geschichte der aufeinanderfolgenden, sich wechselseitig beeinflussenden polemischen Smith-Deutungen zu rekonstruieren. Beiträge zu solch einer Genealogie des Liberalismus liegen verstreut vor, nämlich immer dort, wo spezifische Interpretationsweisen von Smith vor dem Hintergrund ihres politisch-polemischen Hintersinns rekonstruiert werden (vgl. exemplarisch Hochgeschwender 2019).

Für alle diese letztlich polemisch motivierten Deutungen von Smith gilt, dass sie sein Werk nur selektiv wahrnehmen; und dies gilt nicht nur für die Vernachlässigung der *Theory of Moral Sentiments* zugunsten des *Wealth of Nations,* sondern auch für dessen Rezeption. Selten wird der *Wealth of Nations* als Ganzes interpretiert. In der Regel nehmen seine polemisch motivierten Interpreten einzelne Passagen heraus, um weitreichende Thesen über Smiths politischen bzw. wirtschaftlichen Liberalismus zu „belegen". Eine angemessene Perspektive auf Smiths Denken lässt sich aber nur entwickeln, wenn man sein Werk in seinem systematischen Zusammenhang versteht, auf den Smith in der Vorrede zur *Theory of Moral Sentiments* ausdrücklich hinweist und der von der Smith-Forschung in unterschiedlichen Perspektiven herausgearbeitet worden ist (vgl. u. a. Winch 1978; Dwyer 1998; Montes 2004; Ronge 2015; Schliesser 2017). Hierzu gehört auch und zuvörderst den allgemeinen Forschungsrahmen zu verstehen, in den das smithsche Denken eingebettet ist.

3.3 Der allgemeine Forschungsrahmen: The Science of Man

Wie in der Darstellung von Smiths Leben und Werk bereits angedeutet wurde, setzt sich an den schottischen Universitäten des 18. Jahrhunderts der *Newtonianism* als Standard der wissenschaftlichen Forschung durch. Auch die geisteswissenschaftliche Reflexion orientiert sich an der von Newton postulierten und praktizierten experimentellen Methode. Dies lässt sich nicht nur an Hume studieren (vgl. Demeter 2016), sondern auch an Smith. Angefangen von seiner „Dissertation on the Origins of Languages" (1761), die von Dugald Stewart als Geburtsstunde der *conjectural history* gesehen wird (vgl. Stewart 1853) über seine *Theory of Moral Sentiments* bis hin zum *Wealth of Nations:* Egal welches Phänomen Smith untersucht, immer sind seine Überlegungen am Forschungsrahmen der experimentell vorgehenden *science of man* ausgerichtet und versuchen folgende Frage zu beantworten: Welche (möglichst wenigen) Hypothesen über den Menschen und die menschliche Natur muss man annehmen, um die historische Genese und Gegenwart eines Phänomens plausibel, d. h. im Einklang mit den historisch überlieferten und gegenwärtigen Erfahrungen des jeweiligen Phänomens beschreiben und erklären zu können (vgl. hierzu Broadie 2007, 64–77, Berry 2012).

Es ist wichtig, diesen experimentellen Charakter der smithschen Theoriebildung zur Kenntnis zu nehmen, um anthropologische Fehldeutungen seiner Überlegungen zu vermeiden. Wenn Smith bspw. im *Wealth of Nations* davon spricht, dass der Mensch eine natürliche Neigung zum Tauschen besitzt, dann darf dies nicht als faktische Aussage über die menschliche Natur missverstanden werden. Smith behauptet nicht, dass der Mensch von Natur aus ein tauschendes Wesen *ist,* sondern nur, dass sich mit Hilfe dieser Hypothese, eine Geschichte über die historische Entstehung und gegenwärtige Gestalt der *commercial society* erzählen lässt, die mit unserer Erfahrung von ihr korrespondiert. Diese wissenschaftstheoretisch begründete Skepsis gegenüber einfachen, anthropologischen Aussagen, die für einen engen Freund von Hume wenig überraschend ist, muss man unbedingt im Hinterkopf haben, wenn man versucht, das smithsche Menschen- und Gesellschaftsbild zu rekonstruieren.

3.4 Smiths Menschen- und Gesellschaftsbild

Welches X nimmt im Universum unseres moralischen Verhaltens und Urteilens jene Rolle ein, welche die Schwerkraft im physikalischen Universum spielt? Dies ist die Frage, die Smith in seiner *Theory of Moral Sentiments* untersucht und mit Hilfe der Annahme eines natürlichen Vermögens zur *sympathy* beantwortet. Sympathy bezeichnet den natürlichen Impuls des Menschen, die Gefühle seiner Mitmenschen nachzuahmen und in sich ein analoges *fellow-feeling* zu evozieren. Sehen wir jemanden, der traurig ist, sorgt das Vermögen der sympathy dafür, dass in uns das Mit-Gefühl der Mit-Trauer aufsteigt. Sehen wir jemanden lachen, löst sympathy in uns das Mit-Gefühl der Mit-Freude aus usw. Sympathy darf daher nicht als altruistisches Vermögen missverstanden werden. Die Bandbreite sympathetisch erzeugter Mit-Gefühle reicht von Mit-Leid und Mit-Trauer über Mit-Freude bis hin zu Mit-Rache (vgl. Broadie 2006, 163–179).

Ausgehend von der Hypothese, dass der Mensch ein sympathetisches Wesen ist, beschreibt und erklärt Smith nacheinander unsere Beurteilungspraxis von fremden Handlungen (Teil 1 und 2) und eigenem Verhalten (Teil 3). Er folgt damit der ‚Newtonian Method', wie er sie in seinen *Lectures on Rhetoric and Belles Lettre* als verbindliches Vorbild für jede Form von wissenschaftlicher Reflexion und Darstellung bestimmt (vgl. Smith 1983, 145–146). Diese Beobachtung ist vor allem deswegen interessant, weil sich Smith im vermeintlichen Gründungsdokument der modernen Wirtschaftswissenschaften nicht an diese von ihm empfohlene wissenschaftlich Darstellungsform hält. Anders als in der *Theory of Moral Sentiments,* in der Smith tatsächlich zu Beginn ein Prinzip zugrunde legt, „from whence we account for the severall Phenomena, connecting all together by the same Chain" (Smith 1983, 146), bietet er im *Wealth of Nations* eher theoretisches Stückwerk. Zwar führt Smith auch hier experimentell gemeinte Hypothesen an, um die Genese und die Gestalt der gegenwärtigen sozio-ökonomischen Lebensform zu erklären – wie bspw. die Hypothese, dass der Mensch von Natur aus mit *self-love* ausgestattet ist bzw. die *Neigung zum Tauschen besitzt* – gleichwohl unternimmt Smith im *Wealth of Nations* nicht den Versuch, eine ähnlich linear strukturierte Darstellung zu entwickeln wie in der *Theory of Moral Sentiments.* Oder anders formuliert: Er verzichtet darauf, den *Wealth of Nations* in eine rein wissenschaftliche Darstellungsform zu bringen. Warum? Ein Grund dürfte sein, dass Smith sein Buch primär als ‚violent attack upon the whole commerical system of Great Britain' versteht und entsprechend nach den Regeln eines *rhetorical discourse,* sprich eines ausschließlich auf Überzeugung abzielenden Textes, komponiert. Beleg hierfür ist auch die häufige Verwendung von sprachlichen Bildern – wie bspw. die Illustration des Prozesses der Arbeitsteilung anhand der *Stecknadelfabrik* oder die berühmt-berüchtigte Metapher von der *unsichtbaren Hand* –, die der ehemalige Rhetoriklehrer Smith gezielt einsetzt, um beim Leser Evidenz zu erzeugen (vgl. Ronge 2018, 641–649).

Aus der Fähigkeit zum sympathetischen Mit-Fühlen resultieren nicht nur sympathetische Imitationen fremder Gefühle, sondern auch die Regulation des eigenen Gefühlsausdrucks. Sympathy sorgt nicht nur dafür, dass wir uns als Zuschauer in die Situation einer unmittelbar betroffenen Person hineinversetzen und ihre Gefühle nachempfinden, sondern bewirkt auch, dass wir unser Verhalten als unmittelbar betroffene Personen mit den Augen des unbeteiligten Zuschauers betrachten und durch die Imitation von dessen sympathetischen Mit-Gefühlen unsere eigenen Gefühle auf ein Maß reduzieren, welches der unbeteiligte Zuschauer mitzufühlen in der Lage ist. Ähnlich wie sich die Preise dank des Marktmechanismus an den natürlichen Preis anpassen – ein berühmtes Theorem aus dem *Wealth of Nations* –, so passen sich unsere Gefühle und unser Verhalten aufgrund dieses sympathetischen Mechanismus an die Gefühle und Erwartungen der faktischen bzw. fiktiven Beobachter unseres Verhaltens an.

Dies gilt auch für rein egoistisch motiviertes Verhalten, wie im 2. Abschnitt des 1. Teils der *Theory of Moral Sentiments* deutlich wird, wo Smith kategorial zwischen unsozialen, sozialen und egoistischen Affekten unterscheidet und den jeweiligen Grad ihrer gesellschaftlich angemessenen Intensität untersucht. Während wir soziale Gefühle (wie z. B. Wohlwollen) kaum mäßigen müssen, um die Zustimmung seitens der Zuschauer zu erhalten, müssen wir die Intensität unserer unsozialen und egoistischen Affekte erheblich reduzieren, damit die Zuschauer den Grad unseres Verhaltens billigen können. Smith ist Soziologe genug, um den Einflussfaktor der spezifischen sozialen Beziehung zwischen uns und unserem Zuschauer zur Kenntnis zu nehmen: Vor Freunden können wir lauter lachen und heftiger weinen als vor Fremden. Jene werden uns einen höheren Grad an Affektivität nachsehen als diese. Verantwortlich für diese soziale Tatsache ist laut Smith die natürliche Kraft der *selflove.* Im Rückgriff auf die stoische Lehre von der Oikeosis, behauptet Smith, dass wir von Natur aus „mit dem Prinzip der Selbstliebe ausgestattet“ (2004, 459) sind, wobei sich dieser Selbsterhaltungstrieb seiner Meinung nach nicht bloß auf unser Selbst bezieht, sondern auf „jenen kleinen Abschnitt“ in der Welt, „in dem uns eine gewisse Verwaltung und Leitung zusteht“ (ebd., 487). Mit anderen Worten: Unsere Selbstliebe sorgt nicht nur dafür, dass wir uns um uns selbst kümmern, sondern auch um unsere Nächsten. Dass die Kräfte der sympathy zwischen Familienmitgliedern stärker sind und leichter zirkulieren als zwischen Freunden und zwischen diesen wiederum stärker und leichter als zwischen Fremden, ist Ausdruck jener „circles of sympathy“ (Forman-Barzilai 2010), welche die natürliche Neigung zur selflove um uns herumzieht.

Die natürliche Selbstliebe des Menschen spielt aber nicht nur in der *Theory of Moral Sentiments* eine wichtige Rolle, sondern auch im *Wealth of Nations.* In einer der am häufigsten zitierten Passagen schreibt Smith:

> It is not from the benevolence of the butcher, the brewer, or the baker, that we expect our dinner, but from their regard to their own interest. We address ourselves, not to their humanity but to their self-love, and never talk to them of our own necessities but of their advantages. Nobody but a beggar chuses to depend chiefly upon the benevolence of his fellow-citizens. (Smith 1979, I.ii.2)

Vertreter eines neo-liberalen Adam-Smith-Bildes interpretieren diese Passage so, als ob Smith hier das Marktgeschehen als Interaktion zwischen nutzenmaximierenden, egoistisch motivierten Akteuren beschreibt (vgl. exemplarisch Blaug 1998, 60; Myers 1983, 113). Diese polemisch motivierte Interpretation ist gleich in zwei Hinsichten falsch.

Erstens übersieht sie, dass Smith die Frage nach der Motivation unseres ökonomischen Verhaltens bereits vorher beantwortet hat und zwar mit Hilfe der Hypothese von unserer natürlichen Neigung „zueinander in Beziehung zu treten, zu handeln und zu tauschen“ (Smith 2005, 97). Aufgrund dieser *propensity to truck, barter and exchange* – die Smith wiederum aus dem menschlichen Sprachvermögen ableitet, insofern jedem Sprechen eine Überzeugungsabsicht des Gegenübers eingeschrieben ist –, haben sich arbeitsteilige, auf dem Tauschprinzip basierende Gesellschaften entwickelt. Mit anderen Worten: Wir tauschen nicht miteinander, weil wir vom eigennützigen Streben nach Nutzenmaximierung getrieben sind, sondern weil wir unsere Neigung zum Feilschen befriedigen wollen, indem wir den Anderen vom Wert unseres Tauschobjekts überzeugen. Dies bedeutet nicht, dass Smith den *Warentausch* als Universalie sieht, wie man vor allem in der marxistischen Smith-Rezeption immer wieder lesen kann. Es bedeutet nur, dass Smith im Rahmen seines Forschungsprogramms, die Hypothese einer natürlichen *propensity to truck, barter and exchange* für geeignet hält, um die Genese und Gegenwart der Commercial Society zu erklären (vgl. hierzu u. a. Smith 1979, I.ii.1; 1983, 348, 492–493).

Zweitens ignoriert die Interpretation die Tatsache, dass Smith in der Passage gerade nicht den Begriff der *selfishness* verwendet – der ihm zur Bezeichnung eines rein egoistischen Verhaltens zur Verfügung stehen würde –, sondern den Begriff der *selflove.* Und dies nicht ohne Grund, wie aus einer Passage in den *Lectures on Jurisprudence* deutlich wird:

> Man […] works on the selflove of his fellows, by setting before them a sufficient temptation to get what he wants; the language of this disposition is, give me what I want, and you shall have what you want. It is not from benevolence, as the dogs, but from selflove that man expects any thing. The brewer and the baker serve us not from benevolence but from selflove. (Smith 1983, 493; ähnlich, 348).

Um die Erfolgschancen des Tauschs zu steigern, machen wir unserem Gegenüber ein Angebot, von dem wir wissen oder zu wissen glauben, dass es im Bannkreis der unwiderstehlichen Macht seiner natürlichen Selbstliebe liegt. Wir bieten etwas an, was er zur Bewahrung seines ‚kleinen Abschnitts' der Welt benötigt: egal, ob es sich dabei um etwas handelt, was er selbst benötigt oder für seine Kinder oder nächsten Verwandten und Freunde.

Vor diesem Hintergrund wird auch deutlich, wieso die Vertreter des sogenannten *Adam Smiths Problems* falsch liegen, wenn sie einen radikalen Bruch zwischen den anthropologischen Voraussetzungen der *Theory of Moral Sentiments* und der *Wealth of Nations* behaupten. Es ist nicht nur falsch, weil *sympathy* und *selflove* nicht als altruistisches bzw. egoistisches Vermögen interpretiert und als solche entgegengesetzt werden können, sondern auch, weil *selflove* überhaupt nicht exklusiv dem *Wealth of Nations* zugeordnet werden kann, sondern in beiden Werken eine wichtige Rolle spielt.

Eine berechtigte Frage hingegen ist, warum Smith im *Wealth of Nations* nicht auf die Theorie der *sympathy* zurückgreift, die er in der *Theory of Moral Sentiments* entwickelt. Wieso findet sein sympathetisches Menschen- und Gesellschaftsbild keine unmittelbare Fortsetzung in der Analyse und Darstellung der ökonomischen Sphäre? Teil der Antwort dürfte sein, worauf weiter oben bereits hingewiesen wurde, dass Smith mit *Wealth of Nations* kein rein wissenschaftliches Werk im Sinne gehabt hat, was sich in die gleiche Weise in den Forschungsrahmen der *science of man* eingliedert, wie seine *Theory of Moral Sentiments* oder seine *Lectures on Jurisprudence* (vgl. hierzu Phillipson 2010, 214–217). Dass Smith durchaus eine sympathetische Konzeptualisierung der Ökonomie und unseres ökonomischen Verhaltens im Sinn gehabt hat, zeigen hingegen seine Überlegungen zur sympathetischen Theorie des Eigentums.

3.5 Smiths sympathetische Theorie des Eigentums

Das Recht auf privates Eigentum gehört wesentlich zum Begriff des Liberalismus. Egal, welche Spielart von Liberalismus man betrachtet, ein Liberalismus ohne Eigentum scheint ein Widerspruch in sich zu sein. Auch Smith formuliert eine Theorie des Eigentums und zwar in den durch studentische Mitschriften überlieferten *Lectures on Jurisprudence* und auf Grundlage seiner dort in Ansätzen formulierten sympathetischen Rechtsphilosophie.

Deren Grundidee besteht darin, dass die Genese und die Geltung von Rechten das Resultat einer sympathetischen Interaktion sind. Mit anderen Worten: Rechte und Rechtsansprüche entstehen dann, wenn der unparteiische Zuschauer mit dem *ressentment* des Betroffenen sympathisiert, sprich das Opfer seine Rachegelüste auf ein Maß reduziert hat, das sozial anerkennungswürdig ist (vgl. Haakonssen 1981, 100–103; 1996, 133–134).

Vor diesem Hintergrund formuliert Smith eine Theorie des Eigentums, mit der er sich von der Eigentumstheorie Lockes absetzt: Während Locke das Privateigentum aus dem Recht am eigenen Körper und seiner Arbeitskraft ableitet, entwickelt Smith eine radikal historische und soziologische Perspektive auf die Institution des Eigentums. Eigentum ist, was von der Gesellschaft als Eigentum anerkannt wird. Wenn Dagobert Duck über den Diebstahl eines Talers aus seinem Tresor in Wut gerät und die Panzerknacker für ihre Untat am liebsten mit lebenslanger Haft bestrafen möchte, dann werden die unparteiischen Zuschauer der Intensität dieses Rachegefühls nicht zustimmen können und folglich den Diebstahl auch nicht als Diebstahl, sprich als Verletzung des Rechts auf Eigentum, bewerten. Anders sieht es aus, wenn die Panzerknacker den gesamten Inhalt von Dagoberts Tresor leerräumen würden oder seinen Glückzehner stehlen würden. In diesen Fällen werden die Zuschauer eher in der Lage sein, die Rachegefühle Dagoberts nachzuempfinden (insofern er sie einigermaßen mäßigt) und somit sein ‚gefühltes Recht' auf Eigentum bestätigt werden. Die konsequente Historisierung und Soziologisierung des Rechts auf Eigentum macht auch vor dem Erbschaftsrecht nicht halt (vgl. Smith 1983, 466–469). Smith lehnt das Recht auf Vererbung (und somit das Recht auf Erbschaft) nicht grundsätzlich ab. Gleichwohl sieht er auch hier eine sympathetische Fundierung des Rechts vor. Der testamentarisch bekundete Wille des Verstorbenen ist nur solange verbindlich, wie sich die Lebenden noch in seine Situation und seinen Charakter hineinversetzten und seinen letzten Willen nachempfinden können.

Am Beispiel des Eigentums sieht man nicht nur, dass Smith auch bei der Reflexion von rechtlich-ökonomischen Fragen an seinem sympathetischen Menschen- und Gesellschaftsbild festgehalten hat und es dementsprechend nicht völlig abwegig ist, die ökonomischen Überlegungen, die sich im *Wealth of Nations* finden, mit Hilfe seiner Theorie des *sympathy* zu unterlegen und weiterzuentwickeln. Welches Bild des Marktes entsteht, wenn man nicht auf das vermeintlich eigennützige Verhalten der Marktteilnehmer fokussiert, sondern ihre sympathetischen Interaktionen in den Vordergrund rückt? Wie lässt sich mit Smith über die Frage der ‚Einbettung' bzw. der ‚Wieder-Einbettung' der Wirtschaft (Karl Polanyi) nachdenken, wenn man mit Smith von einer sympathetisch strukturierten Sozialität ausgeht? Welche Möglichkeiten für die wirtschaftsethische Reflexion ergeben sich, wenn man Smiths Gedanken ernstnimmt, dass die Normativität einer Handlung von der sozialen Homogenität bzw. Heterogenität der Handelnden, sich wechselseitig beobachtenden Akteure abhängt? Solche und andere Forschungsfragen ließen sich im Anschluss an Adam Smith stellen, um auf diese Weise die Eckpunkte eines politischen Programms zu entwickeln, das man als *mit-fühlenden Liberalismus* bezeichnen könnte.

Literatur

Berry, Christopher: Adam Smith's Science of Human Nature. In: History of Political Economy 44(3) (2012), 471–492.

Blaug, Mark: Economic Theory in Retrospect. Cambridge 1998.

Broadie, Alexander: Sympathy and the Impartial Spectator. In: Knud Haakonssen (Hg.): The Cambridge Companion to Adam Smith. Cambridge 2006, 158–188.

Broadie, Alexander: The Scottish Enlightenment. Edinburgh 2007.

Demeter, Tamás: David Hume and the Culture of Scottish Newtonianism. Methodology and Ideology in Enlightenment Inquiry. Leiden 2016.

Dwyer, John: The Age of the Passions. An Interpretation of Adam Smith and Scottish Enlightenment Culture. East Linton 1998.

Forman-Barzilai, Fonna: Adam Smith and the Circles of Sympathy: Cosmopolitanism and Moral Theory. Cambridge 2010.

Haakonssen, Knud: The Science of a Legislator. The Natural Jurisprudence of David Hume and Adam Smith. Cambridge 1981.

Haakonssen, Knud: Natural Law and Moral Philosophy: From Grotius to the Scottish Enlightenment. Cambridge 1996.

Hochgeschwender, Michael: Das Staatsverständnis des Adam Smith in der politischen Ideengeschichte der frühen USA, 1776–1815. In: Hansen, Hendrik/Kraski, Tim (Hg.): Politischer und wirtschaftlicher Liberalismus. Das Staatsverständnis von Adam Smith. Baden-Baden 2019, 111–126.

Milgate, Murray/Stimson, Shannon C: After Adam Smith: a century of transformation in politics and political economy. Princeton 2009.

Montes, Leonidas: Adam Smith in Context. A Critical Reassessment of Some Central Components of His Thought. New York 2004.

Myers, Milton L.: The Soul of Modern Economic Man: Ideas of Self-Interest. Thomas Hobbes to Adam Smith. Chicago 1983.

Phillipson, Nicholas: Adam Smith. An Enlightened Life. New Haven, London 2010

Ronge, Bastian: Das Adam-Smith-Projekt. Zur Genealogie der liberalen Gouvernementalität. Wiesbaden 2015.

Ronge, Bastian: Philosophia oeconomiae medicans. Zur ethopoetischen Funktion von Adam Smiths Wealth of Nations. In: Berndt, Frauke/Fulda, Daniel (Hg.): Die Erzählung der Aufklärung. Hamburg 2018, 638–649.

Schliesser, Eric: Adam Smith. Systematic Philosopher and Public Thinker. Oxford 2017.

Stewart, Dugald: Account of the Life and Writings of Adam Smith [1793]. In: Adam Smith. Essays on Philosophical Subjects. Oxford 1980, 263–351.

Smith, Adam: An Inquiry Into the Nature and Causes of the Wealth of Nations. Oxford 1979.

Smith, Adam: Lectures on Rhetoric and Belles Lettres. Oxford 1983.

Smith, Adam: Theorie der ethischen Gefühle. Hamburg 2004.

Smith, Adam: Lectures on Jurisprudence. Oxford 1978.

Smith, Adam: Untersuchungen über Wesen und Ursachen des Reichtums der Völker. Tübingen 2005.

Streminger, Gerhard: Adam Smith. Wohlstand und Moral. Eine Biographie. München 2017.

Winch, Donald: Adam Smith's Politics: An Essay in Historiographic Revision. Cambridge 1978.

Immanuel Kant

4

Dieter Schönecker

Die im engeren Sinne politische Bedeutung des Wortes „liberal“ und erst recht der Begriff des Liberalismus haben im deutschsprachigen Raum bekanntlich erst recht spät und jedenfalls nach Immanuel Kant (1724–1804) Fuß gefasst. Es überrascht daher nicht, dass Kant in seinen Schriften von solchen Begriffen wie „liberal“ und „Liberalität“ nur sehr sparsam, beiläufig und in einer Weise Gebrauch macht, die zwar die *„Liberalität (liberalitas moralis)* der Denkungsart“ (TL, 434) als „Unabhängigkeit von allem anderen außer von dem [inneren, selbstgegebenen] Gesetz“ (ebd.) – von der wiederum die „Freigebigkeit (*liberalitas sumptuosa*)“ (ebd.) nur ein besonderer Fall sei –, die *„Liberalität* der Sinnesart in der wechselseitigen Gedankenmitteilung“ als Witz (im Sinne von Witzigkeit) von Menschen (Anth, 220) und in einem noch spezielleren Sinne die *„Liberalität* der Denkungsart, d. i. Unabhängigkeit des Wohlgefallens vom bloßen Sinnengenusse“ (KU, 268) erwähnt, ohne aber damit eine politische Bedeutung zu verbinden oder jedenfalls keine im engeren Sinne. Ohne Zweifel wird Kant ideengeschichtlich als Vertreter des Liberalismus und, damit verbunden, der Aufklärung verstanden. Ob das zu Recht so ist, hängt aber nicht nur davon ab, was genau man unter „Liberalismus“ versteht, sondern auch davon, wie mutmaßliche Kernbestandteile eines solchen Liberalismus – Freiheitsrechte, Menschenrechte, Republikanismus, Eigentum – bei Kant zu verstehen sind, und das ist interpretatorisch höchst umstritten, und zwar nicht nur in Detailfragen, sondern in Bezug auf die Grundzüge der kantischen Theorie. Man hat die These vertreten, Kants Rechtsphilosophie als Politische Philosophie sei, wenn überhaupt, nur in einem sehr eingeschränkten Sinne vom Universalismus und idealen Normverfahren des Kategorischen Imperativs abhängig. Auch sei er alles andere als ein Vordenker und Verfechter der Menschenrechtstradition, und in jüngerer Zeit wurde auch wieder der Vorwurf laut, Kant sei Rassist, ein Vorwurf, der sich ebenfalls schlecht mit Liberalismus verträgt. Bei einer kurzen Darstellung können solche Debatten nicht nachgezeichnet werden; umso wichtiger ist es, daran zu erinnern, dass die Dinge jedenfalls nicht so einfach liegen, wie es insbesondere ideengeschichtliche Philosophiehistorien uns oft weismachen wollen.

Bei allem interpretatorischen Disput kann aber nicht sinnvoll bestritten werden, dass Kants Philosophie als eine Philosophie der Freiheit verstanden werden muss, und zwar nicht nur in der Ethik im engeren Sinne, sondern auch in seiner Politischen Philosophie. Und wie auch immer man Kants Politische Philosophie und seinen Liberalismus deuten und bewerten will, man

D. Schönecker (✉)
Universität Siegen, Siegen, Deutschland
E-Mail: dieter.schoenecker@uni-siegen.de

M. Festl (Hrsg.), *Handbuch Liberalismus*, https://doi.org/10.1007/978-3-476-05798-3_4

muss ernst nehmen, wie tief sie verwurzelt ist in seinem Gesamtsystem einer kritischen Philosophie, die den Fundamentalunterschied zwischen Natur und Freiheit trifft, und dass sie als Politische Philosophie Teil der Metaphysik der Sitten und damit der Moralphilosophie ist. Kant hat seine Politische Philosophie, die er in erster Linie als Philosophie des Rechts versteht, in einer Reihe kleiner Schriften thematisiert, wie etwa in „Was ist Aufklärung?" (1784), „Über den Gemeinspruch" (1793) und „Zum Ewigen Frieden" (1795), und dabei sind seine Gedanken durchaus im Fluss. Aber auch seine Schriften zur Philosophie der Geschichte und der „Streit der Fakultäten" (1798) sind relevant, da Kant die *„gerechte bürgerliche Verfassung"* (IaG, 22) als Zweck der menschlichen Entwicklung begreift. Die Frage, ob Kant auch einen Völkerbund im Sinne einer echten „Weltrepublik" (ZF, 357) favorisierte, ist, wohl nicht zuletzt aufgrund von Kants durchaus unterschiedlichen Stellungnahmen dazu, umstritten, aber für die späteren Schriften wohl zu verneinen. Durchaus innovativ ist Kants Idee eines Weltbürgerrechts (RL, 352–355; ZF, 357–360), das im Kern ein weltweites Besuchsrecht ist mit dem Ziel, Handel zu treiben; dies hat Einfluss genommen auf die gegenwärtige Idee, dass über den Handel verbundene liberale Rechtsstaaten keinen Krieg gegeneinander führen. Der systematisch maßgebliche Ort seiner entwickelten Politischen Philosophie findet sich aber in der „Metaphysik der Sitten" (1797), für welche die „Grundlegung der Metaphysik der Sitten" (1785), aber auch die „Kritik der praktischen Vernunft" (1788) das Fundament liefert. Die „Metaphysik der Sitten" wiederum hat zwei Teile: Die „Metaphysischen Anfangsgründe der Rechtslehre" und die „Metaphysischen Anfangsgründe der Tugendlehre". Diese beiden Teile – ob einem das nun passt oder nicht, und vielen, die in der einen oder anderen Form so etwas wie eine „Unabhängigkeitsthese" oder „Trennungsthese" vertreten, passt es nicht – machen, vermittelt über die „Gesetze der Freiheit" (MS, 214) das aus, was Kant „Sittenlehre" oder „Moral" nennt. Denn diese Gesetze als Gesetze der „Freiheit der Willkür" (MS, 216), seien sie ethische (Tugendlehre) oder juridische (Rechtslehre) Gesetze und die mit ihnen verbundenen Pflichten Tugendpflichten oder Rechtspflichten, heißen *„moralisch"* (ebd.). Daher ist es auch der „moralische Begriff" (RL, 230) des Rechts, den Kant in seiner Rechtslehre entwickelt, ein Recht, das er als *„Naturrecht"* (RL, 237) begreift, also als „das nicht-statutarische, mithin lediglich das *a priori* durch jedes Menschen Vernunft erkennbare Recht" (RL, 296), so dass er *„natürliche* Gesetze" (RL, 224) und *„positive* Gesetze" (ebd.) unterscheidet; es kommt hinzu, dass Kant die Rechtspflichten allesamt zu den „indirekt-ethischen" (MS, 221) rechnet. Will man, modern gesprochen, von Politischer Philosophie reden, so ist Kants Politische Philosophie also Teil der Moral und sein politischer Liberalismus ein moralischer Liberalismus.

Kants theoretische Philosophie der „Kritik der reinen Vernunft" (1781) schafft mit der epistemologischen Unterscheidung zwischen Ding an sich und Erscheinung die Grundlage für die Metaphysik der Sitten. Was wir „Natur" nennen, ist zwar deterministisch durch Kausalgesetze bestimmt. Aber sie ist, so wie sie für uns als Erkenntnissubjekte ist, zwar objektiv (intersubjektiv) real, aber in ihrer Bestimmtheit nicht wirklich, sofern Wirklichkeit heißt, an und für sich; real in jedem Sinne ist dagegen die Freiheit als intelligibles Vermögen handelnder Subjekte:

> In der Unabhängigkeit nämlich von aller Materie des Gesetzes (nämlich einem begehrten Objekte) und zugleich doch Bestimmung der Willkür durch die bloße allgemeine gesetzgebende Form, deren eine Maxime fähig sein muss, besteht das alleinige Prinzip der Sittlichkeit. Jene *Unabhängigkeit* aber ist Freiheit im *negativen*, diese *eigene Gesetzgebung* aber der reinen und als solche praktischen Vernunft ist Freiheit im *positiven* Verstande. Also drückt das moralische Gesetz nichts anderes aus, als die *Autonomie* der reinen praktischen Vernunft, d.i. der Freiheit, und diese ist selbst die formale Bedingung aller Maximen, unter der sie allein mit dem obersten praktischen Gesetze zusammenstimmen können (KpV, 33).

Freiheit ist also nicht gesetzlos; vielmehr ist „ein freier Wille und ein Wille unter sittlichen Gesetzen einerlei" (GMS, 447). Der Pflichtbegriff ist „der Begriff von einer *Nötigung* (Zwang) der freien Willkür durchs Gesetz; dieser Zwang mag nun ein *äußerer* oder ein *Selbstzwang* sein“ (TL, 379). Freiheit ist nicht Anarchie; sie ist gesetzlich bestimmt, und das gilt auch für die Freiheit, aus der heraus und in der Menschen ein Gemeinwesen organisieren sollen. Daher ist für Kant das Recht *„mit der Befugnis zu zwingen verbunden“* (RL, 231) und die „bürgerliche Verfassung ein Verhältnis *freier* Menschen [...], die (unbeschadet ihrer Freiheit im Ganzen ihrer Verbindung mit anderen) doch unter Zwangsgesetzen stehen“ (GTP, 290).

Der „oberste Grundsatz der Sittenlehre“ – und zwar in ihren beiden Teilen, also in Ethik und Recht – ist der kategorische Imperativ: „handle nach einer Maxime, die zugleich als allgemeines Gesetz gelten kann“ (MS, 226). Zu beachten ist aber, dass der kategorische Imperativ in dieser sog. Universalisierungsformel mit der in ihr geltend gemachten „Qualifikation einer Maxime zur *Allgemeinheit* eines praktischen Gesetzes“ (MS, 225) nur eine Weise ist, das moralische Gesetz zu formulieren; eine andere ist die sog. Menschheits- oder Zweck-an-sich-Formel, die nicht nur bei der Bestimmung konkreter Pflichten (auch in der *Rechtslehre*), sondern für das Fundament der ganzen Praktischen Philosophie – der Würde von Personen als moralischen Subjekten – eine zentrale Rolle spielt: *„Handle so, dass du die Menschheit sowohl in deiner Person, als in der Person eines jeden andern jederzeit zugleich als Zweck, niemals bloß als Mittel brauchst“* (GMS, 429). Der „Grund“ (GMS, 428) des kategorischen Imperativs, der für Wesen gilt, die nicht nur vernünftig sind, sondern sinnlich beeinflusst, besteht darin, dass der Mensch ein *„Zweck an sich selbst“* (GMS, 429) ist und damit als „*Person* betrachtet, d.i. als Subjekt einer moralisch-praktischen Vernunft [...] *Würde* (einen absoluten inneren Wert“ (TL, 434–435) besitzt. Selbst im Recht, das eigentlich nur „das äußere und zwar praktische Verhältnis einer Person gegen eine andere“ (RL, 230) zum Inhalt hat, spielt dieser Zweck an sich selbst eine fundamentierende Rolle; denn in der ersten sog. Ulpianischen Formel (*honeste vive*) kommt eine Pflicht gegen sich selbst (also nicht gegen, wenngleich in Bezug auf Andere) zum Ausdruck: „„Mache Dich anderen nicht zum bloßen Mittel, sondern sei für sie zugleich Zweck‘“ (RL, 236). Sie beinhaltet ein Instrumentalisierungsverbot, dessen „Verbindlichkeit aus dem Rechte der Menschheit in unserer eigenen Person“ (ebd.) erwächst; daher begründet Kant auch das Verbot der *„Kriecherei“* (TL, 434) als Pflicht gegen sich selbst als moralisches Wesen durch die „unverlierbare Würde (*dignitas interna*)“ (TL, 436) des Menschen. Dieser Gedanke der „Menschenwürde“ (TL, 429, 436, 465) und ihres Fundaments in der Autonomie vernünftiger Wesen – „*Autonomie* ist also der Grund der Würde der menschlichen und jeder vernünftigen Natur“ (GMS, 436) – hat durchaus hineingewirkt in die Vorstellung von unverlierbaren Menschenrechten und prägt bis heute etwa die Deutung des Grundgesetzes (etwa bei der Interpretation des Art. 1 des Grundgesetzes durch die auf Kant rückbezogene sog. *Objektformel* von Josef Wintrich und Günter Dürig, die im Kern ein Instrumentalisierungsverbot ausdrückt; wirkungsgeschichtlich gesehen hat die „Metaphysik der Sitten“ aber nur eine Nebenrolle gespielt, ja bis heute halten viele sie und insbesondere die *Rechtslehre* für das schwache Werk eines greisen Mannes). Dabei spielt der Begriff der Menschenrechte in Kants Schriften keine prominente Rolle (er wird nur einige wenige Male genutzt), und es lässt sich auch nicht bestreiten, dass nach heutigen Maßstäben einige seiner Positionen für viele kaum mit wesentlichen Merkmalen (Universalität, kategorischer Vorrang, Unverlierbarkeit) von Menschenrechten der verschiedenen sog. Generationen vereinbar scheinen: nicht mit klassischen, liberalen Abwehrrechten, nicht mit politischen Teilhaberechten, und erst recht nicht mit sozialen Anspruchsrechten. So spricht Kant Frauen und Gesinde wie überhaupt allen Menschen, die ökonomisch unselbständig sind, die aktive Staatsbürgerschaft ab (also das Stimmrecht; (RL, 313–315), so dass Kant den liberalen Gleichheitsgrundsatz nicht anzuerkennen scheint; er verteidigt im Rahmen des Wiedervergeltungsrechts sehr konsequent die Todesstrafe (RL, 332–337) und fordert für Menschen, die sich des Diebstahls schuldig gemacht haben, als Bestrafung den Verlust der staatsbürgerlichen

Persönlichkeit und Würde und sogar die Leibeigenschaft, ja die Sklaverei (RL, 329–330); sexuelle Akte sind nur in der Ehe erlaubt (RL, 277–280), Masturbation und Homosexualität verurteilt Kant mit den allerschärfsten Worten (TL, 424–426), und so lehnt er den mit dem Liberalismus durchaus verbundenen Gedanken sexueller Selbstbestimmung und Freizügigkeit (Libertinismus) radikal ab: „der Appetit eines Menschenfressers ist von dem eines Freidenkers (*libertin*) in Ansehung der Benutzung des Geschlechts nur der Förmlichkeit nach unterschieden" (Brief an Ch. G. Schütz, 10.7.1797, AA 12, 182). Ideengeschichtlich besonders strittig war und ist Kants These (die allerdings in Spannung steht zum Gebot der ersten Ulpianischen Formel, sich selbst als Rechtssubjekt zu erhalten), es gebe weder ein Widerstandsrecht gegen den Staat (GTP, 299–305; ZF, 382; RL, 320, 371) – wenn es auch andererseits die *„Freiheit der Feder"* (GTP, 304) als „Palladium der Volksrechte" (GTP, 304) gibt, um zum Schutze seiner „unverlierbaren Rechte gegen das Staatsoberhaupt" (GTP, 303) öffentlich Beschwerde gegen staatliches Unrecht einzulegen – noch eine Befugnis zum Tyrannenmord oder auch nur überhaupt ein Recht auf revolutionäre Änderungen (RL, 318–323). Zudem begreift er bei aller kritischen Sympathie für die Französische Revolution (s. Kap. 52) vielleicht nicht diese selbst als *„Geschichtszeichen"* (SF, 84) für den Fortschritt der Menschheit, sondern die enthusiastische, teilnehmende „Denkungsart der Zuschauer" (SF, 85), die sich überall in Europa ausbreitete.

Trotz dieser (möglichen) Einschränkungen, die die These zu rechtfertigen scheinen, Kant sei nur begrenzt der liberalen Tradition zuzurechnen, bleibt aber festzuhalten, dass der Begriff der Freiheit und mit ihm der Begriff des Menschenrechts und der Würde nicht nur das Fundament der kantischen Ethik, sondern eben der ganzen Moralphilosophie ist und daher auch das Fundament der Politischen Philosophie als Rechtsphilosophie. Die Prinzipien der Freiheit, Gleichheit und Selbständigkeit (RL, 313–315; GTP, 290–296) sind moralische Prinzipien, „nach denen allein eine Staatserrichtung reinen Vernunftprinzipien des äußeren Menschenrechts überhaupt gemäß möglich ist" (GTP, 290); schon in seiner Herder-Rezension (1785) hatte Kant von „einer nach Begriffen des Menschenrechts geordneten Staatsverfassung" (RHI, 64) gesprochen. Kant begreift dabei die Freiheit nicht nur als ein Handlungsvermögen, sondern zugleich als ein angeborenes Recht, also als ein solches, „welches unabhängig von allem rechtlichen Akt jedermann von Natur zukommt" (RL, 237). Das angeborene Recht ist aber „nur ein einziges" (ebd.), nämlich eben diese Freiheit: „Freiheit (Unabhängigkeit von eines Anderen nötigender Willkür), sofern sie mit jedes Anderen Freiheit nach einem allgemeinen Gesetz zusammen bestehen kann, ist dieses einzige, ursprüngliche, jedem Menschen kraft seiner Menschheit zustehende Recht" (ebd.); weil aber jeder Mensch dieses Recht hat, lautet das „allgemeine Rechtsgesetz: handle äußerlich so, dass der freie Gebrauch deiner Willkür mit der Freiheit von jedermann nach einem allgemeinen Gesetze zusammen bestehen könne" (ebd., 231). Alles andere, auch die Legitimität des Staates, entfaltet sich aus diesem Recht.

Besser als im außerordentlich schwierigen und umstrittenen Text der *Rechtslehre* macht Kant in einem *„Gegen Hobbes"* (GTP, 289) gerichteten Kapitel seiner kleinen Schrift „Über den Gemeinspruch" deutlich, dass und wie sich alles andere – Rechtlichkeit, Staatlichkeit, Eigentumsrechte, Menschenrechte – aus der Freiheit ableiten lassen muss: „Der Begriff aber eines äußeren Rechts überhaupt geht gänzlich aus dem Begriffe der *Freiheit* im äußeren Verhältnisse der Menschen zueinander hervor" (ebd.). Und prägnanter vielleicht als überall sonst tritt hier auch Kants politischer Liberalismus in Bezug auf das gute Leben hervor. Denn im Unterschied sowohl zu konservativen wie auch zu kommunistischen Grundmodellen betrachten es Liberale wie Kant (vergleichbar mit Mill) nicht als die Aufgabe des Staates, das Leben seiner Bürgerinnen und Bürger jenseits der eigengesetzlich reglementierten Freiheit zu einem angeblich guten zu machen. Der Souverän, der „das Volk nach seinen Begriffen glücklich machen [will], wird Despot" (GTP, 302); denn

> [n]iemand kann mich zwingen auf seine Art (wie er sich das Wohlsein anderer Menschen denkt) glücklich zu sein, sondern ein jeder darf seine Glückseligkeit auf dem Wege suchen, welcher ihm selbst gut dünkt, wenn er nur der Freiheit Anderer, einem ähnlichen Zwecke nachzustreben, die mit der Freiheit von jedermann nach einem möglichen allgemeinen Gesetze zusammen bestehen kann, (d.i. diesem Rechte des Andern) nicht Abbruch tut. — Eine Regierung, die auf dem Prinzip des Wohlwollens gegen das Volk als eines Vaters gegen seine Kinder errichtet wäre, d.i. eine *väterliche Regierung* (*imperium paternale*), wo also die Untertanen als unmündige Kinder, die nicht unterscheiden können, was ihnen wahrhaftig nützlich oder schädlich ist, sich bloß passiv zu verhalten genötigt sind, um, wie sie glücklich sein sollen, bloß von dem Urteile des Staatsoberhaupts und, dass dieser es auch wolle, bloß von seiner Gütigkeit zu erwarten: ist der größte denkbare *Despotismus* (Verfassung, die alle Freiheit der Untertanen, die alsdann gar keine Rechte haben, aufhebt) (GTP, 290–291).

Vor dem Hintergrund dieses Anti-Paternalismus (und nicht nur aus Respekt vor dem Eigentum Anderer, das nicht umverteilt werden darf) ist auch Kants weitgehende, aber nicht völlige Ablehnung des Wohlfahrtsstaates zu begreifen. Einen Nachtwächterstaat propagiert Kant nicht, da er durchaus anerkennt, dass die staatliche Gemeinschaft verpflichtet ist, die Befriedigung der „notwendigen Naturbedürfnisse" (RL, 326) der Armen durch erzwungene Abgaben zu finanzieren. Die rechtliche Gleichheit der Staatsbürger vor dem Gesetz ist jedoch verträglich „mit der größten Ungleichheit der Menge und den Graden ihres Besitztums nach" (GTP, 291) und auch, wie bemerkt, mit unterschiedlichen Rechten; Kant betont aber durchaus sozialkritisch, dass das „Vermögen wohlzutun, was von Glücksgütern abhängt, größtenteils ein Erfolg aus der Begünstigung verschiedener Menschen durch die Ungerechtigkeit der Regierung [ist], welche eine Ungleichheit des Wohlstandes, die Anderer Wohltätigkeit notwendig macht, einführt" (TL, 454). Neben der erzwingbaren Wohltätigkeit durch Abgaben ist fremde Glückseligkeit und also Wohltätigkeit eine (allerdings weite) Tugendpflicht (TL, 393, 452–461); auch dabei wird Kants Antipaternalismus deutlich, denn „[i]ch kann niemand nach *meinen* Begriffen von Glückseligkeit wohltun (außer unmündigen Kindern oder Gestörten), sondern nach *jenes* seinen Begriffen, dem ich eine Wohltat zu erweisen denke, indem ich ihm ein Geschenk aufdringe" (TL, 454). Als liberaler Denker erweist Kant sich auch darin, dass allein des Menschen „Talent, sein Fleiß und sein Glück" (GTP, 292) seinen Rang bestimmen dürfen und dass Standesrechte nicht vererbt werden dürfen. Und gewiss ist Kant in seinem Antipaternalismus auf seine Weise auch ein Denker der Aufklärung. Denn diese ist die „Befreiung vom Aberglauben" (KU, 294) durch „die Maxime, jederzeit selbst zu denken" (WDO, 146), welche die *„Freiheit zu denken"* (WDO, 144) voraussetzt und damit auch die Freiheit, „von seiner Vernunft in allen Stücken *öffentlichen Gebrauch* zu machen" (WA, 36), d. h. „durch Schriften" (WA, 39). Kant lobt Friedrich den Großen dafür, „in Religionsdingen den Menschen nichts vorzuschreiben, sondern ihnen darin volle Freiheit zu lassen" (WA, 40), und in der Tat sieht er den „Hauptpunkt der Aufklärung" (WA, 41) als *„Ausgang des Menschen aus seiner selbst verschuldeten Unmündigkeit"* (WA, 35) „vorzüglich in Religionssachen" (WA, 41). Dieses *„Selbstdenken"* (WDO, 146; KU, 294) brachte Kant durch seine Religionsschriften in Konflikt mit der Zensur; allerdings darf man ihm bei aller seiner Kritik an den traditionellen Gottesbeweisen und auch am statutarischen Kirchenglauben keinesfalls einen aufklärerischen oder skeptischen Atheismus unterstellen.

Neben dem moralisch-menschenrechtlichen, antipaternalistischen Verständnis einer *„a priori* erkennbare[n] Politik" (ZF, 378) – Kant beschreibt in der Rechtslehre den „Staat *in der Idee,* wie er nach reinen Rechtsprinzipien sein soll" (RL, 313), also die *„respublica noumenon"* (SF, 91) – ist der entscheidende Wesenszug an Kants politischem Liberalismus sein Republikanismus. Die Notwendigkeit und Legitimität des Staates und damit „das Postulat des öffentlichen Rechts" (RL, 307) ergibt sich nicht zuletzt aus der begrenzten Kugelgestalt der Erde (RL, 262, 311): „du sollst im Verhältnisse eines unvermeidlichen Nebeneinanders mit allen anderen aus jenem heraus in einen rechtlichen Zustand, d. i. den einer austeilenden Gerechtigkeit, übergehen“ (ebd.). Der Staat als „die Vereinigung einer Menge von Menschen unter Rechtsgesetzen“ (RL, 313) oder allgemeiner der bürgerliche Zustand ist zwar kein Selbstzweck, aber dennoch ist die Staatsgründung nicht nur erlaubt, sondern geboten: „*Tritt* [...] in eine Gesellschaft mit Andern, in welcher Jedem das Seine erhalten werden kann“ (RL, 237).

Von entscheidender Bedeutung ist Kants (allerdings in der Begründung und wiederholten Anwendung sehr schwer zu verstehendes) *„[r]echtliches Postulat der praktischen Vernunft“* (RL, 246), wonach es jedem Menschen erlaubt ist, „einen jeden äußeren Gegenstand meiner Willkür als das Meine zu haben“ (ebd.). Das angeborene Freiheitsrecht beinhaltet das Recht auf Eigentum als Erstbesitz (vor allem von Boden). Aber erst die bürgerliche Verfassung (der Staat) vermag den vorläufigen, physischen Besitz in ein allgemein anerkanntes und gesichertes Eigentum als nicht bloß physischen, sondern intelligibel-rechtlichen Besitz zu verwandeln; sie ist „der Zustand, in welchem allein jedem das Seine *peremtorisch* zugeteilt werden kann“ (RL, 341). Der Republikanismus als „Form der Regierung“ (ZF, 352) besteht im Unterschied zur „Form der Beherrschung“ (ebd.) oder „Staatsform“ (RL, 338) – die autokratisch, aristokratisch oder demokratisch sein kann (ebd.) – im Prinzip der Gewaltenteilung zwischen Herrschergewalt (Legislative, Souveränität), vollziehender Gewalt (Exekutive, Regierer) und rechtsprechender Gewalt (Judikative, Richter). Zwar sagt Kant, dass die gesetzgebende Gewalt „nur dem vereinigten Willen des Volkes“ (RL, 313) zukommen könne. Dies darf aber nicht so missverstanden werden, als argumentierte Kant für die Demokratie als Beherrschungsform; vielmehr dürfe man „die republikanische Verfassung nicht (wie gemeiniglich geschieht) mit der demokratischen verwechsel[n]“ (ZF, 351), ja er hält die nicht-repräsentative, nicht auf Gewaltenteilung beruhende Demokratie für einen *„Despotismus“* (ZF, 352), wie überhaupt jede Regierungsform, die nicht repräsentativ ist, abgelehnt wird. Republikanismus als das (auch im ersten Definitivartikel zum Ewigen Frieden festgehaltene, ZF, 349) „Staatsprinzip der Absonderung der ausführenden Gewalt (der Regierung) von der gesetzgebenden“ (ebd.) ist durchaus kompatibel mit der Monarchie bzw. Autokratie (RL, 338–339). Aber Kant denkt geschichtsphilosophisch noch weiter. Denn das Ziel ist das einer „reinen Republik [...] wo das Gesetz selbstherrschend ist und an keiner besonderen Person hängt“ (RL, 340–341). Und daher gilt: „Alle wahre Republik aber ist und kann nichts anders sein, als ein *repräsentatives* System des Volks, um im Namen desselben, durch alle Staatsbürger vereinigt, vermittelst ihrer Abgeordneten (Deputierten) ihre Rechte zu besorgen“ (RL, 341).

Literatur

Kants Werke werden nach der sog. Akademieausgabe (AA) zitiert; Rechtschreibung und Hervorhebungen wurden angepasst. Folgende Siglen werden verwendet:

Anth = Anthropologie in pragmatischer Hinsicht (1798), AA VII

GMS = Grundlegung zur Metaphysik der Sitten (1785), AA IV

GTP = Über den Gemeinspruch: Das mag in der Theorie richtig sein, taugt aber nicht für die Praxis (1793), AA VIII

IaG = Idee zu einer allgemeinen Geschichte in weltbürgerlicher Absicht (1784), AA VIII

KpV = Kritik der praktischen Vernunft (1788), AA V

KU = Kritik der Urteilskraft (1790)

MS = Metaphysik der Sitten (1797), AA VI

RHI = Rezension von J. G. Herders Ideen zur Philosophie der Geschichte der Menschheit (1785), AA VIII

RL = Metaphysische Anfangsgründe der Tugendlehre (1797), AA VI

SF = Streit der Fakultäten (1798), AA VII

TL = Metaphysische Anfangsgründe der Tugendlehre (1797), AA VI

WA = Beantwortung der Frage: Was ist Aufklärung? (1784), AA VIII

WDO = Was heißt: Sich im Denken orientieren (1786), AA VIII

Byrd, B. Sharon/Hruschka, Joachim: Kant's Doctrine of Right. A Commentary. Cambridge 2010.

Hirsch, Philipp-Alexander: Freiheit und Staatlichkeit bei Kant. Die autonomietheoretische Begründung von Recht und Staat und das Widerstandsproblem. Berlin/Boston 2017.

Horn, Christoph: Nichtideale Normativität. Ein neuer Blick auf Kants politische Philosophie. Frankfurt a. M. 2014.

Kersting, Wolfgang: Wohlgeordnete Freiheit. Immanuel Kants Rechts- und Staatsphilosophie. Paderborn 2007.

Mosayebi, Reza (Hg.): Kant und Menschenrechte. Berlin/Boston 2018.

Ripstein, Arthur: Force and Freedom. Kant's Legal and Political Philosophy. Cambridge/London 2009.

Schmidt, Elke E./Schönecker, Dieter: „Kant's Ground-Thesis. On Dignity and Value in the Groundwork". In: The Journal of Value Inquiry, March 2018, Volume 52, Issue 1, 81–95.

Schönecker, Dieter/Wood, Allen W.: Kant's Groundwork for the Metaphysics of Morals. A Commentary. Cambridge 2015.

Steigleder, Klaus: Kants Moralphilosophie. Die Selbstbezüglichkeit reiner praktischer Vernunft. Stuttgart/Weimar 2002.

5 Thomas Jefferson

Michael G. Festl

Thomas Jefferson (1743–1826) war Anwalt, einer der Gründerväter der Vereinigten Staaten von Amerika sowie von 1801 bis 1809 der dritte Präsident des Landes, gemäß Umfragen einer der fünf besten, die das Land je hatte. Seinen Aufstieg verdankte er dem Talent, philosophische Theorien auf griffige Formeln zu bringen und komplexe Argumente in inspirierende Deklarationen zu verwandeln. Sein jüngster Biograph bezeichnet ihn deshalb als „Architekten der Amerikanischen Freiheit" (Boles 2017, Untertitel). Und Jefferson selbst sagt über sich, dass es ihm nicht darum ging, „neue Prinzipien zu entdecken, oder neue Argumente, die nie zuvor gedacht wurden, ja nicht einmal darum, Dinge zu sagen, die nie zuvor gesagt wurden; sondern darum, der Menschheit den allgemeinen Sinn einer Sache auf solch direkte und entschiedene Weise vorzulegen, dass ihre Übereinstimmung erzwungen werde" (1825/1999, 148; hier und im Folgenden Übers. M.G.F.). Dafür wollte Jefferson der Nachwelt in Erinnerung bleiben. Daher erwähnt sein Grabmal nicht, dass er Präsident der USA war, sondern erklärt, dass hier Thomas Jefferson begraben wurde, der Autor der amerikanischen Unabhängigkeitserklärung sowie des Virginia-Religionsfreiheitsgesetzes, der Gründer der Universität von Virginia. Bildung, Religionsfreiheit und die Gründungsurkunde des ersten republikanischen Staates der Neuzeit waren Jefferson am wichtigsten. Zu allen dreien – und damit zum Liberalismus – hat er wesentlich beigetragen.

5.1 Bildung

In seiner „Bill for the More General Diffusion of Knowledge" (Gesetzesentwurf für die breitere Durchdringung von Wissen) aus dem Jahr 1779 fordert Jefferson eine öffentlich finanzierte Grundschule für alle (weißen) Kinder. Drei Jahre sollten die Kinder auf Staatskosten Lesen, Schreiben und die Grundlagen der Mathematik lernen. Hinzukommen sollten Kenntnisse der Geschichte Griechenlands, Roms, Englands und der USA (1779/1999, 237) – eine Auswahl an Ländern, die verrät, dass es Jefferson nicht zuletzt darum ging, die Bürgerinnen und Bürger des Landes zu Demokraten zu machen, sie auf die neuartige Regierungsform der jungen Republik einzuschwören. Im Anschluss an diese öffentliche Ausbildung steht es Eltern frei, zusätzliche Ausbildungsjahre für ihre Kinder zu kaufen – die öffentlich finanzierte Schulbildung kommt nach der dreijährigen Grundschulzeit an ihr Ende. Nur die besten männlichen Eleven jeder Alterskohorte und auch nur sofern ihre Eltern nicht selbst genügend Mittel aufbringen

M. G. Festl (✉)
Universität St. Gallen, St. Gallen, Schweiz
E-Mail: michael.festl@unisg.ch

M. Festl (Hrsg.), *Handbuch Liberalismus*, https://doi.org/10.1007/978-3-476-05798-3_5

können, um für ihre weitere Ausbildung aufzukommen, dürften kostenlos eine weiterführende Schule besuchen, und zwar für sechs weitere Jahre (ebd., 242–243). Diese meritokratische Schulverfassung kulminiert darin, dass ein Student pro Jahr, der beste, für drei Jahre an das Virginia College darf, ohne Gebühren, durch öffentliche Gelder ausgestattet, mit voller Versorgung inklusive Kleidung. Dem Geist der Aufklärung verhaftet, erarbeitet Jefferson auf Basis von Geographie und Bevölkerungsdichte auch einen Plan, wo in Virginia welche Schule zu stehen habe. Nichts durfte dem Zufall überlassen bleiben.

Die Kosten für die Öffentlichkeit, die damit entstehen, rechtfertigt Jefferson damit, dass eine Grundschulausbildung unabdingbar sei, um ein demokratisches System davor zu bewahren, in Tyrannei zu versinken (ebd., 235). Die öffentliche Erziehung ist dazu da, „den Geist der Menschen im Allgemeinen, soweit es praktikabel ist, zu beleuchten“ und stellt sicher, dass die Menschen, die von Natur aus mit „Genie und Tugend“ ausgestattet sind, unabhängig von Reichtum, Geburt oder anderen zufälligen Umständen, die Erziehung erhalten, derer sie bedürfen, um ihre geistigen Fähigkeiten vollständig auszubilden. Dies wiederum versetze sie in die Lage, „das heilige Depot der Rechte und Freiheiten ihrer Mitbürger zu schützen“ (ebd.). Die Idee von Jeffersons Bildungsideal ist folglich, dass jeder zukünftige demokratische Vollbürger (Mädchen und Junge) eine solide Primärausbildung bekommt und dass die speziell Begabten (für Jefferson nur Jungs) eine höhere Ausbildung genießen dürfen, auf dass die Genialität der Wenigen dem Glück der Vielen dient. Jefferson kombiniert die liberale Forderung nach Primärausbildung für alle mit der Elitenbildung der begabtesten, für Jefferson beides Forderungen, die ein Staat, in dem das Volk herrschen soll, zu erfüllen hat. Seine Vorlage wurde abgelehnt, einer von Jefferson wenigen Misserfolgen dieser Art.

Vielleicht aufgrund dieses Misserfolgs wollte Jefferson, was die Erziehung betrifft, für seine Gründung der Universität von Virginia in Erinnerung bleiben – jedenfalls schaffte diese es auf sein Grabmal. Hier war er gewohnt erfolgreich. Er setzte sich zunächst intensiv dafür ein, dass die Mittel für die Universität bewilligt wurden, plante deren Physiognomie, gründete sie und diente schließlich als ihr erster Rektor. Bis heute ist sie die Vorreiteruniversität des Staates Virginia und eine der besten staatlichen Universitäten des Landes. In vielerlei Hinsicht stellt sie ein Paradebeispiel für eine liberale Universität dar, nicht unähnlich zu Humboldts Bildungsideal und der von diesem mitinitiierten, mittlerweile seinen und seines Bruders Namen tragenden Universität in Berlin (s. Kap. 9). Jefferson stellte sicher, dass seine Universität frei von religiösem Einfluss blieb (damals eine Seltenheit) und sich nur an wissenschaftlicher Exzellenz orientierte, eine Institution, so Jefferson, „die auf der grenzenlosen Freiheit des individuellen Geistes beruht“ (zit.n. Boles 2017, 497).

5.2 Religionsfreiheit

1777, also noch zwölf Jahre vor der Französischen Revolution, verfasste Jefferson den Entwurf für das Virginia-Religionsfreiheitsgesetz. Neun Jahre später wurde dieser angenommen und machte Virginia zum bewunderten Vorreiter der Aufklärung, gefeiert gerade auch von deutschen Aufklärern (Depkat 2011). Fünf Eigenschaften sind für diesen Entwurf wesentlich, wenn man sie im Nachhinein aus liberaler Sicht beurteilen möchte, ‚im Nachhinein‘, weil der Liberalismus vor der Französischen Revolution zumindest dem Namen nach noch nicht existierte.

Erstens bestimmt Jefferson Religionsfreiheit darin als Naturrecht. Dies kommt speziell am Ende der Schrift zum Ausdruck, wo Jefferson anmerkt, jegliche Einschränkung dieses Gesetzes, ganz zu schweigen von seiner Zurückweisung, stelle einen Verstoß gegen das Naturrecht dar (1777/1999, 391–392). Abgeleitet davon wird zweitens, dass niemandem ein bestimmter Glaube aufgezwungen werden darf, ja dass solch ein Zwang unmöglich sei, da Glaube eine Frage des individuellen Gewissens ist. Glaube, so Jefferson, ist keine Frage des Wollens, sondern folgt dem, was ein Mensch von sich aus einsieht (ebd., 390–391). Daher mache es keinen Sinn, Menschen aus Religionsgründen zu verfolgen. Niemand könne sich seinen Glauben aussuchen. Glaube muss daher Privatsache bleiben, eine typisch liberale Forderung.

Daraus wiederum folgt, drittens, die Forderung, Kirche und Staat zu trennen. Zivile Rechte müssten von religiösen unabhängig bleiben. Man erkenne einem Menschen, der nicht an die binomischen Formeln glaubt, ja auch nicht seine zivilen Rechte ab. Die Meinungen der Menschen sind nicht Sache der Regierung (ebd., 391). Eine Ausnahme von der Religionsfreiheit sieht Jefferson, und das ist der vierte für den Liberalismus relevante Punkt, dann allerdings doch vor: Religionsfreiheit ist einzuschränken, wenn diese als Entschuldigung genutzt wird, das Recht zu brechen. In diesem Sinne ist die Religion dem Staat untergeordnet – im Falle eines Konflikts schlagen die zivilen Gesetze die Gesetze, die sich Religionen auferlegen (ebd., 391).

Fünftens macht Jefferson, etwa im Unterschied zu Locke und in Sachen Liberalität damit über diesen hinausgehend, klar, dass Religionsfreiheit auch den Atheismus miteinschließt. Dies wurde selbst von führenden Aufklärern der Zeit mit dem Argument angezweifelt, dass jemand, der nicht an ein Leben nach dem Tod und damit weder an jenseitige Strafe noch Belohnung glaube, kein verlässlicher Vertragspartner und somit auch kein Vollbürger sein könne. Jefferson hält dagegen: „Es verletzt mich nicht, ob mein Nachbar sagt, dass es zwanzig Götter oder keinen gibt. Damit wird mir weder mein Geldbeutel entwendet noch mein Fuß gebrochen" (2011, 285). Gleichzeitig ist Jefferson davon überzeugt, dass es objektiv gesehen nur einen Gott geben kann und zwar den christlichen. Er glaubt aber eben nicht, dass ein jeder andere das auch glauben muss. Gegen Irrationalität helfen frei geführte öffentliche Diskurse am besten, behauptet Jefferson, sich auch hier eines liberalen Gebots bedienend (s. Kap. 24): „truth is great and will prevail if left to herself" (1777/1999, 391). „It is error alone which needs the support of government. Truth can stand by itself" (2011, 286).

5.3 Staatsgründung

Jeffersons politisches Eintreten für die Vereinigten Staaten von Amerika steht ganz im Zeichen der Staatstheorie John Lockes (s. Kap. 1). Entscheidend sind seine Schrift „The Rights of British America" und Jeffersons Entwurf der Unabhängigkeitserklärung der Vereinigten Staaten (in wichtigen Passagen weicht die finale Fassung von diesem Entwurf ab). Im ersten Text legt Jefferson die Rechte der amerikanischen Kolonien gegenüber dem Vereinigten Königreich dar. Er droht, man werde sich vom Mutterland lossagen, falls London diese Rechte weiterhin ignoriert. Damit verschafft sich Jefferson im Alter von 31 Jahren Bekanntheit in Amerika und wird berühmt-berüchtigt in England, sein Eintritt in die „intercolonial arena as ‚the pen of the American Revolution'" (Boles 2017, 49). Die zweite Schrift macht die Drohung der ersten wahr und wird zum Gründungsdokument der USA. Erstere schlug noch versöhnliche Töne an. „Weder ist es unser Wunsch noch liegt es in unserem Interesse, die Verbindungen zum Mutterland zu kappen" (1774/1999, 64). Letztere erklärt der Welt, warum sich die Kolonien vom Mutterland lösen und selbstständig werden. Die philosophische Argumentation ist jedoch identisch.

Lockes Ideal eines Staates, in dem der Herrscher dem Volk dient und in welchem die Freiheit dieses Volkes lediglich durch das Naturgesetz limitiert ist, ist der erste Baustein beider Schriften. „The Rights of British America" beginnt mit dem selbstbewussten Statement, dass man den englischen König hiermit nicht etwa „um einen Gefallen bitte, sondern dass man Rechte einfordere" und endet mit der Feststellung, diese Schrift sei mit der „Freiheit der Sprache und des Gefühls verfasst, die einem freien Volk gemäß ist, das seine Rechte einfordert, wie sie ihm vom Naturgesetz her zustehen" (ebd.). In der Unabhängigkeitserklärung fasst Jefferson diese Haltung in die berühmten Worte:

> We hold these truths to be self-evident: that all men are created equal; that they are endowed by their creator with inherent and inalienable rights; that among these are life, liberty & the pursuit

> of happiness: that to secure these rights, governments are instituted among men, deriving their just powers from the consent of the governed (1776/1999, 97).

In Einklang mit Locke und natürlich auch mit Adam Smith (s. Kap. 3) betont Jefferson des Weiteren, dass „der freie Handel mit allen Weltteilen“ zum Naturrecht eines jeden Volkes gehört (ebd., 67). Demgegenüber kann Jeffersons Umstellung von Lockes Trias ‚life, liberty, and property‘ zu ‚life, liberty and the pursuit of happiness‘ aber auch so gelesen werden, dass nur das Streben nach Glück (pursuit of happiness) – also etwa die freie Berufswahl, das Recht auf Märkten zu verkaufen, zu konsumieren, Risiko einzugehen – zum Naturrecht gehört. Eigentum (property) wäre gemäß dieser Lesart dagegen nicht Teil des Naturrechts, sondern entstehe erst mit dem Gesellschaftsschluss. Dies würde wiederum bedeuten, dass Eigentum gemäß gesellschaftlicher Nützlichkeit eingeschränkt, sogar abgeschafft werden kann. Zu einer solch reservierten Haltung gegenüber Eigentum passt, dass Jefferson das Wohl der Republik besser in einer Wirtschaft aufgehoben sieht, die von kleinen, agrarischen Landbesitzern dominiert ist als im modernen Industriekapitalismus und dessen Tendenz, Eigentum zu konzentrieren. Eigentum ja, aber bitte gut verteilt. Freilich ist Jefferson mit dieser Haltung auch unter Denkern, die wie Constant (s. Kap. 8) und Dewey (s. Kap. 13) eindeutig dem Liberalismus zuzuordnen sind, nicht allein. Der Liberalismus ist eben nicht der Steigbügelhalter des modernen Industriekapitalismus, eher schon dessen Zähmer.

Der zweite Baustein beider Schriften legt dar, warum die amerikanischen Kolonisten auch tatsächlich ein selbstständiges Volk sind. Somit qualifizieren sie sich dafür, im Rahmen des Naturrechts ihren eigenen, selbstgewählten Weg zu gehen – erst das Prinzip, dann die Subsumtion, Jeffersons Ausbildung als Anwalt schlägt auch in seinen politischen Schriften durch. Amerika sei nicht lediglich ein Wurmfortsatz Englands. Um dies nachzuweisen, bedient sich Jefferson eines Mittels, dem sich bereits die britischen Whigs bedienten, um in der Glorreichen Revolution Rechte gegenüber der Krone einzufordern (s. Kap. 50). Dieses Mittel wird nun gegen seinen Erfinder gewendet. Die Whigs führten eine Darstellung der Geschichte ins Feld, wonach die ersten Sachsen auf den britischen Inseln, vor der Normannischen Eroberung also, in einer Gesellschaft Freier und Gleicher lebten. Unabhängig vom durchaus wackeligen Wahrheitsgehalt dieser Version britischer Frühgeschichte hatte diese Erzählung einen entscheidenden Vorteil für die anti-royalistischen Ziele der Whigs. Sie impliziert, dass es, was das englische Volk betrifft, das Selbstverständlichste auf der Welt ist, diesem die Macht zu übertragen – so habe schließlich alles begonnen. Jefferson war als britischer Staatsbürger amerikanischer Herkunft mit dieser geschichtlichen Darstellung wohlvertraut. Basierend auf der Tatsache, dass die Sachsen die Britischen Inseln von Kontinentaleuropa aus in Beschlag nahmen, bildet er nun das symmetrische Argument, dass genauso wie diese Sachsen nach England migrierten und sich dabei das Recht erworben, einen neuen und vom Herkunftsort unabhängigen Staat zu bilden, so hätten nun auch die amerikanischen Briten das Recht, dasselbe in ihrer neuen Heimat Amerika zu tun, sich also vom Mutterland loszusagen. Die frühen Sachsen sind, es spricht Jefferson der Jurist, Präzedenzfall für das Anliegen der *British Americans.* Somit seien die amerikanischen Kolonien als grundsätzlich unabhängig zu betrachten, dem englischen Volk nur dann Untertan, wenn sie sich so entscheiden – wenn nicht, dann nicht.

Dieses Argument macht das Gros der Schrift „The Rights of British America“ aus. Die Passage, in der Jefferson dieses Argument darlegt, endet mit der Bemerkung, dass die Eroberung Amerikas von den britischen Amerikanern auf eigene Faust und auf eigene Kosten durchgeführt wurde, ohne Hilfe der englischen Öffentlichkeit. „Für sich selbst haben sie gekämpft, für sich selbst haben sie erobert“ (1774/1999, 65). Teil des britischen Mutterlandes seien die amerikanischen Eroberer nur geblieben, weil es für sie angenehm war und es ihren Sitten entsprach, nicht weil man dem Mutterland etwas geschuldet hätte. Dies aber, fährt Jefferson fort, impliziert in keiner Weise, dass die Amerikaner dauerhaft den Gesetzen unterworfen bleiben müssten, die das englische Parlament verabschiede: „das britische Parlament“, so sagt er frei heraus, „hat kein Recht, Autorität über uns auszuüben“ – insofern die Amerikaner dort gar nicht erst repräsentiert sind, würde das ja bedeuten, dass „160.000 Wahlberechtigte in den Britischen Inseln einem Volk von vier Millionen in den Staaten Amerikas ihre Gesetze auferlegen können, jedes Individuum hier genauso viel Wert wie jedes dort, in Tugend, in Denkvermögen und in körperlicher Stärke [...], wir sollten plötzlich als die Sklaven nicht von einem, sondern von 160.000 Tyrannen angesehen werden“ (ebd., 70). Die langen historischen Ausführungen fallenlassend, wiederholt Jefferson seine Anschuldigung der unrechtmäßigen Unterwerfung der Amerikaner unter das britische Parlament in der Unabhängigkeitserklärung. Der Amerikaner Streben nach Glück sei nicht der englischen Gewalt unterworfen: „Der Weg zu Glückseligkeit und Ruhm steht auch uns offen“ (1776/1999, 101).

Der dritte Baustein, der beide Schriften trägt, ist die Auflistung all der Ungerechtigkeiten, welcher sich die Briten gegenüber den amerikanischen Kolonien schuldig gemacht haben. Dabei erläutert Erstere Schrift ein paar ausgewählte Ungerechtigkeiten detailliert (1774/1999, 66–69), während Letztere mit einer langen, dafür aber sehr zugespitzten Liste aufwartet (1776/1999, 97–100). Zum einen erinnert die Abfassung einer solchen Liste von Ungerechtigkeiten an die englische Declaration of Rights von 1689 als Teil der Glorreichen Revolution, welche die Ungerechtigkeiten des Königs gegenüber dem Volk auflistete. Wieder versucht Jefferson, die Engländer mit ihren eigenen Waffen zu schlagen. Zum anderen nimmt Jefferson damit Bezug auf das von Locke dargelegte Recht auf Revolution, welches doch besagt, dass von diesem Recht nicht leichtfertig Gebrauch gemacht werden dürfe, sondern nur wenn eine lange Liste an Ungerechtigkeiten der Regierung gegenüber dem Volk in systematischer Absicht vorliege. Dass diese Voraussetzung erfüllt ist, soll die Liste unter Beweis stellen. „Ein einzelner Akt der Tyrannei mag der zufälligen Meinung eines Tages zugeschrieben werden; jedoch eine Serie an Unterdrückungen, zu einem bestimmten Zeitpunkt begonnen und durchgeführt, unabhängig von jeglichen Wechsel der Ministerposten, beweist nur allzu eindeutig, einen absichtlichen und systematischen Plan, uns zu versklaven“ (1774/1999, 69). Und wiederum, auf elegante Weise verfasst, in der Unabhängigkeitserklärung: „immer dann, wenn eine Regierungsform diese Ziele [life, liberty and the pursuit of happiness; M.G.F.] zerstört, ist es das Recht der Bürger, diese Regierungsform zu ändern oder abzuschaffen und eine neue Regierung einzurichten“ (1776/1999, 97). Auch hier kombiniert Jefferson das Recht auf Revolution mit Lockes Einschränkung: „Die Vernunft gebietet in der Tat, dass seit langem bestehende Regierungen nicht aufgrund von geringen und kurzlebigen Gründen geändert werden sollten“ (ebd.). Aufgrund dieser Einschränkung des Rechts auf Revolution ist die Liste an Ungerechtigkeiten, wie insbesondere die Unabhängigkeitserklärung sie enthält, also eine Notwendigkeit. Sie beweist, dass triftige Gründe vorliegen, sich vom Mutterland loszusagen, dass Lockes Recht auf Revolution also greift. „Die Geschichte des gegenwärtigen Königs von Großbritannien ist eine Geschichte unaufhörlicher Verletzungen und Usurpationen, unter denen kein einzelner Grund zu finden ist, der dieser allgemeinen Tendenz widerspricht, alle haben es sich zum direkten Ziel gesetzt, eine absolute Tyrannei über diese [die amerikanischen] Staaten zu etablieren“ (ebd.).

Der vierte Baustein, der sowohl Jeffersons „The Rights of British America“ als auch seine Version der Unabhängigkeitserklärung fundiert – im Unterschied zu der Version, die am Ende angenommen wurde –, ist die Verdammung der Sklaverei aus Gründen des Naturrechts. In der ersten Schrift legt Jefferson dar, dass die Abschaffung der Sklaverei das große Ziel der amerikanischen Kolonien darstelle, vom englischen König George III. aber verhindert werde. Damit so sein Vorwurf präferiere George III. „die unmittelbaren Vorteile einiger britischer Korsaren gegenüber dem dauerhaften Interesse der amerikanischen Staaten wie auch gegenüber dem Recht der menschlichen Natur, welche durch diese niederträchtige Praxis tief verwundet werde" (1774/1999, 74). In seiner Version der Unabhängigkeitserklärung wiederholt Jefferson diesen Vorwurf in verschärfter Form. Mit der Aufrechterhaltung der Sklaverei führe der König von Großbritannien „grausamen Krieg gegen die menschliche Natur selbst, deren heiligste Rechte auf Leben und Freiheit in den Personen eines weitentfernten Volkes verletzend, das ihn niemals beleidigte, diese einfangend und in die Sklaverei in einer anderen Hemisphäre zerrend oder ihnen einen elenden Tod im Transport zu dieser beibringend" (1776/1999, 99). In dem diese Ungerechtigkeit in der Unabhängigkeitserklärung deutlich mehr Raum einnimmt als jede andere in Jeffersons langer List der Verbrechen des Königs von England und indem sie als die letzte figuriert, die Kulmination der Ungerechtigkeiten also, macht Jefferson deutlich, dass die Sklaverei für ihn das größte Verbrechen der Engländer gegen die Amerikaner darstellt. Diese Passage zur Sklaverei wurde vor Annahme der Declaration durch die Amerikanischen Verfassungsväter jedoch gestrichen, da einflussreiche Gründerväter aus dem Norden befürchteten, durch sie die Unterstützung der Südstaaten zu verlieren. Mit ihr hätte der Verlauf der US-Geschichte möglicherweise einen anderen, weniger blutigen Verlauf genommen.

Leider ist das nicht das letzte Wort, das man zum Zusammenhang zwischen Jefferson und Sklaverei sagen muss. So ist wohlbekannt, dass Jefferson selbst Sklaven hielt und diese im Unterschied etwa zu George Washington nach seinem Tod auch nicht zu Freien machte, wohl aus ökonomischer Sorge um das Erbe seiner Tochter. Auch ist mittlerweile bewiesen, dass er mit einer seiner Sklavinnen mehrere Kinder zeugte, diesen aber die rechtliche Anerkennung als *seine* Kinder versagte. Am schlimmsten aber wiegen Jefferson' schreckliche Aussagen über die rassische Minderwertigkeit von Schwarzen, schrecklich selbst noch vor dem Hintergrund dieser ganz allgemein in dieser Hinsicht schrecklichen Zeit. Mit Verweis auf Jeffersons *Notes on the State of Virginia* (2011, 256–275) soll hier darauf verzichtet werden, diese Aussagen zu wiederholen. Hinzu kommt, dass Jefferson in der Unabhängigkeitserklärung von den „gnadenlosen indianischen Wilden" spricht, „deren bekanntes Recht der Kriegsführung die unterschiedslose Vernichtung aller Alter, Geschlechter und Umstände" sei (1776/1999, 99). Beides hat dem amerikanischen Rassismus, der white supremacy gegenüber vor allem Schwarzen und Ureinwohnern, in der Folge Vorschub geleistet (Boles 2017, 3, 77–78; Saunt 2020, 14). Mit Jefferson konnte man sich dabei auf den intellektuell führenden Gründervater berufen. Somit ist fraglich, ob man Boles' Aussage als Weisheit letzter Schluss zu diesem Thema stehen lassen möchte, nämlich dass Jefferson, „mehr als alle anderen bedeutenden Gründerväter" der Vereinigten Staaten „gegen die Sklaverei gesprochen und gehandelt hat" (2017, 460). Einerseits mag das korrekt sein – Jefferson verteidigte Schwarze als Anwalt und versuchte, die Sklaverei per Gesetz zumindest zu limitieren (was scheiterte). Andererseits bleibt eben auch, dass kaum ein bedeutender Gründervater schrecklichere Dinge über Schwarze in Buchform veröffentlicht hat als Jefferson.

5.4 Zweischneidiges Erbe

Jefferson gelang es, die politischen Prinzipien des Liberalismus so zu modellieren, dass sich ein Staat auf ihnen bauen lässt. Er ist also nicht nur Architekt der amerikanischen Freiheit (Boles), sondern eines freiheitlichen Staates im Allgemeinen – seine Bedeutung ist global. Gleichzeitig ist Jefferson das Paradebeispiel dafür, dass liberale Prinzipien lange Zeit als nicht in diametralem Widerspruch zu rassistischen Auffassungen verstanden wurden (s. Kap. 15; 71), wie Charles W. Mills' (2017) Darstellung der Limitationen von Kants und Rawls' Liberalismus unterstreicht. Jeffersons Erbe ist also zweischneidig, wie auch das des Liberalismus im Allgemeinen. Bauen lässt sich auf beiden aber alle Mal. Und niemand hätte die Notwendigkeit allzeit weiter zu bauen, stärker affirmiert als Jefferson selbst, Architekt auch dieses Satzes: „Wir könnten genauso gut einem Mann vorschreiben, für immer den Mantel zu tragen, der ihm als Kind gepasst hat, als einer zivilisierten Gesellschaft, für immer unter dem Regime seiner barbarischen Vorfahren zu leben" (1816/1999, 215).

Literatur

Boles, John B.: Jefferson. Architect of American Liberty. New York 2017.

Depkat, Volker: „Angewandte Aufklärung? Die Weltwirkung der Aufklärung im kolonialen Britisch Nordamerika und den USA." In: Die Aufklärung und ihre Weltwirkung, von Wolfgang Hardtwig, 205–241. Göttingen 2011.

Jefferson, Thomas: „A Bill for Establishing Religious Freedom." In: Joyce Appleby/Terence Ball (Hg.): Jefferson. Political Writings. Cambridge 1777/1999, 390–392.

Jefferson, Thomas: „A Bill for the More General Diffusion of Knowledge." In: Joyce Appleby/Terence Ball (Hg.): Jefferson. Political Writings. Cambridge 1779/1999, 235–243.

Jefferson, Thomas: „A Declaration by the Representatives of the United States of America, in General Congress Assembled." In: Joyce Appleby/Terence Ball (Hg.): Jefferson. Political Writings. Cambridge 1776/1999, 96–102.

Jefferson, Thomas: „A Summary View of the Rights of British America." In: Joyce Appleby/Terence Ball (Hg.): Jefferson. Political Writings. Cambridge 1774/1999, 63–80.

Jefferson, Thomas: „Notes on the State of Virginia." In: Ders.: Writings, Autobiography, Notes on the State of Virginia, Public and Private Papers, Addresses, Letters. New York 1785/2011, 123–325.

Jefferson, Thomas: „To Samuel Kercheval." In: Joyce Appleby/Terence Ball (Hg.): Jefferson. Political Writings. Cambridge 1816/1999, 210–217.

Jefferson, Thomas: „To Henry Lee." In: Joyce Appleby/Terence Ball (Hg.): Jefferson. Political Writings. Cambridge 1825/1999 147–148.

Mills, Charles W.: Black Rights/White Wrongs: The Critique of Racial Liberalism. Oxford 2017.

Saunt, Claudio: Unworthy Republic. The Dispossession of Native Americans and the Road to Indian Territory. New York 2020.

Jeremy Bentham

6

Gregor Ritschel

Jeremy Bentham (1748–1832) Jurist, Philosoph und Sozialreformer gilt heute als der Begründer des Utilitarismus, der sich dem Nutzen als politisches Leitprinzip verschrieb. Seine Orientierung am „Glück der größten Zahl" war, entgegen der heute oftmals anzutreffenden verkürzten Utilitarismus-Lesarten, nicht als Argument zur Unterdrückung von Minderheiten gedacht. Vielmehr war Benthams Motto gegen eine politisch dominierende Klasse von geringer Zahl, bestehend aus Adel und Klerus, gerichtet, die eine demokratische Ordnung systematisch verhinderte. Benthams politische Philosophie hatte zum Ziel, eine bürgerlich parlamentarische Demokratie zu etablieren, in der nach Bentham die Stimme jedes Bürgers gleichviel gelten sollte. Zusammen mit John Stuart Mill (s. Kap. 12) gilt Bentham heute als Vordenker des Sozialliberalismus, da er sich neben einer Reform des politischen Systems und des Rechts auch des Pauperismus annahm, während sich Mill später u. a. der Arbeiterfrage und expliziter als Bentham auch der Gleichberechtigung der Frauen zuwandte. Bentham entfaltete großen Einfluss auf das progressive Bürgertum aber auch auf die Arbeiterbewegung, insbesondere die Chartisten, die für das allgemeine Wahlrecht stritten. Auch die englische Gesetzgebung des frühen 19. Jahrhunderts, wie etwa der *Poor Law Amendment Act* (1834) wurde indirekt von Bentham bzw. durch seine Schüler mitgeprägt.

Die Kritik an traditionalistischen und antidemokratischen Eliten (Adel, Justiz, Klerus) stand immer wieder im Zentrum von Benthams Überlegungen. Im Zuge dessen kritisierte er deren irreführende und intransparente Herrschaftssprache, die sich in Parlamentsreden genauso zeigte wie in der Sprache der Justiz (*Handbook of Political Fallacies,* 1824). An Stelle traditioneller und aus seiner Sicht dysfunktionaler Strukturen strebte Bentham eine umfassende Ökonomisierung der Gesellschaft an, dessen exemplarischer Ausdruck sein Modell eines Panoptikums ist (2013). Eine parallele, selbstgegebene und lebenslang verfolgte Aufgabe war die Entwicklung eines für alle einsehbaren „Pannomiums", d. h. eines allgemeinverständlichen und allumfassenden Gesetzeskataloges.

Der 1748 in London geborene Bentham wurde der Familientradition gemäß als Jurist ausgebildet. Er kritisierte in seiner frühen Publikation *A Fragment on Government* (1776) die Idee des Naturrechts exemplarisch am Werk des seinerzeit berühmten Rechtswissenschaftler William Blackstone und erlangte dadurch erste Bekanntheit. Für Bentham war nur das von Menschen gemachte Gesetz wirklich. Vor dem Hintergrund dieser Idee kritisierte er auch die seinerzeit aufkommende Rede von

G. Ritschel (✉)
Hochschule Merseburg, Merseburg, Deutschland
E-Mail: gregor.ritschel@politik.uni-halle.de

M. Festl (Hrsg.), *Handbuch Liberalismus,* https://doi.org/10.1007/978-3-476-05798-3_6

Menschenrechten als „Unsinn auf Stelzen" (*Anarchical Fallacies* auch bekannt *als Nonsense upon Stilts,* 1791–95, publiziert 1816). Menschenrechte seien, wie Bentham kritisch bemerkt, dazu geeignet, jede verfasste Gesellschaft subversiv zu unterlaufen – und daher Anarchie zu begünstigen. Zudem seien sie undemokratisch, da sie ein Gesetz behaupten, das dem Willen eines konkreten Volkes entzogen ist. Der Rechtspositivismus, wie ihn später H.L.A. Hart vertrat, speiste sich auch aus Benthams Rechtsphilosophie.

In seinen mittleren Jahren war Bentham darum bestrebt, das Prinzip des Panoptikums, das er zusammen mit seinem Bruder Samuel während eines Aufenthalts in Russland (Krichev, 1786–1787) konzipierte, in England zu verbreiten. In Krichev hatte sein Bruder im Auftrag von Katharina der Großen Militärschiffe entwickelt. In der Mitte der Produktionsanlagen stand eine einfache Überwachungsplattform, von der aus alle Arbeitsstationen überwacht werden konnten. Notwendig wurde diese Plattform, weil es an qualifizierten Facharbeitern mangelte. Jeremy Bentham formulierte die Idee neu und wandte sie auf Gefängnisse sowie auf andere soziale Einrichtungen wie Schulen und Krankenhäuser an.

Das Gefängnis-Panoptikum war von Bentham als Gegenmodell zu den überfüllten und krankheitsverbreitenden dunklen Kerkern Englands gedacht. Es sollte ein lichtdurchflutetes kreisrundes Gebäude sein. „Mehr Licht!", der Wahlspruch der Aufklärung, wurde auch hier zum Programm. An den Wänden des Panoptikums befanden sich einsehbare Zellen. In der Mitte platzierte Bentham einen Wachturm vom dem aus ein einziger Wächter seinen Blick über alle Zellen streifen lassen konnte. Dessen Turm wiederum war nicht einsehbar, so dass die Insassen nie eines unbeobachteten Moments sicher sein konnten. Die angedachte architektonische Struktur war vor allem ökonomisch und Arbeitskraft ersparend. Statt einzig zu strafen, sollte sie auch resozialisierend wirken, etwa durch ein zusätzlich implementiertes Arbeitsprogramm, das aus Delinquenten wieder selbstständige bürgerliche Subjekte machen sollte. Auch war das Panoptikum nicht einfach ein bloßer, auf die Seele wirkender, disziplinierender Machtapparat (Foucault 1976), sondern nach Bentham im Idealfall eingebettet in eine bürgerliche Gesellschaft und deren demokratische Kontrolle. Der Besuch des Turmes wie auch des Gefängnisses sollte jedem Bürger offenstehen, so dass neben den Insassen auch die Wärter in den Blick der Öffentlichkeit gerieten (Schofield 2009a, 73). Das Modell macht sich dabei den psychologischen Mechanismus zu Nutze, dass das Wissen um eine etwaige Beobachtung das Verhalten ändert. Im steten Blick der Gesellschaft sollten die Insassen wieder zu deren Normen zurückgeführt werden.

Um 1800 scheiterte Bentham mit seinem Versuch, das Gefängnis-Panoptikum in England umzusetzen. Im Jahr 1813 erhielt er die Summe von 23.000 Pfund als Entschädigung für seine langjährigen Mühen. Das Scheitern seines Projekts aber lag in Benthams Augen an korrupten aristokratischen Eliten und insbesondere an König George III. In den folgenden Jahren kritisierte Bentham vehement deren „sinister interest" (eigensinniges Gruppeninteresse) und die mangelnde Transparenz im Gewohnheitsrecht und in der englischen Politik. In den 1820er und 30er Jahren war Bentham der Kopf einer Bewegung namens *philosophical radicals,* die für ihre fortschrittlichen Ansichten bekannt waren. Zusammen mit James Mill gründete er 1823 die liberale Zeitung *The Westminster Review.*

Der alte Bentham skizzierte in seinem Werk *Constitutional Code* (1843) einen Plan für ein modernes repräsentatives parlamentarisches System, in dem jede Stimme gleichberechtigt sein sollte. Bentham verstarb im Jahre 1832. Um der Nachwelt auch weiterhin ein Beispiel in Sachen Nützlichkeit zu sein, ließ er seinen Leichnam, als sog. Autoikone, mumifizieren und ausstellen. Bis heute nimmt Bentham auf diese Weise an Sitzungen des University College of London Teil, wo es bei Abstimmungen an seiner Stelle heißt „present but not voting". Die Lehre des Utilitarismus wurde in der Folge insbesondere von Benthams, um Differenzierung bemühten Schüler John Stuart Mill in einer Artikelserie unter dem Titel *Utilitarianism* (1861) popularisiert, und fortentwickelt. Mill führte u. a.

eine qualitative Differenzierung bezüglich der glücksschaffenden Tätigkeiten ein. Doch ließe sich Benthams Position demgegenüber auch als Stärke behaupten, wenn er in vollkommener Offenheit formulierte: „Prejudice apart, the game of push-pin is of equal value with the arts and sciences of music and poetry" (1825, 206).

In Europa und Amerika war Bentham seinerzeit weithin bekannt und als politischer Berater, Korrespondent und Diskussionspartner geschätzt. In den Jahren 1791 und 1793 gab er der französischen Nationalversammlung Ratschläge (*Political Tactics* 1791) und wurde in der Folge zum Ehrenbürger der Französischen Republik ernannt. Der deutschsprachige Raum hat Benthams Schriften lange Zeit wenig Aufmerksamkeit geschenkt. Die deutsche Philosophie des 19. Jahrhunderts war geprägt vom Idealismus Kants und Hegels. Der englische Pragmatismus und Empirismus und dessen materialistische Grundlagen wurden hier als philosophisch unwürdig betrachtet.

6.1 Philosophische Grundlagen

Benthams Utilitarismus speiste sich insbesondere aus den Schriften von Hume, Priestley, Helvétius und Beccaria. Während Bentham aus Humes Schriften die deskriptiven Prinzipien des individuellen Verhaltens entnahm, fand er bei Priestley das normative Leitprinzip der Regierung in dessen Formel vom „Glück der größten Zahl" und bei Helvétius und Beccaria das Prinzip der Nützlichkeit als Bemessungsgrundlage politischen oder reformerischen Handelns.

Der Utilitarismus wird heute im deutschen Sprachraum wenig rezipiert, oder auch oftmals einseitig dargestellt. Ein Vorurteil, das immer wieder gegenüber den Hedonisten der Antike wie später auch gegenüber dem Utilitarismus Benthams und John Stuart Mills vorgebracht wurde, ist, dass jene Philosophie eine „Philosophie der Schweine" sei, die keinen Sinn für Moral besitze. Tatsächlich geht Benthams sozialer Hedonismus zwar vom Individuum und dessen Bestreben, seine Bedürfnisse zu befriedigen, aus, hat dabei jedoch immer auch zugleich den Nutzen aller im Blick (Ritschel 2018, 67–99). Der klassische Utilitarismus basiert zwar auf dem Individuum und seinen Bedürfnissen, ist aber dennoch eher altruistisch ausgerichtet, da er um die soziale Einbettung des Menschen weiß.

Benthams utilitaristische Grundüberlegungen finden sich in den wenigen Prinzipen, die er seiner einflussreichen 1789er-Schrift *An Introduction to the Principles of Morals and Legislation* vorangestellt hat:

> Die Natur hat die Menschheit unter die Herrschaft zweier souveräner Gebieter – Leid und Freud – gestellt. Es ist an ihnen allein aufzuzeigen, was wir tun sollen, wie auch zu bestimmen, was wir tun werden. Sowohl der Maßstab für Richtig und Falsch als auch die Kette der Ursachen und Wirkungen sind an ihrem Thron festgemacht. Sie beherrschen uns in allem was wir tun, was wir sagen, was wir denken [...]. Das Prinzip der Nützlichkeit erkennt dieses Joch an und übernimmt es für die Grundlegung jenes Systems, dessen Ziel es ist, das Gebäude der Glückseligkeit durch Vernunft und Recht zu errichten. Systeme, die es in Frage zu stellen versuchen, geben sich mit einer Laune anstatt mit der Vernunft, mit Dunkelheit anstatt mit Licht ab (2008, 55–56).

Falsch verstandene Deutungen dieses universellen Prinzips, sind für Bentham etwa der Ästhetizismus (des Adels) oder der Asketizismus (der Kirche) (Rosenblum 1978, 59).

Dieses ontologische Axiom ist die Grundlage von Benthams politischem Denken, das sich der allgemeinen Nützlichkeit widmet, indem es dem Individuum wie auch dem Gesetzgeber ein Nutzenkalkül an die Hand gibt. Das Kalkül bedarf der Möglichkeit des Messens von Freud und Leid zur anschließenden Beurteilung des Nutzens. Scheinbar ermöglicht erst jenes Messen eine Vergleichbarkeit zwischen verschiedenen möglichen Handlungen eines Individuums sowie auch den Vergleich der Kosten und Gewinne des Akteurs gegenüber seinen Mitbürgern und deren stets in die Kalkulation einbezogenem Nutzen. Benthams Kriterienkatalog schlägt vor, jede Handlung angesichts ihrer Intensität, Dauer, Gewissheit oder Ungewissheit, Nähe oder Ferne, Folgeträchtigkeit und der Reinheit der Freude oder des Leids sowie des Ausmaßes des betroffenen Personenkreises zu beurteilen (Bentham 2008, 80). Diesen axiomatischen Vorüberlegungen folgt eine zunächst befremdlich wirkende Anweisung: alle Glückswerte und Leidwerte des betreffenden Individuums und der ferner betroffenen Personen miteinander zu verrechnen und schließlich Bilanz zu ziehen (ebd., 80–81). Entgegen der dominanten Interpretation Benthams, welche die Inkommensurabilität des Empfindens verschiedener Personen betont, ist das beschriebene Nutzenkalkül dennoch nicht als naiv zu bezeichnen. Auch Bentham war sich bewusst, dass eine solche Kalkulation utopischen Charakter besitzt. So handelt es sich beim beschriebenen Vorgehen auch nach Bentham vielmehr nur um eine Annäherung (ebd., 81). Vieles spricht dafür, dass Bentham hier etwas offenlegen will, das allgemeinhin als Abwägen oder auch Antizipieren bezeichnet wird. Dies ist eine auch heute alltägliche politische Praxis liberaler parlamentarischer Demokratien. Bentham stützt sich dabei implizit auf die Erwartungshaltungen des kalkulierenden Individuums, die sich ihrerseits aus Erfahrungswerten generieren. Für konkrete Beurteilungen sind bei Bentham empirische Kenntnisse erforderlich (Höffe 2008, 12).

6.2 Das Ziel einer repräsentativen parlamentarischen Demokratie

Während Bentham in jungen Jahren die Reform des englischen politischen Systems anstrebte, und zeitweise angesichts der Auswüchse der französischen Revolution zu konservativen Ansichten neigte, entwickelte er zu Beginn des 19. Jahrhunderts zunehmend demokratische Ansichten (Schofield 2009b, 107–108). Benthams politisches Ziel bestand in der Errichtung einer bürgerlich parlamentarischen Demokratie, die das Establishment des Adels und des Klerus politisch entmachten sollte. Benthams Motto lautete dabei „everybody to count for one, and nobody to count for more than one", was nach Otfried Höffe als eine seinerzeit revolutionäre Gesellschaftskritik verstanden werden kann (2008, 19).

Bentham wollte das sog. „sinister interest", das eigensinnige Gruppeninteresse historisch privilegierter Akteure, bzw. das wirkmächtige Gruppeninteresse der herrschenden Klassen, nicht aber das als natürlich angenommene Eigeninteresse einzelner Bürger ausschalten. Letzteres wäre mit seiner Konzeption des Allgemeininteresses als Summe aller Einzelinteressen unvereinbar gewesen (Schofield 2009b, 109–136). Das „sinister interest" einfach zu verbieten, konnte dabei für Bentham keine ernsthafte Option sein, weil ein solcher Versuch ohnehin vergeblich wäre. Es komme vielmehr darauf an, den institutionellen Rahmen so zu gestalten, dass sich kein wirkmächtiges, dem öffentlichen Nutzen entgegenstehendes „sinister interest" ausbilden könne.

In seiner Schriftensammlung *First Principles Preparatory to Constitutional Code* (1822) erläutert Bentham, dass es, sobald sich eine Regierung dem universellen Interesse aller Bürger entgegenstelle, keine Wirkung zeigen werde, das Regierungspersonal auszutauschen. Vielmehr müssen die Bedingungen des Regierens derart verändert werden, dass die Regierenden stärker überwacht werden und zugleich die Anreize zur Korruption vermindert werden (Bentham 2006, 128). In den Augen Benthams ist Macht stets korrumpierend, wie auch dementsprechend Menschen in einem sehr starken Maß durch ihre Umstände geprägt werden (2013, 103). Eine bürgerliche Verfassung müsse daher, so sein Grundgedanke, sicherstellen, dass Machtpositionen von Kontrollmechanismen, den sog. „securities against misrule", umgeben werden, die diese einflussreichen Positionen an die Interessen der Bevölkerung zurückbinden (1990b).

Politisch organisierte Gruppen („factions") erscheinen Bentham als problematisch, da sie gesellschaftspolitische Ungleichgewichte erzeugen können (2006, xxxiii). Bentham nahm vielmehr an, dass es eine allgemeindienliche Ordnung geben könne, die einen Rahmen zur Entfaltung aller Individualinteressen bietet und innerhalb derer ein jeder für sich seine Interessen artikuliert. Die Beförderung des universellen Glücks galt ihm als einzig legitimer Maßstab der Regierungstätigkeit, wobei jegliche Form partiellen Gruppenglücks dem entgegenstehe (ebd., 195). In der Folge Benthams war es John Stuart Mill, der eine explizite Klassentheorie aufstellte und konkret gegen die Vorherrschaft der Aristokratie anschrieb. Zudem plädierte Mill für eine schrittweise, auf voranschreitender Massenbildung basierende Inklusion der Arbeiterschaft in das politische Leben (Mill 1921, 396–454).

Bentham setzte als Heilmittel für das von ihm ausgemachte Ungleichgewicht auf eine Ausweitung des Wahlrechts. Das Selbstinteresse galt ihm zwar stets als gegebenes und notwendiges Element bei der Gestaltung öffentlicher Angelegenheiten, doch ein Ungleichgewicht bei der Verrechnung aller Einzelinteressen müsse verhindert werden. Alle Interessen sollten im gleichen Maße zählen. Am ehesten wäre das möglich, wenn ein jeder Bürger seinen Repräsentanten für das gesetzgebende Parlament entsprechend seinen individuellen Interessen wähle. Nach Schofield bestand Benthams Strategie darin, die konstitutive Macht mit jenen zu identifizieren, die das universelle Interesse bildeten und dabei alle operativen Kräfte dieser konstituierenden Macht unterordnen. Die Legislative galt ihm demgegenüber als Repräsentant des Universalinteresses aller Staatsbürger – wobei Bentham hier ein universelles Wahlrecht mitdachte. Geheime Abstimmungen sollten dabei die Unbeeinflussbarkeit der einzelnen Bürger garantieren, deren gewählte Abgeordnete, schließlich am besten den Interessen aller entsprechen (Schofield 1996, 227).

Doch ein solches System, das auf einem allgemeinen Wahlrecht beruhte, war bis dato noch nicht realisiert. Bentham hoffte daher, dass jene, die dem „sinister interest" aufgrund einer privilegierten Position anheimfallen, früher oder später zur Erkenntnis gelangen, dass eine konsequente Klientelpolitik ihrerseits auch die politische Stabilität der Gesellschaft zerstört (Rosen 2003, 234–235). Herrschaft konzipierte Bentham als Tauschmodell. Untergebene gehorchen solange ihr Nutzen ihre Nachteile innerhalb der jeweiligen Ordnung überwiegt (Bentham 1990a, 56). Hier ähnelt Benthams Position der von Thomas Hobbes. Dabei nahm Bentham an, dass ein solcher Lerneffekt der Eliten sich nur innerhalb einer transparenten parlamentarischen Demokratie einstellen werde, die nicht allein auf die Selbsteinsicht vertraut, sondern auch über ein öffentliches Druckpotential in moralischen Fragen verfügt. Ein freies Pressewesen war für die Bildung einer kritischen Öffentlichkeit, die Bentham auch „public opinion tribunal" nannte, unabdingbar (Rosen 2003, 235). Erst eine solche institutionelle Ordnung würde die am Gemeinwohl orientierte Gesellschaft gegen die Zentrifugalkräfte des gruppengebundenen „sinister interest" effektiv schützen können.

Benthams politische Theorie war insofern realistisch, als sie diverse Interessen anerkannte. Doch gerade hier lag auch die Crux dieser Theorie, die zwar auf ein gewünschtes Gleichgewicht der gesellschaftlichen und individuellen Kräfte zielte und hierfür nach Mitteln und Wegen suchte, zugleich aber auch eine anwachsende Vielzahl von Hindernissen ausmachte, die dem entgegenstanden. Ein politisches Gleichgewicht innerhalb der bürgerlichen Gesellschaft war in Benthams Augen zwar nicht gegeben, aber, im Gegensatz etwa zu Karl Marx' Perspektive, prinzipiell vorstellbar. Das wichtigste Moment sei dabei die Gleichbeteiligung aller Individualinteressen am Prozess der Konstituierung der Legislative, die ihrerseits eine kluge Rechtsordnung gestalten sollte. Alles was zählen durfte, waren Einzelinteressen und eine politische Ordnung, die diese zur Geltung kommen ließ und auf den vier Grundpfeilern Sicherheit, Subsistenz, Wohlfahrt und Gleichheit beruhen sollte (2011, 241). In seiner späten Schrift *Constitutional Code* (1822–1832 erarbeitet, 1843 publiziert) fasste Bentham seine fragmentarischen Vorarbeiten zusammen. Auch hier sind es wieder insbesondere die Volkssouveränität, allgemeine Wahlen, Transparenz des Parlaments und der öffentlichen Institutionen sowie ein funktionierendes Pressewesen, welche die Säulen seines Demokratiemodells bilden.

6.3 Bentham im Kontext der liberalen Theoriebildung

Benthams Freiheitsverständnis blieb in seinen Schriften oftmals implizit bzw. wenig entwickelt, anders als bei dem auf ihn folgenden John Stuart Mill, der sich mit *On Liberty* (1859) explizit diesem Thema widmete (s. Kap. 12).

In der Regel galt Bentham Sicherheit als die primäre Grundlage des bürgerlichen Lebens. Freiheit hingegen wird bei ihm eher negativ als die Abwesenheit von Beeinflussung und Übervorteilung und (Erwartungs-)Unsicherheit gedacht. Nichtsdestotrotz vertrat Bentham auf den verschiedensten Gebieten progressive Positionen, die man retrospektiv als liberal bezeichnen kann.

Lange vor dem *Code* hatte Bentham wiederholt jährliche Wahlen, gleichartig zugeschnittene Wahldistrikte, geheime Wahlen auch das universelle Wahlrecht eingefordert und dabei auch Frauen miteinbegriffen. Er unterstützte auch deren Partizipation in der Politik und trat zudem für eine Reform des Ehegesetzes insbesondere einer Erleichterung des Scheidungsrechts ein (Campos Boralevi 1990, 5–36). Die rechtliche Ungleichheit hatte für Bentham keinerlei moralische Grundlage, da das Recht auf Glück innerhalb einer politischen Gemeinschaft jedem Menschen gleichermaßen zukomme. Dies galt noch für eine andere Gruppe, die der Straftäter. Die seinerzeit exzessiv verhängte Todesstrafe galt Bentham als eine archaische Praxis, die unökonomisch war und den Straftätern jegliche Chance auf Resozialisierung nahm.

Die Zufälligkeiten der Geburt und der Umstände und der Beschaffenheit eines Menschen sollten nach Bentham nicht entscheidend über die Qualität eines Lebens bestimmen. Soziale Ungleichheiten galten ihm nicht prinzipiell als problematisch, fungierten sie ihm zufolge doch auch als Anreiz zur wirtschaftlichen Entfaltung. Doch insofern sie ein zu starkes Ausmaß annahmen, ließen sie anderen Bürgern keinen Entfaltungsraum, so dass in der Konsequenz auch das gesellschaftliche Glück beschnitten wurde. In diesem Rahmen plädierte er etwa gegenüber der englischen Sittenstrenge für Toleranz gegenüber einer Vielfalt von nonkonformistischen Lebensstilen und sexuellen Orientierungen (ebd., 37–81). Entgegen durchaus vorhandener eigener Vorurteile trat er für die Gleichbehandlung von Juden und Katholiken ein (ebd., 180–181). Ohne auf das Prinzip der Menschenwürde zu rekurrieren, kritisierte Bentham auch die Sklaverei aus einer rein utilitaristischen Überlegung heraus – wonach wenige profitierende Sklavenhalter einer großen Zahl unglücklicher versklavter Menschen gegenüberstehen, die zudem als freie Lohnarbeiter ihr Potential besser entfalten könnten. Im Zuge seiner Kritik des Kolonialismus, gewann auch seine Kritik der Sklaverei an Schärfe. Benthams stete, an John Locke (s. Kap. 1) erinnernde Betonung der Eigentumssicherheit als primäres politisches Gut ließ ihn jedoch nur eine graduelle Abschaffung der Sklaverei antizipieren. Der (natürliche) Tod der Sklavenhalter sollte den Sklaven Freiheit bringen (ebd., 142–164). In ähnlicher Weise dachte Bentham darüber nach, das Vermögen Kinderloser zugunsten der Konsolidierung des Staatshaushaltes, einziehen zu lassen (Niesen 2013, 55).

Bentham gilt darüber hinaus heute auch als Tierethiker. In *An Introduction to the Principles of Morals and Legislation* (1789) findet sich die berühmt gewordene Formulierung: „the question is not, Can they *reason*?, nor Can they *talk*? but, Can they *suffer*?“, die eher die Gleichartigkeit zwischen tierischer und menschlicher Welterfahrung betont, als die trennenden Elemente. Bentham ging demnach von einem legitimen Glücksanspruch aller fühlenden Wesen aus (Schofield 2009a, 45). Eine utilitaristische Gesetzgebung soll das Befinden der Tiere mit einbeziehen, und auch wenn Bentham nicht das Töten von Tieren verbieten wollte, sprach er sich gegen jede Form der unnötigen Leidzufügung aus. Insbesondere der Philosoph Peter Singer knüpft heute in seinen ethischen Schriften an diese Überlegung an.

Aufgrund seiner Schrift *Defense of Usury* (1787) gilt Bentham manchen als wirtschaftsliberal, während andere Autoren ihn insbesondere aufgrund seines Utilitarismus und seiner Schriften zum Pauperismus (u. a. *Pauper Management Improved,* 1798) und seiner Idee eines kontrollierenden Panoptikums als liberalen Paternalisten, als kollektivistisch oder gar totalitär deuten (Himmelfarb 1965; Bahmueller 1981; Kramer-McInnis 2008). Angesichts Benthams radikaler Opposition zu den seinerzeit weit geteilten Vorstellungen von Thomas Robert Malthus, der bezüglich des Pauperismus-Problems auf das Prinzip des Sterben-Lassens vertraute, ist Bentham mit seinen Pauper-Panoptikum-Plänen und der von ihm konzipierten „National-Charity-Company“ jedoch eher als sozialliberaler Vordenker eines umfassenden Wohlfahrtstaates zu deuten.

Auch das Prinzip, die Versorgung des Wohlfahrtssystems weniger angenehm zu gestalten als gering entlohnte (aber lebenserhaltende) Arbeit, geht auf Bentham zurück („less eligibility principle“). Dessen politisches Denken stellt die Setzung von positiven wie negativen Anreizen ins Zentrum. In diesem Aspekt des indirekten Lenkens bzw. einer Führung der (Selbst-)Führung erkannte Michel Foucault die Modernität und Aktualität Benthams: „Das Panopticon ist im Grunde die eigentliche Formel einer liberalen Regierung, denn was muß eine Regierung im Grunde tun? Sie muß selbstverständlich allem, was die natürliche Mechanik sowohl des Verhaltens als auch der Produktion ist, einen Platz einräumen“ (Foucault 2004, 102–103).

Benthams Werk ist von einer Ambivalenz geprägt, die völlig gegensätzliche Lesarten hervorbrachte. Die zumeist älteren negativen Deutungen sehen in Bentham einen technokratischen Sozialingenieur. Im Gegensatz dazu betonen die neueren Lesarten eher die grundlegende Bedeutung Benthams für den Entwicklungsprozess der liberalen parlamentarischen Demokratie. Benthams Idee einer überwachenden Öffentlichkeit sollte parlamentarische Demokratien mittels freier Presse und Meinungsbildung vor allen Formen des Machtmissbrauchs schützen. Auch Whistleblowing und Leaking hätte Bentham daher wohl für demokratische und nützliche Praktiken gehalten, die seiner Transparenzidee entsprachen. Fernerhin war Benthams Utilitarismus grundsätzlich vom Geist der Toleranz und rationalisierter Empathie geprägt.

Literatur

Bahmueller, Charles F.: The National Charity Company: Jeremy Bentham's Silent Revolution. Berkeley 1981.

Bentham, Jeremy: A Fragment on Government (engl. 1776). Cambridge, New York (u. a), 1990a.

Bentham, Jeremy: Eine Einführung in die Prinzipen der Moral und der Gesetzgebung (engl. 1789). In: Otfried Höffe (Hg.): Einführung in die utilitaristische Ethik: Klassische und zeitgenössische Texte. Tübingen 2008.

Bentham, Jeremy: First Principles Preparatory to Constitutional Code (1822). In: Philip Schofield, Frederick Rosen (Hg): The Collected Works of Jeremy Bentham. Oxford (u. a.) 2006.

Bentham, Jeremy: Pannomial Fragments (1843). In: Stephen Engelmann: Selected Writings: Jeremy Bentham. New Haven; London 2011.

Bentham, Jeremy: Panoptikum oder das Kontrollhaus. Hg. von Christian Welzbacher, Übersetzt von Andreas Leopold Hofbauer. Berlin 2013.

Bentham, Jeremy: Securities Against Misrule (1822–1823). In: Philip Schofield: The Collected Works of Jeremy Bentham: Securities Against Misrule and Other Constitutional Writings for Tripoli and Greece. Oxford (u. a.) 1990b.

Bentham, Jeremy: The Rationale of Reward. London 1825.

Campos Boralevi, Lea: Bentham and the Oppressed. Social Science and the Critique of Religion in the Thought of Jeremy Bentham. Oxford 1990.

Foucault, Michel: Geschichte der Gouvernementalität II. Die Geburt der Biopolitik. Frankfurt a. M. 2004 (frz. 2004).

Foucault, Michel: Überwachen und Strafen. Die Geburt des Gefängnisses. Frankfurt a. M. 1976 (frz. 1975).

Himmelfarb, Gertrude: The Haunted House of Jeremy Bentham. Durham, N.C. 1965.

Höffe, Otfried: Einleitung. In: Otfried Höffe (Hg.): Einführung in die utilitaristische Ethik: Klassische und zeitgenössische Texte. Tübingen 2008.

Kramer-McInnis, Georg: Der „Gesetzgeber der Welt“: Jeremy Benthams Grundlegung des klassischen Utilitarismus unter besonderer Berücksichtigung seiner Rechts- und Staatslehre. Zürich (u. a.) 2008.

Mill, John Stuart: Grundsätze der politischen Ökonomie, Zweiter Band. Jena 1921 (engl. 1871).

Niesen, Peter: Einleitung. In: Ders. (Hg): Bentham, Jeremy: Unsinn auf Stelzen – Schriften zur Französischen Revolution. Berlin 2013.

Ritschel, Gregor: Jeremy Bentham und Karl Marx: Zwei Perspektiven der Demokratie. Bielefeld 2018.

Rosen, Frederick: Jeremy Bentham and Representative Democracy. A Study of the Constitutional Code. Oxford 2003 (1983).

Rosenblum, Nancy L.: Bentham's Theory of the Modern State. Cambridge, London 1978.

Schofield, Philip: Bentham on the Identification of Interests. In: Utilitas 8/2 (1996), 223–234.

Schofield, Philip: Bentham: A Guide for the perplexed. London; New York 2009a.

Schofield, Philip: Utility and Democracy: The Political Thought of Jeremy Bentham. Oxford/New York 2009b.

Mary Wollstonecraft

7

Alan Coffee

Mary Wollstonecraft (1759–97) was a significant and wide-ranging moral and political philosopher of the late Enlightenment period whose work remains relevant today. She is most well-known as an early feminist and author of *A Vindication of the Rights of Woman* (1792), and her analysis of the social condition of women, and the structural nature of their subjection, retains much of its radical force. Her feminist arguments, of course, are both derived from, and in turn shape, her overall philosophical framework which is often seen as being located within the liberal tradition. This is a reasonable attribution, though it must be made both cautiously and with qualification. As we shall see, Wollstonecraft did not passively absorb or merely apply the intellectual concepts around her but consciously critiqued them and innovatively extended them.

7.1 Life and Works

Born in 1759 in the Spitalfields district of London, Wollstonecraft was the second of seven children. She grew up in difficult circumstances, with an abusive father who squandered the family's modest wealth, a harsh mother, and, as was standard for a girl at this time, she received no formal education. The family moved several times across the country, and Wollstonecraft also worked for a time in Ireland as a governess. In 1784 she established a school in Newington Green where she met the non-conformist minister and moral philosopher, Richard Price who was to be a significant influence in her intellectual development. Though a lifelong Anglican by conviction, Wollstonecraft moved extensively within radical dissenting circles. Shortly after arriving at Newington Green, she began writing and translating as a staff writer for the newly established intellectual magazine, the *Analytical Review*. In late 1792, she moved to Paris, just as France declared war on Britain and the Reign of Terror was beginning, mixing with leading Girondists and English supporters of the Revolution. She returned to England in 1795 and married the anarchist philosopher William Godwin in March 1797. Less than six months later, Wollstonecraft died aged 38 a few days after giving birth to her daughter, the novelist Mary Shelley.

During her short life, Wollstonecraft was a prolific writer. Her early works were innovative and addressed the themes of education and the condition of women for which she would later be known, including a short novel, a collection of inspiring stories for young children, a tract on the education of daughters, and an anthology of useful writing for young women. It was, however, the publication of *A Vindication of*

A. Coffee (✉)
King's College London, London, Vereinigtes Königreich
E-Mail: alancoffee@alancoffee.com

M. Festl (Hrsg.), *Handbuch Liberalismus*, https://doi.org/10.1007/978-3-476-05798-3_7

the Rights of Men in November 1790 that marked a turning point in her philosophical career. The tract was a response to Edmund Burke's *Reflections on the Revolution in France* which had only been published a month earlier, earning hers the distinction of being the first published reply ahead of those by established writers such as Catharine Macaulay and Thomas Paine. While this was a hurried essay, in it we see the emergence of a philosophical framework that she would develop over the rest of her career and within which she would go on to structure her criticism of the social condition of women. Her approach was built around the central concept of freedom from arbitrary power as both an individual and a collective ideal, grounded in the rational and moral natural law and entailing a high standard of social and material equality, all of which are present in this first *Vindication.* While she would make this framework her own, she owed a substantial intellectual debt to Price and Macaulay—whose *Letters on Education* Wollstonecraft had also just read and reviewed in November 1790—as well as to Locke (s. Chap. 1) and Rousseau (s. Chap. 2) amongst others. In *A Vindication of the Rights of Woman,* which followed shortly afterwards, Wollstonecraft would call for the wholesale restructuring of the social, economic and political relations between the sexes, the education of women for citizenship and the extension to them of the political franchise.

While in Paris, Wollstonecraft wrote *An Historical and Moral History of the Origin and Progress of the French Revolution* (1794). Substantively, Wollstonecraft drew extensively on a number of contemporary sources in this work, to which she stuck very closely (Bour 2010). As Wollstonecraft concedes, however, she wrote the book as a philosopher rather than as a historian, and her insights and reflections on the events give us a rich and reflective analysis of the nature of society, the state and revolution that built on the framework outlined above. Following this, she published *Letters Written during a Short Residence in Sweden, Norway, and Denmark* (1796) which was influential in the development of travel writing. Uncompleted upon her death was a second novel, *Maria, or the Wrongs of Woman,* which supplements, somewhat bleakly, many of the arguments initiated in the second *Vindication.*

7.2 Liberalism and Republicanism

Whether Wollstonecraft ought to be considered as a liberal thinker is a contested issue. To a large extent, the answer will depend on what we are doing when we classify her. However, while it is always worth viewing any philosopher in the correct context, it is perhaps more so for Wollstonecraft than for many others. The study of the history of political philosophy has been overwhelmingly a male-dominated discipline. While this does not reflect the reality of its history, it means that the analytical concepts and frameworks used have been those developed by men with reference to male historical figures. Where women have pushed against the overtly or implicitly masculine and patriarchal aspects of their intellectual contexts, the question inevitably rises as to whether this constitutes an internal critique and innovation, in the spirit of reforming a given tradition, or an external challenge to that tradition itself. A second complication is that, while men are often given the benefit of the doubt for transgressing intellectual rules, typically women, including Wollstonecraft herself, have been viewed as passive adopters of the concepts and tools of their era. The result is that where their thinking deviates from expected norms, they are seen as being confused and where it conforms, they are thought shallow or unimaginative.

In general, whether we consider a given philosopher to be a liberal depends on a variety of factors, including what our purpose is, what our definition of liberalism is, and what other frameworks are available. Many feminists, for example, in the 1970 s and 80 s distanced themselves from Wollstonecraft because they regarded her as a liberal (Weiss 2009). In that context, liberalism was perceived to emphasise several characteristics that were antithetical to feminism, such as individualism over community, rights over duties and care, and prioritising the private sphere over the public. The liberal paradigm was also understood to be grounded in a particular set of ideals that were held out as abstract universal values but which were, in reality, masculine constructs. As we shall see, Wollstonecraft was, in fact, very much alive to these issues. How, then, should we define liberalism? One approach is to consider how an author stands within an overall lineage of sources normally regarded as its representatives. Here, Wollstonecraft's undoubted debt to Locke is often cited in favour of her liberalism. Virginia Muller, for example, writes that, "along with the other liberal theorists of her time, her roots are Lockean, and her intellectual home is the English dissenting tradition" (1996, 48). This is right, but we must be careful. If we mean that Wollstonecraft was committed to individual liberty and natural rights based on her faith in reason, the moral law and the power of education to bring positive change, then she certainly is an heir to Lockean values. On the other hand, it would be wrong to attribute to her any commitment to absolute property rights based on principles of self-ownership, the centrality of contractarian principles, or a rigid distinction between public and private (see Halldenius 2019 for an extended discussion).

Muller also identifies Wollstonecraft with radical eighteenth century dissent. She is right to do so, although whether the dissenters are best described as liberals raises the same interpretive questions as for Wollstonecraft herself. Here, we might consider what alternative frameworks are available. At the highest level of abstraction, we might consider as a liberal anyone who is committed to the centrality of individual liberty, within a set of egalitarian and democratic norms grounded in natural rights. Liberty, however, may be defined in a variety of ways. It is common today to distinguish between freedom understood as the absence of interference and as the absence of domination, where liberals are said to employ the former and where the latter is characteristic of republicanism (Pettit 1997). Based on this distinction, Wollstonecraft must be understood as republican—along with the English dissenters and Rousseau, another of her intellectual influences—even if republicanism might itself represent a sub-division of the larger overall sweep of liberal thought. Freedom as independence, or protection against arbitrary rule—historically, equivalent to non-domination—lies at the very heart of Wollstonecraft's political philosophy and forms the basis for my analysis in what follows (Coffee 2013). In this ecumenical spirit, I should say that a recent volume of essays on Wollstonecraft's philosophy, the *Wollstonecraftian Mind,* includes chapters on Wollstonecraft's legacy for both liberalism (Penny Weiss) and republicanism (Lena Halldenius) (Bergès et al. 2019).

7.3 Freedom as Independence

Obvious biological differences aside, men and women are fundamentally and morally equal according to Wollstonecraft. We are equal in the eyes of God and we are equal in our capacity for reason. These two features combined mean that the respective virtues for each sex must also be the same. This being so, men and women must participate equally in the rights and duties of citizenship socially, politically and economically. This equality of citizenship is manifest through the central ideal of independence. This is a classical notion which serves as the hallmark of a citizen—the independent agent able to act in his own right, unbeholden to the capricious (or arbitrary) whim of another. Independence was an exclusively male ideal. It was rooted in classical philosophy and the legal classifications of Ancient Rome in which the status of the independent freeman was contrasted with the dependent slave. Indeed, the word independence was synonymous with freedom, and dependence with servitude. Wollstonecraft follows this use, and in both the second *Vindication* and the novel *Maria,* she repeatedly uses the language of slavery to describe and to analyse women's subject condition. Significantly, Wollstonecraft does not simply demand that women be admitted as independent citizens, she uses the internal logic of the concept of independence to show that its restriction to men is inconsistent, both arbitrary in itself and self-defeating. In other words, by denying women freedom, men are undermining the basis upon which their own freedom is based.

Independence represents a very demanding standard of personal freedom, demanding of both those who possess it and of the state that is charged with upholding it. In order to be genuinely free, a person must be independent in all the important dimensions of social, political and economic life This freedom cuts across the boundaries of the public and private spheres, such that a person must be liberated as much in the home as in the workplace or civil society. Wollstonecraft recognises that to realise independence of this kind requires much more than simply extending certain legal or political rights to women. It would, she argues, need a radical and wholesale transformation of the whole suite of social relations between the sexes, what she calls a "revolution in female manners" (2014, 224). Bringing about cultural change on this scale will not, of course, be quick and so Wollstonecraft warns us that firmly-rooted prejudices "will require a considerable length of time to eradicate" (ibid., 73). In addition to the prejudices themselves, there are the structural obstacles which hold them in place that we have discussed, including patterns of social and political dependence, the corruption of civic virtue, and an inadequate access to education and positions of influence. Recognizing all this, Wollstonecraft nevertheless, remains confident in women's capacity to create lasting change—"by reforming themselves to reform the world" (ibid., 71). While it may take time to overcome "the *inertia* of reason [..] when it is once in motion, fables, once held sacred, may be ridiculed" and a new social world can be constructed (2009, 56).

7.4 Freedom, Equality and Virtue

Independence is best thought of, not as a single concept, but as a cluster of related ideals—freedom, equality, and virtue—organised within a distinct structure. It is both a personal and a collective value, such that individuals can only be free in a free society which, in turn, requires the presence of free citizens to maintain it. Independence operates on two distinct levels: independence of mind whereby one must be able to think for oneself; and civil independence, whereby one must be free to act on one's decisions. Civil independence is maintained by a set of republican institutions governed by the rule of law, which must itself be responsive to reasoned argument, public deliberation and the common good. What this means is that civil independence must be guaranteed as a matter of right. One cannot, therefore, be accidentally independent since independence is a matter of right and is reflective of one's standing within the political community.

If such an exacting ideal is to be maintained, citizens must possess and display a high degree of personal and civic virtue. Virtue is a complex idea that can be understood in a variety of different ways. In Wollstonecraft's day, it was customary to distinguish between feminine virtues—chastity, modesty, sensibility—and the masculine virtues that would sustain the republic. She would have none of this. Virtue is not gendered because it is rational, and since both sexes possess an identical capacity for reason it follows that their virtues must be the same. Indeed, Wollstonecraft traces the origin of almost all women's social and political subjection to a single, simple but devastating idea: that women "were created rather to feel than to reason" (2014, 89). The salient feature of civic virtue is that individuals must be able to think for themselves rather than to merely accept ideas passively from their surroundings. While a lack of education and intense social pressure leaves women vulnerable to being dependent on others for their beliefs and opinions, Wollstonecraft is clear that men are no less adversely affected. "Men, in general" she argues, "seem to employ their reason to justify prejudices, which they have imbibed, they can scarcely trace how, rather than to root them out" (ibid., 38). Just as individuals should govern their conduct rationally, so this applies collectively, so that "the laws which bind society" are directed by "the exercise of reason, knowledge and virtue" (ibid., 37).

In addition to virtue, independence requires equality. "Virtue can only flourish amongst equals", she argues, and so, "among unequals there can be no society" (1790, 141, 87). The equality here is primarily one of status. Everyone must be subject to the same law that represents them all equally and affords them the same level of independence. However, equality must, to a high extent, also be economic. Anyone without adequate earnings or property depends on the generosity of others, and so is unfree. A common criticism of Wollstonecraft is that she is concerned only with the middle classes in her second *Vindication*. This is, however, untrue. The grinding effect of poverty on the character of Jemima is, for example, a principal theme of *Maria*. Jemima wonders in anguish, "how writers, professing to be friends to freedom, and the improvement of morals, can assert that poverty is no evil, I cannot imagine" (2005, 39). The condition of the poor is, likewise, of central concern in the *History of the French Revolution*. In the first *Vindication*, Wollstonecraft complains that the rich are above the law which they can circumvent while the poor fall below its protection.

Dependence is not only undesirable and dangerous, it also alters people's behaviour and, ultimately, their character. Wollstonecraft frequently draws attention to the silly, frivolous and coquettish behaviour exhibited by many women. While she is clearly exasperated by this, it is not correct to say, as is often argued, that Wollstonecraft is specifically singling women out for criticism. This behaviour is the inevitable result of women's servile social condition, and is, often, a prudent response to that condition since seeking the protection of a man and manipulating him through his sexual desires is one of the few means of control available to them. Repeated behaviour, however, breeds lasting habits and eventually people lose their capacity for virtue altogether. While Wollstonecraft's focus is on women, she nevertheless makes it clear that both sexes are equally implicated, and the corruption of virtue that results from the asymmetry of power in relationships of dependence afflicts both dominator and dominated in equal measure.

7.5 Education, Citizenship, Motherhood

Citizenship is a challenging ideal for which a person must be adequately equipped. The capacity for the responsible, rational, virtuous thought and action of a citizen is hard won and must be cultivated over a lifetime. It starts with the cultivation of an independent mind, and so Wollstonecraft stipulates that the women's "first duty is to themselves as rational creatures" (2014, 175). In an ideal world, this would be achieved through a combination of education—women should have a rigorous education, identical to that which men ought to receive—and practical action. There must be a full range of occupations that can both inspire the ambition of girls and women, and through which they might "unfold their faculties", developing skills and strengthening their character (ibid., 87, 173). "How many women", she asks, "waste life away the prey of discontent, who might have practised as physicians, regulated a farm, managed a shop, and stood erect, supported by their own industry (ibid., 178).

As things are, however, Wollstonecraft concludes that education alone is not sufficient (ibid., 47). We are all very much the products of our social environment, men and women alike. What she has in mind here are the social prejudices that restrict women's lives. Chief among these, as we noted above, is the belief that women were naturally emotional rather than rational. "It would", she argues, "be an endless task to trace the variety of meannesses, cares, and sorrows, into which women are plunged by the prevailing opinion, that they were created rather to feel than reason and that all the power they obtain, must be obtained by their charms and weakness" (ibid., 89). Associated with this, is the idea that a woman must therefore seek a man as her protector, which leads to a single-minded focus on women's appearance of sexual propriety as the sole basis for their social reputation and standing. "There is", Wollstonecraft argues citing Macaulay, "but one fault which a woman of honour may not commit with impunity", which is to be considered unchaste (ibid., 166). Protecting her reputation for modesty is, therefore, everything for a woman since it is for this alone that she is judged, rather than for the sum total of her character, talents and achievements. This has a chilling effect on women's behaviour, since anything she does to draw attention to herself or to defy expected norms is liable to bring accusations of loose morals, even where sexual conduct is irrelevant. A forthright or intelligent woman, for example, risks being considered suspect simply for stepping outside the accepted bounds of female behaviour.

Against this background of social pressure and prejudicial norms, women cannot hope to be independent. Not only is their conduct constrained but framing a rational argument to reform popular attitudes is futile since it would fall on deaf ears given the corrupted state of men's collective capacity for reason. It follows, therefore, that women must take control of the way they are viewed socially, ultimately bringing about the necessary revolution in manners. For this, they need an effective voice. Part of that voice will come through democratic participation and political representation, and part through having an increased social standing and credibility. These two aspects are closely related: Wollstonecraft confesses that she "really" does think "that women ought to have representatives, instead of being arbitrarily governed without having any direct share allowed them in the deliberations of government", while acknowledging that this admission is liable to "excite laughter" in her readers who will likely find the idea ludicrous (ibid., 176).

While Wollstonecraft makes it clear that women should participate as citizens on an equal basis with men, she nevertheless acknowledges that there may be some gendered distinctions in the social division of labour. Women have what she considers to be a natural duty of motherhood. Not all women have to become mothers but most quite naturally will, she argues, and when they do the considerable burdens of raising children will fall to them. Men do have some corresponding duties as fathers but Wollstonecraft says very little about these and they are unlikely to offset the burdens on women. Exactly what Wollstonecraft has in mind when she invokes women's duties of motherhood is ambiguous. She may believe, for example, that these are absolute duties, or she may be referring to matters as they stood in her social and technological world. Wollstonecraft certainly emphasises the importance of mothering duties. The wife that "neither suckles nor educates her children, scarcely deserves the name of a wife, and has no right to that of a citizen" (ibid., 176). She gives both natural and socially-contingent reasons for saying this. Nevertheless, the fundamental purpose of her pronouncement is instrumental, because of the benefits the close maternal bond brings to children, to families, to society and to the mothers themselves (for a full discussion, see Bergès 2016). This leaves open the possibility that if the same benefits can be achieved through social reorganisation or technological progress, then the stipulation may be relaxed. Either way, it must be understood that the natural duties of motherhood arise in concert with the equally binding civic duties that compel society to ensure that women are fully independent. This means that there would have to emerge a full set of supportive measures for women such as, in today's terms, paid parental leave and nursery provision.

7.6 Legacy

The application of the fundamental principles of freedom, equality and citizenship to women are now unquestionably part of any contemporary version of liberal theory, even if how this should be understood remains a matter of contention. From this perspective, Wollstonecraft has left a clear legacy. She was, for example, widely read across Europe and the USA throughout the nineteenth century (Botting 2013). However, while Wollstonecraft has long been regarded as an inspirational and pioneering early feminist, it is only comparatively recently—from the end of the twentieth century—that she has been taken seriously as a moral and political philosopher in her own right (Bergès et al. 2019, 1–9). Second-wave feminists of the 1960s–80s often dismissed Wollstonecraft as a captive of male-dominated Enlightenment patterns of thought, while many liberal feminists have looked to John Stuart Mill's (s. Chap. 12) *Subjection of Women* (1869) as their primary historical source (a recent collection of essays on liberal feminism, for example, contains only two references to Wollstonecraft in the index, both tangential and bracketed with Mill, while Mill himself is extensively engaged (Baehr 2004)).

By the turn of this century, however, it has become increasingly common to view Wollstonecraft not solely as a feminist advocate but as a substantial moral and political philosopher who is responding to her cultural and intellectual climate and drawing on a diverse eclectic set of historical and contemporary sources to develop distinctive and innovative solutions to a range of social and ethical concerns. No longer was she regarded as a mere representative of early liberal feminism whose ideas could be more rigorously developed through Mill, but as a valuable—and still potent—resource for tackling contested contemporary debates, including on relational autonomy, capability theory, social freedom, democracy, human rights, citizenship, multiculturalism, and structural forms of domination (see several essays in Bergès and Coffee 2016 and Bergès et al. 2019).

References

Baehr, Amy (Hg.): Varieties of Feminist Liberalism. Oxford 2004.

Bergès, Sandrine/Coffee, Alan (Hg.): The Social and Political Philosophy of Mary Wollstonecraft. Oxford 2016.

Bergès, Sandrine/Botting, Eileen Hunt/Coffee, Alan (Hg.): The Wollstonecraftian Mind. London 2019.

Bergès, Sandrine: Wet-Nursing and Political Participation: The Republican Approaches to Motherhood of Mary Wollstonecraft and Sophie de Grouchy. In: Sandrine Bergès/Alan Coffee (Hg.): The Social and Political Philosophy of Mary Wollstonecraft. Oxford 2016.

Botting, Eileen Hunt: Wollstonecraft in Europe, 1792–1904: A Revisionist Reception History. In: History of European Ideas, 39/4 (2013), 503–27.

Bour, Isabelle: Mary Wollstonecraft as Historian in An Historical and Moral View of the Origin and Progress of the French Revolution; and the Effect it has Produced in Europe (1794). In: Etudes Epistemé 17 (2010).

Coffee, Alan: Mary Wollstonecraft, Freedom and the Enduring Power of Social Domination. In: European Journal of Political Theory, 12/2 (2013), 116–35.

Coffee, Alan: Freedom as Independence: Mary Wollstonecraft and the Grand Blessing of Life. In: Hypatia 29/4 (2014), 908–924.

Halldenius, Lena: Feminist Republicanism. In: Sandrine Bergès/Eileen Hunt Botting/Alan Coffee (Hg.): The Wollstonecraftian Mind. London 2019, 404–16.

Muller, Virginia: What Can Liberals Learn from Mary Wollstonecraft? In: Maria Falco (Hg.): Feminist Interpretations of Mary Wollstonecraft. University Park, PA 1996, 47–60.

Pettit, Philip: Republicanism: a theory of freedom and government. Oxford 1997.

Weiss, Penny: Canon Fodder. University Park, PA. 2009.

Wollstonecraft, Maria: A Vindication of the Rights of Men. London. 1790.

Wollstonecraft, Maria: Letters written in Sweden, Norway, and Denmark. Oxford 2009.

Wollstonecraft, Maria: A Vindication of the Rights of Woman. Eileen Hunt Botting (Hg.). New Haven, CT 2014.

Wollstonecraft, Maria. Maria or the Wrongs of Woman. New York 2005.

Germaine De Staël und Benjamin Constant

8

Michael G. Festl

Germaine de Staël (1766–1817) und Benjamin Constant (1767–1830) waren, was man heutzutage ein ‚Power Couple' nennen würde. Verheiratet waren die beiden zwar nicht, jedoch führten sie über viele Jahre eine Liebesbeziehung und über noch mehr Jahre eine fruchtbare intellektuelle Beziehung. Um sie herum versammelte sich der Coppet-Kreis, benannt nach Staëls Familiensitz in der Nähe Lausannes, eine Gruppe progressiver liberaler Denkerinnen und Denker. Staël, die Tochter des einflussreichen französischen Ministers Jacques Necker führte Constant in die französische Politik ein, der er mit Unterbrechungen bis zu seinem Lebensende, u.a. als Mitglied des Parlaments, verbunden blieb. Als Liberale im Frankreich ihrer Zeit stehen Staël und Constant zwei Herausforderungen gegenüber: der Französischen Revolution und Napoleon.

Staël, die mit Beststeller-Romanen wie *Corinna oder Italien* viel zur Romantik beitrug, verfasste auch ein bedeutendes, in der Ideengeschichte aber wenig Beachtung findendes Werk zum Liberalismus: *Considérations sur les principaux événements de la révolution française* (im Folgenden aus der englischsprachigen Ausgabe zitiert). 1818 posthum veröffentlicht analysiert das Buch die Französische Revolution und dessen Nachwirkungen bis ins Jahr 1815, also inklusive Napoleon. Es ist aber nicht nur ein Werk des Genres Neueste Geschichte, eines der ersten, das sich mit der Französischen Revolution als historischem Ereignis befasste, sondern auch ein Werk der Genres Biographie, Insider Report und politische Philosophie. Authentizität ist eine der Tugenden des Buches – Leser sind dabei, als Staël in den Tumulten der Revolution beinahe ums Leben kommt und als sie Königin Marie-Antoinette dabei beobachtet, wie diese den Schlafplatz für ihre Kinder bereitet, nachdem sie und ihre Familie aus Versailles entfernt und in die verfallenen Tuilerien verfrachtet wurden. Als Staëls Buch 1818 erscheint, ist es *das* intellektuelle Ereignis im soeben restaurierten Regime der Bourbonen. Von Louis de Bonald, dem katholischen Philosophen und Verteidiger einer Monarchie von Gottes Gnaden, wird es verteufelt. Constant dagegen lobt es als eines der „feinsten, je gebauten Monumente für Freiheit und Menschenwürde" (Winegarten 2008, 292–293; Übers. M.G.F.).

Obwohl die Französische Revolution sie als junge Frau im Umkreis des Königs schockierte, lobt Staël selbige im Rückblick als unhintergehbares Ereignis der europäischen Geschichte. So will Staël die Revolution nicht als plötzlichen Ausbruch von Emotionen oder gar von niederen Instinkten verstanden wissen, sondern als Teil einer logischen sozialen Entwicklung:

M. G. Festl (✉)
Universität St. Gallen, St. Gallen, Schweiz
E-Mail: michael.festl@unisg.ch

M. Festl (Hrsg.), *Handbuch Liberalismus*, https://doi.org/10.1007/978-3-476-05798-3_8

> Die Französische Revolution ist eine der großen Ären sozialer Ordnungen. Diejenigen, die sie als Resultat zufälliger Gründe abtun, haben sich weder mit der Vergangenheit noch mit der Zukunft auseinandergesetzt; sie verwechseln die Akteure mit dem Drama; und, indem sie eine Lösung suchen, die ihrer Vorurteile angemessen ist, haben sie den Männern der Stunde zugeschrieben, was sich seit Zeitaltern vorbereitete (2008, 17; ähnlich 25 und 72; hier und im Folgenden Übers. M.G.F.).

Nie mehr dürfe die Welt hinter das zurückfallen, wofür in der Revolution gekämpft wurde. Allen voran der Gedanke, dass die politische Souveränität im Volk und nur im Volk liegt, aber auch die Idee der Gleichheit aller vor dem Recht gegen Privilegien des Adels.

So affirmativ sich Staël gegenüber der Revolution verhält, so ablehnend steht sie Napoleon gegenüber. Derart intensiv engagiert sie sich im Kampf gegen Napoleon, dass bald das Bonmot umgeht, es gäbe nur drei Mächte, die Napoleon zu fürchten habe: England, Russland und die Madame de Staël. In der Tat trägt Staël mit diplomatischem Geschick und auf persönlichen Reisen in alle drei Länder dazu bei, dass sich Russland, Schweden und England gegen Napoleon verbünden. Nicht grundlos betrachtet Napoleon sie schon früh als mächtige Gegnerin und schickt sie ins Exil. Winegarten spricht gar von einer „Corsican vendetta", die Napoleon gegen sie geführt hat (2008, 153).

Als Staël ihr liberales Hauptwerk verfasst, ist nicht klar, ob Napoleon nicht auch noch ein zweites Comeback an die Spitze der französischen Politik gelingen könnte. Ihr persönliches Risiko ist also noch immer hoch, wenn sie aufzeigt, dass Napoleons Diktatur in radikalem Gegensatz zu den Prinzipien der Revolution steht – eine Revolution, hinter die man nicht zurückgehen dürfe – und wenn sie Napoleons Charakter auf Basis persönlicher Treffen folgendermaßen skizziert: Napoleon, so schreibt sie,

> betrachtet menschliche Wesen als Handlung oder als Ding, nicht als Mit-Kreatur. Er hasst nicht mehr als er liebt; für ihn existiert nichts als er selbst; alle anderen Kreaturen sind ihm nur Spielsteine. Die Macht seines Willens besteht in der Unmöglichkeit, die Kalkulationen seines Egoismus zu stören; er ist ein formidabler Schachspieler, und die Menschheit ist der Gegner, den er sich auserkoren hat, schachmatt zu setzen (2008, 409).

Folglich besteht das Ziel der Schrift u.a. darin, das Bleibende an der Französischen Revolution – Souveränität des Volkes und Gleichheit – von Napoleon zu befreien. Das Problem ist nämlich, dass Napoleon vielerorts als Befreier Europas von absoluter Herrschaft gilt und sich auch gerne als solcher inszeniert. In Deutschland wird er z. B. von Hegel als Instrument einer geschichtlichen Entwicklung hin zu Freiheit gefeiert. So wird es für Staël zur Mission, Napoleon und das, was kurz später ‚liberal' genannt werden wird, strikt zu trennen. Sie thematisiert, so schreibt sie, Napoleon vor allem aufgrund ihres „brennenden Eifers", „dass die Freunde der Freiheit ihre Anliegen komplett von den seinigen trennen und dass sie genauestens darauf Acht geben, die Prinzipien der Revolution nicht mit denen der napoleonischen Imperialregierung zu vermischen" (ebd., 624).

Auch für Constant ist die Französische Revolution (s. Kap. 52) das unhintergehbare Ereignis der Zeit. Er interessiert sich aber vor allem für die Grausamkeiten der Revolution, deren dunkle Seite. Sein bekanntester Beitrag zum Liberalismus „Die Freiheit der Alten verglichen mit derjenigen der Modernen (De la liberté des Anciens comparée à celle des Modernes)" von 1816 ist eine begrifflich-analytische Erklärung dieser Grausamkeiten. Die Ideengeber der Revolution, Constant nennt vor allem Rousseau (s. Kap. 2), hätten die Freiheit des Altertums mit der Freiheit der Gegenwart verwechselt. Während Letztere, die Freiheit der Gegenwart, auf Freiheit im privaten Bereich fokussiere, sei Erstere, die Freiheit des Altertums, ausschließlich auf politische Freiheit bedacht. Mit Bezug auf Sparta beschreibt Constant die Freiheit des Altertums als direkte Teilnahme der Bürger an allen politischen Entscheidungen. Gleichzeitig war das, was man heute private Angelegenheiten nennen würde, in der Antike den Gesetzen der Republik unterworfen. Freiheit in diesem alten Sinne schloss daher die „vollständige Unterwerfung des Individuums unter die Autorität der Gemeinschaft" ein – „es gab so gut wie nichts, was die

Gesetze nicht regulierten", nicht einmal die sexuellen Gepflogenheiten der Ehepartner so u. a. sein Beispiel: „Unter den Alten war das Individuum, so gut wie immer Souverän in den öffentlichen Angelegenheiten, in seinen privaten Verhältnissen ein Sklave" (2010c, 311; hier und im Folgenden Übers. M.G.F.). Im Unterschied dazu bedeute Freiheit in der Moderne, Herr über die privaten Angelegenheiten zu sein, Meinungs- und Religionsfreiheit zu genießen, frei über sein Eigentum zu disponieren, wie und wohin man es verschiebt, wo man es investiert, wo man kauft, im Heimatland oder im Ausland. Moderne Freiheit meint gemäß Constant das Privatleben der Bürger. Direkte politische Mitentscheidungen seien in der Regel nicht mitgedacht. Diese werden zur Angelegenheit gewählter Experten.

Auf dieser begrifflichen Basis wirft Constant den Anführern der Französischen Revolution vor, sie hätten versucht, die Menschen mit der Freiheit des Altertums zu beglücken, wo man doch in einer Zeit lebe, die nurmehr für die Freiheit der Moderne gemacht ist. Sie wollten die Ansichten und Gewohnheiten der Menschen umwälzen, sprich in ihren privaten Bereich eindringen, und regulierten folglich auch, was die Menschen denken, wie sie sprechen, und wie sie mit ihrem Eigentum umgehen sollten. Diese Anführer litten also, so wirft Constant ihnen vor, unter einer begrifflichen Verwirrung mit direkten Auswirkungen für die Praxis. Sie wollten die Freiheit der Alten in einer Zeit realisieren, die für diese Art Freiheit nicht mehr gemacht war, ein Ideal der Freiheit, das auf die veränderte Wirklichkeit nicht mehr passen wollte.

Gleichzeitig und trotz seiner Kritik hegt Constant große Sympathien für diejenigen, die vor der Revolution die Freiheit der Alten und deren angebliche politische Tugenden bewunderten, ein Bild, wie es z. B. von Montesquieu gezeichnet wurde. Die idealistischen Revolutionäre verteidigend schreibt Constant: „Wer unter uns fühlte sein Herz nicht höher schlagen, als die Hoffnung aufkam, den Pfad betreten zu können, den diese Vorbilder wiesen" (2010b, 106). Doch nun, nach dem großen Spektakel, das die Revolution bot, muss man, so mahnt Constant, diese Ideale begraben und die Art der Freiheit realisieren, die unter den Bedingungen der Moderne einzig möglich ist. Im Grunde nimmt Constant an dieser Stelle den Spruch von dem jungen Mann vorweg, der mit Herz agiert und dem alten Mann, der mit Verstand arbeitet: Wer vor 1789 kein Unterstützer der Revolution war, hat kein Herz, wer sie nach 1789 noch immer will, hat keinen Verstand.

Obwohl Constant nicht abstreitet, dass die Antike ein heroisches Zeitalter darstellt, ist es seiner Meinung nach durchaus möglich, dass wir Modernen, so wir uns nur auf *unsere* Freiheit besinnen, den insgesamt besseren Handel bekommen. Unser Leben sei schließlich voller Annehmlichkeiten. Es gebe zahlreiche Möglichkeiten für Konsum, wir kommen ohne Sklavenarbeit aus, unser Zeitalter ist keines der Kriege, sondern eines des Handels. Das sei einiges wert. In Einklang damit identifiziert Constant die moderne Wirtschaftsform, der zu seiner Zeit entstehende Industriekapitalismus, als den primären Grund, warum die Freiheit der Alten nicht mehr in unsere Welt passt. Constant verbündet sich mit der politischen Ökonomie, wie sie vor allem unter Adam Smith (s. Kap. 3) in Schottland ausgearbeitet wurde und welche Constant in Edinburgh studierte. Er denkt – und das ist liberal im Unterschied etwa zu republikanisch (s. Kap. 39) oder sozialistisch (s. Kap. 37) –, dass die Vorteile der modernen Wirtschaft ihre nicht unerheblichen Nachteile bei korrekter Einstellung der wesentlichen Stellschrauben überwiegen.

Als weiteren Vorteil des Handelszeitalters arbeitet Constant den Internationalismus heraus. Die kapitalistische Wirtschaft sprenge die Grenzen der Nation. „Die unendlichen und komplexen Verästelungen des Handels haben die Interessen von Gesellschaften über die Grenzen ihres Territoriums hinaus getrieben; der Geist des Zeitalters schlägt den engen und feindlichen Geist, den die Menschen mit dem Namen Patriotismus würdigen möchten" (2010b, 54). Wie Kant (s. Kap. 4) betont Constant, dass der Durchbruch der modernen Wirtschaft Kriege zwischen Ländern unwahrscheinlicher mache (2010c, 325).

Am Ende seines Aufsatzes baut Constant aber noch eine Brücke zwischen der alten und der modernen Freiheit. Und diese Brücke ist das Meisterstück seiner Abhandlung. Die Freiheit der Modernen, für welche er ja eintritt, ist für Constant nicht eine schlichte Umdrehung der Freiheit der Alten. Die alte Freiheit opferte die private Freiheit der politischen Freiheit. Das bedeutet nun aber nicht, dass die moderne Freiheit das gegenteilige Opfer bringen müsste. Im Gegenteil, sie darf die politische Freiheit gar nicht der privaten opfern, das Allgemeingut nicht dem Eigeninteresse, so Constants Plädoyer. Auch sei das Verhältnis zwischen beiden Freiheiten nicht so zu verstehen, dass die private Freiheit notwendig ist und die politische das Tüpfelchen auf dem i markiert. *Beide* seien notwendig (ebd., 323 und 327). Private Freiheit sei grundlegender, denn sie ist für jeden ein Ziel an sich. Politische Freiheit ist dagegen ein Mittel, die private zu sichern. Nur wenn die Menschen die politische Freiheit nutzen, können sie ihre private Freiheit sichern, argumentiert Constant zu einer Zeit, als in Europa noch immer vorwiegend Könige herrschen – die Menschen müssen sicherstellen, dass die Politiker in ihrem Interesse regieren und ihre Freiheiten achten. Constants Vorstellung von Freiheit impliziert daher die Forderung nach einer repräsentativen Regierungsform, welche für Constant nichts anderes darstellt, „als eine Organisation, durch welche die Nation einige wenige Individuen damit beauftragt, zu tun, was sie selbst nicht tun oder nicht tun wollen" (ebd., 325–326). Allerdings ist diese Regierungsform von der aktiven Teilnahme der Menschen abhängig, nicht nur in Wahlen, sondern auch in der Formierung der öffentlichen Meinung. Die Gefahr der modernen Freiheit bestehe darin, politische Teilnahme zu leichtfertig aufzugeben (ebd., 326). Mit Sarkasmus markiert Constant die Notwendigkeit, die politische Freiheit nicht zu vergessen:

> Die Träger von Autorität ermutigen uns allzu eifrig dazu, [unser Recht aufzugeben, an der politischen Macht zu partizipieren; M.G.F.]. Sie sind so sehr gewillt, uns all die Mühen zu ersparen, die damit einhergehen, außer diejenigen zu gehorchen und zu zahlen! Sie werden uns sagen: was ist denn eigentlich das Ziel eurer Anstrengungen, die Gründe für eure Mühen, das Objekt all eurer Hoffnungen? Ist es nicht Glück? Nun dann, überlasst dies doch uns und wir werden es euch geben. Nein, meine Herren, wir werden es ihnen nicht überlassen. […] Die Verantwortung, glücklich zu sein, übernehmen wir schon immer noch selbst. (ebd., 326)

Zudem ist es gemäß Constants Konzept so, dass die Teilnahme an politischer Freiheit eine der vielversprechendsten Möglichkeiten darstellt, unser Privatleben mit höherer Bedeutung zu füllen. Constant appelliert an „den besseren Teil unserer Natur, diese noble Unruhe, die uns antreibt und quält, diese Begierde, unser Wissen zu verbreitern und unsere Fähigkeiten zu entwickeln. Unser Schicksal treibt uns nicht nur zum Glück allein, sondern auch zur Selbstentwicklung; und politische Freiheit ist das stärkste, das effektivste Mittel der Selbstentwicklung, das der Himmel uns gegeben hat" (ebd., 328). Demgemäß fordert Constant, die beiden Arten von Freiheit zu verbinden. Sie stärken sich gegenseitig. Die private Freiheit interessiert sich für die politische Freiheit, und die politische Freiheit garantiert die private Freiheit. Diese begriffliche Einsicht, so wünscht es sich Constant, sollte als Grundlage künftiger gesellschaftlicher Entwicklung dienen. Das ist sein Liberalismus.

Was Napoleon betrifft, liegen die Dinge bei Constant nicht ganz so eindeutig wie bei Staël. Constant hatte nämlich einen kurzen Flirt mit Napoleon, als er 1815 nach dessen Rückkehr aus dem Exil in Napoleons Auftrag an einer neuen Verfassung für Frankreich arbeitete, sich aber schnell wieder von ihm entfremdete (Rosenblatt 2008; 2018). Im Großen und Ganzen gehört auch Constant zu den großen Hassern des Korsen. Dies wird daran klar, dass er die politische Philosophie um eine Kategorie erweiterte, nur um den Horror des Phänomens Napoleon adäquat zu erfassen.

Montesquieu unterschied zwischen Despotie, Republik und Monarchie mit der Despotie als der schlimmsten Form von Herrschaft. Constant widerspricht. Es geht noch schlimmer. Und zwar in der Usurpation. Während der Despotismus dem Menschen nämlich wenigstens „das Recht lasse, ruhig und indifferent zu sein", „verdamme" ihn die Usurpation „zum Sprechen" – damit „verfolgt" sie „ihn bis in das intimste

Heiligtum seiner Gedanken und, indem sie ihn zwingt, sein eigenes Gewissen zu belügen, beraubt sie den so Bedrückten auch noch seines letzten Trostes" (2010b, 96–97). Die Menschen hätten den Feiern des Usurpators genauso beizuwohnen, wie sie sich in den öffentlichen Diskursen zu ihm bekennen müssten. Bleibt die explizite Bestätigung aus, werde dies als Angriff auf den Usurpator gewertet und entsprechend sanktioniert. Stimmen sie mit dem Usurpator nicht überein, müssten die Menschen die Übereinstimmung spielen. Im Unterschied zum Despotismus unterdrücke die Usurpation die Menschen damit nicht nur, sondern erniedrige sie noch dazu. Sie gewöhne die Menschen daran, „mit Füßen zu treten, was sie zu respektieren gewohnt waren, zu umwerben, was sie verabscheuten, sich selbst zu verabscheuen" (ebd., 97).

Glücklicherweise, so wiederum relativiert Constant die Gefahr der Usurpation, ist diese mit der Moderne ebenso wenig vereinbar wie die Freiheit der Alten. In diesem Sinne sagt Constant richtig voraus, dass das Haltbarkeitsdatum von Napoleons Herrschaft beschränkt ist. Napoleon sei ein Anachronismus: Er wünscht Eroberung, die Menschen wünschen private Freiheit. Die Menschen sollten Napoleon daher, so empfiehlt Constant, wie einen Vogelfreien behandeln, wie ein Raubtier unter Menschen. Sie sollen zu ihm sagen:

> Wie der Leopard gehörst du einer anderen Klimazone an, einem anderen Land, einer Spezies ganz anders als der unsrigen. Lerne die Zivilisation, wenn du wünschst, in einem zivilisierten Zeitalter zu regieren. Lerne den Frieden, wenn du friedliche Menschen regieren möchtest. […] Mensch aus einer anderen Zeit, höre auf, diese zu plündern. (ebd., 82)

Freilich haben sich Staël und Constant nicht darauf beschränkt, anzugeben, was sie nicht wollen – kein *Ancien Régime*, keine antike Freiheit, kein Napoleon. Sie hatten konkrete Vorstellungen, wie es mit Europa im Allgemeinen, mit Frankreich im Besonderen weiterzugehen hat, was Liberalismus in der Realität bedeutet. Repräsentation und England, das sind kurz gesagt ihre Forderungen. Das England der Glorreichen Revolution (s. Kap. 50) ist Vorbild ihres Liberalismus. Für Constant ist England schlicht und einfach das „Land der Freiheit" (2010a, 273–274), „Vorbild" und „Hoffnung" aller Länder, die „weise, tugendhaft und frei" sein wollen (2010b, 146). In Staëls politischem Hauptwerk, den beschriebenen *Considérations*, ersetzt die Bewunderung für England die Beschreibung, wie ein liberaler Staat beschaffen sein müsste. Indem Staël ausführlich darstellt, wie die englische Verfassung und die darauf basierende Institutionenlandschaft funktionieren, erläutert sie zugleich, wie ein liberaler Staat zu gestalten sei. Englisches Sein und liberales Sollen sind für sie identisch. Selbst nachdem ihr wohlmeinende Engländer klarmachen wollten, dass die real existierenden Verhältnisse in England ihrem Ideal mitnichten entsprechen, bleibt sie ihrem Idealbild von England treu und verschließt die Augen vor dem Niedergang, in dem sich das Land aus liberaler Sicht zu ihrer Zeit befand (vor allem Bentham macht auf diesen Niedergang aufmerksam, s. Kap. 6).

Stets auch auf Anwendung bedacht, widmet sie sich zudem der Geschichte Englands. Staël möchte aufzeigen, dass der Rest Europas diese Geschichte nachzuvollziehen habe, um ebenfalls eine gute, liberale Gesellschaft zu bilden. Die Quintessenz der Geschichte Englands, wie Staël sie erzählt, ist, dass dies auch tatsächlich möglich ist und im Falle Frankreichs in der Revolution von 1789 beinahe schon funktioniert hätte, diese Revolution aber mindestens ein Schritt in die richtige Richtung gewesen ist. Auch mit den Fehlern der Französischen Revolution kann man sich durch den Blick auf die Geschichte Englands versöhnen, so Staëls Hoffnung, ist doch auch der englische Weg zu Freiheit mit Katastrophen gepflastert (2008, 633). Gleichwohl stellt England heute das „schönste Monument von Gerechtigkeit und moralischer Größe" dar (ebd., 24). Der entscheidende Vorsprung Englands gegenüber dem Rest der Welt besteht für Staël in der repräsentativen Regierungsform. Mit ihr hat England bereits die dritte Ära des modernen Staates erreicht und die beiden vorherigen, die feudale Ordnung und den Despotismus, hinter sich gelassen (ebd., 21).

Schließlich versucht sich Constant daran, das Ideal der repräsentativen Regierungsform, Staëls dritte Ära, auszuarbeiten. Heraus kommt ein Vorschlag, der auf viele Jahrzehnte zum Vorbild liberaler Denker und Praktiker werden wird und, wie u.a. in Portugal, Brasilien, Spanien, gar auch in Italien und Frankreich, eine (teilweise) Umsetzung findet. Basierend auf der Annahme, dass Repräsentation wichtiger ist als die Frage nach der Regierungsform, Monarchie oder Republik, arbeitet Constant heraus, wie eine repräsentative Monarchie auszusehen hat.

Zwei Ideen sind entscheidend. Die erste ist, dass der König nicht mehr länger die Führung der Exekutive innehat. Er fungiert stattdessen als neutrale Gewalt mit der Aufgabe, zwischen den anderen, den tatsächlich den politischen Alltag bestimmenden Gewalten zu moderieren, wenn diese in Konflikt geraten. Den Vorsitz über die Exekutive übernimmt das Kabinett, welches aus Ministern besteht, die der König ernennt. Die zweite Idee betrifft die Legislative. Ganz konventionell geht Constant zunächst von einer Teilung der Legislative in zwei Körper aus. Zum einen ein Oberhaus, in dem die Mitglieder auf Lebenszeit ernannt werden und in der Regel aus der Aristokratie stammen; die Ernennung steht aber auch Bürgern mit außergewöhnlichen Verdiensten offen. Zum anderen ein Haus, das sich aus gewählten Vertretern rekrutiert. Der Clou daran ist, wie Constant dieses zweite Haus fasst. Er nennt es die ‚repräsentative Gewalt der öffentlichen Meinung‘ und betont damit, dass es stets in engem Austausch mit der Öffentlichkeit stehen soll, anstatt lediglich Resultat wiederkehrender Wahlen zu sein. Constant gibt diesem Haus damit einen Dreh in Richtung direkte Demokratie. Zudem separiert er es stärker vom Oberhaus als üblicherweise der Fall, indem er nicht von einer Legislative mit Zweikammersystem spricht, sondern von zwei verschiedenen Gewalten, die zusammen die Legislative ausmachen. Die gewählte legislative Gewalt soll in ihrer Bedeutung keinesfalls hinter die ernannten Mitglieder des Oberhauses fallen. Somit ergibt sich, was oftmals als Constants eigentliche Innovation angesehen wird, aber eigentlich nur Resultat der beiden, gerade erläuterten Ideen ist: eine Gewaltenteilung zwischen fünf, anstatt der sonst üblichen drei Gewalten – die beiden Gewalten der Legislative, der König als ausgleichende Gewalt, die Exekutive mit Kabinett an der Spitze und klassisch die Judikative. (2010a, 185).

Staël und Constant gehören zur ersten Generation an Denkerinnen und Denkern, die den Begriff ‚Liberalismus‘ für sich reklamieren. Beeindruckt, aber auch schockiert von der Französischen Revolution sind beide um Ausgleich mit den alten Mächten bemüht. Sie sind daher noch nicht bereit, mit der Monarchie zu brechen, zumindest dann nicht, wenn ein einigermaßen intaktes Königshaus herrscht. Im Unterschied zu ihren Nachfolgern Tocqueville (s. Kap. 11) und Emerson (s. Kap. 10) schlagen sie sich noch nicht auf die Seite der Demokratie, geben sich aber auch nicht mehr mit der bloßen Fortsetzung des *Ancien Règimes* zufrieden. Sie sind der Beweis, dass der Liberalismus nicht notwendig demokratisch sein muss, aber mindestens demokratische Elemente, vor allem die Repräsentation des Volkes, zu beinhalten hat.

Literatur

Constant, Benjamin: Principles of Politics Applicable to all Representative Governments [1815]. In: Biancamaria Fontana (Hg.): Constant. Political Writings. Cambridge 2010a, 169–305.

Constant, Benjamin: The Spirit of Conquest and Usurpation and their Relation to European Civilization [1815]. In: Biancamaria Fontana (Hg.): Constant. Political Writings. Cambridge 2010b, 43–167.

Constant, Benjamin: The Liberty of the Ancients Compared with that of the Moderns. Speech given at the Athénée Royal in Paris [1816]. In: Biancamaria Fontana (Hg.): Constant. Political Writings. Cambridge 2010c, 307–328.

Rosenblatt, Helena: Liberal Values. Benjamin Constant and the Politics of Religion. Cambridge 2008.

Rosenblatt, Helena: The Lost History of Liberalism. From Ancient Rome to the Twenty-First Century. Princeton 2018.

Staël, Germaine de: Considerations on the Principal Events of the French Revolution [1818]. Indianapolis 2008.

Winegarten, Renee: Germaine de Staël & Benjamin Constant. A Dual Biography. New Haven 2008.

9 Wilhelm Von Humboldt

Michael G. Festl

9.1 Französische Revolution

Wilhelm von Humboldt (1767–1835) ist nicht zuletzt für seinen Einsatz als Politiker und Diplomat in Diensten des Königreichs Preußen bekannt. In dieser Position war er Abgesandter am Vatikan in Rom, vertrat das Reich am Wiener Kongress nach den Napoleonischen Kriegen und bereitete der mittlerweile nach ihm und seinem Bruder Alexander benannten Universität in Berlin den Weg (zu Humboldts Leben vgl. Gall 2011). Seine Leidenschaft gehörte jedoch den Geisteswissenschaften. Im Alter vor allem der Linguistik. Als junger Mann der politischen Philosophie. Früh liest er die Werke Immanuel Kants. Und dann, gerade 22 geworden, wir schreiben das Jahr 1789, der Ausbruch der Französischen Revolution – nur zwei Wochen nach Erstürmung der Bastille ist Humboldt in Paris. Er will live dabei sein, wenn, so hofft er wohl, die Ideale der Aufklärung verwirklicht werden.

Doch große Erwartungen führen nicht selten zu großen Enttäuschungen. So ist es auch bei Humboldt. Zwar lobt er die Zerstörung der Bastille ebenso wie den Freiheitsdrang der Pariser (1968a, 120), doch die „Gewalttätigkeiten" der Revolutionäre – motiviert, so stellt er fest, durch „maßloses Machtstreben" – stoßen ihn ab (Geier 2009, 107). Als zentrale Erkenntnis nimmt er in Einklang mit Edmund Burke (s. Kap. 34) mit, dass sich Staaten nicht aus dem Nichts schaffen lassen: „Staatsverfassungen lassen sich nicht auf Menschen, wie Schösslinge auf Bäume pfropfen. Wo Zeit und Natur nicht vorgearbeitet haben, da ists, als bindet man Blüthen mit Fäden an. Die erste Morgensonne versengt sie" (1968b, 80). Man müsse beim *Status quo* beginnen und von dort weiterbauen, Reform statt Revolution, Verbesserung statt Neukreation. Folglich geht Humboldts politisch-philosophisches Hauptwerk *Ideen zu einem Versuch, die Gränzen der Wirksamkeit des Staats zu bestimmen* von einer Monarchie aus, anstatt ein alternatives, etwa ein demokratisch-republikanisches Herrschaftsmodell einzufordern. Vor dem Hintergrund der Situation des Jahres 1792, in dem Humboldt dieses Werk verfasst (veröffentlicht wurde es 1851 posthum), ist die Monarchie, zumindest was Preußen betrifft, eine Selbstverständlichkeit. Bezüglich Staatsverfassung ist Humboldt folglich nur lauwarm-liberal. Darauf wird zurückzukommen sein.

Gleichzeitig geht Humboldts Desillusionierung durch die Französische Revolution auch nicht soweit, die Ideale der Aufklärung aufzugeben. Beileibe nicht. Der Effekt der Revolution auf Humboldts aufklärerische Prägung ist weder Bestätigung noch Ablehnung. Stattdessen resultiert eine Perspektivverschiebung. Die Revolution bringt Humboldt dazu, Sinn und Zweck der

M. G. Festl (✉)
Universität St. Gallen, St. Gallen, Schweiz
E-Mail: michael.festl@unisg.ch

M. Festl (Hrsg.), *Handbuch Liberalismus*, https://doi.org/10.1007/978-3-476-05798-3_9

Aufklärung vorerst nicht so sehr im Politischen zu suchen, sondern in Grundrechten wie Rede-, Meinungs- und Religionsfreiheit – und allem voran in der Erziehung. Bevor man überhaupt daran denken kann, die Aufklärung politisch zu verwirklichen, müssen die Menschen zu Bürgerinnen und Bürgern erzogen und damit auf Freiheit vorbereitet werden. Bildung ist der Hebel, mit dem sich die politische Welt aus ihren feudalen Angeln heben und aufgeklärt machen lässt.

9.2 Bildung

Für Humboldt bedeutet Bildung die Entwicklung des Selbst zu einem Ganzen. Wie der Bildhauer die wilde Natur eines Steines zu einer vollendeten Figur formt, eine Figur, die als Möglichkeit in diesem Stein bereits angelegt war, vom Bildhauer jedoch verwirklicht werden musste, hat der Mensch die Anlagen zu entwickeln, die in ihm stecken. Der Mensch ist Bildhauer des Steines, der er selbst ist. Er muss sehen, welche Möglichkeiten in ihm stecken und eine dieser Möglichkeiten möglichst vollständig ausschöpfen – „die höchste und proportionierlichste Bildung seiner Kräfte zu einem Ganzen" hat er zustande zu bringen (Humboldt 2010b, 64). Das Sich-Entwickeln zu einer freigewählten und den eigenen Fähigkeiten entgegenkommenden Perfektion – Ganzheit – ist für Humboldts Bildungsideal wesentlich. Diese Perfektion ist freilich als Idealisierung zu verstehen, als real nie zu erreichender Fixpunkt, denn, so Humboldt, die Entwicklungsmöglichkeiten des Selbst sind in jeder Hinsicht unendlich, „immer höhere Vollkommenheit" ist das Ziel (ebd., 141).

Humboldt hebt zwei Voraussetzungen für diese Ganzheit heraus. Beide sind bemerkenswert, aus liberaler Sicht umso mehr. Die erste ist aus liberaler Sicht vor allem deshalb besonders, weil Humboldt darin das Freiheitsideal, eigentlich doch der Kulminationspunkt des Liberalismus, zu einem Mittel herabsetzt, und zwar zu einem Mittel für Bildung. Zwar braucht die Freiheit zunächst Bildung, wie gerade festgestellt, doch ultimativ preist Humboldt die Freiheit doch nicht um ihrer selbst willen, sondern als notwendige Bedingung, um Humboldts höchste Ansprüche an Bildung zu verwirklichen (ebd., 64). Zuerst braucht es Bildung, um politische Freiheit zu ermöglichen, die so gewonnene Freiheit ist dann aber wiederum wertvoll, um mehr Bildung zu bringen.

Zweite Voraussetzung, um das Ziel der Ganzheitlichkeit zu erreichen, ist Pluralismus, „Mannigfaltigkeit der Situationen" (ebd.). Individuen müssen Unterschieden ausgesetzt sein. Humboldt schwingt sich zu einem Helden der Abweichung auf, und das zu einer Zeit, die weit davon entfernt ist, der Abweichung auch nur einen potentiellen Wert zuzusprechen. Solange gegen kein Recht verstoßen wird, so Humboldt, ist jede Art von Denken und Verhalten zu akzeptieren, ja als Instanz von Pluralismus (s. Kap. 26) gar zu begrüßen:

> Wer Dinge äußert oder Handlungen vornimmt, welche das Gewissen und die Sittlichkeit des andren beleidigen, mag allerdings unmoralisch handeln, allein sofern er sich keine Zudringlichkeit zuschulden kommen läßt, kränkt er kein Recht. Es bleibt dem andren unbenommen, sich von ihm zu entfernen, oder macht die Lage dies unmöglich, so trägt er *die unvermeidliche Unbequemlichkeit der Verbindung mit ungleichen Charakteren* und darf nicht vergessen, daß vielleicht auch jener durch den Anblick von Seiten gestört wird, die ihm eigentümlich sind (ebd., 151; Hervorhebungen M.G.F.).

Je mehr Nonkonformität, desto mehr Pluralismus, desto mehr Chance auf Bildung, eine Ursache-Wirkungs-Kette, die John Stuart Mill gut 70 Jahre später in den Mittelpunkt seiner Abhandlung *Über die Freiheit* stellen wird (s. Kap. 12).

Die Ganzheit, für die Freiheit und Pluralismus Voraussetzungen darstellen, manifestiert sich, so Humboldt weiter, zum einen in der Kongruenz zwischen der Ausbildung der Fähigkeiten eines Individuums und seinen ursprünglichen Anlagen. Bei der Entwicklung seiner Fähigkeiten muss sich das Individuum an „dem Maße seines Bedürfnisses und seiner Neigung, nur beschränkt durch die Grenzen seiner Kraft und seines Rechts" orientieren (ebd., 69). Insbesondere muss es seine individuelle Mischung aus „denkende[r] und empfindende[r] Kraft" berücksichtigen (ebd., 141). Diese einem jeden Menschen von Natur gegebene Mischung zwischen Rationalität und Gefühl bestimmt die konkreten Eigenschaften des für diese Person gelungenen Lebens – „das Glück, zu welchem der Mensch bestimmt ist, ist auch kein andres, als welches seine Kraft ihm verschafft" (ebd., 75). Gelungene Ganzheitlichkeit impliziert Kongruenz zwischen Natur und Erziehung, zwischen dem, wozu das Individuum fähig ist und wozu es sich macht.

Die zweite Dimension der Ganzheitlichkeit, abgeleitet aus der ersten, bezieht sich auf die Harmonie zwischen dem Individuum und dem, was es tut. Damit beugt Humboldt einem zu aristokratischen Konzept von Bildung vor. Trotz des Bezuges zu natürlich gegebenem Talent ist Bildung für Humboldt eine Angelegenheit für jedermann und jederfrau. Die Entwicklung des eigenen Selbst mittels Bildung trifft auf jede Art von Beruf zu, insistiert Humboldt, und kritisiert dabei sogar die Alten Griechen, welche er ansonsten als Paradebeispiel exzellenter Erziehung anführt. Deren Institution der Sklaverei zeuge von Ignoranz gegenüber der Tatsache, dass eine „[j]ede Beschäftigung [..] den Menschen zu adeln, ihm eine bestimmte, seiner würdige Gestalt zu geben" vermag (ebd., 78). Die Art, wie ein Beruf ausgeführt wird, nicht der Beruf selbst bestimmt den Wert des Berufes, doziert der preußische Erzieher. Dabei leitet Humboldt die allgemeine Regel ab, dass eine jede Beschäftigung das Individuum veredelt, solange diese Beschäftigung um ihrer selbst willen getan wird. In diesem Sinne müsse die Gesellschaft darauf abzielen, auch seine „Bauern und Handwerker" zu „*Künstler[n]*" zu „bilden", zu „Menschen, die ihr Gewerbe um ihres Gewerbes willen liebten, durch eigengelenkte Kraft und eigne Erfindsamkeit verbesserten und dadurch ihre intellektuellen Kräfte kultivierten, ihren Charakter veredelten, ihre Genüsse erhöhten" (ebd., 76).

Humboldts Erziehungsideal kulminiert in der Ganzheit der Menschheit. Die Selbstbildung, nach der Individuen streben (sollten), kommt in verschiedensten Formen. Gleichwohl, eingedenk der Kürze des menschlichen Lebens, kann jedes Individuum je nur eine bestimmte Art von Selbstbildung erreichen. Humboldt nimmt an, dass es eine große Menge verschiedener und je an sich wertvoller Selbstbildungen gibt. Diese verschiedenen Selbstbildungen zusammengenommen ergeben wiederum eine allumfassende Ganzheit auf der Ebene der Menschheit: „Denn auch durch alle Perioden des Lebens erreicht jeder Mensch dennoch nur eine der Vollkommenheiten, welche gleichsam den Charakter des ganzen Menschengeschlechts bilden" (ebd., 64). Individuelle Selbstbildung kenne gar so viele verschiedene Formen, dass selbst eine ganze Zeitperiode nicht ausreicht, um alle Möglichkeiten auszuschöpfen. Nur die Geschichte der Menschheit als Ganzer sei in der Lage – und dazu bestimmt –, diese vollständige Ganzheit zu erreichen. Nur wenn wiederum diese verschiedenen Zeitperioden kombiniert werden, und alle individuellen Selbstbildungen in ihnen, entsteht Perfektion, die Ganzheitlichkeit der Menschheit als solcher, „Bild einer wunderbaren Vielseitigkeit" (ebd., 214). Das ist Humboldts Version einer Philosophie der Geschichte, bei ihm vor allem eine Rückversicherung, dass obwohl alles auf dem Individuum aufbaut, alles doch auch einen größeren Sinnzusammenhang kennt. Des Weiteren ist diese Geschichtsphilosophie um Erziehung zentriert, nicht wie üblich um die Politik oder um die Philosophie. Zudem ist Humboldt, so zeigt er in seinen „Betrachtungen über die Weltgeschichte", stolz darauf, dass die zentrale Einheit des Fortschritts in seinem Konzept nicht wie sonst in einer „abstract gedachten Vollkommenheit" zu finden ist, sondern „in der Entwicklung eines Reichtums großer individueller Formen" (2010a, 576). Die Ganzheit der Menschheit ist folglich Resultat individueller Selbstgestaltungen in Richtung einer autonom bestimmten, möglicherweise gar idiosynkratischen Ganzheit. Letztere, die individuelle Selbstgestaltung, ist was für Humboldt zählt, ersteres, die Ganzheit der Menschheit, kommt als angenehme Nebenwirkung heraus.

9.3 Freiheit

Eine wichtige Frage aus liberaler Sicht ist, welche Rolle Humboldt dem Staat innerhalb seines Ideals menschlicher Bildung zu Ganzheit zuerkennt. Auch hierüber berichtet sein liberales Hauptwerk, *Gränzen der Wirksamkeit des Staates*, ausführlich. Dabei ist das Schlüsselwort zunächst einmal ‚Gränzen', denn Humboldt markiert in erster Linie die Grenzen staatlichen Handelns. In dieser Hinsicht lässt sich Humboldts Text als Handbuch des Libertarismus (s. Kap. 45) lesen, als Vorbild für diejenigen, die *gegen* staatliches Eingreifen in Wirtschaft und Erziehung und damit für Laissez-faire argumentieren möchten.

Die Bedeutung des Pluralismus für sein Konzept von Bildung einmal mehr hervorhebend, argumentiert Humboldt, dass staatliches Handeln stets das Gegenteil befördere: „Einförmigkeit" (2010b, 71). Dies sei speziell der Fall, wenn der Staat versucht, den „Wohlstand der Nation zu erhöhen" (ebd.), aber auch wenn es um Bildung geht:

> [Ö]ffentliche Erziehung [..] muß, selbst wenn [...] sie sich bloß darauf einschränken wollte, Erzieher anzustellen und zu unterhalten, immer eine bestimmte Form begünstigen. Es treten daher alle die Nachteile bei derselben ein, welche der erste Teil dieser Untersuchung hinlänglich dargestellt hat, und ich brauche nur noch hinzuzufügen, daß jede Einschränkung verderblicher wird, wenn sie sich auf den moralischen Menschen bezieht, und daß, wenn irgend etwas Wirksamkeit auf das einzelne Individuum fordert, dies gerade die Erziehung ist, welche das einzelne Individuum bilden soll (ebd., 105).

Deshalb wollte Humboldt, dass die Universität, die heute seinen und seines Bruders Namen trägt, finanziell unabhängig vom Staat Preußen ist, eine Forderung, die sich nicht durchsetzen ließ.

Humboldt bringt als weiteres Argument gegen staatliches Handeln vor, dass es individuelle Energie zurückdrängt. Unternimmt der Staat, was Individuen selbst unternehmen können, werden Letztere der Motivation beraubt. Sie verlassen sich nicht länger auf sich selbst, sondern auf den Staat, und ruinieren dabei ihren Charakter. „Wer oft und viel geleitet wird, kommt leicht dahin, den Überrest seiner Selbsttätigkeit gleichsam freiwillig zu opfern" (ebd., 74).

Dies wiederum hat Auswirkungen auf das Gemeinschaftsleben. Indem der Staat individuelles Bemühen verdrängt, zerstört er auch private Assoziationen. Die Menschen treten nicht mehr direkt miteinander in Kontakt, sondern nur noch vermittelt über den Staat. Jedoch stellen gerade freiwilligen Vereinigungen und der Pluralismus, der aus ihnen entsteht, das „höchste Gut" der Gesellschaft dar (ebd., 71). Daher spricht sich Humboldt auch gegen Sozialversicherungen aus:

> Tötet etwas andres so sehr alles wahre Mitleid, alle hoffende, aber anspruchlose Bitte, alles Vertrauen des Menschen auf Menschen? Verachtet nicht jeder den Bettler, dem es lieber wäre, ein Jahr im Hospital bequem ernährt zu werden, als nach mancher erduldeten Not nicht auf eine hinwerfende Hand, aber auf ein teilnehmendes Herz zu stoßen? (ebd., 94).

Das gilt auch für die Ehe als staatliche Institution. Diese hemmt die Partner in der jeweiligen Ausschöpfung ihres Potentials. Speziell wenn Scheidungen verboten sind, müssen sich die Partner nicht mehr länger anstrengen, können sie ihr Gegenüber doch zumindest formal auch dann nicht verlieren, wenn sie sich gehen lassen – die individuelle Perfektionierung ist damit einer wichtigen Motivationsquelle beraubt (ebd., 81–82).

Des Weiteren erteilt Humboldt sogar der Einschränkung seiner staatskritischen Position eine Absage, dass Gefahren und Chancen staatlichen Handelns von dem Penetrationsgrad dieses Handelns abhängen. Selbst gering dosiertem staatlichem Handeln steht Humboldt ablehnend gegenüber. Dabei führt er das Argument in die Debatte ein, dass staatlichem Eingreifen eine Dammbruchgefahr inhärent ist, einmal ins Laufen gebracht, ist es nicht mehr aufzuhalten:

> [J]ede einschränkende Einrichtung kollidiert mit der freien und natürlichen Äußerung der Kräfte, bringt bis ins Unendliche gehende neue Verhältnisse hervor, und so läßt sich die Menge der folgenden, welche sie nach sich zieht (selbst den gleichmäßigsten Gang der Begebenheiten angenommen und alle irgend wichtige unvermutete

> Zufälle, die doch nie fehlen, abgerechnet), nicht voraussehn (ebd., 84).

Staatliches Handeln erhöht die Komplexität des Zusammenlebens und führt folglich vermehrt zu Kollisionen, um welche sich wiederum der Staat zu kümmern hat, dabei, nach demselben Prinzip, wieder nur mehr Kollisionen hervorbringend usw. (ebd., 144). Dies beraubt die Gesellschaft wertvoller Ressourcen für die Dinge, die wirklich zählen – der Staatsapparat saugt zu viel Energie und zu viele Menschen in sich auf und macht diese Menschen wiederum uniform, der Kreislauf – ein teuflischer – schließt sich. „Dadurch werden nun nicht bloß viele, vielleicht treffliche Köpfe dem Denken, viele, sonst nützlicher beschäftigte Hände der reellen Arbeit entzogen; sondern ihre Geisteskräfte selbst leiden durch diese zum Teil leere, zum Teil zu einseitige Beschäftigung" (ebd., 85).

Abschließend führt Humboldt noch das Argument konfligierender Logiken zwischen staatlichem Handeln und individueller Selbstbildung ein. Staatliches Handeln braucht „Wohlstand und Ruhe", wozu es vor allem wichtig ist, dass „das einzelne weniger miteinander streitet", sein Ideal der individuellen Bildung dagegen braucht „Mannigfaltigkeit und Tätigkeit":

> Nur dies gibt vielseitige und kraftvolle Charaktere, und gewiß ist noch kein Mensch tief genug gesunken, um für sich selbst Wohlstand und Glück der Größe vorzuziehen. Wer aber für andre so räsoniert, den hat man, und nicht mit Unrecht, in Verdacht, daß er die Menschheit mißkennt und aus Menschen Maschinen machen will (ebd., 72).

Selbst staatliches Handeln, das seine Ziele erreicht, die Erhöhung des Bruttoinlandprodukts etwa, ist schädlich. Mit „dem Grade" der „Wirksamkeit" staatlichen Handelns, steigt nämlich auch dessen „Schädlichkeit", ein „Staat, in welchem die Bürger durch solche Mittel genötigt oder bewogen würden, auch den besten Gesetzen zu folgen, könnte ein ruhiger, friedliebender, wohlhabender Staat sein; allein er würde mir immer ein Haufe ernährter Sklaven" (ebd., 142). So haben Monarchien laut Humboldt definitiv schon mal einen Vorteil gegenüber Republiken, behauptet Humboldt trotz seiner Bewunderung des Alten Griechenlandes: Monarchen scheren sich nicht um den Wohlstand ihrer Bürger (ebd., 107).

Ein klarer Fall – Humboldt ist Apologet des Laissez-faire, ein Libertärer. Nein, man kann das auch anders sehen. Die bisherige Darstellung der humboldtschen Position war nämlich einseitig. Wie sieht die andere Seite aus?

Zunächst ist Humboldt ganz selbstverständlich für ein staatliches Gewaltmonopol. Es ist Pflicht des Staates, die Bürger vor innerer und vor äußerer Gefahr zu schützen. Dabei knüpft er an Lockes Rechtfertigung staatlicher Herrschaft an (s. Kap. 1). Ohne Gesetze, Richter und ein staatliches Gewaltmonopol lassen sich Konflikte zwischen Individuen nur schwer eindämmen, es

> entstehen Kämpfe aus Kämpfen. Die Beleidigung fordert Rache, und die Rache ist eine neue Beleidigung. Hier muß man also auf eine Rache zurückkommen, welche keine neue Rache erlaubt – und diese ist die Strafe des Staats –, oder auf eine Entscheidung, welche die Parteien sich zu beruhigen nötigt, die Entscheidung des Richters (ebd., 95).

Vor allem die zweite Einschränkung von Humboldts staatskritischer Position entfernt Humboldt von der Laissez-faire Position des Libertarismus – aber auch vom Liberalismus. Sie besteht darin, dass Humboldts *Gränzen*-Schrift annimmt, der Staat müsse monarchisch sein. Humboldt hält einen demokratischen Staat für ein Ding der Unmöglichkeit (zumindest beim allgemeinen Bildungsstand seiner Zeit), eine Annahme, die ihm aufgrund des Scheiterns der Französischen Revolution wohl unumgänglich erschien. Was er über staatliches Handeln schreibt, bezieht sich folglich auf diese Regierungsform, eine konstitutionelle und repräsentative Monarchie, aber definitiv nicht auf einen republikanischen oder demokratischen Staat. Zwar macht Humboldt dies nicht so explizit deutlich, wie man sich das wünschen würde, was wiederum damit zusammenhängen mag, dass er die Debatte von der Frage nach der richtigen Regierungsform hin auf eine Debatte über den Penetrationsgrad staatlichen Handelns lenken möchte. (ebd., 56). Aus der Terminologie, die er benutzt, den Unterscheidungen, die er zieht, und den Allianzen, die er eingeht, wird es aber deutlich genug.

So trennt Humboldt zwischen „Mensch" und „Bürger" (ebd., 106), wo ein demokratischer Staat doch auf der Idee fußt, dass Bürger-Sein einen Teil des menschlichen Seins ausmacht. Er nimmt eine Dichotomie zwischen „Staat" und „Nation" an (ebd., 72), wo die demokratische Regierungsform doch davon ausgeht, dass der Staat ein Instrument der Nation darstellt. Er sieht eine Unterscheidung zwischen den „Diener[n] des Staats" und „dem regierenden Teile des Staats" inklusive der Gefahr, dass der dienende Teil vom regierenden Teil, anstatt von der Nation selbst abhängig wird (ebd., 85), wo Demokratien doch unter der Prämisse operieren, dass das Regieren des Staates identisch mit dem Dienen des Staates ist und in Einklang mit dem vorherigen Punkt identisch mit dem Dienst an der Nation. Gleichzeitig wendet sich Humboldt gegen Mirabeau, den weisesten Führer der Französischen Revolution, als jemand, der zwar große Einsichten in das Politische hat, mit dessen Prinzipien – demokratische – er aber nicht übereinstimmen könne (ebd., 169, Fn. 1). Stattdessen lobt Humboldt ein Volk, das sich für die Monarchie entscheidet, als eines, das der „höchsten Freiheit" habhaft geworden ist (ebd., 97). Folglich, wenn Humboldt darauf insistiert, dass der Staat in den privaten Bereich weder eingreifen noch sich um das Wohl der Bürger kümmern soll, bezieht er diese Ansichten *nicht* auf einen demokratischen Staat.

In Einklang damit konzediert Humboldt, dass Fälle existieren, in welchen staatliches Handeln einen positiven Einfluss auf individuelle Bildung haben kann. Dies trifft zu, wenn dieses Handeln ausschließlich auf die „innere Entwickelung der Fähigkeiten und Neigungen" abzielt (ebd., 121). Es ist die Antike – mit ihrer republikanischen Regierungsform! –, die für Humboldt den Beweis liefert, dass staatliches Handeln einen positiven Einfluss auf die Bürger ausüben kann. Die antiken Staaten hätten dies zustande gebracht, weil sie vor allem daran interessiert waren, „Kraft und Bildung des Menschen als Menschen" zu entwickeln, wohingegen die modernen Staaten auf „seinen Wohlstand, seine Habe und seine Erwerbfähigkeit" abzielen (ebd., 61). In diesem Zusammenhang antizipiert Humboldt eine der zentralen Aussagen von Constants Schriften über den Unterschied zwischen der Freiheit der Alten und der Freiheit der Modernen (s. Kap. 8):

> Die Alten suchten Tugend, die neueren Glückseligkeit. Daher waren die Einschränkungen der Freiheit in den älteren Staaten auf der einen Seite drückender und gefährlicher. Denn sie griffen geradezu an, was des Menschen eigentümliches Wesen ausmacht, sein inneres Dasein […]. Auf der andren Seite erhielten und erhöheten aber auch alle diese Staatseinrichtungen bei den alten die tätige Kraft des Menschen (ebd., 61).

Der Unterschied freilich ist, so Humboldt, dass die antiken Staaten Republiken waren, weshalb „ihre Anstalten […] Stützen der freien Verfassung" waren,

> welche die Bürger mit einem Enthusiasmus erfüllte, welcher den nachteiligen Einfluß der Einschränkung der Privatfreiheit minder fühlen und der Energie des Charakters minder schädlich werden ließ. […] Was die Alten von moralischen Mitteln anwenden mochten, Nationalerziehung, Religion, Sittengesetze, alles würde bei uns minder fruchten und einen größeren Schaden bringen (ebd., 104–105).

Mithin beweist die Antike, dass staatliches Handeln in der demokratischen Regierungsform der individuellen Bildung durchaus förderlich sein kann. Jedoch nimmt Humboldt, veranlasst durch die Folgen der Französischen Revolution, unter dessen Vorzeichen seine 1792 erschienene Schrift stand, eben auch an, dass die demokratische Regierungsform einer vergangenen Epoche angehört. Und in der modernen Zeit, der Epoche der monarchischen Regierungsform, ist staatliches Handeln der individuellen Bildung in neun von zehn Fällen abträglich.

Wer heute mit Humboldts Schrift zu den Grenzen staatlichen Handelns argumentieren möchte, muss die historische Dimension dieser Schrift, insbesondere dessen Affirmation der Monarchie aus dem Geiste des Scheiterns der Französischen Revolution, im Auge behalten. Auf dieser Basis finden sich Verfechter des Libertarismus in einem Dilemma. Wollen sie

Humboldts Schrift auf ihrer Seite im Kampf gegen einen aktiven Staat wissen, müssen sie Humboldt auch darin folgen, dass die Monarchie die einzig mögliche Regierungsform darstellt – wohl kaum eine attraktive Annahme für Freunde und Freundinnen der Freiheit. Auf der anderen Seite, wollen sie demokratisch bleiben, müssen sie Humboldts Ausführungen zur demokratischen Regierungsform ernstnehmen, wonach staatliches Handeln, mit dem Ziel, individuelle Bildung zu erhöhen, in dieser Art von Regierung äußerst fruchtbar sein kann, eine Annahme, die des Libertarismus Laissez-faire-Ideal entgegengesetzt ist. Somit scheint fraglich, ob Humboldt wirklich aus dem Holze gemacht ist, aus dem man Libertäre schnitzt. Die Dinge liegen vielmehr so, dass sich Libertäre von Humboldt lossagen müssen (so argumentiert auch Chomsky 2005 allerdings aus anderer Warte heraus). Dies ist wiederum nicht gleichbedeutend damit, dass Libertäre grundsätzlich falsch liegen – Humboldts Text lässt sich gleichwohl als Stichwortgeber des Laissez-faire verwenden. Ob Laissez-faire als gute Doktrin taugt, entscheidet die Realität, nicht irgendein Buch. Jedoch zwingt mein Blick auf Humboldt Libertäre dazu, sich von Humboldt selbst loszusagen. Er kann ihnen nicht als Galionsfigur dienen, kann aus ihrer Sicht nicht ‚Deutschlands größter Theoretiker der Freiheit' (Hayek) sein.

Freilich bringt Humboldts Fixierung auf die monarchische Regierungsform auch den Liberalismus in Bedrängnis. Welcher Liberale kann sich heute noch mit der Monarchie anfreunden? Hier jedoch können Liberale darauf verweisen, dass Humboldts entscheidende Beiträge zum Liberalismus im Bildungsideal zu finden sind, nicht in der Konzeption zu den Grenzen staatlichen Handelns. Obwohl Humboldt auch darauf hinweist, dass demokratische Staaten eher in der Lage sind, individuelle Bildung aktiv zu erhöhen, sollten selbst Liberale, die für einen aktiven Staat plädieren, sich nicht zu eng an Humboldt schmiegen, schließlich sind die Punkte, die er hierzu macht, eher beiläufiger Natur. Genauso geht John Stuart Mill vor. Er preist Humboldt für dessen Konzept von Bildung, verzichtet aber darauf, Humboldts Aussagen zu Laissez-faire überhaupt nur zu erwähnen, selbst dort nicht, wo er sich selbst ausführlich mit Laissez-faire beschäftigt, nämlich in den *Principles of Political Economy*.

Es existiert noch eine dritte Einschränkung für die staatsskeptischen Aspekte in Humboldts Werk oder zumindest zu einem damit verwandten Thema: Paternalismus. Sie bezieht sich darauf, dass Bildung, nicht Freiheit, das oberste Ideal in Humboldts Denken ist. Humboldt versteht Freiheit ja gar als Mittel für Bildung. Somit hat er kein Problem damit, die Menschen darauf zu verpflichten, sich zu bilden. Er hat eine klare Vorstellung von dem, was die Menschen mit ihrer Freiheit anzufangen haben – sich bilden mittels Geisteswissenschaften und Kunst, dafür ist Freiheit gut. Humboldt und der Libertarismus unterhalten somit eine gegenteilige Vorstellung von Zielen und Mitteln. Für den Letzteren ist Freiheit das Ziel, dem alles andere untergeordnet ist. Für ersteren dient die Freiheit der Bildung. Negative Freiheit – Steckenpferd des Libertarismus – ist Humboldts Sache also nicht. Er hat eine klare Vorstellung vom guten Leben und scheut sich nicht, diese auch anderen zu verordnen.

Eine letzte Frage: Schlägt Humboldt einen Ausweg aus dem monarchischen Staat vor, welcher Liberale doch niemals vollends befriedigen können wird? Ja, das tut er. Es ist der Weg, den Kant in „Was ist Aufklärung?" weist. Folglich handelt es sich um einen Weg, der nicht mit Revolution beginnt. Bereits fünf Jahre vor der Französischen Revolution schreibt Kant, dass „eine Revolution [...] niemals wahre Reform der Denkungsart zu Stande kommen" lässt, „neue Vorurteile werden, eben sowohl als die alten, zum Leitbande des gedankenlosen großen Haufens dienen" – „ein Publikum", so folgert Kant, kann daher „nur langsam zur Aufklärung gelangen" (1977, 55). So dürfte Humboldt gar nicht so überrascht gewesen sein, dass die Französische Revolution scheiterte. Anstatt mit Revolution startet Kants Weg mit Erziehung. Erst die Erziehung, dann die politische Erneuerung. Alles andere würde bedeuten, den Karren vor den Ochsen zu spannen. Freiheit braucht Bildung – das ist das kantsche Motto, in welchem Humboldt die Motivation gefunden haben mag, das Ideal von Bildung zu konzipieren, das heute seinen Namen trägt. Je höher die Bildung der Menschen, desto weniger Grund hat der Staat, ihnen Freiheit vorzuenthalten – Freiheit hat der Bildung zu dienen, das ist Humboldts Dogma, doch gleichzeitig rechtfertigt Bildung eines Volkes Ruf nach mehr Freiheit. In diesem Sinne fordert Humboldt, wie auch Kant und auf Basis der Verbesserung in Sachen Bildung in dieser Zeit, z. B. das erhöhte Alphabetentum, die Könige Europas auf, den Staat in Richtung Liberalismus zu reformieren:

> Wenn es nun schon ein schöner, seelenerhebender Anblick ist, ein Volk zu sehen, das im vollen Gefühl seiner Menschen- und Bürgerrechte seine Fesseln zerbricht, so muß – weil, was Neigung oder Achtung für das Gesetz wirkt, schöner und erhebender ist, als was Not und Bedürfnis erpreßt – der Anblick eines Fürsten ungleich schöner und erhebender sein, welcher selbst die Fesseln löst und Freiheit gewährt und dies Geschäft nicht als Frucht seiner wohltätigen Güte, sondern als Erfüllung seiner ersten, unerläßlichen Pflicht betrachtet (ebd., 59).

Humboldt und Kant hoffen auf eine Reform des Staates von oben, statt auf eine Revolution von unten. Damit begründen sie eine typisch deutsche Herangehensweise an das Problem, wie sich liberale Prinzipien am besten verwirklichen lassen.

Literatur

Chomsky, Noam: Government in the Future. New York 2005.

Gall, Lothar: Wilhelm von Humboldt. Ein Preuße von Welt. Berlin 2011.

Geier, Manfred: Die Brüder Humboldt. Eine Biographie. Reinbek bei Hamburg 2009.

Humboldt, Wilhelm von: Tagebuch der Reise nach Paris und der Schweiz [1789]. In: Albert Leitzmann (Hg.): Gesammelte Schriften 14. Berlin 1968a, 76–236.

Humboldt, Wilhelm von: Ideen über Staatsverfassung, durch die neue französische Konstitution veranlasst [1791]. In: Albert Leitzmann (Hg.): Gesammelte Schriften 1. Berlin 1968b, 77–85.

Humboldt, Wilhelm von: Betrachtungen über die Weltgeschichte [o.J.]. In: Andreas Flitner und Klaus Giel (hg.): Werke I. Schriften zur Anthropologie und Geschichte. Darmstadt 2010a, 567–577.

Humboldt, Wilhelm von: Ideen zu einem Versuch, die Gränzen der Wirksamkeit des Staats zu bestimmen [1792]. In: Werke I. Schriften zur Anthropologie und Geschichte. Darmstadt 2010b, 56–233.

Kant, Immanuel: Beantwortung der Frage: Was ist Aufklärung? [1784]. In: Wilhelm Weischedel (Hg.): Werkausgabe Band XI. Schriften zur Anthropologie, Geschichtsphilosophie, Politik und Pädagogik 1. Frankfurt a. M. 1977, 51–61.

10 Ralph Waldo Emerson

Dennis Sölch

Es ist keineswegs ungewöhnlich, wenn ein Philosoph von Rang und Namen von unterschiedlichen Seiten vereinnahmt und zur Projektionsfläche für konkurrierende Ansichten gemacht wird. Dass jedoch gänzlich verschiedene Meinungen darüber bestehen, ob ein solcher Denker überhaupt einen substantiellen Beitrag zu einem bestimmten Bereich der Philosophie geleistet hat, ist eher selten. Zu diesen seltenen Fällen zählt zweifellos Ralph Waldo Emerson (1803–1882), über dessen Bedeutung als politischer Denker innerhalb der philosophischen Tradition eine konstante Uneinigkeit herrscht. Während etwa John Dewey Emerson zum repräsentativen Philosophen der Demokratie überhaupt erklärt, zum „prophet and herald of any system which democracy may henceforth construct and hold by" (MW 3, 191), konstatiert Richard Rorty, Emerson sei, wie Nietzsche, „not a philosopher of democracy, but of private self-creation" (1999, 26) gewesen. Diese divergierenden Einschätzungen verdanken sich freilich keiner besonderen Vagheit auf Seiten Emersons, sondern sind vielmehr der Tatsache geschuldet, dass sein Liberalismus nie ausschließlich politischer Natur ist. Jedes politische Geschehen exemplifiziert für ihn in letzter Konsequenz einen fundamentalen existenziellen wie auch ontologischen Sachverhalt und bleibt, auch mit Blick auf die Rechtfertigung von und Orientierung für konkretes ethisches und politisches Handeln, wesentlich auf diesen bezogen.

Dass Emerson sich einer Vereinnahmung durch einzelne Disziplinen oder Positionen immer wieder entzieht, macht bereits seine Biographie deutlich. 1803 als Sohn einer protestantischen Pfarrersfamilie in Boston geboren, wird er 1826 selbst Pastor an einer unitarischen Kirche in Boston. Nach dem frühen Tod seiner Frau legt er sein Amt nieder und beginnt im Anschluss an eine lange Europareise eine Karriere als freier Dozent an den öffentlichen Lyzeen. In den dort gehaltenen Vorträgen entwickelt er die Ideen für seine philosophischen und literarischen Schriften, deren erfolgreichste als *Essays* sowie *Essays. Second Series* 1841 bzw. 1844 erscheinen, und avanciert in den folgenden Jahren zum bekanntesten Redner, Schriftsteller und Philosophen der Vereinigten Staaten. Mit dem Beginn seiner philosophischen Laufbahn wird er zugleich eine der Initialfiguren des sog. Transzendentalismus, der den Beginn einer ersten eigenständigen Philosophietradition in Amerika markiert. Unter dem sperrigen Label finden sich Philosophen, Dichter, Theologen, Literaten und Politiker unterschiedlicher Couleur versammelt, denen vor allem die Kritik geistesgeschichtlicher, politischer und kultureller Strömungen gemeinsam ist. Für Emerson und die Transzenden-

D. Sölch (✉)
Heinrich Heine Universität Düsseldorf, Düsseldorf, Deutschland
E-Mail: Dennis.Soelch@uni-duesseldorf.de

M. Festl (Hrsg.), *Handbuch Liberalismus*, https://doi.org/10.1007/978-3-476-05798-3_10

talisten bildet die konkrete individuelle wie auch soziale Erfahrung den Ausgangspunkt und den Prüfstein jeder Theorie; eine Prämisse, die über Nietzsche und William James nachhaltigen Einfluss auf die Existenzphilosophie und den Pragmatismus ausübt. Im Zuge einer sich rapide verschlimmernden Demenzerkrankung zieht sich Emerson in den 1870er Jahren weitgehend aus dem öffentlichen Leben zurück und stirbt 1882 in seiner Wahlheimat Concord an den Folgen einer Lungenentzündung.

10.1 Freiheit und Entfremdung

Individuelle Freiheit, so Emerson, besteht wesentlich in der Abwesenheit von Entfremdung, die in der arbeitsteiligen, industrialisierten Gesellschaft die Form der Identifikation eines Menschen mit seiner sozialen und beruflichen Rolle annimmt. Im Zuge einer rapide um sich greifenden Professionalisierungs- und Spezialisierungstendenz, insbesondere in der Arbeitswelt, werde der einzelne Mensch zunehmend in funktionale Zusammenhänge eingebunden, die es ihm erschweren oder unmöglich machen, sich in seiner Tätigkeit zum Ausdruck zu bringen oder zu reflektieren. Die relativen Vorzüge der Aufteilung von Funktionen werden konterkariert durch eine Fragmentierung der Gesellschaft, in der die Vielzahl unterschiedlicher Weltbezüge vom Einzelnen nicht mehr vollständig überblickt werden kann. Die Menschen geraten damit in eine doppelte Entfremdung, insofern sie erstens die soziale Umwelt primär als Netz von wechselseitigen Abhängigkeitsverhältnissen erfahren, während sich zweitens ihre Selbstauslegung vor allem nach Maßgabe gegebener Kategorien vollzieht. Das Selbstverhältnis wird heteronom bestimmt von den kontingenten Verortungen in einem ausdifferenzierten sozialen Gefüge, wodurch zugleich die praktischen, sprachlichen und zeitlichen Ressourcen, die zur Überwindung von Entfremdung notwendig sind, beschränkt werden. Der oder die Einzelne macht sich etwa die ökonomische Verwertungslogik oder quantitative Effizienzkriterien als scheinbar natürliche Referenzgrößen für die Bewertung unterschiedlicher Handlungen zu eigen, ohne Alternativen jenseits der Wahl zwischen gegebenen Optionen entwickeln zu können.

> Man is thus metamorphosed into a thing, into many things. The planter, who is Man sent out into the field to gather food, is seldom cheered by any idea of the true dignity of his ministry. He sees his bushel and his cart, and nothing beyond, and sinks into the farmer, instead of Man on the farm (CW 1, 83).

Anders als sein amerikanischer Zeitgenosse Orestes Brownson, der 1840 unter dem Titel „Die Arbeiterklasse“ auf spezifische sozioökonomische Strukturen als Ursache von Entfremdung verweist und damit bereits vor Karl Marx eine radikale Kritik am Eigentum von Produktionsmitteln, an Monopolbildung und der Vererbung von Reichtum formuliert (Brownson 2018), zielt Emersons Diagnose auf ein grundsätzliches Spannungsverhältnis zwischen individueller Freiheit einerseits sowie gesellschaftlichen Normen und Institutionen andererseits. Die Tendenz zur Reifikation ihrer Mitglieder ist kein Proprium industrialisierter marktwirtschaftlicher Gesellschaften, sondern Kennzeichen jeder Form menschlichen Zusammenlebens. Überall wende sich die Gesellschaft gegen die volle Entfaltung von Individualität und erhebe die Konformität zur obersten Tugend (CW 2, 29). Emerson warnt vor einer Verdinglichung und Verressourceung des Menschen durch die Gesellschaft (Dolan 2009, 88), sieht darin jedoch weniger strukturelle Defizite, die durch ökonomische oder politische Reformen vollständig zu beseitigen wären, als vielmehr eine Manifestation der existenziellen Tendenz zur Verfestigung oder Erstarrung menschlicher Ideen und Aspirationen überhaupt: Zwar vermag der Mensch in Distanz zum Bestehenden zu treten, um es zu verändern und zu überschreiten, doch sobald das Denken sich in Form von Überzeugungen oder Handlungen niederschlägt, tritt es ihm als etwas Vorhandendes und potentiell Begrenzendes gegenüber. Gedanken spannen pragmatisch einen Raum für das künftige Denken und Handeln auf, verschieben den Horizont der bewusst verfügbaren Optionen für die individuelle und gemeinschaftliche Lebensführung und finden Ausdruck in Gewohnheiten, Bräuchen, Institutionen oder normativen Systemen, die dann wiederum dialektisch den Bereich individueller Selbstentfaltung einhegen und neue Entfremdungsverhältnisse zeitigen. Es gibt keine noch so liberale Gesellschaft, die von dieser Tendenz frei wäre – einer Tendenz, die für Emerson in idealistischer Tradition als Eigenschaft des Seins überhaupt zu verstehen ist, das jeweils Ausdruck in konkret Seiendem findet. Die unaufhebbare Neigung zur Produktion von Entfremdungsverhältnissen durchzieht entsprechend alle Lebensbereiche und hat nicht zuletzt erhebliche Konsequenzen für Emersons Verständnis von Demokratie.

10.2 Demokratischer Individualismus

Als Initialfigur des Pragmatismus wendet sich Emerson gegen jeden Versuch, Erkenntnis epistemologisch unter Rekurs auf selbstevidente Prinzipien oder andere Formen von Letztbegründung abzusichern. Damit einher geht auch in politischer Hinsicht der Verzicht auf eine letztgültige und abschließende Legitimation liberaler Prinzipien zugunsten einer Hinwendung zur Demokratie als Lebensform, die für die Tradition von Dewey bis Rorty maßgeblich wird. Diese hat ihren Ausgangspunkt in der Überzeugung, dass ein authentisches, nicht entfremdetes Leben möglich ist, das jeder institutionalisierten sozialen Norm vorausgeht und *prima facie* in Opposition zu ihr steht. Gesellschaftliche Institutionen stehen im Dienst der Realisierung individueller Lebensentwürfe, sind diesen gegenüber nachrangig und werden überhaupt nur dadurch getragen und mit Leben erfüllt, dass jeder und jede Einzelne nach besten Kräften danach strebt, sich selbst zu entfalten. „[S]ociety can never prosper, but must always be bankrupt, until every man does that which he was created to do" (CW 6, 60). Die Gesellschaft besteht aus konkreten Individuen, die in der Ausgestaltung ihres Lebens spezifische Haltungen, Lebensweisen oder Tugenden exemplifizieren, die wiederum eine allmähliche Veränderung bestehender Normen und institutioneller Rahmenbedingungen nach sich ziehen. Auf diese Weise wird ein neuer Rahmen für die Herausbildung von Individualität geschaffen. Liberalismus und Demokratie entsprechen und bedingen einander somit wechselseitig: Nur eine demokratisch organisierte Gesellschaft vermag langfristig die Freiheit ihrer Mitglieder zu wahren, während zugleich nur eine liberale Gesellschaft zur gelingenden Umsetzung demokratischer Entscheidungsfindungsprozesse imstande ist.

Mit der Betonung der freien Selbstverwirklichung jedes Individuums ist eine demokratische Gesellschaft unablässig der Gefahr nachlassender sozialer Kohäsion ausgesetzt. Wo die individuelle Selbstverwirklichung Vorrang hat vor kollektiven Erwartungen oder sich aus einer sozialen Identität ergebenden Verpflichtungen, droht Demokratie früher oder später in Anarchie umzuschlagen (CW 3, 141), droht Selbstentfaltung also ihre eigenen Voraussetzungen zu untergraben. Dieses Risiko gilt es jedoch in Kauf zu nehmen, sofern die Gesellschaft mehr als „an unhappy aggregate" (Lange 1986, 218) zu sein beansprucht, eine bloß kontingente Ansammlung von Menschen, die in räumlicher Nähe zueinander leben. Die Möglichkeit wirklicher sozialer Verbundenheit setzt für Emerson, ebenso wie ein gutes halbes Jahrhundert später für Dewey (s. Kap. 13), eine Form des Individualismus voraus und erwächst zwanglos aus der geteilten Erfahrung. Der einzige Weg, der eine liberale Demokratie davor zu bewahren mag, in Anarchie oder Despotismus umzuschlagen, bestehe in dem Verzicht auf jede Instanz, die der Individualität als Autorität vorgeschaltet wird, um sie zu begrenzen und zu steuern mit dem Ziel, soziale Kohäsion aktiv herzustellen. Das Wesen der Demokratie zeige sich gerade in ihrem prekären Charakter, in der Unmöglichkeit, sie institutionell oder anderweitig garantieren zu wollen, ohne sie eben dadurch zu unterminieren. Die von ihr ermöglichten konkurrierenden, einander oftmals widerstrebenden Tendenzen halten sich gegenseitig in Schach und sorgen für einen Ausgleich zwischen verschiedenen Gruppen oder Interessen. Keine soziale Gruppierung oder politische Partei kann allen Sichtweisen vollständig und in adäquater Weise gerecht werden;

für jede ihrer Positionen können nachvollziehbare, wenn nicht gar überzeugende Gründe geltend gemacht werden. Damit muss jede einzelne von ihnen allerdings zwangsläufig partiell bleiben, während sie gleichzeitig dazu neigen, ihre eigene Partialität auszublenden. „[T]he sanity of society is a balance of a thousand insanities" (CW 1, 139), die zugleich aber jeder Synthese oder jedem schalen Kompromiss vorzuziehen ist. In der Politik, ebenso wie in jedem anderen Bereich menschlichen Lebens, sind die konkurrierenden Sichtweisen und Interessensvertretungen aufeinander angewiesen, um einander zu begrenzen, zu konturieren und sich weiterzuentwickeln.

Pluralismus und Differenz sind damit das *Sine qua non* einer liberalen Demokratie. Nur vermittels einer Vielfalt von lebendigen Überzeugungen und Formen der Lebensführung kann das Ungleichgewicht einer Position, einer Partei oder einer Norm ausgeglichen werden, um das dynamische Gleichgewicht zu wahren, das es jedem Individuum erlaubt, sich so frei als möglich zu entfalten. Emersons demokratischer Individualismus fungiert damit als gleichermaßen ethisches wie politisches Korrektiv der Tendenz, Ideen zu fixieren und zu bewahren: „Democracy becomes, in its political process, the register of diversity, of individual diversity, perhaps even of individual uniqueness. Emerson makes it clear that without diversity of voice, of speech, of articulated attitude, there is no democracy" (Kateb 2002, 183). Ein solcher Pluralismus impliziert freilich keine Gleichgültigkeit gegenüber den zutage tretenden Konflikten und Konfliktlinien, sondern eine Offenheit gegenüber den in ihren Konsequenzen nicht überschaubaren Entwicklungen innerhalb einer Gemeinschaft von Individuen (s. Kap. 25; 26). Die demokratische Praxis in einer liberalen Gesellschaft erschöpft sich dabei nicht in Deliberation, dem Austausch von Gründen oder der wechselseitigen rationalen Rechtfertigung. Demokratie besteht nicht allein in erfolgreicher epistemischer Praxis, sondern mindestens ebenso sehr in einer Vielzahl von nicht deliberativen Aktivitäten und exemplarischen Handlungen, die sich gegenseitig austarieren und eine Gesellschaft in einem stets instabilen Gleichgewicht halten. „Good men must not obey the laws too well" (CW 3, 122; Koopman 2015, 180–181), eine Haltung, die sich nachdrücklich schon bei Emersons Zeitgenossen und Freund Henry David Thoreau in Form der Praxis zivilen Ungehorsams niederschlägt. Zwar spricht aus Emersons Perspektive nichts prinzipiell gegen prozedurale und institutionelle Mechanismen zur Unterstützung und Beförderung der Demokratie – so kritisiert er selbst bspw. die ungehinderte Vererbung von Eigentum (CW1, 191) –, doch ist er sich bewusst, dass auch diese Mechanismen ihre Vitalität letztlich nur der auf Freiheit beruhenden Aktivität konkreter einzelner Menschen verdanken. Sie stellen provisorische Resultate koordinierter individueller Tätigkeit dar und tragen wiederum als Hilfsmittel zur Koordination sozialer Aktivität bei, bleiben aber stets angewiesen auf die Resonanz mit denjenigen, für deren Lebensführung sie einen konstruktiven Beitrag leisten sollen.

Getragen wird der demokratische Individualismus folglich weder von einem theoretischen noch von einem institutionalisierten Fundament, sondern einzig vom Vertrauen darauf, dass die Verwirklichung authentischer Individualität im Einklang steht mit den Erfordernissen ihrer sozialen Koordination. Wirkliche Freiheit folgt keinen hedonischen oder utilitaristischen Kriterien; sie geht vielmehr mit einer Form von innerer Verpflichtung einher, die in Opposition zur ironischen Selbstgestaltung im Sinne Rortys steht. Das individuelle Dasein vollzieht sich für Emerson als Teil eines schöpferischen Gesamtzusammenhangs (ebd., 167), der sich zwar einer finalen Analyse entzieht und nicht in Form objektiver und verbindlicher Regeln für künftige Handlungsentscheidungen ausbuchstabiert, aber als ‚Prinzip der Kompensation ' doch erfahren und retrospektiv veranschaulicht werden kann. Jeder individuellen Bestrebung oder sozialen Bewegung erwächst unweigerlich ein Gegengewicht, das sich exemplarisch an dem „primal antagonism" (ebd., 184) von konservativem und progressivem Temperament, von Reform und Bewahrung ablesen lässt. In einer sich unablässig verändernden Welt lasse sich nichts ewig bewahren, während zugleich jede Reform hinter ihrem Ideal zurückbleibe. Die Gesellschaft *in toto* sei daher auch kein moralisches Fortschrittsprojekt; sie erziele hier und da einzelne Fortschritte, die durch Rückschritte an anderer Stelle ausgeglichen würden: „Society never advances. It recedes as fast on one side as it gains on the other. It undergoes continual changes; it is barbarous, it is civilized" (CW 2, 48). Es gelte folglich, sich Gelassenheit zu bewahren angesichts von politischen Entwicklungen, denen es an Weitblick und Inklusivität mangelt, ohne dabei in einen bloßen Relativismus zu verfallen, der aufrichtige individuelle Überzeugungen als bloß beliebige Sichtweisen nivelliert.

10.3 Philosophie als Kulturpolitik

Dem Ideal eines demokratischen Individualismus zufolge erreicht eine soziale und politische Gemeinschaft von selbst ein gleichermaßen fragiles wie funktionales dynamisches Gleichgewicht, wenn ihre Mitglieder ungehindert dem Projekt freier Selbstverwirklichung nachgehen können. Diese Freiheit ist gleichwohl keine absolute, insofern menschliche Existenz grundsätzlich zeitlich, geographisch und kulturell situiert ist sowie in ihrer Lebensführung auf Institutionen und Strukturen bezogen ist, die eine eigene, kontingente Entstehungsgeschichte verzeichnen (CW 3, 117). Jede Bewertung von politischen Rahmenbedingungen erfolgt vor dem Hintergrund der selbstverständlichen Situiertheit der eigenen Perspektive, die nie gänzlich und ad hoc transzendiert werden kann. Freiheit artikuliert sich dabei in erster Linie in der Opposition gegen als Zwang empfundene Verhältnisse, arbeitet also paradoxerweise auf dem Boden der Gesellschaft gegen deren Beschränkungen an.

Mit Jefferson plädiert Emerson für einen Minimalismus in Bezug auf Regierungsbefugnisse (ebd., 126). Die zentrale Aufgabe jeder Demokratie bestehe darin, Herrschaft und staatliche Kontrolle ebenso wie ökonomische oder religiöse Monopolbildung zu begrenzen und ihr entgegenzuwirken. Dieses Anliegen steht in Kontinuität mit dem der Philosophie, die für Emerson wesentlich im Abtragen scheinbar zementierter Gewissheiten und tradierter Dichotomien besteht, um die Möglichkeiten offenzuhalten, alternative Perspektiven aus der Fülle geteilter Erfahrung hervorgehen zu lassen. Als gleichermaßen destruktives wie spekulatives Projekt ist Philosophie damit stets auch Kritik der Kultur, aus der sie erwächst (Sölch/Wackers 2018, 87). Sie steht nicht außerhalb der (sozialen) Wirklichkeit, um diese theoretisch einzuholen und zu begründen, sondern leistet Kulturpolitik im Sinne des Aufbrechens gedanklicher und ideeller Verkrustungen. Ihre immanente Kritik bedient sich der konfligierenden und sich verändernden Ziele und Werte, die sie innerhalb der bestehenden Tradition vorfindet, um sie in ihrem Geltungsanspruch zu relativieren, umzudeuten und neue Spielräume für alternative Positionen auszuloten. In diesem Sinne wandelt sich mit Emerson um die Mitte des 19. Jahrhunderts die Rolle der kulturellen Autorität vom philosophischen oder religiösen Experten, dessen epistemisch privilegierte Perspektive zur Bewertung gesellschaftlicher Entwicklungen sich eines erfahrungstranszendenten Blicks von außerhalb verdankt, zum „cultural interpreter" (McGuire Worley 2001, 71), dessen Autorität seiner Position innerhalb der Gesellschaft geschuldet ist.

Ihrer Aufgabe kann die Philosophie freilich nur dann nachkommen, wenn sie nicht selbst Teil der arbeitsteiligen Ausdifferenzierung gesellschaftlicher Tätigkeiten geworden ist und sich als Wissenschaft geriert, die sich formale methodische sowie inhaltliche Beschränkungen auferlegt und den akademischen Diskurs von der alltäglichen Erfahrung entkoppelt. Wie Marx, so konstatiert auch Cornel West, gehe es Emerson darum, Bedingungen für die Umwandlung von kontextbewahrenden in kontextaufbrechende Aktivitäten zu spezifizieren und zu schaffen (West 1989, 216). Sein Denken ziele nicht auf ein utopisches Ideal, sondern bemühe sich vielmehr um eine kontinuierliche Transformation gesellschaftlicher Traditionen und sprachlicher Konventionen, um Hindernisse für individuelle Selbstentfaltung und demokratische Teilhabe zu minieren. Tatsächlich hat Emerson sich nie auf eine Rolle als Philosoph, Prediger oder

Literat beschränken lassen – als *public intellectual* war er stets auch aktiver Kritiker der jungen amerikanischen Nation, der selbst zu politischen Konflikten Stellung bezogen hat. So protestiert Emerson bspw. 1838 in einem offenen Brief an Präsident Van Buren gegen die gewaltsame Vertreibung der Cherokee aus Georgia, führt der Regierung die Perspektive der Betroffenen vor Augen und demonstriert auf diese Weise, wie sie sich mit ihrem ebenso ungerechten wie unrechtmäßigen Betragen in den Augen vieler zu einem unglaubwürdigen Kooperationspartner für die Zukunft macht. In den 1840er Jahren beginnt Emerson, die Abolition zu seinem Anliegen zu machen und plädiert in zahllosen Reden und in loser Kooperation mit organisierten Abolitionsbewegungen bis zum Ende des Bürgerkriegs wiederholt gegen die Sklaverei in Amerika. Diese setze die kulturelle Unterlegenheit der Schwarzen schlicht voraus, um dann politische und ökonomische Bedingungen zu schaffen, die eine solche vermeintliche Inferiorität belegen sollen. Für ein Ende der Sklaverei spielt Emerson auch mit der Idee massenhaften zivilen Ungehorsams (JMN 9, 446), um den Staat zu einem Einlenken zugunsten der Freiheit jedes Einzelnen unter seiner Gesetzgebung zu bewegen. Öffentlich verteidigt er schließlich auch John Brown, der 1859 nach einem Angriff auf das Militärdepot von Harpers Ferry, mit dem er einen umfassenden Sklavenaufstand zu initiieren hoffte, zum Tode verurteilt und hingerichtet wurde. Mit seiner Deutung von Brown als wahrem Amerikaner, der im Geiste der Unabhängigkeitserklärung gehandelt habe (AW, 118), trägt Emerson dazu bei, das verbreitete Bild eines außerhalb der Gesellschaft stehenden, militanten Fanatikers umzuwandeln in jenes eines Märtyrers für die Freiheit aller Menschen in der Republik, das schließlich auch Browns populäre Wahrnehmung als Gallionsfigur der Union während des Bürgerkrieges mitprägt.

In allen Fällen gründet Emersons kulturpolitische Aktivität auf einer sozialen Hoffnung, die darauf abzielt, die Gesellschaft, ihre Geschichte und die Geschichte ihrer Bürgerinnen und Bürger so zu beschreiben, dass Letztere sich als aktive Elemente der Mitgestaltung des Zusammenlebens verstehen können. Ihr Movens ist keine moralische Wahrheit, sondern die Hoffnung auf eine wachsende Befähigung zur individuellen Selbstermächtigung sowie zur Bündelung von Gestaltungsinteressen – eine Hoffnung, die sich einer rationalen Begründung in letzter Konsequenz entzieht, weil sie Licht auf eine Möglichkeit jenseits des politischen und sozialen *Status Quo* wirft. Dass Emerson in seinen eigenen Schriften dazu neigt, die Überwindung eingenommener Positionen performativ durch fortwährend argumentative Disruptionen und augenscheinliche Inkonsistenzen zu unterstreichen, mag die Lektüre erschweren, verweist jedoch einmal mehr auf die ihm eigene Engführung politischer, existenzieller, ontologischer und stilistischer Aspekte, die auch bei der Explikation seines Liberalismus nicht vollständig voneinander getrennt werden können.

10.4 Demokratie, Erziehung und Perfektionismus

Mit der Zurückweisung überzeitlicher Prinzipien zur Legitimation einer politischen Ordnung und der dezidierten Akzeptanz eines radikalen Pluralismus gewinnt für Emerson insbesondere die Erziehung erheblich an Bedeutung für die prekäre Balance unterschiedlicher Akteure und Interessen. Wenn der Verweis auf gegebene Normen und die Autorität bestehender Institutionen allein nicht zur Aufrechterhaltung sozialer Kohäsion ausreichen, kommt Erziehung eine dreifache Funktion zu. Sie dient erstens der Ausbildung jener Individualität, aus deren Entfaltung eine liberale Demokratie überhaupt erst ihren Sinn zieht und deren vollkommene Realisierung staatliche Autorität überflüssig machen würde. „To educate the wise man, the State exists; and with the appearance of the wise man, the State expires“ (CW 3, 126). Darüber hinaus besteht ihre Funktion zweitens in der Pflege eines Horizonts gemeinsamer und geteilter Erfahrung, indem sie verschiedene Lebenswirklichkeiten und soziale Schichten in Austausch miteinander bringt. Die demokratische Gesellschaft verdankt ihre Einheit keiner fundamentalen

Axiologie, sondern einer Kontinuität von Interaktionen zwischen Menschen und ihrer sozialen wie natürlichen Umwelt. Einmal mehr zeigt sich hierin der umfassende Anspruch einer nicht ausschließlich deliberativ verstandenen Demokratie, die der persönlichen Begegnung mit exemplarischen Lebensentwürfen und der gleichermaßen kognitiven wie auch affektiven Sozialisation besonderes Gewicht beimisst. Schließlich dient Erziehung im Kontext einer liberalen Demokratie drittens der Bildung als „antidote" (ebd., 126) gegen eine potentiell überbordende Machtausübung der Regierung und ihrer Institutionen. Gleichermaßen an die Aufklärungstradition sowie die Theologie der Selbstkultur der Wende zum 19. Jahrhundert anknüpfend, wird Bildung bei Emerson als demokratisches Korrektiv verstanden, insofern sie das Subjekt auffordert und in die Lage versetzt, nur solche Gründe zu akzeptieren und gegenüber anderen zu vertreten, die es in authentischer Weise mitzutragen bereit ist (Sölch/Wackers 2018, 86). Wie Dewey betont, wendet sich Emerson gegen die Tendenz, Wahrheitsansprüche für bestimmte Lebensbereiche zu professionalisieren und an medizinische, ökonomische oder religiöse Autoritäten zu delegieren, so dass sie der autonomen Entscheidung der gewöhnlichen Menschen entzogen werden (Dewey MW 3, 190). Experten sind zwar unabdingbar für die informierte Entscheidungsfindung, ihre gesellschaftliche Funktion muss allerdings auf Beratung und Orientierungshilfe beschränkt werden, um die Entstehung von Eliten mit epistemologisch, politisch oder ökonomisch basierten Machtansprüchen zu verhindern.

Diese Verbindung von Bildung und Politik findet ihre Fortführung in Stanley Cavells Konzept eines moralischen Perfektionismus, den er in gleichermaßen loser wie expliziter Anknüpfung an Emerson auch als *Emersonian Perfectionism* bezeichnet. Im Mittelpunkt steht dabei die existenzielle Frage des Subjekts danach, wer es ist und sein will, sowie die Aufforderung zu vollkommener Aufrichtigkeit sich selbst gegenüber (Cavell 1990, 1). Perfektionismus impliziert also keine teleologisch verstandene Vervollkommnung spezifischer Talente oder Tugenden, sondern eine stets unabgeschlossene kritische Selbstbetrachtung, die ihr politisches Gewicht dadurch gewinnt, dass sie das Individuum auffordert, sich selbst Rechenschaft abzulegen, ob und warum es gegebene Normen zu akzeptieren und zu übernehmen bereit ist. Die individuelle Selbstkultur wird damit, ähnlich wie beim späten Foucault, zum unhintergehbaren Ausgangspunkt für die Möglichkeit des Widerstandes gegen die disziplinierenden Machtstrukturen, die jeder Gesellschaft eingeschrieben sind.

Gleichzeitig betont Cavell gegen Rawls die Kompatibilität eines solchen Perfektionismus mit einer liberalen Demokratie, insofern die Vielfalt an Stimmen in einer Demokratie für jeden Einzelnen wiederum dazu beitragen kann, sich selbst und die eigene Weltsicht besser zu erkennen und zu verstehen. Dass in einer solchen demokratischen Kultur auch exzentrische oder esoterische Stimmen zu Wort kommen, sei nicht nur zu tolerieren, sondern müsse als zentrales Merkmal von Demokratie ausdrücklich wertgeschätzt werden. Notwendig für die Demokratie werde ein solcher Perfektionismus, wenn er auf die Mängel der Gesellschaft nicht mit Rückzug, sondern mit ihrer öffentlichen Artikulation reagiere und damit den vielstimmigen Dialog über Gerechtigkeit in Gang halte. Entscheidend ist nicht die Rechtfertigung individueller Handlungen nach Maßgabe ihrer Übereinstimmung mit einer moralischen Norm, sondern der unaufhörliche Versuch, sich intelligibel zu machen und damit andere aufzufordern, selbst Stellung zu beziehen, anstatt politische wie auch moralische Konflikte in den Bereich abstrakter Prinzipien auszulagern. Insofern jeder Einzelne als Teil der Gesellschaft dieser Gesellschaft seine Zustimmung versagen kann (ebd., 107), werde die Unterscheidung zwischen einer hypothetischen Einigung über die Prinzipien der Gerechtigkeit einerseits und der fortwährenden Auseinandersetzung über konkrete Unzulänglichkeiten andererseits untergraben. Cavell übersetzt Emersons Liberalismus damit in den politischen und moralphilosophischen Diskurs der Gegenwart, wenngleich um den Preis, ihn seiner ontologischen Dimension entkleidet zu haben. Emersons

Liberalismus, so sei noch einmal betont, ist gleichermaßen ethisch, politisch wie auch ontologisch akzentuiert – die Freiheit des Einzelnen sorgt für Balance im Ganzen, der Widerstand und der Aufstand des Einzelnen bricht die Verkrustungen des Systems auf und zielt damit auf einen Ausgleich, der seinen Halt im Sein findet, das jeweils Sein eines Subjekts ist und ihn auffordert, das zu tun, „which he was created to do" (CW 6, 60).

Literatur

Brownson, Orestes Augustus: Die Arbeiterklasse [1840]. In: Dennis Sölch, Laura Wackers [Hg.]: Der amerikanische Transzendentalismus. Eine Anthologie. Berlin 2018, 482–514.

Cavell, Stanley: Conditions Handsome and Unhandsome: The Constitution of Emersonian Perfectionism. Chicago 1990.

Dewey, John: The Middle Works. 1899–1924. Hg. von Jo Ann Boydston. Carbondale 2008 = MW.

Dolan, Neal: Emerson's Liberalism. Madison 2009.

Emerson, Ralph Waldo: Emerson's Antislavery Writings. Hg. von Len Gougeon, Joel Myerson, New Haven 1995 = AW.

Emerson, Ralph Waldo: The Collected Works of Ralph Waldo Emerson. Hg. von Alfred R. Ferguson, Joseph Slater et al. Cambridge, Mass. 1971–2013 = CW.

Emerson, Ralph Waldo: The Journals and Miscellaneous Notebooks of Ralph Waldo Emerson. Hg. von William H. Gilman et al. Cambridge, Mass. 1960–1982 = JMN.

Kateb, George: Emerson and Self-Reliance [1995]. Lanham 2002.

Koopman, Colin: Pragmatism as Transition. New York 2015.

Lou Ann Lange: The Riddle of Liberty. Emerson on Alienation, Freedom, and Obedience. Atlanta 1986.

McGuire Worley, Sam: Emerson, Thoreau, and the Role of the Cultural Critic. Albany 2001.

Rorty, Richard: Philosophy and Social Hope. London 1999.

Sölch, Dennis & Laura Wackers: Die Entwicklung des amerikanischen Transzendentalismus. In: Dies. [Hg.]: Der amerikanische Transzendentalismus. Eine Anthologie. Berlin 2018, 9–105.

West, Cornel: The American Evasion of Philosophy. A Genealogy of Pragmatism. Madison 1989.

Alexis De Tocqueville

11

Skadi Siiri Krause

Alexis Charles-Henri Clérel de Tocqueville (1805–1859) hatte frühzeitig den Rang eines modernen Klassikers des Liberalismus inne. Heute sind es vor allem die zeitdiagnostischen und systematischen Bezüge im Rahmen aktueller demokratietheoretischer Debatten, die dazu beitragen, dass er in den Sozial- und Politikwissenschaften nach wie vor rezipiert wird. Gleichwohl hat sich der Blick auf sein Gesamtwerk geändert. So wird Tocqueville längst nicht mehr als singulärer Theoretiker dargestellt; vielmehr wird sein Werk eingebettet in die verschiedenen politischen, philosophischen, ökonomischen und soziologischen Diskurse seiner Zeit (Krause 2017c). Mit diesem Fokus und der Herausarbeitung der politischen Ausrichtung seiner Arbeit gilt Tocqueville heute als ein Liberaler, der sich nicht nur zu Verfassungsstaatlichkeit und individuellen Grundrechten bekannte, sondern vor allem zur Demokratie als Gesellschafts-, Staats- und Regierungsform, ohne ihre inhärenten Gefahren zu leugnen.

Tocqueville wurde in Verneuil-sur-Seine als dritter Sohn von Hervé und Louise Madeleine de Tocqueville geboren. Sein Vater, der im Gegensatz zu vielen französischen Aristokraten während der Französischen Revolution nicht ausgewandert war, wurde in der Restauration zu einem führenden Verwaltungsbeamten, der nicht zuletzt durch seinen Sitz in der Pairskammer regen Anteil an den parlamentarischen Debatten der 1820er und 1830er Jahre nahm und zeitlebens für seinen Sohn ein wichtiger Ratgeber blieb (Blic 1951). 1827 wurde Tocqueville in Versailles, wo sein Vater als Präfekt diente, zum Richter ernannt. Dort lernte er Gustave de Beaumont kennen, der schnell ein enger Vertrauter wurde und es bis zu Tocquevilles Tod blieb (Hess 2018).

Ihre erste gemeinsame Schrift war die noch vor der Amerikareise 1831 veröffentlichte Arbeit *Note sur le système pénitentiaire et sur la mission confiée par M. le Ministre de l'Intérieur à MM. Gustave de Beaumont et Alexis de Tocqueville*. In Anlehnung an diese Schrift war die Untersuchung, die Tocqueville und Beaumont schließlich im Auftrag der französischen Regierung nach Amerika führte, von vornherein als Vergleichsarbeit geplant – zwischen den Gefängnissen der USA, aber auch zwischen denen Amerikas und Europas. Bereits ein Jahr nach ihrer Amerikareise publizierten sie ihren Bericht. *Du système pénitentiaire aux États-Unis, et de son application en Franc* erzielte augenblicklich große Erfolge. Es erscheint in drei Auflagen (1833, 1836 und 1845) und in mehreren Übersetzungen. Das „klassische Werk des Gefängnissystems" (*L'Écho de Seine-et-Oise*,

S. S. Krause (✉)
TU Darmstadt, Darmstadt, Deutschland
E-Mail: skadi.krause@politik.uni-halle.de

M. Festl (Hrsg.), *Handbuch Liberalismus*, https://doi.org/10.1007/978-3-476-05798-3_11

18. April 1833) erhielt sogar den Monthyon Preis der *Académie des Sciences morales et politiques*, der insbesondere für anwendungsorientierte Forschung vergeben wurde.

Tocqueville und Beaumont verfolgten mit ihrer neunmonatigen Amerikareise, die sie vom 11. Mai 1831 bis 20. Februar 1832 durch die USA und Kanada führte, weitreichende Ambitionen. Gemeinsam hatten sie in Paris die Vorlesung über die Geschichte der Zivilisation in Europa und in Frankreich gehört, die François Guizot an der Sorbonne zu Beginn der 1830er Jahre hielt. Tocqueville machte sich fast drei Jahre lang jeden Samstag auf den Weg von Versailles nach Paris, um sich den vielen jungen Liberalen anzuschließen, die die Lesungen als ihren Treffpunkt nutzten. Guizot unterschied in seinen Werken zwischen der Demokratie als Gesellschaftsform, dem Fallen sozialer Stände und Privilegien, und der Demokratie als Staatsform (Krause 2017c, 109–124). So charakterisierte er den gesellschaftlichen Wandel in Europa und Amerika als einen jahrhundertelangen Prozess hin zur Demokratie, d. h. zu einer egalitären Form der Gesellschaft, in der es keine Kasten, Klassen, Privilegien, besondere und ausschließliche Rechte oder festen Grundbesitz in den Händen einzelner Familien gebe (Guizot 1821, 157–158). Die Demokratie als Staatsform lehnte Guizot, wie die meisten seiner liberalen Zeitgenossen, ab. Diese führte für ihn unwillkürlich zum „Despotismus der Zahl", dem heftigsten und ungerechtesten aller Prinzipien (Guizot 1849, 294–307). Deshalb durfte es für Guizot keine demokratische Regierungsform geben; sie war in seinen Augen unvereinbar mit kollektiver Freiheit, individuellen Rechten und Eigentum.

In den USA lernten Tocqueville und Beaumont die Demokratie sowohl als Lebens-, Gesellschafts-, Staats- und Regierungsform kennen. Im dritten Kapitel des ersten Bandes von *De la démocratie en Amérique*, das den Titel „Die Gesellschaftsordnung der Anglo-Amerikaner" trägt, beschreibt Tocqueville die Demokratie, ganz im Sinne seines Lehrers Guizot, als egalitäre Gesellschaftsordnung (Tocqueville 2010, 1, 74–90). Auf nur wenigen Seiten präsentiert er die folgende Liste: materielle Gleichheit oder Gleichheit der Vermögen, intellektuelle Gleichheit im Sinne eines durchschnittlichen Wissensstandes bzw. einer gleichen Geisteshaltung sowie soziale Gleichheit als Ausdruck des Verblassens hereditärer Privilegien, Ränge und Familiennamen. Tocqueville beobachtet und beschreibt aber auch eine Gleichheit im Sozialverhalten der Amerikaner. Er berichtet etwa von der amerikanischen Gewohnheit des Händeschüttelns, die die Umgangsformen unabhängig von Einkommen und Bildung bestimme. Die extreme Gleichheit, die er in Amerika erlebte, machte das Land für ihn zum Inbegriff einer demokratischen Gesellschaft, wie sie in Europa kaum vorstellbar schien (Krause 2017b).

Doch Tocqueville ging über seinen Lehrer hinaus, von dem er sich nun auch politisch abzugrenzen begann. Trotz der in der modernen Demokratie vorhandenen Selbstgefährdungstendenzen, zu denen er in *De la démocratie en Amérique* die Zentralisierung der Verwaltung, die Tyrannei der Mehrheit aber auch die zunehmende Isolierung und Entpolitisierung der Bürger zählte, hatten es die Amerikaner geschafft, diesen Gefahren entgegenzuwirken. Unter den verfassungsrechtlichen Mechanismen, die Tocqueville in Amerika hervorhob, bezeichnete er gleich mehrere als neu und gelungen. Dazu gehörte erstens der amerikanische Föderalismus, den er als „eine völlig neue Theorie" beschrieb, „die als eine große Entdeckung in der Politikwissenschaft von heute angesehen werden muss" (Tocqueville 2010, 1, 252). Dieser sicherte für ihn eine kommunale Selbstverwaltung, die für Tocqueville eine Matrix der modernen Demokratie darstellte. Die Unabhängigkeit der Gemeinden bei der Regelung öffentlicher Angelegenheiten sowie das Prinzip der Wahl, sowohl in den Gemeindevertretungen als auch bei der Benennung der Beamten, förderten einen Gemeinsinn, den er als grundlegend für die Demokratie beschrieb (ebd., 1, 118, 153; ebd., 2, 583–585).

Zweitens stellte Tocqueville in seiner Untersuchung der amerikanischen Justiz die Originalität der Bundesgerichte heraus, Gesetze, selbst wenn sie durch Mehrheitsentscheid auf den Weg gebracht wurden, für verfassungswidrig erklären zu können. Alexander Hamilton hatte dieses Recht des Obersten Gerichts im *Federlist* Nr. 78 verteidigt. Auch in Tocquevilles Darstellung war der Oberste Gerichtshof in der horizontalen wie vertikalen Gewaltenteilung der Angelpunkt des Systems der *checks and balances*. An ihn wendete sich „die vollziehende Gewalt, um den Übergriffen der gesetzgebenden Körperschaft zu begegnen; die gesetzgebende Gewalt, um sich gegen die Vorhaben der vollziehenden Gewalt zu verteidigen; die Union, um die Staaten zum Gehorsam zu bringen; die Staaten, um die übertriebenen Ansprüche der Union zurückzuweisen; das öffentliche Interesse gegen das private Interesse; der Geist des Bewahrens gegen die demokratische Unbeständigkeit." (ebd., 1, 245).

Das dritte institutionelle Arrangement, das Tocqueville in Amerika besonders auffiel, waren die in der Öffentlichkeit anerkannten und nicht wegzudenkenden Parteien und Assoziationen, die durch die Vereinsfreiheit geschützt wurden. Sie prägten die amerikanische Politik so sehr, dass er meinte, es gebe keine Regierung im europäischen Sinne mehr (ebd., 1, 116). Doch die Nation funktionierte und gedieh. Tocqueville wurde in *De la démocratie en Amérique* denn auch nicht müde darauf hinzuweisen, dass die allgemeinen sozialen und politischen Auswirkungen der Verbände vorteilhaft seien. Er war der festen Überzeugung, dass er Beweise aus erster Hand habe, um belegen zu können, dass auch Frankreich sich vor ihnen nicht zu fürchten brauche. Ja, er versuchte sogar zu zeigen, dass es in der Demokratie eigener Organisationsformen bedürfe, in denen sich die egalitären Mitglieder einer Gesellschaft frei und ohne die traditionellen sozialen Beziehungen versammeln können (ebd., 2, 509). Gerade weil die Demokratie formal keine Mittel biete, um den Gefahren einer tendenziellen Stärkung des Staates und einer zunehmenden Individualisierung zu begegnen, argumentierte Tocqueville, sei das Vereinsrecht in ihr so wichtig. Nur in Verbindung mit anderen haben die Bürger eine politische Potenz, auch zwischen den Wahlen die Prozesse und Entscheidungen von Legislative, Exekutive und Judikative zu überwachen, zu beeinflussen und voranzutreiben.

Zu den kollektiven Freiheitsrechten, die Tocqueville darüber hinaus lobte, gehören neben der Versammlungs- und Religionsfreiheit, die er immer auch in Hinblick auf die Vereinsfreiheit diskutierte, die Pressefreiheit, die er als wichtiges Heilmittel gegen die Gefahren der Demokratie benannte. In *De la démocratie en Amérique* wies er nach, dass das Wesen des Repräsentationssystems in einem beständigen Austausch von Informationen, Ideen, Meinungen und Ansichten zwischen Repräsentativorganen und den Wählern bestand. Die Rede- und Pressefreiheit gehörte neben dem Wahlrecht zu den direkten Ausdrucksformen der Volkssouveränität. Sie barg ein kollektives Recht auf Information und versetzte die Bürger erst in die Lage, einen eigenen politischen Willen zu bilden und zu äußern. Durch die von ihr geschaffene Transparenz politischer Prozesse und Entscheidungen förderte sie zudem das Vertrauen der Bürger in die repräsentativen Institutionen des Landes und stabilisierte so das Gemeinwesen. „Unter den zwölf Millionen Menschen", schreibt Tocqueville, „die das Gebiet der Vereinigten Staaten bewohnen, gibt es nicht einen einzigen, der bisher gewagt hätte, die Einschränkung der Pressefreiheit vorzuschlagen." (ebd., 2, 292).

Vor diesem Hintergrund entwickelte Tocqueville in *De la démocratie en Amérique* eine handfeste Theorie öffentlicher Freiheitsrechte, die wichtige politische und soziale Erfahrungs- und Handlungsräume für die Bürger eröffnete. Diese waren für ihn ein wichtiges Element gegen die Tyrannei der Mehrheit und die Willkür des Staates. Außerdem verhinderten sie einen übermäßigen Individualismus, den Tocqueville als die größte Gefahr für die Demokratie betrachtete. Der Rückzug in den privaten Bereich war für ihn eine unvermeidliche Folge des demokratischen sozialen Zustandes, weil es keine direkten Abhängigkeiten mehr gab (ebd., 3, 881–895). Dies machte jedoch die Bürger gleichgültig untereinander. Aus diesem Grund, so argumentierte Tocqueville, sei der

Despotismus mehr in demokratischen Gesellschaften zu befürchten als in jeder anderen Gesellschaft, denn ein demokratisches Volk sei in eine Vielzahl von privaten Gesellschaften und isolierten Individuen unterteilt (ebd., 2, 307, 393, 418). In einer unauffälligen, gewaltlosen Entwicklung könne die staatliche Macht folglich absolut werden. Es entstehe ein „weicher" Despotismus, eine friedliche Diktatur, nicht gewalttätig wie in der Antike (Boesche 1988, 25–45). Diese neue Despotie werde dabei vollständiger sein als die der absolutistischen Regime der Vergangenheit, denn die verschiedenen Völker des Römischen Reiches seien alle in der Lage gewesen, ihre Bräuche und Sitten zu bewahren. Die neue Despotie des Gemeinwillens gebe jedoch keinen Raum für diese Art politischer, kultureller und sozialer Vielfalt.

Kurz gesagt, Tocqueville entwickelte in *De la démocratie en Amérique* eine durchaus kritische Analyse des Aufstiegs der Demokratie, die zugleich auch eine politische Kritik an den Verhältnissen in Frankreich war, wo ein zentralistischer Staat in seinen Augen nicht nur die kommunale Selbstverwaltung bekämpfte, sondern aus Angst vor politischen Unruhen auch Versammlungs-, Presse- und Religionsfreiheit einschränkte und die Entwicklung vielfältiger Formen politischer Interessenartikulationen unterband. Tocqueville dagegen erblickte in der Stärkung kollektiver Freiheitsrechte ein notwendiges Gegenmittel im Kampf gegen die schlimmsten Gefahren der Demokratie: eine unbegrenzte Tyrannei der Mehrheit und einen politisch machtlosen Individualismus.

Mit diesem Fokus und der politischen Ausrichtung seiner Arbeit positionierte sich Tocqueville als ein Liberaler, der sich nicht nur zur Demokratie als Gesellschafts- und Lebensform bekannte, sondern auch zur Demokratie als Staats- und Regierungsform. Gegenüber einem Briefpartner erklärte er kurz nach Erscheinen des ersten Bandes:

> Ich habe wahrhaftig versucht, zu ermitteln, was die natürlichen Tendenzen innerhalb des Selbstverständnisses und der Institutionen in der demokratischen Gesellschaft sind. Ich habe auf die Gefahren hingewiesen, welche die Menschheit auf diesem Weg erwarten. Aber ich habe nicht behauptet, dass man gegen diese Tendenzen nicht kämpfen kann, wenn man sie rechtzeitig erkennt und ihnen entgegenwirkt.

Und weiter heißt es in dem Brief, „es schien mir, dass die Demokraten (und ich verwende dieses Wort im eigentlichen Sinne) weder die Vorteile noch die Gefahren jenes gesellschaftlichen Zustandes", auf den sie versuchen die Gesellschaft zuzusteuern, „klar erkannt haben", und „sich daher womöglich hinsichtlich der Mittel irren, um erstere möglichst groß und letztere so klein wie möglich zu halten". Daher habe er es sich zur Aufgabe gemacht, „mit der größten Entschiedenheit" die „einen wie die anderen" deutlich herauszuarbeiten. (Brief Tocquevilles an Corcelle vom 12. Apr. 1835, in Tocqueville 2003, 318–319).

Im zweiten Band von *De la démocratie en Amérique*, der 1840 erschien, führte Tocqueville sein Projekt, die Demokratie als Lebens-, Gesellschafts-, Staats- und Regierungsform zu beschreiben, fort, wobei er nun stärker die Dynamik des demokratischen Prozesses in den Fokus rückte. 1840 veröffentlichte der an der Genfer Akademie lehrende Historiker und Ökonom Pellegrino Rossi, der ein Kollege Tocquevilles in der *Académie des sciences morales et politiques* war, in der *Revue des deux Mondes* eine ausführliche Rezension des Werkes. Die Besprechung wurde allerdings zu einer Bewertung des Gesamtwerks, war Rossi doch der Ansicht, dass die beiden Teile „ein einziges Werk" bilden:

> Im ersten studiert der Autor den Einfluss der Demokratie auf die Gesetze, die Institutionen und die politischen Sitten der amerikanischen Gesellschaft; im zweiten macht er uns mit den Veränderungen bekannt, die der demokratische Geist in allen anderen gesellschaftlichen Belangen eingeführt hat, mit den Meinungen und Empfindungen, welchen er zur Geburt verhalf; kurz: mit der Bürgergesellschaft, die er geschaffen hat (1840, 886–904, hier 892).

Für Rossi waren Tocquevilles Ausführungen zur Demokratie in Amerika auch für Europa richtungsweisend, gerade weil er durch die vergleichende Methode die gesellschaftliche Dynamik des demokratischen Prozesses auch auf dem alten Kontinent nachweisen und zugleich auf jene institutionelle Einhegungen verweisen konnte, die in den USA diesen Prozess friedlich zu gestalten halfen (ebd., 886).

Trotz seines internationalen Rufes als liberaler Autor begann Tocqueville sich Ende der 1830er Jahre vor allem politisch zu engagieren. Von 1839 bis 1852 war er Mitglied der französischen Nationalversammlung. Im Sommer 1839 hielt er dort seine erste große Rede über die Außenpolitik Frankreichs, fortan das Thema, das ihn am meisten beschäftigte. So sprach er sich in der Algerienfrage gegen die vom französischen Militär vorangetriebene Strategie der Annexion sowie die Vertreibung und Entrechtung der einheimischen Bevölkerung aus (Krause 2017a). Zu nennen ist aber auch sein Engagement bei der Abschaffung der Sklaverei. Dafür stehen die beiden Berichte *Rapport fait au nom de la commission chargée d'examiner la proposition de M. de Tracy, relative aux esclaves des colonies* (Tocqueville 1962, OC III, 1, 41–78) und *Rapport sur les questions relatives à l'esclavage et à la constitution politique des colonies* (ebd., 1, 79–111), die er im Auftrag des Parlaments anfertigte und in denen er für die zügige Abschaffung der Sklaverei plädierte. (ebd., 1, 81).

1848, während der Februarrevolution, wurde er zusammen mit Beaumont und sechzehn weiteren Mitgliedern in eine Kommission gewählt, die den Auftrag einer Ausarbeitung einer neuen Verfassung erhielt. In der Verfassungskommission schlug Tocqueville die Schaffung eines Zweikammernsystems vor, aber nicht nach Vorbild der Julimonarchie, wo dieses System den Einfluss des Adels gestärkt hatte, sondern nach Vorbild der USA, um eine vertikale Gewaltenteilung zu erreichen. Die Kommission lehnte diesen Vorschlag jedoch ab. 1849 leitete Tocqueville dann für fünf Monate das Außenministerium im Kabinett Odilon Barrot, wurde jedoch am 31. Oktober von Louis Napoléon Bonaparte wieder entlassen, der das gesamte Kabinett durch treue Gefolgsleute zu ersetzen begann. Im Zuge des Staatsstreichs vom 2. Dezember 1851 löste der französische Staatspräsident schließlich auch die Nationalversammlung auf. Tocqueville wurde zusammen mit mehr als 200 protestierenden Mitgliedern des Parlaments inhaftiert und bis zum 4. Dezember im Gefängnis festgehalten. Im Jahr darauf zog er sich aus dem politischen Leben zurück, nicht zuletzt, um dem neuen Regime nicht die Treue schwören zu müssen. Seine Erinnerungen an die Tage der Revolution hielt Tocqueville in seinen *Souvenirs* fest.

Tocqueville verstand sich bis zu seinem Tod als Teil der liberalen Opposition, die den Regierungsstil Napoleon III. als Scheindemokratie kritisierte, zumal das inthronisierte Zweite Kaiserreich sich in den 1850er Jahren immer repressiver gebärdete und die Opposition mit Mitteln der Internierung, Exilierung und Pressezensur bekämpfte. *L'ancien régime et la révolution*, seine letzte große Schrift, die am 16. Juni 1856 erschien, war seine Antwort auf den verfehlten politischen Prozess in Frankreich. Im Fokus stand nun die zunehmende Zentralisierung der Verwaltung, die bereits im *Ancien Régime* zur Aufhebung aller noch verbliebenen intermediären Gewalten und damit lokaler und regionaler Freiheiten geführt hatte. 1789 wurde dann nach Tocqueville das Souveränitätsverständnis der absoluten Monarchie auf die souveräne Nation übertragen und damit der dem Absolutismus entstammende Zentralismus in die Demokratie transferiert. Und hier liegt auch der Bezug von Tocquevilles unvollendet gebliebenem Spätwerk zu *De la démocratie en Amérique*. Das amerikanische Beispiel machte für ihn offensichtlich, dass die Frage der Souveränität und der zentralstaatlich organisierten Verwaltung, wie sie in Frankreich spätestens seit dem frühen 17. Jahrhundert praktiziert wurden, überholt waren und neu interpretiert werden mussten. Demokratische Repräsentation, wie Tocqueville sie in seinem Hauptwerk darstellte, brach mit der Logik der Homogenität und ersetzte sie durch Prozesse der Identifizierung. Infolgedessen ruhte seine Darstellung der amerikanischen Demokratie auf jenen politischen Erfahrungs- und Handlungsräumen, die es den Menschen ermöglichten, als Bürger aktiv zu werden und zur Formierung kollektiver Überzeugungen beizutragen. In Frankreich waren die Bürger nach Tocqueville dagegen seit dem *Ancien Régime* entmündigt, weil es keine kollektiven Freiheitsrechte gab.

Wirkungsgeschichte

Im Kontext der neu entstehenden Gesellschaftswissenschaften wurde Tocqueville im 19. Jahrhundert schnell zu einem Klassiker. So fand John Stuart Mill in Tocquevilles Hauptwerk eine aktuelle Betrachtung jener demokratischen Probleme, die er selbst analysierte. Seine in der *London Review* sowie der *Edingburgh Review* veröffentlichten Artikel über die Arbeit seines französischen Briefpartners bezeugen seine tiefe Bewunderung für den erfahrungswissenschaftlich arbeitenden Theoretiker. Paul Janet schloss sich seinem Urteil an, als er 1861 die von Gustav de Beaumont herausgegebenen *Œuvres et Correspondance inédites* in der renommierten *Revue des Deux Mondes* rezensierte. „Der originelle Ansatz Tocquevilles besteht darin", heißt es bei ihm,

> dass er die Demokratie als Objekt betrachtet hat, nicht zur Demonstration, sondern als Beobachtungsgegenstand, und obwohl man in seinen *Erinnerungen* die Namen der größten modernen Publizisten findet, wird man sehen, dass es niemanden gibt, der diese Idee hatte und sie mit der gleichen Absicht verfolgte. Die meisten sind Systematiker und Logiker, die über festgefügte Strukturen reden oder lediglich Argumente anführen: sie verteidigen oder verurteilen Demokratie nach einigen allgemeinen Prinzipien; aber nicht einer hat die Demokratie als eine soziale Tatsache akzeptiert und studiert (Janet 1861, 105).

Durch die umfassende Beschreibung der Kultur und Analyse der politischen Institutionen der USA wurde Tocqueville auch in Nordamerika frühzeitig zu einem wichtigen Referenzautor. „Kein Ausländer", schrieb etwa John C. Spencer bereits 1838 im Vorwort zur amerikanischen Übersetzung von Tocquevilles Buch, „hat je eine solch tiefe, klare und zutreffende Einsicht in die Maschinerie unserer komplizierten Systeme der Bundes- und Einzelstaatsregierungen gezeigt" (1838, viii). Ein großer Bewunderer Tocquevilles war vor allem der aus Preußen stammende Francis Lieber, der von 1860 bis zu seinem Tod am Columbia College, der heutigen Columbia University, den ersten amerikanischen Lehrstuhl für Politikwissenschaften innehatte. Lieber hatte Tocqueville auf seiner Amerikareise kennengelernt und dessen Schrift *Du système pénitentiaire aux États-Unis, et de son application en France* ins Amerikanische (1833) übersetzt. In seinen Vorlesungen am Columbia College legte er seinen Studenten immer wieder nahe, dass jeder von ihnen die Werke Tocquevilles kennen und lieben sollte, weil kein Amerikaner bisher ihr Land und seine politische Kultur in trefflicherer Weise beschrieben habe (Lieber 1860, 29–30). Damit legte Lieber den Grundstein für eine Rezeptionslinie, durch die Tocquevilles Hauptwerk zusammen mit den *Federalist Papers* zu den wichtigsten politischen Auslegungstexten Amerikas wurde (Auderset 2016, 205–223).

Die früh einsetzende Kanonisierung durch liberale Autoren darf jedoch nicht darüber hinwegtäuschen, dass die Rezeption im 20. Jahrhundert vor allem unter konservativen Vorzeichen stand. Spätestens ab dem Ersten Weltkrieg entdeckten jene Autoren Tocqueville für sich, die seine Prophezeiung einer Ost-West-Konfrontation am Ende des ersten Bandes von *De la démocratie en Amérique* und seine Vorhersage eines globalen Konflikts zwischen den künftigen Supermächten Russland (einem autoritären Staat) und den Vereinigten Staaten (als Land der Freiheit) für sich nutzten. Auch die Antworten, die Tocqueville anbot, insbesondere seine Verteidigung von Religion, Sitten und lokaler Autonomie, fanden konservative Autoren in den USA attraktiv. Für sie bot seine Darstellung der Demokratie genügend Beweise, um ihr gegenüber eine skeptische Haltung einzunehmen. Das betraf nicht nur seine Ausführungen über die Gleichheit und die drohende Apathie der Bürger, sondern auch seine Darstellung der Zentralisierungstendenzen und die Aussicht auf eine despotische Autokratie. Eine gegenwärtige Lesart dieser Interpretationsrichtung ist Paul Rahes konservative Zeitdiagnose, die dezidiert an Tocqueville in wohlfahrtsstaatskritischer Hinsicht anschließt (Rahe 2009).

Der konservativen Auslegung von Tocquevilles Werk stand allerdings immer auch eine Rezeption und Aktualisierung seitens der politischen Linken und Liberalen gegenüber, die heute von Sheldon Wolins Konzept einer „fugitive democracy" bis zu Steven Bilakovic reicht, der die Entpolitisierung in der Demokratie ins Zentrum rückt (Bilakovic 2012). Neben diesen mittlerweile als klassisch zu bezeichnenden Lesarten gab es aber auch immer wieder sich davon unterscheidende Rezeptionswellen. So wurde Tocqueville während der Kommunitarismus- und Sozialkapitaldebatte bspw. ein starker Referenzautor. Aufsehen erregende Studien wie etwa Robert Bellahs *Habits of the Heart* (1985) oder Robert Putnams *Bowling Alone* (2000) spielten bereits im Titel auf die Terminologie von *De la démocratie en Amérique* an und verstanden sich „explizit" als „Rezeption und Kommentierung" von Tocquevilles These, eine funktionierende Demokratie hänge vom bürgerlichen Engagement und dem Sozialkapital der Gesellschaft ab (Bellah 1987, 349).

Die umfangreiche Tocqueville-Literatur hat zu Beginn des 21. Jahrhunderts dazu geführt, dass sie selbst wiederum zum Gegenstand wissenschaftlicher Arbeiten wurde. So hat Matthew Mancini in der Monographie *Alexis de Tocqueville and American Intellectuals. From His Times to Ours* (2006) und in dem Artikel „Too Many Tocquevilles. The Fable of Tocqueville's American Reception" (2008) dargelegt, wie Tocqueville von unterschiedlichen akademischen und politischen Richtungen in Anspruch genommen wurde. Seine Werke korrespondieren mit den französischen Studien von Françoise Mélonio, die in ihrer Doktorarbeit *Tocqueville dans la culture française* (1991) die Rezeptionsgeschichte in Frankreich erstmals grundlegend aufgearbeitet hat; ein Werk, das 1993 unter dem Titel *Tocqueville et les Français* dann auch auf dem Buchmarkt erschien. Serge Audier hat später Mélonios Zugang noch in einer soziologischen und philosophischen Perspektive erweitert. Sein Buch *Tocqueville retrouvé. Genèse et enjeux du renouveau tocquevillien français* (2004) hat den großen Vorteil einer stringenten Präsentation von Interpretationen, die von dem Linksliberalen Célestin Bouglé bis zu dem Konservativen Marcel Gauchet reicht.

Literatur

Auderset, Juri: Stranger in America. Francis Lieber, Alexis de Tocqueville und die historisch-komparative Hermeneutik der Demokratie im Zeitalter der Revolutionen. In: Harald Bluhm, Skadi Krause (Hg.): Alexis de Tocqueville. Analytiker der modernen Demokratie. Paderborn 2016, 205–223.

Audier, Serge: Tocqueville retrouvé. Genèse et enjeux du renouveau tocquevillien français. Paris 2004.

Bellah, Robert N.: Habits of the Heart: Middle America Observed. London 1987.

Bilakovic, Steven: Democracy without Politics. Cambridge, Mass./London 2012.

Blic, Emmanuel de: Hervé Clérel, comte de Tocqueville, pair de France, préfet de la Restauration. Dijon 1951.

Boesche, Roger: Why did Tocqueville Fear Abundance? Or the Tension between Commerce and Citizenship. In: History of European Ideas 9 (1988), 25–45.

Guizot, François: Des moyens de gouvernement et d'opposition dans l'état actuel de la France. Paris 1821.

Guizot, François: De la démocratie en France. Paris 1849.

Hamilton, Alexander/Madison, James/Jay, John: The Federalist. Hg. von J.R. Pole. Indianapolis 2005.

Hess, Andreas: Tocqueville and Beaumont. Aristocratic Liberalism in Democratic Times. Basingstoke 2018.

Krause, Skadi Siiri: Alexis de Tocqueville über die französische und englische Kolonialpolitik des 18. und 19. Jahrhunderts. In: WestEnd. Neue Zeitschrift für Sozialforschung 2017a, 205–220.

Krause, Skadi Siiri: Eine Gesellschaft von Gleichen. Tocqueville über die Demokratie als Staats-, Gesellschafts- und Lebensform. In: Skadi Krause (Hg.): Erfahrungsräume der Demokratie. Zum Staatsdenken von Alexis des Tocqueville. Stuttgart 2017b, 109–124.

Krause, Skadi Siiri: Eine neue politische Wissenschaft für eine neue Welt. Tocquevilles Demokratietheorie im Spiegel der politischen und wissenschaftlichen Debatten seiner Zeit. Berlin 2017c.

Lieber, Francis: The Ancient and the Modern Teacher of Politics: An Introductory Discourse to a Course of Lectures on the State. Delivered on the 10th of October, 1859, in the Law School of Columbia College. New York 1860.

Mancini, Matthew: Alexis de Tocqueville and American Intellectuals. From His Times to Ours. Lanham 2006.

Mancini, Matthew: Too Many Tocquevilles. The Fable of Tocqueville's American Reception. In: Journal of the History of Ideas 69/2 (2008), 245–268.

Mélonio, Françoise: Tocqueville et les Français. Paris 1993.

Pierson, George W.: Tocqueville in America. Baltimore1996. Reprint of George Wilson Pierson, Tocqueville and Beaumont in America. Oxford 1938.

Rahe, Paul A.: Soft Despotism, Democracy's Drift. Montesquieu, Rousseau, Tocqueville and the Modern Prospect. New Haven/London 2009.

Spencer, John Canfield: Preface to the American Edition. In: Alexis de Tocqueville: Democracy in America. New York 1838, iii–ix.

Tocqueville, Alexis de: Écrits et discours politiques, Œuvres complètes, Bd. III/1. Hg. von André Jardin. Paris 1962.

Tocqueville, Alexis de: Correspondance d'Alexis de Tocqueville et de Gustave de Beaumont, Œuvres complètes, Bd. VIII/1–3. Hg. von André Jardin. Paris 1967.

Tocqueville, Alexis de: Democracy in America, Hg. von Issac Kramnick und Jeff Seliger. New York 2003.

Tocqueville, Alexis de: Democracy in America. Historical-Critical Edition of De la démocratie en Amérique. Hg. von Eduardo Nolla. Indianapolis 2010.

12 John Stuart Mill

Michael Schefczyk

12.1 Allgemeine Charakterisierung und Einordnung von Mills Liberalismus

Es dürfte kaum möglich sein, die Bedeutung des Werks von John Stuart Mill (1806 in London–1873 in Avignon) für das politische Denken der Gegenwart zu übertreiben. Insbesondere die Schrift *Über die Freiheit* (1859) ist unbestritten ein Hauptwerk liberalen Denkens und ein unerlässlicher Referenzpunkt für gegenwärtige Debatten über Ziele und Grenzen staatlicher und gesellschaftlicher Machtausübung. Das 19. Jahrhundert in Großbritannien wird heute häufig gedanklich mit der Dominanz des Manchester-Liberalismus verbunden. Bereits Mitte des Jahrhunderts gaben jedoch andere Kräfte den Ton an. In „Over-Legislation" von 1853 beklagte Herbert Spencer (1981), dass die Öffentlichkeit ständig nach dem Staat rufe und damit eine immer weiter reichende Ausdehnung seiner Zuständigkeit herbeiführe. Mill nimmt in dieser Auseinandersetzung eine vermittelnde Position ein. Von Spencers Feindseligkeit gegen staatliches Eingreifen schreibt er, dass sie „jedes vernünftige Maß überschreite und dass er selbst in seinen *Prinzipien der Politischen Ökonomie* versucht habe, eine ausgewogenere Position zu entwickeln (Brief an Plummer 1863, 888). Manche Liberale des 20. Jahrhunderts haben Mill wegen dieses Abrückens vom Dogma der Minimalstaatlichkeit äußerst kritisch gesehen. Ludwig van Mises beurteilt ihn als gefährlichen Sozialisten, neben dem alle übrigen sozialistischen Schriftsteller (Marx eingeschlossen) kaum von Belang seien (Mises 1927, 170). Tatsächlich ist Mill eine Schlüsselfigur für die Entstehung des *New Liberalism*, der gegen Ende des 19. Jahrhunderts entsteht und liberale mit demokratischen sowie sozialistischen Ideen verbindet. John Rawls' (s. Kap. 19) Epoche machendes Werk *Eine Theorie der Gerechtigkeit* ist das wohl wichtigste Werk dieser Tradition im 20. Jahrhundert. Obwohl das Werk erklärtermaßen einen Gegenentwurf zur utilitaristischen Politikphilosophie darstellt, ist die Anlage seiner eigenen Theorie in bemerkenswertem Maße von dem Utilitaristen Mill beeinflusst. In seiner *Geschichte der politischen Philosophie* fragt Rawls: „Wie kommt es, dass eine offenbar utilitaristische Auffassung zu inhaltlich substantiell gleichen Grundsätzen (zu den gleichen Gerechtigkeitsprinzipien) führt wie die Fairneß-Konzeption der Gerechtigkeit?" (Rawls 2008, 389).

Mills Ruhm als Theoretiker beruhte im 19. Jahrhundert vor allem auf der *Logik* (1843) und den *Prinzipien der Politischen Ökonomie* (1848). Heute sind seine seit Ende der 1850er

M. Schefczyk (✉)
Karlsruher Institut für Technologie, Karslruhe, Deutschland
E-Mail: michaelschefczyk@kit.edu

M. Festl (Hrsg.), *Handbuch Liberalismus*, https://doi.org/10.1007/978-3-476-05798-3_12

Jahre erschienenen Schriften am bekanntesten: Neben *Über die Freiheit* (1859), „Einige Bemerkungen zur Nichteinmischung" (1859), *Utilitarismus* (1861), *Betrachtungen über die Repräsentativregierung* (1861) und *Die Unterdrückung der Frauen* (1869). Mill war ein enorm produktiver und einflussreicher Publizist, der sich zu den großen politischen und gesellschaftlichen Fragen seiner Zeit öffentlich äußerte. Daneben war er bestens mit der Praxis der britischen Kolonialpolitik vertraut. Als junger Mann trat er auf Vermittlung seines Vaters James in die *East India Company* ein, in der er 35 Jahre bis zu ihrer Abwicklung 1858 arbeitete, zuletzt in hochrangiger Funktion (Examiner of Indian Correspondence). Von 1865–1868 war Mill Mitglied des Parlaments und engagierte sich in dieser Rolle für zwei politische Anliegen, die ihn zeitlebens auch publizistisch beschäftigten: die Lage der Frauen und die Irlandfrage. Mill ist in die britische Geschichte als erster Parlamentarier eingegangen, der die Einführung des Frauenwahlrechts forderte.

Der hochbegabte Mill hat niemals eine Schule oder Universität besucht. Intellektuell ausgebildet wurde er von seinem Vater James, ein Freund und Weggefährte Jeremy Benthams, der seinem Sohn früh die Grundprinzipien des utilitaristischen Denkens vermittelte. Obwohl Utilitaristen, wie Bentham und Mill, Schlüsselfiguren der liberalen Theorie im 19. Jahrhundert waren, werden Utilitarismus und Liberalismus heutzutage häufig als unvereinbare Theorien betrachtet. Die These von der Unvereinbarkeit zwischen Utilitarismus und Liberalismus wird damit begründet, dass das utilitaristische Nutzenprinzip in der Grundform besagt, eine Handlung sei richtig, wenn sie die bestmöglichen Folgen habe – wie gut Folgen von Handlungen sind, soll wiederum davon abhängen, wie viel Wohlergehen insgesamt aus ihnen resultiert. Jede Person müsste sich deshalb jederzeit fragen, wie sie den Gesamtnutzen maximieren könnte; sie wäre ein bloßes Instrument zur Herstellung allgemeinen Wohlergehens. Dies ist klarerweise mit dem liberalen Gedanken von individueller Selbstbestimmung und Freiheit unvereinbar. Mill vertritt jedoch eine Form von Utilitarismus, die davon ausgeht, dass wir uns im Handeln an sog. „sekundären Regeln" zu orientieren haben. Sekundäre Regeln sind gerechtfertigt, wenn ihre Befolgung bessere Konsequenzen (einen höheren Nutzen) nach sich zieht als mögliche Alternativen. Das Nutzenprinzip versteht er entsprechend als Metaprinzip, als einen höchsten Grundsatz der Praktischen Vernunft (Logik, 246). Es wird nicht direkt auf Handlungen angewendet, sondern kommt ins Spiel, um die Richtigkeit von sekundären Regeln zu überprüfen. Zu diesen sekundären Regeln gehört das liberale Freiheitsprinzip. Es liegt insofern auf einer anderen Ebene als das utilitaristische Nutzenprinzip. Dass Mill das Freiheitsprinzip zu den „sekundären Regeln" rechnet, heißt nicht, dass es für ihn weniger wichtig oder „zweitrangig" wäre. *Alle* handlungsleitenden Prinzipien sind sekundäre (oder weiter nachgelagerte) Prinzipien. Im Zuge unserer moralischen Erziehung werden uns sekundäre (und weiter nachgelagerte) Prinzipien eingeimpft. Es ist für vernunftbegabte Wesen wichtig, zu wissen, dass diese Prinzipien gut begründet sind. Doch wir lernen, sekundäre Prinzipien zu achten und zu befolgen, lange bevor wir uns über ihre Begründung Gedanken machen.

Anders als Liberale in der Tradition von John Locke lehnt Mill den Gedanken natürlicher Rechte von Individuen ab. Alle Rechte, Pflichten und normativen Regeln müssen gerechtfertigt werden durch ihren Beitrag zum menschlichen Wohlergehen. Mills utilitaristischer Liberalismus fasst die Idee menschlichen Wohlergehens mit einer Werttheorie, die zuweilen als „perfektionistisch" (Brink 2013) bezeichnet wird. Die Grundidee lautet, dass Menschen die gelingende Ausübung anspruchsvoller Fähigkeiten als besonders freudvoll erleben und daher einen Lebensplan bevorzugen, der ihnen die Entwicklung und Anwendung solcher Fähigkeit erlaubt. Liberale Freiheiten ermöglichen den Individuen, den ihnen gemäßen Lebensplan eigenverantwortlich zu finden und zu verfolgen. Die Fähigkeit, das Leben eigenverantwortlich zu gestalten und die Freuden anspruchsvoller Tätigkeiten zu erschließen, ist jedoch nicht naturgegeben. Zwar geht Mill, wie andere Liberale, davon aus, dass Erwachsene in aller Regel am besten beurteilen können, worin ein für sie geeigneter Lebensplan besteht. Wie gut ihnen dies gelingt, hängt aber von einer Reihe sozialer Bedingungen ab, wie der Möglichkeit, verschiedene Tätigkeiten zu erlernen und zu erproben. Nach Mill wird „ein Wesen, das höhere Fähigkeiten aufweist, immer fühlen [...], dass jedes Glück unvollkommen bleibt" (Utilitarismus, 452). Aber es kann lernen, „diese Unvollkommenheiten zu ertragen, sofern sie denn überhaupt ertragen werden können" (ebd., 453). Mill ist sich bewusst, dass das menschliche Leben durch die Spannung zwischen dem Streben nach Vervollkommnung und dem Wunsch nach restloser Zufriedenheit gekennzeichnet ist. Die Stabilität und Glücksträchtigkeit liberaler Gesellschaften besteht nicht zuletzt darin, den Individuen grundsätzlich zu ermöglichen, diese Spannung im Lichte ihrer eigenen Talente, Dispositionen und Vorlieben auszutragen.

12.2 Das „sehr einfache Prinzip" in *Über die Freiheit*

John Stuart Mill betonte immer wieder, dass wesentliche Teile seines Werkes in enger Kooperation mit seiner 1858 verstorbenen Frau, Harriet Taylor Mill, entstanden sind. Lange Zeit ist dies ignoriert, geleugnet oder spöttisch kommentiert worden. Eine Wende brachte die Herausgabe und Kommentierung des Briefwechsels zwischen John Stuart und Harriet Taylor Mill durch einen weiteren Vordenker des Liberalismus, Friedrich von Hayek (Briefwechsel (1830–1858)). Seither ist unbestritten, dass John Stuart und Harriet T. Mill in den 1850er Jahren – also in der Entstehungszeit der heute bekanntesten Werke – gemeinsam an verschiedenen Schriften gearbeitet haben. Für *Über die Freiheit* konnte diese allgemeine Einschätzung jüngst weiter präzisiert werden. Mit Hilfe stilometrischer Methoden lässt sich zeigen, dass der Text nicht nur gemeinsam konzipiert, durchdacht, besprochen und redigiert wurde. Vielmehr lassen sich größere Passagen identifizieren, die mit hoher Wahrscheinlichkeit teils von Harriet Mill, teils von beiden gemeinsam ausformuliert worden sind. Der Name „John Stuart Mill" steht im Falle zahlreicher Arbeiten genau genommen stellvertretend für zwei Personen: John Stuart und Harriet Taylor Mill. Um den Beitrag von Harriet Taylor angemessen zu würdigen, sollten diese Schriften „den Mills" und nicht allein „Mill" zugeschrieben werden.

Trotz ihrer beträchtlichen philosophischen Qualität, ist *Über die Freiheit* in erster Linie eine politische Schrift mit einer eindeutigen Zielsetzung: Sie soll den freiheitsfeindlichen Tendenzen in Politik und Gesellschaft ihrer Zeit entgegentreten. Dass Mill in seiner *Autobiographie* gleichwohl davon ausgeht, die Freiheitsschrift werde überdauern (Autobiographie, 189), hat zwei Gründe. Zum einen hat er mit seiner Frau über mehrere Jahre immer wieder intensiv an dem Text gearbeitet; als entsprechend hoch veranschlagt er dessen handwerkliche Qualität. Zum anderen ging Mill offensichtlich davon aus, dass Thema und Thesen von *Über die Freiheit* von fortdauernder Bedeutung bleiben werden. Der historische Trend zur Demokratisierung politischer Herrschaft, von dem Mill im Anschluss an Alexis de Tocquevilles Werk *De la démocratie en Amérique* ausging (s. Kap. 11), bringt nicht automatisch gesellschaftliche Befreiung mit sich. Anders als die ältere politische Philosophie sehen die Mills die Staatsgewalt nicht als einzige oder gefährlichste Bedrohung der individuellen Freiheit. Genauso ernst nehmen sie die freiheitslähmenden Kräfte des gesellschaftlichen Konformismus. Eine Bevölkerung, die jegliche individuelle Abweichung von vorgegebenen Urteilen und Praktiken durch soziale Missbilligung und gesellschaftlichen Ausschluss sanktioniert, ist unfrei, auch wenn sie demokratisch regiert wird; die konforme Mehrheit wird sich zudem aller Wahrscheinlichkeit nach nicht mit informellen Sanktionen begnügen, sondern die demokratische Kontrolle über die staatliche Gewalt nutzen, um Abweichungen auch gesetzlich zu unterdrücken.

Im Zentrum der Schrift steht die Formulierung und Begründung eines „sehr einfachen" (Über Freiheit, 315), zweiteiligen Prinzips (*Freiheitsprinzip*). Der erste Teil des Freiheitsprinzips formuliert eine *notwendige Bedingung* für die legitime Ausübung von staatlichem oder gesellschaftlichem Zwang: Die Handlungsfreiheit von Individuen darf nur eingeschränkt werden, um Schaden von Dritten abzuwenden (*Schädigungsbedingung*). Weder darf ein Verbot von individuellen oder sozialen Praktiken damit begründet werden, dass es die betroffenen Individuen vor sich selbst schützt (Paternalismus), noch damit, dass es der Förderung höherer Werte dient (Moralismus). Der zweite Teil des Freiheitsprinzip legt eine *hinreichende Bedingung* für die Anwendung von gesellschaftlichem oder staatlichem Zwang fest: Die Einschränkung der Handlungsfreiheit von Individuen ist nur dann legitim, wenn sie *erforderlich* ist, um Schaden von Dritten abzuwehren (*Erforderlichkeitsbedingung*).

Wann den Mills zufolge von der Schädigung von Dritten gesprochen werden kann, wird in der Literatur uneinheitlich ausgelegt. Zwei grundlegende Sichtweisen sind zu unterscheiden. Die *normative Auslegung* geht davon aus, dass Schädigung als die Verletzung subjektiver Rechte zu verstehen ist (vgl. Stepanians 2015). Diese Interpretation behandelt das Freiheitsprinzip nicht als einen elementaren Konstruktionspunkt, von dem aus alle möglichen normativen Aussagen hergeleitet werden können, sondern als eine synoptische Formel, die für ein System von Freiheitsrechten steht. Anders die *naturalistische Auslegung des Schädigungsbegriffs* (Riley 2015): Da ihr zufolge die Aussagen über die Rechte von Individuen aus dem Freiheitsprinzip gewonnen werden sollen, darf der von diesem beanspruchte Schädigungsbegriff nicht bereits die Existenz besagter Rechte voraussetzen. Die von den Mills im Freiheitsprinzip gemeinte Schädigung Dritter bezieht sich der naturalistischen Auslegung zufolge auf Eingriffe in äußerlich fassbare Interessen, wie die Integrität des Körpers, Bewegungsfreiheit, Reputation, Freundschaften etc. Die Einschränkung des Schädigungsbegriffs auf „äußerlich fassbare Interessen" soll sicherstellen, dass negative Gefühle, wie Abneigung oder Groll gegenüber abweichenden Lebensweisen, nicht als Schädigung zählen. Andernfalls dürfte oder müsste jeglicher Nonkonformismus, der von der Mehrheit als störend empfunden wird, als Schädigung sozial sanktioniert oder verboten werden. Je stärker die Gesellschaft Abweichungen emotional ablehnen würde, desto mehr wäre sie berechtigt, den Individuen jeglichen Freiheitsspielraum zu nehmen.

Für die *normative Auslegung* spricht, dass der informell gehaltene Argumentationsgang der Schrift auf das System der Freiheitsrechte und die ihnen entsprechenden Tugenden abhebt. Im berühmten zweiten Kapitel werden zunächst die „epistemischen Freiheiten" verteidigt, also das Recht auf freie Urteilsbildung und -äußerung. Die Begründung zielt darauf, den sozialen Nutzen dieser Rechte darzulegen. Darauf aufbauend geht es in den Folgekapiteln um die Lebensführungsfreiheiten, wie das Recht, den eigenen Lebensplan zu gestalten und auszuführen, und die sozialen Freiheiten, wie das Recht auf Vereinigung und Versammlung. Die Mills versuchen nicht, zu zeigen, dass diese Rechte aus dem Freiheitsprinzip abgeleitet werden können. Daher liegt es nahe, der normativen Auslegung gemäß, anzunehmen, dass das Freiheitsprinzip als *synoptische Formel* dient und nicht als normativer Konstruktionspunkt des Systems subjektiver Rechte.

Ihrer utilitaristischen Grundposition entsprechend, legen die Mills großen Wert darauf, dass ihre Argumentation für die Freiheitsordnung und deren synoptische Formel (das Freiheitsprinzip) nutzenbasiert ist. Sie schreiben den Individuen nicht eine Reihe von angeborenen, natürlichen Freiheitsrechten zu, aus denen alles Weitere abgeleitet werden kann. Vielmehr muss und kann gezeigt werden, dass die Freiheitsordnung die „beständigen Interessen des Menschen als eines entwicklungsfähigen Wesens" (Über Freiheit, 317–318) fördert. In der Rede vom „Menschen als eines entwicklungsfähigen Wesens" macht sich die perfektionistische Werttheorie der Mills bemerkbar. Das System individueller Freiheiten erlaubt die Variation und das Erproben von Lebensweisen. Die Mills sprechen passender Weise von „Lebensformexperimenten". Freiheitsrechte haben für die Individuen nicht nur einen Wert, weil *sie ihnen selbst* erlauben, eigenverantwortliche Entscheidungen zu treffen – etwas, woran

Menschen offensichtlich ein hohes Interesse haben. Freiheitsrechte haben auch einen sozialen Wert, weil sich aus den Lebensformexperimenten anderer etwas lernen lässt. Die perfektionistische Werttheorie der Mills ist empiristisch. Wissen über das individuell bestmögliche Leben muss experimentell gewonnen werden.

Eine wichtige Konsequenz der utilitaristischen Hintergrundtheorie besteht darin, dass das Freiheitsprinzip nicht bedingungslos gilt. Sein Anwendungsbereich ist zum einen eingeschränkt auf „menschliche Wesen in der Reife ihrer Fähigkeiten“ (ebd., 316), also hinreichend urteilsfähige Menschen. Paternalistisches Handeln gegenüber Personen, die (noch) nicht in der Lage sind, einen eigenen Lebensplan zu formulieren und zu befolgen, ist somit erlaubt. Zum anderen gilt das Freiheitsprinzip nur für Gesellschaften, die einen gewissen Entwicklungsstand erreicht haben: „Das Prinzip der Freiheit“, so schreiben die Mills, „kommt nur dort zur Anwendung, wo die Menschen fähig geworden sind, sich mittels freier und gleichberechtigter Diskussion weiterzuentwickeln“ (ebd., 317). Es besteht somit ein Zusammenhang zwischen dem liberalen Gedanken individueller Freiheit und dem demokratischen Gedanken öffentlicher Deliberation unter Freien und Gleichen. Der Wert individueller Selbstbestimmung und Eigenverantwortung hängt den Mills zufolge von der Entwicklung einer Reihe von sozialen Tugenden ab, wie der Fähigkeit, Gründe für gesellschaftliche und individuelle Praktiken zu entwickeln und kritisch zu würdigen. Entsprechend haben die epistemischen Freiheiten und die mit ihnen einhergehende Verantwortung eine Schlüsselfunktion: Rede- und Urteilsfreiheit sind wertvoll, weil Individuen ein hochrangiges Interesse daran haben, ihre eigenen Anschauungen zu artikulieren; doch nicht nur die *eigene* Redefreiheit hat Wert für die Individuen. Erst in Verbindung mit der freien Artikulation der Anschauungen *aller anderen* und der daraus resultierenden *Dynamik der Urteilsbildung* erlangen die epistemischen Freiheiten ihre volle Bedeutung. Der Wert des Rechts auf freie Rede hängt trivialerweise wesentlich davon ab, ob und in welcher Form die Bereitschaft besteht, auf den Inhalt des Gesagten in vernünftiger Weise zu reagieren. Insofern vollzieht sich in *Über die Freiheit* eine im Hintergrund bleibende, aber umso nachdrücklichere Akzentverschiebung im liberalen Denken: weg von einer ausschließlichen Betonung individueller Rechte hin zu einer Betonung der sozialen und individuellen Voraussetzungen, unter denen diese Rechte ihre volle nutzenstiftende Wirkung entfalten können. Pointiert gesprochen, handelt die Schrift in dem gleichen Maß von *liberalen Tugenden* wie von *liberalen Rechten*. Mit der Freiheit der Individuen, zu urteilen und ihr eigenes Leben den eigenen Urteilen entsprechend zu gestalten, geht die Verantwortung einher, für Entscheidungen und Urteile mit Gründen einzustehen.

Die Freiheitsordnung, die durch individuelle Rechte und die entsprechenden Tugenden gestützt wird, bildet den Mills zufolge ein sowohl *stabiles* als auch *dynamisches* Gesellschaftssystem. Es ist stabil, insofern ihrer optimistischen Auffassung zufolge die Kooperationsbedingungen moderner Gesellschaften eine Stützung in „mächtigen natürlichen Gefühlen“ (Utilitarismus, 477) der Sympathie erfahren, die ihrerseits von den gesellschaftlichen Strukturen gestärkt werden. Die Intensivierung der Arbeitsteilung und die Reziprozität einer auf Vertragsbeziehungen zwischen Privatleuten aufbauenden Wirtschaft lassen es Menschen zunehmend selbstverständlich werden, die Interessen anderer zu beachten (ebd., 478).

12.3 Politischer und wirtschaftlicher Liberalismus

Die Mills schreiben in *Über die Freiheit* sinngemäß, dass sich nach langen Auseinandersetzungen die Ansicht durchgesetzt habe, der gesellschaftliche Wohlstand werde am besten gefördert, wenn die Produktion und der Handel möglichst frei von staatlichen Eingriffen geschehe und allein durch den Wettbewerb um Nachfrage reguliert werde. Diese Ansicht bezeichnen sie als „die sog.[.] Freihandelslehre“, von der sie meinen, dass sie „auf anderen, aber ebenso belastbaren Gründen beruht wie das

Prinzip der individuellen Freiheit, das in dieser Abhandlung verfochten wird" (Über Freiheit, 416). Dadurch kann der Eindruck entstehen, die Mills würden zwei in Gehalt und Begründung voneinander unabhängige Theorien vertreten: einen Wirtschaftsliberalismus, wie er in den *Prinzipien der Politischen Ökonomie* vertreten wird, und einen politischen Liberalismus, der in *Über die Freiheit* expliziert und begründet wird. Diese Deutung, die man als „These vom Zwei-Kammern-Liberalismus" bezeichnet hat (Schefczyk 2015), kommt einer weltanschaulichen Tendenz entgegen, die den politischen Liberalismus der Mills begrüßt, aber den wirtschaftlichen Liberalismus ablehnt.

Tatsächlich gehören jedoch wirtschaftlicher und politischer Liberalismus in der millschen Theorie zusammen. Die Freihandelslehre zählt zur Theorie der Wirtschaftspolitik, einer Kunstlehre, die nach denjenigen Institutionen fragt, die am geeignetsten sind für die Produktion gesellschaftlichen Wohlstands. Doch dass die Freihandelslehre nach Mills Ansicht richtigerweise statuiert, eine liberale Wirtschaftsordnung werde dem Wohlstandsziel am besten gerecht, stellt keine umfassende Rechtfertigung des Wirtschaftsliberalismus dar. Wohlstand hat lediglich instrumentellen Wert; er ist kein Ziel an sich. Dies scheint zunächst der These vom Zwei-Kammer-Liberalismus entgegenzukommen. Bereits in den *Prinzipien der Politischen Ökonomie* führt Mill jedoch ein grundlegendes Rechtfertigungsprinzip staatlichen Handelns ein, das dem Freiheitsprinzip von *Über die Freiheit* im Kern entspricht. Das Laisser-faire oder Nichteinmischungsprinzip der *Prinzipien* formuliert eine Rechtfertigungsanforderung, der zufolge jedes staatliche Eingreifen in die Sphäre gesellschaftlicher Freiheit und Selbstorganisation in geeigneter Weise begründet werden muss. Mill grenzt sein Verständnis von Laisser-faire ausdrücklich von „marktradikalen" Vorstellungen ab, wie man sie in der sog. „Laisser-faire-Schule" finde. Diese geht davon aus, dass die Reichweite staatlichen Eingreifens auf den Schutz von Person und Eigentum gegen Zwang und Betrug eingeschränkt sei (Prinzipien, 423). Eine solche Vorstellung hält Mill für übertrieben: „[W]arum soll das Volk durch seinen Staat, das heißt durch seine eigene kollektive Macht, nur gegen Gewalt und Betrug und nicht auch gegen andere Übel geschützt werden, bloß weil die Zweckmäßigkeit in ersteren Fällen offensichtlicher ist?" (ebd., 254).

Im Gegensatz zu libertären Positionen, die sich auf Minimalstaatlichkeit festlegen (Nozick), ist Mills *deliberativer Beweislast-Liberalismus* mit unterschiedlichen Graden staatlichen Eingreifens vereinbar. An solche Eingriffe werden jedoch hohe Anforderungen gestellt, wenn sie die individuellen Freiheitsrechte betreffen. Die Zwangsausübung muss (i) der Abwendung der Schädigung anderer dienen, (ii) unvermeidlich sein in dem Sinne, dass kein nicht-autoritativer Eingriff oder ein weniger invasives autoritatives Eingreifen hinreichend gewesen wäre und (iii) nachweislich geeignet sein, um ein erwiesenes Schädigungsrisiko abzuwehren.

Das System wirtschaftlicher Freiheiten wird bei Mill somit weder ausschließlich noch vorrangig mit seiner wohlfahrtsfördernden Wirkung begründet. Es ergibt sich vielmehr in erster Linie aus der Anwendung des Freiheits- und Nichteinmischungsprinzips auf die wirtschaftliche Sphäre. Dies verleiht dem millschen Wirtschaftsliberalismus einerseits eine besondere Robustheit. Er hängt nicht davon ab, dass eine liberale Wettbewerbsordnung produktiver ist als mögliche Systemalternativen. Andererseits macht sie den millschen Wirtschaftsliberalismus flexibel. Staatliche Eingriffe werden nicht kategorisch abgelehnt; wenn sie den hohen Beweislastforderungen des Nichteinmischungsprinzips gerecht werden, sind sie vielmehr geboten.

Noch in einer weiteren Hinsicht unterscheidet sich die millsche Position markant von vielen modernen Varianten des Wirtschaftsliberalismus. Mill differenziert in den *Prinzipien* zwischen notwendigen und optionalen Regierungsaufgaben. Das Nichteinmischungsprinzip hat seinen Anwendungsbereich offensichtlich bei Letzteren, da mit seiner Hilfe entschieden werden soll, ob Grund für staatliches Eingreifen vorliegt oder nicht. Für die notwendigen Regierungsaufgaben, zu denen auch die Bestimmung der Eigentumsordnung gehört, gilt dagegen das *Prinzip der so-*

zialen Gerechtigkeit und der Verteilungsgerechtigkeit. Mill hat dieses Prinzip weniger sorgfältig eingeführt und begründet als das Freiheitsprinzip. In *Utilitarismus* schreibt er, dass ihm zufolge „die Gesellschaft alle gleich gut behandeln sollte, […] welche sich absolut gesprochen gleich wohlverdient gemacht haben." (Utilitarismus 514) In Anwendung auf die Frage einer gerechten Eigentumsordnung wird sein Gehalt jedoch hinreichend klar. Aus dem Prinzip der Verteilungsgerechtigkeit ergibt sich „das Recht der Produzenten auf das, was sie selbst produziert haben" (Prinzipien, 89). Dieses Produzentenrecht schließt nach Mill das Recht ein, die eigene Arbeitsleistung gegen Lohn anzubieten und die Rechte an dem Produkt, das innerhalb des Lohnverhältnisses entsteht, abzutreten. Es ist somit nicht per se ungerecht, wenn das gesellschaftliche Eigentum in einer kapitalistischen Marktwirtschaft ungleich verteilt ist; im Gegenteil – eine gerechte Privateigentumsordnung wird immer dann zu ungleichen Vermögen und Einkommen führen, wenn die produktiven Beiträge unterschiedlicher Individuen ungleich sind.

Nach Mill ist jedoch zu bezweifeln, dass die tatsächlich bestehende Privateigentumsordnung dem Prinzip der Verteilungsgerechtigkeit entspricht. Denn sie räumt Personen auch Eigentum an Dingen ein, zu denen sie keinerlei produktiven Beitrag geleistet haben, wie das „Rohmaterial der Erde" (ebd., 102) und Erbschaften. Zudem macht es die hochgradige Arbeitsteilung schwierig, zu beurteilen, ob Löhne in einem angemessenen Verhältnis zu den produktiven Beiträgen stehen oder lediglich die respektive Verhandlungsmacht der Vertragsparteien widerspiegeln. Hierin sieht Mill die Bedeutung von Gewerkschaften. Sie „sind das unentbehrliche Mittel, das die Verkäufer von Arbeit in den Stand setzt, unter den Bedingungen eines Wettbewerbssystems für ihre eigenen Interessen ausreichend Sorge zu tragen." (ebd., 418) Gewerkschaftliche Interessenvertretung neutralisiert tendenziell die überlegene Verhandlungsmacht der Kapitalisten und hilft, die Löhne den produktiven Beiträgen anzunähern. Die Verhandlungsparteien können sich dabei an Mills Gedanken orientieren, dass ein gerechtes Eigentumssystem eines wäre, in dem jedes Mitglied der Gesellschaft voll an seinen Erträgen partizipiert (ebd., 88). ngewendet auf Lohnverhandlungen in Unternehmen würde dieser Gedanke als Kopplung der Einkommensentwicklung innerhalb der Belegschaft oder zwischen Belegschaft und Kapitalgebern interpretiert werden; auf Ebene ganzer Industrien ließe sich die Produktivitätsentwicklung als Indikator für die Lohnentwicklung ansetzen; auf Ebene einer nationalen Wirtschaft wäre zu bestimmen, ob sich die Realeinkommen im Einklang mit dem Wirtschaftswachstum entwickeln. Diese genannten Indikatoren könnten bei der Einschätzung helfen, ob ein Marktsystem mit Privateigentum an Produktionsmitteln dem Prinzip der Verteilungsgerechtigkeit entspricht.

Zu den vielen Gemeinsamkeiten zwischen Rawls und Mill zählt, dass beide Staatseigentum an allen Produktionsmitteln als unvereinbar mit individueller Freiheit und menschlicher Entwicklung betrachten; beide erwägen jedoch die Möglichkeit, dass ein idealer liberaler Sozialismus einem ideal gerechten Kapitalismus überlegen sein könnte. Das Prinzip der sozialistischen Firma, bei der Eigentum und Kontrolle in den Händen der Belegschaft liegt, erfordert nach Mill hochentwickelte menschliche Fähigkeiten und Tätigkeiten. Aus Sicht seiner perfektionistischen Werttheorie erscheint eine Organisationsform, die auf der geteilten Verantwortung für ein gemeinsames Unternehmen auf Grundlage fairer Kooperationsbedingungen beruht, grundsätzlich attraktiver als eine Organisationsform, die auf dem hierarchischen Prinzip von Anweisung und Ausführung gründet. Jedoch hielt es Mill für empirisch offen, ob die entsprechenden Haltungen hinreichend stark entwickelt werden können. Wenn das Interesse an unternehmerischer Mitverantwortung das Interesse an der relativen Ruhe und Berechenbarkeit abhängiger Beschäftigung überwiegt, so werden sozialistische Firmen höher qualifiziertes und besser motiviertes Personal anziehen und höhere Gewinne erwirtschaften als kapitalistische Firmen. Unter Wettbewerbsbedingungen würde sich die Transformation zum liberalen Sozialismus als friedliches Resultat rationaler Berufs- und Investitionsentscheidungen ergeben.

Literatur

Brink, David: Mill's Progressive Principles. Oxford 2013.

Hayek, Friedrich August von (Hg.): John Stuart Mill und Harriet Taylor – Ihre Freundschaft und anschließende Ehe. In: John Stuart Mill Ausgewählte Werke, Band I (John Stuart Mill und Harriet Taylor. Freiheit und Gleichberechtigung). Hg. von Ulrike Ackermann. Hamburg 2012, 39–318 = Briefwechsel.

Mill, John Stuart: Autobiographie. In: John Stuart Mill, Ausgewählte Werke, Teilband II (Bildung und Selbstentfaltung). Hg. von Hans Jörg Schmidt. Hamburg 2013, 25–229 = Autobiographie.

Mill, John Stuart: „Letter to John Plummer (Oct. 3, 1863)". In: The Collected Works of John Stuart Mill. Volume XV: The Later Letters of John Stuart Mill 1849–1873. Hg. von Francis E. Mineka, Dwight N. Lindley. Toronto, 887–888 = Brief an Plummer.

Mill, John Stuart: „Von der Logik der Praxis oder der Kunst mit Einschluss der Moral und der Politik" (Auszug aus: Ein System der Logik, Buch VI, 12. Kapitel) [1843]. In: John Stuart Mill. Ausgewählte Werke, Teilband III/1 (Individuum, Moral und Gesellschaft). Hg. von Michael Schefczyk, Christoph Schmidt-Petri. Hamburg 2014, 237–250 = Logik.

Mill, John Stuart: Prinzipien der Politischen Ökonomie. Mit einigen ihrer Anwendungen auf die Sozialphilosophie (Vorwort, II., IV., V. Buch) [1848/1871]. In: John Stuart Mill. Ausgewählte Werke, Teilband III/2 (Freiheit, Fortschritt und die Aufgaben des Staates). Hg. von Michael Schefczyk, Christoph Schmidt-Petri, Hamburg 2015, 65–466 = Prinzipien.

Mill, John Stuart: Über die Freiheit [1859]. In: John Stuart Mill. Ausgewählte Werke, Teilband III/1 (Individuum, Moral und Gesellschaft). Hg. von Michael Schefczyk, Christoph Schmidt-Petri. Hamburg 2014, 303–440 = Über Freiheit.

Mill, John Stuart: Utilitarismus [1863]. In: John Stuart Mill. Ausgewählte Werke, Teilband III/1 (Individuum, Moral und Gesellschaft). Hg. von Michael Schefczyk, Christoph Schmidt-Petri, Hamburg 2014, 441–516 = Utilitarismus.

Mises, Ludwig von: Liberalismus, Jena 1927.

Rawls, John: Geschichte der politischen Philosophie. Hg. von Samuel Freeman. Frankfurt a.M. 2008.

Riley, Jonathan: The Right to Liberty. In: Michael Schefczyk, Thomas Schramme (Hg.): John Stuart Mill: Über die Freiheit, Reihe Klassiker Auslegen. Berlin 2015, 11–32.

Schefczyk, Michael: ‚Grounds different from, though equally solid with' – Wirtschaftliche und gesellschaftliche Freiheit in On Liberty. In: Michael Schefczyk, Thomas Schramme (Hg.): John Stuart Mill: Über die Freiheit, Reihe Klassiker Auslegen. Berlin 2015, 115–135.

Spencer, Herbert: Over-Legislation [1853]. In: The Man versus The Status. With Six Essays on Government, Society, and Freedom. Indianapolis 1981, 265–329.

Stepanians, Markus: Mills deontische Konkretisierung des Freiheitsprinzips. In: Michael Schefczyk, Thomas Schramme (Hg.): John Stuart Mill: Über die Freiheit, Reihe Klassiker Auslegen. Berlin 2015, 75–93.

13 John Dewey

Michael G. Festl

In Deweys Geburtsjahr 1859 wird die erste Ölquelle der USA erschlossen, Auftakt zum Pennsylvania-Ölrausch und dem Wandel der USA vom Agrar- zum Industriestaat. Der amerikanische Bürgerkrieg und mit ihm die formelle Abschaffung der Sklaverei stehen kurz bevor. Die Zeichen stehen also auf Aufbruch. In Deweys Todesjahr 1952 sind die USA Weltmacht. Das Land hat zwei Weltkriege entschieden, Atombomben abgeworfen und ist gerade dabei, Europa aufzupäppeln. Das Land steht auf dem Zenit seiner Macht. Irgendwann dazwischen schwang sich John Dewey (1859–1952) zum „höchstangesehenen liberalen Denker seiner Zeit" auf (Ryan 1995, 315). Mit Beginn des 20. Jahrhunderts bis zu seinem Tod mit 92 Jahren untersucht, kommentiert und beeinflusst er als Philosoph, Psychologe und Pädagoge (erst Universität Chicago, dann Columbia in New York) das wirtschaftliche und politische Geschehen in den USA. Neben einem umfangreichen philosophischen Werk entsteht auf diese Weise eine Sammlung an Reden, Aufsätzen und Rezensionen, bedeutend für die Entwicklung des Liberalismus.

M. G. Festl (✉)
Universität St. Gallen, St. Gallen, Schweiz
E-Mail: michael.festl@unisg.ch

13.1 Drei Eigenschaften

Deweys Version liberalen Denkens zeichnet sich durch drei Dinge aus. Es folgt einem geschichtlichen Bewusstsein, setzt auf die Wissenschaft und hat Bildung zur Grundlage. Geschichtliches Bewusstsein betrachtet Dewey als seinen wichtigsten Beitrag zum Liberalismus. Hieran nämlich mangelt es dieser Denkschule seiner Ansicht nach. Dewey will den Liberalismus vor sich selbst retten, vor seiner eigenen Geschichtsvergessenheit. Konkret bemängelt er, dass der Liberalismus seiner Zeit unfähig ist, mit dem neuen Problem umzugehen, das des Liberalismus Erfolg erst ermöglicht hat (LW 11, 39). Der traditionelle Liberalismus erkläre Freiheit und Gleichheit zum Ziel der Politik und den Verzicht auf staatlich koordiniertes Wirtschaftshandeln zu dessen Mitteln. Gänzlich unhistorisch denkt er zudem, dies müsse immer so sein. An dieser Stelle widerspricht Dewey. Zwar bleiben Freiheit und Gleichheit für ihn die Kernziele des menschlichen Zusammenlebens – deshalb bekennt er sich zum Liberalismus –, aber die Ablehnung staatlich koordinierten Wirtschaftshandelns, die Doktrin des Laissez-faire, sinnvoll unter den Umständen des 18. Jahrhunderts, erscheint ihm unter den Bedingungen seiner Zeit anachronistisch. Dank der Erfolge des frühen Liberalismus, so argumentiert Dewey, sind staatliche Repression und aristokratische Herrschaft nicht mehr länger die Übel, gegen die es gelte,

M. Festl (Hrsg.), *Handbuch Liberalismus*, https://doi.org/10.1007/978-3-476-05798-3_13

anzukämpfen. Die neuen Übel, im Kielwasser des liberalen Fortschrittes aufgetaucht, seien Konzentration von Kapital in den Händen weniger sowie die Arbeits- und Lebensbedingungen vieler, Ungleichheit und Armut. Um gegen diese Übel anzukämpfen, so Dewey, sind die klassischen Mittel des Liberalismus nicht mehr geeignet. Im Gegenteil, diese Mittel – insbesondere der Verzicht auf staatlich koordiniertes Wirtschaftshandeln – verschärfen die Übel. Des Liberalismus Ziele sollten identisch bleiben. Die Mittel, diese Ziele zu erreichen, bedürften dagegen der Reform. In diesem Sinne wirft Dewey dem Liberalismus Geschichtslosigkeit vor, wirft ihm vor, anzunehmen, dass die Mittel, die zu einer Zeit die richtigen waren, auf immer die richtigen bleiben müssen, wirft ihm vor, nicht flexibel auf die Anforderungen der Zeit zu reagieren. Doch Liberalismus braucht gemäß Dewey geschichtliches Bewusstsein, Offenheit gegenüber neuen Umständen, welche mitunter neue Ideen und Herangehensweisen fordern. Nur so kann man gegensteuern und den Liberalismus wieder auf Kurs bringen (ebd., 39–40).

Damit gelangen wir zur zweiten Eigenschaft von Deweys Liberalismus. Das staatlich koordinierte Wirtschaftshandeln, das Dewey fordert, muss wissenschaftsbasiert sein. Die Fortschritte in Sachen Technologie beruhen auf Durchbrüchen in den Naturwissenschaften. Analog dazu möchte Dewey die Sozialwissenschaften anzapfen, um vergleichbare Fortschritte in der gesellschaftlichen Organisation zu erzielen. Die Glaubwürdigkeit dieser Forderung steht und fällt mit dem, was sich Dewey unter Wissenschaftlichkeit vorstellt. Zunächst betont er, dass gesellschaftlicher Fortschritt, wissenschaftlich angeleitet, keine von oben verordnete Politik bedeutet. Es geht nicht darum, den Sozialwissenschaften „Blaupausen" der gesellschaftlichen Organisation zu entnehmen, die es dann lediglich durchzusetzen gelte. Wissenschaftlich angeleitete Politik bedeutet im Gegenteil, breite und kooperativ geführte Diskurse als „give-and-take". Expertenwissen soll in diese Diskurse zwar eingespeist werden, darf diese jedoch nicht bestimmen. Soziale Planung beschreibt eine Methode gemeinschaftlicher Aktivität, weshalb Versuche, bei sozialer Planung ohne „the freest possible play of intelligence" auszukommen, die ganze Idee sozialer Planung konterkarieren (LW 13, 321). Neben der hohen Bedeutung breit geführter gesellschaftlicher Diskurse betont Dewey, dass man soziale und politische Maßnahmen stets als Experimente anzusehen hat, denen man Erkenntnisse über gesellschaftliche Zusammenhänge entnehmen kann, auf deren Basis man wiederum nach stets besser funktionierenden Einrichtungen suchen soll. Wie die Wissenschaft geht gesellschaftliche Organisation nach dem trial-and-error Prinzip vor. Dabei ist sich Dewey bewusst, dass die Wissenschaft kein Allheilmittel darstellt. Dies beweist, so schreibt er im Jahr 1935, Deutschland. Zweifelsohne sei dieses Land seit Jahrzehnten wissenschaftlich Weltspitze, und „yet, to-day in that country, what a collapse of not merely human kindness but of ordinary decency and regard for the human things of life!" (LW 11, 277).

Aufgrund dieser und ähnlicher Erfahrungen fühlt sich Dewey in seiner Ansicht bestätigt, dass Bildung Grundlage eines jeden liberalen Staates sein muss, drittes Charakteristikum seines liberalen Denkens (s. Kap. 32). Soziale Planung als breite gesellschaftliche Aktivität ist nur mit gebildeten Bürgerinnen und Bürgern möglich. Auch hierbei warnt Dewey vor simplen Lösungen und dem Versuch, vorgefertigtes Wissen mechanisch einzuüben. Vielmehr geht es schon ab Kindergarten und Grundschule darum, die wissenschaftliche Herangehensweise – untersuchen, unterscheiden, experimentieren – als eine Methode zu üben, neues Wissen zu erheben und vorhandenes Wissen kritisch zu beurteilen (ebd., 25). Die von Dewey und seiner Frau geführte Grundschule in Chicago, mit Vorbildcharakter für andere Reformschulen, setzte daher auf das Lehren aller Fächer im Rahmen praktischer Aktivitäten, z. B. das Verwalten der Schulkantine, das gemeinsame Kochen und Einkaufen, das Einüben von Theaterstücken. So sollten die zukünftigen Bürgerinnen und Bürger von früh an praktische Erfahrungen sammeln und lernen, worin Sinn und Zweck des Wissens theoretischer Fähigkeiten, etwa des Rechnens, liegen. In späteren Jahren warnt Dewey insbesondere davor, Bildung rein auf industrielle Intelligenz auszurichten, auf das, was der Markt verlangt. Dies führe zu einer neuen Aristokratie, einer Spaltung der Bürgerinnen und Bürger in solche, die dank rein praktischer Ausbildung Industriejobs übernehmen, und in solche, die sich dank höherer Bildung intellektuellen Tätigkeiten widmen. Adäquate Bildung ist für Dewey stets eine Verschmelzung von theoretischem Wissen und praktischen Kompetenzen. Beides bereichere sich gegenseitig und führe zu mündigen Individuen (MW 10, 149).

13.2 Zufrieden in der Progressive Era

Der chronologische Blick auf Deweys Beiträge zum Liberalismus offenbart, dass Dewey mit der Geschichtlichkeit als Marker seines Liberalismus ernstmacht. Beruhend auf den genannten Kerneigenschaften als gemeinsamer Basis lassen sich nämlich vier Phasen von Deweys liberalem Denken unterscheiden. Die erste Phase ist gekennzeichnet von Zufriedenheit. Sie fällt zusammen mit der Progressive Era. Wir befinden uns also in den späten 1880er Jahren bis zum Ersten Weltkrieg. Politiker wie Theodore Roosevelt und Woodrow Wilson bauen inspiriert von ähnlichen Entwicklungen in Europa nach und nach einen Wohlfahrtsstaat auf. Roosevelt tut sich noch dazu, auch damit ist Dewey d'accord, als *Trust Buster* hervor, als jemand, der dafür sorgt, dass einzelne Unternehmen nicht zu viel Marktmacht bekommen. Auch eine neue Art des Journalismus entsteht, das *Muckraking*, investigativer Journalismus mit dem Ziel, Korruption, Machtmissbrauch, ja schlechte gesellschaftliche Zustände im Allgemeinen, z. B. in der fleischverarbeitenden Industrie, aufzudecken und anzuklagen. Wir haben es also mit einem Wandel zu tun, den wir in Europa als sozialdemokratisch bezeichnen würden, der im US-amerikanischen Raum aber als liberal apostrophiert wird. Dewey ist jedenfalls zufrieden, was sich darin niederschlägt, dass er in dieser Phase nur wenig zum Liberalismus schreibt und sich auf sein philosophisches und pädagogisches Werk konzentriert. Seine Gedanken zur politischen Situation der Zeit finden sich vor allem in einem Textbuch zur Ethik, das Dewey 1908 mit James H. Tufts veröffentlicht (MW 5).

Die Progressive Era kommt Deweys Vorstellung von dem nahe, was ein Staat zu tun hat. Schon in einer Abhandlung von 1888 „The Ethics of Democracy" spricht Dewey, inspiriert durch Hegel, davon, dass das Individuum seinen vollen Ausdruck erst im demokratischen Staat finden kann (EW 1, 244–245). Vor diesem Hintergrund kritisiert Dewey die Existenz einer Klasse Superreicher, die sich vom Rest der Bevölkerung abgekoppelt hat und von akkumuliertem Kapital lebt (MW 5, 461). Das widerspricht Deweys Ideal des Staates, gemäß dem ein Jeder und eine Jede am gesellschaftlichen sowie am wirtschaftlichen Leben partizipieren und damit Teil einer kooperativen Gesellschaft werden soll. Umgekehrt tritt Dewey für eine staatliche Sozialversicherung ein, um allen, gerade auch denjenigen, die nicht in der Lage sind, gesellschaftliche Beiträge zu leisten, ein Existenzminimum zu sichern. Damit positioniert er sich in den damals lebhaft geführten Debatten zu Poor Laws. Doch er geht noch weiter. Er fordert weitere Sozialversicherungen, etwa eine universelle Krankenversicherung. Er fordert auch eine staatliche Absicherung gegen wirtschaftliche Krisen, ja überhaupt ein Eingreifen des Staates, um den Wirtschaftszyklus zu glätten, marktwirtschaftlichen Krisen den Schrecken zu nehmen. Zudem votiert er für eine Regulierung des Arbeitsmarktes, für Gewerkschaften, Arbeitsplatzsicherheit und eine Beschränkung der Arbeitszeiten.

Begrifflich nimmt Dewey eine Mittelposition zwischen Kapitalismus und Sozialismus, wie er es damals noch nennt, ein. Die Herausforderung der Zeit liege darin, den Extremen abzuschwören und eine den Umständen angepasste richtige Mischung zwischen Privateigentum und staatlicher Eingriffe in die Wirtschaft zu finden, mit dem Ziel der Chancengleichheit (s. Kap. 28), „equal opportunity" (ebd., 468). Grundsätzlich aber verteidigt Dewey in dieser Zeit die Eckpfeiler einer kapitalistischen Wirtschaftsordnung: Privateigentum und Meritokratie. Wenn er davon spricht, sozialistische Elemente einzubringen, meint er damit vor allem den Wohlfahrtsstaat oder auch die Einführung einer Erbschaftsteuer (ebd., 439) sowie einer progressiven Einkommensteuer (ebd., 496), keinesfalls revolutionäre Sprünge, wie etwa den in die klassenlose Gesellschaft. Viele seiner Forderungen werden in der Progressive Era umgesetzt. Für Dewey gibt es daher keine Notwendigkeit, sich ausführlich mit dem Liberalismus auseinanderzusetzen. ‚Never change a winning team '.

13.3 Erwachen mit dem Ersten Weltkrieg

Der Erste Weltkrieg ist der Weckruf für Deweys Auseinandersetzung mit der liberalen Tradition. Er läutet die zweite, bis zum Ende der 1920er Jahre dauernde Phase von Deweys liberalem Denken ein. Nun bekennt sich Dewey explizit zum Liberalismus, welchen er bis dahin nur stillschweigend affirmierte. Er wird vom schlummernden zum wachen Liberalen. Inhaltlich ändert sich in dieser Phase nichts Grundsätzliches. Allerdings führt die Erfahrung des Ersten Weltkriegs dazu, dass die bestehenden Positionen erweitert werden. Dewey erläutert, der Krieg habe vor Augen geführt, wie wichtig die Gesundheit der Bevölkerung sei. Es brauche eine „sound physique" in der Bevölkerung – nicht nur, um des individuellen Glückes willen, sondern auch weil gesunde Individuen Grundlage für gesellschaftlichen Erfolg sind, ein „fundamental basic social asset" (MW 11, 62). Daher setzt sich Dewey dafür ein, das ‚Slum-Problem ' seines Heimatlandes zu beheben. Es geht darum, sauberen und geräumigen Wohnraum mit hohem Freizeitwert, Freiflächen und Parks für alle zu schaffen (ebd.). Dewey bewundert die Bemühungen seiner Zeitgenossin Jane Addams und unterstützt auch aktiv deren Hull House Projekt (s. Kap. 14). Im Kontext guter Gesundheit als soziales Gut lobt Dewey auch diejenigen, die Alkoholkonsum einschränken, vielleicht gar ganz verbieten wollen, Bemühungen, welche zur Prohibition in den USA (1920–1933) führen werden (MW 11, 62).

Eine weitere Lehre aus dem Ersten Weltkrieg besteht für Dewey darin, dass Frieden nur durch eine internationale, die Nationalstaaten überspannende Ordnung geschaffen werden kann. Es braucht „eine verantwortliche und effektive internationale Organisation" (2019, 199). Gleichwohl steht Dewey sowohl dem Friedensvertrag von Versailles als auch dem Völkerbund skeptisch gegenüber. Ersterer scheint ihm zu sehr Racheakt der Alliierten zu sein und damit die nächsten Aggressionen heraufzubeschwören. Letzterer scheint ihm mit W.E.B. Du Bois (s. Kap. 15) eher Ausdruck einer Fortsetzung imperialistischer Machtpolitik als einer wahrhaft auf dem Recht ruhenden internationalen Ordnung zu sein. Stattdessen unterstützt Dewey eine Bewegung, die den Krieg rechtswidrig machen will, und wird aktiv in der League for Industrial Democracy tätig. Gegründet 1921 fungiert Dewey zunächst als Vizepräsident der League, später als ihr Präsident und Ehrenpräsident (Ryan 1995, 207). Er glaubt, dass nur eine derartige Organisation – weil sie von gemeinsamen internationalen Interessen ausgeht, vor allem einer besseren Koordination der globalen Wirtschaft – erfolgreich sein kann.

In dem zentralen Werk aus dieser Phase von Deweys Liberalismus, *The Public and Its Problems* von 1927, macht Dewey zudem klar, dass es keiner radikalen Schritte bedarf, um die Ziele des Liberalismus zu erreichen. Er spricht sich, gegen linke Strömungen der Zeit, für Privateigentum aus. Schon jetzt, obwohl die Organisation des Kapitalismus noch viel Luft nach oben lässt, arbeitet Privateigentum für das soziale Wohl (LW 2, 302–303). Überdies seien „socialists" als Kritiker des Privateigentums nicht in der Lage, ernsthafte Alternativen auf die Frage zu nennen, wem das Industrievermögen zu übertragen sei, wo doch die Gesellschaft als Ganze, falls diese gemeint sei, ebenso einzelner bedürfe, welche dieses Vermögen verwalten und Entscheidungen treffen (ebd., 286). Auch bei der Art des Fortschritts erteilt Dewey dem Sozialismus in dieser Phase seines liberalen Denkens eine Absage. Der Fortschritt, den es braucht, schreibt er, findet Tag für Tag statt und ergibt sich daraus, wie individuelle Personen mit besonderen Situationen fertigwerden; es ist ein Stück-für-Stück-Fortschritt, der durch menschliche Anstrengung dazu gelang[t], hier etwas zu reparieren, dort etwas zu modifizieren, da drüben eine kleine Verbesserung zu machen. Fortschritt ist ein Kleinhandel, kein Großhandel; er geschieht stückweise und nicht in einem Zug. Heutzutage gibt es Menschen, die grandiose Pläne vorschlagen, mit deren Hilfe sie die Welt ein für alle Mal umbauen möchten. Aber ich für mein Teil glaube einfach nicht, dass die Welt vollständig und ein für alle Mal umgebaut werden kann. Sie kann nur schrittweise und durch individuelle Anstrengungen umgebaut werden. (2019, 35)

13.4 Radikal mit der Großen Depression

Die Große Depression, ausgelöst durch den Crash der Wall Street im Herbst 1929, läutet die dritte Phase von Deweys Liberalismus ein. Die wirtschaftliche Depression, aber noch mehr die aus seiner Sicht unzulängliche Reaktion der Politik, radikalisiert Dewey. Er reagiert mit kämpferischen Traktaten, zunächst *Individualism Old and New* von 1929, danach und zentral *Liberalism and Social Action* von 1935. Vor allem kritisiert er Herbert Hoover, den republikanischen Präsidenten, der im Jahr der Großen Depression sein Amt antritt und es bis 1933 bekleidet. Im Namen einer liberalen Agenda verschreibt Hoover dem Land ein radikales Sparprogramm und setzt zur Überwindung der Krise, auch und erst recht angesichts steigender Arbeitslosigkeit und Verelendung, auf ein Zurückfahren staatlicher Ausgaben und stattdessen auf private Armenfürsorge – Austerität, also genau die Reaktion auf die Große Depression, welche die Geschichtsschreibung als „großen Fehler“ brandmarkt (Schui 2014, Titel). Dewey erkennt schnell, dass Hoovers Reaktion die Krise nur verschlimmern wird und fordert staatliches Intervenieren zum Schutz der besonders hart Getroffenen, finanziert mit Schulden und einer stärkeren Besteuerung hoher Vermögen und Einkommen. Weil Hoover – im Namen des Liberalismus und dessen Tradition von Laissez-faire – dazu nicht bereit ist, erblickt Dewey in dessen Politik den Inbegriff eines geschichtslosen Liberalismus, eines Liberalismus, der nicht in der Lage ist, Mittel und Methoden veränderten Bedingungen anzupassen:

> President Hoover's constant appeal to selfreliance, enterprise, private initiative, is simply puerile; it is a voice from the grave in which human hopes and happiness are buried. Not that these words do not represent excellent qualities, but that their exercise under existing conditions is just what has brought society to its present catastrophe. Governmental action is necessary to change these conditions and give them a new direction; only then can the honored qualities have a chance for expression. (LW 6, 177)

1933 übernimmt der Demokrat Franklin D. Roosevelt die Präsidentschaft und bekämpft die Folgen der Großen Depression mit seiner Politik des New Deal, welcher ein aktiveres Verständnis staatlichen Handelns innewohnt (s. Kap. 54). Dewey bleibt skeptisch. Zwar erkennt er an, dass Roosevelt richtige Maßnahmen zur staatlichen Kontrolle wie zur Stimulanz der Wirtschaft eingeläutet hat. Er moniert jedoch, dass der Großteil dieser Maßnahmen die führenden Industriebetriebe und die reichsten Amerikaner fördert. Die versprochenen Hilfen für die ärmeren und ärmsten Gesellschaftsschichten bleiben dagegen aus. Roosevelts Hilfe, so rechnet Dewey vor, kommen mit einem Verhältnis von sieben zu eins den Reichen, statt den Armen zugute (LW 9, 277). Die Politik des New Deal ist „teilweise blind“, indem sie nicht primär denjenigen hilft, die Hilfe am dringendsten benötigen, „halb-herzig“, indem sie nicht weit genug geht, und dazu angetan, das jetzige System zu „stärken und zu reparieren“, mit der Folge, dass diejenigen „Elemente“, welche die Krise ausgelöst haben, wiederkehren werden (ebd., 79). Der New Deal löst die gegenwärtige Krise um den Preis, eine neue, vermutlich noch extremere heraufzubeschwören.

Als Konsequenz des Versagens beider etablierter Parteien setzt sich Dewey für die Gründung einer neuen Partei ein. Der Wunsch nach einer dritten Partei beschäftigt ihn über viele Jahre, publizistisch, aber auch im Rahmen der

1928 gegründeten League for Independent Political Action als dessen Vorsitzender Dewey fungiert. Als Vorbild dieser neuen Partei dienen Dewey die europäischen Arbeiterparteien, insbesondere die britische Labour Party.

In keiner seiner vier liberalen Phasen steht Dewey weiter links als in dieser. Er klagt die Kultur des Geldes („money culture") seiner Zeit an, den „Materialismus", die „Verpflichtung auf 's Geld verdienen" und die vollständige Ausrichtung technologischer Errungenschaften auf privaten Profit (LW 5, 55). Als Gegenmittel fordert er eine Sozialisierung der Produktionsfaktoren („socialize the forces of production") (LW 11, 62). Darüber hinaus verabschiedet er seine Verpflichtung auf schrittweisen Fortschritt, wie sie die Phase zuvor kennzeichnete, tritt für radikalen Liberalismus ein („liberalism must now become radical") und erklärt: „there is no opposition in principle between liberalism as social philosophy and radicalism in action, if by radicalism is signified the adoption of policies that bring about drastic, instead of piece-meal, social change" (ebd., 45, 293). „[A]ny liberalism", folgert Dewey, „which is not also radicalism is irrelevant and doomed" (ebd., 45).

Weiterhin aber grenzt sich Dewey von der Forderung nach Gewalt zur Durchsetzung dieser Ziele ab und kritisiert in diesem Zusammenhang vor allem sozialistische Ansätze (ebd., 5). Hinzu kommt, dass Dewey darauf verzichtet, seine anti-kapitalistische Rhetorik durch ein politisches Programm zu unterfüttern. Somit bleibt u.a. offen, wie er sich die geforderte Sozialisierung der Produktionsfaktoren konkret vorstellt. Die Maßnahmen, die er tatsächlich ins Spiel bringt, klingen eher moderat. Über die Forderungen aus seiner Progressive Era und seiner Weltkriegsphase hinaus (LW 9, 278) kommen in dieser dritten Phase von Deweys liberalem Denken lediglich die Forderung nach einem dauerhaften ökonomischen Rat zur Koordination des Industriesektors, bestehend u. a. aus Arbeitnehmervertretern (LW 5, 97), sowie die nochmals verstärkte Forderung nach signifikant höheren Steuern für große Vermögen und Einkommen (LW 11, 265–266). Die Hoffnung seiner Schüler Max Eastman und Sidney Hook nach einer marxistischen Wende in seinem Denken erfüllt Dewey auch in dieser Phase nicht. Sein Radikalismus bleibt ein relativer, relativ zu den drei anderen, gemäßigten Phasen seines liberalen Denkens.

13.5 Aussöhnung und neue Gegner

Ab Mitte der 1930er Jahre beginnen die Maßnahmen des New Deal zu wirken. Der amerikanische Wirtschaftszug springt zurück auf das Gleis des Wachstums und lässt auch die ärmeren Schichten zusteigen. Die Mobilmachung für den Zweiten Weltkrieg beschleunigt diese Entwicklung. Der Kapitalismus schickt sich wieder an, sein Versprechen von Wachstum und Wohlstand einzulösen. Ein Kapitalismus allerdings, der viel stärker politisch eingehegt und gesteuert ist als zu Zeiten Hoovers. Darauf hatte Dewey gehofft, insgesamt zwar auf mehr davon, aber immerhin. Folglich macht Dewey seinen Frieden mit Roosevelt – während des Krieges beginnt er gar, dessen Qualitäten als *commander-in-chief* zu bewundern (Ryan 1995, 287). Wählen wird er ihn weiterhin nicht. Deweys Aussöhnung mit dem New-Deal-Kapitalismus ist dennoch kein Ausdruck von Altersmilde des 1939 ja immerhin schon 80-jährigen Philosophen. Vielmehr ist Deweys geringer werdende Skepsis gegenüber dem Kapitalismus Ausdruck der Tatsache, dass ab Ende der 1930er Jahre neue, gefährlichere Feinde lauern, der Faschismus in Deutschland und Italien, der Bolschewismus in Russland. Diese verlangen von nun an Deweys politische Aufmerksamkeit. So beginnt die vierte und letzte Phase seines liberalen Denkens.

Zentrales Werk dieser Phase ist die 1939 veröffentlichte Schrift *Freedom and Culture*, zugleich der Höhepunkt von Deweys Beiträgen zum Liberalismus. Auf Basis der neuen europäischen Bedrohungslage ändert Dewey seinen Blickwinkel auf den Liberalismus. Aus einem primär wirtschaftlichen Blickwinkel wird ein politischer. Wie können Demokratie und Liberalismus – Begriffe, die für Dewey nun fast zu Synonymen verschmelzen – vor dem faschistisch-bolschewistischen Zangenangriff geschützt werden? Dewey glaubt, dass die Antwort auf diese Frage, und damit die Antwort auf die Frage nach dem, was wesentlich am Liberalismus ist, ganzheitlicher gegeben werden muss. Es reicht nicht, sich auf die wirtschaftliche Ordnung zu beschränken, auch wenn diese speziell fragwürdig geworden ist. Dewey möchte klarmachen, dass es um nichts weniger geht, als um eine gesamte liberale Kultur. Alle Bereiche des gesellschaftlichen Lebens müssen liberal im Sinne von freiheitlich-schöpferisch sein, von der Arbeit über die Kunst, bis zu Politik, Wirtschaft, Religion und Wissenschaft. Dabei stellt Dewey die These auf, dass es zunächst einer freiheitlichen Kultur bedarf, aus der dann eine wahrhafte Demokratie, ein wahrhafter Liberalismus entstehen kann (LW 13, 67).

Seine bisherige Kritik am Industrie- und Finanzkapitalismus möchte Dewey mit dieser Blickverschiebung nicht als zurückgenommen verstanden wissen. Aber, und das, so bemerkt er selbstkritisch, habe er bisher nicht ausreichend zur Kenntnis genommen, die jüngsten Erfahrungen in Europa zeigen, dass das kapitalistische Wirtschaftsregime zentrale Werte einer liberalen Ordnung begünstigt und damit dazu beiträgt, einen Wall gegen Diktaturen zu errichten:

> [C]onditions in totalitarian countries have brought home the fact, […] that the forms [of the present regime of industry and finance] which still exist encourage freedom of discussion, criticism and voluntary associations, and thereby set a gulf between a country having suffrage and popular representation and a country having dictatorships, whether of the right or left (ebd., 128–129).

Nach wie vor ist im Kapitalismus nicht alles Gold was glänzt, bei weitem nicht, aber immerhin ist der Kapitalismus mit seiner Idee freier Märkte kompatibel mit einer politischen Freiheitsordnung. Dagegen verhalten sich von oben durchorganisierte Planungsökonomien komplementär zu politischen Totalitarismen. Von einer Sozialisierung der Produktionsfaktoren will der Dewey der vierten Phase daher nichts mehr wissen. Im Gegenteil, dieser Dewey warnt vor sozialistischen und kommunistischen Tendenzen im Land, ohne dabei allerdings dem *Red Scare* des McCarthyismus zu verfallen. Faschismus, ganz zu schweigen vom Nationalsozialismus sind ihm zwar noch mehr Graus als der Kommunismus, das Potential des Letzteren, die Vereinigten Staaten zu übernehmen, stuft Dewey Ende der 1930er Jahre allerdings als höher ein als die Gefahr, die von rechts droht.

Im Sinne einer Abgrenzung speziell gegen links entwickelt Dewey auch wieder mehr Sympathien für Privateigentum. Dessen Abschaffung erscheint ihm nun als schlichtweg undemokratisch, als nicht kompatibel mit demokratischen Institutionen (ebd., 113). Weiterhin ist er der Idee verpflichtet, dass eine kapitalistische Wirtschaftsordnung staatlicher Eingriffe bedarf, wesentlich weiterführender als der Eingriffe des New Deal. Doch er warnt nun davor, solche Eingriffe mit einem Plädoyer für die Verstaatlichung der Industrie zu verwechseln. Dies wäre „naiv“, weil staatliche Kontrolle nicht automatisch Gemeinwohlorientierung hervorbringt (ebd., 114). Faschismus und Kommunismus in Europa offenbaren dies. (Dass der Kapitalismus gerade in Deutschland eine unheilige Allianz mit dem Nationalsozialismus einzugehen verstand, thematisiert Dewey leider nicht.)

Im Blick auf Europa sieht Dewey allerdings auch noch anderes als Bestätigung für den *American Way of Life*. Er nutzt gerade den Nationalsozialismus als Spiegel, um sich des eigenen Rassismus bewusst zu werden. Man muss sich davor hüten, warnt er, die Gefahren für den Liberalismus nur im Totalitarismus zu erblicken. Auch der Rassismus habe das Potential, Demokratien zu zerstören (ebd., 88). „Rassische Vorurteile gegen Schwarze, Katholiken und Juden“ seien zwar nichts Neues in den USA, aber dennoch eine „intrinsische Schwäche“ des Landes und ein Hebel für die Anklage, die USA würden sich von Nazi-Deutschland nicht genuin unterscheiden (ebd., 153). Damit wird Dewey, nach W.E.B. Du Bois (s. Kap. 15), zu einem der ersten liberalen Denker, der den Rassismus der liberalen Tradition bemerkt und als Schwäche hervorhebt (zu diesem Rassismus vgl. Mills 2017).

Freedom and Culture verschiebt zwar den Blickwinkel von Dewey Liberalismus, die grundsätzliche Haltung zum Kapitalismus aber bleibt bestehen, speziell im Vergleich mit den Phasen eins und zwei seines liberalen Denkens, etwas weniger mit Phase drei. Die wirtschaftliche Ordnung muss freiheitlich bleiben, sie ist genuiner Bestandteil einer liberalen Kultur, jedoch bedarf es – so argumentiert Dewey mit Keynes, dessen liberales Denken Dewey gut ergänzt (s. Kap. 16) – gleichzeitig staatlich geplanter Eingriffe in das Wirtschaftssystem, und zwar nicht nur *stimulus packages* in Notsituationen, sondern eine dauerhafte und beständige Regulierung. Dewey fordert in Abgrenzung zum Sozialismus auf dem linken und zu Laissez-faire auf dem rechten Flügel des wirtschaftspolitischen Spektrums eine stets planende Gesellschaft („a continuously planning society") im Unterschied zu einer Plangesellschaft („planned society") ebenso wie im Unterschied zu einer wirtschaftlich unregulierten Gesellschaft (LW 13, 321).

Die Frage, was dies genau bedeutet, ist nicht inhaltlich zu beantworten, sondern methodisch (*Freedom and Culture* ist weiter vom tagespolitischen Geschehen entfernt als *Individualism Old and New* oder *Liberalism and Social Action*). Und damit sind wir wieder bei Deweys Insistieren darauf, dass der Liberalismus wissenschaftsbasiert sein muss. Das Wichtigste für Dewey sind Experimente, aus denen man Wissen über die moderne Wirtschaft ableiten kann. In diesem Zusammenhang macht Dewey etwas, das er nur sehr ungern tut, nämlich Herbert Spencer rechtgeben. Dieser habe schon früh erkannt, so konzediert Dewey, wie komplex und unvorhersehbar intentionales Handeln im Industriezeitalter ist, wie schwer es ist, die Konsequenzen von wirtschaftspolitischen Eingriffen auch nur halbwegs exakt vorherzusagen. Auf der anderen Seite, das geht aus *Culture and Freedom* ebenfalls hervor, weiß man genug, um annehmen zu können, dass es freier Märkte und Privateigentum grundsätzlich bedarf, schon allein aus politischen Gründen. Erst recht weiß man aber genug, um sagen zu können, dass eine kapitalistische Wirtschaftsordnung, um wirkliche Freiheit hervorzubringen, staatlicher Regulierung – geschichtlich informiert, wissenschaftsbasiert und angeleitet durch eine hochgebildete Bevölkerung – bedarf (ebd., 107).

13.6 Das Bleibende

Die Tatsache, dass das liberale Denken Deweys durch verschiedene Phasen geprägt ist, drückt aus, dass dieses Denken eng verwoben mit den politischen Überzeugungen und Interventionen war, wie Dewey sie in Auseinandersetzung mit den Erschütterungen seiner Zeit entwickelte. Damit hat Dewey – und deshalb sah er in der Vielphasigkeit seines Liberalismus bestimmt eine Stärke – seine Grundüberzeugung von der Geschichtlichkeit allen Denkens, auch seines eigenen, eingelöst. Im Unterschied zum auch heute anzutreffenden Elfenbeinturm-Liberalismus steht Deweys mobile Haltung dem Liberalismus gut zu Gesicht. Sie sollte, neben Deweys grundsätzlicher Verpflichtung auf Geschichtlichkeit, Wissenschaftlichkeit und Erziehung, das Bleibende an seinem liberalen Denken darstellen – denn wenn es etwas gibt, das unsere Zeit beweist, dann ja wohl, dass die Herausforderungen für den Liberalismus unberechenbar bleiben (s. Kap. 65–72). Sie können aus Richtungen kommen, mit denen man beileibe nicht (mehr) gerechnet hätte. Der Liberalismus unserer Tage hat daher vor allem von Deweys Beweglichkeit zu lernen. Fixe Blaupausen, vor denen Dewey eindringlich warnte, weisen tatsächlich nur kurze Haltbarkeiten auf.

Literatur

Dewey, John: The Early Works. 1882–1898. Hg. von Jo Ann Boydston. Carbondale 2008 = EW.

Dewey, John: The Middle Works. 1899–1924. Hg. von Jo Ann Boydston. Carbondale 2008 = MW.

Dewey, John: The Later Works. 1925–1953. Hg. von Jo Ann Boydston. Carbondale 2008 = LW.

Dewey, John: Sozialphilosophie: Vorlesungen in China 1919/20. Berlin 2019.

Mills, Charles W.: Black Rights/White Wrongs. The Critique of Racial Liberalism. Oxford 2017.

Ryan, Alan: John Dewey and the High Tide of American Liberalism. New York 1995.

Schui, Florian: Austerität: Politik der Sparsamkeit: Die kurze Geschichte eines großen Fehlers. München 2014.

Jane Addams

14

Carol Nackenoff

Jane Addams (1860–1935) was a leader in the U.S. settlement house movement and was active in many municipal, state, and national social reform causes during the Progressive Era (1890–1920) and beyond. Her impact extended well beyond the United States. She became heavily involved in international peace efforts and in 1931, became the first American woman to win the Nobel Peace Prize. Addams authored a number of books and articles, some penned for wide audiences. Highly critical of the individualist strain of liberalism, Addams promoted a 'social ethic' and believed that democracy required its citizens to be actively engaged with each other, and with government, in addressing societal problems. She was a major figure in the "first wave" of feminism in the United States and Western Europe, insisting that women had particular talents and perspectives that the world desperately needed for peace, cooperation, and building community among diverse peoples.

14.1 Life and Works

Jane Addams grew up in a small town in Northern Illinois. Her father, a miller, banker, sometime state senator and Protestant Sunday school teacher, had been a friend of Abraham Lincoln, and near-reverence for Lincoln pervaded her home. Jane's mother died when she was two, and she was raised by her father and stepmother. She wanted to attend Smith College in Massachusetts, which had recently opened to offer B.A. degrees to young women, but her father insisted she attend Rockford Female Seminary (later Rockford University), from which she graduated and was subsequently given a B.A. in 1882. While traveling to Europe in 1888 with her friend Ellen Gates Starr, she visited Toynbee Hall in London; Addams decided she would begin a similar venture in a working-class neighborhood on the west side of Chicago. The two women founded Hull-House in 1889, and shortly, the settlement house was serving the neighborhood with a kindergarten, nursery, classes and discussion groups, a library, and a public kitchen. There were sewing circles, a labor museum, a drama group, philosophy club (the Plato Club), and a Working People's Social Science Club. Addams urged immigrants to preserve their crafts, culture, and traditions during a time when there was great societal pressure to Americanize. She believed that preservation of traditional, communal, and familial ties could

C. Nackenoff (✉)
Swarthmore College, Swarthmore, PA, USA
E-Mail: cnacken1@swarthmore.edu

M. Festl (Hrsg.), *Handbuch Liberalismus*, https://doi.org/10.1007/978-3-476-05798-3_14

keep the young from running headlong into urban temptations.

Addams wrote two books about her time at Hull-House—*Twenty-Years at Hull House* (1910) and *Second Twenty Years at Hull-House* (1930); the former was her most widely disseminated book and sold 80,000 copies during her lifetime. These two prosaic works recount many incidents in Addams's life and work there. Scholars caution that these literary, stylized accounts should not be taken as strictly factual. Addams remained at Hull-House until her death, more than 55 years later.

Hull-House was home to many female social reformers of the time, including Florence Kelley, Julia Lathrop, Grace and Edith Abbott, Alice Hamilton, and Sophonisba Breckinridge. Many others passed through or lived there briefly, including Charlotte Perkins Gilman. It was a place of tremendous energy and intellectual ferment. Addams and Hull-House residents were engaged in many projects, including reforming city government and ending corruption, creating a juvenile court outside the criminal justice system, improving public health and sanitation, improving factory safety, mandating public school attendance, providing aid to immigrants, curbing prostitution, and providing urban playgrounds and healthy amusements for children and adolescents. Addams supported unionization efforts of working women in the needle trades and encouraged formation of a cooperative boarding house for young working women at Hull-House. She attempted to mediate the 1894-strike in the company town of Pullman, Illinois of railway car manufacturing workers organized by Eugene Debs and the American Railway Union. In one of her most important works, *Democracy and Social Ethics* (1902), written amid many of these struggles, Addams expresses her belief that progress and social reform would follow from engagement with others: "This is the penalty of a democracy,—that we are bound to move forward or retrograde together" (DSE, 256).

Some of her books grew out of specific reform campaigns. *The Spirit of Youth and the City Streets* (1909) examines how young people growing up in industrial cities—possibly already employed in repetitive, unfulfilling work from which all human interest had been taken—yearn for excitement and need constructive outlets, including public recreation and exposure to the arts. *A New Conscience and an Ancient Evil* (1912), following several years of sensationalist white slave trade pamphlets and articles, explores the plight of unaccompanied rural and immigrant girls who come to the city in search of work.

Addams was a director on the National Child Labor Committee that sought to end child labor, was a founder of the University of Chicago School of Social Work, served as President of the National Conference of Charities and Corrections and was an officer in the National American Woman Suffrage Association and participated in the League of Woman Voters. She was a founding member of both the National Association for the Advancement of Colored People and the American Civil Liberties Union.

Her experiences around the time of the World War sharpened a sense she had harbored for about a decade that the interests of women were aligned with peace. In *Newer Ideals of Peace* (1907), Addams imagined the cosmopolitan city as a possible precursor to world peace. She found the emerging altruism of the modern city to be a natural outgrowth of its diverse, multinational community that included poor, immigrant communities with their unique capacity for compassion. The spread of mutual understanding and support, what Addams calls the "cosmopolitan affection", may gradually render war an outdated social construct as the unifying heroism of war is replaced by the unifying heroism of collective nurture (NIP, 11–17, 24–25).

Wartime experiences also shaped her vision of international cooperation. Addams was elected president of the Women's Peace Party in early 1915; the group called for removing economic incentives for war through the nationalization of arms production, democratization of foreign policy decision-making, and women's suffrage. As president, Addams attended an international congress of women at the Hague later that spring that served as a protest against the war by women from belligerent and neutral nations. The group met again in Zurich in 1919 and established the Women's International League for Peace and Freedom. She was its first (and honorary lifetime) president. Addams reviews this history in *Peace and Bread in Time of War* (1922). For opposing U.S. entry into the world war, Addams was branded as a radical at home.

Addams's belief that it was a collective duty to strive, and to assure that humans could develop their rational and moral capacities, was influenced by New England Calvinism. Her vision of a positive role for the state and the need for it to be socially engaged also had Yankee Protestant roots. Some of the major intellectual influences in Addams's life included John Ruskin, an inspiration for Toynbee Hall and for urban social reformers, who had written essays such as *Unto This Last*, speaking of the dignity of labor, the duty the rich had to serve the poor and to spread art and culture among them. She was influenced by Leo Tolstoy, including his nonfiction work *What Is To Be Done?* (English ed. 1887), and his efforts to put himself right with the poor through personal effort; she met Tolstoy in Russia during her 1896-trip abroad. She maintained a friendship and correspondence with William James, who called *Democracy and Social Ethics* one of the great books of their times; James, a pragmatist, emphasized the value of experience.

The University of Chicago opened in 1892; from its early days, there was a connection between Hull-House reformers, some of whom held advanced degrees, and the University. Addams sometimes taught or gave lectures there and was connected to a number of the Chicago School scholars at a time when research and advocacy were often aligned. By the 1890s, Hull-House women began engaging in data collection as a means of advocating social change. Articles by these women frequently appeared alongside articles by faculty in the new Sociology Department journal, *American Journal of Sociology*. Various University of Chicago intellectuals participated in Hull-House activities and causes, and the scholars and activists influenced each other. Sociologist and psychologist George Herbert Mead, who joined the faculty there in 1894 along with his friend John Dewey (s. Chap. 13). He insisted on the importance of experience to knowledge, served as treasurer of Hull-House, and involved himself in a number of reform efforts in the city. Mead maintained a longtime friendship with Addams, offered edits on at least one of her articles (CSJ), and his emphasis on the importance of play to the development of the child (Mead 1896) influenced Addams. Dewey was a longtime Addams friend, colleague, fellow activist, and member of the board at Hull-House. Dewey headed the Department of Philosophy, Psychology and Pedagogy, taught Addams's *Democracy and Social Ethics* in the classroom, found the experimental method appropriate to philosophy and developed a strong interest in how to create a new, democratic public. While Addams is sometimes seen as channeling Dewey, she was an original thinker who had an influence on him (Fischer, Menand).

Early biographies included that by nephew James Linn, who had benefit of Addams's personal papers, and the subject's eyes on some draft chapters before publication. Linn was not a historian and there was little documentation for future scholars. Allen Davis took a psychological approach to biography, finding in Addams a moderate reformer who forged a creative and meaningful existence within prescribed roles for women. Overreliance on autobiographical but literary Addams accounts in *Twenty Years* and *Second Twenty Years* especially hampered earlier generations of Addams scholarship.

Renewed scholarly interest in Addams began to flourish in the early 2000s. The collection and dissemination of the 1985 microfilm of Addams's works, the subsequent guide and index, and three of the planned six volumes in the Jane Addams Papers Project (Bryan et al.) has been a huge boon to scholars. Feminists have offered important reinterpretations of Addams, emphasizing her role as an original thinker and her influence on more famous male pragmatists. Fischer (2004) offers a concise introduction to the thought of Addams. Collections of scholarly essays focusing on democracy as practice (Fischer/Nackenoff/Chmielewski, ed. 2009) and on feminist re-readings of Addams (Hamington, ed. 2010) argue for heightened attention to the importance of Addams as a thinker and activist. Hamington (2009) finds that Addams's feminist theory moved beyond pragmatism with her emphasis on gender, race, and class. Seigfried (1996; 1999) emphasizes the contributions of Addams and Hull-House women to pragmatist theory, placing Addams among the giants of American pragmatism and considering how pragmatist philosophy empowered women. Fischer (2019) examines Addams's debt in *DSE* to social evolutionary thought. Some authors have considered the import of Addams's sexuality and female bonding at Hull-House, leading to criticism by Elshtain (2002), whose biography echoed many of that interpreter's lifelong themes: women's power was located in their natural sense of care, obligation, and responsibility. Victoria Brown's biography covers the first decades of Addams's life, including struggles with Christianity and with elite privilege, and her first years ensconced in Chicago's social reform movement. Lucy Knight's 2005 biography ends in 1899, focusing on Addams's evolving views on democracy and highlighting her interest in cooperation; her 2010 comprehensive biography brings Addams onto the national and international stages. Too often, Addams's work for international peace is neglected; Shields (2017) focuses a good deal of her work on this theme.

14.2 Maternalism as a Critique of the Dominant Liberal Narrative

Addams sought to incorporate into the public sphere many tasks that contemporary liberalism relegated to women and the family in the private sphere. She contributed to a shift in political discourse about the role of women's skills and traditional areas of expertise in an enlarging public sphere (Nackenoff 1999). Ministering to others, caring for the next generation, showing empathy, fostering moral development, and building connections in the wider community were, she insisted, vital components of public work.

Addams urged women to confront the insularity of their own homes if they wanted to continue taking care of what had traditionally interested them. Actively reimagining "home", she helped women find new roles. Matters formerly attended to by women in the home were moving out into the urban public sphere, she argued. She sometimes joined other contemporary feminists in using "maternalist" rhetoric, envisioning women as 'social housekeepers' or 'civic housekeepers' (WPH). Government was housekeeping on a larger scale, and the city needed females to sweep corruption from politics and attend to issues of garbage disposal, safe drinking water, food safety, health, and the protection and education of children. Addams wrote of "the futility of the individual conscience when woman insists upon isolating her family from the rest of the community and its interests" (WWSV, 4–5). To enhance democracy and create better citizens, women had to expand their sphere of work.

Addams was versed in contemporary views of evolutionary progress, including the evolutionary writings of Patrick Geddes and J. Arthur Thomson (*The Evolution of Sex*, 1889). If evolution tended toward social feeling and social organization, women specialized in such functions. Among advanced civilizations, women were arguably the more highly evolved sex. What did Addams, who was unmarried, consider the origin of such gifts? While nature forms part of the answer, Addams and her peers tended to emphasize the formative value of experiences—not just the social roles women performed in nurturing families but the work of meeting needs in local communities.

The notion that all selves are of necessity connected to others, and sometimes even dependent on others, stands in marked contrast to liberal individualism and celebration of independence and autonomy. In "If Men Were Seeking the Franchise", a short essay Addams wrote for the *Ladies Home Journal* during the final push for women's suffrage, Addams argued somewhat playfully that, with their tendency toward warfare and destructive military expenditures and celebration of individualism, competition, and unbridled capitalism, men were not terribly desirable candidates for the franchise. Socially conscious, women stood at the vanguard of a more mature and ethical democratic project; they led the efforts to remedy the social and industrial ills of the city. "To attain individual morality in an age demanding social morality, to pride one's self on the results of personal effort when the time demands social adjustment, is utterly to fail to apprehend the situation" (DSE, 2–3).

Addams helped bring women's concerns into politics and contributed to forging the nascent social welfare state. There were dangers, however, in emphasizing women as mothers and nurturers. Mothers cared for and protected children, not equals; maternalism conjured up asymmetrical relationships. The language of maternalism might have opened up new public spaces and helped create new public roles for privileged women. However, maternalism made it easy to fall into patterns of speaking for others, and into dependency relations in social policy design and implementation. Many women were locked, unintentionally or not, into roles that limited their opportunities and discredited alternatives. The beneficiaries of new social policies were often not empowered.

Recognition of the public contributions made by mothers, and more generally of the importance of a healthy childhood to the state, led to the establishment of mothers' pensions in the states (a precursor to the federal Aid to Dependent Children program), to creation of the federal Children's Bureau, and to the short-lived 1921 Sheppard-Towner Act. These welfare state measures tended to underscore traditional gender roles; when aid was conditioned on women staying home, policies reinforced recipients' dependency on male breadwinners or on the state. With mothers' pensions often tied to middle-class expectations of worthy behavior and household suitability, African American women were often left with few or no benefits. Maternalism has sometimes been charged with inscribing tiered citizenship into the welfare state.

14.3 Experience, Knowledge, and the Social Ethic

Addams, like John Stuart Mill in *Utilitarianism*, believed that democratic citizens could learn increasingly to associate their own feelings of happiness with the good of others. Believing in progress, Addams saw this connection as essential. She was far more attentive than Mill to the processes by which such changed thinking could be brought about.

Young middle-class women who left their familial homes to work among the poor would accomplish little, Addams thought, unless they listened to and learned from the largely immigrant communities with whom they interacted. Otherwise, they would merely speak on behalf of what they thought should be the interests of these urban neighbors. Humility, discussion, and deliberation across differences developed sympathy and understanding. Such interactions were necessary "not only in order to believe in their integrity, which is after all but the first beginnings of social morality, but in order to attain to any mental or moral integrity for ourselves or any such hope for society" (DSE, 177). Dewey, in *Democracy and Education* (1916) echoed this point: having to consider the interests and actions of others is like breaking down barriers of race, class, and nation.

Voice, agency, and dignity were necessary to democratic citizenship. The poor were deliberative agents capable of forming and articulating their own projects. Writing amid tense industrial relations, Addams reflected that when industrialists tried simply to do for their workers, they learned nothing about the feelings and needs of others and did not connect their experiences to theirs; workers feel the absence of democracy in merely being taken care of (DSE, 144–145). "To perform too many good deeds may be to lose the power of recognizing good in others"; moral lesson of the current time is easily lost (DSE, 146).

The recipe for creating modern democratic citizens required "wider acquaintance with and participation in the life about them" because "much of the insensibility and hardness of the world is due to the lack of imagination which prevents a realization of the experiences of other people" (DSE, 5, 9). Addams's creative vision for new and equal democratic citizens required association, collaboration, community, respect, and mutual learning. The process of creating an interconnected citizenry was inclusive and dynamic, generative of new practices that would help open the public sphere to groups that had previously been excluded. The knowledge, standpoints, and wishes of others were essential to designing good solutions to social problems.

Addams aspired to build networks that were cross-class, multi-ethnic and even cosmopolitan. She recognized the civic and educative value of diversity. She found immigrant neighborhoods and labor unions to be particularly cosmopolitan. In each, people from traditionally hostile nations have to adjust in order to find ways of living peacefully together. "All the members of the community are equally stupid in throwing away the immigrant revelation of social customs and inherited energy" (NIP, 79). These groups developed networks of care for other members of the group and had a sense of interdependence—primitive manifestations of what Addams termed the social ethic.

Individualism and insularity were outmoded—obstacles to building social perspective and identification with the common lot. "Much of our ethnical maladjustment in social affairs arises from the fact that we are acting upon a code of ethics adapted to individual relationships, but not to the larger social relationship to which it is bunglingly applied" (DSE, 221). Just as clinging to outmoded notions of women's place in the domestic sphere was inappropriate, the expression of individual self-interest was no longer appropriate.

A number of her peers joined in the conviction that the era of the individual was over in modern liberal democracies. Mass membership organizations, such as the General Federation of Women's Clubs, were proliferating in the United States. Linking associational activity to democracy, Arthur Bentley (1908) saw groups as the raw material of political life; ideas and feelings were social. During this period, the state itself was sometimes viewed as an important association that could be usefully deployed to address these problems.

Addams and her allies viewed open-minded pursuit of wider experience and social scientific inquiry as closely interrelated. Experience and field data collection were the basis of social scientific knowledge, and knowledge was an iterative, error-reducing process. Policies and programs had to be field tested. Democratic governance required collaborative decision-making, policy experimentation, monitoring of results, and openness to making adjustments. For Addams, Dewey, and William James inquiry, constantly applied would yield good policy choices, if ongoing community relationships were maintained, and experience and experimentation led to adjustments. Addams offers a lesson from experience that cautions about overreliance on supposed experts (TYHH, 130–131; Schneiderhan 2011, 609–609). When specially trained settlement residents offered local neighbors foods prepared according to the latest nutritional science at Hull-House's cooperative Diet Kitchen, the intended beneficiaries, with "wide diversity in nationality and inherited tastes", did not like the fare; a far more successful coffeehouse was substituted.

Yet the challenge of making liberal institutions dynamic, flexible, and responsive proved daunting. Participation within institutions, feedback loops, and iterative processes allowing adjustment to new evidence were at odds with increasingly centralized bureaucracies, a plethora of regulations, and the tendency of policy choices and attendant resource investment to become sticky and resistant to change. And other influential progressive thinkers celebrated centralization of power as the most effective way to increase popular control over government (e.g., Walter Weyl, ND).

Addams's key to developing the social ethic lay in action. "The sphere of morals is the sphere of action […] a situation does not really become moral until we are confronted with the question of what shall be done in a concrete case, and are obliged to act upon our theory"

(DSE, 273–274). Quoting the unnamed essayist and future British Labour Party Prime Minister Ramsay MacDonald, Addams added: "It is insanity to expect to receive the data of wisdom by looking on. We arrive at moral knowledge only by tentative and observant practice" (DSE, 274).

14.4 Enduring Legacy

Addams's inclusive and participatory, progressive liberal aspirations still inspire. She put stock in the capacity of ordinary people, working with their neighbors, to forge a more democratic citizenry. In a dynamic polity, citizens would develop the tools to think and feel beyond their own self-interest—to develop a social ethic. This polity would be built from the grassroots, a community in which diverse experiences and perspectives would be heard and respected in political deliberation and problem-solving. Citizens would be empowered in the process. Addams championed a more robustly engaged, more inclusive vision of self-government than Rousseau could have imagined, with citizens who were different in race, religion, ethnicity, and gender working together to forge new selves and new political possibilities. Her goals overlap those of some contemporary civic engagement scholars, stressing activity that educates individuals how to think publicly and as citizens. Her insistence that building a vibrant democracy requires participants to leave "home" (comfortable spaces) is often repeated today.

Addams also had a broader vision of the political than is found in the classic liberal desire to rein in government and maximize individual freedom from the state. Her confident assertions about values missing from the liberal public sphere found a receptive audience. Her attitude toward turning to the state was pragmatic: the nature of the problem helped dictate when government had an appropriate role to play, and whether that should be municipal, state, or national government. Many social welfare initiatives that have found their way into the American state can be traced to proposals advanced by Addams and her female Progressive Era colleagues.

Shifting boundaries between public and private proceeded only so far. Nearly a century after Addams wrote, care work remains largely outside the realm of politics. Yet late twentieth century feminist ethic of care scholars (for example, Tronto 1993) owe a debt to Addams. While Addams linked women with nurture and care work in ways that sometimes suggested it was in their nature, most ethic of care scholarship notes that it is women—and often women of color and poorer women—who are compelled to perform care work, often at very low wages. Assertions that society does not value care work and fails to treat it as public work; that we are highly interdependent, needing care at various points in our lives; and that autonomy and independence are mythical are reminiscent of Addams.

While "difference feminism"—the argument that men and women contribute very different talents to the public realm—failed to produce the differences in voting that many first wave feminists expected, some differences in values between men and women noted by Addams endure. Before the gender gap emerged in U.S. voting behavior, surveys picked up gender differences in public policy preferences. Female Americans consistently express greater support than male counterparts for key aspects of the social welfare state; women are less inclined to support the death penalty, unregulated accessibility of firearms, use of force, and recent wars. One explanation for why these gendered preferences are not reflected in political agendas in the contemporary era is that women remain underrepresented in elective office; another points to the failure of women's organizations to mobilize around women's concern for these issues (see Goss/Skocpol 2006).

Diversity has again become celebrated for its ability to educate, and to build a more inclusive liberal society. It is right to remember Addams for championing the view that diversity was vital to vibrant democratic citizenship. Yet she tended to romanticize diversity. Settlement women had a strong sense of what an advanced civilization should look like, and their political projects included reforming working-class habits and behaviors; respect for different mores was limited given the value they placed on conformity with prevailing norms. Amid a wave of anti-immigrant fever in the early twentieth century, celebration of diversity was probably a minority position within the larger Progressive movement. And faith in progress was strongly racialized. Prevailing views of the period saw advanced peoples as Caucasian. Having faith that their social ethic represented the highest stage of civilization, many Hull-House progressives were certain they were natural leaders forward—by gender and by race (Nackenoff 2016).

Addams saw the boundary between philanthropy and politics as constantly moving, but the two had to partner if the lives of families and communities were to improve. Governance expanded as female reformers entered homes and tenements in the private sphere, where men could not readily enter, and collected information about people and their habits. Rather than empower a democratic public, processes of knowledge acquisition developed by urban reformers could unwittingly bolster the control that bureaucrats or experts had over policy decisions. twenty-first century innovation may require more than turning to the state.

Nearly a century later, progressives are imagining new relationships between nonstate organizations and government. A recent generation of reformers, critical of failed modes of addressing societal problems are rediscovering some of Addams's approaches, including experimentation as a means of knowledge-building, learning from program participants, and public–private partnerships involving local civic organizations. Institutional innovations have included alternative courts for drug offenders, new community courts, human-trafficking courts, veterans' courts, peer-judged teen courts, and other kinds of problem-solving courts with expanded intervention options; participants consent to use these alternatives to conventional courts (Dorf/Sabel 1998). Some contend that consumers of services should be included in co-producing them. Experimentation in environmental governance has also been championed as a way out of NIMBYism and policy gridlock.

In many ways, Jane Addams's legacy still offers rich lessons for the future of liberalism.

References

Addams, Jane: Democracy and Social Ethics. New York 1902 =DSE.

Addams, Jane: Newer Ideals of Peace. New York 1907 = NIP.

Addams, Jane: The Spirit of Youth and the City Streets. New York 1909.

Addams, Jane: Charity and Social Justice. In: North American Review 192/656 (1910), 68–81 = CSJ.

Addams, Jane: Twenty Years at Hull House. New York 1910 = TYHH.

Addams, Jane: Why Women Should Vote. In: Ladies' Home Journal 27/1 (1910), 21–22 = WWSV.

Addams, Jane: A New Conscience and An Ancient Evil. New York 1912.

Addams, Jane: If Men Were Seeking the Franchise. In: Ladies Home Journal 30/6, 21, 1913.

Addams, Jane: Women and Public Housekeeping. National American Women's Suffrage Association, 1913 [1910] = WPH.

Addams, Jane: Peace and Bread in Time of War. New York 1922.

Addams, Jane: Second Twenty Years at Hull House. New York 1930.

Bentley, Arthur: The Process of Government. Chicago 1908.

Brown, Victoria Bissell: The Education of Jane Addams. Philadelphia 2004.

Bryan, Mary Lynn McCree/Bair, Barbara/ DeAngury, Maree/Skerrett, Ellen, ed by: The Selected Papers of Jane Addams. Urbana, IL, 3 Bde., 2003, 2009 and 2018. (Jane Addams Papers Project).

Davis, Allen F.: American Heroine: The Life and Legend of Jane Addams. Oxford 1973.

Dewey, John: Democracy and Education. New York 1916.

Dorf, Michael C./Sabel, Charles F: A Constitution of Democratic Experimentalism. In: Columbia Law Review 98/2 (1998), 267–473.

Elshtain, Jean Bethke: Jane Addams and the Dream of American Democracy. New York 2002.

Fischer, Marilyn: On Addams. Belmont, CA 2004.

Fischer, Marilyn: Jane Addams's Evolutionary Theorizing: Constructing"Democracy and Social Ethics." Chicago 2019.

Fischer, Marilyn/ Nackenoff, Carol/Chmielewski, Wendy (eds.): Jane Addams and the Practice of Democracy. Urbana, IL 2009.

Geddes, Patrick/Thomson, J. Arthur: The Evolution of Sex. London 1889.

Goss, Kristin A./Skocpol, Theda: Changing Agendas: The Impact of Feminism on American Politics. In: Brenda O'Neill / Elisabeth Gidengil (Ed.): Gender and Social Capital. New York 2006, 323–356.

Hamington, Maurice: The Social Philosophy of Jane Addams. Urbana, IL 2009.
Hamington, Maurice (Ed.): Feminist Interpretations of Jane Addams. University Park, PA 2010.
Knight, Louise: Citizen: Jane Addams and the Struggle for Democracy. Chicago 2005.
Knight, Louise: Jane Addams: Spirit in Action for Democracy. New York 2010.
Mead, George Herbert: The Relation of Play to Education. In: University Record 1/8 (1896), 141–145.
Mill, John Stuart: Utilitarianism [1861]. London 1863.
Nackenoff, Carol: Gendered Citizenship: Alternative Narratives of Political Incorporation in the United States, 1875–1925. In: David F. Ericson / Louisa Bertch Green (Ed.): The Liberal Tradition in American Politics. New York 1999, 137–169.
Nackenoff, Carol: Toward a More Inclusive Community: The Legacy of Female Reformers in the Progressive State. In: Stephen Skowronek / Stephen M. Engel / Bruce Ackerman (Ed.): The Progressives' Century. New Haven 2016, 219–242.
Ruskin, John: Unto This Last [1860]. London 1862.
Schneiderhan, Erik: Pragmatism and Empirical Sociology: The Case of Jane Addams and Hull-House, 1889–1895. In: Theory and Society 40/6 (2011), 589–617.
Seigfried, Charlene Haddock: Pragmatism and Feminism: Reweaving the Social Fabric. Chicago 1996.
Seigfried, Charlene Haddock: Jane Addams and John Dewey. In: Philosophy of the Social Sciences 29/2 (1999), 207–230.
Shields, Patricia: Jane Addams: Progressive Pioneer of Peace. In: Philosophy, Sociology, Social Work and Public Administration. New York 2017.
Tolstoy, Leo: What Is To Be Done? [1886][1887 English]. New York 1899.
Tronto, Joan: Moral Boundaries: A Political Argument for an Ethic of Care. New York 1993.
Weil, Walter: The New Democracy New York 1912.

15 W.E.B. Du Bois

Michael G. Festl

‚Black radical Liberalism', ein Konzept des in New York lehrenden jamaikanischen Philosophen Charles W. Mills, ist eines der spannendsten Projekte innerhalb des Liberalismus heute (s. Kap. 71). Mills hat es sich zum Ziel gesetzt, den Liberalismus so umzugestalten, dass er die rassistische Vergangenheit und Gegenwart der westlichen Welt, und mit ihr des Liberalismus, überwindet. Dazu bedarf es, so argumentiert er, grundsätzlicher begrifflicher Änderungen wie etwa ein Fokus weg von Theorien perfekter Gerechtigkeit hin zu real vorliegenden Ungerechtigkeiten und deren Wiedergutmachung (2017, 203). Übertragen in politische Forderungen kann das die Zahlung von Reparationen für ausbeuterische Arbeitsverhältnisse in der Vergangenheit bedeuten, z. B. im Rahmen von Sklaverei und Kolonialismus. Wie Mills am Beispiel von John Rawls' Werk (s. Kap. 19) aufzeigt, widmet der Liberalismus dem endemischen Rassismus der westlichen Welt bis heute zu wenig Aufmerksamkeit. In positiver Hinsicht möchte Mills vor allem an W.E.B. Du Bois anschließen. Dass dieser im Kanon des Liberalismus kaum zu finden ist, stellt für Mills einen weiteren Beleg für das geringe liberale Interesse am Problem des Rassismus dar (ebd., 155, 182). Wer also ist Du Bois und wo liegen seine Beiträge für den Liberalismus?

W.E.B. Du Bois (1868–1963) wuchs in Massachusetts auf und war der erste Afro-Amerikaner, der die Harvard Universität mit einem Doktortitel verließ. Von 1892 bis 1894 verlebte er formative Jahre in Berlin, während seines Studiums an der Humboldt-Universität. Nach seiner Rückkehr in die USA wurde er u. a. Professor an der Universität von Atlanta und verfasste ein umfangreiches wissenschaftliches Werk an der Schnittstelle von Soziologie, Philosophie und Geschichte. Zudem war er journalistisch tätig, vor allem für die Zeitschrift *The Crisis*, deren Herausgeber er von 1910 bis 1934 war und die unter seiner Ägide eine ähnliche Wirkung auf das Bewusstsein von Afro-Amerikanern entfaltete wie in unserer Zeit Oprah Winfreys Fernsehshow. Bekannt wurde Du Bois auch als Gründungsmitglied der National Association for the Advancement of Colored People (NAACP) und für sein Eintreten für ein freies Afrika.

15.1 Gelobtes Land, grauenvolle Realität

Angestoßen primär durch Alexis de Tocqueville entwickelt sich die USA im 19. Jahrhundert zum Vorzeigeland des Liberalismus (s. Kap. 11). 1865, mit dem Sieg der Unionsstaaten im Bürgerkrieg und der Abschaffung der Sklaverei, ge-

M. G. Festl (✉)
Universität St. Gallen, St. Gallen, Schweiz
E-Mail: michael.festl@unisg.ch

M. Festl (Hrsg.), *Handbuch Liberalismus*, https://doi.org/10.1007/978-3-476-05798-3_15

langt diese Entwicklung an ihren Höhepunkt. Die USA und ihr Präsident Abraham Lincoln erfahren eine unvergleichliche Verehrung durch liberale Denker (vgl. Rosenblatt 2018, 174–175). Mit der Sklaverei, so der Tenor, hat die USA, seit jeher Vorreiter der Demokratie, ihren letzten Nachteil beseitigt und sich zur liberalen Supermacht entwickelt. Drei Jahre danach wird Du Bois geboren. Er wird zeigen, dass dem nicht so ist. Die formale Abschaffung der Sklaverei und die Überwindung von Rassismus sowie weißer Suprematie sind zwei verschiedene Paar Stiefel. Die USA mögen vieles sein. Das Gelobte Land des Liberalismus sind sie nicht.

Das Erste, was Du Bois in seiner einflussreichsten historischen Abhandlung *Black Reconstruction in America,* erschienen 1935, zeigt, ist, dass sich im Süden des Landes sofort nach Abschaffung der Sklaverei eine informelle Skalverei entwickelte, mittlerweile ‚Jim Crow' genannt. Die wenigen wahren Entwicklungschancen, die den Schwarzen in dieser Zeit gegeben wurden, wussten diese mit Fleiß, Einsatz und politischer Vernunft ausgesprochen gut zu nutzen, so legt Du Bois gegen die Mainstream-Geschichtsschreibung seiner Zeit dar (1998). Doch dann nahm die weiße südliche Elite alle Versprechen, Zusicherungen und politischen Rechte, die den Schwarzen zugesagt worden waren, wieder zurück. Der Norden ließ diese Elite der abermaligen Unterdrückung gewähren. Somit brachte die Abschaffung der Sklaverei den Schwarzen im Ergebnis nur wenige Vorteile. Erst recht wurde keine Wiedergutmachung dafür gezahlt, dass die unentgeltliche Arbeit der Schwarzen die USA großgemacht hatte. Die Ära der *Reconstruction* war also ein Misserfolg, resümmiert Du Bois, jedoch nicht aufgrund von Versäumnissen der Schwarzen, sondern weil, angetrieben durch die den Bürgerkrieg eigentlich verloren habende weiße Elite, eine informelle Sklaverei um sich greifen konnte. Die heutige Geschichtsschreibung gibt Du Bois recht (vgl. White 2017, 42, 61–63).

Bis zum Ende seines über 95 Jahre langen Lebens im Jahr 1963, ein Jahr vor Verabschiedung des Civil Rights Acts durch den Kongress der Vereinigten Staaten, wird Du Bois konstatieren müssen, dass die USA ein zutiefst rassistisches Land sind. Diese Einsicht und ihre Folgen stellen den Kern seiner intellektuellen Bemühungen dar. 1903 beginnt er seine zentrale philosophische Schrift *The Souls of Black Folk* mit der Prognose, dass „das Problem der color-line [Rassentrennung] das zentrale Problem des 21. Jahrhunderts sein wird" (1986, 359; hier und im Folgenden Übers. M.G.F.). Auf geradezu literarische Weise gelingt es Du Bois darzustellen, wie es sich anfühlt, einer rassistisch diskriminierten Gruppe anzugehören. Seine weißen Mitbürger, so schreibt er einmal,

> nähern sich mir auf halb-zögerliche Weise, beäugen mich neugierig oder mitleidig, und dann, anstatt direkt zu sagen: Wie fühlt es sich an, ein Problem zu sein?, sagen sie: ich kenne einen exzellenten farbigen Mann in meiner Stadt [...] oder: bringen diese Gewalttaten im Süden des Landes dein Blut nicht zum Kochen? Auf solcherlei Dinge lächle ich oder gebe mich interessiert oder reduziere mein Kochen auf ein Simmern, wie die Situation es gerade erfordert. Auf die tatsächliche Frage: Wie fühlt es sich an, ein Problem zu sein? antworte ich nur selten. Und dennoch, ein Problem zu sein, ist eine merkwürdige Erfahrung, seltsam sogar für jemanden, der nie etwas anderes gewesen ist, außer vielleicht als Baby oder in Europa (ebd., 363).

Aus eigener Erfahrung weiß Du Bois freilich, wie unbegründet Rassismus ist. Ein Konzept ohne reale Grundlage.

> Ich wusste schon seit meinen Kindertagen und von der Grundschule, bis zu meinen Spaziergängen im Hof von Harvard und meinen Vorlesungen in Deutschland, dass in allen allgemeinen Dingen weiße Leute genau wie ich waren: ihre physischen Möglichkeiten, ihre mentalen Prozesse waren nicht anders als meine; sogar der Unterschied in Sachen Hautfarbe war extrem überbewertet und an sich trivial (ebd., 653).

Rassismus ist keine biologische Kategorie. Und dennoch, so berichtet Du Bois, ist der Rassismus real, gar „das, was mein Leben total determiniert" (ebd.). Rasse ist eine soziale Kategorie und als solche mit Wirkung für die Realität – „der schwarze Mensch ist eine Person, die in Georgia im Jim-Crow-Wagon fahren muss" (ebd., 666), so einfach ist das. Dies wiederum hat Folgen für die Psychologie. Der Rassismus als reale Erfahrung führt dazu, dass sich schwarze Menschen „psychologisch" als „gemeinsame Rasse mit *einer* gemeinsamen Geschichte, *einer* roten Erinnerung und *einer* Revolte" verstehen (ebd., 1018). Die Frage, ob Schwarze eine „echte Rasse" formen, ist daher „nicht relevant" (ebd.).

Auf dieser definitorischen Grundlage ist Du Bois in der Lage, sechzehn schreiende Ungerechtigkeiten aufzuzählen, die Schwarze im Süden der angeblich freien Vereinigten Staaten von Amerika jeden Tag erdulden müssen, z. B., dass sie nicht wählen dürfen, dass sie in guten Vierteln kein Eigentum erwerben können, dass schwarze Frauen Freiwild für weiße Männer sind, dass Schwarze unschuldig gelyncht werden (ebd., 1156).

Doch wer denkt, dass all dies im 20. Jahrhundert nur mehr für den Süden des Landes galt, der irrt. Auch im Norden trat der Rassismus offen zutage. Zu Du Bois' Zeit zeigte er sich besonders deutlich während der Großem Depression, als schwarze Arbeiter besonders hart von Kündigungen betroffen waren. In Chicago stellten Schwarze nur 4 % der Bevölkerung jedoch 16 % der Arbeitslosen, in den Pittsburgher Stahldistrikten stand dieses Verhältnis gar bei 8 % zu 40 % (Kennedy 1999, 87). Gerade die Gewerkschaften diskrimierten Schwarze und selbst die Kommunistische Partei Amerikas, die sich doch auch den Anti-Rassismus auf die Fahnen geschrieben hatte, sah die Schwar 2009 zen vor allem als die „Schocktruppen" des Kommunismus, Kanonenfutter, um die Rechte der weißen Arbeiter zu stärken, so warf Du Bois es ihr vor (1986, 1236; vgl. auch Lewis, 518). Auch entging es Du Bois nicht, dass selbst der hochgelobte New Deal (s. Kap. 54) nicht frei von Diskriminierungen gegen Schwarze war (vgl. 1986, 1243; vgl. zum Rassismus des New Deal Patel 2016, 74).

Alles in allem sind die USA daher nicht einmal in der Lage, den Schwarzen das zu geben, was der Liberalismus seit seiner Gründung im Werk John Lockes nach eigener Aussage allen Menschen garantieren möchte:

> Ein Mensch im Europa des 16. Jahrhunderts war nicht einfach nur im Tal der Themse oder der Seine geboren, sondern in eine gewisse soziale Klasse, und die Bedingungen dieser Klasse schufen und limitierten seine Welt. Er war auf diese Weise, bewusst oder nicht, nicht wirklich ein Mensch; er war etwa ein Handwerker und solange er die Limitationen dieser Klasse nicht akzeptierte, wurde ihm dauernd auf die Hände geschlagen, mit Kopf und Herz stand er dann gegen eine Umwelt, die durch andere Klassen geschaffen wurde, welche wiederum einschränkten, was er tun und was er nicht tun konnte und was er zu tun hatte […]. So viel ich über diese Klassenstrukturen der Welt auch lernte, ich hätte sie nie vollkommen lebendig fühlen können, wenn ich nicht in ihr modernes Äquivalent geboren worden wäre, Rassentrennung (1986, 652–653).

15.2 Glorreicher Westen, grausamer Kolonialismus

Doch es sind nicht nur die USA. Es ist auch und vor allem Europa. Die Sklaverei in den USA war schließlich nicht hausgemacht. Ihr Ursprung liegt in Europa, in Expansionsdrang und Habsucht dieses Kontinents. In seiner Doktorarbeit zum Atlantischen Sklavenhandel setzt sich Du Bois mit diesem Thema ausführlich und für die Wissenschaft der Zeit wiederum bahnbrechend auseinander. Vor allem Holländer und Engländer hätten begonnen, in Afrika Menschen zu jagen und sie in ihre Kolonien nach Amerika zu verschiffen, um sie dort als Sklaven gewinnbringend für wertvolle Güter und Rohstoffe aus der Neuen Welt einzutauschen. Du Bois erinnert daran, dass Wilhelm von Oranien nicht nur der Held der Glorreichen Revolution war (s. Kap. 50), sondern auch derjenige, unter dessen Herrschaft und mit dessen Segen das englische Parlament begann, den Sklavenhandel unter staatliche Obhut zu stellen und damit besser und gewinnbringender zu organisieren (ebd., 10). In der Tat lägen Kolonialismus und Rassismus dem Aufstieg des Westens seit dem 15. Jahrhundert zugrunde. Der Rassismus, insofern er die Versklavung nicht-weißer Menschen legitimiert, ist die „gewaltigste and genialste Erfindung für menschlichen Fortschritt", so Du Bois, auch wenn „wir, aufgezogen von und trainiert durch die individualistische Philosophie der Unabhängigkeitserklärung und der Laissez-Faire-Philosophie von Adam Smith, dies nur sehr ungern sehen und zugeben möchten" (ebd., 817). Folglich konstatiert Du Bois:

> Afrikas Anklage gegen Europa wiegt schwer. Über 400 Jahre war das weiße Europa die wichtigste Stütze des Handels mit menschlichen Wesen, der Afrika insgesamt um 100 Millionen Menschen beraubt hat, das Gesicht seines Soziallebens veränderte, organisierte Regierungen umwarf, die alte Industrie aus dem Gleichgewicht brachte und die Flamme kultureller Entwicklung auslöschte (ebd., 940).

Dieses Denken in globalen Zusammenhängen, das gerade auch in seiner Doktorarbeit zum Atlantischen Sklavenhandel zum Ausdruck kommt (vgl. etwa ebd., 74–75), befähigt Du Bois, eine komplexe und überzeugende Erklärung für den Ausbruch des Ersten Weltkriegs vorzulegen (vgl. ausführlich Sullivan 2021). Während die meisten anglo-amerikanischen Vordenker des Liberalismus der Zeit, etwa. John Dewey oder Leonard T. Hobhouse, den Militarismus des Deutschen Kaiserreichs als Auslöser des Krieges sehen, nimmt Du Bois einen sowohl zeitlich als auch räumlich weiteren Blickwinkel ein. Ultimativ führt er auch den Ersten Weltkrieg auf den europäischen Kolonialismus zurück. Für ihn ist dieser Krieg nur ein weiterer Meilenstein im weißen Wettrennen um Afrika und den Rest der Welt. Um nichts anderes würden die Staaten im Ersten Weltkrieg kämpfen, als um die Frage, wem Erstzugriffsrechte zukommen – „in der Besitznahme von Überseegebieten, im Recht auf Kolonien, in den Möglichkeiten, von der dunkleren Welt, von den Kulis in China, von den hungernden Bauern in Indien, den schwarzen Wilden in Afrika, den sterbenden Südsee-Insulanern, den Indianern am Amazonas" (1986, 935).

Gerade jetzt, da die weißen Arbeiter sich nicht mehr alles gefallen ließen, habe sich dieser Kampf noch einmal intensiviert. Mit der Emanzipation der weißen Arbeiterschaft komme, „was die weißen Nationen betrifft", die Zeit der

> Superreichen an ihr Ende […]. Doch es gibt ein Schlupfloch. Es existiert die Möglichkeit der Ausbeutung in massivem Ausmaß für übermäßigen Profit, nicht nur für die ganz Reichen, sondern auch für die Mittelklasse und die Arbeiter. Diese Möglichkeit liegt in der Ausbeutung der dunkleren Völker. Es ist hier, wo die goldene Hand winkt. Hier gibt es keine Gewerkschaften oder Wahlen oder fragende Zuseher oder ein schlechtes Gewissen. Diese Menschen können bis auf die Knochen abgewirtschaftet werden, und erschossen und verstümmelt (ebd., 932).

Das ist der Kompromiss innerhalb der weißen Nationen. Schließlich seien doch auch die Arbeiter „lordly whites" und sollten „an der Beute dieser Schändung" beteiligt werden: „Hohe Löhne in den USA und England könnten doch das geschickt eingefädelte Resultat von Sklaverei in Afrika und Leibeigenschaft in Asien werden" (ebd., 935). Weil nun auch Deutschland hier ernsthaft mitmischen möchte, so Du Bois, ist es zum Krieg gekommen. Es ginge Deutschland um ‚seinen Platz an der Sonne', was Du Bois als Euphemismus dafür bezeichnet, dass „Deutschland entschlossen ist, sich mehr Eigentum an und Kontrolle über billige schwarze Arbeitskraft anzueignen" (ebd., 723). Somit ist dieser Krieg kein Ausreißer, kein Betriebsunfall der Fortschrittsmaschine Europa. Im Gegenteil für Du Bois bringt dieser Krieg heraus, was Europa in den vergangenen Jahrhunderten geworden ist, nur jetzt eben, für kurze Zeit, gegen sich selbst gerichtet. Der Erste Weltkrieg „ist nicht Europa verrückt geworden; er ist weder Anomalie noch Wahnsinn; er *ist* Europa; dieses schrecklich Anmutende ist die wahre Seele der weißen Kultur […] enthüllt und sichtbar heute" (ebd., 929).

Diese Tatsache relativiert für Du Bois einerseits ein deutsches Kriegsverbrechen wie den völkerrechtswidrigen Einmarsch in Belgien: „Was Belgien gerade erleidet, ist nicht die Hälfte, nicht ein Zehntel von dem, was es selbst dem schwarzen Kongo angetan hat" (ebd.). Andererseits und eingebettet in seine tiefere Analyse des europäischen Kolonialismus hofft Du Bois dennoch, dass Deutschland den Krieg verlieren möge: Ein Sieg des Kaiserreiches wäre eine Katastrophe für „die Ansprüche der Schwarzen und aller dunkleren Rassen auf Gleichheit, Freiheit und Demokratie" (ebd., 740). Mit Großbritannien als Herrscher hätten die unterdrückten Völker immerhin ein Land, das für „Parlamentarismus, Liberalismus und koloniale Verantwortung steht" (vgl. Lewis 2009, 36; Übers. M.G.F.). Die Chancen auf finale Befreiung wären also höher.

So ist die Kriegschuldsfrage für Du Bois eine quantitative, keine qualitative. Ultimativer Auslöser des Krieges ist Europa und der Kolonialismus, für den der Kontinent steht. Doch innerhalb dieses größeren Verbrechenszusammenhangs trägt Deutschland eine höhere Schuld als die restlichen Länder Europas. Es ist gegenwärtig der Hautaggressor und die politischen Prinzipien, die es verkörpert, würden die Lage für die nicht-weißen Völker noch aussichtsloser machen. Daher setzt sich Du Bois auch dafür ein, dass sich die USA, und mit ihr die Afro-Amerikaner, auf Seiten der Alliierten am Krieg beteiligen.

Gleichzeitig macht sich Du Bois keine Illusionen darüber, dass der Erste Weltkrieg zu einer Umkehr des Westen führen würde, zu einem Abschwören des Kolonialismus. Der Frieden von Versailles bestätigt ihn darin. Die Siegermächte, analysiert Du Bois, setzen ihren Weltmachtsanspruch darin ungeniert fort. Was an der nicht-weißen Welt Deutschland gehörte, machen sie sich nun zu eigen. Woodrow Wilsons Doktrin der Selbstbestimmung galt nur für weiße Völker. Im Unterschied zu anderen Intellektuellen, die so große Hoffnungen auf Wilson gesetzt hatten, überrascht es Du Bois nicht, dass der Frieden von Versailles, so nahm er es wahr, ein Siegfrieden wurde:

> Es ist erstaunlich zu sehen, dass Amerika, die Vereinigten Staaten, sich selbst als eine Art natürlichen Friedensstifter verstehen, als einen moralischen Protagonisten in dieser schrecklichen Zeit. Keine Nation passt schlechter in diese Rolle. Seit zwei oder mehr Jahrhunderten marschieren die USA stolz in der Vorhut des menschlichen Hasses – Freudenfeuer mit menschlichem Fleisch anzündend und grässlich über sie lachend […]. Anstatt als großes Vorbild des Erfolgs der Demokratie und der Möglichkeit menschlicher Verbrüderung zu dienen, hat Amerika seinen Platz als furchtbares Beispiel der Tücken und des Versagens, soweit schwarze, braune und gelbe Völker betroffen sind, eingenommen (1986, 937).

Besonders bitter stößt Du Bois auf, dass der Beitrag der schwarzen Soldaten auf Seiten der Alliierten nicht anerkannt wird und dass auf amerikanischer Seite die schwarzen Soldaten sowohl während als auch nach dem Krieg auf schlimme Weise diskriminiert wurden, so als wäre nichts gewesen, so als hätten nicht auch und gerade sie sich für den Erhalt der Demokratie aufgeopfert. Du Bois kann keinerlei Fortschritte auf Seiten des Westens erkennen. Zwei Jahrzehnte später sieht er sich mit der Machtübergabe an die Nationalsozialisten und dem Aufstieg Hitlers in seinen schlimmsten Befürchtungen bestätigt. Für ihn ist Hilter „die späte, vulgäre, aber logische Konsequenz der weißen Weltrassenphilosophie seit der Berliner Kongo-Konferenz 1884" (ebd., 678). Genau beobachtet Du Bois, auch vor Ort, die Geschehnisse in Nazi-Deutschland und vor allem den Status der Juden im Land, einen Status, den er mit demjenigen der Schwarzen im Süden der USA vergleicht, während er zugleich konzediert, dass die Verfolgung der Juden in Deutschland nochmals weitaus schlimmere Ausmaße angenommen hat als die Verfolgung der Schwarzen in den USA (vgl. Lewis 2009, 600). Auch nach dem Zweiten Weltkrieg sieht Du Bois keine Verbesserung. Churchill erklärte, dass das Recht auf Seltregierung weiterhin nur Europa umfasst (Patel 2016, 275). Die USA widersprachen nicht. Mittlerweile weltberühmt und als Berater gefragt, mahnte Du Bois an, dass auch die Fragen nach dem Kolonialismus und der Ausbeutung nicht-weißer Völker auf die Agenda von Bretton Woods müssten, stieß damit aber auf taube Ohren (Lewis 2009, 653).

Als er nach dem Zweiten Weltkrieg unschuldig ins Visier des McCarthyismus gerät, wendet sich Du Bois vom Westen ab. Offene Kritik an den USA – z. B. an der weiteren militärischen Aufrüstung oder an Atomwaffen – war nun nicht mehr nur nicht willkommen, sondern konnte ins Gefängnis führen. Unter fadenscheinigen Gründen wurde Du Bois in den USA angeklagt und trotz Abweisung der Klage zogen die US-amerikanischen Behörden seinen Reisepass ohne

Rechtsgrundlage ein und behielten diesen für acht Jahren. Auf diese Weise verfolgt, tritt er 1961, mit 93 Jahren, als Akt des Protestes gegen die US-Regierung der Kommunistischen Partei Amerikas bei und emigriert schließlich nach Ghana, wo er zwei Jahre später stirbt.

Du Bois' Kritik lässt den Liberalismus als wohl einflussreichste politische Philosophie des Westens natürlich nicht unberührt. Wie niemand vor ihm, zeigt Du Bois, wie stark die führende politische Philosophie des Westens einer kolonialistischen, ja sogar rassistischen Verzerrung unterliegt und wie sehr ihr Wille zum Fortschritt zu Lasten nicht-weißer Menschen geht. Gleichzeitig kommt bei Du Bois aber auch heraus, dass im Liberalismus selbst die Potentiale liegen, diese Verzerrungen zu überwinden. In der Tat wurde der Kolonialismus nicht zuletzt im Namen des Liberalismus kritisiert (z. B. Hobhouse 1994, 114, 148 in Du Bois' Zeit und heute Mills 2017). Das unterscheidet den Liberalismus von anderen politischen Philosophien, in deren Namen Verbrechen begangen wurden. Doch Voraussetzung, damit die Selbstheilungskräfte des Liberalismus wirken können, ist, dass er sich seiner Krankheiten bewusst ist. Nur dann kann er gegen sie angehen. Du Bois ist in diesem Sinne der Leibarzt des Liberalismus, derjenige, der die richtigen Diagnosen stellt, und als solcher unvergleichlich wichtig.

15.3 Liberale Lösungen

Der kritische Du Bois ist aus liberaler Sicht betrachtet nur die eine Seite. Es gibt auch den konstruktiven Du Bois, den Du Bois, der in den USA als „premier architect of the civil rights movement" (Lewis 2009, 4) und damit als Vorgänger Martin Luther Kings gilt. Besonders beeindruckend, aber auch umstritten, sind seine Gedanken zur Verbesserung der Rolle der Schwarzen in den USA. Für ihn stand außer Frage, dass die Schwarzen in den USA bleiben sollten. Allen Überlegungen, Afro-Amerikaner sollten nach Abschaffung der Sklaverei das Land verlassen, um eine bessere Zukunft anderswo zu finden – so schon vorgetragen von Jefferson (s. Kap. 5) –, erteilte er eine Absage. Emigration ist für ihn schon aus pragmatischen Gründen keine Option. Wo sollten die Schwarzen schon Freiheit und Selbstbestimmung finden, wenn die weißen Völker doch die ganze Welt unter ihre Herrschaft gebracht hatten? „[W]o in der Welt sollten wir denn hingehen, um sicher vor Lügen und roher Gewalt zu sein?" (1986, 400). Darüber hinaus wäre Emigration auch das Eingeständnis einer Niederlage. Nein, Du Bois wollte beweisen, dass die Schwarzen auch und gerade in den USA, dem mächtigsten aller Länder, reüssieren können.

Du Bois beginnt mit einer realistischen Einschätzung der Lage der Schwarzen in Amerika. Auch im 20. Jahrhundert zeige sich, dass es für die Afro-Amerikaner keine Option ist, in Amerika aufzugehen, schlicht und einfach Amerikanerinnen und Amerikaner zu werden, so wie es etwa die Einwanderer aus Irland, Skandinavien, Deutschland und Italien getan hätten. Dieser Weg ist für die Schwarzen nicht gangbar, weil der Rest der USA sie daran hindert, mit Jim Crow im Süden und Feindseligkeit im Norden. Natürlich, so Du Bois, wäre „vollständige Integration der schwarzen mit der weißen Rasse" das Ideal, „das große Ziel, das die Menschheit anstrebt" (ebd., 1247). Jedoch lasse die weiße Mehrheit, oder zumindest die, die in den USA das Sagen haben, dies nicht zu – und auf absehbare Zeit, so prognostiziert er, wird sich das auch nicht ändern. Deshalb habe man keine andere Wahl als die Segregation der Schwarzen, eine den Schwarzen aufgezwungene Segregation. Schließlich könne man die Weißen nicht dazu zwingen, die Schwarzen zu einem vollwertigen Bestandteil Amerikas werden zu lassen (ebd., 1244). Somit bliebe den Schwarzen nichts anderes übrig, als die ihnen aufoktroyierte Segregation bestmöglich zu organisieren. Das ermögliche es ihnen, sich mit „vernünftiger Geduld" auf die „endgültige Emanzipation" vorzubereiten und in der Zwischenzeit ihren eigenen Status, ihre eigenen Fähigkeiten soweit wie für eine segregierte Minderheit möglich nach oben zu schrauben, um so vielleicht auch schon jetzt „Kooperation mit und Aufnahme in die weiße Gruppe unter den bestmöglichen Bedingungen zu finden" (ebd., 700). Überall da, wo sie von den Errungenschaften der Mehrheit ausgeschlossen werden, müssen Schwarze, so fordert Du Bois, sich selbst die Bedingungen schaffen, die es braucht, um erfolgreich zu sein. Wenn der Schwarze „nicht in den gesunden und anständigen Vierteln einer Stadt leben darf, muss er sich eben seine eigenen Wohnquartiere bauen und sie lebenswert gestalten" (ebd., 1245). Das Gleiche gilt für alle anderen Dinge, die es zum Leben braucht und die das Leben lebenswert machen.

Besonderen Wert legt Du Bois dabei auf die Wirtschaft. Nachdem er nicht glaubt, dass Marxismus oder Sozialismus den Schwarzen jemals helfen werden, fordert er eine „langfristige Planung des Einstiegs" der Schwarzen in die „neue wirtschaftliche Welt", die Welt einer von Laissez-faire geläuterten liberalen, in Deutschland würden wir sagen, sozialdemokratisch geordneten Marktwirtschaft (ebd., 706). Du Bois bläst damit in ein ähnliches Horn wie sein Zeitgenosse und guter Bekannter John Dewey (s. Kap. 13). Der schwarze Arbeiter und die schwarze Arbeiterin könnten so Teil eines humanen Kapitalismus werden, und zwar nicht so wie jetzt als niedrigster Arbeiter, als „Sklave, sondern als ein intelligenter freier Mensch mit Macht in seinen Händen" (ebd.).

Ebenfalls in Einklang mit wirtschaftlich progressiven Elementen seiner Zeit betrachtet Du Bois, wie auch John Maynard Keynes (s. Kap. 16), die Konsumentenmacht als entscheidend. „Als Konsument kommt der Schwarze der ökonomischen Gleichheit weit näher als als Produzent" (ebd., 706–707). Und mit der schieren Masse von zwölf Millionen Konsumenten im Rücken ist der Schwarze in den USA sicher nicht machtlos. Afro-Amerikaner sollten versuchen zu konsumieren, was Schwarze produzieren, und natürlich sollten Schwarze so viel wie möglich selbst produzieren. Von dort ausgehend können sie sich den Weg in Richtung „vernünftige Löhne und gute Arbeitsbedingungen" bahnen (ebd., 711). Auch ökonomische Kooperative nach Vorbild Dänemarks könnten als Vorbild fungieren, z. B. Konsumentenkooperative, um bessere Einkaufspreise zu generieren (ebd., 1237).

Auch Du Bois' lebenslanger Einsatz, die Erziehungsbedingungen für Schwarze zu verbessern, passt zu seinem Konzept der fremdbestimmten, aber selbstorganisierten Segregation. Unter der Voraussetzung, dass Schulen und auch die meisten guten Universitäten segregiert sind, müssten Bildungseinrichtungen von und für Schwarze gegründet und gefördert werden. Du Bois fügt sich gut in die liberale Tradition des Eintretens für exzellente Bildung ein (s. Kap. 9; 32). Dass uns diese Forderung heute selbstverständlich erscheint, unterstreicht nur, wie erfolgreich der Liberalismus in dieser Hinsicht war. Auch Du Bois musste dabei gegen starke Stimmen anschreien, die klarmachen wollten, dass Schwarze gar nicht wirklich viel Bildung brauchen. Selbst einflussreiche Schwarze wie Booker T. Washington waren dieser Meinung. Dieser handelte im sogenannten ‚Atlanta Kompromiss' von 1895 aus, dass Schwarze auf volle Gleichheit verzichten und im Tausch dafür, Rechtssicherheit und Zugang zu so viel Bildung bekommen, wie sie als Arbeiter brauchen, aber nicht mehr, ganz bestimmt keine universitäre Bildung.

Zwar wurden Du Bois' Ideen als Akzeptanz der Segregation kritisiert. Doch Du Bois konnte durchaus plausibel antworten, dass die Segregation momentan eben ein für Schwarze nicht zu ändernder Fakt ist und es daher darauf ankommt, das Beste aus dieser misslichen Lage zu machen. Außerdem konnte er darauf hinweisen, dass seine Empfehlungen auch die beste Vorbereitung für den Fall seien, dass die Segregation plötzlich aufhöre. Aus liberaler Sicht kann man Du Bois' Empfehlung darüber hinaus als Konzept der Eigenständigkeit einer Gruppe ansehen, soziales Analog zu Emersons individueller *self-reliance* (s. Kap. 10). Mit Blick auf die Mitte der 1960er Jahre und danach lässt sich höchstens kritisieren, dass Du Bois unterschätzte, wie stark der Segregationismus in den USA von Seiten der Weißen bereits aufgeweicht war und dass seine Halbwertszeit deutlich kürzer war, als Du Bois sich das in den 1930er und 40er Jahren hätte träumen lassen. Doch dass Du Bois aufgrund der Erfahrungen, die er in seiner Zeit machen musste, skeptisch war, was moralische Fortschritte der weißen Welt betraf, kann man ihm wirklich nicht verdenken.

Über sein Heimatland hinaus suchte Du Bois, einer der meistgereisten Intellektuellen seiner Zeit, auch nach Lösungen hin zu einem Ende des Kolonialismus und speziell hin zu einem selbstbestimmten Afrika. Als Voraussetzung dafür sah er an, dass die Menschheit daran glaubt, dass Schwarze in der Lage sind, einen funktionierenden demokratischen Staat zu bilden, einen Glauben, den er mit seinen Studien zur *Black Reconstruction in America* und auch seinen Untersuchungen zur Revolution in Haiti und schwarzen Führern generell stärken wollte. Speziell in der Zeitschrift *The Crisis* gab er den Schwarzen in jeder Hinsicht ihr Selbstvertrauen zurück und impfte ihnen ein, dass sie sich mit nichts weniger zufriedengeben dürfen als mit vollständiger Gleichheit. Als besonders wichtig erschien es Du Bois, dass ein afrikanischer und dabei auch tatsächlich von Schwarzen geführter demokratischer Staat entsteht. Dieser könne im Erfolgsfall als Initialzündung für ein freies Afrika dienen. (ebd. 949–950) Er hofft auf einen großartigen afrikanischen Staat basierend auf allgemeiner Erziehung, Industrie und Handelsfreiheit (Lewis 2009, 412). Die Ideale des Liberalismus, ausgedrückt in der Unabhängigkeitserklärung seines Heimatlands, auf welche er sich stets affirmativ bezog (vgl. 1986, 404), dienten ihm auch hier als Vorbild.

Gerade in unserer Zeit, in welcher der Liberalismus vor supranationalen Herausforderungen erster Güte steht (s. Kap. 57) und der Rassismus leider noch immer nicht der Vergangenheit angehört (s. Kap. 71), können wir viel von Du Bois lernen. Mills' Black radical Liberalism könnte an was Großem dran sein.

Literatur

Du Bois, W.E.B.: Writings. The Suppression of the African Slave-Trade. The Souls of Black Folk. Dusk of Dawn. Essays and Articles. New York 1986.

Du Bois, W.E.B.: Black Reconstruction in America, 1860–1880 [1935]. New York 1998.

Hobhouse, Leonard T.: Liberalism and Other Writings. Hg. von James Meadowcroft. Cambridge 1994.

Kennedy, David M.: Freedom from Fear. The American People in Depression and War, 1929–1945. Oxford 1999.

Lewis, David Levering: W.E.B. Du Bois. A Biography. New York 2009.

Mills, Charles W.: Black Rights/White Wrongs: The Critique of Racial Liberalism. Oxford 2017.

Patel, Kiran Klaus: The New Deal. A Global History. Princeton 2016.

Rosenblatt, Helena: The Lost History of Liberalism. From Ancient Rome to the Twenty-First Century. Princeton 2018.

Sullivan, Shannon: Racism, Colonialism, and the Crisis of Democracy: The Contributions of W.E.B. Du Bois. In: Michael G. Festl (Hg.): Pragmatism and Social Philosophy. Exploring a Stream of Ideas from America to Europe. New York 2021, 185–199.

White, Richard: The Republic for Which it Stands. The United States during Reconstruction and the Gilded Age, 1865–1896. Oxford 2017.

16 John Maynard Keynes

Florian Schui

John Maynard Keynes (1883–1946) war der bedeutendste Ökonom des 20. Jahrhunderts. Seine ökonomische Analyse hat heute viele Anhänger im linken politischen Spektrum, er selbst war jedoch ein überzeugter Liberaler, der angesichts der ökonomischen und politischen Instabilität in der ersten Hälfte des 20. Jahrhunderts eine Neuorientierung des Liberalismus in der Form eines „new liberalism" (CW9, 304) forderte.

Keynes wurde am 5.6.1883 in Cambridge in Großbritannien geboren. Cambridge blieb während seines Lebens der Dreh- und Angelpunkt seiner intellektuellen Entwicklung, während er parallel dazu in London ein von kulturellen Interessen, politischem Engagement und geschäftlichem Erfolg geprägtes Leben führte.

Sein Vater war John Neville Keynes, ein anerkannter Ökonom, der später in leitender Funktion in der Universitätsverwaltung tätig war. Seine Mutter, Florence Ada Keynes hatte am Newnham College in Cambridge studiert und wirkte als Sozialreformerin in Cambridge, wo sie auch das erste weibliche Mitglied des Stadtrats war.

Die Familie Keynes war durch geschäftliche Erfolge und intellektuelle Leistungen ihrer Mitglieder in die führende Klasse des viktorianischen Englands aufgestiegen und man mag hierin eine Wurzel von Keynes' liberalem Individualismus sehen. Daneben war der protestantische Geist der nonkonformistischen religiösen Tradition seines Elternhauses prägend.

Keynes besuchte das Internat Eton mit einem Stipendium und studierte anschließend am King's College in Cambridge. Nach seinem Abschluss in Mathematik im Jahr 1905 studierte er noch ein Jahr Volkswirtschaftslehre bei Alfred Marshall und Arthur Pigou, zwei prominenten Vertretern der später von ihm radikal kritisierten neoklassischen Schule der Volkswirtschaftslehre (VWL).

Als Student in Cambridge war Keynes Mitglied zahlreicher Debattierklubs und ging Freundschaften ein, die ihn teilweise sein Leben lang begleiteten. Seine Liebesbeziehungen waren in dieser Zeit ausschließlich homosexuell. Wie auch später in seinem Leben bewegte er sich häufig in künstlerischen und literarischen Kreisen.

Der Geist der Zeit war optimistisch: Die Liberale Partei kehrte 1906 an die Regierung zurück und leitete eine Phase der Reform und Modernisierung ein. Der Glaube daran, dass technische Innovation und soziale und politische Reformen den gesellschaftlichen Fortschritt unter Leitung einer bürgerlichen Elite sicherstellen konnten, war zumindest in den Reihen dieser Elite noch weitgehend ungebrochen.

Nach dem Studium arbeitete Keynes wechselnd und vielfach auch parallel im Staatsdienst,

F. Schui (✉)
Universität St. Gallen, St. Gallen, Schweiz
E-Mail: florian.schui@unisg.ch

M. Festl (Hrsg.), *Handbuch Liberalismus*, https://doi.org/10.1007/978-3-476-05798-3_16

an der Universität, als Publizist und als Geschäftsmann. 1907 trat Keynes in den Civil Service ein und arbeitete für zwei Jahre in der Kolonialadministration des India Office.

Ab 1908 begann er im Fach VWL in Cambridge zu unterrichten und arbeitete daneben an seiner *Treatise on Probability* mit der er sich erfolgreich 1909 um eine Fellowship am King's College bewarb und die 1921 veröffentlicht wurde. Es handelt sich hier um eine erste systematische Auseinandersetzung mit einem zentralen Thema in Keynes' Denken, der Unsicherheit und dem individuellen Umgang damit.

Nach dem Ausbruch des ersten Weltkriegs trat Keynes in den Dienst des Finanzministeriums. Dort nahm er an den Kriegsanstrengungen teil und machte sich im Ministerium bald einen Namen als schneller Denker und kompetenter Administrator. Gleichzeitig unterstützte er jedoch auch Freunde, die den Kriegsdienst verweigerten. Er tat das aus einer pazifistischen Grundeinstellung heraus, mehr noch aber, weil er überzeugt war, dass der Staat kein Recht habe, den einzelnen zur Teilnahme am Krieg zu zwingen.

Bei den Friedensverhandlungen in Versailles war Keynes der Vertreter des britischen Finanzministeriums, trat jedoch zurück, weil er die Forderungen der Siegermächte als übermäßig ansah und warnte, dass ihre Erfüllung zu wirtschaftlicher Stagnation und erneuten Konflikten führen würden. Er formulierte seine Kritik in der Schrift *The Economic Consequences of the Peace* (1919), die in kürzester Zeit zum internationalen Bestseller wurde. Darin wurden einige charakteristische Merkmale seines Gesamtwerks erstmals deutlich: seine Eloquenz, mit der es ihm gelang, sich in der breiten Öffentlichkeit Gehör zu verschaffen, sein Mut, sich kritisch gegen den politischen und moralischen Mainstream seiner Zeit zu stellen und schließlich seine Überzeugung, dass Pragmatismus und Vorsicht tragfähiger als etablierte Dogmen seien.

Die neue Welt, die der Erste Weltkrieg (s. Kap. 53) hinterließ, war geprägt von Gewalt und Unsicherheit und stand in krassem Gegensatz zum stabilen Optimismus, den Keynes und viele seiner Zeitgenossen in ihrer Jugend erlebt hatten. Die Eliten des alten Europas hatten den Kontinent in den Krieg gleiten lassen und zeigten sich auch nach dieser Katastrophe unfähig, eine neue Friedensordnung für den gemeinsamen Fortschritt zu schaffen.

Die Abrechnung mit den traditionellen Eliten und Moralvorstellungen war daher ein zentrales Thema in der Londoner Bloomsbury Group, der sich Keynes in dieser Zeit anschloss. Beispielhaft sei hier auf Lytton Stracheys kritisch gefärbte literarische Portraits *Eminent Victorians* (1918) verwiesen. Gleichzeitig waren Keynes und seine Bloomsbury-Freunde auch auf der Suche nach neuen Normen und Idealen, die ein Maß an Orientierung und Stabilität bringen konnten. Kunst und Ästhetik spielten hier eine zentrale Rolle ebenso wie die philosophischen Positionen George Edward Moores, die vielen Mitgliedern der Gruppe aus ihrer Zeit in Cambridge bekannt waren. In diese Zeit fällt auch Keynes' Hochzeit mit der russischen Balletttänzerin Lydia Lopokova im Jahr 1925.

In den 1920er Jahren war Keynes neben seiner universitären Arbeit auch als Publizist tätig und nahm an den wirtschaftspolitischen Debatten der Zeit teil. Hervorzuheben sind seine Schriften *The Economic Consequences of Mr Churchill* (1925) und *Can Lloyd George Do It?* (1929). Im ersten warnte er den Finanzminister Winston Churchill vor der Wiedereinführung des Goldstandards. Seine Warnungen blieben zunächst ungehört, jedoch musste der Goldstandard bereits 1931 wieder aufgegeben werden. Im zweiten unterstützte er das Wahlprogramm der Liberalen Partei, welches umfangreiche staatliche Interventionen zur Bekämpfung der hohen Arbeitslosigkeit vorschlug. In diesem Beitrag, wie auch in ‚Am I a Liberal?' (1925) und ‚The End of Laissez-Faire' (1926), setzte sich Keynes mit der theoretischen und politischen Neupositionierung des Liberalismus auseinander.

In dieser Zeit entwickelt er auch seine ökonomische Theorie weiter, die er schließlich in *The General Theory of Employment, Interest and Money* (GT) (1936) publizierte. Meilensteine auf dem Weg dahin waren der *Tract on Monetary Reform* (1923) und die *Treatise on Money* (1930). Indem Keynes mit der neoklassischen

Theorietradition der VWL brach, gelang es ihm in der GT erstmals, die langanhaltende ökonomische Stagnation nach der Großen Depression zu erklären. Seine neue Theorie ermöglichte eine effektivere Bekämpfung von Wirtschaftskrisen durch staatliche Eingriffe.

Dabei ist zu bemerken, dass zur Zeit der Publikation der GT bereits zahlreiche Staaten erfolgreich wirtschaftspolitische Eingriffe gegen die Krise vorgenommen hatten. Besonders zu nennen sind die zwar begrenzten, aber doch signifikanten ökonomischen Erfolge des New Deals in den USA und der Wirtschaftspolitik des jungen NS-Regimes in Deutschland. Im Kontrast dazu ist das Schicksal der zeitgenössischen Politiker und Staaten zu sehen, die statt auf expansive Staatsinterventionen auf Sparpolitik setzten: Herbert Hoover wurde abgewählt und die Weimarer Republik kollabierte.

Es wurde so auch deutlich, dass sowohl liberale Demokratien als auch faschistische Diktaturen die neue ökonomische Theorie für ihre Zwecke nutzen konnten, ganz so, wie die konkurrierenden politischen Systeme der Zeit sich gleichermaßen bemühten, die Fortschritte der Nuklearphysik für sich nutzbar zu machen. Aus diesem historischen Kontext entwickelte sich die zentrale Frage nach dem Verhältnis von Keynes' Wirtschaftstheorie zu dem politischen System, in dem sie angewendet wurde.

Mit der GT etablierte Keynes sich als wichtigste ökonomische Stimme seiner Zeit. Während des Zweiten Weltkriegs arbeitete er als Publizist, Politikberater und in offizieller Funktion: ab 1941 war er Mitglied des Direktoriums der Bank of England, ab 1942 saß er als Baron Keynes of Tilton im Oberhaus auf den Bänken der Liberalen Partei und ab 1944 leitete er die Britische Delegation bei den Verhandlungen über die Einrichtung der Breton-Woods-Institutionen. Noch 1946 leitete er auf britischer Seite die Verhandlungen über die Kriegsschulden mit den USA. Ebenfalls im Jahr 1946 krönte Keynes sein Engagement für die Künste mit der Einrichtung und Leitung des Arts Council of Great Britain.

Keynes starb am 21.4.1946 in Tilton. Seine Vorstellung eines ‚managed capitalism' dominierte die Nachkriegsjahrzente in zahlreichen westlichen Volkswirtschaften und trug entscheidend zum goldenen Zeitalter des Kapitalismus in dieser Phase bei. Im Folgenden wird es vor allem um Keynes' Liberalismus gehen, die Details seiner ökonomischen Analyse werden hier nur dargestellt soweit notwendig. Zusammenfassende Darstellungen seiner Wirtschaftstheorie finden sich in Skidelsky (2010, 79–102) und Schui (2013, 87–112), eine ausführliche Biographie liegt mit Skidelsky (2003) vor.

16.1 Keynes' Weg zum New Liberalism

Keynes war ein Anhänger des liberalen Individualismus, rückte jedoch im Lauf der Zeit zunehmend vom Wirtschaftsliberalismus ab. Dies geschah zunächst unter dem Eindruck der ökonomischen und politischen Instabilität nach dem Ersten Weltkrieg und dann als Reaktion auf die Ergebnisse seiner eigenen innovativen ökonomischen Analyse.

Keynes war ein überzeugter Verfechter des liberalen Individualismus. In ‚Am I a Liberal?' forderte er u.a. die Stärkung individueller Freiheitsrechte in folgenden Bereichen: die Stellung der Frau in Politik und Wirtschaft, Geburtenkontrolle und Zugang zu Empfängnisverhütung, Eherecht, Sexualstrafrecht und der Umgang mit Drogen.

Auch seine Ablehnung der wichtigsten parteipolitischen Konkurrenten der Liberalen in Großbritannien formulierte er aus einer klaren individualistischen Perspektive: Die konservative Partei lehnte er ab, weil sie dem Prinzip der Erblichkeit zu viel Bedeutung beimaß und bei der Labour Party fürchtete er vor allem ihren ökonomischen Egalitarismus. Beide politischen Traditionen ließen der individuellen Entfaltung der Persönlichkeit nicht genug Raum.

Sein Misstrauen gegenüber staatlichen Eingriffen speiste sich auch aus der Tradition des britischen Konservativismus. In ‚The Political Doctrines of Edmund Burke' (1904) äußerte er sich positiv über dessen Ablehnung der Umverteilung von ökonomischen Ressourcen soweit diese aus Gründen der sozialen Gerechtigkeit erfolgte und teilte die Vorbehalte gegenüber Revolutionen und den daraus hervorgehenden übermächtigen Staatsapparaten. Diese liberale Skepsis gegenüber der Massenherrschaft paarte sich bei Keynes mit einem intuitiven Vertrauen in die Fähigkeit einer an den besten Schulen und Universitäten ausgebildeten Elite, die richtigen gesellschaftlichen Entscheidungen zu treffen.

Keynes' Individualismus spiegelt sich auch in seinen Überlegungen über das Ideal des guten Lebens wider, die stark durch Moore beeinflusst waren. Wie er in ‚My Early Beliefs' (1938) darlegte, bestand für ihn das gute Leben aus Liebe, Freundschaft, der Suche nach neuem Wissen und der Beschäftigung mit Schönheit in Kunst und Natur. Entscheidend war auch hier, dass es dem Individuum vorbehalten blieb, diese Kategorien zu füllen, vor allem auch, weil nach Moore keine allgemeingültige Bestimmung des Guten möglich war. Es blieb der Intuition der Einzelnen vorbehalten, hier letzte Entscheidungen zu treffen.

Insgesamt geben Keynes' Überzeugungen einen Einblick in die Vorstellungswelt der progressiven liberalen Elite der Zeit. Allein seine Begeisterung für die Eugenik-Bewegung passt zwar zum Zeitgeist, ist jedoch aus heutiger Sicht kaum mit seiner übrigen liberalen Vorstellungswelt zu vereinbaren.

Die ersten Herausforderungen für Keynes' Weltbild ergaben sich aus der neuen Welt, die der Erste Weltkrieg hinterlassen hatte. Keynes war durchaus bewusst, dass es sich bei seinen Überzeugungen um eine Elitenideologie handelte, die die Gewinner des kapitalistischen Systems ansprach und kaum dazu taugte, die Massen für diese System zu begeistern. Diese Problemstellung verschärfte sich nach dem Ersten Weltkrieg, weil die ökonomischen und politischen Krisen der Zeit denjenigen Ideologien Zulauf bescherten, die der Unsicherheit die Vorstellung starker solidarischer Gemeinschaften entgegenstellten: einerseits die Gemeinschaft der Arbeitenden im Sozialismus und andererseits die rassistisch-nationalistisch definierte Volksgemeinschaft des Faschismus. Angesichts der ideologischen Schwäche des Liberalismus, so unterstrich Keynes, war der ökonomische Erfolg des Kapitalismus umso entscheidender: „If irreligious capitalism is ultimately to defeat religious Communism it is not enough that it should be economically more efficient – it must be many times as efficient" (CW9, 267).

In ‚The End of Laissez-Faire' argumentierte Keynes, dass der Liberalismus historisch versucht hatte, den Konflikt zwischen seinem Individualismus und den erstarkenden sozialistischen Traditionen im 18. und 19. Jahrhundert durch die Formel des Laissez-faire zu entschärfen. Das mit dem Schlagwort des Laissez-faire verbundene Versprechen war, dass der ökonomische Individualismus, wenn er nur durch Märkte gelenkt war, zu positiven ökonomischen Ergebnissen für alle führe. Für Keynes war dieses Argument an einen spezifischen historischen Kontext gebunden und konnte selbst in seiner Hochphase im 18. und 19. Jahrhundert analytisch immer nur eingeschränkt überzeugen. Eher schon war es Teil eines durch enge Klasseninteressen getragenen Vulgärliberalismus.

In jedem Fall aber konnte Laissez-faire keine effektive Antwort auf die Wirtschaftskrisen des 20. Jahrhunderts sein. Das Ideal des liberalen Individualismus konnte daher nach Keynes' Überzeugung nur überleben, wenn man die Doktrin des Laissez-faire fallenlies. Umgekehrt würde ein Festhalten am „capitalistic individualism" ein politisches Abgleiten in „authoritarian state systems" (CW7 235) unvermeidlich machen. Dieser Logik folgend unterstützte Keynes 1929 das Wahlprogramm der Liberalen, in dem sich die Partei vom traditionellen wirtschaftsliberalen Kurs abwandte.

Die Große Depression und Keynes' Analyse in der GT desavouierten die Doktrin des Laissez-faire dann vollständig. Dem Laienpublikum wurde durch die anhaltende hohe Arbeitslosigkeit in der Folge der Krise deutlich, dass das freie Spiel der Märkte nicht ausreichte, um Vollbeschäftigung wiederherzustellen. Für das Fachpublikum erklärte Keynes in der GT, warum die Wirtschaft auch langfristig in einem stabilen Gleichgewicht bei niedrigem Produktionsniveau und hoher Arbeitslosigkeit verharren konnte und warum nur staatliche Ausgabenprogramme, die durch Schulden finanziert wurden, diesen Zustand beenden konnten. Bei einem Festhalten an Laissez-faire drohe das Brachliegen ökonomischer Ressourcen in großem Umfang, darunter besonders der Arbeitskraft: „It is not a correct deduction from the principles of economics that enlightened self-interest always operates in the public interest“ (CW9, 287). Laissez-faire wurde damit endgültig unbrauchbar, um den Individualismus des Liberalismus vor der sozialistischen Kritik zu schützen.

Darüber hinaus ergaben sich aus Keynes' ökonomischer Analyse noch weitere für den Liberalismus folgenschwere Ergebnisse. Laut Keynes ist das zentrale Problem des entwickelten Kapitalismus der Mangel an Nachfrage und das damit einhergehende übermäßige Sparen. Da Keynes auch davon ausgeht, dass die individuelle Sparquote in erster Linie von der Höhe des Einkommens abhängt, beeinflusst die volkswirtschaftliche Einkommensverteilung den Umfang des gesamtgesellschaftlichen Sparens maßgeblich. Es ist im Interesse der wirtschaftlichen Effizienz, die Einkommensverteilung möglichst gleichmäßig zu gestalten und eine starke Konzentration von Einkommen in den Händen weniger zu vermeiden. Wie erwähnt lehnte Keynes Eingriffe in die Einkommensverteilung aus Gründen der sozialen Gerechtigkeit ab. Seine ökonomische Analyse machte aber genau solche Eingriffe notwendig, weil es sonst zu Arbeitslosigkeit kommen konnte, die leistungsbereiten Individuen die Chance nahm, ihre Ambitionen zu verwirklichen.

Langfristig verschärft sich dieses Problem weiter. Indem Volkswirtschaften, auch dank keynesianischer Eingriffe, erfolgreich wachsen und der Wohlstand zunimmt, steigen immer mehr Individuen in den Bereich der höheren Einkommen auf. Ihre Sparneigung nimmt zu und damit auch das gesamtwirtschaftliche Sparen. Die wachsenden Ersparnisse stehen für Investitionen bereit, aber die Nachfrage nach Investitionen wird wahrscheinlich nicht in gleichem Umfang steigen. Das heißt, dass potentiell viel mehr produktives Kapital z. B. in der Form von Maschinen und Werkzeugen zur Verfügung gestellt werden könnten, als die Wirtschaft braucht: Der Preis, den man für die Nutzung zusätzlichen Kapitals zahlen muss, sinkt gegen Null.

Dieser Prozess stellt eine doppelte Herausforderung für den Liberalismus dar. Einerseits kommt es zur „euthanasia of the rentier“ (CW7, 375. Vgl. Krugman 2006.), d. h. wer von den Erträgen seines Kapitals lebt, wird das nicht mehr tun können. Damit wird ein soziales Milieu unterminiert, in dem der Liberalismus traditionell gut verwurzelt war und der Liberalismus politisch geschwächt.

Andererseits stellt sich die Frage nach der ökonomischen Koordination: Wenn private Kapitaleigner nicht mehr durch den Kapitalertrag bestimmte Investitionsentscheidungen treffen können, muss diese Koordinationsfunktion anderweitig wahrgenommen werden. Keynes geht in der GT nur sehr kurz und wenig präzise auf die politische Lösung für dieses Problem ein, indem er darauf verweist, dass eine „comprehensive socialisation of investment“ (CW7, 376) notwendig sei. Es liegt nahe, dies als einen Hinweis auf steuernde staatliche Eingriffe zu verstehen.

Auch in ‚The End of Laissez-Faire‘ schrieb Keynes über „possible improvements in the technique of modern capitalism by the agency of collective action“, führt dort jedoch aus, dass unter dem angesprochenen Kollektiv nicht unbedingt eine staatliche Instanz zu verstehen ist: „I believe that in many cases the ideal size of the unit of control and organisation lies somewhere between the individual and the modern state“. So sieht Keynes bereits zu seiner Zeit eine schleichende Tendenz zu ‚Sozialisierung‘: „Shareholders […] are almost entirely dissociated from the management […]. When this stage is reached the general stability and reputation of the institution are the more considered by the management than the maximum of profit for the shareholders“. Die Verantwortung des Managements bleibt jedoch nicht nur auf das Wohlergehen des Unternehmens beschränkt, sondern erstreckt sich auf die ganze Gesellschaft: „the direct interest of the management often consists in avoiding criticism from the public and from the customers of the concern“ (CW9, 287–288). Die

Herrschaft der Kapitaleigner und ihres Eigeninteresses endet so schleichend und wird durch die Ägide einer wohlmeinenden Funktionselite ersetzt, die, so darf man vermuten, in Keynes' Vorstellung dem gleichen Milieu und Bildungseinrichtungen entsprang wie er selbst.

Aus heutiger Sicht mag die Tatsache, dass Manager sich immer wieder von kurzfristigen Erfolgen und eigenen Karrierevorteilen leiten lassen, Keynes' Überlegungen an dieser Stelle in Frage stellen. Eingriffe durch einen demokratischen Staat mögen hier eine erfolgversprechendere Perspektive darstellen, als die Herrschaft einer aufgeklärten Elite, obwohl Letztere sicherlich leichter mit der liberalen Ideenwelt Keynes' zu vereinbaren war. Im Übrigen wäre es aber auch ganz im Sinne Keynes, solche Zukunftsfragen nicht durch theoretische Überlegungen im Vorfeld zu klären, sondern durch pragmatisches und vorsichtiges Vorgehen im geeigneten Moment. Keynes war schließlich nicht nur ein begeisterter Leser Burkes, sondern auch Bürger eines Staates, der sich bis heute ohne geschriebene Verfassung sehr weitreichend auf den Pragmatismus und das Verantwortungsbewusstsein seiner Eliten verlässt.

Wenn auch noch wichtige Fragen zu klären waren, so bestand doch für Keynes kein Zweifel daran, dass seine ökonomische Analyse es ermöglichte, die ökonomischen Probleme seiner Zeit zu lösen und langfristig die Menschheit von dem Problem der materiellen Knappheit zu befreien. In ‚The Economic Possibilities for our Grandchildren' (1930) legte Keynes dar, wie die Zukunft zu gestalten wäre. Er ging dabei von einer klaren Unterscheidung von primären und sekundären Bedürfnissen aus. Anstatt in der langen Frist das Wirtschaftswachstum immer weiter zu führen, indem man sich auf die Befriedigung sekundärer Bedürfnisse verlegt und diese sogar gezielt stimuliert, empfahl Keynes, es bei der Befriedigung der primären Bedürfnisse zu belassen und Steigerungen in der Arbeitsproduktivität durch technologische Fortschritte dazu zu nutzen, bei gleichem Produktionsniveau weniger zu arbeiten. Aus heutiger Sicht wird man hier sogleich an die ökologischen Vorteile einer solchen Entwicklung denken, doch diese spielten in Keynes' Überlegungen noch keine Rolle. (Mehr zur Aktualität von Keynes' Überlegungen in Skidelsky 2012). Stattdessen ging es um die Realisierung eines wahren Individualismus. In der stetig wachsenden Freizeit würden die Menschen immer mehr Zeit dazu haben, das gute Leben zu führen, das Keynes und seine Bloomsbury-Freunde schon zu seiner Zeit leben konnten: ein Leben, das der Pflege von Freundschaften und der Kunst und Ästhetik gewidmet war.

Es handelt sich bei dieser Skizze der Zukunft gleichzeitig um die programmatische Vollendung von Keynes' New Liberalism: Der ökonomische Individualismus muss geopfert werden, um die ökonomische Effizienz des Kapitalismus zu retten. Diese ökonomische Effizienz ermöglicht es dann der Wirtschaft und der Befriedigung materieller Bedürfnisse immer weniger Zeit und Aufmerksamkeit zu widmen. Durch die so gewonnene freie Zeit wird in immer größerem Umfang Raum für einen echten Individualismus geschaffen. Befreit von den Ketten der Befriedigung materieller Bedürfnisse können sich Individuen in einer wirklich freien und selbstbestimmten Entwicklung entfalten. Für Keynes musste der Wirtschaftsliberalismus weichen, damit das wahre Ideal des Liberalismus realisiert werden konnte.

16.2 Kritik und Wirkung

Der Großteil der Debatten um Keynes' Werk bezieht sich auf seine ökonomische Theorie. Hier soll es ausschließlich um die politische und philosophische Kritik gehen.

Bereits 1942 wies der Ökonom Michał Kalecki auf Keynes' politische Naivität hin. Kalecki hatte selbst zur ‚keynesianischen Revolution' in der VWL beigetragen und ging davon aus, dass auf dieser Grundlage das Ziel der Vollbeschäftigung dauerhaft zu erreichen war. Aus Sicht des Marxisten Kalecki unterschätzte Keynes jedoch den politischen Widerstand, den es im Kapitalismus gegen dauerhafte Vollbeschäftigung geben werde, obwohl Unternehmer und ökonomische Elite vom ökonomischen Wachstum profitieren würden. Er nannte drei Gründe: (1) So lange der Staat nicht regulierend eingreift, hängt die Investitionstätigkeit und damit die ökonomische Entwicklung stark vom „state of confidence" der ökonomischen Elite ab. Das gibt ihr eine politische Macht, die weit über ihre demokratische Teilhabe hinausgeht. (2) Durch eine keynesianische Wirtschaftspolitik wird eine stetige Erweiterung der Staatstätigkeit wahrscheinlich. Wenn der Staat über die traditionellen Bereiche öffentlicher Investitionen hinausgeht, kommt es zu einer Verdrängung privater Investoren aus profitablen Sektoren. (3) Arbeitslosigkeit wirkt disziplinierend auf die Beschäftigten. Wenn diese wegfällt, ist mit aggressiveren Forderungen der Beschäftigten und einer Stärkung der Gewerkschaften zu rechnen.

Insgesamt geht Kalecki davon aus, dass Keynes' ‚managed capitalism' neue demokratischere Strukturen in Wirtschaft und Gesellschaft notwendig machte. Gelinge diese institutionelle Veränderung nicht, etwa weil die ökonomischen Eliten sich mit autoritären politischen Bewegungen dagegen verbünden, bleibe eben doch nur der Umsturz des Kapitalismus als Lösung, einen Umsturz, den Keynes vermeiden wollte.

Fast gleichzeitig mit Kalecki formulierte der Liberale Friedrich Hayek eine weniger fundierte, aber dafür in der Folge weitaus einflussreichere politische Kritik (s. Kap. 17). Wie auch Kalecki ging Hayek davon aus, dass eine keynesianische Wirtschaftspolitik ökonomisch erfolgreich sein würde. Die dazu notwendige Ausdehnung der Staatstätigkeit werde jedoch zu einem zunehmenden Verlust der individuellen politischen Freiheit führen und sei daher abzulehnen.

Hayek folgte dabei in *The Road to Serfdom* (1944) im Wesentlichen den Argumenten Wilhelm von Humboldts ohne sich ausdrücklich auf diese zu beziehen. Je größer der Anteil des Staates an der Wirtschaftsleistung, desto weniger Gestaltungsmöglichkeiten blieben den Einzelnen. Hayek akzeptierte nicht, dass in einem demokratischen Staat die Einzelnen eine neue Form von Freiheit genießen, weil sie an den Entscheidungen über die Verwendung der staatlichen Mittel mitwirken, denn die realen Entscheidungsprozesse in Demokratien seien durch Bürokraten und nicht durch die gewählten Vertreter bestimmt. Die einzige Möglichkeit, den Individualismus zu erhalten, sei daher die Begrenzung des Umfangs der Staatstätigkeit und vor allem der Verzicht auf jeden Versuch, ökonomische Krisen auszugleichen.

Den Einwand, dass auch diese Krisen durch Armut und ökonomische Unsicherheit die Freiheit und Entfaltungsmöglichkeiten einzelner Individuen erheblich einschränken können, lässt Hayek nicht gelten. Ebenso teilt er nicht die Sorge, dass ökonomische Krisen zum Zusammenbruch der liberalen politischen Ordnung führen können und so die Freiheit der Einzelnen dauerhaft beschädigen können. Ökonomische Krisen, so Hayek, seien Phasen, in denen die Einzelnen ihre Kreativität und Flexibilität ausüben und trainieren könnten.

Mit dieser Argumentation entfernt sich Hayeks Neo-Liberalismus ebenso wie Keynes' New Liberalism vom klassischen Liberalismus, indem er das Effizienzversprechen des Laissez-faire aufgibt. Nach Hayek ist ökonomischer Individualismus nicht deswegen wünschenswert, weil er ökonomisch effizient ist, wie Smith oder Mill argumentierten, sondern weil Marktprozesse per se mehr individuelle Freiheit ermöglichen als die kollektiven Prozesse, die der staatlichen Macht in Demokratien zugrunde liegen.

Obwohl Hayeks historisches Hauptargument, dass der erfolgreiche soziale und ökonomische Interventionismus der Weimarer Republik maßgeblich zum Aufstieg des Nationalsozialismus geführt habe, historisch fragwürdig ist und auch in der langen historischen Perspektive ein Zusammenhang zwischen der Größe von Staaten und dem Verlust der individuellen Freiheit nicht klar festzustellen ist, gewann seine Variante des neuen Liberalismus ab den 1970er Jahren an Einfluss. Der Grund dafür war vor allem der Niedergang des Keynesianismus durch die Wirtschaftskrise der 1970er Jahre und der politische Umschwung hin zu einem neuen Zeitalter des Wirtschaftsliberalismus ab den 1980er Jahren.

16.3 Aktualität

Durch die mehrere Jahrzehnte währende Phase der wirtschaftsliberalen Globalisierung sind die Phänomene, die Keynes beschäftigten, auch heute wieder Teil der politischen Debatte: zunehmende ökonomische Ungleichheit, schwaches Wachstum, Arbeitslosigkeit und zyklisch auftretende Krisen. Gleichzeitig lässt sich das erneute Aufkommen anti-liberaler politischer Bewegungen beobachten. Keynes' Frage, ob Liberale den ökonomischen Individualismus aufgeben müssen, um die Ideale des Liberalismus zu retten, stellt sich damit heute erneut. Dazu kommt die Frage, ob das Ende des Wirtschaftsliberalismus und die ‚Sozialisierung' der Investitionsentscheidungen nicht die einzige Möglichkeit ist, die Wirtschaft so umzugestalten, dass sie zur Lösung der ökologischen Probleme unserer Zeit beiträgt.

Literaturs

Anand, Chandavarkar: The Unexplored Keynes and other essays. New Dehli 2009.

Carter, Zachary: Price of Peace: Money, Democracy and the life of John Maynard Keynes. New York 2020.

Backhaus, Jürgen: Keynesianism in Germany. In: Tony Lawson und Hashem Pesaran, Keynes, John Maynard: The Collected Writings of John Maynard Keynes (CW). Hg. Elizabeth Johnson and Donald Moggridge 30 Bde. New York/London 1971–89. Siehe auch: Keynes, John Maynard: The Essential Keynes. Hg. Robert Skidelsky. London 2015.

Keynes, John Maynard: The Collected Writings of John Maynard Keynes (CW). Hg. Elizabeth Johnson und Donald Moggridge 30 Bde. New York/London 1971–89.

Keynes, John Maynard: The Essential Keynes. Hg. Robert Skidelsky. London 2015.

Krugman, Paul: Introduction to The General Theory of Employment, Interest, and Money (2006). In: http://www.pkarchive.org/economy/GeneralTheoryKeynesIntro.html (2.8.2020).

Schui, Florian: Austerity Can Wait: Keynes. In: Ders., Austerity: The Great Failure. Yale 2013, 87–112.

Skidelsky, Robert: John Maynard Keynes, 1883–1946: Economist, Philosopher, Statesman. London 2003.

Skidelsky, Robert: Keynes. A Very Short Introduction. Oxford 2010.

Skidelsky, Robert and Skidelsky, Edward. How Much is Enough? Money and the Good Life. London 2012.

Strachey, Lytton: Eminent Victorians. London 1918.

Walsh, Justin: Keynes and the Market. London 2008.

17 Friedrich August Von Hayek

Carl David Mildenberger

17.1 Leben und Wirken

Friedrich August von Hayek (1899–1992) war ein österreichischer Ökonom und Philosoph. In Wien in eine Familie von Akademikern hineingeboren, studierte Hayek zunächst Rechtswissenschaften an der Universität Wien, zeigte aber auch großes Interesse an Psychologie und Volkswirtschaftslehre. So nahm er regelmäßig an Seminaren von Ludwig von Mises Teil und wurde 1921 in Rechtswissenschaften und 1923 in Staatswissenschaften promoviert.

Hayek arbeitete zunächst als Ökonom an der Universität Wien, bevor er 1931 an die London School of Economics wechselte. Hier forschte und lehrte er lange Jahre und wurde in seiner ökonomischen Lehre als Gegenpol zu John Maynard Keynes wahrgenommen, dem er freundschaftlich verbunden war. 1950 wechselte Hayek an die University of Chicago, bevor er 1962 als neuer Inhaber des Lehrstuhls für Wirtschaftspolitik nach Freiburg ging. Hier wurde er 1969 emeritiert. 1974 erhielt Hayek zusammen mit dem Ökonomen Gunnar Myrdal den Preis für Wirtschaftswissenschaften der Schwedischen Reichsbank – den ‚Nobelpreis für Ökonomie'. Die beiden wurden für ihre Pionierarbeit auf dem Gebiet der Geld- und Konjunkturtheorie und ihre tiefgründige Analyse des Zusammenhangs von wirtschaftlichen, gesellschaftlichen und institutionellen Erscheinungen geehrt. Hayek verstarb 1992 in Freiburg.

Hayeks frühes ökonomisches Wirken wurde stark von der Weltwirtschaftskrise 1929 geprägt. Hayek versuchte, im Widerstreit mit Keynes, aufzuzeigen, dass die staatliche Inflationspolitik vor 1929 den Zusammenbruch erst heraufbeschworen hatte; womit der Staat und nicht der Markt Schuld am Geschehen trage. Hayeks späteres Werk ist stark vom Systemwettstreit zwischen kapitalistischem Westen und sozialistischem Osten geprägt, wie beispielhaft in *The Fatal Conceit* (1988). Hayek tritt in diesem Zusammenhang als Verteidiger der individuellen Freiheit auf, was ihm seinen Platz als einem der wichtigsten Vertreter des Liberalismus im 20. Jahrhundert sicherte. Hayek argumentierte nicht nur philosophisch für den Wert der Freiheit, sondern auch ökonomisch. So legt er z. B. in seinem einflussreichen Aufsatz „The Use of Knowledge in Society" (1945) dar, inwiefern eine Wirtschaftsordnung mit freier Preisbildung einer Planwirtschaft überlegen ist, indem Erstere in der Lage ist, das dezentral vorhandene ökonomische Wissen der Einzelakteure am Markt zu integrieren.

C. D. Mildenberger (✉)
Universität Zürich, Zürich, Schweiz
E-Mail: carldavid.mildenberger@unisg.ch

M. Festl (Hrsg.), *Handbuch Liberalismus*, https://doi.org/10.1007/978-3-476-05798-3_17

17.2 Hayeks Platz im Liberalismus

Hayek wird oft in einem Atemzug mit John Locke (s. Kap. 1) oder Adam Smith (s. Kap. 3) als Vertreter des klassischen Liberalismus genannt. Das macht insofern Sinn, als dass sich viele Parallelen zwischen den klassischen Denkern und Hayeks Werk finden lassen. Zum einen die klare Positionierung gegen ‚zu viel' Staat – damals in Abgrenzung zum Absolutismus, bei Hayek in Abgrenzung zu sozialistischen Tendenzen. Zum anderen betont Hayek, wie auch Locke oder Smith, die individuellen, negativen Freiheitsrechte der Individuen und räumt den ökonomischen Freiheitsrechten (wie z. B. der Vertragsfreiheit oder dem Recht auf Eigentum) eine zentrale Stellung ein.

Die Einordnung von Hayek als Vertreter des klassischen Liberalismus ist allerdings dahingehend erklärungsbedürftig, dass zwischen Locke und Smith einerseits und Hayek andererseits ca. 200 Jahre liegen. In dieser Zeit hatte sich der Liberalismus mit Denkern wie z. B. John Stuart Mill (s. Kap. 12) und später John Rawls (s. Kap. 19) in eine andere Richtung weiterentwickelt, die auch die positiven Rechte von Individuen betont und dem Staat eine größere Verantwortung für die materiale (und nicht nur formale) Freiheit der Bürger auferlegt. Hayek wirft Mill dann auch vor, den Liberalismus in einen Sozialismus verwandelt zu haben – und dass er das Problem der Verteilung der Güter als unabhängig von der Produktion der Güter ansehe (vgl. Gaulke 1994, Hennecke 2008, 155–6). Hayek stößt sich somit an Mill, gerade weil Mill sich vom klassischen Liberalismus absetzt.

Vor diesem Hintergrund lässt sich Hayeks Werk wohl am besten als eine Renaissance klassisch liberalen Denkens (und der ihm typischen Schwerpunkte) verstehen – mit zwei Besonderheiten. Erstens zieht sich die Auseinandersetzung mit menschlicher, insbesondere planerischer Hybris durch Hayeks Werk. Entgegen einer bestimmten Tradition der Aufklärung betont Hayek gerade die Grenzen menschlicher Vernunft und stellt sich denjenigen entgegen, die einen rational-perfektionistischen Anspruch gegenüber der Gestaltung der Gesellschaft einnehmen. Hayek zufolge sollten wir nicht nur das gelten lassen, was wir ausdrücklich und bis ins Innerste hinein vernunftmäßig verstehen, wenn wir nicht unversehens zu Zerstörern anstatt zu Förderern der Zivilisation werden wollen (Hayek 2007). Wie Schmidtz (2012) herausarbeitet, ist Hayek diesbezüglich der herausragende Vertreter einer Richtung, die man als „epistemologischen Liberalismus" bezeichnen kann.

Zweitens legt Hayek einen besonderen Fokus auf das Wesen gesellschaftlicher Ordnung. Wie kein liberaler Denker vor ihm hat er es sich über Jahrzehnte hinweg zur Aufgabe gemacht, die Idee der spontanen gesellschaftlichen Ordnung, die sich aus der Interaktion freier Individuen ergibt, in aller Klarheit zu beschreiben, zu theoretisieren und auch die politischen Konsequenzen darzulegen. Hiermit leistet Hayek einen eigenständigen und originellen Beitrag zum Liberalismus. Um die Idee spontaner Ordnung bestmöglich zu theoretisieren, bedient sich Hayek nicht nur Überlegungen aus der politischen Philosophie. Gerade die Grundlagen seiner Theorie sind in der Erkenntnistheorie verortet – und reflektieren auch auf die Wissenschaftstheorie zurück.

17.3 Hauptwerke und -gedanken

Ganz allgemein definiert Hayek Ordnung in *Law, Legislation, and Liberty* (1973) als einen Zustand, in dem wir erfolgreich Erwartungen und Hypothesen für die Zukunft aufstellen können. Ohne Ordnung, d. h. in einem chaotischen Zustand, wären zweckgerichtete Handlungen von Individuen erschwert, und es hinge stark vom schieren Glück ab, in wie weit wir unsere Zwecke – als Individuen und als Gesellschaft – erfüllen können. Ordnung ist somit zentral für erfolgreiches (Zusammen-)Leben.

Hayeks großes theoretisches Verdienst liegt nun darin, in aller Detailschärfe dargelegt zu haben, dass Ordnung nicht zwangsläufig aus der ordnenden Hand eines Akteurs hervorgehen muss – mithin designt ist –, sondern sich auch spontan aus dem Zusammenspiel freier Individuen entwickeln kann. Obwohl wir die Tendenz haben, die soziale Ordnung, in der wir leben, zu anthropomorphisieren, d. h. sie als das Produkt rationaler Willens-Entscheidung zu betrachten, so gehen wir hier laut Hayek doch fehl. Wir müssen unterscheiden zwischen Ordnungen, die wir selbst bewusst hergestellt haben, durch das Zuteilen von Aufgaben und Zuständigkeiten (*taxis*), und *spontaner Ordnung* (*cosmos*). Letztere formiert sich unabhängig vom Willen irgendeines menschlichen Akteurs, sondern durch die Regelmäßigkeiten, die das Verhalten der Elemente einer solchen Ordnung aufweist. Spontane Ordnung ist ein ‚endogenes', ‚intrinsisches', bzw. ‚selbst-regulierendes' System (Hayek 1978). Die Ordnung, die auf freien Märkten entsteht, d.h. das Zusammenspiel von Produktion und Konsumption mannigfaltiger Güter und Dienstleistungen ohne zentrale Ordnungsinstanz, ist Hayeks bevorzugtes Beispiel. Weil Märkte eine Instanz spontaner Ordnung sind, ist laut Hayek kein einzelner Akteur verantwortlich für die Ergebnisse, die sie zeitigen, oder in der Lage, den grundsätzlichen Lauf der Dinge auf Märkten im Voraus zu bestimmen.

Spontane Ordnung ist nicht auf einen bestimmten Zweck hin ausgerichtet. Das bedeutet aber gerade nicht, dass diese Art der Ordnung dem Erreichen von Zielen ähnlich abträglich wäre wie das Chaos. Im Gegenteil argumentiert Hayek, dass spontane Ordnung besonders geeignet ist, ein großes Spektrum von individuell *verschiedenen* Zwecken zu befördern. Es ist eine der zentralen Eigenschaften spontaner Ordnung, dass sie die Koexistenz verschiedener – und auch konfligierender – Zwecke und Interessen erlaubt. Auch wenn ich die Interessen gewisser anderer nicht teile, oder gar missbillige, kann es doch sein, dass wir in ein Austauschverhältnis zueinander treten.

Dabei ist es Hayek wichtig, die Spontaneität der entstehenden Ordnung von der Entstehungsgeschichte der ihr zugrunde liegenden Regeln zu trennen. Es ist nicht der Fall, dass die sozialen Regeln, die spontane Ordnung ermöglichen, sich selbst notwendigerweise spontan in einem quasi-evolutionären Prozess entwickelt haben (ebd.). Es ist durchaus eine Möglichkeit, dass wir als Gemeinschaft Regeln bewusst setzen, die dann zur Entstehung einer spontanen Ordnung führen. Sofern wir dies wollen, müssen wir aber die Charakteristiken der Regeln verstehen, die spontaner Ordnung zugrunde liegen – und auch, was Regeln ganz im Allgemeinen sind.

Regeln sind für Hayek Formen der Anpassung an das für Menschen konstitutive Nichtwissen (1973). Wenn wir Regeln befolgen, anstatt jeden Fall einzeln zu entscheiden, so tun wir dies, weil wir generell nicht über all das Wissen verfügen, das notwendig wäre, um eine optimale (oder auch nur hinreichend gute) Entscheidung zu treffen. Regelbefolgung ist im Wesentlichen eine Strategie, die darauf beruht, das zu tun, was in der Vergangenheit auch schon gut funktioniert hat oder was andere mir nahegelegt haben, was gut funktionieren würde. Die Macht einer Regel besteht darin, dass sie das Wissen unzähliger bereits vollzogener Handlungen von mir und von Anderen in sich birgt, die in gleicher oder zumindest vergleichbarer Situation erfolgreich und weniger erfolgreich waren. Eine Regel für eine bestimmte Situation abstrahiert dabei die wichtigsten Faktoren zurückliegender Entscheidungen und Handlungen und besagt, was im Allgemeinen am besten funktioniert. Hayek gesteht ein, dass wir vielleicht noch bessere Handlungsergebnisse erzielen könnten, wenn wir über vollständige Informationen bezüglich der Situation verfügten, in der wir uns befinden. Nur ist dies praktisch nie der Fall. Regelbefolgung kompensiert die Effekte unseres Unwissens.

Hierbei haben laut Hayek sowohl Regeln der Klugheit als auch rechtliche oder moralische Regeln grundsätzlich den gleichen Ursprung. Nichts könnte laut Hayek anmaßender sein als die positivistische Idee, dass Regeln etabliert wurden, gerade weil wir die Konsequenzen von Handlungen kennen (und weil ein allwissender und wohlwollender sozialer Planer danach strebte, eine Menge von Regeln zu designen, die für alle akzeptabel sind sowie erstrebenswerte Ergebnisse zeitigen). Eine solche Denkweise überschätzt Hayek zufolge dramatisch das

Vermögen konstruktiven Denkens und die Fähigkeit, die Ergebnisse grundsätzlich unabhängiger aber eben doch interdependenter Handlungen ganzer Gruppen von Menschen vorherzusehen. Eine solche Hybris offenbart auch Ignoranz in Bezug darauf, was Regeln tatsächlich sind und wie sie entstehen.

In direktem Zusammenhang hierzu steht auch Hayeks Unterscheidung in zwei Arten von Regeln. Taxis ist der Begriff, der bei Hayek ‚gemachte' Gesetze bezeichnet, die im Hinblick auf ein bestimmtes als gesellschaftlich erstrebenswert angesehenes Ziel hin eingeführt werden; z. B. die Gleichverteilung von Vermögen. *Nomos* hingegen bezeichnet ‚gewachsene' Gesetze, die sich in einem natürlichen Prozess entwickelt haben. Sie überstehen dabei laut Hayek gerade deswegen den Test der Zeit, weil sie nicht auf bestimmte Endzwecke ausgerichtet sind, sondern nur allgemein nützliche Rahmenbedingungen für das Zusammenleben freier Individuen etablieren. Eigentumsrechte, die kein direktes Ziel befolgen, aber für die Erreichung vieler Ziele förderlich sind, sind hierfür ein gutes Beispiel. *Nomoi* zerstören die spontane Ordnung nicht, sondern unterstützen vielmehr eine freie Entfaltung derselben.

Ferner unterscheidet Hayek bezüglich unseres Unwissens, das sowohl den Regeln als auch der Regelbefolgung zugrunde liegt, zwei Dimensionen: *faktische Ignoranz und normative Ignoranz* (vgl. Mack 2006). Faktische Ignoranz bezieht sich auf die Tatsache, dass wir nie alle Umstände und relevanten Konsequenzen unserer Handlungen kennen bzw. abschätzen können. Es handelt sich um eine epistemologische Limitierung. Normative Ignoranz hingegen bezieht sich bei Hayek auf das Fehlen einer gemeinsamen „Hierarchie der Zwecke" der Mitglieder einer Gesellschaft (Hayek 1973). Es ist nicht der Fall, dass wir uns in einer Gesellschaft einig wären, welche Zwecke es wert sind, verfolgt zu werden – geschweige denn in welcher Rangordnung die verschiedenen Zwecke zueinanderstehen, oder wie wir vermitteln sollten, wenn Konflikte entstehen. Eine solche Rangordnung zu besitzen setze voraus, dass wir über etwas verfügen, das es laut Hayek nicht gibt und auch nie gab: ein vollständiger Moralkodex, in dem die relativen Werte aller menschlichen Zwecke, sowie die relative Wichtigkeit aller Bedürfnisse verschiedener Menschen eine genau bestimmbare quantitative Größe annehmen (Hayek 1939). Das Fehlen einer Hierarchie der Zwecke ist dabei laut Hayek vor allem der Tatsache geschuldet, dass wir kein allgemeines Vergleichsattribut kennen, das in der Lage wäre, eine vermittelnde Rolle einzunehmen. Dies ist als direkter Angriff Hayeks auf den Utilitarismus zu werten.

Eine der wichtigsten politischen Konsequenzen von Hayeks epistemologischen und ordnungstheoretischen Grundhaltungen ist sein Konzept der Gerechtigkeit. Gerechtigkeit im strengen Sinne ist für Hayek ein Attribut menschlichen Verhaltens und allenfalls noch der Regeln, die dieses Verhalten leiten (1973). Das ist Hayek zufolge hauptsächlich deswegen der Fall, weil nur Dinge, die menschlicher Kontrolle unterliegen (d. h. insbesondere Handlungen, deren Folgen vorhersehbar und beabsichtigt sind), als gerecht oder ungerecht bezeichnet werden können. Es mag verständlich sein, dass wir oft dazu tendieren, Zustände oder bestimmte Güterverteilungen als gerecht oder ungerecht anzusehen. Aber so naheliegend dieser Gebrauch des Konzepts Gerechtigkeit auch sein mag, ist er doch irreführend und potentiell gefährlich, da Zustände und Verteilungen typischerweise nur das Nebenprodukt oder die nicht intendierte Nebenwirkung von menschlichen Handlungen sind – anstatt das angestrebte Ziel.

Gerade in Bezug auf die Ergebnisse spontaner Ordnungsprozesse, die von keinem Teilnehmer intendiert sind, niemandem allein zugerechnet werden können und nicht der Kontrolle einzelner Individuen unterliegen, wäre es ein Kategorienfehler, sie als gerecht oder ungerecht zu beurteilen. Bspw. die sich auf Märkten einstellenden Preise sind weder gerecht noch ungerecht. Sie besitzen gar keinen moralischen Status. Um eine bestimmte Güter- oder Einkommensverteilung als gerecht zu bezeichnen, müsste sie dagegen aus einer auf Befehlen basierenden taxis hervorgegangen sein, die die Menschen auf eine einheitliche Zielhierarchie verpflichtet.

Gerecht sind für Hayek allenfalls all die einzelnen, individuellen Handlungen, die in aggregierter Form zu einem Marktpreis führen. Und zwar genau dann, wenn sie gültige negative Verhaltensstandards erfüllen, also bspw. bei einem Tauschvorgang weder Zwang noch Täuschung im Spiel war. Gerechte Verhaltensstandards sind dabei wiederum jene Regeln, die objektiv, abstrakt oder unparteiisch sind – in dem Sinne, dass sie keine Sonderinteressen befördern, sondern für alle gleichermaßen gelten. Solche gerechten Verhaltensstandards sind für Hayek bis auf wenige Ausnahmen Verbote.

Hayeks Begriff von Gerechtigkeit stellt somit auf Verfahrens- oder Tauschgerechtigkeit und nicht auf Verteilungs- oder soziale Gerechtigkeit ab. Er betrachtet die Idee ‚sozialer Gerechtigkeit' an sich als Trugbild oder Illusion. Soziale Gerechtigkeit (z. B. im Sinne einer Gleichverteilung bestimmter Güter) anzustreben, ist für Hayek die „Anwendung von Gefühlen auf die modernen Großgesellschaften, die wir in Hunderten oder Tausenden Jahren des Lebens in der kleinen Gruppe oder Horde entwickelt haben, weil sie zur Erhaltung der in solch kleinen Gruppen lebenden Menschen beigetragen haben" (ebd., 146). In liberalen Gesellschaften hingegen sind solche urtümlichen Stammesgefühle fehl am Platze.

Es ist dabei keineswegs so, dass Hayek denen, die solche gerechten Verteilungen anstreben, zwangsläufig böse Absichten unterstellen würde. Er wirft ihnen allerdings vor, kein Verständnis für die Vorteile spontaner Ordnung zur Erreichung allgemein wünschenswerter Ziele zu haben (Hayek 1944).

Nicht zuletzt fügen sich Hayeks Gedanken zu Freiheit und Zwang in Kapitalismus und Sozialismus, wie in *The Road to Serfdom* (ebd.) und *The Constitution of Liberty* (1960) ausgearbeitet, in dieses Gesamtbild ein. Der Begriff der Freiheit ist für Hayeks Denken konstitutiv; schon aus methodologischer Sicht. Wenn es um das Verständnis des Verhaltens Einzelner geht – aber auch um das Verständnis ganzer Gesellschaften –, so ist die individuelle Freiheit bei Hayek als Annahme gesetzt. Wären die Individuen nicht frei in ihren Entscheidungen, so bestünde die Gefahr eines gesamtgesellschaftlichen Determinismus. Man könnte dann mit kühler Voraussicht berechnen, wie bestimmte äußere Einflüsse sich letztlich politisch und ökonomisch niederschlagen. Eine solche Idee sei aber eben nicht nur normativ, sondern auch wissenschaftstheoretisch unhaltbar.

Darüber hinaus sieht Hayek in der Freiheit nicht nur einen Wert unter vielen, sondern die unentbehrliche Voraussetzung anderer Werte. Hayek gibt das Beispiel der Solidarität. Diese sei nur dann von moralischem Wert, wenn man aus freien Stücken solidarisch sei. Staatliche Zwangssolidarität über Umverteilung hat keinen solchen Wert. Auch eine planwirtschaftliche Organisation ist mit Hayeks Freiheitsbegriff nicht vereinbar. Erstens ist das Ausführen von gesamtwirtschaftlichen Plänen ein so starker Eingriff, dass er nicht mit individueller Freiheit kompatibel ist. Ständig müssen sich die Individuen staatlichen Regulierungen und Fein- bzw. Nachjustierungen unterwerfen. Zweitens lässt sich wirtschaftliche Freiheit schlicht nicht von anderen Formen der Freiheit trennen. Im historischen Rückblick ist es laut Hayek sogar so, dass individuelle Freiheit nur dort entsteht, wo gewerbliche Freiheit bereits garantiert wurde.

Aber nicht nur in Abgrenzung zum Sozialismus will Hayek den Freiheitsbegriff herausarbeiten und reinigen. Wird Hayek von linksliberaler Seite gerne vorgehalten, er habe einen verengten Freiheitsbegriff, der die Bedeutung materieller Sicherheit und der Abwesenheit von Mangel zur Realisierung der Freiheit nicht genug würdigt, so ist die Rehabilitierung genau solch eines formalen Freiheitsbegriffs Hayeks Ziel. Hayek stellt sich bewusst gegen Grundrechtskataloge, die sozio-ökonomische Rechte beinhalten, und plädiert stattdessen für Rechtsstaatlichkeit und Gleichheit vor dem Gesetz als zentrale Stützen wohlverstandener Freiheit.

Dass ihm nichtsdestotrotz die Bedeutung einer begrenzten materiellen Sicherheit für die Freiheitsausübung bewusst ist, zeigt seine positive Einstellung gegenüber einem staatlich garantierten Mindesteinkommen. Solch eine klar begrenzte Sicherheit, die darüber hinaus nicht ins Marktgeschehen eingreift, ist Hayek zufolge durchaus mit individueller Freiheit vereinbar. Hayeks genaue Rechtfertigung für die Legitimität genau dieser Maßnahme aus seinem eigenen Denken heraus bleibt allerdings vage (Tomasi 2012, Kap. 1).

Die klarste Definition von Freiheit und ihrem Gegenpol – Zwang – findet sich in *The Constitution of Liberty*, wo Hayek Freiheit als „Abwesenheit von Zwang" definiert. Frei ist ein Individuum Hayek zufolge dann, wenn kein anderer willkürlich seine Entscheidungen und die Optionen, zwischen denen gewählt werden kann, einschränkt. Dann kann ein Individuum als denkend und wertend auftreten, ohne zum bloßen Werkzeug eines anderen Willens zu verkommen. Es kann sein volles Potential und insbesondere das ihm eigene Wissen nutzen. Zwang ist im Umkehrschluss bei Hayek deshalb problematisch, weil „er verhindert, daß ein Mensch seine geistigen Fähigkeiten voll nützt, und damit auch, daß er den besten seinen Fähigkeiten entsprechenden Beitrag für die Gemeinschaft leistet" (1960, 173).

In einem freien, wirtschaftlichen System ist es dabei keineswegs ein Zeichen von Zwang, wenn ein bestimmter Anbieter uns seine Produkte nur gegen Zahlung eines bestimmten Preises überlässt. Dass wir von den Dienstleistungen anderer abhängig sind, ist kein normatives Problem, sondern Anzeichen dafür, dass wir in einer modernen Gesellschaft leben. Selbst reine Monopole auf bestimmte Güter sieht Hayek vergleichsweise unkritisch, solange sie z. B. auf den überlegenen Fähigkeiten oder Erfindungsgeist eines Einzelnen zurückgehen. Erst wenn es um lebenswichtige Güter geht, wie z. B. Wasser in der Wüste, wird die (Markt-)Macht, die mit Monopolen immer einher geht, zur Zwangsmacht, und damit für Hayek normativ bedenklich.

Hayeks kritische Haltung gegenüber Zwang zeigt sich nicht zuletzt in Bezug auf den Staat. Wenn ein sozialistischer Staat z. B. das Monopol auf Arbeitsstellen besitzt, dann kann man laut Hayek durchaus von staatlicher Zwangsgewalt sprechen. Zwangsgewalt des Staates ist aber nur dort gerechtfertigt, wo sie für die Vermeidung von Zwang der Bürger untereinander notwendig ist. Hayek ist somit ein Verfechter der negativen Freiheit und eines kleinen Staates, wie für den klassischen Liberalismus typisch.

17.4 Wirkungsgeschichte, Aktualität und Relevanz

Die Rezeption von Hayeks Liberalismus hing historisch gesprochen außerordentlich stark davon ab, welchen politischen Ideen die ihn rezipierenden Leser selbst anhingen. Dies liegt zum einen daran, dass Hayek ein streitbarer und den eigenen Theorien verpflichteter Denker war. Zum anderen daran, dass sich in seinem Werk trotz allem für die unterschiedlichsten politischen Richtungen sowohl etwas fand, *für* das sie sich als auch *gegen* das sie sich aussprechen konnten. Die Wirkungsgeschichte Hayeks ist somit schillernd.

Zum Zeitpunkt der Veröffentlichung seiner Werke wurde Hayek vor allem im konservativen, wirtschaftsfreundlichen Lager positiv rezipiert. Dies gilt sowohl für die damalige Bundesrepublik, insbesondere aber auch für die USA und das Vereinigte Königreich, wo Ronald Reagan (‚Reaganomics') und Margaret Thatcher (‚Thatcherismus') in persönlichem Kontakt mit Hayek standen (s. Kap. 46). Dies führte u.a. dazu, dass hayeksche Ideen durchaus Eingang in das politisch-ökonomische Tagesgeschehen fanden. Hayeks Nähe zum Konservatismus anstatt zum Liberalismus ist umso erstaunlicher, als Hayek sich selbst nicht als Konservativen sah. So warf er den Konservativen eine gewisse Ideenarmut vor was die Gestaltung der Zukunft angeht und wehrte sich gegen eine konservative Auslegung seines Werkes.

Die Ambivalenz in der Rezeption Hayeks zeigt sich auch und gerade in Bezug auf die Idee der ‚Sozialen Marktwirtschaft', wie sie damals in der Bundesrepublik entwickelt wurde. Hayek selbst stand dieser Idee einer Wirtschaftsordnung grundsätzlich positiv gegenüber und sah darin eine Rückbesinnung auf die Freiheit – wie er es auch für sein Denken, als in der Tradition der klassischen Liberalen stehend, selbst reklamierte. Doch Männer wie Ludwig Erhard oder Alexander Rüstow, deren Namen direkt mit der Entwicklung der sozialen Marktwirtschaft verknüpft sind – und die sich selbst als ‚Neoliberale' sahen –, warfen Hayek vor, die nicht-ökonomischen Freiheiten nicht stark genug zu betonen. Mithin war Hayek für sie das, was aus heutiger Sicht als ‚Neoliberaler' bezeichnet wird: ein Anhänger eines kalten Ökonomismus, der die Notwendigkeit staatlichen Ausgleichs nicht einsieht. Dieses Bild wurde von Hayek selbst u.a. dadurch befördert, dass er schon vor dem Begriff der sozialen Marktwirtschaft selbst warnte. Er lade zu sozialistischen Fehlsteuerungen ein. Die Marktwirtschaft sei bereits von sich aus sozial.

Auch in den Ordoliberalismus im Sinne von Walter Eucken (den Hayek sehr schätzte) und Franz Böhm fügt sich Hayeks Denken nicht nahtlos ein. Wenn auch alle gleichermaßen betonten, wie wichtig die richtige Rahmenordnung für eine gut funktionierende Wirtschaft sei (im Unterschied zu direkteren Eingriffen in den Markt wie z. B. Preisregulierungen), so ging es den Ordoliberalen doch vor allem um die Unterminierung wirtschaftlicher Macht, wie sie beispielhaft in Monopolen auftritt. Hayeks Fokus hingegen liegt weniger auf der Machtbegrenzung als auf der effizienten Wissensnutzung; und er hatte, wie oben angeführt, durchaus Nachsicht mit monopolistischen Strukturen.

Die wechselhafte Rezeption Hayeks steht der Aktualität seiner Theorien dabei nicht im Wege. Wie Hennecke darlegt, sind viele von Hayeks Argumenten „bislang weder empirisch noch theoretisch" (2008, 166) widerlegt. Dies gilt vor allem für drei Bereiche.

Zum ersten für die Wirtschaftsgesetzgebung. Hayeks ökonomische Arbeiten haben wesentlich zum Verständnis der Preisbildung auf Märkten beigetragen. Sie beinhalten darüber hinaus auch handlungsleitende Aspekte. Gerade weil die Preisbildung, wenn sie denn auf freie Weise erfolgen kann, in der Lage ist, das dezentral vorhandene Wissen einzelner Marktteilnehmer sowie ihre Anstrengungen zu bündeln, ist jegliche Form von Höchst-, Mindest- oder Festpreis seit Hayek erklärungsbedürftig; insbesondere dahingehend, ob sie nicht Ausdruck planerischer Hybris seien.

Zweitens zeigen Hayeks Schriften nachhaltig – und ohne sich dabei wie z. B. Robert Nozick (1977) auf libertäre Prinzipien wie das Selbsteigentum zu verpflichten –, inwiefern Freiheit und Sozialismus inkompatibel sind. Hayeks Beschreibung der Mechanismen spontaner Ordnung zeigt eindrücklich, dass Planer, die konkrete Verteilungen herbeiführen wollen, wieder und wieder über die Zwecke der Einzelnen bestimmen müssen.

Zuletzt bietet Hayeks Werk die Möglichkeit, den Neoliberalismus sowie Marktimperialismus, so sie denn auf der Annahme eines *homo oeconomicus* beruhen, schon methodisch scharf zu kritisieren. Hyperrationale Individuen anzunehmen, geht nicht nur an den Fähigkeiten und Verhaltensweisen realer Menschen vorbei – es deckt sich auch nicht mit der Funktionsweise (und korrekten Steuerung) von Märkten. Mehr Hayek würde wohl zu weniger Ökonomismus führen.

Literatur

Gaulke, Jürgen: Freiheit und Ordnung bei John Stuart Mill und Friedrich August von Hayek: Versuch, Scheitern und Antithese eines ethischen Liberalismus. Frankfurt a.M. 1994.

Hayek, Friedrich A.: Freedom and the Economic System. Chicago 1939.

Hayek, Friedrich A.: The Road to Serfdom. London 1944.

Hayek, Friedrich A.: The Use of Knowledge in Society. In: American Economic Review 35/4 (1945), 519–30.

Hayek, Friedrich A.: The Constitution of Liberty. Chicago 1960.

Hayek, Friedrich A: Law, Legislation and Liberty. A New Statement of the liberal principles of justice and political economy. 3 Bde. London 1973/1976/1979.

Hayek, Friedrich A.: New Studies in Philosophy, Politics, Economics and the History of Ideas. Chicago/London 1978.

Hayek, Friedrich A.: The Fatal Conceit. The Errors of Socialism. London 1988.

Hayek, Friedrich A.: Die Anmaßung von Wissen. In: Wirtschaftstheorie und Wissen. Aufsätze zur Erkenntnis- und Wissenschaftslehre. Tübingen 2007, 87–98.

Hennecke, Hans Jörg: Friedrich August von Hayek – zur Einführung. Hamburg 2008.

Mack, Erick: Hayek on Justice and the Order of Actions. In: Edward Feser (Hg.): The Cambridge Companion to Hayek. New York 2006, 259–286.
Nozick, Robert: Anarchy, State, and Utopia. New York 1977.
Schmidtz, David: Friedrich Hayek. In: Edward N. Zalta (Hg.): The Stanford Encyclopedia of Philosophy. Stanford 2012, http://plato.stanford.edu/entries/friedrich-hayek/.
Tomasi, John: Free Market Fairness. Princeton, NJ 2012.

Isaiah Berlin

18

George Crowder

Isaiah Berlin (1909–1997) is one of the foremost liberal thinkers of the twentieth century. Most notably in his classic "Two Concepts of Liberty" (2002; first published in 1958), he locates the intellectual roots of that century's totalitarian politics in fundamental ideas about the nature of freedom and morality. According to Berlin, certain kinds of "positive" liberty can be used by dictators to justify their actions, which are supported at a deeper level still by a "monist" conception of moral values. Opposing these ideas, Berlin argues for liberal alternatives: "negative" liberty and "pluralist" ethics. He is also among the first thinkers who draw attention to the importance of belonging, recognition, and nationalism in a liberal context.

Berlin's views have been vigorously disputed, with some critics complaining that he is too uncritical of negative liberty and too hostile to positive liberty, and others arguing that his stress on negative liberty contradicts his value pluralism. But Berlin's position on these issues is more subtle and defensible than often supposed. His liberal legacy is highly significant and extends beyond its Cold War origins.

G. Crowder (✉)
Flinders Universität, Adelaide, Australia
E-Mail: george.crowder@flinders.edu.au

18.1 Life, Method, and Master-Question

Born in 1909 in Riga, then part of the Russian Empire, Berlin came from a prosperous Russian-Jewish background (Ignatieff 1998, Hardy 2018). His father was a successful timber merchant. The family fled Russia after the revolutions of 1917, but not before the young Berlin had witnessed a Tsarist policeman being dragged away by a crowd, apparently to his death—an image that crystallized his abiding fear of revolutionary violence and of political extremism in general.

The Berlins eventually settled in England in 1921. Berlin was educated at St Paul's School in London, before winning a scholarship to Oxford in 1928 to study classics, which introduced him to philosophy. In that field he was first attracted to the strong empiricism of the logical positivists, led by A. J. Ayer, but became frustrated by their abstract and ahistorical approach to philosophy. Although he continued to think of himself as an empiricist, he was increasingly interested in the historically and socially richer fields of the history of ideas and political theory. Working on his first book, *Karl Marx* (first edition 1939), he began to read the 18th- and 19th-century thinkers who came to preoccupy him.

In the Second World War Berlin served as a British official, first at the Ministry of Information in New York, and then at the Embassy in

M. Festl (Hrsg.), *Handbuch Liberalismus*, https://doi.org/10.1007/978-3-476-05798-3_18

Washington. A brief transfer to the Soviet Union in 1945 brought him into contact with dissident Russian writers, most notably Boris Pasternak and Anna Akhmatova. These meetings impressed on him the plight of the creative individual under Stalin, and the oppressive nature of Soviet communism more generally.

Returning to teach at Oxford after the war, Berlin soon acquired a public profile as a leading commentator on the intellectual dimensions of the emerging Cold War. His central theme was the modern betrayal of freedom. In 1957 he was knighted and appointed Chichele Professor of Social and Political Theory at Oxford, a post he held until 1967. "Two Concepts of Liberty" was his inaugural lecture in 1958. By the time Berlin retired he had become one of Britain's most prominent public intellectuals and a liberal figure of international significance. He died in Oxford on 5 November 1997.

Berlin's work covers a great range. In addition to the themes of liberty, pluralism and belonging already mentioned, he writes about analytical philosophy, the nature of philosophy and of history, the thinkers of the Counter-enlightenment and Romanticism and their relation to the Enlightenment, and Russian writers of the nineteenth and twentieth centuries.

His characteristic method is not the conventional analytical technique of constructing arguments and counter-arguments, but a historical approach that traces ideas to their origins in the work of key thinkers, whose personalities are shown to be as important as their logic. Berlin's specialty is to step into the mental world of the thinker he is examining and present that world for readers to make their own judgement. This "inside view" is in keeping with his general approach to the explanation of human conduct – derived from Vico, Herder, and R. G. Collingwood—which opposes coolly objective, impersonal methods based on the natural sciences (as championed, for example, by the logical positivists) in favor of an emphasis on the purposes, values and worldviews of the actors themselves (Berlin 2013d; Berlin 2013f).

Berlin's master-question is that of the intellectual origins of 20th-century totalitarianism, especially in its communist form. Ironically, he finds those origins most immediately in the 18th-century European Enlightenment that most liberals would have championed. Berlin does accept the values of the Enlightenment—liberty, equality, toleration, rational inquiry – but worries that its scientism, its characteristic faith in the authority of scientific method as appropriate to all questions, has led to a narrow understanding of reason and eventually to a dangerous utopianism in social and political theory. This is the pedigree of Marxism, for example. The effects of this scientistic outlook on conceptions of liberty and morality are pursued in "Two Concepts".

18.2 Liberty, Belonging, and Pluralism

"Two Concepts of Liberty" is Berlin's central account of the intellectual roots of totalitarianism—or perhaps it would be more accurate to say, of its historical psychology—and of his defense of liberalism. The essay contains three main sub-themes, concerning respectively: negative and positive liberty; belonging, recognition and nationalism; and moral monism and pluralism.

First, Berlin's most immediate goal is to define and contrast two conceptions of liberty, negative and positive—respectively liberty as non-interference and liberty as self-mastery. In general, Berlin is critical of the positive idea and advances negative liberty as preferable, and as the more liberal option, but only with important qualifications.

The discussion of liberty in "Two Concepts" begins with a statement of its context and limitations. The context is the contemporary contest over the meaning of liberty in the world of the Cold War, "the open war that is being fought between two systems of ideas which return different and conflicting answers to what has long been the central question of politics—the question of obedience and coercion" (2002, 168). The two answers are the negative and positive conceptions of liberty, and roughly speaking Berlin aligns the negative idea with the liberal-democratic West, and positive liberty with the Communist world. Consequently, although he acknowledges the "more than two hundred senses of [liberty] recorded by historians of ideas" (ibid.), Berlin examines only those two advanced by the Cold War rivals.

The negative idea of liberty is that I am "free to the degree to which no man or body of men interferes with my activity" (ibid., 169). Berlin sees the negative idea as answering the question, within what area can I act without obstruction by others? The classic obstacle to negative liberty is therefore coercion, "the deliberate interference of other human beings within the area in which I could otherwise act" (ibid.).

For liberals, Berlin believes, negative liberty is the central or most characteristic value. "A certain minimum area of personal freedom" is essential, and "a frontier must be drawn between the area of private life and that of public authority" (ibid., 171). How exactly to define the minimum or locate the frontier is debatable, although the rule of thumb is that a society's general degree of individual liberty should reflect its understanding of the basic requirements of human dignity as these have been accepted over long periods of history. In this light, the demands for liberty of liberal thinkers such as Locke (s. Chap. 1) and Mill (s. Chap. 12), Constant (s. Chap. 8) and Tocqueville (s. Chap. 11), should be seen as maximal and exceptional.

However, negative liberty is not the only important human value, and it is not overriding. "Liberty is not the only good of men", and (beyond the relevant minimum) it often needs to be qualified by other values, such as equality or justice (ibid., 172). A liberal society will, of course, place a certain emphasis on negative liberty, but that will never be absolute.

The second conception of liberty that Berlin considers, the positive idea, is the notion of liberty as self-mastery. It answers the question, how far do I have control over my own life? "I wish my life and decisions to depend on myself, not on external forces of whatever kind" (ibid., 178). Negative liberty limits authority, while positive liberty concerns the location of authority (ibid., 212).

Negative and positive liberty may seem to be "at no great logical distance" from one another, Berlin concedes, but he shows how they have come into conflict (ibid., 178). They have"historically developed in divergent directions, not always by logically reputable steps, until, in the end, they came into direct conflict with each other" (ibid., 179). Berlin lays out a pattern of development that does not proceed by logical necessity but rather by historical or psychological association.

Positive liberty, Berlin argues, is vulnerable to being twisted into its opposite, obedience. This occurs by a series of stages. A person is positively free when she has control of her life, but control in what sense? A classic response, Berlin argues, appeals to the notion of the true or authentic self. In the most influential version of this notion, the rational part of the self is seen as superior to, or more authentic than, the desires or emotions. If so, the person is truly herself only when reason is in control of the appetites. This becomes a conception of freedom because the person governed by reason is thereby liberated from servitude to the passions. Next, the requirements of reason come to be seen as something about which the individual may be mistaken, and appropriately guided by external authority. The State, the Party, or the Church claims to know better than the individual what his or her rationality (or, more broadly, authenticity) really requires. It follows that an external authority may be capable of forcing the individual to act as he should. The upshot is that he can be "forced to be free", in Rousseau's (s. Chap. 2) phrase.

In this way, a "monstrous impersonation" is achieved: freedom is now the same thing as obedience (ibid., 180). This is not the realization but the betrayal of freedom, and it belies the claims of the 20th-century dictatorships to have "liberated" their people. Such a distortion attaches to positive liberty in historical fact rather than as a logical requirement, but that is enough to indicate a distinctive vulnerability at the heart of the positive idea. The trouble starts with the notion of the divided self. Once the self is separated into higher and lower components, it becomes easier to oppress the latter in the name of the former. Negative liberty is not so susceptible to this kind of betrayal, because its underlying conception of the self is more stoutly empirical: the individual's actual wishes cannot be set aside in the same way.

However, Berlin also sees that his general position on liberty needs qualification, and this brings in the second sub-theme of "Two Concepts", that of the link between belonging, recognition and nationalism. Berlin appreciates that his Cold War association of positive liberty with the authoritarianism of state communism has to be balanced by an acknowledgment that the positive idea is also connected with values that must be regarded as genuine and important. The context here includes the decolonization and emergent third-world nationalism of the 1950s, and Berlin's own Jewish background.

Human well-being requires not only negative liberty but other goods as well. Prominent among these is a sense of belonging. "To be understood is to share a common past, common feelings and language, common assumptions, the possibility of intimate communication—in short, to share common forms of life" (2014, 438). Berlin acknowledges, long before the contemporary literature of multiculturalism, the need of human beings for cultural membership. The importance to him of his own Jewish identity is an obvious source for this insight.

Further, it is vital that people's cultural identity receive positive recognition from those around them. "I am a social being in a deeper sense than that of interaction with others. For am I not what I am, to some degree, in virtue of what others think and feel me to be?" (2002, 201). Together, again, with his Jewish experience, this may be one respect in which Berlin's reading of Hegel (originally undertaken as part of his research on Marx) left a positive impression on him.

Indeed, might group recognition be not only a deep human need but also a form of freedom? Berlin's initial answer is that freedom and recognition are two different things: "The lack of freedom about which men or groups complain amounts, as often as not, to the lack of proper recognition" (ibid.). Yet, in the end, he finds it hard to deny an element of liberty in recognition, declaring it first to be "very close" to liberty, and ultimately "a hybrid form of freedom" (ibid., 205–206). The desire for recognition contains an element of the desire for sovereignty, or collective self-rule, which is a species of liberty, in the positive register.

Here again, though, Berlin's emphasis is on the potential for conflict between positive liberty and negative. Nineteenth-century liberals like Mill and Constant were right to worry that the collective positive liberty of democracy could crush negative liberty unless individuals were protected by "frontiers of freedom" that were regarded as "sacred" (ibid., 209–210). Still, it is up to each society to find its own balance. It is understandable that newly independent nations are prepared to trade off some of the negative liberty allowed by their former colonial masters in exchange for a less liberal rule exercised by their fellow-nationals.

Nationalism (s. Chap. 36) is an important topic for Berlin, and he believes it has been wrongly neglected by his fellow-liberals (2013b). He argues that many (although certainly not all) 19th-century liberals believed, along with other cosmopolitans, that nationalist sentiments are crude, irrational feelings that are destined to wither away along with advances in human rationality. But the world wars and other nationalist conflicts of the twentieth century have shown this belief to be seriously mistaken. As late as the 1990s liberals have been surprised by upsurges of violent nationalism that they thought had been superseded. The reality is that the deep need for belonging and recognition readily attaches itself to national forms of identity. Again, this was part of Berlin's personal experience, issuing in his qualified support for Zionism (2013a). Nationalism may be a positive force or it may be destructive—Berlin refers here to the "bent twig" nationalism that arises when nations acquire a sense of humiliation and resentment (2013c). In neither case can it be ignored.

The third sub-theme of "Two Concepts" is the plurality and incommensurability of fundamental human values, and the problems that arise when these come into conflict. This turns out to underlie the whole argument of the essay. Berlin is not the straightforward defender of negative liberty that he is often taken to be because he acknowledges negative and positive liberty to be plural and incommensurable values between which we must make hard choices or trade-offs.

The concept of value pluralism is sketched in the final section of the essay, "The One and the Many", where it is contrasted with its opposite, moral monism. 20th-century totalitarianism exploits the idea of positive liberty, but ethical monism is its ultimate foundation. This is the ancient idea that every ethical question has a single uniquely correct answer, and that all such answers are discoverable and harmonious with one another. In the modern world, monism has been yoked together with Enlightenment scientism in the service of a dangerously utopian outlook: the belief that a scientific approach will reveal a single monist formula in ethics that will in turn lead us to a single correct formula for social and political organization. By definition, the prospect of such perfection justifies any sacrifice. The tyranny of the Soviet Union is the practical outcome of this set of ideas.

Berlin argues that moral monism must be rejected. "The world that we encounter in ordinary experience is one in which we are faced with choices between ends equally ultimate, and claims equally absolute, the realization of some of which must inevitably involve the sacrifice of others" (2002, 213–214). Basic human values such as liberty, equality, justice, and security are irreducibly plural and incommensurable. The same can be said of fundamentally different versions of these goods, such as negative and positive liberty. When values are incommensurable there is no common measure according to which they can be weighed against one another. Rather, each speaks with its own unique voice. Consequently, there is no absolute hierarchy among such values, or no ranking that applies in all cases. If so, the dreams of utopians and ambitions of totalitarians are not merely unlikely to be realized but incoherent.

But this leads to a problem. How can we, or should we, choose between incommensurable values when they conflict? In particular, why should we follow Berlin in emphasizing the negative liberty that he associates with liberalism? Why should we not stress the equality and solidarity characteristic of socialism, or the fidelity to tradition that identifies conservatives?

Berlin admits that there is no simple answer to this question, but he does offer various suggestions for how to approach it (see, e.g., 2013e, 17–20). Two are salient. First, when incommensurable values collide, we may be guided by our cultural and historical context. Second, Berlin suggests that reflection on value pluralism itself provides the answer. If basic values are plural in his sense then we cannot escape having to choose between them. "This gives its value to freedom" (2002, 214). If we must choose among conflicting values then we should value the freedom with which to make such choices—that is, the negative freedom of choice that lies at the heart of liberalism.

18.3 Critical Issues

From the outset, "Two Concepts" has been strongly contested. The following discussion mentions just three of the many issues that have been raised. First, critics have often alleged that Berlin is too hostile to positive liberty. For example, it has sometimes been argued that only some versions of the positive idea are vulnerable to the kind of betrayal that Berlin points to (Crowder 2004, 83–6). While it is true that positive liberty can be conceived as the liberation of a true self whose content is understood better by external authorities than by the person herself, this is not the only way that positive liberty can be constructed. The notion of personal autonomy belongs to the positive family of freedoms, since it involves a person's controlling his or her own decision making. But this is achieved through an authenticating process internal to the individual rather than by the orders of an authority external to the person.

Berlin would perhaps reply that although this non-authoritarian kind of positive liberty is a possibility, it is the authoritarian version he is drawing attention to because of its historical significance. But non-authoritarian positive liberty is historically significant too; indeed, it plays an important role in liberal thought. John Stuart Mill, for example, argues for such a conception of liberty in the notion of "individuality" he develops in chapter 3 of *On Liberty*.

Second, Berlin has frequently been accused of being too uncritical of negative liberty. Many critics have argued that mere non-interference is an inadequate, or only very partial, conception of liberty, since it leaves out any dimension of positive capacity (e.g. Tully 2013). In the classic example, a person can have the negative liberty to dine at the Ritz, because no law prevents him from doing so, but lack any real freedom to dine because he cannot pay. For "real" freedom, in these terms, a person needs positive liberty in the sense of "effective" freedom, or access to resources.

Berlin would respond that access to resources is an important good, and one that ought to be promoted by public policy, but he insists that this be distinguished from liberty. This is part of his value pluralism, which involves the view that distinct values should be kept distinct: "everything is what it is: liberty is liberty, not equality or fairness or justice or culture, or human happiness or a quiet conscience" (2002, 172). That way we can keep track of the costs that must be paid in terms of one value for the promotion of another value, rather than supposing or pretending that every desirable trade-off is liberating. At best, we may in some cases be able to say that certain other values (such as access to resources) are "conditions" for the exercise of liberty, meaning that they must be fulfilled before liberty is possible (ibid., 45–46).

Still, it is hard to avoid the thought that Berlin's position on this matter is somewhat rigid. If he is willing to stretch the notion of liberty to include recognition as a hybrid freedom, then why could he not accept the idea of positive capacity as itself a kind of liberty, in line with widespread usage?

A third worry is that Berlin's value pluralism either contradicts or at least fails to ground his liberalism. Some commentators claim that Berlin's liberalism makes negative liberty overriding, and that this is contradicted by his pluralism (see, e.g., Kekes 1993, 199–203). According to value pluralism, the most fundamental human values are incommensurable. If so, there can be no hierarchy among such values and none can be more fundamental than any other; consequently, negative liberty can at best be one important intrinsic good among others. Yet Berlin appears to elevate it to a special status. Is that not a violation of pluralism?

Berlin recognizes the danger of making negative liberty overriding. He associates that error with classical liberalism or laissez-faire, which he repudiates. "Advocacy of non-interference (like 'social Darwinism') was, of course, used to support politically and socially destructive policies which armed the strong, the brutal and the unscrupulous against the humane and the weak, the able and ruthless against the less gifted and the less fortunate" (2002, 38). But Berlin, writing at the high tide of the welfare state in the 1950s and 1960s, believes that this danger has passed: "The bloodstained story of economic individualism and unrestrained capitalist competition does not, I should have thought, today need stressing" (ibid.). Berlin is a liberal, but in the egalitarian rather than the classical register.

It is true, of course, that Berlin stresses the importance of negative liberty, but this is qualified in several respects. First, he argues for negative liberty as a safer ideal than positive liberty within the political context but not necessarily the realm of private conduct. In private life it may well be that some conception of self-mastery is an appropriate goal, depending on the individual. Second, even within the realm of politics Berlin is clear that negative liberty must be balanced by the claims of other significant values, such as justice and equality, as already noted. Third, there is a historical dimension. In the last paragraph of "Two Concepts" Berlin writes that he is advocating a "freedom to choose ends without claiming eternal validity for them", and that this whole ideal may be "only the late fruit of our declining capitalist civilization" (ibid., 217). Negative liberty has not always been such a central goal in politics, and it may not remain so in the future; its status is bounded by historical context. Nevertheless, Berlin continues, "Principles are not less sacred because their duration cannot be guaranteed."

In the end, Berlin sees negative and positive liberty as moral equals, in line with his value pluralism. Negative liberty is the safer option politically. Moreover, Berlin sometimes hints that the negative idea is the "normal" or fundamental form of liberty and that the positive variations are metaphorical extensions or departures from it (ibid., 169, 204). However, he never rejects the positive idea altogether. Indeed, he clearly acknowledges positive liberty as a fundamental human concern on a level with its negative cousin: "the satisfaction that each of [the two conceptions of liberty] seeks is an ultimate value which, both historically and morally, has an equal right to be classed among the deepest interests of mankind" (ibid., 212).

But if Berlin's pluralism does not contradict his liberalism, might it still be true to say that there is a disconnect between the two ideas: that Berlin's pluralism fails to support his liberalism? Recall that Berlin puts forward two salient accounts of how to rank values in the face of pluralism: a contextual account in which we emphasize those values that are endorsed by our cultural and historical circumstances, and a conceptual account in which the idea of pluralism itself implies the importance of freedom of choice.

There are problems with both of these arguments. The contextual approach is limited by the fact that in modern societies cultural traditions are multiple and conflicting themselves, and their merits are contested. The conceptual approach, in the version offered by Berlin, suffers from the defect that the mere fact that we cannot avoid choices among plural and incommensurable values does not show that we should value either the choices or the freedom to make them. Berlin himself notes that such choices may be painful and unwelcome. Can Berlin's attempts to connect pluralism with liberalism be improved upon? This question is pursued elsewhere in this volume (s. Chap. 26).

18.4 Berlin's Legacy

The liberalism that Berlin has transmitted to his successors is richer and more complex than often supposed. Although he stresses the claims of negative liberty, he does not see this as overriding but rather in balance with other goods such as social justice. Consequently, contrary to some readings, he is not a defender of classical or laissez-faire liberalism but of redistribution and the welfare state. He also enriches liberalism through his attention to the nexus of cultural belonging, recognition and nationalism, anticipating and influencing the thought of later liberals who have advocated forms of multiculturalism (Crowder 2013, Chaps. 7, 9). His idea of value pluralism adds a complex dimension to liberal thought, raising several issues, including the central question of what exactly the relation between pluralism and liberalism really is.

Might it be said that Berlin's is a "cold war liberalism" that is now obsolete because its animating concerns have been superseded by others in the twenty-first century? This would assume too narrow a view of Berlin's arguments and their potential. His account of the betrayal of liberty, for example, continues to have application to contemporary phenomena such as religious fundamentalism (s. Chap. 41) and political populism (s. Chap. 66). Berlin noted that the idea of "the true self" can be manipulated oppressively by religious and political authorities, and he exposed the dangers in the notion of "the people's will" that is now brandished by populists. His stress on the nexus of belonging and recognition retains an obvious relevance in current areas of concern such as nationalism and multiculturalism, and the origins of current populist movements is illuminated by his depiction of the way national identity can become inflamed by resentment (Cherniss 2017). His warnings against monist thinking apply in all of these cases and also to discussions of the global dominance of neoliberalism, with its colonization of almost every sphere of human activity by the values of the market. In short, Berlin's liberalism is not only of the past but also very much of the present.

References

Berlin, Isaiah: Liberty. Ed. By Henry Hardy. Oxford 2002.

Berlin, Isaiah: Jewish Slavery and Emancipation. In: Isaiah Berlin: The Power of Ideas. Ed. By Henry Hardy. Princeton [2]2013a.

Berlin, Isaiah: Nationalism: Past Neglect and Present Power. In: Isaiah Berlin: Against the Current: Essays in the History of Ideas. Ed. By Henry Hardy. Princeton [2]2013b.

Berlin, Isaiah: The Bent Twig: On the Rise of Nationalism. In: Isaiah Berlin: The Crooked Timber of Humanity: Chapters in the History of Ideas. Ed. By Henry Hardy. Princeton [2]2013c.

Berlin, Isaiah: The Concept of Scientific History. In: Isaiah Berlin: Concepts and Categories: Philosophical Essays. Ed. By Henry Hardy. Princeton [2]2013d.

Berlin, Isaiah: The Pursuit of the Ideal. In: Isaiah Berlin: The Crooked Timber of Humanity: Chapters in the History of Ideas. Ed. By Henry Hardy. Princeton [2]2013e.

Berlin, Isaiah: Three Critics of the Enlightenment: Vico, Hamann, Herder. Ed. by Henry Hardy. Princeton [2]2013f.

Berlin, Isaiah: Epilogue: The Three Strands in My Life. In: Isaiah Berlin: Personal Impressions. Ed. By Henry Hardy. Princeton [3]2014.

Cherniss, Joshua L.: Liberal Understanding for Troubled Times, The Critique, January/February (2017). In: http://www.thecritique.com/articles/liberal-understanding-for-troubled-times/ (3. 27. 2020)

Crowder, George: Isaiah Berlin: Liberty and Pluralism. Cambridge 2004.

Crowder, George: Theories of Multiculturalism: An Introduction. Cambridge 2013.

Hardy, Henry: In Search of Isaiah Berlin: A Literary Adventure. London 2018.

Ignatieff, Michael: Isaiah Berlin: A Life. London 1998.

Kekes, John: The Morality of Pluralism. Princeton 1993.

Tully, James: Two Concepts of Liberty in Context. In: Bruce Baum and Robert Nichols (eds.): Isaiah Berlin and the Politics of Freedom: „Two Concepts of Liberty“ 50 Years Later. New York 2013.

19 John Rawls

Julian Culp

19.1 Leben und Wirken

John Rawls wurde 1921 in Baltimore im Bundesstaat Maryland als zweiter von fünf Söhnen geboren. Nach dem Besuch einer privaten und einer öffentlichen Schule in Baltimore wechselte Rawls an die religiöse Kent School im Bundesstaat Connecticut. Wie sein älterer Bruder Bill studierte Rawls in Princeton, wo er 1943 sein Studium mit einem Bachelor of Arts abschloss. In seiner *Senior Thesis Über Sünde, Glaube und Religion* (2010, dt. 2010) beschäftigte sich der zu dieser Zeit streng religiöse Rawls mit dem Problem des Bösen, auf das er durch Veranstaltungen von Norman Malcom gebracht wurde (vgl. Rawls 2010, 303). Vor Beginn der 1950 ebenfalls in Princeton abgeschlossenen Promotion beteiligte sich Rawls nach einer Infanteriegrundausbildung im Pazifik (Neu Guinea, Philippinen und Japan) am Zweiten Weltkrieg. Aufgrund grausamer Kriegserfahrungen sowie der Unfähigkeit, angesichts des Holocausts an die Allmacht Gottes zu glauben (2010, 305), gab Rawls seinen christlichen Glauben auf. Nach einer zweijährigen Lehrtätigkeit am Philosophischen Seminar der Princeton University verbrachte Rawls ein Jahr als Fulbright-Stipendiat in Oxford, wo er nicht nur von liberalen Denkern wie H.L.A. Hart und Isaiah Berlin, sondern auch von sozialistisch orientierten Ökonomen und Philosophen wie Richard Tawney nachhaltig geprägt wurde. Von 1953 bis 1959 arbeitete er als Assistant und Associate Professor an der Cornell University in Ithaca, New York. Nach einer Vertretungsstelle an der Harvard University und einer Professur am Massachusetts Institute of Technology wechselte er schließlich 1962 dauerhaft an die Harvard University, an der er 1991 emeritiert wurde. Eine große Zahl Rawls' ehemaliger Doktoranden (darunter Joshua Cohen, Samuel Freeman, Barbara Herman, Thomas E. Hill Jr., Christine Korsgaard, Onora O'Neill, Thomas Nagel, Thomas Pogge, Henry Richardson, Paul Weithman) wurden selbst erfolgreiche Wissenschaftler. Rawls war zeitweise Mitherausgeber der Zeitschrift *Philosophical Review* sowie Präsident der American Philosophical Association. Mit seiner Frau Margaret hatte er vier Kinder.

19.2 Werk im Gesamtkontext des Liberalismus

Rawls' politische Philosophie weist Affinitäten zum Ordoliberalismus der Freiburger Schule und dem Neoliberalismus' Friedrich von Hayeks (s. Kap. 17) und Milton Friedmans auf, da sie staatliche Eingriffe in das Marktgeschehen und die Privatsphäre klar eingrenzen möchte.

J. Culp (✉)
The American University of Paris, Paris, Frankreich
E-Mail: jculp@aup.edu

M. Festl (Hrsg.), *Handbuch Liberalismus*, https://doi.org/10.1007/978-3-476-05798-3_19

So besteht soziale Gerechtigkeit für Rawls darin, die gesellschaftliche Grundordnung derart einzurichten, dass sie einerseits zwar rechtlich-politischen und sozioökonomischen Gerechtigkeitsgrundsätzen genügt, andererseits aber einzelnen Bürgerinnen und Bürgern hinreichend Spielraum zur eigenständigen Entfaltung gibt. Bürgerinnen und Bürger haben sich an gerecht erlassene Gesetze zu halten und müssen in ihren interpersonalen Beziehungen moralischen Pflichten, wie etwa der Pflicht, Menschen in Notlagen zu helfen, genügen. Darüber hinaus genießen sie aber die Freiheit individuell sowie zivilgesellschaftlich ihre eigenen Projekte zu verfolgen. Entsprechend lehnt Rawls den Utilitarismus, der von Menschen verlangt, das Gemeinwohl in größtmöglichen Umfang zu fördern ab, da dieser eine solche Freiheit nicht gewährt.

Gleichwohl ist Rawls eindeutig als *Links*liberaler bzw. als liberaler Egalitarist zu bezeichnen, da seine Gerechtigkeitstheorie den Versuch darstellt, die richtige Balance zwischen Freiheit und Gleichheit zu finden (vgl. Rawls 2006, 24). Rawls kritisiert den re-distributiven wohlfahrtsstaatlichen Kapitalismus und argumentiert stattdessen, dass sich seine Gerechtigkeitsgrundsätze entweder in einer Demokratie mit weit verteiltem Eigentumsbesitz realisieren ließen oder aber innerhalb eines demokratischen Sozialismus, in dem ökonomische Entscheidungen demokratisch getroffen werden würden. Auf diese Weise schließt Rawls' Werk an sozialistisch orientierte liberale Denker wie etwa John Stuart Mill (s. Kap. 12) oder John Dewey (s. Kap. 13) an.

Kennzeichnend für Rawls' Liberalismus ist aber nicht nur dessen egalitaristischer bzw. sozialistischer Charakter, sondern auch die neuartige *politische* Verständnisweise des Liberalismus, die Rawls allerdings erst relativ spät entwickelt hat. Anders als der umfassende oder perfektionistische Liberalismus Wilhelm von Humboldts oder John Stuart Mills verzichtet Rawls' politischer Liberalismus darauf, eine liberale Lebensführung, welcher die Verfolgung individuell gewählter Ziele entspricht, als besonders wertvoll auszuweisen. Stattdessen vertritt Rawls einen auf politische Fragen der gerechten Einrichtung der gesellschaftlichen Grundordnung beschränkten politischen Liberalismus. Dieser trifft keine Aussagen zu metaphysischen Fragen nach der Existenz der Seele oder einem Leben nach dem Tod und geht davon aus, dass es eine Vielzahl vernünftiger Formen der Lebensführung bzw. Vorstellungen des guten Lebens gibt, von denen die liberal perfektionistische Auffassung lediglich eine darstellt. Der politische Liberalismus ist als von solchen umfassenden Lehren unabhängig zu begreifen und beansprucht einen für den gesellschaftlichen Pluralismus angemessenen Liberalismus zu formulieren, der sich auf Basis der in einer liberalen politischen Kultur implizit enthaltenen Ideen entwickeln lässt.

19.3 Eine Theorie der Gerechtigkeit

Rawls' *Eine Theorie der Gerechtigkeit* (1979; bereits revidierte dt. Erstfassung 1976) gilt als einflussreichstes Werk der anglophonen politischen Philosophie des 20. Jahrhunderts, das erstmals 1971 erscheint, obwohl Rawls viele der darin enthaltenen Ideen bereits seit 1950 in Aufsätzen veröffentlicht hatte. Es weckte überaus großes Interesse an der Beschäftigung mit sozialer Gerechtigkeit, obwohl politische Philosophie in der Mitte des 20. Jahrhunderts normativ-praktische Fragestellungen häufig ausklammerte und sich überwiegend mit der begrifflichen Klärung der Bedeutung politischer Begriffe begnügte. Rawls' Theorie knüpfte an Hobbes', Lockes (s. Kap. 1), Rousseaus (s. Kap. 2) und Kants (s. Kap. 4) Idee des Sozialvertrages an, um diese in einer primär kantschen Denkungsart zu erneuern. Grundsätze sozialer Gerechtigkeit, so Rawls, lassen sich als diejenigen Regeln der gesellschaftlichen Grundordnung auffassen, die unter hypothetisch zu begreifenden Bedingungen die Zustimmung aller als moralisch frei und gleich anzusehender Bürgerinnen und Bürger hätten finden können.

Inhaltlich besteht Rawls' Gerechtigkeitstheorie aus zwei Grundsätzen. Der erste Grundsatz bezieht sich auf den rechtlich-politischen Bereich und fordert, dass alle Bürgerinnen und Bürger das größtmögliche Maß an Freiheit genießen sollen, wie es in der englischsprachigen

Originalfassung *A Theory of Justice* (1971, 124) heißt. In Reaktion auf eine Kritik H.L.A. Harts (1977) revidierte Rawls diesen Grundsatz jedoch und sprach bereits in der ersten deutschsprachigen Ausgabe des Werks (1979, 81) vom „umfangreichste[m] System gleicher Grundfreiheiten", womit sich Rawls sowohl auf bürgerliche als auch auf politische Grundfreiheiten bezieht. Der zweite Grundsatz soll hingegen den sozioökonomischen Bereich regeln und besteht aus zwei Teilen. Der erste Teil ist die Auffassung fairer Chancengleichheit, die besagt, dass diejenigen, die gleich talentiert und in gleicher Weise bereit sind, ihre Talente einzusetzen, gleiche Chancen auf gesellschaftlichen Erfolg haben sollten. Der zweite Teil ist das sog. Differenzprinzip, wonach gerechtigkeitsrelevante sozioökonomische Ungleichheiten nur dann gerecht sind, sofern diese zum Vorteil aller sowie insbesondere zum größtmöglichen Vorteil der Mitglieder der am schlechtestgestellten Gruppe der Gesellschaft sind (ebd., 81–110).

Der erste Grundsatz ist vorrangig gegenüber dem zweiten Grundsatz, so dass eine sozioökonomische Besserstellung der am schlechtestgestellten gesellschaftlichen Gruppe nicht dadurch erreicht werden darf, dass bürgerliche oder politische Grundfreiheiten verletzt werden. Dieser lexikale Vorrang des ersten gegenüber dem zweiten Grundsatz ist kennzeichnend für den liberalen Charakter von Rawls politischer Philosophie, weil Rawls hierdurch bürgerliche und politische Grundfreiheiten als moralisch wichtiger bewertet als eine egalitärere Verteilung bestimmter Chancen, Einkommen und Vermögen. Der liberale Charakter von Rawls' Gerechtigkeitstheorie kommt zudem dadurch zum Ausdruck, dass Rawls (ebd., 83) die gerechtigkeitsrelevanten Güter als Grundgüter versteht, die alle Bürgerinnen und Bürger unabhängig von ihrer spezifisch-individuellen Auffassung des Guten als wertvoll erachten, um einen vernünftigen Lebensplan verfolgen zu können. Diese Grundgüter umfassen diejenigen Rechte und Freiheiten, die vom ersten Grundsatz reguliert werden, sowie die Chancen, Einkommen und Vermögen, deren gerechte Verteilung vom zweiten Grundsatz bestimmt wird. Sie gelten als Allzweckgüter, die für die Realisierung einer jeden Auffassung des guten Lebens instrumentell wertvoll sind, und deren Genuss außerdem die Sicherung der sozialen Grundlagen des Selbstrespekts gewährleistet.

Trotz der genuin liberalen Wertung, die der lexikale Vorrang des ersten Gerechtigkeitsgrundsatzes ausdrückt, darf dennoch der stark egalitäre Charakter von Rawls' Gerechtigkeitstheorie nicht übersehen werden. Rawls (ebd., 122) vertritt die egalitäre Überzeugung, dass die Gesamtverteilung der natürlichen Begabungen innerhalb einer Gesellschaft als Gemeingut zu verstehen ist, so dass das Differenzprinzip nicht mit der Begründung zurückgewiesen werden kann, dass es persönliches Eigentum an natürlichen Begabungen verletze. Rawls (ebd., 95) bezeichnet seine Auffassung von Verteilungsgerechtigkeit als „demokratische Gleichheit", das ein Ideal von Reziprozität bzw. Fairness ausdrückt, insofern sich die gesellschaftlichen Regeln befolgenden Bürgerinnen und Bürger als freie und gleiche Personen anerkennen, die zum wechselseitigen Vorteil kooperieren.

Neben der inhaltlichen Bestimmung der liberal-egalitären Grundsätze umfasst Rawls' Gerechtigkeitstheorie auch einen eigenständigen Ansatz zur Begründung dieser Grundsätze, der nachhaltigen Einfluss auf die philosophische Forschung ausübte. Rawls (ebd., 38) nennt seine Methode der Begründung von Gerechtigkeitsgrundsätzen das Überlegungsgleichgewicht. Dieser Methode zufolge gelten Gerechtigkeitsgrundsätze genau dann als gerechtfertigt, wenn sie sich zum einen aus einem angemessenen Konstruktionsverfahren ergeben und zum anderen die Urteile, die auf Basis dieser Grundsätze hinsichtlich möglicher Anwendungsfälle gefällt werden, mit wohlüberlegten Urteilen hinsichtlich solcher Anwendungsfälle übereinstimmen, die bereits unabhängig von den durch das Konstruktionsverfahren ermittelten Gerechtigkeitsgrundsätzen verfügbar sind.

Das spezifische Konstruktionsverfahren, das Rawls verwendet, ist durch den rein hypothetisch und als Darstellungsmittel zu verstehendem Urzustand (*original position*) bestimmt, in welchem Repräsentanten aller gesellschaftlicher

Gruppen unter symmetrischen Bedingungen hinter einem Schleier des Nichtwissens über die Gerechtigkeitsgrundsätze für die Grundstruktur der Gesellschaft entscheiden. Der Schleier des Nichtwissens stellt sicher, dass die Repräsentanten lediglich allgemeine ökonomische, psychologische und soziale Fakten über die Gesellschaft und deren Mitglieder kennen, nicht aber partikulares Wissen über ihre eigene individuelle oder gruppenspezifische Situation haben. Sie wissen also bspw. um den ökonomischen Entwicklungsstand und die psychologischen Möglichkeiten, sich von moralischen Überlegungen leiten zu lassen, nicht aber um ihre soziale Herkunft, ihr Geschlecht oder ihre natürlichen Begabungen.

Der kohärentistischen Auffassung zufolge gibt es jedoch kein Konstruktionsverfahren von Gerechtigkeitsgrundsätzen, das über jeden Zweifel erhaben wäre. Vielmehr kann und muss ein jedes solches Verfahren angepasst werden, sofern die sich aus dem Verfahren ergebenden Grundsätze nicht mit wohlüberlegten Urteilen übereinstimmen. Würden sich etwa aus einem Konstruktionsverfahren Grundsätze ergeben, welche die Institution der Sklaverei als gerecht erachteten, so wären diese Grundsätze als ungerechtfertigt anzusehen, weil sich keine Übereinstimmung mit dem wohlüberlegten Urteil herstellen ließe, dass die Institution der Sklaverei ungerecht ist. Gleichwohl kann es auch der Fall sein, dass nicht das Konstruktionsverfahren, sondern wohlüberlegte Urteile angepasst werden müssen, um hierdurch das für die Begründung maßgebliche Überlegungsgleichgewicht herbeizuführen.

19.4 Politischer Liberalismus

Politischer Liberalismus, das zuerst 1993 (dt. 1998) erschienen ist, markiert den Kulminationspunkt von Rawls' Reflexionen darüber, wie es möglich ist, eine bestimmte Gerechtigkeitsauffassung wie etwa „Gerechtigkeit als Fairness" innerhalb einer pluralistisch verfassten liberalen Gesellschaft adäquat zu begründen und dauerhaft zu verwirklichen (vgl. Rawls 2003, Vorwort zur engl. Taschenbuchausgabe). Rawls widmet sich diesem Thema deswegen so intensiv, weil er erkennt, dass gesellschaftlicher Pluralismus hinsichtlich Fragen des guten Lebens und metaphysischer Positionen nicht historisch kontingent ist und selbst in einer vollständig gerechten Gesellschaft aufzufinden wäre. Gerade in einer liberal verfassten Gesellschaft ist ein gesellschaftlicher Pluralismus hinsichtlich unterschiedlicher Auffassungen des Guten bzw. religiöser und nicht-religiöser umfassender Lehren (*comprehensive doctrines*) unvermeidbar, weil die Inanspruchnahme bürgerlicher Freiheiten wie etwa Gewissens-, Meinungs- und Versammlungsfreiheit dazu führt, dass Bürgerinnen und Bürger unterschiedliche umfassende Lehren entwickeln und vertreten.

Diese „Tatsache eines vernünftigen Pluralismus" ergibt sich laut Rawls (ebd., 127–32) aus den „Bürden des Urteils", wonach der Vernunftgebrauch zu unterschiedlichen, jedoch gleichermaßen vernünftigen Urteilen über Fragen des guten Lebens sowie metaphysischen Fragen nach der Existenz der Seele oder eines Lebens nach dem Tod führen kann. Dieser unvermeidliche Pluralismus wirft die Frage der Stabilität Rawls' eigener Auffassung von Gerechtigkeit als Fairness auf, weil unklar ist, wie die Bürger in einer von den Grundsätzen dieser Auffassung regulierten Gesellschaft sich auf Dauer dazu motivieren lassen können, den liberalen Gerechtigkeitsgrundsätzen Folge zu leisten, wenn sie nicht alle Anhänger liberaler umfassender Lehren sind und insofern für liberal gesinnte Bürgerinnen und Bürger unklar ist, ob sich die übrigen Bürgerinnen und Bürger dauerhaft gerecht verhalten werden. Da Rawls jedoch, u.a. aufgrund seiner kohärentistischen Methode des Überlegungsgleichgewichts, eine Gerechtigkeitsauffassung nur dann als begründet anerkennt, wenn ihre langfristige Verwirklichung nicht ihre eigenen Voraussetzungen unterminiert und in diesem Sinne stabil ist, ist es für ihn eine virulente Frage, wie sich seine liberale Gerechtigkeitstheorie zu ihren eigenen Verwirklichungsbedingungen und insbesondere zu Fragen einer liberalen personalen Identität und Moralpsychologie verhält (vgl. Rawls 1979, Teil III).

Die Beschäftigung mit diesem Thema fand erstmals Niederschlag in dem 1980 im *Journal of Philosophy* veröffentlichen Aufsatz „Kantian Constructivism in Moral Theory", in dem Rawls ein konstruktivistisches Rechtfertigungsverfahren von Gerechtigkeitsgrundsätzen vorschlägt, das die in einer demokratischen öffentlichen politischen Kultur bereits enthaltenen normativen Ideen – bspw. von Freiheit und Gleichheit – als Bausteine wählt. Ein solches Rechtfertigungsverfahren verzichtet darauf, eine für alle denkbaren Gesellschaften gültige Gerechtigkeitsauffassung zu begründen. Es konstruiert stattdessen eine lediglich für eine demokratische Gesellschaft gedachte Gerechtigkeitsauffassung, deren Geltung letztlich von einer tatsächlich politisch durchgeführten öffentlichen Begründung abhängt. Rawls verändert im Zuge dieser Spezifizierung des Rechtfertigungsverfahrens die inhaltlichen und institutionellen Anforderungen seiner in *Eine Theorie der Gerechtigkeit* entwickelten Auffassung von „Gerechtigkeit als Fairneß" zwar nicht, versteht diese von nun an aber, wie er dies knapp in einem Aufsatztitel zusammenfasst, als „politisch und nicht metaphysisch". Damit erkennt er an, dass auch andere liberale Gerechtigkeitsauffassungen vernünftig und Gegenstand eines übergreifenden gesellschaftlichen Konsenses sein können.

Den philosophischen Grundlagen dieser genuin *politischen* Auffassung seiner Gerechtigkeitstheorie widmet sich Rawls im ersten Teil von *Politischer Liberalismus*. Der zweite Teil arbeitet drei Hauptideen eines politisch verstandenen Liberalismus aus: erstens die Idee eines übergreifenden Konsenses hinsichtlich politisch begründeter Gerechtigkeitsgrundsätze, der Rawls zufolge in einer pluralistischen Gesellschaft trotz untereinander konfligierender religiöser und nicht-religiöser, umfassender Lehren bestehen kann; zweitens die Idee des Vorrangs des Rechten vor der Idee des Guten, die begründen soll, weshalb genannte umfassende Lehren mit den politischen Gerechtigkeitsgrundsätzen kompatibel sein müssen; und drittens die Idee des öffentlichen Vernunftgebrauchs, welche das politische Rechtfertigungsverfahren an das Ideal eines demokratischen Staatsbürgers knüpft, der die bürgerliche Pflicht (2003, 317) anerkennt, „zu erklären, inwiefern die von uns in grundlegenden Fragen vertretenen politischen Grundsätze und Vorhaben von politischen Werten der öffentlichen Vernunft getragen werden." Der dritte Teil von *Politischer Liberalismus* setzt sich schließlich in zwei Kapiteln mit dem Gedanken der sog. Hintergrundgerechtigkeit sowie dem zugrundeliegenden Verständnis von Freiheit seiner liberal-egalitären Gerechtigkeitstheorie auseinander.

19.5 Das Recht der Völker

Rawls' 1999 erschienenes *Das Recht der Völker* (dt. 2002) arbeitet einen Aufsatz mit demselben Titel aus dem Jahr 1993 weiter aus. Zwar hatte Rawls bereits in *Eine Theorie der Gerechtigkeit* (§58) das Recht der Nationen behandelt, allerdings waren seine Ausführungen überwiegend auf Fragen des gerechten Krieges im Rahmen seiner Diskussion des zivilen Ungehorsams beschränkt. Sie schienen zudem auf der Annahme zu basieren, dass Nationen mehr oder weniger autark und isoliert voneinander leben würden. Daher hatte er lediglich Handlungsgrundsätze formuliert, welche die Repräsentanten von Nationen in ihren überschaubaren Interaktionen untereinander zu berücksichtigen hätten. Zu diesen zählten völkerrechtlich bereits anerkennte Grundsätze gerechter Kriegsführung sowie das Recht auf Selbstbestimmung und die Pflicht, Verträge einzuhalten (*pacta sunt servanda*).

Rawls veröffentlichte zunächst 1993 seine überarbeiteten Überlegungen zu globaler Gerechtigkeit in dem Aufsatz „The Law of Peoples", bevor er 1999 in dem Buch *Das Recht der Völker* (dt. 2002) seine ausgereifte Auffassung vorlegte. Rawls folgt in diesem Buch dem rechtstheoretischen Ansatz, den Kant bereits 1795 in seiner Schrift „Zum ewigen Frieden" entwickelt hatte. Wie Kant geht Rawls davon aus, dass die Herstellung eines rechtlichen Zustandes allein auf innerstaatlicher Ebene nicht genügt, sondern dass zusätzlich auch auf internationaler Ebene Rechtsverhältnisse herzustellen sind. Insbesondere folgt Rawls Kant darin, dass das internationale (bzw. Völker-)Recht nicht als Bestandteil eines von einer Weltregierung erlassenen globalen Rechts zu verstehen sei. Eine Weltregierung, so Rawls, beanspruche entweder zu viel Macht und sei deswegen despotisch oder aber verfüge über nicht genügend Macht und könne daher einen globalen Bürgerkrieg nicht verhindern. Rawls versteht es daher als zentrale Aufgabe einer Idealtheorie globaler Gerechtigkeit, Grundsätze einer genuin international zu verstehenden Gerechtigkeit zu bestimmen. Hierzu verwendet Rawls die Idee des Urzustandes als Konstruktionsverfahren und Darstellungsmittel fairer Bedingungen einer bindenden, vernünftigen Übereinkunft zwischen Repräsentanten wohlgeordneter Gesellschaften. Er bestimmt Grundsätze internationaler Gerechtigkeit, welche die Zustimmung internationaler Repräsentanten finden würden, wenn diese sich hinter einem Schleier des Nichtwissens befänden und lediglich ihre allgemeinen Interessen als wohlgeordnete politische Gemeinschaften kannten, nicht aber wüssten, welche besonderen Eigenschaften sie etwa hinsichtlich Bevölkerungsgröße oder wirtschaftlichem Entwicklungsstand hätten. Die acht derart begründeten Grundsätze seiner Auffassung globaler Gerechtigkeit, die er als „Das Recht der Völker" bezeichnet, lauten:

1. Völker sind frei und unabhängig und ihre Freiheit und Unabhängigkeit müssen von anderen Völkern geachtet werden.
2. Völker müssen Verträge und eingegangene Verpflichtungen erfüllen.
3. Völker sind gleich und müssen an Übereinkünften, die sie binden sollen, beteiligt sein.
4. Völkern obliegt eine Pflicht der Nichteinmischung.
5 Völker haben das Recht auf Selbstverteidigung, aber kein Recht, Kriege aus anderen Gründen als denen der Selbstverteidigung zu führen.
6. Völker müssen die Menschenrechte achten.
7. Völker müssen, wenn sie Kriege führen, bestimmte Einschränkungen beachten.
8. Völker sind verpflichtet, anderen Völkern zu helfen, wenn diese unter ungünstigen Bedingungen leben, welche verhindern, dass sie eine gerechte oder achtbare politische und soziale Ordnung haben.

Rawls verwendet bewusst den Begriff „Volk" und nicht „Staat", weil er zum Ausdruck bringen will, dass es sich um moralisch verfasste kollektive Akteure handelt, die dazu in der Lage sind, sich an die politisch-moralischen Forderungen internationaler Gerechtigkeit zu halten, die anhand des internationalen Urzustandes ermittelt werden. Diese Forderungen begreift Rawls als den Inhalt des „Rechts der Völker", das die nationale Souveränität bezüglich der inneren wie äußeren Verhältnisse klar einschränkt. Rawls wählt den Begriff Völker, um deutlich hervorzuheben, dass wohlgeordnete Völker diese moralisch-rechtlichen Einschränkungen akzeptieren, Staaten nach Ende des Westfälischen Friedens 1648 bis zur Allgemeinen Erklärung der Menschenrechte 1948 jedoch nicht als derart moralisch handelnde Kollektive begriffen wurden.

Ferner unterscheidet Rawls liberale von achtbaren bzw. anständigen (*decent*) Völkern, worin sich seine Auffassung ausdrückt, dass eine gerechte Welt nicht lediglich aus liberalen Gesellschaften bestehen müsse. Anständige Völker, die ebenbürtige und vollständige Mitglieder einer gerechten internationalen Ordnung sein können, verfolgen in ihren inneren Verhältnissen eine *Gemeinwohlauffassung* von Gerechtigkeit. Sie erkennen zwar grundlegende Menschenrechte wie körperliche Unversehrtheit, Recht auf Privateigentum sowie ein bestimmtes Maß an Gewissens- und Gedankenfreiheit an, verfügen allerdings über eine hierarchische Konsultationsstruktur, welche die Interessen aller Gesellschaftsmitglieder berücksichtigt, nicht aber allen Individuen und Gruppen die gleichen politischen (Beteiligungs-)Rechte zugesteht. Die liberalen Völker hingegen erkennen eine politisch liberale Gerechtigkeitsauffassung an, wonach alle Bürgerinnen und Bürger in gleichem Maße bürgerliche und politische Freiheiten genießen können müssen, denen nicht nur rechtlich ein besonderer Vorrang zugestanden wird, sondern deren sozioökonomischen Voraussetzungen Rechnung getragen werden. Hiermit versucht Rawls der Überlegung gerecht zu werden, dass es analog zur Tatsache des vernünftigen Pluralismus an umfassenden Lehren innerhalb liberaler Gesellschaften, die für die theoriearchitektonischen Verschiebungen von *Eine Theorie der Gerechtigkeit* hin zu *Politischer Liberalismus* verantwortlich war, einen vernünftigen Pluralismus an Völkern bzw. gesellschaftlichen Gerechtigkeitsauffassungen innerhalb der internationalen Gesellschaft gibt. Entsprechend gebietet es Toleranz auf internationaler Ebene, analog zu der Toleranz, die Anhänger unterschiedlicher, vernünftiger umfassender Lehren innerhalb einer Gesellschaft einander schulden, dass liberale und achtbare Völker einander respektieren, obwohl sie unterschiedliche Gerechtigkeitsauffassungen verfolgen.

19.6 Rezeption

Rawls' Liberalismus hat die politische Philosophie – insbesondere aber nicht nur die anglophone – in kaum zu überschätzendem Maße geprägt. Nicht nur die analytische Strenge und normative Orientierung von Rawls ' Philosophie, die mit dem Überlegungsgleichgewicht und der Erneuerung der Sozialvertragstheorie maßgebliche Begründungsansätze geliefert hat, sondern auch deren Fokus auf institutionelle bzw. rechtliche Fragen sowie die idealtheoretische Behandlung einer (vollkommen) gerechten Gesellschaft, waren für die politische Philosophie nach Rawls wegweisend. Obwohl *Eine Theorie der Gerechtigkeit* die größte Aufmerksamkeit auf sich gezogen hat, ist die immense Bedeutung von *Politischer Liberalismus* und *Das Recht der Völker* für die Entwicklung des Liberalismus nicht zu vernachlässigen.

Rawls gelang es mittels *Eine Theorie der Gerechtigkeit* die grundlegenden Ideen einer deontologischen Moral- und politischen Philosophie in die anglophone praktisch-philosophische Forschung einzuführen und ihnen dort Anerkennung zu verschaffen. Dies bewirkte eine nachhaltige Verlagerung dieser Forschung in dreifacher Hinsicht: deontologische Theorien wurden in der anglophonen Philosophie nicht länger primär anhand von Ross' Intuitionismus verhandelt, der politischen und Rechtsphilosophie Kants' wurde deutlich größere Aufmerksamkeit geschenkt, und schließlich galt die konsequentialistische und insbesondere utilitaristische politische Philosophie nicht länger als dominanteste Strömung.

Der große wissenschaftliche Einfluss von *Eine Theorie der Gerechtigkeit* lässt sich daran festmachen, dass sich weithin die Auffassung Robert Nozicks (1976) verbreitete, dass jede Gerechtigkeitstheorie nach Rawls entweder diesem zu folgen habe, oder aber rechtfertigen müsse, weshalb sie nicht mit ihm übereinstimme. In der Tat bestanden die Gerechtigkeitstheorien des späten 20. Jahrhunderts primär in einer Auseinandersetzung mit Rawls' *Theorie der Gerechtigkeit*. Der Libertarismus (s. Kap. 45), der Kommunitarismus (s. Kap. 40), der Feminismus, der sozialistische Egalitarismus bzw. analytische Marxismus, die *Critical Race Theory*, der Fähigkeitenansatz sowie die diskursethischen Gerechtigkeitstheorien definierten sich großteils in Abgrenzung zu der von Rawls formulierten liberal-egalitären Gerechtigkeitstheorie.

Rawls' *Politischer Liberalismus* hat großen Einfluss auf politische Philosophinnen wie Martha Nussbaum (2013) (s. Kap. 21) ausgeübt, die dessen Einsichten in ihre globale Ethik und Gerechtigkeitstheorie aufgenommen hat. Ebenso auf die Bildungsphilosophin Amy Gutmann (1995), welche Rawls' erziehungstheoretische Implikationen herausgearbeitet hat. Zudem haben viele Philosophen Rawls' Theorie des politischen Liberalismus in Form eines Liberalismus der öffentlichen Vernunft fortgeführt (Quong 2010), dessen Bedeutung für das Verständnis einer vernünftigen Religion aufgezeigt (Weithman 2016) und die Überschneidungen und Differenzen zu Habermas' Diskurstheorie herausgearbeitet (Finlayson 2019).

Rawls' spät ausgearbeitete internationale Gerechtigkeitstheorie ist mit großer Spannung erwartet worden, nachdem rawlsianisch geprägte Theoretiker wie etwa Charles Beitz (1979) und Thomas Pogge (1989) Rawls' Auffassung von Gerechtigkeit als Fairness unter Zuhilfenahme eines globalen Urzustands bereits auf die globale Ebene ausgeweitet hatten. Während Beitz und Pogge aufgrund der im 20. Jahrhundert sich vollzogenen strukturellen Änderungen der globalen ökonomischen, politischen und rechtlichen Ordnungen eine globale Ausweitung der beiden rawlsschen Gerechtigkeitsgrundsätze für angemessen hielten, wies Rawls eine solche entschieden zurück, da es nicht nur intolerant gegenüber nicht-liberalen, anständigen Gesellschaften sei, die globale Gültigkeit der Idee moralischer Freiheit und Gleichheit vorauszusetzen, sondern es auch die konstruktivistische Methode gebiete, eigene, für den Gegenstandsbereich der internationalen Gesellschaft angemessene Grundsätze zu wählen. Rawls' internationale Gerechtigkeitstheorie erfuhr daraufhin vehemente Kritik von denjenigen, die selbst eine individualistischere und liberale globale Gerechtigkeitstheorie verteidigt hatten, wurde jedoch auch von einigen Philosophen verteidigt, welche die Relevanz der politisch liberalen Ideen der Toleranz, des politischen Konstruktivismus und der öffentlichen Rechtfertigung auf globaler Ebene sehr hoch einschätzen (Freeman 2007; Wenar 2007).

Literatur

Beitz, Charles: Political Theory and International Relations [1979]. Princeton [2]1999.

Finlayson, James: The Habermas-Rawls Debate. New York 2019.

Freeman, Samuel: Distributive Justice and the Law of Peoples. In: Rex Martin and David Reidy (Hg.): The Law of Peoples: A Realistic Utopia? Malden 2007, 243–59.

Gutmann, Amy: Civic Education and Social Diversity. In: Ethics 105 (1995), 557–79.

Hart, H.L.A.: Freiheit und ihre Priorität bei Rawls. In: Ottfried Höffe (Hg.): Über John Rawls' Theorie der Gerechtigkeit. Frankfurt a.M. 1977, 131–61.

Nozick, Robert: Anarchie, Staat und Utopia. München 1976 (engl. 1974).

Nussbaum, Martha C.: Fähigkeiten schaffen – Neue Wege zur Verbesserung menschlicher Lebensqualität. Freiburg 2015 (engl. 2011).

Pogge, Thomas: Realizing Rawls. Ithaca 1989.

Quong, Jonathan: Liberalism without Perfection. Oxford 2010.

Rawls, John: A Theory of Justice. Cambridge, Mass. 1971

Rawls, John: Eine Theorie der Gerechtigkeit [1976]. Frankfurt a.M. 1979 (engl. 1999).

Rawls, John: Die Idee des politischen Liberalismus [1992]. Hg. von Wilfried Hinsch. Frankfurt a.M. 1994.

Rawls, John: Politischer Liberalismus [1998]. Frankfurt a.M. 2003 (engl. 1993).

Rawls, John: Das Recht der Völker. Berlin 2002 (engl. 1999).

Rawls, John: Gerechtigkeit als Fairneß – Ein Neuentwurf [2003]. Hg. von Erin Kelly. Frankfurt a.M. 2006.

Rawls, John: Geschichte der Moralphilosophie [2000]. Hg. von Barbara Herman. Frankfurt a.M. 2004 (engl. 2000).

Rawls, John: Geschichte der politischen Philosophie. Hg. von Samuel Freeman. Frankfurt a.M. 2008.

Rawls, John: Über Sünde, Glaube und Religion. Hg. von Thomas Nagel. Frankfurt a.M. 2010 (engl. 2006).

Weithman, Paul: Rawls, Political Liberalism and Reasonable Faith. Cambridge 2016.

Wenar, Leif: Why Rawls Is Not a Cosmopolitan Egalitarian. In: Rex Martin and David Reidy (Hg.): Rawls's Law of Peoples: A Realistic Utopia? Malden 2007, 95–113.

20 Judith N. Shklar

Hannes Bajohr

Judith Nisse Shklar (1928–1992) gehört zu den wichtigsten Vertreterinnen des politischen Liberalismus im 20. Jahrhundert und erlangte Bekanntheit sowohl als Ideenhistorikerin, die zur europäischen Aufklärung und zum politischen Denken der USA wichtige Beiträge leistete, als auch mit ihrer eigenen Konzeption eines negativistisch orientierten „Liberalismus der Furcht", ihrer Kritik am „Legalismus" sowie als Theoretikerin der Ungerechtigkeit.

20.1 Leben

Judith Shklar wurde 1928 als Judita Nisse im Riga der Zwischenkriegszeit in eine wohlhabende, deutschsprachige, säkular-jüdische Familie geboren (Shklar 1996). Ihre Mutter war eine sozialdemokratisch beeinflusste Kinderärztin, ihr Vater ein erfolgreicher Geschäftsmann, und trotz des stark antisemitisch geprägten Umfelds konnten ihre Eltern Shklar eine ausgezeichnete Ausbildung und materiell gesicherte Lebensverhältnisse bieten. In Anbetracht des Hitler-Stalin-Pakts – die Sowjetunion war für den Vater als ehemals zaristischem Offizier ebenso eine Bedrohung wie Nazideutschland – entschloss sich die Familie 1939 zur Flucht. Die Nisses reisten zunächst nach Schweden aus und gelangten von dort, mit gefälschten Papieren und unter widrigen Umständen mit der Transsibirischen Eisenbahn, über Japan nach Seattle, wo sie in einem Lager für illegale Einwanderer festgehalten wurden und nur durch den Einsatz der jüdischen Gemeinde freikamen. Schließlich ließ sich die Familie in Montreal nieder, wo Shklar, nun zwölfjährig, eine protestantische Schule besuchte, die ihr anspruchslos vorkam. Statt dem Unterricht zu folgen, begann sie sich enthusiastisch durch die örtliche Bibliothek zu lesen und konnte die High School bereits mit 16 Jahren abschließen.

Zunächst ein Studium der Volkswirtschaftslehre und Philosophie im Blick, schrieb sie sich 1945 an der McGill University (die zu dieser Zeit noch höhere Aufnahmeanforderungen für Juden stellte) für politische Theorie ein. Unter dem für sie prägenden Frederick Watkins erlangte sie mit einer komparativen Arbeit über Rousseau und Machiavelli 1950 ihren Mastergrad. Im folgenden Jahr – nun mit dem Zahnmediziner Gerald Shklar verheiratet – wurde sie Doktorandin am Radcliffe College, der Harvard University angeschlossen, die zu diesem Zeitpunkt noch keine Studentinnen aufnahm. 1955 wurde sie unter dem deutschstämmigen Politikwissenschaftlicher Carl Joachim Friedrich mit einer Dissertation über den Verfall der großen politischen Ideologien des 19. Jahrhunderts promoviert. Shklar blieb bis zu ihrem Tod am Government

H. Bajohr (✉)
Universität Basel, Basel, Schweiz
E-Mail: hb@hannesbajohr.de

M. Festl (Hrsg.), *Handbuch Liberalismus*, https://doi.org/10.1007/978-3-476-05798-3_20

Department in Harvard – zunächst in der Position einer Dozentin, 1959 als Assistant Professor, 1963 als Lecturer und ab 1971 als ordentliche Professorin, die erste Frau in dieser Position an ihrem Department. Sie starb 1992, auf der Höhe ihrer Produktivität, an einem Herzinfarkt.

20.2 After Utopia

Shklars erstes Buch *After Utopia* (1957), das aus der Dissertation hervorging, diagnostizierte eine Unfähigkeit der zeitgenössischen politischen Theorie, angemessen auf die Erfahrung von Shoah und Zweitem Weltkrieg zu reagieren. Es stand ganz im Zeichen der Debatten um das „Ende der Ideologien" (Daniel Bell), die zu diesem Zeitpunkt die Politikwissenschaft nur noch als empirische Forschung gerechtfertigt sahen.

Das Buch zeichnet in sechs großen Kapiteln die Reaktionen auf die Ideen der Aufklärung im 19. Jahrhundert und in der Gegenwart nach. Dabei versteht Shklar ‚Aufklärung ' als von Emanzipationsoptimismus, politischem Anarchismus im Sinne eines Radikalismus persönlicher und sozialer Selbstbestimmung sowie dem Glauben an die Herrschaft der Vernunft geprägt. Shklar sieht in der Gegenwart eine völlige Abkehr vom Programm der Aufklärung und deren, von der stoischen Tradition inspirierten, Leidenschaft für Gerechtigkeit, eine Abwesenheit allen politischen Optimismus und damit die Unfähigkeit, konstruktiv politische Theorie zu betreiben. Was sich als Reaktion auf die Aufklärung in der romantischen Tradition und dem christlichen Fatalismus, aber auch in ihrer Fortführung als Liberalismus und Sozialismus im 19. Jahrhundert zu einer Vielfalt an politischen Ideologien ausdifferenziert habe, sei im 20. Jahrhundert ohne Gegenwartsbezug als Reprise aufgegriffen worden. So feiere die Romantik im Existenzialismus deutscher und französischer Prägung Urstände, sei aber eine bloße Wiederholung der romantischen Erzählung vom „unglücklichen Bewusstsein", der Trennung von individueller und gesellschaftlicher Existenz, und ergehe sich in einem unsozialen Individualismus und einer antidemokratischen Verachtung der Masse (u.a. bei Heidegger und Jaspers, Sartre und Camus, aber auch Arendt).

Ebenfalls aus der gegen die Aufklärung gerichteten Tradition stamme der christliche Fatalismus. Mehr noch als die Romantik habe diese vor allem durch Joseph de Maistre vertretene Gruppierung die Französische Revolution als die Grundkatastrophe des Jahrhunderts wahrgenommen. In der Gegenwart betrachte sie den Niedergang der westlichen Zivilisation als Folge mangelnden religiösen Glaubens (u. a. Voegelin, Guardini, Maritain) und habe außer Resignation nichts zu empfehlen.

Während Shklar den Sozialismus als durch die Systemkonkurrenz kompromittiert betrachtet, habe sich der Liberalismus, als Erbe der Aufklärung, selbst desavouiert, indem er wesentliche Positionen des Konservatismus aufgenommen habe und ebenfalls fatalistisch geworden sei. In einer aufsehenerregenden Kritik dessen, was später als „Neoliberalismus" (s. Kap. 46) bezeichnet wird (sie nennt Eucken, von Hayek, Röpke sowie von Mieses, aber auch Polanyi und Talmon), identifiziert Shklar den Bankrott des positiv-optimistischen Liberalismus weniger in der Konzentration auf das Ökonomische als in der antiintellektualistischen Neigung, in jedem Versuch rationaler Gesellschaftsplanung bereits Totalitarismus, in jeder Hoffnung auf emanzipatorische gesellschaftliche Transformation schon den Tod der Freiheit zu vermuten.

Shklar, die hier als Kritikerin des „Cold War Liberalism" implizit einen sozialdemokratisch gefärbten Liberalismus nahelegt, bietet in *After Utopia* dennoch keine positive Alternative auf den Niedergang des von ihr diagnostizierten utopischen Elements der Aufklärung. Stattdessen empfiehlt sie politisch einen grundsätzlichen Skeptizismus und methodisch einen Rückzug in die Ideengeschichte.

20.3 Legalism

After Utopia steht damit noch nicht in der vornehmlich negativistischen Linie politischen Denkens, mit der Shklar für gewöhnlich in Zusammenhang gebracht wird. Dieser Einschlag erschien erst in der Folge ihrer Auseinandersetzung mit der Rechtsphilosophie, auch wenn sie bereits 1959 im Zusammenhang mit ihrer Forschung zu James Harrington die von Carl Joachim Friedrich geprägte Vokabel des „survivalism" für jene politischen Theorien in Anschlag brachte, die nicht auf eine Erziehung der Menschen zum Guten abzielen, sondern sie allein von Gewalt abhalten wollen, indem sie gemischte Regierungsformen befürworten (Shklar 1998a, 230).

Dieser Andeutung folgte Shklar in *Legalism* (1986 [1964]), ihrem zweiten Buch. Unter dem Begriff „Legalismus" versteht Shklar eine Haltung, die moralisches Handeln zuerst als Regelbefolgung und das Recht als autonome gesellschaftliche Sphäre konzeptualisiert. Sie spürt diesen Legalismus vor allem im liberalen Lager der Rechtsphilosophie auf, zumal in der Debatte zwischen dem Naturrechtler Lon L. Fuller und dem Rechtspositivisten H.L.A. Hart. Beide stimmen laut Shklar in drei Punkten überein: Recht sei durch eine ihm äußere Instanz fraglos gegeben, sei gegenüber Politik und Sitten autonom und könne neutral angewandt werden. Für Shklar dagegen ist das Recht ein gesellschaftlich und politisch situiertes Phänomen und dürfe nicht als ontologisch distinkt betrachtet werden, sondern besitze Übergänge in Richtung Politik und Moral. Zudem sei die legalistische Position übertrieben harmonistisch und vergesse den wesentlich agonalen Charakter von Politik. Verlasse man sich zudem zu sehr auf die Logik eines geschlossenen Rechtssystems, wäre etwa ein legaler Faschismus kein Widerspruch mehr.

Sei der Legalismus aber als Ideologe erkannt, könne er liberalen Demokratien sogar nützen: In ihrer meisterhaften Darstellung der Nürnberger Prozesse zeigt Shklar, dass es gerade in Krisensituationen die Aufgabe des Rechts sei, zeitweilig legalistische Prinzipien zu suspendieren und nach politischen Gesichtspunkten zu urteilen, wenn es bedeute, den Legalismus selbst als Doktrin wieder einzusetzen. Als Ideologie des Rechtsstaates und der *rule of law* stelle er durchaus ein demokratisches Gut dar, weshalb die Prozesse von Nürnberg für Shklar keine juristische, sondern eine allein durch ihre politische Funktion gestiftete Legitimität genießen, da sie eine deutsche legalistische Tradition wiederherstellten. Anders die Kriegsverbrecherprozesse von Tokio: Weil in Japan keine Tradition legalistischer Ideologie bestanden habe, mussten auch die Prozesse als illegitim und als Siegerjustiz erscheinen. Internationales Strafrecht sei daher eine problembehaftete Angelegenheit.

Dass Shklar hier offensiv von „Ideologie" spricht, ist dabei noch nicht unmittelbare Kritik, sondern betont die Unhintergehbarkeit von politisch-weltanschaulichen Bindungen, die offen zu reflektieren sie der politischen Theorie anempfiehlt. Auch der Vorwurf des „Legalismus" als Ideologie ist kein Angriff auf den liberalen Rechtsdiskurs an sich, sondern lediglich der Aufruf zu einer realistischen Umorientierung, die Recht als sozial und politisch situiert begreift.

Shklar gibt sich im Vorwort zu *Legalism* zum ersten Mal offensiv als Liberale zu erkennen, die vor allem gesellschaftliche Pluralität als Gut und organisierte Unterdrückung als größte politische Bedrohung betrachtet. Sie bezeichnet diese Position als einen Liberalismus, der vor allem bei Minderheitengruppen populär sei.

20.4 *Men and Citizens* und *Freedom and Independence*

Hatte *Legalismus* bereits erste Ansätze in Richtung einer Psychologie moralischer Empfindungen gezeigt, die als politisch ausschlaggebend in keiner regelgeleiteten *ideal theory* aufgefangen werden können, wandte sich Shklar in den späten 1960er Jahren Rousseau als Meister der politischen Emotionstheorie zu.

Men and Citizens (1985 [1969]) entdeckt in seinen Schriften – und, innovativ für die Forschung dieser Jahre, auch im literarischen Werk – nicht nur eine Kritik an politischen Utopien und die Beschreibung eines Sinns für Gerechtigkeit, der vor allem in der Fähigkeit zum Mitleiden begründet ist, sondern vor allem einen moralischen Realismus, der die psychologischen Schäden vergesellschafteter Menschen reflektiert. In Shklars Interpretation zielt Rousseaus Analyse vor allem auf die Trennung zwischen den Existenzformen von Menschen und

Bürgern ab, zwischen dem bukolischen Privathaushalt und der spartanischen Polis, die so radikal sei, dass sich alle politischen Probleme auf diese Amalgamierung aus halb-natürlichen und halb-sozialen Anteilen am menschlichen Gesellschaftsleben zurückführen ließen. Die Analyse dieser inneren Zerrissenheit ist für Shklar Rousseaus großer Beitrag zur politischen Theorie. Zugleich wahrt sie Distanz zu seiner republikanischen Lösung und liest ihn vor allem als seltenes Exemplar eines pessimistischen Denkers der Demokratie.

Dass man politische Theorie nicht nur als normative, formalistische, empirische oder rein historiographische Wissenschaft betreiben kann, sondern auch als an Literatur und Geschichte geschulte Moralpsychologie, zeigte Shklar auch mit ihrem nächsten Buch, dem der hegelschen *Phänomenologie* gewidmeten *Freedom and Independence* (1976). Die Verhältnisbestimmung zwischen Freiheit und Unabhängigkeit macht für Shklar die politische Essenz von Hegels frühem Hauptwerk aus, in dessen Zentrum der Versuch stehe, die trotz neuzeitlicher Prägung völlige Gegensätzlichkeit dieser Begriffe zu belegen. Hegels Narrativ sei dabei ein nostalgischer Abgesang auf Hellas als der einzigen Erinnerung an wirkliche Freiheit, weil allein in der griechischen Polis Gesellschaft und Individuum harmonierten. Als unreflektierte Identifikation von Einzelnem und Gemeinwesen sei diese Freiheit heutzutage aber nicht zu reaktivieren. Shklar näherte sich Hegel weniger als Politiktheoretiker, sondern nahm ihn erneut als Modell politischer psychologischer Betrachtung.

Die historische Wendung zu Rousseau und Hegel hatte aber auch tagesaktuelle Gründe, die in der Dominanz der *New Left* zu suchen sind. Ihr stand Shklar ablehnend gegenüber, weil sie ihr als Rückfall in jene politische Romantik erschien, die sie in *After Utopia* kritisiert hatte. Die Bücher über Rousseau und Hegel lassen sich als Reaktion auf diese politische Atmosphäre verstehen, in der Shklar Rousseau vor seinen romantischen Interpreten retten und Hegel eher als Nachfolger Kants denn als Vorgänger Marx' lesen will.

20.5 *Ordinary Vices*, Montesquieu und „The Liberalism of Fear"

In den 1970er Jahren weitete Shklar ihr historisches Interesse aus, indem sie nun einerseits die US-amerikanische Politikgeschichte, die sie von Grund auf vom Übel der Sklaverei bestimmt sah, und andererseits die Vorgeschichte des aufklärerischen Denkens mit Montaigne in den Blick nahm. Die seit der Entdeckung des „survivalism" zentralen negativen politischen Bezugspunkte von Gewalt, Furcht und Unterdrückung, das Interesse an Moralpsychologie und die Neigung zu nicht-idealer Theorie fand sie bei Montaigne – und zu einem geringeren Grad bei seinem systematischerem Nachfolger Montesquieu, dem sie einen Einführungsband widmete (1987) – auf eine Weise amalgamiert, die ihn zum theoretischen Modell von Shklars experimentellem *Ordinary Vices* (1984) machte.

Als essayistische Diskussion säkularer Laster (Grausamkeit, Heuchelei, Snobismus, Verrat und Misanthropie) markiert das Buch den Beginn von Shklars Spätphase, die zu einem großen Teil von der Entwicklung ihrer eigenen normativen liberalen Theorie bestimmt war. Statt bei idealen Institutionen oder bei auf Ausschließlichkeit hin konstruierten Entscheidungssituationen anzusetzen, aber auch ohne einen unmittelbar ideengeschichtlichen Überblick anzustreben, diskutiert Shklar die moralpsychologischen Voraussetzungen politischer Gemeinwesen auf freie und unsystematische Weise.

Statt sich, wie die christliche politische Theorie, den Tugenden zuzuwenden und Laster lediglich für deren Gegenteil zu halten, konzentriert sie sich auf die einen ganzen Charakter bestimmenden Schwächen und Untugenden selbst und bestimmt den Liberalismus als eine Überzeugung, für die Grausamkeit das höchste Übel ist. Welche politischen Konsequenzen sich ergeben, wenn man die Laster in eine andere Reihenfolge bringt, spielt Shklar Kapitel für Kapitel durch, von der Heuchelei, die puritanische Unterdrückung nach sich zieht, über Snobismus, dem Shklar ein gewisses Regulationspotential zugesteht, zur Misanthropie, die selbst die negative Seite allzu tugendhafter Ansprüche darstellt und Grausamkeit herbeiführt.

Neu ist, dass sie die direkte Erfahrung von Furcht und Grausamkeit zur Grundlage aller weiteren Überlegungen macht und der Idee der Gerechtigkeit, die sie seit *After Utopia* mehr oder minder umgangen hatte, wieder größere Wichtigkeit einräumt. Die Grausamkeit an erste Stelle zu setzen, wird für Shklar zu einer eigenen Grundform von Liberalismus, der allein in der Lage ist, eine pluralistische, polyarchaische Gesellschaftsform zu garantieren, und der die romantischen, hyperindividualistischen und legalistischen Auswüchse anderer auf Distanz hält.

Diese Idee wird fünf Jahre später in ihrem Essay „The Liberalism of Fear" (1989) auf die Formel des „Liberalismus der Furcht" kondensiert. Statt dem Liberalismus der persönlichen Entwicklung, der vor allem mit Mill, und dem Liberalismus der *rule of law*, der wiederum mit von Hayek in Verbindung gebracht wird, führt Shklar im Liberalismus der Furcht das minimalistische Konzept eines Liberalismus fort, der nicht von einem höchsten Gut, sondern einem schlimmsten Übel ausgeht – nämlich der Grausamkeit, der Furcht vor ihr und schließlich der Furcht vor der Furcht selbst.

Zusammen mit dem „Liberalismus der Rechte", den sie vor allem in der amerikanischen Tradition bei den von Montesquieu und Locke beeinflussten Gründern findet, bildet er die von nun an bevorzugte Form von Liberalismus in Shklars Werk. Der Text hatte, nicht zuletzt wegen seiner klaren und apodiktischen Sprache, einen enormen Erfolg, birgt aber die Gefahr, ihr Denken auf diesen Minimalismus zu reduzieren.

20.6 *The Faces of Injustice* und *American Citizenship*

Dass der Liberalismus der Furcht weder eine Version des minimalen Nachtwächterstaats, noch ohne Sinn für gesellschaftlichen Zusammenhalt ist, wurde in den Essays deutlich, die diesen Text umgeben, vor allem im 1987 erschienenen Vortrag „Positive Liberty, Negative Liberty in the United States" (1998b, 111–126).

In diesem Text kritisierte Shklar Isaiah Berlins Trennung von negativer und positiver Freiheit, die zumindest für die Geschichte der USA nie Geltung gehabt habe, da für die Abolitionisten positive Freiheit durch die Verweigerung der negativen Freiheit der Sklaven beeinträchtigt gewesen sei: Die Unfreiheit eines Teils der Bevölkerung bedeute, dass der freie Teil in eine Ungerechtigkeit verwickelt sei, die den höheren Erwartungen der positiven Freiheit widerspreche.

Shklars Versuch, den Liberalismus der Furcht mit einem Liberalismus der Rechte zu verbinden, setzte sich in *The Faces of Injustice* (1990) fort. Erstens schlägt sie vor, Ungerechtigkeit nicht als das Gegenteil von Gerechtigkeit zu betrachten, sondern als eigenständiges Phänomen anzuerkennen. Sobald man sich von einem am regelgeleiteten Gerichtshof orientierten Gerechtigkeitsmodell abwende und die Erfahrung der Ungerechtigkeit aus der Perspektive der Leidenden zum Ausgangspunkt nehme, erwiese sich die Grenze dessen, was ungerecht sei, als beweglich: Was vor 100 Jahren noch ein Unglück war, wie etwa eine Naturkatastrophe, kann heute zu einer Ungerechtigkeit werden, wenn die Gesellschaft, obwohl sie die Mittel dazu besitzt, keine Hilfe leistet. Shklar nennt das mit Bezug auf Cicero passive Ungerechtigkeit. Zweitens sei es notwendig, die epistemischen Grenzen der legalistischen Rechtsinstitutionen – das ständige Übersehen jener individuellen oder gruppenbezogenen Artikulation von Ungerechtigkeit, der durch das Raster des regelgeleiteten Modells von Gerechtigkeit fällt – durch die Ermöglichung, die Stimmen der Opfer zu hören, zu ergänzen.

Daraus entwickelt Shklar ein erstaunlich aktives Modell des Staatsbürgers, der sich sowohl gegen passive Ungerechtigkeit ausspricht als auch die Stimmen der Opfer wahrnimmt und verstärkt, sowie eine Betonung nicht nur der Institutionen, sondern auch der in ihr agierenden Staatsbeamten, denen ein Ethos von öffentlichem Dienst nahegelegt wird. Diese aktive Staatsbürgerschaft ist dabei nicht Ausdruck eines radikalpartizipatorischen Demokratieverständnisses, sondern bildet eher die notwendige Grundlage jener wohlfahrtsstaatlichen Institutionen und

Remonstrationswege, die den liberalen Staat vor allzu volatiler Personalisierung schützen.

Die Implikationen amerikanischer Staatsbürgerschaft griff Shklar in ihrem letzten Buch dann explizit auf: *American Citizenship* (1991) untersucht zunächst die Verbindung von negativer und positiver Freiheit anhand der Rolle, die die Sklaverei als Faktum und Metapher in der Geschichte amerikanischer Bürgerrechtskämpfe gespielt hat. Die Besonderheit des amerikanischen Modells sieht Shklar darin, dass sich der Kampf für gleiche Rechte in den USA nicht nur als Forderung nach politischen Partizipationsmöglichkeiten artikuliere, sondern dass die Stellung eines Staatsbürgers stets auch von der Beteiligung an der bürgerlichen Gesellschaft abhänge. Daher definiere in den USA nicht nur das Stimmrecht, sondern auch das Recht auf Partizipation am Arbeitsmarkt die volle Staatsbürgerschaft.

Beide Bücher müssen als erweiterte Artikulation des Liberalismus der Furcht und der Rechte gelesen werden. Hebt *The Faces of Injustice* auf die gemeinschaftlichen Bedingungen von Freiheit ab, besteht *American Citizen* darauf, die Quellen von Furcht zu historisieren und – etwa in der Furcht vor dem Arbeitsplatzverlust – zum Kriterium gegenwärtiger politischer Rechteerwartungen zu machen.

20.7 *On Obligation* und das Exil-Projekt

Judith Shklars plötzlicher Tod 1992 traf sie mitten in der Ausarbeitung eines Projekts, das dem Problem politischer Verpflichtung gewidmet war. Bereits in *Ordinary Vices* hatte sie die geteilten Loyalitäten, die zwischen gruppenbezogenen Bindungen und solchen zu Staaten bestehen, im Zusammenhang mit dem Phänomen des Verrats diskutiert. Shklar plante, das Problem politischer Verpflichtung am Beispiel von Exilerfahrungen weiterzuentwickeln, da hier die Konflikte zwischen der Verpflichtung zur neuen und zur alten Heimat sowie zwischen Bezugsgruppe und Staat besonders markant hervortreten.

Als Vorbereitung zu diesem Unternehmen hielt Shklar 1991/1992 die erst jüngst publizierte Vorlesung *On Obligation* (2019), in der sie die Idee der Verpflichtung in ihrer Geschichte darstellte und eine radikal säkulare, dem Ruf des Gewissens folgende Vorstellung von politischer Bindung artikulierte, die sowohl von T.H. Green als auch Henry Thoreau inspiriert war, wobei ihre Fallbeispiele von Antigone zu Bonhoeffer reichten.

Für das Buch über Exil und Exilanten, das aus den Seeley Lectures hervorgehen sollte, die sie 1993 in Cambridge zu halten vorhatte, konnte sie nur ein Kapitel fertigstellen. In ihm wird deutlich, dass Shklar ihre Verpflichtungsdiskussion auch gegen den Kommunitarismus richtet (s. Kap. 40), der etwa in der Spielart Michael Walzers Staatsbürgerschaft wie die Mitgliedschaft in einem Club behandelt. Dagegen stellt Shklar die Differenz zwischen u.a. Verpflichtung (*obligation*) und Loyalität (*loyalty*), die sie als rationale und affektive Bindungen definiert und die die Vertreter des Kommunitarismus mit ihrem Lob gemeinschaftlich geteilter Werte übersehen.

Die politische Verpflichtung dem neuen Staat gegenüber, erklärt Shklar, liegt für Exilanten potentiell mit anderen emotionalen Loyalitäten in Konflikt, was in ihren Gastländern oft Misstrauen erwecke. Selbst Einwanderungsländer wie Kanada oder die USA errichteten daher nicht selten zu hohe Hürden, die Neuankömmlingen oft mehr abverlangten als nur Recht und Gesetz zu folgen. Gerade unter den Bedingungen des Pluralismus müsse es möglich sein, sowohl der eigenen Gruppe gegenüber loyal, aber dennoch dem Staat verpflichtet zu sein.

Daraus folgt für Shklar sowohl die Notwendigkeit, Exilanten die Einbürgerung als einzigem Weg zu staatlichen Verpflichtungsansprüchen zu vereinfachen, als auch die Forderung, dass Staatsbürgerschaft keinen Loyalitätsforderungen unterworfen sein dürfe, die über Gesetzesbefolgung hinausgehen und nationale und ethnische Gruppenzugehörigkeit und Loyalität voraussetzten. Die in *American Citizenship* und *Faces of Injustice* diskutierte aktive Staatsbürgerschaft könne höchstens durch Anreize zur Partizipation, aber nicht durch Zwang erreicht werden.

20.8 Wirkung

Judith Shklar war – anders als etwa Hannah Arendt, mit der sie trotz der kritischen Distanz zu ihr oft verglichen wird – zu Lebzeiten keine öffentliche Intellektuelle, auch wenn sie in ihrem Fach als Ideenhistorikerin und Theoretikerin des Liberalismus Ansehen genoss. Allenfalls konnte ihre durch Richard Rorty appropriierte Definition des Liberalismus als Grausamkeitsvermeidung (in *Contingency, Irony, Solidarity*, 1989) Bekanntheit erlangen. Erst die zweibändige Edition ihrer Essays 1998 brachte eine breitere Rezeption in Gang (Shklar 1998a; 1998b). Dass Shklars Formulierung ihres Liberalismus jeglicher Triumphalismus abging, hat sie seitdem für jene Liberalen attraktiv gemacht, die nach dem Umbruch von 1989 den „Cold War Liberalism" für analytisch unfruchtbar hielten.

Dass ihr Liberalismusmodell dabei, vor allem in *Legalism*, als agonistisch statt harmonistisch gedacht wird, ließ Shklar für Dissenstheorien anschlussfähig werden, wobei dasselbe Buch in den letzten Jahren auch in der Theorie der International Relations und des internationalen Strafrechts seine Wirkung entfaltet. Shklars Ablehnung rein marktorientierter Liberalismen und libertärer Entwürfe erschloss ihr zudem ein nicht nur linksliberales Publikum, sondern öffnete ihr Werk, vor allem *Faces of Injustice* und *American Citizenship*, auch anerkennungstheoretischen Ansätzen.

Da Shklar methodisch statt von abstrakten Modellen von dichten Beschreibungen konkreter politischer Phänomene ausging, wurde sie nachträglich in den Kanon des Realismus in der politischen Theorie aufgenommen. Shklar hielt bei aller Betonung von Institutionen weiterhin am vom Staat ausgehenden Unterdrückungspotential fest; nicht zuletzt dies lässt sie heute wahrscheinlich aktueller erscheinen als bei ihrem Tod 1992.

Erst in letzter Zeit ist dabei auch die Kompatibilität ihrer Überlegungen mit den Anliegen emanzipatorischer Bewegungen erkannt worden: Indem Shklar die Pflicht, die Stimmen der Opfer zu hören, zur Aufgabe liberaler Gemeinwesen erhebt, bietet sie eine erstaunliche Anschlussbreite an feministische und „identitätspolitische" Fragen, denen sie sich, bei aller früheren Distanz, auch gegen Ende ihres Lebens selbst zuwandte – so wäre die durchaus affirmative Erörterung von Shulamith Firestone in *Faces of Injustice* wohl in den 1970er Jahren noch nicht möglich gewesen.

Die Aufarbeitung von Judith Shklars Werk ist, so steht zu vermuten, so wenig abgeschlossen wie ihre Kanonisierung als Klassikerin des liberalen Denkens bereits fortgeschritten ist.

Literatur

Rorty, Richard: Contingency, Irony, and Solidarity. Cambridge 1989.

Shklar, Judith N.: After Utopia: The Decline of Political Faith. Princeton 1957.

Shklar, Judith N.: Freedom and Independence. Cambridge u.a. 1976.

Shklar, Judith N.: Ordinary Vices. Cambridge, Mass., 1984. [Deutsch als: Ganz normale Laster. Berlin 2014.]

Shklar, Judith N.: Men and Citizens: A Study of Rousseau's Social Theory. Cambridge u.a. [1969] ^{2}1985.

Shklar, Judith N.: Legalism: Law, Morals, and Political Trials. Cambridge [1964] ^{2}1986.

Shklar, Judith N.: Montesquieu. Oxford/New York 1987.

Shklar, Judith N.: The Liberalism of Fear. In: Nancy Rosenblum (Hg.): Liberalism and the Moral Life. Cambridge, Mass. 1989, 21–39.

Shklar, Judith N.: The Faces of Injustice. New Haven/ London 1990. [Deutsch als: Über Ungerechtigkeit. Erkundungen zu einem moralischen Gefühl. Berlin1992/2021.]

Shklar, Judith N.: American Citizenship: The Quest for Inclusion. Cambridge, Mass. 1991. [Deutsch als: Wählen und Verdienen. Über amerikanische Staatsbürgerschaft und das Streben nach Inklusion. Berlin 2021.]

Shklar, Judith N.: A Life of Learning. In Liberalism without Illusions. Essays on Liberal Theory and the political vision of Judith N. Shklar. Hg. von Bernard Yack. Chicago 1996, 263–279

Shklar, Judith N.: Political Thought and Political Thinkers. Hg. von Stanley Hoffmann. Chicago/London, 1998a. [Teilweise deutsch in: Der Liberalismus der Furcht. Berlin 2013; Über Hannah Arendt. Berlin 2020; Verpflichtung, Loyalität, Exil. Berlin 2019.]

Shklar, Judith N.: Redeeming American Political Thought. Hg. von Stanley Hoffmann und Dennis F. Thompson. Chicago 1998b. [Teilweise deutsch in: Der Liberalismus der Rechte. Berlin 2017.]

21 Martha C. Nussbaum

Julian Culp

21.1 Leben und Wirken

Martha Craven Nussbaum (1947–) ist in New York City geboren und wuchs in einer gut situierten, protestantischen Familie in Bryn Mawr, Pennsylvania, auf. Sie begann 1964 ihr Studium am Wellesley College in Massachusetts, zog allerdings 1966 nach New York City, wo sie zunächst eine Stelle in einem Repertoiretheater annahm. Noch im gleichen Jahr setzte sie ihr Studium an der New York University (NYU) an der dortigen School of the Arts für ein Jahr im Fach Theater fort, bevor sie nach zwei weiteren Studienjahren an der NYU einen Bachelor of Arts mit dem Hauptfach Altphilologie erwarb. 1969 konvertierte sie zum Judentum und heiratete Alan Nussbaum. Aus dieser Ehe entstammt Nussbaums Tochter Rachel, die 1972 zur Welt kam und bereits 2019 bei einer Operation starb. Rachel Nussbaum Wichert veröffentliche mit ihrer Mutter Aufsätze zu Tierrechten (Wichert und Nussbaum 2017). Bis auf einen Aufenthalt in Oxford 1973–74 verbrachte Nussbaum den gesamten Zeitraum von 1969 bis 1983 an der Harvard University, an der sie u.a. mit Hilary Putnam, John Rawls und Bernard Williams in Kontakt kam. Dort erwarb sie 1971 einen M.A. und 1975 unter der Betreuung von G.E.L. Owen einen Ph.D. in Altphilologie, war 1972–75 als erste Frau Junior Fellow der Society of Fellows und hatte Anstellungen als Assistant Professor (1975–80) sowie als Associate Professor (1980–83) für Altphilologie und Philosophie inne.

1984 erhielt Nussbaum ihre erste Festanstellung als Altphilologie- und Philosophieprofessorin an der Brown University, an der sie bis 1995 blieb. Gastaufenthalte und -professuren während diesem Zeitraum führten sie erneut nach Oxford (1986–7) sowie an die University of Chicago (1992), die Stanford University (1992), die University of California at Riverside (1993) und nach Oslo (1994). Von 1987 bis 1993 forschte Nussbaum zudem jeden Sommer zu entwicklungsethischen Fragen in Helsinki am World Institute for Development Economics Research, das Teil der United Nations University ist. Während dieser Zeit entwickelte sie gemeinsam mit dem Ökonomen und Philosophen Amartya Sen den sog. Fähigkeitenansatz (*capability approach*), der die philosophische Grundlage des Indexes der menschlichen Entwicklung darstellt, wie er vom Entwicklungsprogramm der Vereinten Nationen seit 1990 verwendet wird.

1996 wurde Nussbaum als Ernst Freund Distinguished Service Professor of Law and Ethics an die University of Chicago berufen, wo sie seither forscht und lehrt. Nussbaum ist aktives Mitglied einer jüdischen Gemeinde im Chicagoer Stadtteil Hyde Park und feierte dort 2008

J. Culp (✉)
The American University of Paris, Paris, Frankreich
E-Mail: jculp@aup.edu

M. Festl (Hrsg.), *Handbuch Liberalismus*, https://doi.org/10.1007/978-3-476-05798-3_21

ihre Bat-Mizwa. Zusammen mit Sen gründete Nussbaum 2004 die Human Development and Capability Association und war 2006–8 deren Präsidentin. Neben ihrem Engagement für entwicklungspolitische Anliegen setzt sich Nussbaum auch für Frauenrechte und Tierrechte ein. Sie erhielt bislang über 60 *honorary degrees* sowie unzählige hochdotierte Forschungspreise, darunter den A.SK Social Science Award des Wissenschaftszentrums Berlin für Sozialforschung (2009), den Prinzessin von Asturien-Preis (2012), den Philip Quinn-Preis der American Philosophical Association (2015), den Kyoto-Preis (2016), den Don Randel-Preis der American Academy of Arts and Sciences (2018) sowie den Berggruen-Preis (2018).

21.2 Werk im Gesamtkontext des Liberalismus

Nussbaum als eine liberale Denkerin zu begreifen mag überraschen, da sie zunächst mit ihrer Forschung zu antiker Literatur und Philosophie in Vorschein trat und lange Zeit als Neo-Aristotelikerin galt. Sie erlangte größere Bekanntheit mit ihrem Buch *The Fragility of Goodness* (1986), in dem sie der Frage nachging, inwieweit menschliches Wohlergehen von Zufällen und Schicksalsschlägen abhängig ist. Sie kritisiert die von Platon (und Sokrates) in seinen früheren Werken (*Phaidon; Der Staat; Das Gastmahl*) vertretene Auffassung, dass menschliches Glück in einer auf Selbstgenügsamkeit beruhenden Lebensform zu erlangen sei, weil diese über die Wechselfälle des Lebens erhaben sei. Demgegenüber macht sich Nussbaum für die vom späten Platon in *Phaidros* sowie die von Aristoteles entwickelte Auffassung stark, dass ein gutes Leben eher dadurch zu erreichen sei, die tragischen Aspekte menschlichen Lebens anzuerkennen. Schließlich könnten selbst solche Menschen, die einen rationalen und tugendhaften Lebensplan verfolgten, diese nicht vermeiden. Zusätzlich hat Nussbaum (1999a) in einer Reihe von Aufsätzen in den späten 1980er und frühen 1990er Jahren eine aristotelische Begründung eines ethischen Universalismus vorgeschlagen, die auf dem Ausweis von Wesensmerkmalen basiert, die alle Menschen trotz kultureller Unterschiede teilen. Diese Wesensmerkmale, so Nussbaum (1999b, 56), stellen zusammengenommen die Grundstruktur der menschlichen Lebensform dar, weshalb sie als Minimalbedingungen des guten Lebens gelten.

Trotz dieser frühen aristotelischen Positionen ist Nussbaums Werk insgesamt stark liberal geprägt und als liberal zu bezeichnen. Eingehende Diskussionen liberaler Theorien sind ein wesentlicher Ausgangspunkt für Nussbaums philosophische Reflexionen. Individuelle Freiheiten sowie subjektive Rechte nehmen eine Schlüsselrolle in ihrer ethischen und politischen Theorie ein. Locke sowie auch andere Sozialvertragstheoretiker kritisiert Nussbaum (2010, 72–73) allerdings dafür, subjektive Rechte auf Basis der angeblich in einem vorstaatlichen Zustand vorhandenen natürlichen Freiheit, Gleichheit und Unabhängigkeit aller Menschen zu begründen. Hierdurch würden nämlich menschliche Abhängigkeit, Bedürftigkeit und Vielfalt, mithin die sozialen und (physisch-) individuellen Voraussetzungen menschlicher Freiheit, verkannt. Nussbaum sieht deswegen davon ab, die staatliche Sicherung subjektiver Rechte als das Ergebnis eines *ex post* hypothetisch rekonstruierbaren Vertragsschlusses aufzufassen, der allen Menschen zum wechselseitigen Vorteil gereiche. Stattdessen argumentiert sie, dass solche Rechte lediglich eine wichtige politisch-institutionelle Voraussetzung für individuelle Freiheiten darstellen, und dass es allein aus Respekt gegenüber der Würde von Menschen als soziale und praktisch-rationale Wesen geboten sei, Menschen solche Freiheiten zu ermöglichen.

Trotz ihrer Zurückweisung liberaler Sozialvertragstheorien folgt Nussbaum seit *Women and Human Development* (2000) explizit John Rawls' politischem Liberalismus in der Auffassung, dass menschliche Freiheiten nicht auf Basis einer umfassenden Lehre, welche auch kontroverse Antworten auf metaphysische Fragen wie etwa einem Leben nach dem Tod beinhalten, zu verstehen sind. Vielmehr sind sie als Ansprüche politischer Gerechtigkeit zu verstehen, die einen übergreifenden Konsens trotz dauerhaft unterschiedlicher Auffassungen des Guten darstellen. Auf diese Weise grenzt sich Nussbaum (2011) sowohl von John Stuart Mills als auch von Joseph Raz' perfektionistischem Liberalismus ab, der menschliche Freiheiten deswegen als schutzbedürftig ansieht, weil deren Verwirklichung die höchste Form menschlichen Glücks darstellt. Trotz ihrer Verteidigung eines politischen Liberalismus erkennt Nussbaum (2015, 41) menschliche Freiheiten jedoch auch als Bestandteile eines guten Lebens an.

Zudem schließt Nussbaum (2016, Kap. 3 und passim) insofern an Rawls sowie auch Mill an, da sie sich in kritischer Auseinandersetzung mit den moralpsychologischen und erziehungsphilosophischen Überlegungen dieser Denker umfassend mit der Frage beschäftigt hat, wie diejenigen politischen Emotionen hervorgebracht und erhalten werden können, die es zur Verwirklichung grundlegender menschlicher Freiheiten bedarf. Hierfür hat Nussbaum (1990; 2001) nicht nur eine kognitive und evaluative Philosophie der Emotionen erarbeitet, die Emotionen eine zentrale Bedeutung bei der Urteils- und Wissensfindung zuweist, sondern sie (2004) hat auch die Rolle der Emotionen von Scham und Ekel in rechtlichen Kontexten untersucht und sich (1996; 1997; 2012) eingehend mit Fragen der Bildungs- und Erziehungsphilosophie im US-amerikanischen und internationalen Kontext beschäftigt.

21.3 Liberale Entwicklungs- und Wohlfahrtsökonomie sowie politisch liberale Gerechtigkeitstheorie

Gemeinsam mit dem Philosophen und Ökonomen Amartya Sen (2002, 72) hat Martha Nussbaum den Fähigkeitenansatz entwickelt. In den Bereichen der Entwicklungs- bzw. Wohlfahrtsökonomie beansprucht dieser, dass *menschliche Fähigkeiten* (*capabilities*) die adäquate Informationsquelle zur Bestimmung *menschlicher* Entwicklung darstellen. Fähigkeiten begreift dieser Ansatz als effektive Freiheiten, bestimmte Funktionen (*functionings*) auszuüben, womit unterschiedliche Seinsweisen (*doings*) und Handlungsweisen (*beings*) gemeint sind, die Individuen einnehmen und ausführen können. Die unterschiedlichen Kombinationen an Funktionen, welche eine Person effektiv auszuüben die Möglichkeit hat, stellen ihr jeweiliges Set an Fähigkeiten dar.

Nussbaum und Sen wenden sich mit ihrem Ansatz sowohl gegen materialistische als auch gegen utilitaristische Verständnisweisen von gesellschaftlicher Entwicklung bzw. sozialem Fortschritt. Sie bezweifeln also, dass allein ein Zuwachs an Waren und Dienstleistungen oder eine Vermehrung von Nutzen es rechtfertigen würden, von Verbesserungen der Lebensverhältnisse zu sprechen. Wirtschaftliches Wachstum besitzt lediglich den instrumentellen Wert, Menschen dazu zu befähigen, bestimmte Funktionen auszuüben.Darüber hinaus ist die Menge materieller Güter auch ein inadäquater Indikator, um herauszufinden, über wie viele und welche Fähigkeiten Personen tatsächlich verfügen. Dies liegt daran, so Nussbaum (2000, 60), dass die Möglichkeiten, materielle Güter in Fähigkeiten umzuwandeln, von Person zu Person sehr unterschiedlich sind. Personen unterscheiden sich in ihren internen Eigenschaften, z. B. in ihren kognitiven Kapazitäten, und zudem in ihren externen Umständen, z. B. bezüglich ihrer rechtlich-politischen Umwelt. Ebenso sind Messungen wirtschaftlichen Wachstums nur von begrenzter Aussagekraft hinsichtlich des in einer Gesellschaft entstandenen Gesamtnutzens. So kann etwa eine hohe Wachstumsrate nur geringfügig zum Gesamtnutzen beitragen. Dies kann etwa dann der Fall sein, wenn das Wachstum primär auf die bereits gutsituierten Gesellschaftsschichten fällt und der diesen Schichten daraus entstehende Nutzengewinn insofern sich als relativ gering erweist, da die ökonomisch schlechter gestellten Schichten deutlich mehr von dem Wachstum profitiert hätten. Darüber hinaus betont Nussbaum (ebd., Kap. 3), dass adaptive Präferenzbildung ein Problem für utilitaristische Ansätze darstellt, da viele Personen andere Präferenzen hätten, wenn sie deren Realisierung als möglich einschätzen würden. Es scheint daher problematisch, dass Utilitaristen lediglich die Befriedigung aktuell vorliegender Präferenzen als normativen Maßstab auffassen.

Nussbaums Fähigkeitenansatz geht jedoch über die Bestimmung eines komparativen Maßstabs zur Messung von Entwicklung bzw. Lebensqualität hinaus, da sie diesen auch verwendet, um die Grundsätze einer politisch liberalen internationalen Gerechtigkeitstheorie zu bestimmen. Anders als Sen, der kein Set an Fähigkeiten gegenüber anderen priorisiert, begründet Nussbaum (2010, 112–4) eine Liste zehn zentraler menschlicher Fähigkeiten, deren Verwirklichung Vorrang gegenüber anderen Fähigkeiten genießt: Leben; körperliche Gesundheit (einschließlich reproduktiver Gesundheit); körperliche Integrität; Sinne, Vorstellungskraft und Denken; Gefühle; praktische Vernunft; Zugehörigkeit; Kontakt zu anderen Spezies; Spiel; Kontrolle über die eigene Umwelt. Nussbaum (2000, 72; 2010, 104–105, 111, 114–115, 400–401) sieht diese zehn zentralen menschlichen Fähigkeiten als einzeln notwendige und zusammen hinreichende Elemente eines menschenwürdigen Lebens an. Die zehn zentralen menschlichen Fähigkeiten stellen dadurch politische Ansprüche fundamentaler Gerechtigkeit dar. Die moralische Basis dieser Argumentation, so Nussbaum (2000, 76–77; 2010, 116, 406–407), sei eine politisch verstandene Konzeption des Guten, die einen übergreifenden Konsens darstelle und nicht auf einer umfassenden Lehre beruhe. Die zentralen Fähigkeiten sind auch keine Instanziierungen eines axiologisch zu begreifenden Meta-Gutes „Freiheit" und sind nicht allein deswegen wertvoll, weil sie die Entscheidungsfähigkeit (*capability to choose*) ermöglichen, wie manche Anhänger eines perfektionistischen Liberalismus argumentieren. Vielmehr ist Nussbaums politische Auffassung wertpluralistisch, da sie die zentralen Fähigkeiten als mehrere, inkommensurable Komponenten des Guten sowie als separate Gerechtigkeitsforderungen anerkennt.

Die zehn zentralen Fähigkeiten versteht sie als universale Gerechtigkeitsansprüche, die alle Staaten gewährleisten müssen, um dadurch ihren Respekt gegenüber menschlicher Würde auszudrücken. Allerdings sind diese Ansprüche bewusst abstrakt formuliert, so dass sie auf unterschiedliche Art und Weise in verschiedenen Ländern realisiert werden können. Staatlich verfasste Demokratien, so Nussbaum (2000, 101–5; 2010, 117), haben die Aufgabe zu bestimmen, welche der potentiell möglichen Realisierungsweisen dieser Liste tatsächlich im jeweiligen gesellschaftlichen Kontext soziale Geltung erlangen sollen. Gleichwohl sind die zehn zentralen Fähigkeiten nicht als Ergebnis eines demokratischen oder philosophischen Begründungsverfahrens zu begreifen, sondern als fundamentale Ansprüche, die sich aus der sozialen und praktisch-rationalen Natur des Menschen ergeben. Trotz dieses auf moralischer Ebene kosmopolitischen Begründungsansatzes, schreibt Nussbaum auf der politischen Ebene der internationalen Gemeinschaft lediglich die nachgeordnete Verantwortung zu, Staaten bei der Erfüllung innerstaatlicher Gerechtigkeitsforderungen zu unterstützen, sofern diese dazu nicht in der Lage sind. Weder fordert Nussbaum (2010, 424–30) einen Weltstaat noch sieht sie die Demokratisierung internationaler Institutionen als wünschenswert an, da die in diesen Institutionen agierenden Entscheidungsträgerinnen nicht hinreichend für ihre Entscheidungen zur Rechenschaft gezogen werden könnten. Nussbaums internationale Gerechtigkeitstheorie basiert also moralisch auf einem liberalen Universalismus, ist aber politisch stark nationalistisch geprägt.

21.4 Liberale Erziehung und Bildung

In Ergänzung zu ihren Beiträgen zur Wohlfahrtsökonomie und Gerechtigkeitstheorie hat Nussbaum (1996; 1997) insbesondere Mitte der 1990er Jahre eine weltbürgerliche Erziehung und Bildung (*cosmopolitan citizenship education*) an Schulen und Universitäten verteidigt. Eine solche Erziehung und Bildung sei notwendig, um ein Bewusstsein für nationale Grenzen überschreitende Probleme zu schaffen und um zukünftige Bürgerinnen und Bürger durch die Herausbildung inter- und transkultureller Kompetenzen zu befähigen, zur Lösung dieser Probleme beizutragen. Basierend auf Überlegungen des stoischen Philosophen Diogenes hebt Nussbaum (1997, 62) zudem hervor, dass die Kenntnis anderer Kulturen zur Selbsterkenntnis beitrage. Nussbaum (ebd., 69, 83) legt außerdem nahe, dass Sympathie unter Menschen unterschiedlicher Kulturkreise dadurch entstehen könne, dass Menschen geteilte Bedürfnisse wie Nahrung, Erholung und sexuelle Befriedigung anerkennen, sobald sie ein besseres Verständnis voneinander gewonnen und Empathie entwickelt haben. Weltbürgerliche Erziehung und Bildung müsse ein mehrschichtiges Verständnis der eigenen Identität hervorbringen, in der neben der familiären und nationalen auch die kosmopolitische Identität eine bedeutsame Rolle spiele. Nussbaum (ebd., 65, 68) plädiert daher dafür, dass sich Schülerinnen und Schüler sowie Studentinnen und Studenten eingehend mit ihnen unvertrauten Kulturen auseinandersetzen.

Somit steht Nussbaums Auffassung weltbürgerlicher Erziehung und Bildung auch klassisch liberalen Positionen sehr nahe, die für eine Auseinandersetzung mit möglichst unterschiedlichen Lebensmodellen plädieren, damit Heranwachsende Autonomie entwickeln. Noch stärker ist Nussbaums Auffassung allerdings mit Modellen multikultureller Erziehung und Bildung verwandt, die ebenfalls das strukturierte, reflektierte Erfahren und Erforschen unterschiedlicher Kulturen hervorheben, um Kooperation über unterschiedliche gesellschaftliche Gruppen hinweg in einer pluralistisch verfassten Demokratie zu gewährleisten. Auf diese demokratische Orientierung ihrer Erziehungs- und Bildungsauffassung verweist Nussbaum (2012) ebenfalls in ihrer Verteidigung geisteswissenschaftlicher Studien. Sie betont hierbei, dass ein Studium nicht lediglich ökonomischen Interessen dienen dürfe, sondern auch demokratischen Kompetenzen wie der interkulturellen Dialogfähigkeit förderlich sein müsse, die gerade in geisteswissenschaftlichen Fächern geschult werden würden.

21.5 Liberale politische Emotionen

In *Politische Emotionen* (2016) hat Nussbaum ihre Forschung (2001; 2004) zu einer kognitiven Emotionstheorie mit ihrer politisch-philosophischen sowie erziehungs- und bildungsphilosophischen Forschung verbunden. Sie arbeitet darin diejenigen öffentlichen Emotionen heraus, die eine politisch liberale öffentliche Kultur fördern bzw. verhindern müsse, um ein politisch liberales Gerechtigkeitsverständnis auch in der politischen Praxis zu verwirklichen. Die zu fördernden Emotionen seien einerseits Sympathie und Liebe, weil Bürgerinnen und Bürger sich sonst nicht hinreichend für Gerechtigkeit einsetzen würden. Andererseits zählten zu den zu unterdrückenden Emotionen solche wie Ekel, Neid oder der Wunsch, andere bloß zu stellen. Solche Emotionen, die aus Unsicherheit sowie Angst um das eigene Wohl entsprängen, würden sonst dazu führen, dass Menschen einander erniedrigen und ausgrenzen.

Nussbaum erkennt an, dass liberale Denker wie Locke und Immanuel Kant bereits die Relevanz des Wohlwollens sowie die Gefahren des Narzissmus erkannt hätten. Sie behauptet aber, dass sich die Tradition des politischen Liberalismus dennoch nicht hinreichend mit politisch-psychologischen Fragen der Kultivierung liberaler politischer Emotionen beschäftigt hätte. Nussbaum zufolge sei dies im Fall von Locke und Kant dadurch erklärbar, dass diese befürchteten, eine solche Kultivierung der Emotionen würde die Redefreiheit zu sehr einschränken. John Stuart Mill, August Comte und Rabindranath Tagore hätten in ihren jeweiligen Auffassungen einer Religion der Menschheit (*religion of humanity*) zwar detaillierte Vorstellungen erarbeitet, wie politische Emotionen gefördert bzw. vermieden werden könnten. Jedoch berücksichtigten diese nicht hinreichend die in liberalen Staaten unvermeidliche Vielfalt religiöser und anderer umfassender Lehren, welche die Herausbildung einer bürgerlichen Religion verhindern würden.

Nussbaum knüpft an Rawls' Diskussion einer vernünftigen Moralpsychologie an, positioniert sich aber Rawls gegenüber kritisch, weil sie an Grundsätzen orientierte (*principle-dependent*) Emotionen als motivational zu schwach erachtet. Politische Emotionen dürften nicht bloß abstrakt eingefordert werden, sondern müssten vielmehr durch politische Rhetorik, die Gestaltung öffentlicher Räume, Museen und Gedenkstätten, sowie durch öffentliche Feiern und künstlerisches Schaffen hervorgebracht werden. Die motivational stärksten Emotionen seien eudaimonistisch, so dass eine handlungswirksame öffentliche politische Kultur deutlich machen müsse, inwiefern gerechtes bürgerliches Handeln auch im Interesse der Bürgerinnen und Bürger ist und mit deren partikularer Identität zusammenhängt. Daher bedürfe es vermittelnder Ansätze, die Brücken zwischen einer solchen partikularen Identität und universalen Gerechtigkeitsgrundsätzen schlagen. Nicht zuletzt aufgrund dieser motivationalen Überlegungen argumentiert Nussbaum für die Förderung liberaler Emotionen innerhalb einer nationalen politischen Kultur. Eine Ausweitung solch partikularistisch grundierter Emotionen auf den internationalen Kontext hält sie – anders als in ihren früheren erziehungs- und bildungsphilosophischen Schriften – für unrealistisch. Gleichwohl hält sie es für vorstellbar und notwendig, dass kosmopolitische Ziele Teil eines nationalen Selbstverständnisses werden können.

21.6 Rezeption

Nussbaums liberale Philosophie stellt eine Antwort auf die vielfach am Liberalismus geäußerte Kritik dar, dass dieser ein Menschenbild kühl kalkulierender Individuen vertrete, welches die Bedeutung von Gemeinschaft sowie von Solidarität und anderer politischer Emotionen vernachlässige. Zusätzlich entkräftet Nussbaums Philosophie den Einwand, liberale Philosophie basiere auf abstrakten Grundsätzen, die nur wenig Bezug zu den konkreten Erfahrungen kulturell geprägter Lebenswelten aufweisen. Nicht nur enthalten Nussbaums (2000, Einleitung und passim) eigene Argumentationsgänge eine Vielzahl an Geschichten benachteiligter individueller Personen oder Gruppen. Nussbaum (1995) tritt auch methodologisch dezidiert dafür ein, dass bestimmte normative Probleme nur dann angemessen von der praktischen Philosophie behandelt werden können, wenn sie anhand einer narrativ entwickelten Darstellung verstanden werden. Es zeichnet Nussbaums Arbeiten zusätzlich aus, dass sie weder lebensweltlich noch philosophisch ausschließlich auf westlichen Perspektiven aufruhen. Nussbaum behandelt detailliert u.a. sozioökonomische und politische Probleme Indiens und setzt sich ausführlich mit Denkern wie etwa Rabindranath Tagore auseinander.

Der zentrale Beitrag von Nussbaums Werk zum Liberalismus besteht allerdings darin, vorhandene Grenzziehungen zu hinterfragen und den Geltungsbereich des Liberalismus zu erweitern. Solche Grenzverschiebungen finden sich in Nussbaums Arbeiten zu einem liberalen Feminismus (1999; 2021a), zu internationaler Gerechtigkeit (2000; 2010; 2015) sowie zu den Rechten von Menschen mit Behinderungen (2010), von Tieren (2006; 2021b) und von älteren Menschen (Nussbaum und Levmore 2017). In allen diesen Arbeiten geht es Nussbaum um „die nächste Frontlinie im Kampf gegen Diskriminierung" (ebd., 73).

Insbesondere der Fähigkeitenansatz hat sich bei diesem Kampf als besonders fruchtbar erwiesen. Dieser hat nicht nur in der Entwicklungs- und Wohlfahrtsökonomie, sondern auch in der politischen Philosophie und Tierrechtsethik große Beachtung erfahren. Die auf diesem Ansatz basierende, jährliche Erstellung des Index menschlicher Entwicklung durch das Entwicklungsprogramm der Vereinten Nationen seit 1990 unterstreicht wie kaum eine andere normative Theorie die politische Wirksamkeit philosophischer Forschung. Zusätzlich geht die in den Sozialwissenschaften mittlerweile weit verbreitete multidimensionale Konzeptualisierung und Messung von Armut insofern ebenfalls auf Nussbaums Fähigkeitenansatz zurück, als dieser die Inkommensurabilität des Werts verschiedener Fähigkeiten betont.

Literatur

Nussbaum, Martha: The Fragility of Goodness – Luck and Ethics in Greek Tragedy and Philosophy. Cambridge 1986.

Nussbaum, Martha: Love's Knowledge – Essays on Philosophy and Literature. Oxford 1990.

Nussbaum, Martha: Poetic Justice – The Literary Imagination and Public Life. Boston 1995a.

Nussbaum, Martha: For Love of Country? Hg. von Joshua Cohen. Boston 1996.

Nussbaum, Martha: Cultivating Humanity – A Classical Defense of Reform in Liberal Education. Cambridge/MA 1997.

Nussbaum, Martha: Gerechtigkeit oder Das gute Leben. Hg. von Herlinde Pauer-Studer. Frankfurt a.M. 1999a.

Nussbaum, Martha: Sex and Social Justice. Oxford 1999b.

Nussbaum, Martha: Women and Human Development – The Capabilities Approach. Cambridge 2000.

Nussbaum, Martha: Upheavals of Thought: The Intelligence of Emotions. Cambridge 2001.

Nussbaum, Martha: Hiding From Humanity: Disgust, Shame, and the Law. Princeton 2004.

Nussbaum, Martha: Die Grenzen der Gerechtigkeit – Behinderung, Nationalität und Spezieszugehörigkeit. Berlin 2010 (engl. 2006).

Nussbaum, Martha: Perfectionist Liberalism and Political Liberalism. In: Philosophy and Public Affairs 39 (2001), 3–45.

Nussbaum, Martha: Nicht für den Profit! Warum Demokratie Bildung braucht. Überlingen 2012.

Nussbaum, Martha: Fähigkeiten schaffen – Neue Wege zur Verbesserung menschlicher Lebensqualität. Freiburg 2015 (engl. 2011).

Nussbaum, Martha: Politische Emotionen – Warum Liebe für Gerechtigkeit wichtig ist. Berlin 2016.

Nussbaum, Martha: Zorn und Vergebung –Plädoyer für eine Kultur der Gelassenheit. Darmstadt 2017a (engl. 2016).

Nussbaum, Martha: A Just and Lasting Peace? Accountability and Reconciliation in our Crisis of Sexual Abuse. New York 2021a.

Nussbaum, Martha: Creatures and Capabilities: Animal Lives and Animal Ethics. New York 2021b.

Nussbaum, Martha/Glover, Jonathan: Women, Culture, and Development. Oxford 1995b.

Nussbaum, Martha/Levmore, Saul: Älter werden – Gespräche über die Liebe, das Leben und das Loslassen. Darmstadt 2017b (engl. 2016).

Nussbaum, Martha/Sen, Amartya: The Quality of Life. Oxford 1993.

Nussbaum Wichert, Rachel/Nussbaum, Martha: Scientific Whaling? The Scientific Research Exception and the Future of the International Whaling Commission. In: Journal for Human Development and Capabilities 18 (2017c), 356–69.

Sen, Amartya: Ökonomie für den Menschen. München 2002.

Teil II
Prinzipien und Werte

22 Freiheit

Michael G. Festl

Eigentlich sollte dieses Kapitel nicht ‚Freiheit', sondern ‚Unfreiheit' heißen. Freiheit wird im Liberalismus nämlich über die Vermeidung von Unfreiheit definiert – sobald Liberale eine Gefahr für die Freiheit entdecken, richten sie ihren Freiheitsbegriff auf diese Gefahr hin aus. Auf Basis der Phasen des Liberalismus, die in der Einleitung dieses Handbuchs umrissen wurden, soll diese Beobachtung untermauert und die verschiedenen Freiheitsherausforderungen für den Liberalismus inklusive seiner jeweiligen Reaktionen untersucht werden. Als Beiprodukt dazu entstehen zwei weitere Einsichten über den liberalen Freiheitsbegriff. Zum einen, dass er facettenreich, weil historisch anpassungsfähig ist, was wiederum, so steht zu vermuten, die große Stärke des Liberalismus ist und der Grund, warum er seit über 300 Jahren ein ernstzunehmendes Ideal der westlichen Welt darstellt. Zum anderen, dass der wirtschaftliche Flügel des liberalen Freiheitsbegriffs, das Laissez-Faire-Prinzip, eine abhängige Variable darstellt – abhängig von der gerade vorliegenden Herausforderung für die Freiheit wird Laissez-faire manchmal zum Prinzip erklärt, manchmal zum Mittel degradiert und manchmal gar als der liberalen Freiheit schädlich angesehen. So erklärt sich das Laissez-Faire-Hin-und-Her des Liberalismus, die Tatsache, dass Liberalismus manchmal synonym mit und manchmal als feindselig gegenüber Laissez-faire gedacht wird. Dass Freiheit für den Liberalismus zentral ist, setzt dieses Kapitel dagegen schlicht und einfach voraus. Es ergibt sich bereits aus dem Namen, leitet sich ‚Liberalismus' doch vom lateinischen ‚liberalis', ‚die Freiheit betreffend', ab.

22.1 Gegen die Tyrannei des Absolutismus

Der Name kommt zwar erst im frühen 19. Jahrhundert auf, doch der Sache nach wird der Liberalismus im späten 17. Jahrhundert erfunden. Immer mächtiger werdende Könige bedrohen die Freiheit der Menschen. Es ist die Hochzeit des Absolutismus. Angesichts dieses formidablen Gegners insistiert der Liberalismus *avant la lettre* auf dem, was essentiell ist. Und essentiell sind damals Eigentum und Glaube – zumindest diese Dinge will man nicht durch willkürliche Eingriffe von außen bedroht sehen. Darüber hinaus fällt es schwer, diese erste und längste Epoche des Liberalismus, sie endet 1789 mit der Französischen Revolution, auf einen gemeinsamen Nenner zu bringen. Allerdings bieten die drei Revolutionen, die in diese Zeit fallen, Orientierung.

M. G. Festl (✉)
Universität St. Gallen, St. Gallen, Schweiz
E-Mail: michael.festl@unisg.ch

M. Festl (Hrsg.), *Handbuch Liberalismus*, https://doi.org/10.1007/978-3-476-05798-3_22

Will man den Liberalismus mit einem Ereignis beginnen lassen, beginnt er 1688 mit der Glorreichen Revolution in England (s. Kap. 50). In ihr erheben sich englische Adlige – später Whigs genannt – gegen die Idee, dass Könige durch göttliches Recht eingesetzt sind und das Volk ihnen daher bedingungslos Folge zu leisten hat. Sie verjagen König James II. und ersetzen ihn durch Wilhelm von Oranien und dessen Frau Mary, Maria II. Freiheit bedeutet, einen König zu haben, der auch wahrhaft das Volk repräsentiert. Die Whigs erwarten deshalb, dass ihr König ihren Glauben hat (im Unterschied zu seinem Vorgänger war Wilhelm kein Katholik, sondern Protestant) und dass er ihr Eigentum schützt – Wilhelm musste sich sogar seinen königlichen Haushalt durch das Parlament genehmigen lassen. Die Freiheit, die in dieser Revolution errungen wird, ist nicht die Freiheit aller Individuen, sondern die Freiheit des Ausgleichs zwischen dem König und anderen mächtigen Interessen im Land, den Interessen der Aristokratie, vereinfacht gesagt.

John Locke sollte mit dieser Revolution folglich nicht allzu eng assoziiert werden. Diese Assoziation ist schon deshalb nicht korrekt, weil Lockes *Two Treatises of Government* gar nicht als Reaktion auf diese Revolution verfasst wurde (s. Kap. 1). Zudem geht Lockes Konzeptualisierung der Freiheit des Individuums – eine grundsätzliche und niemals verloren gehen könnende Freiheit aller Individuen vor aller staatlichen Macht – weit über die tatsächlichen Ergebnisse dieser Revolution hinaus. Die Glorreiche Revolution denkt Freiheit weniger als etwas, das dem Individuum zukommt, erst recht nicht allen Individuen, sondern als Freiheiten verschiedener, je für sich mächtiger Interessen, die miteinander in Ausgleich zu bringen sind. Intellektuell besser als Locke passt zu dieser Revolution Montesquieu. Nicht nur dreht Montesquieu die Lautstärke von Lockes Feier der individuellen Freiheit herunter, wenn er die Idee einer Republik der Gleichen als nicht mehr zeitgemäß ablehnt und die Gewalten- und Interessenteilung in den Mittelpunkt stellt, sondern ihm dient Englands Glorreiche Revolution auch ganz direkt als Vorbild der politischen Überlegungen.

Die erste Epoche des Liberalismus beginnt nicht nur mit einer Revolution. Sie endet auch mit einer: der Französischen Revolution von 1789. Die Glorreiche und die Französische Revolution markieren nicht nur chronographisch Anfang und Ende dieser Epoche, sondern auch begrifflich. Sie stehen für die beiden Extreme des Kontinuums, auf dem sich die Überlegungen der Frühphase des Liberalismus einreihen lassen. Im Unterschied zur Glorreichen tritt die Französische Revolution radikal für das Individuum ein, jedes Individuum. Sie will mit allen Ständen und allem Ausgleich zwischen verschiedenen Kollektivinteressen Schluss machen und anstatt der Freiheit von Partikularinteressen die Freiheit Aller setzen – aus der Freiheit im Plural wird die Freiheit im Singular (s. Kap. 52). Auch dies hat aus liberaler Sicht seine Tücken, wie wir gleich sehen werden, doch es wird der liberalen Freiheitsemphase Lockes allemal besser gerecht als die Glorreiche Revolution, ja die Französische versucht gar, der Steigerung des lockeschen Eintretens für individuelle Freiheit durch Rousseau (s. Kap. 2) gerecht zu werden.

Inbegriff des Freiheitskonzepts der Frühphase des Liberalismus ist jedoch eine dritte Revolution: die Amerikanische von 1776. Indem sie, was die Freiheit des Individuums angeht, eine Mittelposition zwischen Glorreiche und Französische Revolution einnimmt, kommt sie dem arithmetischen Mittel all der Freiheitsüberlegungen dieser Periode des Liberalismus am nächsten. Zunächst wie ihr englisches Vorbild stark der Freiheit im Plural verpflichtet, den engen Interessen der Siedlerklasse, entwickelt sie sich schrittweise hin zu mehr Freiheit für alle (s. Kap. 51). Dies wird vor allem dann klar, wenn man sie durch ihr zentrales Manifest, Jeffersons Unabhängigkeitserklärung und dessen Garantie individueller Rechte für alle (s. Kap. 5), liest, welches wiederum Locke verpflichtet ist. Während die Französische Revolution den König tötet und die Glorreiche das Erbrecht des Königs unangetastet lässt, seine Rechte aber durch mächtige Partikularinteressen einhegt, befreit sich die Amerikanische Revolution vom englischen Königshaus, schafft dafür aber einen Präsidenten mit außerordentlichen

Machtbefugnissen, den sie aber wiederum dem Wahlrecht aller weißen Männer unterstellt. Die Amerikanische Revolution ist die Revolution des liberalen Mittelwegs dieser Zeit.

Die Darstellung eines Kontinuums vom konservativen Ende der Glorreichen Revolution mit Montesquieu über die Mittelposition der Amerikanischen Revolution mit Locke und Jefferson bis zum radikalen Ende der Französischen Revolution mit Rousseau ist holzschnittartig, als Orientierung aber vielleicht gerade deshalb hilfreich. Es ist der Versuch, den schillernden Freiheitsbegriff der Frühphase des Liberalismus anhand von drei Standbildern einzufangen.

22.2 Gegen die Tyrannei der Antike

Die Französische Revolution von 1789 (s. Kap. 52) macht Schluss mit dem Absolutismus und damit auch mit der Bedrohung der Freiheit durch königliche Allmacht. Doch in den Entwicklungen der Revolution erblicken Liberale der Zeit wie Wilhelm von Humboldt (s. Kap. 9), Madame de Staël und Benjamin Constant (s. Kap. 8) eine neue Gefahr für die Freiheit. Niemand bringt diese Bedrohung besser zum Ausdruck als Constant, wenn er antike von moderner Freiheit unterscheidet. Constant beschuldigt die Französische Revolution, die Freiheit der Alten mit der Freiheit der Modernen verwechselt zu haben. Die Revolution habe für eine Art Freiheit gekämpft, die nicht zur gegenwärtigen Zeit passt, für die Freiheit der Antike, wo doch eine neue Art von Freiheit angebracht ist, die Freiheit der Moderne. So war die Unfreiheit vorprogrammiert, welche die Revolution insbesondere in Form der Guillotine brachte. Die Freiheit der Antike sei zu einseitig auf die politische Freiheit fixiert. Politische Freiheit wurde in der Antike als so bedeutend eingestuft, dass die Mehrheit der Regierenden Regeln erlassen konnte, welche tief in das Privatleben der Bürgerinnen und Bürger hineinreichten. Politische Freiheit ging auf Kosten der Freiheit im Privatleben, ja ein Privatleben, verstanden als Leben frei von staatlichen Eingriffen, war gar nicht vorgesehen. Den Menschen wurde vorgeschrieben, wie sie zu denken, zu sein und zu handeln haben, welche Güter sie kaufen, welche Worte sie sprechen sollten. Selbst sexuelle Praktiken waren, so zeigt Constant mit Verweis auf Sparta, von staatlicher Regulierung nicht ausgenommen. Die französischen Revolutionäre hätten sich diese Art von radikaler politischer Freiheit zum Vorbild genommen, hier lag das Problem – wenn Constant Revolution sagt, meint er vor allem das Regime Robespierres.

Die Lehre, die Constant daher aus der Revolution zieht, ist, dass den Menschen ein privater Bereich gelassen werden muss, ein Bereich, in den die Politik nicht eingreifen darf, am besten gar nicht, auch nicht mit Anreizen, erst recht nicht mit Vorschriften. Constant ist damit einer der Architekten der Privat-Öffentlich-Unterscheidung. Den privaten Bereich der Bürger zu achten, ist für ihn das wesentliche Kennzeichen der Freiheit der Moderne. Zwar kennt diese Unterscheidung bei Constant weitere Wendungen und wird als Unterscheidung an einigen Stellen gar löchrig (s. Kap. 8). Gleichwohl lässt sich aus der grundsätzlichen Überlegung Constants die Idee ableiten, dass Freiheit als Nicht-Einmischung des Staates in das Leben der Individuen zu denken ist. Damit tut man der Vielschichtigkeit von Constants Werk zwar Unrecht, in der Tat wurde dieser Aspekt seiner Unterscheidung jedoch der wirkmächtigste. Die große Gefahr für die Freiheit besteht dann darin, dass gerade ein sich gegenüber seinen Bürgern wohlwollend verhaltender Staat – kein Staat, der wie das *Ancien Régime* die Individuen ausbeutete – eine Gefahr für die Freiheit darstellt. Will der Staat die Bürger mit Freiheit beglücken, macht das die Bürger gerade unfrei.

Wichtig ist aber zugleich zu sehen, was Constant mit dem privaten Bereich, in den der Staat nicht eingreifen darf, genau meint. Oft wird das liberale Verständnis des privaten Bereichs, welches sich in dieser Zeit Bahn bricht, nämlich verkürzt dargestellt, als Wirtschaftsfreiheit oder in der Tradition Hegels als bürgerliche Gesellschaft, also als ökonomisches Leben im Unterschied zu allen höheren Ansinnen. Dies jedoch übersieht die wesentliche Bedeutung, die Liberale dieser Ära der Bildung zusprechen.

Freiheit bedeutet für sie nicht zuletzt die Freiheit, sich, ihren Geist, ihren Charakter, ihre Gefühle zu bilden – neben Constant steht Wilhelm von Humboldt (s. Kap. 9) hierbei an vorderster Front. Liberale wie Constant, Staël und Humboldt scheuen sich nicht, die Bildung als Pflicht des Individuums anzusehen, eine Pflicht, die mit der Freiheit, die der Staat ihnen im Privaten lassen soll, korrespondiert. Sie haben eine verbindliche, eine nicht-neutrale Vorstellung vom guten Privatleben.

Dies mag daran liegen, dass sich nach dem Scheitern der Französischen Revolution und damit dem Zurückgeworfen-Sein auf die Monarchie, so sehen es die Liberalen der Zeit, die großen Ambitionen der Freiheit vom Politischen ins Private verschieben – große Ambitionen aber bleiben, gefordert wird der Wille zur Bildung. Dies zeigt, dass Isaiah Berlins Interpretation von Constant als Vorläufer von negativer Freiheit ebenso wenig passt, wie wenn Hayek Humboldt von libertärer Warte aus als Deutschlands größten Theoretiker der Freiheit preist. Dass sich die liberalen Freiheitsbegriffe immer zunächst gegen eine Gefahr der Unfreiheit wenden und in diesem Sinne negativ sind, bedeutet nicht, dass sie darauf aufbauend nicht wiederum selbst Postulate darüber aufstellen, was zu tun und zu erreichen ist, um sich frei nennen zu dürfen. In dieser Ära des Liberalismus ist es die individuelle Bildung, die das zu erreichende Ideal aller Menschen darstellt. Freiheit ist um der Bildung willen da, nicht um des In-Ruhe-Gelassen-Werdens. Positiv, nicht negativ.

22.3 Gegen die Tyrannei der Mehrheit

Im Laufe des 19. Jahrhunderts setzt sich die Demokratie schrittweise durch, mit den USA als Vorreiter. Doch anstatt zufrieden zu sein, finden Liberale auch hier ein Haar in der Suppe bzw. eine Tyrannei in der freiheitlichen Grundordnung. Dies ist die wichtigste Erkenntnis, die Alexis de Tocqueville in den 1830er Jahren aus den USA mitbringt (s. Kap. 11). Gegen das im Europa der Zeit herrschende Vorurteil, Demokratien könnten die Bürger nicht stark genug an den Staat binden, reklamiert Tocqueville, dass das Gegenteil der Fall ist: Die Ansichten der Mehrheit haben die USA viel stärker im Griff als jeder europäische Monarch sein Reich.

Für Liberale hat diese Einsicht etwas Schockierendes. Bis dahin war ihr Denken darauf ausgelegt, dass eine kleine, die gesellschaftlichen Stellschrauben kontrollierende Minderheit die Mehrheit unterdrückt: Die Aristokratie unterdrückt die Bürger. Die Demokratie als Ort, wo die Bürger selbst herrschen, war folglich der Sehnsuchtsort. Nun aber zeigt sich, dass auch die Utopie ein ganz gewöhnlicher Ort ist, ein Ort möglicher Unterdrückung. Eine Mehrheit der Bürger kann eine Minderheit der Bürger (von Bürgerinnen ganz zu schweigen) unterdrücken. Hinzu kommt, dass diese Mehrheit allmächtig ist. Sie kann sich dafür entscheiden, alles zu entscheiden und damit tief in die Freiheiten der Bürgerinnen und Bürger eingreifen, sagt Tocqueville. Schmerzlich müssen Liberale der Zeit erfahren, dass Freiheit nicht nur vertikale, sondern auch horizontale Herausforderungen kennt – nicht nur Die-Dort-Oben-Gegen-die-Bürger, sondern auch Die-Bürger-Gegen-Sich-Selbst.

Tocqueville stellt fest, dass die Tyrannei der Mehrheit zwar eine inhärente Gefahr einer jeden Demokratie darstellt, im konkreten Fall der USA jedoch nicht ausgebrochen ist. Den Grund hierfür sieht er in der politischen Institutionenlandschaft des Landes und dem hohen bürgerlichen Engagement der Amerikaner. Beides beschreibt er ausführlich und präsentiert er als vorbildhaft für Europas Weg Richtung Demokratie. Mit Blick auf die Situation in seinem Heimatland England ist John Stuart Mill (s. Kap. 12) da weniger optimistisch. Sein Buch *Über Freiheit* von 1859 ist eine Abrechnung mit dem Konformismus und dem Moralismus des Landes. Die Herrschaftsmeinung im viktorianischen England hemmt alles freie Denken, alle Abweichung und alle innovativen Ideen. Der Zeitgeist zerstört die freien Geister. Für Mill ist die Tyrannei der Mehrheit nicht nur ein politisches, sondern auch ein kulturelles Phänomen. Einen Ausweg sieht er in der Einwechslung frischer politischer, ökonomischer und kultureller Mitspieler. Aus diesem Winkel wird sichtbar, warum er so vehement für Frauenrechte und die Richtigkeit der sozialistischen Kritik an der kapitalistischen Wirtschaftsordnung eintritt.

Freilich bringt die Entdeckung dieser neuen Tyrannei Liberale nicht dazu, den Weg Richtung Demokratie wieder verlassen und in die Monarchie zurückkehren zu wollen. Jedoch nehmen sie die Tyrannei der Mehrheit wirklich ernst. Sie sehen in ihr mehr als nur eine Kinderkrankheit der Demokratie, mehr auch als einen Fall von Man-Kann-Eben-Nicht-Alles-Haben. Die Chancen der Demokratie sind groß, doch die Risiken genauso. Die Ausschläge werden höher, ins Gute, aber auch ins Schlechte. Das Gute ist besser, das Schlechte schlechter. Dies zeigt die Hellsichtigkeit von Tocqueville und Mill.

Was zwei andere Angelegenheiten der Zeit betrifft, waren Mill und Tocqueville allerdings nicht besonders hellsichtig. Keiner der beiden – und von Tocqueville mit seinem Wissen über die USA hätte man das besonders erwartet – schlägt eine Brücke zwischen der Tyrannei der Mehrheit und einer Institution wie der Sklaverei (s. Kap. 15, 71) oder einem Verbrechen wie der Vertreibung der amerikanischen Ureinwohner. Doch ist es nicht offensichtlich, dass diese beiden Dinge einen Anwendungsfall der Tyrannei der Mehrheit darstellen? Wie kann Tocqueville da sagen, dass die Tyrannei der Mehrheit in den USA bisher nur latent geblieben ist? Zählt er Schwarze und Ureinwohner etwa nicht unter die Bürger, deren Rechte von einer Mehrheit unterdrückt werden können? Oder übersieht er einfach nur die physische Gewalt, welche die Tyrannei der Mehrheit de facto ausübt, weil er so sehr darauf fixiert ist, die weiche Gewalt dieser Tyrannei herauszuarbeiten? Wir wissen es nicht. Zu Tocquevilles Ehrenrettung ist allerdings zu sagen, dass er seinem Werk über Amerika ein großartiges Kapitel zur Verdammung dieser beiden Ungerechtigkeiten hinzufügt, allerdings ohne Verbindung zum zentralen Konzept seines Schaffens: der Tyrannei der Mehrheit als neue Gefahr für die Freiheit.

22.4 Gegen die Tyrannei des Laissez-faire

Gegen Ende des 19. und Anfang des 20. Jahrhunderts liegen die liberalen Dinge ein Stückchen besser. Zumindest ist die Sklaverei in den USA nun formell abgeschafft, die Demokratie fest etabliert. Die Befürchtungen über die Tyrannei der Mehrheit haben sich nicht bewahrheitet. Liberale können sich glücklich schätzen. Könnte man meinen. Doch der nächste Herausforderer liberaler Freiheit steht bereits vor den Toren – der Kapitalismus.

Zu Beginn scheint es, als ließe sich auch in Sachen Wirtschaft alles zum Guten wenden. Um die Jahrhundertwende herrscht Aufbruchstimmung. In den USA sorgt die *Progressive Era* für Reformen hin zu mehr Rechten für Frauen und Arbeitnehmer sowie mit der Gründung von Nationalparks sogar schon für die Umwelt, die schlimmsten monopolistischen und kartellartigen Entwicklungen des Kapitalismus werden eingedämmt. Im England König Edwards regiert die Liberale Partei und leitet soziale Reformen ein. Ähnliches geschieht, sogar schon ein wenig früher, im bismarckschen Deutschland.

Doch dann kommt der Erste Weltkrieg, Ur-Katastrophe des 20. Jahrhunderts. Mittlerweile sind sich die HistorikerInnen einig, dass dieser auch die ökonomischen Verwerfungen der 1920er und 1930er Jahre verursacht hat, einerseits durch die Schuldenlast, den der Vertrag von Versailles der Weimarer Republik aufbürdete, andererseits durch die Kredite, welche die übrigen Siegermächte bei den USA angehäuft hatten, um den Krieg gegen das Deutsche Reich zu finanzieren. So ziehen mit der Weltwirtschaftskrise des Jahres 1929 Ungleichheit und Hunger, Arbeitslosigkeit und Elend auch in die Stammländer des Kapitalismus, USA und England, ein.

Die Folge für den Liberalismus ist ein interner Kampf über die richtige Wirtschaftspolitik, insbesondere über den Status des Laissez-faire-Prinzips. US-Präsident Herbert Hoover bekämpft die Wirtschaftskrise nämlich mit Laissez-faire. Er tut dies noch dazu im Namen des

Liberalismus, bedeutet Liberalismus bis zu dieser Zeit doch nicht zuletzt die Nicht-Einmischung des Staates in wirtschaftliche Angelegenheiten. Dies führt zu einer geistigen Revolution innerhalb des Liberalismus. Denker wie John Dewey, John Maynard Keynes und Leonard T. Hobhouse argumentieren, dass Laissez-faire im Namen der Freiheit aufzugeben ist. Während Freiheit und Gleichheit nicht-verhandelbare Grundprinzipien des Liberalismus darstellten – Ziele, die es stets, unter allen Umständen, anzustreben gelte –, sei das Laissez-faire-Prinzip lediglich ein Mittel, das diesen Grundprinzipien dient. Laissez-faire sei daher je nach gerade vorliegender Notwendigkeit zu befolgen oder abzulehnen. Unter den Bedingungen des 18. und des frühen 19. Jahrhunderts hat es den Grundprinzipien des Liberalismus mitunter wertvolle Dienste geleistet, unter den Bedingungen des Industriekapitalismus des 20. Jahrhunderts, erst recht unter den Bedingungen einer Weltwirtschaftskrise, führt Laissez-faire in den Untergang. Daher, so argumentieren diese drei Denker unisono, muss der Liberalismus Laissez-faire hinter sich lassen – Hoovers dogmatisches Festhalten an ihm ist die Geißel der Freiheit. Der Staat muss in die Wirtschaft eingreifen, um die schlimmsten Auswirkungen der Krise direkt zu bekämpfen und um die Weltwirtschaft mittelfristig wieder ins Laufen zu bringen. Wer arbeitslos ist, Hunger leidet, seine Kinder nicht versorgen kann und keine Aussicht auf Hilfe hat, ist nicht frei – in keinem Verständnis von Freiheit.

Als Konsequenz fordert Hobhouse eine Versöhnung zwischen Liberalismus und Sozialismus, Dewey mal eine Überwindung des Liberalismus, mal eine starke Einhegung desselben (s. Kap. 13). Das überzeugendste Gegenmittel jedoch bietet John Maynard Keynes in seiner *General Theory of Employment, Interest, and Money*. Er erklärt darin nicht nur, auf welche Weise Phänomene wie eine Große Depression überhaupt entstehen und warum alle marktlichen Selbstheilungskräfte vor einem solchen Phänomen kapitulieren müssen, sondern zeigt auch, mit welchen konkreten Maßnahmen der Staat in der Lage ist, derartige Phänomene zu überwinden (s. Kap. 16).

Die so entstehende laissez-faire-kritische Haltung des Liberalismus hat durchschlagenden Erfolg im anglo-amerikanischen Raum, so dass Liberalismus dort bis heute synonym mit wirtschaftspolitischer Regulierung durch den Staat verwendet wird, ähnlich dem, was wir auf dem europäischen Festland meinen, wenn wir Sozialdemokratie sagen. Die Wählerinnen und Wähler in den USA schlagen sich 1933 auf die Seite des neuen Liberalismus. Herbert Hoover und mit ihm der Laissez-Faire-Liberalismus werden abgewatscht – 1928 der haushohe Sieger der Wahl verliert Hoover 1932 noch ‚haushöher ‘ gegen Franklin D. Roosevelt und damit gegen die Politik des New Deal und deren Bewusstsein darüber, dass es der Markt allein nicht richten wird (s. Kap. 54). Freiheit ist nicht gleich Laissez-faire. Im Gegenteil, Laissez-faire – sobald es Ziel, nicht Mittel ist – hat selbst etwas Tyrannisches.

22.5 Gegen die Tyrannei des Totalitarismus

Nach Ende des Zweiten Weltkriegs erhält Freiheit im Liberalismus eine neue Wendung – ausgelöst durch einen schockierenden Gegner, den Totalitarismus. Denker wie Karl Popper, Isaiah Berlin und Friedrich August von Hayek, Denker also, die unter totalitären Regimen gelitten haben, Nazi-Deutschland und Stalin-Russland, übernehmen das liberale Ruder. Sie profilieren, was Berlin mit dem Begriff der negativen Freiheit auf den Punkt bringt, ein Freiheitsbegriff, der darauf insistiert, dass jedem Individuum ein Bereich zuzusichern ist, in dem es unbehelligt durch Zwänge von außen, speziell staatliche, freie Entscheidungen treffen kann. Damit einher geht eine Ablehnung der liberalen Position der ersten Hälfte des 20. Jahrhunderts: Die Freiheit des Individuums durch staatliche Eingriffe befördern zu wollen – was Berlin unter dem Begriff positive Freiheit subsumiert –, sieht der Post-Weltkriegs-Liberalismus als Einfallstor für Totalitarismus. So besteht die eigentliche Provokation von Berlins Lesart von zwei Begriffen der Freiheit in der Behauptung, dass der

Totalitarismus, er denkt vor allem an den sowjetrussischen, als Vollendung des liberalen Ideals positiver Freiheit zu verstehen ist. Der Kommunismus will das Individuum frei machen, indem er es dazu bringt, sein wahres Selbst zu sein, und zwar unter den Bedingungen einer wahrhaft freien, z. B. klassenlosen Gesellschaft (s. Kap. 18). Der Kalte Krieg ist mithin ein liberaler Bürgerkrieg, der Krieg der negativen Freiheit, für die der demokratische Westen kämpft, gegen die positive Freiheit, für die der kommunistische Osten kämpft. Vor diese Wahl gestellt, plädieren die bedeutendsten Liberalen der Zeit natürlich für die negative Freiheit.

Vor dem Hintergrund, dass Liberalismus unter der Ägide von Denkern wie John Dewey, John Maynard Keynes, aber auch Jane Addams (s. Kap. 14) in der ersten Hälfte des 20. Jahrhunderts zum Synonym für staatliche Eingriffe wurde, sind Liberale dieser Epoche bestrebt, eine Rückversicherung für ihren negativen Freiheitsbegriff in der klassischen liberalen Tradition zu finden. Angesichts der unsicheren Welt der 1950er und 1960er Jahre und der Unklarheit über den Ausgang des Kalten Krieges, verbürgt das Vorliegen einer solchen Tradition, wenn sie sich denn ausmachen lässt, Sicherheit. So gehen die Liberalen der Nachkriegszeit über ihre unmittelbaren Vorläufer zurück zu dem, was nun klassischer Liberalismus genannt wird, verbunden mit Namen wie Locke, Smith, Humboldt und Constant. Angetrieben durch diese Motivation legt insbesondere Berlin eine Reihe an ideengeschichtlichen Studien vor – zu zeigen ist, dass der alte Liberalismus der negativen Freiheit verpflichtet war, bevor er vom rechten Weg abkam und in Richtung Knechtschaft abbog, so Hayek schon im Titel seines einflussreichsten Buches. Mittlerweile ist diese Lesart des klassischen Liberalismus als einseitig entlarvt, Alliierter im Kampf gegen Kommunismus, nicht aber Verbündeter der Wahrheit (z. B. Rosenblatt 2018).

Was negative Freiheit innerhalb des demokratischen Nationalstaates genau bedeuten soll, wird von Liberalen der Nachkriegszeit vor allem in wirtschaftspolitischer Hinsicht konkretisiert. Wenig überraschend feiert dabei der Laissez-Faire-Liberalismus ein Comeback. Dies vor allem bei Hayek, weniger bei Berlin. Doch es ist Hayeks Werk, welches das liberale Wirtschaftsdenken in der zweiten Hälfte des 20. Jahrhunderts dominiert (s. Kap. 17). Und dieses Werk profiliert sich in Abgrenzung von Keynes. Dabei fürchtet Hayek nicht, dass Keynes die Makroökonomie falsch verstanden hätte, ganz im Gegenteil, Hayek glaubt an die Wirksamkeit von Keynes' wirtschaftspolitischen Empfehlungen. Woran er sich stößt, ist, wie mühelos diese Empfehlungen auch von totalitären Systemen beherzigt werden können, und dann eben zur Stabilisierung dieser Systeme führen. Folglich fordert Hayek Enthaltsamkeit. Auch im Falle einer ökonomischen Krise ist es immer noch besser, diese auszuhalten – besser allemal als mit staatlicher Konjunkturpolitik einer Erhöhung der Staatstätigkeit und damit totalitärer Knechtschaft Vorschub zu leisten. Hayek schickt den Liberalismus in den Total-Lockdown: Um sich ja nicht mit dem totalitären Virus zu infizieren, soll jegliche Staatstätigkeit über die Gewährleistung physischer Sicherheit hinaus vermieden werden, auch und erst recht Keynes' wirtschaftspolitische Maßnahmen gegen die Rezession. Für viele Liberale der Zeit, angetrieben durch Furcht vor dem Totalitarismus klingt dies plausibel – eine Furcht, die man sich vermutlich nur vorstellen kann, wenn man sie erlebt hat und über deren geistige Konsequenzen die Spät-Geborenen daher wohl nicht allzu harsch urteilen sollten. Als die keynesianischen Maßnahmen angesichts der Ölkrise der 1970er Jahre versagen und statt zu konjunktureller Erholung zu Stagflation führen, gewinnt das Konzept negativer Freiheit immer weitere gesellschaftliche Kreise für sich. Ultimativ bereitet es dem Neo-Liberalismus der 1980er Jahre unter Reagan und Thatcher das Feld (s. Kap. 45).

22.6 Gegen die Tyrannei des Unterbietens

Mit dem Jahr 1989 und dem Ende des Kalten Krieges beginnt die Epoche des Liberalismus, in der wir uns heute befinden. Sofort – und zu Recht – geht der Blick des Liberalismus mit Francis Fukuyama in Richtung Welt. Liberale Optimisten glauben, dass nun die globale Ausbreitung des Liberalismus, ultimativer Sieger der Kriege des 20. Jahrhunderts, auf dem Programm steht – Freiheit für alle. Doch weit gefehlt. Nicht nur scheitert der Westen in seinem Versuch, dem Rest der Welt Freiheit zu bringen. Die globale Ära des Liberalismus bringt auch eine neue Gefahr für Freiheit in den liberalen Ländern selbst. Man kann sie die Tyrannei des Unterbietens nennen (s. Kap. 57). Weil auf supranationaler Ebene eine regulierende Gewalt mit Exekutivkraft fehlt, gefährden sich die Staaten gegenseitig in ihrer Freiheit und damit der Freiheit, die sie ihren Bürgerinnen und Bürgern garantieren können. Jeder Staat kann davon profitieren, wenn er die anderen Staaten in Sachen Regulierung unterbietet. Je weiter man bspw. die Unternehmenssteuern senkt, desto mehr Firmen kann man anderen Ländern abjagen. Das Gleiche gilt für Arbeitnehmerrechte, Umweltschutzstandards und vielem anderen. So entsteht, weil die anderen Staaten mitziehen müssen, um wettbewerbsfähig zu bleiben, ein *race to the bottom*, ein Rennen Richtung Boden, zum Boden all der Werte, für die der Liberalismus steht. Der Staat mit den wenigsten regulatorischen Hemmnissen bringt die anderen auf Linie. Die Freiheit wird dadurch gefährdet, dass eine global funktionierende Welt ohne globale Exekutivgewalt auskommen muss oder zumindest nicht genug davon.

So kommt es heute darauf an, diese Regulierungslücke zu schließen. Während ein Weltstaat im Sinne einer föderalen Weltrepublik die direkteste, aber auch die unrealistischste Lösung dazu darstellt, wird es zumindest darauf ankommen, Regulierungsmechanismen hervorzubringen, die den Nationalstaaten Schranken zugunsten globaler Interessen setzen, Interessen der Menschheit als Ganzer, der nachhaltige Schutz von Mensch, Tier und Umwelt. Dabei liegen einige ermutigende Ansätze bereits vor, u.a. das Streitschlichtungsverfahren der Welthandelsorganisation. Wie schon in der Epoche der Weltwirtschaftskrise geht es heute darum, neue Institutionen und Regeln zu schaffen respektive bestehende auszubauen und ihnen mehr Exekutivgewalt zu verschaffen. Wir leben wieder in einer Ära des liberalen Bauens und Schaffens – die Rückkehr der positiven Freiheit, der Notwendigkeit, Freiheit wieder aktiv zu gestalten. John Rawls kann hier insofern als Vorreiter gelten, als ihm, gegen die Grundtendenz der liberalen Epoche, in der er lebte, daran gelegen war, dass sich der Staat aktiv darum kümmert, Ungleichheit zu beseitigen (s. Kap. 19). Allerdings beschränkte er diese Überlegungen strikt auf den Nationalstaat, womit er dann auch wieder nicht ganz in der heutigen, supranationalen Epoche ankommt. Doch letzten Endes muss es dem Liberalismus heute darum gehen, regulatorische Kraft von den Nationalstaaten in Richtung Supranationalität zu schieben. Nur so kann er die neue Herausforderung der Freiheit meistern (ausführliche Überlegungen zum heutigen Stand des Liberalismus s. Kap. 57).

Literatur

Berlin, Isaiah: Liberty. Hg. von Henry Hardy. Oxford 2002.

Constant, Benjamin: The Liberty of the Ancients Compared with that of the Moderns. Speech given at the Athénée Royal in Paris [1816]. In: Biancamaria Fontana (Hg.): Constant. Political Writings. Cambridge 2010c, 307–328.

Dewey, John: The Later Works. 1925–1953. Hg. von Jo Ann Boydston. Carbondale 2008.

Fukuyama, Francis: The End of History and the Last Man. New York 1992.

Hayek, Friedrich August von: The Road to Serfdom. London 1944.

Keynes, John Maynard: The Collected Writings of John Maynard Keynes (CW). Hg. Elizabeth Johnson und Donald Moggridge 30 Bde. New York/London 1971–89.

Locke, John: Two Treatises of Government [1689]. Hg. von Peter Laslett. Cambridge 1988.

Rosenblatt, Helena: The Lost History of Liberalism. From Ancient Rome to the Twenty-First Century. Princeton 2018.

Rousseau, Jean-Jacques: Vom Gesellschaftsvertrag oder Grundsätze des Staatsrechts. Hg. von Hans Brockard. Stuttgart 1986.

Tocqueville, Alexis de: Democracy in America. Historical-Critical Edition of De la démocratie en Amérique. Hg. von Eduardo Nolla. Indianapolis 2010.

23 Rechtsstaatlichkeit

Tim Wihl

Die Rechtsstaatlichkeit leidet begrifflich unter ihrer eigenen Selbstverständlichkeit. Das gilt im doppelten Sinn, dass einerseits ihre Kernbestandteile – Gesetzesbindung der Staatsgewalt, Unabhängigkeit der Gerichte, Gewaltenteilung, Grundrechte – zur „zweiten Natur" der Bewohner:innen demokratischer Staaten geworden sind und dass andererseits ihr Begriffsinhalt wenig umstritten zu sein scheint. Erst recht kann man den Befund für die liberale politische Theorie festhalten; aus der weitgehenden Kongruenz bürgerschaftlicher Vorurteile und wissenschaftlich-philosophischer Urteile lässt sich mehr als in anderen Gebieten des Liberalismus eine relativ unangefochtene Hegemonie liberaler Vorstellungen ableiten. Wahrscheinlich lässt sich diese Hegemonie institutionell erklären. Solange der Rechtsstaat Verfassungsprinzip oder, wie man in Deutschland sagt, Staatsstrukturbestimmung ist und sich die Verfassung größerer Unterstützung erfreut, ist Rechtsstaatlichkeit ein schulisches Bildungsgut, an dem nur die wenigsten Anstoß nehmen. Entdecken allerdings demokratisch gewählte Machthaber:innen das polemische Potential eines Verfassungskonflikts für sich, trifft es erstaunlich schnell und hart gerade die Rechtsstaatlichkeit. Plötzlich erscheint die Unabsetzbarkeit von Richter:innen als Zumutung für den behaupteten Volkswillen, und die freie Presse stört den geschmeidigen Ablauf der Regierungsgeschäfte. Gesetze sind im Weg, wenn es gilt, die Freunde der Familie mit Pfründen zu bedenken. Durch die Wiederkehr solcher vor 20 Jahren fast vollständig geschlagen scheinender Schlachten inmitten der Europäischen Union im letzten Jahrzehnt ist auch das akademische Interesse am Begriff der Rechtsstaatlichkeit wiedererwacht.

Die historische und zugleich systematische Stufenfolge lässt (mit Jacques Chevallier) drei wesentliche Begriffsebenen erkennen. Die Rechtsstaatlichkeit kann erstens instrumentell verstanden werden. Dann bezeichnet sie das Phänomen, dass Staaten sich des Mittels des Rechts bedienen, statt etwa auf Moral, Sitte oder vereinzelte Anordnungen ohne Regelcharakter zu setzen. Das Mittel des Rechts besitzt einige Formmerkmale, die eine gewisse Stabilität, Vorhersehbarkeit und Willkürfreiheit mit sich bringen. Es befreit von einer oft repressiven, konventionalistischen Moral, wendet sich dem äußeren Handeln statt Fragen des Gewissens zu und enthält zudem ein Postulat der Gleichheit, das sich verschieden ausbuchstabieren lässt, aber insgesamt vor willkürlicher Behandlung schützt. Durch seinen Regelcharakter erleichtert es zudem Transaktionen und Verträge in der Marktgesellschaft (Neumann 1980). Die Regelhaftigkeit des Rechts und die mit ihr verbundene

T. Wihl (✉)
Humboldt-Universität zu Berlin, Berlin, Deutschland
E-Mail: tim.wihl@rewi.hu-berlin.de

M. Festl (Hrsg.), *Handbuch Liberalismus*, https://doi.org/10.1007/978-3-476-05798-3_23

Rechtssicherheit kann dabei je nach dem Grad der Präzision der Formulierung eines Rechtssatzes ebenso variieren wie die egalitäre Tendenz des Rechts. Letztere kann sich in der fehlenden Anrufung Einzelner erschöpfen, Generalität anstreben oder Diskriminierungen vermeiden. Der Abbau von Ungleichheit kann seinerseits wieder mehr Rücksicht auf die Besonderheiten von Individuen fordern, woraus für liberale Gesellschaften charakteristische Konflikte erwachsen, die im Medium des Rechts verhandelt werden.

Die Rechtsstaatlichkeit kann zweitens formelle Bedeutung haben. Gemeint sind mit diesen Formcharakteristika des Rechtsstaates typische Errungenschaften des 18. und 19. Jahrhunderts, von der Gewaltenteilung (Möllers 2008) über die Rechtsbindung staatlicher Gewalt bis hin zum Vorbehalt des Gesetzes, d.h., wesentliche Eingriffe in Freiheiten der Bürger:innen sind der Form des Gesetzes – und nicht etwa der exekutiven Verordnung – vorbehalten. Typisch für die formale Rechtsstaatlichkeit ist die Verteidigung eines erkämpften Primats der legislativen Gewalt. Hinzu tritt ein Kompetenzgewinn der judikativen Gewalt gerade gegenüber der staatlichen Verwaltung, deren Vorgehen nun auf seine Gesetzlichkeit überprüft werden kann.

Drittens nimmt Rechtsstaatlichkeit zunehmend eine materielle Dimension an. Das Recht ist weder Mittel für den Staat noch Schutz vor dem Staat, sondern es verwirklicht bestimmte materiale Gehalte, gerade auch durch den Staat und seine Gesetzgebung. Wir bekommen es mit einer materialen, wertgeladenen Verfassung zu tun, in deren Mittelpunkt die Grundrechte stehen. Sie informieren nunmehr das staatliche Handeln, indem sie es inhaltlich begrenzen und der Individualität Raum geben, aber auch dadurch, dass sie es anleiten und Aufträge aussprechen. Eine besondere Variante dieser materiellen Rechtsstaatlichkeit bezeichnet Hermann Hellers Formel vom „sozialen Rechtsstaat" (Heller 1930), die in der Bundesrepublik Deutschland Staatsräson geworden ist. Der Rechtsstaat soll auch die gesellschaftlichen Voraussetzungen seines Funktionierens sichern, darunter in erster Linie verteilungspolitische Grundsätze. So kann ein Gerichtswesen nur dann fair gestaltet sein, wenn Bedürftige Prozesskostenhilfe erhalten. Grundrechte vermögen Bürger:innen nur effektiv wahrzunehmen, solange für „das Nötigste" gesorgt ist und solange es reale Chancen gibt, sich trotz sozialer Machtasymmetrien Ausdruck zu verschaffen.

23.1 Rechtsstaatlichkeit als Kontingenzphänomen

Die Rechtsstaatlichkeit ist als im Kern in der liberalen Theorie wenig umstrittener „Gemeinplatz" historisch-geographisch in erster Linie ein hoch kontingentes Phänomen mit beträchtlichen Bedeutungsnuancen am Rande. Dabei sind in Europa drei wesentliche Varianten festzustellen (Heuschling 2002). Die Variationsbreite steht in gewisser Spannung zu der rationalen Unbestrittenheit des Prinzips im Liberalismus, auch wenn im 20. Jahrhundert Konvergenzen in den Vordergrund treten.

Rule of Law: Die englische Rule of Law bezeichnet zunächst eine Bindung der Monarchie an schrittweise errungene Privilegien der Fürsten. Im Rückblick werden diese Privilegien freilich in charakteristischer Weise zu Verfassungsfortschritten verklärt, die in engem Gleichschritt mit der Nationenbildung laufen. Das gilt zu allererst für die Magna Charta von 1215. War diese noch eindeutig feudalrechtlich geprägt, verbinden sich künftige Rechteverbürgungen, die dem König vorgegeben sind, immer mehr mit der Parlamentssouveränität. Diese wird zum beherrschenden Prinzip der englischen Rule of Law. Staatliche Machtausübung darf nur vom „King in Parliament" ausgehen, also dem Zusammenwirken des Monarchen mit den Parlamentskammern. Demgegenüber entwickelt sich in England keine Verfassungssouveränität, die sich in einem Primat von Verfassungstexten gegenüber parlamentarischer Gesetzgebung ausdrücken würde. Die Verfassungsurkunden (wie die Magna Charta, Bill of Rights oder Habeas Corpus-Akte) bedürfen umso mehr quasi-sakraler Verehrung, als sie institutionell schwach gesichert sind. Im 19. Jahrhundert findet sich in der ansatzweisen Materialisierung der Rule of

Law bei Dicey ein Versuch der Anpassung an Bedürfnisse des Laisser-Faire-Kapitalismus, der allerdings durch die Sozialstaatsgesetzgebung des 20. Jahrhunderts schnell wieder überholt wird. Die von Großbritannien stark mitgeprägte Europäische Menschenrechtskonvention (EMRK) stellt seit den 1950er Jahren eine quasi-verfassungsrechtliche Schutzgelegenheit für die vorher regelmäßig hinter Souveränitätsinteressen zurücktretenden Individualrechte dar. Der die EMRK inkorporierende Human Rights Act der Blair-Regierung hat diese Konstitutionalisierung der britischen Rule of Law verstärkt. Dennoch haben materielle Rechtsstaatskonzepte in Großbritannien weiter einen schwereren Stand als anderswo.

État de droit: In Frankreich ist die Rechtsstaatlichkeit seit jeher ein eher prekäres Konzept. Das hängt mit dem auf den Absolutismus zurückgehenden Misstrauen gegenüber der Macht der Judikative zusammen. Diese war lange das Erfüllungsorgan der Könige gewesen. Auch Montesquieu sprach mit einer berühmten Formulierung vom Richter als „Mund des Gesetzes“. Wenn die Funktion der Gerichte aber nur in einer Bestätigung anderswo gefallener Entscheidungen besteht, kann ein eigenständiges Vertrauen in diese „schwächste Staatsgewalt“ kaum entstehen. Gleichzeitig ist die Furcht vor einem „gouvernement des juges“ (Herrschaft der Richter) weit verbreitet und bis zum heutigen Tag leicht wachzurufen. Das bedeutet aber keineswegs, dass die französische Verwaltung nicht Mechanismen der juristischen Kontrolle ausgebildet hätte. Kennzeichnend für den französischen État de droit ist die Selbstkontrolle, in höchster Instanz durch den Conseil d'État (Staatsrat), die durch ihre „etatistische“ Ausgestaltung mit hohem Vertrauen auf die meritokratischen Vorzüge der Beamtenschaft eine gewisse Distanz von der Zivilgesellschaft zum Ausdruck bringt, als deren Verlängerung sich hingegen die britische Rule of Law versteht. Bezeichnenderweise hatte die Revolutionsverfassung von 1791 einen *référé législatif* fortgeführt, d.h. eine Pflicht für Richter, bei einem Legislativausschuss nachzufragen, wenn für Gerichte Auslegungsprobleme entstanden. Die Unabhängigkeit der Gerichte wurde also auch postrevolutionär möglichst tief gehängt. Anders als die englischen Richter, die sich auf das Common Law und dessen evolutionäre Fortentwicklung durch die Gerichte berufen konnten – allerdings im Rahmen der parlamentarischen Gesetze –, sollten französische Richter keinesfalls Interpretationsarbeit oder gar Billigkeitskontrolle leisten. Erst mit Napoléon Bonaparte änderte sich die Stellung der französischen Gerichtsbarkeit graduell. Demgegenüber blieb die Rechtskontrolle des Staatshandelns bis ins 20. Jahrhundert äußerst zurückhaltend. Eine materiell-rechtsstaatliche Kontrolle findet bis heute nur in Grundzügen statt. Der Gesetzespositivismus, wie er in der reinsten Form bei Raymond Carré de Malberg unter der III. Republik zum Ausdruck kam, hat sich trotz einiger bedeutender Judikate des Staatsrats und der Selbstermächtigung des Verfassungsrats (Conseil Constitutionnel) der V. Republik in der Rechtssache „Contrat d'association“ (1971) zu einem Normenkontrollgericht im Grundsatz erhalten. Der französische État de droit ist *prinzipiell* den Menschenrechten und anderen materiellen Maßstäben (proportionnalité etc.) verpflichtet, ohne dass diese notwendig die Subjekte der Republik zu einer individuellen Überprüfung ermächtigen. Vielmehr bleibt es im fundamentalen Ausgangspunkt bei einer objektiven Verpflichtung der Staatsadministration auf gesetzliches Recht. Die Freiheitsrechte der Bürger:innen wiederum wurden traditionell als „öffentliche Freiheiten“ (libertés publiques) und gerade nicht als „fundamentale Rechte“ gefasst. Der individualisierende Einfluss der EMRK hat sich freilich auch hier in den letzten Jahrzehnten immer mehr durchgesetzt.

Rechtsstaat: Die immer wieder auch im englischen Sprachraum im Original wiedergegebene deutsche Formel vom Rechtsstaat ist traditionell als Gegenspieler des Rule of Law-Gedankens aufgefasst worden. Die Einschätzung bezieht sich einerseits auf die Parlamentsferne des deutschen Rechtsstaatsprinzips, die im direkten Gegensatz zur parlamentszentrierten Rule of Law steht. Eines ist für die deutsche Denklinie gewiss: Der demokratische Gesetzgeber gewährleistet die individuelle Freiheit, die Willkürfreiheit und die Rationalität des Staatshandelns nicht. Man setzt auf Gegenspieler wie die Justiz oder auch eine Gesetze nach festgelegten Maßstäben anwendende Verwaltung. Suspekt sind dieser Richtung aber nicht nur deliberierende oder gar mandatierte Volksvertretungen, sondern andererseits auch gubernative (im Gegensatz zu bürokratisch-administrativen) Regierungsfunktionen. Der Rechtsstaatsgedanke bezieht nämlich seine Kraft aus der doppelten Frontstellung gegen den Voluntarismus der demokratischen Organe – diese waren im Deutschland des 19. Jahrhunderts, mitsamt seiner gescheiterten liberalen Revolution von 1848, schlicht zu unbedeutend und zu wenig progressiv im Sinne der Interessen des aufstrebenden Bürgertums – sowie gegen eine drohende Willkürmacht der monarchisch geprägten Regierung. Dieser Ursprung des deutschen Rechtsstaats in der liberal-konstitutionalistischen Konstellation des nicht hinreichend parlamentarisierten Anstaltsstaates, in dem das Bürgertum einen Pakt mit den alten Machteliten gegen aufkommende demokratische und sozialistische Strömungen schloss, erklärt zu einem wesentlichen Teil, warum der Rechtsstaatsgedanke auf eine demokratische Verankerung gerade glaubte verzichten zu sollen. Nun darf man sich nicht täuschen: Die englische Rule of Law beruhte ebenfalls auf einem Ausschluss größter Bevölkerungsteile vom Wahlrecht und manifest ungleichen politischen Rechten. Konzeptuell war sie dennoch stets an die Rolle des Parlaments und einer staatsunabhängigen Rechtsentwicklung, also an die sich emanzipierende Gesellschaft, gebunden. Die Anhänger:innen des Rechtsstaats (Stahl 1963 u. a.) hingegen glaubten ihre Hoffnung in eine durch rationale Überlegenheit ausgezeichnete Emanzipation von oben setzen zu dürfen. Nachwirkungen dieses zutiefst etatistischen Denkens finden sich sowohl im NS-„Doppelstaat" (Ernst Fraenkel), in dem eine vermeintlich rational operierende Verwaltung und Justiz mit einer „Rechtslogik" neben den hoch ideologisierten Teilen des Partei- und Staatsapparats mit einer „Maßnahmenlogik" weiter existierten, als auch in der Bundesrepublik. Denn einerseits emanzipiert sich hier noch vor dem Volk selbst in den 1950er Jahren eine im internationalen Vergleich besonders selbstbewusste Verfassungsrechtsprechung, die Westdeutschland – teils recht erfolgreich – auf den Pfad der grundrechtsliberalen Tugend führen wollte. Andererseits ist die Bundesrepublik von einer „Superlegalität" (Ingeborg Maus, Ulrich K. Preuß) geprägt, die über die Schicht der individuellen Freiheitsrechte noch eine staatlich gesicherte „freiheitliche demokratische Grundordnung" legt, um „staatsgefährdendes", „verfassungswertfeindliches", aber an sich grundrechtlich geschütztes Handeln frühzeitig zu identifizieren und möglichst unschädlich zu halten. Materielle Rechtsstaatlichkeit im Sinne der Grundrechtsverwirklichung wird so ihrerseits wieder im Interesse einer höheren „Ordnung" etatistisch hypostasiert und so zugleich konterkariert. Das Vertrauen in den demokratischen Gesetzgeber wie auch in den diesen auswählenden Souverän begrenzt die deutsche Idee vom Rechtsstaat daher nach wie vor von einer scheinbar überlegenen, objektiveren Position aus (Tohidipur 1978). Das Misstrauen in das freie Wirken der Individualität kann aber nicht eine Rückkehr zu einem „formalen Rechtsstaatsprinzip" überwinden. Eine solche Regression würde nur bedeuten, ein Parlament mitsamt der von ihm geschaffenen Legalität von Bindungen durch die Justiz freizustellen und wieder allein auf den Vorbehalt des Gesetzes, willkürfreie Rechtsanwendung, Rückwirkungsverbote und Gewaltengliederung zu setzen. Ein solcher formaler Rechtsstaat wird aber den Bedürfnissen einer auf die freie Entfaltung der *Individualität* orientierten Gesellschaft nicht länger gerecht. Anzustreben ist vielmehr eine formal-materielle Synthese, die den Respekt vor dem demokratischen Souverän und die Natur der Grund- und Menschenrechte als Rechte, die die gesamte objektive Rechtsordnung als repressive in Richtung eines emanzipatorischen Rechts „aufheben", je prozessual in Einklang bringt. Das gelingt nur durch eine konsequente Durchdringung des gesamten Rechtsbestandes mit der aufsprengenden und neu ordnenden Kraft der polymorphen, Widersprüche aufklärenden Grundrechte als „Aufhebungsrechte" (Wihl 2019). Etatistische Restbestände – also staatliche Ordnungsresiduen, die keinerlei individueller Berechtigung zu Dienst sind –, müssen dann weichen. Mit der für den „Rechtsstaat" so typischen und heuer allgegenwärtigen verwaltungs- und später verfassungsrechtlichen Verhältnismäßigkeitskontrolle ist es nicht getan.

23.2 Gesetzesherrschaft

Nach diesem knappen Überblick über die drei maßgeblichen Stränge des Denkens der Rechtsstaatlichkeit wird deutlich, dass diese in allen drei Fällen eine enge Beziehung zur Legalität des staatlichen Handelns unterhält, wobei im Falle der Rule of Law das Parlament, beim État de droit der zentralisierte exekutive Apparat, etwa auch in Gestalt des Innenministers als „premier flic" (oberster Polizist) oder des Défenseur des droits als Ombudsperson für Menschenrechte (und dialektisch damit verbunden auch die direkt-demokratische Macht des Volkes „auf der Straße"), sowie rechtsstaatlich die Justiz in besonderem Maße mit der Verantwortung für deren Kontrolle betraut sind. Systematisch lässt sich darüber hinaus eine entscheidende begriffliche Entwicklung im Übergang von der (formalen) Gesetzesherrschaft zur (materiellen) Herrschaft der individuellen Rechte feststellen. Diese lässt sich insbesondere auch ideengeschichtlich nachvollziehen. In einem Bogen von Hobbes über Locke und Rousseau bis Hegel wird in einem ersten Schritt die liberale Bedeutung der Ablösung der Herrschaft von Menschen durch die Herrschaft der Gesetze ersichtlich.

Thomas Hobbes ist kein Denker der Rechtsstaatlichkeit. Er verweist den Einzelnen auf einen Unterwerfungsvertrag, in dem die staatlich zu gewährleistende Sicherheit noch nicht als Rechtssicherheit, sondern als Sicherheit des natürlichen Bedürfnisses nach Schutz von Leib, Leben und Bewegungsfreiheit verstanden ist. Den natürlichen Bedürfnissen steht ein absoluter Souverän gegenüber, der gerade nicht durch Gesetze gebunden ist, sondern das in seiner Macht Stehende unternimmt, um die Einzelnen zu protegieren; andernfalls verliert er (trotz bestrittenem Widerstandsrecht) seine legitime Autorität. Der Leviathan ist allerdings in seiner Funktionalität für den Schutz natürlicher Interessen seiner Glieder bereits protoliberal, weil seine Macht nicht mehr dynastisch-legitimistisch oder religiös begründet ist, sondern instrumentell und rechtfertigungsbedürftig bleibt. Die Schutzfunktion des Gesetzes wird hier geistig vorbereitet.

Vollends bricht die moderne Instrumentalisierung des Staates als Rechtsstaat dann bei John Locke durch, dessen Theorie insbesondere für die Gründung der USA eine gewichtige Rolle spielen wird. Dieser Verfassungsstaat par excellence ist anfänglich vor allem ein Staat, der die Macht der Gesetzgebung zwischen Bund und Einzelstaaten aufzuteilen bestrebt ist. Selbst die Bill of Rights der US-Verfassung hat zunächst ganz überwiegend eine föderalistische Bedeutung, indem sie die Prärogative der Einzelstaaten bei freiheitseinschränkenden Gesetzen wahrt. Ebenso findet sich bei Locke eine charakteristische Ambivalenz zwischen dem Primat der Gesetzgebung und einem residualen Naturrecht, das für die Untertanen ein Widerstandsrecht gegen tyrannische Gesetze konserviert. In diesem Sinne garantiert das neunte Amendment der US-Verfassung als praktisch bedeutungslose Norm dennoch theoretisch-symbolisch die Bindung des US-Staatswesens an ein lockesches Naturrecht von Leben, Freiheit und Eigentum. Die US-Verfassungsrechtsprechung schwankt daher stets zwischen dem Respekt vor einem fast sakralisierten Gesetzgeber, insbesondere in den Bundesstaaten, und einem ebenso verehrten Bestand an stabil statussichernden Naturrechten aus der Bill of Rights. Absolute Aussagen in die eine oder andere Richtung sind daher für die von Locke und auch Blackstone als eminentem englischen Juristen beeinflusste Deutung der US-Verfassung viel typischer als für die von Lockes starkem „property"-Schutz (im zeittypisch weiten Sinne von *property*) eher unbeeindruckten Rechtsstaaten wie Frankreich und Deutschland. Glaubt man, ein konkretes Recht gefunden zu haben, verteidigt man es absolut. Jenseits davon lässt man dem (seit dem Voting Rights Act) demokratischen Gesetzgeber freies Spiel; dies ist für die effektive Regulierung einer Konkurrenzwirtschaft auch unbedingt von Nöten.

Weniger Ambivalenz findet man bei Jean-Jacques Rousseau, einem durchgängig weitaus konsequenteren Theoretiker als Locke. Rousseau erkennt nach der Einsicht von Leo Strauss, dass das moderne Recht allein noch auf den Willen als Ausdruck der Individualität statt auf irgendeine Idee von Tugend setzen kann, und sei Letztere durch die Fixierung auf individuelle, aber langfristig gemeinwohlförderliche Interessen bestimmt. Anders als Locke versteht Rousseau auch, dass die persönliche Freiheit als einzig verbliebener Axialwert unter gesellschaftlichen Bedingungen nur durch ihre konsequent unpersönliche Überführung in kollektive Selbstgesetzgebung zu retten ist. Er wird damit zum bedeutenden Stichwortgeber der liberal-bürgerlichen französischen Revolution von 1789 und insbesondere der Jakobiner (s. Kap. 2, 52). Jede persönliche Verkörperung von politischer Herrschaft hatte zu weichen, um dem demokratischen Souverän in der absoluten Gesetzesherrschaft zu seinem unverfälschten Ausdruck zu verhelfen. Dabei war sich Rousseau im *Contrat social* im Klaren darüber, dass nur die wesentlichen Fragen (in kleinen Staaten) direkt vom Volk als Gesamtheit entschieden werden könnten; jenseits dessen war das Terrain des staatlichen Verordnungsgebers. Die Abschaffung der Herrschaft von Menschen über Menschen in der Gesetzesherrschaft gelingt freilich nur unter gewichtigen Voraussetzungen, zu denen eine zivilreligiöse, harmonisierende Bildung zählt sowie insgesamt eine weitgehende Angleichung der individuellen Lebensbedingungen. Dann allerdings soll eine Freiheit vollkommen erhalten bleiben, deren individualistische Kehrseite nunmehr eine ersehnte Freiheit von der Gesellschaft und ihren Konformismuszwängen darstellt; auch dieses moderne Phänomen beschreibt Rousseau im Detail. In gewisser Hinsicht befreit auch die Gesetzesherrschaft, in Abwandlung der hirschmanschen (Hirschman 1970) Trias, mittels *voice* wegen der geschuldeten *loyalty* nicht von der Sehnsucht nach dem *exit*.

Die zivilreligiöse Lösung greift auch Hegel in seiner „Rechtsphilosophie" wieder auf, der sich trotz seiner verbalen Absetzbewegungen von Rousseau und der Gesellschaftsvertragstheorie insgesamt in wesentlichen Absichten mit beiden trifft. Die Bindung der Bürger:innen an ihren Staat gelingt hier durch eine spezifisch moderne Sittlichkeit, die in einer arbeitsteiligen Gesellschaft durch ein ausgeklügeltes System von Institutionen hervorgerufen wird. Dabei verwirklicht sich die einzelne Individualität im Zusammenleben in der Kleinfamilie, im Berufs- und Standesleben, im mal spielerischen, oft halsbrecherischen Wettbewerb und im Dasein als Citoyen:ne. Doch erst im letzteren Daseinsmodus sind die Mängel der übrigen Existenzweisen aufgehoben, lässt die Orientierung an der Universalität die Beschränkungen der allzu irdischen, aber dennoch per se wertvollen Verrichtungen hinter sich. Hegel erfasst damit als erster Philosoph die Komplexität der ausdifferenzierten modernen Gesellschaft und weist dennoch dem Staat eine herausgehobene Stellung zu, die eine Art Entdifferenzierung denkbar werden lässt. Gesetzesherrschaft bedeutet für Hegel die Herrschaft des Allgemeinen und zugleich positiv Gesetzten. Das entscheidende Emanzipationsmoment der Gesetzesform liegt in der Anerkennung der Einzelnen als gleiche Menschen. Zugleich zeigt sich in der Positivität des Gesetzes dessen Veränderbarkeit, die freiheitliche Substanz. Die Zivilreligion der Bürger:innen liegt nun nicht allein im anerkennenden Wissen um das Gesetz – es ist Hegel, der dieses (rechtssoziologische) Problem zuerst so deutlich hervorhebt –, sondern weit mehr noch im Wissen um die ungetilgten und umso rechtfertigungsbedürftigeren persönlichen Herrschaftsreste. Das noch nicht hinreichend Allgemeine auf die Allgemeinheit orientieren zu wollen ist eigentlich die Zivilreligion der hegelschen Staatsbürger:innen. Dazu gehört insbesondere die Emanzipation von moralischer Gesetzgebung, die das menschliche Gewissen missachtet. So kann auch der junge Karl Marx über den Umweg einer rigorosen Hegel-Kritik einen durchaus ähnlichen, allerdings offen demokratischen Begriff politischer Freiheit als Durchbruch zur Allgemeinheit entwickeln und diesen später mit und gegen Hegel auf die gesamte, nicht länger vom Staat getrennte Gesellschaft ausdehnen. Die Erbschaft Hegels für die Theorie der Rechtsstaatlichkeit ist daher die andauernde Suche nach demokratisch kontingenter Allgemeinheit ohne Anerkennung falscher Notwendigkeit. Sie liegt in der wahren Notwendigkeit der liberal-sozialen Synthese.

23.3 Die Herrschaft der Rechte

Die Gesetzesherrschaft als klassisches Erbstück der liberalen Idee der Rechtsstaatlichkeit wurde noch vor ihrer eigenen konsistenten Entfaltung als Herrschaft der demokratischen Allgemeinheit bei Rousseau und Hegel von ihren frühen Vordenkern durch eine alternative Idee zur Begrenzung von politischer Herrschaft herausgefordert: die Herrschaft der Rechte. Diese changiert zwischen einer opportunistischen Begleitung der Markt- und Wettbewerbsgesellschaft insbesondere in der Begründung von fixierten Eigentumsrechten und der Programmierung der Gesellschaft auf Kontingenz durch kommunikative Rechte, vor allem die auf Meinungs- und Medienfreiheit. Schon Hobbes hatte vorstaatliche, noch sehr basale Rechte postuliert; Locke dehnte diese minimalen „natürlichen" Rechte dann auf all die Interessen und akkumulierten Güter der aufsteigenden Klassen aus, die insbesondere unter dem possessiven Aspekt erhaltenswert schienen. Rousseau sah die individuelle Freiheit intellektuell anspruchsvoll in der kollektiven Selbstbestimmung aufgehoben, während Hegel individuelle Rechte in erster Linie als falsche Privilegien verstand, ohne deren liberale Substanz aufzugeben. Im Gegenteil bedeutet die (post)idealistische Aufhebung der Rechte in ihrer demokratischen Verwirklichung durch Gesetze vor allem, Rechte zu prozessualisieren und in die Zeit zu verlegen. Nur so erkennt man, dass demokratische Rechtsstaaten die Substanz ihrer Sittlichkeit schon längst in einer Kultur der Rechte haben, die auf den Fixstern der Individualität gerichtet ist (Wihl 2019). Die juristischen Formen dieser modernen Rechtsstaatlichkeit der Rechte variieren trotz und wegen ihrer gemeinsamen Substanz in Raum und Zeit. Allerdings nehmen sie im Wege einer starken gegenseitigen Rezeption zunehmend den Charakter eines liberalen Weltrechts an, das die Grundrechtskontrolle von Gesetzen insbesondere im Wege einer Verhältnismäßigkeitsprüfung und Rechtsgüter- oder Interessenabwägung ins Zentrum stellt.

23.4 Ausblick

Nur kurz hingewiesen werden kann hier auf den für den politischen Liberalismus grundlegenden Widerspruch von Volksherrschaft und Rechtsstaatlichkeit, der bis ins 20. Jahrhundert durch ein Primat der Rechtsstaatlichkeit einseitig adressiert und nicht wirklich gelöst wurde. Erst sozialliberale oder liberalsozialistische Konzeptionen etwa bei John Rawls (s. Kap. 19), Jürgen Habermas oder vor allem Norberto Bobbio gehen diesen Widerspruch konstruktiv an, ohne eine These über Gebühr zu bevorzugen. Jene Strömung steht neben Rechtsdenker:innen wie Helmut Ridder (Bäumlin/Ridder 1989) oder Ingeborg Maus auch für die notwendige Einbeziehung sozialer Herrschaftsformen (Ausbeutung, gesellschaftlicher Rassismus, Patriarchat etc.) in die Versuche der Herrschaftsminderung durch rechtsstaatliche Mittel. Im größtmöglichen Gegensatz dazu steht die totalitär-liberale, antidemokratische Konzeption einer „Freiheitsverfassung" von Hayeks (s. Kap. 17). Eine weitere wichtige Debatte mit langer Vorgeschichte betrifft eine vermeintliche Herrschaft der Richter:innen („juristocracy") im Widerspruch zu gesellschaftlichen Mehrheiten („counter-majoritarian difficulty"). Schließlich wird mit Blick auf die internationale Rule of Law diskutiert, ob es sich dabei um mehr als eine bloße Ex-post-Zuschreibung bekannter Regierungstechniken handelt (Birkenkötter 2020).

Literatur

Bäumlin, Richard/Ridder, Helmut: Rechtsstaat. In: Alternativkommentar zum Grundgesetz. Neuwied 1989, 1340–1389.

Birkenkötter, Hannah: A concept at the very heart of the Organization's mission: Unpacking the Rule of Law at the United Nations. Ms. Berlin 2020.

Heller, Hermann: Rechtsstaat oder Diktatur? Tübingen 1930.

Hirschman, Albert O.: Exit, voice, and loyalty. Cambridge, Mass. 1970.

Heuschling, Luc: État de droit – Rechtsstaat – Rule of Law. Paris 2002.

Möllers, Christoph: Die drei Gewalten. Weilerswist 2008.

Neumann, Franz: Die Herrschaft des Gesetzes. Frankfurt a. M. 1980.

Stahl, Friedrich Julius: Die Philosophie des Rechts. Darmstadt 1963.

Tohidipur, Mehdi (Hg.): Der bürgerliche Rechtsstaat. Frankfurt a. M. 1978.

Wihl, Tim: Aufhebungsrechte. Weilerswist 2019.

24 Rede- und Meinungsfreiheit

Michael Schefczyk

Der Gedanke einer zu schützenden Rede- und Meinungsfreiheit findet sich in zahllosen grundlegenden Rechtsdokumenten. So hat nach Artikel 19 der *Allgemeinen Erklärung der Menschenrechte* jeder Mensch das Recht auf freie Meinungsäußerung. Ähnlich heißt es in Artikel 5 des bundesdeutschen *Grundgesetzes*, jeder habe das Recht, seine Meinung in Wort, Schrift und Bild frei zu äußern und zu verbreiten. Dagegen wird im First Amendment der *Verfassung der Vereinigten Staaten* kein subjektives Recht erwähnt; vielmehr wird dem Kongress verboten, die Redefreiheit gesetzlich einzuschränken.

Es handelt sich um ein definierendes Element liberaler Gesellschaften: Eine Gesellschaft, die keine Rede- und Meinungsfreiheit gewährt, ist keine liberale Gesellschaft. Im allgemeinsten Sinne bezeichnet Redefreiheit das individuelle Recht, sich anderen Menschen ohne besondere Erlaubnis mitzuteilen. „Rede" umfasst nicht nur sprachliche Äußerungen (wie die Bezeichnung „Redefreiheit" vermuten lässt), sondern alle Ausdrucksformen eigener Gedanken und Befindlichkeiten, wie Gestik, Mimik, bildliche Darstellung, Musik etc. Sich bewusst nicht zu erheben, wenn eine hochstehende Person den Raum betritt, fällt in diesem Sinne unter die Redefreiheit. Zumeist wird Redefreiheit als das Recht verstanden, eine Meinung oder Überzeugung kundzutun. Doch auch wer eine Aufforderung ausspricht, eine Frage stellt, etwas verspricht, fabuliert oder herumalbert, macht von der Freiheit der Rede Gebrauch.

24.1 Klassischer Liberalismus

Die wichtigste Quelle des deutschsprachigen Liberalismus findet sich in den Schriften Immanuel Kants. Dessen Theorie der Redefreiheit ist vielschichtig (Niesen 2005). In den *Metaphysischen Anfangsgründen der Rechtslehre* (1797) betont Kant die Bedeutung freier Rede für ein zu Spontaneität und Autonomie befähigtes Wesen. Das Recht, anderen die Gedanken mitzuteilen, „ihnen etwas zu erzählen oder zu versprechen, es sei wahr und aufrichtig, oder unwahr und unaufrichtig" (Kant 1797/1977, 346), wird dort der angeborenen Freiheit jedes Menschen zugerechnet. Redefreiheit ist in diesem weiten Sinne eine Forderung des liberalen Grundgedankens allgemeiner Handlungsfreiheit, die ohne das grundlegende Recht auf selbstbestimmtes symbolisches Handeln nicht realisierbar wäre. Neben dem angeborenen Recht auf Ausdrucksfreiheit argumentiert Kant in früheren Arbeiten für spezifischere Aspekte freier Rede. Der berühmte Aufsatz „Beantwortung der Frage:

M. Schefczyk (✉)
Karlsruher Institut für Technologie, Karlsruhe, Deutschland
E-Mail: michaelschefczyk@kit.edu

M. Festl (Hrsg.), *Handbuch Liberalismus*, https://doi.org/10.1007/978-3-476-05798-3_24

Was ist Aufklärung?“ (1783) differenziert zwischen dem öffentlichen und dem privaten Gebrauch der Vernunft. Öffentlich ist ein Gebrauch der Vernunft, „den jemand als Gelehrter von ihr vor dem ganzen Publikum der Leserwelt macht“ (Kant 1783/1977, 55). Dieser öffentliche Vernunftgebrauch muss nach Kant „jederzeit frei sein“. Nur auf dem Wege öffentlicher Prüfung kann die schrittweise Verbesserung der Überzeugungen in Richtung auf das Wahre und Richtige erlangt werden. Unter dem Privatgebrauch der Vernunft versteht Kant denjenigen, den man „in einem gewissen ihm anvertrauten bürgerlichen Posten, oder Amte, von seiner Vernunft machen darf“ (ebd.). Die Herstellung oder Aufrechterhaltung von stabilen Kooperationsstrukturen erfordert, dass „einige Glieder des gemeinen Wesens sich bloß passiv verhalten [..], um durch eine künstliche Einhelligkeit von der Regierung zu öffentlichen Zwecken gerichtet, oder wenigstens von der Zerstörung dieser Werke abgehalten zu werden“ (ebd.). Daher darf und muss nach Kant der Privatgebrauch eingeschränkt werden. Ein Offizier hat Befehlen widerspruchslos zu gehorchen, aber er darf die Rolle eines Gelehrten einnehmen und ist als solcher berechtigt, dem allgemeinen Publikum gegenüber „über die Fehler im Kriegsdienste Anmerkungen zu machen“ (ebd., 56). Der Raum gelehrter freier Rede wird benötigt, um die Richtigkeit von Urteilen zu prüfen und neue Gedanken aufzubringen und zu verbreiten. Kants *Anthropologie in pragmatischer Hinsicht* (1798) zufolge ist dies „vielleicht der wichtigste Grund […], warum das gelehrte Volk so dringend nach der Freiheit der Feder schreit“ (Kant 1798a/1977, 409).

Mit politisch-republikanischer Akzentsetzung findet sich dieses *epistemische Argument* für die „Freiheit der Feder“ in der Arbeit „Über den Gemeinspruch: Das mag in der Theorie richtig sein, taugt aber nicht für die Praxis“ (1793). Hier verteidigt Kant das Kritikrecht an den Verfügungen der Obrigkeit als „das einzige Palladium der Volksrechte“ (1793/1977, 161). Da der „nicht-widerspenstige Untertan“ annehmen muss, der Oberherr *irre*, wenn er ihm Unrecht tue (weil er ihm ja andernfalls unterstellen müsste, er *wolle* ihm Unrecht tun), so müsse es ihm erlaubt sein, „seine Meinung über das, was von den Verfügungen desselben ihm ein Unrecht gegen das gemeine Wesen zu sein scheint, öffentlich bekannt zu machen.“ (ebd.).

Zusammenfassend ist festzuhalten, dass Kant die Freiheit der Feder als Freiheit *öffentlichen Vernunftgebrauchs* versteht und begründet. Sie dient im Kern der Verbesserung unserer Überzeugungen. Die hieraus abgeleitete politische Kontrollfunktion der gelehrten Kritik am obrigkeitlichen Handeln wird durch Kant vergleichsweise vorsichtig vorgetragen. Diese Vorsicht war angebracht. Im Jahre 1794 wurde Kants eigene Freiheit der Feder durch ein Schreiben des „Königs von Gottes Gnaden Friedrich Wilhelm“ eingeschränkt, in dem man ihn wissen ließ, er solle „bei Vermeidung Unserer höchsten Ungnade“ aufhören, die Haupt- und Grundlehren der heiligen Schrift herabzuwürdigen und vielmehr seine Talente dazu anwenden, „dass Unsere landesväterliche Intention mehr und mehr erreicht werde“ (Kant 1798b/1977, 268).

Die nach wie vor einflussreichste Verteidigung der Redefreiheit im *englischsprachigen Liberalismus* findet sich in John Stuart und Harriet Taylor Mills*Über die Freiheit*, (1859). Jeremy Bentham James Mill und der junge John Stuart hatten das Thema im Einklang mit der älteren Tradition vorrangig auf die Publikationsfreiheit und das Recht zu öffentlicher Kritik an Politik und Religion bezogen (Niesen 2019, 4). Mills Vater James hatte jedoch in einem Eintrag für die *Encyclopaedia Britannica* zur „Liberty of the Press“ (1825) den Reflexionsraum auf interessante Weise erweitert. Es gebe kaum ein individuelles Recht, so hält der ältere Mill fest, für dessen Verletzung die Presse nicht eingesetzt werden könne. Damit war die wichtige Feststellung gemacht, dass die Presse nicht nur der Ort ist, an dem Gelehrte den öffentlichen Gebrauch ihrer Vernunft üben. Was Druckerzeugnisse als Medium bewirken und wozu die „Freiheit der Feder“ benutzt werden kann, ist annähernd so vielfältig, wie das, was wir mit Sprache überhaupt tun können. Die Pressefreiheit wird demnach von James Mill nicht allein als das idealisierte Palladium vernünftiger Gründe gesehen, sondern auch als Instrument aller möglichen Gesetzesbrüche (1825, 1). Die Freiheit der Presse kann folglich nicht absolut und unbegrenzt sein. Sie findet ihre Grenze in den Rechten der Individuen und den Erfordernissen der öffentlichen Sicherheit und Ordnung. Zugleich sahen James und der junge John Stuart Mill die Gefahr, dass Verleumdungsklagen durch politisch und gesellschaftlich mächtige Kreise benutzt werden, um Kritik mundtot zu machen. In seinem frühen Aufsatz „Law of Libel and the Liberty of the Press" (1825) versuchte Mill die resultierende Schwierigkeit mit Hilfe der auch heute noch geläufigen Unterscheidung zwischen Meinungsäußerungen und Tatsachenbehauptungen zu lösen: Meinungsäußerungen sollten ihm zufolge keinerlei Beschränkungen unterworfen sein, da es kein Mittelding gebe zwischen absoluter Freiheit der Meinungsäußerung und absolutem Despotismus (Mill 1825/1984, 6). Wenn der öffentlichen Gewalt die Kontrolle der veröffentlichten Meinung gestattet werde, so gebe es keine Sicherheit gegen ihren Missbrauch im Eigeninteresse der Machthaber.

Mitte des 19. Jahrhunderts hatte sich zwar die Akzentsetzung John Stuart Mills, jedoch nicht seine grundlegende Haltung geändert. Die Pressefreiheit als Schutzmaßnahme gegen den korrupten oder tyrannischen Gebrauch der Regierungsgewalt bedarf nach *Über die Freiheit* keiner Verteidigung mehr. Als das dringliche Problem der Zeit sehen John Stuart und Harriet Taylor Millnicht die *tyrannische*, sondern die *demokratische Kontrolle* der öffentlichen Meinungsäußerung. Konformitätsdruck durch demokratische Mehrheiten ist kaum weniger schlimm als Konformitätsdruck durch Fürsten: „Wenn die gesamte Menschheit einer Meinung wäre und nur ein Einziger hätte eine entgegengesetzte, so verfügte die Menschheit über kein besseres Recht, diesem ein Schweigen aufzuerlegen, als er, wenn er die erforderliche Macht besäße, der ganzen Menschheit" (Mill 1859/2014/, 324). Der amerikanische Staatsmann und Politiker Thomas Cooper hatte in *A Treatise on the Law of Libel and the Liberty of the Press* (1830) eine interessante Begründung für eine derartige Auffassung geliefert: Meinungsbildung ist kein Willensakt. Über die Merkmale ihres Überzeugungssystems hat eine Person nach Cooper nicht mehr Kontrolle als über die Merkmale ihres Gesichts. Wenn Leute für ihre Überzeugungen bestraft werden, so werden sie für etwas bestraft, wofür sie nichts können.

Im Einklang mit ihrer utilitaristischen Hintergrundtheorie leiten die Mills das individuelle Recht auf freie Rede aus seinem Nutzen ab. Dabei kommen zwei Überlegungsgänge zur Geltung. Wie eingangs bemerkt, kann „Rede" in einem weiten Sinne verstanden werden als jegliches Symbolhandeln. Redefreiheit als Freiheit zu symbolischem Handeln ist etwas Gutes, weil Menschen ein hochrangiges Interesse an Selbstentfaltung haben; sie möchten ihr Leben frei gestalten, sich ausdrücken und mit anderen in Kontakt treten. Das menschliche Selbstentfaltungsinteresse ist hochrangig, aber nicht unbegrenzt. Es endet, wo es die Rechte anderer beeinträchtigt. Dies entspricht dem Kerngehalt des millschen Freiheitsprinzip, dem zufolge gesetzliche oder soziale Einschränkungen der individuellen Handlungsfreiheit (nur) zum Schutz Dritter statthaft sind. Eine, dem Inhalt nach, erlaubte Meinungsäußerung kann unter gewissen Bedingungen auf die Schädigung von Personen hinauslaufen, und daher darf in einem solchen Fall mit Recht geprüft werden, ob ihre Regulierung erforderlich ist. Die legitime Meinungsäußerung, dass Kapitalisten Ausbeuter sind, kann vor einer erregten Menge als Anstiftung zu Gewalttaten wirken und als solche legitimer Weise unter Strafandrohung gestellt werden (Mill 1859/2014, 324 Fn.). Meinungsäußerungsfreiheit heißt insofern den Mills zufolge nicht, dass alles jederzeit jedem gegenüber öffentlich gesagt werden dürfe. Sie bedeutet, dass beliebige Inhalte und Thesen, wie abwegig und schockierend sie immer scheinen mögen, unter geeigneten Kontextbedingungen geäußert werden dürfen. Das berühmte zweite Kapitel in *Über die Freiheit* („Von der Freiheit des Denkens und der Diskussion") ist vor diesem Hintergrund zu sehen. Es versteht Meinungsäußerungen in erster Linie als Beiträge zum öffentlichen Diskurs. Entsprechend ist die in diesem Kapitel zu findende Verteidigung der Meinungsfreiheit als Verteidigung der „umfassendsten Freiheit der *Behauptung und Erörterung* jeder beliebigen Lehre“ (ebd., 323; Hervorhebung M.S.) angelegt. Meinungsäußerungsfreiheit ist somit als *Debattierfreiheit* bestimmt, als die Freiheit, einen Geltungsanspruch intersubjektiver Prüfung zu unterbreiten und zu unterziehen.

Während die Redefreiheit im weiten Sinne durch die Schädigungsbedingung eingeschränkt ist, ist den Millszufolge die Debattierfreiheit absolut. Dass absolute Debattierfreiheit gesellschaftlich vorteilhaft ist, soll dabei mit Hilfe einer Fallunterscheidung gezeigt werden. Die Mills nehmen an, dass jegliches menschliche Urteil fehlbar ist, wir also nicht mit absoluter Gewissheit sagen können, ob eine bestimmte Meinung oder Theorie zutrifft. Doch dann wissen wir auch nicht mit absoluter Gewissheit, ob eine Theorie oder Meinung, deren Äußerung verboten werden soll, wahr oder falsch ist. Und wir wissen überdies nicht genau, ob eine solche Theorie (und nur sie) möglicherweise gewisse Wahrheiten enthält. Wir können entsprechend nicht sicher sein, ob wir einer Theorie oder Meinung den Wert „wahr“, „falsch“ oder „teilweise wahr“ zuschreiben sollen. Dies sind die zu unterscheidenden Fälle. In dem Kapitel „Von der Freiheit des Denkens und der Diskussion“ wird nun argumentiert, dass es in jedem der betrachteten Fälle besser ist, wenn uneingeschränkte Debattierfreiheit gilt. Dass es vorteilhaft ist, das Verbot der Äußerungen wahrer Meinungen nicht zu verbieten, liegt auf der Hand. Schwieriger ist der Nutzen der Debattierfreiheit für falsche Meinungen einzusehen. Im Kern lautet die Überlegung, dass abweichende Meinungen auch dann nützlich sind, wenn sie nicht zutreffen, weil ihre Äußerung die etablierten Auffassungen herausfordern. Wer sich an das Etablierte hält, kann sich nun nicht mehr einfach auf ungestörte Behauptung seiner Wahrheit verlassen. Vielmehr wird mit dem Auftreten von Alternativen die Frage nach Gehalt und Gründen der jeweiligen Lehren dringlich. Tatsache sei, „dass bei Fehlen einer Diskussion nicht nur die Gründe der Meinung vergessen werden, sondern allzu oft auch die Bedeutung der Meinung selbst.“ (ebd., 351) Jegliche Abweichung hat daher einen dialektischen Nutzen. Sie fördert gute epistemische Praxis, indem sie dazu zwingt, sich klarzumachen, wovon genau man überzeugt ist und warum. Als den dritten und wichtigsten Fall betrachten die Mills jedoch, dass eine Meinung oder Theorie weder vollständig wahr, noch völlig falsch sei.

> Die Wahrheit ist in den großen praktischen Belangen des Lebens so sehr eine Frage der Versöhnung und der Verbindung von Gegensätzen, dass nur sehr wenige einen Verstand besitzen, der hinlänglich aufnahmefähig und unvoreingenommen ist, um diesen Ausgleich mit der nötigen Korrektheit vorzunehmen; zudem muss er im harten Verlauf eines Kampfes zwischen Kombattanten erzielt werden, die unter feindlichen Bannern kämpfen. (ebd., 360)

Die Einschränkung der Debattierfreiheit erscheint für die jeweilige Seite eines solchen intellektuellen Kampfes geradezu zwingend, da die eigene Theorie als vollständig wahr und die entgegengesetzte Auffassung als vollständig falsch betrachtet wird. Mit einem Verbot abweichender Meinungen wäre die akute Gefahr verbunden, dass Aspekte, die durch die Gegenseite richtig gesehen werden und in der eigenen Theorie keinen Platz haben, verloren gehen. Verloren ginge damit auch der Anreiz zur Weiterentwicklung von Theorien. Wie auch immer der Fall liegt – ob eine Meinung objektiv gesehen wahr, falsch oder teilweise wahr ist –, immer ist es besser, wenn die Debattierfreiheit nicht eingeschränkt wird. Denn unsere „bestbegründeten Überzeugungen besitzen keine andere Gewähr als die einer fortwährend an die Menschheit gerichteten Einladung, sie als unbegründet zu erweisen“ (ebd., 329). Debattierfreiheit ist, um einen spieltheoretischen Begriff aufzunehmen, eine dominante Strategie im Prozess der Erkenntnisgewinnung.

Über die Freiheit ist gegen die fortschrittsfeindlichen Kräfte des gesellschaftlichen Konformismus gerichtet. Die ganze Kraft der Argumentation legt die Schrift in die Begründung uneingeschränkter Debattierfreiheit. Keine Aussage sollte verboten werden dürfen, nur weil ihr Inhalt blasphemisch, unpatriotisch, obszön oder in sonstiger Weise empörend oder verstörend für die Mehrheit wäre. Auf diese Freiheit des Denkens und Diskutierens baut bei den Mills die Freiheit der Lebensführung auf.

24.2 Zeitgenössischer Liberalismus

Das millsche Freiheitsprinzip ist nach wie vor ein zentraler Referenzpunkt für die zeitgenössische Debatte über Redefreiheit. Jedoch hat sich der Schwerpunkt der Debatte in den letzten 150 Jahren verschoben. Die Debatte steht nun stärker im Zeichen der Frage, wie mit Formen der Rede umzugehen ist, die gegen bestimmte gesellschaftliche Gruppen und deren Emanzipation gerichtet sind. Während Progressive des 19. Jahrhunderts, wie die Mills, für uneingeschränkte Redefreiheit eintraten, beschäftigen sich die Fortschrittlichen im 20. Jahrhundert überwiegend mit deren Grenzen. Zwei Themenfelder beanspruchen dabei den Löwenanteil der Aufmerksamkeit: zum einen der Gebrauch von Symbolen, um Gruppen und deren Mitglieder verächtlich zu machen, zu bedrohen oder zu entwürdigen (*Hate Speech*); zum anderen die Darstellung von Sex, die insbesondere Frauen in verdinglichender, entmenschlichender oder physischer und psychischer Gewalt unterworfener Weise zeigt (*Pornographie*).

Die Verschiebung hin zu der Frage nach den Grenzen freier Rede bewegt sich aber weiterhin überwiegend in den von den Millsvorgezeichneten Bahnen. Einschränkungen der Redefreiheit werden kaum noch mit moralistischen Begründungen der Art gefordert, dass es Aufgabe des Staates sei, die guten Sitten zu schützen und blasphemische, obszöne oder unpatriotische Äußerungen aus der Öffentlichkeit fernzuhalten. Vielmehr heben entsprechende Forderungen heute zumeist auf die Verletzungen gruppenbezogener individueller Rechte ab und benutzen liberale Argumentationsmuster. In *Offense to Others. The Moral Limits of the Criminal Law (II)* (1985) entwirft Joel Feinberg eine an Mill anknüpfende normative Theorie des Strafrechts. Das millsche Freiheitsprinzip entwickelt er mit Hilfe einer Differenzierung zwischen Schädigung (*harm*) und Störung (*offense*) weiter. Nicht nur greifbare Schädigungen (wie Körperverletzungen), sondern auch schwerwiegende Störungen (wie permanente Drohungen) dürfen ihm zufolge unter bestimmten Bedingungen verboten werden. Als Beispiel einer solchen schwerwiegenden Störung diskutiert Feinberg den Fall eines Aufmarschs von US-Neonazis in Skokie, Illinois, einer Gemeinde mit mehrheitlich jüdischer Bevölkerung, viele von ihnen Überlebende der Shoa. Bei dem Aufmarsch trugen die Neonazis Uniformen, die den Originalen nachempfunden waren, und stellten Hakenkreuze zur Schau. Reden wurden nicht gehalten. Das höchste Gericht Illinois hatte den Aufmarsch letztlich mit Bezug auf das im First Amendment garantierte Recht auf freie Meinungsäußerung erlaubt. Feinberg argumentiert demgegenüber, dass der Symbolgebrauch bei dem Aufmarsch offenbar ausschließlich darauf ausgerichtet war, Entsetzen und Furcht zu verbreiten. Schwerwiegend wird eine solche Störung, wenn deren Adressaten nur unter hohen Kosten oder gar nicht verhindern könnten, ihr ausgesetzt zu sein. Zwar hätten die Bewohner von Skokie versuchen können, während des Aufmarschs auswärts zu sein. Dies hätte aber kaum etwas an dem von den Neonazis angestrebten psychischen Effekt geändert, ihr Gefühl von Sicherheit an ihrem Wohnort zu unterminieren.

Ganz ähnlich wie Feinberg versteht Jeremy Waldron in seinem *The Harm in Hate Speech* (2013), worin das Problem von Hassreden besteht: Sie untergraben das Gefühl der Sicherheit und wechselseitigen Anerkennung als Freie und Gleiche. Ob eine abwertende, entwürdigende oder diffamierende Äußerung diese Wirkung tatsächlich hat, hängt nach Waldrons Auffassung von der gesellschaftlichen Positionierung und dem historischen Erfahrungshintergrund von Gruppen ab. Es macht einen Unterschied, ob eine Beleidigung gegen Mitglieder historisch unterdrückter und verwundbarer Gruppen gerichtet ist oder gegen Mitglieder einer selbstsicheren Mehrheitsgesellschaft. Daher betont Waldron, dass die Mehrheitsgesellschaft einen Fehler begehe, wenn sie historisch benachteiligten und unterdrückten Gruppen erkläre, dass ein bestimmter Typ von Beleidigung hingenommen werden müsse, weil sie selbst, die Mehrheitsgesellschaft, dies auch tue. Was als Angriff auf den Status als gleichberechtigtes Mitglied der Gesellschaft gilt, darf nicht allein von denjenigen Gruppen festgelegt werden, die gesellschaftlich dominieren.

In der jüngeren philosophischen Diskussion wird die Frage verhandelt, ob Hassreden reguliert werden sollten, weil sie die Verletzungen individueller Rechte *darstellen* oder weil sie deren Verletzung *verursachen* (Barendt 2019). Die Frage ist von mehr als akademischem Interesse. Wenn Hassreden Verletzungen individueller Rechte *darstellen*, dann ist ihre Äußerung per se falsch und darf oder muss in beliebigen Redesituationen verboten werden. Wenn sie Verletzungen verursachen, so kommt ihr Verbot nur in Betracht, wenn sie eine Schädigung tatsächlich zur Folge haben.

Ein Rückblick auf die Position der Millsist instruktiv. Sie wird oftmals als extrem angesehen, weil deren Anforderungen an den Schädigungsnachweis übermäßig hoch seien. Diese Ansicht stützt sich auf das einzige konkrete Beispiel, das in *Über die Freiheit* für eine Einschränkung der Redefreiheit gegeben wird:

> Die Meinung, dass Getreidehändler die Armen aushungern oder dass Privateigentum Diebstahl ist, sollte unbeeinträchtigt bleiben, solange sie einfach durch die Presse verbreitet wird, aber sie dürfte zu Recht eine Strafe nach sich ziehen, wenn sie mündlich einer aufgeregten Menge vorgetragen wird, die vor dem Hause eines Getreidehändlers versammelt ist, oder wenn sie in Form eines Plakats unter demselben Mob verteilt wird. (Mill 1859/2014, 369)

Tatsächlich wird hier ein enger und direkter kausaler Zusammenhang zwischen einer Rede und einer Rechtsverletzung gefordert. Jedoch ist eine Ausweitung auf Fälle, in denen der Schaden weniger handfest und direkt ist, durchaus im Geiste der millschen Argumentation. Häufig wird vergessen, dass der Liberalismus in *Über die Freiheit* utilitaristisch begründet wird. Das Recht auf freie Rede ist nicht natürlich gegeben; es gründet in Nutzenbetrachtungen. Nach Mills *Utilitarismus* heißt, ein individuelles Recht zu haben, „etwas zu haben, in dessen Besitz mich die Gesellschaft schützen sollte" (Mill 1861/2014, 505). Individuen brauchen für ihre Lebensplanung Sicherheit – und sie haben einen Anspruch gegenüber ihren Mitmenschen, „dass sie an der Sicherung der eigentlichen Grundlage unserer Existenz mitwirken […]." (ebd.) Mill nennt das Interesse an Sicherheit „das vitalste aller Interessen" (ebd.). Es liegt also durchaus auf der Linie seiner utilitaristischen Argumentation, wenn die Einschränkung der Redefreiheit damit begründet wird, dass die Gesellschaft auf diesem Wege die Grundlage der Existenz aller Mitglieder als Freie und Gleiche sichert.

Was steht diesem Grund an Gegengründen gegenüber? In *Über die Freiheit* sollen öffentliche Äußerungen, die darauf ausgerichtet sind, eine These oder Begründung zur Diskussion zu stellen, absolute Freiheit genießen, ganz gleich wie verstörend oder empörend sie auf die Mehrheit wirken. Die Rechtfertigung dieser absoluten Freiheit liegt allerdings in ihrem epistemischen Nutzen. Da Hassrede dem Gerichtshof öffentlichen Vernunftgebrauchs keine Behauptung zur Prüfung überantwortet oder in sonstiger Weise die Erkenntnis voranbringt oder voranbringen möchte, gibt es kein besonderes epistemisches Interesse an ihrem Schutz. Die Nazis sind nicht in Skokie aufmarschiert, um eine These der Erörterung zu überantworten. Es ging ihnen darum, den Bewohnerinnen und Bewohnern das Leben zur Hölle zu machen. Aus den Schriften Millslässt sich daher nur schwerlich eine Verteidigung des Rechts auf Hassrede gewinnen. Die dort entwickelte Position ist in Sachen Redefreiheit weniger regulierungsavers als gewöhnlich angenommen wird (van Mill 2017).

Der klassische Liberalismus von *Über die Freiheit* geht aber auch auf Distanz zu der Vorstellung, dass bestimmte Sprechakte per se Verletzungen individueller Rechte darstellen und daher verboten werden sollten. Ein Verbot des Aufmarsches der Neonazis in Skokie steht im Einklang mit den Grundprinzipien der millschen Philosophie – ein grundsätzliches Verbot der Leugnung oder Bestreitung bestimmter historischer Tatsachen, wie abstoßend oder absurd sie auch sein mögen, nicht. Dies wirft die Frage auf, wie das vitale Interesse aller Mitglieder der Gesellschaft, sich in ihrem Status als Freie und Gleiche sicher fühlen zu können, in Abwägung gebracht werden kann mit dem vergleichbar hochrangigen Interesse der Gesellschaft, auch die abwegigsten Urteile zuzulassen und einer Prüfung zu unterziehen. Theoretisch denkbar wären Vorgehensweisen analog zum Umgang mit toxischen oder in sonstiger Weise gefährlichen Materialien. Wenn

Thesen mit potentiell hohem Schädigungspotential untersucht werden, sollten die Expositions- und Verbreitungsrisiken minimiert werden. Dies könnte geschehen, indem der Diskurs esoterisch gestaltet oder in sonstiger Weise von der breiten Öffentlichkeit ferngehalten wird. Eine anders ansetzende, aber in der Problemstellung verwandte Überlegung findet sich in dem Buch *Free Speech on Campus* (2017) von Erwin Chemerinsky und Howard Gillman. Auch wenn Hassrede durch das First Amendment geschützt werde, sei es öffentlichen und privaten Einrichtungen erlaubt, Zeit, Ort und Form der Rede zu regulieren. Von dieser Möglichkeit sollten amerikanische Universitäten Gebrauch machen und zwischen zwei Zonen unterscheiden: der „professional zone", in der beliebige Inhalte in vernünftiger Form zur Diskussion gestellt werden dürften, und einer „free speech zone", in der alles zu sagen erlaubt ist, was auch außerhalb der Universität zu sagen erlaubt ist (Chemerinsky/Gillman 2017, 77).

24.3 Gezielte Fehlinformation

Die liberale Tradition betont vor allem den epistemischen Wert der Redefreiheit. Es ist zwar immer gesehen worden, dass sie mehr umfasst als die Möglichkeit, zur Suche nach Erkenntnis beizutragen. In der *Rechtslehre* spricht Kant – wie oben erwähnt – von dem Recht, anderen „etwas zu erzählen oder zu versprechen, es sei wahr und aufrichtig, oder unwahr und unaufrichtig" (Kant 1797/1977, 346). Dass Redefreiheit das Recht einschließt, andere in die Irre zu führen, sie zu manipulieren oder zu belügen, ist aber kaum als Problem angesprochen worden. Das Interesse insbesondere der Mächtigen, Sprache zu Täuschungszwecken zu benutzen, verstand sich für die Liberalen von selbst. Was als entscheidend angesehen wurde, war demgegenüber, dass die Redefreiheit auch die Möglichkeit zur aufklärerischen und oppositionellen Gegenrede bietet. Das Vertrauen der liberalen Tradition war stets groß, dass freie Presse und freie Wahlen letztlich die bestmögliche Garantie für rationale Politik bieten.

Seit der Wahl des US-Präsidenten Donald Trump und der Brexit-Entscheidung im Jahre 2016 hat jedoch die Besorgnis zugenommen, dass das überlieferte Bild der öffentlichen Meinung als Ergebnis einer weitgehend rationalen Urteils- und Willensbildung überprüft werden muss. Besondere Aufmerksamkeit hat ein Vorgang erregt, der sich eine Woche vor der US-Präsidentschaftswahl 2016 abgespielt hat. Auf dem Kommunikationsdienst Twitter war gepostet worden, Hillary Clinton sei Kopf eines Rings von pädophilen Menschenhändlern. Wie Peter Singer berichtet, war der Pädophilie-Tweet vier Tage vor der Wahl mehr als 400.000-mal geteilt worden – u.a. von dem späteren Sicherheitsberater Trumps, Michael Flynn. Noch schrillere Töne fanden sich auf der Plattform Youtube. In einem zwischenzeitlich gelöschten Video fabulierte ein Talk Show Moderator vom rechten Flügel, Alex Jones, von Kindern, die Clinton persönlich vergewaltigt und getötet habe.

Die Leichtigkeit, mit der Teile der Bevölkerung dazu gebracht werden können, erkennbar abwegige Behauptungen zumindest zeitweise zu glauben oder für möglich zu halten, versieht die Lehre vom epistemischen Wert der Redefreiheit mit einem Fragezeichen. In den Online-Medien können Lügen oder frei erfundene Behauptungen mit ungeheurer Leichtigkeit in Umlauf gebracht werden, um die Öffentlichkeit zu verwirren und Zweifel zu streuen. Die Richtigstellung gezielter Fehlinformation ist aufwendig und häufig nicht in der erforderlichen Geschwindigkeit zu leisten. Zudem ist zu beobachten, dass Teile der Bevölkerung an evidenzbasierter Politik kein Interesse haben oder dass ihnen die Mittel fehlen, hinreichend gut zwischen wilden Behauptungen und begründeten Aussagen zu unterscheiden (Brennan 2016). Peter Singer hat daher mit Blick auf den oben beschriebenen Fall die Frage gestellt, ob der Missbrauch der Redefreiheit nicht auch in den Vereinigten Staaten durch die systematische strafrechtliche Verfolgung von Verleumdung eingedämmt werden müsse (2017). Es muss – so der Gedanke – überprüft werden, ob unter Bedingungen von Online-Medien die überlieferte liberale Idee von der „Freiheit der Feder" als „Palladium der Volksrechte" und Garantie gegen schlechte Regierungen noch weiterhin gilt.

Literatur

Barendt, Eric: What Is the Harm of Hate Speech? In: Ethical Theory and Moral Practice 22 (2019), 539–553.

Brennan, Jason: Against Democracy. Princeton 2016.

Chemerinsky, Erwin/Gillman, Howard: Free Speech on Campus. New Haven/London 2017.

Cooper, Thomas: A Treatise on the Law of Libel and the Liberty of the Press; Showing the Origin, Use, and Abuse of the Law of Libel. New York 1830.

Feinberg, Joel: Offense to Others. The Moral Limits of the Criminal Law (II). Oxford 1985.

Kant, Immanuel: Metaphysische Anfangsgründen der Rechtslehre. In: Werkausgabe Band VIII: Die Metaphysik der Sitten. Hg. von Wilhelm Weischedel. Frankfurt a.M. 1797/1977, 309–499.

Kant, Immanuel: Beantwortung der Frage: Was ist Aufklärung? In: Werkausgabe Band XI: Schriften zur Anthropologie, Geschichtsphilosophie, Politik und Pädagogik 1. Hg- von Wilhelm Weischedel. Frankfurt a. M. 1783/1977, 53–61.

Kant, Immanuel: Anthropologie in pragmatischer Hinsicht. In: Werkausgabe Band XII: Schriften zur Anthropologie, Geschichtsphilosophie, Politik und Pädagogik 2. Hg. von Wilhelm Weischedel. Frankfurt a. M. 1798a/1977, 399–690.

Kant, Immanuel: Über den Gemeinspruch: Das mag in der Theorie richtig sein, taugt aber nicht für die Praxis. In: Werkausgabe Band XI: Schriften zur Anthropologie, Geschichtsphilosophie, Politik und Pädagogik 1. Hg. von Wilhelm Weischedel. Frankfurt a.M. 1793/1977, 53–61.

Kant, Immanuel: Streit der Fakultäten. In: Werkausgabe Band XI: Schriften zur Anthropologie, Geschichtsphilosophie, Politik und Pädagogik 1. Hg. von Wilhelm Weischedel. Frankfurt a.M. 1798b/1977, 127–172.

Mill, James: Liberty of the Press. In: The Supplement of the Encyclopedia Britannica. London 1825, 3–34.

Mill, James: Law of Libel and the Liberty of the Press. In: The Collected Works of John Stuart Mill. Volume XXI: Essay on Equality, Law, and Education. Hg. von John Robson. Toronto 1825/1984, 3–34.

Mill, John Stuart: Über die Freiheit. In: John Stuart Mill Ausgewählte Werke, Teilband III/1 (Individuum, Moral und Gesellschaft). Hg. und eingeleitet von Michael Schefczyk und Christoph Schmidt-Petri. Hamburg 1859/2014, 303–440.

Mill, John Stuart: Utilitarismus. In: John Stuart Mill Ausgewählte Werke, Teilband III/1 (Individuum, Moral und Gesellschaft). Hg. und eingeleitet von Michael Schefczyk und Christoph Schmidt-Petri. Hamburg 1863/2014, 441–516.

Niesen, Peter: Kants Theorie der Redefreiheit. Baden-Baden 2005.

Niesen, Peter: Speech, truth and liberty: Bentham to John Stuart Mill. In: Journal of Bentham Studies 18 (1) (2019), 1–19.

Singer, Peter: Free speech and fake news. In: https://opinion.inquirer.net/100665/free-speech-fake-news (02.07.2020).

van Mill, David: Freedom of Speech. In: https://plato.stanford.edu/entries/freedom-speech/ 2017 (02.07.2020).

Waldron, Jeremy: The Harm in Hate Speech. Boston 2013.

25 Toleranz

Susanne Schmetkamp

Toleranz ist ein Grundprinzip des Liberalismus. Sie ist eng verknüpft mit den Prinzipien der (negativen) Freiheit und der Autonomie des Individuums. Unabhängig von der historischen Entwicklung des Konzepts, lässt sich Toleranz allgemein als das Gewähren-Lassen divergierender Meinungen, Weltanschauungen und Lebensweisen definieren. Negativistisch formuliert: Niemandem wird vorgeschrieben, wie er/sie zu leben hat, vorausgesetzt, er/sie schadet mit seiner/ihrer Meinung oder Lebensweise nicht anderen. Ursprünglich als ein Prinzip der Religionsfreiheit entstanden, ist sie heute ein grundlegendes moralisches und politisches Prinzip pluralistischer und demokratischer Gesellschaften. Moralisch ist das Prinzip in dem Sinne zu verstehen, dass es die Überzeugung zur Grundlage hat, dass andere Personen ein (gleiches) Recht auf die freie Ausübung ihrer Meinung, Weltanschauung und Lebenseinstellung haben. Diese Überzeugung begründet eine intersubjektive *Haltung* der Toleranz. Politisch ist es in dem Sinne, dass es sich entsprechend im Selbstverständnis demokratischer Rechtsstaaten und implizit in der Verfassung mit ihren Grundrechten niederschlägt und in ihrer praktischen Ausgestaltung im öffentlichen Diskurs diskutiert wird.

In diesem Sinne ist Toleranz als eine gesellschaftspolitische *Praxis* zu verstehen. Objekte der Toleranz bzw. ihrer Diskussion sind in der Regel Minderheiten(gruppen) bzw. deren Lebensweisen, Weltanschauungen, Meinungen, welche von einer gesellschaftlichen „Norm" abweichen, aber um die Toleranz oder Anerkennung ihrer Gleichberechtigung oder identitären Differenz kämpfen. Wichtige Beispiele von Toleranzdiskussionen waren seit den 2000er Jahren etwa der Kopftuchstreit, also die Diskussion darüber, ob z. B. Frauen im öffentlichen Dienst wie dem Schul- oder Richteramt ein Kopftuch tragen dürfen, ferner die Burka- oder Niqab-Frage, ob muslimischen Frauen die Ganzkörperverschleierung erlaubt sein soll, oder auch die Tradition des Schächtens. Darüber hinaus steht in der jüngeren Geschichte die Homosexuellenbewegung seit den 1970er Jahren paradigmatisch für einen politischen Kampf um Toleranz der freien sexuellen Orientierung, wenngleich sich dieser Kampf ähnlich wie der der Frauenrechtsbewegung hin zu einem Kampf um Anerkennung entwickelt hat. Die Mitgliedsstaaten der UNESCO haben 1995 eine „Erklärung von Prinzipien der Toleranz" (*Declaration of Principles on Tolerance*) erlassen und fortan den 16. November zum Internationalen Tag der Toleranz erhoben. Wie es in Artikel 1 dieser Erklärung heißt, bedeutet Toleranz

S. Schmetkamp (✉)
Universität Fribourg, Fribourg, Schweiz
E-Mail: susanne.schmetkamp@unibas.ch

M. Festl (Hrsg.), *Handbuch Liberalismus*, https://doi.org/10.1007/978-3-476-05798-3_25

> Respekt, Akzeptanz und Anerkennung der Kulturen unserer Welt, unserer Ausdrucksformen und Gestaltungsweisen unseres Menschseins. [...] Toleranz ist Harmonie über Unterschiede hinweg. [...] Toleranz ist nicht gleichbedeutend mit Nachgeben, Herablassung oder Nachsicht. Toleranz ist vor allem eine aktive Einstellung, die sich stützt auf die Anerkennung der allgemeingültigen Menschenrechte und Grundfreiheiten anderer. [...] Toleranz ist der Schlussstein, der die Menschenrechte, den Pluralismus (auch den kulturellen Pluralismus), die Demokratie und den Rechtsstaat zusammenhält.

Entlang den Grundideen des Liberalismus, wonach die freie Entfaltung, die Freiheit und Autonomie des Individuums normativ im Zentrum politischer Gemeinwesen stehen sollen, ist auch die Forderung in der UNESCO-Erklärung zu verstehen, dass Toleranz für jeden Einzelnen bedeutet, die eigenen Überzeugungen zu wählen und gleichzeitig die Wahlfreiheit anderer anzuerkennen. Mit der Formulierung, dass Toleranz nicht gleichbedeutend sei mit Nachgeben oder Nachsicht, verweist sie implizit auf die Herkunft und Geschichte des Konzepts als ein „Dulden".

25.1 Begriffliche Herkunft und Geschichte der Toleranz

Das Wort ‚Toleranz' ist dem lateinischen Verb *tolerare* entlehnt, das so viel heißt wie ‚dulden', ‚ertragen'. In Lexika werden folgende Synonyme aufgeführt: Nachsicht, Geduld, Schonung, Milde, Gnade, Duldsamkeit, Behutsamkeit, Großzügigkeit. In seiner technisch-naturwissenschaftlichen Verwendung steht der Begriff ‚Toleranz' für das höchstzulässige Maß der Abweichung von einem vorgeschriebenen Sollmaß, von der festgelegten Norm oder, so etwa in der Medizin oder Ökologie, für die Widerstandsfähigkeit eines Organismus. Die Grenzen der Toleranz werden dort danach beurteilt, wie viel Abweichung, Schaden oder Fremdheit zugelassen wird, ohne das Objekt zu zerstören. Diese Bedeutung wird nachher für die Kritik am Toleranzprinzip noch relevant werden (vgl. Brown 2000, 265).

Im Englischen gibt es zwei unterschiedliche Begriffe: *toleration* und *tolerance.* Sie lassen sich auf jeweils unterschiedliche soziale Kontexte beziehen, in denen das Prinzip der Toleranz normativ wirksam wird: Es gilt demnach zu differenzieren zwischen (1) einer institutionellen Toleranz als rechtlich-politischer Praxis innerhalb eines Staates oder Staatenbundes, dem es um die Bedingungen und Möglichkeiten konfliktfreier Koexistenz zwischen Gruppen bzw. deren Mitgliedern geht, und (2) einer personalen Toleranz als Haltung von Individuen gegenüber anderen Individuen mit divergierenden ethischen Überzeugungen (vgl. Forst 2003, 41). *Toleration* steht für den ersten, *tolerance* für den zweiten Bereich (vgl. Lukes 1997, 214).

Die Geschichte der Toleranz beginnt bereits in der griechischen und römischen Antike. Insbesondere bei den Stoikern steht sie aber zunächst für eine innere Festigkeit, eine eher passive Geduld, und für das würdevolle Ertragen von Schicksal, Unglück und Schmerzen – sie richtet sich also nicht (nur) auf Andere, sondern auch auf die eigene Person. Daneben bedeutet sie in der Antike aber auch eine intersubjektive, aus (Nächsten-)Liebe eingenommene Haltung der Nachsicht gegenüber Fehlern von Mitmenschen (Forst 2003, 55–57). Im antiken Griechenland gilt sie als Tugend gegenüber Andersdenkenden und Andersgläubigen.

Politisch relevant wird das Prinzip dann in der nachreformatorischen Zeit im interreligiösen Zusammenhang, obwohl der Begriff selbst in dieser Phase anfangs gar nicht verwendet wird, sondern eher Begriffe wie Zugeständnis oder Erlaubnis im Hinblick auf Andersgläubige. In dieser Zeit wird die Haltung der Toleranz bzw. des Duldens anderer Überzeugungen zur Lösung von Problemen herbeigezogen, die mit dem Aufkommen der monotheistischen Religionen und den religiösen Konflikten in Europa entstehen. In diesem Kontext ist das Prinzip aber prudenziell und strategisch zu verstehen, als eingesetzt, um politische Ziele zu verfolgen. Das Zusammenleben der Mächte, eine *balance-of-power,* gründet dort also nicht in einer ethischen Überzeugung, sondern in einem machtpolitischen

Nützlichkeitskalkül. Vom christlichen Humanismus, über die deutsche Mystik bis hin zum Zeitalter der Aufklärung entwickelt sie sich dann zusammen mit der religiösen Neutralität des Staates zu einem ethisch anspruchsvolleren, differenzierteren Prinzip.

Ein wichtiger Wendepunkt für die Toleranz von einem religiösen hin zu einem breiter politischen Prinzip ist im 17. Jahrhundert zu verzeichnen: Als dezidiert liberalistische Idee diskutiert John Locke (s. Kap. 1) es in seinem *Letter Concerning Toleration* von 1689, einer Antwort auf die religiösen Konflikte in Europa, insbesondere in England (Locke 1996). Der Text gilt als einer der Ursprungstexte der liberalen Toleranzidee. Das Individuum ist gemäß Locke als naturrechtlich bzw. durch Gott als freies und gleiches Wesen geschaffen. Die Gesellschaftsmitglieder haben ein Recht auf den Schutz ihres Eigentums: Leben, Freiheit und Besitz. Auch das Recht auf Religionsfreiheit wird bei Locke als Naturrecht formuliert, in das der Staat nicht eingreifen darf, sondern bei dem jeder Einzelne als für seinen Glauben und seine Überzeugung als allein verantwortlich gilt. „Jeder hat hier die höchste und uneingeschränkte Autorität, für sich selbst zu urteilen“ (ebd., 83). Nicht der Staat ist mehr für das Seelenheil zuständig, sondern der Einzelne selbst. Die Toleranz als ein Gegensatz zu Zwang äußert sich dann dergestalt, dass niemand anderen vorschreiben darf, was sie glauben sollen. Die Toleranz (*toleration*) ist in diesem Zusammenhang also ein die politische Praxis leitendes Prinzip der Begrenzung staatlicher und kirchlicher Verfügungsgewalt, weniger eine zwischenmenschliche Haltung, wenngleich sich die Bürger*innen und die Institutionen reziprok an dieses politisch-normative Prinzip halten sollen.

Im Zeitalter der Aufklärung bestimmen Voltaire, Montesquieu, Jean-Jaques Rousseau und Immanuel Kant den Toleranzdiskurs. Kant entwickelt selbst zwar kein eigenes Toleranzmodell, seine Begriffe von Achtung und Autonomie und die Bedingungen der Verallgemeinerungsfähigkeit und Reziprozität moralischer Handlungen liefern aber eine Grundlage für spätere moralische Begründungen von Toleranz, wie etwa von John Rawls. Ebenso John Stuart Mill mit seiner Schrift *On Liberty* (1974). Mill erweitert die politische Toleranzidee um die soziale und betont die Wichtigkeit der Toleranz zwischen den Individuen, und zwar auch wieder im Sinne des Liberalismus. Unter anderem formuliert er das Schadensprinzip, wonach Staaten, Institutionen oder Individuen nur in die Freiheit eines anderen eingreifen dürfen, um Schaden gegen andere abzuwehren. Intoleranz in Form von Eingriff oder Einschränkung anderer ist also nur im Verhindern von Schaden der grundlegenden Interessen anderer begründet. Damit wären also zugleich auch die Grenzen der Toleranz gezogen.

25.2 Beispiele für Toleranz in heutigen liberalen Gesellschaften

Obwohl sich der Toleranzdiskurs mit der Idee des Liberalismus und Individualismus längst von seinen Ursprüngen, nämlich den Religionskonflikten, entfernt und hin zu einer Öffnung für andere nicht-religiöse Objekte der Toleranz – wie ethische, kulturelle und sexuelle Überzeugungen, Lebensweisen – ausgeweitet hat, sind heute trotzdem vor allem politische Kämpfe um Anerkennung religiöser Gruppen in pluralistischen demokratischen Gesellschaften Gegenstand oder Auslöser von Toleranzfragen. So waren in den vergangenen Jahren vor allem die Diskussionen um das Tragen der Burka oder des Niqab muslimischer Frauen in der Öffentlichkeit, die Größe von Moscheen und die Höhe von Minaretten sowie das Tragen von Kopftüchern in öffentlichen Institutionen Hauptstreitpunkte dahingehend, ob diese Praktiken im demokratischen Rechtsstaat erlaubt (toleriert) werden sollen oder nicht. Die Schweiz z. B. hat 2009 ein Minarett-Verbot in die Bundesverfassung aufgenommen. 57,5 % hatten in einer vorausgegangenen Volksabstimmung für das Verbot gestimmt. Belgien hat 2010 als erstes europäisches Land ein gesetzliches Burka-Verbot in die Debatte eingebracht, das die von einigen muslimischen Frauen getragenen Ganzkörperschleier wie Burka oder Niqab aus der Öffentlichkeit verbannen soll. Frankreich zog 2011 nach. Solche Gesetze sehen vor, dass an allen öffentlich zugänglichen Orten keine Verschleierung bzw. Verhüllung erlaubt ist, welche die Identifizierung einer Person verunmöglicht. Als Gründe wurden neben der Sicherheit der Respekt vor der Demokratie und die Rechte der Frau ins Feld geführt. Der Europäische Gerichtshof argumentierte 2014 (bei einer Klage einer Französin gegen das Verbot in Frankreich) vor allem, dass dadurch das gemeinschaftliche Zusammenleben gefährdet werden würde, während die Argumente der Sicherheit oder der Gleichheit nicht als ausreichend angesehen wurden. Verbote wie diese lösten heftige Debatten aus. Das Problem, das hierbei moralphilosophisch und politikethisch entsteht, ist äußerst komplex. Die Befürworter des Burka-Verbots sehen dieses in der universellen moralischen Achtung und Toleranz gegenüber Individuen innerhalb partikularer Gemeinschaften gegründet: Die Burka stehe gerade für die Unterdrückung der Frau und damit für die Missachtung ihrer fundamentalen individuellen Rechte. Ferner bringe das öffentliche Tragen religiöse Symbole und Meinungen in die Gesellschaft, die dort nichts zu suchen hätten und den Werten der Mehrheitsgesellschaft widersprächen. Dem halten die Verbotsgegner das Recht auf freie Religionsausübung entgegen, wie es Artikel 18 der UN-Menschenrechtserklärung vorsieht, Artikel 9 der Europäischen Menschenrechtskonvention und Artikel 4 im deutschen Grundgesetz. Die Verbotsbefürworter sehen die Forderung nach Toleranz oder Anerkennung der religiösen Identität – ausgedrückt im Tragen der Burka – u. a. im Konflikt mit den liberalen, demokratischen Werten Respekt, Freiheit und Gleichheit, denn die Burka sei Ausdruck einer repressiven, Frauen benachteiligenden Gemeinschaft. Dem halten die Verbotsgegner entgegen, dass daraus, dass das Tragen der Burka erzwungen sein *kann,* nicht zu schließen sei, dass sie auch immer ein Symbol repressiver Praxis *ist* (vgl. Forst 2003, 726). So könnte eine Erlaubnis des Burka-Tragens gerade die Achtung gegenüber der Freiheit und Autonomie der Person verwirklichen; das universelle Prinzip der Achtung wäre dabei mit einem kontextspezifischen und kulturellen Anspruch auf partikulare Anerkennung vereinbar. Solche Diskussionen halten sich bis heute und betreffen den Kern der Toleranzidee in ihrer philosophischen Begründung ebenso wie in ihrer Kritik, die zugleich oft eine Kritik am Liberalismus selbst ist (vgl. etwa Nussbaum 2014; Williams 1996).

25.3 Gegenwartstheorien zur Toleranz

Als einer der maßgeblichen Philosophen für den (insbesondere) politischen Toleranzdiskurs des 20. und 21. Jahrhunderts gilt der Gerechtigkeitstheoretiker John Rawls (s. Kap. 19). Er hat die Idee der Toleranz eng mit Liberalismus und Pluralismus und vor allem mit der Gerechtigkeit verzahnt. In seinem Buch *Politischer Liberalismus* von 1993 formuliert er folgende (auch schon in seinem Hauptwerk *Theorie der Gerechtigkeit* behandelte) zentrale Frage: „Wie kann eine gerechte und stabile Gesellschaft von freien und gleichen Bürgern dauerhaft bestehen, wenn diese durch ihre vernünftigen religiösen, philosophischen und moralischen Lehren einschneidend voneinander geschieden sind?" (1998, 67). Die Lösung sieht Rawls in einem *overlapping consensus:* Dieses Konzept stellt die Grundlage dar, auf der Vertreter*innen verschiedener umfassender normativer Lehren – die einander widerstreiten – dennoch zu einer Einigung politischer (Gerechtigkeits-)Prinzipien gelangen können, welche die unterschiedlichen Wertvorstellungen aller Beteiligten als autonom und frei anerkennt. Das Konzept der Toleranz ist dabei das leitende politische Prinzip, das nicht nur im praktisch-politischen Kontext gilt, sondern das auch auf die Philosophie selbst angewendet werden soll. Die Toleranz zielt darauf ab, dass es bei der Ausformulierung von Gerechtigkeitskonzeptionen keine übergeordnete (metaphysische) Lehre gibt. Die Gerechtigkeitskonzeption einer Gesellschaft, so formuliert es Rawls toleranztheoretisch, muss vielmehr „der Verschiedenheit der Weltanschauungen und der Vielfalt miteinander konkurrierender und inkommensurabler Konzeptionen des Guten gerecht werden, wie sie von den Mitgliedern bestehender demokratischer Gesellschaften vertreten werden" (1992, 257).

Rawls' (kontrovers diskutierte) Begründung greift auf kantische Konzepte der Person, der Autonomie und der moralischen Achtung zurück. Die Idee der Autonomie meint, dass Personen die Autor*innen ihres eigenen Lebens sind und dass sie darin, wie sie dieses führen, nicht von außen manipuliert oder via Zwang behandelt werden sollen. Unabhängig von der Frage, inwieweit dieses liberalistische Ideal der Selbstbestimmung überhaupt möglich ist, ist ein Kritikpunkt, dass das Prinzip der Autonomie selbst schon eine moralische Lehre darstellt, welche von allen an dem Diskurs Beteiligten angenommen werden muss (Williams 1996).

Joseph Raz begründet die Autonomie allerdings mit dem Pluralismus selbst: Um überhaupt autonom wählen zu können, muss es eine Vielfalt an Optionen geben. Anders formuliert: Nur pluralistische Gesellschaften bieten überhaupt den Rahmen für die Ausbildung und Ausübung von Autonomie – eine Übereinkunft über den Wert und die Notwendigkeit von Autonomie bringt auch eine Übereinkunft über den moralischen Pluralismus mit sich (1988, 157).

Zentral für das Konzept sind seine Komponenten der Akzeptanz bei gleichzeitiger Ablehnung, wie es der Liberalist Thomas Scanlon formuliert hat: Toleranz fordert von uns, dass wir andere Personen bzw. deren Weltanschauungen akzeptieren, selbst wenn wir diese zutiefst missbilligen (Scanlon 2003, 226). Das heißt, die Gesellschaft und deren Mitglieder akzeptieren z. B. die religiöse und kulturelle Identität und Ansprüche einer Gruppe (wie einer muslimischen Gemeinschaft), lehnen sie aber dennoch als eine „Wahrheit" ab. In dieser Hinsicht unterscheidet sich Toleranz von Anerkennung, die keine Ablehnungskomponente enthält. Toleranz ist auch bei Scanlon vor allem ein politisches, demokratietheoretisches Prinzip, das sich etwa niederschlägt in den Grundrechten Meinungs- und Gewissensfreiheit. Zugleich wird sie aber auch in einer Haltung des wechselseitigen Respekts zwischen den Gesellschaftsmitgliedern manifest: Die liberale tolerante Person hat die Einstellung, dass selbst wenn sie in ihren Überzeugungen, Welt- und Lebensanschauungen, ihrer Religion, Kultur oder ethischen Weise zu leben, mit anderen divergiert, sie diese anderen doch als vollständige Mitglieder der Gesellschaft anerkennt. Das heißt, sie haben die gleichen Rechte wie sie selbst, den gleichen Anspruch auf Schutz dieser Rechte; das gleiche Recht, ihr Leben zu gestalten wie sie es wollen so wie sie das Recht hat, das eigene Leben so zu gestalten, wie sie es will, vorausgesetzt, sie verletzen dabei nicht die Freiheit anderer (ebd., 192).

Im deutschsprachigen Raum ist die rechtfertigungstheoretische Konzeption der Toleranz des Frankfurter Philosophen Rainer Forst wohl eine der bekanntesten. Die normative Basis seiner Konzeption – die auf Rawls' Gerechtigkeitstheorie, Scanlons Rechtfertigungsprinzip sowie auf Jürgen Habermas' Diskurstheorie rekurriert – ist der moralische Respekt. Respekt ist dabei zu verstehen im Sinne der universellen Achtung, nicht als Hochschätzung oder Bewunderung. Toleranz wird bei Forst zur ethischen Pflicht, die dem Prinzip der Achtung entspringt. Diesen Respekt bringen sich unterschiedliche Parteien *eines* geteilten gesellschaftlichen Systems entgegen, die sich trotz starker Unterschiede als politisch und moralisch Gleichberechtigte anerkennen. Der Respekt richtet sich auf Gruppen oder Personen als (1) ethisch autonome Wesen, die frei und selbstbestimmt eigene Konzeptionen des Guten wählen, und/oder (2) als politisch-moralisch gleichberechtigte Mitglieder einer rechtsstaatlich verfassten politischen Gemeinschaft (2003, 45–47). Der Unterschied zwischen Respekt und Toleranz ist dabei virulent: Die Objekte der Toleranz sind die Überzeugungen, Meinungen, Glaube, Wahrheit, Lebensweisen der Personen. „*Respektiert* wird die Person des Anderen, toleriert werden seine Überzeugungen und Handlungen" (ebd., 46; Herv. i. O.). Die normative Rahmenbedingung der Toleranz ist nach Forst ein „Recht auf Rechtfertigung" (ebd., 615, 622, 626). Nach dem Rechtfertigungsprinzip müssen die gesellschaftlichen und politischen Normen, denen Gesellschaftsmitglieder unterworfen sind, ihnen gegenüber und durch sie allgemein und reziprok gerechtfertigt werden. Nur wechsel- und allseitig teilbare Gründe beanspruchen Legitimität und sind damit Gegenstand der Toleranz. Forst spielt das am Beispiel von Forderungen der Muslime in Deutschland nach Großmoscheen durch, die er zwar als Kämpfe um Anerkennung der ethischen und religiösen Differenz bezeichnet, diese aber mit den normativen Grundlagen der Toleranz gleichsetzt: Das Bedürfnis nach Anerkennung (in Form einer Moschee) werde dabei über Achtung, Gerechtigkeit und das Prinzip der Rechtfertigung reziprok und allgemein begründet. Die muslimische Gemeinschaft muss in ihren Forderungen zeigen, inwiefern sie durch das geltende Recht oder die geltende Verteilung benachteiligt ist. Hier findet also ein erster Rechtfertigungsdiskurs statt: Die Minderheit muss begründen, warum sie Anerkennung in Form einer Großmoschee fordert. Das kann sie z. B. über die Kriterien Gerechtigkeit und Gleichheit begründen, wenn es den Muslimen um die Beseitigung von Ungerechtigkeit im Vergleich mit anderen Gesellschaftsmitgliedern geht: Sie müssen zeigen, ob und inwiefern ihr Anliegen im Vergleich zu anderen Gemeinschaften (Mehrheit oder anderen Minderheiten) missachtet wird, und ob es sich dabei um reziprok nicht zu rechtfertigende Nachteile handelt.

25.4 Grenzen der Toleranz und Kritik

Liberalistisch begründet, mit den Prinzipien der Autonomie und des Respekts, liegen die Grenzen der Toleranz dort, wo Individuen von anderen (z. B. innerhalb einer Gruppe) in ihrer Autonomie verletzt werden. Man könnte das mit dem Schadensprinzip begründen, das bereits bei Mill formuliert wird: Die Grenze der Toleranz ist dann erreicht, wenn die Tolerierten anderen schaden oder andere unterdrücken. Erst dann (aber dann tatsächlich) ist eine Beschränkung der freien Ausübung von Meinungen (etwa wie im Fall rassistischer Äußerungen) und (religiösen oder kulturellen) Praktiken gerechtfertigt.

Aus (vor allem) liberalismuskritischer Perspektive wird Toleranz von einigen als herablassende und paternalistische Geste kritisiert, in der sich eine schlichte, möglicherweise machtfestigende Duldung anstatt eines wirklichen Interesses an der Diversität von Lebensvorstellungen ausdrückt (Brown 2000). Wenn die Toleranz etwa von einer Mehrheit einer Minderheit entgegengebracht wird, so wird damit zwar das liberalistische Prinzip der Freiheit und Autonomie zum Ausdruck gebracht, das aber als ein Prinzip des *Nicht-Einmischens* nur negativistischer Natur ist, anstatt ein positiver Schritt der Anerkennung und Wertschätzung der anderen – von der Mehrheit abweichenden – Gruppe und Individuen. Diese Kritik greift oft die oben erwähnte Metapher aus den Naturwissenschaften auf, wonach Toleranz das Maß der Abweichung von einem Sollmaß, einer Norm, repräsentiert, das gegeben sein muss, damit ein Organismus oder ein System nicht kollabiert.

Die Kritik daran ist (a), dass überhaupt die Rede von einer Norm ist und (b), dass andere (nach der liberalistischen) Idee quasi in Ruhe gelassen werden, aber nicht notwendig gefördert werden in ihren Ansprüchen und Rechten (ebd., 262–263). Toleranz ist dann eine asymmetrische Beziehung (Williams 1996) oder eine Haltung nach unten, bei dem zudem eine Autorität – so argumentiert Wendy Brown mit Verweis auf Michel Foucaults „Bio-Macht" – das Leben der anderen anhand von Toleranzparametern reguliert („es macht nur wenig Sinn, von einem Untergebenen zu sprechen, der diejenigen ‚toleriert', die ihn regieren oder beherrschen", Brown 2000, 263–265).

Kritik am Toleranzkonzept wird auch geübt seitens der Care-Theorien (Fürsorgeethik) und seitens Anerkennungstheorien. Beiden greift das Prinzip der Toleranz zu kurz, um Ungerechtigkeiten und Formen der Demütigung in einer Gesellschaft zu beseitigen. Beide wollen entweder das Prinzip ersetzt wissen durch ein anspruchsvolleres Prinzip oder nennen zumindest weitere Prinzipien, die die Toleranz ergänzen. So argumentiert etwa Martha Nussbaum, dass eine Gesellschaft auch auf Empathie und Mitgefühl angewiesen ist (s. Kap. 21). Unter Empathie ist dabei nicht nur ein Einfühlungsvermögen zu verstehen, sondern vor allem auch die Fähigkeit zum Perspektivenwechsel (Nussbaum 2014; Schmetkamp 2019). Die These ist, dass Toleranz – also das Gewähren- und Geltenlassen anderer Lebensweisen – zunächst einmal auch *voraussetzt,* dass wir davon ausgehen, dass Andere auch andere Sichtweisen, also Perspektiven, als wir selbst haben. Der Begriff der Perspektive steht für die subjektive Sicht auf die Welt, die verschiedenen Wertvorstellungen, Erfahrungen, Emotionen, Interessen und Lebensweisen. Toleranz impliziert dann die Überzeugung, dass andere Perspektiven ebenso gültig sein können wie unsere eigenen. Mit anderen Worten: Die Idee der Toleranz impliziert die Anerkennung eines Pluralismus an Perspektiven innerhalb einer Gemeinschaft und Gesellschaft, ohne dass eine Perspektive über eine andere als höhergestellt oder ‚wahrer' angesehen wird. (Der Skeptizismus und der Relativismus formulieren eine ähnliche, wenn auch anders gelagerte Kritik dahingehend, dass es nicht ‚die' Wahrheit gibt). Für diese Einsicht braucht es aber auch eine Bereitschaft, sich in andere Perspektiven empathisch und mit „moralischer Imagination" hineinzuversetzen. Das ist nicht nur epistemologisch appellativ, sondern auch normativ als Handlungsaufforderung zu verstehen: „Man muss [...] die Tatsache akzeptieren, dass man die Welt mit anderen Menschen teilt und so handeln, dass es anderen zugutekommt". (Nussbaum 2014, 11). Nussbaum hat sich öffentlich wiederholt gegen Burka-Verbote ausgesprochen und der „Intoleranz" demokratischer Rechtsstaaten in dieser Hinsicht ein ganzes Buch gewidmet.

Anerkennungstheorien, die in hegelscher Tradition stehen und häufig mit einer (kommunitaristischen) Liberalismuskritik einhergehen, stellen weniger die affektive Basis im Sinne einer Empathie oder Mitgefühl in den Vordergrund, sondern ersetzen die Sprache der Toleranz selbst durch die Sprache der Anerkennung. Anerkennung enthält anders als das Konzept der Toleranz keine Ablehnungskomponente, sondern bestätigt andere in ihren Werten bzw. heißt diese gut. Einer der führenden Anerkennungstheoretiker ist neben Charles Taylor der Sozialphilosoph Axel Honneth. Seine Grundidee lautet: Es ist ein Kampf um Anerkennung, der als moralische Kraft innerhalb der sozialen Lebenswirklichkeit der Menschen für Entwicklung und Fortschritt der Gesellschaft sowie der einzelnen Individuen sorgt (vgl. Honneth 1992). Aus einem Kampf um subjektive Ansprüche heraus entwickelt sich erst die Rechtsgemeinschaft, und nur in ihr – als einem Rechtszustand wechselseitiger Anerkennung gleichberechtigter Subjekte – kann dieser Kampf aufgelöst werden. Durch den Kampf um Anerkennung und die ihm zugrunde liegenden intersubjektiven Beziehungen respektive Konflikte bildet der Mensch seine Identität heraus und erfährt grundlegende Aspekte seiner Selbstbeziehung.

Anerkennung ist für die Bildung individueller und für die Konstituierung und Festigung kollektiver Identitäten relevant und erhält somit auch eine Bedeutung für die Verwurzelung des Individuums in einer konkreten Gruppe, die ihrerseits Anerkennung einfordert. Während das Prinzip der Toleranz sich der Einmischung in andere Lebensweisen enthält, ist die Idee der Anerkennung mit einer Förderung von Identitäten verbunden. Honneth geht über eine Art „bottom-up"-Ansatz von grundlegenden Bedürfnissen, Interessen und Rechten des verletzbaren Einzelnen aus und von den Voraussetzungen, die es bedarf, um ein autonomes Leben führen zu können – diese müssen durch die Gesellschaft aber auch bereit gestellt werden. Dabei legt Honneth die Prämisse zugrunde, dass der Mensch sich in (reziproken) Anerkennungsverhältnissen in dreierlei konstitutiver Hinsicht als Selbst erfährt, nämlich als Bedürfnis-, Rechts- und Leistungssubjekt, das auf die Anerkennung eben dieser seiner Bedürfnisse, Rechte und Leistungen angewiesen ist, um ein Selbstbewusstsein und eine Selbstbejahung zu entwickeln.

Literatur

Brown, Wendy: Reflexionen über Toleranz im Zeitalter der Identität. In: Rainer Forst (Hg.): Toleranz: Philosophische Grundlagen und gesellschaftliche Praxis einer umstrittenen Tugend. Frankfurt a.M. 2000, 257–281.

Forst, Rainer: Toleranz im Konflikt, Geschichte, Gehalt und Gegenwart eines umstrittenen Begriffs. Frankfurt a. M. 2003.

Honneth, Axel: Kampf um Anerkennung. Zur moralischen Grammatik sozialer Konflikte. Frankfurt a. M. 1992.

Locke, John: Ein Brief über Toleranz. Hamburg 1996 (engl. 1689).

Lukes, Steven: Toleration and Recognition. In: Ratio Juris 10 (1997), 213–222.

Mill, John Stuart: On Liberty. Harmondsworth 1977.

Nussbaum, Martha: The Feminist Critique of Liberalisms. In: Dies.: Sex and Social Justice. New York 1999.

Nussbaum, Martha: Die neue religiöse Intoleranz. Ein Ausweg aus der Politik der Angst. Darmstadt 2014.

Rawls, John: Gerechtigkeit als Fairness. In: Ders.: Die Idee des politischen Liberalismus: Aufsätze 1978-1989. Frankfurt a. M. 1992.

Rawls, John: Politischer Liberalismus. Frankfurt a. M. 1998.

Raz, Joseph: Autonomy, toleration, and the harm principle. In: Mendus, Susan (Hg.): Justifying Toleration: Conceptual and Historical Perspectives. New York 1988, 155–170.

Scanlon, Thomas: The Difficulty of Tolerance: Essays in Political Philosophy. New York 2003.

Schmetkamp, Susanne: Theorien der Empathie – Eine Einführung. Hamburg 2019.

Williams, Bernard: Toleration, a Political or Moral Question? In: Diogenes 44/4 (1996), 35–48.

26 Pluralism

George Crowder

‚Pluralism' has many different senses in liberal political thought. At its most general, societies are said to be plural in which there is a multiplicity of different conceptions of the good life, including religious, ethical and political beliefs. A related but somewhat more specialized meaning refers to a plurality of political and economic sources of authority and power.

However, this chapter will focus on pluralism in the sense of the "value pluralism" associated with thinkers such as Max Weber and Isaiah Berlin. The core idea of value pluralism is the philosophical claim that human values are irreducibly plural, frequently in conflict, and—crucially—sometimes "incommensurable" with one another. When values are incommensurable, they are radically distinct, sharing no common measure and subject to no ranking that applies in all cases. For example, if liberty and equality are incommensurable, they are intrinsically different considerations, and neither is fundamentally more important than the other. We then seem to be left with a hard choice in two senses: any decision will result in some degree of absolute loss in terms of the value foregone, and there can be no convenient rule that will tell us what to do every time.

The relation between pluralism and liberalism is widely disputed. Clearly, not all liberals are value pluralists: Locke (s. Chap. 1), Kant (s. Chap. 4) and John Stuart Mill (s. Chap. 12) argue for liberal conclusions on the basis of moral monism (the opposite of pluralism), without considering pluralist claims. Not all value pluralists are liberals: some see pluralism as contradicting liberalism and as leading to conservative or other political views. But there are also "liberal pluralists" who believe both that pluralism is true and that it provides a ground for liberalism. Further divisions arise between liberal pluralists when it comes to the question of the kind of liberalism that best fits with pluralism.

This chapter begins by outlining the main features of value pluralism and the problem of how to choose among conflicting incommensurable values. The second section reviews a number of different accounts of the relation between pluralism and liberalism. These commence with the claim that pluralism contradicts liberalism, before considering those arguments that attempt to bring the two ideas together: one based on universal values; another on "agonism", or the idea that choices among incommensurables must be non-rational; a third on various dimensions of context; and a fourth on compromise or modus vivendi. All these approaches are found to have serious problems or limitations. The final section considers another approach, involving reflection on the concept of plura-

G. Crowder (✉)
Flinders Universität, Adelaide, Australia
E-Mail: george.crowder@flinders.edu.au

M. Festl (Hrsg.), *Handbuch Liberalismus,* https://doi.org/10.1007/978-3-476-05798-3_26

lism itself, which argues for liberal conclusions by way of norms of value diversity, diversity of ways of life, and personal autonomy.

26.1 Value Pluralism

The idea of value pluralism can be traced back through Western thought to the ancient Greeks, whose sense of tragedy in works such as Sophocles' *Antigone,* and perhaps also whose polytheism, hints strongly at the notion of the ultimate incommensurability of human values. However, it is only in the twentieth century that the concept has been formulated explicitly. Max Weber (1948) is sometimes cited as an influential source, but the thinker that contemporary pluralists cite as their inspiration more often than any other, especially in connection with liberal concerns, is Isaiah Berlin (s. Chap. 18).

From these and other sources a picture of value pluralism can be constructed that has four main elements. First, pluralists give some account of the values that are said to be plural. For most pluralists, these are intrinsic goods that are fundamental to human well-being and therefore universal and objective – what Berlin calls "the Great Goods" (2013, 14, 17). As to the content of these goods, different pluralists make different claims. The most systematic account is perhaps that of Martha Nussbaum (s. Chap. 21) (2011), with her ten-point list of "central human capabilities".

It follows that value pluralism can be distinguished from forms of relativism, such as cultural relativism. Most pluralists accept that there are patterns of universal value that cross cultural boundaries, providing points of commonality, comparison, and critical reflection. Culture A may be superior to culture B in respect of freedom, while the opposite may be true in regard to equality. Further, pluralists differ from relativists by emphasizing moral conflict within as much as among cultures. The pluralist view of value conflict cuts across the widely discredited relativist picture of cultures as externally bounded and internally univocal.

A second element of pluralism is, of course, plurality. But pluralists give varying answers to the question, "plurality of what?" Some speak of a plurality of ways of life or cultures or conceptions of the good, but this would make pluralism equivalent to cultural relativism. The core notion of pluralism actually refers to a plurality of individual values or goods: whole cultures cannot be entirely incommensurable, since they overlap on the great goods.

Third, pluralists tend to emphasize the potential for conflict among the plural values. A standard pluralist theme is that to choose one value is often to forego another, or at least to call for a compromise where one value is partially traded off in order that another be partially realized. Such conflicts may be conceptual in nature, where one combination of values necessarily excludes another—for example, a life based on the benefits of celibacy must rule out the rewards of sexual adventurism—or they may be more circumstantial, where, for example, we have to choose between different activities because of time constraints.

The fourth element of pluralism, the incommensurability of values, is the most distinctive, and also the most controversial. Values are incommensurable when they are subject to no common measure. Among such values there is no natural hierarchy and no common denominator; rather, each stakes a deeply distinctive and independent claim. Consequently, there can be no scheme for ranking incommensurable values that applies in all cases. For example, liberty does not always trump equality.

But then, how are we to rank or trade off incommensurable values when they come into conflict in particular cases? We may be faced with a choice between liberty and equality, or justice and compassion, or tradition and innovation. How do we decide? Moreover, how do we decide between the bundles of values embodied by ideologies such as liberalism, socialism and conservatism?

How one responds to this problem depends in part on how one interprets the idea of incommensurability. A distinction can be drawn between strong and moderate views. On the strong interpretation, incommensurability rules out the possibility of reasoned ranking in all circumstances. Liberty and equality, for example, would on this view be such distinct considerations that we have no decisive reason to rank either ahead of the other in any situation. When such values conflict and we have to choose between them, our choice is ultimately non-rational.

On the moderate view, ranking for decisive reason may be impossible in the abstract, or in accordance with a single formula that applies in every case, but that is compatible with the possibility of decisively reasoned ranking in a particular context. Liberty does not always override equality, but there may be good reason to attach more weight to liberty (or vice versa) in a particular case.

These different understandings of value incommensurability have led to different accounts of the ethical and political implications of value pluralism, and of the relation between pluralism and liberalism.

26.2 Pluralism and Liberalism

The relation between pluralism and liberalism is a highly controversial question, and the literature contains many different positions. The following discussion focuses on only a few of the most prominent. (For a more comprehensive treatment, see Crowder 2019.)

First, some people see pluralism and liberalism as necessarily at odds. While "pluralists deny that there are any overriding values", writes John Kekes, "liberals do regard some values as overriding" (Kekes 1993, 202). For pluralists, fundamental values are incommensurable and so cannot be subject to any ranking that applies in all cases. But is it not the case that liberals, in all cases, privilege certain values, such as personal liberty (whether negative or positive), equality of opportunity, toleration, and so on?

Liberals can reply that the characteristic values of liberalism need not be privileged absolutely. From a liberal perspective certain values are, of course, especially important or desirable politically, but there is no need to insist that such values outrank all others in every case. Rather, it is possible to stress liberal values in context, or in certain situations rather than others. Berlin, for example, argues for the privileging of negative liberty in politics, but that argument does not necessarily apply in private life. Even within the political sphere Berlin is prepared to see negative liberty traded off for the sake of social justice if the circumstances are appropriate. Such a contextual approach to liberalism is consistent with value pluralism.

If liberalism is, at least in certain versions, compatible with pluralism, might it be possible to go further and argue that pluralism provides a positive foundation for liberalism?

One way in which this might be done is by working with a "constrained" form of pluralism. In the view of Jonathan Riley (2013), for example, the incommensurability of values is subject to the overriding status of certain more fundamental or basic human goods—Berlin's "great goods". These must always be respected because they are required for human well-being universally, and in this way we can narrow down the range of legitimate choices that are possible under pluralism. In Riley's earlier work he went further, arguing that such basic values can be identified with fundamental human rights, and that the political protection of such rights points towards a "minimal liberalism" (Riley 2000).

This approach is useful in identifying the content of the fundamental values that are said to be incommensurable, but it is hard to draw any direct connection between these and liberalism. Those values that qualify as essential to human well-being are likely to be so generic that they will have little to say politically. Riley defines genuinely universal values as those necessary to the survival of any society. But these must be common to all the various political regimes under which people have lived for any significant length of time, and if that is the case then such values scarcely exclude anything. Only on the broadest possible definition will they indicate any "human rights", and such rights will not be distinctively liberal. More exclusively liberal commitments, such as freedom of speech and religion, are not universal in this descriptive or historical sense.

Moreover, even if we were able to identify liberal fundamentals in this way, this line of argument would not help us when those fundamentals come into conflict, as pluralists envisage they inevitably do. If basic values are incommensurable, how do we rank them in situations of conflict?

The answer favored by the strong reading of incommensurability is that choice among incommensurables is ultimately non-rational. Call this the "agonistic" view. At first sight this would seem unpromising from a liberal perspective—indeed, from the perspective of any political position with aspirations to reasoned justification. On the agonistic view it would seem that no such position would be rationally stronger than any other.

Nevertheless, agonistic pluralists have argued for specific forms of politics. Max Weber is a case in point. For Weber, human life is divided into distinct spheres, each with its own norms. The spheres are in permanent conflict with one another and the conflict is irreconcilable because there is no overarching authority to resolve it—Weber invokes the image of the warring gods of Greek polytheism (1948, 123). Authority has to be constructed, and under modern conditions the authority of tradition is anachronistic and that of bureaucratic rationality addresses only means rather than ends. The only adequate authority under modern conditions is that of the charismatic leader who appeals to the emotions of the masses.

Weber is a liberal, but from a liberal perspective his view is obviously problematic. What prevents the charismatic leader from becoming a tyrant? The people and parliament provide some restraint but by Weber's own account this is weak and unreliable. The chief restraint on the leader is an "ethic of responsibility", according to which he has regard to the concrete situation and the real consequences of his decisions and actions, especially if these involve violence. This offsets the "ethic of ultimate ends", which allows the single-minded pursuit of abstract ideals. The ethic of responsibility fits with the pluralist insistence that all relevant values be considered, not just some, and that the costs of idealistic policies be recognized and weighed. However, as a practical matter, how far can charismatic leaders be relied on to maintain the ethic of responsibility? The historical record of populist tribunes is not encouraging.

A broader difficulty with Weber's agonism is that it is hard to see how his political conclusions are adequately supported by his agonistic premises. If choice among incommensurables is non-rational, then why should we privilege Weber's ethic of responsibility over, say, Carl Schmitt's preference for right-wing dictatorship? The same problem applies to any form of agonism. A purely agonistic chooser has, by definition, no reason to care about any form of politics more than any other. In short, on agonistic assumptions no political position is more justified than any other, and any is permissible.

Although agonism is inescapably arbitrary, agonists might reply that this is simply in keeping with the world we live in. But is it? Agonists assume that choices among incommensurables must be non-rational. That claim is challenged by the next school of pluralist thought, which starts with the more moderate understanding of incommensurability.

By contrast with the agonists, the "contextualist" school denies that incommensurability of values always precludes the possibility of practical reasoning. It is true that incommensurable values cannot be ranked for decisive reason in the abstract, or according to a single absolute rule that applies in all cases, but that is consistent with ranking values for good reason within a particular context. This is not to say that *every* conflict of plural values has a rational solution; it is to say only that, given an appropriate understanding of what counts as rational in value judgement, reasoned decisions in this field are possible.

In a co-authored article, Berlin and Bernard Williams (2013) give the example of justice and loyalty. These may be regarded as fundamental and incommensurable goods, and so it cannot be said that justice always bows to loyalty, or vice versa. However, it may be said that it makes sense to rank justice before loyalty in some situations—say, for the judge in a trial—and loyalty before justice in another—for the parent supporting her child in a football game.

Different kinds of context may be relevant here—notably, personal, cultural, and historical. In personal contexts the classic account of reasoned ranking of distinct goods is Aristotle's picture of practical reasoning, or *phronesis.* (This is not to say that Aristotle is a self-consciously pluralist thinker, although he has been interpreted as anticipating pluralism in certain respects: Nussbaum 1990, Chap. 2.) For Aristotle, ethical appraisal is not a matter of applying simple, abstract rules but rather a complex process that requires an intuitive judgement of the right action to perform in a concrete situation.

Something like an Aristotelian approach is followed by several recent pluralists. For Ruth Chang, a particular context generates a "covering value" or set of background criteria according to which the goods in question (that is, the particular instances of these that concern us here) may be ranked or traded off for good reason (Chang 1997, 5). In short, it is widely (although not universally) accepted among pluralists that people routinely rank incommensurable values according to their own conception of the good.

This readily translates into an approach to pluralist judgement at the social level, since individual conceptions of the good tend to be based on shared cultural affiliations. Berlin, for example, refers to the guidance of "the course of conduct which least obstructs the general pattern of life in which we believe" (2002, 47). "We" here seems to suggest both personal and cultural allegiance.

The political implications of this culturalist turn have been read in different ways. For Berlin, the emphasis on culture connects with a classical-liberal model of a state that expresses and defends a dominant national culture while also being tolerant of minority cultures maintained in private. However, the extent to which cultural context supports liberalism depends on the degree to which the prevailing culture happens to be liberal. On this basis liberals would seem to have frustratingly little to say to those societies that are not liberal yet.

Indeed, cultural contextualism arguably fits better with conservatism rather than liberalism, by way of reverence for tradition. In this manner the conservative writer John Kekes, for example, argues that when it comes to choices among incommensurables "the grounds on which such judgments rest are the conceptions of a good life regarded as acceptable in the surrounding tradition" (Kekes 1993, 77). However, a problem for the conservative interpretation is that under modern conditions cultural traditions are typically contested, multiple and conflicting. If culture or tradition resolves conflicts among incommensurables, which of these should we look to, and why?

One response moves towards multiculturalism. Bhikhu Parekh (2006) follows Berlin in stressing cultural recognition as a way of managing incommensurability, but calls for the political recognition of not only dominant but also minority groups, and not only national but also migrant and religious identities. But even the most accommodating multiculturalisms need some kind of political framework, and defining this will reopen the issue of how to choose among plural and incommensurable values.

A different strategy appeals to another kind of context, that of history. This has been explored by Bernard Williams in particular. Williams argues that what counts as political legitimacy is relative to historical epoch—liberalism is not, as some of its defenders suppose, valid eternally but only under appropriate historical conditions. However, under the conditions of "modernity", liberalism is indeed not only valid but exclusively so: "Now and around here [...] the historical conditions permit only a liberal solution" (Williams 2005, 8).

Williams's argument suggests a pluralist case for liberalism, but the trouble is that non-liberal responses to modernity seem to be just as successful, as seen in the case of the East Asian "tiger" economies. Williams concedes that his historical case for liberalism in the face of pluralism is "a very general sketch at a very high level of generality" (ibid., 15). At the very least it is incomplete.

Yet another approach to the problem of value pluralism falls under the general heading of compromise, where the parties to a dispute each make concessions in order to achieve part of their goal. From a pluralist perspective, compromise is pervasive in human affairs, because conflict among basic values is inevitable and, when it occurs, it is unlikely that the best solution will involve a simple, either/or choice. In most cases there will be a trade-off, with each value partly realized and partly diminished. This may occur not only in negotiations between parties but also within the thinking of an individual person.

Especially prominent among pluralist accounts of compromise is the idea of modus vivendi, or compromise for the sake of peaceful coexistence. Contending parties find a way of living together by making mutual concessions. John Gray (2000), for example, arrives at modus vivendi as a way to make up for the failings of cultural contextualism. Cultural conditions are multiple and conflicting, but perhaps we can negotiate between them to find a modus vivendi.

This sounds reasonable but it too has problems. On one hand, modi vivendi are often the product of bargains that reflect the interests of more powerful parties and that are liable to be upset by changes in the balance of power. On the other hand, the more principled kind of modus vivendi settlement seems to make peace overriding, which is a monist position. It is true that from a pluralist perspective peace is extremely valuable, even a default norm, because it is a precondition for so much else. But peace does not necessarily outweigh all other considerations. The Munich Agreement of 1938, for example, achieved a temporary peace at what is usually thought to be an unacceptable cost.

26.3 Liberal Pluralism

Liberals will not be satisfied by the approaches considered so far. Basic liberal commitments such as human rights are not adequately grounded by the great goods, by the agonists' non-rational assertions, by the contextualists' various accounts of the relevant circumstances, or by an unqualified modus vivendi. Some liberal pluralists have therefore sought to defend liberal norms in a different way, by looking at the concept of value pluralism itself. Call this the "conceptual" approach.

Berlin appears to take such a line when he argues that freedom of choice is especially valuable because choice among plural values is inescapable (2002, 214). But this does not follow: the necessity of choice does not demonstrate the desirability of choice, or of the freedom to make choices. If such choices are often as painful as Berlin claims they are, then perhaps we would be better off if they were made for us by some benevolent dictator.

Can the conceptual approach be restated in a more convincing way? It may be possible to argue as follows (Crowder 2019, Chaps. 5–6). If value pluralism is correct, then multiple goods make distinct contributions to human well-being—Nussbaum's human capabilities, for example, may supply a plausible model. To accept pluralism is to respect each of those goods as no less important than any of the others. Moreover, to respect each good is to imply that, all things being equal, it ought to be promoted in action. Therefore, to respect the plurality of values is to accept that, prima facie, all such goods have an equal claim to being pursued in action.

However, it cannot be the case that every good in the human spectrum can be promoted simultaneously and to the same extent, whether by an individual or a society. To emphasize liberty, for example, is to reduce equality, and vice versa. In specific situations we must make choices among the relevant goods, or at least trade one good off against another so that each is realized partially. Important goods must often be diminished in order to promote other important goods.

Nevertheless, even if we accept that a good must be traded off in the present situation, we can still respect that good. We can do so by insisting that the good in question be traded only if there is a good reason to support that decision. It is not acceptable to trade off a good merely by ignoring it, or by some arbitrary decision procedure, since that would fail to take seriously the status of that good as a genuine component of human well-being. A commitment to practical reasoning is an essential feature of the pluralist outlook.

What is the link with liberalism? First, respect for value plurality implies that the most desirable society will be one in which, roughly speaking, people have real opportunities to pursue more rather than fewer goods. "If there are many and competing genuine values", writes Williams, "then the greater the extent to which a society tends to be single-valued, the more genuine values it neglects or suppresses. More, to this extent, must mean better" (2013, xxxvii). It will not be possible to maximize all goods simultaneously, but all must be taken seriously. In practice, this means promoting as wide a range of goods as possible. Call this the argument for "value diversity".

Liberal societies meet this requirement because their characteristic freedoms open up paths to the pursuit of many different values. On this point liberal pluralism is consistent with J. S. Mill's celebration of "individuality" and of those "experiments of living" that nourish it. This is especially true of those societies animated by social or egalitarian forms of liberalism in which the state supplements market methods of economic distribution, so that more people have a genuine opportunity to pursue the values that inspire them.

Second, it follows that pluralism requires not only a diversity of values but also a diversity of conceptions of the good or cultures or ways of life, since these are essentially combinations of values. Again, liberalism is a strong candidate to meet this requirement, since it possesses an unrivalled capacity to accommodate multiple ways of life. Of course, there are limits to the extent to which liberalism can be accommodating in this way, but those limits should be accepted by pluralists. Not all ways of life are equally receptive to the diversity of values, and it is this that is the primary pluralist norm. (As noted earlier, it is values rather than conceptions of the good that are incommensurable.) A diversity of ways of life is desirable, but only so far as these are open to value diversity. In practice this means that pluralists should promote only those ways of life that promote the individual liberty that enables value diversity. The pluralist aspiration is therefore in line with that of liberalism.

Third, respect for value plurality suggests the salience, especially for political purposes, of individual autonomy—that is, people's capacity to control their lives through critical reflection on their own cultural, ethical and personal norms. A person who makes decisions merely by following cultural customs, or by mechanically applying monist procedures such as utilitarianism, thereby employs value rankings that can be questioned on pluralist grounds in particular cases. Those best placed to respond to the hard choices of pluralism in a way that does justice to the complexities involved will be those who are able to take a critically reflective view of the various values, principles and background conceptions of the good in play around them. But a capacity for personal autonomy does not arise automatically. It follows that a society that genuinely respects value plurality will be one whose public policy includes the promotion of individual autonomy. This will be achieved principally through a system of education but it may also involve a more deliberative approach to democracy. Once again, such a society will be a liberal society.

The argument for autonomy is controversial even among liberal pluralists. William Galston (2002), for example, regards personal autonomy as too sectarian a foundation for liberalism, which must tolerate non-liberal groups that do not regard individual autonomy as a cherished value. But Galston's view can in turn be questioned by asking whether pluralist diversity (of both values and conceptions of the good) should not be promoted within as well as among groups, and whether the ability of individuals to exit from their groups if they wish does not depend on personal autonomy after all.

26.4 Conclusion

The relation between value pluralism and liberalism is complex and highly contested. Some writers see a contradiction between the two, but liberals can respond that their values need not be presented as overriding. Whether pluralism might provide a positive foundation for pluralism is a more difficult question to answer. Arguments based on the great goods, agonism, contextualism of various kinds and compromise all make interesting contributions to the discussion, but they all have significant shortcomings. More promising are cases grounded in the concept of pluralism itself. Although Berlin's argument along these lines is unconvincing, the conceptual case for liberal pluralism can be restated in a stronger form emphasizing a diversity of values (and secondarily of conceptions of the good) and personal autonomy. This position remains controversial, but there is good reason to take it seriously.

Literatur

Berlin, Isaiah: Liberty. Ed. By Henry Hardy. Oxford 2002.

Berlin, Isaiah: Pursuit of the Ideal. In: Isaiah Berlin: The Crooked Timber of Humanity: Chapters in the History of Ideas. Ed. by Henry Hardy. Princeton ^{2}2013.

Berlin, Isaiah and Bernard Williams: Pluralism and Liberalism. In: Isaiah Berlin: Concepts and Categories: Philosophical Essays. Ed. by Henry Hardy. Princeton ^{2}2013.

Chang, Ruth, (ed.): Incommensurability, Incomparability, and Practical Reasoning. Cambridge 1997.

Crowder, George: The Problem of Value Pluralism: Isaiah Berlin and Beyond. New York/London 2019.

Galston, William: Liberal Pluralism: the Implications of Value Pluralism for Political Theory and Practice. Cambridge 2002.

Gray, John: Two Faces of Liberalism. Cambridge 2000.

Kekes, John: The Morality of Pluralism. Princeton 1993.

Nussbaum, Martha: Love's Knowledge: Essays on Philosophy and Literature. Oxford 1990.

Nussbaum, Martha: Creating Capabilities: The Human Development Approach. Cambridge, Mass. 2011.

Parekh, Bhikhu: Rethinking Multiculturalism: Cultural Diversity and Political Theory. London ^{2}2006.

Riley, Jonathan: Crooked Timber and Liberal Culture. In: Maria Baghramian and Attracta Ingram (eds.): Pluralism: the Philosophy and Politics of Diversity. London 2000.

Riley, Jonathan: Isaiah Berlin's Minimum of Common Moral Ground. Political Theory 41 (2013), 61–89.

Weber, Max: The Vocation of Politics. In: From Max Weber: Essays in Sociology. Eds. H. H. Gerth/C. Wright Mills. London 1948.

Williams, Bernard: In the Beginning Was the Deed: Realism and Moralism in Political Argument. Princeton 2005.

Williams, Bernard: Introduction to Isaiah Berlin, Concepts and Categories: Philosophical Essays. Ed. by Henry Hardy. Princeton ^{2}2013.

Solidarität

27

Peter Koller

Die Rede von Solidarität in ihrem gegenwärtigen Verständnis kommt, in Anlehnung an einen Gemeinschuldverhältnisse bezeichnenden Terminus des Juristenlatein, erst im ausgehenden 18. Jahrhundert auf, offenbar zuerst in Frankreich, um dann im 19. Jahrhundert in entwickelten Gesellschaften wachsende Verbreitung zu finden. Dazu trägt vor allem die Bewegung der Arbeiterschaft bei, die sich den Aufruf zur Solidarität auf ihre Fahnen schreibt. Auch wenn dieser Aufruf anfänglich hauptsächlich darauf zielt, die benachteiligten sozialen Klassen zum organisierten Zusammenwirken zur Durchsetzung ihrer Interessen zu mobilisieren, nimmt die Rede von Solidarität nach und nach auch den Sinn einer universellen, sich auf alle Mitglieder einer Gesellschaft, ja unter Umständen auf alle Menschen erstreckenden Forderung des sozialen und politischen Handelns an. In diesem Sinn verstanden, meint Solidarität im Wesentlichen dasselbe wie die im Motto der Französischen Revolution neben Freiheit und Gleichheit postulierte Fraternität bzw. Brüderlichkeit, die denn auch im Laufe der Zeit durch die Rede von Solidarität zunehmend verdrängt wird (siehe Wildt 1996; Bayertz 1998; Zoll 2000; Brunkhorst 2002; Reisz 2006).

Die Parole „Freiheit, Gleichheit, Solidarität" bringt die grundlegendsten Werte der in entwickelten Gesellschaften dominanten Vorstellung politischer und sozialer Gerechtigkeit auf den Punkt, einer Vorstellung, die von den großen sozialen Bewegungen der Neuzeit ausbuchstabiert worden ist und teilweise in der institutionellen Ordnung moderner Staaten Niederschlag gefunden hat. Freilich sind alle diese Werte, was ihre konkrete Bedeutung betrifft, Gegenstand weitgehender Kontroversen, die teilweise immer noch die alten Streitfragen zwischen Rechts und Links, zwischen Liberalismus und Sozialismus betreffen. Was den Liberalismus angeht, so liegt es in seiner Natur, dass er den Wert der individuellen Freiheit (samt der für sie konstitutiven rechtlichen Gleichheit) in den Vordergrund stellt, aber darüber hinausgehende Forderungen der sozialen Gleichheit und Solidarität mehr oder minder vernachlässigt oder sogar zurückweist. Das Verhältnis des Liberalismus zur Solidarität lässt sich jedoch schon deshalb auf keine kurze Formel bringen, da dieses Verhältnis nicht nur mit der jeweiligen Spielart des Liberalismus variiert, sondern auch vom jeweils zur Debatte stehenden Verständnis des schillernden Konzepts der Solidarität abhängt. Im Folgenden sollen daher zunächst der allgemeine Begriff der Solidarität und seine diversen spezielleren Bedeutungen näher betrachtet werden.

P. Koller (✉)
Karl-Franzens-Universität Graz, Graz, Österreich
E-Mail: peter.koller@uni-graz.at

M. Festl (Hrsg.), *Handbuch Liberalismus*, https://doi.org/10.1007/978-3-476-05798-3_27

27.1 Begriff und Varianten der Solidarität

Der *Bedeutungskern* des Solidaritätsbegriffs lässt sich am besten erfassen, wenn man den Gegenstand in den Blick nimmt, auf den dieser Begriff in jeder seiner diversen Verwendungsweisen abstellt. Das ist offenbar ein bestimmtes Sozialverhalten oder Verhältnis zwischen Menschen, nämlich entweder ganz konkret *ein kooperatives, helfendes oder unterstützendes Verhalten* zwischen Menschen oder, etwas abstrakter, ein zwischen ihnen bestehendes *Verhältnis der wechselseitigen Verantwortung,* das von ihnen ein solches Verhalten fordert (Bayertz 1998; Wildt 1996). An diesen allgemeinen Bedeutungskern des Begriffs knüpfen mehrere speziellere Bedeutungen an, die mit seinen verschiedenen Verwendungsweisen wechseln.

Zuallererst ist festzustellen, dass der Solidaritätsbegriff in zwei unterschiedlichen Funktionen verwendet wird: zum einen in *deskriptiv-explikativer* Funktion zur Beschreibung und Erklärung bestimmter sozialer Tatsachen, zum anderen in *normativ-performativer* Funktion, um menschliches Handeln zu leiten oder soziale Verhältnisse zu bewerten. Hier interessiert nur die zweite Funktion, in der die Rede von Solidarität wiederum mehrere mögliche Bedeutungen annehmen kann: eine pragmatisch-instrumentelle und zwei moralische Bedeutungen.

In vielen Fällen zielt die Aufforderung zur Solidarität darauf ab, einen – gewöhnlich mehr oder minder begrenzten – Kreis von Personen, wie z. B. die Mitglieder einer Gewerkschaft, zu einem solidarischen Verhalten oder kollektiven Handeln aufzurufen, um ihre gemeinsamen Interessen gegenüber Außenstehenden wirksam zu verfolgen. So verwendet, will die Rede von Solidarität das *gemeinsame Zusammenwirken der Mitglieder eines Personenkreises in ihrem längerfristigen Interesse* bewirken, indem sie an deren Gruppenegoismus appelliert, und hat daher *pragmatisch-instrumentellen* Sinn (vgl. Bayertz 1998, 40).

Demgegenüber gewinnt die Rede einen normativ stärkeren, nämlich *moralischen* Sinn, wenn sie Anspruch auf allgemeine Geltung erhebt, also darauf, allgemeine Anerkennung und Beachtung zu finden, weil das in Betracht stehende solidarische Verhalten aus unparteiischer Sicht als allgemein wünschenswert oder sogar geboten erscheint. Hier gibt es wieder zwei mögliche Deutungen der Rede von Solidarität. Ist damit nur soviel gemeint, dass jenes Verhalten zwar wünschens- und lobenswert, nicht aber moralisch geboten ist, dann bringt sie nichts weiter als ein *tugendmoralisches Postulat* zum Ausdruck, das zur *altruistischen Unterstützung hilfsbedürftiger Menschen* aufruft, nicht jedoch dazu verpflichtet. Wird Solidarität dagegen in dem stärkeren Sinne verstanden, dass sie nicht bloß gut und erwünscht, sondern moralisch geboten ist, dann bedeutet sie ein moralisches Gebot, das zu einem entsprechenden Handeln verpflichtet. In diesem Fall meint Solidarität die *moralische Pflicht zur Mitwirkung an bestimmten Formen der sozialen Kooperation oder der Unterstützung Anderer im wohlerwogenen Interesse aller Menschen* (vgl. Habermas 1986).

Im Folgenden wird es nur mehr um die letzte Deutung von Solidarität gehen, die ja in der politischen Philosophie besonders interessiert, kurz: um *moralisch gebotene Solidarität.* In diesem Zusammenhang ist es notwendig, zuerst die allgemeinen Bedingungen und Grenzen dieser Solidarität zu bedenken und ferner deren mögliche Anwendungsbereiche in den Blick zu nehmen.

Moralisch gebotene Solidarität muss, ebenso wie jede andere moralische Norm zwei Anforderungen erfüllen: sie muss der Form nach *universalisierbar* und in sachlicher Hinsicht *unparteiisch* sein. Auf den ersten Blick könnte es scheinen, dass diese Anforderungen von vornherein kein moralisches Gebot zu einem solidarischen Verhalten zulassen, das *partikularen* Charakter hat, sich also nur auf begrenzte soziale Kollektive, wie z. B. einzelne Familien, lokale Gemeinschaften oder Nationen, erstreckt. Doch dieser Eindruck täuscht. Partikulare Solidaritätspflichten, die ja für solidarische Beziehungen typisch sind, sind mit der Universalisierbarkeit und der Unparteilichkeit vereinbar, wenn sie *zwei Bedingungen* erfüllen: sie müssen intern vorteilhaft und extern vertretbar sein.

Partikulare Solidaritätspflichten sind *intern vorteilhaft,* wenn sie im wohlerwogenen Interesse aller beteiligten Personen liegen. Das setzt voraus, dass die betreffenden Pflichten allen Beteiligten *zumutbar* sind, von diesen also keine Opfer fordern, die aus unparteiischer Sicht die Vorteile der betreffenden Solidaritätsbeziehungen deutlich überwiegen. Und solche Pflichten sind *extern vertretbar,* wenn sie gegenüber Außenstehenden gerechtfertigt werden können, d. h. wenn die betreffenden Solidarbeziehungen zu einer allgemeinen Praxis werden können, d. h. auch von allen anderen Menschen gleichermaßen praktiziert werden können, ohne dass daraus negative Konsequenzen resultieren, die aus unparteiischer Sicht als unannehmbar erscheinen.

Diese Bedingungen lassen vielfältige Formen partikularer Solidaritätsbeziehungen zu, etwa in Familien, Gemeinden, wirtschaftlichen und kulturellen Gemeinschaften und Nationen, sie schließen aber zwei Formen des solidarischen Handelns aus, ja verbieten sie: (1) alle intern repressiven Solidaritätsbeziehungen, die von den beteiligten Personen im Namen eines vermeintlichen Gemeinwohls unzumutbare Opfer verlangen, und (2) alle Varianten einer räuberischen oder parasitären Gruppensolidarität, die darauf zielt, das Wohl der eigenen Gruppe zu Lasten der gleichen Rechte anderer Gruppen zu mehren.

Als *Anwendungsbereiche* moralisch gebotener Solidarität kommen zwei Formen des sozialen Handelns in Betracht: (1) die *Mitwirkung an Projekten sozialer Kooperation* im Interesse aller beteiligten Personen, die in der Regel ein begrenztes Kollektiv bilden, im Grenzfall aber auch alle Menschen einschließen können; und (2) die *Unterstützung hilfsbedürftiger oder benachteiligter Menschen* im überwiegenden Interesse eben dieser Menschen. Dabei gilt es, wie auch bei anderen Grundforderungen der politischen Ethik, zwei verschiedene, aber miteinander verbundene Ebenen des sozialen Handelns auseinanderzuhalten, auf die sich die Solidaritätsgebote beziehen: einerseits die Ebene des *interpersonalen Handelns* von Menschen und andererseits die Ebene der *institutionellen Ordnung* des sozialen Lebens, die politischer Gestaltung fähig ist. Die folgenden Ausführungen werden hauptsächlich auf die institutionelle Ordnung moderner Gesellschaften abstellen, wobei es sich empfiehlt, für eine erste Annäherung einige prominente Konzeptionen sozialer Solidarität Revue passieren zu lassen.

27.2 Konzeptionen moralisch gebotener Solidarität

Um die vielfältigen Auffassungen von Solidarität, die im politischen Diskurs begegnen, systematisch zu ordnen, ist es hilfreich, sie in Hinsicht auf das ihnen jeweils zugrunde liegende Verständnis menschlicher Personen und sozialer Beziehungen in fünf idealtypische Konzeptionen einzuteilen: in zwei mehr oder minder individualistische Konzeptionen auf der einen Seite, zwei mehr oder minder kollektivistische auf der anderen Seite und eine dazwischen liegende vermittelnde Konzeption (vgl. Volkmann 1998, 20–51; Koller 2007, 185–193).

Den *individualistischen Konzeptionen,* so wie sie hier verstanden werden, liegt die *normative* Prämisse zugrunde, dass alle Menschen im Prinzip gleichermaßen freie und selbstbestimmungsfähige Personen sind und daher einander gleiche Achtung schulden, weshalb für ihr soziales Handeln nur solche Regeln Gültigkeit besitzen, welche die Freiheit und Selbständigkeit jedes Menschen im größtmöglichen Umfang garantieren, wobei diese Konzeptionen jedoch dazu tendieren, die kontrafaktisch präsupponierte Freiheit und Selbstbestimmungsfähigkeit jedes Menschen zugleich als reales Faktum zu unterstellen und damit die sozialen Bedingungen individueller Freiheit zu vernachlässigen.

Diese Tendenz zeigt sich insbesondere bei *radikalen Versionen* einer individualistisch konzipierten Solidarität, wozu diverse Positionen des klassischen Wirtschaftsliberalismus (z. B. David Ricardo), des Sozialdarwinismus (z. B. Herbert Spencer) und des rezenten Neoliberalismus (à la F. A. Hayek), aber auch manche Deutungen von Kants Rechtsphilosophie gehören. Diesen ist trotz der zwischen ihnen bestehenden Unterschiede gemeinsam, dass sie eine moralische

Solidaritätspflicht von Menschen nur bezüglich des ersten der zwei erwähnten Anwendungsbereiche, nämlich der Kooperation zur Gewährleistung einer die (negativ verstandenen) Rechte und Freiheiten der Individuen sichernden sozialen Ordnung befürworten, aber eine Verantwortung der Gesellschaft für ein von sozialen Not- und Zwangslagen freies Leben aller Beteiligten verneinen. Diese Auffassung versteht Solidarität somit als ein *Gebot libertärer Rechtlichkeit,* das zwar die Pflicht impliziert, nach Kräften an der Herstellung und Aufrechterhaltung einer rechtlichen Ordnung mitzuwirken, die allen Beteiligten größtmögliche Freiheit einräumt, aber die Unterstützung hilfsbedürftiger Mitmenschen der privaten Großzügigkeit der Einzelnen überlässt. Eine derart halbierte Solidarität leuchtet jedoch schon intuitiv kaum ein, und sie erweist sich auch bei näherer Überlegung als haltlos.

Es gibt aber auch *moderate Versionen* individualistisch konzipierter Solidarität, die neben dem Gebot der Rechtlichkeit auch eine moralische Pflicht befürworten, in Not geratenen und fremder Hilfe bedürftigen Mitmenschen nach Möglichkeit eine Unterstützung angedeihen zu lassen, die ihnen ein Existenzminimum sichert. Dazu braucht es zumindest in größeren sozialen Verbänden ein institutionalisiertes System der sozialen Daseinsvorsorge, das die Anspruchsbedingungen, die Leistungsträger und den Umfang der betreffenden Unterstützungsleistungen im Einzelnen spezifiziert. Diese Auffassung der *Solidarität als Ergänzung libertärer Rechtlichkeit* wird offenbar von den meisten wirtschaftsliberalen Positionen geteilt, wie etwa jenen eines sozialen Liberalismus (im Gefolge von John Stuart Mill) oder des Ordoliberalismus (nach Walter Eucken). Allerdings wirft diese Auffassung die Frage nach dem Umfang der zu erbringenden Unterstützungsleistungen für hilfsbedürftige Menschen auf, eine Frage, die in Ermangelung einer umfassenderen sozialethischen Theorie schwerlich beantwortet werden kann.

Den Gegenpol zu den individualistischen bilden *kollektivistische Konzeptionen,* die zwar ebenfalls von der prinzipiellen Gleichwertigkeit der Menschen ausgehen, aber annehmen, dass deren Bedürfnisse, Bestrebungen und Einstellungen so stark von ihren jeweiligen sozialen Umwelten und Lebensbedingungen geprägt sind, dass es im Allgemeinen kaum möglich ist, einzelnen Personen gehaltvolle Rechte und Freiheiten zuzuschreiben. Auch bei diesen Konzeptionen kann man zwei Versionen unterscheiden: extreme und gemäßigte.

Die *extremen Versionen* einer kollektivistisch konzipierten Solidarität erstrecken diese auf so gut wie alle Aktionsbereiche des sozialen Lebens, jedenfalls auf die Produktion und Verteilung wirtschaftlicher Güter und das politische Leben, ja bis zu einem gewissen Grade auch auf das Familienleben, wobei sie erwarten, dass daraus von selber eine relativ gleichmäßige Verteilung der Vorteile und Lasten der sozialen Kooperation resultiert, nach dem Motto „Jeder nach seinen Fähigkeiten, jedem nach seinen Bedürfnissen" (Karl Marx). Diese Auffassung von Solidarität ist die des *Kommunismus,* der – verstanden als sozialtheoretische Idee – zwar heute kaum noch vertreten wird, aber vom 19. bis weit ins 20. Jahrhundert zahlreiche Anhänger hatte. Seither hat sich jedoch herumgesprochen, dass diese Idee, wenn überhaupt, nur in sehr kleinen sozialen Verbänden einigermaßen realisierbar ist, und auch dort nur um den Preis erheblicher Einschränkungen der freien Lebensgestaltung der Beteiligten. Infolgedessen stellt die Vorstellung von *Solidarität als Kommunismus* wohl kein verallgemeinerungsfähiges Modell sozialer Solidarität dar.

Viel plausibler sind die *gemäßigten Versionen* einer kollektivistischen Auffassung sozialer Solidarität, die vor allem in den diversen Theorien des zeitgenössischen Kommunitarismus (so in jenen von Charles Taylor, Michael Sandel und Michael Walzer) Niederschlag finden (s. Kap. 40). Auch wenn die meisten dieser Theorien einen ethischen Relativismus favorisieren, der die universelle Geltung moralischer Prinzipien verneint, stellen sie den Kern des modernen Liberalismus, die individuellen Freiheitsrechte, nicht grundsätzlich in Frage, pochen aber darauf, dass sich die Mitglieder organisierter Gemeinschaften, insbesondere politischer Gemeinwesen, einander weitergehende Ansprüche und Pflichten schulden, nämlich solche der wechselseitigen Solidarität, die ihr Zusammenwirken zum Gedeihen ihrer Gemeinschaft im Interesse aller ihrer Mitglieder erfordert. So verstanden, wird *Solidarität als Gemeinschaftsaufgabe* gedeutet. Die von den Kommunitaristen unterstrichene Bedeutung begrenzter sozialer Gemeinschaften ist sicher ein wichtiger Aspekt, der vom Mainstream des Liberalismus weitgehend vernachlässigt wird, doch scheinen die von ihnen vorgebrachten Konzepte der Gemeinschaft entweder stark verengt oder allzu diffus, so dass nicht recht klar wird, welche partikularen Ansprüche und Pflichten der Solidarität daraus folgen.

In Anbetracht der Schwächen selbst der jeweils plausibleren Versionen sowohl einer individualistisch-liberalen als auch einer kommunitären Auffassung von Solidarität liegt es nahe, nach einem gangbaren Mittelweg zwischen diesen Positionen zu suchen, der deren Mängel vermeidet, aber ihre überzeugenden Gedanken aufnimmt und miteinander verbindet. Wichtige Hinweise auf einen solchen Weg scheinen die Theorien von John Rawls und Ronald Dworkin zu liefern, die beide, wenn auch mit unterschiedlichen Akzenten, die Solidarität in der Idee der sozialen Gerechtigkeit verankern, mithin *Solidarität als Gebot der Gerechtigkeit* verstehen.

So konzipiert Rawls politische Gemeinwesen als Vereinigungen der wechselseitig vorteilhaften Kooperation freier und gleicher Personen, die sich zuallererst ein Set möglichst weitreichender bürgerlicher und politischer Freiheitsrechte sichern und zugleich darauf verständigen, die aus ihrem freizügigen Handeln möglicherweise resultierenden sozio-ökonomischen Ungleichheiten auf ein Ausmaß zu begrenzen, in dem sie insbesondere auch den dabei am schlechtesten gestellten Mitgliedern zugute kommen. Eben dieses, durch das Differenzprinzip festgelegte Erfordernis bringt, so Rawls (1975, 126–129), die Idee der Brüderlichkeit bzw. der Solidarität zum Ausdruck. Allerdings erhebt sich gegen seine Argumentation der Zweifel, ob die Vorstellung der Gesellschaft als einer Kooperationsgemeinschaft gleichermaßen leistungsfähiger Personen wirklich eine ausreichende Grundlage für das Differenzprinzip darstellt.

Dworkins Gerechtigkeitstheorie ist in dieser Hinsicht der von Rawls überlegen, da sie Gesellschaften nicht bloß als Kooperationsgemeinschaften, sondern auch als Solidaritätsgemeinschaften versteht. Das zentrale Argument hierfür ist, dass sich die Mitglieder einer Gesellschaft unter der – hypothetisch unterstellten – Bedingung einer anfänglichen Gleichverteilung ökonomischer Ressourcen in Unkenntnis ihrer persönlichen Umstände, Fähigkeiten und Schicksale vernünftigerweise gegen mögliche Notlagen versichern würden, indem sie einen mit ihrem Einkommen wachsenden Teil desselben für ein System der sozialen Sicherung aufwenden, das allen Mitgliedern im Bedarfsfall eine ihren Bedürfnissen entsprechende Hilfe leistet (Dworkin 2000, 73–83). Dieses Argument ist bestechend, doch schenkt Dworkin möglichen sozialen Ungleichheiten, die aus dem freizügigen Marktgeschehen selbst im Fall einer anfänglichen Gleichverteilung ökonomischer Ressourcen resultieren können, keine Beachtung, und er hat daher auch kein Kriterium für das zulässige Ausmaß solcher Ungleichheiten und den angemessenen Umfang des Systems sozialer Sicherheit.

Davon ausgehend soll nun versucht werden, die Grundzüge einer Konzeption der Solidarität als ein Gebot der Gerechtigkeit zu skizzieren.

27.3 Solidarität als Gebot sozialer Gerechtigkeit

Im gegenwärtigen politischen Diskurs wird der Ruf nach Solidarität nicht mehr nur auf das Leben selbständiger gesellschaftlicher Gemeinwesen bezogen, sondern in Anbetracht der rapide wachsenden internationalen Verflechtung zunehmend auch auf die inter- und transnationalen Beziehungen (Kersting 1998; Beckert et al. 2004). Dessen ungeachtet soll im vorliegenden Kontext hauptsächlich von sozialer Solidarität innerhalb einzelner staatlicher Gesellschaften die Rede sein. Demgemäß wird auch das Konzept der sozialen Gerechtigkeit nur auf die sozialen Ordnungen einzelner Nationalgesellschaften abstellen. So verstanden, kann soziale Gerechtigkeit ganz allgemein definiert werden als die *Gesamtmenge der Gerechtigkeitsforderungen, die auf die institutionelle Ordnung einer ganzen Gesellschaft Anwendung finden* (hierzu und zum Folgenden Koller 2016).

Grundsätzlich kann man vier Sorten solcher Forderungen unterscheiden: solche der *distributiven Gerechtigkeit,* insoweit die gesellschaftliche Ordnung die Verteilung von Gütern und Lasten regelt, die den Mitgliedern gemeinsam zukommen; der *Tauschgerechtigkeit,* insoweit die Allokation von Gütern und Lasten durch private Vertragsbeziehungen, also durch den Markt bewerkstelligt wird; der *politischen Gerechtigkeit,* insofern die Gesellschaftsordnung zur Gewährleistung eines friedlichen und gedeihlichen sozialen Lebens institutionalisierte Herrschaft braucht; und der *korrektiven Gerechtigkeit,* da jede Gesellschaft dafür Sorge tragen muss, Vorkommnisse von Unrecht, wie Schädigungen und Verbrechen, auf angemessene Weise zu berichtigen. Innerhalb der Gesamtheit der diversen Gebote sozialer Gerechtigkeit, die sich daraus ergeben, kommt jedoch jenen der *distributiven* Gerechtigkeit eine vorrangige Rolle zu, da sie die gerechte Ausgangsverteilung von Rechten und Pflichten festlegen, die den einzelnen Mitgliedern im Rahmen vertraglicher Austauschbeziehungen, der Ausübung von Herrschaft und der Berichtigung von Unrecht zukommen.

Die *distributive Gerechtigkeit* betrifft die Verteilung gemeinschaftlicher Güter und Lasten, also *Gemeinschaftsverhältnisse,* deren Mitglieder gemeinsame Ansprüche auf bestimmte begehrte Güter bzw. Vorteile oder aber gemeinsame Obliegenheiten zu einem beschwerlichen Tun oder Unterlassen haben. Trotz der kaum überschaubaren Vielfalt solcher Gemeinschaftsverhältnisse und trotz der erheblichen Meinungsverschiedenheit über die jeweils angemessenen Kriterien gerechten Verteilens gibt es – unter der Annahme der Gleichwertigkeit aller Menschen – ein *Grundprinzip distributiver Gerechtigkeit,* das für alle Gemeinschaftsverhältnisse gilt: das Prinzip, dass alle Mitglieder einer Gemeinschaft gleichen Anteil an den ihnen gemeinsam zukommenden Gütern und Lasten haben sollen, sofern deren Ungleichverteilung nicht durch allgemein akzeptable Gründe gerechtfertigt scheint. Solche Gründe müssen zeigen, dass die in Betracht stehenden Ungleichheiten aus unparteiischer Sicht im vernünftigen Interesse aller Gesellschaftsmitglieder liegen, wozu sie die Form eines der folgenden Argumente haben müssen: des Leistungs-, des Freiheits- oder des Bedürfnisarguments. Ein *Leistungsargument* rechtfertigt Ungleichheiten, wenn diese den ungleichen Leistungen und Beiträgen der Beteiligten zur gesellschaftlichen Wertschöpfung entsprechen, sofern diese allen zugute kommt. Ein *Freiheitsargument* muss plausibel machen, dass auch solche Ungleichheiten zulässig sind, die sich von selber aus dem selbständigen Handeln der Beteiligten im Rahmen ihrer individuellen Rechte und Freiheiten ergeben, wobei diese Rechte und Freiheiten so gestaltet sein müssen, dass sie im gleichen Interesse aller Mitglieder liegen. Und ein *Bedürfnisargument* lässt eine Vorzugsbehandlung einzelner Mitglieder mit besonderen Bedürfnissen für zulässig oder sogar geboten erscheinen, wenn sie zur Befriedigung grundlegender und dringlicher Lebensbedürfnisse der Betroffenen dient.

Ob und inwieweit eine Gesellschaft den Geboten der distributiven Gerechtigkeit unterliegt, hängt wesentlich davon ab, ob und inwieweit sie als eine Gemeinschaft verstanden wird. Darüber bestehen freilich erhebliche Meinungsverschiedenheiten, deren Bandbreite von radikal individualistischen bis zu extrem kollektivistischen Positionen reicht. Ein *radikaler Individualismus* deutet die Gesellschaft wie einen *Marktplatz* als Ansammlung unabhängiger Individuen, die alle bereits über eine bestimmte Ausstattung von Rechten und Gütern verfügen und sich einer sozialen Ordnung nur unterwerfen, um ihre angestammten Rechte zu sichern und vorteilhafte Austauschbeziehungen einzugehen. Demgemäß schulden die Mitglieder einer Gesellschaft einander nicht mehr als die Unterlassung von Gewalt, die Achtung fremden Eigentums und die Einhaltung von Verträgen. Diese Auffassung lässt für distributive Gerechtigkeit wenig Raum. Dementgegen deutet ein *extremer Kollektivismus* die Gesellschaft als eine Art *Kommune,* in der alle Güter im Gemeinbesitz aller stehen, weil die

Gesellschaft alle ihre Mitglieder von Geburt an formt und erst zu dem macht, was sie sind. Infolgedessen muss die Gesellschaft zwar einerseits für das gleichmäßige Wohlergehen aller ihrer Mitglieder Sorge tragen, darf andererseits aber auch alles von ihnen verlangen, was dazu erforderlich ist. Diese Deutung legt es nahe, die distributive Gerechtigkeit auf so gut wie alle Vor- und Nachteile zu erstrecken, um welche die Mitglieder konkurrieren.

Da keine dieser Auffassungen plausibel scheint, muss die angemessene Auffassung zwischen den Extremen liegen. Um zu einer differenzierten Auffassung zu gelangen, ist es hilfreich, analytisch drei Gemeinschaftsformen zu unterscheiden, die in einem bestimmten Maße jeder modernen Gesellschaft inhärent sind: Diese ist (1) eine *Besitzgemeinschaft* in dem Sinne, dass die *Ressourcen ihrer natürlichen Umwelt* (Land, Bodenschätze, Gewässer, Luft) wie auch die *Errungenschaften ihres kulturellen Erbes* (Wissen, technische Verfahren, soziale Praktiken, Kunstschätze) im Gemeineigentum aller Mitglieder stehen, so dass diese grundsätzlich einen gleichen Anspruch auf die Nutzung dieser Ressourcen und Errungenschaften haben, der Ungleichheiten nur zulässt, wenn sie im wohlverstandenen Interesse aller liegen; (2) eine *Kooperationsgemeinschaft* insofern, als ein friedliches und gedeihliches soziales Zusammenleben die Einhaltung vielfältiger Verhaltensregeln erfordert, welche die allgemeinen Rechte und Pflichten der Beteiligten definieren und die Verteilung der Vor- und Nachteile der gesellschaftlichen Kooperation steuern; und (3) eine *Solidaritätsgemeinschaft,* da jedes ihrer Mitglieder – sei es wegen persönlicher Gebrechen, Fehlleistungen des ökonomischen Systems oder möglicher Naturkatastrophen – in diverse Notlagen geraten kann, die es erforderlich machen, jedem Mitglied im Fall einer solchen Notlage angemessene Unterstützung zu leisten.

Diese Charakterisierung einer Gesellschaft als Besitz-, Kooperations- und Solidaritätsgemeinschaft hat analytischen Charakter und bedeutet nicht, dass diese Gemeinschaftsformen in der Realität getrennt auftreten. Tatsächlich hängen sie oft zusammen und greifen ineinander. Das gilt im Besonderen für moderne Gesellschaften, deren komplexes und dynamisches Netzwerk sozialer Beziehungen alle drei Gemeinschaftsformen eng miteinander verknüpft, was zur Folge hat, dass auch die Forderungen distributiver Gerechtigkeit, die aus ihnen folgen, ineinander greifen und einander ergänzen. Im vorliegenden Kontext interessiert vor allem der dritte Aspekt, das Verständnis einer Gesellschaft als Solidaritätsgemeinschaft.

In einer modernen, hochgradig differenzierten Gesellschaft kann die Versorgung hilfsbedürftiger Menschen sicher nicht mehr allein den kleinen Sozialverbänden, wie Familien und Gemeinden, überlassen bleiben, weil ein derart fragmentiertes Sicherungssystem unter den Lebensbedingungen der Moderne nicht nur willkürlich und ungerecht, sondern auch unverlässlich und ineffizient wäre. Eine moderne Gesellschaft braucht daher ein *allgemeines System der sozialen Sicherung,* das jedem ihrer Mitglieder angemessene Unterstützung ohne Rücksicht auf seine soziale Stellung allein am Maß seiner Bedürftigkeit garantiert. Um das erforderliche Ausmaß der Unterstützung bestimmen zu können, ist zuerst der Gesamtumfang der Mittel festzulegen, welche die Gesellschaft für ihr System sozialer Sicherung bereitzustellen hat. Dieser Umfang kann wohl nur in der Weise festgelegt werden, dass die Gesellschaftsmitglieder unter Einnahme eines unparteiischen Standpunkts eine Einigung darüber zu erzielen suchen, welchen Anteil der gesellschaftlichen Wertschöpfung sie bei rechter Erwägung zur Sicherung gegen mögliche Notlagen aufwenden sollten, von denen sie nicht wissen, ob und inwieweit sie ihnen selber widerfahren werden. Steht dieser Umfang fest, so erfordert eine gerechte Verteilung der Lasten des Sicherungssystems, dass alle Mitglieder zu seiner Ausstattung einen ihrer Leistungsfähigkeit entsprechenden Beitrag leisten.

Diese Konzeption gesellschaftlicher Solidarität lässt sich durch die Idee einer *moralischen Versicherung* verständlich machen, d. h. einer Versicherung, die unter Bedingungen moralischer Unparteilichkeit errichtet wird. Eine solche Versicherung hat mit einer realen Versicherung gemeinsam, dass sich ihre Mitglieder wechselseitig verpflichten, in einem bestimmten Umfang zur Aufbringung der Mittel beizutragen, die erforderlich sind, um denjenigen, die zufällig in gewisse Notlagen geraten, Unterstützung zu leisten, um selber Unterstützung zu erhalten, falls sie in eine solche Notlage geraten. Aber sie gehen diese Verpflichtung, anders als bei einer realen Versicherung, unter der hypothetischen Voraussetzung *moralischer Unparteilichkeit* ein, unter der sie keine Kenntnis von ihrer eigenen physischen und psychischen Verfassung besitzen und darum auch nicht abschätzen können, ob und inwieweit sie selber dem Risiko unterworfen sind, in jene Notlagen zu geraten. Unter dieser Voraussetzung muss es im wohlverstandenen Interesse jeder Person liegen, in einer Gesellschaft zu leben, die sich als eine Solidaritätsgemeinschaft versteht. Und das impliziert, dass jedes Mitglied, wenn es in eine Notlage gerät, das Recht auf eine angemessene Unterstützung hat, die seiner Bedürftigkeit entspricht, dafür aber auch verpflichtet ist, nach seiner Leistungsfähigkeit zum System der sozialen Sicherung beizutragen.

27.4 Ausblick

Eine wirksame Praxis sozialer Solidarität, wie erstrebenswert sie auch scheinen mag, fällt freilich nicht vom Himmel. Sie hängt von diversen Bedingungen ab, die sich in zwei Sorten einteilen lassen: Entstehungsbedingungen und Gelingensbedingungen.

Die *Entstehungsbedingungen* sozialer Solidarität stellen jene sozialen Tatsachen dar, die überhaupt erst die Forderung nach einer zu wechselseitiger Kooperation und Hilfeleistung verpflichtenden Praxis sozialer Solidarität entstehen lassen. Diese Tatsachen sind vor allem soziale Beziehungen, die Menschen miteinander in Kontakt und in Abhängigkeit voneinander bringen, kurz: *soziale Interdependenz*. Ein gewisses Maß an sozialer Interdependenz ist zwar notwendig, um den Bedarf nach sozialer Solidarität als einer moralischen Pflicht plausibel zu machen, sie alleine genügt aber sicher nicht, um eine effektive solidarische Praxis zu stiften. Dazu müssen auch gewisse *Gelingensbedingungen* gegeben sein, also bestimmte Umstände, die das Gelingen oder Gedeihen einer solidarischen Praxis begünstigen. Das sind soziale Beziehungen, welche die Verlässlichkeit der wechselseitigen Kooperation oder Unterstützung garantieren, kurz: *soziale Reziprozität.*

Diese Bedingungen, die nur zusammen eine effektive Praxis sozialer Solidarität ermöglichen, erklären, warum verpflichtende Solidaritätsbeziehungen meist *partikularen* Charakter haben, d. h. nur unter den Mitgliedern begrenzter sozialer Gemeinschaften bestehen, weil solche Gemeinschaften nicht nur die soziale Interdependenz ihrer Mitglieder steigern, sondern auch die Reziprozität erleichtern. Partikulare Solidarität lässt sich aber mit einer universellen Moral der gleichen Achtung in Einklang bringen, ja sogar durch sie begründen, sofern man sie als eine Form von *moralischer Arbeitsteilung* versteht, die es Menschen ermöglicht, ihre Existenz besser zu meistern.

Als eine besondere Form derartiger Gemeinschaften lassen sich auch die modernen Nationalgesellschaften verstehen. Auch wenn ihre Herausbildung sicher nicht in erster Linie von moralischen Gründen vorangetrieben worden ist, kann man einer solchen Gesellschaft moralische Legitimität zuschreiben, wenn ihre Ordnung, wie erwähnt, zwei Anforderungen erfüllt: wenn ihre interne Verfassung im *vernünftigen Interesse aller ihrer Mitglieder* liegt, und wenn ihre externen Wirkungen *gegenüber anderen Völkern vertretbar* ist.

Viele Gründe sprechen nun dafür, dass das überkommene System souveräner Nationalstaaten diesen Anforderungen nicht mehr bzw. immer weniger entspricht: Die Ordnungen allzu vieler Staaten leiden unter wachsenden internen Gebrechen, weil die Globalisierung der politischen Handlungs- und Gestaltungsfähigkeit der einzelnen Staaten immer engere Grenzen setzt (s. Kap. 65); und sie sind extern nicht vertretbar, weil die Lebens- und Wirtschaftsformen der entwickelten, mächtigen und reichen Gesellschaften ausbeuterischen und parasitären Charakter haben und deshalb nicht weltweit praktiziert werden können. Infolgedessen nehmen nicht nur die sozialen Missstände in den einzelnen Gesellschaften wieder zu, sondern es ist auch keine Linderung der verheerenden Armut und Not der ärmsten Völker in Sicht. Dieser Befund gibt Anlass, über eine neue, gerechtere Weltordnung nachzudenken, in der Solidarität zwischen den Nationen und ihren Bürgern mehr Platz hat als heute.

Literatur

Bayertz, Kurt: Begriff und Problem der Solidarität. In: Ders. (Hg.): Solidarität. Begriff und Problem. Frankfurt a. M. 1998, 11–53.

Beckert, Jens/Eckert, Julia/Kohli, Martin/Streeck, Wolfgang (Hg.): Transnationale Solidarität. Chancen und Grenzen. Frankfurt a. M. 2004.

Brunkhorst, Hauke: Solidarität. Von der Bürgerfreundschaft zur globalen Rechtsgenossenschaft. Frankfurt a. M. 2002.

Dworkin, Ronald: Sovereign Virtue. The Theory and Practice of Equality. Cambridge, Mass. 2000.

Habermas, Jürgen: Gerechtigkeit und Solidarität. In: Wolfgang Edelstein/Gertrud Nunner-Winkler (Hg.): Zur Bestimmung der Moral. Frankfurt a.M. 1986, 291–318.

Kersting, Wolfgang: Internationale Solidarität. In: Kurt Bayertz (Hg.): Solidarität. Begriff und Problem. Frankfurt a.M. 1998, 411–429.

Koller, Peter: Solidarität und soziale Gerechtigkeit. In: Hermann-Josef Große Kracht/Tobias Karcher SJ/ Christian Spieß (Hg.): Das System des Solidarismus. Berlin 2007, 179–205.

Koller, Peter: Soziale Gerechtigkeit, In: Anna Goppel/ Corinna Mieth/Christian Neuhäuser (Hg.): Handbuch Gerechtigkeit. Stuttgart 2016, 118–124.

Rawls, John: Eine Theorie der Gerechtigkeit. Frankfurt a.M. 1975 (engl. 1971).

Reisz, Gesa: Solidarität in Deutschland und Frankreich. Eine politische Deutungsanalyse. Opladen 2006.

Volkmann, Uwe: Solidarität – Programm und Prinzip der Verfassung. Tübingen 1998.

Wildt, Andreas: Solidarität. In: Historisches Wörterbuch der Philosophie, Bd. 9. Basel 1996, 1004–1015.

Zoll, Rainer: Was ist Solidarität heute? Frankfurt a.M. 2000.

28 Chancengleichheit

Ivo Wallimann-Helmer

Spätestens seit der Veröffentlichung von *Eine Theorie der Gerechtigkeit* ist Chancengleichheit ein prominentes Ideal der neueren liberalen Theoriebildung (Rawls 1979). War es im klassischen Liberalismus eher das Ideal der Freiheit, das im Vordergrund stand, kann man in der Auseinandersetzung mit der Theorie von John Rawls (s. Kap. 19) und der Entwicklung des Egalitarismus eine Verschiebung hin zum Ideal der Chancengleichheit beobachten, zumindest was die philosophische Theoriebildung zur Verteilungsgerechtigkeit betrifft. Ob Chancengleichheit damit allerdings eine angemessene Auslegung erfährt oder das liberale Ideal der Freiheit eher aufweicht, hängt wesentlich davon ab, welches Gewicht das Ideal in der jeweiligen liberalen Theoriebildung erhält.

Chancengleichheit steht bei Rawls für den Ausgleich sozialer und ökonomischer Ungleichheiten im Zugang zu Ämtern und Positionen. Diese Auslegung des Ideals führt zu einer anderen Form des Liberalismus als ein bloß formales bzw. prozedurales Verständnis. Gleichzeitig werden Erwartungen zur Verteilung von Ämtern und Positionen geweckt, die Quotenforderungen zu rechtfertigen scheinen. Egalitaristische Gerechtigkeitstheorien verallgemeinern und erweitern Rawls' Verständnis von Chancengleichheit. Gemäß der glücksegalitaristischen Auffassung des Ideals sollte eine liberale Gesellschaft sicherstellen, dass niemand aus irrelevanten Gründen an der Verwirklichung seiner Lebenspläne gehindert wird. Einzig selbstverantwortete Entscheidungen gelten als legitimer Grund für ungleiche Chancen. Erhält Chancengleichheit allerdings einen so weiten Anwendungsbereich, dann wird es schwierig, den Unterschied zwischen Chancengleichheit und Freiheit zu definieren.

28.1 Faire Chancen im Zugang zu Ämtern und Positionen

Chancengleichheit taucht in der rawlsschen Gerechtigkeitstheorie an prominenter Stelle auf. Als Teil des zweiten ihrer beiden zentralen Gerechtigkeitsgrundsätze soll das Ideal sicherstellen, dass die Ämter und Positionen einer Gesellschaft allen offen stehen. Rawls unterscheidet dabei zwischen formaler und fairer Chancengleichheit. Formale Chancengleichheit stellt sicher, dass niemand aus ungerechtfertigten Gründen vom Zugang zu Ämtern und Positionen ausgeschlossen wird. Faire Chancengleichheit steht für die Forderung, dass soziale und ökonomische Nachteile ausgeglichen werden sollten, weil sie den Erfolg im Wettbewerb um Ämter und Positionen ungebührlich einschränken können. Sind diese Ungleichheiten neutralisiert, dann wäre zu erwarten, dass alle sozialen

I. Wallimann-Helmer (✉)
Universität Fribourg, Fribourg, Schweiz
E-Mail: ivo.wallimann-helmer@unifr.ch

M. Festl (Hrsg.), *Handbuch Liberalismus*, https://doi.org/10.1007/978-3-476-05798-3_28

Gruppen einer Gesellschaft proportional zu ihrer Größe auf allen sozialen Stufen einer Gesellschaft vertreten sind. Ist dies nicht der Fall, dann scheinen Quotenforderungen zur Korrektur dieses Missstandes angemessen.

Rawls' liberale Gerechtigkeitstheorie besteht im Kern aus zwei Gerechtigkeitsgrundsätzen (Rawls 1979). Der erste Gerechtigkeitsgrundsatz soll für alle Bürgerinnen und Bürger ein System von Grundfreiheiten sicherstellen, das mit den Grundfreiheiten aller anderen vereinbar ist. Der zweite Gerechtigkeitsgrundsatz soll soziale und ökonomische Ungleichheiten ausgleichen, um den größtmöglichen Vorteil für die am wenigsten Begünstigten zu ermöglichen. Der zweite Gerechtigkeitsgrundsatz umfasst neben diesem sog. Differenzprinzip als vorrangiges, erstes Teilprinzip das Prinzip der Chancengleichheit. Da Rawls annimmt, dass soziale und ökonomische Ungleichheiten in einer Gesellschaft wesentlich über die Verteilung von Ämtern und Positionen zustande kommen, regelt Chancengleichheit die Fairness dieser Ungleichheiten. Diese entstehen, weil Ämter und Positionen mit ungleichem sozialökonomischem Status verbunden sind und weil nicht alle über die gleichen natürlichen Anlagen und Qualifikationen verfügen. Die mit Ämtern und Positionen verbundenen sozialökonomischen Vorteile sind allerdings nur legitim, wenn sie mit einer Umverteilung zugunsten der am wenigsten Begünstigten einhergehen.

Rawls unterscheidet zwischen formaler und fairer Chancengleichheit. Letztere Auslegung ist grundlegend für seine Theorie. Formale bzw. prozedurale Chancengleichheit steht für die Forderung, dass der Zugang zu Ämtern und Positionen allen offenstehen muss. Gemäß prozeduraler Chancengleichheit ist diese Bedingung gegeben, wenn diese gemäß gerechtfertigten Auswahlkriterien vergeben werden. Was dies bedeutet, kann mit einem Beispiel von Bernard Williams verdeutlicht werden (Williams 1978). In einer Kriegergesellschaft werden über lange Zeit hinweg die Mitglieder der Kriegerkaste einzig aus einer bestimmten gesellschaftlichen Gruppe ausgewählt, während der Rest der Gesellschaft nie Krieger werden kann. Dies wäre offensichtlich unfair. Prozedurale Chancengleichheit ist erst dann sichergestellt, wenn sich alle am Wettbewerb um Mitgliedschaft in der Kriegerkaste beteiligen können und wenn dies nach relevanten Kriterien geschieht. Für den Erfolg im Wettbewerb dürfen nur Eigenschaften der Kandidatinnen und Kandidaten eine Rolle spielen, die für das Kriegswesen relevant sind.

Als relevante Kriterien für die Auswahl von Kandidaten gelten Eigenschaften, die die Aussicht auf eine erfolgreiche Ausübung einer sozialen Position erhöhen (Sher 1988). Alle anderen Kriterien, die bei der Auswahl von Kandidaten eine Rolle spielen könnten, stellen demgegenüber eine Form ungerechtfertigter Diskriminierung dar. Frauen werden z. B. ungerechtfertigt, aber nicht explizit durch Auswahlverfahren diskriminiert, die verlangen, dass man in den letzten fünf Jahren ohne Unterbrechung im Unternehmen gearbeitet haben muss, um eine Führungsposition zu erlangen. Damit werden all jene Frauen benachteiligt, die Mütter sind. Damit bekräftigen solche Auswahlverfahren, wie Mary Anne Warren argumentiert, soziale Strukturen, die von Frauen erwarten, zu Hause zu bleiben und den Haushalt zu führen (Warren 1993). Problematisch ist das Kriterium der erfolgreichen Ausübung einer sozialen Position zudem, wenn ethnische Kriterien für eine Stelle in einer rassistischen Gegend plötzlich als relevant erscheinen (Cavanagh 2002).

Eine weitere Schwierigkeit ergibt sich aufgrund der unterschiedlichen sozialen und ökonomischen Umstände in einer Gesellschaft. Heranwachsende aus ärmeren sozialen Schichten verfügen über weniger ideale Bedingungen, um ihre natürlichen Anlagen und Talente bestmöglich zu entwickeln. Da solche Nachteile schlechtere Erfolgsaussichten im Wettbewerb um Ämter und Positionen nach sich ziehen, fordert Rawls, dass diese Ungleichheiten ausgeglichen werden müssen. Erst wenn alle Heranwachsenden mit ähnlichen natürlichen Anlagen und angeborenen Talenten bei Geburt ähnliche Aussichten auf Erfolg im Wettbewerb um Ämter und Positionen hätten, sei Chancengleichheit sichergestellt. So verstandene Chancengleichheit fokussiert nicht nur auf die Prozedur der Vergabe von Ämtern und Positionen, sondern auf die Startbedingungen beim Eintritt in einen solchen Wettbewerb. Rawls nennt diese Auffassung „faire Chancengleichheit". Etwas allgemeiner kann man auch von substantieller Chancengleichheit der Startbedingungen sprechen.

Ist diese Form von Chancengleichheit sichergestellt, wäre zu erwarten, dass alle sozialen Gruppierungen und sexuellen Orientierungen auf allen Hierarchiestufen einer Gesellschaft gleichmäßig vertreten sind. So zumindest argumentieren viele Vertreterinnen und Vertreter von Quotenforderungen in der philosophischen Debatte der 1970er-Jahre. Gemäß Onora O'Neill z. B. muss ein Wettbewerb um Ämter und Positionen diskriminierende Elemente enthalten, wenn nicht alle sozialen Gruppen gemäß ihrem Bevölkerungsanteil auf allen sozialen Hierarchiestufen proportional vertreten sind (O'Neill 1993). Herrscht ein solcher Missstand, scheinen Quoten ein sinnvolles Mittel, um dies zu korrigieren. Darüber hinaus wurde argumentiert, dass Quoten vergangenes Unrecht zu korrigieren vermögen, weil sie gegen ehemals bevorteilte Bevölkerungsschichten diskriminieren. Zudem werden Quoten als Mittel gesehen, um neue Rollenvorbilder zu schaffen, die Mitgliedern benachteiligter Gesellschaftsschichten Perspektiven aufzeigen, die sie sich bisher eher nicht zutrauten.

Werden allerdings Quoten nicht nur als Mittel zur Durchsetzung von Chancengleichheit gesehen, sondern wie häufig als Teil des Ideals selbst, ändert sich dessen Auslegung. Quoten definieren in diesem Fall weder die angemessene Verteilungsprozedur noch angemessene Startbedingungen, sondern formulieren einen sicherzustellenden Endzustand der Verteilung (Gräfrath 1992). Eine solche Auffassung setzt voraus, dass Chancengleichheit bedeutet, allen mit ähnlichen Anlagen und Qualifikationen auch ähnliche Erfolgsaussichten zu ermöglichen. Dabei wird in der Debatte häufig übersehen, dass Chancen nicht nur für Erfolgsaussichten stehen können, sondern auch für realistische Möglichkeiten, um aufgrund erworbener Fähigkeiten und Qualifikationen erfolgreich zu sein (Westen 1985). Bei einem solchen Verständnis von Chancengleichheit ist nicht vorausgesetzt, dass alle mit ähnlichen Fähigkeiten und Qualifikationen zwingend ähnliche Erfolgsaussichten haben sollten. Es wird einzig angenommen, dass sie im Rahmen des Verfahrens nach ihren relevanten Fähigkeiten und Qualifikationen beurteilt werden. Ist dies aber gegeben, muss das Ergebnis akzeptiert werden, auch wenn es aufgrund der anfänglich gegebenen Talentverteilung unfair erscheint.

28.2 Glück und Gleichheit bei der Verwirklichung von Lebensplänen

In seiner liberalen Gerechtigkeitstheorie geht Rawls über die Forderung prozeduraler Chancengleichheit hinaus und argumentiert, dass der Zugang zu Ämtern und Positionen allen einzig nach relevanten Kriterien offenstehen muss. Er fordert eine Art substantieller Chancengleichheit der fairen Startbedingungen. Alle mit ähnlichen natürlichen Anlagen und Talenten sollten über ähnliche Erfolgsaussichten im Wettbewerb um Ämter und Positionen verfügen. Hierfür wurde Rawls kritisiert. Sog. egalitaristische Theorien der Chancengleichheit fordern, dass Ungleichheiten in natürlichen Anlagen und Talenten bei der Verteilung sozialökonomischer Vorteile keine oder nur eine untergeordnete Rolle spielen sollten. Einziges Kriterium für gerechtfertigt ungleiche Chancen dürfen eigenverantwortliche Entscheidungen sein. Interessanterweise hat diese Linie der Theoriebildung auf Auslegungen des Chancenbegriffes rekurriert, die der Unterscheidung zwischen Chancen als Erfolgsaussichten und Chancen als realen Möglichkeiten entspricht. Sie wurde aber von den wichtigsten Vertretern des Egalitarismus kaum explizit diskutiert.

Der klarste Rekurs auf Chancengleichheit als grundlegendes Ideal der Verteilung findet sich bei Richard Arneson (Arneson 1994). Seiner Meinung nach bedeutet die Sicherstellung von Chancengleichheit, dass alle über die gleichen Chancen zur Erlangung von Wohlergehen verfügen müssen. Dabei besteht Wohlergehen der ökonomischen Standardtheorie folgend in der Befriedigung von Präferenzen. Entsprechend muss für eine Geburtskohorte in einem bestimmten Alter gegeben sein, dass alle gleiche Aussichten zur Befriedigung ihrer Präferenzen haben. Wesentlich für die Sicherstellung von Chancengleichheit ist es deshalb, zu ermitteln, über welche Präferenzen die Mitglieder einer Geburtskohorte zu einem bestimmten Zeitpunkt verfügen. Da Präferenzen immer abhängig vom eigenen sozialökonomischen Umfeld entwickelt werden, müssen diese wohlüberlegt sein und dürfen nicht direkt den Einflüssen des sozialökonomischen Umfelds unterliegen. Wichtig ist gemäß Arneson darüber hinaus, dass die offenstehenden Chancen für alle äquivalent und effektiv sind. Alle müssen mit gleichen Erfolgsaussichten gleichwertige Optionen realisieren können. Ist diese Bedingung gegeben, können die Einzelnen ab diesem Zeitpunkt für ihre ungleichen Chancen verantwortlich gemacht werden.

Die zentrale Stellung, die Verantwortung in Arnesons Theorie erhält, ist charakteristisch für eine Reihe weiterer egalitaristischer Positionen. In diesen Theorien sind Ungleichheiten nur dann legitim, wenn sie auf individuelle Fehler oder Entscheidungen zurückgeführt werden können. Die Kernfrage ist deshalb, unter welchen Bedingungen jemand für seine Entscheidungen verantwortlich gemacht werden kann. In Arnesons Theorie ist es die Angemessenheit der Wahlmöglichkeiten bzw. Chancen in einem gewissen Alter. Andere egalitaristische Theorien sehen demgegenüber Kontrolle als zentrales Element für Verantwortungszuschreibung (Dworkin 2000). Wenn jemand aufgrund unverschuldeten Pechs („brute bad luck") schlechter dasteht als alle anderen, kann keine Verantwortung zugeschrieben werden. Ist jemand demgegenüber bewusst ein Risiko eingegangen und hatte Pech („option luck"), dann ist dieser Nachteil selbstverschuldet und gerechtfertigt.

Diese Sicht übernimmt Gerald A. Cohen in seiner egalitaristischen Auslegung von Chancengleichheit. Er fordert, dass alle über angemessene Fähigkeiten, Qualifikationen und Ressourcen verfügen können sollten, um Zugang zu Vorteilen zu erlangen (Cohen 1989). Chancengleichheit ist sichergestellt, wenn alle über die notwendigen substantiellen Voraussetzungen verfügen, um die Befriedigung ihrer selbstverschuldeten Präferenzen zu realisieren. Dies bedeutet, dass Chancengleichheit sowohl den Erwerb von Fähigkeiten und Qualifikationen fordert, als auch die nötigen Ressourcen zur Verfügung gestellt werden müssen. Die Sicherstellung von Chancengleichheit bemisst sich aber nicht daran, dass gleiche Erfolgsaussichten zur Befriedigung von Präferenzen gegeben sind, sondern eine angemessene Verteilung von Fähigkeiten, Qualifikationen und Ressourcen. Entsprechend stehen Chancen im Rahmen dieses Verständnisses von Chancengleichheit nicht für Erfolgsaussichten, sondern für die Mittel, über die jemand verfügt.

Ein solches Verständnis von Chancengleichheit im Sinne der beiden hier dargelegten egalitaristischen Auslegungen steht vor mehreren Schwierigkeiten. Einer der prominentesten Vorwürfe besteht im Vorwurf übertriebener Härte (Anderson 1999). Wenn Verantwortung als legitimes Kriterium gilt, um ungleiche Chancen zu rechtfertigen, sind auch selbstverantwortete Notsituationen rechtfertigbar. Wer selbst einen Unfall verschuldet, darf aus Gerechtigkeitsgründen keine Hilfe erwarten. Das scheint übertrieben hart. Zwei weitere Einwände betreffen den Fokus auf Gleichverteilung (Schramme 2003). Zum einen wird egalitaristischen Theorien vorgeworfen, dass die Garantie von Wohlfahrt durch die Verteilung von Ressourcen außer Acht lasse, worum es in einer liberalen Gesellschaft im Kern eigentlich gehe, nämlich das Zusammenleben unter Freien und Gleichen. Darüber hinaus wird kritisiert, dass Gleichheit immer einen vergleichenden (komparativen) Anspruch definiere, der dazu führen könne, dass alle immer mehr wollen, weil sie gleich gut dastehen wollen wie die anderen. Zu guter Letzt kann man an einer solchen Auslegung von Chancengleichheit kritisieren, dass unklar wird, worin der Unterschied zwischen Freiheit und Chancengleichheit als liberalen Idealen genau besteht. Denn je nach Auslegung sichert liberale Freiheit ähnlich wie egalitaristische Chancengleichheit, dass für alle angemessene Möglichkeiten bestehen, ihre Lebenspläne zu verwirklichen (Wallimann-Helmer 2012b).

28.3 Chancengleichheit und Freiheit

Egalitaristische Theorien der Chancengleichheit weiten den Anwendungsbereich des Ideals über den Wettbewerb um Ämter und Positionen hinaus auf Wohlergehen und Präferenzbefriedigung aus. Gemäß diesen Theorien ist einzig Eigenverantwortung ein legitimer Grund für eine ungleiche Verteilung von Chancen. Wie im letzten Abschnitt dargelegt, hat dies zu einer Reihe von Einwänden geführt. Eine nähere Betrachtung der Funktion von Chancengleichheit in liberalen Gesellschaften hilft zu sehen, ob diese gerechtfertigt sind. Dabei ist eine Auseinandersetzung mit dem Verhältnis von Chancengleichheit und Freiheit zentral. Denn ein näherer Blick auf die Konzeption von Freiheit in liberalen Gerechtigkeitstheorien zeigt, dass sehr viele konzeptionelle Ähnlichkeiten zwischen den beiden Idealen bestehen. Diese betreffen zum einen das Verhältnis zwischen prozeduraler und substantieller Chancengleichheit, zum anderen ist relevant, dass beide liberalen Ideale einen Raum von Handlungsmöglichkeiten in Eigenverantwortung eröffnen sollen. Wird die Funktion von Chancengleichheit vor diesem Hintergrund festgelegt, zeigt sich die marktliberale Seite des Ideals, die egalitaristische Theorien zu neutralisieren versuchen.

Zunächst ist für eine Untersuchung der konzeptionellen Ähnlichkeiten zwischen Chancengleichheit und Freiheit zentral, dass man beide Ideale eher formal und eher substantiell auslegen kann. Dies wird klar, wenn man die bekannte Unterscheidung zwischen negativer und positiver Freiheit (s. Kap. 18) mit derjenigen zwischen prozeduraler und substantieller Chancengleichheit vergleicht (Wallimann-Helmer 2013). Negative Freiheit steht für die Sicherung eines angemessenen Handlungsspielraums für alle, um ihr Leben nach eigenem Gutdünken zu gestalten. Ähnlich wie im Fall prozeduraler Chancengleichheit stellt negative Freiheit den diskriminierungsfreien Zugang zu Ressourcen, Institutionen und Bewegungsfreiheit sicher. Darüber hinaus geht damit aber keine weitere Unterstützung einher. Anders sieht es im Fall von positiver Freiheit bzw. realer Freiheit aus. Dieses Freiheitsverständnis fordert, dass die allen zugestandenen Freiheiten für sie auch realisierbar sind. Bürgerinnen und Bürger müssen über die relevanten Fähigkeiten und Ressourcen verfügen, um selbstbestimmt leben zu können. Dies entspricht Forderungen substantieller Chancengleichheit der Startbedingungen. Auch diese Auslegung des Ideals fordert die Sicherstellung von Fähigkeiten, Qualifikationen und Ressourcen damit ein angemessenes Spektrum an Chancen offensteht.

Darüber hinaus wurde argumentiert, dass sowohl bei Freiheit als auch bei Chancengleichheit sowohl die formale als auch die substantielle Auslegung eine Rolle spielen (McCallum 1991; Rawls 2001). Ohne negative Freiheit macht die Sicherung positiver Freiheit keinen Sinn, weil sonst die selbstbestimmte Ausübung dieser Freiheiten unmöglich wäre. Dasselbe gilt für substantielle Chancengleichheit der Startbedingungen. Denn wenn die erworbenen Fähigkeiten und Qualifikationen nicht unter fairen Bedingungen zur Anwendung kommen können, wäre die Verwirklichung entsprechender Chancen ungerechtfertigt behindert. Sind deshalb die Anwendungsbereiche von Chancengleichheit und Freiheit identisch, besteht die Gefahr, dass die beiden Ideale aufgrund ihrer konzeptionellen Ähnlichkeiten zusammenfallen. Diese Gefahr ist gegeben, wenn substantielle Chancengleichheit der Startbedingungen angemessene Möglichkeiten zur Verwirklichung von Präferenzen sicherstellen soll, wie dies egalitaristische Theorien fordern. Denn auch positive Freiheit könnte solcherart interpretiert werden. Ähnlich sieht es mit dem Verhältnis zwischen negativer Freiheit und prozeduraler Chancengleichheit aus. Steht Letztere für den nicht-diskriminierenden Zugang zu Vorteilen im Allgemeinen, besteht eine große Nähe zu negativer Freiheit. Denn auch negative Freiheit stellt sicher, dass niemand *per se* von den Vorteilen aus dem Zugang zu Institutionen, Ämtern, Positionen und Ressourcen ausgeschlossen wird.

Engt man den Anwendungsbereich von Chancengleichheit allerdings gegenüber Freiheit auf den Wettbewerb um Ämter und Positionen ein, werden diese beiden Schwierigkeiten abgeschwächt. Darüber hinaus kann mit Blick auf Chancengleichheit betont werden, dass ein komparativer Standard sichergestellt werden soll. Alle mit denselben Fähigkeiten und Qualifikationen sollten über dieselben Möglichkeiten verfügen. Es sollen aber nicht alle Bürgerinnen und Bürger identischen Entscheidungsfreiräumen gegenüberstehen, wie dies mit Freiheit sichergestellt werden soll (Wallimann-Helmer 2012a). Gleichzeitig gibt es gute Gründe, den Anwendungsbereich auf Ämter und Positionen zu beschränken, weil diese in liberalen Gesellschaften einen zentralen Teil der kooperativ erwirtschafteten Wohlfahrt ausmachen. Gemäß liberalem Credo sind sozialökonomische Ungleichheiten wichtig, da sie die individuelle Motivation zur Wohlfahrtssteigerung erhöhen, die im Endeffekt allen zugutekommt. Gleichzeitig kann der Vorwurf der übertriebenen Härte entkräftet werden. Auch wenn gemäß dem Ideal der Chancengleichheit kein Gerechtigkeitsanspruch auf Unterstützung bei selbstverschuldeten Nachteilen bestehen mag, rechtfertigt der Anspruch auf positive Freiheit entsprechende Hilfe.

Es ist allerdings nicht möglich, den Vorwurf zu entkräften, Chancengleichheit als komparatives Ideal fördere das Streben nach mehr. Denn verstanden als komparatives Ideal erhält Chancengleichheit im Liberalismus genau diese Funktion. Es stellt faire Bedingungen für den Wettbewerb um besonders wichtige Güter wie Ämter und Positionen sicher. Unter der Annahme, dass diese zu ökonomischen Ungleichheiten führen, scheint es deshalb auch gerechtfertigt, dass die Verteilung von Ressourcen mit Blick auf das Ideal der Chancengleichheit eine große Bedeutung erlangt. Damit wird Chancengleichheit zu einem liberalen Ideal, das einen Wettbewerb sicherstellt, in dem alle bestmöglich abschneiden wollen. Chancengleichheit ist im Liberalismus deshalb im Kern ein Wettbewerbsprinzip, das unter fairen Bedingungen Gewinnerinnen und Verlierer bestimmt. Ob damit allerdings zum Ausdruck kommt, wie sich Bürgerinnen und Bürger untereinander als Freie und Gleiche verstehen bzw. verstehen sollten, kann bezweifelt werden. Zumindest wird einer solchen Auslegung von Chancengleichheit vorgeworfen, dass sie ein Bild des Menschen transportiere, der nur arbeite, um in der Freizeit sein Einkommen zu verjubeln. Freude an der Arbeit spielt für Mitglieder liberaler Gesellschaften gemäß dieser Kritik an Chancengleichheit keine Rolle.

Im aktuellen politischen Diskurs liefern die „#MeToo“ -Bewegung genauso wie die „Black Lives Matter“-Bewegung viele mit Chancengleichheit eng verknüpfte Aspekte zum Thema. Unter dem Hashtag „#MeToo“ wird beklagt, dass Gender, d. h. das sozial konstruierte Geschlecht, zu sexueller Ausnutzung und ungerechtfertigten Nachteilen führe. Die „Black Lives Matter“-Bewegung hebt die soziale und ökonomische Benachteiligung bzw. Diskriminierung von Menschen mit dunkler Hautfarbe hervor. Darüber hinaus wird in einer eher akademischen Debatte in ähnlicher Weise über die Diskriminierung junger und jüngster Bürgerinnen und Bürger bzw. zukünftiger Generationen diskutiert, weil sie in demokratischen Entscheidungsorganen unter- bzw. überhaupt nicht vertreten sind. In all diesen Debatten wird die Bekämpfung der Benachteiligung bzw. des Ausschlusses bestimmter Bevölkerungsgruppen von Vorteilen gefordert, die ihnen aufgrund irrelevanter Kriterien verwehrt bleiben. Aus der Perspektive des liberalen Ideals der Chancengleichheit sind solche Forderungen angemessen und gehören im Rahmen verbesserter Prozeduren, dem Schutz vor Diskriminierung oder durch substantielle Unterstützung mit Blick auf Bildung oder Ressourcen korrigiert. Werden solche Forderungen allerdings mit Chancengleichheit verknüpft, dann sollte eines nicht vergessen gehen. Chancengleichheit ist ein viel schwächeres Ideal als gemeinhin angenommen wird. Chancengleichheit stellt einzig ein faires Verfahren und faire Startbedingungen sicher, garantiert aber keine bestimmte Endverteilung, wie dies in der Debatte um Quoten häufig angenommen wurde.

Literatur

Anderson, Elizabeth S.: What is the Point of Equality? In: Ethics 109/2 (1999), 287–337.

Arneson, Richard J.: Gleichheit und gleiche Chancen zur Erlangung von Wohlergehen. In: Axel Honneth (Hg.): Pathologien des Sozialen. Die Aufgaben der Sozialphilosophie. Frankfurt a.M. 1994, 330–350.

Cavanagh, Matt: Against equality of opportunity. Oxford 2002.

Cohen, Gerald A.: On the Currency of Egalitarian Justice. In: Ethics 99/4 (1989), 906–944.

Dworkin, Ronald: Sovereign virtue. The theory and practice of equality. Cambridge, Mass. 2000.

Gräfrath, Bernd: Wie gerecht ist die Frauenquote? Eine praktisch-philosophische Untersuchung. Würzburg 1992.

McCallum, Gerald C.: Negative and Positive Freedom. In: David Miller (Hg.): Liberty. Oxford 1991, 100–122.

O'Neill, Onora: Wie wissen wir, wann Chancen gleich sind? In: Beate Rössler (Hg.): Quotierung und Gerechtigkeit. Eine moralphilosophische Kontroverse. Frankfurt a. M./New York 1993, 144–157.

Rawls, John: Eine Theorie der Gerechtigkeit. Frankfurt a. M. 1979.

Rawls, John: Justice as Fairness: a Restatement. Cambridge, Mass. 2001.

Schramme, Thomas: Die Anmassung der Gleichheitsvoraussetzung. In: Deutsche Zeitschrift für Philosophie 51 (2003), 255–273.

Sher, George: Qualifications, Fairness and Desert. In: Norman E. Bowie (Hg.): Equal Opportunity. Boulder 1988, 113–127.

Wallimann-Helmer, Ivo: Chancengleichheit in der Bildung – Auch für Menschen mit Behinderung? In: Ders.: Chancengleichheit und ‚Behinderung' im Bildungswesen. Freiburg/München 2012a, 186–214.

Wallimann-Helmer, Ivo: Die Abhängigkeit zwischen Chancengleichheit und Freiheit. In: Dagmar Borchers/Stefan Gosepath/Nadja Niestädt/Oliver Petersen (Hg.): Proceedings von GAP.7. Nachdenken und Vordenken? Herausforderungen an die Philosophie. Duisburg-Essen 2012b, 539–558.

Wallimann-Helmer, Ivo: Chancengleichheit im Liberalismus: Bedeutung und Funktion eines überschätzten Ideals. Freiburg/München 2013.

Warren, Mary A.: Sekundärer Sexismus und Quotierung. In: Beate Rössler (Hg.): Quotierung und Gerechtigkeit. Eine moralphilosophische Kontroverse. Frankfurt a. M./New York 1993, 120–143.

Westen, Peter: The Concept of Equal Opportunity. In: Ethics 95/4 (1985), 837–850.

Williams, Bernard: Der Gleichheitsgedanke. In: Ders.: Probleme des Selbst. Philosophische Aufsätze 1956–1972. Stuttgart 1978.

Marktwirtschaft

29

Fabian Wendt

Alle Spielarten des Liberalismus stellen in der einen oder anderen Form den Wert der Freiheit in den Mittelpunkt. An der Frage, was der Wert der Freiheit für die Wirtschaftsordnung impliziert, entscheidet sich deswegen das Verhältnis von Marktwirtschaft und Liberalismus. Während im deutschsprachigen Raum der Liberalismus oft als eine dezidiert pro-marktwirtschaftliche Ideologie begriffen wird, gelten Liberale in den USA zwar nicht als anti-kapitalistisch, aber doch als Vertreter einer weitgehenden Einhegung der Marktwirtschaft, die hierzulande eher mit der Sozialdemokratie assoziiert wird.

29.1 Kapitalismus und Marktwirtschaft

Viele bevorzugen den Begriff der Marktwirtschaft gegenüber dem Begriff des Kapitalismus, da Letzterer seit Marx negativ konnotiert ist. Ob Marktwirtschaft und Kapitalismus letztlich als dasselbe zu verstehen sind, ist umstritten; auffallend ist jedenfalls, dass Gegner des Kapitalismus oft nicht diejenige Wirtschaftsform meinen, die Freunde der Marktwirtschaft propagieren. Gegner des Kapitalismus haben mit dem Kapitalismus oft im Kern *die gegenwärtige* Wirtschaftsordnung im Auge, die auch gerne mit der Herrschaft des „Neoliberalismus" (s. Kap. 46) identifiziert wird. Freunde der Marktwirtschaft sind jedoch oft durchaus kritisch gegenüber der gegenwärtigen Wirtschaftsordnung. Im Namen ihrer Ideale von Wettbewerb und Konkurrenz bemängeln sie etwa die Verquickung von Staat und „Big Business" und sitzen dabei eigentlich mit Kapitalismuskritikern im selben Boot. Freunde der Marktwirtschaft kritisieren darüber hinaus die gegenwärtige Wirtschaftsordnung als *zu wenig* marktwirtschaftlich (Bürokratie, Überregulierungen, zu hohe Steuern und Abgaben, Subventionen usw.).

Die gegenwärtige Wirtschaftsordnung sollte deswegen nicht einfach mit dem Kapitalismus identifiziert werden. Die gegenwärtige Wirtschaftsordnung ist vielmehr insofern und insoweit kapitalistisch, als es erstens in ihr Privateigentum an Produktionsmitteln gibt, und zweitens in (mehr oder weniger) vielen Bereichen private Anbieter von Gütern und Dienstleistungen auf (mehr oder weniger regulierten) Märkten um Kunden konkurrieren. So verstanden können Wirtschaftsordnungen *mehr oder weniger* kapitalistisch sein, und Liberale werden je nach Ausrichtung eine unterschiedlich *stark* kapitalistische Wirtschaftsordnung befürworten. Eine extrem kapitalistische Wirtschaftsordnung wäre letztlich eine marktanarchistische Ordnung ganz ohne Staat, in der also z. B. auch

F. Wendt (✉)
Chapman Universität, Orange, CA, USA
E-Mail: wendt@chapman.edu

M. Festl (Hrsg.), *Handbuch Liberalismus*, https://doi.org/10.1007/978-3-476-05798-3_29

Sicherheitsdienstleistungen und Schiedsgerichtdienstleistungen von privaten Firmen statt von Polizei und staatlichen Gerichten bereitgestellt werden. Am anderen Ende der Skala stehen die Wohlfahrtsstaaten Kontinentaleuropas wie sie gegenwärtig bestehen.

29.2 Naturrechtlicher Liberalismus

Ein Traditionsstrang des Liberalismus, für den u.a. John Locke (s. Kap. 1) steht, beginnt mit der Annahme, dass jedes Individuum aus moralischer Perspektive *Selbsteigentümer* ist. Als Selbsteigentümer haben Individuen zunächst einmal Abwehrrechte gegenüber anderen Personen, insbesondere gegen nicht-konsensuelle Eingriffe in ihren Körper. Selbsteigentümer haben aber auch Verfügungsrechte über ihre Körper, dürfen also z. B. selbst entscheiden, ob sie eine Tätowierung haben oder halluzinogene Substanzen ausprobieren wollen und sogar, ob sie am Leben bleiben möchten. Die Annahme des Selbsteigentums scheint am einfachsten und direktesten zu erklären und zu benennen, warum z. B. Mord, Vergewaltigung oder Sklaverei moralisch falsch sind. Einige Implikationen der Annahme des Selbsteigentums – etwa, dass Drogen oder Euthanasie legalisiert werden müssten – sind sicherlich höchstumstritten; aber es sind Implikationen, die eine erkennbar „liberale“ oder „freiheitliche“ Handschrift haben, insofern sie jedem Individuum einen weitgehenden Freiheitsraum geben.

Was hat nun das Selbsteigentum mit der Wirtschaftsordnung zu tun? Die meisten wirtschaftlichen Aktivitäten umfassen den Tausch von äußeren Gütern – von Mobiltelefonen über Socken bis zu Stachelbeeren –, und die Annahme des Selbsteigentums scheint auf den ersten Blick wenig über äußere Güter zu sagen. Auf den zweiten Blick jedoch hat das Selbsteigentum durchaus Implikationen für die Legitimität des Kapitalismus. Zunächst einmal beinhalten manche wirtschaftlichen Aktivitäten eben *nicht* den Tausch äußerer Güter: Entgeltliche Massagen oder Ernährungsberatungen sind ein Beispiel, aber auch der Verkauf von aus dem eigenen wallenden Haar gestrickten Teppichen (ein Beispiel aus Otsuka 2003). Vor allem aber kann man argumentieren, dass die gleichen Erwägungen, die für die Annahme von Selbsteigentum sprechen, auch für die Annahme bestimmter Rechte bezüglich äußerer Güter sprechen. Selbsteigentum ohne äußere Güter ist wertlos, da Menschen zum schlichten Überleben äußerer Güter bedürfen (Nahrung, Luft etc.). Aber *welche* Rechte bezüglich äußerer Güter sollten wir Selbsteigentümern zuschreiben? Locke (1689) geht davon aus, dass Gott die Erde den Menschen zwar gemeinsam gegeben hat, dass aber jede Person sich durch Arbeit Teile der Welt aneignen kann. Wenn ich einen Baum pflanze und später die Früchte des Baumes ernte, so ist es die investierte Arbeit, die mir ein Recht auf die – auch im übertragenen Sinne – Früchte meiner Arbeit verleiht.

Wenn man eine Argumentation wie die von Locke akzeptiert, dann hat man den Kern des Kapitalismus (Privateigentum an Produktionsmitteln, Märkte) akzeptiert, wenn auch nicht notwendigerweise in seiner extremsten Form. Wie gesehen gibt es verschiedene Formen des Kapitalismus, und die Annahme eines Rechts auf Eigentum an äußeren Gütern ist kompatibel mit anderen moralischen Annahmen, die möglicherweise staatliche Eingriffe in der einen oder anderen Form rechtfertigen. Nach Locke z. B. kann man sich nur dann durch Arbeit etwas aneignen, wenn „genug Gleichgutes“ für andere übrig bleibt; Henry George (1979) argumentiert, dass man sich kein Land aneignen kann und deswegen jeder Landeigentümer eine Grundrente zahlen muss; Hillel Steiner meint, dass man nur ein Recht auf einen gleichen Anteil von äußeren Gütern hat (1994); und Wendt hat andernorts argumentiert, dass man ein Recht hat, sich gemäß rechtfertigbaren konventionellen Regeln Privateigentum anzueignen, wobei konventionelle Regeln u. a. dann rechtfertigbar sind, wenn sie jeder Person ermöglichen, als Projektverfolger zu leben (2016). Ob somit die Annahme des Selbsteigentums einen extremen oder einen mehr oder weniger gemäßigten Kapitalismus unterstützt, wird an diesen Zusatzannahmen hängen. Klar scheint mir dagegen, dass die Annahme des

Selbsteigentums unvereinbar ist mit einer sozialistischen (nicht-marktwirtschaftlichen) Wirtschaftsordnung.

29.3 Klassischer Liberalismus

Eine andere Traditionslinie des Liberalismus unterstützt marktwirtschaftliche Wirtschaftssysteme in erster Linie, weil sie Wohlstand und Fortschritt bedeuten. Adam Smith (s. Kap. 3) begründet die Nationalökonomie (bzw. die Wirtschaftswissenschaften) mit einem Buch, das vom „Wohlstand der Nationen" handelt und freie Märkte gegen den Merkantilismus verteidigt (1776).

Dass Märkte wohlfahrtssteigernd sind, hat mehrere Gründe. Smith betont u. a., wie entscheidend die mit der Marktwirtschaft fortschreitende Arbeitsteilung ist: Ein einzelner Arbeiter wäre wohl in der Lage, ein paar Nägel am Tag herzustellen, aber wenn die Herstellung von Nägeln in einer Manufaktur in viele Teilschritte unterteilt ist, können zehn Arbeiter zusammen ca. 48.000 Nägel am Tag produzieren. Arbeitsteilung spart Zeit, sie ermöglicht Spezialisierung und damit die Verbesserung individueller Fähigkeiten, und sie führt zu Innovation.

Doch Arbeitsteilung ist nicht der einzige Grund für die wohlfahrtssteigernde Kraft des Marktes. Es liegt auch an dem, was Smith mit der berühmten Metapher von der „unsichtbaren Hand des Marktes" im Auge hat. Obwohl Marktakteure meist ihren eigenen Vorteil im Auge haben, befördern sie, ohne dies zu intendieren, von der unsichtbaren Hand des Marktes geleitet den allgemeinen Wohlstand. Die unsichtbare Hand des Marktes bewirkt dies erstens, weil konkurrierende Anbieter auf freien Märkten einen Anreiz haben, ein möglichst gutes Produkt zu einem möglichst guten Preis anzubieten, wenn sie einen Gewinn erzielen wollen. Zweitens speichern auf Märkten gebildete Preise Informationen über die Knappheit von Gütern, wie vor allem Hayek betont hat (1945): Wenn die Preise für ein Gut steigen, zeigt dies, dass das Gut relativ zur Nachfrage knapper geworden ist, und Marktteilnehmer werden entsprechend darauf reagieren. Wenn z. B. die Kupferpreise steigen, werden Kupfer verwendende Produzenten versuchen, Kupfer sparsamer zu verwenden oder eine Alternative zu Kupfer zu finden, und potentielle Investoren und Minenbetreiber werden versuchen, mehr Kupfer zu fördern. Ohne zentrale, bewusste Planung werden so durch die in Marktpreisen enthaltenen Informationen Ressourcen in ihre effizienteste Verwendung gelenkt.

Viele klassisch-liberale Denker – Smith und Hayek eingeschlossen – akzeptieren aber auch gewisse Regulierungen von Märkten und die Bereitstellung mancher Güter durch den Staat. Ein besonders wichtiges Argument betrifft öffentliche Güter, also Güter, von deren Konsum niemand ausgeschlossen werden kann und deren Konsum nicht rivalisierend ist. Ein klassisches Beispiel für ein öffentliches Gut sind Leuchttürme: Von Leuchttürmen profitieren automatisch alle Schiffe, die an der entsprechenden Küste unterwegs sind (keines kann ausgeschlossen werden), und dass das eine Schiff von einem Leuchtturm profitiert hat keinerlei Implikationen für andere Schiffe (der Konsum ist nicht rivalisierend). Öffentliche Güter, so das Argument, werden auf Märkten nicht oder nur unzureichend bereitgestellt, weil Trittbrettfahrer die Güter bekommen können ohne für sie zu bezahlen. Damit zusammenhängend fehlt selbst denjenigen, die bereit wären, für die Produktion eines öffentlichen Gutes zu zahlen, die Versicherung, dass andere ebenfalls ihren Teil beitragen werden. Öffentliche Güter führen deswegen zu einem Marktversagen und staatliche Interventionen, sei es in Form von Regulierungen, Subventionen, oder der direkten Bereitstellung der Güter, sind die Antwort auf dieses Marktversagen.

Es gibt allerdings auch Studien, die zeigen, dass öffentliche Güter manchmal durchaus ohne den Staat produziert werden können und *de facto* produziert wurden, und dass vermeintlich öffentliche Güter durch die Entwicklung eines Ausschlussmechanismus manchmal in „Clubgüter" überführt werden können (vgl. Ostrom 1990). Dazu kommt, dass der Hinweis auf ein Marktversagen allein nicht hinreicht, ein Eingreifen des Staates zu rechtfertigen. Erstens kommt es auch auf die Form des Eingriffs an (etwa wie die Kosten verteilt sind, ob manche Individuen durch den Eingriff alles in allem betrachtet geschädigt werden, usw.). Zweitens macht man es sich zu einfach, wenn man sich als Theoretiker darauf beschränkt, Argumente für staatliche Interventionen zu entwerfen, ohne zu überlegen, ob vom Staat bzw. von staatlichen Akteuren realistisch erwartet werden kann, dass sie auch tatsächlich entsprechend handeln. So analysiert die „Public Choice Theory" die Anreizmechanismen politischer Entscheidungsfindung, die analog zu einem Marktversagen zu einem Staatsversagen führen können (vgl. Buchanan/Tullock 1956).

Oben wurde gesagt, dass alle Formen des Liberalismus in der einen oder anderen Form den Wert der Freiheit in den Mittelpunkt rücken. Inwiefern aber sind die hier skizzierten klassisch-liberalen Argumente für die Marktwirtschaft „freiheitlich"? Dreierlei Antworten können gegeben werden. Erstens ist die Marktwirtschaft selbst insofern eine „freiheitliche" Institution, als auf Märkten freiwillige Tauschhandlungen vollzogen werden, während staatliche Eingriffe in der einen oder anderen Form mit Zwang einhergehen müssen. Insofern ist es, wenn man so will, intrinsisch liberal und freiheitlich, die Marktwirtschaft zu verteidigen (mit welchen Argumenten auch immer). Zweitens sind wirtschaftliche Freiheiten auf der einen Seite und politische und soziale Freiheiten auf der anderen Seite miteinander empirisch korreliert (vgl. Friedman 1962): Diejenigen Länder, die wirtschaftliche Freiheiten schützen, sind tendenziell auch diejenigen Länder, in denen Meinungsfreiheit, Religionsfreiheit etc. besonders geschützt sind. Drittens ist die klassisch-liberale Perspektive insofern freiheitlich, als aus dieser Perspektive Wohlstand üblicherweise schlicht am Maß der Präferenzbefriedigung von Individuen gemessen werden soll, und somit niemandem eine bestimmte objektivistische Vorstellung vom guten Leben aufgezwungen werden soll. Kritiker des Kapitalismus halten dies freilich als eine Blindheit gegenüber den im Kapitalismus erst durch Werbung und die allgemeine Konsumkultur generierten und insofern unauthentischen Wünschen.

29.4 Perfektionistischer Liberalismus

Weder Naturrechtliche Liberale noch Klassisch-Liberale verteidigen die Marktwirtschaft im Namen einer objektivistischen Konzeption vom guten Leben. Perfektionistische Liberale tun dagegen genau dies, und die Idee der Freiheit charakterisiert nach ihnen eine bestimmte Lebensform. Während Naturrechtliche Liberale und Klassisch-Liberale Freiheit in erster Linie als ein negatives Abwehrkonzept verstehen – als die Abwesenheit von Zwang und insbesondere von staatlichen Eingriffen –, ist Freiheit etwa für T. H. Green (1885) etwas Positives, nämlich grob gesprochen ein Leben in vernünftiger Selbstverwirklichung. Andere Perfektionistische Liberale haben im Detail natürlich andere Vorstellungen vom guten Leben, aber in der einen oder anderen Form spielen Autonomie oder Selbstbestimmung und insofern ein positiver Freiheitsbegriff eine zentrale Rolle (vgl. Mill 1859; Raz 1986). Ein autonomes oder selbstbestimmtes Leben kann etwa als eines verstanden werden, in dem man in zentralen Lebensbereichen verschiedene wertvolle Wahlmöglichkeiten hat, in dem man die kognitiven und charakterlichen Fähigkeiten hat, unter diesen Möglichkeiten überlegte Entscheidungen zu treffen und sie kritisch zu reflektieren, und in dem diese Fähigkeiten auch tatsächlich in erheblichem Ausmaß ausgeübt werden.

Die Frage, welche Wirtschaftsordnung wir haben sollten, ist für Perfektionistische Liberale sodann im Lichte dieser positiven Freiheitsvision zu entscheiden. Die meisten treten tendenziell für einen gemäßigten, gezähmten Kapitalismus ein. Green etwa verteidigt zwar das Privateigentum – die Voraussetzung für den Kapitalismus –, aber er weist auf der anderen Seite dem Staat und umverteilender Besteuerung eine deutlich weitergehende Rolle zu als Klassisch-Liberale dies tun. Auch staatliche Regulierungen z. B. der Sicherheitsbedingungen am Arbeitsplatz können aus perfektionistisch-liberaler Perspektive gerechtfertigt werden, wenn und insofern sie die Gesundheit schützen und Gesundheit eine Voraussetzung für ein autonomes Leben darstellt. Auch paternalistische Eingriffe – etwa ein Verbot von Drogen – können entsprechend gerechtfertigt werden, wenn und insofern sie die psychische Gesundheit und damit indirekt die kognitiven Fähigkeiten und letztlich die positive Freiheit der Bürger schützen. Eine perfektionistisch-liberale Theorie ist auch offen für die Verteidigung von staatlichen Subventionen z. B. von Opernhäusern, wenn dies als bereichernd für ein selbstbestimmtes Leben angesehen wird.

Es gibt allerdings auch Perfektionistische Liberale, die einen sehr puren Kapitalismus mit einem schlanken oder sogar minimalen Staat rechtfertigen, etwa weil der Kapitalismus uns nicht nur reicher, sondern auch besser macht, indem er „bürgerliche Tugenden" fördert (McCloskey 2007).

29.5 Kontraktualistischer Liberalismus

Der wohl einflussreichste liberale politische Philosoph des 20. Jahrhunderts ist John Rawls (s. Kap. 19). In seiner „Theorie der Gerechtigkeit" entwickelt er eine kontraktualistische Theorie, der gemäß Gerechtigkeitsprinzipien für die Grundstruktur der Gesellschaft Gegenstand einer hypothetischen Wahlsituation namens „Urzustand" sind (1971). Der Urzustand ist ein Zustand der Gleichheit, insofern seine Bewohner die Wahl zwischen Gerechtigkeitsprinzipien hinter einem „Schleier des Nichtwissens" treffen müssen, der ihr Wissen um ihre natürlichen Gaben (Intelligenz usw.) ebenso verdeckt wie ihre gesellschaftliche Stellung und ihre Vorstellung vom guten Leben (weswegen der kontraktualistische Ansatz im Kern anti-perfektionistisch ist). Da niemand seine natürlichen Gaben und gesellschaftliche Stellung moralisch verdient hat, macht der Schleier des Nichtwissens die Wahlsituation zu einer *fairen* Wahlsituation. Rawls argumentiert sodann, dass die Parteien im Urzustand zwei Gerechtigkeitsgrundsätze wählen würden, die einen deutlich egalitäreren Zug haben als klassisch-liberale Ordnungsvorstellungen (und als die meisten naturrechtlich-liberalen Prinzipien): Der erste Gerechtigkeitsgrundsatz fordert gleiche Freiheitsrechte für alle, der zweite faire Chancengleichheit und eine Gleichverteilung von Einkommen und Vermögen, sofern nicht das Zulassen von Ungleichheiten bei Einkommen und Vermögen auch den Schlechtestgestellten zugutekommt.

Wie ist aus einer rawlsschen Perspektive die Marktwirtschaft zu beurteilen? Zunächst einmal finden sich unter den Freiheitsrechten, die den ersten Gerechtigkeitsgrundsatz von Rawls' Theorie der Gerechtigkeit ausmachen, kein Recht auf Privateigentum an Produktionsmitteln. Die Wahl zwischen Kapitalismus und Sozialismus ist nach Rawls auf der Ebene der Prinzipien der Gerechtigkeit nicht zu entscheiden; es ist vielmehr eine empirische Frage, welches Wirtschaftssystem den Schlechtestgestellten am meisten nützt. Bestimmte Institutionensysteme werden allerdings bei Rawls schon wegen des Freiheitsgrundsatzes und des Grundsatzes der fairen Chancengleichheit ausgeschlossen. So sind nach Rawls radikalere Formen des Kapitalismus ausgeschlossen, weil sie keine faire Chancengleichheit gewährleisten, und Formen des Sozialismus, die Freiheitsrechte missachten, sind aus eben diesem Grund natürlich ebenfalls ausgeschlossen.

Rawls selbst meint letztlich, dass die Wahl zwischen einem liberalen Sozialismus und einer Variante des Kapitalismus, die er „Property-Owning Democracy" nennt, zu treffen ist (vgl. Rawls 2001). Eine Property-Owning Democracy ist kapitalistisch in der hier verwendeten Terminologie, insofern es in ihr Privateigentum an Produktionsmitteln gibt. Das besondere an ihr ist, dass Umverteilung nicht *ex post* geschehen soll, so dass der Markt Ergebnisse schafft, die dann korrigiert werden müssen, sondern proaktiv geschehen soll, z. B. durch eine hohe Erbschaftssteuer. Jüngst wurde allerdings argumentiert, dass Rawls ein heimlicher Sozialist war, dessen normative Annahmen eigentlich nur einen liberalen Sozialismus rechtfertigen (Edmundson 2017). Umgekehrt gibt es andererseits auch Liberale, die wie Rawls einem kontraktualistischen Bild von Gerechtigkeit anhängen, aber anders als Rawls zu deutlich marktfreundlicheren Ergebnissen kommen, etwa weil der erste Gerechtigkeitsgrundsatz vor dem Hintergrund kontraktualistischer Annahmen auch weitgehende wirtschaftliche Freiheiten umfassen müsste (Tomasi 2012).

Literatur

Buchanan, James M./Tullock, Gordon: The Calculus of Consent [1956]. Indianapolis 1999.

Edmundson, William A.: John Rawls: Reticent Socialist. Cambridge 2017.

Friedman, Milton: Kapitalismus und Freiheit [1962]. München 2004.

George, Henry: Progress and Poverty [1879]. London 2016.

Green, Thomas Hill: Works of T. H. Green. London 1885–1888.

Hayek, Friedrich August von: The Use of Knowledge in Society. The American Economic Review 35 (1945), 519–530.

Locke, John: Zwei Abhandlungen über die Regierung [1689]. Frankfurt a. M. 1977.

McCloskey, Deirdre: The Bourgeois Virtues. Chicago 2007.

Mill, John Stuart: Über die Freiheit [1859]. Stuttgart 1974.

Ostrom, Elinor: Die Verfassung der Allmende. Tübingen 1990.

Otsuka, Michael: Libertarianism without Inequality. Oxford 2003.

Rawls, John: Eine Theorie der Gerechtigkeit [1971]. Frankfurt a. M. 1979.

Rawls, John: Gerechtigkeit als Fairness: Ein Neuentwurf. Frankfurt a. M. 2001.

Raz, Joseph: The Morality of Freedom. Oxford 1986.

Smith, Adam: Der Wohlstand der Nationen [1776]. München 2018.

Steiner, Hillel: An Essay on Rights. Oxford 1994.

Tomasi, John: Free Market Fairness. Princeton 2012.

Wendt, Fabian: The Sufficiency Proviso. In: J. Brennan/B. van der Vossen/D. Schmidtz (Hg.): The Routledge Handbook of Libertarianism. London 2016.

30 Frauenrechte

Stephanie Deig

Frauenrechte sind Forderungen und Ansprüche von Frauen auf moralische, rechtliche oder politische Güter, Werte sowie Pflichten und Verpflichtungen. Zeitgenössische Beispiele dieser Forderungen umfassen das Recht auf gleichen Lohn und Elternzeit, sexuelle und reproduktive Selbstbestimmung und Freiheit sowie das Ende jeglicher Art von Diskriminierung aufgrund des Geschlechts. Da sie durch die systematische (historische) Verneinung der Menschlichkeit von Frauen und daher der Verneinung ihres Status als Inhaber*innen von Rechten notwendig gemacht wurden, bieten Frauenrechte einen wesentlichen und grundlegenden Ausgangspunkt für eine kritische Analyse der liberalen Tradition. Ihre Ausarbeitung erlaubt es, die wichtigen und übergangenen Verbindungen zu beleuchten, die zwischen konzeptuellen Verpflichtungen und dem Versagen, Freiheit und Gerechtigkeit für *alle* zu sichern, liegen. Gleichzeitig demonstrieren sie die zentrale und machtvolle Rolle der liberalen Denktradition und liberaler Rechte in Hinblick auf die Bildung einer normativen Sprache und einer Landschaft von Freiheit und Gleichheit.

S. Deig (✉)
Universität Bern, Bern, Schweiz
E-Mail: stephanie.deig@students.unibe.ch

30.1 Rechte in der liberalen Tradition: Ursprung und Konzeptionen von Frauenrechten

Die klassische und zeitgenössische liberale Rechtstheorie brachte drei normative Gründe hervor, die als Grundlage für unterschiedliche Konzeptionen von Frauenrechten dienen. Normative Gründe sind Gründe oder Werte dank derer Ansprüche auf Rechte gerechtfertigt werden oder dank derer diese erforderlich sind. Die folgenden drei normativen Gründe sind dabei zentral:

1. Der intrinsische moralische Wert oder die Würde von allen menschlichen Individuen und damit die Existenz von natürlichen Menschenrechten.
2. Auf Konsens basierende gesellschaftliche oder rechtliche Verträge zwischen Individuen, Staaten, Konzernen oder Institutionen.
3. Eine intrinsische oder instrumentelle Verbindung eines Rechts, oder von Rechten generell, zu der Verwirklichung menschlicher Interessen oder der Realisierung einer bestimmten Form des guten Lebens, insoweit als diese wünschenswerte liberale Güter, Werte, Zustände oder Institutionen fördert und sichert.

Im Lichte theoretischer und technologischer Entwicklungen sowie politischer und gesellschaftlicher Bewegungen, die ein Ende von

M. Festl (Hrsg.), *Handbuch Liberalismus,* https://doi.org/10.1007/978-3-476-05798-3_30

Unterwerfungen und Unterdrückungen forderten, wie z. B. die Bewegung zur Abschaffung der Sklaverei, die Bewegung für das allgemeine Wahlrecht (Suffragetten), die Bürgerrechtsbewegung und die Bewegung für sexuelle und politische Befreiung der Frauen, wirkten diese drei Quellen als Katalysatoren der Artikulation von drei vorherrschenden Konzeptionen darüber, welche Forderungen und Ansprüche Frauenrechte sind:

a. Gleiche Anerkennung der natürlichen und unveräußerlichen Rechte von Frauen aufgrund ihres moralischen Wertes und ihrer Würde als Menschen.
b. Gleiche Anerkennung von Frauen als politische, gesellschaftliche und rechtliche Subjekte von Verträgen und Gütern sowie anderen Vereinbarungen innerhalb liberaler Gesellschaften.
c. Die Garantie von besonderen liberalen Gütern, Werten, Zuständen oder Institutionen, die intrinsisch oder instrumentell mir der Realisierung von a) und/oder b) verknüpft sind und die in den Erfahrungen von Frauen auf der Basis von
   - Ihrer essenziellen Natur, ihren Fähigkeiten oder Charakteristika (psychologisch, biologisch oder sozial), und
   - Ihrer Unterwerfung, Beherrschung und Unterdrückung in männlichen oder patriarchalen politischen und rechtlichen Systemen begründet sind.

Im Folgenden wird die Entwicklung dieser drei Konzeptionen von Frauenrechten innerhalb der klassischen und zeitgenössischen liberalen Theorie, anhand von relevanten Gegenbewegungen und mit Hinblick auf die drei aufeinander folgenden feministischen gesellschaftlich und politisch aktivistischen Wellen untersucht und skizziert, um einen Überblick über ihre historischen und theoretischen Ursprünge zu geben und ihre Rolle in politischen und gesellschaftlichen Debatten, Veränderungen und rechtlichen Reformen nachzuvollziehen.

30.2 Liberaler Feminismus in der Aufklärung und das Vorspiel zur ersten feministischen Welle (1715–1790)

Einflussreiche Denker der Aufklärung, wie z. B. Kant, Locke und Rousseau, behaupteten, dass Frauen, aufgrund ihrer weiblichen Disposition und Sentimentalität, nicht so wie Männer vernunftbegabte Wesen sind. Dies bedeutete, dass Frauen effektiv als jenseits der Reichweite der Vernunft angesehen und deshalb ihrem Status als Inhaberinnen von natürlichen Menschenrechten beraubt wurden. Auf dieser Basis argumentierten Kant, Locke und Rousseau, dass Ansprüche und Forderungen der Frauen auf politische und gesellschaftliche Rechte durch die wohlüberlegten, vernünftigen Urteile ihrer jeweiligen Patriarchen bewertet und gewährt werden sollten. Sie behaupteten weiter, dass dies nicht nur moralisch gerechtfertigt, sondern auch pragmatisch sei, da es zu objektiveren und vernünftigeren Entscheidungen bezüglich der Interessen von Frauen und damit letztlich des Allgemeingutes führe. Die Implikation dieser konzeptuellen Behauptungen schlugen sich in der Entscheidung nieder, Frauen in den ersten demokratisch eingesetzten Verfassungen, der von der französischen Nationalversammlung verabschiedeten *Erklärung der Menschen- und Bürgerrechte* von 1789 und der *Verfassung der Vereinigten Staaten* (1789), als Eigner*innen von liberalen, gesetzlichen und politischen Rechten auszuschließen (Brooks/Moore 2012; Donovan 2013; Pateman 1988; MacKinnon 1989).

Als Reaktion darauf verfasste Olympe de Gouges, eine revolutionäre Dramatikerin, Denkerin sowie eine der ersten öffentlichen politischen Aktivistinnen für die Abschaffung der Sklaverei und für Frauenrechte, eine der frühesten Ausarbeitungen von Frauenrechten im globalen Norden, die *Erklärung der Rechte der Frau und Bürgerin* (1791). In dieser Arbeit stellte Gouges die zentrale Frage an die Autoren der Verfassung und an die Menschheit (lies: an Männer): was gibt euch das Recht, anderen die

Rechte zu verweigern, derer ihr euch erfreut? Sie argumentierte, dass diese Rechte Frauen und versklavten Personen aufgrund derselben Kriterien der Vernunft zuständen, dank der Männer als individuelle Inhaber von natürlichen Menschenrechten und liberalen Rechten gesehen und verstanden werden. Darüber hinaus forderte sie die Anerkennung besonderer politischer Interessen von Frauen, die aus ihrem Status als Mütter und Pflegerinnen erwachsen, und lieferte eine umfassende und machtvolle Darstellung von Frauenrechten als unveräußerliche Menschenrechte auf Leben, Freiheit, Eigentum und gleiche Anrede und Inklusion als vollständige Subjekte im Gesellschaftsvertrag. Dazu forderte sie in radikaler Weise die Abschaffung der religiösen Ehe zu Gunsten der zivilen sowie ein Recht auf Scheidung. Gouges beendet ihren Text mit einem Handlungsaufruf, der den aufklärerischen liberalen Feminismus prägen sollte: die Revolution wird solange weitergehen bis Frauen als gleich durch Vernunft geprägt anerkannt werden (Brooks/Moore 2012; Donovan 2013).

Die Philosophin Mary Wollstonecraft (s. Kap. 7) reagierte in ihrem Text *die Verteidigung der Rechte der Frau* (1792) schnell auf Gouges' Aufruf und lieferte eine eindeutige Widerlegung von Kant, Rousseau und Locke. Sie zeigte, wie deren Behauptungen bezüglich der angeblichen Unfähigkeit von Frauen, Vernunft zu besitzen oder zu nutzen, nicht nur auf pseudowissenschaftlichen psychologisch-biologischen Theorien, sondern auch auf ihrer Befürwortung tyrannischer traditioneller Normen und Bräuche die richtige soziale Rolle von Frauen betreffend, beruhen. Sie argumentierte, dass Frauen und Männer dieselbe gottgegebene moralische und intellektuelle Fähigkeit zum logischen Denken und daher dieselben natürlichen Menschenrechte besitzen. In einem radikaleren Schritt demonstrierte Wollstonecraft, dass die Konzeptionen dieser Denker bezüglich der Beziehung von *a priori* Vernunft, natürlichen Menschenrechten und dem Status als Inhaber liberaler Rechte, nicht berücksichtigten, dass die Fähigkeit und Veranlagung vernünftig zu denken notwendigerweise in Verbindung zur politischen und sozialen Umgebung entsteht. Dies macht die Erzeugung von Wissen und die Existenz der Vernunft sowohl zu einem sozialen als auch zu einem politischen Prozess. Aufbauend auf einem ähnlichen Argument der Philosophin Mary Astell von 1764 zeigt Wollstonecraft, dass Frauen durch die Verweigerung eines Zuganges zu Bildung und der Teilnahme an Angelegenheiten, die als außerhalb der weiblichen Domäne galten, was so bedeutende Bereiche wie Politik, Wissenschaft, Philosophie und Mathematik einschloss, dazu sozialisiert werden, zu glauben, ihre einzigen Interessen und möglichen wertvollen Beiträge lägen in häuslichen oder ästhetischen Bestrebungen. Daher argumentierte sie, dass Frauen durch Zugang zu Bildung und dadurch zum öffentlichen Leben ihre Fähigkeiten zum logischen Denken ausbilden und gleiche Anerkennung ihrer zivilen und politischen liberalen Rechte erlangen würden (Donovan 2013; Brooks und Moore 2012; Wollstonecraft 1972).

Die moralischen, politischen, rechtlichen und epistemischen Konsequenzen dieser konzeptuellen Verpflichtungen, die die Denker der Aufklärung bezüglich Frauen hatten, bewiesen sich als hartnäckig und Frauen wurden aufgrund dessen für die nächsten Jahrhunderte von der gleichen Teilhabe an der Mehrheit liberal-demokratischer, politischer und rechtlicher Institutionen ausgeschlossen. Dennoch, die Ideen des aufklärerischen liberalen Feminismus: Befreiung durch Ausübung der Vernunft zu erreichen, den gleichen moralischen Status und die gleichen Fähigkeiten von Frauen und Männern als rationale, autonome, vernünftige Individuen und die Wichtigkeit von Bildung für die moralische und politische Entwicklung anzuerkennen, waren ebenso beständig. Diese öffentlichen Diskussionen forderten die Zulässigkeit des Patriarchats heraus und bildeten die Grundlage für die Formulierung der Ansprüche von Frauen in der Sprache der Rechte. Dadurch legten sie die Grundlage für die erste feministische Welle, die das 19. und 20. Jahrhundert umfasste (Donovan 2013).

30.3 Klassischer liberaler Feminismus und die erste Welle des Feminismus (1790er–1910)

Der Anbruch des 19. Jahrhunderts brachte starke gesellschaftliche, politische, technologische und wissenschaftliche Entwicklungen mit sich. Im globalen Norden gab es, trotz frisch ratifizierter Verfassungen und der Verbreitung von Verträgen von natürlichen Rechten für Alle, gewalttätige und repressive Widerstände gegen die Forderungen für Anerkennung und Gewährleistung der Rechte von Frauen und versklavten Personen, z. B. durch ein allgemeines Wahlrecht und die Abschaffung der Sklaverei (Lettow 2019). Dies diente als Impuls für die erste Welle des Feminismus, aus der eine der fundamentalsten Ideen des Feminismus hervorging: die Unterwerfung von Frauen durch Männer ist absichtlich und systematisch, und illegitim durch Tradition begründet und im Gesetz festgeschrieben, um die Macht der Männer zu erhalten und ihre Interessen zu fördern. Diese These entwickelte die klassisch liberale Feministin Harriet Taylor Mill mit dem innovativen Werk *The Enfrancisement of Women* (1868) und ihr Ehemann John Stuart Mill, der sein Werk weitgehend auf ihrer Arbeit basierte, mit *Die Hörigkeit der Frau* (1869). Sie analysierten die hartnäckige, systematische, politische, soziale, rechtliche und materielle Realität, die zur Unterwerfung von Frauen beitrug. So benannten sie die Stätten und Mechanismen der Ausschließung von Frauen in Instituten wie dem Wahlrecht, machten diese sichtbar und forderten die Anerkennung und Garantie von individuellen natürlichen Rechten und Bürgerrechten für Frauen. Diese Strategie wurde auch in dem prägenden Vertrag der ersten internationalen Frauenrechts-Konventionen der ersten Welle der Frauenrechtsbewegung, die in Seneca Falls ratifizierte *Declaration of Rights and Senitments* (1848) genutzt (Donovan 2013; Freedman 2003; Stanton 1848).

Frauenrechtsverträge der ersten Welle, wie die *Declaration of Rights and Sentiments,* kooptierten Rhetorik und Dynamik des Abolitionismus mit großem Erfolg, indem sie Parallelen zwischen dem Unrecht, das durch die Verweigerung von Rechten und Freiheiten von versklavten Personen entstand und dem, das durch die Unterwerfung der Frauen durch Männer entstand, aufzeigten. Dennoch, sobald die Abolition für Schwarze und Männer of Colour weitestgehend erreicht war, versagten oder weigerten sich klassisch liberale Feministinnen, die Erfahrungen von Frauen of Colour anzuerkennen und sich für gleiche Ansprüche und Rechte für sie einzusetzen. Bei der Ohio Frauenrechtskonvention von 1851 beschwor Sojourner Truth, eine Aktivistin und ehemals versklavte Frau, die Suffragetten in ihrer Rede „Ain't I a Woman?“ zu beachten, dass das Frau-Sein nicht nur die Domäne von weißen, mittelständigen Frauen sei, denen in die Kutsche geholfen und die zum Schmuck relegiert werden, sondern auch von denen, die erzwungene emotionale, körperliche, sexuelle und reproduktive Arbeit in den Feldern oder im Haus leisteten. Ihr Aufruf blieb jedoch weitgehend ungehört.

Während des späten 19. und des beginnenden 20. Jahrhunderts war der erwähnte, klassisch liberale feministische Standpunkt nicht mehr die einzig prägende Sichtweise bezüglich der Emanzipierung von Frauen. Während der klassisch liberale Feminismus sich auf das Erreichen von formaler politischer und rechtlicher Gleichheit zu Männern durch die Anerkennung natürlicher Rechte der Frauen und gleichen Status innerhalb liberaler Institutionen fokussierte, forderten gleichzeitig verschiedene Stränge feministischer politischer Theorie, die sich in sozialistischen, marxistischen und anarchistischen Ideologien gründeten, grundlegendere Veränderungen und einen revolutionären Wandel in der Organisation des politischen und gesellschaftlichen Lebens. Diese Strömungen hatten die Kritik am klassisch liberalen Feminismus gemein, dass der Fokus auf individuelle Rechte und Freiheiten schlecht dazu geeignet sei, strukturelle und systematische Ursachen von Sexismus, Klassenunterschieden und Rassismus zu verstehen und zu bekämpfen. Zusätzlich argumentierte eine Bewegung, die sich breit als kultureller Feminismus zusammenfassen lässt und die von Vertreter*innen des gesamten politischen Spektrums, wie z. B. Elizbeth Cady Stanton, Sarah Grimké, Emma Goldman, Charlotte Gilman Perkins und Jane Addams (s. Kap. 14) geführt wurde, dass Frauen, durch ihre biologische oder psychologische Natur oder Essenz und den, daraus entstehenden, sozialen Rollen als Mütter und Pflegerinnen, Wissen, Werte und Interessen besitzen, die sich in ihren Beziehungserfahrungen begründeten und die von Natur aus von denen der Männer unterschieden seien. Sie argumentierten, dass sowohl die aufklärerische liberale Ideologie der Vernunft als auch der klassische Liberalismus der ersten Welle eine Kultur der männlichen Werte und Interessen fördere und dadurch die femininen Werte, die sie für die Organisation des politischen und gesellschaftlichen Lebens als moralisch überlegen ansahen, nämlich Gewaltfreiheit, Beziehungen mit und Gebundenheit an Andere, Emotionalität und Pflege, abwerte. Sie behaupteten weiter, dass die Frauenrechtsbewegung sich auf die Revalorisierung von femininen Werten fokussieren solle, indem sie diese nutze, um politische, rechtliche und gesellschaftliche Institutionen zu verändern oder zu erneuern. Diese Idee erwies sich in den folgenden Wellen des Feminismus als immens einflussreich, da sie eine gemeinsame politische Identität schuf, mit der Frauen ihre Forderungen auf bestimmte Interessen und Rechte sowohl universalisieren konnten, als auch auf ihren Unterschieden anstatt auf ihrer Ähnlichkeit zu Männern begründeten (Donovan 2013).

Zu Beginn des 20. Jahrhunderts zeigten sich in Ländern des Globalen Nordens erste Ergebnisse der Frauenrechtsbewegung, wichtige Siege für das Frauenwahlrecht wurden gewonnen. Dies geschah im Kontext rapider und umfassender gesellschaftlicher Veränderungen wie der zunehmenden Rolle des Staates bei der Sicherung der Wohlfahrt und dessen Macht als internationaler Akteur, der zunehmenden Vermarktlichung, diverse Wirtschaftskrisen, Globalisierung und nicht zuletzt Ereignissen des Ersten und Zweiten Weltkrieges, die einen moralischen und rechtlichen Paradigmenwechsel verursachten (Freedman 2003). Dies führte zur Bildung von internationalen rechtlichen und politischen Institutionen, die die resultierenden politischen und rechtlichen Auswirkungen und die moralische Krise mit der Sprache der Menschenrechte adressierten. Dadurch entstand eine neue Gelegenheit für feministische Aktivistinnen die Verankerung der Anerkennung „der gleichen Rechte von Männern und Frauen" nicht nur im Rahmen des Nationalstaats, sondern global und in internationalen rechtlichen und politischen Instrumenten und Institutionen, wie der *Charta der Vereinten Nationen* (1945), zu fordern. Endlich, nach mehr als eineinhalb Jahrhunderten des feministischen Aktivismus, wurde der Aufruf von Gouges und Wollstonecraft nach Anerkennung des gleichen formalen Status von Frauen als Inhaber*innen von Rechten beantwortet: Die *Allgemeine Erklärung der Menschenrechte* (1948) wurde das erste internationale, rechtliche Dokument, das die gleiche Begabung aller Menschen (und nicht nur der Männer) mit Vernunft und Gewissen anerkannte.

30.4 Grundlagen des zeitgenössischen liberalen Feminismus und der zweiten Welle des Feminismus (1950–1980)

Obwohl die erste Welle des Feminismus gewaltige Fortschritte mit sich brachte, blieben viele wichtige Gewinne für die Garantie der Frauenrechte und des gleichen Schutzes durch das Gesetz noch unerreicht. Wegweisende Werke wie Simone de Beauvoirs *Das Zweite Geschlecht* (1949) und Betty Friedans *Der Weiblichkeitswahn* (1963) halfen dabei, die historische und anhaltende Verankerung von restriktiven geschlechtsbasierten Normen bezüglich der natürlichen und richtigen Rolle der Frau im Haus und als Mutter oder Pflegerin, aufzudecken (Donovan 2013). Sie zeigten, wie diese limitierende und schädliche Repräsentation der Werte der Frauen und ihrer Interessen in gesellschaftlichen, rechtlichen und politischen Institutionen resultierte und zugleich deren Internalisierung durch Frauen und Männer erzeugte. Zusätzlich wurden Frauen durch neu mögliche Kommunikation und durch Bewusstseinsbildung, d. h. durch den Prozess mit dem marginalisierte Personen oder Gruppen epistemische und gesellschaftliche Ressourcen teilen und dadurch ihre Unterdrückungserfahrungen und Marginalisierung beschreiben, verstehen und politisch kommunizierbar machen, ermächtigt, Rechte zu artikulieren und einzufordern, die einen Wandel herbeiführen konnten. Dies war ein integraler Bestandteil der Entstehung einer politischen Landschaft, in der „Das Private ist Politisch" mehr als nur ein Slogan war und in der sozialer Aktivismus, rechtliche und politische Reformen auf der Basis der diversen und vielzähligen Unrechts- und Unterdrückungserfahrungen von Frauen, vorangebracht werden konnte (Donovan 2013).

Gegenkulturelle Bewegungen der 1960er Jahre (s. Kap. 56) in der Form der Friedens-, Anti-Atomkraft-, und Bürgerrechtsbewegung sowie der Bewegung für sexuelle und politische Befreiung der Frauen, schufen Platz, den patriarchalen *Status quo* herauszufordern und emanzipatorische Ideen salonfähig zu machen. Mehr Frauen als jemals zuvor drangen durch ihren Einstieg in die berufstätige Bevölkerung und Bildungsinstitutionen in Bereiche ein, die zu der sog. „politischen Sphäre" gehörten. Dennoch, die Anerkennung und der Schutz der Ausübung der Frauenrechte für Arbeit und gleichen Lohn, das unabhängige Erwerben von Verhütungsmitteln, das Eröffnen eines Bankkontos oder die Aufnahme von Krediten, waren weitestgehend abhängig vom Familienstand und dem guten Willen von Männern unterworfen, seien dies Ehemänner, Väter, Arbeitgeber oder Staatsbeamte. Im globalen Norden erlebten Frauen of Colour eine Anerkennung ihres Wahlrechts erst mit der Bürgerrechtsbewegung der 1960er Jahre. Darüber hinaus arbeiteten Frauen der Arbeiterklasse und Frauen of Colour weiterhin unter gefährlichen Umständen und zu geringem Lohn und waren noch immer nicht dazu in der Lage, die wenigen Rechte und Freiheiten, die weiße, sozio-ökonomisch bevorteilte Frauen erreicht hatten, zu nutzen, um Zugang zu Beschäftigung und Bildung zu erhalten. Dies lag an der anhaltenden klassistischen und rassistischen Segregation und den kombinierten Effekten des intergenerationalen Traumas, d. h. der psychologischen und materiellen Folgen des kolonialistischen Imperialismus und der Versklavung, wie z. B. die Unmöglichkeit, intergenerationales Vermögen anzuhäufen und überdurchschnittlich häufiger sexueller und häuslicher Gewalt (Freedman 2003; Donovan 2013; Hooks 1984).

Bis in die 1970er und 80er Jahre hinein blieben der Eintritt und die Repräsentation von Frauen in politischen und rechtlichen Instituten miserabel – völlig ungeachtet dessen, dass rechtliche Reformen den gleichen Schutz durch das Gesetz auf der Basis von Geschlecht ausdehnten. Dieses stellte die Effektivität der, durch den klassischen liberalen Feminismus angepriesenen, rechtlichen und politischen Reformen infrage (Donovan 2012; Freedman 2003). Klassische liberale Feminist*innen, auch Gleichheits- oder Gerechtigkeitsfeminist*innen genannt, argumentierten, dass Frauen frei seien, wenn sie ihre Freiheit ausüben könnten ohne dabei durch den Staat oder andere Individuen gehindert zu werden. Sie waren daher darauf fokussiert, Reformen zu erreichen, die darauf abzielten, den gleichen Schutz durch das Gesetz zu erweitern. Dies sollte Frauen dazu ermächtigen, ihre Rechte frei und gleich auszuüben und dadurch Selbsteigentum innerhalb politischer, rechtlicher und gesellschaftlicher Institutionen aufzubauen (Baehr 2018).

30.5 Zeitgenössischer feministischer Liberalismus und die dritte Welle des Feminismus 1980–heute

Im Lichte dieser politischen und theoretischen Dialoge entstand die dritte Konzeption von Frauenrechten. Der Aktivismus der dritten Welle ist vielseitig und arbeitet u. a. daran, die Norm der Frauenrechte als Menschenrechte in internationalen Institutionen auszuarbeiten und festzuschreiben. Zudem versucht er durch politische und rechtliche Kämpfe, die dazu entworfen sind die Norm des gleichen Schutzes durch das Gesetz auf der Basis von Sex oder Gender zu testen und auszuweiten, konkrete Reformen zu erreichen und neue rechtliche und politische Mittel zu schaffen, die sexuelle Belästigung und häusliche Gewalt konzeptualisieren und ihnen entgegenwirken, z. B. Anti-Diskriminierungs-Gesetze, Affirmative Action und die Regulierung und Entkriminalisierung von Sexarbeit. Seit den 1980er Jahren ringen feministische Theoretiker*innen mit Fragen wie: Können liberale Staaten und Institutionen, Werte und Normen so verändert werden, dass sie substantielle Gleichheit für Frauen schaffen? Als Antwort auf diese Fragen ist, innerhalb der dritten Welle, Carole Patemans Kritik am Liberalismus, die sie in *The Sexual Contract* (1988) formuliert, extrem einflussreich. Sie zeigt auf, wie das Verständnis von Konsens und das Vertragsdenken, das in der liberalen Tradition als Rechtfertigungsbasis und zur Legitimierung von gesellschaftlichen, moralischen und politischen Beziehungen dient, weitgehend durch die Objektivierung und den erzwungenen Ausschluss von Frauen an der politischen Mitbestimmung und an Rechten erreicht wird. Sie behauptet, dass dies die moderne Doktrin des Sozialvertrages als einem Weg, die gesellschaftliche und politische Ordnung, wie z. B. die künstliche Trennung von öffentlichen und privaten Bereichen der Gerechtigkeit, zu rechtfertigen und darüber hinaus, den Nutzen von Vertragsdenken in den daraus entstandenen politischen und rechtlichen Doktrinen, die ausschließlich auf Konsens beruhend die normative und rechtliche Zulässigkeit von Vergewaltigung oder Sexarbeit bestimmen, in Frage stellt (Chambers 2019; Pateman 1988). Zeitgenössische liberale Feministinnen, wie Susan Moller Okin, wenden diese Erkenntnisse von innen an und zeigen damit auf, wie, trotz der unglaublichen Ausbreitung von rechtsbasierten Gerechtigkeitstheorien à la John Rawls, die Existenz von unterdrückenden Geschlechtersystemen und ihre Rolle in liberalen Institutionen wie der Ehe, als Überlegung der distributiven Gerechtigkeit weder adressiert noch theoretisch betrachtet werden. So wird die Familie nicht als Ort anerkannt, der durch Rechte strukturiert oder überhaupt von solchen Überlegungen betroffen ist. Moller Okin argumentiert weiter, dass dies der unrealistischen Dichotomie zugrunde liegt, die durch Exemplifizierung von privaten-häuslichen, und öffentlichen Sphären in der klassisch liberalen Ideologie kreiert wurde und behauptet, dass die Familie als grundlegende gesellschaftliche Institution und als ein Anwendungsbereich der Gerechtigkeit verstanden werden sollte (Moller Okin 1989).

Unter Berücksichtigung dieser Kritiken materialisiert sich der zeitgenössische feministische Liberalismus, der durch sein Eintreten für liberale Rechte zu persönlicher und politischer Autonomie charakterisiert ist, also dem Recht, unter Konditionen zu leben, in denen man seine eigne Wahl kennen und treffen kann und das Recht hat, eine gleichwertige Mitautor*in des politischen Lebens zu sein. Dies ist eine wichtige theoretische und politische Entwicklung, da es die Diskussion von Lösungen erlaubt, die über gleiche Behandlung und gleichen Zugang hinausgehen, und stattdessen eine robustere Konzeption von Egalitarismus aufnehmen laut der ein liberaler Staat die Verantwortung oder Pflicht hat, seine Macht dazu zu nutzen, die notwendigen Bedingungen für die gleiche Garantie und Ausübung von Frauenrechten zu schaffen (Baehr 2018; Chambers 2019; Donovan 2013). Zeitgenössische feministische liberale Philosoph*innen, wie Clare Chambers, integrieren die Erkenntnisse radikaler Feminist*innen bezüglich der sozialen Konstruktion von Dominanz und argumentieren, dass Theorien, die das emanzipatorische Potential von persönlicher und politischer Autonomie betreffen, die Existenz von dominierenden und unterdrückenden Normen berücksichtigen müssen, welche ungleiche gesellschaftliche, politische und rechtliche Beziehungen reproduzieren, die wiederum bestimmte Optionen zwanghaft machen, ganz unabhängig davon, ob man diesen *frei* zustimmen kann. So behauptet sie, dass der liberale Staat die Verantwortung hat, einzugreifen und die Ausbreitung solcher Normen und ihre Verankerung in politischen und rechtlichen Institutionen zu bekämpfen, indem er die Gerechtigkeit der Optionen durch den Vor- oder Nachteil, der durch sie entsteht, untersucht, statt nur durch Konsens (Chamber 2009).

Beginnend im Jahre 2011, mit den von Frauen geführten Protesten und Demonstrationen des Arabischen Frühlings, über die globalen Frauenmärsche 2017, in denen Millionen Frauen und ihre Verbündeten gegen anhaltende Ungleichheiten demonstrierten, bis hin zu der, sich immer weiterentwickelnden, Onlinebewegung für gesellschaftliche Gerechtigkeit und politischen Wandel, die gemeinhin unter dem Banner von #Metoo zusammengefasst wird: Frauenrechte sind und bleiben die Basis eines ansteigenden Aktivismus, der neuerdings als die vierte Welle des Feminismus beschrieben wird. Diese Bewegungen teilen die Ansicht, dass Frauenrechte im 21. Jahrhundert intersektionale Konzeptionen von Gerechtigkeit und substantieller Gleichheit ins Zentrum von Aktivismus und Theorie stellen müssen. Das Konzept der Intersektionalität stammt aus Kimberlé Crenshaws Arbeit in kritischer race-Theorie, die aufzeigt, wie Schwarze Frauen durch vielzählige und interdependente Quellen der Dominanz und Unterdrückung betroffen sind, deren komplexe Ursachen und Effekte oft in gesellschaftlichen, politischen und rechtlichen Institutionen, unsichtbar gemacht werden (Crenshaw 1991). In der zeitgenössischen Frauenrechtsbewegung wird diese Idee genutzt, um aufzuzeigen, wie unterdrückende Systeme, wie Geschlecht, Gender oder Genderausdruck, race, Ethnizität, Klasse, sexuelle Orientierung und Be_hinderungen sowie gesellschaftlich-materielle Umstände, Ungerechtigkeitserfahrungen verschlimmern können. Deshalb benötigt es situative anstatt universalistischer Ansätze, um zu verstehen, Theorien zu bilden und für Frauenrechte zu kämpfen. Dies hat eine weitere Ausdehnung der feministischen Anliegen zur Folge: wirtschaftliche und zivile Rechte, sowie Rechte von Arbeiter*innen, LGBTQIA+(Lesben, Schwule, Bisexuelle, Transmenschen, Queere Personen, Intersexuelle, Asexuelle oder Aromantische Personen) sowie be_hinderten Personen, sowie racial- und Umweltgerechtigkeit werden eingeschlossen.

Literatur

Baehr, Amy R.: Liberal Feminism. The Stanford Encyclopedia of Philosophy, 2018. In: https://plato.stanford.edu/archives/fall2018/entries/feminism-liberal/

Brooks, Joanna/ Moore, Lisa: Transatlantic Feminisms in the Age of Revolutions. Oxford 2012.

Chambers, Clare: Sex, Culture, and Justice: The Limits of Choice. Philadelphia 2009.

Chambers, Clare: Feminism and Liberalism. In: Ann Garry et al. (Hg.): The Routledge Companion to Feminist Philosophy. New York 2019, 652–664.

Crenshaw, Kimberlé W.: Mapping the Margins: Intersectionality, Identity Politics, and Violence against Women of Color. In: Stanford Law Review 43/6 (1991), 1241–99.

Donovan, Josephine: Feminist Theory: The Intellectual Traditions. London 2013.

Freedman, Estelle B.: No Turning Back: The History of Feminism and the Future of Women. New York 2003.

Hooks, Bell: Feminist Theory: from Margin to Center. Boston 1984.

Lettow, Susanne: Feminism and Enlightenment. In: Ann Garry et al. (Hg.): The Routledge Companion to Feminist Philosophy. New York 2019, 94–106.

MacKinnon, Catharine A.: Toward a Feminist Theory of the State. Cambridge, Mass. 1989.

Mill, Harriet Taylor: Enfranchisement of Women: An Essay. London 1868.

Mill, John. Stuart: The Subjection of Women. New York 1869.

Moller Okin, Susan: Justice, Gender, and the Family. New York 1989.

Pateman, Carole: Sexual Contract. Stanford 1988.

Stanton, Elizabeth Cady: The Declaration of Rights and Sentiments. New York 1848.

Wollstonecraft, Mary: A vindication of the rights of woman: With strictures on political and moral subjects. London 1792.

Women of the World, Unite! ONU Women. Timeline. In: interactive.unwomen.org/multimedia/timeline/womenunite/fr/index.html#/ (3.5.2020)

UN General Assembly: Convention on the Elimination of All Forms of Discrimination against Women (CEDAW), 1979. In: https://www.refworld.org/docid/3b00f2244.html (3.5.2020)

Women's March: Mission and Principles: Women's March 2020. In: womensmarch.com/mission-and-principles (3.5.2020).

31 Menschenrechte

Bernd Ladwig

Der Liberalismus legt größten Wert auf die Freiheit des individuellen Menschen, die er darum rechtlich gewährleistet wissen will. Subjektive Rechte sind die Form, in der die Freiheit des Einzelnen Schutz und Anerkennung erfährt. Und da jeder individuelle Mensch ein Recht auf Freiheit hat, ist diese ein Menschenrecht.

Varianten des Arguments finden sich schon bei klassischen Liberalen wie John Locke, Immanuel Kant und John Stuart Mill, und ebenso bei modernen Liberalen wie John Rawls und Robert Nozick. Da diese Denker aber von verschiedenen Grundüberzeugungen ausgingen, unterscheiden sich sowohl die argumentativen Wege als auch die Ergebnisse zum Teil erheblich. „Der Liberalismus" ist allenfalls durch Familienähnlichkeiten gekennzeichnet, und dies beeinflusst auch die jeweilige Lesart der Menschenrechte.

Ist es dann überhaupt sinnvoll, nach einer spezifisch liberalen Menschenrechtsauffassung zu fragen? Als „liberal" werden oft allein die Abwehrrechte bezeichnet, die im heutigen Menschenrechtsverständnis etwa der Vereinten Nationen nur mehr eine Teilklasse bilden. Diesen Rechten auf ‚negative' Freiheit von fremden Ein- und Übergriffen seien dann geschichtlich die politischen Teilnahme- und die sozialen Teilhaberechte gefolgt. Damit sei das ursprünglich liberale Verständnis der Menschenrechte um ein republikanisches und ein sozialistisch-sozialdemokratisches ergänzt worden: Während der Republikanismus die kollektive Selbstgesetzgebung betone, trete der (moderate) Sozialismus für die materielle Ermöglichung eines menschenwürdigen Daseins für alle ein (Lohmann 2000).

Man kann die Geschichte der Menschenrechte, mit einem gewissen Mut zur Vereinfachung, als eine solche Stufenfolge nacherzählen. Aber für den Liberalismus hat dies die missliche Konsequenz, dass er scheinbar über die Menschenrechte im Ganzen nichts mehr zu sagen vermag. Alternativ könnten Liberale versuchen, die Erweiterung des Menschenrechtsverständnisses insbesondere um die sozialen (Anspruchs-)Rechte als einen Irrweg zu verwerfen. Doch damit bestätigten sie den ohnedies verbreiteten Eindruck, der Liberalismus sei eine politische Moral nur für die Starken, der zudem die freiheitsgefährdenden Auswirkungen wirtschaftlicher Macht und sozialer Ungleichheit ignoriere. Im Folgenden soll dagegen nach einem liberalen Menschenrechtsverständnis gefragt werden, das weder einseitig noch kaltherzig oder naiv ist. Den Ausgangspunkt bildet der liberale Grundwert der Freiheit, der indes durch immanente Kritik erweitert werden soll. Zuvor muss aber der Begriff der Menschenrechte geklärt werden, auf den sich die Darstellung bezieht.

B. Ladwig (✉)
Freie Universität Berlin, Berlin, Deutschland
E-Mail: poltheorie@polsoz.fu-berlin.de

M. G. Festl (Hrsg.), *Handbuch Liberalismus,* https://doi.org/10.1007/978-3-476-05798-3_31

31.1 Was sind Menschenrechte?

Menschenrechte sind eine Teilklasse subjektiver Rechte. Subjektive Rechte sind gültige Ansprüche, die dem Einzelnen zukommen und deren Missachtung ein Unrecht wäre, das der Einzelne erlitte. Ansprüche besitzen stets eine dreistellige Struktur: Ein Rechtssubjekt hat einen Anspruch auf ein Rechtsgut gegen einen Pflichtenträger. Gültig ist ein Anspruch, wenn er durch ausreichend gute rechtfertigende Gründe entweder des positiven Rechts oder der Moral gedeckt ist. Die Menschenrechte können nun definiert werden als moralisch begründete gültige Ansprüche, die jeder Mensch einfach als solcher besitzt.

Weil wir Menschenrechte auch dann einfordern, wenn sie im positiven Recht eines bestimmten Staates nicht vorgesehen sind, müssen die Gründe für ihre Gültigkeit letztendlich aus der Moral kommen. Gültige Gründe der Moral zeichnet aus, dass sie unparteiisch und allgemein, für alle Normadressaten, akzeptabel sind. Die Menschenrechte sind in der Neuzeit zunächst natur- oder vernunftrechtlich begründet worden. Wenn etwa von „angeborenen Rechten" die Rede war, so wurde damit betont, dass sie jeder politischen Ordnung moralisch vorgegeben seien, weshalb kein Staat die Anerkennung der Herrschaftsunterworfenen verdiene, der sie nicht gewährleistet. Zugleich sollten die Menschenrechte aber in jedem Staat als Grundrechte gelten, also ins positive Recht eingehen. Diese Positivierung vollzog sich in zwei Schritten. Beginnend mit der nordamerikanischen und der französischen Revolution, wurden Grundrechte zum zentralen Teil oder gar Fundament einzelstaatlicher Verfassungen. Nach 1945 fanden sie zudem Eingang ins Völkerrecht, was ihre auch juristische Universalisierung einleitete (Bobbio 1998). Dabei blieb aber die moralische Begründung vorausgesetzt. Durch sie wird überhaupt erst verständlich, warum die Beachtung der Menschenrechte eine notwendige Bedingung legitimer Herrschaft ist.

Mit „jeder Mensch" ist, wenn wir strittige Fragen wie Abtreibung und Organtransplantation einmal ausklammern, zumindest jeder geborene und nicht ganz hirntote Angehörige unserer biologischen Art gemeint. Darin besteht der Universalismus der Menschenrechte. Dass jeder Mensch sie „einfach als solcher" besitzt, bedeutet zudem, dass die Menschenrechte egalitäre und unveräußerliche Ansprüche sind. Sie sind gleiche Rechte, weil das Menschsein für sie hinreicht und Eigenschaften, die Menschen voneinander unterscheiden, wie das Geschlecht oder die Herkunft, weder ihre Aberkennung noch ihre Abstufung rechtfertigen können. Außerdem sind sie unveräußerlich, weil andere sie uns nicht entziehen und auch wir selbst sie nicht aufgeben oder an andere abtreten können. Jedenfalls trifft dies, wenn wir wiederum strittige Fragen etwa nach der Zulässigkeit von Freiheitsstrafen ausklammern, auf den menschenrechtlichen Status als solchen sowie auf einen harten Kern der Rechte wie das Sklavereiverbot zu.

Umstrittener als die Rechtssubjekte sind die Pflichtenträger und die Rechtsgüter, die zu Menschenrechten gehören. Folgt man Locke (1977), so haben die Menschen schon in einem Naturzustand noch ohne öffentliche Gewalt grundlegende Rechte besessen, die der Staat nur mehr nachträglich sichern sollte. Ursprünglich bestanden menschenrechtliche Ansprüche demnach gegen jeden anderen Menschen und nur sekundär gegenüber dem Staat. Dagegen wird heute mit Blick auf die tatsächliche Geschichte und Praxis der Menschenrechte argumentiert, dass diese vor allem oder allein an politische Akteure und politisch verantwortete Ordnungen adressiert seien (Nickel 2007).

Wenn dies allerdings mehr sein soll als ein Streit um das Wort „Menschenrechte", so verweist es bereits auf die substantielle Frage, wofür diese Rechte gut sind. Die naturrechtliche Vorstellung oder Fiktion eines Naturzustandes legt den Schluss nahe, dass schon die Individuen untereinander die wesentlichen Rechtsgüter kennen und berücksichtigen konnten. Das spricht etwa gegen stark verstandene soziale Rechte, die nur mit staatlichen Ressourcen überhaupt realisiert werden könnten. Die menschenrechtlichen Inhalte fallen dann tendenziell mit den negativen Freiheiten zusammen, die jeder schon durch Unterlassen (von Eingriffen) beachten kann. Heutige Philosophen argumentieren dagegen, dass zu Menschenrechten auch positive Leistungen gehörten, soweit diese nötig seien, um Grundbedürfnisse, die Bedingungen menschlicher Handlungsfähigkeit und Autonomie oder ein menschenwürdiges Dasein für alle zu sichern (Griffin 2008). Einigkeit besteht jedenfalls darüber, dass die Menschenrechte als notwendige Bedingungen politischer Legitimität nicht inflationiert werden dürfen: Die durch sie geschützten oder auch geförderten Güter müssen fundamental bedeutsam sein.

Die Vorstellung von Rechten, die schon in einem vorstaatlichen Naturzustand gegolten haben (könnten), verengt das Verständnis menschenrechtlicher Inhalte noch in einer weiteren Hinsicht. Sie spricht dagegen, dass die Demokratie für unsere Rechte konstitutiv sei. Es bedürfte keiner diskursiven Willensbildung unter freien und gleichen Bürgern, um dem System der Rechte einen hinreichend bestimmten Gehalt zu geben. Demokratische Kontrollen wären allenfalls instrumentell erforderlich, um die schon vorpolitisch feststehenden und auch für jeden erkennbaren Ansprüche wirksam zu gewährleisten. Dagegen weisen heutige Philosophen darauf hin, dass aus der moralischen Begründung allein nur abstrakte Rechte resultierten, die im politischen Prozess konkretisiert werden müssten. Auch müsste jede besondere Rechtsgemeinschaft sie sich durch kollektive Lernprozesse aneignen und auch anverwandeln können. Dies sei die Voraussetzung für ihre politisch autonome Ausgestaltung und Beachtung (Habermas 1992).

31.2 Liberalismus und Menschenrechte

Die naturrechtliche Begründungsfigur vorstaatlich bestehender oder „angeborener" Rechte wird oft auf Locke (1977) zurückgeführt und mit dem klassischen Liberalismus identifiziert. Inhaltlich liegt der liberalen Konzeption demnach ein nur negatives Freiheitsverständnis zugrunde. Die anderen Menschen erscheinen bloß als Grenze, nicht auch als Voraussetzung der je eigenen Freiheit. Der wichtigste soziale Ort der Menschenrechte ist die bürgerliche Gesellschaft. Sie sollte aus den Klammern absolutistischer Staatsgewalt, wie in Frankreich, freigesetzt oder der Willkür kolonialer Fremdherrschaft, wie in Nordamerika, entzogen werden. Zentraler Zweck des von den Bürgern gemeinsam kontrollierten Staates ist der Schutz des Eigentums, das nach Locke allerdings nicht nur den äußeren und veräußerlichen Besitz (*estate*) umfasst, sondern auch und zuerst das Leben, die Gesundheit und die Freiheit des Einzelnen.

Diese Vorstellung provozierte dennoch drei Einwände. Die liberal verstandenen Menschenrechte seien erstens nicht wahrhaft unparteiisch und allgemein begründet; sie nützten vor allem den besitzenden Klassen, die sie nicht allein vor Übergriffen des Staates, sondern ebenso vor den Armen schützen sollten (Tugendhat 1998). Ein auf Abwehrrechte beschränktes Menschenrechtsverständnis ist demnach *minimalistisch* und kommt primär den ohnedies Starken und Vermögenden zugute. Ein zweiter, prominent von Karl Marx (1977) formulierter Einwand lautet, dass das liberale Rechteverständnis auf den egoistischen Menschen zugeschnitten sei. Die Mitglieder der bürgerlichen Gesellschaft verfolgten schließlich vor allem eigene Interessen und beachteten ihre Mitmenschen bloß strategisch, nach Maßgabe vermuteter Nutzenmaximierung. Das liberale Menschenrechtsverständnis ist mit anderen Worten *atomistisch,* es betont das Trennende zwischen den Menschen. Der dritte, wiederum prominent von Marx (ebd.) formulierte Einwand lautet, dass es außerdem *unpolitisch* sei. Zwar würden Menschen immer wieder kollektiv für ihre Rechte kämpfen, dabei verfolgten sie aber den Zweck, als Privatrechtssubjekte ihren Geschäften nachgehen und von Politik möglichst unbehelligt bleiben zu dürfen.

Ist ein spezifisch liberales Menschenrechtsverständnis möglich, das weder minimalistisch noch atomistisch und unpolitisch ist? Da das Wort „Liberalismus" auf die Freiheit (*libertas*) verweist, liegt es nahe, nach einer positiven

Antwort im Ausgang vom liberalen Freiheitsverständnis zu suchen.

Um mit dem Einwand des *Minimalismus* zu beginnen: Ist der Liberalismus wirklich auf eine nur negative Lesart der Freiheit als Freiheit von fremden Ein- und Übergriffen festgelegt (dazu Berlin 1995/1958), die wiederum auf eine Verengung der Menschenrechte auf bloße Abwehrrechte hinauslaufen muss? Friedrich August von Hayek etwa lässt allein die Unterwerfung unter einen fremden Willen als Freiheitshindernis gelten: Freiheit „bedeutete immer, daß ein Mensch die Möglichkeit hatte, nach seinen eigenen Entschlüssen und Plänen zu handeln, im Gegensatz zur Lage derjenigen, die unwiderruflich dem Willen eines anderen untergeordnet waren, der sie durch willkürliche Entscheidung zwingen konnte, Dinge in bestimmter Weise zu tun und zu lassen“ (1971, 15).

Wenn demnach einzig regelrechter Zwang unsere Freiheit beschränkt, so genügt es in der Tat, den Zwang zu minimieren, um die Freiheit zu maximieren. Armut als solche ist kein Zwang, also gefährdet sie die Freiheit nicht direkt, sondern nur, soweit sie Menschen in Zwangsverhältnisse hineinführt. Hingegen wäre staatlicher Zwang, um eine Umverteilung zugunsten der Armen durchzusetzen, immer und direkt freiheitswidrig.

Hayeks Definition lässt sich allerdings auch gegen den Strich lesen. Er spricht schließlich auch von der „Möglichkeit“ eines Menschen, nach seinen eigenen Entschlüssen und Plänen zu handeln. Dies aber legt nahe, dass das Grundübel nicht unbedingt fremder Zwang sein muss. Auch Armut kann einen Menschen daran hindern, so zu leben, wie er es aus guten Gründen gern tun würde. Nur wer schon ohne staatliche Eingriffe über die nötigen Mittel verfügt, kann es sich sozusagen leisten, die Eingriffe allein unter dem Gesichtspunkt der Vereitelung von Freiheiten zu sehen.

Beginnend mit Thomas Hobbes, haben verschiedene Anhänger des negativen Freiheitsverständnisses den *Vertrag* als Inbegriff einer freiwilligen Bindung betrachtet. Alle Beteiligten sollen nur solchen Verpflichtungen unterliegen, denen sie zwanglos zugestimmt haben. Doch man kann einwenden, dass nicht jeder zwanglose Vertragsschluss darum auch schon ein freiwilliger sei. Wer etwa das Angebot eines entwürdigenden Arbeitsplatzes nur um den Preis des Verhungerns ausschlagen könnte, vermag nicht effektiv „nein“ zu sagen und wird darum leicht zum Opfer von Ausbeutung. Neben fremdem Zwang können auch materielle Not oder ein Mangel an Wissen einen Menschen zu einem an Möglichkeiten armen Leben verurteilen. Die Figur des Vertrages kann verschleiern, dass Menschen nicht selbstbestimmt leben können, weil sie von anderen Akteuren einseitig abhängig sind (Tugendhat 1998).

Wenn Liberale einsehen, dass ihr eigentlicher Grundwert die Autonomie der Person ist, dann können und sollten sie über das nur negative Freiheitsverständnis hinausgehen und eine Möglichkeitskonzeption der Freiheit vertreten. Eine autonome Person erfreut sich demnach nicht bloß formaler Rechte, diese besitzen für sie auch einen Gebrauchswert. Sie ist nicht nur *frei von* fremdem Zwang, sondern *frei zu* einer selbstbestimmt gelingenden Lebensführung. Als Freiheitshindernis gilt dann alles, was Menschen von einer Lebensführung abhält, die sie aus guten und selbst eingesehenen Gründen wertschätzen könnten. Im Lichte dieser Überlegung schwindet der Gegensatz zwischen der liberalen und der sozialdemokratischen oder moderat sozialistischen Lesart der Menschenrechte. Auch wenn soziale Rechte wie das Recht auf Nahrung, auf gesundheitliche Versorgung oder auf menschenwürdigen Wohnraum keine regelrechten Freiheitsrechte sind, so sind sie doch als freiheitsfunktional begründbar, soweit sie jedem Menschen die gleiche effektive Möglichkeit geben, „nach seinen eigenen Entschlüssen und Plänen zu handeln“, um noch einmal Hayek zu zitieren.

Man könnte gleichwohl einwenden, dass diese immanente Kritik nicht genüge, um den Liberalismus von dem Vorwurf freizusprechen, er vertrete ein Menschenrechtsverständnis nur für die Starken. Man müsse mindestens die innere Veranlagung zu einer autonomen Lebensführung mitbringen, um soziale Leistungen allein unter dem Gesichtspunkt der Freiheit wertschätzen zu können. Doch wer von Geburt an geistig schwer beeinträchtigt ist, der besitze keine solche Veranlagung; ihm fehle selbst das Potential, zu einer autonomen Person zu werden. Für einen solchen Menschen könnten Rechte auf staatlich gesicherte Versorgung darum nicht die Rolle der Ermöglichung personaler Selbstbestimmung spielen (Tugendhat 1998). Da wir aber Rechte als Menschen und nicht bloß als zurechnungsfähige und potentiell selbstbestimmte Personen hätten, sei das auf Autonomie bezogene liberale Rechteverständnis weiterhin ausschließend.

Liberale können diesen Einwand nicht ebenso leicht entkräften wie den Vorwurf, sie ignorierten die freiheitsgefährdenden Auswirkungen von Armut und sozialer Ungleichheit. Er geht schließlich über den Grundwert der Freiheit selbst und nicht nur über dessen vielleicht verkürzte Deutung hinaus. Doch womöglich ist auch die als personale Selbstbestimmung verstandene Freiheit noch nicht der ultimative Wert, auf dem das liberale Rechteverständnis fußt. Der Liberalismus wird oft dem Utilitarismus entgegengesetzt, weil dieser die Verschiedenheit der einzelnen Menschen nicht ernst nehme (so Rawls 1975, 45). Das liege daran, dass der Utilitarismus einen größtmöglichen Gesamt- oder Durchschnittsnutzen für alle Betroffenen anstrebe und dazu die guten oder schlechten Folgen von Handlungen oder Regelungen über die Grenzen der Individuen hinweg ‚verrechne'. Dies könnte faktisch darauf hinauslaufen, dass etwa eine Minderheit so gut wie alles verliert. Rechte hingegen begrenzen die Opfer, die noch so Wenigen um eines Gesamtwohls willen auferlegt werden dürfen. Sie bringen den einzelnen Menschen als Endzweck der Moral und des Rechts zur Geltung.

Das kann man so verstehen, dass jeder sein eigenes Leben lebt und die Möglichkeit haben muss, es aus seiner eigenen Perspektive gutzuheißen. Für autonomiefähige Personen heißt dies, dass sie sich mit der eigenen Lebensführung im Lichte selbst eingesehener guter Gründe identifizieren können müssen. Für alle anderen empfindungs- und erlebensfähigen Menschen heißt es zumindest, dass sie das eigene Leben alles in allem als erfreulich erfahren können. Dazu wird so gut wie immer auch die Möglichkeit gehören, eigene Entscheidungen zu treffen und dem eigenen Willen zu folgen. Freiheit und Selbstbestimmung sind darum auch nach Maßgabe des Rechts auf ein eigenes Leben weiterhin wichtig. Ausschlaggebend aber ist, dass jeder einzelne Mensch als solcher mit Blick auf seine wichtigsten Interessen Beachtung findet. Der Liberalismus unterscheidet sich dann vom Utilitarismus dadurch, dass er die wichtigsten Interessen jedes einzelnen durch subjektive Rechte gesichert sehen will. Auch stellt er diese Sicherung nicht unter den Vorbehalt der letztendlichen Vereinbarkeit mit dem Ziel überindividueller Nutzenmaximierung. Ein Rechteverständnis, das die Verschiedenheit der Menschen ernst nimmt und die Schutzwürdigkeit jedes Einzelnen betont, kann als spezifisch liberal gelten, ohne darum die nicht autonomiefähigen Menschen auszuschließen.

Was können Liberale auf den Einwand des *Atomismus* erwidern? Er lautet, dass sie die wesentlich soziale Natur des Menschen ignorierten und Rechte vor allem für den Zweck vorsähen, dass jeder unbehelligt von anderen den eigenen Vorteil suchen könne. Doch weder rationale Nutzenmaximierer noch Rechte wären möglich ohne einen sozialen Hintergrund, der nur verständlich werde, weil wir eben nicht zuerst und zumeist rationale Nutzenmaximierer seien. Zu einem rationalen Akteur werden wir demnach nur, indem andere uns ein Handeln aus guten Gründen zutrauen, in einer Sprache, die uns Hinsichten des Verstehens und der Wichtigkeit gibt. Und Rechte gibt es nur, wo wir uns gemeinsam auf sie beziehen und uns gegenseitig als frei und gleich anerkennen. Diese Anerkennung sei schon vorausgesetzt, wenn wir uns in der bürgerlichen Gesellschaft strategisch zueinander verhalten.

Charles Taylor, der den Einwand des Atomismus maßgeblich formuliert hat, hat selbst auch einen Weg gewiesen, wie Liberale ihn entkräften könnten (Taylor 1993). Sie müssten dazu unterscheiden zwischen Fragen der Ontologie und Fragen der Parteinahme. Die Frage, wie selbstbewusste Subjekte von Rechten und diese selbst möglich seien, sei von der ersten Art; die Frage, ob uns Rechte zukommen, welche dies sind und wozu sie dienen, sei von der zweiten. Liberale müssen weder an der sozialen Genese des Selbstbewusstseins zweifeln noch die naturrechtliche Rhetorik von „angeborenen Rechten" wörtlich nehmen. Sie können anerkennen, dass wir ohne intersubjektive Beziehungen und kulturelle Bedeutungsräume nicht einmal verstehen könnten, was es heißt, rational zu sein und Rechte zu haben. Aber sie dürfen dennoch normativ auf dem Eigenwert des einzelnen und dessen Schutzwürdigkeit beharren. Subjektive Rechte sollen Individuen nicht zuletzt davor bewahren, von Gemeinschaften regelrecht erdrückt zu werden. Aber zugleich machen sie neue Formen des Zusammenschlusses und gemeinsamen Handelns möglich. Sie *ermöglichen* beides sogar im strikten Sinne. Da sie Individuen vom ‚naturwüchsigen' Zwang zu ganz bestimmten Gemeinschaftsbindungen befreien, geben sie ihnen den nötigen Raum, um aus eigener Einsicht oder Neigung neue Bindungen einzugehen oder bestehende zu bekräftigen.

Eine ähnliche Erwiderung ist schließlich auch auf den Einwand möglich, das liberale Rechteverständnis sei im Grunde *unpolitisch.* Der Einwand findet eine scheinbare Stütze in der vertragstheoretischen Vorstellung von Ansprüchen, die wir schon in einem vorstaatlichen Naturzustand gehabt haben (könnten). Doch vorstaatlich sind Rechte wiederum nur in dem genuin normativen Sinne, dass der Staat sie nicht eigentlich gewähren, sondern nur gewährleisten könne. Sie gingen nicht erst aus politischer Gesetzgebung hervor, weil von ihrer Beachtung die Legitimität aller Gesetze abhänge. Liberale widersprechen demnach der auf Jean-Jacques Rousseau zurückgehenden Ansicht, dass die normative Geltung der Rechte mit deren demokratischer Genese stehe und falle. Auch wenn der *Demos* das System der Rechte ausgestalten soll, sind diese als abstrakte Rechte moralisch begründet.

Dieser Vorrang der Moral vor der Demokratie schließt nicht aus, dass Menschenrechte ohne Demokratie unvollständig blieben. Liberale dürfen nicht nur argumentieren, dass die Demokratie den besten Schutz gegen eine Rechteverletzung biete und insofern instrumentell gerechtfertigt sei. Sie können kollektive Autonomie auch intrinsisch wertschätzen und die Möglichkeit der Mitwirkung an ihr selbst als Menschenrecht ansehen. Erstens erlaubt die Demokratie dem Einzelnen, von seiner Autonomie als Person auch einen öffentlichen Gebrauch zu machen, etwa durch politische Meinungsäußerungen oder den Eintritt in eine Partei. Zweitens sind demokratische Rechte Ausdruck der Anerkennung des Einzelnen als freiem und gleichem Bürger. Drittens sind sie ein Gebot der Fairness. Die Menschenrechte fallen in dem Maße, in dem sie der Konkretisierung im politischen Prozess bedürfen, auch selbst unter die allgemeinen Bedingungen des Politischen (*circumstances of politics,* Waldron 1999): Sie bedürfen der kollektiven Entscheidung, ohne dass Einigkeit über deren Richtigkeit bestünde oder auch nur rational zu erwarten wäre. Was aber kann Entscheidungen auch für diejenigen annehmbar machen, die sie substantiell aus nicht unvernünftigen Gründen ablehnen? Offenbar nur ein Verfahren der Entscheidungsfindung, in dem alle als Gleiche Beachtung finden. Dieses Verfahren aber ist das demokratische, das darum für die Legitimation einer ganz bestimmten Auslegung und Ausgestaltung des Systems der Rechte unverzichtbar ist.

31.3 Menschenrechte und Bürgerrechte

Ein zentrales Thema in der heutigen Philosophie der Menschenrechte ist deren Verhältnis zu den Bürgerrechten. Führende liberale Philosophen begreifen die eigentlichen Menschenrechte als Grundnormen der internationalen Beziehungen und des Völkerrechts und sehen deren zentrale Funktion darin, die einzelstaatliche Souveränität zu begrenzen (Rawls 2002; Raz 2010). Ein Staat, der Menschenrechte verletzt, verwirkt demnach grundsätzlich seine Immunität gegen die Einmischung anderer Staaten und internationaler Organisationen. Da aber nur sehr gravierende Rechteverletzungen souveränitätserhebliche Eingriffe in andere Staaten, bis hin zu militärischen Interventionen, rechtfertigen könnten, müsse die Liste der eigentlichen Menschenrechte eng begrenzt bleiben. Sie umfasse keineswegs alle Grundfreiheiten und auch Diskriminierungsverbote, wie sie in den Verfassungen und der Rechtspraxis liberaler Demokratien vorgesehen und verankert sind.

Sind demnach Rechte wie die Religionsfreiheit, die Gleichberechtigung der Geschlechter oder das Verbot von Körperstrafen eigentlich nur Bürgerrechte, die sich die spezifisch liberalen Staaten gegeben haben? Und ist demnach das Recht auf Demokratie doch kein Menschenrecht, weil seine Missachtung keine ausländische Einmischung rechtfertigt? Darauf lässt sich erstens erwidern, dass sowohl der *Internationale Pakt über bürgerliche und politische Rechte* als auch der *Internationale Pakt über wirtschaftliche, soziale und kulturelle Rechte* eine Reihe von Ansprüchen umfassen, deren primäre Adressaten die jeweils einzelnen Staaten sind, die sich wechselseitig zur Beachtung etwa der Religionsfreiheit, des Rechts auf allgemeine und gleiche Wahlen oder des Rechts auf Berufsfreiheit und auf eine Sozialversicherung verpflichtet haben. Zweitens kann man argumentieren, dass eine Missachtung von Menschenrechten zwar stets alle Menschen und Staaten etwas angehe, zwischenstaatliche Sanktionen oder gar Interventionen aber aus Gründen der Verhältnismäßigkeit auf extreme Fälle wie Völkermord begrenzt bleiben müssten.

Menschenrechte sind Antworten auf Standardbedrohungen, wie sie heute überall auf der Welt von gewaltmonopolisierenden Staaten, aber auch etwa von den Verwertungszwängen der kapitalistischen Wirtschaft ausgehen; ein aktuell augenfälliges Beispiel bildet die Gefährdung des Rechts auf Privatheit durch Digitalkonzerne (s. Kap. 67). Aber auch Bedingungen wie religiöse Entzweiung, die das liberale Menschenrechtsverständnis in der Geschichte Europas und Nordamerikas wesentlich angestoßen haben, liegen längst weltweit vor und verlangen auch in jedem Staat nach allgemein akzeptablen Antworten. Der Liberalismus besitzt den universalisierungswürdigen Vorzug, die Möglichkeit eines humanen und gerechten Zusammenlebens nicht von sozialer Harmonie und der Einigkeit in den letzten Lebensfragen abhängig zu machen.

Literatur

Berlin, Isaiah: Zwei Freiheitsbegriffe. In: Ders.: Freiheit. Vier Versuche. Frankfurt a.M. 1995, 197–256.

Bobbio, Norberto: Gegenwart und Zukunft der Menschenrechte. In: Ders. (Hg.): Das Zeitalter der Menschenrechte. Ist Toleranz durchsetzbar? Berlin 1998.

Griffin, James: On Human Rights. Oxford/New York 2008.

Habermas, Jürgen: Faktizität und Geltung. Beiträge zur Diskurstheorie des Rechts und des demokratischen Rechtsstaats. Frankfurt a. M. 1992.

Hayek, Friedrich August von: Die Verfassung der Freiheit [1960]. Tübingen 1971.

Locke, John: Zwei Abhandlungen über die Regierung [1690]. Hg. von Walter Euchner. Frankfurt a. M. 1977.

Lohmann, Georg: Die unterschiedlichen Menschenrechte. In: Klaus-Peter Fritsche, Georg Lohmann (Hg.): Menschenrechte zwischen Anspruch und Wirklichkeit. Würzburg 2000, 9–23.

Marx, Karl: Zur Judenfrage [1844]. In: Ders., Friedrich Engels: Werke Bd. 1. Berlin (DDR) 1977, 347–377.

Nickel, James: Making Sense of Human Rights. Malden/Oxford 2007.

Rawls, John: Eine Theorie der Gerechtigkeit. Frankfurt a. M. 1975.

Rawls, John: Das Recht der Völker. Berlin 2002.

Raz, Joseph: Human Rights Without Foundations. In: Samantha Besson, John Tasioulas (Hg.): The Philosophy of International Law. Oxford/New York 2010, 321–337.

Taylor, Charles: Aneinander vorbei: die Debatte zwischen Liberalismus und Kommunitarismus. In: Axel Honneth (Hg.): Kommunitarismus. Eine Debatte über die moralischen Grundlagen moderner Gesellschaften. Frankfurt a.M./New York 1993, 103–130.

Tugendhat, Ernst: Die Kontroverse um die Menschenrechte. In: Stefan Gosepath, Georg Lohmann (Hg.): Philosophie der Menschenrechte. Frankfurt a. M. 1998, 48–61.

Waldron, Jeremy: Law and Disagreement. Oxford 1999.

Bildung

32

Johannes Giesinger

Der Begriff der Bildung wird im Deutschen zum einen in unspezifischer Weise auf den Bereich von Schule, Unterricht und Lernen bezogen. Zum anderen wird er in spezifischer Bedeutung als Gegenbegriff zu Ausbildung oder Qualifikation gebraucht. Bildung bezeichnet dann Prozesse individueller Entfaltung, die die „Person als ganze" betreffen und sich nicht auf den Erwerb (ökonomisch) nützlicher Fähigkeiten beschränken.

Dieser Bildungsbegriff wurde im späten 18. und vor allem im 19. Jahrhundert zum Grundbegriff pädagogischen Denkens (vor allem Humboldt 1980). Er wurde seither in vielfältiger Weise ausgedeutet und oftmals in Beziehung zu liberalen Ideen wie Autonomie und Individualität gesetzt. Wer im liberalen Sinne gebildet ist, so könnte man sagen, ist fähig und willens, ein selbstbestimmtes und eigenständiges Leben zu führen.

Wie sich im Folgenden zeigen wird, ist diese Auffassung im liberalen Diskurs nicht unbestritten. Innerhalb des Liberalismus bestehen nicht nur unterschiedliche Ansichten zum Bildungsbegriff und zu Bildungszielen, umstritten ist auch die Rolle des Staates in Bezug auf Bildung: Soll der liberale Staat Schulen führen? Inwiefern soll er den Bildungsbereich regulieren und finanzieren? In diesem Kapitel soll das Problem liberaler Bildung im weiteren Kontext liberaler politischer Philosophie diskutiert werden. Dabei wird von den Grundbegriffen der liberalen Legitimität und der Gerechtigkeit ausgegangen. Gemäß einer gängigen Unterscheidung (Rawls 1993) bezieht sich das Legitimitätsproblem darauf, wie politische Machtausübung gerechtfertigt werden kann. Gerechtigkeit hingegen hat es mit der Frage nach der angemessenen Verteilung von Gütern und sozialen Positionen zu tun oder allgemeiner damit, wie soziale Institutionen auszugestalten sind. Hier wird dieser Unterscheidung gefolgt, ohne sie selbst zu problematisieren. Auf diese Weise werden die wichtigsten liberalen Positionsbezüge im Bereich der Bildung skizziert.

32.1 Liberale Legitimität und Bildung

Die Frage nach legitimer politischer Machtausübung im Bildungsbereich betrifft in erster Linie das Problem der Regulierung des Systems, in Verbindung mit der Debatte um angemessene Bildungsvorstellungen und -ziele. Indem Bildungsziele verbindlich gemacht und in einem öffentlich oder privat geführten System umgesetzt werden, gewinnt der liberale Staat ein gewisses Maß an Kontrolle über die Lern- oder Bildungsprozesse Heranwachsender.

J. Giesinger (✉)
Kantonsschule Sargans
St. Gallen, Schweiz
E-Mail: giesinger@st.gallen.ch

M. G. Festl (Hrsg.), *Handbuch Liberalismus*, https://doi.org/10.1007/978-3-476-05798-3_32

Er übt Macht über die Schülerinnen und Schüler aus und greift zudem in die Freiheit von Eltern ein, die möglicherweise eigene Vorstellungen von Bildung haben. Inwiefern kann diese Art der Machtausübung legitim sein?

Wilhelm von Humboldt (s. Kap. 9) hat in seinen Ausführungen zu den Grundlagen des liberalen Staates die Auffassung vertreten, dass der Staat sich aus der schulischen Bildung heraushalten sollte. In seiner Staatskonzeption, die lange vor seiner Zeit als preußischer Schulreformer entstand, kommt der Idee der Bildung eine zentrale Rolle zu. Der „wahre Zwek des Menschen" ist für Humboldt (1980, 64) „die höchste und proportionirlichste Bildung seiner Kräfte zu einem Ganzen". Weiter schreibt Humboldt, jedes Individuum solle Gelegenheit haben, „sich aus sich selbst, in seiner Eigentümlichkeit, zu entwikkeln" (ebd., 69) – eine Idee, die später von John Stuart Mill (1974) (s. Kap. 12) aufgegriffen wurde. Damit ist ein inhaltlich offenes, auf Selbstverwirklichung gerichtetes Bildungsideal umrissen. Es ist diese Idee individueller Entfaltung, die für Humboldt die Forderung nach persönlicher Freiheit begründet. Der Staat soll diese Freiheit schützen und nur dann in das Handeln von Personen eingreifen, wenn die Freiheit oder die Rechte Dritter gefährdet sind. Staatliche Bildung, so Humboldt, führe unweigerlich zu einer Instrumentalisierung Heranwachsender für staatliche Zwecke. Wie er im Anschluss an Rousseaus *Emile* hervorhebt, sollen Kinder zuallererst zu „Menschen" – und nicht zu „Bürgern" – erzogen werden. Liest man Humboldts Entwurf als systematische Staatstheorie und nicht nur als historisch bedingte Kritik am absolutistischen preußischen Staat, so wird hier die staatliche Macht hinsichtlich der Bildung stark zurückgebunden. Der Staat soll kein Bildungssystem führen und den Bildungsbereich nicht regulieren. Gerade dieser Verzicht auf staatliche Machtausübung, so Humboldt, ermöglicht wahre Bildung.

Die Idee, dass jegliche staatliche Machtausübung im Bereich der Bildung illegitim ist, findet sich in sog. libertären Ansätzen wieder (Nozick 1974; Narveson 1988). Diese vertreten das Ideal eines vollständig privatisierten Bildungssystems, das weder staatlich finanziert noch reguliert wird. Ein solches Modell geht nicht von einer bestimmten Bildungsidee – wie der humboldtschen – aus, sondern überlässt es den freien Entscheidungen der Individuen und letztlich den Marktkräften, welche Fähigkeiten gefördert und welche Kenntnisse vermittelt werden. Inwiefern die Ermöglichung persönlicher Entfaltung, die Einführung Heranwachsender in kreative und intellektuelle Praktiken oder die Förderung politischer Kompetenz in einem solchen System zur Geltung kämen, wäre primär von den Präferenzen der „Kunden" auf dem Bildungsmarkt, d. h. der Eltern und ihrer Kinder, abhängig.

An dieser Stelle kann auf ein besonderes Problem liberaler Theoriebildung hingewiesen werden, das bei libertären Ansätzen in aller Schärfe hervortritt: Einerseits ist die liberale Theorie radikal individualistisch und auf die Gewährleistung persönlicher Freiheit fokussiert. Andererseits werden in einem unregulierten und marktförmigen Bildungssystem nicht die direkt betroffenen Heranwachsenden, sondern ihre Eltern die wichtigsten Akteure sein. Sie werden primär entscheiden, in welche Schule ihr Kind gehen und was es dort lernen wird. Der Verzicht auf staatliche Machtausübung im Bildungsbereich garantiert in erster Linie *elterliche* Freiheit, nicht Freiheit für die Kinder. Diese nämlich bleiben der Macht der Eltern ausgesetzt, fehlende staatliche Regulierung stärkt die elterliche Macht sogar.

Regulierung ist also möglicherweise nötig, um die Rechte, die Freiheit oder das Wohl der Kinder zu sichern. Dies setzt allerdings voraus, dass die Kinder als moralisch oder politisch eigenständige Personen angesehen werden. Interessanterweise wird dies etwa vom libertären Theoretiker Jan Narveson (1988, 273) bestritten: Für ihn sind Kinder Eigentum der Eltern. Dies ist die konsequente Umsetzung der vertragstheoretisch begründeten libertären Auffassung, wonach nur vollwertige Vertragspartner, d. h. rationale Erwachsene, als eigenständige Mitglieder der politischen Gemeinschaft gelten können. Anders als Narveson gehen die meisten liberalen Theoretiker davon aus, dass Kinder Personen mit eigenen Rechten sind. Jedoch entkommen sie dem skizzierten Grundproblem nicht ohne weiteres: Jede liberale Theorie hat zu klären, wie sie die persönliche Freiheit der Eltern ins Verhältnis zu kindlichen Rechten sowie staatlichen Einschränkungen und Verpflichtungen setzt.

Eine sehr umfangreiche Konzeption der gemeinschaftlichen Aufgaben im Bildungsbereich deutet John Dewey (s. Kap. 13) an, wenn er schreibt: „[W]hat the best and wisest parent wants for his own child, that must the community want for all of its children." (Dewey 1976a, 5). Diese Aussage verbindet sich mit Deweys Vorstellung von Demokratie als Lebensform. Demokratie ist demnach mehr als eine Regierungsform und bezieht sich auf alle Bereiche des sozialen Lebens. Die pädagogischen Grundbegriffe Deweys, insbesondere Wachstum (*growth*) und Erfahrung (*experience*), sind in diesen Rahmen einzuordnen (Dewey 1976b): Individuelles Wachstum, angeregt durch immer neue Erfahrungen, vollzieht sich stets im Rahmen demokratischer Interaktionen und ist verknüpft mit kollektiven Lernprozessen.

Amy Gutmann (1987) ist in ihren Überlegungen zu demokratischer Bildung stark von Dewey beeinflusst, kritisiert aber Deweys Verständnis der Aufgaben der Gemeinschaft im Bereich der Bildung: Sie merkt an, Dewey ignoriere, dass in modernen Gesellschaften gerade umstritten sei, was „the best and wisest parent" für sein Kind wollen sollte. Deshalb brauche es demokratische Deliberationsprozesse, welche die staatliche Machtausübung im Bereich der Bildung allererst legitimierten. Gutmann schreibt „that the enforcement of any moral ideal of education, whether it be liberal or conservative, without the consent of citizens subverts democracy" (1987, 14).

In der weiteren – stark von Rawls (s. Kap. 19) geprägten – Diskussion zu diesem Thema werden Formen eines perfektionistischen Liberalismus von politisch-liberalen Ansätzen unterschieden. Der perfektionistische Liberalismus basiert auf einer liberalen Auffassung vom guten und gelingenden Leben, die Werte wie Autonomie und Selbstverwirklichung umfasst. Es wird angenommen, dass der liberale Staat diese Werte durch politische Maßnahmen schützen und fördern sollte. Das bedeutet u. a., dass das Bildungssystem auf die Entwicklung entsprechender Fähigkeiten und Haltungen auszurichten ist: Die Autonomiefähigkeit soll als Aspekt des menschlichen Wohls gefördert werden (Drerup 2018).

Während der perfektionistische Liberalismus liberale Werte privilegiert, schafft der politische Liberalismus (Rawls 1993; Nussbaum 2011) Spielraum für nicht-liberale Lebensweisen. Wie Rawls ausführt, sollen sich liberale Prinzipien auf die politische Sphäre beziehen und den Individuen die Freiheit lassen, sich im persönlichen Leben an nicht-liberalen Werten zu orientieren. Auf diese Weise soll sowohl die Legitimität als auch die Stabilität der liberalen Ordnung sichergestellt werden. Gemäß Rawls' Prinzip liberaler Legitimität (1993, 137) beruht legitime Machtausübung auf Prinzipien, die von Anhängern und Anhängerinnen unterschiedlicher weltanschaulicher Konzeptionen anerkannt werden können und in diesem Sinne öffentlich rechtfertigbar sind. Rawls geht davon aus, dass politische Prinzipien, die auf der liberalen Weltanschauung gründen, nicht öffentlich gerechtfertigt werden können. Liberale Werte stehen für ihn auf der gleichen Stufe wie traditionalistische religiöse Positionen. Die Stabilität der liberalen Ordnung hängt für Rawls davon ab, dass die politischen Prinzipien – im Sinne eines „überlappenden Konsenses" – aus unterschiedlichen weltanschaulichen Perspektiven anerkannt und mitgetragen werden können.

Bezogen auf den Bildungsbereich bedeutet dies, dass der liberale Staat keine perfektionistischen liberalen Bildungsauffassungen (wie Humboldts Bildungsidee) vorschreiben darf. Es ist illegitim, alle Heranwachsenden zu persönlicher Autonomie anzuleiten oder in ihrer individuellen Entfaltung zu fördern. Vielmehr muss Eltern die Freiheit zukommen, ihre Kinder im Sinne traditionalistischer Vorstellungen zu erziehen und entsprechende Privatschulen für sie auszuwählen. Rawls schreibt dazu: „The liberalisms of Kant and Mill may lead to requirements designed to foster the values of autonomy and individuality as ideals that govern much if not all of life. But political liberalism has a different aim and requires far less" (Rawls 1993, 199).

Dennoch ist die Freiheit der Eltern im rawlsschen Modell nicht unbeschränkt. Eltern müssen nämlich zulassen, dass ihre Kinder im Sinne politisch-liberaler Prinzipien gebildet werden. Kinder sollen zur Anerkennung dieser Prinzipien gebracht und „politisch autonom" werden. Nussbaum erläutert:

> Rawls and I would insist that there is a cousin of autonomy that must figure in such a view: for real freedom to live according to one's own view also requires protecting the spaces in which people may leave one view and opt for another, and also the spaces in which children learn about options so that they can really live their own lives. That sort of thing Rawls calls ‚political autonomy' (2011, 36).

Politische Autonomie, wie Nussbaum (s. Kap. 21) sie versteht, bezieht sich also nicht nur auf im strengen Sinne politische Fragen, sondern auch auf das persönliche Leben von Bürgerinnen und Bürgern. Zum einen sollen diese die Möglichkeit haben, gemäß ihren eigenen Wertvorstellungen zu leben. Zum anderen sollen Kinder im Prozess des Aufwachsens verschiedene „Optionen" kennenlernen, um ihre eigene Lebensperspektive zu entwickeln. Damit, so Nussbaum, wird kein perfektionistisches liberales Ideal verfolgt, vielmehr ist diese Art von Autonomie konstitutiv für den Status von Staatsbürgern und -bürgerinnen. Diese sollen frei sein, nicht-autonom zu leben, aber sie sollen in die Lage versetzt werden, sich autonom für einen Lebensentwurf zu entscheiden.

Die weitere Debatte dreht sich entsprechend darum, wie dieser politisch-liberale Autonomiebegriff, insbesondere in Hinblick auf den Bildungsbereich, auszuformulieren ist (Schouten 2018). Nussbaums Auffassung, wonach Kindern unterschiedliche Lebensoptionen bewusst gemacht werden sollen, richtet sich primär gegen die strikte Abschottung Heranwachsender gegenüber Einflüssen von außen und den Versuch, sie auf eine bestimmte Lebensform festzulegen. Man könnte jedoch mit gutem Grund argumentieren, dass dies nicht ausreicht: Um eine eigene Lebensperspektive zu entwickeln, die sich möglicherweise von den Wertauffassungen der Herkunftsfamilie unterscheidet, muss man nicht nur Optionen kennenlernen, sondern dazu befähigt werden, sich in kritischer Weise mit unterschiedlichen Konzeptionen des Guten zu befassen. Dies bedingt Prozesse der Selbstreflexion, die eine kritische Auseinandersetzung mit den durch Erziehung und Sozialisation erworbenen Einstellungen einschließt.

Wenn Nussbaum oder Rawls davor zurückschrecken, dieses anspruchsvolle Autonomieverständnis als politisch-liberales Bildungsziel zu akzeptieren, dann deshalb, weil dadurch der Unterschied zwischen politisch-liberalem und perfektionistischem Liberalismus verwischt wird. Eine auf kritische Selbstreflexion gerichtete Bildung ist insbesondere für manch traditionalistisch denkende Eltern nicht akzeptabel. Das erweiterte Modell politisch-liberaler Bildung, das die Förderung persönlicher Autonomie einschließt und für das, wie oben beschrieben, Denker wie Humboldt, Mill, aber auch Dewey stehen, legitimiert weitergehende staatliche Machtausübung als das rawlssche Modell und greift stärker in die elterliche Freiheit ein als dieses. Gleichzeitig wird es wohl dem individualistischen Charakter des Liberalismus besser gerecht als das rawlssche Modell oder gar der libertäre Ansatz: Es legt großes Gewicht darauf, jedem Individuum die Möglichkeit zu bieten, sich der Kontrolle derjenigen sozialen Gruppe zu entziehen, in die es zufällig hineingeboren wurde.

32.2 Liberale Gerechtigkeit und Bildung

Die Frage nach liberaler Legitimität im Bildungswesen bezieht sich primär auf die Regulierung der Bildung. Damit verknüpft ist die Frage, welche Bildungsziele im liberalen Staat verbindlich festgeschrieben werden und allenfalls gegen den Widerstand von Eltern oder ihren Kindern durchgesetzt werden dürfen.

Die Frage nach der gerechten Ausgestaltung des Bildungssystems richtet sich demgegenüber zusätzlich darauf, wie Bildung finanziert werden soll. Eine Extremposition wird hier wiederum von libertären Theoretikern eingenommen, die eine staatliche Finanzierung von Bildung ablehnen. In Nozicks Ansatz etwa gilt die Erhebung von Steuern für ein öffentliches Bildungssystem als Verletzung des Rechts auf Eigentum. Der Minimalstaat, der Nozick vorschwebt, darf Steuern ausschließlich für Sicherheitszwecke erheben (1974). Setzte man dies um, so würde es zu gravierenden Ungleichheiten beim Zugang zu Bildung führen. Kinder wären in dieser Hinsicht vollständig auf die Finanzkraft ihrer Eltern angewiesen und von deren Entscheidungen abhängig.

Liberale unterschiedlicher Ausrichtung werden dies als ungerecht einstufen: Der Liberalismus ist nicht zuletzt durch die Kritik an aristokratischen Gesellschaftsformen motiviert, die das soziale Fortkommen an die soziale Herkunft koppeln. Das libertäre Modell hebt die aristokratische Struktur zwar formal auf, bindet die Lebenschancen von Kindern aber dennoch stark an die soziale Situation der Eltern. Es gilt weithin als ausgemacht, dass die Koppelung von familiärer Herkunft und Bildungschancen nur durch ein finanzielles Engagement des liberalen Staates gelockert werden kann.

Gemäß einem in liberalen Kreisen diskutierten Modell soll sich der Staat jedoch aus der Führung von Schulen heraushalten und die Finanzierung der Bildung über sog. Bildungsgutscheine (*vouchers*) sicherstellen. Diese würden den Eltern ausgestellt, die sie auf dem Bildungsmarkt – in einer Schule ihrer Wahl – einlösen könnten. Dieses vom Ökonomen Milton Friedman (1962, Kap. 6; vgl. auch Hayek 1971, 467) entwickelte Modell macht Eltern und allenfalls auch die Heranwachsenden selbst zu Kunden im Bildungssystem, die mit ihren Bildungsgutscheinen Marktmacht ausüben und auf diese Weise die Ausgestaltung des Bildungssystems bestimmen.

Dieses Modell findet in wirtschaftsliberalen Kreisen großen Anklang, wird aber auch im linksliberalen Mainstream der politischen Philosophie nicht rundweg zurückgewiesen (Brighouse 2002). Die an Rawls' Gerechtigkeitstheorie (Rawls 1971) anknüpfende Debatte um Chancengleichheit oder Bildungsgerechtigkeit ist auf die Frage der Verteilung von Bildung oder Bildungschancen fokussiert und lässt grundsätzlich offen, ob die sich ergebenden Gerechtigkeitsprinzipien am besten in einem privaten oder einem öffentlichen Bildungssystem realisiert werden. Unterschiedliche Schulwahlmodelle wird man also im Lichte von Prinzipien der Bildungsgerechtigkeit beurteilen. Dabei scheint klar, dass jedes Modell, das wohlhabenden Eltern die Möglichkeit gibt, zusätzlich zu den staatlichen Zuschüssen eigene finanzielle Ressourcen für die Bildung ihrer Kinder einzusetzen, potentiell gravierende Bildungsungleichheiten nach sich zieht. Andererseits könnte ein Schulwahlsystem, das ausschließlich ärmere Familien mit Bildungsgutscheinen ausstattet und ihren Kindern so Zugang zu guten Schulen verschafft, die Ungleichheit verringern.

Kaum jemand ist der Auffassung, dass jegliche Bildungsungleichheit als ungerecht einzustufen ist. Die liberale Diskussion um Bildungsgerechtigkeit dreht sich darum, a) welche Arten von Ungleichheit legitim sein können und b) ob Gleichheit überhaupt der relevante Maßstab zur Bewertung des Bildungssystems ist. Einen Ansatzpunkt für die Diskussion bietet das als meritokratisch bekannte Prinzip der Bildungsgerechtigkeit, das an Rawls' Prinzip fairer Chancengleichheit orientiert ist: „An individual's prospects for educational achievement may be a function of that individual's talent and effort, but it should not be influenced by her social class background" (Brighouse/Swift 2008, 447).

Nach diesem Grundsatz sind nicht alle (Bildungs-)Ungleichheiten illegitim, sondern nur diejenigen, die durch die soziale Herkunft der Betroffenen entstehen, und nicht von Talent und Anstrengung abhängen. Gemäß einem naheliegenden Einwand ist sowohl die Anstrengungsbereitschaft als auch das Talent teils von den sozialen Bedingungen des Aufwachsens beeinflusst: Wie ambitioniert jemand ist, hängt demnach in hohem Masse von familiären Werthaltungen sowie der beruflichen Rolle der Eltern ab und ist nicht naturgegeben. Ebenso wurde die

Idee natürlicher Talente oder Begabungen kritisiert. Jedenfalls scheint klar, dass die zu einem bestimmten Zeitpunkt während der Schullaufbahn identifizierbaren Fähigkeiten oder Potentiale bereits durch pädagogische und soziale Erfahrungen geprägt sind.

Ein weitergehender Einwand gegen das meritokratische Prinzip greift auf eine Art der Rechtfertigung dieses Prinzip zurück, die bereits bei Rawls (1971) angelegt ist: Demnach sind durch den sozialen Hintergrund bedingte Ungleichheiten ungerecht, weil Personen nicht dafür verantwortlich sind, in welche Familie sie hineingeboren werden und es deshalb nicht verdienen, dafür benachteiligt zu werden. Diese Rechtfertigung lässt sich aber auf natürlich bedingte Ungleichheiten übertragen: Niemand ist verantwortlich für seine biologische Ausstattung und hat es folglich nicht verdient, dafür Nachteile in Kauf nehmen zu müssen. Aus dieser Art der Rechtfertigung hat sich in der Gerechtigkeitsdebatte der sog. *luck egalitarianism* entwickelt, gemäß dem Ungleichheiten nur dann akzeptabel sind, wenn sie auf persönlich verantwortete Handlungen zurückgeführt werden können. Bezogen auf den Bildungsbereich ergibt sich daraus eine „radikale" Konzeption (Brighouse/Swift 2008, 17), die Bildungsungleichheiten aufgrund natürlicher Voraussetzungen und sozialer Herkunft als ungerecht einstuft. Damit bleibt wenig Raum für Ungleichheiten in der Bildung, weil gerade bei jüngeren Kindern fraglich ist, inwiefern sie ihr schulisches Verhalten selbst verantworten.

Der nächste Schritt ist deshalb die Entwicklung einer „extremen" Position (ebd., 19), die vollständige Gleichheit der Leistungen verlangt, also „all-the-way-equality" (Harel Ben-Shahar 2016). Harel Ben-Shahar verteidigt diesen Ansatz u. a. mit dem Hinweis darauf, dass Bildung positional wertvoll ist – ihr Wert für den Einzelnen hängt auch davon ab, wie gut andere gebildet sind. Im Wettbewerb um attraktive Positionen zählt nämlich nicht nur, welche Fähigkeiten jemand hat, sondern ob er besser qualifiziert ist als seine Mitbewerber. Echte Chancengleichheit im sozialen Wettbewerb kann demnach nur geschaffen werden, wenn alle die exakt gleiche Ausgangsposition haben. Dafür ist in Kauf zu nehmen, so Ben-Shahar, dass speziell motivierte und leistungsfähige Schüler und Schülerinnen zurückgebunden werden müssen: „Taking away educational advantage from children has a positive effect on the objective situation of worse-off children by enhancing their competitiveness" (ebd., 94).

Gerade diese Forderung nach einem sog. *leveling down,* d. h. der Verschlechterung der Situation der Bessergestellten, wird diese extrem egalitaristische Position für viele unattraktiv machen. In der liberalen Gerechtigkeitsdiskussion gibt es eine interessante Alternative zur extremen und zur radikalen Position, die bei Rawls (1971) als Differenzprinzip formuliert ist: Demnach sind gewisse soziale und ökonomische Ungleichheiten akzeptabel, wenn die am schlechtesten Gestellten dadurch absolut gesehen besser gestellt sind als bei einer Verringerung der Ungleichheit. Hinsichtlich des Bildungsbereichs könnte das heißen, dass die Förderung der Leistungsfähigen insofern akzeptabel sein könnte, als dadurch letztlich alle in der Gesellschaft – einschließlich der weniger Leistungsfähigen – profitieren. Alle sind nämlich darauf angewiesen, dass Personen bereit und fähig sind, anspruchsvolle sozialen Aufgaben zu übernehmen.

Daneben wurden egalitaristische Ansätze einer grundlegenden Kritik unterzogen: Es wurde argumentiert, im Bildungsbereich käme es nicht auf Gleichheit an, sondern darauf, dass alle angemessen (*adequate*) oder ausreichend (*sufficient*) gebildet seien. Bei der Bestimmung dessen, was angemessen ist, orientieren sich etwa Elizabeth Anderson (2007) und Debra Satz (2007) an einem Ideal demokratischer oder staatsbürgerlicher Gleichheit: Es geht darum, welche Art und welches Niveau an Bildung für Staatsbürger- und bürgerinnen nötig ist, um mit anderen in egalitären (politischen) Beziehungen stehen zu können. Wie Anderson und Satz argumentieren, braucht es dafür keine strikte Gleichverteilung von Bildung, sondern ein angemessenes Niveau in der Entwicklung relevanter Fähigkeiten. Während egalitaristische Ansätze die Frage nach Bildungszielen weitgehend beiseitelassen, kommt diese hier als zentraler Aspekt der Gerechtigkeitstheorie wieder ins Spiel. Ein Modell angemessener Bildung könnte etwa folgendermaßen aussehen: Erstens sollen Heranwachsende die Qualifikationen erwerben können, die für den Zugang zum Arbeitsmarkt nötig sind. Zweitens sollen sie spezifisch staatsbürgerliche Fähigkeiten entwickeln können, die ihnen die Partizipation am demokratischen Prozess ermöglichen, und drittens sollen sie – wie im ersten Abschnitt diskutiert – wohl auch befähigt werden, eine eigene Perspektive für ihr persönliches Leben zu entwickeln.

Gemäß dieser Konzeption bedarf es einer staatlichen Finanzierung von Bildung, um sicherzustellen, dass alle angemessen gebildet sind. Darüber hinaus scheint es aber akzeptabel, wenn Eltern zusätzlich private Ressourcen aufwenden, um ihre Kinder über ein grundlegendes Niveau hinaus bilden zu können. An diesem Punkt entzündet sich die egalitaristische Kritik: Wenn einige Kinder aufgrund der Finanzkraft und der Entscheidungen ihrer Eltern besser gebildet werden, so verschafft ihnen das einen ungerechtfertigten (positionalen) Vorteil im Wettbewerb um ökonomische Güter und sozialen Status.

32.3 Liberale Bildung

Der Liberalismus hat eine dezidiert individualistische Ausrichtung: Im Zentrum steht die Idee, dass jeder Einzelne ein gleiches Maß an Freiheit haben soll. Dieser Grundgedanke wirft Fragen auf, wenn er auf Erziehung und Bildung bezogen wird. Die Forderung nach Freiheit kann man einerseits auf die Eltern beziehen, die den Anspruch stellen, ihre Kinder nach eigenen Vorstellungen aufzuziehen. Andererseits verlangt eine konsequent individualistische Herangehensweise, die Kinder als moralisch und politisch eigenständige Personen zu betrachten.

Wie sich gezeigt hat, verstärkt staatliche Zurückhaltung im Bereich der Bildung die Abhängigkeit der Kinder von ihren Eltern. Hinsichtlich der Gerechtigkeit hat ein Verzicht auf staatliche Finanzierung und Regulierung zur Folge, dass die Lebensperspektive Heranwachsender an ihren familiären Hintergrund gebunden bleibt. Es ist jedoch im liberalen Kontext breit akzeptiert, dass gerade dieser Zusammenhang aufgebrochen werden sollte. Alle besprochenen Ansätze mit Ausnahme der libertären Konzeption teilen diese Sichtweise. Wie weit man dabei zu gehen hat, bleibt umstritten. Zu bemerken ist allerdings, dass selbst vergleichsweise gemäßigt erscheinende Konzeptionen liberaler Bildungsgerechtigkeit – wie die Konzeption angemessener Bildung – ein kritisches Licht auf die Verhältnisse in unseren Bildungssystemen werfen. Empirische Studien bestätigen immer wieder, dass der Zusammenhang zwischen sozialer Herkunft und Bildungserfolg nach wie vor stark ausgeprägt ist und zudem ein beträchtlicher Teil der Schülerinnen und Schüler sogar minimale Bildungsziele verfehlt.

Was das Legitimitätsproblem anbelangt, so führt staatliche Zurückhaltung bei der Machtausübung im Bereich der Bildung zu einer starken elterlichen Position gegenüber ihren Kindern: In einem unregulierten Bildungssystem können Eltern den Prozess des kindlichen Lernens in beliebiger Weise gestalten – sei es, dass sie ihre Kinder auf eine bestimmte Wertauffassung festlegen oder sie ausschließlich in der Ausbildung ökonomisch nützlicher Kompetenzen fördern. Das von Rawls entwickelte Modell schränkt die Freiheit der Eltern zumindest hinsichtlich der Entwicklung staatsbürgerlicher Fähigkeiten und Einstellungen ein, macht aber im Bereich der persönlichen Entwicklung nur schwache Vorgaben.

Es kann argumentiert werden, dass nur eine weitergehende Autonomiebildung dem individualistischen Charakter des Liberalismus gerecht wird: Nur durch die Einführung in Praktiken kritischer Selbstreflexion werden Heranwachsende demnach in die Lage versetzt, sich über unterschiedliche Lebensoptionen klarzuwerden und eine eigene Perspektive zu entwickeln. Diese Sichtweise richtet sich nicht nur gegen traditionalistische Vorstellungen von Bildung, sondern auch gegen eine einseitige Ausrichtung auf die Förderung nützlicher Kompetenzen. Umstritten ist, inwiefern die Rechtfertigung einer Förderung persönlicher Autonomie den politisch-liberalen Theorierahmen sprengt und folglich nach perfektionistischen Argumentationsmustern verlangt.

Literatur

Anderson, Elizabeth: Fair Opportunity in Education: A Democratic Equality Perspective. In: Ethics 117/4 (2007), 595–622.

Ben-Shahar, Tammy: Equality in Education: Why We Must Go All the Way. In: Ethical Theory and Moral Practice 19/1 (2016), 83–100.

Brighouse, Harry: School Choice and Social Justice. Oxford 2002.

Brighouse, Harry/Swift, Adam: Putting Educational Equality in its Place. Education Finance and Policy 3/4 (2008), 444–466.

Dewey, John: The School and Society [1900]. Carbondale 1976a.

Dewey, John: Democracy and Education [1916]. Carbondale 1976b.

Drerup, Johannes: Education for Democratic Tolerance, Respect and the Limits of Political Liberalism. In: Journal of Philosophy of Education 52/3 (2018), 515–532.

Friedman, Milton: Capitalism and Freedom. Chicago 1962.

Gutmann, Amy: Democratic education. Princeton 1987.

Hayek, Friedrich August von: Die Verfassung der Freiheit. Tübingen 1971.

Humboldt, Wilhelm von: Ideen zu einem Versuch, die Gränzen der Wirksamkeit des Staats zu bestimmen (1792). In: Werke in fünf Bänden, Bd. 1. Darmstadt 1980.

Mill, John Stuart: Über die Freiheit. Stuttgart 1974.

Narveson, Jan: The Libertarian Idea. Philadelphia 1988.

Nozick, Robert: Anarchy, State, and Utopia. New York 1974.

Nussbaum, Martha: Perfectionist Liberalism and Political Liberalism. In: Philosophy and Public Affairs 49/1 (2011), 3–45.

Rawls, John: A Theory of Justice. Cambridge, Mass. 1971.

Rawls, John: Political Liberalism. New York 1993.

Satz, Debra: Equality, Adequacy, and Education for Citizenship. In: Ethics 117/4 (2007), 623–648.

Schouten, Gina: Political Liberalism and Autonomy Education: Are citizenship-based arguments enough? In: Philosophical Studies 175/5 (2018), 1071–1093.

Supranationalität

33

Julian Culp

Der Begriff Supranationalität entstammt politisch-rechtlichen Kontexten und bezeichnet die Eigenschaft einer jenseits des Nationalstaates angesiedelten politisch-rechtlichen Autorität, Maßnahmen ergreifen und Gesetze erlassen zu können, die für Nationalstaaten einen (unmittelbar) verbindlichen Charakter haben. Ein Beispiel für eine supranationale Autorität ist die Europäische Union, deren Bestimmungen, bspw. finanzpolitischer Natur, für ihre Mitgliedsstaaten verbindlich sind. Somit unterscheidet sich die Europäische Union von internationalen Institutionen wie der Weltbank, deren politische Maßnahmen erst nach nationalstaatlicher Zustimmung Verbindlichkeit erlangen. Supranationalität zeichnet somit ein politisch-rechtliches System aus, in dem Souveränität nicht ausschließlich auf nationalstaatlichen oder regionalen bzw. lokalen Ebenen, sondern auch auf „über-staatlicher" Ebene ausgeübt wird. Dieser Eintrag beschäftigt sich jedoch nicht ausschließlich mit rechtlichen Aspekten des Begriffs der Supranationalität bzw. supranationaler Autorität. Er stellt auch dar, inwiefern moral- und politisch-philosophische Auffassungen des klassischen und zeitgenössischen Liberalismus jenseits des Nationalstaates normative Geltung beanspruchen und dadurch die auf nationaler Ebene ausgeübte Souveränität in Frage stellen oder an Bedingungen knüpfen, deren Verletzung Grund für internationale Kritik bzw. im Extremfall sogar eine militärische Intervention sein kann.

33.1 Historische Einordnung

Eines der zentralen Motive neuzeitlicher liberaler Denker wie John Locke (s. Kap. 1) besteht in der Rechtfertigung staatlicher Herrschaftsgewalt. Zu diesem Zwecke charakterisieren sie einen vorstaatlichen Naturzustand, der ihnen als Kontrastfolie dient, um die staatlich verfasste Gesellschaft als normativ vorzugswürdig auszuweisen. Diese Rechtfertigungsstrategie geht auf Thomas Hobbes zurück, der in *Leviathan* (1962) diesen Naturzustand als einen Krieg aller gegen alle darstellt. Hobbes argumentiert, dass aufgrund des fehlenden Monopols legitimer Gewalt im Naturzustand jede Person fortwährend befürchten müsse, dass sie angegriffen oder ihres Besitzes beraubt werde. Daher würde jede Person Vorsichtsmaßnahmen treffen, die zwar legitimer Schutz der eigenen Sicherheit seien, für andere aber eine Gefahr bedeuteten. Für jede Person ist es daher im Naturzustand vorteilhaft, das Recht, die eigene Sicherheit unter Anwendung von Gewaltmitteln zu verteidigen, an den Staat abzutreten – zumindest dann, wenn sich in

J. Culp (✉)
The American University of Paris, Paris, Frankreich
E-Mail: jculp@aup.edu

M. G. Festl (Hrsg.), *Handbuch Liberalismus*, https://doi.org/10.1007/978-3-476-05798-3_33

einem Gesellschaftsvertrag alle Personen dazu verpflichten. Hobbes rechtfertigt auf diese Weise jedoch keinen Weltstaat, sondern nur die Existenz von Einzelstaaten, die sich untereinander sowie in ihrem Verhältnis zu Ausländern in einem Naturzustand befinden. Jenseits des Staates gilt daher lediglich das Naturrecht, so dass Staaten und Individuen in diesem internationalen Naturzustand sich selbst verteidigen dürfen und müssen. Hobbes' politische Theorie sieht also keinen Platz für eine supranationale Autorität vor, welche effektiv in der Lage und dazu befugt wäre, eine internationale bzw. globale Rechtsordnung durchzusetzen.

Immanuel Kant (s. Kap. 4) vermeidet hingegen eine derart asymmetrische Auffassung, in der lediglich der innergesellschaftliche, nicht aber der internationale Naturzustand durch einen Rechtszustand abzulösen wäre. Im Anschluss an die vom Abbé de Saint-Pierre 1717 angestoßene Debatte um einen ewigen Frieden in Europa verteidigt Kant (2005, 212) in seiner Schrift *Zum ewigen Frieden* zwar keinen Weltstaat, aber dennoch einen Völkerbund als „Surrogat des bürgerlichen Gesellschaftsbundes", um den internationalen Naturzustand aufzuheben. Kants Argument gegen die Errichtung eines Weltstaates lautet, dass ein solcher notwendigerweise despotisch sei und die kulturell geprägten Interessen einzelner Gruppen und Individuen nicht adäquat berücksichtigen würde. Dies führe zu einem Aufbegehren gegenüber einem solchem und würde einen (globalen) Bürgerkrieg auslösen. Nichtsdestotrotz erkennt Kants politische Theorie die Notwendigkeit supranationaler Institutionen und Normen in Form eines Völkerbunds und eines weltbürgerlichen Gastrechts an. Die herzustellende globale politisch-rechtliche Ordnung charakterisiert Kant durch folgende „Definitivartikel": erstens, dass die bürgerliche Verfassung eines jeden Staates republikanisch sei; zweitens, dass das Völkerrecht auf einem Föderalismus freier Staaten beruhe; und drittens, dass sich das Weltbürgerrecht auf ein Gastrecht beschränke. Kants Philosophie weist also über den anarchischen Charakter internationaler Verhältnisse hinaus und fordert die Errichtung einer kosmopolitischen Verfassung. In dieser globalen rechtlichen Ordnung sollen nicht nur Bürger innerhalb von Staaten, sondern auch Staaten untereinander und Weltbürger in ihrem Verhältnis zu fremden Staaten als Rechtspersonen auftreten können, die weder willkürlich behandelt werden dürfen noch von der kosmopolitischen Gesinnung staatlicher Repräsentanten abhängig sein sollen. Um eine solche Ordnung zu erreichen, fordert Kant als Übergangslösung die Einhaltung sechs sog. Präliminarartikel, die u.a. in der Abschaffung stehender Heere und dem Verbot von Angriffskriegen bestehen.

Kants kosmopolitische Theorie ist visionär, da die internationale politische Ordnung insbesondere im Verlauf des 20. Jahrhunderts in mehreren Hinsichten die Wende von einem anarchisch zu einem rechtlich verfassten Zustand vollzogen hat. Die seit 1648 geltende „westfälische" internationale Ordnung sah weder in den inneren noch in den äußeren Verhältnissen der Staaten supranationale Einschränkungen staatlicher Souveränität vor. Sie entsprach daher im Wesentlichen Hobbes' Auffassung, dass sich Staaten untereinander in einem Naturzustand befänden, sich auf internationaler Ebene folglich nur um ihre eigene Sicherheit kümmern müssten und innerstaatlich keine universal geltenden Normen zu befolgen hätten. Die zentralen internationalen Menschenrechtsdokumente des 20. Jahrhunderts – die Allgemeine Erklärung der Menschenrechte (AEMR, 1948), das Internationale Abkommen bürgerlicher und politischer Rechte (1966) und das Internationale Abkommen ökonomischer, sozialer und kultureller Rechte – artikulierten jedoch Grundsätze wie das Recht auf Selbstbestimmung (AEMR, Art. 21), das Recht auf Asyl (AEMR, Art. 14) und die Gewissens-, Gedanken-, Rede- und Pressefreiheit (BP, Art. 18 und 19). Diese beanspruchen, staatliche Souveränität im Äußeren sowie im Inneren einzuschränken. Selbige völkerrechtlich anerkannten Grundsätze sind inhaltlich also sogar deutlich anspruchsvoller als Kants Grundsätze globaler Ordnung.

33.2 Positionen des zeitgenössischen Liberalismus

Angesichts der tiefgreifenden Entwicklungen des internationalen öffentlichen Rechts sowie der Herausbildung der Europäischen Union als Staatenverbund, ist es wenig verwunderlich, dass zeitgenössische liberale Debatten die existierende kosmopolitische Ordnung nicht grundsätzlich in Frage stellen, sondern deren inhaltliche Ausgestaltung behandeln (vgl. Held 2013). Viele liberale Theoretiker beschäftigen sich also nicht mehr mit der Rechtfertigung des Staates und dessen normativen Bedingungen, sondern mit der Rechtfertigung der bestehenden kosmopolitischen Ordnung und deren supranationale Geltung beanspruchenden normativen Bedingungen. Zentrale liberale Strömungen zeitgenössischer internationaler politischer Theorie sind der Globalismus, der Nationalismus, der Etatismus und der Internationalismus.

Charles Beitz (1979) legte in *Political Theory and International Relations* einen liberalen *Globalismus* vor, indem er im Ausgang von John Rawls' (1976) *Eine Theorie der Gerechtigkeit* (s. Kap. 19) für eine globale Auffassung liberaler politischer und sozialer Gerechtigkeit argumentierte. Beitz erachtete Rawls' auf dem sog. Urzustand basierende Begründung für seine Gerechtigkeitsgrundsätze – dem Grundsatz gleicher Grundfreiheiten, dem Grundsatz fairer Chancengleichheit und dem Differenzprinzip – als gültig, behauptete jedoch, dass die Anwendungsbedingungen für diese Grundsätze nicht nur innerstaatlich, sondern auch global vorlagen. Diese Anwendungsbedingungen bestünden nämlich in einem System wechselseitiger Abhängigkeit, welches spätestens seit den internationalen politischen und ökonomischen Neuordnungen im Anschluss an die beiden Weltkriege gegeben sei.

Eine der normativen Implikationen der globalen Gültigkeit der rawlsschen Auffassung von Verteilungsgerechtigkeit sei, so Beitz, dass es unter bestimmten Umständen geboten sei, die global ökonomisch Schlechtestgestellten gegenüber den national ökonomisch Schlechtestgestellten bei institutionellen Reformen vorrangig zu behandeln. Bspw. könnten die besonders reichen Länder Entwicklungszusammenarbeit nicht aus dem Grund verweigern, dass diese Ressourcen aufbrauche, die für nationale Umverteilung vorgesehen wären. Beitz (1994) forderte allerdings nicht, dass seine globalistische Gerechtigkeitsauffassung mittels eines Weltstaates zu realisieren sei, sondern stellte klar, dass unterschiedliche Formen politisch-rechtlicher Souveränität diese realisieren könnten. Dennoch ist offensichtlich, dass insbesondere die Befolgung der stark egalitären Auffassung globaler Verteilungsgerechtigkeit weitreichende Einschränkungen staatlicher Souveränität mit sich bringen würde, da die Besserstellung der global einkommens- und vermögensärmsten Gruppe die Richtschnur staatlichen Handelns sein würde.

Liberale *Nationalisten* wie Yael Tamir (1993) und David Miller (2007) weisen einen solchen Globalismus daher auch deswegen zurück, weil dieser nicht genug Raum für nationale Selbstbestimmung gewährleiste. Der kulturell-perfektionistische liberale Nationalismus Tamirs erkennt hierin ein schwerwiegendes Problem des Globalismus, weil die volle Entfaltung menschlichen Glücks erfordere, innerhalb seiner jeweiligen nationalen Gemeinschaft seine kulturell spezifische Vorstellung des guten Lebens auszuüben. Der liberal partikularistisch-kommunitaristische Nationalismus Millers (2010) betont den intrinsischen Wert nationaler Beziehungen, der mit dem intrinsischen Wert einer Freundschaft vergleichbar sei (s. Kap. 36, 40). Der Globalismus berücksichtige diesen Wert jedoch nicht angemessen, da er die unter Landsleuten gebotene Parteilichkeit nicht hinreichend anerkenne. Schließlich sei es mit einer vorrangigen Behandlung der global ökonomisch am schlechtesten Gestellten unvereinbar, die Interessen von MitbürgernInnen stärker zu gewichten als die von AusländernInnen, was jedoch nationale Parteilichkeit fordere. Zudem sei nationale Parteilichkeit nicht nur intrinsisch, sondern auch instrumentell wertvoll, um auf nationaler Ebene soziale Gerechtigkeit und Demokratie aufrechterhalten zu können, da sie Ausdruck und Quelle gelebter Solidarität sei.

Millers Auffassung ist nichtsdestotrotz „schwach" kosmopolitisch, weil sie die Gültigkeit von Menschenrechten auf globaler Ebene anerkennt, die menschliche Grundbedürfnisse befriedigen. Er beansprucht damit, dass der liberale Grundsatz, dass allen Menschen gleicher moralischer Respekt geschuldet sei, mit jeweils unterschiedlichen Interpretationen auf nationaler und globaler Ebene vereinbar sei. Miller lehnt allerdings die Vorstellung ab, dass die internationale Gemeinschaft als Ganze oder inter- bzw. supranationale Institutionen primäre Verantwortung für die Realisierung von Menschenrechten in anderen Ländern haben könnten. Die Erfüllung von Menschenrechten liege im primären Verantwortungsbereich der jeweiligen Nationalstaaten, die nur im Falle mangelnder staatlicher Kapazitäten auf die Unterstützung jenseits des Nationalstaats angesiedelter Akteure zurückgreifen sollten.

Liberale *Etatisten* wie Michael Blake (2001) oder Thomas Nagel (2005) stimmen inhaltlich mit Nationalisten überein. Sie lehnen einen „starken", egalitären Kosmopolitismus im Sinne des Globalismus ab und befürworten einen menschenrechtsbasierten Kosmopolitismus. Zur Begründung dieser Position berufen sie sich jedoch weder auf eine kulturell-perfektionistische noch auf eine partikularistisch-kommunitaristische Position. Vielmehr behaupten sie, dass die spezifische Natur des vom Staat gegenüber seinen Bürgerinnen und Bürgern ausgeübten Zwangs es rechtfertige, die Gültigkeit egalitärer Gerechtigkeitsgrundsätze auf innerstaatliche Verhältnisse zu begrenzen. Die staatlich ausgeübte Zwangsgewalt in liberalen Demokratien würde nämlich im Namen der Bürgerinnen und Bürger ausgeübt und außerdem besonders weitreichend, da sie in Eigentumsverhältnisse eingreife. Da eine solche Art der Zwangsausübung auf inter- und supranationaler Ebene nicht aufzufinden wäre, sei es folgerichtig, dass sich die normativen Bedingungen politisch-rechtlicher Autorität auf nationaler Ebene von solchen Bedingungen auf inter- und supranationaler Ebene unterschieden. Der liberale Grundsatz, allen Personen gleichen moralischen Respekt zu zeigen, impliziere daher selbst dann auf nationaler Ebene anderes als auf inter- und supranationaler Ebene, wenn die nationalen Beziehungen unter Landsleuten nicht als Voraussetzung gelungener persönlicher Entfaltung oder als intrinsisch wertvoll anerkannt würden. Daher sei es auch nicht erforderlich, inter- oder supranationale Institutionen einzurichten, welche kosmopolitisch-egalitäre Ziele verfolgen, die über einen Menschenrechtsschutz hinausgehen.

John Rawls' (1999) liberaler *Internationalismus* lehnt den Globalismus auch ab, allerdings aus dem Grund, dass die liberalen Ideen von individueller Freiheit und interpersonaler Gleichheit nicht Teil der globalen öffentlichen Kultur seien. Die vom Globalismus vollzogene globale Ausweitung dieser Ideen bedeute daher, sich intolerant gegenüber nicht-liberalen Gesellschaften und deren Mitgliedern zu verhalten. Die liberale Idee der Toleranz (s. Kap. 25) fordere vielmehr, selbstreflexiv die Eigentümlichkeit liberaler Personen- und Gesellschaftsverständnisse anzuerkennen und inter- oder supranationale Institutionen nicht auf Basis solcher Verständnisweisen einzurichten. Nichtsdestotrotz geht Rawls davon aus, dass sich liberale sowie achtbare (*decent*) Gesellschaften entsprechend internationaler Grundsätze verhalten könnten, welche die Freiheit und Gleichheit aller liberalen und achtbaren Gesellschaften ausdrückten. Rawls kennzeichnet nicht-liberale, achtbare Gesellschaften dadurch, dass sie sich gegenüber anderen Gesellschaften friedlich verhalten und basale Menschenrechte wie Rechte auf persönliche Unversehrtheit, Mittel zur Subsistenz und privates Eigentum anerkennen, auch wenn deren Mitglieder sich nicht als Freie und Gleiche verstehen und keine gleichen politischen Rechte genießen. Nicht-liberale aber achtbare Gesellschaften seien als vollwertige Mitglieder einer gerechten internationalen Gesellschaft anzuerkennen.

Kant folgend fordert Rawls also ebenso keinen Weltstaat, formuliert und rechtfertigt jedoch normative Bedingungen einer auf internationaler Ebene herzustellenden rechtlich-politischen Ordnung, deren Grundstruktur nach zwischengesellschaftlichen Gerechtigkeitsgrundsätzen wie etwa *pacta sunt servanda* oder dem Menschenrechtsschutz zu regeln ist. Diese Gerechtigkeitsgrundsätze sollen die politische Autonomie und rechtliche Gleichheit aller Gesellschaften gewährleisten sowie darüber hinaus für eine faire Ausgestaltung des internationalen Handels, der internationalen Kreditvergabe und anderer Formen internationaler Zusammenarbeit sorgen. Die Institutionen der globalen Grundstruktur, die Rawls' Auffassung liberaler internationaler Gerechtigkeit gewährleisten würden, können als supranational aufgefasst werden, da sie nationale Souveränität einschränken, auch wenn sich ihr Regelungsbereich hauptsächlich auf Gesellschaften und nicht auf Individuen bezieht.

33.3 Gegenüberstellungen und Kontroversen

Martha Nussbaums (2010, 112–4) *Fähigkeitenansatz* verteidigt eine Liste zehn zentraler Fähigkeiten, deren Verfügbarkeit notwendig und hinreichend sind für ein menschenwürdiges Leben. Diese sind: Leben; körperliche Gesundheit; körperliche Integrität; Sinne, Vorstellungskraft und Denken; Gefühle; praktische Vernunft; Zugehörigkeit; andere Spezies; Spiel; Kontrolle über die eigene Umwelt (s. Kap. 21). Obwohl Nussbaums Ansatz selbst dem politischen Liberalismus von Rawls verpflichtet ist, begründet sie anders als die liberalen Vertragstheoretiker diese zehn zentralen Fähigkeiten nicht mittels der kontrafaktischen Überlegung, welche Freiheiten sich als frei und gleich zu begreifende Individuen in einer durch den Naturzustand charakterisierten Ausgangssituation zugestehen würden. An dieser Rechtfertigungsstrategie kritisiert sie nämlich, dass – wie insbesondere David Hume dies in seiner Darstellung der Gerechtigkeitsumstände zum Ausdruck bringt – sie Menschen voraussetzt, die sich in physischer und mentaler Stärke weitestgehend ähneln, so dass die durch den Vertragsschluss entstehende gesellschaftliche Zusammenarbeit auch für alle vorteilhaft sei.

Folglich scheitere diese Art der Rechtfertigung daran, die Freiheiten derjenigen zu rechtfertigen, die deutlich schwächer sind als die meisten Menschen und daher nicht unbedingt auf wechselseitig vorteilhafte Weise mit anderen Menschen interagieren können. Hierzu zählt Nussbaum nicht nur Menschen mit Behinderungen, sondern auch Bewohner ökonomisch besonders armer Länder. Die vertragstheoretische Begründung eines liberalen Kosmopolitismus – wie bspw. Beitz sie vornimmt – ist Nussbaum zufolge daher nicht im Stande, die anzuerkennenden Freiheiten aller Menschen zu rechtfertigen. Nussbaum schlägt daher eine auch als aristotelisch zu verstehende Begründung ihres politisch liberalen Fähigkeitenansatzes vor, die den Menschen als ein von Natur aus soziales und politisches Wesen charakterisiert, das sich durch die aktive Verfolgung von Zielen auf Basis des praktischen Vernunftgebrauchs auszeichne.

Vertreter des *Realismus* wie Hans Morgenthau oder des Neo-Realismus wie John Mearsheimer kritisieren die unterschiedlichen Vorstellungen liberaler kosmopolitischer Ordnung dafür zu verkennen, dass in Ermangelung eines globalen Souveräns internationale Beziehungen anarchisch bleiben müssten. Hobbes folgend würden daher auf internationaler Ebene entweder keinerlei moralische Grundsätze gelten oder lediglich der Grundsatz, dass Staaten ihre nationalen Interessen zu verfolgen hätten. In der Folge seien die liberalen Auffassungen idealistisch, da sie weitaus anspruchsvollere normative Bedingungen für Beziehungen jenseits des Staates in Anschlag brächten, die weder begründbar noch realisierbar seien. Liberale Kritiker des Realismus wie Allen Buchanan (2004, 31–7) verweisen jedoch auf die große Verflochtenheit zwischen Staaten und über Staaten hinweg, die sich insbesondere in der zweiten Hälfte des 20. Jahrhunderts herausgebildet hat und unter dem Begriff *Global Governance* zusammengefasst wird. Aufgrund dieser Verflochtenheit ließe sich die starke normative Dichotomie zwischen den innerstaatlichen und den jenseits von Staaten Geltung beanspruchenden normativen Bedingungen, die der Realismus vertritt, nicht aufrechterhalten.

Philosophinnen und Philosophen der *critical race theory*, z. B. Charles W. Mills (2017), weisen darauf hin, dass der Liberalismus auf Basis einer hierarchischen Klassifizierung unterschiedlicher „Rassen“ dem Kolonialismus und Imperialismus dienlich war und somit der bis heute andauernden Vorherrschaft der Weißen (*white supremacy*) Vorschub geleistet hat. Die gegenwärtig weiterhin große politische und ökonomische internationale Ungleichheit sei daher nicht als Folge der mangelnden Befolgung kosmopolitischer, liberaler Grundsätze zu verstehen, sondern vielmehr die Konsequenz einer sich aus der theoretisch angelegten Ungleichbehandlung weißer und nicht-weißer „Rassen.“ Dass liberale Staaten wie Großbritannien, Kanada und die USA auf der Versailler Friedenskonferenz 1919 den Vorschlag Japans ablehnten, die Gleichheit aller „Rassen“ im Vertrag des Völkerbundes anzuerkennen, sei also z. B. keine Abweichung vom liberalen Skript, sondern vielmehr Ausdruck von dessen Befolgung. Ebenso sei der auch nach den beiden Weltkriegen in „liberalen“ Gesellschaften weiterhin grassierende Rassismus keine psychologisch zu verstehende Absonderlichkeit, sondern Ergebnis einer historisch wirkmächtigen Tiefenstruktur des Liberalismus, die zudem wissenschaftlich vernachlässigt und verharmlost werde.

33.4 Praktische Relevanz

Die hinsichtlich der Art und des Ausmaßes supranational geltender Normen und Institutionen eingenommene Position hat für eine Vielzahl von Handlungsbereichen weitreichende normative Implikationen. Zu diesen zählen u.a. die Bildungs-, Einwanderungs-, Entwicklungs-, Finanz-, Gesundheits-, und Umweltpolitik. Im Bildungsbereich etwa halten alle liberalen Positionen Menschenrechtsbildung für erforderlich. Die stark kosmopolitischen Positionen fordern zusätzlich Schulformen und pädagogische Praktiken, die transnationaler Solidarität und somit auch einer Angleichung der Lebensverhältnisse über Staaten hinweg dienlich wären. In der Einwanderungspolitik erkennen alle liberalen Positionen ein Menschenrecht auf Asyl an, unterscheiden sich aber dahingehend, ob eine Öffnung nationaler Grenzen egalitären Zielen wie der Verringerung transnationaler ökonomischer Ungleichheit dienen soll, oder aber deren Schließung zum Schutz nationaler Selbstbestimmung geboten ist. Insofern besteht ein schwach-kosmopolitischer Grundkonsens unter allen liberalen Positionen, der nicht nur dem genannten Realismus widerspricht, sondern auch den ethno-nationalistischen und autoritären Auffassungen, die sich zu Beginn des 21. Jahrhunderts in populistischen politischen Strömungen finden.

Literatur

Beitz, Charles: Political Theory and International Relations [1979]. Princeton [2]1999.

Beitz, Charles: Cosmopolitan Liberalism and the States System. In: Chris Brown (Hg.): Political Restructuring in Europe – Ethical Perspectives. London 1994, 123–136.

Buchanan, Allen: Justice, Legitimacy and Self-Determination. Oxford 2004.

Blake, Michael: Distributive Justice, State Coercion, and Autonomy. Philosophy & Public Affairs 30 (2001), 257–96.

Held, David: Kosmopolitanismus. Ideal und Wirklichkeit. Freiburg 2013.

Hobbes, Thomas: Leviathan [1651]. New York 1962.

Kant, Immanuel: Zum Ewigen Frieden. Ein Philosophischer Entwurf [1795]. In: Wilhelm Weischedel (Hg.): Immanuel Kant. Werke in sechs Bänden. Darmstadt [6]2005, 194–251.

Mearsheimer, John: The False Promise of International Institutions. In: International Security 19 (1994/5), 5–49.

Miller, David: National Responsibility and Global Justice. Oxford 2007.

Miller, David: Vernünftige Parteilichkeit gegenüber Landsleuten. In: Christoph Broszies und Henning Hahn (Hg.): Globale Gerechtigkeit. Frankfurt a.M. 2010, 146–171.

Mills, Charles: Black Rights/White Wrongs: The Critique of Racial Liberalism. Oxford 2017.

Morgenthau, Hans: In Defense of the National Interest. New York 1952.

Nagel, Thomas: The Problem of Global Justice. In: Philosophy & Public Affairs 33 (2005), 113–47.

Nussbaum, Martha: Grenzen der Gerechtigkeit. Berlin 2010 (engl. 2006).

Rawls, John: Eine Theorie der Gerechtigkeit [1976]. Frankfurt a.M. 1979 (engl. 1999).

Rawls, John: Das Recht der Völker. Berlin 2002 (engl. 1999).

Tamir, Yael: Liberal Nationalism. Princeton 1993.

Teil III
Konkurrenten

Konservatismus

34

Eno Trimcev

34.1 Begriffliche Verflechtungen zwischen Konservatismus und Liberalismus

Konservatismus und Liberalismus verfolgen dasselbe politische Ziel: eine „Verfassung der Freiheit" (Hayek 2005) mit repräsentativen Institutionen, Rechtsstaatlichkeit, Gewaltenteilung und einem Grundrechtekatalog für alle Bürgerinnen und Bürger. Das ist es, was konservativen Denkern zufolge die Politik zur Gestaltung einer guten Gesellschaft beitragen kann. Für Liberale hingegen ist das bereits die Definition einer guten Gesellschaft. Das bedeutet: Konservative lehnen den Liberalismus dann ab, wenn dieser mit der Politik beginnt und endet. Liberale Positionen, die hingegen vor der Politik ansetzen (z. B. bei vorpolitischen Loyalitäten) und über die Politik hinaus weisen (z. B. auf die Idee der guten Gesellschaft, der die „Verfassung der Freiheit" dient), können Verbündete des Konservatismus sein. Konservative lehnen also einen Liberalismus ab, der mit einem abstrakten Begriff des Individuums oder der Gesellschaft beginnt, wie die Vertragstheorien im 16., 17. und 20. Jahrhundert; ebenso wenden sie sich gegen den Liberalismus des 19. Jahrhunderts, der an Fortschritt nach menschlichem Plan glaubt, und gegen die utilitaristischen Spielarten des Liberalismus vom 19. Jahrhundert bis heute. Der Konservatismus verbündet sich jedoch mit dem Liberalismus, wenn dieser soziale Missstände beheben will, wie das bei der Reformpolitik der Whigs im Großbritannien des 19. Jahrhunderts der Fall war, oder wenn der Liberalismus von konkreten historischen Gegebenheiten ausgeht, wie bei Denkern des 20. Jahrhunderts, die den Liberalismus als eine hart erkämpfte angelsächsische oder europäische historische Errungenschaft verstanden.

Des Weiteren lehnt der Konservatismus den Liberalismus ab, wenn dieser sich weigert zu untersuchen, welchem größeren Zweck die „Verfassung der Freiheit" dienen soll. Konservative messen politische Regelungen daran, ob sie ein gutes Leben begünstigen; ein solches Urteil setzt einen Begriff des Guten jenseits wandelbarer politischer Erwägungen voraus. Konservative Denker sind sich uneinig, was genau ein gutes Leben oder eine gute Gesellschaft ausmacht und welche Tugenden, Pflichten und Rechte dafür nötig sind. Sie sind sich jedoch darin einig, dass die Übersetzung dieser abstrakten Prinzi-

Aus dem Englischen übersetzt von Charlotte Baumann.

E. Trimcev (✉)
Universität Greifswald, Greifswald, Deutschland
E-Mail: eno.trimcev@uni-greifswald.de

M. G. Festl (Hrsg.), *Handbuch Liberalismus*, https://doi.org/10.1007/978-3-476-05798-3_34

pien in die Praxis zutiefst kontextabgängig und daher kontingent ist. Aus der Sicht konservativer Denker sind Liberale daher zu radikal und zu vorsichtig zugleich; zu radikal, da sie sich komplett auf die Politik verlassen und zu vorsichtig, weil sie Diskussionen über den Begriff des Guten aus dem Weg gehen.

Wenn daher der theoretische Liberalismus sich als eine freischwebende politische Doktrin versteht, erinnert uns der theoretische Konservatismus daran, dass eine Lehre immer von irgendwoher stammt und für oder wegen etwas entwickelt wurde. Die Idee der freien Marktwirtschaft z. B. wird gelegentlich als intrinsischer Teil des Liberalismus betrachtet; wenn ein liberaler Denker dieses Verständnis teilt, erachtet er Märkte als an sich gut. Für Konservative ist das anders. Märkte können als nützlich angesehen werden. Sie können Wissensquellen sein, insofern Preise und Zinsraten Informationen vermitteln, oder Stabilitätsgarant, insofern jeder Eigentümer ein Interesse am Wohlergehen der Gesamtgesellschaft hat. Märkte können aber auch Schaden anrichten, indem sie ihre eigenen Bedingungen wie bspw. Vertrauen und Kontinuität untergraben. Daher ist aus konservativer Sicht Urteilskraft gefordert, die das vernünftige Maß an Marktfreiheit von Fall zu Fall abzuwägen vermag. Generell schätzen Liberale den Markt, weil in ihm Individuen ihre eigene Vorstellung des Guten verwirklichen können. Konservative schätzen den Markt nur, wenn und falls er Tugenden fördert, gesellschaftliche Tugenden wie Vertrauen, Kontinuität, Kooperation, Allgemeinwohl sowie persönliche Tugenden wie Fleiß und Verantwortung.

Für Konservative bringt die liberale Verkürzung des Ordnungsproblems auf seine politische Dimension mindestens vier Probleme mit sich: Zum Ersten treibt es das liberale Denken auf den Abweg abstrakter und doktrinärer Analysen, z. B. über die inneren Funktionsweisen des Marktes. Wenn eine solche Analyse von einem *esprit géométrique* getragen wird, verlieren liberale Denker leicht aus dem Blick, dass Lehren und Konzepte aus Erfahrungen – aus praktischen, theologischen oder philosophischen Erfahrungen – sowie in einem spezifischen sozialen, religiösen und kulturellen Kontext entstanden. Theoretiker von Adam Smith bis Karl Polanyi z. B. haben eine solche Kontextgebundenheit des Marktes unter Beweis gestellt; wenn sie den gewünschten Effekt erzielen möchten, müssen theoretische Doktrinen solche größeren Kontexte mitberücksichtigen. Zum Zweiten kann die doktrinäre Haltung einen kurzsichtigen Asketismus zur Folge haben: Sie sät Zweifel an der Existenz genau jener Ideale des Guten, Gerechten, oder Wahren, deren Anziehungskraft viele Theoretiker erst zu Liberalen werden ließen. Drittens wird es dadurch für Liberale schwieriger zu zeigen, warum ein begrenzter, verfassungsmäßiger Staat, der Eigentumsrechte schützt, die Antwort auf, und nicht die Ursache für die komplexen Herausforderungen der Gegenwart darstellt, von Gruppenrechten bis zur Klimakrise. Viertens muss daher eine liberale Gesellschaft immer wieder auf die politischen Instinkte und das praktische Wissen des *common man* zurückgreifen, und die liberale Theoriebildung auf theoretisches Wissen von Philosophen und Theologen außerhalb des liberalen Feldes. Konservativen zufolge beruht der Erfolg des Liberalismus auf diesem Gestus, der über das unumstritten Liberale hinausweist. Die Geschichte des Konservatismus liberaler Prägung – von Edmund Burke über Alexis de Tocqueville bis zu Hermann Lübbe – kann als eine Reihe von Versuchen verstanden werden, diesen impliziten Gestus explizit zu machen.

Aufgrund dieser Erwägungen wirft der Konservatismus dem Liberalismus einen theoretischen Fehler vor, der zu schweren politischen Widersprüchen führt. Indem sie bei dem einzelnen Individuum ansetzen, gründen liberale Theorien sich empirisch auf die Bewegungsfreiheit als Ausdruck des organischen Lebens (a) und normativ auf den freien Willen als spezifisch menschliche Lebensform (b).

(a) In dieser Perspektive wird die Bewegung lebendiger Körper zur grundlegendsten Realität menschlichen Lebens: man denke an Hobbes' Ausführungen über die unwillkürlichen und willkürlichen körperlichen Bewegungen im *Leviathan*; an Lockes einsames Individuum der *Zweiten Abhandlung*, dessen erste Handlung die

Suche nach Nahrung ist; an die „*uneasiness*", die Lockes *Versuch über den Menschlichen Verstand* zufolge alle menschliche Handlungen befällt; an die „*inquiétude*", die Montesquieu in *Vom Geist der Gesetze* bei den Engländern beobachtet; oder an die „*restlessness*" der Amerikaner, die Tocqueville in *Über die Demokratie in Amerika* beschreibt. Diese historische Grundannahme hatte ihren direkten politischen Ausdruck bei Thomas Jefferson, welcher das Recht, seinen Geburtsort zu verlassen, als das erste Menschenrecht darstellt; sie findet sich aber auch im einstigen Traum von den Segnungen globaler Kapitalflüsse und im heutigen Bemühen um eine Welt ohne Mauern, die das allergrundlegendste Recht einschränken, nämlich das Recht auf Bewegungsfreiheit.

(b) Das normative Argument lautet: Wenn das primäre Charakteristikum des Menschen in seiner persönlichen Bewegungs- und Handlungsfreiheit besteht, dann können auch nur diejenigen Gesetze rechtens sein, die frei beschlossen und aus freiem Willen befolgt werden. Letzten Endes bedeutet das, dass der Maßstab, an dem die Rechtmäßigkeit einer politischen Ordnung gemessen wird, von außen nach innen wandert. Was legitim ist, bestimmt sich nicht länger *zwischen* den Menschen, wie im Fall der von Hobbes kritisierten Rhetorik in der „aristocracy of orators" (1969, 2.2), oder *jenseits* der Menschen, wie bei Burke, der eine ausgewogene Verfassung als Widerspiegelung der „pattern of nature" versteht (1963, 439). Die Legitimität einer Ordnung wird stattdessen in der Brust jedes Einzelnen bemessen, abhängig von harten Interessen, flüchtigen Emotionen und irrationalen Trieben des menschlichen *conatus*. Wegen ihrer Grundannahmen kommen Liberale so zu der Überzeugung, dass politische Regierung und soziale Institutionen gegenüber der im Sich-Bewegen zum Ausdruck kommenden und im Wollen voll verwirklichten menschlichen Freiheit zweitrangig sind. Regierung und Institutionen gelten dementsprechend als biegsame Mittel, die dem Erreichen individueller Ziele zu dienen haben.

Der Konservatismus hingegen ist der Auffassung, dass man genauso anfangen muss wie die Menschen selbst; und d.h., von der soziopolitischen Realität, in die sich der Mensch gestellt sieht. Konkrete Verpflichtungen sind Vorbedingungen für individuelle Freiheit. Konservative sind sich uneins, welcher genaue Status dem Sozio-Politischen zukommt; einig sind sie sich jedoch, dass es kein Artefakt ist wie „das Bett" im 5. Buch von Platons *Der Staat* oder der Leviathan auf dem Frontispiz von Hobbes' berühmtem Buch. Konservativen zufolge führt eine solch fehlerhafte Vorstellung das liberale Denken in einen grundlegenden Widerspruch zwischen der *stasis* seines theoretischen Plädoyers für eine begrenzte, verfassungsgemäße Regierung und die *kinesis* seines praktischen Versuches, die Gesellschaft zu ‚reparieren', die Menschen zu ‚emanzipieren' oder Herrschaftsverhältnisse zu ‚dekonstruieren'.

Der sich hier auftuende Widerspruch wird deutlich, wenn man sich vergegenwärtigt, dass das liberale Plädoyer für eine begrenzte, verfassungsgemäße Regierung in einem christlichen Verständnis der Natur als *Sein* mit festen Zwecken wurzelt. So ist es die menschliche Natur, aus der natürliche Rechte hervorgehen, die wiederum eine Regierungsweise erfordert, die begrenzt und an eine Verfassung gebunden ist. Wenn sich diese Vorstellung allerdings ändert und die ‚Natur' bspw. als endlose Bewegung von Atomen in nahezu unbegrenztem Raum und unbegrenzter Zeit verstanden wird, „the pure movement of Nature, prior to all reflection" (Rousseau 1997, §36/152), wirkt sich das auch auf das Bild der menschlichen Natur aus: sie ist nicht länger beständig, sondern wird wandelbar, und aus festen Naturrechten werden immer weiter zu fassende Menschenrechte. Diese Verlagerung lässt wenig Raum, um der Bewegung der Praxis zu widerstehen; der Liberalismus wird eine *kinetische* Philosophie.

Liberale tendieren daher in letzter Konsequenz dazu, mit Radikalen darin übereinzustimmen, dass voluntaristisches politisches Handeln die Gesellschaft umgestalten kann – damit aber untergräbt der Liberalismus, nach Ansicht des Konservatismus, schließlich sich selbst. Aus dieser Sicht wird Liberalismus eine Art selbstreflexiver Radikalismus; je mehr sich der Liberalismus seiner eigenen radikalen Grundeinstellung bewusst wird, indem er den politischen Voluntarismus durch institutionelle Hürden wie die Gewaltenteilung einhegt, desto mehr nähert er sich dem Konservatismus wieder an. Obwohl der Liberalismus scheinbar mit dem Konservatismus gemeinsame Sache macht, indem er eine maßvolle Politik radikalen oder revolutionären Lehren vorzieht, teilt er mit den Radikalen eine gemeinsame Metaphysik voluntaristischer Individualität. Obwohl sie komplementär scheinen, ist die Beziehung zwischen Konservatismus und Liberalismus daher von einem unterschwelligen Antagonismus geprägt.

Der philosophische Konservatismus hat in drei Arten auf den von ihm wahrgenommenen Widerspruch im Liberalismus reagiert: mit einer Erweiterung des Liberalismus, einer Flucht vor dem Liberalismus und einer Rekonstruktion des ursprünglichen Sinns des Liberalismus. Der erste Ansatz besteht darin, den Liberalismus zu ergänzen, zu erweitern oder neu zu erfinden, indem man über den Liberalismus hinausweist. Konservative, die diesem Ansatz folgen, gehen davon aus, dass man den Liberalismus prinzipiell von seinen selbstzerstörerischen Tendenzen befreien kann, und durchforsten liberale Räume auf der Suche nach Orten, *topoi* und Traditionen, die praktische Handlungen in einer Weise ermöglichen und erklären, die den Liberalismus retten können: Orte wie Europa nach dem Kalten Krieg oder die Vereinigten Staaten von Amerika; *topoi* wie die *civil association* (Oakeshott 1975), die Nation (Manent 2006), *oikophilia* (Scruton 2004). Die Erweiterung besteht also darin, den Liberalismus auf einem breiteren Fundament neu zu erfinden, einem Fundament, das manchmal vorliberal, oft metaphysisch oder theologisch ist.

Die zweite konservative Reaktion auf das Problem des Liberalismus besteht im Grunde darin, die Hände verzweifelt in die Luft zu werfen und den Liberalismus aufzugeben (Deneen 2018). Konservative, die diesen Weg wählen, schlagen mehr oder weniger detaillierte Alternativen zum liberalen Regime vor. Die Alternative wird dabei gewöhnlich als komplexes Symbol eingeführt, das aus klassischen oder mittelalterlichen Quellen gewonnen wird (MacIntyre 2006). Konservative haben in eskapistischer Manier gefordert, auch neue religiöse Gemeinschaften wie den Benediktinerorden zu gründen oder ein christliches Gemeindeleben einzurichten (Dreher 2017; Jardine 2004, 254–281).

Als dritte und letzte Reaktion auf die Widersprüche des Liberalismus haben sich Konservative gerne als letzte politische und intellektuelle Verteidiger der alten „Verfassung der Freiheit“ gegen den politischen Radikalismus dargestellt. Sie haben versucht, den ursprünglichen Liberalismus wieder sichtbar zu machen, den Liberale aus den Augen verloren hatten. Dieser Ansatz wird von diversen Denkern zu ganz verschiedenen Zeiten und Orten vertreten. In seinem bahnbrechenden Werk *Der Weg zur Knechtschaft* (2005) hat F. A. Hayek diese Sichtweise womöglich als Erster ausgeführt. Er schrieb sein Buch in den 1940er Jahren als Großbritannien unter die Vorherrschaft der Labour Partei und der Konservativen des ‚middle way‘ kam; beide befürworteten staatliche Planung. Das sog. Intellectual Dark Web, das politische Korrektheit und Identitätspolitik in den USA kritisiert, könnte als ein gegenwärtiges Beispiel dieser Argumentationsweise angesehen werden. Diese Ansätze evozieren einen Belagerungszustand, der den Konservatismus, seinen eigenen theoretischen Überlegungen zum Trotz, praktisch dazu motiviert, radikale Aktionen in Betracht zu ziehen. Hierbei geht es z. B. darum, die Volkssouveränität gegen erdrückende internationale Institutionen zu verteidigen, die individuelle Freiheit gegen soziale und staatliche Regulierungswut oder die Errungenschaften der westlichen Zivilisation gegen politische Korrektheit und religiösen Extremismus. Dies zeigt, dass, genau wie bei den anderen beiden Arten, mit dem Liberalismus umzugehen (nämlich durch Erweiterung oder Flucht), der Konservatismus Gefahr läuft, den Widerspruch in sich aufzunehmen, den er im Zentrum des Liberalismus erspäht. Allerdings ist der Konservatismus hierin nur konsistent, da er damit die alte Einsicht bestätigt, dass er spiegelbildlich auf seine Gegner reagiert (Freeden 1996, 336).

34.2 Historische Verflechtungen zwischen Konservatismus und Liberalismus

Die dargelegten begrifflichen Verflechtungen zwischen Konservatismus und Liberalismus gehen auf ihre historische Entstehung zurück. Eine konservative Person möchte den *Status Quo* bewahren und Risiken vermeiden; schneller und unkontrollierter Wandel ist ihr verdächtig. Im Gegensatz dazu bezeichnet der Begriff „liberal" in seiner vorpolitischen Bedeutung eine Person, die ein freier Mensch, d.h. freigebig, offen und vernünftig ist. Aus dieser Perspektive könnte es scheinen, dass sich die beiden Begriffe in ihrer politischen Bedeutung überschneiden: der Begriff „liberal" hat eine aristokratische Konnotation, da er einen Freien (im Gegensatz zu einem Leibeigenen) bezeichnet und suggeriert, dass nicht alle Menschen in der Lage sind, frei und damit freigebig, offen und vernünftig zu sein. Diejenigen, die nicht frei sein können, sollten unter der Autorität derer stehen, die dies vermögen. Dieser Ansicht stimmen Konservative zu.

Trotz der ausgeführten Überschneidung entstanden der Liberalismus und der Konservatismus als entgegengesetzte Pole in der Französischen Revolution. Der Liberalismus war selbstbewusst und optimistisch. Politisch stellte er das Regime der neuen und aufsteigenden bürgerlichen Klasse dar; seine Theorie passte zum weiteren Erkenntnisstreben der Aufklärung, die eine Befreiung von den obskurantistischen Kräften der Tradition, der Krone und des Altars forderte. Der Konservatismus hingegen begann mit der Angst um die alte Ordnung und dem Widerstand gegen die neue. Der politische Konservatismus entstand mit der Französischen Revolution, als Edmund Burke in Großbritannien, Joseph de Maistre und Louis de Bonald in Frankreich sowie Justus Möser und Friedrich von Gentz in Deutschland anti-revolutionäre Schriften verfassten.

Es gibt zahlreiche und gut dokumentierte Unterschiede zwischen dem englischen, französischen und deutschen Liberalismus. Sie alle teilten jedoch das grundlegende Ziel einer Gesellschaft freier und gleicher Individuen, die wirtschaftlichen und kulturellen Fortschritt ermöglicht. Im Allgemeinen nahmen Liberale an, dass mit dem wirtschaftlichen und wissenschaftlichen Fortschritt 1) ein jeder von Armut und sozialer Erniedrigung befreit werden könne und, auf dieser Grundlage, 2) ein jeder liberale Charaktereigenschaften und eine freiheitliche Lebensführung ausbilden würde. Daher entwickelte sich der politische Liberalismus tendenziell weg von seinen klassischen, bspw. naturrechtlichen Wurzeln und hin zum Social Engineering, wie z. B. im Progressivismus.

Während Liberale versuchten, ein politisches System zu etablieren, das Freiheit für alle ermöglichte, versuchten Konservative, die existierenden aristokratischen, religiösen und korporativen Ordnungen zu erhalten (Kondylis 1986). Sie stellten sich die Gesellschaft als eine hierarchische Gemeinschaft vor, in der jede Person eine bestimmte Rolle zu spielen hatte, die zumeist von Geburt oder Beruf vorgegeben war. Konservatismus und Liberalismus schienen politisch komplett entgegengesetzt zu sein, da der Liberalismus anstrebte, die konservative Ordnung zu ersetzen. Ihre theoretischen Grundannahmen überschnitten sich jedoch stark: Der Liberalismus schrieb allen Menschentypen das zu, was der Konservatismus nur einigen zuschrieb, nämlich den liberalen Aristokraten. Daher haben die beiden Denkrichtungen sich historisch oft gemeinsam Ideologien entgegengestellt, die diese Art Regime ablehnten, seien es progressive, sozialistische oder kommunistische Ideologien im linken Spektrum und nationalistische, faschistische oder xenophobische im rechten. Es gibt natürlich auch Ausnahmen von dieser Regel: Konservative von Jose Ortega y Gasset und T. S. Eliot bis Carl Schmitt haben den Liberalismus abgelehnt, besonders seine apolitische Grundeinstellung.

Die erwähnte Spiegeleigenschaft des Konservatismus zeigt sich auch daran, dass die politische Bedeutung des Begriffs „konservativ" im Angelsächsischen grob die Metamorphosen des Begriffs „liberal" nachvollzieht; als z. B. der Begriff „liberal" seine Bedeutung weg vom klassischen hin zum Reformliberalismus veränderte, meinte „konservativ" bald nicht mehr Aristokratismus, sondern klassischer Liberalismus.

Angelsächsische Konservative hielten zum Großteil an den Grundprinzipien liberaler Politik fest. Im Frankreich und Deutschland des 19. Jahrhunderts hingegen, wo der Liberalismus im Laufe der Zeit an Wichtigkeit verlor und zur Bezeichnung einer bestimmten parteipolitischen Richtung herabsank, profilierte sich der Konservatismus gegen andere Gegner wie den Sozialismus und die radikale Demokratie und entwickelte daher stark anti-liberale Strömungen. Dieser illiberale Konservatismus reichte von den offen reaktionären Ansichten Joseph de Maistres und Oswald Spenglers zum radikalen Konservatismus Moeller van den Brucks und Ernst Jüngers. Er besteht heute z. B. in der Rezeption reaktionärer Denker wie Julius Evola in der Ultrarechten fort.

Der konservative Spiegel im Frankreich und Deutschland des 19. Jahrhunderts reflektierte natürlich nicht nur illiberale Denkrichtungen. Frankreich hat trotz allem eine ehrwürdige liberale Tradition, welche ihren Höhepunkt mit François Guizot und den Doktrinären während der Restauration gefunden haben mag. Von François-René de Chateaubriands christlichen Überlegungen, die einen den Diskurs im 19. Jahrhundert dominierenden ästhetischen Konservatismus einläuteten, bis hin zu Alexis de Tocquevilles unübertroffener Analyse des demokratischen Zeitalters musste der französische Konservatismus einen schmalen Grat zwischen Aufklärungskritik einerseits und einer Parteinahme für die Gegner der Aufklärung andererseits beschreiten. Dieser Ansatz spiegelt rechts von der politischen Mitte das, was Jean-Jacques Rousseau (s. Kap. 2) zuvor in der politischen Linken versucht hatte, als er sich von den Aufklärungsphilosophen lossagte (Melzer 1990). Aus diesen beiden Lossagungen formierten sich der linke und der rechte Flügel des modernen, radikalen Zweifels an der Modernität, der bis heute aktuell bleibt.

Dies alles deutet darauf hin, dass der französische Konservatismus, genau wie der französische Liberalismus, nie ganz in der Lage war, das Niemandsland zwischen Rechts- und Linksradikalismus zu verlassen, während Frankreich sukzessive Monarchien und Republiken durchlebte und unter den Schatten eines aggressiven deutschen Nationalismus geriet. Dieser Nationalismus hat auch deutsche Konservative verfolgt, die den Verdacht des militanten Illiberalismus und Reaktionismus, der letztendlich in den Nationalsozialismus mündete, nie ganz haben abschütteln können. Doch trotz des Narratives vom *Sonderweg*, der von Neo-Pietisten und Katholiken, preußischen Junckern und Standesherren des Reiches beschritten wurde, kann sich der deutsche Konservatismus mit der systematischsten Darstellung konservativer politischer Philosophie im Werk von Hegel brüsten. Als große ethische Versöhnung liberalen abstrakten Rechts und konkreter Moralität angelegt, umspannt Hegels Philosophie den ganzen Bogen liberal-konservativen Denkens. Während Edmund Burke als Gründungsvater der britisch konservativen Tradition von zentraler politischer Bedeutung ist, die die britische Politik von Benjamin Disraelis „one nationism“ bis zu Winston Churchills Anti-Totalitarismus prägte, darf Hegels philosophisches Gewicht für den Konservatismus als Herausforderer der liberalen Metaphysik der Individualität nicht unterschätzt werden. Indem Hegel die Sinnlosigkeit maßloser Politik durch maßloses Philosophieren offenlegte, hat er politische Philosophen konservativer Prägung bis heute beeinflusst.

Diese Maßlosigkeit – in Form des Managerialismus, Bürokratismus bis hin zum unverblümten Sozialismus – wurde am Ende des 19. Jahrhunderts mehr und mehr zu dem Bild, den der anglo-amerikanische konservative Spiegel seiner Gegenwart vorhielt. Obwohl die aufsteigenden Ideologien illiberal waren, fand sich der Liberalismus oft auf ihrer Seite wieder. Von Varianten des Positivismus beeinflusst, verwandelte sich der Liberalismus oft in seine vormaligen linken Feinde, indem er z. B. die egalitären und säkularen Werte der Sozialisten des 19. Jahrhunderts übernahm. Diese Verschiebung wird vielleicht am besten von John Dewey und der Progressiven Bewegung in den Vereinigten Staaten der 1920er und 1930er Jahre verkörpert (s. Kap. 13). Dewey propagierte einen neuen Liberalismus, der Demokratie und Wissenschaft miteinander verband, und forderte, die Kontrolle von den „reactionaries“ in der „army and police, and the press and the schools" zurückzugewinnen. Dadurch machte er „radicalism more ‚American'" (Stears 2010, 87).

Der Konservatismus in der englischsprachigen Welt hat darauf generell mit einem Festhalten am klassischen Liberalismus der alten „Verfassung der Freiheit" und zugleich Konzessionen an soziale Reformen inklusive des Sozialwesens reagiert. Hayek z. B., der große Befürworter der freien Marktwirtschaft, lehnte ein Laissez-faire ab und ließ sozialstaatliche Maßnahmen zu, die auf Grundlage des Versicherungsprinzips finanziert werden sollten. Die extremste Version dieser konservativen Anpassung könnte Harold Macmillans „middle way" zwischen Sozialismus und Kapitalismus gewesen sein, der Vollbeschäftigung und starke Wirtschaftsplanung zum Ziel hatte. Auch die deutschen Christdemokraten machten wirtschaftliche Zugeständnisse an die politische Linke, indem sie eine „soziale Marktwirtschaft" befürworteten. Im Bereich der Werte wurden von katholischen Denkern und Politikern in Deutschland, Frankreich und Italien Konzessionen gemacht, indem sozialistische Ansichten mit traditionellen konservativen Institutionen wie der Familie und der Kirche versöhnt wurden.

Der Konservatismus seit den 1970er Jahren hat versucht, diese Zugeständnisse zu verarbeiten. Britische Konservative von Samuel Brittan bis Michael Oakeshott, John Gray und Roger Scruton haben den Konsens in Politik, Theorie und Kultur angefochten. In den Vereinigten Staaten haben Politiker von Barry Goldwater bis Ronald Reagan die Zugeständnisse an den Liberalismus zurückgenommen; Neokonservative wie Irving Kristol und Norman Podhoretz haben dies in den kulturellen Bereich ausgedehnt; und konservative Rechtsphilosophen und Richter wie Robert Bork und Antonin Scalia haben die liberale Praxis, sozialen Wandel per Gerichtsentscheid herbeizuführen, herausgefordert. Innerhalb der Universitäten löste die konservative Kritik an einer Instrumentalisierung der höheren Bildung geradezu einen Kulturkampf aus, wie insbesondere der publizistische Erfolg von Allan Blooms Buch *Der Niedergang des Amerikanischen Geistes* (1988) zeigte. Amerikanische Konservative werden seitdem durch diese Bemühung des Rückgängigmachens charakterisiert. Seit den 1960er Jahren wird Politik meist als ein Kampf zweier unversöhnlicher Lager verstanden; das alte Ideal des ‚middle ground' wird vermieden.

Die Distanzierung konservativer Denker von einer ‚Politik der Mitte' hat in Europa nicht immer ihre politische Entsprechung gefunden. Die deutsche CDU/CSU, größte konservative Partei in Europa, hat von den 1970ern bis heute einen Weg in die politische Mitte beschritten. Was vor allem wie eine Antwort auf die deutsche Geschichte und insbesondere die anti-rationalistische, anti-liberale konservative Revolution der 1920er Jahre erscheint, ist aber auch der Wille zur pragmatischen Verteidigung des liberalen Aspekts der deutschen Institutionen geschuldet, die den Nachkriegskonservatismus von seinen Vorläufern unterscheidet. Dass er dabei in seiner technokratischen oder christlichen Spielart, aber auch innerhalb der Ritter-Schule eine Liberalität gefunden hat, ist besonders bemerkenswert, wenn man sich seines post-liberalen Spiegelbildes „1968" bewusst ist.

Diese Liberalität ist aber eine prekäre Errungenschaft, deren Zukunft ungewiss ist. Der liberale Konservatismus steht innenpolitisch von vielen Seiten unter Druck, vom Aufstieg der intellektuellen Neuen Rechten bis hin zur rechtspopulistischen *Alternative für Deutschland.* Doch die radikalste Herausforderung kommt vielleicht von außen. Zum Ersten hat der Konservatismus anderenorts seine antagonistische Beziehung zum Liberalismus wiederaufleben lassen. Im benachbarten Frankreich kommt dieser Antagonismus intellektuell z. B. in der ethnopluralistischen *nouvelle droite* um Alain de Benoist zum Ausdruck, politisch wird er in den Erfolgen von Marine Le Pens *Rassemblement National* sichtbar und sozial bei der Myriade sozialer Bewegungen, die gelernt haben, postmoderne Mittel für traditionelle Ziele einzusetzen, wie der *Manif pour tous* – die „Demo für alle" –, die 2013 gegen die Ehe von Homosexuellen agitierte. Zweitens entwickeln einige transnationale Netzwerke der anti-globalistischen Rechten den Entwurf einer pan-europäischen Bewegung gegen die Europäische Union, angestachelt vom Anstieg religiöser, lokaler und nationaler Selbstidentifikation. Diese Netzwerke mobilisieren nicht nur gegen Immigration, soziale Liberalisierung und europäische Institutionen, sondern auch gegen das globale Finanzwesen, Bioethik, große Technologiekonzerne (Lilla 2018). Diese Entwicklung hat dazu beigetragen, dass zwischen traditionellen mitte-rechts/konservativen und rechtsextremen/xenophoben Positionen neue ideologische Räume entstanden sind, deren Besetzer sich wenig um die Links-Rechts-Unterscheidung kümmern. Diese Spaltung ist im deutschen Fall besonders groß, da die CDU unter Angela Merkel wegen ihrer Übernahme rot-grüner Positionen weiter rechtsstehende Wähler vergrämt hat. Wenn das alte Sprichwort stimmt und die Natur tatsächlich Vakuen verabscheut, dann werden diese Entwicklungen den deutschen Konservatismus nicht unberührt lassen, besonders wenn man den unterschwelligen Illiberalismus mitbedenkt, der während des Kalten Krieges als Anti-Amerikanismus zum Ausdruck kam und die deutsche Linke und Rechte nie verlassen hat.

Der Konservatismus der Gegenwart widerspiegelt eine allgemeinere politische Verwirrung. Während dies seinen ideologischen Konkurrenten die Orientierung rauben mag, gehört die Erfahrung des politischen Gleichgewichtsverlusts zum Alltagsgeschäft des Konservatismus. Seit seiner Gründung ist der Konservatismus ‚zu spät gekommen‘. Was die Politik angeht, waren konservative Parteien im größten Teil des 20. Jahrhunderts in den Wahlen dominant. Nun sind konservative Parteien entweder zersplittert wie in Frankreich, von konservativen Werten entweder Richtung Mitte (wie in Deutschland) oder nach rechts (wie in Großbritannien und den USA) abgeschnitten. Intellektuell ist die Situation keineswegs klarer, mit verschiedenen Fermentationsniveaus und Graden an Unordnung in verschiedenen Ländern. Klar ist aber, dass der Konservatismus im 21. Jahrhundert vor drei großen Herausforderungen steht: einer sozialen, einer politischen und einer technologischen. Die soziale Herausforderung kann als Krise des Postmodernismus verstanden werden, als Erosion der Autorität von Normen und Konventionen, auf denen die liberale Ordnung traditionell basiert. Die politische Herausforderung besteht in der vieldiskutierten Repräsentationskrise, und Repräsentation war ein essenzielles politisches Prinzip für den Liberalismus seit seiner Gründung. Die technologische Herausforderung zeigt sich in dem Erfordernis, eine sich immer schneller wandelnde Gesellschaft mit politischen Mitteln zu gestalten, die sich durch technologische Innovationen selbst verändern, etwa durch die sozialen Medien, Datenberge, Datensammlung oder Hacking. Für den Konservatismus als politische Ideologie wird es zukunftsentscheidend sein, wie er sich zu diesen drei Herausforderungen verhält. Für den Konservatismus als politische Philosophie ist noch ein weiterer, grundlegender Aspekt der technologischen Herausforderung entscheidend: Für ihn zeigt sie sich als Krise der konservativen Grunderfahrung einer nicht-manipulierbaren, nicht-voluntaristischen sozio-politischen Welt. Konservative Philosophen werden den Verlust der konservativen Welterfahrung verarbeiten müssen.

Literatur

Burke, Edmund: Reflections on the Revolution in France. In: Selected Writings and Speeches. New York 1963.

Deneen, Patrick: Why Liberalism failed. New Haven 2018.

Dreher, Rod: The Benedict Option: A Strategy for Christians in a Post-Christian Nation. New York 2017.

Freeden, Michael: Ideologies and Political Theory: A Conceptual Approach. Oxford 1996.

Hayek, Friedrich August von: Der Weg zur Knechtschaft. Tübingen 2004 (eng. 1944).

Hayek, Friedrich August von: Die Verfassung der Freiheit. Tübingen 2005 (eng. 1960).

Hobbes, Thomas: The Elements, of Law, Natural and Politic. Hg. von Ferdinand Tönnies. London 1969.

Jardine, Murray: The Making and Unmaking of Technological Society. Grand Rapids 2004.

Kondylis, Panajotis: Konservatismus: Geschichtlicher Gehalt und Untergang. Stuttgart 1986.

Lilla, Mark: Two Roads for the New French Right. In: The New York Review of Books, 20. Dezember 2018.

MacIntyre, Alasdair: After Virtue. Notre Dame 2007.
Melzer, Arthur: The Natural Goodness of Man: on the System of Rousseau's Thought. Chicago 1990.
Oakeshott, Michael: On Human Conduct. Oxford 1975.
Rousseau, Jean-Jacques: Discourse on the Origin and Foundations of Inequality Among Men *or* Second Discourse. In: Victor Gourevitch (Hg.): The Discourses and other early Political Writings. Cambridge 1997,
Scruton, Roger: England and the Need for Nations. London 2004.
Stears, Marc: Demanding Democracy: American Radicals in Search of a New Politics. Princeton 2010.

Katholische Soziallehre 35

Michael Hochgeschwender

Gemeinsam mit dem Marxismus gehört die Katholische Soziallehre, zumindest in Gestalt der vom authentischen und autoritativen päpstlichen Lehramt seit 1891 verkündeten Variante (Höffner 1962; Rauscher 2008), zu den systematisch wie inhaltlich durchdachtesten Gegenentwürfen zum modernen Liberalismus. Dies gilt sowohl mit Blick auf die erkenntnistheoretischen Grundlagen wie für die metaphysisch-anthropologischen Voraussetzungen, von denen sie ausgeht. Selbst dort, wo die Katholische Soziallehre in ihren Schlüssen dem Liberalismus nahe zu kommen scheint, sind diese Vorgaben zu berücksichtigen, um der tiefgreifenden Unterschiede zwischen beiden Weltanschauungen gewahr zu werden. Insofern hilft die sachliche Auseinandersetzung mit ihr, sich der Spezifik und den Voraussetzungen auch liberaler Prämissen zu versichern. Es ist wichtig, sich vorab klar darüber zu werden, dass die Katholische Soziallehre, zumindest in ihrer grundlegenden Gestalt, wie sie in der Epoche zwischen 1891 und 1965 vom römischen Lehramt niedergelegt worden ist, nicht als bloße Exegese biblischer Texte und damit auf die Welt der getauften Gläubigen beschränkt verstanden wird. Vielmehr ist sie als Angebot an sämtliche Menschen zu verstehen, gleichgültig welcher Konfession oder welcher Weltanschauung sie angehören mögen, ein Angebot gegründet auf die natürliche Vernunft. Um dieses Anliegen korrekt einordnen zu können, ist es unabdingbar, sich kurz der epistemologischen und spekulativ-anthropologischen Voraussetzungen dieser Lehre zu vergewissern, um daraus auf ihre Konkretionen sowie auf ihre vor allem nach 1965 entstandenen, vielfältigen Veränderungen, Ergänzungen und Verkürzungen zu sprechen zu kommen. Deswegen wird im ersten Teil die neuscholastische bzw. neuthomistische, d. h. an den philosophischen Prämissen des Hl. Thomas von Aquin und seiner Schule ausgerichtete Variante der Katholischen Soziallehre in ihrer sog. solidaristischen Ausprägung dargestellt. Sämtliche Päpste bis hin zu Paul VI. (1963–1978) haben sich in erster Linie auf diese Schule gestützt.

Erkenntnistheoretisch gründet die Katholische Soziallehre auf einem aristotelischen Realismus. Dieser beinhaltet die real-substantielle Einsichtsfähigkeit der menschlichen Vernunft, die ihrem Wesen nach auf die Erfassung alles Seienden hin angelegt ist, in das wesenhafte Sein und die Seinsordnung der geschaffenen Dinge (s.th. I, q. 76, a. 1 und 2 sowie qq 84–86; Van Steenberghen 1950; Hüntelmann 2014). Wie im platonischen Realismus wird dabei primär die universale Wesenheit und nicht die individuelle Wesenheit der Einzeldinge im Sinne eines empiristischen Nominalismus erfasst.

M. Hochgeschwender (✉)
Ludwig-Maximilians-Universität München,
München, Deutschland
E-Mail: michael.hochgeschwender@lrz.uni-muenchen.de

M. G. Festl (Hrsg.), *Handbuch Liberalismus*, https://doi.org/10.1007/978-3-476-05798-3_35

Im Gegensatz zum Platonismus gesteht der aristotelische Thomismus den Universalien aber keine separate Existenz *ante rem* zu, sondern sieht sie als durch Abstraktion erkannte Fundamente *in re* an. Das Wesen des Einzeldings bleibt demgegenüber prinzipiell verschlossen, insofern es Einzelding ist und nicht durch Partizipation (ein weiterer platonisierender Gedanke, der im Aristotelismus keine Entsprechung findet) Anteil am universalen Sein des Dinges hat. Dieser Erkenntnisrealismus unterscheidet den Thomismus und damit die Katholische Soziallehre schon an der Wurzel fundamental von jedem Liberalismus, der sich erkenntnistheoretisch aus einem empirisch grundsätzlich nicht zu rechtfertigenden, apriorischen Nominalismus speist. Und der Realismus hat seine logischen Konsequenzen in der metaphysischen Analyse der menschlichen Natur. In diesem Zusammenhang ist freilich zu berücksichtigen, dass Metaphysik hier keine hinter den Dingen stehende Gegenwelt oder unnötige Doppelung der Wirklichkeit darstellt, sondern die transzendente und transzendentale Durchdringung der seinskonstitutiven Gegebenheiten von Sein und Dasein überhaupt. Insofern denkt selbstredend auch der nominalistische und empiristische Liberalismus mit seinem apriorischen Primat der Einzeldinge vor dem Ganzen uneingeschränkt metaphysisch. Der gerade für die jüngere Moderne typische *Horror metaphysicus* verkennt häufig diese immer schon in jeder Erkenntnis und ihrer Analyse mitgegebenen metaphysischen Vorgaben (Nawroth, OP 1962 gegen Franco 2018).

Was aber bedeutet diese erkenntnistheoretische Vorentscheidung für die Analyse der menschlichen Natur? Vorab ist festzuhalten, dass sich der erkenntnistheoretische Optimismus nicht im Menschenbild widerspiegelt, das – ähnlich wie die konservative Anthropologie – die Mitte zwischen dem anthropologischen Optimismus der überwiegenden Mehrheit der Liberalen und dem völligen Pessimismus des älteren Protestantismus hält. Theologischer Ausgangspunkt ist dabei die katholische Lehre vom *peccatum originale*, der Ursprungssünde. Hinzu tritt eine skeptische Einschätzung der empirischen Möglichkeiten menschlicher Gesellschaften. In diesem Sinn kennt die traditionelle katholische Lehre nur einen sehr begrenzten Begriff von Fortschritt, vor allem aber sieht sie Freiheit primär instrumentell als Freiheit von der Sünde und Freiheit zum natürlichen und übernatürlichen Gut sowie als relative Freiheit in einer naturgemäßen, theonomen Vernunftordnung an. Zuallererst einmal aber gibt es zum einen überhaupt eine menschliche Allgemeinnatur, die der Analyse offen ist, und zum anderen bleibt das „Geheimnis der Person“, nämlich der individuierten, rationalen und freiwillentlichen Allgemeinnatur in jeder Hinsicht gewahrt. Nicht der sinnlich erfahrbare Einzelmensch als solcher ist mit den Mitteln der Vernunft erfassbar, sondern die in der Person individuierte menschliche Natur. Dies ist insofern interessant, als damit eigentlich eine ontologische Grundlage für ein Denken in Kategorien universaler Menschenrechte gegeben wäre, das etwa in der lockeanisch-empiristischen Tradition vornehmlich des angelsächsischen Liberalismus im Grunde ein Unding ist, schon weil es dort keine allgemeine Menschennatur gibt, weswegen in der neueren Tradition die Menschenrechte auch apodiktisch und gerade nicht vernunfthaft begründet dargelegt werden müssen. Dass es bis weit in das 20. Jahrhundert zu keiner genuin katholischen Menschenrechtsdoktrin kam, hatte einerseits historische Gründe, die sich aus der blutigen Konfrontation mit der Französischen Revolution in den 1790er Jahren ergaben (Uertz 2005), war aber andererseits das Resultat eines sachlich begründeten Primats eines traditionalen Denkens in den Kategorien von Tugend, Pflicht (vor allem gegenüber Gott, aber auch gegenüber den Mitgeschöpfen) und Naturrecht. Auf Letzteres wird noch zurückzukommen sein.

Die personale Analyse des Menschseins unterscheidet sich nicht nur kategorial, sondern basal von einer individualistischen. Personsein ist etwas anderes als Individuumsein (s.th. I, qq. 79–83). Zwar beinhaltet es auch allgemeine Aspekte der Individualität, so die Subsistenz, den Selbststand, und die aktiv auf die Umwelt ausgreifende Existenz. Dies beinhaltet vegetative, animalische und intellektuell-voluntative Elemente, zu denen etwa die Suche nach der natürlichen Wahrheit und nach Gott als gleichfalls personalem übernatürlichem Ziel des Menschen (s.th. I qq. 14–26) zählt. Aber zur Person tritt ein weiteres konstitutives Moment hinzu, die *Communio,* d. h. die notwendige Beziehung zu anderen Personen. Personen mögen akzidentiell für eine gewisse Weile für sich existieren können, aber sie sind ihrem Wesen nach auf die Beziehung zu anderen hin angelegt. Dieses Moment der Soziabilität zählt mithin, gemeinsam mit dem Überlebenswillen und dem Willen zur Fortpflanzung, der Prokreativität, zu den konstituierenden, wesenhaften natürlichen Inklinationen der Person überhaupt. Personen sind ihrer Natur nach auf Gemeinschaft hin angelegt, gleichzeitig muss jede Gemeinschaft der naturhaften Konstitution der Person Rechnung tragen. Gemeinschaften, darunter der Staat und die Gesellschaft als Summe basaler Gemeinschaften, wie etwa der jedem Staat und jeder Gesellschaft vorausgehenden Familie, aber auch die Ökonomie, haben den Zweck, ihren personalen Konstituenten zu dienen. Diese sind niemals Zweck und schon gar keinem utilitaristischen Kosten-Nutzen-Kalkül zugänglich, sondern – und hier tritt ein theologisches Element hinzu – als freiwillentliche Vernunftwesen ihrer Natur nach Ebenbilder Gottes (s.th. I., qq. 90–102), denen per se eine nicht aufhebbare und von sämtlichen Gemeinschaften durchweg zu respektierende Würde zukommt. Nicht erst die aktuelle Fähigkeit zur Selbstreflexion und das daraus resultierende Rechtsbewusstsein, sondern bereits die bloße Existenz konstituiert aus der Artnatur das statische Personsein, einzig die konkrete Persönlichkeit kann sich dann noch entwickeln. Dies ist etwa für die katholische Haltung zur Abtreibungsfrage oder Euthanasie grundlegend. Aber darüber hinaus prägt es das katholische Staats- und Gesellschaftsverständnis, da der Staat und die Gesellschaft, wie alle ihnen vorgängige Gemeinschaften, sich zumindest abstrakt aus der Soziabilität der Personnatur und nicht etwa aus einem hypothetisch-fiktiven Gesellschaftsvertrag ergeben. Formal, auf der Basis der aristotelischen Kategorienlehre, sind Gesellschaft und Staat Produkte prädikamentaler, also real konstituierender Relationen zwischen den Personen, aus denen sie hervorgehen. Staatlichkeit (in welcher Form auch immer) und Soziabilität, d. h. Gesellschaftlichkeit, entstammen mithin irreversibel der Natur des Menschen (Utz 1958, 36–38). Allein der konkrete Staat und die konkrete Gesellschaft verdanken sich unter Umständen realen verfassungsgebenden Verträgen, meist aber sind sie das Produkt historischer Traditionen, die als solche, insofern sie der Natur der Personen entsprechen, als Grundlage von Gesellschaft und Staat vollkommen ausreichen. Die sich aus den personalen und prädikamentalen Relationengefügen ergebenden Staaten und Gesellschaften sind real, haben aber keine eigene Substanz. Damit ist jeder Kollektivismus ausgeschlossen. Die abgeleitete Dienstfunktion beider Größen bleibt gewahrt.

Aus den gemeinsamen natürlichen Inklinationen und der gleichfalls natürlichen Soziabilität der Personen ergibt sich eine universale Teleologie des von ihnen grundgelegten Relationengefüges, die Idee des gemeinsamen Gutes, des *bonum commune*, das wiederum gerade nicht die Addition individueller Ziel- und Lebensentwürfe ist, sondern jedem individuellen Entwurf personal vorgelagert ist. Letztlich ist es die Summe all dessen, was die Gemeinschaften, die Gesellschaft, die Wirtschaft, der Staat und die Kultur zugunsten des personalen Lebens in einem von der Vernunft bestimmten, die Leiblichkeit und die Emotionen ganzheitlich umfassenden, standesgemäßen Leben hervorbringen. Es ist mithin gleichfalls strikt personal ausgerichtet und verdankt sich ebenfalls der ontologischen Analyse der menschlichen Artnatur. Das *bonum commune* geht dabei dem Individualwohl immer und unter allen Umständen voraus. Es verpflichtet zugleich streng den Staat mit seiner Verfassungsordnung und seinen Institutionen sowie die Gesellschaft. Gleichzeitig verweist es beide in ihre Grenzen, indem es etwa den die Gesellschaft hervorbringenden Gemeinschaften je eigene Ziele zuweist, wodurch das fundamentale Prinzip der Subsidiarität begründet wird. Dieses wiederum wird konkretisiert durch das Prinzip der Solidarität, also des in wechselseitigem Respekt und wechselseitiger Zuneigung begründeten Gebots, einander in legaler, gegenseitiger und austeilender

Gerechtigkeit nach Maßgabe kluger Abschätzung der eigenen Möglichkeiten Hilfestellung zu leisten (Pieper 1953, 79–119). Selbst jede legitime Staatsintervention ist demnach nur dann gerechtfertigt, wenn sie subsidiär und föderal eingehegt ist. Ohne Not darf die Eigenständigkeit der subsidiären, vorstaatlichen und personalen Gemeinschaften nicht relativiert werden. Im Personcharakter der menschlichen Natur sind demnach die drei Fundamentalprinzipien der Katholischen Sozialllehre angelegt: Personalität, Subsidiarität und Solidarität (Utz 1958). Für das Staatswesen etwa bedeutet dies, übertriebenen Zentralismus, wie ihn etwa der aufgeklärte Absolutismus, aber auch der unitarische Liberalismus fordert, zugunsten föderaler Systeme mit echter Machtverteilung auf sämtlichen Ebenen zu vermeiden. Jede Staatlichkeit, jedes gesellschaftliche Handeln muss von den ursprünglichen personalen Gemeinschaften – und wieder steht die Familie im Mittelpunkt – gedacht und konstruiert werden. Nicht das Recht, den Ausnahmezustand zu verkünden, nicht die Verfügbarkeit von Zwang und Gewaltmitteln und ebenso nicht die rein formale legislative Zuständigkeit, sondern die Ausrichtung am *bonum commune* und am Naturrecht konstituiert den rechtmäßigen Staat. Wo diese sittlich-ethische Ausrichtung fehlt, entartet der Staat zur Tyrannei (Rommen 1947). Aus diesem Wechselspiel personaler Relationengefüge und ihrer Institutionalisierungen auf diversen Ebenen ergibt sich eine komplexe Ordnung, der Ordo. Dieser Ordo aber ist normativ, weil er zum einen über das *summum bonum* (auf der natürlichen Ebene das Glück, auf der übernatürlichen Ebene die Gottesschau der *visio beatifica*) einer normativen Teleologie unterliegt, zum anderen aber durch die gleichfalls normative Ordnung der ihn konstituierenden personalen Natur geprägt wird. Dabei ist es das universale Wesen, das hier über die natürlichen Inklinationen als normierend analysierte Natur in Betracht gezogen wird und nicht die konkrete Einzelnatur, weswegen es sich im Unterschied zu den Nutzenkalkülen des Utilitarismus in der angelsächsischen liberalen Tradition nicht um einen natürlichen Fehlschluss handelt. Die erkenntnisrealistische Seinsanalyse trennt nur auf der Existenzebene, nicht aber auf der Wesensebene scharf zwischen Sein und Sollen; der Vorwurf des naturalistischen Fehlschlusses aber bezieht sich einzig auf die Ebene konkreter Existenz. In der Normativität des essentiellen Seins liegt der systematische Ort des scholastischen Axioms „*agere sequitur esse*“, das Handeln folgt dem Sein. Diese normative Analyse des universalen menschlichen Seins bildet überdies die epistemologische Grundlage des Naturrechts, das in der Katholischen Soziallehre oft als Gegenentwurf zur liberalen Menschenrechtstradition fungiert. Hier ist nicht der Ort, auf die Begründungsproblematik, die Inhaltlichkeit des Naturrechts oder die andauernde Konfrontation zwischen Rechtspositivismus und Naturrecht detailliert einzugehen (vgl. dazu Manser 1944; Messner 1958; Welty 1958–61; Lisska 1997). Wichtig ist jedoch, sich klar zu machen, wie sehr das Naturrecht der thomistischen Tradition kein deduktives Recht im Sinne des aufgeklärten, revolutionären Naturrechts ist, sondern ein Prinzipienrecht, dessen Konklusionen, je konkreter sie werden, umso unsichereren Charakter annehmen. Das Naturrecht ist mithin lediglich in seinen allerersten Prinzipien unwandelbar und überhistorisch, weil wesenhaft im Menschen begründet, in seinen Konklusionen aber ist es für historische Veränderungen offen. Ferner bezieht es sich nicht auf den allgemeinen Naturbegriff der Naturwissenschaften, sondern auf die spezifische rationale Artnatur des Menschen.

Für das Verhältnis zum Liberalismus ist vorrangig die Frage nach dem Stellenwert des Eigentums im Naturrecht von Interesse. An genau diesem Punkt liegt der Hauptunterschied zwischen der „dominikanischen“ (Arthur -Fridolin Utz, Gallus M. Manser, Egon Edgar Nawroth, Eberhard Welty) und der „jesuitischen“ (Oswald von Nell-Breuning, Gustav Gundlach, SJ, Heinrich Pesch, Joseph Kardinal Höffner, Johannes Messner) Auslegung des solidaristischen Naturrechts, wenn man die Fronten holzschnittartig vereinfacht (Franco 2018; Nawroth 1962; Keim 1997; Horvath 1929). Die Debatte entzündet sich an der Frage, inwieweit das Privateigentum naturrechtlich gewollt ist (Klüber 1968). Thomas von Aquin und mit ihm seine gesamte Schule bejahen dies zwar ausdrücklich, aber in der jesuitischen Lesart bedeutet dies etwas anderes als bei den rigoroseren Dominikanern. Nach deren Verständnis hat jeder Mensch das Recht auf den Lebensstandard, der ihm ein tugendhaftes Leben zu verwirklichen hilft. Privateigentum ist gut und nützlich, solange es auf diese Weise dem *bonum commune* verpflichtet bleibt. Dieses *dominium radicale* steht naturrechtlich allen Menschen zu. Es schließt demnach das *ius utendi*, das Nutzungsrecht, mit ein, ebenfalls den *usus fructus*, den Nießbrauch der Güter, zusätzlich aber eine über dieses Mindestmaß hinausgehende *possessio per modum proprietatis*, also den verfügenden und verwaltenden Gebrauch des Eigentums als *dominium actuale*. Allerdings ist einzig das *dominium radicale* mitsamt *ius utendi* und *usus fructus* naturrechtlich gesichert, während das *dominium actuale* und die *possessio per modum proprietatis* nach dominikanischer Lesart ein bloß praktisches Zugeständnis an den *status naturae lapsae*, d. h. die infolge der Erbsünde gefallene Natur des Menschen sind. Denn an sich haben alle Menschen von Natur aus Anspruch auf eine gerechte Verteilung aller Güter auf der Basis ihrer Lebensumstände und des *bonum commune*. Damit ist indes kein Kollektiveigentum gemeint, sondern eine angemessene, sozial durchdachte Verteilungsgerechtigkeit im Sinne einer standesgemäßen Lebensqualität, nach dem scholastischen Axiom „*suum cuique*" (Jedem das Seine), das gerade keine strikte Egalität beinhaltet (Horvath 1929, 56–58). Beiden gemeinsam ist zudem die Idee der sozialen Gerechtigkeit, wie sie in den 1840er Jahren von P. Luigi Taparelli d'Azeglio, SJ entwickelt worden und von Pius XII. (1939–1958) lehramtlich fruchtbar gemacht worden ist. Ähnliches gilt für die bereits auf Petrus Johannes Olivi, OFM (1247–1296) zurückgehende Lehre von der subjektiven Werttheorie, die dann im 16. Jahrhundert von der Schule von Salamanca an die Bedingungen der Frühmoderne angepasst wurde. Die Katholische Soziallehre leugnet demnach keineswegs die Bedeutung von Märkten bei der Preisgestaltung, schon gar nicht hält sie an der mittelalterlichen Idee eines inhärent statischen und normativ-essentialistischen Preisgefüges, dem *iustum pretium*, fest (Franco 2018, 49–70). Der zentrale Unterschied zwischen Jesuiten und Dominikanern liegt in der Frage, wann Interventionen in das Eigentumsrecht gerechtfertigt sind. In den Augen der Dominikaner muss Eigentum immer dann sozial reguliert werden, wenn es zur Ausbildung durch die Standespflichten nicht gerechtfertigter, also nicht sachadäquater Vermögen kommt, während die Jesuiten stärker den Primat des Eigentumsrechts auch bei objektiv ungerechter Eigentumsverteilung betonen. Beide Seiten plädieren gleichwohl im Interesse sozialer Gerechtigkeit für umfängliche Eigentumsbildung in Arbeitnehmerhand und betriebliche Mitbestimmung als Ausdruck personaler Solidarität und einer sozialharmonischen, nichtkonfrontativen Gesellschaftsordnung. Beide sehen sämtliche Güter prinzipiell und in Notzeiten tatsächlich als Gemeineigentum aller Menschen an, die Dominikaner aber treten für Sozialisierung überschüssiger und ungerechter Vermögen auch in normalen Zeiten ein, was den Jesuiten fremd ist. Das päpstliche Lehramt hat in dieser Kontroverse keine Stellung bezogen. Beide Richtungen können legitim für sich in Anspruch nehmen, die Katholische Soziallehre zu repräsentieren, wobei die jesuitische Doktrin offener für einen Dialog mit dem Liberalismus ist, solange man zumindest die fundamentalen begründungstheoretischen Divergenzen außer Acht lässt und sich auf praktische Alltagskooperation kapriziert. Für den von manchen liberalkonservativen Wissenschaftlern in Europa und den USA neuerdings behauptetem inneren Zusammenhang zwischen liberalem Kapitalismus und Katholischer Soziallehre gibt es jedoch keinen Beleg (Connolly 2008). Auch die christdemokratische politische Rezeption der Katholischen Soziallehre ist gegenwärtig deutlich liberalismusaffiner, als es die Doktrin eigentlich zulässt. Die Katholische Soziallehre ist und bleibt vehement kapitalismuskritisch und antiliberal, aber gleichfalls antitotalitär und antitraditionalistisch. Dies belegt nicht zuletzt ihre ökologische Fortschreibung durch Benedikt XVI. (2005–2013) und den aktuellen Papst Franziskus, dessen scharfe Attacken auf den neoliberalen Kapitalismus der Globalisierung vor diesem Hintergrund zu verstehen sind.

Der gerade knapp skizzierte Solidarismus (Pesch 1905) hat im Gegensatz zur sozialromantischen Schule (Anzenbacher 1997, 132–38) die Billigung des päpstlichen Lehramts gefunden, weil er – entsprechend der Staatslehre Leos des XIII. (Tischleder 1925) – mit sämtlichen Staatsformen, also auch der Demokratie, kompatibel ist. Tatsächlich hat sich die Katholische Soziallehre über pragmatische Bündnisse mit moderaten Liberalen und Konservativen im Rahmen der christdemokratischen Bewegung darin hervorgetan, vor allem in Westeuropa, aber auch in den USA der New Deal-Ära, außerbürgerliche Schichten (Arbeiter, Handwerker, Bauern, Aristokraten) in den bürgerlich-liberalen Klassenstaat weltanschaulich zu integrieren. Dies drückte sich vor allem in der Sozial- und Familienpolitik sowie berufsständischen Elementen in westeuropäischen Gesellschaften aus (Rentensysteme, Vermögensbildung, Mitbestimmung, Familienpolitik, das System der Berufskammern in Deutschland und Österreich), die mitunter fälschlicherweise als „Sozialdemokratisierung" wahrgenommen werden. Im Kern aber handelte es sich um einen Beitrag zur Grundlegung der Sozialen Marktwirtschaft (Franco 2018, 173–231; Goldschmidt/Nothelle-Wildfeuer 2010). Während die sozialromantische Schule erkenntnistheoretisch dem antiintellektualistischen Traditionalismus nahesteht und einen reaktionär imaginierten Ordo, den christlichen Ständestaat, als allein gültige Gesellschaftsordnung ansieht, strebt der intellektualistische Solidarismus eine föderale, subsidiäre berufsständische Ordnung innerhalb eines demokratischen Rahmens an und bekennt sich prinzipiell zu einer pluralistischen Gesellschaft innerhalb der Vorgaben des *bonum commune*. Aus diesem Grund hat die überdies nicht selten antisemitische Sozialromantik im Sinne des Freiherrn Karl von Vogelsang (1818–1890) seit den 1940er Jahren rapide an innerkatholischer Relevanz eingebüßt.

Dagegen hat sich am linken Flügel der Katholischen Soziallehre seit den 1950er Jahren erst in Gestalt der französischen Arbeiterpriesterbewegung (Jacques Loew, OP; Marie-Dominique Chenu, OP), dann in der lateinamerikanischen Befreiungstheologie (Gustavo Gutiérrez, OP; Clodovis Boff, OSM; Leonardo Boff, OFM) eine Bewegung gebildet, die sich in ihrer frühen Phase an die dominikanische Interpretation des Thomismus anschloss, sich dann aber radikal demokratischer bzw. basisdemokratischer und marxistischer Analysekategorien bediente. Ihre grundlegende praxeologische Perspektive auf „Sehen, Beurteilen, Handeln" wich deutlich von der spekulativen anthropologischen Analyse des Thomismus ab. Vor allem aber machte sie Ernst mit der bereits im Alten Testament bedeutsamen „Option für die Armen", nach welcher Armut ein „himmelschreiendes Unrecht" darstellt. Während die radikalen Varianten der Befreiungstheologie wegen ihrer Nähe zum widerchristlichen und materialistisch-atheistischen Kommunismus durch Johannes Paul II. scharf verurteilt wurden, hat sich inzwischen eine gemäßigte Form herausgebildet, die, durch Vermittlung von Gebhard Kardinal Müller, inzwischen vom römischen Lehramt, insbesondere von Papst Franziskus, aktiv aufgenommen wurde.

Im Nachgang zum II. Vatikanischen Konzil (1962–1965) hat sich die intellektuelle und politische Relevanz der Katholischen Soziallehre erkennbar minimiert. Zum einen hatte sie dank der Dominanz der Christdemokratie in den 1950er Jahren viele ihrer Ziele durchgesetzt, sich gewissermaßen „zu Tode gesiegt", zum anderen aber führte die nachkonziliare Tendenz zur biblisch fundierten, fideistisch-voluntaristischen Theologisierung kirchlicher Argumentationsgänge in Verbindung mit der Überbetonung der Gnadenlehre und der Verwerfung aller neuscholastischen Natura Pura-Spekulationen, die auf ein zumindest spekulativ denkbares, rein innerweltliches Ziel der humanen Existenz hinausliefen, zum Verlust konkreter Anschlussfähigkeit an aktuelle säkulare Diskussionen der Moderne. Überdies hat die Wende zum situationsethischen Relativismus die anthropologische Skepsis des traditionellen katholischen Menschenbildes gewissermaßen liberal-optimistisch in Richtung auf einen autonomen Freiheitsbegriff überformt, wodurch das katholische Denken seine Fundamente verlor und im Grunde keinen eigenen Status mehr innerhalb der modernen Diskussionslandschaft aufweisen konnte. Die Katholische Soziallehre büßte an Kohärenz und Konsistenz ein, sie wurde intellektuell steril und sogar weithin vergessen (DeBerri/Hug 2009). Erst in jüngerer Zeit deutet sich eine Revitalisierung an (Müller et al. 2017, Habisch et al. 2012).

Literatur

Anzenbacher, Arno: Christliche Sozialethik. Paderborn 1997.

Connolly, William: Capitalism and Christianity, American Style. Durham 2008.

DeBerri, Edward P./Hug, James E. (Hg.): Catholic Social Teaching: Our Best Kept Secret. Maryknoll 2009.

Franco, Giuseppe: Von Salamanca nach Freiburg. Joseph Höffner und die Soziale Marktwirtschaft. Paderborn 2018.

Goldschmidt, Nils/Nothelle-Wildfeuer, Ursula (Hg.): Freiburger Schule und Christliche Gesellschaftslehre. Joseph Höffner und die Ordnung von Wirtschaft und Gesellschaft. Tübingen 2010.

Habisch, André et al. (Hg.): Tradition und Erneuerung der katholischen Soziallehre in Zeiten der Modernisierung. Freiburg/Br. 2012.

Höffner, Joseph: Christliche Gesellschaftslehre. Kevelaer 1962.

Horvath, OP, P. Alexander: Eigentumsrecht nach dem Hl. Thomas von Aquin. Graz 1929.

Hüntelmann, Rafael: Grundkurs Philosophie III: Erkenntnistheorie. Heusenstamm 2014.

Keim, Elisabeth: Das Eigentum in der Naturrechtslehre Luigi Taparelli d'Azeglios. St. Ottilien 1997.

Klüber, Franz: Katholische Eigentumslehre. Osnabrück 1968.

Lisska, Anthony: Aquinas's Theory of Natural Law: An Analytic Reconstruction. Oxford 1997.

Manser, OP, P. Gallus M.: Das Naturrecht in thomistischer Beleuchtung. Fribourg 1944.

Messner, Johannes: Das Naturrecht: Handbuch der Gesellschaftsethik, Staatsethik und Wirtschaftsethik. Innsbruck 1958.

Müller, Christian et al. (Hg.): Naturrecht und Moral in pluralistischer Gesellschaft. Paderborn 2017.

Nawroth, OP, P. Egon Edgar: Die Sozial- und Wirtschaftsphilosophie des Neoliberalismus. Heidelberg 1962.

Pesch, SJ, P. Heinrich: Lehrbuch der Nationalökonomie I: Grundlegung. Freiburg/Br. 1905.

Pieper, Joseph: Über die Gerechtigkeit. München 1953.

Rauscher, Anton (Hg.): Handbuch der katholischen Soziallehre. Berlin 2008.

Rommen, Heinrich: Die ewige Wiederkehr des Naturrechts. München 1947.

Tischleder, Peter: Die Staatslehre Leos XIII. München-Gladbach 1925.

Uertz, Rudolf: Vom Gottesrecht zum Menschenrecht. Die katholische Staatslehre von der Französischen Revolution zum II. Vatikanischen Konzil, 1789-1965. Paderborn 2005.

Utz, OP, P. Arthur-Fridolin: Sozialethik mit internationaler Bibliographie I. Die Prinzipien der Gesellschaftslehre. Heidelberg 1958.

Van Steenberghen, Fernand: Erkenntnislehre. Einsiedeln 1950.

Welty, OP, P. Eberhard: Herders Sozialkatechismus 3 Bde. Freiburg/Br. 1958–61.

Nationalismus

36

Jens Hacke

Der Nationalismus gehört zu den spezifisch modernen Ideologien, die sich im Europa der sogenannten „Sattelzeit" (1750–1850) herausgebildet haben. Vom Liberalismus, Konservatismus und Sozialismus unterscheidet ihn allerdings grundlegend, dass er weder mit einem eigenen politischen, gesellschaftlichen oder ökonomischen Ordnungsmodell noch mit einer sozialen Klasse identifizierbar ist. Stattdessen präsentiert er sich als machtvolle Integrationsideologie, welche die Herstellung eines politischen Verbandes unter dem Dach einer Nation als Zukunftsprojekt entwirft, ohne allerdings jemals eine anspruchsvolle Theorie hervorgebracht zu haben. Dies spricht keineswegs gegen seine immense Wirkung und die Anziehungskraft, die vom Gedanken nationaler Einheit und Geschlossenheit weiterhin ausgeht. Zwar ist vielfach bemerkt worden, dass sich keine Denker und Philosophen von Rang den Nationalismus als Idee zu eigen gemacht bzw. ihn systematisch begründet hätten (Anderson 1998; Gellner 1991). Allerdings haben die meisten Theoretiker die Paradigmen von Nation und Nationalstaat wie selbstverständlich berücksichtigt und bisweilen auch als unhinterfragte Richtschnur politischen Handelns angesehen. Auch dies spricht dafür, den Nationalismus nicht lediglich als eine eigene Ideologie, sondern als ein übergreifendes und auf andere Ideen aufsattelndes Phänomen zu behandeln, das in der Nationalismusforschung soziologisch, kulturwissenschaftlich und sozialpsychologisch aufgearbeitet wird.

Ursprünglich ließ sich der nationale Gedanke als revolutionär und modernisierend auffassen, denn er richtete sich gegen feudale Herrschaftsstrukturen, gegen das Regiment von Fürsten und Monarchen und zielte auf die Bildung einer neuen geschlossenen politischen Gemeinschaft, deren männliche Bürger egalitär als Angehörige einer Nation zu betrachten seien. Als Höhepunkt für diese emanzipative Volte des Nationalismus gilt die Erhebung des dritten Standes zur Nation, nämlich die Konstituierung der Nationalversammlung, deren theoretische Legitimation der Abbé Sieyés bereits im Januar 1789 mit seiner epochalen Schrift „Was ist der dritte Stand?" lieferte.

Die Varianten des Nationalismus sind vielgestaltig und haben sich zu verschiedenen Zeiten mit anderen Ideologemen verbunden, wie schon ein Blick auf die gängigen Komposita wie Nationalliberalismus (s. Kap. 44), Nationalkonservatismus oder nationaler Sozialismus belegt. (Der begrifflich naheliegende „Nationalsozialismus" muss an dieser Stelle ausgespart bleiben, weil in ihm das Nationale durch die völkische Rassenideologie aufgehoben wird und der Sozialismus ohnehin eher eine emotive Komponente besitzt, die den Gedanken der Gemeinschaft hervorhebt,

J. Hacke (✉)
Universität der Bundeswehr München, München, Deutschland

M. G. Festl (Hrsg.), *Handbuch Liberalismus*, https://doi.org/10.1007/978-3-476-05798-3_36

jedoch ohne ökonomische Programmatik.) Die Ausformungen des Nationalismus seit der Französischen Revolution variieren je nach historischer Konstellation und landestypischer Disposition. Grundsätzlich lässt sich ein dynamischer vorstaatlicher Kulturnationalismus von Staatsnationalismus unterscheiden, dessen Mobilisierungswirkung allerdings sowohl revolutionär als auch herrschaftsstabilisierend sein kann. Frankreich liefert das Modell eines solchen Staatsnationalismus, der sich im bereits etablierten nationalen Flächenstaat gegen die absolute Monarchie richtete. Deutschland und Italien bieten hingegen Beispiele für „verspätete Nationen" (Helmuth Plessner), deren nationalstaatliche Gründung jahrzehntelang von der Imagination einer nationalen Kultur vorbereitet bzw. flankiert wurde. Beide Varianten beziehen sich auf eine „vorgestellte politische Gemeinschaft", die sich durch Begrenztheit und Souveränität auszeichnet (Andersson 1998, 14), nur dass sie in einem Fall bereits einen übergreifenden Flächenstaat vorfindet (und gegebenenfalls erweitert), im anderen Fall diesen erst herstellen muss. Damit wird der Nationalstaat zum Modell für eine neue Massengesellschaft, die sich aus bisherigen kleinräumigen Gemeinschaften emanzipiert. Die Rhetorik des Nationalismus verhält sich damit diametral entgegengesetzt zu seiner gesellschaftlichen Wirkungsweise, weil die Beschwörung der Gemeinschaft in Wahrheit die Schaffung einer standardisierten Gesellschaft konterkariert (Gellner 1991, 181–185).

Sicherlich ist der Nationalstaat als Subjekt national begründeter Souveränität das sichtbarste und nachhaltigste Produkt des Nationalismus, dessen Ideologie im Wechselspiel der Erfordernisse von Staatlichkeit, Selbstbehauptung und Integration changiert. Mythische Vorstellungen der Abstammungsgemeinschaft konkurrieren mit der auf Zukunft ausgerichteten Manifestation einer nationalen Willensgemeinschaft und bestimmen bis heute das Staatsbürgerrecht, das zwischen *ius sanguinis, ius soli* und verschiedenen Optionen zur Einbürgerung von Einwanderern alterniert. Die Trennlinie zwischen einem staatsbürgerlichen (‚civic') und ethnischen Nationalismus lässt sich dabei nicht immer klar ziehen. Nationale Identität, räumliche Vergemeinschaftung, gemeinsame Sprache, Bekenntnisse zu Tradition, Kultur, Werten oder Religion haben von jeher diese Zugehörigkeit mit definiert. Insofern hängt die Konstitution des Nationalstaat weiterhin von der Möglichkeit politischer Einheitsbildung, der relativen sozialen, kulturellen und politischen Homogenität sowie der rechtlich geregelten und konstitutionell verbindlichen Organisation von Pluralität ab.

Die Sprengkraft und die Bedeutung des Nationalismus dürften – vermutlich gerade aufgrund seiner gedanklichen Schlichtheit – kaum nachgelassen haben, denn ausgehend von Europa hat er sich seine Attraktivität als Befreiungsideologie bewahrt, ob im Zuge der Dekolonisierung oder nach dem Ende der bipolaren Weltordnung des Kalten Krieges. Die Zahl der Nationalstaaten nimmt weiterhin zu, separatistische Bewegungen (auch in Europa) verzeichnen Zulauf, und der nationalistische Populismus ist zu einer internationalen Erscheinung geworden, überdies gut vernetzt. Isaiah Berlin (1994) hat vor dieser fortwährenden romantischen Revolte gegen westlichen Rationalismus, eine kapitalistische Globalisierung und gegen die liberale Moderne früh gewarnt und die anhaltende Virulenz des Nationalismus prognostiziert.

Mit Blick auf das Verhältnis von Nationalismus und Liberalismus stellt sich ein doppeltes Problem: Zum einen gingen beide im Blick auf die politische Emanzipation des Bürgertums (Partizipation, Konstitution, Parlamentarismus) enge Allianzen ein. Zum anderen standen sie im stetigen Spannungsverhältnis von Partikularismus und Universalismus, „Weltbürgertum und Nationalstaat" (Friedrich Meinecke), Homogenität und Pluralität, Gemeinschaft und Gesellschaft. In dem Maße, in dem der Nationalismus als ein ambivalentes und umschlagbereites Phänomen gedeutet wurde – vom demokratischen zum autoritär-aggressiven Nationalismus oder vom aufopfernden Patriotismus zum nationalen Chauvinismus –, in dem Maße wird auch der Liberalismus nicht klinisch sauber von seinen Berührungspunkten mit dem Nationalismus zu separieren sein.

36.1 Formen des Nationalismus

In seiner frühen Phase überwiegt im Nationalismus der Aspekt der Befreiung und der Selbstbestimmung, um das Volk gegen die monarchischen Unterdrücker zu ermächtigen. Insofern hängt der Gedanke der freien Nation eng zusammen mit Forderungen nach Demokratie, nationaler Souveränität, Verfassungsordnung und Bürgergleichheit. Diese Aspekte definieren zugleich die Modernität des Nationalismus, die ihn von älteren Formen eines patriotischen Zugehörigkeitsbewusstseins abhebt. Das Beispiel der Französischen Revolution (vorher der Amerikanischen Revolution) war darum in erster Linie ein inspirierendes, dem man in anderen Ländern begeistert nacheiferte. Zugleich benötigte dieser Nationalismus – diese Voraussetzung war mit dem gemeinsamen Interesse der nordamerikanischen Kolonien und mit dem Zentralismus des absolutistischen Frankreichs gegeben – ein „breites Potential nationaler Solidarität" (Mommsen 1971, 630): die Entstehung eines einheitlichen Marktes und Kommunikationsraumes, d. h. einer Öffentlichkeit, sowie die Besinnung auf einen Patriotismus der Teilhabe und der sozialen Aufstiegshoffnung, die in der erstarkenden Nation versinnbildlicht werden konnte.

Der erwachende deutsche Nationalismus unterhielt ein paradoxes Verhältnis zum französischen Vorbild. Einerseits boten die Ereignisse in Frankreich geistige Orientierung, andererseits führten der napoleonische Expansionsdrang und die Besetzung deutscher Gebiete zu einer antifranzösischen Haltung, die über das gemeinsame Feindbild den Befreiungsdrang intensivierte und mit der Wunschvorstellung der geeinten deutschen Nation anreicherte. Folgerichtig wurden die ‚Befreiungskriege' zum konstitutiven Mythos des deutschen Nationalismus, zu dessen integrativen Faktoren eben auch die ‚Erbfeindschaft' gegen Frankreich zählte.

Demokratische und romantische Motive mischen sich im Nationalismus, und dem vorstaatlichen Nationalismus haftet ein idealistisches Verständnis vom Pluriversum der Völker und Nationen an. Zurückgehend auf Herder sah man im friedlichen Mit- und Nebeneinander der nationalen Lebensstile und in kulturellen Eigenwegen den Antrieb für Fortschritt und Wettbewerb in Vielfalt. Nationale Eigen- und Sonderwege sollten sich von einem Universalismus der Vernunft abheben; die Gefahr, dass nationale Autonomie und Gestaltungsfreiheit zur erbitterten Feindschaft pervertiert wurde und Kriege entfachte, war zwar schon sichtbar, aber noch nicht zur Signatur der Epoche geworden. Es herrschte durchaus noch eine internationale Solidarität unter den Nationalbewegungen (Griechenland, Polen, Deutschland etc.), und die Wahrnehmung der europäischen Revolutionen von 1848 als ‚Völkerfrühling' unterstreicht diesen demokratischen und emanzipativen Charakter des Nationalismus.

Die 48er-Revolution in Deutschland zeigte allerdings auch, wie eng Demokratie und aggressiver Nationalismus verbunden waren, fanden sich doch die expansiven und kriegswilligen Propagandisten Großdeutschlands vor allem auf der Linken. Die Revolution scheiterte nach allgemeiner Auffassung an der doppelten Herausforderung, nationale Einheit und politische Freiheit gleichzeitig durchzusetzen, aber sie schien damit auch zu belegen, dass der Nationalstaat als definitive konstitutionelle Formgebung Priorität vor anderen politischen Zielen besitzt. Bereits Hegel hatte der Überzeugung Ausdruck verliehen, dass das Leben der Nationen ohne Staat lediglich als Vorgeschichte zu betrachten sei. Vor diesem Hintergrund zeichnete sich eine Wende zur Realpolitik ab, im Zuge derer vormals Liberale und Demokraten nun im Sinne historischer Gesetzmäßigkeit nationale Einigungsbestrebungen als notwendigen Entwicklungsschritt betrachteten. Es setzte sich eine Auffassung durch, die der Schweizer Staatsrechtler Johann Caspar Bluntschli auf den Punkt brachte: Jede Nation sei zur Staatsbildung berufen, denn: „Wie die Menschheit in eine Anzahl von Nationen geteilt ist, so soll die Welt in ebensoviele Staaten zerlegt werden" (zit.n. Schulze 1999, 225).

Diese quasi-naturalistische Legitimationsstrategie spiegelte die allgemeine Überzeugung eines revolutionären Befreiungsnationalismus ebenso wider wie sie den Status bislang etablierter Nationalstaaten zu stärken schien. Wenn eine solche Privilegierung nationaler Selbstbestimmung bis in die Gegenwart wirksam geblieben ist – man denke an die Explosivität von Wilsons 14-Punkte Plan, die Betonung des Nationalitätenprinzip im Völkerbund und in den Vereinten Nationen –, so bleibt der damit sanktionierte Nationalismus vom Zweifel daran begleitet, die Eigenschaften einer Nation je objektiv bestimmen zu können. Es ist darum konsequent, dass in Kulturen eines weniger problematischen nationalen Selbstverhältnisses wie Frankreich oder England *'nationalisation'* eigentlich nicht mehr als 'Verstaatlichung' oder Staatswerdung meint; *'nation-building'* ist dort auf die staatlich vorgegebenen Grenzen beschränkt und hat einen konstruktivistischen Charakter (vgl. Alter 1985, 19–28).

Dass der Nationalismus zur Verschärfung und Radikalisierung der homogenisierenden Vergemeinschaftung neigte und als machtvolle politische Mobilisierungsressource in Massengesellschaften fungierte, sollte sich bald zeigen. Sowohl in der Epoche des 'imperialen Nationalstaats' bis zum Ersten Weltkrieg als auch im Weltkriegszeitalter des 'totalen Nationalstaats' (wenn man der Periodisierung Hagen Schulzes folgt), tritt die Idee der Nation nie in Reinform auf, sondern hatte einen additiven oder instrumentellen Charakter: zum einen wurde mit ihr Gemeinschaft und Größe, Geschichte und Zukunft beschworen, zum anderen prägte sie Rituale, Kulte und Ästhetik für die Massen. Kollektiverlebnisse des politischen Umsturzes, der gemeinsamen Anstrengung und des Krieges konnten somit als nationale Erhebung, Wiedergeburt, nationales Erwachen oder nationaler Aufbruch respektive Existenzkampf kommuniziert und vergegenwärtigt werden. Diese genuin nationale Rhetorik imaginierte das Volk als kollektives Handlungssubjekt, dessen Verfügungsgewalt immer größere Dimensionen anzunehmen schien, während der Nationalstaat zugleich in nie gekannter Weise in das Leben seiner Bürger*innen eingriff: als Steuer-, Sozial- und kriegführender Staat.

Nach den durch exzessiven Nationalismus verursachten oder mit ihm orchestrierten Kriegen folgten – zumindest in der intellektuellen Sphäre – Phasen der Ernüchterung. Die Notwendigkeit der Kooperation und das Bedürfnis, nationalistische Aggression einzudämmen, haben den Aufbau internationaler Organisationen und Institutionen befördert. Allerdings bleibt jede Welt- und Außenpolitik dem Nationalstaat verpflichtet: als Kriterium für Mitgliedschaft und als Agentur für die Vertretung der (weiterhin) nationalen Interessen.

36.2 Berührungspunkte und Konfliktfelder zwischen Nationalismus und Liberalismus

Der Liberalismus ist mit vielen Bewegungen Bündnisse eingegangen und hat sich von geistigen Strömungen (z. B. Romantik, Historismus) beeinflussen lassen. In seiner formativen Phase teilt er mit dem Nationalismus vor allem die Kritik am Feudalismus, das Streben nach bürgerlicher Partizipation kombiniert mit dem Bedürfnis nach Konstitutionalisierung und nach parlamentarischer Repräsentation. Das Parlament wird als Repräsentation der Nation gedacht, und beide Denkströmungen verbindet ein gewisser Einheitsglaube, denn auch die Liberalen beanspruchen (frühbürgerlich) für sich, als repräsentative Stimme der Vernunft für das ganze Volk zu sprechen, ohne dass eine Spaltung in konkurrierende Fraktionen in Betracht gezogen wurde.

„Nationalismus und Liberalismus" gingen, wie Thomas Nipperdey (1984, 308) konstatierte, „in Deutschland nicht nur Hand in Hand", sondern sie waren im 19. Jahrhundert sogar „eigentlich identisch". Die „Politisierung des romantischen Kulturnationalismus" ergänzte die „Nationalisierung des konstitutionellen und demokratischen Liberalismus" – und beides richtete sich gegen die besonders im biedermeierlichen Vormärz als dumpf und eng empfundene Kleinstaaterei. Sicherlich fanden sowohl Liberalismus als auch Nationalismus im bürgerlichen

Milieu Resonanz – ob im aufblühenden Vereinswesen oder generell in den kulturellen Initiativen einer selbstbewusster und wohlhabender werdenden bürgerlichen Klasse. Die Denkmäler des national inspirierten Historismus, die Museumsbauten und Kunstsammlungen – die Spuren eines ebenso national wie liberal inspirierten Mäzenatentums finden sich in großer Fülle seit dem 19. Jahrhundert. Das Bildungs- und Wirtschaftsbürgertum sah im einheitlichen Sprach- und Kulturraum einer Nation die Möglichkeiten einer neuen Kommunikationsgesellschaft, die in Fragen der Infrastruktur, Bildung und Ökonomie durch Vereinheitlichung und Intensivierung ganz neue vorteilhafte Dynamiken entfachte.

Auf allen Gebieten (Handel, Postwesen, Eisenbahn, Seefahrt, Universitäten etc.) bestand die Tendenz, sich an den „großen Nationen" auszurichten und mit ihnen Schritt zu halten. Seit Adam Smiths *Der Wohlstand der Nationen* (s. Kap. 3) orientierte sich die Ökonomie am Nationalstaat als Maßstab wissenschaftlicher Untersuchung. Die Politische Ökonomie, die in Deutschland lange vor der Gründung des Kaiserreiches als Nationalökonomie firmierte, blieb auch in ihrer liberalen Ausrichtung auf nationale Wirtschaftsräume fixiert (z. B. Friedrich List), um im Zuge der Industrialisierung Arbeits- und Absatzmärkte zu erschließen.

Spätestens im Zuge der bismarckschen Reichseinigung wurde Bewegung „vom linken zum rechten Nationalismus" (Winkler 2000, 236) offensichtlich. Der parteipolitische Liberalismus hatte Kompromisse mit Bismarck geschlossen und sich in Nationalliberale und Fortschrittspartei (später Freisinnige) gespalten. Linksliberale hatten Bismarck im preußischen Verfassungskonflikt bekämpft, stimmten gegen die undemokratische Reichsverfassung, kritisierten Kolonialpolitik und Sozialistengesetze, aber insgesamt galt der Liberalismus als geschwächt und unterlegen. Aufgrund des begrenzten parlamentarischen Einflusses und die Festlegung auf die Opposition entwickelten sich Nation und Liberalismus auseinander, während der Nationalismus sich weiter nach rechts radikalisierte, militaristisch, antisemitisch und rassistisch einfärbte sowie seine Basis gegen die „Vaterlandsverräter", allen voran die Sozialdemokraten, linksliberalen Freisinnigen und Ultramontanen aufhetzte.

Der Unterschied wird deutlich, wenn man den republikanisch imprägnierten Nationalismus der Franzosen zum Vergleich heranzieht. Ernest Renan warf den Deutschen nach 1870/1871 im Blick auf Elsass-Lothringen vor, „die Fahne der ethnographischen und archäologischen Politik anstelle der liberalen Politik erhoben" zu haben. Stattdessen müsse die Nation eine Willensgemeinschaft, „un plébescite de tous les jours" sein. (zit.n. ebd., 220).

In den älteren Nationen, die ein natürlicheres und mitunter gelasseneres Selbstverhältnis pflegten, konnte ein national sensibilisierter Liberalismus im Zeitalter des Imperialismus zumindest als schlechtes Gewissen und Korrektiv wirken. Zwar hielt man sich in den Kolonialreichen kaum an die eigenen liberalen Grundsätze von Freiheit, Menschenrechten und Gleichheit, aber zumindest konnte sich eine kritische Minderheit stets darauf berufen, um die Widersprüche zwischen Moral und politischer Praxis kenntlich zu machen. Dies sorgte langfristig für eine Delegitimierung des Kolonialismus, weil er das Recht auf nationale Selbstbestimmung der indigenen Völker missachtete. Insofern blieb dort die enge Bindung zwischen Nationalismus und Liberalismus im Großen und Ganzen stabil.

36.3 Max Weber als liberaler Nationalist

Ein eindrückliches Beispiel für die relative Theoriearmut des Nationalismus bei einem gleichzeitig hohen Wirkungsgrad für die praktische politische Orientierung bietet ein Titan der Geistes- und Sozialwissenschaften, nämlich Max Weber. Von seiner berühmten Freiburger Antrittsrede im Jahr 1895 bis zu seinem Lebensende am Beginn der Weimarer Republik bleibt die Nation Dreh- und Angelpunkt seines politischen Denkens. Bekanntlich ging es dem jungen Weber nicht nur um die „innere Einigung der Nation“, sondern die Reichsgründung sollte im Geist der Zeit „Ausgangspunkt einer deutschen Weltmachtpolitik“ sein. Den Nationalstaat verstand er als „weltliche Machtorganisation der Nation“ (Weber 1988, 14). Sinn und Existenzgrund einer Nation bestand für ihn darin, ihre Macht zu vergrößern und Machtpolitik zu betreiben. Politik habe er „immer nur unter dem nationalen Gesichtspunkte angesehen“, konnte er auch 1916 von sich sagen und beanspruchte noch nach dem Ersten Weltkrieg das Attribut eines Nationalisten für sich (ebd., 157). Zeittypisches Pathos und ein überwältigendes Nationalgefühl, das beim religiös unmusikalischen Weber mitunter an die Stelle des christlichen Glaubens zu treten schien, mischten sich mit der tiefen Überzeugung, dass das nationale Interesse, die Machtentfaltung und Wohlstandssteigerung der Nation oberster Maßstab jeder Politik sein müssten. Sein vorübergehendes Engagement im völkischen Alldeutschen Verband oder seine Warnungen vor Polonisierungstendenzen in den ostelbischen Gebieten waren handfeste Belege für einen Nationalismus, der das politische Handeln prägte.

Allerdings distanzierte sich Weber im Laufe seines wissenschaftlichen Lebens klar von Konzeptionen, welche die Nation aus ethnischer, sprachlicher, konfessioneller oder kultureller Homogenität herleiteten. Für ihn stand außer Frage, dass die Nation nur voluntaristisch als Schicksalsgemeinschaft aufzufassen sei. Die Zugehörigkeit zu einer Nation definierte sich allein durch ein subjektives Gemeinschaftsbewusstsein, getragen auch durch das „ideale Pathos des Machtprestiges“. Der Nationalismus lieferte die ideologischen und gefühlsmäßigen Gründe, die Anteilnahme am politischen Schicksal des eigenen Staates zur höchsten Norm zu erklären. Dieses Faktum akzeptierte Weber, ohne die kategoriale Geltung des Nationalen in Frage stellen zu wollen. Zu Webers Verteidigung lässt sich anführen, dass er über die Multiperspektivität seiner vergleichenden soziologischen Forschungen in der Lage war, die eigenen Affekte zunehmend zu bändigen und die Exzesse des nationalen Chauvinismus zu kritisieren.

Der Maßstab nationaler Machtentfaltung lag auch seiner realistischen Demokratietheorie zugrunde. Als Liberaler trat er für die Parlamentarisierung und das gleiche Wahlrecht ein, weil er sich von der demokratischen Konkurrenz und Auslese der Führer, der parlamentarischen Verantwortlichkeit der Regierung und von öffentlicher Kritik eine Leistungssteigerung, Rationalisierung und Verbesserung für die nationale Politik versprach. Der Blick auf die westlichen Nationen, allen voran die Vereinigten Staaten von Amerika, lehrte ihn, dass die demokratische Regierungsweise nicht nur aus Einsicht in unausweichliche Notwendigkeit vorzuziehen sei, sondern verbesserte Handlungsfähigkeit und Effizienz versprach. Als skeptischer Liberaler suchte Weber seinen Weg in der Abkehr vom Normativen hin zu den Funktionsimperativen demokratischer Politik. Bei ihm sucht man vergeblich einen emphatischen Begriff individueller bürgerlicher Freiheit, wiewohl er einer utilitaristischen Freiheitsbegründung im Sinne Mills nahesteht. Webers Freiheitsbegriff hat zudem eine schwer zu fassende existenzielle Dimension, die auf der einen Seite das allgemein menschliche Vermögen in den Mittelpunkt stellt, sich Entscheidungsfreiräume angesichts der Rationalisierungs- und Bürokratisierungszwänge eines „ehernen Gehäuses der Hörigkeit“ in der Moderne zu bewahren, zum anderen aber um die Freiheit nationaler Machtentfaltung kreist. An Webers Gefühlsnationalismus, der sich kritisch zu jeder ideologischen Begründung der Nation verhält, verbunden mit seinem normativ ernüchterten Liberalismus, der die Demokratie aus ganz pragmatischen Gründen befürwortet, lässt sich zeigen, wie vielfältig sich das Verhältnis beider Ideologien kombinieren lässt.

36.4 Bilanz und aktuelle Perspektiven

Das Spannungsverhältnis zwischen Liberalismus und Nationalismus verweist auf allgemeine und wiederkehrende Problemlagen, die verschiedene Berührungspunkte, aber auch Konfliktlinien verdeutlichen. Im Ursprung verbindet beide der demokratische Impuls freier Selbstbestimmung und die Leitvorstellung des konstitutionellen Nationalstaats, der ständische Schranken abbaut und Bürgergleichheit vor dem Gesetz gewährleistet. Idealerweise sorgte der Liberalismus für die politische und institutionelle Form dieses Staates, während der Nationalismus emotive Bindung, kollektive Identifikation und eine relative kulturelle bzw. soziale Homogenität generiert. Die zuweilen enge Assoziierung mit dem Nationalismus verweist auf die Defizite eines klassischen Liberalismusverständnisses, das sich allein auf Vernunftprinzipien stützt, individuelle Freiheit und Verantwortung ins Zentrum stellt und abstrakte Gerechtigkeitserwägungen anstellt.

Der Versuch des Liberalismus, durch die zeitweilige Annäherung an den Nationalismus diese Leerstelle *in puncto* politischer Vergemeinschaftung zu kompensieren, lässt sich strukturanalog zu den theoretischen Anreicherungen durch den Republikanismus oder Kommunitarismus betrachten. Stets geht es darum, die Bürger*innen nicht nur als Inhaber von Rechten und Ansprüchen zu begreifen, sondern ihre Assoziationsbedürfnisse und die notwendige Selbstverpflichtung auf ein gemeinsames Ethos zu konzeptualisieren. Die Herkunftsprägungen und Zugehörigkeit zu einer staatlich verfassten Nation gehören dabei zu den „unfreiwilligen Assoziationen" (Michael Walzer), in denen das Individuum sich wiederfindet und über die sich schwerlich hinweggehen lässt. Auch der Begriff des Verfassungspatriotismus, der eine reflexive Aneignung der Prinzipien des politischen Zusammenlebens voraussetzt, kann dieses emotive Element kollektiver Identität nur unzureichend fassen. Insofern verbleibt ein national ausgerichteter Liberalismus, der sich seit einiger Zeit vor allem als Widerstand gegen vermeintliche Globalisierungszwänge versteht und nicht selten ökonomisch protektionistisch argumentiert, eine Herausforderung innerhalb der pluralen Traditionen des liberalen Denkens (vgl. Tamir 1993).

Ein kosmopolitischer Liberalismus mag postnationale Konstellationen befürworten, internationale Kooperationen stärken und supranationale Institutionen fördern. Dass er die Nation als Paradigma durch eine „projektive Erzeugung höherstufiger Subjektivitäten" (Jürgen Habermas) zu ersetzen in der Lage ist (Europa, Weltgesellschaft), scheint momentan noch nicht absehbar. Vor dem Hintergrund der anhaltenden Konjunktur eines intoleranten und rechtspopulistischen Nationalismus (s. Kap. 66) fällt dem Liberalismus eher die Aufgabe zu, nationale Minderheiten zu verteidigen, für die Pluralität und Toleranz multiethnischer Gesellschaften innerhalb des Nationalstaats zu werben und die Nation als ein Konzept zu verstehen, das zwar positive Identifikation und Einheit in Vielheit ermöglicht, aber ein reflexives und kritisches Verhältnis zu sich selbst unterhält. Die Geschichte der Nationen hat gezeigt, dass der Versuch der Verschmelzung von Sonderidentitäten innerhalb des Nationalstaates bereits dramatische Probleme und Konflikte erzeugt hat. Auch vor diesem Hintergrund bleibt die Liberalisierung innerhalb der bestehenden Nationen eine vordringliche Aufgabe – und die Verabsolutierung und Verselbständigung des Nationalismus eine schwelende Gefahr.

Literatur

Alter, Peter: Nationalismus. Frankfurt a. M. 1985.

Alter, Peter (Hg.): Nationalismus. Dokumente zur Geschichte und Gegenwart eines Phänomens. München 1994.

Anderson, Benedict: Die Erfindung der Nation. Zur Karriere eines folgenreichen Konzepts. Berlin 1998.

Berlin, Isaiah: Der Nationalismus. Seine frühe Vernachlässigung und gegenwärtige Macht. In: Ders.: Wider das Geläufige. Aufsätze zur Ideengeschichte. Frankfurt a. M. 1994, 467–494.

Gellner, Ernest: Nationalismus und Moderne. Berlin 1991.

Habermas, Jürgen: Die postnationale Konstellation. Politische Essays. Frankfurt a. M. 1998.

Hobsbawm, Eric: Nationen und Nationalismus. München 1996.

Mommsen, Hans/Albrecht Martiny: Nationalismus, Nationalitätenfrage. In: Sowjetsystem und demokratische Gesellschaft Bd. 4. Freiburg 1971, 623–695.

Mommsen, Wolfgang J.: Max Weber und die deutsche Politik 1890–1920. Tübingen [2]1974.

Nipperdey, Thomas: Deutsche Geschichte 1800–1866. Bürgerwelt und starker Staat. München ²1984.

Schulze, Hagen: Staat und Nation in der europäischen Geschichte. München 1999.

Tamir, Yael: Liberal Nationalism. Princeton 1993.

Weber, Max: Gesammelte Politische Schriften. Tübingen ⁵1988.

Wehler, Hans-Ulrich: Nationalismus. Geschichte, Formen, Folgen. München ⁴2011.

Winkler, Heinrich August: Der lange Weg nach Westen. Bd. 1: Deutsche Geschichte vom Ende des alten Reiches bis zum Untergang der Republik. München 2000.

37 Sozialismus

Gottfried Schweiger

Den Sozialismus als Alternative zum Liberalismus in einem philosophischen Handbuch darzustellen, ist mit zwei gravierenden Schwierigkeiten verbunden. Erstens gibt es nicht *den* Sozialismus als einheitliche Denkschule, sondern eine Tradition, in der sich unterschiedliche Varianten herausgebildet haben, die sich teils heftig (und blutig) bekämpften. Es gibt einen „klassischen" Sozialismus ausgehend von Marx, aber auch anarchistische und religiöse Sozialismen genauso wie sozialdemokratische und liberale Strömungen, die sich noch dem Sozialismus und seiner Idee verpflichtet sehen. Eine Überblicksdarstellung wird sicher nicht allen Varianten des Sozialismus gerecht werden können. Daher ist der Sozialismus je nach philosophischer Deutung auch keine Alternative zum Liberalismus, sondern eine Variante des Liberalismus oder gar dessen Vollendung. Wie in diesem Kapitel noch gezeigt wird, sind individuelle und soziale Freiheiten für den Sozialismus normative Kernbegriffe. Der eigentliche Gegenpol zum Sozialismus ist für diesen selbst der Kapitalismus, nicht der Liberalismus. Da es aber, wie die Beiträge in diesem Handbuch eindrücklich zeigen, auch keine einheitliche Theorie des Liberalismus gibt und dieser selbst auch ein politisches, soziales und wirtschaftliches Projekt ist – also auch Züge einer Weltanschauung und Ideologie trägt –, ist eine Gegenüberstellung von Sozialismus und Liberalismus erschwert. Es wird, vereinfacht gesagt, Varianten beider geben, die sehr nahe beieinander liegen und Varianten, die sehr weit auseinander, ja unvereinbar sind.

Zweitens ist der Sozialismus weder nur Philosophie noch nur Ideologie, Weltanschauung oder eine wirtschaftspolitische Alternative. Er ist sehr vieles gleichzeitig: Der Sozialismus ist eine philosophische Denkrichtung, die sich als eine Form der politischen Philosophie beschreiben lässt (Gilabert/O'Neill 2019). Der Sozialismus ist auch eine Weltanschauung und eine Ideologie – für Friedrich Engels sogar eine „wissenschaftliche Weltanschauung". Als Weltanschauung ist der Sozialismus ein Set an Überzeugungen, die für alle Lebensbereiche, sowohl individuelle als auch gesellschaftliche Fragen, relevant sind. Diese Weltanschauung hat ein ganzes Arsenal an kulturellen Produkten (Romane, Theaterstücke, Lieder, Filme etc.), Institutionen und Organisationen (bis hin zu Fischereivereinen) hervorgebracht, die für das Leben vieler Sozialisten eine große Rolle spielen. Wenn man jemanden als Sozialist bezeichnet, ist in diesem Sinne auch etwas anderes gemeint als wenn man zu jedem sagt, er oder sie wäre Kantianer oder Rawlsianer. Der Sozialismus ist aber auch eine bestimmte Form der wirtschaftlichen, sozialen und politischen Ordnung. Wie diese Ordnung aussehen sollte, um als sozialistisch zu gelten, lässt sich aus der politischen Philosophie alleine aber

G. Schweiger (✉)
Universität Salzburg, Salzburg, Österreich

M. G. Festl (Hrsg.), *Handbuch Liberalismus*, https://doi.org/10.1007/978-3-476-05798-3_37

nicht deduzieren. Sozialistische Ökonomie und Politik sind eigenständige Projekte, weshalb es auch sozialistische Parteien gibt, die keine philosophischen Debattierclubs und deren Parteiprogramme auch keine philosophischen Traktate sind. Der Sozialismus hat eine eminent umstrittene Geschichte als politisches, wirtschaftliches und soziales Projekt. Seine Rezeption reicht von totaler Verdammnis bis zu Glorifizierung. Auch heute noch, das sollte nicht übersehen werden, gibt es Staaten, die sich als sozialistisch verstehen. Der Sozialismus steht auch in einem Spannungsverhältnis zu den (empirischen) Wissenschaften. Es gab sowohl den Anspruch, sozialistische Wissenschaft zu betreiben als auch Sozialismus als Wissenschaft zu verstehen. Beides ist mit einer Beschränkung des Sozialismus auf ein philosophisches Projekt nicht vereinbar, sondern läuft eher auf eine Skepsis gegenüber philosophischen Sozialismustheorien hinaus, da die Philosophie selbst keine methodisch gefestigte und empirische Wissenschaft ist. Schließlich sei noch erwähnt, dass der Sozialismus ein Kampfbegriff ist und zwar viel stärker als Liberalismus. Der Begriff Sozialismus ist so eng verwoben mit Parteien, Politik, Gewerkschaft und sozialen Kämpfen, dass auch seine philosophische Expression in Form von Theorien sich davon nie gänzlich lösen können wird. Das lässt sich auch in den Schriften sozialistischer DenkerInnen nachvollziehen, wo philosophische, sozialtheoretische, ökonomische und praktisch-politische Überlegungen ineinanderfließen und, im Sinne vieler dieser AutorInnen, auch nicht voneinander getrennt werden sollten, um eine philosophische Position zu destillieren, die ohne Praxis nur für sich bleiben würde.

37.1 Der sozialistische Kerngedanke

Der Sozialismus als philosophische Theorie gruppiert sich um eine ganze Reihe an normativen Begriffen. Zentral für den Sozialismus sind die Ideen der Gleichheit, Demokratie, Autonomie, Gemeinschaft und Solidarität.

Gleichheit wird im Sozialismus nicht als formelle Gleichheit verstanden und bezieht sich nicht nur auf gleiche Rechte und Pflichten oder gleichen Respekt, sondern stark auf ökonomische Gleichheit. Das ist im Kern die Idee der „klassenlosen Gesellschaft", also einer Gesellschaft, in der alle Menschen hinsichtlich ihres sozialen und ökonomischen Status gleich sind, sich als Gleiche anerkennen und als Gleiche zusammenwirken, um die Bedürfnisse aller zu befriedigen. Diese Forderung nach ökonomischer Gleichheit fußt aber, zumindest in einigen Aspekten der marxschen Theorie, auf einer tiefen anthropologischen Gleichheit des Menschen, die durch die Verwerfungen des Kapitalismus aufgehoben wird, der in der Bevölkerung ausgehend von der Teilung in eine besitzende und besitzlose Klasse entlang weiterer Merkmale Ungleichheiten schafft (etwa entlang der Kategorien „Rasse" oder Geschlecht). Der Status solcher Ungleichheiten, also in welchem Verhältnis etwa die Unterdrückung der Frau zur kapitalistischen Ausbeutung der Arbeitskraft steht (Haugg 2004), und wie sie zu überwinden sind, ist dann auch innerhalb der sozialistischen Theorienfamilie umstritten. Während traditionelle sozialistische Theorien eher davon ausgehen, dass ökonomische Gleichheit die Grundlage für Gleichheit in allen anderen Lebensbereichen ist und diese dann quasi von alleine entstehen würde, haben sich innerhalb feministischer, antirassistischer oder antikolonialer Theorieentwürfe Argumente ausgebildet, die dies bestreiten.

Es könnte scheinen als würden Demokratie und Sozialismus nicht gut zusammengehen, schließlich galten alle realsozialistischen Staaten als unfreie Gesellschaften und Diktaturen. Das Schlagwort der „Diktatur des Proletariats" (Draper 1987), welches in Ein-Parten-Systemen verwirklicht wurde – und in China oder Vietnam noch immer herrschend ist –, erweckt keinen demokratischen Eindruck. Demokratie ist für den Sozialismus aber eben genau nicht repräsentative Demokratie, wie sie in den demokratischen Staaten, verwirklicht ist, sondern eine Form der direkten Demokratie, die sich in der Mitbestimmung auf allen gesellschaftlichen und politischen Ebenen widerspiegeln soll. Eine prominente Variante davon ist die Rätedemokratie, also ein System, bei dem auf mehreren Ebenen Räte gewählt werden, welche den Interessen ihrer Wähler direkt verpflichtet sind (Demirović 2009). Wichtig für den Sozialismus ist jedenfalls, dass Demokratie nicht auf eine von der Ökonomie abgetrennte Ebene der Politik beschränkt sein darf. Betriebe sollen demokratisch sein und zwar in einer Form, die allen Angestellten effektive Mitbestimmung über alle wesentlichen Entscheidungen erlaubt. Demokratie und Gleichheit sind also eng verbunden, nur wenn größte soziale und ökonomische Gleichheit herrscht, kann es wirkliche Demokratie geben.

Ebenso wie Demokratie wird auch die Idee der Autonomie von Kritikern oft als eine dem Sozialismus widersprechende aufgefasst. Manche Aspekte individueller Freiheit, die in nicht-sozialistischen Gesellschaften allgemein akzeptiert sind, wie z. B. die Freiheit, große Vermögen oder Unternehmen zu besitzen, werden vom Sozialismus tatsächlich nicht anerkannt bzw. als unmoralisch verurteilt. Dennoch finden sich bei Marx und Engels und fast allen anderen Vertretern sozialistischer Positionen klare Bekenntnisse zur Autonomie als zentralem Wert (und Bestandteil eines guten Lebens, wenn man es so ausdrücken will) und der Kampf gegen den Kapitalismus wird als Kampf für die Freiheit verstanden. Diese Freiheit, welche der Sozialismus verwirklichen will, ist jedoch keine formelle und keine bloß negative Freiheit, von anderen nicht darin gestört werden zu dürfen, zu tun und lassen, was man will. Solche Freiheit nützt nur wenigen und bedeutet Unfreiheit für viele. Das wird in der Figur des „doppelt freien" Lohnarbeiters bei Marx und Engels deutlich (Marx/Engels 2005, 183), der sowohl frei von Produktionsmitteln ist als auch frei, seine Arbeitskraft zu verkaufen. Ein solcherart freier Arbeiter ist letztlich unfrei, weil er sich für die Lebenserhaltung anderen unterwerfen muss.

In einer weit verbreiteten Ansicht steht der Sozialismus für eine kollektivistische Ideologie, welche die Bedürfnisse und Rechte der Gesellschaft über diejenigen des Individuums stellt. Richtig ist, dass Gemeinschaft für die allermeisten sozialistischen Theorien einen Wert darstellt und gegenüber einem atomistischen Individualismus betont wird. Der Begriff Sozialismus, der aus dem Lateinischen „socialis", was so viel wie kameradschaftlich oder gesellig bedeutet, kommt, bringt diese normative Nähe zum Wert der Gemeinschaft oder Gesellschaft schon zum Ausdruck – stärker noch wird das beim Begriff des Kommunismus, der oft in einem Nahverhältnis zum Sozialismus steht (im traditionellen Marxismus ist der Sozialismus das historische Durchgangsstadium zum Kommunismus). Das Verhältnis von Individuum und Gemeinschaft bzw. Gesellschaft und auch Staat in sozialistischen Theorien birgt eine ganze Reihe an Spannungen in sich, die einer eingehenden Klärung bedürfen. Viele, aber nicht alle sozialistischen Theorien teilen die anthropologische Grundannahme, dass der Mensch ein gemeinschaftliches Wesen ist, er also von „Natur" aus auf das Zusammenleben mit anderen ausgerichtet und auf andere angewiesen ist. Davon zu unterscheiden sind gesellschafts- und gerechtigkeitstheoretische Überzeugungen: Der Kapitalismus erzeugt Unfreiheit und Ungerechtigkeit dadurch, dass einzelne Individuen gegen die Interessen und Bedürfnisse der großen Mehrheit handeln und diese (ökonomisch und letztlich auch sozial) unterdrücken und ausbeuten. Soziale Gerechtigkeit dagegen beruht auf dem gemeinschaftlichen Besitz (der Produktionsmittel) und ihrer gemeinschaftlichen Nutzung und Steuerung zum Wohle aller. Gemeinschaft kann hier explizit der Vorstellung einer Gesellschaft gegenüber gestellt werden, die aus nur auf sich bezogenen Individuen besteht, dennoch wird auch in sozialistischen Theorien vor einem überbordenden und letztlich den einzelnen unterdrückenden Kollektivismus gewarnt, was sich insbesondere auch auf die Bürokratie und den Staat bezieht. In welcher Form der Gemeinschaft oder Gesellschaft sozialistische Gerechtigkeit umgesetzt werden soll und wie stark der Staat oder die Partei hier eingreifen darf, ist Gegenstand kontroverser Debatten. Insofern auch einige Strömungen des Anarchismus dem Sozialismus zuzurechnen sind, haben diese eine viel kritischere Position gegenüber einem „Staatssozialismus" oder lehnen staatliche Gewalt als prinzipiell unterdrückerisch ab (Kellermann 2011). Schließlich findet sich in der sozialistischen Theorie die starke

Überzeugung, dass die herrschenden Ungerechtigkeiten nur durch gemeinschaftliches Handeln überwunden werden können.

Solidarität spielt in der politischen Philosophie des Sozialismus eine geringere Rolle als für seine politische und soziale Praxis. Die Schlagworte der „internationalen Solidarität“ und der „Solidarität zwischen Arbeitern“ lassen zwei Dimensionen des sozialistischen Solidaritätsbegriffs unterscheiden. Erstens ist Solidarität im Sozialismus auf gemeinsame Interessen ausgerichtet. Es nützt letztlich allen, solidarisch zu sein und die Individualisierung und Partikularisierung der Interessen steht dem entgegen. Diese gemeinsamen Interessen werden auch mit den Interessen der Menschheit insgesamt gleichgesetzt. Zweitens ist Solidarität nicht auf ein instrumentelles Verständnis beschränkt, sondern wird als intrinsisch wertvoll ausgewiesen. Solidarität, die gegenseitige Rücksichtnahme und Unterstützung, soll alle Lebensbereiche prägen und dazu anhalten, nicht nur auf den eigenen Vorteil und die eigenen Bedürfnisse und Freiheiten zu achten.

Neben diesen zentralen Werten könnten sicherlich weitere angeführt werden bzw. gibt es Schlüsselbegriffe, die in enger Verwandtschaft dazu stehen. Da ist auf der einen Seite die Frage nach dem Konzept einer sozialistischen Gerechtigkeit (Henning 2016). Diese wird alle genannten Werte berücksichtigen, aber zusätzliche enthalten. Die Forderung der ökonomischen Gleichheit und der Wert der Autonomie beantworten aber noch nicht alle Fragen hinsichtlich der Verteilung von Gütern in einer Gesellschaft oder global. Für viele sozialistische Theorien spielen sowohl Forderungen nach Gleichheit als auch nach Verdienst eine wichtige Rolle in der Kritik bestehender Ungerechtigkeit. Ausbeutung – ein Begriff der in den letzten Jahren viel Aufmerksamkeit in der politischen Philosophie und Ökonomie erfahren hat (Vrousalis 2018) – beruht und schafft nicht nur Ungleichheit, sie raubt der Arbeiterin auch den ihr zustehenden, gerechten Verdient. Politisch-praktisch sind in der Arbeiterbewegung daher immer auch Forderungen nach gerechtem Lohn und Anerkennung der Leistung stark präsent gewesen. Umstritten ist auch der in manchen sozialistischen Theorien wichtige Begriff des Bedürfnisses – bei Marx heißt es prominent als ein Leitbild einer gerechten Gesellschaft „Jeder nach seinen Fähigkeiten, jedem nach seinen Bedürfnissen!“ (Marx/Engels 1987, 21). Zu nennen wären schließlich noch die kritischen Begriffe der Entfremdung, der durch Rahel Jaeggi neu interpretiert wurde (2005), und der Verdinglichung, den Axel Honneth wieder aufgenommen hat (2005), die beide soziale Pathologien und negative Auswirkungen des Kapitalismus auf das Selbstverständnis und das soziale Leben beschreiben.

37.2 Sozialismus als Alternative zum Liberalismus?

Es wurde bereits angedeutet, dass eine klare Gegenüberstellung von Sozialismus und Liberalismus schwierig ist, da beide jeweils Theorieelemente des anderen in sich aufnehmen (können). Konfliktlinien können vor allem entlang des Werts der Freiheit und des Verhältnisses von Individuum und Gesellschaft bzw. Staat ausgemacht werden. Der Liberalismus setzt das Individuum und seine Freiheitsrechte in den Mittelpunkt und bestimmt davon ausgehend, welche soziale und politische Ordnung legitim und gerecht ist, nämlich eine solche, welche die Freiheit schützt und bewahrt. Der Sozialismus als Alternative zum Liberalismus wird dagegen als stärker freiheitseinschränkend und mehr auf das Wohl der Gemeinschaft orientiert kritisiert. Auch wenn sowohl im Sozialismus als auch im Liberalismus Freiheit und Autonomie geschätzt werden, so vertreten sie dennoch unterschiedliche Auffassungen, insbesondere wenn es um ökonomische Freiheiten und die Eigentumsfrage geht. Während für den Sozialismus jede Form der kapitalistischen Arbeit und Wirtschaft ausbeuterisch und damit ungerecht ist – und auch entfremdend – sehen die meisten Vertreterinnen des Liberalismus im Arbeitsmarkt und in der Marktwirtschaft einen Ausdruck legitimer Freiheit (s. Kap. 29). Auch im Liberalismus, anders als in manchen libertären Strömungen, ist die Überzeugung weit verbreitet, dass kapitalistische Arbeit und Wirtschaft ausbeuterisch sein kann und dass der Staat regulierend in die Märkte einzugreifen hat und Menschen etwa vor den sozialen Folgen unfreiwilliger Arbeitslosigkeit schützen sollte. Jedoch ist der Besitz von Produktionsmitteln, das Erwirtschaften von Profit und der Abschluss von Arbeitsverträgen für sie nicht prinzipiell unmoralisch oder ungerecht. Das Privateigentum gilt dem Liberalismus als eine zentrale Säule individueller Freiheit und ist vom Staat entsprechend zu sichern. Es wäre vielmehr, so der liberale Einwand, ungerecht, wenn der Staat Privateigentum prinzipiell und auch an Produktionsmitteln sowie die Vertragsfreiheit unterbinden würde. Aus sozialistischer Sicht übersieht der Fokus auf Freiheitsrechte, dass diese Ungleichheiten schaffen und festigen und der Rekurs auf die Freiheit die wahren Macht- und Ausbeutungsverhältnisse verschleiert. Der Liberalismus verteidigt eine (gezähmte) kapitalistische Wirtschaftsweise aber zumeist nicht nur mit Verweis auf die individuellen Freiheitsrechte des Kapitalbesitzers oder des Angestellten, einen Arbeitsvertrag nach seinen Vorstellungen abzuschließen, sondern auch mit Blick auf die Effizienz und die Wohlstandsgewinne, die dadurch erzielt werden – im Vergleich zu einer zentralistischen Planung und Steuerung der Wirtschaft. Dass der Kapitalismus hocheffizient ist und die Produktionsmittel und Produktivkräfte, also auch Technologien und Wissen, weiterentwickelt und perfektioniert, wird auch von Marx und Engels anerkannt und als historische Aufgabe des Kapitalismus bezeichnet, welche die Grundvoraussetzung für die Verwirklichung des Sozialismus ist (Marx/Engels 2003, 269).

Eine Annäherung liberaler und sozialistischer Vorstellungen im Bereich der Organisation der Wirtschaft und der Arbeit kann in Theorien des Marktsozialismus gesehen werden (Arnold 1994), der philosophisch in den 1980er Jahren diskutiert wurde und ökonomisch-praktisch in manchen Ländern, etwa China eine Rolle spielt. Die Grundidee aller marktsozialistischen Theorien ist es, die Vorteile des Marktes, nämlich seine Effizienz bei der Herstellung und Verteilung von Gütern auf Basis der Bedürfnisse der Konsumentinnen, zu bewahren und gleichzeitig aber Ausbeutung durch den privaten Besitz von Produktionsmitteln zu verhindern und den Angestellten die Kontrolle über ihre Firmen zu ermöglichen. Diese radikale Demokratisierung von Unternehmen kann als eine Forderung nach mehr Freiheit interpretiert werden. Die Kompatibilität einer marktsozialistischen Organisation der Wirtschaft mit einer liberalen Gesellschaftsordnung ist durchaus umstritten. John Rawls hat sowohl den Marktsozialismus als auch die „property owning democracy" als mögliche Verwirklichungen seiner Idee einer gerechten Gesellschaft ins Spiel gebracht, aber nicht näher ausgeführt (Thomas 2017). Gerald A. Cohen (2010), der den rawlsschen Liberalismus u. a. dafür kritisiert hat, dass er ein gewisses Maß an Ungleichheit für vertretbar hält, sofern die schwächsten Mitglieder der Gesellschaft davon profitieren, dagegen sieht den Marktsozialismus als inkompatibel mit der sozialistischen Idee, da dadurch Konkurrenz und ökonomische Ungleichheiten ermöglicht würden. Laut Cohen braucht es ein sozialistisches oder egalitäres Ethos aller Bürgerinnen, die gemeinsam ein soziales Ideal anstreben und nicht egoistisch auf den eigenen Vorteil ausgerichtet sind.

Es ist aber nicht nur die ökonomische Freiheit, die der Liberalismus gegenüber dem Sozialismus verteidigen will. Zentral sind auch politische Freiheiten, die er vor allem durch eine Unterwerfung des Politischen unter das Ökonomische gefährdet sieht. Die Geschichte des „realen" Sozialismus war dahingehend ein Beispiel für einen weitgehend „autoritären" Sozialismus, in dem Freiheitsrechte beschränkt wurden und die ökonomische und politische Führung durch eine Partei restriktiv umgesetzt wurde. Auch wenn man die „realen" autoritären sozialistischen Staaten – die auch innerhalb sozialistischer Theorie vielfach kritisiert wurden – keinesfalls mit der philosophischen, ökonomischen oder gesellschaftswissenschaftlichen Theorie des Sozialismus gleichsetzen sollte, ist dieser skeptisch gegenüber bestimmten Interpretation politischer Freiheit und Repräsentation. Bereits erwähnt wurde, dass für den Sozialismus die Trennung zwischen ökonomischer und politischer Mitbestimmung unschlüssig, ja sogar ungerecht ist. Politische Freiheit und Mitbestimmung kann im Sozialismus also nicht auf eine Sphäre des Politischen im Sinne von Wahlen, Parteien oder Parlamenten beschränkt sein, sondern muss die ökonomische Sphäre und insbesondere die Unternehmen miteinbeziehen. Dies kann unter der Formel der „Demokratisierung" der Arbeit und Wirtschaft zusammengefasst werden (Demirović 2018). Politische Freiheit ist für den Sozialismus immer auch positive Freiheit, also die Ermächtigung (unterdrückter) Gruppen und Personen, wobei diese Freiheit durchaus mit Blick auf die Werte des Sozialismus und sozialistischer Gerechtigkeit beschränkt werden müssen. Sonst verkommt die Freiheit zur Freiheit der Mächtigen. Insbesondere in Zeiten von ungleichen Kräfteverhältnissen zwischen Kapitalismus und Sozialismus gab und gibt es in sozialistischen Theorien durchaus Zustimmung zu einer Restriktion individueller politischer Freiheiten, etwa bei Lenin in der Frühphase der Sowjetunion (1961, 529), während andere wie Rosa Luxemburg vehement für Versammlungs-, Presse- und Meinungsfreiheit eingetreten sind. Für viele VertreterInnen des Liberalismus wie etwa Friedrich August von Hayek (s. Kap. 17) ist die Beschränkung des Freiheitsbegriffs auf negative Freiheit, also den Schutz vor willkürlichem Zwang (insbesondere durch den Staat), zentral.

Ausgehend von der Frage der individuellen Freiheitsrechte und des Verhältnisses von ökonomischer und politischer Freiheit ergeben sich dann auch weitere Unterschiede in Bezug auf konkrete Fragen der politischen Philosophie. Liberalismus und Sozialismus sind sich darin einig, dass die Welt ungerecht ist und dass Probleme wie Armut, Hunger, Krieg oder der Klimawandel gelöst werden müssen. Für den Sozialismus ergeben sich die meisten dieser Ungerechtigkeiten aus den ökonomischen Strukturen des globalen Kapitalismus, der notwendig menschliches Leid erzeugt, um Reichtum für einige wenige Personen zu schaffen. Daher ist es aus sozialistischer Perspektive auch vorrangig, diese Strukturen zu verändern, was aus Sicht vieler TheoretikerInnen nur durch einen radikalen Bruch und revolutionäre Umstürze möglich sein wird. Abzulehnen ist jedenfalls ein Fokus auf Philanthropie oder individuelle Verpflichtungen, die keine Systemveränderungen anstreben. Obwohl der Liberalismus die Problemdiagnose teilt, wollen sich die meisten seiner VertreterInnen nicht auf eine bestimmte ökonomische Erklärung derselben festlegen und sehen dahingehend auch nicht die Notwendigkeit, den Kapitalismus als solches abzuschaffen. Für die Bekämpfung globaler Ungerechtigkeiten wären zwar tiefgreifende Veränderungen nötig, aber bis auf wenige Fälle, in denen radikale Verletzungen der Menschenrechte vorliegen, keine revolutionären Umstürze, die vielmehr die Gefahr von Willkürherrschaft und autoritären Regimen in sich bergen. Der Liberalismus kennt auch keine Teleologie und Geschichtsphilosophie, wie sie einigen sozialistischen Theorien in der Nachfolge von Marx – der hier ein hegelsches Erbe weiterträgt – inhärent sind (Mäder 2010). Das historische Subjekt des Sozialismus, die Arbeiterklasse, ist für den Liberalismus nicht besonders ausgezeichnet, eine gerechte Gesellschaft zu errichten.

Literatur

Arnold, N. Scott: The philosophy and economics of market socialism: a critical study. New York 1994.

Cohen, Gerald A.: Sozialismus – warum nicht? München 2010.

Demirović, Alex: Rätedemokratie oder das Ende der Politik. In: PROKLA. Zeitschrift für kritische Sozialwissenschaft. 39/155 (2009), 181–206. DOI: https://doi.org/10.32387/prokla.v39i155.429.

Demirović, Alex (Hg.): Wirtschaftsdemokratie neu denken. Münster 2018.

Draper, Hals: The ‚dictatorship of the proletariat from Marx to Lenin'. New York 1987.

Gilabert, Pablo/O'Neill, Martin: Socialism. In: Edward Zalta (Hg.): The Stanford Encyclopedia of Philosophy. Stanford 2019. https://plato.stanford.edu/entries/socialism/ (10.5.2020).

Haug, Frigga: Sozialistischer Feminismus: Eine Verbindung im Streit. In: Ruth Becker/Beate Kortendiek (Hg.): Handbuch Frauen- und Geschlechterforschung. Wiesbaden 2004, 49–55.

Henning, Christoph: Sozialistische Gerechtigkeit. In: Anna Goppel/Corinna Mieth/Christian Neuhäuser (Hg.): Handbuch Gerechtigkeit. Stuttgart 2016, 211–217.

Honneth, Axel: Verdinglichung: eine anerkennungstheoretische Studie. Frankfurt a. M. 2005.

Jaeggi, Rahel: Entfremdung. Zur Aktualität eines sozialphilosophischen Problems. Frankfurt a. M./New York 2005.

Kellermann, Philippe (Hg.): Begegnungen feindlicher Brüder: zum Verhältnis von Anarchismus und Marxismus in der Geschichte der sozialistischen Bewegung. Münster 2011.

Lenin, Wladimir Iljitsch: Lenin Werke – Band 32: Dezember 1920–August 1921. Hg. von Institut für Marxismus-Leninismus im ZK der KPdSU. Berlin 1961.

Mäder, Denis: Fortschritt bei Marx. Berlin 2010.

Marx, Karl/Engels, Friedrich: Werke. Bd. 19: März 1875 bis Mai 1883. Berlin ^{9}1987.

Marx, Karl/Engels, Friedrich: Werke. Bd. 25: Das Kapital: Kritik der politischen Ökonomie, Bd. 3, Buch 3. Der Gesamtprozeß der kapitalistischen Produktion. Berlin ^{15}2003.

Marx, Karl/Engels, Friedrich: Werke. Bd. 23: Das Kapital: Kritik der politischen Ökonomie, Bd. 1, Buch 1. Der Produktionsprozeß des Kapitals. Berlin ^{21}2005.

Thomas, Alan: Republic of equals: predistribution and property-owning democracy. New York 2017.

Vrousalis, Nicholas: Exploitation: A primer. In: Philosophy Compass. 13/2 (2018). DOI: https://doi.org/10.1111/phc3.12486.

Anarchismus

38

Olaf Briese

Anarchismus – ein komplexer Begriff, der für ein philosophisches Konzept, für eine politische Bewegung und für eine praktische Lebensform in Anarchie gleichermaßen steht (Loick 2017, 11–14) – umfasst trotz aller Heterogenität bestimmte Merkmale, welche die oftmals divergierenden Strömungen verbinden. Dazu gehören – man kann von einer anarchistischen Doppelhelix sprechen – in verneinendem Sinn die Ablehnung von Herrschaft (und zwar nicht nur auf den Gebieten von Ökonomie und Politik, sondern auch auf denen von Religion, Ethnie, Geschlecht) und in bejahendem Sinn die Betonung der Rechte von Individuen (in mutualistischen, genossenschaftlichen oder kooperativen Gemeinschaftsformen). Historisch zu unterscheiden sind anarchistische Entwürfe seit der Antike, der klassische Anarchismus des 19. und beginnenden 20. Jahrhunderts sowie neuere Anarchismen. Für die Genese des klassischen Anarchismus hat Rudolf Rocker, ein Hauptvertreter des Anarcho-Syndikalismus, 1937 betont, dass er die Synthese zweier Ideenbewegungen des 18. und 19. Jahrhunderts darstelle: des Sozialismus, der die soziale Frage durch Gemeinschaftseigentum lösen wollte, und des Liberalismus, der die Rechte des Individuums betonte und Staatsfunktionen auf ein Minimum einschränken wolle (Rocker 1948, 347–349). Von liberalen Theoretikern sind ebenfalls bestimmte Gemeinsamkeiten betont worden (u. a. Friedman 1973, s. u.). Auch in der Forschung werden – bei allen Differenzen – die Gemeinsamkeiten der Aufklärungsprojekte Anarchismus und Liberalismus betont: „Ohne Zweifel sind Anarchismus und Liberalismus durch das gemeinsame Erbe aufklärerischen Emanzipationsstrebens, das sich manifestiert in der Forderung nach religiöser Toleranz und der Abwehr politischer Omnipotenz, verbunden" (Weber 1989, 409).

Dennoch ist es kompliziert, Gemeinsamkeiten und Unterschiede herauszustellen. Denn so wie Liberalismus umfasst auch Anarchismus höchst divergierende Strömungen (einerseits Individualanarchismus bis hin zum Anarcho-Kapitalismus, andererseits Gemeinschaftsanarchismus, Letzterer mit den Unterströmungen revolutionärer Anarchismus bis hin zur marginalen Rechtfertigung von Provokations- oder Attentatsgewalt). Gemeinsamkeiten und Unterschiede zu betonen, kann daher nur punktuell geschehen. Ein erster Teil geht vor allem bestimmten historischen Konstellationen nach; der zweite stellt hingegen auch bestimmte Verallgemeinerungen in den Raum.

38.1 Historische Konstellationen

Max Nettlau, der Pionier der Anarchismusforschung, ließ 1925 seine umfangreiche *Geschichte der Anarchie* mit Zenon von Kition

O. Briese (✉)
Humboldt-Universität zu Berlin, Berlin, Deutschland

M. G. Festl (Hrsg.), *Handbuch Liberalismus*, https://doi.org/10.1007/978-3-476-05798-3_38

und den Stoikern der Antike beginnen (Nettlau 1925, 10–18), und bereits vor dem 19. Jahrhundert, also einer Zeit, in der weder ein positiver Begriff von ‚Anarchie' noch der Begriff ‚Anarchismus' verfügbar waren, gab es – *avant la lettre* – anarchistische Entwürfe. Als erster Vertreter des klassischen Anarchismus wird oftmals der englische Aufklärer William Godwin mit seiner Hauptschrift *Enquiry Concerning Political Justice and its Influence on Morals and Happiness* (1793) angesehen. Darin finden sich die Konsequenzen aufklärerischen Politik- und Geschichtsdenkens radikal gebündelt: u. a. Freiheit von äußeren religiösen, kirchlichen und staatlichen Zwängen; Freiheit durch Selbstbestimmung auf Basis von Vernunft; moralische Selbstentfaltung und Zurückweisung allen ethisch-moralischen Drucks; Zurückweisung der Institution Ehe; allgemeine Partizipation an gesellschaftlichen Belangen durch umfassende Bildung Aller; universale Gerechtigkeit durch ebenso utilitäres wie solidarisches Miteinander; Kritik an repräsentativer Demokratie; dezentraler Gesellschaftsaufbau durch Föderation von Gemeinden; kurzum: Aufhebung des Staats und Ablösung durch ‚Gesellschaft'. In bestimmter Hinsicht neu – und kontrastierend zur revolutionären Praxis in Frankreich – waren seine letztlich fragmentarischen und in sich widersprüchlichen wirtschaftlichen Reformüberlegungen: ökonomische Gerechtigkeit und Eigentumsgleichheit durch vernunftgeleitete Einsicht der Besitzenden und freiwillige Umverteilung von Eigentum und Vermögen im Zuge von Erbschaftsvorgängen (Godwin 2004, 707–708, 715–813).

Dieses radikal-aufklärerische Reformprogramm lässt anarchistische wie liberale Lesarten zu, und Godwin kann als Schlüsselfigur angesehen werden, an der sich anarchistische wie liberale Ansprüche trafen, aber auch auseinander bewegten. Denn mit der im 19. Jahrhundert entstehenden Linie eines zumeist auf die Arbeiterklasse rekurrierenden *Gemeinschaftsanarchismus* (u. a. Bakunin, Kropotkin) gab es von liberaler Seite aufgrund der wirtschaftlichen Vorstellungen keine Gemeinsamkeiten. Mit Proudhons anarchistischem „Mutualismus" hingegen, der die Berechtigung von Privatbesitz der Produzenten (Handwerker) grundsätzlich anerkannte, gab es durchaus Überschneidungen, und seine wirtschaftlichen Assoziations- und Genossenschaftsmodelle wurden teilweise auch im liberalen Feld rezipiert.

Überschneidungen sind, trotz aller Unterschiede, zwischen *individualanarchistischen* und liberalen Vorstellungen ungleich deutlicher. Zu denken ist etwa an den US-amerikanischen Publizisten Josiah Warren (1798–1874), aber auch an den deutschen Philosophen Max Stirner. Es wird in der Forschung gelegentlich darüber gestritten, ob Stirners Hauptwerk *Der Einzige und sein Eigenthum* (1845) überhaupt als zum Feld des Anarchismus gehörend anzusehen ist (weil es sich, vehement individualistisch angelegt, gegen alle ‚Ismen' erkläre). Aber einerseits verortete sich Stirner begrifflich (indirekt) anarchistisch. Andererseits avancierte er schon in den Folgejahren zum individualanarchistischen Klassiker, und seine Zugehörigkeit zum anarchistischen Spektrum sollte damit faktisch als außer Frage stehend anerkannt werden. Stirner wandte sich, auf Basis eines emphatischen Freiheitsbegriffs (Freiheit als christlich-aufklärerisches Konstrukt als ‚Freiheit von', das sich in ‚Freiheit für', d. h. in „Eigenheit" vollenden müsse), gegen jegliche theoretische und praktische Verdinglichung. Auch in der inter-individuellen Interaktion von Menschen, den stets funktional bleibenden „Vereinen" (in denen die einzelnen Individuen kooperieren), dürfe es keine Verstetigung, keine Verdinglichung geben. Insgesamt drei aufklärerisch geprägte Axiome zeichnen sein strikt funktionales Konzept von Individualität und Gesellschaft aus: Individualismus, Egoismus, Utilitarismus.

Damit wurde er, obwohl er persönlich nicht involviert war, zum Ideengeber der ersten deutschsprachigen anarchistischen Zeitung, der in Berlin erscheinenden *Abend-Post* (1850). Zu dieser Tageszeitung, die sich zu Anarchismus (ausdrücklich im Wortsinn) und zu radikalem Freihandel bekannte, liegen mittlerweile erste Erkenntnisse vor (Huber 2019; Briese im Erscheinen). Der Herausgeber Julius Faucher (ein Jung- und Linkshegelianer, der sich Mitte der

1840er Jahre zum radikalen Freetrader entwickelt hatte und in den 1860er Jahren, nach seiner Exilzeit, als Freetrader und Nationalliberaler wirkte) stammte aus dem Kreis der linkshegelianischen Berliner „Freien“, dem Stirner als eine Zentralfigur angehörte. Die *Abend-Post,* die nur rund drei Monate im Frühjahr 1850 erschien, stand (unter philosophischer Berufung auf Stirner und unter wirtschaftlicher Berufung auf Smith, Say und Bastiat) für Herrschaftsfreiheit auf mehreren Gebieten: in religiöser Hinsicht (bis hin zum Atheismus), in politischer Hinsicht (Anarchismus und Abschaffung oder Aufhebung des Staats), in internationaler Hinsicht (Abschaffung von Nationalstaaten, von stehenden Heeren und von Militärausgaben) und in ökonomischer Hinsicht (radikaler Freihandel ohne Zölle, ohne Steuern und Wirtschaftsfreiheit ohne jegliche hinfällige staatliche Lenkung). Das ökonomische Spezifikum dieses anarchistischen Liberalismus bestand darin, dass er utopisch-gesamtgesellschaftlich angelegt war, ausdrücklich auch auf Verbesserungen für das Proletariat und für eigenständige proletarische ‚Assoziationen‘ abzielte und keineswegs als bloßer Bourgeoisie-Liberalismus, Marktliberalismus oder gar Marktradikalismus im heutigen Sinn klassifiziert werden kann.

Im 20. Jahrhundert ergaben sich – um hier eine weitere Konstellation herauszustellen – ebenfalls Überschneidungen von anarchistischen und liberalen Vorstellungen. Das soll hier mit Rückgriff auf das unscharfe Schlagwort ‚Anarcho-Kapitalismus‘ kurz umrissen werden. Es bezeichnet äußerst heterogene Strömungen (die sich zum Teil selbst anarcho-kapitalistisch nennen), deren Spektrum reicht, wie jüngst dargelegt wurde, bis hin zu einem „Left wing market anarchism“ (Long 2018, 295). Als Klassiker dieses Anarcho-Kapitalismus sind Murray N. Rothbard (1973) und David Friedman (1973) anzusehen: „It was primarily Murray Rothbard and David Friedman, however, who rescued anarcho-capitalism from modern obscurity. In their respective classics, *For a New Liberty* and *The Machinery of Freedom,* they laid the groundwork for modern anarcho-capitalist literature“ (Caplan 2008, 10).

Sie beziehen sich, als wichtige Vorläufer, auf radikale liberale Freihandelsvertreter des 19. Jahrhunderts (sog. Manchesterkapitalismus), ebenfalls auf den belgisch-französischen Ökonomen Gustave de Molinari, der, im Anschluss an die französische Freihandelsschule, seit Ende der 1840er Jahre u. a. dargelegt hatte, dass gerade Marktmechanismen dazu geeignet wären, Staatsfunktionen effizient zu übernehmen (wie z. B. private Polizeiorganisationen). Sie würden die Sicherheit verwirklichen, die Staaten permanent versprechen, aber nie gewähren. Als eine wirkmächtige – allerdings nicht in jedem Fall theoretisch konsistente – Vorläuferin ist ebenfalls die US-amerikanische Philosophin, Publizistin und Autorin Ayn Rand anzusehen, die in ihren philosophisch-politischen Romanen (1943/1957) für einen minimalen Staat eintrat, der nur auf Gefahrenabwehr ausgerichtet sei, und die vehement für einen auf den Stärken von Egoismus basierenden Laissez-Faire-Kapitalismus plädierte.

Das Prinzip eines ‚Anarcho-Kapitalismus‘ ist vor allem durch die (essayhafte) Publikation Friedmans *The Machinery of Freedom* (1973) bekannt geworden. Es ist keinesfalls ein rein ökonomischer Traktat, denn ‚Anarcho-Kapitalismus‘ wird nicht nur als eine Wirtschaftsform beschrieben, sondern als ideale Kulturform mit idealen Entfaltungsmöglichkeiten aller Akteure auf allen Ebenen. Diese Kulturform basiert zwar auf einem uneingeschränkten Recht auf Privateigentum und auf freier Selbstregulierung des Marktes ohne Staat und Bürokratie, ist aber nicht ökonomischer Selbstzweck. Friedman geht es keinesfalls um wirtschaftliche Freifahrt für ökonomisch Privilegierte (und keinesfalls um die Apologie von Ausbeutung und Unterdrückung), sondern um einen Kulturzustand uneingeschränkter Freiheit und Selbstverantwortung der Akteure auf allen Gebieten. Sein Ausgangspunkt ist kein ökonomischer, sondern ein universell-libertärer (Libertarismus). Dieser Libertarismus ist die Klammer von Anarchismus und Kapitalismus, und ausdrücklich geht es – im Gegensatz etwa zum ‚linken‘ sozialistischen Anarchismus – um einen Individualanarchismus, d. h. um eine „libertarian anarchy“ („anarchist society", „anarchist institutions", „anarcho-capitalist society", „anarcho-capitalism", „I described myself as an anarchist"). Dieser Begriff der Anarchie wird von Friedman bewusst eingesetzt, um sich auch von allen liberalen Modellen eines Minimalstaats zu distanzieren, denn Staat ist *grundsätzlich* überflüssig. Alle seine öffentlichen (und nicht nur sozialen) Aufgaben lassen sich privatisieren. So schlägt Friedman nicht nur die Privatisierung von Straßenbau (und von dessen Finanzierung) vor, sondern auch die Privatisierung und ausschließlich private Finanzierung von Polizei, Gerichten und Nationalverteidigung. Auch Umweltprobleme lassen sich durch umfassende Privatisierung lösen: indem man die natürlichen Ressourcen aus Nichteigentum in Privateigentum überführt. Dabei gilt als leitende Prämisse: Umfassende ökonomische Privatisierung aller Sozial- und Kulturbelange erzeugt keine Privilegien, sondern schafft sie ab. Monopole würden sich durch Konkurrenz relativieren und alle würden vom Wechselspiel der Individualinteressen und der Logik der Märkte profitieren, gerade auch die sog. Armen (die bisher durch private und staatliche Wohlfahrtseinrichtungen mühsam ihr Leben fristen würden). In seinem Überschwang geht Friedman so weit, diesen Anarchismus als Vollendung sozialistischer Selbstverwaltungsmodelle auszugeben: „there could exist a society which some socialists would call socialist but which I would regard as both capitalist and free. […] Coordination would be by exchange, trade, by a market. Instead of firms, the normal form of organization would be workers' cooperatives, controlled by their workers" (1973, 133).

Spätestens hier werden die Differenzen zu Rothbards aus demselben Jahr stammenden Entwurf deutlich. Auch Rothbard entwirft ein umfassend libertäres Kulturideal, kein bloßes Wirtschaftsmodell. Aber Unterschiede zwischen beiden Veröffentlichungen sind unübersehbar: Rothbard argumentiert viel ausführlicher, sichtlich ‚wissenschaftlicher' und systematischer, weniger subjektiv, sondern ‚objektiv'. Obwohl er inhaltlich in vielen Punkten gleiche oder ähnliche Vorstellungen wie Friedman vertritt, meidet er bestimmte Reizworte. So wird seine Polemik gegen Sozialismen/Kommunismen und Gemeinschaftsanarchismen viel deutlicher, und er verwendet für sich selbst – zumindest in dieser Schlüsselveröffentlichung – weder den Begriff Anarchist, noch plädiert er (im expliziten Wortsinn) für einen ‚Anarcho-Kapitalismus'. Anarchie wird stattdessen in dieser Publikation im herkömmlichen pejorativen Sinn von Chaos und Destruktion verwendet, wobei der Autor allerdings ausdrücklich einräumt, dass die potentielle Anarchie, die durch den von ihm präferierten libertären Gesellschaftszustand bewirkt werden könnte, der grundsätzlichen Anarchie vorzuziehen sei, die permanent durch Staatsgewalt erzeugt würde.

38.2 Systematisch: Gemeinsamkeiten und Unterschiede

Der liberale Rechtstheoretiker Ulrich Klug plädierte in zwei bemerkenswerten Aufsätzen für eine „Staatsphilosophie der geordneten Anarchie" und für eine „geordnete Anarchie als philosophisches Leitbild des freiheitlichen Rechtsstaats" (Klug 1981a; 1981b). In seiner Unterscheidung von fünf Strukturbegriffen von Herrschaft – Monarchie, Oligarchie, Polyarchie, Panarchie, Anarchie – galt ihm Anarchie als *das* rechtstheoretische und geschichtsphilosophische Ideal „jener Anarchie, die Kant als ‚Gesetz und Freiheit ohne Gewalt' definierte", „ist die Staatsform der geordneten Anarchie die idealtypische Rechtsstaatsstruktur. Sie wird realiter sicherlich niemals ganz erreicht. Stets aber muß sie als Leitbild beachtet werden" (1981b, 95, 93). Klug sah darin keinen Abschied vom Staat, sondern dessen Idealform, in dem es Regeln gibt, aber keine Herrschaft und Vorherrschaft. Als gelungene Beispiele geordneter Anarchie gelten ihm das internationale Völkerrecht, die Praxis intra- und supranationaler Organisationen, privatrechtliche Genossenschaftsverfassungen, das moderne Eherecht, die wissenschaftliche Selbstverwaltung an Universitäten. Staat rückt in dieser Perspektive in eine Verwaltungs- und Organisationsfunktion von Partnern für Partner, und ausdrücklich ohne Ober- und Untertanen.

Dieser Brückenschlag von Liberalismus zu Anarchismus kann als Ausgangspunkt dienen, um abschließend Gemeinsamkeiten wie Unterschiede zwischen beiden Konzepten, Weltanschauungen oder Ideologien auf mehreren Feldern herauszustellen. Was die *Staatsauffassung* betrifft, ist Anarchismus als die radikale Fortführung von Liberalismus anzusehen. Den Entwurf eines libertären Minimalstaats, den etwa Robert Nozick 1974 in *Anarchy, State, and Utopia* für erforderlich hielt (Minarchismus), lehnen Anarchisten als nicht konsequent genug ab. Ist von anarchistischer Seite hervorgehoben worden, dass es nicht nur um Staatskritik gehen könne, sondern um Herrschaftskritik als solche, u. a. auf den Feldern Politik, Ökonomie, Religion, Ethnie, Geschlecht (Seyferth 2015), bleibt Staat dennoch ein zentraler Fokus von Anarchismus. Und Staat ist, auch in transformierter Minimalgestalt kein anarchistisches Ideal. Staat gehöre aufgelöst in die Alternativgestalt ‚Gesellschaft'. Das Ideal von Demokratie hingegen ist in anarchistischen Debatten stark umstritten. Zwei divergierende Positionen innerhalb des anarchistischen Spektrums lassen sich herausstellen: einerseits, dass Demokratie und Anarchie gänzlich unvereinbar seien, weil Anarchie eine völlig eigenständige Form gesellschaftlicher Organisation und gemeinschaftlicher Handlung darstelle (Malatesta, Gordon, CrimethInc.), andererseits, dass Anarchie im Sinne Paul Goodmans die radikale Form von partizipativer Demokratie darstelle, nämlich nach Wayne Price einer Demokratie ohne Staat (Davis 2019, 56–60).

Was die Ebene *ökonomischer Auffassungen* betrifft, dominieren unverkennbar die Unterschiede. Wenn man das oben bereits angesprochene individualanarchistische Feld ausklammert (das von der praktischen Relevanz her eine anarchistische Neben- und Unterströmung darstellt), ist deutlich: Anarchismus setzt auf Formen von ökonomischer Assoziation, die bis zu (dezentralem) Assoziations-, Genossenschafts- oder Kommunaleigentum reichen und in der Regel nicht allein das Individuum in den Mittelpunkt stellen, sondern einen solidarischen Ausgleich von Individuum und Gemeinschaft. Bakunin nannte das, im Gegensatz zum von ihm bekämpften kommunistischen Marxismus, ‚kollektivistischen Anarchismus' (Nettlau 1927, 107–124). Etwas anders verhält es sich mit den genossenschaftlichen (‚mutualistischen') Vorstellungen Proudhons und dessen Ideal der Kooperation von Kleinproduzenten in Assoziationen und Genossenschaften. Hier gibt es (z. B. auf der Ebene der Zurückweisung des Monopolkapitalismus) Anschlussmöglichkeiten zu libertären und liberalen Konzepten.

Mehr Gemeinsamkeiten als Unterschiede bestehen hingegen auf dem Feld von *Menschenbild und Bildung*. Die überwiegend ‚positiven' anarchistischen und liberalen Menschenbilder sind von der Gewissheit getragen, dass der Mensch nicht des Menschen Feind sei und folglich keiner ständigen staatlichen Beaufsichtigung oder gar Zähmung bedürfe, dass Menschen selbstverantwortlich handeln wollen (und können), dass ihr Ziel individuelle Selbstentfaltung in Freiheit (und in Gemeinschaft) sei. Hinderlich daran seien allenfalls, was den Aspekt der Bildung und Selbstbildung betrifft, differierende kulturelle Niveaus, also die ökonomisch und politisch produzierte Ungleichheit der Akteure aufgrund ihres limitierten Zugangs zu den Ressourcen von Bildung und Selbstbildung. Hier fordern Anarchisten wie Liberale massives privates wie gesellschaftliches Engagement. Unterschiede ergeben sich aber auch hier in der Gewichtung der Ausgangspositionen. Liberale setzen, im Vergleich gesehen, unter den gegebenen Bedingungen auf deutliche quantitative und qualitative Verbesserungen des staatlichen Schul- und Universitätssystems; Anarchisten präferieren alternative Bildungsformen, um staatliche Systeme zu umgehen oder zu unterlaufen.

Auch das komplexe Feld von *Wissenschafts- und Fortschrittsvorstellungen* zeigt Gemeinsamkeiten und Unterschiede. So ist von grundsätzlichen anarchistischen Vorbehalten gegenüber institutionalisierter Wissenschaft auszugehen. Ein Protagonist wie Bakunin hatte einerseits herausgestellt, dass Wissenschaft und ein wissenschaftliches Herangehen an soziale Entwicklungen erforderlich seien. Er hatte aber andererseits auch vor den Schattenseiten von Institutionalisierung, Bürokratisierung und vor der

Verselbständigung des ‚Systems' Wissenschaft gewarnt. Im Anschluss daran ergaben sich im anarchistischen Feld kontroverse Debatten über die Herkunft des Anarchismus aus der europäischen Aufklärung und seine damit verbundenen Stärken und Schwächen. Einerseits kann er als Fortschreibung des Projekts der Aufklärung des 18. Jahrhunderts verstanden werden, und in der Tat gab es schon im 18. Jahrhundert anarchistische oder anarchoide Denker, die dafür plädierten, über repräsentative Demokratie hinauszugehen. Andererseits habe der Anarchismus ein eigenständiges Profil, aber eben nicht geprägt von den Schattenseiten der Aufklärung – bspw. ihrem latenten Eurozentrismus und Rassismus.

Pointiert gefasst, bestehen hier zwei Alternativströme: ein konfrontativer und ein kooperativer. Paul Goodman hinterfragte in den 1960er Jahren ‚Wissenschaft' als solche hinsichtlich ihrer Inhalte, Strukturen und Methodiken (weil geprägt von christlich-autoritären Strukturen). Murray Bookchins Ökoanarchismus – das wohl bedeutendste anarchistische Innovationskonzept des 20. Jahrhunderts – hingegen plädierte in den folgenden Jahrzehnten für die Vollendung aufklärerischer Errungenschaften von Wissenschaft (auch Naturwissenschaft), Ratio und Vernunft in humanistisch-anarchistischem Sinn. Er favorisierte keineswegs ein agrarisches „Zurück zur Natur", war in keiner Weise wissenschafts-, technik- oder industriefeindlich eingestellt. Vielmehr wollte er die gravierenden Schattenseiten kapitalistischer und monopolkapitalistischer Industrialisierung durch neue städtische Organisationsformen und neue Stadt-Land-Synthesen beseitigen: nicht durch kommunistisch-zentrale Vergemeinschaftung, sondern durch dezentrale Kommunalisierung von Eigentum und dezentrales bürgerschaftliches Engagement (Volksversammlungen, Räte, Nachbarschaften, Bürgerinitiativen).

Ebenfalls lassen sich Gemeinsamkeiten und Unterschiede auf dem Feld von *Freiheitsvorstellungen* herausstellen. Man kann bei ‚Freiheit' von einem aufklärerisch geprägten Grundaxiom im Anarchismus wie auch im Liberalismus sprechen, und gerade in Bezug auf Freiheitsvorstellungen haben Bakunin und Kropotkin etwa John Stuart Mill (s. Kap. 12) rezipiert und sich positiv über ihn geäußert (Weber 1989, 415–416). Freiheit trägt in beiden Strömungen ein Doppelantlitz: nämlich ‚Freiheit von' (von Zwängen, Restriktionen, institutionellen Bevormundungen) und ‚Freiheit für' (für Individualität, Selbstverantwortung, moralische Autonomie). Über Gewichtungsunterschiede im Verhältnis von Individuum und Gemeinschaft hinaus gibt es aber eine unübersehbare Differenz, die sich, relational gesehen, als die von pragmatischem und voluntaristischem Freiheitsbegriff markieren lässt: Dem liberalen Ideal der institutionellen Absicherung von Freiheit wird von anarchistischer Seite ein letztlich nicht- und anti-institutionelles Ideal entgegengestellt: das der Verwirklichung von Freiheit in Experimentalverhältnissen einer stets offen sich gestaltenden Zukunft.

38.3 Mit Humboldt über Humboldt hinaus

Anarchismus ist nicht gleich Anarchismus, und veränderte historische Konstellationen führen zu veränderten Zugängen zu Liberalismen. Für den Anarcho-Syndikalisten Rocker, der (siehe oben) den Anarchismus als eine qualitativ neue Synthese von Sozialismus und Liberalismus ansah, spielt Humboldt (s. Kap. 9) – obwohl eine systematische Auseinandersetzung letztlich ausblieb – als Ideengeber eine nicht zu unterschätzende Rolle. Rockers Hauptwerk *Nationalism and Culture* (1937) erweitert in Reaktion auf das sinkende Interesse der Arbeiterklasse am Anarchismus und angesichts des erstarkenden Faschismus und Stalinismus das anarchistische Spektrum und löst sich von einer Fixierung auf die Arbeiterschaft (ohne das Ideal eines libertären Sozialismus aufzugeben). In dem Zusammenhang beruft er sich programmatisch (auch in anderen Schriften: u. a. *Pioneers of American Freedom*, 1949) auf das emanzipative Erbe des Liberalismus. Vor diesem Hintergrund zitiert er auch ausführlich aus Humboldts radikal-liberaler Frühschrift aus dem Jahr 1792 *Ideen zu einem Versuch, die Grenzen der Wirksamkeit des Staats zu bestimmen* (die aufgrund ihrer Radikalität zu Humboldts Lebzeiten nie erschienen war). Rocker greift gezielt auf Humboldts Freiheitsbegriff und dessen Vorstellungen von einem Minimalstaat zurück. Er macht aber am Ende seiner umfangreichen Schrift auch deutlich, dass der nunmehrige Kapitalismus als totalitäre Wirtschaftsform zu gelten habe und folglich überwunden werden müsse (Rocker 1999, 148–149, 511–530).

Auch der US-amerikanische Linguist und Anarchist Noam Chomsky, der durch seine sprachtheoretischen Studien auf Humboldt aufmerksam wurde, charakterisierte ihn 1970 – und zwar viel ausführlicher – als radikal-libertären Denker. Den Kontext dafür bildete die nordamerikanische ‚Studentenbewegung' der 1960er Jahre. Chomsky zeichnet nach, wie Humboldt das Individuum in den Mittelpunkt stellt, hebt seine Theorie von Freiheit als Selbstbefreiung hervor, betont die Bedeutung von Erziehung, Bildung und Selbstbildung bei Humboldt und natürlich auch dessen vehemente Staatskritik und das radikale Plädoyer für einen Minimalstaat. Er weist auf die Universalität des humboldtschen Freiheits- und Selbstbildungskonzepts hin, und er thematisiert – im Sog des sozialistischen Flügels dieser ‚Studentenbewegung' – auch ausdrücklich, dass es nicht zuletzt ökonomische Belange umschließt und z. B. auch auf die wirtschaftliche Entfaltung von Bauern und Handwerkern zielt. Gleichfalls hebt er aber hervor, dass Humboldt zu seiner Zeit die Karriere des Kapitalismus und Monopolkapitalismus und die damit verbundenen sozialen Verwerfungen nicht vorhersehen konnte. Insofern wäre mit Humboldt über Humboldt hinauszugehen, und zwar in der Tradition des libertären Sozialismus der darauffolgenden Jahrzehnte, u. a. Fouriers (Chomsky 2005; vgl. Niazi 2019).

Literatur

Briese, Olaf: Die Berliner Abend-Post (1850). Die erste deutschsprachige anarchistische Zeitung, erscheint in: Ne znam. Zeitschrift für Anarchismusforschung (2020).

C[aplan], B[ryan]: Anarchism. In: Ronald Hamowy (Hg): The Encyclopedia of Libertarianism. Los Angeles u. a. 2008, 10–13.

Chomsky, Noam: Language and Freedom [1970]. In: Barry Pateman (Hg.): Chomsky on Anarchism. Edinburgh/Oakland/West Virginia 2005, 101–117.

Davis, Laurence: Individual and Community. In: Carl Levy/Matthew S. Adams (Hg.): The Palgrave Handbook of Anarchism. Cham 2019, 47–69.

Friedman, David: The Machinery of Freedom. Guide to a Radical Capitalism. New York u. a. 1973.

Godwin, William: Politische Gerechtigkeit [1793]. Hg. von Hermann Klenner. Freiburg i. B. u. a. 2004.

Huber, Elias: The Berlin Abendpost. A Stirnerite and Individualist Anarchist Newspaper from 1850. In: The Independent Review 24 (2019), 187–207.

Klug, Ulrich: Der Rechtsstaat und die Staatsphilosophie der geordneten Anarchie [1965]. In: Ders.: Skeptische Rechtsphilosophie und humanes Strafrecht. Bd. 1. Berlin/Heidelberg/New York 1981a, 65–75.

Klug, Ulrich: Die geordnete Anarchie als philosophisches Leitbild des freiheitlichen Rechtsstaats [1978]. In: Ders. Skeptische Rechtsphilosophie und humanes Strafrecht. Bd. 1. Berlin/Heidelberg/New York 1981b, 88–95.

Loick, Daniel: Anarchismus zur Einführung. Hamburg 2017.

Long, Roderick T.: Anarchism and Libertarianism. In: Nathan Jun (Hg.): Brill's Companion to Anarchism and Philosophy. Leiden/Boston 2018, 285–317.

Nettlau, Max: Der Vorfrühling der Anarchie. Ihre historische Entwicklung von den Anfängen bis zum Jahre 1864. Berlin 1925.

Nettlau, Max: Der Anarchismus von Proudhon zu Kropotkin. Seine historische Entwicklung in den Jahren 1859–1880. Berlin 1927.

Niazi, Nahyan: Die anarchistische Geisteshaltung. Vom libertär-sozialistischen Perfektionismus Rudolf Rockers unter Bezugnahme auf Wilhelm von Humboldts Liberalismus. In: Klaus Mathis/Luca Langensand (Hg.): Anarchie als herrschaftslose Ordnung? Berlin 2019, 37–78.

Rocker, Rudolf: Anarchism and Anarcho-Syndikalism. In: Feliks Gross (Hg.): European Ideologies. A Survey of 20th Century Political Ideas. New York 1948, 345–389.

Rocker, Rudolf: Nationalismus und Kultur [1937]. Hg. von Heiner M. Becker. Münster 1999.

Rothbard, Murray N.: For a New Liberty. The Libertarian Manifesto. New York 1973.

Seyferth, Peter (Hg.): Den Staat zerschlagen! Anarchistische Staatsverständnisse. In: Staatsverständnisse Bd. 78. Hg. von Rüdiger Voigt. Baden-Baden 2015.

Stirner, Max: Der Einzige und sein Eigentum. Ausführlich kommentierte Studienausgabe. 3. Aufl. Hg. von Bernd Kast. Freiburg/München 2016.

Weber, Petra: Sozialismus als Kulturbewegung. Frühsozialistische Arbeiterbewegung und das Entstehen zweier feindlicher Brüder Marxismus und Anarchismus. Düsseldorf 1989.

Republikanismus

39

Daniel Schulz

Von allen Konkurrenten des liberalen Denkens ist der Republikanismus ideengeschichtlich der älteste. Bestimmt man seine Ursprünge begriffshistorisch, so geht er zurück auf die Tradition des freien Gemeinwesens, wie es in der römischen Republik mit dem Begriff der *res publica* auch theoretisch erstmals reflektiert worden ist. Ciceros Werk über das Gemeinwesen bringt hier zentrale Ordnungsvorstellungen zum Ausdruck, die mit dem Republikbegriff in der römischen Antike verbunden werden: Freiheit, Gemeinwohlorientierung, Tugend und eine gemischte Verfassung.

Löst man diese republikanischen Ordnungsideen vom Republikbegriff, so müssen aber auch die ersten praktischen und theoretischen Erfahrungen der Selbstregierung in der griechischen Antike dieser Denktradition zugeschlagen werden. Die bürgerschaftliche Ordnung der Polis mit ihren Konzepten der *isonomia* und der *isogeria,* die starken, auch anthropologisch untermauerten demokratischen Partizipationsforderungen sowie die grundlegende Frage nach der guten Verfassung legen so die Fundamente für ein politisches „Könnens-Bewusstsein" (Meier 1983, 469). Hier konkretisiert sich erstmals jene Erfahrung kollektiver politischer Handlungsfähigkeit, die in der politikphilosophischen Diskussion des vierten vorchristlichen Jahrhunderts als normativer Kern politischer Autonomie interpretiert wird.

Aus der politischen Praxis der griechischen und römischen Antike also entwickelt sich ein historischer Reflexionszusammenhang, der mit der humanistischen Renaissance in Norditalien, der englischen Auseinandersetzung zwischen Monarch und Parlament im 17. Jahrhundert und schließlich den neuzeitlichen Revolutionen Amerikas und Frankreichs Ende des 18. Jahrhunderts verschiedene historische Etappen durchläuft, um dann Ende des 20. Jahrhunderts erneut in eine politiktheoretische Auseinandersetzung mit dem liberalen Denken einzutreten.

Aus der großen ideengeschichtlichen Tiefe des republikanischen Denkens resultiert jedoch gleichzeitig das Problem einer präzisen und genau umrissenen Definition. So ist es kaum möglich, die athenische Polisdemokratie, die römische Republik, die frühneuzeitlichen oberitalienischen Stadtrepubliken, den Republikanismus des englischen Bürgerkrieges und die modernen, aus der amerikanischen und der französischen republikanischen Revolution hervorgegangenen Verfassungen auf einen gemeinsamen theoretischen Begriff zu bringen – zu unterschiedlich sind die sozialen, ökonomischen, kulturellen und religiösen Kontexte, in denen sich diese Ordnungsdiskussionen vollziehen.

Allerdings stehen die einschlägigen theoretischen Überlegungen miteinander in einem kon-

D. Schulz (✉)
Freie Universität Berlin, Berlin, Deutschland
E-Mail: daniel.schulz@tu-dresden.de

M. G. Festl (Hrsg.), *Handbuch Liberalismus,* https://doi.org/10.1007/978-3-476-05798-3_39

textübergreifenden Rezeptionszusammenhang, der es durchaus erlaubt, bei allen historischen Brüchen und konzeptuellen Paradoxien von einem republikanischen Diskurs des politischen Denkens zu sprechen, in dem Thukydides, Aristoteles, Polybios, Cicero, Machiavelli, Harrington, Montesquieu, Rousseau, die Federalist Papers, Tocqueville bis hin zu Hannah Arendt als zentrale Referenzen für die Frage nach der besten Verfassung herangezogen werden.

39.1 Die Frage nach der dauerhaften Freiheit

Im Mittelpunkt dieser theoretischen Diskurse des Republikanismus steht eine fundamentale Frage: Wie kann es gelingen, eine politische Ordnung der Freiheit auf Dauer zu stabilisieren? Das erste Element des republikanischen Denkens ist daher der Bezug zur Freiheit des Gemeinwesens. Freiheit wird hier zunächst als politische Autonomie verstanden, selbstgegebenen Gesetzen zu gehorchen und damit keines fremden Willen Untertan zu sein. In dieser Hinsicht kommt dem Begriff des Bürgers eine zentrale Bedeutung zu: Individuelle Freiheit ist demnach erst dann möglich, wenn sie aus der gleichen Teilhabe an einem kollektiven Autonomieprojekt heraus verstanden wird. Demnach ist Freiheit für eine Person unmittelbar an die Mitgliedschaft in einem autonomen politischen Gemeinwesen gebunden. Der zweite Aspekt der Frage bezieht sich auf die Frage der Möglichkeitsbedingungen einer solchen politischen Autonomie: Was ermöglicht republikanische Freiheit und wie kann sie auf Dauer gestellt werden? Diese grundlegende republikanische Frage nach der dauerhaften Möglichkeit von Freiheit hat zwei verschiedene Antwortstrategien hervorgebracht, die zwar analytisch getrennt werden können, ideengeschichtlich jedoch seit der Antike in unterschiedlichen Formen miteinander verbunden worden sind.

39.2 Die erste Antwort: Tugend

Die erste Antwort verweist auf den Tugendbegriff und konzentriert sich auf die soziomoralischen Voraussetzungen politischer Ordnung. Bei Aristoteles beruht die gute Verfassung auf der Fähigkeit der Herrschenden, ihr eigenes Wohl hinter das Wohl des Gemeinwesens stellen zu können. Bei Cicero wird diese ethische Disposition zum wesentlichen Teil der republikanischen Pflichtenlehre, die auch die spezielle Akzentuierung des republikanischen Denkens verdeutlicht: Nicht von individuellen Rechten her, sondern von den Pflichten gegenüber dem Gemeinwesen wird die Frage nach den Voraussetzungen der Verfassung gestellt *(De officiis).* Insbesondere gilt dieser handlungsleitende Aspekt, weil von den Bürgern stets auch der Rollenwechsel zum Amtsträger und die Übernahme der damit verbundenen politischen Verantwortung erwartet wurde.

Dieser Vorrang der Pflichten vor den Rechten für den Erhalt der kollektiven politischen Freiheit wird nicht nur in der antiken, klassischen republikanischen Theorie betont, sondern auch in der modernen Rezeption. So verweist auch Jean-Jacques Rousseau auf die Pflicht zur aktiven bürgerschaftlichen Teilhabe, von der sich die Bürger auch nicht durch Steuern freikaufen sollten, um sich die politische Verantwortung arbeitsteilig von Repräsentanten und Beamten abnehmen zu lassen. Ihren neuzeitlichen Kulminationspunkt erreicht die Frage nach den Bürgertugenden und Pflichten in der jakobinischen Phase der Französischen Revolution. Hier zeigt sich jedoch spätestens in der Schreckensherrschaft, in wie weit die stabilisierende Annahme eines verbindlichen Gemeinwohldiskurses in Spannung zu den für moderne Gesellschaften normativ zunehmend in den Vordergrund rückenden individuellen Rechten des Einzelnen stehen (s. Kap. 8; 22). So gerät die zentrale normative Leitidee des Republikanismus in den begründeten Verdacht, nicht mehr inklusiv stabilisierend, sondern exkludierend im Sinne einer Freund/Feind-Logik zu wirken und damit einer autoritären Herrschaft der verbindlichen Moral Vorschub zu leisten. An diesem Spannungsverhältnis von Politik, Recht und Moral wird daher auch der Liberalismus ansetzen, um mit einer alternativen Antwort dem republikanischen Paradigma den Schneid abzukaufen.

39.3 Die zweite Antwort: Mischverfassung

Die zweite republikanische Antwort auf die Frage nach der Verstetigung von Freiheit verweist auf die notwendigen Institutionen. Während der Tugendbegriff die Frage nach der individuellen Herrschaftsbefähigung beantwortet, so antwortet die institutionelle Form auf die Frage nach der Herrschaftsbeteiligung. Seit Aristoteles ist diese institutionelle Frage mit Verweis auf eine Mischung der idealen, reinen Verfassungstypen beantwortet worden. Gegenüber der grundsätzlich besten Verfassung der Politie hat die Mischung von Demokratie und Oligarchie den Vorteil, sehr viel weniger auf die unwahrscheinliche Voraussetzung einer generalisierten Bürgertugend angewiesen zu sein. Die institutionelle Beteiligung der Armen und der Reichen am politischen Entscheidungsprozess führt vielmehr zu einer Vermittlung der gegenläufigen Interessen, die dem Gemeinwohlgedanken der besten Verfassungen damit recht nahe kommt und zudem unter realistischen Bedingungen viel eher erwartbar ist. Diese Idee einer gemischten Verfassung ist dann von Polybios zu einem wesentlichen Grund für die dauerhafte Stabilität der römischen Republik erklärt worden. Die Beteiligung der verschiedenen sozialen Gruppen an der Herrschaft sowie der auf Dauer gestellte, institutionell eingehegte politische Konflikt innerhalb der Verfassungsordnung wirkten demnach integrierend, wie in der frühen Neuzeit auch Machiavelli in den *Discorsi* behauptete.

Das republikanische Denken bewegt sich so zwar entlang der klassischen, von Aristoteles aufgestellten Verfassungstypologie, geht aber in der Folge auch deutlich darüber hinaus – mit der demokratischen Idee ist es ideengeschichtlich ohnehin nur sehr lose verknüpft und steht der Vorstellung einer reinen Volksherrschaft eher skeptisch gegenüber (Llanque 2003, 3). Institutionelle Mechanismen des Loses und der Wahl sollen für eine möglichst geringe Korruptionsanfälligkeit politischer Ämterbesetzung sorgen – am berühmtesten dürfte das Beispiel der venezianischen Wahlordnung für den Dogen sein. Ziel dieser Beschäftigung mit institutionellen Strukturen war es, eine Ausfallbürgschaft für die prekäre Tugendressource bereitzustellen, um damit die Stabilität und die Dauer des politischen Gemeinwesens zu erhöhen. Diese „mechanization of virtù" (Pocock 1975, 285) verweist damit auch bereits auf die Diskussion zur Gewaltenteilung und die Logik der *checks and balances,* die über Montesquieu in die amerikanische Verfassungsdebatte eingegangen ist. Dass nur die Macht die Macht kontrollieren könne, ist demnach kein rein liberaler Grundsatz, sondern stammt ursprünglich aus dem republikanischen Paradigma politischen Denkens – der Liberalismus hingegen bezieht seine normative Machtkritik vielmehr aus dem naturrechtlichen Diskurs, der der politischen Machtlogik eine universale Geltung rechtlicher Prinzipien entgegensetzt, die über den Zweig der Judikative institutionell in der politischen Verfassung verankert werden soll.

In der amerikanischen Verfassungsdebatte sollte der Republikanismus in den *Federalist Papers* zudem um die innovative Idee der politischen Repräsentation ergänzt werden, die bei Rousseau (s. Kap. 2) noch vehement bekämpft wurde. Hiermit wird die republikanische Institutionenlehre aus ihrer engen Bindung an kleinräumige Gemeinwesen befreit, um anschlussfähig für großräumige Gemeinwesen zu werden. Der Liberalismus übernimmt in der Folge insbesondere die institutionelle Strategie von konstitutioneller Machtteilung und Repräsentation, ersetzt jedoch den normativen Tugendbegriff weitestgehend durch den an die Realität moderner Handelsgesellschaften angelehnten Begriff des Interesses.

39.4 Fünf Dimensionen republikanischer politischer Theorie

Diese beiden Schwerpunkte Tugend und Mischverfassung können in einen erweiterten Rahmen gestellt werden, um die Konturen des republikanischen Paradigmas im politischen Denken deutlicher herauszustellen (Schulz 2015, 263–264): Ein komplexer Begriff von Republikanismus sollte daher mindestens die folgenden Aspekte berücksichtigen: Republikanische Ansätze politischen Denkens sind erstens kontextsensibel, enthalten zweitens starke narrativ-historische Formelemente, sind drittens in ihrem Institutionenverständnis an der Endlichkeit und dem möglichen Scheitern politischer Ordnung orientiert, besitzen viertens ein positives Verhältnis zu politischen Konflikten und politischer Macht und haben schließlich fünftens ein ausgeprägtes Bewusstsein für die Geltungsvoraussetzungen politischer Ordnung.

1. Republikanische Ansätze sind kontextsensibel. Ihre Theoriebildung vollzieht sich nicht in einer imaginierten Voraussetzungslosigkeit, sondern ist eingebunden in soziale Sinnbezüge und kulturelle Texturen. Diese Einbettung in konkrete politische Ordnungskontexte bedeutet dabei keineswegs eine latente Orientierung am politischen *Status quo,* sondern bezieht die Möglichkeit des Traditionsbruchs und des gründenden Neuanfangs stets mit ein.
2. Eng damit verbunden ist die narrative Form der republikanischen Theoriebildung: Politische Ordnungen sind keine modellhaften, reinen Typen, sondern tragen stets Spuren ihrer eigenen Geschichtlichkeit. Sie sind das Resultat historischer Kämpfe und Träger kollektiver Erinnerungsspuren. Sie können daher auch nicht aus wenigen Prinzipien deduziert werden, sondern bedürfen stets einer Rückbindung an spezifische Erfahrungsräume und Legitimitätserzählungen.
3. Politische Institutionen sind fragil und endlich. Im Gegensatz zu liberalen und zu imperialen Ewigkeitsvorstellungen stehen republikanische Ansätze der Idee überzeitlicher Geltung skeptisch gegenüber. Sie leben vom Bewusstsein, dass politische Ordnungen der Freiheit ein hohes Maß an Voraussetzungen bedürfen. Ihre Dauerhaftigkeit ist daher im höchsten Maße unwahrscheinlich und stets prekär.
4. Republikanische Theorien sind Konflikt- und Machttheorien. Nicht Einheit und Konsens sind das Ziel politischer Ordnung, sondern das Austragen politischer Konflikte im Rahmen der Verfassung. Die Mischverfassung als republikanischer Verfassungstypus erlaubt einen auf Dauer gestellten, institutionalisierten politischen Konflikt. Gute (Verfassungs-) Gesetze sind die beste Form der Konfliktvermittlung, weil sie die verschiedenen Konfliktparteien angemessen in den politischen Prozess mit einbeziehen. Gute Verfassungen sind daher Möglichkeitsbedingungen politischen Handelns, und aus diesem Grunde beinhalten republikanische Verfassungstheorien immer auch positive Machttheorien.
5. Republikanische Theorien besitzen ein ausgeprägtes Bewusstsein für die Geltungsvoraussetzungen von Ordnungen. Die Frage nach der Geltung konstitutioneller Arrangements kann nicht allein mit dem Verweis auf positives Recht oder universale Rationalitätsstandards geklärt werden. Entscheidend sind die soziomoralischen Grundlagen des Politischen, die Bindungs- und Verpflichtungsverhältnisse, der Gemeinsinn der Bürger, die affektiven Bindungen, aber auch die Interessenkonstellationen sozialer Gruppen. Entscheidend sind die institutionell vermittelten Wechselwirkungen zwischen individuellen und kollektiven Präferenzen und Freiheiten.

39.5 Liberale Reaktionen auf den Republikanismus

Mehr noch als auf den Absolutismus und seine souveränen Machtansprüche reagiert der Liberalismus zum Ende des 18. und zu Beginn des

19. Jahrhunderts auf die Probleme und Widersprüche des Republikanismus (Kalyvas/Katznelson 2008). Deutlich wird dies exemplarisch an jenem Text, der den liberalen Umbruch von der Freiheit der Alten zur Freiheit der Modernen politiktheoretisch markiert. Benjamin Constant hat 1819 in seiner Rede den republikanischen Freiheitsbegriff der politischen Teilhabe als unzeitgemäß für eine moderne individualistische Gesellschaft dargestellt (s. Kap. 8). Die weitgehende Aufgabe privater Autonomie als Preis für diesen Dienst am Gemeinwohl könne nicht mehr gerechtfertigt werden, da der Anteil der Einzelnen am politischen Gemeinwillen in einer Massengesellschaft gegen Null gehe (Constant 1972, 377). Somit ist die Freiheit der Moderne eine liberale Freiheit des Individuums, das die Sphäre der eigenen privaten Autonomie gegen potentielle staatliche Eingriffe und Tugendzumutungen verteidigt. Gleichwohl ist diesem frühen Liberalismus bei Constant noch deutlich bewusst, dass die republikanische Freiheit der Alten und die liberale Freiheit der Modernen keineswegs absolute Gegensätze bilden. Vielmehr weiß der politische Liberalismus um die Notwendigkeit des öffentlichen Engagements, von dem letztlich auch der Fortbestand der privaten Autonomiespielräume abhängt.

Dennoch kann gegen Ende des 18. Jahrhunderts eine Absetzbewegung beobachtet werden, in der das liberale Denken sich von Kernbestandteilen republikanischer Ordnungsvorstellungen nach und nach trennt. Vor dem Hintergrund der sich entwickelnden *commercial societies* steht aus liberaler Sicht ein gemeinwohlorientiertes, politisches Engagement zunehmend in einem Spannungsverhältnis mit den eigenen ökonomischen Privatinteressen. Was zunächst bei Bernard Mandeville als ethisches Paradox von *privat vices, public benefits* erscheint (Mandeville 1980), wird spätestens bei Adam Smith (s. Kap. 3) zum Strukturmerkmal moderner, arbeitsteilig ausdifferenzierter Gesellschaften. Eine normativ wünschenswerte Handlungsorientierung an der gemeinsinnigen Tugend wird in dem Maße dysfunktional, in dem erkannt wird, dass die systemische Produktion von Wohlfahrt auf die eigensinnige Maxime der Interessenverfügung durch jeden Einzelnen angewiesen zu sein scheint. Damit tritt für die normative Beschreibung handlungsmotivierender Konzepte der liberale Leitbegriff des Interesses an die Stelle des Tugendbegriffes – ohne jedoch zugleich den zuvor untrennbar damit verknüpften Begriff des Gemeinwohls aufgeben zu wollen. Der „semantische Coup des Liberalismus" (Münkler/Bluhm 2001, 22) besteht vielmehr darin, Gemeinwohl nicht mehr aus gemeinsinnigen Handlungen, sondern aus der Aggregation individueller Interessenlagen hervorgehen zu lassen, wie es in Smiths *Wohlstand der Nationen* paradigmatisch beobachtet werden kann. Der republikanische Tugendbegriff kann demgegenüber zwar noch einmal in der Französischen Revolution zur normativen Grundlage gesellschaftlicher Integration erklärt werden, jedoch wird die defensive und letztlich zum Scheitern verurteilte Perspektive dieses Unterfangens mit der Kulmination der Tugendrepublik Robespierres in der *terreur* deutlich (s. Kap. 52). Spätestens hier tritt hervor, dass die normative Selbstbeschreibung des republikanischen Paradigmas in zunehmenden Widerspruch zu den individuellen Autonomieforderungen moderner Gesellschaft tritt, die sich nicht mehr in einer allgemeinverbindlichen Idee des Gemeinwohls verdichten lassen.

Die liberale Theorie hat daraus die Konsequenz gezogen, dass die Fragen der Moralität und der rechtlichen Legalität strikt getrennt voneinander diskutiert werden müssen. Bei Immanuel Kant wird die normative Frage der Moral daher ganz dem individuellen Gewissen überantwortet, während sich das politische Gemeinwesen mit der rechtlichen Regulierung des äußeren Verhaltens zu begnügen hat. Einen patriarchalischen Zugriff auf die Definition des guten Lebens und des Glücks besitzt ein liberal gesonnenes Staatswesen nicht mehr, wenn es die individuellen Grundrechte der Bürger als Grenze seiner Handlungsbefugnis anerkennt. Umgekehrt bilden diese rechtlich gesteckten Grenzen auch die Schranken der individuellen Autonomie mit Blick auf andere Subjekte, wie es der Liberalismus John Stuart Mills deutlich gemacht hat (Mill 1991). Dabei zeigt Mill, dass die Gefahr einer allgemeinverbindlichen Herrschaft des Guten, wie sie vom liberalen Denken mit der klassischen Tugend verbunden wird, nicht nur vom Staat ausgehen kann, sondern auch von der Gesellschaft selbst. Das alte republikanische Projekt einer bürgerlichen Autonomiegemeinschaft erscheint nun im Kontext der liberalen Gesellschaft zunehmend als drohende „Tyrannei der Mehrheit", die den Einzelnen seiner moralischen Autonomie beraubt und eine auf freier Entscheidung beruhende individuelle Lebensführung durch sozialen und kulturellen Konformitätszwang nachhaltig gefährdet (s. Kap. 22).

Freilich kann sich auch das liberale Denken nicht vollkommen von einer normativen Vorstellung des guten Lebens verabschieden. Mills Projekt einer Gesellschaft freier und selbstbestimmter Individuen ist zugleich selbst ein ethischer Entwurf, dem über die konstitutionelle Ordnung von gleichen Rechten und Freiheiten eine gewisse allgemeine Verbindlichkeit zugesichert werden soll. Damit aber erscheint am Ende der liberalen Absetzbewegung des Liberalismus von der republikanischen Betonung der soziomoralischen Grundlagen freiheitlicher Ordnung wiederum das Problem eines staatlichen Neutralitätsgebots, welches auch im Mittelpunkt der Debatte von Kommunitarismus und Liberalismus steht (s. Kap. 40).

In institutioneller Hinsicht fällt die Distanzierung des Liberalismus vom republikanischen Paradigma nicht ganz so deutlich aus wie in der Frage der Tugend: Auch für den Liberalismus gilt die Mischverfassung als ein Modell, das wichtige Impulse für die Entwicklung des liberal-demokratischen Verfassungsstaat geliefert hat. An einer Schlüsselstelle des Übergangs zwischen republikanischen und liberalen Ordnungsvorstellungen hat Tocquevilles Analyse der amerikanischen Demokratie gezeigt, wie die Rechtskultur und die herausgehobene Bedeutung von Anwälten und Richtern dazu geführt hat, dass die reine Mehrheitsherrschaft durch das juristische System eingehegt und kontrolliert wird (Tocqueville 1987) – weshalb der demokratische Verfassungsstaat mit seinen Möglichkeiten des *judicial review* nicht nur auf der liberalen Vorstellung einer Kontrolle der Politik durch die universalen Prinzipien des Rechts entspricht, sondern hier auch die ältere republikanische Tradition der gemischten Verfassung eine Rolle spielt (s. Kap. 11): Die politische Macht des gemeinsamen Autonomieprojektes sollte institutionell auf mehrere soziale Gruppen verteilt werden, um ihre potentiell despotische Konzentration weniger wahrscheinlich zu machen.

Die oben genannten, für den Republikanismus maßgeblichen fünf Dimensionen werden vom Liberalismus schließlich wie folgt aufgegriffen: Auf die republikanische Kontextsensibilität wird mit einer aus dem Naturrecht entlehnten Universalisierung geantwortet, die sich auf Verfassungsprinzipien und Grundrechte erstreckt (1.). Die Narrativität wird im liberalen Denken als Konsequenz der Universalisierung zunehmend abgelöst durch einen ahistorischen Systematisierungsanspruch von Normbegründung (2.). Auch zu den republikanischen Endlichkeitsvorstellungen hält der Liberalismus Distanz und ist nach dem Ende des Kalten Krieges gar zur Vorstellung seiner eigenen Alternativlosigkeit gelangt (Fukuyama). Möglicherweise gelingt es ihm dadurch auch schlechter, auf Krisen seiner eigenen Ordnungsvorstellungen zu reagieren (3.). Die republikanischen Machttheorien weichen einer liberalen Machtdistanz, in der Verfassungen primär als justiziables Recht und nicht als politische Machtteilungen verstanden werden (4.). Die im Republikanismus thematisierte Frage der Geltungsvoraussetzungen politischer Ordnung schließlich wird durch den liberalen Universalismus an den Rand gedrängt. Der Liberalismus hat daher gewisse Probleme mit der eigenen Anschlussfähigkeit an partikulare Kontexte, die er mit der Frage nach den entgegenkommenden kulturellen Liberalisierungsmöglichkeiten überbrücken muss. Auch Probleme von sozialer Ungleichheit sind ihm im Rahmen seiner eigenen Prämissen schwerer zugänglich als dem republikanischen Denken, das stets nach den sozialen und kulturellen Voraussetzungen für ein freies Gemeinwesen gefragt hat (dabei aber, insbesondere im antiken Kontext, mitunter auch für die Moderne vollkommen inakzeptable Antworten gegeben hat, wie der Ausschluss von Frauen und Sklaven verdeutlicht) (5.).

39.6 Reaktionen des Republikanismus auf die liberale Hegemonie

In der sozial- und politiktheoretischen Diskussion der Gegenwart sind nun zahlreiche Topoi des republikanischen Denkens erneut gegen den Liberalismus ins Feld geführt worden. Insbesondere in der amerikanischen Selbstverständigungsdebatte über die soziomoralischen Grundlagen des demokratischen Gemeinwesens und der Bedeutung vorpolitischer Bindungen kehren unter dem Sammelbegriff des Kommunitarismus viele der Argumente aus dem republikanischen Paradigma wieder (s. Kap. 40).

Am deutlichsten ist dieses erneute Interesse am Republikanismus in der politischen Theorie der Gegenwart dort, wo die Hegemonie des Liberalismus am deutlichsten ausgefallen ist. Die ideengeschichtliche Cambridge School um J.G.A. Pocock und Quentin Skinner hat im angelsächsischen Sprachraum durch zahlreiche einflussreiche Studien die Beschäftigung mit dem republikanischen Gegenpart des Liberalismus zunächst historisch wiederbelebt, um dann auf dieser Grundlage auch politiktheoretisch eine Alternative zum liberalen Diskurs der Gegenwart zu entwickeln (Pocock 1975; Skinner 1998). Dabei hat sich dieser neo-römische Republikanismus in eine gewisse Distanz zu den tugendbasierten und ethisch-humanistischen Spielarten des republikanischen Denkens begeben, um stattdessen an die römisch-republikanische Tradition mit deren Schwerpunkt auf institutionelle Arrangements anzuknüpfen.

Am prominentesten hat dies Philip Pettit vorangetrieben (Pettit 1997). Auf der normativen Grundlage einer Freiheitstheorie der Nicht-Beherrschung kritisiert Pettit den Liberalismus für seine unzureichende Berücksichtigung der politischen Voraussetzung von Freiheit. Nicht-Beherrschung sei demnach ein normatives Ideal, das in der vom Liberalismus behaupteten Alternative von negativer und positiver Freiheit nicht aufgehe, sondern eine dritte Möglichkeit biete. Für Pettit kommt es darauf an zu zeigen, dass staatliche Interventionen in die individuelle Autonomie nicht *per se* freiheitsbeschränkend zu verstehen seien. Nur jene Interventionen, die auf einer willkürlichen Herrschaft beruhten, seien illegitim. Liegt dem Akt der Intervention jedoch eine nicht-dominante, gesetzliche Form der freiheitlichen Selbstbestimmung zugrunde, komme ihm normativ eine gänzlich andere Qualität zu. Zentral für die normative Frage nach der Freiheitlichkeit eines Gemeinwesens sei daher nicht das liberale Kriterium der Nicht-Intervention, sondern das republikanische Kriterium der Nicht-Beherrschung. Bemerkenswert ist bei Pettis republikanischer Theorie, dass es sich in vielen Punkten, so auch von der formalen Argumentationsstruktur her, erheblich dem liberalen Paradigma angenähert hat. Die Unterscheidung von Liberalismus und Republikanismus wird hier damit eher zu einer graduellen, spielt in der Ableitung der politischen Konsequenzen dennoch weiterhin eine Rolle – Pettit präsentiert zahlreiche sozialpolitische Interventionsmaßnahmen als legitime Forderung seines republikanischen Interventionsmodells (Pettit 2014).

In anderen Bereichen der politischen Theorie ist der Republikanismus jedoch sehr viel deutlicher in Stellung gegen liberale Positionen gebracht worden. So ist von Richard Bellamy eine republikanische Kritik an der Verrechtlichung demokratischer Politik formuliert worden, die insbesondere die Institution des *judicial review* als unpolitisch ablehnt (2007). Im Kontext des französischen Republikanismus hat Marcel Gauchet die Dominanz des menschenrechtlichen Liberalismus dafür kritisiert, die demokratische Selbstbestimmung durch einen unpolitischen Universalismus ersetzen zu wollen (1980). Auch in der Bundesrepublik Deutschland ist mit Blick auf die Rolle des Verfassungsgerichts eine republikanische Kritik formuliert worden, ohne dabei freilich dessen grundsätzliche Legitimität in Frage zu stellen (Frankenberg 1996).

Aus heutiger Perspektive betrachtet, teilt das republikanische Freiheitsbewusstsein mit liberalen Ansätzen seinen zentralen normativen Kern. Zwar divergieren beide Perspektiven ganz erheblich in der Frage, wie Freiheit definiert, begründet und erhalten werden soll. Aber gerade in diesen Differenzen liegt die ganze Notwendigkeit, die republikanischen Deutungsmuster weiterhin als komplementäre Sicht moderner politischer Ordnung präsent zu halten, weil sich nur in der dialogischen Zusammenschau beider Perspektiven ein vollständiges und angemessenes Bild von den normativen Prinzipien, den Konstituierungsbedingungen und dem dauerhaften Erhalt des demokratischen Verfassungsstaats ergibt.

Literatur

Bellamy, Richard: Political Constitutionalism. A Republican Defense of the Constitutionality of Democracy. Cambridge 2007.

Constant, Benjamin: Über die Freiheit der Alten im Vergleich zu der der Heutigen. In: Ders.: Werke in vier Bänden. Hg. von Axel Blaeschke/Lothar Gall, Bd. 4: Politische Schriften. Berlin 1972, 363–396.

Frankenberg, Günter: Hüter der Verfassung einer Zivilgesellschaft. In: Kritische Justiz 28 (1996), 1–14.

Gauchet, Marcel: Les droits de l'homme ne sont pas une politique [1980]. In: Ders.: La démocratie contre elle-même. Paris 2002, 1–26.

Kalyvas, Andreas/Katznelson, Ira: Liberal Beginnings. Making a Republic for the Moderns. Cambridge 2008.

Llanque, Marcus: Der Republikanismus: Geschichte und Bedeutung einer politischen Theorie. In: Berliner Debatte/Initial 14/1 (2003), 3–15.

Mandeville, Bernard: Die Bienenfabel, oder Private Laster, öffentliche Vorteile. Hg. von Walter Euchner. Frankfurt a. M. [2]1980.

Meier, Christian: Die Entstehung des Politischen bei den Griechen. Frankfurt a. M. 1983.

Mill, John-Stuart: On Liberty. In: Ders.: On Liberty and Other Essays. Hg. von John Gray. Oxford 1991, 1–128.

Münkler, Herfried/Bluhm, Harald: Einleitung: Gemeinsinn und Gemeinwohl als politisch-soziale Leitbegriffe. In: Dies. (Hg.): Gemeinwohl und Gemeinsinn. Historische Semantiken politischer Leitbegriffe. Berlin 2001, 9–30.

Pettit, Philip: Republicanism. A Theory of Freedom and Government. Oxford 1997.

Pettit, Philip: Gerechte Freiheit. Ein moralischer Kompass für eine komplexe Welt. Berlin 2014.

Pocock, John G.A.: The Machiavellian Moment. Florentine Political Thought and the Atlantic Republican Tradition. Princeton 1975.

Schulz, Daniel: Die Krise des Republikanismus. Baden-Baden 2015.

Skinner, Quentin: Liberty before Liberalism. Cambridge 1998.

Tocqueville, Alexis de: Über die Demokratie in Amerika. 2 Bde. Übers. von Hans Zbinden Zürich 1987.

Kommunitarismus

40

Martin Beckstein

‚Kommunitarismus' bezeichnet keine vollumfängliche politische Theorie oder Ideologie, sondern eine Kritik an der kantianisch motivierten, liberalen Theoriebildung sowie der Ausprägung eines übersteigerten Individualismus in modernen Gesellschaften. Zur Selbstcharakterisierung wurde die Bezeichnung kaum genutzt. Die Kritiker verstanden sich eher als dem Republikanismus (s. Kap. 39) oder einem „wohlverstandenen" Liberalismus, mit Abstrichen auch dem Konservatismus (s. Kap. 34) verpflichtet. Tatsächlich ist klassisch-republikanisches Gedankengut, gepaart mit soziologischen Beobachtungen, am deutlichsten als intellektuelle Inspirationsquelle auszumachen. Wie sinnhaft die Bezeichnung Kommunitarismus auch immer sein mag, sie vermittelt intuitiv ein grundlegendes Verständnis der Stoßrichtung des damit auf den Begriff gebrachten Ansinnens: dem gemeinschaftlichen Leben, dem Aktivbürgertum und Gemeinsinn müsse theoretisch wie praktisch größerer Wert beigemessen werden.

Die kommunitarische Kritik kristallisierte sich in vier rasch nacheinander publizierten Monographien heraus: Alasdair MacIntyres *After Virtue* (1981), Michael *Sandels Liberalism and the Limits of Justice* (1982), Michael Walzers *Spheres of Justice* (1983) und Charles Taylors *Philosophical Papers* (1985). Die vier Autoren arbeiteten sich ihrerseits insbesondere an John Rawls' bahnbrechender Studie *A Theory of Justice* (1971) ab. Weitere wichtige Zielobjekte der Kritik waren Robert Nozicks *Anarchy, State and Utopia* (1974) und Ronald Dworkins *Taking Rights Seriously* (1977). Auch wenn sich historische Vorläufer des Kommunitarismus schon Mitte des 19. Jahrhunderts auffinden lassen mögen und das Ansinnen der stärker zu gewichtenden Gemeinschaftlichkeit vielleicht weiterhin Zukunft hat, so sieht man doch sofort: Kommunitarismus ist in erster Linie das Produkt des nordamerikanischen Fachdiskurses zur normativen Politischen Theorie der 1970er und 1980er Jahre. Anzufügen ist allerdings zweierlei. Erstens kamen mindestens zeitgleich andernorts sinnverwandte Bestrebungen auf, wie in Deutschland bspw. mit Manfred Riedels *Rehabilitierung der praktischen Philosophie* (1972/1974). Zweitens ist zu konstatieren, dass die aus dem nordamerikanischen Fachdiskurs resultierende Liberalismus-Kommunitarismus-Debatte die Politische Theorie in vielen Teilen der Welt bis heute prägt, zuweilen auch dominiert sowie nennenswerten Einfluss auf die praktische Politik gewonnen hat.

Im Folgenden wird auf die Hintergründe und Vorgeschichte des Kommunitarismus, die Liberalismus-Kommunitarismus-Debatte der 1970er und 1980er Jahre sowie auf Reaktionen und weitere Folgen eingegangen. Auf dieser Grundlage

M. Beckstein (✉)
Universität Zürich, Zürich, Schweiz
E-Mail: martin.beckstein@philos.uzh.ch

M. G. Festl (Hrsg.), *Handbuch Liberalismus*, https://doi.org/10.1007/978-3-476-05798-3_40

kann eine vorsichtige Antwort auf die Frage nach den Zukunftsaussichten des Kommunitarismus gegeben werden: Handelt es sich beim Kommunitarismus um ein historisches Missverständnis oder um eine Leiter, die der Liberalismus zum Erreichen der nächsten Stufe erklimmen musste (und nun getrost wegstoßen kann), oder aber hat die ursprüngliche Liberalismuskritik das Potential, sich zu einer eigenständigen Denktradition zu entwickeln?

40.1 Hintergründe und Vorgeschichte des Kommunitarismus

Um Kommunitarismus verstehen und richtig einordnen zu können, ist es zunächst hilfreich, sich den klassischen Republikanismus der Renaissance sowie dessen athenische und römische Vorbereitung in Erinnerung zu rufen. Die grundlegende Einschätzung dieser Denktradition bestand darin, dass sowohl die Herrschaft eines einzigen (Monarchie), als auch diejenige Privilegierter (Aristokratie) oder Unterprivilegierter (Demokratie) zur einseitigen Interessenspolitik verkommen könne. Die politische Ordnung würde dementsprechend gleich einem exklusiven Privatbesitz der jeweils herrschenden Bevölkerungsgruppe behandelt. Der Ausweg aus diesem Dilemma, so die Überlegung, besteht in einer Mischverfassung, die monarchische, aristokratische und demokratische Elemente in sich vereinigt, sowie darin, dass man die politische Ordnung als *res publica* versteht: als gemeinsamen Besitz der Öffentlichkeit. Gemeinsamer Besitz aber geht mit einem gemeinsamen – eben öffentlichen – Interesse an diesem Besitz einher, weswegen Politik auf die Förderung des Gemeinwohls anstatt partikulärer Eigeninteressen auszurichten sei. Dass die Funktionalität und Stabilität der Ordnung davon abhängt, dass die Bürger gemeinsinnig denken und handeln, sich aktiv in das Gemeinwesen einbringen und Bürgertugenden ausprägen, ist keine notwendige Schlussfolgerung. Adam Smiths (s. Kap. 3) berühmtes Argument der ‚unsichtbaren Hand' lässt sich ja so verstehen, dass egoistische Nutzenmaximierungsstrategien in einem geeigneten institutionellen Kontext durchaus zu einem kollektiv wünschenswerten Ergebnis führen können. Naheliegend ist die Schlussfolgerung gleichwohl, weswegen es nicht von ungefähr kommt, dass sie der Kommunitarismus im Anschluss an den klassischen Republikanismus ziehen sollte.

Neben den republikanischen Wurzeln ist ein zweiter geschichtlicher Hintergrund zum Verständnis des Kommunitarismus erhellend. Denn die Entwicklungen des 19. Jahrhunderts verliehen den Forderungen nach einer gemeinschaftsorientierten Politik Nachdruck, und zwar vor allem dadurch, dass sie realiter in die Ferne rückte. Das Aufkommen großer Flächenstaaten, das Einsetzen der Industrialisierung und die Urbanisierung wirkten dem Aktivbürgertum und solidarischem Miteinander effektiv entgegen. Angesichts dessen mahnte Alexis de Tocqueville (s. Kap. 11), dass es gerade die vielen freiwilligen, bürgerlichen und politischen Vereinigungen auf lokaler Ebene und dezentralisierten *townships* sind, die den Vereinigten Staaten von Amerika gegenüber den europäischen, zentralistischen Nationalstaaten einen Stabilitätsvorsprung sichern (Tocqueville 1987, Bd. I 167–178, Bd. II. 279–291). Auch das Wort ‚kommunitarisch' fand zögerlichen Eingang in den politischen Sprachgebrauch, zunächst allerdings nur als Synonym für den sich formierenden Kommunismus sowie als Bezeichnung für die allgemeine Vorstellung, dass Gemeinschaftlichkeit für ein wertvolles Leben irgendwie bedeutsam sei (vgl. Dagger 2004, 171). Wohingegen der Kommunismus das Hauptaugenmerk auf die wirtschaftliche Verelendung der landflüchtigen Bevölkerung richtete, verdichtete sich gegen Ende des 19. Jahrhunderts der Eindruck, dass das Leben in der modernen Gesellschaft unmittelbar auch seelischen Schaden anrichte. Ferdinand Tönnies' Unterscheidung zwischen Gemeinschaft und Gesellschaft ist hier wirkmächtig geworden: Menschen seien aus ihrer intim mit den sie umgebenden Menschen verbundenen, organisch gewachsenen und auf Traditionen basierenden Lebenswelt („Gemeinschaft") entwurzelt und in einen in der Anonymität isolierenden, mechanischen und auf Rationalität getrimmten Kontext („Gesellschaft") hineinverpflanzt worden (Tönnies 2019).

Zum expliziten Referenzpunkt für den Kommunitarismus wurde hingegen vor allem Tocquevilles Auseinandersetzung mit den sozialen Funktionsbedingungen der Demokratie. Robert Bellahs, schon im Titel an Tocqueville anknüpfende Studie *Habits of the Heart* (1985) prangerte etwa an, dass in den USA eben jene von Tocqueville noch so gelobten Gewohnheiten des Herzens (und Denkens) von einem gemeinschaftszersetzenden Individualismus weitgehend verdrängt worden seien. In die gleiche Kerbe schlug zehn Jahre später Robert Putnam als er im vielbeachteten Aufsatz „Bowling Alone" (1995) einen Schwund an „Sozialkapital" attestierte: Der allgemeine Rückgang von Vereinsmitgliedschaften in der zweiten Hälfte des 20. Jahrhunderts (inklusive Bowlingvereinen, bei zugleich stetig wachsender Beliebtheit des Bowlingsports), lasse auf einen deutlichen Rückgang von sozialem Vertrauen und Kooperationsbereitschaft schließen, der die Demokratie langfristig untergrabe.

Die soziologische Analyse der Schattenseite der Moderne stellt eine wichtige Komponente des Kommunitarismus dar. Sie motivierte und inspirierte ebenso die Kritik an (zu) individualistischen Denkrichtungen, wie sie den politischen Reformforderungen Nachdruck verlieh. An seinen Kristallisationspunkt gelangte der Kommunitarismus aber auf dem Gebiet der politiktheoretischen Auseinandersetzung mit dem Liberalismus, über die nun im Folgenden ein Überblick verschafft wird.

40.2 Die Liberalismus-Kommunitarismus-Debatte

In den 1970er Jahren erfuhr die liberale politische Theorie bedeutende Impulse, u. a. durch Rawls' *A Theory of Justice.* Die Genialität dieser Gerechtigkeitstheorie besteht darin, dass Rawls mittels der Figur des Schleiers des Nichtwissens in vertragstheoretischer Manier die Perspektive der universellen Moral zu simulieren versuchte – und damit individuelle Freiheiten sowie Redistributionsprinzipien auf besonders überzeugende Weise begründen konnte. Andere, wie Nozick, leiteten vom Prinzip der moralischen Gleichheit noch wesentlich rigidere Schutzrechte des Individuums gegenüber Staat und Gesellschaft ab. Die kommunitarische Kritik arbeitete sich an diesen Beiträgen systematisch ab. Sie lässt sich mit drei philosophischen und zwei strategischen Kritikpunkten umreißen.

Ein fundamentaler Kritikpunkt betraf den Status, den liberale Autoren ihren Theorien zusprachen. Die Hoffnung, einen archimedischen moralischen Standpunkt einnehmen zu können, sei eine Illusion; der Versuch, den Liberalismus auf diese Grundlage zu stellen, zum Scheitern verurteilt. Unter der Hand würden deshalb im Namen der Neutralität partikuläre Werte zur allgemeinen Norm erhoben. Ein zentrales Argument rekurrierte auf die Kulturgebundenheit von Moral. Moral, wie Sprache, präge sich nur durch Sozialisation in einem sich im Laufe der Zeit durch intersubjektive Interaktion ausgeprägten Zusammenleben aus (MacIntyre 1988, Kap. 1; Taylor 1985, Kap. 1–3). Die liberale Suche nach einer ahistorischen, universellen Moral, könnte man sagen, wiederhole damit das kolossal gescheiterte Experiment Friedrichs II. von Hohenstaufen. Dieser ließ Neugeborene in sozialer Isolation heranwachsen, um herauszufinden, was die Ursprache des Menschen sei. Doch anstatt von sich aus Arabisch, Griechisch, Hebräisch oder Latein sprechen zu lernen, verkümmerten die Kinder und verstarben früh.

Ein zweites, methodisches Argument schließt direkt an das erste an. Denn wenn Moral als kulturgebunden anerkannt wird, dann erweisen sich im philosophischen Lehnstuhl vorgenommene Gedankenexperimente als völlig ungeeignet zur Identifikation von unparteiischen Gerechtigkeitsprinzipien. Selbige müssten vielmehr in der Schnittmenge empirisch erhobener partikularer Moralvorstellungen lokalisiert werden. Womöglich lasse sich so eine ‚dünne' Moral auffinden, die Allgemeingültigkeit beanspruchen kann. Vielleicht darf die UN-Menschenrechtscharta diesen Status beanspruchen. Einerseits wäre dieser Konsens aber *zu* dünn, um darauf ein politisches Gemeinwesen aufzubauen; andererseits müsste bei einer solchen Schnittmengenmoral offengelassen werden, wie die einzelnen Prinzipien in den unterschiedlichen Kontexten jeweils begründet sind, wie sie konkret auszulegen seien und welche Vorrangregelungen im Konfliktfall einzelner Prinzipien untereinander herrschen (Walzer 1983, xiv, 5; Walzer 1994).

Ein anderer Kritikpunkt setzt am Menschenbild an. Das Individuum werde fälschlicherweise als Einzelgänger konzipiert, der sich gleich einem weißen Blatt Papier vollkommen frei gestalten könne. Im Konstrukt des hypothetischen Urzustands von Rawls werde dies besonders deutlich. Hinter dem „Schleier des Nichtwissens" muss von allem, was einen ausmacht, abstrahiert werden – von der sozialen Stellung, der Religionszugehörigkeit, dem Geschlecht, den Vorstellungen des guten Lebens und so fort. Aber Menschen könnten sich nie vollkommen von ihrer Sozialisation lösen. Aus normativer Sicht problematisch sei indes, dass ein partikulärer Lebensstil – das autonome Leben – zur charakterlichen Norm erhoben werde. Alles irgendwie Ansozialisierte – von der Konfession bis hin zur Lokalidentität – müsse zur Disposition und systematisch infrage gestellt werden, sonst gälte man als jemand, der selbstverschuldet fremdbestimmt bliebe und damit ein weniger erstrebenswertes Leben lebe.

Das wohl größte Manko liberaler Gerechtigkeitstheorien wurde in der Elimination jedweder moralischen Verpflichtung, die nicht universell besteht oder freiwillig eingegangen worden ist, gesehen. Sandel trug diesen Kritikpunkt prominent unter dem Stichwort des „unencumbered self" vor, d. h. der Liberalismus gehe von der Annahme aus, dass das Individuum vor dem (logisch, nicht historisch gedachten) Eintritt ins Gesellschaftsleben moralisch ungebunden sei (Sandel 1996, insbesondere 341–344). Diese Beschreibung ist latent missverständlich. Genauer müsste zumindest gesagt werden, dass der Mensch nichts und niemandem als verpflichtet gilt, mit der Ausnahme dessen, was die universelle Moral gebietet. Der Nachsatz ist nicht unerheblich, denn Liberale erachten das, was überall und allzeit geboten ist schließlich als wesentlich reichhaltiger und umfassender, als es Kommunitarier zuzugestehen bereit sind. Folglich besteht der attestierte Fehler weniger in der normativen Ungebundenheit als vielmehr in der ursprünglichen Gebundenheit an die universelle Moral allein. Demgegenüber fordert die kommunitarische Kritik die Anerkennung von zusätzlichen, nicht-universellen und nicht-voluntaristischen Bindungen ein, denen Individuen Loyalität schulden.

Um ganz genau zu sein, besteht der Vorwurf aber letztlich darin, dass universellen („allgemeinen") individuellen Verpflichtungen im Konfliktfall der Vorrang vor nicht- universellen („speziellen") eingeräumt wird. Es gibt bspw. eine allgemeine Hilfspflicht für Menschen in Situationen existenzieller Not. Im Rahmen einer Freundschaft ist es moralisch geboten, auch in nichtexistenziellen Situationen materielle oder emotionale Unterstützung zu leisten. Wenn nun zwei Menschen zu ertrinken drohen, so sei es für den Liberalismus unerheblich, ob einer davon ein Freund ist, da die allgemeine Hilfspflicht die spezielle sticht. Es wäre falsch oder jedenfalls nicht moralisch richtig, zuerst den Freund zu retten. Ein wahrhaft tugendhafter Mensch, so trieb es Montesquieu einmal auf die Spitze, habe überhaupt keine Freunde, da Freundschaft zu Vorzugsbehandlung verleitet. Gemäß den kommunitarischen Kritikern liegen Montesquieu und der Liberalismus falsch. Insofern wir Freunde, Partner, Kinder von Eltern, Mitglieder einer Kirchengemeinde oder Angehörige einer Nation sind, obliegen uns moralische Verpflichtungen, die gegenüber Außenstehenden nicht bestehen und die wir erfüllen müssen, bevor wir uns um unsere Verpflichtungen gegenüber Dritten zu kümmern haben. Und den speziellen Verpflichtungsverhältnissen ist der Primat gegenüber allgemeinen gerade einzuräumen, obwohl (wenn nicht gerade weil) wir nicht freiwillig, vertragsgleich in selbige eingetreten sind, sondern gewissermaßen in sie hineingeworfen wurden. Die Konsequenzen der Priorisierung spezieller oder allgemeiner Verpflichtungen wirken sich substanziell auf die Struktur von Gerechtigkeitskonzeptionen aus. Besonders deutlich ersichtlich wird dies hinsichtlich der Frage, ob Gerechtigkeit nationalstaatlich oder kosmopolitisch realisiert werden muss. Kommunitarier haben hierzu eine eindeutige Meinung: Sie erachten Patriotismus, wie MacIntyre einen wichtigen Aufsatz zum Thema überschrieb, als eine Tugend (1993).

Zur weiteren Untermauerung eines moralischen Zwei-Stufen-Modells und damit der Rechtfertigbarkeit von nicht-universellen Verpflichtungen wurde einerseits auf den intrinsischen Wert von partikulären Gemeinschaften abgehoben. Insofern ein Familienverbund, eine Religionsgemeinschaft oder eine Nation an und für sich wertvoll sind, folgt direkt die Wünschbarkeit von nicht-universellen Verpflichtungen zur Aufrechterhaltung und Pflege dieser Assoziationen. Andererseits wurde argumentiert, dass die Identifikation mit einer partikulären Gemeinschaft eine besondere Motivation für moralisches Handeln liefere, weswegen ein zwei-Stufen-Modell dem einstufigen Universalismus instrumentell überlegen sei (siehe z. B. Hare 1981, 137).

Von ähnlich strategischer Natur sind zwei weitere Kritikpunkte. Einerseits wurde die Abstraktheit der liberalen Theoriebildung moniert, die konkrete Konflikte des Alltagslebens nachvollziehbar zu lösen kaum erlaube (Walzer 1983, 29, 91). Andererseits wurden dem Liberalismus selbstzerstörerische Tendenzen und Sozialunverträglichkeit attestiert. Nicht nur könne die einseitige Wette des Liberalismus auf die universelle Moral keine Identifikation der Gesellschaftsmitglieder untereinander bewirken und Solidarität befördern; vielmehr müsse die Norm des autonomen Lebens, die Aufforderung zur kritischen Prüfung überkommener Traditionen und Wertvorstellungen, die Priorisierung von Gerechtigkeit über das Gute sowie von Rechten über Pflichten dazu führen, dass die Bürger zunehmend zu politikverdrossenen Privatmenschen erzogen werden würden, die individuelle Rechte gleich Trümpfen gegen Staat und Gesellschaft ausspielen (Sandel 1996, Kap. 9).

40.3 Reaktionen und Folgen

Die kommunitarische Kritik an der liberalen Theoriebildung verhallte nicht folgenlos. Grundsatzdivergenzen wurden zwar bald in gesonderten, bis heute geführten Debatten über Einzelfragen ausgetragen. Ob nicht-universelle Verpflichtungen, wenn sie denn zugestanden werden, universellen Verpflichtungen vor- oder nachzuordnen sind, wird bspw. heute unter dem Stichwort der *special obligations* verhandelt. Die Frage, ob Moral kulturgebunden ist oder nicht, wurde weitgehend in die Universalismus-Partikularismus-Debatte verfrachtet. Gleichwohl nahm Rawls gerade letztere Frage zum Anlass, seine Gerechtigkeitstheorie entsprechend anzupassen. Bereits 1980 schränkte er deren Geltungsanspruch primär auf liberal-demokratische Kulturkreise ein. Weniger die universelle Vernunft als vielmehr die dort vorherrschenden historischen Traditionen würden die Grundlage für das Freiheits- und Differenzprinzip bereitstellen:

> [W]hat justifies a theory of justice is not its being true to an order antecedent and given to us, but its congruence with a deeper understanding of ourselves and our aspirations and our realization that, given our history and our tradition embedded in our public life, it is the most reasonable doctrine for us (Rawls 1980, 518–519).

Andere Aspekte der kommunitarischen Kritik trafen einige liberale Theorien heftiger als andere. Während etwa Nozicks radikal-individualistische und libertäre *entitlement theory* nur schwerlich um die Annahme eines atomistischen Menschenbildes herumkommt, konnte Rawls problemlos zugestehen, dass Menschen Gemeinschaftswesen und das Produkt von Sozialisation sind. Tatsächlich waren ja schon in *A Theory of Justice* (1971) die hinter dem Schleier des Nichtwissens entindividualisierten Individuen als Familienoberhäupter konzipiert worden. Außerdem konnte er die Sozialnatur des Menschen gut zugestehen, da hieraus ja mitnichten ein Emanzipationsverbot folgt. Vielmehr müssten sich die Kommunitarier fragen, wie sie akzeptable Gemeinschaftsnormen von inakzeptablen

Formen von Intoleranz und Konformitätsdruck unterscheiden könnten, für die es historisch ja hinreichend Evidenz gäbe. Kommunitarier liefen Gefahr, das Gemeinschaftsleben romantisierend zu verklären, wie es Amy Gutmann mit Verweis auf die Hochburg der amerikanischen Hexenverfolgung im späten 17. Jahrhundert pointierte: „[communitarians] want us to live in Salem, but not to believe in witches" (Gutmann 1985, 319). Schließlich legte man vor dem beschriebenen Hintergrund dar, dass die liberalen Gerechtigkeitskonzeptionen Menschen nicht auf das Ziel einer autonomen Lebensführung verpflichten wollen. Selbstbestimmung stelle keine charakterliche Norm, sondern ein Recht dar: Jeder soll sich von überkommenen Wertvorstellungen, Traditionen oder sozialen Rollen lösen und frei zwischen unterschiedlichen Lebensplänen wählen *dürfen*.

Auch außerhalb des akademischen Diskurses stieß der Kommunitarismus auf Widerhall. Begünstigt war eine praktisch-politische Rezeption durch die konkreten Reformvorschläge, der die Kritik am Liberalismus zugeführt wurde und die von der (Wieder-)Einführung von Wehr- bzw. Dienstpflicht über die finanzielle und symbolische Unterstützung von Familien und Vereinen bis hin zur Demokratisierung der Arbeitswelt reichten. Durch den Zusammenschluss einiger Kommunitarier zu einer publizistischen Arbeitsgruppe *(The Responsive Communitarian Movement)* wurden diese Reformvorschläge weiter in die Öffentlichkeit und in die Politik hineingetragen. Tony Blair brachte Mitte der 1990er Jahre die kommunitarische Kritik gegen das neoliberale Erbe Margaret Thatchers in Stellung, das er für die gesellschaftliche Fragmentierung verantwortlich machte. Auch Bill Clinton und Barack Obama integrierten die kommunitarisch(-republikanischen) Mantras vom Wert der Gemeinschaftlichkeit und Bürgerpflichten in ihren Diskurs. Ebenso ließen sich deutsche Parteien unterschiedlicher Couleur inspirieren.

In der Zusammenschau erweist sich, dass die historische Relevanz des Kommunitarismus für die Disziplin der Politischen Theorie und die politische Praxis beachtlich ist. Der in den 1970er Jahren so überzeugend vorgetragene Liberalismus wurde punktuell sowie strukturell herausgefordert. Diese Herausforderung wurde von liberalen Denkern weitgehend angenommen und genutzt, um Aspekte ihrer Theorien zu klären und zu modifizieren, so dass in mancherlei Hinsicht eine konstruktive Synthese entstand. Insbesondere gilt dies für die institutionelle und identifikatorische Förderung von demokratischer Solidarität, wie es etwa mit dem Konzept eines multikulturellen, liberalen Nationalismus (z. B. Miller 2000) herausgearbeitet wurde. Weitere Synthetisierungsspielräume sind vorhanden. Der liberale Anspruch auf allgemeine Zustimmungsfähigkeit durch den Rekurs auf eine universelle Vernunft lässt sich bspw. besser mit der kommunitarischen Emphase auf Tradition zusammendenken, als es die häufig dichotome Darstellung dieser Grundlagen von Normativität suggerieren (vgl. bereits Popper 1972).

Auch wenn sich dezidiert traditionalistische und moralisch partikularistische Spielarten des Kommunitarismus, wie jene MacIntyres, effektiv gegen eine Kooptation durch den Liberalismus widersetzen, erscheint somit die anfangs tentativ aufgestellte Analogie zu einer Leiter, die zum Erreichen eines höheren Standpunkts erklommen werden musste, als nicht gänzlich unpassend. Anzumerken ist allerdings, dass diese Leiter eher in der Liberalismus-Kommunitarismus-Debatte, als dem Kommunitarismus für sich betrachtet zu sehen ist, und dass sie nicht nur dem Liberalismus zur Standpunktverbesserung verhalf. Auch die kommunitarisch-traditionalistisch orientierte und die postkoloniale politische Theorie konnte ihre Positionen schärfen. Nicht zuletzt ging die (neo-)republikanische Tradition politischer Theoriebildung wiederbelebt aus der Debatte hervor (s. Kap. 39), der sich einige dem Kommunitarismus zugeordnete Denker wie Sandel ohnehin von Anfang an zugerechnet hatten. Der sich heute noch dringlicher als im letzten Drittel des 20. Jahrhunderts stellenden Frage, worin die richtige Balance zwischen Individuum und Gemeinschaft, Freiheitsrechten und Solidarität, patriotischer Identität und kultureller Pluralität oder Nationalismus und Kosmopolitismus besteht, wird damit zukünftig in einem vielversprechenden Wettbewerb politiktheoretischer Perspektiven nachgegangen werden können.

Literatur

Bellah, Robert: Habits of the Heart. Individualism and Commitment in American Life. Berkeley/Los Angeles 1985.

Dagger, Richard: Communitarianism and Republicanism. In: Gerald Gaus/Chandran Kukathas (Hg.): Handbook of Political Theory. Thousand Oaks 2004.

Dworkin, Ronald: Taking Rights Seriously. Cambridge, Mass. 1977.

Gutmann, Amy: Communitarian Critics of Liberalism. In: Philosophy & Public Affairs 14/3 (1985), 308–322.

Hare, Richard M.: Moral Thinking: Its Levels, Method and Point. Oxford 1981.

MacIntyre, Alasdair: After Virtue. Notre Dame 1981.

MacIntyre, Alasdair: Whose Justice? Which Rationality? Notre Dame 1988.

MacIntyre, Alasdair: Ist Patriotismus eine Tugend? In: Axel Honneth (Hg.): Kommunitarismus. Eine Debatte über die moralischen Grundlagen moderner Gesellschaften. Frankfurt a. M. 1993, 84–102.

Miller, David: Citizenship and National Identity. Oxford 2000.

Nozick, Robert: Anarchy, State and Utopia. New York 1974.

Popper, Karl R.: Towards a Rational Theory of Tradition. In: Ders.: Conjectures and Refutations. The Growth of Scientific Knowledge. London 1972, 120–135.

Putnam, Robert: Bowling Alone. The Strange Disappearance of Civic America. In: Journal of Democracy 6 (1995), 65–78.

Rawls, John: A Theory of Justice. Cambridge, Mass. 1971.

Rawls, John: Kantian Constructivism in Moral Theory. In: Journal of Philosophy 77/9 (1980), 515–572.

Rawls, John: Justice as Fairness. Political, Not Metaphysical. In: Philosophy & Public Affairs 14/3 (1985), 223–251.

Riedel, Manfred: Rehabilitierung der praktischen Philosophie. 2 Bde. Freiburg 1972/1974.

Sandel, Michael: Democracy's Discontent. America in Search of a Public Philosophy. Cambridge, Mass. 1996.

Sandel, Michael: Liberalism and the Limits of Justice [1982]. Cambridge 2010.

Taylor, Charles: Philosophical Papers. Bd. 2: Philosophy and the Human Sciences. Cambridge 1985.

Tocqueville, Alexis de: Über die Demokratie in Amerika. 2 Bde [1835/1849]. Übers. von Hans Zbinden. Zürich 1987.

Tönnies, Ferdinand: Gemeinschaft und Gesellschaft. Bd. 2: 1880–1935. Hg. von Bettina Clausen/Dieter Haselbach. Berlin/New York 2019.

Walzer, Michael: Spheres of Justice. New York 1983.

Walzer, Michael: Thick and Thin: Moral Argument at Home and Abroad. Notre-Dame 1994.

Religiöser Fundamentalismus

41

Sebastian Lange

41.1 Varianten des religiösen Fundamentalismus

Fundamentalismus kann als *Negation der Moderne* definiert werden (Meyer 1989; Japp 2003; Fischer 2006; Häring 2013; Lange 2019). Vertreterinnen und Vertreter einer fundamentalistischen Weltanschauung lehnen den *Rationalismus* (Weber 1920), die *funktionale Ausdifferenzierung* (Luhmann 1997) und den *Pluralismus* der modernen Gesellschaft ab. Verschiedene Varianten eines religiösen Fundamentalismus problematisieren insbesondere *Säkularisierungsprozesse* und die Verdrängung der Religion aus anderen Teilbereichen der Gesellschaft wie der Politik, dem Recht, der Wissenschaft und der Wirtschaft.

Die Präzision dieses wissenschaftlichen Fundamentalismusbegriffs wird gelegentlich hinterfragt, da er ein weites und diverses Feld an Phänomenen umfasst. Die Erscheinungsformen des religiösen Fundamentalismus weisen jedoch Gemeinsamkeiten im Hinblick auf ihre Entstehungsbedingungen und kennzeichnenden Merkmale auf, die für eine religionssoziologische und gesellschaftstheoretische Relevanz sprechen. Fundamentalistische Protestbewegungen entstanden vorwiegend im 19. und 20. Jahrhundert als Reaktion auf gesellschaftlichen und kulturellen Wandel. Die fundamentalistischen Strömungen innerhalb der drei großen monotheistischen Religionen setzen diesem Wandel eine Orientierung an der jeweiligen Heiligen Schrift entgegen und imaginieren eine „reine" Frühzeit der Religion als nachzulebende und wieder zu verwirklichende Utopie. Die Heilige Schrift ist so wörtlich wie möglich auszulegen. Historisch-kritische Theologie und dem eigenen Weltbild vermeintlich widersprechende wissenschaftliche Deutungen wie die Evolutionstheorie werden daher abgelehnt. Prophezeiungen – etwa solche aus der Offenbarung des Johannes – gelten oftmals als noch unerfüllt. Religiöser Fundamentalismus geht deshalb häufig mit apokalyptischen und eschatologischen Erwartungen einher (Fischer 2006). Bekannte und verbreitete Strömungen eines solchen fundamentalistischen Weltbildes finden sich im *ultra-orthodoxen charedischen Judentum* (Blume 2013), im *evangelikalen protestantischen Christentum* (Riesebrodt 1987) und *im salafistischen sunnitischen Islam* (Roy 2007).

Der Fundamentalismusbegriff stellt – mit Ausnahme der Entstehungszeit des protestantischen Fundamentalismus zum Anfang des 20. Jahrhunderts in den USA – in der Regel eine Fremdbeschreibung dar. Die Anhängerinnen und Anhänger einer fundamentalistischen Weltanschauung beschreiben sich selbst stattdessen

S. Lange (✉)
Humboldt-Universität zu Berlin, Berlin, Deutschland
E-Mail: sebastian.lange@sowi.hu-berlin.de

M. G. Festl (Hrsg.), *Handbuch Liberalismus*, https://doi.org/10.1007/978-3-476-05798-3_41

häufig als „wahre“, rechtgläubige Vertreterinnen und Vertreter ihrer Religion – als „Juden“, „Christen“ und „Muslime“ – und sprechen Anderen diesen Status ab.

Innerhalb aller größeren fundamentalistischen Strömungen bezieht ein großer Anteil der Anhängerinnen und Anhänger seine Überzeugungen vorwiegend auf die eigene Lebensführung, ihre Familie und die Kindererziehung. Einige evangelikale Kirchen und einige Vertreter des Salafismus betreiben zudem Missionierung. Als größter Förderer salafistischen Denkens kann Saudi-Arabien gelten. Darüber hinaus werden in mehreren Staaten Ansätze der politischen Organisation und Repräsentation der Religion verfolgt. So wird fundamentalistisches Denken durch die religiöse Rechte in den USA vertreten. In Israel gibt es sowohl ultra-orthodoxe Gruppen, die den modernen Staat Israel ablehnen – da nur der wiederkehrende Messias diesen Staat errichten dürfe –, als auch solche, die durch Parteien Einfluss auf den politischen Prozess nehmen. Auch Parteien des politischen Salafismus spielen in mehreren Ländern des Nahen und Mittleren Ostens eine Rolle, so etwa die „Partei des Lichts“ (Al-Nur) in Ägypten.

41.2 Religiöser Fundamentalismus, Gewalt und Herrschaft

Religiös-fundamentalistische Ideologien werden ferner zur Legitimation von Gewalt genutzt. So sind die dschihadistischen Organisationen Al-Qaida und „Islamischer Staat“ sowie deren regionale Ableger salafistisch geprägt. Sie propagieren das Ziel, die Gemeinschaft der Muslime (umma) von einer behaupteten Fremdbestimmung zu befreien und in einem neuen Kalifat zu vereinen, damit der Islam über die Muslime herrschen könne. Das islamische Recht – die Scharia – soll alle Lebensbereiche regulieren. In Ostafrika begeht die „Lord's Resistance Army“ über Grenzen hinweg Kriegsverbrechen unter dem Vorwand, einen christlichen Gottesstaat errichten zu wollen. Einige kleinere gewaltbereite rechtsextreme Gruppen in Nordamerika und Europa beziehen sich ebenfalls auf das Christentum und die Kreuzzüge, um Gewalt zu rechtfertigen. Und auch spezifische Auslegungen der asiatischen Religionen Hinduismus und Buddhismus werden zur Rechtfertigung von Gewalt genutzt. Für weltweite Aufmerksamkeit sorgte z. B. die neo-buddhistische Aum-Sekte (Omu Shinrikyo), als sie 1995 einen Giftgasanschlag in der Tokioter U-Bahn verübte.

Wenn fundamentalistische Vertreter eines Primats der Religion die Chance haben, politische Macht zu erlangen und Herrschaft auszuüben, dann nimmt die politische Ordnung eine Form der *Theokratie* an. Solche Fälle theokratischer Herrschaft erlebte Europa in der Umbruchszeit des 15. und 16. Jahrhunderts bspw. in der durch den Dominikanermönch Savonarola *beeinflussten Volksregierung der Republik Florenz* 1494–1498, im *Täuferreich von Münster* 1534–1535 und in dem ab 1541 durch den Reformator Calvin geprägten *Genfer Gottesstaat.*

Diese historischen Beispiele theokratischer Herrschaft zeigen bereits, was es bedeutet, wenn die Politik und das Recht durch eine fundamentalistische Religionsauslegung bestimmt werden. Der Staat überwachte die Einhaltung der Sitten im öffentlichen wie im privaten Raum. Weltliche Musik, Tanz, Feiern und Spiel waren untersagt. Zur Absicherung der neuen Ordnung wurden Bilderstürme und systematische Kulturgutzerstörungen veranlasst. Andersdenkende wurden verfolgt und – teils drakonisch – bestraft. Ferner sollte Unterstützung nicht nur durch Indoktrination, sondern auch durch sozialreformerische bis hin zu sozialrevolutionären Maßnahmen erreicht werden. Savonarola setzte ein System der Umverteilung durch. Die Täufer in Münster etablierten sogar eine Gütergemeinschaft. Im reformierten Genf wurden die Armenfürsorge und die allgemeine Bildung verbessert. Die Legitimitätspolitik dieser theokratischen Experimente basierte somit auf einer sozialpolitischen Komponente, auf der ideologisch ausgerichteten Erziehung der Bürger – insbesondere der Kinder, der identitätspolitischen Regulierung symbolischer Repräsentationen sowie der öffentlichkeitswirksamen Bestrafung nichtkonformer Einstellungen und abweichenden Verhaltens zu Zwecken der Abschreckung.

Auch in der Gegenwart kennen wir theokratische Herrschaftsformen mit einem totalitären Anspruch der Gestaltung der Gesellschaft: das wahabitisch-salafistische Saudi-Arabien, die Islamische Republik Iran oder das „islamische Emirat“ der afghanischen Taliban. Andere, formal nichtstaatliche Akteure wie Al-Qaida, der „Islamische Staat“ und einige ihrer regionalen Ableger hatten immer wieder Gelegenheiten, zeitweise Territorium zu erobern und zu beherrschen. Salafistisch-dschihadistische Herrschaft – insbesondere der Staatenbildungsversuch des „Islamischen Staates“ in Irak und Syrien – nahm dabei stets totalitär-theokratische Züge an (Fritzsche/Lange 2017). Wie in den Fällen der historischen Vorläufer fundamentalistischer Herrschaft soll die propagierte Auslegung der Religion das *ganze* Leben *aller* Menschen bestimmen, soll durch Erziehung und Propaganda nicht nur das Handeln, sondern das Denken der Menschen ideologiekonform ausgerichtet werden, soll durch die Zerstörung von Kulturgütern die Erinnerung an die Tradition verblassen und durch öffentliche Bestrafungen deviantes Verhalten abgeschreckt werden. Darüber hinaus streben auch dschihadistische Gruppen danach, durch die Bereitstellung öffentlicher Güter Output-Legitimität zu generieren.

41.3 Religiöser Fundamentalismus und die liberale Demokratie

Unter den Bedingungen eines funktionierenden Rechtstaates kann durch religiös-fundamentalistische Agitation begründete Gewalt grundsätzlich wie jede Kriminalität behandelt und durch die Justiz bearbeitet werden. Darüber hinaus betreiben betroffene Länder Programme zur Prävention von Extremismus und zur Deradikalisierung von „Gefährdern“ (Baaken et al. 2018). Europäische Staaten haben solche Programme in den 2000er und 2010er Jahren in Reaktion auf die zunehmende Attraktivität salafistischer und dschihadistischer Ideologie ausgebaut. Die Effektivität steht jedoch vielfach in Frage. Präventionsstrategien, welche wie das britische Programm „Prevent“ junge Muslime pauschal als Risikogruppe definieren und unter der Federführung der Behörden innerer Sicherheit durchgeführt werden, können kontraproduktiv sein. Ein solches Vorgehen kann zu Diskriminierungserfahrungen führen und zur Verfestigung einer primär konfessionell definierten und sich von der Mehrheitsgesellschaft abgrenzenden persönlichen Identität von Jugendlichen beitragen. In Frankreich wurden wiederum negative Erfahrungen damit gemacht, Deradikalisierungsprogramme in Gruppen durchzuführen, in denen sich die Jugendlichen und jungen Erwachsenen wechselseitig noch weiter radikalisiert haben. Als erfolgreich können Ansätze gelten, die sich an den etablierten Angeboten für Sektenaussteiger orientieren. Hierbei soll eine Diversifizierung der Sozialkontakte und Kommunikationsinhalte zu einer Öffnung des Weltbildes und einer De-Plausibilisierung von Innen-Außen- und Freund-Feind-Unterscheidungen führen.

In dem Maße, in dem Gesetzgebung zunehmend auch in die Binnenverhältnisse der Familie eingreift und bspw. Gewalt in der Ehe und in der Kindererziehung sanktioniert, erhöht sich die Zahl der Konflikte zwischen dem Rechtsstaat und traditionellen – oft autoritären und patriarchalischen – Familien- und Gemeindestrukturen, wie sie etwa in manchen christlich-fundamentalistischen Glaubensgemeinschaften vorherrschend sind. Religion als Privatsache zu behandeln und vom Staat zu trennen, wie in der liberalen Ideengeschichte vertreten (Castellio 2013; Tocqueville 1956), lässt sich als Ordnungsprinzip nicht mehr einhalten, wenn die Religionspraxis im sozialen Nahbereich gegen die Gesetze des Staates verstößt. Die christlich-fundamentalistische Sekte der „Zwölf Stämme“ sah sich in den 2000er und 2010er Jahren mehrfach wegen Kindesmisshandlung und Verletzung der Schulpflicht mit der deutschen Justiz konfrontiert und siedelte deshalb schließlich nach Tschechien um. Im Zuge der Covid-19-Pandemie wehren sich einige evangelikale Gruppen in Deutschland und den USA gegen die

Infektionsschutz-Regeln und argumentieren, diese würden ihrem Glauben widersprechen. In evangelikalen Gemeinden – wie auch unter ultra-orthodoxen Juden in Israel – häuften sich deshalb im Jahr 2020 die Ansteckungsfälle. Konsolidierte liberale Demokratien können solche Akzeptanz- und Befolgungsprobleme den Mechanismen des Rechtsstaates überlassen (Möllers 2020). Gerichte sind routiniert darin, Normenkonflikte – auch solche, welche die Religionsfreiheit betreffen – zu entscheiden.

Zweifel an der Loyalität von Bürgerinnen und Bürgern fundamentalistischer Glaubensrichtungen gegenüber der Verfassung und der Rechtsordnung zwingen ein liberal-demokratisches Gemeinwesen nicht zum Handeln, solange sich anti-modernes Denken nicht in gesetzeswidrigem Verhalten äußert. Wird gegen Gesetze verstoßen und setzt der Staat Recht durch, dann kann die Religionsausübung von Bürgerinnen und Bürgern beeinträchtigt werden. Solche Beschränkungen sind aus der Sicht des Staates legitim, wenn sie die Rechtsordnung durchsetzen und können aus der Sicht der Betroffenen illegitim erscheinen, wenn diese ihre Religionsfreiheit verletzt sehen. Die Differenz der Legitimitätszuschreibungen fordert den Rechtsstaat nicht existenziell heraus, wenn oppositionelle fundamentalistische Perspektiven Minderheitenpositionen darstellen und ein großer Teil der Bürgerinnen und Bürger die Legitimität der Ordnung – und damit die Gemeinschaft – nicht in Frage stellt. Anders würde es sich verhalten, wenn etwa infolge identitätspolitischer Polarisierung und Radikalisierung demokratische Mehrheiten für fundamentalistische Vorstellungen hergestellt werden können. Eine solche Situation könnte den liberaldemokratischen Charakter eines Staates sehr wohl verändern. Solange jedoch ein breiter Konsens über die rechtsstaatlichen Spielregeln besteht, ließe sich vermuten, dass von gegenmodernem Denken eine geringe Gefahr für die liberale Demokratie ausgeht. Die größere Gefahr stellt womöglich das Schüren von Furcht vor Minderheiten und deren Diskriminierung dar (ebd.).

Literatur

Baaken, Till/Becker, Reiner/Bjorgo, Tore/Kiefer, Michael/Korn, Judy/Mücke, Thomas/Ruf, Maximilian/ Walkenhorst, Dennis: Herausforderung Deradikalisierung. Einsichten aus Wissenschaft und Praxis (2018). In: https://www.hsfk.de/fileadmin/HSFK/hsfk_publikationen/prif0918.pdf (21.10.2020).

Blume, Michael: Die Haredim: Geschichte und Erfolg des ultraorthodoxen Judentums. E-Book 2013.

Castellio, Sebastian: Das Manifest der Toleranz. Von Ketzern und ob man sie verfolgen soll. Essen 2013.

Fischer, Karsten: Arbeit an der Apokalypse. Zur Begriffsbestimmung von ‚Fundamentalismus'. In: Berliner Journal für Soziologie 16/4 (2006), 429–440.

Fritzsche, Erik/Lange, Sebastian: Das politische System des ‚Islamischen Staates'. In: Totalitarismus und Demokratie 14/2 (2017), 201–232.

Häring, Hermann: Versuchung Fundamentalismus: Glaube und Vernunft in einer säkularen Gesellschaft. EBook 2013.

Japp, Klaus P.: Zur Soziologie des fundamentalistischen Terrorismus. In: Soziale Systeme 9/1 (2003), 54–87.

Lange, Sebastian: Provokante Kommunikation. Strategien im politischen Umgang mit transnationalem Terrorismus. Bielefeld 2019.

Luhmann, Niklas: Die Gesellschaft der Gesellschaft. Frankfurt a. M. 1997.

Meyer, Thomas: Fundamentalismus. Aufstand gegen die Moderne. Reinbek bei Hamburg 1989.

Möllers, Christoph: Freiheitsgrade – Elemente einer liberalen politischen Mechanik. Berlin 2020.

Müller, Jan-Werner: Furcht und Freiheit. Für einen anderen Liberalismus. Berlin 2020.

Riesebrodt, Martin: Protestantischer Fundamentalismus in den USA. Die religiöse Rechte im Zeitalter der elektronischen Medien. Stuttgart 1987.

Riesebrodt, Martin: Die Rückkehr der Religionen. Fundamentalismus und der ‚Kampf der Kulturen'. München 2000.

Roy, Olivier: Der falsche Krieg: Islamisten, Terroristen und die Irrtümer des Westens. München 2007.

Tocqueville, Alexis de: Über die Demokratie in Amerika. Frankfurt a. M. 1956.

Weber, Max: Gesammelte Aufsätze zur Religionssoziologie. Tübingen 1920.

Teil IV
Varianten

42 Verfassungsliberalismus

Tim Wihl

Der Ausdruck „Verfassungsliberalismus" wird bemerkenswert selten gebraucht. Dabei scheint es offenkundig, dass der politische Liberalismus von seinen Anfängen an aufs Engste mit der Idee der Verfassungsgebung verknüpft ist. Einige gehen gar so weit, die Verfassungsstaatlichkeit bzw. die Verfassungsbindung der Politik als *Sine qua non* liberaler Regierungsweisen zu bezeichnen. Dieses Urteil ist freilich gewagt, weil gerade ein Ursprungsland des Liberalismus, Großbritannien, jedenfalls keine Verfassung im klassischen, d. h. geschriebenen und in einem Dokument zusammengefassten Sinne besitzt. Wohl aber kennt auch dieses Land eine Rule of Law, eine Rechtsbindung der staatlichen Gewalt (s. Kap. 23). Was fügt die Verfassung dieser „Herrschaft des Gesetzes" an spezifisch Liberalem hinzu? Dieser Frage widmen sich die folgenden Annäherungen an den Begriff des Verfassungsliberalismus.

T. Wihl (✉)
Humboldt-Universität zu Berlin, Berlin, Deutschland
E-Mail: tim.wihl@rewi.hu-berlin.de

42.1 Kontexte

Die erste Annäherung geschieht auf vier kategorialen Ebenen, um im Wege des Aufspürens von Gegensätzen den möglichen Begriffsgehalt zu umkreisen.

Politisch-ideologisch ist eine Abgrenzung vom Verfassungskonservatismus und dem Verfassungssozialismus zu versuchen. Worin besteht ein ideologisch liberaler Zugang zur Verfassung als Institut und als wirklich gewordene Idee? Die Antwort liegt in dem liberalen Gedankengut der Aufklärungszeit, das die revolutionären Verfassungen der USA und Frankreichs (Brunkhorst 2020) direkt beeinflusst hat: im Wesentlichen die Idee der Menschenrechte und die Gewaltenteilung. Eine Verfassung, die beides nicht kennt, ist keine liberale Verfassung. Gleichzeitig verschwimmen die eindeutigen Urteile, wenn man die Entstehung der Verfassungen genauer betrachtet. Zumal für die USA lässt sich festhalten, dass deren *begrenzender* Verfassungstypus (Möllers 2009) mit einem Überschuss *negativen* Freiheitsdenkens nach dem Willen maßgeblicher „föderalistischer" Kräfte keine Grundrechte enthalten sollte. Man gab gegen die „Anti-Federalists" vor, die Auflistung der Kompetenzen des US-Gesetzgebers reiche völlig aus, um die individuellen Rechte zu schützen. Hätten die „Federalists" ihren Willen bekommen, wäre die US-Verfassung nicht nur der Kompromiss zwischen besitzenden

M. G. Festl (Hrsg.), *Handbuch Liberalismus*, https://doi.org/10.1007/978-3-476-05798-3_42

Freihändlern und Sklavenhaltern geworden, der sie war, sondern hätte nicht einmal die ideellen Ressourcen enthalten, um die Ursünden der Sklaverei und Ungleichheit überhaupt zu thematisieren. Zumal die Gewaltenteilung, für die die US-Verfassung zu Recht berühmt ist, nicht geholfen hätte. Denn ihr wiederum begrenzender Charakter erschwerte die Lösung der grundlegenden Probleme des Landes von Anbeginn, und die exzessive Behinderung der Volkssouveränität auf der Bundesebene vermögen bis zum heutigen Tag allein die so diversen Bundesstaaten ansatzweise auszugleichen. Nur verdeckte Verfassungsrevolutionen, sog. „constitutional moments" (Bruce Ackerman), ermöglichen den USA ausnahmsweise, sich fundamental gewandelten Erfordernissen anzupassen, wie nach dem Bürgerkrieg oder während des New Deal (s. Kap. 54). Eine Verwirklichung sozialer Menschenrechte scheint unter den Bedingungen der relativ starren US-Verfassungsordnung kaum möglich, so dass deren Liberalismus wohl ein wesentlich kupierter bleiben wird.

Das Beispiel der US-Verfassung repräsentiert die Nähe des amerikanischen wie auch ähnlicher Verfassungsliberalismen zum Verfassungskonservatismus. Der Charakter der Verfassungsordnung ist bis in die 1940er Jahre ein überwiegend besitzstandswahrender, inklusive des (früheren) Eigentums an Sklav:innen. Das possessive Moment der Grundrechte, die Absicherung unterschiedlichen Besitzes, steht lange stark im Vordergrund, während das kommunikative Moment im Laufe des 20. Jahrhunderts an Bedeutung gewinnt. Erst diese Emanzipation der in den USA weit verstandenen Redefreiheit (free speech) gerade auch durch verfassungsgerichtliche Judikate, angefangen beim eminent wichtigen progressiven Richter Louis Brandeis, setzt eine Dynamisierung der Gesellschaft hin zu mehr politischer Freiheit und ab den 1930er Jahren in der Folge auch schrittweise zu mehr Gleichheit in Gang. Sozialpolitische Agitation erscheint nicht länger von vornherein als staatsgefährdende Tätigkeit, die es verdient, gesetzlich bekämpft zu werden. Die politisch-sozialen Bewegungen ringen dem Staat auf dem Feld der gerade auch von ihren Protagonist:innen ungewöhnlich verehrten Verfassung (King) liberalen Wandel ab, und es kann a posteriori so scheinen, als sei dieser im Verfassungstext selbst bereits angelegt (Shklar 2017). Der spezifische Verfassungsliberalismus der US-Verfassung entfaltet sich so erst, als sowohl die autoritäre Konstitutionalisierung der „Lochner"-Ära, die die Vertragsfreiheit und das Eigentum verabsolutierte, als auch die allzu schwache Lesart der Redefreiheit beide endlich in der Ära Franklin D. Roosevelt überwunden wurden. Hinzu kamen in der Ära von Chief Justice Warren egalitäre Entscheide und prozessrechtliche Fortschritte hin zu einem faireren Strafverfahren, während die Phase seit den 1970er Jahren ein gemischtes Bild erkennen lässt, in dem immerhin die Emanzipationsschritte der LGBT-Bewegung hervorstechen.

Der progressive Liberalismus, der auf gleiche Freiheit abzielt, wurde ursprünglich in der „Progressive Era" grundgelegt und kulminierte in der Verwirklichung der Idee Herbert Crolys von der „evolving constitution". Gerade Letztere wesentliche Interpretationsmaxime muss sich allerdings seit vier Jahrzehnten der Angriffe der sog. originalistischen Schule(n) erwehren, die in offen reaktionärer Absicht die Verfassungsdeutung auf das Verständnis des 18. Jahrhunderts festlegen will. Möglicherweise hat diese mit der Richterinnenernennung 2020 erstmals eine Mehrheit am US Supreme Court gewinnen können.

Die französische Revolutionsverfassung mitsamt der vorhergehenden Menschenrechtserklärung von 1789 ist ebenso wenig ein eindeutiges Produkt des Liberalismus (Sieyès 1985; Baker 1996). Die dort angelegte Sakralisierung des Eigentums und die offenkundige Indienstnahme der Gesetzesherrschaft für bürgerlich-individualistische Zwecke, etwa in der antizipierenden Beseitigung von Gewerkschaften und anderen intermediären Gewalten, bleiben ein Charakteristikum der diversen französischen Verfassungen des 19. Jahrhunderts. Die Blüte der Zivilgesellschaft kann jedenfalls kaum als erstes Anliegen der Revolutionäre betrachtet werden, auch wenn einzelne Vertreter:innen der Gironde-Partei durchaus für liberales Denken dieser Art standen. Einen wesentlichen Sprung nach vorn hätte die Jakobiner-Verfassung von 1793 trotz ihrer zentralistischen Neigungen markiert; sie trat jedoch nie in Kraft. Erst mit der „Volksfront" (1936) und später nach der „Libération" gelang 1946 der Wiederanschluss an diese progressiv-liberale Tradition gleicher Freiheit, während die in Hinsicht politischer Freiheiten teils fortschrittliche III. Republik insbesondere durch ihre Grundrechtsverwirklichung in Gesetzen Spuren hinterlassen hat. Kennzeichnend für die französische verfassungsliberale Tradition bleibt ein meist unverbundenes Nebeneinander von starkem Individualismus, der als Marktgesellschaft auch autoritär durchgesetzt wird, und einer verabsolutierten Staatssouveränität, hinter der das Individuum ganz verschwindet. Nicht untypisch sind daher für Phasen auch der französischen Verfassungsentwicklung Formen eines „autoritären Liberalismus" von oben freigesetzter Marktkräfte. Hingegen hatte der genuin politische Liberalismus es bis hin zur Verfassung der V. Republik mit ihrer Gewaltenzentralisierung notorisch schwer. Bis heute lebt die „girondistisch"-bürgerrechtsliberal-dezentralisierende Strömung als minoritäre Herausforderung im französischen verfassungspolitischen Diskurs fort, oft in Gestalt eines Sozialliberalismus oder einer „deuxième gauche" (zweite Linke).

Der deutsche Verfassungsliberalismus hat nur eine abgebrochene, gescheiterte revolutionäre Tradition (1848/1849). Allerdings wird in den letzten Jahren die liberale Natur der (revolutionären) Weimarer Verfassung (1919) stärker akzentuiert. Sie war nicht nur die erste demokratische, sondern auch die erste wirklich liberale Verfassung Deutschlands, mit einem durchaus nicht nur programmatischen Grundrechtsteil und einer (wenn auch zentralisierenden) Gewaltengliederung. Das Grundgesetz wollte dann gegen die Negation des politischen Liberalismus unter dem NS-Faschismus an die Traditionen von 1849 und teils 1919 anknüpfen. Das gelang in weiten Teilen, insbesondere mit einer Betonung der Grundrechtsbindung aller Staatsgewalten. Allerdings glaubte man die liberalen Tendenzen mit christlichem Humanismus (Menschenwürde am Anfang), einer Betonung der Regierungsstabilität und Elementen der „Streitbarkeit" („Verfassungsschutz" als Aufgabe des Inlandsgeheimdienstes, Partei- und Vereinsverbote etc.) ausgleichen zu müssen, wobei die genannten Gegentendenzen im Laufe der Zeit zunächst eher an Einfluss zunahmen. In den letzten Jahrzehnten ist ein klareres Bekenntnis zu liberalen Verfassungsauslegungen nicht nur am Bundesverfassungsgericht, sondern auch in der Wissenschaft und politischen Öffentlichkeit zu verzeichnen. Eine „law and order"-Verdrehung an sich liberaler Begriffe wie der Rechtsstaatlichkeit droht indes ständig abermals Raum zu greifen, so wie sich auch eine verfassungskonservative Privilegierung von Souveränitätssymbolen wie der Staatsgrenze als neuerliches Phänomen beobachten lässt.

Wie steht es um das Verhältnis von Verfassungsliberalismus und -sozialismus? Eigentlich besteht hier kein echter Gegensatz. Denn liberal-sozialistische Formen bilden sich naturgemäß dann, wenn der Verfassungsliberalismus seinen freiheitlichen Auftrag ernstnimmt und ihn auf die Gesamtheit der Bevölkerung, im Sinne einer Logik gleicher Rechte, ausweitet, statt sich konservativ auf die Besitzstandswahrung privilegierter Gruppen zu versteifen (Bobbio 2006). Ein sich selbst treuer, nicht konservativ verformter Liberalismus neigt daher von selbst zu sozialistischen Egalisierungstendenzen. Die Scheidelinie liegt dann allein bei der Frage, ob das Privateigentum an Produktionsmitteln restlos abzuschaffen ist, Letztere dem Staat zu übertragen sind und damit die Logik der Kapitalverwertung durchbrochen wird. Eine liberale Verfassung muss schon im Interesse der politischen Freiheit diesen Weg zwar zulassen, aber wird ihn nicht als Königsweg begreifen, um seine eigenen Absichten zu verwirklichen. Eine egalitäre Kleineigentümer:innengesellschaft mitsamt einer genossenschaftlichen Übernahme der Betriebe durch die Arbeitnehmer:innen entspricht seiner herrschaftskritischen Ausrichtung vielleicht am konsequentesten, weil sie zugleich staatliche wie auch gesellschaftliche Herrschaft minimiert.

Als Ergebnis lässt sich formulieren, dass ein progressiver, also egalitärer Verfassungsliberalismus begrifflich *per se* sozialistische Züge annimmt, weil er sich um *alle* Arten Herrschaftsverhältnisse sorgt und zugleich *alle* Arten von individuellen Rechten, inklusive den sozialen (etwa auf Arbeit oder Wohnraum), verwirklichen will. Dagegen zeigt die *Geschichte* des Verfassungsliberalismus, dass sich dieser von konservativen Eigentumswahrungszielen allzu oft von seinen eigenen Aspirationen ablenken lässt.

Politisch-autonomietheoretisch zeigen sich weitere bedeutende Spezifika des liberalen Verfassungsdenkens. Gegenbegriffe sind hier der Verfassungslibertarismus und der Verfassungsrepublikanismus. Die liberale Verfassungstheorie lehnt sowohl einen vorgesellschaftlichen Absolutismus der partikularen Willkürfreiheit ab, der zumal in Europa auch nie plausibel erscheinen konnte, weil (arendtsche) politische Gründungsmomente (Arendt 2011) hier (wie recht besehen auch anderswo) eher ins Reich der Fiktion gehören, als auch einen entgegengesetzten republikanischen Primat der gesellschaftlichen, kollektiven Selbstbestimmung. Republikanismus ist hier eher im griechisch-hegelschen als im römisch-kantischen Sinne zu verstehen, also als Übertragung klassischer Polissittlichkeit auf die modernen Bedingungen der rousseauschen Volkssouveränität. Dagegen geht es nicht um Ausgleichs- und Kontrollmechanismen in der Institutionenordnung wie etwa die Gewaltenteilung, wie sie Montesquieu und Kant als „republikanisch" im Sinne von anti-despotisch hervorheben. Der Liberalismus vertraut in Bezug auf die Verfassung auf die Auflösung der Spannungslage von individueller und kollektiver Autonomie durch eine ausgeklügelte Institutionenordnung. Die Antwort des Verfassungsliberalismus auf jede freiheitspraktische Unwucht lautet, man müsse eine neue rechtlich begründete Institution schaffen. So kann die Polizei, die im Interesse der Allgemeinheit tätig werden soll, durch unabhängige Aufsichtsbehörden vielleicht von allzu individualfeindlichen und unegalitären Maßnahmen abgeschreckt werden. Insbesondere der Markt bedarf zahlreicher Regulierungsgremien von staatlicher Seite, um die angestrebte Harmonie gesellschaftlicher Interessen zu erreichen; ein Vertrauen allein auf die individuelle Selbstbestimmung wäre aus dieser Sicht so unangebracht wie eine faktische Übernahme des Marktes durch staatliche Bewirtschaftung. Institutionell schlägt sich der liberale Verfassungskompromiss einerseits in der Beschränkungsmöglichkeit von Grundrechten, andererseits in der Gewaltentrias nieder. Denn während die Legislative der Ort kollektiver Selbstbestimmung ist und daher laut dem (teilliberalen) Republikaner Rousseau auch klar in der demokratischen Vorhand, muss die Exekutive kollektive Entscheidungen mit individueller Freiheit austarieren und die Judikative vorrangig die Letztere gegen die anderen Gewalten schützen. Erst dieses Zusammenspiel ist liberal, nicht eine Verabsolutierung etwa der judikativen Gewalt als „Richter:innenherrschaft", wie sie seit der zweiten Globalisierung wieder verstärkt diskutiert wird.

Politisch-souveränitätstheoretisch kann man zwischen einem Verfassungsmonismus und dem Verfassungspluralismus unterscheiden. Monistische Konzepte priorisieren kollektive Selbstbestimmung, während pluralistische Verfassungen eher individualistischen Konzeptionen von Freiheit entgegenkommen. Nicht zufällig setzt gerade die EU mit ihrer pluralistischen Struktur auf eine „Ermächtigung" des Individuums, insbesondere im Konzept der Konsumentensouveränität, wie Alexander Somek beobachtet hat. Der „Formwandel der Verfassung" (Möller 2015) in der transnationalen Konstellation schlägt sich nicht zuletzt in einer Überbetonung des individuellen, gerade auch marktwirtschaftlichen Interesses nieder, während kollektive Interessen, die Politisierung voraussetzen, es in einer pluralistischen Verfassungsordnung (einem „Verfassungs-Netzwerk"?) deutlich schwerer haben. Nachholende Phänomene der transnationalen Politisierung sind zwar seit einigen Jahren zu beobachten, finden aber noch zu selten die ihnen angemessenen juristischen Formen, um sich effektiv Geltung zu verschaffen. Entsprechende Ansätze beschreibt die Forschung zum weltgesellschaftlichen Konstitutionalismus oder auch zum globalen Verwaltungsrecht. Beide verfolgen das Ziel, den kupierten Liberalismus der Weltgesellschaft um das fehlende politische Element zu ergänzen. Die entsprechenden, oft tiefgreifenden

Konstitutionalisierungsprozesse müssen jedenfalls mit Politisierungsprozessen einhergehen, um verfassungsliberalen Standards zu genügen. Darin dürfte aktuell und auf absehbare Zeit die größte Herausforderung für die Faktizität und Geltung eines verfassungsliberalen Politikbegriffs bestehen (s. Kap. 57).

Anders als die bisher untersuchten Kategorien fragt ein spezifisch *juristischer* Ansatz, wo der Verfassungsliberalismus zwischen Gesetzesliberalismus und Marktliberalismus verortet ist. Von Anbeginn war der politische Liberalismus unentschieden, welcher Ordnungsform er stärker zuneigen sollte: der demokratischen Selbstbestimmung in rechtsstaatlicher Legalität oder der Gesellschaft der spontanen Marktordnung. Autoren wie Locke oder Kant scheuten die Festlegung, und Deutungskontroversen setzen häufig genau an diesem Konflikt an, der sich in Verfassungsbegriffen insbesondere an der Geltungsbestimmung von Eigentumsrechten entzündet. Handelt es sich bei ihnen, wie nicht nur Robespierre, sondern nach Meinung vieler Interpret:innen (am deutlichsten Ingeborg Maus) auch Kant argumentierte, um ein Produkt öffentlicher Verteilungspolitik? Oder existieren, wie man etwa Locke verstehen kann, weiterbestehende Naturrechte an Sachen diesseits der Legalität, ob durch Arbeit oder irgendeine sonstige ursprüngliche Akkumulation? Nach Locke gibt es jedenfalls keine naturrechtlichen Grenzen für die Anhäufung von Vermögen, für die Gesellschaft der Geldwirtschaft gilt sein „Proviso" gerade nicht. Ein wie freies Spiel man den Marktkräften lässt, bleibt eine politische Entscheidung. Wie diese ausfallen soll, ist aber zwischen Anhänger:innen eines eher politischen und eines wirtschaftlichen Liberalismus oft stark umstritten.

Der Verfassungsliberalismus bezieht hier zwischen dem Primat öffentlicher oder „privater" Verteilung zunächst keine Position. Typischerweise lassen liberale Verfassungen diese Frage offen und setzen gerade in Fragen der Verteilung von Rechten, wenn nicht ungerechtfertigte Ungleichbehandlung (Diskriminierung) im Raum steht, auf politische Prozesse. Zugleich ist aber kaum zu übersehen, dass der Verfassungsliberalismus des 19. Jahrhunderts mit seiner Abwehrhaltung gegen ein egalitäres Wahlrecht (vom eher konservativen Guizot bis hin zum eher fortschrittlichen John Stuart Mill) gerade einer befürchteten Umverteilungspolitik zu steuern gedachte. Noch in der Weimarer Republik fanden sich (prägnant etwa beim ansonsten eindeutig konservativen Carl Schmitt) vorgeblich verfassungsliberale Argumente für die durch die demokratische Staatsorganisation akut gefährdete überkommene Eigentumsverteilung. Unter dem Grundgesetz knüpften ebenfalls eher konservativ-liberale Jurist:innen an die Idee einer „Institutsgarantie" für das Eigentum an, um es vor wieder aufkommenden sozialliberalen Tendenzen zu demokratischer Disposition abzuschirmen. In all diesen (vornehm ausgedrückt) Kompromissen mit präexistenten Machtstrukturen ist ein Verfassungsliberalismus, der sich ernstnimmt, noch nicht zu sich selbst gekommen. Eine begriffliche Orientierung an gleicher Freiheit steht noch aus und kommt um die Einsicht kaum herum, dass der Verfassungsliberalismus eines emphatischen Bekenntnisses zum demokratischen Gesetz bedarf, um sich seinen ideellen Zielen anzunähern. Als mahnendes Gegenbild mag Pinochets Verfassung für Chile stehen, die die Verbindung von (wie stets geplanter) „spontaner", doch politisch unfreier Marktgesellschaft und deren möglicher autoritärer Organisation veranschaulicht.

42.2 Spielarten

Der Verfassungsliberalismus lässt sich weiterhin in verschiedene Spielarten aufteilen. Dabei ist eine Orientierung am Kontinuum zwischen entgegengesetzten Polen einer scharfen kategorialen Trennung vorzuziehen, worin sich vorzüglich die polyphone Natur des Liberalismus niederschlägt.

Erstens bewegt sich jeder Verfassungsliberalismus zwischen *Perfektionismus* und *Relativismus*. Ein Grundkonflikt jeder liberalen Verfassung folgt aus der (metaethischen) Frage des Wahrheitsstatus ihrer Normsätze. Viele konkrete Probleme der Verfassungspolitik lassen sich auf diesen Streit zurückführen, etwa die notorischen Auseinandersetzungen um religiöse Kleiderordnungen. Soll eine Verfassung ein Ideal des guten Lebens verfolgen? Wenn man die Frage so stellt, lautet die verfassungsliberale Antwort (wegen des Vorrangs des „Richtigen" vor dem „Guten") klarerweise nein. Fragt man aber, ob das Recht der Gleichberechtigung von Frauen den Status eines „wahren" Verfassungswertes hat, den die Verfassung ggf. auch gegen andere Rechtspositionen gesellschaftlich durchsetzen will, sind verschiedene liberale Antworten möglich. Abhängig sind diese von der Einordnung von Rechten als zu perfektionierende Güter oder als bloß relative Willensmachtbezirke. Erschwert wird eine eindeutige Positionierung insbesondere durch die von Charles Taylor gemachte Beobachtung, dass rein negative Freiheiten schon deshalb nicht existieren können, weil stets nur *bedeutungsvolle* „Interessen" oder eben „Individualgüter" den Status von Abwehrrechten gegen herrschaftliche Einmischung eingeräumt bekommen. Mit anderen Worten: Man muss erst einmal wissen, was wichtig ist, um ein Recht auf Abweichung, also Relativität, zuzulassen. Daher kann man mit Fug bezweifeln, ob eine völlig relativistische liberale Verfassung überhaupt logisch denkbar ist. Es ist jedenfalls für materiale Verfassungen, die mehr als ein Organisationsstatut sind, sehr schwierig, sich von jeglichem ethischen Perfektionismus freizumachen.

Zweitens unterscheidet man sinnvoll zwischen stärker *voluntaristischen* und *rationalistischen* Positionen. Geht eine Verfassung von der Freisetzung des menschlichen Willens aus, wie sie wohl am konsequentesten von Rousseau durchdacht wurde, oder von einer Verpflichtung auf die Vernunft? Viele Autor:innen siedeln sich zwischen den Extremen an, etwa (besonders originell) Hegel, der einerseits dem gesamten entwickelten Staatswesen Vernunft zuschreibt, sofern es seinem Begriff nacheifert, andererseits dessen Vernunft ausschließlich auf der individuellen Willensfreiheit als dem Rechtfertigungsprinzip der gesamten Moderne gründet. Entsprechend handelt Hegels Freiheitsbegriff auch von der Einsicht in die Notwendigkeit und den Spielräumen, die die Randbedingungen des Willkürwillens diesem vernünftigerweise belassen. Sieht man von der Festlegung auf ein je existentes Verfassungswesen ab, eröffnet sich mit Hegels Rechtsphilosophie eine immer noch relevante verfassungsliberale Synthese, die konsequent modern auf der Verwirklichung der Individualität eines „vernünftigen Willens" aufbaut.

Drittens zeichnet sich der Verfassungsliberalismus durch eine Orientierung *jenseits von Moral und Politik* aus, und zwar entweder stärker als Negation einer konventionellen Moral oder aber als Negation des Zwangs zur Politik. Während moralaverse Positionen zum demokratischen, republikanischen Pol neigen, sind politikaverse Standpunkte in der Regel stärker auf die Ausbildung einer neuen Vernunftmoral ausgerichtet. Die Abwendung von repressiver, konformistischer Moral repräsentiert besonders klar Mill, der sich im Laufe seines Lebens denn auch immer mehr demokratischen und „sozialistischen" Thesen nähert (s. Kap. 12). Hingegen steht Benjamin Constant mit seiner Verteidigung der „Freiheit der Modernen" (Constant 2004) prominent für die Befreiung von der Politik, die neuer, privater Konventionen bedarf (s. Kap. 8). Im 20. Jahrhundert folgt Rawls trotz seiner Betonung „öffentlicher Vernunft" stärker der ersten Linie – weiter gehen hier allerdings Habermas (Habermas 1998) oder Ingeborg Maus. Hayek kann man als einen extremen Vertreter der zweiten Linie begreifen, der allerdings Constants Einsicht in die verbleibende Notwendigkeit republikanischer Politik vergessen hat. Der Streit um den Hauptgegner – die ins Moderne übertragene Polissittlichkeit und notwendige Teilnahme am Öffentlichen oder die Restbestände unvernünftiger, repressiver Moralität – kennzeichnet die verfassungsliberale Politik bis heute.

42.3 Die ursprüngliche Einsicht

Was haben die Verfassungsliberalismen bei all ihrem Variantenreichtum gemeinsam? Ihre ursprüngliche Einsicht besteht im Streben nach *Herrschaftsminderung* statt Herrschaftsfreiheit (Audard 2009). Kein Verfassungsliberalismus glaubt (sozialistisch), Herrschaft endgültig überwinden zu können. Allerdings gibt er (anders als Konservative) das Ziel nicht auf, mindestens die Wirkung jeglicher Herrschaftsverhältnisse durch intelligente Institutionen abzumildern. Das gelingt ihm nur, indem er auf die menschlichen *Interessen* statt auf ihre ungekühlten Leidenschaften setzt (Albert O. Hirschman). Daraus erwächst dann ein Vertrauen auf den harmonischen *Ausgleich* statt die existenzielle Austragung von Konflikten. Das Denken des Ausgleichs – insbesondere durch darauf ausgelegte Institutionen – bestimmt die liberale Verfassungstheorie spätestens seit Montesquieu und den Federalists. Hinter das Vertrauen auf eine gleichsam diplomatische, schiedliche Konfliktlösung – mit der Nähe zur Institution des Rechts, die dieses Vertrauen impliziert – kann kein Verfassungsliberalismus zurück. Er wird daher entweder (politischer) auf Regeln und die gegebenenfalls erforderliche politische Änderung dieser Regeln setzen oder aber (rationalistischer) auf justiziell vermittelte Abwägungslösungen. In jedem Fall wird es ihm um ein ausgleichendes Zusammenspiel von Gewalten gehen.

42.4 Die dunkle Seite des kleineren Übels

Man hat den Liberalismus als „Reich des kleineren Übels" (Jean-Claude Michéa) bezeichnet. Die Charakterisierung trifft insofern zu, als liberale Verfassungen auch für „Teufel" (Kant) funktionieren sollen und mit ihnen kein „Reich der Freiheit" ohne Herrschaft und Ausbeutung geschaffen wird. Ob es überhaupt anders sein könnte, steht zwar dahin. Zuletzt sind aber kurz die beiden geläufigen Haupteinwände gegen den Verfassungsliberalismus anzusprechen.

Es ist dies, zum ersten, Martin Luther Kings „We can't wait" (King 1963). Es gibt Ungerechtigkeit, die so unerträglich ist, dass es sie an der Wurzel zu packen gilt – schnell und unversöhnlich. Nicht immer ist liberal organisierter Ausgleich mit den Grundintuitionen der Liberalen selbst in Einklang zu bringen. Die Verarbeitung *politischer Ungeduld* (nicht zuletzt in Protestbewegungen) ist ein ungelöstes Problem liberaler Demokratien. Zum zweiten hat sich eine nicht aufhören wollende Debatte um die Grenzen des *„Formalismus"* liberaler Verfassungen entwickelt. Der Gebrauchswert von Verfassungen steht insbesondere in den Spielarten des Rawlsianismus („fair value") bezogen auf die egalitäre Einrichtung der Gesellschaft infrage. Umstritten ist, ob Verfassungsliberalismus nur als notwendige oder auch als hinreichende Bedingung gleicher Freiheit gelten kann (Wihl 2019). Das verhandeln in den letzten Jahren besonders intensiv die Auseinandersetzungen um Postkolonialismus und Rassismus, aber auch Sexismus. Der „neue Mensch" oder zumindest die „neue Gesellschaft" sind noch nicht tot, sondern bleiben Stachel für den hegemonialen Verfassungsliberalismus, mit denen dieser weniger einfach umzugehen weiß als mit den neuen, alten autoritären Gegenmodellen von Staatlichkeit (Frankenberg 2020).

Literatur

Arendt, Hannah: Über die Revolution. München 2011.
Audard, Catherine: Qu'est-ce que le libéralisme? Paris 2009.
Baker, Keith Michael: Verfassung. In: François Furet/Mona Ozouf (Hg.): Kritisches Wörterbuch der Französischen Revolution. Bd. 2. Frankfurt a. M. 1996, 896–919.
Bobbio, Norberto: Rechts und links. Berlin 2006.
Brunkhorst, Hauke: Rechtsrevolutionen. Der Anteil des Rechts an der Entstehung der Weltgesellschaft. Berlin 2020.
Constant, Benjamin: Écrits politiques. Paris 2004.
Frankenberg, Günther: Autoritarismus. Berlin 2020.
Habermas, Jürgen: Faktizität und Geltung. Frankfurt a. M. 1998.
King, Martin Luther: Why we can't wait. New York 1963.
Möller, Kolja: Formwandel der Verfassung. Bielefeld 2015.
Möllers, Christoph: Verfassunggebende Gewalt – Verfassung – Konstitutionalisierung. In: Armin von Bogdandy/Jürgen Bast (Hg.): Europäisches Verfassungsrecht. Heidelberg 2009, 227–278.
Sieyès, Emmanuel-Joseph: Écrits politiques. Paris 1985.
Shklar, Judith: Der Liberalismus der Rechte. Berlin 2017.
The Federalist Papers. Abrufbar unter: https://guides.loc.gov/federalist-papers/full-text
Wihl, Tim: Aufhebungsrechte. Weilerswist 2019.

Sozialer Liberalismus 43

Richard Sturn

43.1 Definition und grobe Differenzierungen

Sozialliberale betonen – in unterschiedlichen Varianten – sowohl den Stellenwert als auch die politische Gestaltbarkeit der Voraussetzungen, die vorliegen müssen, damit Freiheit in der privaten Lebensgestaltung, aber auch wirtschaftliche Freiheit kein Privileg für Wenige bleibt. Als sozialliberal lassen sich jene ideengeschichtlichen und politischen Strömungen klassifizieren, welche Verteilungsfragen (Macht, Einkommen, Vermögen, Chancen) als systemimmanente Herausforderungen für moderne Marktgesellschaften sehen – und die als Antwort auf diese Herausforderungen unterschiedliche Varianten eines Policy Mix aus Sozial-, Verteilungs-, Bildungs- oder machtbegrenzende Ordnungspolitik als systemrelevante Voraussetzungen liberaler Ordnungen sehen. Daraus folgt, dass Sozialliberale nicht-marktförmigen Institutionen einen bedeutenden, systemrelevanten Platz in der Gesamtarchitektur liberaler Ordnungen einräumen. Unterschiedliche Varianten eines sozialen Liberalismus unterscheiden sich dahingehend, dass die einen mehr die Rolle staatlicher Institutionen (Rechtsstaat, Sozialstaat, öffentliche Daseinsvorsorge) betonen, wohingegen andere mehr Gewicht auf intermediäre Institutionen (Gewerkschaften, Verbände, öffentlich-rechtliche Körperschaften mit eigener Rechtspersönlichkeit und öffentlichen Aufgaben) legen. Wie unter anderen Liberalen gibt es auch unter Sozialliberalen unterschiedliche Positionen im Hinblick auf zwei weitere Fragen: 1) Föderalismus vs. Zentralismus sowie 2) die Nation in ihrer Rolle als soziale Formation im Hinblick auf jene Form von Staatlichkeit, die historisch vielfach mit der Herausbildung liberaler Ordnungen verknüpft war („Liberalismus und Nationalstaat").

Es ist zweckmäßig, den sozialen Liberalismus von jener Art linkem oder radikalem Liberalismus zu unterscheiden, bei dem gesellschaftspolitisch die kompromisslose Opposition gegen alte Mächte in Staat und Kirche, gegen Herrschaftsstrukturen und Privilegien im Vordergrund steht oder/und die Autonomie des Individuums gegenüber tradierten Lebensformen betont wird. Als „linksliberal" galten etwa im 19. Jahrhundert mitunter auch Strömungen, deren wirtschaftspolitische Ausrichtung eher „Manchester-liberal" war: Dies trifft etwa in Deutschland für Teile des Liberalismus zu, die sich in Opposition zu Bismarck befanden.

Allerdings kommen bei bedeutenden Protagonisten des sozialen Liberalismus wie John Stuart Mill (s. Kap. 12) die drei genannten Elemente (Sozialpolitik, Lebensformen-Autonomie, Anti-Privilegien-Radikalismus) zusammen. Grundsätzlich sind sie aber zu trennen: Ein

R. Sturn (✉)
Karl-Franzens-Universität Graz, Graz, Österreich
E-Mail: richard.sturn@uni-graz.at

M. G. Festl (Hrsg.), *Handbuch Liberalismus*, https://doi.org/10.1007/978-3-476-05798-3_43

kompromissloser Anti-Privilegien-Radikalismus kann mitunter mit einer fundamentalen Skepsis gegenüber nicht-marktförmigen Institutionen in Staat und Gesellschaft (und damit auch gegenüber Sozialpolitik) verbunden sein.

Sozialliberale teilen zwar das liberale Petitum, dass staatliche Autorität, die Mechanismen kollektiver Willensbildung sowie Legitimation und Rechenschaft im Kontext öffentlicher Institutionen besondere Herausforderungen darstellen, weil arbiträre oder despotische Eingriffe in individuelle Rechte und Freiheiten als virulente oder latente Gefahren stets präsent sind. Konstrukte wie ein Minimalstaat oder gar anarcho-libertärer Marktradikalismus kommen für Sozialliberale jedoch nicht als Antworten auf diese Probleme in Frage: Denn sie sind der Auffassung, dass Liberale nicht von den unvermeidlichen und vielschichtigen Verteilungsproblemen moderner Marktwirtschaften abstrahieren können.

Vielfach weisen auch Tendenzen in der Koalitionsbildung auf einen sozialen Liberalismus hin. Sozialliberale würden demnach eher mit reformistischen, nicht-revolutionären Sozialdemokraten und anderen Parteien der Linken als mit konservativen Kräften politische Verbindungen eingehen. Tatsächlich lagen solche koalitionspolitischen Präferenzen durch Schnittmengen in zumindest drei Bereichen historisch nahe:

1. in programmatischen Bereichen wie der Sozialpolitik und dem Freihandel (wo etwa im Deutschen Reich die protektionistischen Interessen der ostelbischen Großagrarier einen natürlichen Gegenpol bildeten),
2. im Hinblick auf generell progressive Weltbilder, die mit der Vorstellung rationaler Reformen und Verbesserungen (Adam Smith sprach von „improvements") einhergehen sowie
3. mitunter durch gemeinsame philosophische Bezüge etwa im Neukantianismus.

43.2 Hauptvertreter und Hauptströmungen im historischen Kontext

Die Vielfalt sozialliberaler Positionen und deren Hintergründe kann am besten anhand unterschiedlicher Strömungen in jenen Epochen und Ländern dargestellt werden, in denen der Sozialliberalismus eine erhebliche Rolle spielte. Aufgrund seiner wiederholten Attacken gegen den „schändlichen Monopolgeist" *(wretched spirit of monopoly),* seinem betonten Verständnis gegenüber den Verteilungsanliegen der Arbeiter und seinem Petitum für staatliche Bildungspolitik ist Adam Smith ein erster prominenter Vertreter eines sozialen Liberalismus (s. Kap. 3) (vgl. Kurz/Sturn 2013), obschon er im 19. und 20. Jahrhundert vielfach als Protagonist eines Wirtschaftsliberalismus ohne Adjektive gelesen wurde (vgl. Rothschild 2001).

Auch über den angelsächsischen Kontext hinaus wirkt John Stuart Mill (Sohn von James Mill, der selbst ein bedeutender radikalliberaler Ökonom war) bis heute als die Leitfigur eines sozialen Liberalismus (s. Kap. 43). In seinem Werk findet sich eine umfassende theoretische Architektur eines auf (im Vergleich zu seinem Vater qualitativ differenzierten) utilitaristischen Prinzipien basierenden Liberalismus, der ein Programm aufgeklärt-rationaler Reform unter besonderer Berücksichtigung von allgemeiner Bildung im wörtlichen Sinne darstellte (vgl. Mill 1848; insbesondere Buch V). Bildung ist systemrelevant und wird als öffentlicher Auftrag verstanden: Ohne entsprechende Bildung können die Individuen weder die Markt- noch andere Lebenschancen wahrnehmen, welche die moderne Gesellschaft für sie bereithält.

Dieser große Entwurf schließt normative Prinzipien, sozialtheoretische und ökonomische Grundlagen, Aspekte institutioneller Ausgestaltung und der politischen Realisierung ein. Seit Mill tendierten insbesondere namhafte Ökonomen (unter ihnen Léon Walras, Alfred Marshall, Arthur Cecil Pigou, John Maynard Keynes, Lord Beveridge, James Meade, Kenneth Arrow) mit unterschiedlichen Akzentuierungen zu Varianten eines marktwirtschaftlich verfassten, sozialen Liberalismus, denen die Betonung der Grenzen, aber auch der Unentbehrlichkeit des Markts für moderne Gesellschaften gemeinsam ist.

Die britischen Theoretiker des sozialen Liberalismus standen in mehr oder weniger lockerer Verbindung zu sozialreformerischen Kräften in der durchaus heterogenen liberalen Partei, in der sich neben James und John Stuart Mill schon im 19. Jahrhundert Strömungen utilitaristischer Reformisten („Radicals“) engagiert hatten. Die moderne *Liberal Party* entstand Mitte des 19. Jahrhunderts als Vereinigung aristokratischer *Whigs* und (eher sozialliberaler) mittelständischer *Radicals*. Einen politisch bedeutenden Markstein des sozialen Liberalismus setzte Anfang des 20. Jahrhunderts der sozialliberale Schatzkanzler und nachmalige Premierminister Lloyd George, der vergleichsweise weitreichende Sozialprogramme auf den Weg brachte und 1909 im „People's Budget“ durch eine progressive Einkommensbesteuerung und eine Erhöhung der Erbschaftssteuer ergänzte. John Maynard Keynes betonte die besondere Funktion der Liberalen angesichts einer strukturellen, klassenbedingten Borniertheit von Labour und Tories und plädierte für eine Zusammenführung von *Whig*- und *Radical*-Traditionen (1931), obwohl er selbst im Verlauf seines Lebens mit zunehmender Prägnanz zum Sozialliberalen wurde (s. Kap. 16).

Auch in Deutschland vertrat ein Sozialer Liberalismus *avant la lettre* gemäßigte Positionen, die einerseits Freiheitsversprechen in Bezug auf unternehmerisches Handeln und private Lebensgestaltung begrüßten und als Kern einer irreversiblen sozio-ökonomischem Dynamik begriffen, anderseits aber politischen Handlungsbedarf angesichts der Entbettung der entstehenden Marktgesellschaft und der sozialen Umwälzungen und Probleme der Industrialisierung sahen, von denen auch der gewerbliche Mittelstand als Trägerschicht eines gemäßigten Liberalismus betroffen war. Eine ansehnliche Reihe von Autoren (darunter solche, die gelegentlich explizit als Vorläufer eines sozialen Liberalismus genannt werden wie Robert von Mohl) entwickelten daher differenzierte Positionen, die in kasuistisch abwägender Form die Unentbehrlichkeit bzw. Vorteilhaftigkeit bestimmter nicht-marktförmiger Institutionen und Regulierungen betonten. Insgesamt bot die deutsche Ideengeschichte gute Voraussetzungen für Kombinationen, die als Varianten des Sozialliberalismus aufzufassen sind. Die Smith-Rezeption fand in Deutschland früh statt, war gehaltvoll und wurde im Zuge der Stein-Hardenbergschen Reformen in Preußen auch wirkmächtig. Indes erfolgte diese Rezeption auf einem ideengeschichtlich einzigartigen Boden. Zum einen ist insbesondere bei Kant (s. Kap. 4) eine Art Komplementarität von privatem und öffentlichem Sektor, eine wechselseitige Bedingtheit von Privateigentums-Gesellschaft und Staat zu finden, die in vielen Varianten prägend für die Staatswissenschaft und Staatswirtschaftslehre im 19. Jahrhundert wurde. Zum anderen gab es immer wieder Ansätze (nicht nur bei Hegel), intermediären Institutionen (zwischen Markt und Staat) auch im Kontext spezifisch moderner Gesellschaften einen Platz zuzuweisen. Diese intermediären Institutionen umfassen etwa Genossenschaften (so hatten die unter der Parole der Selbsthilfe gegründeten Schultze-Delitz'schen Genossenschaften einen ausdrücklich sozialliberalen Hintergrund) und Gewerkschaften (die bis in die Weimarer Republik aktiven Hirsch-Dunckerschen Gewerkschaften hatten dezidiert sozialliberale Bezüge). Die theoretische Fokussierung auf Schnittstellen und Institutionalisierungen zwischen Markt und Staat inspirierte überdies eine Reihe von Positionen wie jene von Lorenz von Stein und anderer Finanz- und Staatswissenschaftler, die nicht im engeren Sinn als sozialliberal gelten können (vor allem weil sie politische Emanzipation und Demokratie mit großer Vorsicht behandeln), denen wir jedoch im Hinblick auf Problemdiagnose und institutionelle Antworten ohne Zweifel wichtige Beiträge zum Arsenal eines sozialen Liberalismus verdanken.

In den politisch entscheidenden Phasen ihrer Herausbildung im neu konstituierten Deutschen Kaiserreich grenzten sich die Vorläufer des sozialen Liberalismus durch ihre eher progressiv-emanzipatorische und gleichzeitig mehr staatskritische Haltung ab. Ein Beispiel für die sich ergebenden Ambivalenzen sind die Bismarckschen Sozialreformen, die von Nationalliberalen politisch mitgetragen, von den Sozialliberalen aber wegen ihres zu stark etatistischen Charakters kritisiert wurden. Ein ausdrücklicher Bezug auf den Begriff sozialer Liberalismus erfolgte durch Ignaz Jastrow im Jahr 1893 (vgl. Maier 2010). Ungeachtet der Begriffsprägung (welche sich u. a. bei Jastrow findet) kann in Deutschland unter den Ökonomen Lujo Brentano als bedeutendster und wirkmächtigster intellektueller Protagonist eines sozialen Liberalismus gelten. Brentano wirkte in verschiedene Richtungen: So beeinflusste er sozialliberale Pioniere des Arbeitsrechts und arbeitete die Systemrelevanz von Gewerkschaften heraus. Er wird aber auch gelegentlich als Vordenker jener Agenda gesehen, wie sie bei einigen Autoren des Ordoliberalismus zum Ausdruck kam. Brentano pflegte auch Verbindungen zu politischen Figuren eines sozialen Liberalismus, namentlich mit Friedrich Naumann, der als politische Zentralfigur eines sozialen Liberalismus mit starker nationaler Rahmung in der letzten Phase des Deutschen Kaiserreichs gilt. In der Weimarer Republik wurde die von Naumann mitbegründete Deutsche Demokratische Partei (der auch Max Weber, Walter Rathenau, der nachmalige Bundespräsident Theodor Heuss und Hugo Preuß, der Vater der Weimarer Verfassung, angehörten) zum politischen Arm des sozialen Liberalismus, wobei auch in anderen Parteien verankerte Persönlichkeiten wie Gustav Stresemann Sozialliberale in einem weiteren Sinn waren (s. Kap. 53).

Ambivalent bleiben wird die Verortung der Protagonisten der Sozialen Marktwirtschaft bzw. des Ordoliberalismus (s. Kap. 47). Es lässt sich trefflich streiten, ob und welche ordoliberalen Klassiker als Sozialliberale gelten können – bzw. inwiefern die Vorstellungen des ordnungspolitisch starken Staats, wie sie im ordoliberalen Kontext entwickelt wurden, mit sozialliberalen Weltbildern harmonieren oder in Konflikt stehen. Welchen Stellenwert etwa der großen Wertschätzung beizumessen ist, die Ludwig Erhard als zentraler politischer Macher der Sozialen Marktwirtschaft seinem liberal-sozialistischen Lehrer Franz Oppenheimer gegenüber bekundete, mag dahingestellt bleiben. Sicher ist indes, dass etwa ein Alexander Rüstow oder ein Wilhelm Röpke sowohl sozialliberale Hintergründe als auch ein ausgeprägtes sozialpolitisches Problemsensorium hatten. Hinsichtlich der sozialpolitischen Lösungen bestehen aber Divergenzen nicht nur zu heutigen Sozialliberalen, sondern auch zu betont progressiven Sozialliberalen früherer Epochen. Allerdings ist die Soziale Marktwirtschaft (mitunter mit dem Zusatz ökologisch) heute in den deutschsprachigen Ländern auch in sozialliberalen und progressiven Kreisen zum unverzichtbaren Leitbild avanciert, mit dem insbesondere marktfundamentalistischen Strömungen Paroli geboten werden soll.

In der Bundesrepublik engagierten sich viele Sozialliberale in der FDP und konnten in einigen Landesverbänden, vor allem aber im Vorfeld und während der Sozialliberalen Koalition FDP-SPD (1969–1982) auf Bundesebene politisch prägend wirken. Zur politischen Kohärenz dieser sozialliberalen Konstellation dürfte auch beigetragen haben, dass die SPD in ihrem Godesberger Programm die Formel „Soviel Markt wie möglich, soviel Staat wie nötig“ verankerte. Einen prägnanteren Nenner für die institutionenpolitische Grundrichtung des Sozialliberalismus kann man sich kaum vorstellen.

In Frankreich trug die republikanische Bewegung der 1840er Jahre teilweise radikal-/linksliberale Züge. Ab der zweiten Hälfte der 1870er konstituierten sich linksliberale Kräfte unter den auf viele Jahrzehnte hinaus prägenden Marken „Radicaux“ und „Republikaner“ im parlamentarischen Kontext, wobei sie in mehreren Phasen auch entscheidenden Einfluss auf die Regierungspolitik erlangten und u. a. mit Georges Clemenceau, Édouard Herriot und Édouard Daladier den Regierungschef stellten. Im Laufe dieser Entwicklung wurde Léon Bourgeois, mehrfacher Minister und Friedensnobelpreisträger, zu einem führenden theoretischen Kopf eines spezifischen Sozialliberalismus, der einen liberalen „Solidarismus“ als Gegenstück zu marxistischen Klassenkampfideen, aber auch zu dem in Frankreich des 19. Jahrhunderts von Bastiat bis Leroy-Beaulieu ebenfalls intellektuell stark vertretenem Wirtschaftsliberalismus, propagierte. Die französischen Linksliberalen befürworteten staatliche Verteilungsregulierung, Gewerkschafts- und Bildungspolitik zur Korrektur der Ungleichheiten der Privateigentums-Marktwirtschaft. Allerdings stellten sich ihre politisch einflussreichen Vertreter gegen die Entwicklung eines kollektiven Arbeitsrechts.

Auf dem Terrain der intellektuellen Auseinandersetzung artikulierten einige der französischen Vertreter beim Colloque Walter Lippmann 1938 in Paris dezidiert sozialliberale Positionen, als es um die Frage ging, welche programmatischen Weiterentwicklungen im Lichte von Weltwirtschaftskrise und totalitärer Gefahr erforderlich seien, um den Liberalismus wieder als maßgebende gestalterische Kraft zu beleben. Dabei brachte etwa Jacques Rueff als Alternative zu der vom Ordoliberalen Alexander Rüstow für die liberale Renaissance vorgeschlagene Bezeichnung Neoliberalismus auch „libéralisme de gauche" (Linksliberalismus) ins Spiel (Reinhoudt/Audier 2018, 26), was allerdings nicht auf allgemeine Zustimmung im internationalen und recht heterogenen Kreis der Kolloquiumsteilnehmer stieß.

Ein in seiner Bedeutung unterschätzter skandinavischer Vertreter des sozialen Liberalismus ist der Nationalökonom Knut Wicksell, der in seinen „Finanztheoretischen Untersuchungen" (1896) ein Modell für sich auf neue Tätigkeitsbereiche ausdehnendes staatliches Handeln entwickelte, das dennoch in einen rigoros individualistischen Rahmen integriert war – der sich am Ideal der allseitigen Besserstellung aller Marktteilnehmer orientierte. Markt und Staat wurden demnach als zwei sich ergänzende Funktionsbereiche der modernen Gesellschaft konzipiert, die auf Basis analoger individualistischer Prinzipien funktionierten, welche nur verschieden umzusetzen waren. Wicksells Vorstellungen lassen sich zwar nicht als Blaupause für entsprechende Institutionen und Mechanismen verwenden, aber bis zu einem gewissen Grad trägt die Entwicklung der durchaus individualistisch geprägten skandinavischen Wohlfahrtsstaaten und das damit einhergehende Staatsverständnis solchen Grundintentionen Rechnung.

Historisch waren es in Schweden mehr einzelne Persönlichkeiten als parteipolitisch verankerte Strömungen, die prägenden Einfluss im Sinn sozialliberaler Agenda ausübten. So hatte der erste sozialdemokratische Ministerpräsident Hjalmar Branting ursprünglich einen linksliberalen Hintergrund. Hingegen bildete sich in Norwegen und vor allem in Dänemark früh eine (teils bis heute wirkmächtige) Tradition von linksliberalen Parteien der „radikalen Venstre" heraus, wohingegen die Demokraten 66 in den Niederlanden vergleichsweise jung sind.

Bedeutendster philosophischer Vertreter eines sozialen Liberalismus im 20. Jahrhundert ist John Rawls (s. Kap. 19), der wie kein zweiter die sozio-ökonomischen Bedingungen gleicher Freiheit in den Blick nahm und im Lichte dieser Bedingungen Prinzipien der sozialen Gerechtigkeit ableitete, die er nicht einfach als Verteilungsgerechtigkeit begriffen wissen wollte. Er war damit richtungsweisend für bedeutende Diskussionsstränge, vor allem in der praktischen Philosophie und in der normativen Ökonomik. Deren einzelne Vertreter (von Ronald Dworkin bis Amartya Sen) weichen zwar in manchen Punkten von Rawls ab, teilen aber die politische Grundtendenz. In den USA existierten jedoch schon zuvor mehrere progressiv-sozialliberale Strömungen und erlangten im New Deal (s. Kap. 54) nach 1933 vorübergehend eine Art Hegemonie. Zu ihren Ideengebern gehören der amerikanische Pragmatismus mit der Leitfigur John Dewey (s. Kap. 13), der amerikanische Institutionalismus (John Commons, Thorstein Veblen) und die auf Henry George zurückgehende Bewegung. Diese basiert auf einer auch in anderen Ländern und Kontexten (etwa bei Léon Walras und in Franz Oppenheimers liberalem Sozialismus) aufgekommenen Idee: der faktischen (Teil-)Sozialisierung von Grund- und Bodenrenten. Letztere finden sich auch im Hintergrund links-libertärer Modelle eines bedingungslosen Grundeinkommens. Eine beachtliche, geradezu modellhafte Modernisierung der Lehre Henry Georges unter aktuellen Bedingungen des digitalen Kapitalismus wurde unlängst von Eric Posner und Glen Weyl (2018) vorgelegt. Insgesamt führte die Reichweite sozial- und linksliberaler Strömungen in den USA dazu, dass sie zusammenfassend als „liberal" bezeichnet werden, wohingegen Konservativ-Liberale sich dezidiert davon abgrenzen.

43.3 Institutionentheoretische Hintergründe unterschiedlicher Varianten

Angesichts der in der Darstellung der Hauptvertreter und Hauptströmungen zur Sprache gebrachten Diversität liegt der Fokus zunächst auf jenem gemeinsamem Nenner, der den sozialen Liberalismus von anderen liberalen sowie von anderen linken Strömungen unterscheidet. Im Zentrum steht dabei die Freiheit. Sozialliberale betonen in höherem Maße, dass es sich hierbei nicht um die Freiheit der Wenigen handeln könne, sondern um „Gleiche Freiheit": Die Entwicklung eines analytischen Sensoriums bezüglich realer Chancen auf die Ausübung von Freiheit ist ihnen ein Anliegen. Im wirtschaftlichen Bereich impliziert dies, dass das Prinzip der Vertragsfreiheit hochgehalten wird, aber gleichzeitig die Hintergrundbedingungen von Verträgen im Blick sind, von denen eine strukturell zwangsausübende Wirkung ausgehen kann, insofern manche Marktteilnehmer sich mitunter Vertragsbedingungen nicht entziehen können, die den Vorteil aus dem Vertrag einseitig verteilen. Im Gegensatz zu anderen linken Strömungen sind indes unternehmerische Freiheit und Marktwirtschaft Grundpfeiler des sozialen Liberalismus. Die Verheißung von Freiheit und Wohlstand für alle entfaltet die Marktwirtschaft nur bei einer aktiven Politik der Machtbegrenzung, die gegen Monopole, Trusts und sonstige Vermachtung gerichtet ist. Aus solchen Gründen haben Sozialliberale mitunter die „countervailing power" von Gewerkschaften und ein bestimmtes Maß an Verteilungsregulierung befürwortet.

All diese Modifikationen und Gestaltungen des Ordnungsrahmens setzen rational gestaltbare und rational reformierbare nichtmarktförmige Institutionen auf staatlicher und/oder intermediärer Ebene als Voraussetzung des freien Austauschs am Markt voraus. Dies bedeutet auch, dass Sozialliberale Vertrauen in die Mechanismen der Demokratie und die gestalterischen Potentiale von Politik haben müssen – ebenso wie in die Fähigkeit zu einer effektiven und im Wesentlichen nicht korrumpierbaren Umsetzung im Wege einer rational arbeitenden Verwaltung. Sozialliberalismus verträgt sich kaum mit jener generellen Politikskepsis, die bei Konservativ-Liberalen oft anzutreffen ist.

Das Vertrauen in demokratische Prozesse spiegelt sich auch darin wider, dass etwa in den Parteinamen deutscher Sozialliberaler oft der Begriff demokratisch explizit aufscheint. Darin unterscheiden sie sich von den politik-skeptischen Varianten des Liberalismus. Bei den Konservativ-Liberalen hingegen wird die Betonung der Probleme politischer Mechanismen oft mit der Betonung der Bedeutung gewachsener Institutionen verknüpft. Beides führt dazu, dass der Idee rationaler Reformen mit großer Vorsicht begegnet wird. Konservativ-Liberale sind wegen der Betonung gewachsener Institutionen typischerweise nicht Vertreter eines schrankenlosen Marktoptimismus oder Marktfundamentalismus. Sie unterscheiden sich diesbezüglich von Marktlibertären und Wirtschaftsliberalen, deren oft großes Vertrauen in eine nahezu voraussetzungsfreie Marktwirtschaft zu genereller Abneigung gegenüber Eingriffen in den Markt führt. Oft ist dies auch mit Misstrauen gegenüber Politik und „Bürokratie" verbunden.

Die Komplexität moderner Gesellschaften bringt es also offenbar mit sich, dass sich politische Richtungen in unterschiedlichen Dimensionen unterscheiden und daher nicht ohne weiteres in einem eindimensionalen Links-Rechts-Spektrum einzuordnen sind. Dies gilt in besonderem Maße für den Liberalismus und den sozialen Liberalismus. Grundtendenzen des sozialen Liberalismus wurden oben skizziert. Die Übersicht wichtiger Personen, Strömungen und nationaler Entwicklungen im vorherigen Abschnitt erlaubt schon bestimmte Rückschlüsse auf Spielarten. Insgesamt bildet indes der soziale Liberalismus (bei bestimmten gemeinsamen Grundintentionen) einen vielfältig ausdifferenzierten Komplex von Ideen und Strömungen. Art und Grad wichtiger Differenzierungen bekommt man in den Blick, wenn man die institutionelle Umsetzung dieser Intentionen anhand eines dreidimensionalen Koordinatensystems in Betracht zieht.

Eine der Koordinaten („Koordinate 1") bezieht sich auf den Grad dessen, was wir „Marktoptimismus" nennen können. Verkürzt formuliert: Wie „optimistisch" wird die Leistungsfähigkeit des Marktes bewertet? Genauer gesagt, welche Reichweite wird dem Markt im Hinblick auf seine Eignung zur Vermittlung sozialer Interdependenzen und als Medium der Koordination im Kontext moderner Arbeitsteilungsdynamik zugeschrieben? Oder von der anderen Seite her betrachtet: Wo (wenn überhaupt) werden die *Grenzen* des Marktes verortet? Kann man alle Güter durch passende Preissysteme bzw. marktförmige Bewertungen so zueinander in Beziehung setzen, dass die Wohlfahrt der Menschen optimiert wird – oder gibt es Grenzen des marktförmig Vermittelbaren – und wenn ja, wo liegen sie? Die beiden anderen Koordinaten spiegeln jeweils unterschiedliche Aspekte möglicher *nicht-marktförmiger Koordination* wider. Sie bilden den Stellenwert demokratischer Kollektiventscheidungen (Koordinate 2) und den Zentralisierungsgrad (Koordinate 3) von Kollektiventscheidungen ab. Mit den Koordinaten 2 und 3 hängen der Grad und die Hintergründe der Politikskepsis (bzw. die Perspektiven hinsichtlich „Staatsversagen" und der Grenzen des Staats) zusammen, die für manche Liberale mitunter mindestens so viel wie ihr „Marktoptimismus" zur Begründung der Vorzugswürdigkeit von Marktlösungen beitragen. Vor allem aber sind diese beiden Koordinaten geeignet, die unterschiedlichen Konzeptionen vergleichend zu verorten, anhand welcher liberale Strömungen die *institutionellen Voraussetzungen oder Rahmenbedingungen* marktförmiger Mechanismen thematisieren.

Die reiche Ausdifferenzierung des Spektrums der Varianten des zeitgenössischen Liberalismus dürfte viel zu dessen Resilienz als wirkmächtiger politischer Faktor beitragen. Diese Varianten sind kaum aussagekräftig zu verorten, wenn nicht (über den Grad des Marktoptimismus hinaus) die beiden weiteren Koordinaten herangezogen werden. Sozialliberalismus operiert nie an den Extrempunkten dieses Koordinatensystems. Darüber hinaus ist im deutschen sozialen Liberalismus à la Lujo Brentano die Tendenz sehr stark, intermediären Verbänden (z. B. Gewerkschaften) eine erhebliche Rolle im Gesamtdesign einer auf Machtbegrenzung ausgerichteten Politik zuzuweisen. Insgesamt ist der soziale Liberalismus gemäßigt marktoptimistisch und baut in hohem Maße auf demokratische Kollektiv-Entscheidungsmechanismen als Grundlage rationaler Reform. In seiner deutschen Variante tendiert er dazu, kollektives Handeln nicht ausschließlich auf den Zentralstaat zu konzentrieren.

Bei sozialpolitisch argumentierenden Ordoliberalen wie Röpke wiederum wird die Einbettung des Marktmechanismus in hohem Maße traditionalen Gemeinschaften zugedacht, weil ein gewisses Misstrauen gegenüber Kollektiventscheidungsprozessen besteht.

Die bedeutende Rolle intermediärer und historisch gewachsener Institutionen hängt auch mit unterschiedlichen gesellschaftstheoretischen Prämissen zusammen. Insgesamt sind die deutschen Varianten eines Sozialen Liberalismus ideengeschichtlich gesehen jenen Varianten des Linksliberalismus/Radikalismus eher entgegengesetzt, für die der Grad der Prägung durch rationalistische und atomistische Gesellschaftsvorstellungen charakteristisch ist. Hingegen ist der radikale Liberalismus in den Ländern Lateineuropas stärker als in Deutschland durch die Verbindung mit laizistischen, antiklerikalen und rationalistischen Positionen geprägt.

43.4 Geschichtliche Epochen

Die Frühformen eines Sozialliberalismus *avant la lettre* (etwa bei Smith) bildeten sich im Kampf gegen die alte Privilegienordnung heraus. Dieser Kampf verschmilzt schon in frühen Phasen mit der kritischen Auseinandersetzung mit diversen Formen von Monopolen, Machtasymmetrien und Ausbeutungsverhältnissen des beginnenden Industriekapitalismus. Im Rahmen eines sozialen Liberalismus findet dies bei John Stuart Mill einen ersten Höhepunkt, der sich ernsthaft und intensiv mit den Problemdiagnosen des damaligen Sozialismus auseinandersetzte und diese zum Teil aufnahm. Die Diskussionen um die soziale Frage und die Entwicklung des Sozialstaats nahmen im Anschluss daran in vielen Ländern einen bedeutenden Platz ein. Der Stellenwert dieser Thematik wird auch durch die Tatsache verdeutlicht, dass maßgebende Protagonisten der Sozialdemokratie (etwa Viktor Adler in Österreich und der schon genannte Hjalmar Branting) im Liberalismus politisch sozialisiert wurden.

In Deutschland, aber auch in anderen Ländern ist im ausgehenden 19. Jahrhundert in Bezug auf die Entwicklung des sozialen Liberalismus eine komplexe Gemengelage zu konstatieren. Einerseits befürworteten oft auch Sozialliberale nationalstaatliche Machtentfaltung und Kolonialpolitik, andererseits ist die Rolle der dezidiert nationalliberalen Strömungen im Kontext sozialer Reformen (etwa jener Bismarcks) zu berücksichtigen (s. Kap. 36; 44). Im Vorfeld und im Zuge des Ersten Weltkriegs spielten jedenfalls auch Persönlichkeiten aus sozialliberalen bzw. radikalliberalen Strömungen in führender Regierungsverantwortung (Giolitti in Italien, Clemenceau in Frankreich) eine beachtliche Rolle in der Entstehung kriegerischer Verwicklungen.

Die Zwischenkriegszeit markierte anschließend eine neue Epoche im Hinblick auf politische Herausforderungen, Agenda und Standortbestimmungen. Sie wurde zunehmend dominiert durch die Auseinandersetzung mit den Folgen der großen Weltwirtschaftskrise der 1930er Jahre und die an Dynamik gewinnenden totalitären Strömungen. Aus dieser Problemlage heraus wurde von vielen die Frage nach der Zukunft, der Funktion und den Perspektiven der Wiederbelebung des Liberalismus insgesamt aufgeworfen, wobei nicht nur bei Keynes, sondern etwa auch beim Colloque Walter Lippmann viele Antworten in eine sozialliberale Richtung wiesen (s. Kap. 46).

Nach 1945 wurde die sozialliberale Agenda in vielen Ländern auf die eine oder andere Art zum Mainstream: Dies drückte sich in Begriffen wie „Soziale Marktwirtschaft" oder „mixed economy" aus. Die Grundkonzepte entstammten unterschiedlichen Reaktionen auf die Herausforderungen der Zwischenkriegszeit, von denen der Ordoliberalismus und die dezidiert sozialliberalen Visionen zur Reform des Liberalismus hervorzuheben sind, wie sie von John Maynard Keynes formuliert wurden (s. Kap. 16). Die erste Phase der sozialliberalen Ära in Deutschland (mit der klassisch sozialliberalen Errungenschaft der Erweiterung der Arbeitnehmer-Mitbestimmung in Firmen) war ein Kulminationspunkt dieser Entwicklung.

Durch das Heraufziehen wirtschaftsliberal-konservativer Varianten des „Neoliberalismus" zunächst vor allem unter Margaret Thatcher und Ronald Reagan geriet der soziale Liberalismus in eine defensive Position, aus der er sich bis heute nicht gelöst hat, obwohl er aufgrund seiner Errungenschaften und seiner Verankerung auf vielen Ebenen durchaus wirkmächtig blieb und bleibt. Eine neue Konstellation wurde durch den erstarkenden Rechtspopulismus eingeleitet, wobei sich Sozialliberale und Linksliberale durch ihre klare Abgrenzung und ihre Abneigung gegen entsprechende Koalitionsbildungen von einzelnen wirtschaftsliberalen Strömungen unterscheiden, die hier eine willkommene Erweiterung ihrer strategischen Optionen erblicken.

43.5 Globale Wirkungsgeschichte

Gerade der soziale Liberalismus ist in hohem Maße und mehr als andere politische Richtungen ein westliches Phänomen. Außerhalb Europas machte die linksliberal-progressive Prägung eines bedeutenden Teils der US-Demokraten und der kanadischen Liberalen den progressiven Liberalismus politisch wirkmächtig, sofern er – wie unter der Präsidentschaft Franklin D. Roosevelts – zur Mobilisierung von über ihn hinausreichenden Wählerkoalitionen in der Lage war. Außerhalb europäisch geprägter Gesellschaften blieb der progressive Sozialliberalismus hingegen meist ein Randphänomen. Gemäßigt progressiv-reformistische Strömungen beziehen sich in diesen Gesellschaften meist auf andere Quellen (vor allem in den Nachfolgestaaten des Britischen Empire durch den Reformismus der Fabian Society, man denke an Jawaharlal Nehru in Indien (s. Kap. 64) oder Harry Lee Kuan Yew in Singapur) oder durch andere sozialdemokratische Strömungen. Am ehesten lässt sich der chinesische Revolutionär, Präsident und Gründer der Kuomintang Sun Yat-sen im Sinne einer progressiv-sozialliberalen Ausrichtung einordnen. Kemal Atatürks Reformen trugen zwar gewisse progressive Züge, als Sozialliberalen wird man ihn dennoch kaum einstufen.

In Lateinamerika scheinen eher konservative, wirtschaftsliberal ausgeprägte Varianten des Liberalismus wirkmächtig (s. Kap. 59). Die japanischen Liberalen weisen unterschiedliche Schattierungen auf, von denen jedoch kaum eine als progressiv-sozialliberal eingestuft werden kann (s. Kap. 63). Im Hinblick darauf zeigt sich wie bei einigen Vertretern des Ordoliberalismus, dass die Kombination von wirtschaftsliberalen Elementen und Konservatismus auch mit einem sozialpolitischen Problemsensorium einhergehen kann. So sind derzeit weltweit unterschiedliche Varianten und Abstufungen in der Art und Weise zu beobachten, wie bestimmte politische Bewegungen tradierte Werte, Gemeinschaften sowie die Religion gleichsam als sozialen Kitt in der marktwirtschaftlichen Dynamik mit ihren Tendenzen der Entbettung und Entfesselung individualistischer Privatinitiative mobilisieren. Indien und die heutige Türkei können hier als Beispiele dienen.

Literatur

Keynes, John Maynard: Am I a Liberal? An Address to the Liberal Summer School in Cambridge 1925. In: Essays in Persuasion IV.3. London 1931.

Kurz, Heinz/Sturn, Richard: Adam Smith: Pionier der modernen Ökonomie. Frankfurt a. M. 2013.

Lehnert, Detlef (Hg.): Sozialliberalismus in Europa. Graz/Köln 2012.

Maier, Dieter G.: Ignaz Jastrow. Sozialliberale Positionen in Wissenschaft und Politik. Berlin 2010.

Mill, John Stuart: Principles of Political Economy with some of their Applications to Social Philosophy [1848]. London ^{7}1909.

Reinhoudt, Jurgen/Audier, Serge: The Walter Lippmann Colloquium. The Birth of Neo–Liberalism. Cham 2018.

Rothschild, Emma: Economic sentiments: Adam Smith, Condorcet, and the enlightenment. Cambridge, Mass. 2001.

Wicksell, Knut: Finanztheoretische Untersuchungen nebst Darstellung und Kritik des Steuersystems Schwedens. Jena 1896.

44 Nationalliberalismus

Oskar Mulej

44.1 Konzeptuelle Klarstellung

Der Begriff Nationalliberalismus bezieht sich auf: 1.) eine spezifische Art von liberaler politischer sIdeologie; 2.) eine politische Tradition – historische Bewegung und Familie von Parteien, die Träger einer solchen Ideologie darstellen.

Nationalliberalismus soll vom „liberalen Nationalismus" unterschieden werden. Während der Letztere einen analytischen Begriff darstellt, der eine solche Art von Nationalismus bezeichnet, die als mit liberalen Werten, Ideen und Prinzipien vereinbar angesehen wird, steht der Nationalliberalismus für ein charakteristisches historisches Phänomen – eine ideologische Strömung und eine Parteitradition, die liberale und nationale Bestrebungen kombinierte.

Gemäß der von Michael Freeden vorgeschlagenen methodologischen Zugänge und Terminologie, kann Nationalliberalismus im Sinne von 1.) (als Ideologie) konzeptualisiert werden als:

a) Subvariante des Liberalismus, die durch eine besonders herausragende Position des Konzeptes der Nation innerhalb ihres ideologischen Rahmens gekennzeichnet ist. In den meisten praktischen Fällen entspricht dies einer Entwicklungsphase der liberalen Ideologie, die durch spezifische temporale und räumliche Kontexte bedingt ist, die sich auf seine morphologische Struktur auswirken und ein betont nationales(-istisches) Anliegen widerspiegeln.
b) Beispiel einer „hybriden Ideologie", in der Liberalismus und Nationalismus „auf gleicher Ebene" miteinander verbunden sind und einen gemeinsamen ideologischen Rahmen bilden. Es geht dabei nicht um eine temporal/räumlich bedingte Entwicklung *einer* liberalen Tradition, sondern um eine Fusion zweier ideologischer Strömungen, worin keine als „primär" (und die andere als „ergänzend") fungiert. Die Möglichkeit, den Nationalliberalismus als Beispiel „hybrider Ideologie" zu betrachten, hängt davon ab, welcher ideologische Charakter dem Nationalismus zugeschrieben wird – d. h. ob er überhaupt als eine eigenständige Ideologie betrachtet wird. Freeden zufolge fungiert Nationalismus meistens als „eine unterwürfige und partielle Komponente breiterer Ideologien." (2005, 212).

Dieser Aufsatz befasst sich mit dem Nationalliberalismus im Sinne von a) – das ist eine bestimmte Art von Liberalismus, verstanden als *„that semantic field in which the political understandings of people who regard themselves as liberals, or who others regard as liberals may be investigated"* (ebd., 20). Eine mögliche

O. Mulej (✉)
Universität Wien, Wien, Österreich
E-Mail: oskar.mulej@oeaw.ac.at

M. G. Festl (Hrsg.), *Handbuch Liberalismus*, https://doi.org/10.1007/978-3-476-05798-3_44

Konzeptualisierung im Sinne von b) wird im letzten Teil kurz angetastet, wo die genealogischen Erben des Nationalliberalismus diskutiert werden.

44.2 Ideologien und Bewegungen im Überblick

Mit dem Begriff Nationalliberalismus, beziehen wir uns normalerweise auf eine bestimmte *ideologische Strömung,* die insbesondere für Mittel-, Ost-Zentral-, aber auch für Süd- und Südosteuropa des 19. Jahrhunderts charakteristisch war. Die nationalen „Wiedergeburten" und Vereinigungen, die im langen 19. Jahrhundert in weiten Teilen der genannten Regionen stattfanden, waren Projekte, in denen Liberale eine Schlüsselrolle spielten. Sowohl in Bezug auf Ideologien als auch in Bezug auf die Traditionen der politischen Parteien entwickelte sich ein bestimmter Typ von Liberalismus, der liberale mit den nationalen Ideen und liberale Prinzipien mit nationalistischen Bestrebungen verknüpfte, um ein gemeinsames emanzipatorisches Projekt zu umfassen. Anders formuliert: Nationalliberalismus stellt eine bestimmte Art liberaler Ideologie dar, in der die Emanzipation und Affirmation der Nation mindestens gleich oder in den meisten Fällen höher positioniert waren als die Emanzipation und Affirmation des Einzelnen. Dies stellt auch das gemeinsame Unterscheidungsmerkmal der ansonsten regional und sozial vielfältigen spezifischen Varianten von Nationalliberalismus vor.

Freiheit als das zentrale politische Ideal der Liberalen wurde auch – und manchmal sogar in erster Linie – als „Freiheit für die Nation", d. h. nationale Emanzipierung und Vereinigung, verstanden. Dabei wurden die Nationen manchmal als „kollektive Individuen" wahrgenommen (Janowski 2000, 79). Ähnliche Beobachtungen können auch auf die verbundenen liberalen Ideen und Prinzipen wie Bürgerschaft, *limited government,* Freihandel, Selbstbestimmung, Vernunft, Fortschritt, Individualismus, Zivilisation, Zivilgesellschaft zutreffen, mit denen „Nationalismus gelegentlich koaleszierte […] oder sich in ihnen verschachtelte" (Freeden 2006, x). Sowohl die liberalen als auch die nationalistischen Bestrebungen konvergierten dabei im Kampf gegen die gemeinsamen Feinde: den absolutistischen Staat, feudale Privilegien und damit verbundenen Partikularismen von Region und/oder dem Stand und, sehr oft, die katholische Kirche.

Es soll weiter betont werden, dass die infrage stehende „Nation" nicht nur die Idee einer Gemeinschaft von Staatsbürgern beinhaltete, die demselben Gemeinwesen angehören und vor dem Gesetz gleich sind, sondern meistens und vor allem auch eine durch gemeinsame Sprache und Kultur geprägte Volksgemeinschaft im herderschen Sinne. Obwohl die politische Auffassung von Nation bei den meisten Liberalismen des 19. Jahrhunderts unabhängig von der Region eine bedeutende Rolle spielte, kann gleichzeitig argumentiert werden, dass in weiten Teilen Mittel-, Ost-, Südost- und Südeuropas das Fehlen von Nationalstaaten zusammen mit der herrschenden ethno-kulturellen Auffassung der Nation den Liberalismus in seinem spezifisch nationalen(-istischen) Charakter wesentlich bedingten. Der Kampf um Verfassung, bürgerliche Freiheiten und Gleichheit vor dem Gesetz ging Hand in Hand mit Nationsbildungsprojekten, die auf Vorstellungen von ethnischer- oder Kulturnation beruhten, oft aber auch mit historisch-rechtlichen Argumenten verbunden waren. Das Ziel der nationalen Emanzipation beinhaltete aber auch nicht unbedingt den Wunsch nach einem unabhängigen Nationalstaat, wie die Nationalliberalismen in Österreich eindeutig zeigen.

Gleichzeitig bezeichnet Nationalliberalismus auch eine *Tradition politischer Parteien* als Träger dieser Ideologie. Es ist daher möglich, von Traditionen des Nationalliberalismus als gemeinsame Bezeichnung für eine Reihe verwandter politischer Bewegungen zu sprechen. Nachdem sich „Liberalismus" nach 1830 als Identifizierungszeichen innerhalb der politischen Sprachen Europas etablierte (Leonhard 2004, 338–348), wurde er bis 1848 zur Selbstbezeichnung der dominierenden ideologischen Strömung unter den gebildeten Schichten Deutschlands, Italiens, Ungarns und Polens, die gleichzeitig an der Spitze der nationalen Bewegungen standen. Für einen Großteil der Folgezeit funktionierte das Wort „national“ somit als mehr oder weniger gleichbedeutend mit „liberal“ und „der Begriff ‚national‘ allein reichte aus, um den Verdacht auf liberale Assoziationen zu erwecken“ (Janowski 2000, 80). Aufgrund des anfänglichen Mangels an „Konkurrenz“ auf diesem „Gebiet“ seitens der Konservativen und Katholiken waren die liberalen Parteien der Mitte des 19. Jahrhunderts durchweg „national“, was im deutschsprachigen Raum sowohl für Preußen, für Österreich, als auch für die süddeutschen Länder charakteristisch war (Gall 1988, 26). Eine enge Beziehung entwickelte sich also zwischen Liberalismus und Nationalismus, die aber gleichzeitig nicht problemlos war, wie der Fall der *Nationalliberalen Partei* im Deutschen Reich zeigt, die viele ihrer früheren liberalen Forderungen um der deutschen Vereinigung unter preußischer Führung willen opfern musste.

Zum Selbstbild der Nationalliberalen gehörte es, sich als Hauptantriebskraft der Modernisierung zu sehen, was stark mit von ihnen geführten Nationsbildungsprojekten zusammenfiel. Als „die nationale, moderne nationale Kultur und Identität aufbauende Partei“ (Denes 2006, 1) strebten die Nationalliberalen innerhalb ihrer eigenen nationalen Kontexte auch danach, eine moderne bürgerliche Zivilgesellschaft zu schaffen und das westliche (hauptsächlich britische) Niveau der wirtschaftlichen Entwicklung zu erreichen. Das in vielen Fällen noch zu schaffende Bürgertum wurde meistens als die eigentliche Nation wahrgenommen – d. h. als Kern der zukünftigen modernen Nation. Ein damit verbundenes Merkmal war auch der relativ hohe Grad an Etatismus, oft von Zentralismus begleitet. Der Staat wurde dabei sowohl als Motor der gesellschaftlichen Entwicklung als auch der nationalen Integration angesehen.

Tatsächlich drängt sich der Eindruck auf, dass für die Nationalliberalen in Mittel-, Süd- und Südosteuropa die Kategorie „Staat“ mindestens einen ebenso zentralen Platz einnahm wie „Freiheit“ (Janowski 2000, 70). Letztere wurde, insbesondere in den deutschen Ländern, stark von der hegelschen Auffassung geprägt, die Selbstverwirklichung des Individuums sei nur im Rahmen des Staates möglich. Von dieser Perspektive aus, ist es nicht zu verwunderlich, dass die Traditionen des „aufgeklärten Absolutismus“ von Joseph II. und Friedrich dem Großen häufig seitens der Liberalen „als ihre eigenen“ ausgerufen wurden (ebd., 71). Es sollte weiterhin betont werden, dass der liberale Rechtsstaat (mit Akzent auf Staat!), der auch von dem breiteren Konzept des *Rule of Law* unterschieden werden soll, keineswegs notwendigerweise die Idee eines „Minimalstaates“ implizierte (vgl. Mantl 1996, 20, 24–25). Insbesondere in den neu gegründeten südosteuropäischen Staaten Rumänien, Serbien und Bulgarien gab es auch einen deutlich erkennbaren Einfluss des französischen, republikanischen und zentralistischen Modells auf die Ideologie der Nationalliberalen.

Obwohl „top-down“ Modernisierung allen nationalliberalen Projekten einigermaßen eigen war, gab es gleichzeitig bemerkenswerte Unterschiede in Bezug auf die befürworteten wirtschaftlichen, sozialen und politischen Modelle. Im wirtschaftlichen Bereich reichten diese von den streng protektionistischen, nach dem Vorbild der neo-merkantilistischen Lehren Friedrich Lists bis zu laissez-faire Zugängen zur Volkswirtschaft.

Der gesellschaftliche Charakter des Nationalliberalismus und dessen Trägern unterschied sich beträchtlich von Fall zu Fall: Auf der einen Seite gab es adelige Varianten, die vorherrschend in Ungarn und Polen waren, auf der anderen aber auch die betont „populären“, die für jene Länder und Völker charakteristisch waren, denen sowohl eine Aristokratie als auch ein entwickeltes Bürgertum fehlte, wie z. B. Serbien und Bulgarien. Diese Arten von Unterschieden waren eng mit unterschiedlich festgelegten nationalen „Traditionen der Freiheit“ verbunden, was sich wiederum in verschiedenen Entwicklungsmodellen widerspiegelte („organisches Wachstum“ vs. sozialer Konstruktivismus, Föderalismus vs. Zentralismus, ständische Traditionen vs. moderne Bürokratie). Ein wichtiger Unterschied zwischen den südosteuropäischen Nationalliberalismen und ihren Gegenstücken im Westen und Norden war das hohe Maß an „sozial konstruktivistischen“ Ansichten, die die

Ersteren auszeichnete und war charakteristisch sowohl für die zutiefst „elitär“ und antidemokratisch geprägte Art von Nationalliberalismus in Rumänien als auch für die eher „populistisch“ und demokratisch ausgerichteten bulgarischen und serbischen Liberalen (Mishkova 2006).

Im Fall von katholischen Ländern stellte die betont säkularistische Ausrichtung ein weiteres Unterscheidungsmerkmal des Nationalliberalismus dar. Es wurde nämlich angenommen, dass die mächtige, supranationale „universalistische“ Kirche eine Gefahr für den Primat der nationalen Idee und ein Hindernis für die soziale Modernisierung präsentierte. In Mitteleuropa kann daher zwischen zwei Hauptgruppen liberaler Parteien unterschieden werden – der „nördlichen“, die in erster Linie mit den Konservativen um sozioökonomische Fragen kämpfte, und der „südlichen“, die sich hauptsächlich durch ihre Opposition zum (politischen) Katholizismus auf dem Gebiet von Kultur und Weltanschauung definierte (Höbelt 1988, 161, 167).

44.3 Altösterreich und Mitteleuropa

Dieser Abschnitt befasst sich mit der Entwicklung der nationalliberalen politischen Traditionen in Mitteluropa mit besonderem Schwerpunkt auf Altösterreich (der ehemalige Cisleithanische Teil der Doppelmonarchie). Es umfasst ungefähr die Jahre zwischen 1867 und dem Ersten Weltkrieg und konzentriert sich insbesondere auf den deutschen, tschechischen und slowenischen Nationalliberalismus. Nach der Skizzierung des Aufkommens dieser Traditionen und ihres allgemeinen Charakters, werden am Ende auch bestimmte Umwandlungen kurz angesprochen, die sich vom letzten Viertel des 19. Jahrhunderts hinaus entfalteten und auch als Niedergang des Nationalliberalismus verstanden werden können. Dazu gehörten u. a. Verschiebungen, die als illiberal oder in bestimmten Fällen sogar als geradezu antiliberal angesehen werden könnten – insbesondere aus normativer Sicht der Ideengeschichte, geschweige denn der politischen Philosophie.

In einem Vielvölkerreich wie der Habsburgermonarchie ging die Entwicklung liberaler Politik Hand in Hand mit den nationalen Bewegungen. Es ist daher möglich, über eine Reihe von nationalliberalen Traditionen zu reden, von denen die Deutsche als erste erschienen war und die aufgrund der wirtschaftlich und kulturell stärkeren Position zunächst auch vorherrschend war. In Ungarn trieb der Liberalismus seine Wurzeln ebenfalls früh aus, jedoch in einer bestimmten Form von Landadelsliberalismus *(gentry liberalism).* Aufgrund des Fehlens eines nationalgesinnten Bürgertums, hatte sich innerhalb des liberal ausgerichteten Adels, eine besondere Ideologie entwickelt, die diesem Stand die Rolle des *„tiers etat“* bzw. *„le juste milieu“* zuschrieb (Szábo 2006, 201–202). Eine ähnliche Art von Adelsliberalismus entwickelte sich auch unter den Polen (Janowski 2006, 250).

Die tschechischen Liberalen folgten den deutschen rasch, obwohl zugleich argumentiert werden kann, dass ihre Entwicklung ihren Höhepunkt erreichte, als der österreichisch-deutsche Liberalismus bereits im Niedergang war (vgl. Lemberg 1979, 76). Die in wirtschaftlich weniger entwickelten Regionen lebenden Slowenen, deren Gesellschaft weniger differenziert und von Bauern und kleinbürgerlichen Schichten dominiert war (Cohen 2007, 248), betraten die politische Bühne etwas später. Ihre Nationalbewegung war ursprünglich einheitlich, wobei der eher konservative Flügel über den liberal gesinnten und national anspruchsvolleren dominierte. Eine völlig unabhängige liberale Partei, unterstützt durch eine zuvor abwesende national-gesinnte Unternehmerschicht, erschien erst in den 1890er Jahren (Vodopivec 2006, 14–15).

Die österreichisch-deutschen Liberalen z. B. waren nicht einfach *die Liberalen,* sondern *Deutschliberale,* während die tschechischen und die slowenischen zunächst einfach den Namen „Nationalpartei“ annahmen, was die enge Verflechtung von Liberalismus und Nationalismus aufzeigt. Während des größten Teils des Jahrhunderts implizierte die im Wesentlichen nationale(-istische) Ausrichtung der Liberalen aber keine feindlichen Einstellungen gegenüber den anderen Nationalitäten und konnte als mit den zentralen liberalen Ideen vereinbar angesehen werden. Insbesondere die Nationalitätenpolitik der österreichisch-deutschen Liberalen in den 1860ern zeichnete sich weitgehend durch die Position einer gebildeten, „aufgeklärten“ und zukunftsorientierten Elite aus, deren Tür zumindest theoretisch niemandem verschlossen war. Für sie bedeutete, liberal zu sein, weitgehend Deutsch zu sein. Und umgekehrt – es waren Kultur und Bildung, die man besaß, nicht die ethnischen Wurzeln, die die Mitgliedschaft in dieser deutschen liberalen „Gemeinschaft“ ermöglichten.

In diesem Zusammenhang ist besonders darauf hinzuweisen, dass die deutschsprachigen Juden nicht nur als zur deutschen Nation gehörend wahrgenommen wurden, sondern in der nationalliberalen Bewegung auch in recht hoher Zahl vertreten waren. Ein sehr gutes Beispiel stellt Adolf Fischhof dar, ein österreichisch-deutscher liberaler Politiker, Publizist und Schriftsteller jüdischer Herkunft. Er war ein deutscher Nationalist, ein österreichischer Patriot und ein entschlossener Verfechter der Kultur- und Sprachrechte für alle Nationalitäten des Habsburgerreiches. Im Gegensatz zu vielen seiner deutschliberalen Zeitgenossen sprach er sich auch gegen die Vereinigung mit dem Deutschen Reich aus und verteidigte die Idee Österreichs als eines von einem höheren ethischen Ideal der Gerechtigkeit gegründeten und geleiteten Nationalitätenstaates, der allen seinen Nationalitäten die gleichen Rechten und die gleiche Würde sichern würde (Fischhof 1870, 7–8, 51–52).

Die deutschliberale Weltanschauung, so universalistisch, inklusiv und „kosmopolitisch“ sie auch gewesen sein mag, könnte aus einem anderen Blickwinkel betrachtet – z. B. dem der aufstrebenden nationalen Bewegungen österreichischer Slawen – einen Eindruck von paternalistischen, wenn nicht geradezu hegemonialen Einstellungen vermitteln. Darüber hinaus vermieden die nationalen Bewegungen der österreichischen Slawen, einschließlich derjenigen, die ohne Zweifel als nationalliberal bezeichnet werden können, häufig die Verwendung der politischen Selbstbezeichnung „liberal“ oder lehnten sie gar ab, weil sie in ihrer Wahrnehmung eine starke „deutsche“ Konnotation trug (Lemberg 1979, 62).

Der Konflikt hatte auch eine praktische Bedeutung, da die österreichische Wahlordnung nach dem Ausgleich, den Deutschliberalen eine Mehrheit im Reichsrat sicherte, obwohl die deutschsprachigen Bürger nur etwa ein Drittel der cisleithanischen Bevölkerung ausmachten. Die herrschenden Deutschliberalen hielten daher am Zentralismus fest, der es ihnen ermöglichte, vorerst an der Macht zu bleiben. Das hieß aber nicht, dass die Bestrebungen der Nationalbewegungen der österreichischen Slawen gegen die Monarchie ausgerichtet waren. Obwohl unzufrieden mit dem österreichisch-ungarischen Ausgleich, blieb die tschechische Nationalpartei *(Národní strana)* dem Aufruf František Palackýs von 1848 treu, loyal gegenüber dem vereinten konstitutionellen Österreich als Garantie für die freie kulturelle sowie auch politische Entwicklung ihrer slawischen Völker zu sein. Keine der österreichischen nationalliberalen Bewegungen befürwortete einen vollständigen Separatismus oder einen völligen Verzicht auf den habsburgischen Rahmen. Selbst ihre *Fin-de-Siècle*-Erben, die weitaus betont und exklusiv nationalistisch waren, hatten – mit Ausnahme einiger radikalster Fraktionen – nicht vor, Österreich zu zerstören.

Trotz der zumindest scheinbar widersprüchlichen inneren Logik des Nationalliberalismus – d. h. die manchmal schwierige Beziehung zwischen der „nationalen“ und der „liberalen“ Komponente – besaßen die Ideen, für die die erwähnten nationalliberalen Bewegungen eintraten, immer noch ein beträchtliches Maß an Einheit. Trotz aller Unterschiede unter den einzelnen Nationalliberalismen – einschließlich die, die mit unterschiedlichen sozialen Stellungen und der Macht ihrer Hauptfiguren zu tun hatten – besaßen sie einen allgemeinen Charakter, der als ziemlich „liberal“ angesehen werden konnte. Liberal im Sinne von: dem universalistischen Charakter ihrer nationalen Ideale (vgl. Janowski 2000, 71, 78); der relativ kosmopolitischen

Kultur, die sie repräsentierten und förderten; ihrer Modernisierungsbestrebungen und dem Glauben an den kulturellen und wirtschaftlichen Fortschritt anhand von Bildung und schrittweisen sozialen Reformen; dem relativ hohen Grad an kultureller, religiöser und nationaler Toleranz; deren säkularistischer Ausrichtung; und nicht zuletzt ihrer strikten Einhaltung der Grundsätze des Konstitutionalismus, des Rechtsstaates und der Gleichheit vor dem Gesetz.

Die 1867-Verfassung, nicht nur ein Erfolg für die zentralistisch ausgerichteten Deutschliberalen, sondern angesichts der von ihr eingeführten bürgerlichen und nationalen Rechte auch ein Schritt vorwärts für die Liberalen aller nationalen Varianten, bescherte dem Liberalismus in Österreich einen Sieg. Gleichzeitig jedoch begann bald der langsame Niedergang des Liberalismus durch zahlreiche Prozesse, die in den folgenden Jahrzehnten abliefen und ihn sowohl weniger vereint als auch weniger liberal machten. Diese Prozesse lassen sich folgenderweise zusammenfassen: a) abnehmendes Vertrauen in liberale Wirtschaftsideen aufgrund der langen Wirtschaftskrise nach dem Börsenkrach von 1873 sowie der allgemeinen Reaktion gegen den Individualismus (Gottas 1987, 58–60); b) Desorientierung, die in erster Linie mit der Unfähigkeit verbunden war, mit den aktuellen, in Richtung von Massenpolitik laufenden politischen Entwicklungen umzugehen; c) ideologische Diffusion und Transformation verbunden mit Konkurrenz, Einfluss und eventueller Übernahme durch radikalere jüngere Strömungen innerhalb der Bewegung, was zu einem kontinuierlichen Verlust liberaler Identität führte, in der Regel zugunsten einer betonter nationalistischen; d) Desintegration und eine Reihe von Spaltungen innerhalb der liberalen Bewegungen; e) meist erfolgslose Versuche organisatorischer Transformierung von Honoratiorenparteien zu modernen Massenparteien.

Insbesondere in Österreich – und am deutlichsten unter deren Deutschen – wurde die konservative und elitäre politische Haltung der *Altliberalen* zunehmend von den radikaleren, jüngeren Generationen kritisiert, was eine allmähliche, aber zugleich anhaltende „nationalistische Wende“ auslöste, die ihren Höhepunkt um das *Fin-de-Siècle* herum erreichte und den Charakter des österreichischen (Post-)Liberalismus tiefgreifend veränderte. Die Beziehung zwischen der liberalen und der nationalen Komponente des Nationalliberalismus sowie auch deren tatsächlichen Typen begann sich seit den 1870er Jahren zu ändern, wobei die nationale Komponente die liberale bis 1900 sichtbar überwog. Der Nationalismus gewann an Stärke und Intensität und nahm dabei auch neue Formen an. Auch die zeitgenössischen Beispiele aus dem Deutschen Reich offenbaren einen allmählichen Rückgang liberaler, gemäßigter und relativ toleranter Arten von Nationalismus zugunsten aggressiverer Formen – im Extremfall z. B. sogar solcher, die auf rassistischen Vorstellungen basierten (Kurlander 2002, 28).

Die diskutierte „nationalistische Wende“ der mitteleuropäischen Nationalliberalen und ihrer politischen Erben erreichte ihren Höhepunkt um die Jahrhundertwende und setzte in der Zwischenkriegszeit ihre Entwicklung weiter fort. Von einem normativen ideologischen Blickwinkel betrachtet, wäre es vielleicht sogar legitim zu sagen, dass die Liberalen bis zum Ende des 19. Jahrhunderts aufgehört hatten, national ausgerichtet zu sein (vgl. Denes 2006, 2). Aus der Perspektive von Parteientraditionen gesehen, ist es jedoch ebenso wahr, dass es weiterhin Parteien gab, die die Traditionen des Nationalliberalismus geerbt hatten. Neben der Parteienorganisation betraf diese Vererbung insbesondere die soziale Basis, die Verwurzelung in bestimmten Milieus sowie auch eine Form von verwässerter Ideologie. Solche Parteien wurden auch weiterhin von der Öffentlichkeit wie von ihren politischen Gegnern „liberal“ genannt, obwohl manche von ihnen möglicherweise sogar weniger liberalen Geist und Kultur bewahrt hatten als diejenigen Parteien, die auf einer anderen ideologischen Grundlage basierten. Ab der Jahrhundertwende ist es daher angemessener, die Parteienbezeichnung „nationalliberale Erben“ zu verwenden. Unter diese Bezeichnung fallende Parteien wurden durch eine verschwommene ideologische Mischung ausgezeichnet, die Elemente des kleinbürgerlichen Radikalismus, des Sozialismus nicht-marxistischer Ausprägung, des integralen Nationalismus mit einigem verbleibenden liberalen Rückstand miteinander kombinierte (oder zumindest deren Koexistenz erlaubte). Das „liberale Lager“ wurde daher spätestens ab 1918 nicht mehr positiv dadurch definiert, was es war (ideologisch der liberalen politischen Philosophie verpflichtet), sondern eher *negativ* dadurch, was es nicht war (nicht-katholisch, nicht-marxistisch usw.). Aus Sicht der Parteiengenealogie waren die Parteien des Lagers der nationalliberalen Erben (wie z. B. die Tschechoslowakischen Nationaldemokraten, die Großdeutsche Volkspartei in Österreich und die slowenische Jugoslawische demokratische Partei) liberal; ideologisch waren sie jedoch schon seit Jahrzehnten von den Traditionen abgewichen, in denen sie wurzelten. Ihre verbleibende Liberalität oder Illiberalität variierte dabei zwischen Nationen, Ländern, lokalen Kontexten und einzelnen Parteien, je nach den jeweiligen politischen Umständen. Dasselbe galt für den Grad und den Charakter ihres Nationalismus.

Anders als im „Westen“, wo die älteren Formen von Liberalismus teilweise vom „Sozialliberalismus“ abgelöst wurden, führten die Entwicklungsmuster in Mitteleuropa zu mehr Nationalismus. Soweit sie sich noch nicht in etwas anderes verwandelt hatten – entweder in eine zutiefst konservative Richtung oder den letzten Meilenstein überschritten, der sie von einem vollwertigen integralen Nationalismus getrennt hatte –, fanden sich in der Zwischenkriegszeit die nationalliberalen Parteientraditionen in den meisten Fällen ideologisch „in einer Sackgasse“ und waren zugleich mit sich schnell wandelnden politischen und sozialen Gegebenheiten sowie auch internen Spaltungen konfrontiert.

Literatur

Cohen, Gary B.: Nationalist Politics and the Dynamics of State and Civil Society in the Habsburg Monarchy, 1867–1914. In: Central European History 40/2 (2007), 241–278.

Denes, Ivan Zoltan: Liberalism and Nationalism: An Ambiguous Relationship. In: Ders. (Hg.): Liberty and the search for identity. Budapest 2006, 1–17.

Fischhof, Adolf: Oesterreich und die Bürgschaften seines Bestandes. Wien ^{2}1870.

Freeden, Michael: Liberal Languages. Ideological Imaginations and Twentieth-Century Progressive Thought. Princeton 2005.

Freeden, Michael. Foreword. In: Ivan Zoltan Denes (Hg.): Liberty and the search for identity. Budapest 2006.

Gall, Lothar. Einführung. In: Dieter Langewiesche (Hg.): Liberalismus im 19. Jahrhundert, Deutschland im europäischen Vergleich. Göttingen 1988.

Gottas, Friedrich: Liberale in Österreich und Ungarn – Versuch einer Gegenüberstellung. In: Gábor Erdődy (Hg.): Das Parteienwesen Österreich-Ungarns. Budapest 1987.

Höbelt, Lothar: Die deutschfreiheitlichen Österreichs. Bürgerliche Politik unter den Bedingungen eines katholischen Vielvölkerstaats. In: Dieter Langewiesche (Hg.): Liberalismus im 19. Jahrhundert. Deutschland im europäischen Vergleich. Göttingen 1988, 161–171.

Janowski, Maciej: Wavering Friendship: liberal and national ideas in nineteenth century East-Central Europe. In: Ab Imperio 3–4 (2000), 69–90.

Kurlander, Eric: The Rise of Völkisch-Nationalism and the Decline of German Liberalism: A Comparison of Liberal Political Cultures in Schleswig-Holstein and Silesia 1912–1924. In: European Review of History 9/1 (2002), 23–36.

Leonhard, Jörn: Europäische Liberalismen: Zur komparativen Differenzierung eines historischen Phänomens. In: Zeitschrift der Savigny-Stiftung für Rechtsgeschichte 121 (2004), 313–349.

Mantl, Wolfgang: Liberalismus und Antiliberalismus in Österreich. Eine Spurensuche. In: Emil Brix/Wolfgang Mantl (Hg.): Liberalismus. Interpretationen und Perspektiven. Wien 1996, 15–48.

Mishkova, Diana: The Interesting Anomaly of Balkan Liberalism. In: Ivan Zoltan Denes (Hg.): Liberty and the Search for Identity. Budapest 2006, 399–456.

Szábo, Miklos: The Liberalism of the Hungarian Nobility. In: Ivan Zoltan Denes (Hg.): Liberty and the Search for Identity. Budapest 2006, 195–237.

Vodopivec, Peter: O gospodarskih in socialnih nazorih na Slovenskem v 19. stoletju. Ljubljana 2006.

Libertarismus

45

Carl David Mildenberger

Der Libertarismus ist eine Variante des Liberalismus, die der individuellen Freiheit unter den Grundfreiheiten einen bevorzugten Platz einräumt. Obwohl es viele Spielarten des Libertarismus gibt, sind sich Libertäre über die charakteristische Stellung der individuellen Freiheit hinaus typischerweise noch bei den folgenden Punkten einig: dass die normative Stellung der individuellen Freiheit sich aus dem Prinzip des Selbsteigentums ableiten lässt; dass Eigentumsrechte und ökonomische Freiheiten von zentraler Bedeutung für die individuelle Freiheit sind; dass Freiheit im Wesentlichen formal und als negative Freiheit zu verstehen ist; dass der Fokus bei der Forderung nach Gerechtigkeit auf Verfahrensgerechtigkeit liegen sollte (und nicht auf Verteilungsgerechtigkeit); dass soziale Ordnung individueller Freiheit nicht etwa entgegensteht, sondern sich spontan aus ihrer Ausübung entwickelt; und dass der Großteil der Staaten dahingehend kritisiert werden kann, dass sie zu weitgehende Eingriffe in die Sphäre der individuellen Freiheit vorgenommen haben bzw. vornehmen und damit die Freiheitsrechte der Bürger auf Teils eklatante Weise verletzen.

Obwohl der Libertarismus als Position gerade in der amerikanischen Diskussion aufgrund seiner Vorliebe für marktliche Lösungen und einen Minimalstaat auf der rechten Seite des politischen Spektrums verortet wird, trifft dies den Kern des Libertarismus nicht. Bei vielen sozialen Belangen gebärdet sich der Libertarismus als linksstehende Position. Er fordert z. B. gleiche Rechte für Homosexuelle, tritt für die Dekriminalisierung bestimmter Drogen ein, fordert offene Grenzen oder lehnt viele Militäreinsätze als illegitim ab. Darüber hinaus ist der *Links-Libertarismus,* der sich vom besser bekannten *(Rechts-)Libertarismus* insbesondere dadurch abgrenzt, dass er natürliche Ressourcen als Gemeineigentum betrachtet, eine weit verbreitete Unterform des Libertarismus. Staatliche Umverteilung dieser Ressourcen aus egalitären Gründen sind im Links-Libertarismus durchaus verbreitet.

Geschichtlich gesprochen kann man den Libertarismus als Wiederaufflackern von Gedanken betrachten, die schon in der klassischen liberalen Tradition in den Schriften John Lockes (s. Kap. 1), Adam Smiths (s. Kap. 3) oder Friedrich August von Hayeks(s. Kap. 17) zu finden waren. Er grenzt sich dann von einem rawlsschen ‚Links'- oder ‚Hoch'-Liberalismus ab (s. Kap. 19), der die Nachfolge der klassischen Liberalen angetreten hat (Freeman 2011).

C. D. Mildenberger (✉)
Universität Zürich, Zürich, Schweiz
E-Mail: carldavid.mildenberger@unisg.ch

M. G. Festl (Hrsg.), *Handbuch Liberalismus,* https://doi.org/10.1007/978-3-476-05798-3_45

45.1 Eigenheiten und Merkmale des Libertarismus

Was den Libertarismus am eindeutigsten gegenüber dem Liberalismus absetzt, ist die Forderung nach einer besonders umfassenden Sphäre individueller Freiheit, insbesondere in ökonomischen Angelegenheiten. Die von Libertären betonten und verteidigten ökonomischen Freiheiten lassen sich grob in vier Klassen einteilen (Nickel 2000): Freiheiten in Bezug auf die gewählte *Arbeit,* das Eingehen von *Verträgen,* in Bezug auf das *private Eigentum und den Gebrauch von Produktionsmitteln* sowie von *Gütern.*

Freiheit in Bezug auf die gewählte Arbeit bedeutet, dass man seinen eigenen Körper und Zeit für produktive Tätigkeiten einsetzen kann, die man selbst gewählt oder akzeptiert hat, in Rahmenbedingungen die man selbst gewählt und akzeptiert hat. Die eigene Arbeitskraft ist auf absolute Art und Weise veräußerlich. Man hat stets das Recht, den eigenen Lohn und die eigenen Arbeitszeiten zu verhandeln. Das geht so weit, dass einige Libertäre das Recht, sich selbst als Sklave zu verkaufen, bejahen (Steiner 1994).

Die Vertragsfreiheit umfasst die Freiheit, Verträge zu schließen; insbesondere in Form von Kaufverträgen, Aufträgen, und Werkverträgen. Auch die Fragen, wie viel man fürs Alter zurücklegen will und wie viel für Krankheiten und andere Wechselfälle des Lebens, bzw. wie man langfristige Finanzplanung im Allgemeinen angeht, liegen ausschließlich beim Individuum. Dies steht staatlichen Systemen der Alters- und Krankenversicherung entgegen.

Freiheiten in Bezug auf das Eigentum an Produktionsmitteln umfassen den privaten Erwerb und Besitz von Produktionsmitteln sowie ihren Gebrauch für kommerzielle und produktive Zwecke, ebenso wie den Handel und die Veräußerung dieser – gerade auch wenn diese über Finanzmärkte vermittelt sind. Diese Freiheit umfasst insbesondere auch das Recht, Unternehmen zu gründen, sich mit anderen zu großen, kapitalintensiven Unternehmungen zusammen zu schließen und ganz generell eine Vielzahl von ökonomischen Organisationen (wie z. B. auch Kooperativen im Eigentum der Arbeiter) zu gründen.

Zuletzt betonen Libertäre die Freiheit, rechtmäßig erworbene Ressourcen und Güter zum Zwecke des Konsums und der Produktion zu besitzen und zu benutzen. Dies beinhaltet u. a. die Freiheit zu entscheiden, was man isst, was man anzieht, wie man wohnt und welche Dienstleistungen Dritter man in Anspruch nehmen will.

Kennzeichnend für den Libertarismus ist aber nicht nur das schiere Ausmaß der angenommenen individuellen ökonomischen Freiheiten, sondern auch ihre Stellung gegenüber anderen Freiheiten. Im Vergleich zu anderen traditionellen liberalen Freiheiten werden die ökonomischen Freiheiten als besonders wichtig eingestuft. Bei Konflikten zwischen verschieden Freiheiten stehen diese zumindest auf der gleichen Ebene wie z. B. die Rede- oder Religionsfreiheit. Dies im Unterschied bspw. zu John Stuart Mill (1991), der den ökonomischen Freiheiten nur einen nachgeordneten Rang zugesteht. Mill begründet dies damit, dass ökonomische Angelegenheiten soziale Akte sind, die somit zwangsläufig die Grenzen der Sphäre individueller Freiheit überschreiten (s. Kap. 12).

Es gibt verschiedene Ansätze, die umfassende Sphäre individueller ökonomischer Freiheiten im Libertarismus herzuleiten und zu begründen; so z. B. konsequentialistische Ansätze (wonach umfassende individuelle Freiheiten am ehesten geeignet sind, das Wohlergehen aller zu sichern) oder Naturrechtsansätze. Am charakteristischsten wird diese Sphäre aber aus dem Prinzip des *Selbsteigentums* abgeleitet. Dem Prinzip des Selbsteigentums zufolge, sind wir uns selbst vollständig zu eigen und besitzen darüber hinaus die normativen Möglichkeiten, uns andere, externe Dinge zu eigen zu machen.

Die historischen Wurzeln dieses Prinzips finden sich bei Locke (1988). Locke argumentiert, dass Menschen als freie und gleiche Kinder Gottes geboren wurden. Sie sind frei, da sie keine Erlaubnis anderer benötigen, um zu handeln. Sie sind gleich in dem Sinne, dass es keine natürliche politische Autorität des einen über den anderen gibt. Und sie sind auch dahingehend gleich, dass alle sich selbst zu eigen sind. Weil sie sich selbst zu eigen sind, ist ihnen auch ihre Arbeitskraft zu eigen. Und durch das Vermischen dieser Arbeitskraft mit externen Dingen – z. B. mit natürlichen Ressourcen – entwickeln Menschen Eigentumsbeziehungen zu eben diesen Dingen (s. Kap. 1; 29). Lockes Ideen wie ein ökonomisch-politisches System auszusehen habe, das die Bedingungen der Freiheit und Gleichheit der Individuen reflektiert, dienen bis heute als Inspiration für libertäre Theoriebildung. Die wirkmächtigste zeitgenössische Ausgestaltung des Prinzips des Selbsteigentums wird Robert Nozick (1977) zugeschrieben. Ihm zufolge ist der zentrale Kern des Libertarismus, dass Menschen das strikteste Set von Rechten gegenüber ihrer eigenen Person haben. Dieses Set von Rechten gewährt ihnen eine absolute Kontrolle über sich selbst, was einer umfassenden Eigentumsbeziehung gleicht (Cohen 1995).

Die Idee des Selbsteigentums ist aus vielen Gründen theoretisch attraktiv. Wir erkennen intuitiv an, dass es Dinge gibt, die wir selbst mit unserem Körper oder ihm gegenüber tun können, die aber falsch wären, wenn sie ein anderer uns ohne unsere Zustimmung antäte. Sie kann aus praktischer Sicht z. B. dafür genutzt werden, für Frauen ein eindeutiges und klares Recht auf körperliche Selbstbestimmung zu fordern. Am wichtigsten ist aber ihre Rolle als Startpunkt für deduktive Überlegungen, d. h. als unverrückbares moralisches Prinzip, aus dem andere moralische Regeln und politisch-ökonomische Überlegungen direkt abgeleitet werden können.

Dabei ist der Begriff des Selbsteigentums selbst unter Libertären nicht unstrittig. Je stärker der Begriff des Selbsteigentums gemacht wird, desto kontraintuitiver werden die Konsequenzen. So wäre es auf der Basis größtmöglichen Selbsteigentums z. B. unzulässig, auch nur die geringsten Pflichten zur Hilfeleistung von Individuen zu verlangen. Selbst wenn es jemanden keine Mühe kosten würde, das Leben eines Fremden zu retten, so wäre er hierzu moralisch nicht verpflichtet. Starkes Selbsteigentum hat auch Konsequenzen, die für viele Liberale inakzeptabel sind. Hier ist beispielhaft Nozicks Argument zu nennen, dass Steuern Diebstahl darstellen (1977). Denn wenn wir unsere Arbeitskraft und die Ergebnisse unserer Dienstleistungen – wie z. B. ein hierdurch generiertes Einkommen – besitzen, so stellt eine Besteuerung dieses Einkommens eine (typischerweise) unfreiwillige Enteignung dar, die illegitim ist. Ein starker Begriff des Selbsteigentums erleichtert auch den Weg zur Legitimierung freiwilliger Sklaverei. Wird der Begriff des Selbsteigentums hingegen abgeschwächt, müssen Libertäre die schwierige Frage beantworten, im Namen welches anderen Prinzips das denn zulässig sei – was die deduktive Grundstruktur des Libertarismus ins Wanken bringt.

Das politische System, das aus dem Prinzip des Selbsteigentums sowie einer umfassenden Sphäre ökonomischer Freiheiten der Individuen folgt, weist eine Art von Ordnung auf, die kennzeichnend für libertäres Denken ist. Im Gegensatz zu den starren, von oben herab dekretierten Ordnungen des Feudalismus etablieren schon klassisch liberale Denker wie Locke oder Smith die Idee einer sich durch die mannigfaltige Interaktion freier und gleicher Individuen spontan ergebenden sozialen Ordnung. Die detaillierte Darstellung der Natur dieses Ordnungsansatzes findet sich dann bei Hayek (1973) wieder und wird noch heute von vielen Libertären geteilt (s. Kap. 17; 45).

Hayek betont, dass Ordnung auch dort entsteht, wo sie nicht designt oder von oben aufoktroyiert wird. Sie kann sich stattdessen auf dezentrale Weise durch das Zusammenspiel freier Individuen entwickeln – und die marktliche Ordnung ist hierfür das beste Beispiel. Auch wenn es vielleicht niemanden auf der ganzen Welt gibt, der wirklich weiß, wie man ein Flugzeug baut, so ist der Markt durch die ihm innewohnenden ordnenden Kräfte doch imstande, solche Produkte hervorzubringen. Manche Ziele, wie z. B. gesellschaftlicher Wohlstand, sind laut Hayek sogar dann am besten zu erreichen, wenn sich eben kein zentraler, mächtiger Akteur wie der Staat um ihre Erreichung bemüht, sondern wenn diese auf dezentrale Weise indirekt angestrebt werden.

Auch für eine solche Ordnung ist zwar ein gesetzlicher Rahmen notwendig. Aber die notwendigen Gesetze sind besonderer Art. Hayek führt in diesem Zusammenhang die Unterscheidung zwischen *nomos* und *taxis* ein. *Taxis* bezeichnet ‚gemachte' Gesetze, die im Hinblick auf ein bestimmtes als gesellschaftlich erstrebenswert angesehenes Ziel hin eingeführt werden, z. B. die Gleichverteilung von Vermögen. *Nomos* hingegen bezeichnet ‚gewachsene' Gesetze, die sich in einem natürlichen Prozess entwickelt haben. Sie überstehen dabei laut Hayek gerade deswegen den Test der Zeit, weil sie nicht auf bestimmte Endzwecke ausgerichtet sind, sondern nur allgemein nützliche Rahmenbedingungen für das Zusammenleben freier Individuen etablieren. Ihr abstrakter Charakter befähigt sie, das Verfolgen vieler verschiedener Ziele zu begünstigen. Eigentumsrechte, die kein direktes Ziel befolgen, aber für die Erreichung vieler Ziele förderlich sind, sind hierfür ein gutes Beispiel. Solche Gesetze und die Rechte, die sie gewähren, zerstören die spontane Ordnung nicht, sondern unterstützen vielmehr ihre freie Entfaltung. Eine Ordnung, die auf *nomoi* basiert, benötigt keine (der Illegitimität verdächtige staatliche) Autorität, die sie aufrechterhält, sondern erhält sich von selbst.

Im engen Zusammenspiel mit dem libertären Ordnungsideal einer spontanen Ordnung steht auch das typisch libertäre Verständnis von Gerechtigkeit. Gesetze, die im Hinblick auf ein bestimmtes Ziel erlassen werden (z. B. die Umverteilung von Reichtum), zerstören die spontane Ordnung einer Gesellschaft freier Individuen. Der Versuch, solche Maßnahmen dadurch rechtfertigen zu wollen, dass es sich hierbei um Gebote der sozialen Gerechtigkeit handle, macht laut dem Libertarismus den weiteren Fehler, Gerechtigkeit als Verteilungsgerechtigkeit misszuverstehen. Wohlverstandene Gerechtigkeit meint im Libertarismus immer Verfahrensgerechtigkeit.

Wenn Libertäre beurteilen, ob eine bestimmte Situation gerecht ist, so tun sie dies dadurch, dass sie fragen, ob die Menschen gerecht behandelt wurden. Libertäre lehnen Gerechtigkeitstheorien ab, die ausschließlich die Verteilung der Güter in einer Gesellschaft als Maßstab für Gerechtigkeit nehmen. Vielmehr gehe es darum, ob die Dinge, die die Menschen besitzen, auf gerechte Art und Weise (d. h. auf eine Art und Weise, die z. B. das Prinzip des Selbsteigentums respektiert) angeeignet und getauscht wurden. Umverteilungen, um z. B. eine Gleichverteilung materieller Güter herbeizuführen, dienen deshalb den Libertären zufolge nicht der Gerechtigkeit, sondern unterminieren diese vielmehr.

Das wichtigste Beispiel einer zeitgenössischen libertären Gerechtigkeitstheorie, die diesem Schema folgt, stammt von Nozick (1977, Kap. 7). Gemäß seiner ‚Anspruchstheorie' reichen gerade einmal drei Gerechtigkeitsprinzipien aus, um die Gerechtigkeit einer Situation zu bestimmen. Erstens müssen wir uns fragen, ob die erste Aneignung zuvor ‚herrenloser' bzw. ‚unbesessener' Güter (z. B. die von natürlichen Ressourcen im Naturzustand) gerecht vonstattenging. Nozick diskutiert in diesem Zusammenhang Lockes Theorie der Vermengung eigener Arbeit mit externen Dingen, um Eigentum zu kreieren. Zweitens müssen wir uns fragen, ob der Transfer von ursprünglich einmal rechtmäßig angeeignetem Eigentum zwischen verschiedenen Parteien rechtmäßig abgelaufen ist. Das beste Beispiel für eine gerechtigkeitswahrende Prozedur ist hierbei laut Nozick der freie Markttausch. Drittens benötigen wir, falls sich doch einmal eine Ungerechtigkeit eingeschlichen haben sollte, ein Prinzip zur Berichtigung vergangenen Unrechts. Nozick legt nahe, dass z. B. kontrafaktische Überlegungen anzustellen seien, was eine bestimmte Person hätte erlangen können, wenn ihr z. B. ein bestimmter Gegenstand nicht unrechtmäßig entwendet worden wäre, um dann im Nachhinein die Gerechtigkeit wiederherzustellen. Was bei allen drei Gerechtigkeitsprinzipien Nozicks – der gerechten ersten Aneignung, des gerechten Transfers, der Berichtigung von Unrecht – aber eben keine Rolle spielt, ist die Frage, wer wie viel hat, d. h. der reine Verteilungsaspekt von Gütern. Es handelt sich um eine historische Gerechtigkeitstheorie, die nicht auf der Basis urteilt, wer was besitzt, sondern auf der Basis, wie er jeweils in den Besitz gekommen ist.

Aufgrund ihres Verständnisses von Gerechtigkeit als Verfahrensgerechtigkeit und der Vorliebe für spontane Ordnungsprozesse lehnen Libertäre auf Umverteilung zielende staatliche Programme grundsätzlich als ungerecht und ineffektiv ab. Im Zusammenhang mit der Idee, dass Freiheit vor allem als negative Freiheit zu verstehen sei – und der Staat nur legitimiert sei einzugreifen, um die Verletzung negativer Freiheitsrechte zu unterbinden –, entsteht zusätzlich das Ideal eines Minimalstaates, wie es für libertäre Theorien kennzeichnend ist. Ohne öffentliche Aufgaben in den Bereichen Bildung und Soziales, im Gesundheitswesen oder der Alterssicherung, ist legitimes Handeln des Staates im Wesentlichen auf den Bereich der Verteidigung und einiger weniger Infrastrukturaufgaben beschränkt (bei denen natürliche Monopolstrukturen das zentrale Angebot durch einen Anbieter wirtschaftlich effizienter machen). Libertäre warnen deshalb eindringlich vor einem zu großen Staatsapparat, der seine Macht dazu missbraucht, über die Gewährleistung individueller Freiheitsrechte hinaus seine Bürger zu schröpfen oder privatwirtschaftlichen Wettbewerb zu verhindern. Dies sei allerdings leider der historische Normalzustand.

Dies führt dazu, dass sich Libertäre mitunter aktiv von Formen des Anarcho-Kapitalismus abgrenzen müssen. Anarcho-Kapitalisten argumentieren, dass überhaupt kein Staat zu rechtfertigen sei und dass auch die wenigen Staatsfunktionen, die Libertäre dem Staat noch übertragen wollen, besser bzw. legitimer auf Basis freiwilliger Tauschvorgänge erfüllt werden könnten (Rothbard 2000). Die theoretische Herausforderung, die der Anarcho-Kapitalismus dem Libertarismus stellt, besteht vor allem darin, die libertären Ausnahmen für die staatliche Bereitstellung einiger weniger öffentlicher Güter zu rechtfertigen. Warum ist der Zwang der Bürger, Steuern für Verteidigungsausgaben zu leisten, gerechtfertigt, nicht aber Steuern für Bildungsausgaben? Auch unter Libertären herrscht Uneinigkeit, inwieweit der Staat sein Gewaltmonopol auf legitime Weise erhalten kann, d. h. ohne jegliche Verletzung der starken negativen Freiheitsrechte der Bürger.

45.2 Geschichtliche Einordnung und wichtigste Vertreter

Mit dem klassischen Liberalismus à la Locke, Smith oder Hayek hat der Libertarismus vor allem die Betonung negativer, individueller Freiheitsrechte gemein. Und auch die relative Stärke der ökonomischen Rechte ist ein Moment, das nicht erst im zeitgenössischen Libertarismus zu finden ist, sondern je nach Lesart z. B. auch bei David Hume und natürlich bei Hayek kennzeichnend ist. Trotz dieser Gemeinsamkeiten ist der Libertarismus geschichtlich gesprochen aber nicht direkt aus dem klassischen Liberalismus hervorgegangen. Denn zunächst entwickelt sich aus dem klassischen Liberalismus das, was libertäre Autoren wie z. B. Tomasi (2012) als ‚Hochliberalismus' bezeichnen.

Sich selbst von dieser Weiterentwicklung der liberalen Tradition abgrenzend, führen Libertäre an, dass im Hochliberalismus – mit Autoren wie Mill oder Rawls – eine Abkehr vom Fokus auf negative Freiheiten (und insbesondere von individuellen ökonomischen Freiheiten) stattgefunden habe. Anstatt vor allem die Freiheit vor staatlichen Eingriffen zu fordern, solle der Staat nun der Garant positiver Freiheiten sein. Zusätzlich zu einem streng formalen Freiheitsverständnis, wie es sich z. B. in der Gleichheit vor dem Gesetz widerspiegelt, werde nun auch materiale Freiheit angestrebt, d. h. dass alle Bürger zumindest Chancen auf eine ähnliche Lebensführung haben sollten. Denn was nütze die formale Gleichheit, alles tun zu dürfen, wenn einen die Lebensumstände daran hinderten, tatsächlich frei zu handeln. Beide Entwicklungen stehen aber dem libertären Fokus auf spontaner Ordnung und Verfahrensgerechtigkeit direkt entgegen.

Zusätzlich ließe sich eine Verbannung der individuellen ökonomischen Freiheiten auf einen zweiten Rang feststellen. Schon bei Mill und später bei Rawls werde die umfassende Konzeption individueller ökonomischer Rechte geschleift. Mit Hinblick z. B. auf die Vertragsfreiheit oder das Recht auf Privateigentum an Produktionsmitteln sei dies eine Notwendigkeit, um die Legitimität weitergehender staatlicher Eingriffe nicht infrage zu stellen. Eigentum sei nicht mehr, wie z. B. bei Hayek, ein Ausdruck von formaler Gleichheit, sondern der Feind materialer Gleichheit.

Und so lässt sich der zeitgenössische Libertarismus als Gegenreaktion auf diese geschichtliche Entwicklung lesen. Der Libertarismus ist dann allerdings keine reine Rückbesinnung, sondern setzt die bestehenden Schwerpunkte noch stärker. Er argumentiert für eine noch stärkere Beschränkung staatlicher Eingriffe ausschließlich zur Wahrung negativer Freiheitsrechte; die spontane Ordnung des Marktes wird nicht mehr nur für den Markt als ideal angesehen, sondern soll sich auch auf andere Gesellschaftsbereiche erstrecken; und die ökonomischen Freiheiten werden nicht mehr nur als gleichwertig mit anderen klassischen Freiheitsrechten angesehen, sondern von einigen Autoren als über allen anderen Freiheiten stehend (Narveson 1988).

In dieser Lesart der Geschichte hat Nozick die Rolle inne, die beim Hochliberalismus Rawls zukommt. Nozick war sicherlich nicht der erste Libertäre. Aber er war der erste, der eine klare Artikulation der Position vornahm und die sich aus ihr ergebenden Konsequenzen in aller Deutlichkeit ausformulierte. Auch deswegen ist Nozicks *Anarchie, Staat, Utopia* das kanonische Werk des zeitgenössischen Libertarismus. Hier legt Nozick z. B. dar, warum eben doch keine soziale Mindestsicherung für alle Bürger (mit der klassisch Liberale wie Hayek noch liebäugelten) mit libertären Prinzipien vereinbar ist.

Gerade bei dieser geschichtlichen Einordnung, ist es aber wichtig, den Libertarismus nicht als ‚rechtsstehende' Position zu verkürzen, die sich hauptsächlich aus der Abgrenzung zum links-liberalen (amerikanischen) Hochliberalismus speist. Für Libertäre steht der Schutz individueller Freiheiten zwar an oberster Stelle und verunmöglicht viele ausgleichende staatliche Eingriffe. Libertäre sind sich aber durchaus des Problems bewusst, dass in einer Welt, in der alles bereits das Eigentum von jemandem ist, es im Extremfall darauf hinausläuft, dass es gerade Spätgeborenen nicht erlaubt ist, irgendetwas zu tun, weil dies die starken Freiheitsrechte Frühgeborener verletzen würde. In Bezug auf die Frage, wie mit dieser Problematik umzugehen ist, lassen sich libertäre Ansichten auf einem Spektrum von klassischem (Rechts-)Libertarismus hin zum Links-Libertarismus einordnen.

Links-Libertäre vertreten insbesondere die Position, dass die legitime Erstaneignung von Ressourcen – wie sie Nozick in seinem ersten Gerechtigkeitsprinzip beschreibt – starken Einschränkungen unterliegt. Autoren wie Michael Otsuka (2003) oder Hillel Steiner (1994) argumentieren, dass natürliche Ressourcen, gerade weil sie und ihr Wert eben nicht menschlichen Ursprungs sind, egalitär verteilt werden sollten. Das heißt insbesondere auch, dass Spätgeborene bei einer solchen Gleichverteilung noch zu berücksichtigen sind. Idealerweise sollte die Welt so aussehen, dass jeder zu Beginn seines Lebens über eine gleiche Ressourcenausstattung verfügt, bevor er sich in den Wettbewerb eines weithin deregulierten Marktes stürzt. Deshalb gibt es im Links-Libertarismus einen gewissen Raum für staatliche Umverteilung, um gerechte ‚Startpositionen' sicherzustellen. Wichtig ist den Links-Libertären dabei, dass nicht in das Spiel der freien Marktkräfte selbst eingegriffen wird, sondern dass der Staat als ausgleichender Schiedsrichter auftritt, bevor dieses Spiel für den Einzelnen überhaupt beginnt. Links-Libertäre können dabei z. B. als starke Verfechter einer Erbschaftssteuer von 100 % zu Umverteilungszwecken auftreten; eine Position, die der intuitiven Idee vom Libertarismus als rechtsstehender Lehre widerspricht.

Allen Libertären ist hingegen wieder gemein, dass sobald eine gerechte Grundausstattung mit Gütern gewährleistet wurde – sei dies durch ungeregelte, individuelle erste Aneignung oder durch die egalitäre Verteilung natürlicher Ressourcen –, Forderungen nach zusätzlicher Verteilungsgerechtigkeit ins Leere laufen. Die Menschen sind frei, die Dinge, auf die sie einen legitimen Anspruch haben, in jedweder Weise zu tauschen. Hieraus entstehen fast zwangsläufig Ungleichheiten, die dann aber legitimer Natur sind.

45.3 Aktuelle Relevanz und zeitgenössische Debatten

Der Libertarismus stellt heutzutage vor allem in öffentlichen und akademischen Debatten in den USA eine relevante und äußerst sichtbare Alternative zum Liberalismus dar. Der zeitgenössische Libertarismus ist dabei nicht nur deshalb eng mit den USA verbunden, weil viele in ihm die zum *American Dream* passende politische Doktrin sehen – sondern auch weil es zahlreiche Stiftungen gibt, die libertäre Ansätze und Theorien in der amerikanischen Öffentlichkeit und Hochschulwelt befördern.

Das bedeutet allerdings nicht, dass die Unterschiede, die zwischen libertären und liberalen Ansichten liegen, nur im amerikanischen Kontext sichtbar würden. Gerade weil Libertäre den Markt als gesellschaftliches Ordnungsprinzip stützen und die Bedeutung ökonomischer individueller Freiheiten hervorheben, lassen sich scharfe Attacken auf ‚den Neoliberalismus' auch durchaus als Attacken auf den Libertarismus verstehen. Denn wenn die Wandlung hin zu einer ‚Marktgesellschaft', oder ganz allgemein die Liberalisierung der Märkte und der Rückzug des Staates aus Branchen wie Verkehr oder Stromversorgung (wie z. B. im Zuge der Thatcher-Ära im Vereinigten Königreich geschehen) beklagt werden, so werden hiermit Entwicklungen beklagt, die Libertäre generell begrüßen.

Das Motivationspotential dieser Debatten ist hierbei sowohl bei Gegnern wie auch bei Anhängern libertärer Ansätze enorm. Geht es doch darum, wie sehr wir die Gestaltung der Gesellschaft der unsichtbaren Hand des Marktes anvertrauen wollen, wie groß der ‚richtige' Umfang des Wohlfahrtsstaates ist, ob wir Individualität oder Gemeinschaft stärker betonen wollen und ob es Güter gibt, die man generell nie auf Märkten kaufen oder verkaufen können sollte (also z. B. die Frage nach der Legitimität von Leihmutterschaften).

Gerade in solchen Debatten böte der (weniger diskutierte) Links-Libertarismus die Möglichkeit, neuartige Ansätze in die Diskussion einzubringen. Denn auf der Basis eines *level playing field* mit einem Staat, der sich bemüht, die bestehenden Ungleichheiten am Start des Spiels für einen jeden individuellen Akteur auszugleichen, dürften auch viele Liberale die Ergebnisse eines freien Wettbewerbs als legitimer einschätzen. Es wäre z. B. keinesfalls abwegig, die Forderung nach einem bedingungslosen Grundeinkommen mit links-libertären Argumenten zu untermauen. So verstanden bietet der Links-Libertarismus die Möglichkeit, die libertären Befürworter spontaner Ordnung und eines umfassenden Katalogs an ökonomischen Freiheiten mit denjenigen Liberalen zu versöhnen, die eine stärkere Einmischung des Staates fordern, um nicht nur formale sondern auch materiale Freiheit sicher zu stellen.

Literatur

Cohen, Gerald A: Self-Ownership, Freedom, and Equality. Cambridge 1995.

Freeman, Samuel: Capitalism in the Classical Liberal and High Liberal Traditions. In: Social Philosophy and Policy 28/2 (2011), 19–55.

Hayek, Friedrich August von: Law, Legislation and Liberty. A New Statement of the liberal principles of justice and political economy. 3 Bde. London 1973/1976/1979.

Locke, John: Two Treatises of Government [1689]. Hg. von Peter Laslett. Cambridge 1988.

Mill, John Stuart: On Liberty and other Essays [1859]. Hg. Von John Gray. Oxford 1991.

Narveson, Jan: The Libertarian Idea. Philadelphia 1988.

Nickel, James W.: Economic Liberties. In: Victoria Davion/Clark Wolf (Hg.): The Idea of Political Liberalism. Lanham 2000.

Nozick, Robert: Anarchy, State, and Utopia. New York 1977.

Otsuka, Michael: Libertarianism without inequality. Oxford 2003.

Rothbard, Murray Newton: Man, Economy, And State – A Treatise On Economic Principles. Auburn 2000.

Steiner, Hillel: An Essay on Rights. Oxford 1994.

Tomasi, John: Free Market Fairness. Princeton 2012.

Neo-Liberalismus

46

Claudia Franziska Brühwiler

Alle verurteilen den Neo-Liberalismus, doch niemand bekennt sich zu ihm.

So könnte man die Begriffsgeschichte des Neo-Liberalismus zuspitzen. Denn auch eine Analyse wissenschaftlicher Arbeiten förderte zutage, wie der Begriff „asymmetrisch" verwendet wird (Boas/Gans-Morse 2009): Während Kritiker marktliberaler Politik diese gerne unter Neo-Liberalismus fassen, scheuen sich Befürworter eines freiheitlicheren Kurses vor dem entsprechenden Stempel. Entsprechend verwischen sich die Konturen des Begriffs, so dass sich in dessen Anwendung theoretische und praktisch-historische Perspektiven teils konkurrieren, teils vermengen (Biebricher 2012, 19). Mal steht Neo-Liberalismus für ein Set von Ideen, mal mehr für konkrete wirtschaftspolitische Rezepte, und dann wird er wieder gerne mit dem Ordoliberalismus gleichgesetzt (Kotz 2015, 8–9). Wer indessen zu den Wurzeln des Neo-Liberalismus vordringt, muss erkennen, wie weit sich die heutige Debatte um den Neo-Liberalismus von dessen Kerngedanken wegbewegt hat.

C. F. Brühwiler (✉)
Universität St. Gallen, St. Gallen, Schweiz
E-Mail: claudia-franziska.bruehwiler@unisg.ch

46.1 Begriffsgeschichte

Ein Bekenntnis zum Neo-Liberalismus ist heutzutage rar; erfolgt es seitens einer Institution, die von erklärten Gegnern und/oder Kritikern schon lange mit Neo-Liberalismus im Sinne einer Ideologie verbunden wird, findet es schnell Eingang in Referenzwerke. So hat ein einfacher Blogeintrag von Samuel Bowman auf den Seiten des britischen Adam Smith Institute ein beachtliches Echo gefunden (Peck 2018, xxii). Ein „Coming-out" als Neo-Liberale (2016) sei für die Angehörigen des Think Tank angezeigt, meinte Bowman bewusst verschmitzt, an anderer Stelle auch belustigt im Ton einer Gruppentherapie. Laut seiner gern zitierten Liste seien Neo-Liberale (ebd.):

- für freie Märkte,
- für Eigentumsrechte,
- für Wachstum,
- individualistisch,
- empirisch und geistig offen,
- Globalisten,
- optimistisch in die Zukunft blickend und
- darauf bedacht, die Welt zum Besseren hin zu verändern.

Wenn auch bei einzelnen Punkten deren Auslegung strittig wäre, so spiegelt Bowmans Liste die Ursprungsidee des Neo-Liberalismus, der einst eine Neuorientierung liberalen Denkens

M. G. Festl (Hrsg.), *Handbuch Liberalismus*, https://doi.org/10.1007/978-3-476-05798-3_46

anstrebte und eine moderne Wirtschaftspolitik propagierte. Namensgeber war indessen kein „Neo-Liberaler“ selbst, sondern der Schweizer Wirtschaftswissenschaftler Hans Honegger. Dieser fasste 1925 in seiner Monographie *Volkswirtschaftliche Gedankenströmungen. Systeme und Theorien der Gegenwart besonders in Deutschland* das Erstarken staatsskeptischer Ideen, so von Alfred Marshall, Eugen von Böhm-Bawerk oder Friedrich von Wieser, unter „neo“ zusammen (Plehwe 2009, 10–11). Zwar würden nicht alle der Genannten sich den Begriff zu eigen machen, doch reklamierten tatsächlich einige für sich, „neo“ zu sein, vornehmlich dank dem deutschen Soziologen und Ökonomen Alexander Rüstow. Anlässlich des Erscheinens von Walter Lippmanns *The Good Society* diskutierten 1938 in Paris Rüstow und andere führende Denker aus den Forschungszentren Wiens, Freiburgs i.Br., Londons und Chicagos die Zukunft des Liberalismus. Berühmt geworden als *Colloque Lippmann* war das Zusammentreffen geprägt von den Eindrücken des zurückliegenden Krieges, der Depression und des Erstarkens totalitärer Ideen, die im Widerspruch zum wirtschaftlichen und politischen Freiheitsgedanken standen. In diesem Kontext lancierte Rüstow die Idee eines neuen, eines *Neo*-Liberalismus, der dem Laissez-Faire-Liberalismus eine zwar freiheitliche, aber zugleich sozialverantwortliche Wirtschaftspolitik entgegensetzen sollte (Denord 2009, 48; Plehwe 2009, 13).

Obschon in ihren Visionen vom Verhältnis zwischen Staat, Wirtschaft und Gesellschaft heterogen, übernahmen die am *Colloque* anwesenden Köpfe die von Rüstow vorgeschlagene Selbstbezeichnung. Der Austausch wurde durch die Kriegsjahre jäh unterbrochen, nahm aber 1947 auf Betreiben Friedrich August von Hayeks hin neue Gestalt an: Gemeinsam mit Albert Hunold organisierte er im schweizerischen Mont Pèlerin ein Treffen, dessen Teilnehmerliste sich wie ein (neo-)liberales *Who-is-Who* liest (Plehwe 2009, 15). Die daraus erwachsene Mont Pèlerin Society einigte sich auf sechs weitgefasste Ziele, darunter der Schutz der individuellen Freiheit und des Eigentums sowie soziale Minimalstandards, die mit Eigeninitiative und Marktwirtschaft vereinbar sind („Statement of Aims“). Letztlich handelte es sich beim Abschlussdokument der ersten Tagung in Mont Pèlerin um den kleinsten gemeinsamen Nenner, hinter dem sich sehr unterschiedliche Schattierungen des Neo-Liberalismus verbargen.

Die von Anfang an bestehende Diversität neo-liberaler Ideen ist mit ein Grund, weswegen ein Definitionsversuch zum Scheitern verurteilt und zahlreiche Überlappungen mit vermeintlich anderen liberalen Strömungen bestehen. So werden auch im vorliegenden Handbuch der Ordo-Liberalismus (s. Kap. 47) und der Libertarismus (s. Kap. 45) separat behandelt, obschon deren Vertreter teilweise der Mont Pèlerin Society angehör(t)en, wie die Präsidentschaft des „Freiburgers“ Wilhelm Röpke (1961–1962) oder des hier als libertär geführten Milton Friedman (1970–1972) belegen. In der Literatur werden diese Strömungen gerne auch als Spielformen des Neo-Liberalismus behandelt (Schmidt 2018, 70–71), mit der zusätzlichen Unterscheidung zwischen der Österreicher Schule der Nationalökonomie, wie sie Ludwig von Mises und anfänglich Friederich August von Hayek prägten, der Chicago School des Monetarismus, und der Virginia School, die James M. Buchanans Public Choice-Theorie formte.

Endgültig verschwimmen die Konturen des Begriffs, wenn marxistische Lesarten des Neo-Liberalismus als hegemonisches Projekt der besitzenden Klasse oder als Form der Gouvernementalität einbezogen werden. Letztere geht auf den französischen Philosophen Michel Foucault zurück, der den Neoliberalismus als neuartige politische Rationalität verstand, die den Staat, seine Institutionen und die Gesellschaft an sich durchdringt. Am Ende unterwerfe sich alles dem Markt und dessen Logik, gerade auch der Staat (Brown 2019, 19–20). Gerade Kritiker des Neo-Liberalismus und des Kapitalismus an sich bedienen sich gerne des foucaultschen Begriffs, entfernen sich damit aber völlig von den eigentlichen Ursprüngen neo-liberalen Denkens.

46.2 Der „real existierende" Neo-Liberalismus

Prägen unauflösliche Widersprüche die Zugänge zum Neo-Liberalismus als Ideologie, so herrscht durchaus ein Konsens in der wirtschaftshistorischen Betrachtung, in welchen Weltregionen, in welchen Zeitfenstern neo-liberale Politik versucht wurde. Im Fokus vieler Betrachtungen stehen dabei Chile unter Augusto Pinochet, Großbritannien unter Margaret Thatcher und die Vereinigten Staaten (USA) unter Ronald Reagan. Zudem wird die Politik der Bretton Woods-Institutionen, namentlich des Internationalen Währungsfonds (IWF) und der Weltbank, als neo-liberal bezeichnet.

46.3 „Neoliberalismo": Chicago in Chile

Die chilenische Ära des Neoliberalismo wird regelmäßig gleichgesetzt mit jener der Militärdiktatur Augusto Pinochets (1973–1989). Zwar setzten die entsprechenden wirtschaftspolitischen Reformen erst mit seiner Regierungszeit ein, die richtungsweisenden Entwicklungen indessen schon früher. 1956 unterzeichneten die Wirtschaftsfakultäten der Universidad Católica in Santiago und der University of Chicago ein Austauschabkommen, das für die Ausbildung der künftigen „Chicago Boys" entscheidend sein würde (Fischer 2009, 309). Diese Wirtschaftselite kam vor allem ab 1975 ans Ruder, also zwei Jahre nach dem Putsch gegen die gewählte sozialistische Regierung Salvador Allendes, und leitete Reformen im Geiste ihrer Chicagoer Lehrer ein (ebd., 319–320; Kotz 2015, 147–148). Dazu zählte auch Milton Friedman, der 1974 Chile besuchte und dem Regime einen Kurs empfahl, der in der Rückschau als typisch neo-liberal gilt, sprich, er riet zu Budgetkürzungen, zur Abschaffung von Handelsbarrieren, zu einer Abkehr von der Zinssteuerung und damit zum Monetarismus. Die Reformer machten dabei auch zahlreiche Verstaatlichungen von einträglichen Unternehmen wieder rückgängig und entschädigten multinationale Konzerne, die zuvor enteignet worden waren. Mit der Politik der „sieben Modernisierungen" reformierte die Regierung sämtliche Bereiche des Zusammenlebens, vom Bildungswesen über die Landwirtschaft bis zur Justiz (Fischer 2009, 324; Kotz 2015, 148). In (neo-)liberalen Kreisen stießen die wirtschaftspolitischen Entwicklungen in Chile auf Zustimmung, 1981 tagte gar die Mont Pèlerin Society in Santiago, obschon die gewaltsame Herrschaft Pinochets nicht mit liberalen Idealen vereinbar war.

Der Widerspruch zwischen dem freiheitlichen Wirtschaftskurs und der Unterdrückung jedweder politischen Freiheit inspirierte den Ökonomen Oscar Muñoz das Regime als neo-liberal zu bezeichnen (Kotz 2015, 151). Während Pinochet früh für seine Menschenrechtsverletzungen international Kritik erntete, geriet sein Wirtschaftskurs erst mit Einsetzen der Wirtschaftskrise von 1982 in Misskredit. Angesichts sozialer Unruhen, zahlreicher Bankenstürme und vor dem Konkurs stehender Konglomerate sah sich die Regierung gezwungen, zu einem „pragmatischen" Neo-Liberalismus überzugehen, um sich weiterhin an der Macht zu halten.

46.4 Alternativloser Thatcherismus

«Ding Dong! The witch is dead.» – So endet ein Popsong, der am Todestag von Margaret Thatcher auf Platz 1 der britischen Charts schnellte. Die mächtigste Frau ihrer Generation konnte sich zwar elf Jahre an der Spitze der Regierung halten, verdiente sich in dieser Zeit indessen kaum die Zuneigung der britischen Bevölkerung. Vielmehr wurde sie zum Symbol der sozialen Kehrseite neo-liberaler Politik.

Ähnlich wie ihr späterer transatlantischer Weggefährte, US-Präsident Ronald Reagan, gelangte Thatcher unter sowohl wirtschaftlich wie gesellschaftlich schwierigen Bedingungen an die Macht: England litt unter Stagflation, sprich das Wirtschaftswachstum stagnierte bei gleichzeitig hoher Inflation. Soziale Unruhen, insbesondere viele Streiks im öffentlichen Sektor, erschwerten zudem die Regierungsarbeit. Zu deren Bewältigung orientierte sich Thatcher offen an neo-liberalen Vordenkern wie Hayek und Friedman, weswegen sie einen monetaristischen Kurs verordnete, selbst als dies England in eine Rezession führte: „There is no alternative" (TINA) – alternativlos sei ihre Politik, so Thatchers Überzeugung (Bateman 2002, 310). Allerdings nahm sie selbst Kurskorrekturen vor und ging zu einer angebotsorientierten Wirtschaftspolitik über, die u. a. zu zahlreichen Steuersenkungen führte. Darüber hinaus zeichnete sich der Thatcherismus durch die weitreichende Privatisierung staatlicher Betriebe aus, so etwa von British Telecom und British Steel.

Von Thatchers Modernisierungs- und Privatisierungswillen war auch der Bergbau betroffen, was Englands langwierigsten Arbeitskampf auslöste. Auf die Ankündigung, 20 unrentable Zechen schließen zu wollen, traten die Mitglieder der „National Union of Mineworkers" in einen Streik, der sich vom Frühling 1984 bis ins darauffolgende Jahr ziehen sollte (Stedman Jones 2012, 267–268). Er endete indessen erfolglos: Gestärkt durch ihren Triumph im Falkland-Konflikt mit Argentinien bewies Thatcher auch an der Heimatfront Beständigkeit und wartete das ergebnislose Ende des Streiks ab. Mit der gleichen Beharrlichkeit verfolgte sie weitere Reformen des öffentlichen Sektors, die Wettbewerbsmechanismen in der öffentlichen Verwaltung einführten und auf eine Managementlogik setzten – auch im Gesundheitswesen und in den Sozialwerken. Der Jargon des New Public Management nahm so Einzug in die Verwaltung des Vereinigten Königreichs. Anders als von Neo-Liberalen angestrebt, kam es aber auch unter Thatcher zu keiner eigentlichen Schrumpfung des Staates. Vielmehr verlagerten sich dessen Tätigkeiten oder wurden anders organisiert (Biebricher 2012, 150–151).

46.5 „Reaganomics"

„In der gegenwärtigen Krise ist der Staat nicht die Lösung des Problems. Er ist das Problem. Wir, die amerikanischen Bürger, sind die Lösung." Mit diesen Worten brachte Ronald Reagan bei seiner Antrittsrede am 20. Januar 1981 seine Grundüberzeugung zum Ausdruck, (US-amerikanische) Konservative seien letztlich libertär (Klausner 1975), schließlich strebten sie nach mehr Freiheit und weniger Staat. Konkret setzte sich der ehemalige Gouverneur Kaliforniens zum Ziel, auf Bundesebene die Steuern wie auch die öffentlichen Ausgaben zu senken, Handelshemmnisse und die Regulierungsdichte zu verringern.

Dass dieses Programm auf große Zustimmung unter den Wählern stieß, verdankte Reagan auch den wirtschaftlichen Umständen und deren Handhabung durch seinen Amtsvorgänger Jimmy Carter: Die USA schlitterte im Zuge der Ölkrise in eine Stagflation und eine erneute Energiekrise verschlimmerte die Situation ab 1978, wodurch sich auch Widerstand gegen die Steuerlast in einzelnen Staaten regte (Kotz 2015, 65). Der Erfolg der kalifornischen „Proposition 13", einer Initiative zur Kürzung der Grundsteuer, löste eine eigentliche Steuerrevolte aus. Inmitten dieser Krise fehlte es Carter an Geschick, um mit dem Kongress zusammenzuarbeiten und der Bevölkerung Zuversicht zu vermitteln, was seine berühmte „Malaise"-Rede von 1979 besonders verdeutlichte. Unter diesen Bedingungen stießen Reagans Vorschläge, aber auch seine optimistische Persönlichkeit auf große Resonanz in der amerikanischen Bevölkerung.

Schon in seinem ersten Monat im Amt beseitigte Reagan die seit der Präsidentschaft Nixons bestehenden letzten Handelshemmnisse auf Öl und senkte die Steuern auf deren Erträge, um die Energiekrise anzugehen. Um der Inflation Herr zu werden, diktierte der damalige Notenbankchef Paul Volcker anfänglich einen streng monetaristischen Kurs, der durch Verknappung der Geldmenge zu steigenden Zinsen führte. Im Inland zeitigte dies zwar die gewünschte Inflationssenkung, löste aber gleichzeitig eine Schuldenkrise in den Ländern Lateinamerikas aus, darunter in Chile. Auch die Sozialausgaben wurden gekürzt und der Spitzensteuersatz auf Einkommen mehr als halbiert, jedoch unter der Annahme, dass die öffentlichen Einnahmen langfristig nicht darunter leiden würden. Diese Politik, bekannt unter dem Schlagwort „Reaganomics", folgte Annahmen der Chicagoer Schule, insbesondere den Thesen der Ökonomen Arthur Laffer und Robert Mundell. Gemäß der Laffer-Kurve sinken die Steuereinnahmen, sobald ein maximaler Steuersatz überschritten wird, da sich dann die Steuermoral verschlechtere und gleichzeitig die Besteuerungsgrundlage sinke (Kotz 2015, 226 Fn. 16). Dagegen wirke sich ein niedriger Steuersatz langfristig positiv für alle aus, da der allgemeine Wohlstand allen zu Gute komme („Trickle down-Effekt"). Was Reagans Widersacher um die Parteinominierung und sein späterer Vizepräsident, George H.W. Bush, noch als „voodoo economics" verspottete, würde sich noch lange als wirtschaftspolitisches Dogma der Republikanischen Partei halten – gerade die Aversion gegen Steuerhöhungen würde Bush selbst 1992 die Wiederwahl kosten.

Ähnlich wie in Großbritannien verloren auch die Gewerkschaften an Einfluss. Sinnbildlich dafür waren die Folgen, die der Streik von rund 13.000 Fluglotsen der PATCO („Professional Air Traffic Controllers Organization") im Sommer nach Reagans Amtsantritt hatte. Unter Verweis auf die öffentliche Sicherheit und die Illegalität ihrer Arbeitsniederlegung stellte der Präsident den Gewerkschaftsmitgliedern ein Ultimatum – nach dessen Ablauf verloren an die 11.000 Lotsen ihre Stelle und wurden auch später nicht wieder angestellt. Der Streik versetzte der Gewerkschaft letztlich den Todesstoß (Stedman Jones 2012, 266–267).

Obschon libertäre Kreise Reagan gerne als besten amerikanischen Präsidenten feiern, blieb die vielbeschworene „Reagan Revolution" aus. Reagan beendete kein großes öffentliches Sozialprogramm, schloss keine Bundesbehörde – aber erhöhte dafür die Rüstungsausgaben und verdreifachte das Haushaltsdefizit (ebd., 269–272). Während die einen Verfehlungen gerne dem phasenweise von den Demokraten dominierten Kongress angelastet werden, ist die Verantwortung für den sog. „Warfare Keynesianism" im Weißen Haus zu verorten. Letztlich aber schadete dies Reagans Ruf in der Nachwelt genauso wenig wie die Iran-Contra-Affäre: Für die einen blieb er ein Kämpfer für freiheitliche Politik auf allen Ebenen, für die anderen ein reaktionärer Feind der Schwächeren.

46.6 Neo-Liberalismus von Oben: Der Washington-Konsens

An einer Konferenz des Institute for International Economics, einem Washingtoner Think Tank, präsentierte 1989 der Ökonom John Williamson eine Liste jener zehn wirtschaftspolitischen Reformen, die ein Gros der Experten den Ländern Lateinamerikas empfehlen würden. Er betitelte diese zehn Punkte als „Washington Consensus", nichts ahnend, dass er damit einen „Oxymoron oder ideologischen Schlachtruf" ins Leben gerufen hatte (Williamson 2004, 195–196). Tatsächlich wurde der vermeintliche Konsens als „kleinster gemeinsamer Nenner der Politikempfehlungen" des Internationalen Währungsfonds (IWF/IMF) und der Weltbank verstanden (Biebricher 2012, 89), die Schwellen- und Entwicklungsländer einzuhalten hatten, wollten sie Kredite erhalten. Insbesondere Lateinamerika litt unter der Schuldenlast, die während Volckers Zeit in der US-Notenbank zugenommen hatte, und wurde zusehends abhängiger von der Unterstützung der Finanzinstitute.

Die Bedingungen des „Washington Consensus" zielten darauf ab, wirtschaftliches Wachstum zu fördern, blendeten aber andere institutionelle Reformbereiche aus, die für ein Greifen wirtschaftspolitsicher Maßnahmen nötig gewesen wären. So lesen sich die zehn Punkte wie ein klassisches neo-liberales Programm, das u. a. Steuerkürzungen, Finanzmarkt- und Handelsliberalisierungen, Abbau von Wettbewerbshemmnissen sowie die Privatisierung von Staatsunternehmen vorsah (Williamson 2004, 196). Über die Bilanz des „Washington Consensus" herrscht Uneinigkeit: Der spätere Direktor des IWF, der französische Ökonom Dominique Strauss-Kahn, kritisierte den Kriterienkatalog, und zahlreiche Experten wiesen auf gescheiterte Beispiele Washingtoner Reformen hin; gleichzeitig gibt es durchaus (vorläufige) Erfolgsgeschichten wie jene Chiles.

46.7 Neo-Liberalismus und der „Third Way"

Mit dem Ende der Ära Thatcher in Großbritannien respektive der Regierung Reagans in den USA war noch keinesfalls das letzte Kapitel neo-liberaler Politik beidseits des Atlantiks geschrieben. Bezeichnenderweise war es 1996 ein Demokratischer Präsident, Bill Clinton, der die „era of big government" für beendet erklärte, zugleich aber am Wohlfahrtsstaat an sich festhalten wollte. Clintons Politik, die parteiinternen Reformbestrebungen ausgehend vom Democratic Leadership Council entsprang, fand ab 1997 ihre britische Entsprechung in der Labour Regierung unter Tony Blair: Ein „Third Way", einen alternativen Weg würde dessen Spielart der Sozialdemokratie beschreiten, argumentierte der Soziologe Anthony Giddens im gleichnamigen Buch (1998). Doch während Giddens davon ausging, der „Third Way" werde soziale Werte ohne neo-liberale Wirtschaftspolitik erreichen, griffen die Regierungen Clinton und Blair auf just diesen Maßnahmenkoffer zurück (Stedman Jones 2012).

Besonders im Falle Clintons ist der neo-liberale Kurs nicht abzustreiten: Seine Regierung setzte neben der Reformierung des Sozialstaates und der Privatisierung im Bildungswesen auch die Deregulierung im Finanzsektor fort, die bereits unter Carter eingesetzt hatte. Folgenschwer würde die Aufhebung des Glass-Steagall Acts (1933) sein, der bis 1999 die Trennung von Geschäfts- und Investmentbanken durchsetzte (Trennbankensystem) (ebd., 340–341). Schließlich war es auch Clinton, der mit dem Nordamerikanischen Freihandelsabkommen (NAFTA) zur Liberalisierung des Handels mit Kanada und Mexiko beitragen würde. Dennoch sollte Clinton nicht leichtfertig als überzeugter Neo-Liberaler wahrgenommen werden: Nach den ersten Halbzeitwahlen *(mid-term elections)* seiner Präsidentschaft regierte er mit einem republikanisch dominierten Kongress. Entsprechend war sein wirtschaftspolitischer Kurs auch von der Legislative mitgeprägt. Kritiker attestieren Clinton indessen, eine Ära des progressiven Neo-Liberalismus eingeläutet zu haben, in der er sich sozialprogressiven Anliegen und Minderheiteninteressen mit einer neoliberalen Agenda angenommen habe – eine Methode, die seine Partei nach seiner Präsidentschaft weitergetragen habe (Fraser 2017, 131).

46.8 – das Ende des Neo-Liberalismus?

Seattle, 30. November 1999: Die Handels- und Wirtschaftsminister der Welthandelsorganisation (WTO) kommen zusammen, um die nächste Runde von Handelsliberalisierungen einzuläuten und entsprechende Abkommen auszuhandeln. Die Konferenz muss vorzeitig abgebrochen werden, da die Stadt von schätzungsweise 40.000 Demonstranten in Beschlag genommen wird. Es kommt zu gewaltsamen Festnahmen, Bilder der Proteste dominieren tagelang die Medien. (Rowe/Carroll 2014).

New York, 17. September 2011: Ein paar hundert Aktivisten folgen einem Aufruf, die Wall Street einzunehmen und dort gegen die Macht des Finanzsektors zu protestieren. Als sie die Straße verbarrikadiert vorfanden, verschoben sie ihren Protest in den nahen Zuccotti Park, schlugen dort ihre Zelte auf und harrten während zwei Monaten dort aus. Die Bewegung „Occupy Wall Street" würde auf der ganzen Welt Nachahmer finden. (ebd.)

Die Proteste in den späten 1990er Jahren und nach der Jahrtausendwende benannten als Feind die Globalisierung und ihre sozialen wie kulturellen Folgen für die Länder des globalen Südens wie auch jene des Westens. Die offene, teils gewaltsame Wut richtete sich gegen jene Organisationen und Veranstaltungen, die als Treiber dieser Entwicklungen wahrgenommen wurden, so gegen die WTO, den IMF, die Weltbank, die G8 oder auch gegen das World Economic Forum (WEF) in Davos. Im Zuge der Finanzkrise von 2008/2009 hat sich der Diskurs verlegt auf den Neo-Liberalismus respektive den Kapitalismus an sich, die als ursächlich angesehen werden.

Es ist unbestritten, dass die Deregulierung der Finanzmärkte, insbesondere die Aufhebung des Glass-Steagall Acts, sowie die Niedrigzins-Politik der US-Notenbank mitverantwortlich waren für die Entstehung einer Immobilienblase und damit für die Krise in den USA. Durch die Lockerung der Standards bei der Kreditvergabe wurde der Kauf von Eigenheimen für immer mehr Amerikaner möglich, die angesichts des Booms ihr Vermögen gesteigert glaubten und mit ihrem privaten Konsum weiter das Wirtschaftswachstum beschleunigten – jedoch nur, salopp gesagt, auf Pump. Sobald die Notenbank die Zinsen erhöhte, konnten die Eigenheimbesitzer ihre Kredite nicht mehr bedienen. Gleichzeitig verkauften die Hypothekenbanken Fannie Mae und Freddie Mac Wertpapiere, die auf gebündelten sog. „subprime", zweitklassigen Hypotheken basierten. Mit dem Zahlungsverzug der Kreditnehmer gerieten auch die Banken in Bedrängnis und bedurften schließlich staatlicher Rettungsmaßnahmen, während die Bilder von obdachlos gewordenen Amerikanern um die Welt gingen. (Kotz 2015, 132–169).

Eine Kultur neo-liberaler Gier war schnell verurteilt und der Logik neo-liberalen Denkens eine alles durchdringende Macht attestiert, so wie einst von Foucault diagnostiziert. Insbesondere zersetze der Neo-Liberalismus die Grundwerte der Demokratie und sei mit dieser unvereinbar, so Theoretiker wie Wendy Brown – dies möge vielleicht nicht die originäre Idee des Neo-Liberalismus gewesen sein, aber mittlerweile sei er zu einer Frankenstein-Kreatur mutiert (Brown 2019, 10). Auch andere Autoren bedienen sich eindrücklicher Bilder, um die Folgen des Neo-Liberalismus zu illustrieren; neben Mary Shelley kommt auch die Zombie-Apokalypse zum Zuge. Gleichsam werden gerne auch einzelne Köpfe für die Krise von 2008 zur Verantwortung gezogen, namentlich der ehemalige Notenbankchef Alan Greenspan oder die in der Regel als libertär kategorisierte Schriftstellerin Ayn Rand. Während ersterer Fehler in seinen Annahmen eingeräumt und die Zinspolitik der Notenbank rückblickend kritisiert, kann die „Schuld" kaum im Denken einer Autorin gesucht werden, die eitle Gier und Spekulanten verurteilt hatte.

Der britische Soziologe und Politologe Colin Crouch (2009) sieht denn auch weniger den Neo-Liberalismus an sich als Ursache der Krise, sondern eine Politik des sog. privatisierten Keynesianismus. Demzufolge habe der Staat sich mit der Deregulierung der Kreditmärkte aus der Pflicht genommen, selbst die Wirtschaft zu stimulieren, also Keynesianismus im klassischen Sinne zu praktizieren, sondern hat diese Rolle auf die Bürger übertragen. Damit hat sich der Staat in einer Weise aus der Wirtschaft zurückgezogen, wie es die originären Neo-Liberalen abgelehnt hätten.

Wie auch immer die Verantwortung neo-liberaler Ideen interpretiert wird, der Begriff an sich wird kaum wieder in seiner einstigen Bedeutung Verwendung finden. Bekenntnisse zum Neo-Liberalismus werden gerade jetzt dünn gesät bleiben. Dies kann jedoch anderen Zweigen des Liberalismus zur Renaissance verhelfen, getreu der Devise: „Der Neoliberalismus ist tot – lang lebe der Ordoliberalismus!" (Biebricher 2012, 193).

Literatur

Bateman, Bradley W.: There Are Many Alternatives: Margaret Thatcher in the History of Economic Thought. In: Journal of the History of Economic Thought 24.3 (2002), 307–311.

Biebricher, Thomas: Neoliberalismus zur Einführung. Hamburg 2012.

Boas, Taylor C./Gans-Morse, Jordan: Neoliberalism: From New Liberal Philosophy to Anti-Liberal Slogan. In: Studies in Comparative International Development 44 (2009), 137–161. DOI: https://doi.org/10.1007/s12116-009-9040-5.

Bowman, Samuel: Coming out as neoliberals. Oct. 11, 2016. In: Adam Smith Institute https://www.adamsmith.org/blog/coming-out-as-neoliberals (1.4.2020).

Brown, Wendy: In the Ruins of Neoliberalism: The Rise of Antidemocratic Politics in the West. New York 2019.

Crouch, Colin: Privatised Keynesianism: An Unacknowledged Policy Regime. In: The British Journal of Politics and International Relations 11.3 (2009), 382–399.

Denord, François: French Neoliberalism and Its Divisions: From the Colloque Walter Lippmann to the Fifth

Republic. In: Philip Mirowski/Dieter Plehwe: The Road from Mont Pèlerin: The Making of the Neoliberal Thought Collective. Cambridge, Mass./London 2009, 45–67.

Fischer, Karin: The Influence of Neoliberals in Chile before, during, and after Pinochet. In: Philip Mirowski/Dieter Plehwe: The Road from Mont Pèlerin: The Making of the Neoliberal Thought Collective. Cambridge, Mass./London 2009, 305–346.

Fraser, Nancy: The End of Progressive Neoliberalism. In: Dissent 64.2 (2017), 130–134. DOI: https://doi.org/10.1353/dss.2017.0051.

Giddens, Anthony: The Third Way: The Renewal of Social Democracy. Cambridge, 1998.

Mont Pèlerin Society: Statement of Aims. https://www.montpelerin.org/statement-of-aims/.

Peck, Jamie: Naming Neoliberalism. In: Damien Cahill/Melinda Cooper/Martijn Konings/David Primrose: The SAGE Handbook of Neoliberalism. London 2018, xxii–xxiv.

Plehwe, Dieter: Introduction. In: Philip Mirowski/Dieter Plehwe: The Road from Mont Pèlerin: The Making of the Neoliberal Thought Collective. Cambridge, Mass./London 2009, 1–42.

Klausner, Manuel: Inside Ronald Reagan. In: Reason Magazine (1975). https://reason.com/1975/07/01/inside-ronald-reagan/.

Kotz, David M.: The Rise and Fall of Neoliberal Capitalism. Cambridge, Mass. 2015.

Rowe, James K./Carroll, Myles: Reform or Radicalism: Left Social Movements from the Battle of Seattle to Occupy Wall Street. New Political Science 36.2 (2014), 149–171. DOI: https://doi.org/10.1080/07393148.2014.894683

Schmidt, Vivien A.: Ideas and the Rise of Neoliberalism in Europe. In: Damien Cahill/Melinda Cooper/Martijn Konings/David Primrose: The SAGE Handbook of Neoliberalism. London 2018, 69–81.

Stedman Jones, Daniel: Masters of the Universe: Hayek, Friedman, and the Birth of Neoliberal Politics. Princeton/Oxford 2012.

Williamson, John: The Strange History of the Washington Consensus. In: Journal of Post Keynesian Economics 27.2 (2004), 195–206.

Ordoliberalismus

47

Walter Ötsch und Stephan Pühringer

47.1 Begriff

Ordoliberalismus ist die Bezeichnung a) für eine wissenschaftliche Richtung in Feldern wie der Kultur- und Gesellschaftsphilosophie, der Volkswirtschaftslehre, den Rechtswissenschaften oder der Soziologie, b) für eine Gemeinschaft von Personen (auch aus der Politik und den Medien), die in ihrem politischen und gesellschaftlichen Handeln auf ordoliberale Konzepte Bezug nehmen und c) für Denkweisen in Zusammenhang damit. Der Ordoliberalismus insgesamt ist eine heterogene Strömung, deren VertreterInnen dennoch meist den Sammelbegriff Ordoliberalismus für sich reklamieren. In der Gesamtheit dieser Bedeutungsfülle von inhaltlichen und sozialen Aspekten kann auch von einem Denkkollektiv nach Ludwig (auch: Ludwik) Fleck oder nach Karl Mannheim gesprochen werden. Dieses Kollektiv entfachte seine Wirkungsweise vor allem in Deutschland bzw. in den deutschsprachigen Ländern Europas und war in der Zeit nach dem Zweiten Weltkrieg in Wissenschaft, Politik und Gesellschaft einflussreich. Die dabei gegründeten Netzwerke sind bis heute für Deutschland bedeutsam.

Der Ordoliberalismus verstand und versteht sich als eine spezifische Variante des Liberalismus, in Abgrenzung und Überlappung zu anderen Arten des Liberalismus, wie einem Laissez-Faire- oder Manchester-Liberalismus, vor allem auch zum politischen Liberalismus bei Keynes (s. Kap. 16), und allen Formen kollektiver politischer ökonomischer Ansätze, in einem weiten Bereich vom Paternalismus Bismarcks bis zu sozialdemokratischen und marxistischen Ansätzen. Von besonderer Bedeutung ist die Stellung des Ordoliberalismus zum Neoliberalismus. Zentral für den Ordoliberalismus ist sein Ordnungsbegriff. Der Begriff Ordoliberalismus wurde als Selbstbezeichnung erst ab 1950 verwendet und bezieht sich in hohem Maße auf die Zeitschrift ORDO (Jahrbuch für die Ordnung von Wirtschaft und Gesellschaft), die 1948 gegründet wurde und bis heute das zentrale Diskussionsorgan des Ordoliberalismus darstellt.

W. Ötsch (✉)
Cusanus Hochschule, Bernkastel-Kues, Deutschland
E-Mail: walter.oetsch@liwest.at

S. Pühringer
Universität Linz, Linz, Österreich
E-Mail: stephan.puehringer@jku.at

M. G. Festl (Hrsg.), *Handbuch Liberalismus*, https://doi.org/10.1007/978-3-476-05798-3_47

47.2 Geschichte und Wirkungsgeschichte

Der Ordoliberalismus formiert sich in Deutschland als Strömung ab den 1920er Jahren. Für die Entstehungszeit können vereinfacht drei Gruppen identifiziert werden (Ptak 2004, 17):

1. die „Freiburger Schule" mit Walter Eucken (1891–1950), Franz Böhm (1895–1977) und Leonhard Miksch (1901–1950),
2. der „soziologische Flügel" um Alexander Rüstow (1855–1963) und Wilhelm Röpke (1899–1966) und
3. die Gruppe der „Praktiker" mit Ludwig Erhard (1897–1977) und dem FAZ-Herausgeber Erich Welter (1900–1982).

Alfred Müller-Armack (1901–1978) kann der zweiten und der dritten Gruppe zugeordnet werden.

Der ursprüngliche Ordoliberalismus verstand sich als Erneuerungsbewegung eines ökonomischen Liberalismus. Spätestens ab den 1930er Jahren wird die Behauptung einer umfassenden Krise der Gesellschaft, die als Krise des Liberalismus gedeutet wird, zum zentralen Thema von Eucken, Rüstow, Röpke und Müller-Armack – dieser Befund bekommt durch die Weltwirtschaftskrise ab 1929 eine zusätzliche Brisanz. Die Ordoliberalen sahen den Kapitalismus als bedroht an, wollten und konnten die Weltwirtschaftskrise aber nicht als systemische Krise des Kapitalismus oder der mit ihm verbundenen politökonomischen Verwerfungen verstehen. Als Ursache wird von ihnen ein „falscher Liberalismus" (wie der Manchester-Liberalismus) angeführt, vor allem dessen passives Staatskonzept. Die Überwindung der Krisen liege nicht in einer Änderung der (als marktwirtschaftlich bzw. kapitalistisch verstandenen) Wirtschaft als solcher, sondern in ihrer „Ordnung": das sei jener Rahmen der Wirtschaft, in dem ihre konkreten „Prozesse" ablaufen.

Die Grundlagen dieser neuen (liberalen) Ordnung wurden ab 1933 vor allem von der Freiburger Schule formuliert, die dominante Person war Eucken, der ab 1927 an der dortigen Universität tätig war und bis zum Kriegsende (u. a. durch 45 Dissertationen) ein großes Netzwerk in Wissenschaft, Politik und Gesellschaft aufgebaut hat (im Detail bei Ötsch/Pühringer/Hirte 2018, 112–152). Sein Hauptwerk („Die Grundlagen der Nationalökonomie") aus dem Jahre 1940 zeigt, dass Eucken sein Konzept nicht als Kritik, sondern als Modifikation der nationalsozialistischen Wirtschaftspolitik verstanden hat (Ptak 2004, 6). Diese Bezüge und die sehr unterschiedliche Positionierung einzelner Ordoliberaler zum Nationalsozialismus sind bis heute nicht adäquat aufgearbeitet.

Dem ordoliberalen Netzwerk gelingt es, ab 1948 in die Zentren der politischen Macht in der neuen Bundesrepublik Deutschland aufzurücken. Dafür waren viele Faktoren maßgeblich, z. B. die jahrelangen engen Kontakte zu der jungen wirtschaftlichen Elite, die ab Ende der 1940er Jahre führend wird, ihre Kontinuität in der Theoriebildung sowie die bestehenden theoretischen und institutionellen Lücken in der deutschen Ökonomik nach 1945: Vertreter vieler anderer Strömungen mussten im Nationalsozialismus fliehen, im Ordoliberalismus blieb das auf Einzelpersonen beschränkt. Außerdem spielte der Keynesianismus in Deutschland nur kurz und verspätet eine wichtige Rolle. Wichtig waren auch die frühen Kontakte von Ordoliberalen zu den siegreichen Alliierten, ihre teilweise Mitgestaltung bei der Gründung der CDU und vor allem die globale ideologische Einordnung, die für Westdeutschland nach dem Ausrufen des Kalten Krieges (spätestens mit der Truman-Doktrin 1947) bedeutsam wurde. Dabei war vor allem den Vertretern der USA die strikt antikommunistische Ausrichtung der Ordoliberalen (durchaus in Widerspruch zu der damals weit verbreiteten antikapitalistischen Grundstimmung) willkommen. In diesem Kontext förderten die Vertreter der Bizone (in der die USA tonangebend war) ab 1947 u. a. Ludwig Erhard als wirtschaftspolitische Führungsperson, organisierten 1948 die Währungsreform und ließen zu, dass Erhard bei deren Durchführung bestehende Preisbildungen teilweise aufhob. 1949 wird Erhard Wirtschaftsminister, und die CDU schwenkt in hohem Maße auf eine ordoliberale Programmatik um. Der politische Einfluss des Ordoliberalismus zeigt sich auch in den nächsten Jahrzehnten sowohl in der Wirtschaftspolitik als auch in der wirtschaftspolitischen Beratung durch ökonomische ExpertInnen. Dabei spielt insbesondere das Konzept der „Sozialen Marktwirtschaft“ eine wichtige Rolle, mit dem u. a. Müller-Armack eine „freie“ marktwirtschaftliche Wettbewerbswirtschaft mit sozialem Fortschritt verbinden wollte.

Nach einer Phase des „deutschen Keynesianismus“ unter Politikern wie Karl Schiller, Willy Brandt und Helmut Schmidt spielen ordoliberale Konzepte und institutionelle Netzwerke vor allem in und seit der deutschen neoliberalen Wende 1982 mit dem Bruch der sozialliberalen Koalition und der darauffolgenden Kanzlerschaft von Helmut Kohl wieder eine zentrale Rolle. Daneben waren und sind ordoliberale Konzepte insbesondere in der Währungs- und Geldpolitik auf EU-Ebene bedeutsam. Dabei wurde zuletzt die restriktive und auf Austeritätsmaßnahmen für südosteuropäische Staaten pochende Haltung Deutschlands in der „Euro- und Staatsschuldenkrise“ auf den „langen Schatten des Ordoliberalismus“ (Dullien/Guérot 2012) in Deutschland zurückgeführt.

47.3 Ordnung

Die Ordoliberalen gehen von einem Primat der „Ordnung“ aus. Damit ist (durchaus unterschiedlich) ein System oder Systementwurf für die Kultur, die Gesellschaft, die Politik und/oder die Wirtschaft gemeint. In jedem Fall geht es um einen umfassenden Rahmen, innerhalb dessen sich eine „freie“ Wettbewerbswirtschaft realisieren kann. So wird z. B. von Eucken das (metaphysische) „Idealbild“ einer „vollständigen Konkurrenz“ entworfen, das zum einen als Faktum, zum anderen als Forderung für die Zukunft gesetzt wird (Eucken 1950; 1990). Eine solche Wirtschaft wäre (bzw. ist) instrumentell-effizient, weil der (postulierte) Preis- und Wettbewerbsmechanismus ein funktionierendes Knappheits- und Allokationsinstrument darstellt (Eucken 1990, 8) und zugleich als „Kontrollapparat“ politische und wirtschaftliche Übermacht verhindert und damit die individuelle Freiheit fördert. Eine entsprechende Ordnung bzw. ihr Konzept kann und soll zudem eine soziale Kohäsion gewährleisten, die rein ökonomisch nicht erzeugt werden kann, vor allem von Röpke und Müller-Armack werden die soziologischen und ethischen Aspekte betont, im Deutschen „Wirtschaftswunder“ wurde dies dann einer wachsenden Wirtschaft zugeschrieben. Zugleich wird sie von vielen Ordoliberalen als „natürlich“ überhöht, z. B. dass sie „dem Wesen“ des Menschen entspreche (ebd., 372). Personen, die dem Ordoliberalismus zugerechnet werden und/oder sich selbst zurechnen, verfolgen die Intention, a) das von ihnen entwickelte Ordnungskonzept (auch als Leitidee) theoretisch zu formulieren (z. B. als „Vitalpolitik“ bei Rüstow oder als „Strukturpolitik“ bei Röpke), b) in den Wissenschaften, vor allem in der Ökonomie, durchzusetzen, c) medial zu verbreiten und d) handlungspraktisch (als „Ordnungspolitik“) herzustellen und/oder zu bewahren – und gegen andere Konzeptionen abzugrenzen.

47.4 Wettbewerb

Wettbewerb spielt im ordoliberalen Denken, wie in allen wirtschaftsliberalen Strömungen eine zentrale Rolle. Dabei kommt im Gegensatz zu US-amerikanischen neoliberalen Vorstellungen dem Staat die Aufgabe zu, „freien Markwettbewerb“ zu organisieren, zu veranstalten und zu bewahren. Vor diesem Hintergrund spricht etwa Rüstow (1932) von einem „liberalen Interventionismus“, wobei durch (auch aktive) staatliche Maßnahmen die Stabilität und Ordnung der „freien Verkehrswirtschaft“ sichergestellt werden soll. Im Ordoliberalismus wird somit in Anlehnung an statische Modelle der Allgemeinen Gleichgewichtstheorie und insbesondere die Annahme perfekten Wettbewerbs in der Neoklassik die Allokationseffizienz von einer theoretischen Bedeutung in eine wirtschaftspolitische Praxis übersetzt. In theoretischen Weiterentwicklungen verstärkt im Austausch mit Friedrich August von Hayek (s. Kap. 17), nach dessen Wechsel an die Universität Freiburg als Leiter des Eucken-Instituts 1962, werden immer mehr auch dynamische Konzeptionen des Konzepts von Hayek vom „Wettbewerb als Entdeckungsverfahren" aufgegriffen. Dabei bleibt die positive normative Deutung einer Heuristik von Wettbewerb als nicht nur allokationseffizienter Mechanismus, sondern zugleich auch wohlfahrtsmaximierender Prozess bestehen. Freier Wettbewerb wird somit politökonomisch verstanden. Damit wird auch die Forderung nach Ausweitung der Wettbewerbslogik zu einer nicht hinterfragbaren wirtschaftspolitischen Prämisse. Der Ordoliberalismus leistet damit einen Beitrag zu einer Entwicklung, in der ökonomische Logiken und Vorgaben in immer mehr Teilbereiche der Gesellschaft vorgedrungen sind und traditionell vorherrschende Regeln und Ethiken ersetzt haben.

47.5 Staat

Die Ordoliberalen erkennen, dass die von ihnen intendierte Ordnung sich nicht von selbst herstellen kann. Sie bedarf dazu des Staates, der als „starker" und „unabhängiger" Staat mit einer großen Machtfülle auszustatten ist. Dieser soll den „schwachen" Staat (als solcher gilt auch die Weimarer Republik) ersetzen, der als „Beute" (ebd., 171) der Parteien und Gewerkschaften kein übergeordnetes Gesamtinteresse realisieren kann. Folgerichtig geht es darum, den Parlamentarismus und die „Massendemokratie" zurückzudrängen: „der Liberalismus darf nicht von der Demokratie verschlungen" werden (Röpke 1962, 124), Rüstow argumentiert dabei auch mit Bezug auf Carl Schmitt. Dabei wird „die Masse" mit negativen Attributen versehen, ihr wird die eigene Gruppe als wissende „Elite" gegenübergestellt. Der Ordoliberalismus verfolgt damit einen ökonomischen Liberalismus, der die Bedingungen für eine „freie" Wirtschaft herstellen und zugleich sozial abfedern will, Rüstow spricht von einem „liberalen Interventionismus". Die Anliegen des traditionellen politischen Liberalismus werden dabei nicht direkt in Frage gestellt, aber *de facto* kaum verteidigt oder betont.

47.6 Soziale Marktwirtschaft

Das Konzept einer Sozialen Marktwirtschaft wird vor allem von Müller-Armack und Rüstow als wirtschafts- und sozialpolitische Leitidee formuliert und Ende der 1940er Jahre als Schlagwort in die Programmatik der CDU übernommen (Ptak 2004, 210–287). Man sah darin auch ein Mittel, den Begriff sozial von der Sozialdemokratie (in einer wirtschafts- und kapitalismuskritischen Deutung) auf das eigene (wirtschafts- und kapitalismusfreundliche) Konzept zu verschieben. Der Begriff selbst war Anfang der 1950er Jahre noch weitgehend unbekannt bzw. wurde von der Bevölkerung anders assoziiert. Die eigentliche Durchsetzung und Verankerung im öffentlichen Bewusstsein erfolgte vor den zweiten Wahlen zum Bundestag in den Jahren 1951 und 1952 in einer groß angelegten Werbekampagne, die fast 90 % aller Zeitungen und Illustrierten bediente (Quellen in: Ötsch/Pühringer/Hirte 2018, 176–180). Mit dieser Kampagne gelang es, den konzeptionell-theoretischen Begriff Soziale Marktwirtschaft als Beschreibung einer wirtschafts- und sozialpolitischen Realität zu verankern. Er stellt bis heute die zentrale Deutungsfigur der Wirtschaftsordnung in Deutschland (und in anderen Ländern) dar und hat in seiner langen Wirkungsgeschichte als Bezeichnung unterschiedlicher Gesellschafts- und Wirtschaftsformen gedient. Der Begriff Soziale Marktwirtschaft wird heute oft auch (in deutlichem Widerspruch zu den ursprünglichen Intentionen der Ordoliberalen) als Synonym für den europäischen Sozial- und Wohlfahrtsstaat verwendet. Der Begriff selbst muss als politischer Begriff (z. B. als gesellschaftliche Integrationsformel) verstanden werden, der inhaltlich nicht exakt bestimmt werden kann. Es gibt keine verbindliche Definition, welche Aspekte das Wirtschaftssystem aufweisen muss bzw. aufweisen sollte, um Soziale Marktwirtschaft genannt werden zu können. Heute wird dieser Begriff von Personen aus unterschiedlichen politischen und weltanschaulichen Lagern in Anspruch genommen, z. B. in der Verteidigung bestehender wirtschaftlicher Strukturen, in der Forderung nach einer zu verwirklichenden ökosozialen Marktwirtschaft bis hin zu einer Kritik von Konzepten und realen Entwicklungen, in denen der Sozialstaat als „ineffizient" diskreditiert und partiell abgebaut worden ist.

47.7 Freiheit

Das ordoliberale Freiheitskonzept meint vor allem eine ökonomische Wahlhandlungsfreiheit und die Freiheit unternehmerischen Tuns in einem „freien Markt", der als soziales Instrument freie Kommunikation, freiwillige Kooperation und freiwillige Tauschvorgänge möglich mache. Eucken betont dabei die Vertrags- und Gewerbefreiheit. Diese Art von Freiheit ist nach führenden Ordoliberalen nur im Rahmen der von ihnen konzipierten Ordnung möglich. Sie führt idealerweise zur „vollständigen Konkurrenz", hier tritt u. a. „das Phänomen der wirtschaftlichen Macht ganz zurück" (Eucken 1950, 201). Diese „Ordnung der Freiheit" muss zugleich von einem starken Staat organisiert und gesichert werden. Ordnung und Freiheit beziehen sich im Ordoliberalismus wechselseitig aufeinander. Dabei werden wirtschaftliche Vorgänge wie Tauschvorgänge depolitisiert (wirtschaftliche Freiheiten werden nicht politisch interpretiert) und zugleich politische Vorgänge der Herstellung wirtschaftlicher Freiheit unterworfen. Ähnlich dem hobbesschen Leviathan, der die soziale Stabilität schafft, muss im Ordoliberalismus eine starke staatliche Autorität die Bedingungen herstellen, damit die „Leiter der Einzelwirtschaften" frei agieren können.

47.8 Ordoliberalismus und Neoliberalismus

Ob und in welcher Weise der Ordoliberalismus als Variante des Neoliberalismus (s. Kap. 46) gilt, hängt davon ab, was unter Letzterem verstanden wird. Viele Ordoliberale verstehen den Ordoliberalismus als selbständige Strömung und grenzen sich auch vom Neoliberalismus mit unterschiedlichen Argumenten ab, z. B. sei dieser zu heterogen oder ambivalent, sein Einfluss werde überschätzt oder auch, es würde gar keinen Neoliberalismus geben, der Begriff selbst sei eine Erfindung von kapitalismuskritischen Personen. Häufig ist auch die Gegenüberstellung von Theorieelementen des Ordoliberalismus zur Österreichischen Schule (mit Bezug auf Friedrich von Hayek und Ludwig von Mises und ihre SchülerInnen) sowie zur Chicago-Schule, z. B. in der Stellung des Staates (starker Staat versus Minimalstaat), der Einstellung zu wirtschaftlicher Macht (Monopolkontrollen versus Laissez-Faire) und der Einschätzung einzelner sozialpolitischer Maßnahmen bzw. des deutschen oder europäischen Sozial- und Wohlfahrtsstaates.

Diesen Deutungen stehen die engen personellen und institutionellen Kontakte der Ordoliberalen zu den VertreterInnen dieser Schulen entgegen (Mirowski/Plehwe 2009; Ötsch 2019; Ötsch/Pühringer/Hirte 2018). Der Ordoliberalismus hat sich nicht isoliert entwickelt, sondern war von Beginn an Teil eines internationalen Netzwerks von wirtschaftsliberalen ÖkonomInnen und PhilosophInnen, die sich 1938 (im *Walter Lippmann Colloquium* in Paris) die Selbstbezeichnung Neoliberalismus gegeben haben (diesen Begriff führt Röpke 1945 in einer Einleitung einer Übersetzung von Walter Lippmanns „Good Society" in die deutsche Sprache ein). Der Ausdruck Neoliberalismus wurde in der Nachfolgeorganisation (der *Mont Pèlerin Society,* 1947 am Genfer See gegründet) beibehalten. Eucken wird 1947 Vizepräsident der Gesellschaft und hat bis zu seinem überraschenden Tod im Jahre 1950 in vielen Briefen mit dem Präsidenten Hayek festgelegt, welche deutschen Teilnehmer in den Folgejahren aufgenommen wurden. Praktisch alle führenden Ordoliberalen dieser Zeit waren Mitglieder dieser Gesellschaft, die in den folgenden Jahrzehnten international wirkmächtig wird. Aus ihr gingen u. a. hunderte Think Tanks weltweit hervor, in denen viele Ordoliberale bis heute vernetzt sind (z. B. im *Atlas network* mit über 480 Think Tanks weltweit). Kontinuitäten und

Einflüsse können in der Schulenbildung, in institutionell verankerten Zentrierungen und in politischen Verflechtungen nachgewiesen werden (Details in Ötsch/Pühringer/Hirte 2018, basierend auf einer Vollerhebung aller ProfessorInnen in Ökonomie in (West-)Deutschland von 1954 bis 1995).

Diese Netzwerkbildung wird unterschiedlich interpretiert. Foucault (2004) versteht den Ordoliberalismus (in einer eigenständigen Deutung) als Avantgarde des Neoliberalismus. Mirowski/Plehwe (2009) betonen die gemeinsamen inhaltlichen Positionen (wie den Kampf gegen den Keynesianismus) und gemeinsame politische Absichten. Die Autoren dieses Kapitels haben eine eigene Deutung entwickelt, die auf den Begriff „der Markt" (in der Einzahl und in spezifischen Bedeutungen) abzielt. „Der Markt" wird dabei wie eine übergeordnete Wesenheit (in durchaus widersprüchlichen Bedeutungen) verstanden, dem z. B. „wir uns" zu unterwerfen hätten. Eine solche Begrifflichkeit kann bei allen führenden VertreterInnen der eben genannten Schulen nachgewiesen werden. Er fungiert – das ist unsere Deutung – wie ein in der Regel nicht thematisierter Kollektivgedanke bzw. eine semantische Tiefenstruktur in einem Gedankenkollektiv, das unterschiedliche ökonomische Paradigmen umfasst (Ötsch/Pühringer/Hirte 2018; Ötsch 2019).

47.9 Einflüsse bis heute

Ein besonderes Charakteristikum des Ordoliberalismus seit der Gründung in der Freiburger Schule stellt der interdisziplinäre Dialog zwischen JuristInnen und ÖkonomInnen einerseits und der explizite (wirtschaftspolitische) Gestaltungsanspruch andererseits dar. Später wurden hier auch andere Wissenschaften und Schulen miteinbezogen. Seit den 1990er Jahren kooperieren Ordoliberale intensiv mit der *Virginia School of Political Economics* (einer ökonomischen Denkrichtung, aus der einflussreiche Strömungen wie die *Public Choice Theory, constitutional economics* oder *economics and law* hervorgingen), die sich auch in der Ehrenpräsidentschaft von James Buchanan manifestierte (Olssen 2018). Darin zeigt sich nicht zuletzt ein gemeinsames Verständnis der Superiorität ökonomischer Denklogiken und Koordinationsmechanismen gegenüber politischen Entscheidungsprozessen sowie dem Vorrang der ökonomischen vor der politischen Freiheit (ebd.; Ötsch 2019).

Die politische und gesellschaftliche Wirkmächtigkeit des Ordoliberalismus in wirtschaftspolitischen Fragen bis heute liegt vor allem im Zusammenwirken zweier Phänomene. Einerseits wird der Ordoliberalismus mit dem wirtschaftspolitischen Konzept der Sozialen Marktwirtschaft assoziiert. Dieses Konzept bzw. ökonomische Narrativ dient bis heute quer über alle parteipolitischen Lager als positive Vision des deutschen Wirtschaftswunders und des Rheinischen Kapitalismus der Nachkriegszeit. Zum zweiten ist es ordoliberal orientierten Personen gelungen, ein institutionelles Netzwerk aus Beratungsorganisationen, wissenschaftlichen Instituten, Stiftungen und parteiischen Think Tanks aufzubauen, die in enger Vernetzung großen Einfluss sowohl auf politische Entscheidungsprozesse, wie auch die öffentliche Meinung nehmen. Die Kontinuität des Einflusses des Ordoliberalismus zeigt sich zudem bis heute insbesondere in der Besetzung zentraler wirtschaftspolitischer Beratungsgremien wie des Sachverständigenrates oder den Wissenschaftlichen Beiräten im Bundeswirtschafts- und Finanzministerium (Ötsch/Pühringer/Hirte 2018; Pühringer 2020).

In den letzten Jahren wurde zunehmend auch in internationalen Debatten das Konzept des Ordoliberalismus wieder(entdeckt); es wird von einem „return", „revival" oder einer Rückkehr des Ordoliberalismus gesprochen bzw. dessen kontinuierlicher Einfluss in der deutschen wirtschaftspolitischen Beratung gezeigt (vgl. die Beiträge in Hien/Jörges 2018). Das zeigt sich in einer Reihe von Publikationen, die sich der Bestimmung des Einflusses der Idee des Ordoliberalismus in neoliberalen Politikreformen widmen, in der Architektur wichtiger Eckpfeiler der

Europäischen Union und nicht zuletzt in der europäischen und deutschen Krisenreaktion (Dullien/Guérot 2012). In ähnlicher Weise wird in der Kritik an der deutschen Wirtschaftspolitik und der Reaktion auf die Finanz- und Wirtschaftskrise von US-amerikanischen wie auch von britischen AutorInnen auf ordoliberale Vorstellungen referenziert, bzw. ein „langer Schatten des Ordoliberalismus" in der Politikberatung ausgemacht. So übten etwa die beiden Ökonomienobelpreisträger Paul Krugman und Joseph Stiglitz harsche Kritik an der deutschen Austeritätspolitik und ihren deutschen KollegInnen, die diese unterstützt hätten. Stiglitz stellt dazu in einem Interview 2016 fest: „What is very clearly true […] is that German economics is different from economics everywhere else in the world. They still believe in austerity even though the IMF, which is not a left-wing organization, has said austerity doesn't work" (https://qz.com/744854/joseph-stiglitz-euro-future-of-europe-book/).

Die Kritik am Ordoliberalismus bzw. die Verknüpfung austeritätsorientierter Wirtschaftspolitik mit ordoliberalen Ideen hat eine Reihe von deutschen AutorInnen zur Verteidigung ordoliberalen Denkens veranlasst. Dabei wird sowohl auf die historische Besonderheit der Freiburger Schule hingewiesen, die missbräuchliche Zuschreibung konkreter Politikinhalte zum Ordoliberalismus kritisiert sowie auch der Unterschied zwischen ökonomischer Theorieschule und politischer Ideologie betont (etwa Dold/Krieger 2019). In der Debatte um die aktuelle Bedeutung wie auch die historische Einordnung des Ordoliberalismus manifestieren sich daher eine Reihe von politisch-ideologischen Spannungslinien, die nur teilweise die ökonomietheoretische Verortung des Ordoliberalismus betreffen. Vor allem der Beitrag ordoliberaler ÖkonomInnen zur Gründung der „Alternative für Deutschland" (die in den Anfangsjahren auch als „Professorenpartei" bezeichnet wurde) und die daran sich anknüpfende Radikalisierung des politischen Denkens in Deutschland (und dem Abbau traditionell liberal-demokratischer Leitvorstellungen) wurde weder in der theoretischen Literatur noch im öffentlichen Diskurs bisher ausreichend thematisiert.

Literatur

Dold, Malte/Krieger, Tim: The ideological use and abuse of Freiburg's ordoliberalism. In: Freiburg Discussion Paper Series 04/2019.

Dullien, Sebastian/Guérot, Ulrike: The long shadow of ordoliberalism: Germany's approach to the euro crisis. In: European Council on Foreign Relations Policy Brief (2012).

Eucken, Walter: Die Grundlagen der Nationalökonomie [1940], Berlin 1950.

Eucken, Walter: Grundsätze der Wirtschaftspolitik [1952]. Tübingen [6]1990.

Foucault, Michel: Geschichte der Gouvernementalität, Frankfurt a. M. 2004.

Hien, Josef/Joerges, Christian (Hg.): Ordoliberalism. Law and the rule of economics. Oxford/Portland 2018.

Mirowski, Philip/Plehwe, Dieter (Hg.): The road from Mont Pèlerin: the making of the neoliberal thought collective. Cambridge, Mass. 2009.

Olssen, Mark: Neoliberalism and Democracy: A Foucauldian Perspective on Public Choice Theory, Ordoliberalism, and the Concept of the Public Good. In: Damien Cahill/Melinda Cooper/Martijn Konings/David Primrose (Hg.): The SAGE Handbook of Neoliberalism. Los Angeles/London/New Delhi 2018, 384–396.

Ötsch, Walter: Mythos Markt. Mythos Neoklassik. Das Elend des Marktfundamentalismus. Marburg 2019.

Ötsch, Walter/Pühringer, Stephan/Hirte, Katrin: Netzwerke des Marktes. Ordoliberalismus als Politische Ökonomie. Wiesbaden 2018.

Princen, Sebastiaan/van Esch, Femke: Paradigm formation and paradigm change in the EU's Stability and Growth Pact. In: European Political Science Review 8 (2016), 355–375.

Ptak, Ralf: Vom Ordoliberalismus zur sozialen Marktwirtschaft. Stationen des Neoliberalismus in Deutschland. Opladen 2004.

Pühringer, Stephan: Think Tank Networks of German Neoliberalism. Power Structures in Economics and Economic Policies in Post-War Germany. In: Dieter Plehwe/Quinn Slobodian/Philip Mirowski (Hg.): Nine lives of neoliberalism. Brooklyn 2020, 283–308.

Röpke, Wilhelm: Epochenwende [1933]. In: Ders.: Wirrnis und Wahrheit. Ausgewählte Aufsätze. Erlenbach/Zürich/Stuttgart 1962, 105–124.

Rüstow, Alexander: Freie Wirtschaft – starker Staat. In: Franz Böse (Hg.): Deutschland und die Weltkrise. München 1932, 62–69.

48 Multikultureller Liberalismus

Michael Räber

Der Begriff „Multikulturalismus“ bezeichnet ein komplexes und vielfältiges Spektrum an philosophischen und politischen Ideen. Im Kern geht es bei dem Begriff um die Frage, wie man die Herausforderungen, die mit der kulturellen und religiösen Vielfalt in heutigen pluralistischen Gesellschaften verbunden sind, verstehen und darauf reagieren kann. Der zentrale Anspruch, der im Namen des Multikulturalismus erhoben wird, ist die aktive staatliche Anerkennung von Minderheitengruppen durch „group-differentiated rights“ (gruppendifferenzierte Rechte), wie es der führende Theoretiker des Multikulturalismus Will Kymlicka formuliert hat (1995, 6). Ein gruppendifferenziertes Recht ist das Recht einer Minderheitengruppe (oder eines Mitglieds einer solchen Gruppe), in einer Weise zu handeln oder nicht zu handeln, die mit entsprechenden religiösen oder kulturellen Pflichten oder Verpflichtungen vereinbar ist.

Im Alltagsverständnis wird der Begriff „multikulturell“ oft in einem deskriptiven Sinne verwendet, um die faktische kulturelle Vielfalt einer Gesellschaft zu bezeichnen. In der politischen Theorie und der politischen Philosophie bezieht sich der Begriff jedoch primär auf die normativen Fragen, wie liberal-demokratische Staaten kulturelle Vielfalt gerecht berücksichtigen und gruppenspezifische Ungerechtigkeiten beseitigen können. Während der Begriff eine Vielzahl von präskriptiven politischen Forderungen umfasst, ist den Befürwortern des Multikulturalismus gemeinsam, dass sie das Ideal eines sozialen Schmelztiegels ablehnen – also die Erwartung an Angehörige von Minderheitengruppen, sich der gesellschaftlich dominanten Kultur anzugleichen. Stattdessen bevorzugen sie ein Ideal gesellschaftlichen Zusammenlebens, das es Angehörigen von Minderheitengruppen ermöglicht, ihre unverwechselbare kulturelle Identität und Praxis zu bewahren. Politisch ist dieses Ideal eng mit „Identitätspolitik“ und einer „Politik der Anerkennung von Differenz“ verbunden, die beide darauf abzielen, marginalisierte Identitäten gesellschaftlich „aufzuwerten“ und dominante Repräsentations- und Kommunikationsmuster zu verändern, die bestimmte Gruppen ausschließen oder systematisch benachteiligen.

Das Verhältnis zwischen Multikulturalismus und Liberalismus ist auf den ersten Blick angespannt. Der Multikulturalismus fordert den rechtlichen Schutz von Kulturen und *kollektiven* Identitäten, das zentrale normative Anliegen des Liberalismus ist indessen die Stärkung der *individuellen* Freiheit und Autonomie. Aber die akademische Multikulturalismusdebatte, die sich in den letzten etwa 40 Jahren herausgebildet hat, war schon in den Anfängen eine Debatte unter liberalen Denkern über die Richtigkeit und

M. Räber (✉)
Universität Zürich, Zürich, Schweiz
E-Mail: michael.raeber@philos.uzh.ch

M. G. Festl (Hrsg.), *Handbuch Liberalismus*, https://doi.org/10.1007/978-3-476-05798-3_48

den Wert von Theorien liberaler Neutralität und der liberalen Rechtfertigung von Minderheitenrechten. Die Mehrheit der zeitgenössischen Theorien des Multikulturalismus versucht, Minderheitenrechte aus einer liberalen Perspektive zu verteidigen, in der Annahme, dass es keinen unüberwindbaren Widerspruch zwischen Liberalismus und Gruppenrechten gibt. Freilich lässt sich nicht leugnen, dass wichtige Fragen zur Vereinbarkeit von Liberalismus und Multikulturalismus weiterhin offenbleiben. Insbesondere ist die Frage, wie mit illiberalen Minderheitenkulturen umzugehen ist, nicht abschließend beantwortet.

48.1 Der Entstehungskontext: John Rawls und die kommunitaristische Kritik

Die Debatte über den Multikulturalismus entwickelte sich in der politischen Philosophie Ende der 1980er Jahre im Kontext der Auseinandersetzung zwischen kommunitaristischen und liberalen Denkern (insbesondere John Rawls) über das Verhältnis zwischen individueller Identität und Autonomie einerseits und Gruppenzugehörigkeit andererseits. Spuren der Multikulturalismus-Debatte lassen sich aber schon in der Geschichte des liberalen Denkens im 17. Jahrhundert finden, insbesondere im Zusammenhang mit Argumenten für religiöse Toleranz in Baruch de Spinozas *Tractatus Theologico-Politicus* (1670) und Lohn Lockes *A Letter Concerning Toleration* (1689), im Zeitalter der Aufklärung bei Voltaire, Diderot und Kant, im 19. Jahrhundert bei John Stuart Mill oder in der ersten Hälfte des 20. Jahrhunderts bei John Dewey, um nur einige Autoren zu nennen. Exemplarisch soll hier Mill kurz diskutiert werden.

Obwohl es viele Passagen in Mills Werk gibt, die dagegensprechen, ihn als liberalen Vordenker des Multikulturalismus in Anschlag zu bringen – bspw. seine Bemerkungen zur Wichtigkeit nationaler Identität – gibt es einige Schlüsselpassagen, die dafürsprechen (dazu näher Tyndal 2013; Waldron 2008). In *Über die Freiheit* (2009) plädiert Mill ähnlich wie zeitgenössische Multikulturalisten für Gesellschaften, die sich aus einer Vielfalt von Ethnien, Nationalitäten und kulturellen Identitäten zusammensetzen. Im dritten Kapitel bspw. mahnt er vor der kulturellen und lebensweltlichen Dominanz der gesellschaftlichen Mehrheit, die „nicht begreifen [kann], warum diese Art zu leben nicht gut genug für jeden sein sollte“ (ebd., 81). Freilich geht es Mill um die individuelle Wahlmöglichkeit der Lebensweise und darum, dass gesellschaftliche Mehrheiten ihren Lebensstil Individuen nicht aufzwingen sollen. Wichtig ist Mill aber die Wahlmöglichkeit und nicht so sehr die Quelle der Lebensweise:

> [E]s [wäre] sinnlos, zu behaupten, dass die Menschen so leben sollten, als ob man, bevor sie selbst auf die Welt kamen, noch von nichts etwas gewusst hätte und als ob man noch nie ausprobiert hätte, dass die eine Art der Lebensführung einer anderen vorzuziehen sei. [...] es ist das Vorrecht und die eigentliche Lebensgrundlage des Menschen, dass er, zur Reife gelangt, die Erfahrung in seiner eigenen Weise gebraucht und auslegt. Er selbst muss ausfindig machen, welcher Teil der überlieferten Erfahrung für seine eigenen Lebensumstände und seinen Charakter geeignet sind. (ebd., 82)

Die Wahl einer Lebensweise mag also mit einer Mehrheits- oder einer Minderheitenkultur konform sein, das spielt für Mill keine Rolle, so lange diese Lebensweise auf einer autonomen Wahl eines Individuums gründet. Da aber eine uniforme Mehrheitskultur dem Einzelnen weniger Möglichkeiten bietet, eine Lebensweise zu wählen, als eine kulturell vielfältige Gesellschaft, lässt sich daraus ein implizites Argument für die kulturelle Vielfalt ableiten (s. Kap. 26).

Die Debatte über den Multikulturalismus in seiner heutigen Form ist jedoch erst in den letzten beiden Jahrzehnten des 20. Jahrhunderts entstanden. Ausgangspunkt der Debatte war die Kritik von kommunitaristischen Denkern wie Michael Sandel, Michael Walzer oder Charles Taylor an liberalen Gerechtigkeitstheorien, wie sie am prominentesten von John Rawls in *Eine Theorie der Gerechtigkeit* vertreten wurde (Rawls 1975; 2003). Hauptsächlicher Stein des Anstoßes für diese Kritiker war die liberale Annahme eines normativen Ideals der absoluten Autonomie von Individuen. Liberale insistieren darauf, dass Individuen ihre Vorstellungen vom guten Leben frei wählen und verfolgen sollen können. Deshalb geben sie individuellen Rechten und Freiheiten Vorrang vor der Gemeinschaft und einer Vorstellung vom kollektiven Wohl. Aus Sicht der kommunitaristischen Kritiker neigen liberale Denker deshalb zu einem problematischen ethischen Individualismus (s. Kap. 40). Walzer (1983) kritisiert daran, dass liberale Denker den Wert von sozialen Gütern, also Güter, die nur gemeinsam hergestellt werden können, wie bspw. Freundschaft und Liebe, auf deren Beitrag zum individuellen Wohlbefinden reduzierten. Soziale Güter, wie bspw. Kulturen, sind in den Worten von Taylor aber „irreducibly social" und intrinsisch wertvoll (1995, 137). Mindestens so problematisch aus Sicht dieser Kritiker ist die implizite sozial-ontologische Annahme eines „atomisierten" Individuums, das sich vor und außerhalb von sozialen Verhältnissen und Gemeinschaftsbindungen konstituiert. Nach Sandel bspw. geht Rawls in seiner Gerechtigkeitstheorie von dieser Annahme und damit von einem Konzept der Person als „unencumbered self" aus (1998, 121), als neutrales und isoliertes Subjekt, das, völlig unabhängig von den Bindungen an Gemeinschaften, in der Lage ist, autonome und rationale Entscheidungen zwischen konkurrierenden Werten zu treffen, ohne in seiner eigenen Identität beeinflusst zu werden.

Hier kann nicht auf die Details und den weiteren Verlauf dieser Debatte eingegangen werden. Wichtig ist, dass sie die Entstehung von liberalen Theorien zum Multikulturalismus entscheidend beeinflusst hat, weil sie eine Theoretisierung von ontologischen Fragen über die soziale Natur von Individuen und von normativen Argumenten über den Wert der Gemeinschaft im Liberalismus provoziert hat.

48.2 Normative Rechtfertigungen des Multikulturalismus im Liberalismus

Die kommunitaristische Kritik am ethischen und sozial-ontologischen Individualismus des Liberalismus ist mit dem Aufkommen liberaler Theorien des Multikulturalismus in den 1990er Jahren weitestgehend verstummt. Es war in erster Linie Will Kymlicka (1991; 1995; 2001; 2009), der sich aus einer liberaler Perspektive für Rechte von Minderheitenkulturen einsetzte und damit kommunitaristischen Forderungen entgegenkam, Gemeinschaften und Kulturen einen eigenen Wert zuzusprechen. Kymlicka hat nicht nur argumentiert, dass bestimmte kulturelle Rechte von Minderheiten innerhalb eines liberalen theoretischen Rahmens akzeptabel sind, sondern dass sie notwendiger Bestandteil von liberalen Gerechtigkeitstheorien sein müssen. Er hat diese Position „Liberal culturalism" genannt (2001, Kap. 2). Liberal culturalism bezeichnet

> the view that liberal-democratic states should not only uphold the familiar set of common civil and political rights of citizenship which are protected in all liberal democracies; they must also adopt various group-specific rights or policies which are intended to recognize and accommodate the distinctive identities and needs of ethnocultural groups (ebd., 42).

Auf Grundlage dieser Forderung räumt der liberale Multikulturalismus subnationalen kulturellen Kollektiven (wie z. B. Immigrantengruppen oder religiösen Minderheiten) nicht nur einen legitimen Anspruch auf Toleranz und Nichtdiskriminierung ein, sondern verlangt die ausdrückliche Integration, Anerkennung und Repräsentation solcher Gruppen innerhalb gesellschaftlicher und politischer Institutionen (ebd., 41). Kymlicka rechtfertigt diese Forderung, indem er die liberalen Ideale von individueller Autonomie und sozialer Gerechtigkeit mit einem Argument für den *instrumentellen* Wert der Gruppenzugehörigkeit verbindet. Hier sollen die zwei primären Gründe kurz diskutiert werden, die Kymlicka dafür anführt, Kulturen einen Wert zuzusprechen: a) kulturelle Zugehörigkeit ist eine notwendige Bedingung personaler Autonomie, und b) kulturelle Zugehörigkeit spielt eine zentrale Rolle für die Identität des Selbst.

a) Gemäß Kymlicka ist kulturelle Zugehörigkeit deshalb eine notwendige Bedingung personaler Autonomie, weil die Zugehörigkeit zu einer Kultur den notwendigen Entscheidungskontext für die Ausübung der individuellen Handlungsfähigkeit schafft. In *Liberalism, Community, and Culture* (1989) entwickelt Kymlicka diese Begründung innerhalb der rawlsschen Theorie der Gerechtigkeit, indem er die kulturelle Mitgliedschaft als ein „primäres Gut" im Sinne von Rawls behandelt, d. h. als etwas, was nicht direkt ein Lebensplan ist, sondern etwas, das für die Umsetzung von Lebensplänen notwendig vorausgesetzt werden muss und daher von jedem vernünftigen Mensch gewollt wird (Rawls 1975). In *Multicultural Citizenship* (1995) stützt sich Kymlicka dann nicht mehr auf Rawls, sondern auf die Arbeit von Margalit und Raz zur nationalen Selbstbestimmung (Margalit/Raz 1990) und auf das Argument, dass eine angemessene Vielfalt an Wahlmöglichkeiten eine zentrale Voraussetzung für die Autonomie ist (Raz 1986). Diese Rechtfertigung für den Wert kultureller Diversität steht im Einklang mit der oben erwähnten Rechtfertigung von Mill: Aus liberaler Sicht ist die kulturelle Diversität instrumentell wertvoll für die individuelle Autonomie, weil eine kulturell diverse Gesellschaft mehr Wahloptionen für Lebensentwürfe bereitstellt als eine Gesellschaft mit nur einer dominanten Kultur. Kulturen sind daher instrumentell wertvoll, weil sie sinnvolle Optionen und Lebensentwürfe bieten, mit denen der Einzelne seine Ziele formulieren, revidieren und verfolgen kann.

b) Ein zweiter Grund bezieht sich auf die zentrale Rolle der kulturellen Zugehörigkeit für die Identität des Selbst: „Cultural membership has a ‚high social profile', in the sense that it affects how others perceive and respond to us, which in turn shapes our self-identity" (Kymlicka 1995, 89). Nach Kymlicka gibt es also eine stabile kausale Korrelation zwischen der individuellen Selbstachtung einer Person und der gesellschaftlichen Wertschätzung für die Kultur, der diese Person angehört. Es ist folglich nicht einfach die Zugehörigkeit zu einer *beliebigen* Kultur, sondern die *eigene* Kultur, die gesichert werden muss, damit die kulturelle Zugehörigkeit als sinnvolle Wahloption und als Grundlage der Selbstachtung dienen kann. Damit diese Sicherung gelingen kann, reicht es gemäß Kymlicka und anderen liberalen Theoretikern des Multikulturalismus nicht aus, einfach Antidiskriminierungsgesetze durchzusetzen. Zeitgenössische liberal-demokratische Staaten neigen unweigerlich dazu, die gesellschaftliche Mehrheitskultur zu bevorzugen (in der offiziellen Sprache, der Anerkennung von religiösen Feiertagen, der Strukturierung des Geschichtsunterrichts, usw.). Zwar können Regierungen versuchen, Gesetze gegen Rassendiskriminierung durchsetzen, oder sie können den religiösen Pluralismus in der Verfassung verankern, aber sie können nicht vermeiden, dass im öffentlichen Schulunterricht, am Arbeitsplatz oder in der Politik eine dominante Sprache gesprochen wird. Ein sprachlicher Vorteil führt so leicht zu ungerechten ökonomischen, politischen, aber auch symbolischen Vorteilen für die Angehörigen der Mehrheitskultur und zu strukturellen und nicht selbst verschuldeten Nachteilen für die Minderheitenkulturen. Da wir also nicht davon ausgehen können, dass der Staat Kulturen neutral behandelt – und damit die Mehrheitskultur auf unfaire Weise privilegiert bzw. Minderheitenkulturen auf unfaire Weise benachteiligt – erfordern die Bedingungen eines liberalen und gerechten Zusammenlebens einige dauerhafte gruppendifferenzierte Rechte für Minderheiten, um das Fortbestehen ihrer Kulturen zu sichern. Kymlicka folgert aus der normativen Prämisse über den instrumentellen Wert der kulturellen Zugehörigkeit für den Einzelnen, der empirischen Prämisse über die Diskriminierung von Angehörigen von Minderheitengruppen beim Zugang zur eigenen Kultur (im Gegensatz zu Angehörigen der Mehrheitskultur) und einer verantwortungssensitiven Gerechtigkeitstheorie, dass Minderheitenkulturen ein besonderes Recht auf Schutz haben.

48.3 Kritik am liberalen Multikulturalismus und zeitgenössische Herausforderungen

Kymlicka hielt es für ausgemacht, dass sich innerhalb der Debatte über den Multikulturalismus der *„liberal culturalism"* weitestgehend durchgesetzt hat (2001, 39). Tatsächlich ist es ihm und anderen Vertretern eines liberalen Multikulturalismus gelungen, Fragen der kulturellen Zugehörigkeit zu einem relevanten Reflexionsgegenstand liberaler Theorien zu machen. Dennoch sehen sich liberale Theorien des Multikulturalismus mit verschiedenen Einwänden konfrontiert. Einige dieser Einwände beziehen sich in erster Linie auf ungelöste Probleme, die sich für Theorien des Multikulturalismus aus der liberalen Binnenperspektive ergeben. Andere Einwände richten sich gegen die Politik der Anerkennung von Differenz, wie sie im Multikulturalismus implizit enthalten zu sein scheint. Wieder andere Kritiker weisen auf die Unzulänglichkeit liberaler Multikulturalismustheorien angesichts kolonialer und rassistischer Gesellschaftsstrukturen hin.

Ein *erster* Einwand betrifft das Problem illiberaler Minderheitenkulturen: Multikulturalisten scheinen auch den Schutz illiberaler Minderheitenkulturen zu fordern, was aber letztlich mit einem liberalen Verständnis von individueller Freiheit und Gerechtigkeit unvereinbar ist. Diese Kritik wurde am lautesten von Brian Barry geäußert (2002). Universale Freiheits- und Gerechtigkeitsprinzipien fordern den Primat individueller Rechte vor kollektiven Rechten; Multikulturalisten aber fordern umgekehrt einen Vorrang kollektiver Rechte vor individuellen Rechten. Damit schwächen sie die Universalität von Individualrechten (z. B. Menschenrechten) zugunsten von kulturrelativen Kollektivrechten ab. Das Problem besteht laut Barry darin, dass zwar einige Kulturen, die durch gruppendifferenzierte Rechte geschützt werden, in der Tat bewundernswert sein mögen, während andere unverkennbar abstoßend und moralisch verwerflich sind, vor allem wenn marginalisierte Kulturangehörige illiberalen Praktiken ausgesetzt sind. Im Gegensatz dazu argumentiert Barry, dass ein konsistenter Liberalismus nur auf der Grundlage eines universalistischen Gerechtigkeitsideals verteidigt werden kann, unabhängig von Klasse, Glauben oder Kultur.

Feministische Kritiker des Multikulturalismus formulieren einen ähnlichen Einwand wie Barry. Sie tun dies aber nicht explizit vor dem Hintergrund eines universalistischen Ideals liberaler Gerechtigkeit, sondern arbeiten exemplarisch die illiberalen Tendenzen von patriarchalischen Kulturen heraus, welche die Freiheit von Frauen gezielt einschränken. Solche Einschränkungen erfolgen in der Regel informell durch geschlechtliche Sozialisierung und in der Abgeschiedenheit von privaten Räumen. Für Okin (1998) ist es daher fraglich, ob der rechtliche Schutz von patriarchalischen Kulturen, welche das sexuelle und reproduktive Leben von Mädchen und Frauen kontrollieren, die Autonomie der weiblichen Kulturmitglieder tatsächlich fördert. Sie erörtert das Beispiel von Minderheitenkulturen, deren Familien den Mädchen wesentlich größere Zwänge und Beschränkungen auferlegen als den Jungen, was die Wahl der Kleidung, die Teilnahme an außerschulischen und außerfamiliären Aktivitäten, die Frage, wann und mit wem sie sich verabreden dürfen, die Wahl des Arbeitsplatzes, die Wahl des Ehepartners und den Zeitpunkt der Eheschließung usw. betrifft. Der rechtliche Schutz solcher Minderheitenkulturen kann daher eher zu einer Schwächung als zu einer Stärkung der Autonomie von marginalisierten Kulturangehörigen führen und spezifisch die Ungleichheit der Geschlechter innerhalb dieser Gemeinschaften verstärken. Es gibt Kulturen, die gegen außen hin zwar die grundlegenden zivilen und politischen Freiheiten von Frauen und Mädchen zu respektieren scheinen, die aber deren Freiheiten im privaten Bereich viel stärker einschränken als diejenigen der Männer und Jungen. Dies verstößt aber im Kern gegen das egalitäre liberale Autonomieprinzip, in dessen Namen Kymlicka gruppendifferenzierte Rechte ja gerade rechtfertigen will.

Tatsächlich bezieht sich Kymlickas Argument für gruppendifferenzierte Rechte auf Ungleichheiten *zwischen* Kulturen und neigt dazu, die verstärkende Wirkung (geschlechtsspezifischer) Ungleichheiten illiberaler Praktiken *innerhalb* von Minderheitenkulturen zu vernachlässigen. Gruppendifferenzierte Rechte scheinen daher unzureichende Instrumente zu sein, um den liberalen Grundsatz einlösen zu können, die Interessen und das Wohlergehen von allen Individuen zu schützen und zu fördern.

Als Antwort auf diese Kritik von Okin hat Kymlicka (1999) eine Unterscheidung stark gemacht, die er bereits früher (1995, 35) eingeführt hatte: die Unterscheidung zwischen „internal restrictions" und „external protections". „External protections" sind Rechte, die sicherstellen sollen, dass keine Gruppe eine dominante Stellung in der Gesellschaft gegenüber anderen erreicht und dass eine relative Gleichheit zwischen Kulturen aufrechterhalten oder hergestellt wird. „Internal restrictions" sind Rechte, die eine Minderheitengruppe gegen ihre eigenen Mitglieder einfordert, um die Fähigkeit der Mitglieder einzuschränken, Regeln und Praktiken der Gruppe in Frage zu stellen, abzulehnen oder interne Reformen zu fordern. Laut Kymlicka verteidigt eine liberale Multikulturalismustheorie externe Schutzvorkehrungen und lehnt interne Einschränkungen ab. Kukathas (1992, 116) hat argumentiert, dass es lediglich eines Ausstiegsrechts für Gruppenmitglieder bedarf, um sie vor internen Beschränkungen zu schützen, da eine logische Folge der gruppendifferenzierten Rechte für Minderheitenkulturen das Recht des Einzelnen sei, sich von solchen Gemeinschaften distanzieren zu können. Es ist aber zweifelhaft, dass ein simples Ausstiegsrecht tatsächlich genügt, um schwächere Mitglieder von illiberalen Minderheitengruppen ausreichend zu schützen. Die Argumente und Beispiele von Okin deuten darauf hin, dass wir eine differenzierte Lesart der Grenzen der Gruppenrechte brauchen, was Kymlicka selbst auch konzediert hat (1999). Freilich hängt die Frage, wie wirksam die liberale Ablehnung von „internal restrictions" tatsächlich sein kann, zum Teil von der Wahrheit der empirischen Prämisse ab, ob die durch gruppendifferenzierte Rechte nach außen hin geschützten Minderheitenkulturen nach innen tatsächlich nicht nach illiberalen Praktiken und Normen handeln. Wenn sich diese Prämisse als falsch erweist, müssten liberale Multikulturalisten gegen eine prinzipielle Ausweitung von Gruppenrechten argumentieren.

Eine Reihe von liberalen feministischen Autorinnen hat versucht, das Problem der verletzlichen internen Minderheiten in illiberalen Kulturen mit einem demokratietheoretischen Ansatz zu lösen (z. B. Benhabib 2002; Deveaux 2006; Song 2007). Diese Autorinnen gehen von der Betonung kollektiver Rechte im liberalen Multikulturalismus zu partizipatorischen Ansätzen über: Die partizipativen Möglichkeiten und Fähigkeiten schwächerer Mitglieder von Kulturgemeinschaften sollen erweitert werden, indem den Stimmen von Betroffenen in intra- und interkulturellen Geschlechterkonflikten besonderes Gewicht beigemessen wird. Freilich erfordert dieser demokratietheoretische Ansatz aber nicht nur gut gemeinte Visionen eines differenzfreundlichen Dialogs, sondern auch die Berücksichtigung sozio-ökonomischer Ungleichheiten, damit die Einbeziehung von Minderheiten in Minderheitenkulturen gelingen kann.

Dieser letzte Punkt führt zu einem *zweiten* Einwand gegen liberale Multikulturalismustheorien. Aus Sicht von Kritikern setzen Multikulturalisten den Hebel an der falschen Stelle an, wenn sie soziale Ungleichheiten auf kultureller und symbolischer Ebene durch eine Politik der Anerkennung kultureller Unterschiede bekämpfen wollen. Das eigentliche Problem seien sozioökonomische Ungleichheiten, die nicht über eine Kulturpolitik behoben werden können, sondern in erster Linie eine ökonomische Umstrukturierung und Umverteilung erfordern würden (Fraser/Honneth 2003). Andere Kritiker befürchten in ähnlicher Weise, dass der linksliberale kulturpolitische Kampf um die Anerkennung von Differenz auf Kosten wichtigerer Kämpfe um wirtschaftliche Gerechtigkeit geht (z. B. Rorty 1999).

Ein *dritter* Einwand betrifft die essentialistische Verwendung des Konzepts „Kultur". Aus Sicht von Kritikern (z. B. Appiah 2007;

Scheffler 2007) haben Multikulturalisten eine zu vereinfachte Auffassung von ethnischen Kulturen als homogene Entitäten mit statischen und wesentlichen Merkmalen; Multikulturalisten modellierten multikulturelle Gesellschaften als ein Aggregat von distinkten und einheitlichen ethnischen Kulturen. Kulturen sind jedoch keine separaten, in sich geschlossenen Einheiten, sondern historisch gewachsen, komplex und dynamisch miteinander verbunden. Indem Multikulturalisten mit einem allzu vereinfachten Kulturbegriff operieren, reduzieren sie die vielfältigen Erfahrungen und Perspektiven von Kulturangehörigen auf einige wenige Merkmale, was letztlich nur dazu beiträgt, neue Stereotypen und Klischees zu schaffen oder bestehende zu verstetigen. Das Ziel, Kulturen zu schützen, läuft so Gefahr, eine vermeintlich reine Version dieser Kultur zu privilegieren. Gegen diesen Einwand kann freilich argumentiert werden, dass gruppendifferenzierte Rechte oder demokratische Beteiligungsstrukturen nicht darauf abzielen, Kulturen statisch zu fixieren, sondern darauf, die Mitglieder von Kulturgemeinschaften in die Lage zu versetzen, ihre jeweiligen kulturellen Praktiken nach eigenem Ermessen fortzusetzen und weiterzuentwickeln.

Ein *vierter* Einwand kommt von zeitgenössischen postkolonialen Theorien. Coulthard bspw. hat argumentiert, dass multikulturalistische Theorien und die sie begleitende Politik der Anerkennung von Differenz die Strukturen kolonialer Herrschaft eher stärken als sie zu transformieren (2014): Eine liberale Politik der Anerkennung von kultureller Differenz via gruppendifferenzierten Rechten zielt auf staatlicher Ebene auf Versöhnung und Ausgleich. Das ist aus der Perspektive postkolonialer Theoretiker aber kein ausreichendes Instrument, um historisch gewachsene Strukturen kolonialer Herrschaft und Dominanz aufzubrechen, weil es diese Strukturen im Gegenteil verstetigt oder gar verstärkt. Das Problem mit dieser Politik der Anerkennung ist aus dieser Perspektive nicht nur ihre Tendenz, Fragen der materiellen Gerechtigkeit in den Hintergrund zu stellen (wie der zweite Einwand lautet) oder Kulturen auf einen wesentlichen Identitätskern zu reduzieren (wie der dritte Einwand lautet), sondern darüber hinaus ihre implizite Weiterführung der asymmetrischen Machtkonstellation zwischen Kolonialmacht und kolonialisierten Kulturen. Dem gegenüber macht Coulthard eine alternative Politik der Anerkennung stark, die nicht so sehr auf die rechtliche und politische Anerkennung durch den Staat abzielt, sondern vielmehr auf die Selbstermächtigung der kolonisierten Kulturen mittels kulturellen Praktiken der individuellen und kollektiven Selbstgestaltung. Dass die Selbstermächtigung marginalisierter Kulturen entscheidend für die tatsächliche Selbstbestimmung und Freiheit kolonisierter Gemeinschaften ist, steht aber nicht notwendigerweise im Widerspruch zum liberalen Multikulturalismus; insbesondere demokratisch-partizipatorische Selbstbestimmungsstrukturen könnten ein Mittel zur Stärkung der Selbstbestimmungsautonomie von Angehörigen marginalisierter Kulturen sein.

Gleichwohl spricht dieser Einwand den Umstand an, dass der Liberalismus Gefahr läuft, strukturelle Probleme des Rassismus und des Postkolonialismus eher als episodisch denn als immanent im Gefüge moderner liberaler Demokratien zu sehen (Mills 1997). Für Hooker (2009) wurde dieser Fehler in der Literatur über Multikulturalismus reproduziert, was wiederum die Theoretisierung dieser Probleme erschwert hat. Ihrer Ansicht nach ist es den liberalen Theorien zum Multikulturalismus zwar gelungen, innerhalb des Liberalismus weitgehend die Auffassung zu etablieren, dass sich der Staat gegenüber Kulturen nicht neutral verhalten kann oder sollte. Gleichwohl operierten sie in Bezug auf die strukturellen Probleme des Rassismus und des Postkolonialismus weiterhin mit einem problematischen normativen Ideal neutraler „color-blindness“.

Trotz dieser und anderer Einwände haben sich Theorien des Multikulturalismus als integraler und legitimer Bestandteil liberaler theoretischer Debatten etabliert und im Lichte dieser Kritik weiterentwickelt. Die drängendsten Probleme des Multikulturalismus sind denn heute auch weniger philosophischer als politischer Natur. Das Aufkommen rechtspopulistischer Parteien und Parteiführer in demokratischen Staaten in Europa, Indien, den USA und anderen Teilen der Welt ist sicher ein Anzeichen dafür, dass die öffentliche Akzeptanz von multikulturalistischen Politiken auf dem Rückzug ist. Dies manifestiert sich vermutlich weniger in tatsächlichen substantiellen Veränderungen auf der Ebene nationalstaatlicher Gesetzgebung, sondern spiegelt sich vielmehr in einem diffusen Gefühl der Sorge über mangelnde soziale Einheit und zunehmende Spannungen zwischen verschiedenen Gruppen in liberal-demokratischen Gesellschaften und dem Gefühl, dass der Multikulturalismus irgendwie schuld daran ist. Der Multikulturalismus muss dann als Ursache für Übel herhalten – wie der Fragmentierung des nationalen Zusammenhalts, des Wandels von nationaler Identität, Arbeitslosigkeit, Wohnungsnot, Überlastung der Bildungs- und Gesundheitssysteme etc. –, die tatsächlich eher auf die Schwächung der solidarischen Bande innerhalb von Nationalstaaten, post-industrielle ökonomische Umwälzungen und die Umstrukturierung des Sozialstaates zurückzuführen sind.

Literatur

Appiah, Kwame Anthony: The Ethics of Identity. Princeton 2007.

Barry, Brian: Culture and Equality: An Egalitarian Critique of Multiculturalism. Cambridge, Mass. 2002.

Benhabib, Seyla: The Claims of Culture: Equality and Diversity in the Global Era. Princeton 2002.

Coulthard, Glen Sean: Red Skin, White Masks: Rejecting the Colonial Politics of Recognition. Minneapolis 2014.

Deveaux, Monique: Gender and Justice in Multicultural Liberal States. Oxford 2006.

Fraser, Nancy/Honneth, Axel: Redistribution Or Recognition?: A Political-Philosophical Exchange. New York 2003.

Galston, William A.: Liberal Purposes: Goods, Virtues, and Diversity in the Liberal State. Cambridge 1991.

Hooker, Juliet: Race and the Politics of Solidarity. Oxford 2009.

Kukathas, Chandran: Are There Any Cultural Rights? In: Political Theory 20/1 (1992), 105–139.

Kymlicka, Will: Liberalism, Community, and Culture. Oxford 1991.

Kymlicka, Will: Multicultural Citizenship: A Liberal Theory of Minority Rights. Oxford/New York 1995.

Kymlicka, Will: Liberal Complacencies. In: J. Cohen/M. Nussbaum/M. Howard (Hg.): Is Multiculturalism Bad for Women? Susan Moller Okin with Respondents. Princeton 1999, 31–34.

Kymlicka, Will: Politics in the Vernacular: Nationalism, Multiculturalism, and Citizenship. Oxford/New York 2001.

Kymlicka, Will: Multicultural Odysseys: Navigating the New International Politics of Diversity. Oxford 2009.

Margalit, Avishai/Raz, Joseph: National Self-Determination. In: Journal of Philosophy 87/9 (1990), 439–461.

Mill, John Stuart: Über Die Freiheit [1859]. Hamburg 2009.

Mills, Charles W.: The Racial Contract. Ithaca 1997.

Okin, Susan Moller: Feminism and Multiculturalism: Some Tensions. In: Ethics 108/4 (1998), 661–684.

Parekh, Bhikhu: Rethinking Multiculturalism: Cultural Diversity and Political Theory. Cambridge, Mass. 2002.

Rawls, John: Eine Theorie der Gerechtigkeit. Frankfurt a. M. 1975 (engl. 1971).

Rawls, John: Politischer Liberalismus. Frankfurt a. M. 2003 (engl. 1993).

Raz, Joseph: The Morality of Freedom. Oxford 1986.

Rorty, Richard: Achieving Our Country: Leftist Thought in Twentieth-Century America. Cambridge, Mass. 1999.

Sandel, Michael: Liberalism and the Limits of Justice [1982]. Cambridge/New York 1998.

Scheffler, Samuel: Immigration and the Significance of Culture. In: Philosophy & Public Affairs 35/2 (2007), 93–125.

Song, Sarah: Justice, Gender, and the Politics of Multiculturalism. Cambridge, Mass. 2007.

Taylor, Charles: Multiculturalism and „The Politics of Recognition“: An Essay with Commentary. Princeton 1992.

Taylor, Charles: Irreducibly Social Goods. In: Taylor, Charles: Philosophical Arguments. Cambridge, Mass. 1995, 127–45.

Tyndal, Jason: Culture and Diversity in John Stuart Mill's Civic Nation. In: Utilitas 25/1 (2013), 96–120.

Waldron, Jeremy: Mill and Multiculturalism. In: C.L. Ten: Mill's On Liberty. Cambridge 2008, 165–184.

Walzer, Michael: Spheres of Justice: A Defense of Pluralism and Equality. New York 1983.

Teil V
Historische Ereignisse und Perioden

49 Griechische Wurzeln

Simon Weber

Fragt man nach den antiken Wurzeln des Liberalismus, hat man zunächst darzulegen, was genau man unter „Liberalismus“ versteht. Der Liberalismus ist eine *„broad church“* (Pettit 1997, 50), deren Glaubensspektrum von wirtschaftsliberalen oder auch libertären bis hin zu sozialliberalen Positionen reicht. Nicht für jede dieser liberalen Positionen lassen sich in der griechischen Antike gleichermaßen ideen- und wirkungsgeschichtliche Anknüpfungspunkte ausfindig machen. So sind etwa von keiner der großen antiken griechischen Philosophenschulen monetärer Wohlstand, Besitzindividualismus und eine möglichst uneingeschränkte Vertragsfreiheit als anzustrebende gesellschaftliche Idealzustände betrachtet worden. Die Ausrichtung der politischen Gemeinschaft an Reichtum und monetären Interessen wurde von ihnen vielmehr als eine verfehlte Form der Lebensführung und als Plutokratie gebrandmarkt. Heftige Kritik an Geld und Reichtum finden wir bereits bei den ersten Kynikern (Antisthenes; Diogenes von Sinopê) im späten fünften und vierten Jahrhundert v. Chr. sowie in Platons Staatsentwürfen der *Politieia* und den *Nomoi* (Schriefl 2013). Auch für die Stoa sind Geld und Reichtum keine uneingeschränkten Güter. Um griechische Wurzeln des Wirtschaftsliberalismus ist es schlecht bestellt.

Ein weiterer Vorbehalt gegenüber antiken Ursprüngen des Liberalismus stellt die Tatsache dar, dass bedeutende liberale Autoren ihre Theorien wiederholt als „modern“ und damit als explizite Gegenentwürfe zum antiken politischen Denken verstanden haben. So berufen sich Benjamin Constant (s. Kap. 8) und Isaiah Berlin (s. Kap. 18) auf eine spezifische Konzeption „moderner“ Freiheit, die ihrer Auffassung nach das Fundament liberalen Denkens bildet. Glaubt man ihnen, besteht die „antike“ Freiheit des Individuums darin, Teil des kollektiven politischen Entscheidungsprozesses zu sein und somit nach keinen anderen Regeln leben zu müssen als denen, die es sich selbst gegeben hat. Dagegen bestehe die „moderne“ oder „liberale“ Freiheit nicht im Zustand der kollektiven Selbstregierung, sondern in der Unabhängigkeit des Individuums von Staat und Gesellschaft. Der Moderne zufolge ist das Individuum frei im Bereich des Privaten; dort, wo es berechtigt ist, ohne fremde Kontrolle zu tun und sein zu können, was immer es auch will. Bedeutende liberale Denker wie Alexis de Tocqueville und John Stuart Mill haben daher darauf hingewiesen, dass die „antike“ Freiheit des Individuums, die kollektive Selbstregierung, sehr wohl mit einer illiberalen Grundverfassung der Gesellschaft einhergehen kann, da sie das Recht auf eine selbstbestimmte Lebensführung des Individuums

S. Weber (✉)
Universität Bonn, Bonn, Deutschland
E-Mail: Simon.Weber@uni-bonn.de

M. G. Festl (Hrsg.), *Handbuch Liberalismus,* https://doi.org/10.1007/978-3-476-05798-3_49

nicht hinreichend vor sozialen Übergriffen, der Tyrannei der Mehrheit, schützt.

Im Hintergrund des modernen Freiheitsverständnisses steht mit Rawls (s. Kap. 19) die Akzeptanz eines vernünftigen Pluralismus. In der Tat lassen sich im antiken griechischen Denken keine politischen Theorien ausfindig machen, die versuchen, der Existenz einer Vielzahl miteinander unvereinbarer, jedoch gleichermaßen vernünftiger religiöser, moralischer und philosophischer Theorien des guten Lebens gerecht zu werden. Platons und Aristoteles' perfektionistischem Staatsdenken liegt *eine* bestimmte Konzeption des guten Lebens zugrunde, auf die hin die Gesetze und staatlichen Institutionen teleologisch-funktional geordnet sind. Ein Pluralismus von Lebensformen würde von ihnen als Verfehlen dieser einen richtigen, vernunftgemäßen Norm verworfen werden.

Trotz dieser ideengeschichtlichen und systematischen Bedenken wurde von einigen Autoren betont, dass sich in der griechischen Antike durchaus „Keimzellen" liberalen Denkens und der offenen Gesellschaft finden lassen (Havelock 1957; Popper 1994). Die wohl wichtigste dieser antiken griechischen Keimzellen des Liberalismus ist die vollentwickelte attische Demokratie des fünften und vierten vorchristlichen Jahrhunderts. Die philosophische Reflexion auf die Demokratie beginnt sodann mit der Sophistik. Von den Sophisten werden Themen diskutiert, die für jede freiheitliche Gesellschaftsordnung von zentraler Bedeutung bleiben werden: die natürliche Gleichheit der Menschen, die Rechtfertigung einer allgemeinen politischen Teilhabe, die ersten politischen Vertragstheorien. Allerdings fehlt dem Denken der Sophisten eine Komponente, die gerade den Kern des neuzeitlichen Liberalismus ausmachen wird: Ihre Lehren begründen keine Rechtsansprüche des Individuums. Gerade aber die Bürger- und Menschenrechtserklärungen der großen Revolutionen des ausgehenden 18. Jahrhunderts gehören zu den bedeutendsten Manifesten liberalen Denkens.

Eine weitere wichtige griechische Inspirationsquelle für das neuzeitliche Rechtsdenken, die hier nicht besprochen werden kann, stellt der Kosmopolitismus dar. Dem Kosmopolitismus zufolge ist der Mensch nicht Bürger einer bestimmten Polis, sondern Bürger *(politês)* der Welt(ordnung) *(kosmos),* so dass wir nicht nur unseren Mitbürgern, sondern allen Menschen zur Hilfe verpflichtet sind und Loyalität schulden. Der frühe griechische Kosmopolitismus (Diogenes von Sinopê, Chrysipp) hat auf die römische Stoa gewirkt und über diese das moralisch-politische Denken der Aufklärung beeinflusst. So finden wir kosmopolitische Ideen u. a. in den politischen Schriften Immanuel Kants (besonders *Vom ewigen Frieden* (1795)) (s. Kap. 4). Letztlich bleibt jedoch unklar, ob es sich beim frühen griechischen Kosmopolitismus um eine Lehre positiven Inhalts handelt. Alles was zunächst gemeint sein könnte, ist die negative Feststellung, dass man als Weltbürger nicht *seiner* Polis Hilfe und Gehorsam schuldet. Hierdurch wäre die zurückgezogene, „unpolitische" Existenzweise des Philosophen gerechtfertigt.

Schließlich sei angemerkt, dass das antike griechische politische Denken – vor allem die Idee bürgerlicher Tugend und die spätestens mit Aristoteles prominent gewordene Lehre von Wert und Stabilität der Mischverfassung, die durch das Zusammenspiel verschiedener politischer Institutionen und Ämter eine breite politische Teilhabe der verschiedenen Bevölkerungsgruppen bewerkstelligt – vermutlich stärker auf die Tradition des Republikanismus als auf die des Liberalismus gewirkt hat (vgl. hierzu etwa Arendt 1958; Rahe 1992).

49.1 Attische Demokratie

Die vollentwickelte attische Demokratie des fünften und viertens Jahrhunderts v. Chr. war nicht das Produkt einer philosophischen Idee, sondern das Ergebnis einer Reihe von politischen und gesetzgeberischen Reformen. Mit der Verwirklichung der demokratischen Grundordnung wurden in Athen jedoch soziopolitische Standards geschaffen, auf die sich spätere liberale Denker als historisches Beispiel affirmativ berufen konnten.

Die attische Demokratie basierte auf dem Gedanken der Gleichheit *(isotês)* der Bürger. Diese manifestierte sich in Gestalt der Forderung nach rechtlicher Gleichheit für alle, der sog. „Gleichverteilung" *(isonomia)*. Die Isonomie hat dabei die Doppelbedeutung von „Gleichheit *durch* das Gesetz" – ein Synonym für die Demokratie – und „Gleichheit *vor* dem Gesetz" (Finley 1976, 10). Ein wichtiger Schritt zur Realisierung der Gleichheit der Bürger *vor* dem Gesetz bestand in der Kodifizierung des Rechts. Diese begann bereits unter Drakon (624 v. Chr.), und auch Solon ließ sein Gesetzeswerk (594/3 v. Chr.) auf Tafeln niederschreiben und öffentlich ausstellen. Bis dahin diente dem Adel die Rechtsprechung – teils durch Manipulation der Gesetzeslage, teils durch Unwissenheit des einfachen Volkes – oft als Unterdrückungsinstrument. So berichtet Solon von den vielen Klagen der Bauern über das ihnen angetane Unrecht (Aristoteles, *AP* 12.4). Weitere wichtige Schritte zur allgemeinen Rechtsgleichheit bestanden in der Einführung der Popularklage, der Möglichkeit zur Berufung *(ephesis)* gegen erlassene Urteile sowie der Einsetzung der Volksgerichtshöfe *(dikastêria)*. Die Gleichheit der Bürger *durch* das Gesetz wurde durch eine Vielzahl von institutionellen Maßnahmen zu realisieren versucht. Hierzu zählen vor allem die Ablehnung einer starken Regierung, die Vermassung der Ämter in Rat und Versammlung, der Ämterturnus, die Zahlung von Diäten, das Losverfahren zur Bestellung von Beamten sowie das allgemeine Recht auf gleiche Redefreiheit *(isêgoria)* in Rat und Versammlung. Diese Form der substantiellen gleichen politische Teilhabe sowie die Herstellung der Identität von Regierenden und Regierten waren wesentliche Bestandteile der demokratisch-bürgerlichen Freiheit (vgl. Demosthenes 15.17–21; Aristoteles, *Pol.* 1317a40–b7).

Die freiheitlich-demokratische Grundordnung Athens war sodann der gesellschaftliche Nährboden für eine einzigartige kulturelle und intellektuelle Blüte. Athen wurde aufgrund seiner bürgerlichen Freiheitlichkeit zum Treffpunkt und Lebensmittelpunkt der intellektuellen Avantgarde der griechischen Welt. Insbesondere mit dem gleichen Recht auf freie Rede – selbst wenn es faktisch nicht von allen gleich ausgeübt werden konnte (vgl. Xenophon, *Mem.* 3.6; Platon, *Prot.* 319c) – war das Bewusstsein einer lebensweltlichen Liberalität eng verbunden. So wurde als Synonym für die *isêgoria* auch der Ausdruck *parrhêsia* (*pan* = alles; *rhêsis* = Sprechen) verwendet. Die Bürger nahmen für sich in Anspruch, nicht nur in den politischen Versammlungen frei zu sprechen, sondern dies auch bei vielen weiteren Gelegenheiten zu tun: Die Komödiendichter verspotteten in ihren Stücken ganz offen die Demokratie und ihre Vertreter; Platon und Aristoteles wurde der Raum gegeben, um in ihren Schulen eine kritische Auseinandersetzung mit der attischen Ordnung zu führen, und auch oligarchische Tendenzen wie in der pseudo-xenophantischen Schrift *Staat der Athener* durften offen geäußert werden. Diese Form der bürgerlich-demokratischen Liberalität hat ihren berühmtesten Ausdruck in der Gefallenenrede des Perikles gefunden. In ihr lässt Thukydides den Perikles die attische Gesellschaft als Hort einer freien Lebensführung preisen und stilisiert Athen zum freiheitlichen Gegenspieler des autoritären und sittenstrengen Sparta:

> Frei leben als Bürger im Staat und frei vom gegenseitigen Misstrauen des Alltags, ohne gleich dem Nachbarn zu zürnen, wenn er sich einmal ein Vergnügen macht, und ohne unseren Unmut zu zeigen, der zwar keine Strafe, aber doch durch die Mine kränkt. [...] Zusammenfassend sage ich, dass unsere Stadt im Ganzen die Schule Hellas sei und dass jeder einzelne Bürger, wie ich glaube, bei uns in vielseitigster Weise und in spielerischer Anmut seine ihm eigene Art entfalte. (Thukydides II.37.2 u. II.41.1–2)

In ganz ähnlicher Weise lässt Thukydides im siebten Buch den Nikias auf die Trierarchen einreden, wenn er diese an „die größtmögliche Unabhängigkeit ihrer Heimatstadt und die allen gewährte uneingeschränkte Freizügigkeit in der Lebensführung" erinnert (Thukydides VI.69.2). Geschätzt wurde die attische Freizügigkeit auch vom Kyniker Diogenes von Sinopê. Ihm wird zugeschrieben, als er gefragt worden ist, was das Schönste in der Welt sei, geantwortet zu haben: „Die Freiheit der Rede *(parrhêsia)*" (Diogenes Laertios VI.69). Die freiheitliche Grundordnung der attischen Demokratie wurde auch von Platon und Aristoteles registriert. Jedoch deuten sie diese als Zuchtlosigkeit und Freiheit zur Beliebigkeit, nämlich als „die Freiheit, dass jeder tun kann, was er will" (Aristoteles, *Pol.* 1310a31–32), als eine Form der Freiheit, die letztlich jeglichem Laster Vorschub leiste. Platon und Aristoteles beklagen vor allem die Vernachlässigung der öffentlichen Fürsorge um die Tugend in demokratischen Regimen (Platon, *Rep.* 557a–558a; *La.* 179a–b; *Leg.* 698a–701d; Aristoteles, *Pol.* 1310a25–36; 1317b11–14; 1319b27–32).

Das demokratisch-perikleische Athen inspirierte im 18. Jahrhundert den Neuhumanismus sowie Teile der Deutschen Klassik. Wilhelm von Humboldt diente es als historisches Beispiel für das Wesen menschlicher Bildung (*Über das Studium des Alterthums und des Griechischen insbesondere,* 1793) und so diente das klassische Athen auch als Orientierungspunkt für den deutschen Liberalismus des 19. Jahrhunderts. Auch John Stuart Mill, der durch die Erziehung seines Vaters bereits von frühester Kindheit an mit der griechischen Sprache und Kultur vertraut gewesen ist, hält Athen für das Sinnbild einer freiheitlichen Gesellschaft, welche Individualität und menschliche Exzellenz gefördert hat (vgl. Urbinati 2002). In ähnlicher Weise sieht Karl Popper im demokratischen Athen das Urbild einer liberalen und offenen Gesellschaft, „which became the school, not only of Hellas, but, as we know, of mankind, for millennia past and yet to come" (Popper 1994, 177).

Während das demokratische Athen seinen Bürgern ohne jeden Zweifel eine gewisse Freizügigkeit bot, darf diese jedoch nicht mit der Freiheit des Individuums in modernen liberalen Gesellschaften gleichgesetzt werden. Denn obwohl sich nach der Auffassung einiger Gelehrter wie George Grote oder Arnold W. Gomme (1962) in der Freiheit des attischen Bürgers durchaus Individualrechte verwirklicht finden, dürfte vielmehr richtig sein, dass die Verfügungsgewalt der Bürgergemeinschaft über den Einzelnen prinzipiell unbegrenzt blieb und die Freiheit in Athen letztlich nicht durch die Rechte des Individuums begründet wurde, sondern durch die Größe und den Nutzen für die Stadt (Berlin 2002; Mulgan 1984). Dass die Freizügigkeit, die das demokratische Athen seinen Bürgern geboten hat, nicht mit der grundrechtlich garantierten Freiheit in modernen liberalen Demokratien zu verwechseln ist, wird auch durch die Institution des Scherbengerichts nahegelegt, die es dem Kollektiv der Bürgerschaft erlaubte, einen einzelnen Bürger ohne schuldhaftes Vergehen – wenn auch unter Wahrung seines Besitzstandes – für zehn Jahre aus der Stadt zu verbannen. Auch die Vielzahl von Anklagen und Verurteilungen intellektueller Querdenker (Dover 1976), deren bekannteste der Justizmord des Sokrates (399 v. Chr.) ist, legt nahe, dass in der attischen Demokratie nicht die rechtlich geschützte Freiheit des Individuums, sondern die Interessen des Bürgerkollektives als normativ prioritär angesehen wurden.

49.2 Sophistik

Mit der Sophistik beginnt im fünften Jahrhundert die philosophische Reflexion auf die Grundlagen der Demokratie. Dies bedeutet nicht, dass sämtliche Sophisten Fürsprecher der Demokratie waren. Der Sophist Kallikles verteidigt etwa das natürliche Recht des Stärkeren und preist das Leben des Tyrannen als glückselig, weil dieser sich als überlegenes Individuum in der bestmöglichen Position befinde, um jegliche seiner Lüste befriedigen zu können (Platon, *Gorg.* 482c–493d). Auch der Sophist Thrasymachos ist weit davon entfernt, demokratische Lehren zu vertreten. In seiner ideologiekritischen Analyse entlarvt er politische Regime – und so auch die Demokratie – als Herrschaftsordnungen, die einseitig zum Vorteil der Regenten agieren. Er scheut daher nicht die Provokation, den regierten Bürgern zur Ungerechtigkeit zu raten, d. h., geltendes Recht zu verletzen, da sie nur so ihren eigenen Vorteil wahrnehmen können (Platon, *Rep.* 338e).

Andere Sophisten haben sich jedoch darum bemüht, der Demokratie ein philosophisch-rationales Fundament zu geben. Dabei haben sie praktische Grundfragen aufgeworfen, die für freiheitlich organisierte Gesellschaften von bleibender Bedeutung sind. Eine dieser demokratischen Grundfragen ist die, wie überhaupt die allgemeine politische Teilhabe der Bürger zu rechtfertigen ist. Sollten politische Ämter nicht besser, wie von den Fürsprechern der Oligarchie und Aristokratie behauptet, nach individueller Kompetenz vergeben werden? Der Sophist Protagoras antwortet darauf, dass – anders als in den einzelnen Fachdisziplinen wie der Medizin oder der Strategik – jeder Mensch mit einem Gerechtigkeitssinn, der Anlage zu Recht *(dikê)* und Scham *(aidôs),* ausgestattet sei. Dieser sei zwar nicht bei jedem Individuum gleich gut entwickelt. Jedoch berechtige bereits die rudimentäre Anteilhabe an Recht und Scham, die jeder Einzelne durch seine Sozialisation in Familie und Staat erreiche, dazu, in den Versammlungen gehört zu werden und frei sprechen zu dürfen (Platon, *Prot.* 320c–324d.). Allerdings ist Protagoras' ideale Gesellschaft nicht vollkommen egalitär. Die von ihm angedachte Form der Demokratie soll vielmehr durch diejenigen angeführt werden, die diese allgemeine menschliche Anlage auf überdurchschnittliche Weise – vor allem durch den bezahlten Unterricht bei ihm wie auch bei anderen Sophisten – zur Kunst der Politik perfektioniert haben (vgl. Kerferd 1981, 139–145).

Während Aristoteles im ersten Buch der *Politik* seine Lehre vom naturgemäßen Sklaventum entwickelt, vertraten vor ihm bereits einige Sophisten eine Lehre von der natürlichen Gleichheit der Menschen. So ist uns von Alkidamas, einem Schüler des Sophisten Gorgias, der Ausspruch überliefert: „Gott hat die Freiheit allen gegeben; die Natur hat niemanden als Sklaven erschaffen" (Garnsey 1996, 75). Und in ganz ähnlicher Weise wird vom Sophisten Antiphon die natürliche Gleichheit von Hellenen und Barbaren herausgestellt: „denn von Natur aus sind wir alle in allen Beziehungen gleich geschaffen, Barbaren wie Hellenen" (DK 87B44). Jedoch darf man nach allem, was wir wissen, das kritisch-liberale Potential der natürlichen Gleichheitslehre dieser Sophisten nicht zu hoch ansetzen. In der Antike gab es eine lange Tradition an Denkern, die von Philo (*De specialibus legibus,* 2.69) über die römischen Juristen (Florentinus, *Dig.* 1.5.4.1) bis hin zu Augustinus (*De civitate Dei* 19.15) reicht, die die Naturgemäßheit der Sklaverei ablehnten (Garnsey 1996, 15). Allerdings wollten diese Denker die Praxis der Sklaverei nicht abschaffen. Zwar hielten sie die Praxis der Sklaverei für nicht naturgemäß, als rechtliche Institution hielten sie diese jedoch in manchen Fällen für rechtfertigbar. Im Hintergrund der sophistischen Gleichheitslehren könnte eventuell die Antithese von Natur *(physis)* und Gesetz bzw. Sitte *(nomos)* gestanden haben, so dass Alkidamas und Antiphon allein die Kontingenzen des menschlichen Lebens vor Augen gehabt hätten: Obwohl wir alle von Natur aus gleich sind und niemand von uns von Natur aus die Sklaverei verdient, haben einige von uns das Glück durch das Gesetz frei zu sein, die anderen das Unglück durch das Gesetz versklavt zu werden. Für eine solch defensive Lesart spricht auch, dass es in der Antike – bis auf vereinzelte Sklavenaufstände – keine größeren abolitionistischen Bewegungen gab. So mögen diese Denker durchaus eine allgemeine Aufwertung menschlicher Individuen und deren natürliche Verbundenheit intendiert haben. Ein natürliches Freiheitsrecht des Individuums begründen ihre Lehren hingegen nicht. Dieses Verdikt trifft in anderer Weise auch auf Platon zu: Im fünften Buch der *Politeia* argumentiert er für die Gleichstellung der Frauen mit den Männern im Staat (*Rep.* 455c–456a). Aber auch Platon geht es nicht um die *Rechte der Frauen,* sondern allein um den *kollektiven Nutzen,* der dem Staat aus dieser Regelung erwächst.

Die Sophisten waren auch die ersten politischen Denker, die Vertragstheorien entwickelt haben. Gleich mehrere vertragstheoretische Modelle zur Erklärung des Wesens des Staates und seiner Gesetze sind uns überkommen. Im zweiten Buch von Platons *Politeia* referiert Glaukon die Position eines anonymen Sophisten, derzufolge die Gerechtigkeit ein Vertrag zwischen den Bürgern darüber ist, kein Unrecht zu tun und kein Unrecht zu erleiden (*Rep.* 358e–359b). In Aristoteles' *Politik* finden wir ein Referat der Vertragstheorie des Sophisten Lykophron. Diesem zufolge handelt es sich beim Gesetz um einen Vertrag *(synthêkê)* und einen wechselseitigen Bürgen *(engyêtês)* der Gerechtigkeit, mit dem Ziel sowohl im wechselseitigen Umgang als auch durch Dritte kein Unrecht erleiden zu müssen (*Pol.* 1281a10–12). Eine weitere Form von antiker Vertragstheorie finden wir bei Epikur. So heißt es in seinen *Hauptlehren:* „Gerechtigkeit ist nichts an sich, sondern ein im gegenseitigen Verkehr über wie große Räume auch immer geltender Vertrag, nicht zu schädigen noch geschädigt zu werden" (*HL* 33). Epikur vertritt dabei eine innovative Auffassung von der Mischnatur des Rechts. Während die Rechtsidee, dass Schaden abwenden im wechselseitigen Verkehr der Menschen, von Natur aus besteht (*to tês physeôs dikaion, HL* 31), also nichts legitimer Weise ‚Recht' genannt werden darf, was dieser Norm widerspricht, geht die Geltung des Rechts in einer konkreten politischen Gemeinschaft auf einen historischen Vertragsschluss zurück (Hossenfelder 2006, 104–109). Diese antiken Vertragstheorien sind als ‚protectionist' und ‚laissez-fair view' bezeichnet worden, die im Gegensatz zum perfektionistischen Staatsdenken Platons und Aristoteles' nicht auf das Gutsein und die Tugend der Bürger abzielen, sondern sich auf die Sicherstellung des Rechts bzw. die Vermeidung von Unrecht beschränken (Kerferd 1981, 149). Demzufolge handelt es sich bei ihnen durchaus um freiheitliche Staatstheorien, insofern die Wahl der Lebensform, die der Einzelne unter Beachtung der Gesetze verfolgt, nicht kollektiv vorgeschrieben wird. Jedoch gilt erneut, dass diese antiken Staatslehren im Gegensatz zu ihren modernen Gegenstücken nicht individualrechtsbasiert sind. Sie bestimmen keine Grenzen legitimen politischen Handelns. Die Verfügungsgewalt des Staates über seine Bürger wird auch hier als absolut gesetzt.

49.3 Subjektive Rechte bei Aristoteles

Kannte die griechische Antike das für den Liberalismus zentrale Konzept des subjektiven Rechts? Bedeutenden Rechtshistorikern zufolge ist der Ursprung des subjektiven Rechts in das Hoch- bzw. Spätmittelalter zu datieren. Als Begründer des subjektiven Rechtsgedankens werden etwa Johannes Gerson (1363–1429) (Tuck 1979, Kap. 1), Wilhelm von Ockham (ca. 1285–1349) (Villey 1964) oder sogar bereits die Kirchenrechtler des 12. und 13. Jahrhunderts (Tierney 1997, Kap. 2) gehandelt. Aber selbst Tierneys relativ frühe Datierung ist immer noch weit entfernt von einem antiken Ursprung der subjektiven Rechtsidee.

Mit der These, dass Aristoteles in seiner politischen Philosophie über eine Theorie subjektiver Rechte verfügt, hat Mitte der 1990er Fred D. Miller eine Forschungskontroverse ausgelöst (1995). Millers These erscheint nicht zuletzt deshalb provokant, weil Aristoteles im ersten Buch der *Politik* eine Theorie vom natürlichen Sklaventum sowie die These von der natürlichen Inferiorität der Frau vertritt. Zwar, so Miller, kenne Aristoteles keine subjektiven Rechte im Sinne der frühneuzeitlichen Naturrechtstheorien, d. h., als den unveräußerlichen Besitz eines Individuums in einem vorstaatlichen Naturzustand. Dies sei jedoch nicht damit gleichzusetzen, dass Aristoteles über keine Theorie natürlich subjektiver Rechte verfüge. Denn Aristoteles befinde sich sehr wohl im Besitz eines alternativen Rechtfertigungsmodells. Glaubt man Miller, sind subjektive Rechte nach dem aristotelischen Modell als Ansprüche der Bürger zu verstehen, die ihnen gemäß der idealen Rechtsordnung zukommen, die sich auf den Standard der natürlichen Gerechtigkeit stützt und die Miller im Idealstaat von Pol. VII und VIII verwirklicht sieht (ebd., Kap. 6). Bei diesen auf die ideale natürliche Rechtsordnung gestützten Ansprüchen handele es sich um *individuelle* Ansprüche, d. h. Ansprüche, die von Aristoteles in letzter Instanz unter Rekurs auf das Wohlergehen des Einzelnen gerechtfertigt werden und nicht unter Rekurs auf das funktionale Optimum der staatlichen Gemeinschaft (Miller 2009, 309–314). Zudem argumentiert Miller, dass Aristoteles zwar kein *einzelnes* Wort habe, das unserem Begriff „Recht" entspreche, sehr wohl aber *verschiedene* Ausdrücke für die verschiedenen Hofeldschen Rechtstypen verwende: Demnach entspreche der Ausdruck *‚to dikaion'* einem Anspruchsrecht *(claim right),* der Ausdruck *‚exousia'* einem Privileg *(privilige, liberty),* der Ausdruck *‚kyrios'* einer Befugnis *(power, authority),* und die Ausdrücke *‚adeia‘* und *‚ateleia‘* einem Abwehrrecht *(immunity).*

Seitdem haben sich verschiedene Autoren der These Millers angeschlossen. Roderick T. Long (1996) geht dabei in seiner Interpretation sogar noch über Millers Position hinaus, indem er Aristoteles' politische Philosophie in eine noch größere Nähe zu liberalen Rechtstheorien rückt. So behauptet Long, dass Aristoteles' Theorie natürlicher subjektiver Rechte (i) auch Rechte des Individuums umfasse, die diesem erlauben, das Falsche tun zu können; (ii) es „vorpolitische" Rechte gebe; (iii) der Freiheit nicht nur ein instrumenteller, sondern auch ein intrinsischer Wert attestiert werde. So könne man etwa von „vorpolitischen" individuellen Rechten bei Aristoteles sprechen, weil der Kreis der Rechtssubjekte nicht auf die Angehörigen einer bestimmten Polis beschränkt sei, sondern alle praktischen Vernunftwesen umfasse. Long sieht Aristoteles' Rechtsdenken somit einer gewissen Spielart des moralischen Universalismus verpflichtet.

Auch für Richard Kraut (1996) ist es grundsätzlich nicht falsch von vorpolitischen natürlichen Gerechtigkeitsphänomenen im Sinne des subjektiven Rechts bei Aristoteles zu sprechen. Kraut verweist etwa auf eine Stelle in der *Politik,* an der Aristoteles für ein absolutes Verbot der Jagd von Menschen zum Zwecke ritueller Opfer argumentiert (*Pol.* 1324b39–41). Eine ähnliche Position vertritt auch Christoph Horn:

> Aristoteles spricht eindeutig von natürlichen, nicht nur konventionellen Rechten von Individuen. Diese sind bisweilen exakt so beschaffen, wie man sie aus der Tradition negativer Grundrechte kennt: durch sie soll eine Preisgabe des individuellen Interesses ausgeschlossen werden; anders gesagt, sie formulieren mitunter natürliche Ansprüche von Individuen (2005, 121).

Allerdings betonen sowohl Kraut als auch Horn, dass natürliche Rechtsansprüche des Individuums in Aristoteles' politischer Philosophie letztlich von untergeordneter Bedeutung bleiben. Ich habe argumentiert (Weber 2015), dass es in Aristoteles' politischer Philosophie zwar keine konkreten natürlichen Rechtsansprüche des Individuums gebe. Jedoch argumentiere Aristoteles im ersten Buch der *Politik* sehr wohl für ein grundlegendes natürliches Freiheitsrecht, das verbiete, den „von Natur aus freien Menschen" *(physei eleutheros)* – im Gegensatz zum „Sklaven von Natur aus" *(physei doulos)* – für die Zwecke und Ziele einer anderen Person zu instrumentalisieren. Dieses grundlegende Freiheitsrecht des von Natur aus Freien sei auch von der politischen Gemeinschaft zu beachten. Politische Herrschaft hat deshalb stets dem Nutzen der regierten Subjekte zu dienen. Das individualistisch verstandene Gemeinwohl bilde daher in der *Politik* das Kriterium legitimer politischer Herrschaft.

Bereits Ende der 1980er und frühen 1990er Jahre hat Martha C. Nussbaum unter Rückgriff auf Aristoteles' politische Philosophie ihren Fähigkeitenansatz *(capability approach)* entwickelt und argumentiert, dass das Kernanliegen Aristoteles' politischer Theorie in der Begründung von individuellen sozioökonomischen Anspruchsrechten bestehe (Nussbaum 1999). Der ‚soziale Perfektionismus' des Aristoteles bestimme als Aufgabe des Staates, für seine Bürger jene materiellen, sozialen und institutionellen Bedingungen zu schaffen, die ihnen die Entwicklung der für ein gutes menschliches Leben erforderlichen Grundfähigkeiten erlauben. Damit rückt Nussbaum Aristoteles' politisches Denken in die Nähe zu Formen des Sozialliberalismus und der Sozialdemokratie.

49.4 Zusammenfassung

In der griechischen Antike findet man verschiedene „Keimzellen" liberalen Denkens. Mit der attischen Demokratie liegt eine freiheitliche Gesellschaftsordnung vor und verschiedene Philosophen vertreten freiheitliche, normativ-individualistische Theoriestücke. Die entscheidende Frage lautet jedoch, ob die griechische Antike bereits auch über ein Konzept subjektiver Rechte verfügt hat. Einige jüngere Arbeiten zur politischen Philosophie des Aristoteles scheinen dies nahezulegen. Wahr ist jedoch auch, dass wir selbst bei Aristoteles weder eine Deklaration noch einen Katalog der Rechte des Individuums finden. Die volle Ausschöpfung des normativen Potentials der Idee subjektiver Rechte bleibt ein Proprium der politischen Philosophie der Neuzeit und des modernen Liberalismus.

Literatur

Arendt, Hannah: The Human Condition. Chicago 1958.

Berlin, Isaiah: The Birth of Greek Individualism. A Turning Point in the History of Political Thought. In: Ders.: Liberty. Incorporating Four Essays on Liberty. Hg. von Henry Hardy. Oxford/New York 2002, 287–321.

Dover, Kenneth J. 1976: The Freedom of the Intellectual in Greek Society. In: Talanta 7 (1976), 24–54.

Finley, Moses I.: The Freedom of the Citizen in the Greek World. In: Talanta 7 (1976), 1–23.

Gomme, Arnold W.: Concepts of Freedom. In.: Ders.: More Essays in Greek History and Literature. Oxford 1962, 139–155.

Garnsey, Peter: Ideas of Slavery from Aristotle to Augustine. Cambridge 1996.

Gray, John: Liberalism. Concepts in Social Thought. Minneapolis ^{2}2003.

Havelock, Eric A.: The Liberal Temper in Greek Politics. New Haven 1957.

Horn, Christoph: Menschenrechte bei Aristoteles?. In: Klaus M. Girardet (Hg.): Menschenrechte und europäische Identität. Die antiken Grundlagen. Stuttgart 2005, 105–122.

Hossenfelder, Malte: Epikur. München ^{3}2006.

Kerferd, George B.: The Sophistic Movement. Cambridge u.a 1981.

Kraut, Richard.: Are There Natural Rights in Aristotle? In: Review of Metaphysics 49 (1996), 755–774.

Long, Roderick T.: Aristotle's Conception of Freedom. In: Review of Metaphysics 49 (1996), 775–802.

Miller, Fred. D.: Nature, Justice, and Rights in Aristotle's ‚Politics'. Oxford 1995.

Miller, Fred D.: Origins of Rights in Ancient Political Thought. In: Stephen Salkever (Hg.): The Cambridge Companion to Ancient Greek Political Thought. Cambridge 2009, 301–330.

Mulgan, Richard: Liberty in Ancient Greece. In: Z. Pelczynski/J. Gray (Hg.): Conceptions of Liberty in Political Philosophy 1984, 7–26.

Nussbaum, Martha C.: Der aristotelische Sozialdemokratismus. In: Dies.: Gerechtigkeit oder das gute Leben. Frankfurt a. M. 1999, 24–85.

Pettit, Philip: Republicanism. A Theory of Government. Oxford 1997.

Popper, Karl R.: The Open Society and Its Enemies. Princeton 1994.

Rahe, Paul A.: Republics Ancient and Modern: Classical Republicanism and the American Revolution. Chapel Hill 1992.

Schriefl, Anna: Platons Kritik an Geld und Reichtum. Berlin/Boston 2013.

Tierney, Brian: The Idea of Natural Rights: Studies on Natural Rights, Natural Law, and Church Law 1150–1625. Atlanta 1997.

Tuck, Richard: Natural Rights Theories: Their Origin and Development. Cambridge 1979.

Urbinati, Nadia: Mill on Democracy: From the Athenian Polis to Representative Government. Chicago 2002.

Villey, Michel: La genese du droit subjectif chez Guillaume d'Occam. In: Archives de philosophie du droit 9 (1964), 97–127.

Weber, Simon: Herrschaft und Recht bei Aristoteles. Berlin/München/Boston 2015.

Glorious Revolution

50

Tony Claydon

The 'Glorious' Revolution of 1688–1689 has had an important place in the history of liberalism for some time. For the dominant 'Whig' party of eighteenth-century England (some of whose ideals fed into the Victorian Liberal party), the Revolution was the true birth of English liberty. It was the moment when principles such as individual rights against government, rule through a representative legislature, and religious toleration, had been established (Pincus 2009; Dickinson 1976). 1688–1689 was also an inspiration for the Founding Fathers of America and for the *philosophes* of France who called for a more 'liberal' system in their country, and whose ideas contributed to the overthrow of the *ancien régime*. (Bailyn 1967; Ligou 1991). In the English speaking world, the central place of the Glorious Revolution in the progress of freedom was upheld in the nineteenth and twentieth centuries by such historians as Thomas Babington Macaulay (1848), and G.M. Trevelyan (1938). Though the 1988 celebrations for the 300-hundred-year anniversary of 1688–1689 were muted in Britain, a parliamentary debate on the occasion revealed enduring acknowledgement of its significance among the political class (House of Commons 1988).

The events of the Revolution partly explain why it has been venerated within the liberal tradition. Over the winter of 1688–1689, the king, James II, suffered an invasion of his kingdom from the Netherlands, led by his son-in-law, William, Prince of Orange. In the face of this challenge, and of risings against the monarch in parts of his kingdom, James fled to France, and his government collapsed. A national convention (constituted in almost exactly the same way as a parliament) met to decide what to do in the moment of constitutional crisis; and resolved to offer the throne to William (albeit jointly with his wife, Mary, who as James' daughter had a stronger hereditary claim). Several details of this regime change could be interpreted as a triumph for liberal principles and have been in the centuries since. (For recent summaries of the Revolution, see Harris 2006; Vallence 2006.)

First, the Revolution seemed to represent a defeat for the principle of 'divine right'. James had been a Catholic. In the late 1670s, when he had still only been heir to the crown, some of his subjects had argued that he should be excluded from the succession because his faith made him dangerous to a protestant nation. In the ensuing 'exclusion crisis' these objectors (who came to be called 'Whigs' and effectively founded that political movement) were defeated by the arguments of their opponents (the first 'Tories') that God appointed monarchs through the hereditary process and that rulers must never be resisted.

T. Claydon (✉)
Bangor Universität, Bangor, Vereinigtes Königreich
E-Mail: t.claydon@bangor.ac.uk

M. G. Festl (Hrsg.), *Handbuch Liberalismus*, https://doi.org/10.1007/978-3-476-05798-3_50

But the later removal of James disproved this case for divine right. It demonstrated that monarchs could be removed, and the strict hereditary succession could be abrogated.

Second, James had become unpopular through his use of the prerogative. As part of a campaign to help his co-religionists after he had come to the throne in 1685, the king had claimed he had the royal power to dispense with laws passed by parliament against Catholics, and in some cases to displace Protestants from offices to which they thought they had had property-like rights. William's manifesto for his invasion had complained about this over-stretching of the prerogative as part of its justification for the prince's aggression. So the triumph of his expedition looked like a victory for the principle that there were parliamentary limitations on royal authority and that individuals should have their property respected by the state.

Third, such limitations were confirmed by the 'Declaration of Rights'. Before offering William the throne, the convention read out a series of things they had resolved kings could not do. These were enacted as statute later in 1689, and included denials of the royal right to tax, or to change the law, or to maintain a peacetime standing army, without parliamentary consent. The Declaration also banned monarchs from ruling for long periods without calling parliament or interfering in its election or deliberations; disarming protestant subjects; refusing subjects the right to petition for redress of their grievances; or subjecting anyone to trial outside the norms of law, or to cruel and unusual punishments. The Declaration thus appeared a ringing endorsement of individual and parliamentary privileges and was a model for such later icons of liberalism as the American Bill of Rights; the French Revolution's Declaration of the Rights of Man, and the United Nations' Universal Declaration of Human Rights.

Finally, William's manifesto had insisted on a settlement of the disputes between Protestants that had divided England in the seventeenth century. Royal pressure to resolve the disagreements in the early months of the new reign led to the 'toleration act' of 1689; and although this statute had considerable limitations (doing nothing for Catholics, non-Christians, or anti-Trinitarians, for example), it could be seen as a major step towards the liberal ideal of liberty of conscience. To ease tensions between Protestants, those of the orthodox reformed faith who objected to the ceremonies or structures of the state Church of England were allowed to worship outside it. This broke the legal monopoly of the church and liberated a sizeable community of 'non-conformists', who had suffered sporadic persecutions in the decades before.

The events of the Revolution thus encouraged its installation in later pantheons of liberalism. Yet its place was secured by the writings of John Locke (s. Chap. 1). Locke's tract, *Two Treatises of Government* (1689) has long been lauded as a classic statement of liberal political theory. But it was published in 1689, and was, for a long time, assumed to have been a close commentary on the fall of James II. Locke's explanation of how popular sovereignty could overthrow a tyrant appeared to mirror what had happened in the Revolution. As a result, 1688–1689 became a sort of ideal type of the assertion of people's rights. Locke, for example, had stressed that authority was a trust from the people, that it was limited by their designs in establishing it (primarily the protection of their liberties and properties), and that it would be forfeited if rulers went beyond the political contract they had with those they ruled. This seemed to have played out in James' reign, with the king breaking constitutional limitations upon him, and leading many to conclude he was not a fit monarch. Locke went on to suggest that once power was forfeited, subjects had the right to overthrow their former ruler and to constitute a new government to pursue their political ends as they thought appropriate. This seemed to fit the risings against James, his deposition, and his replacement by a new regime when the people's representatives in the convention had deliberated on the best settlement. Locke's writings and the events of the Revolution thus interacted to construct 1688–1689 as a supreme liberal moment. The Glorious Revolution illustrated the truth of Locke's theories; Locke's subsequent reputation guaranteed its traditional place in the liberal imagination (For an example of a work shaped by such assumptions, see Stephen 1962).

Yet, while the liberalism of the Revolution seemed unimpeachable until the later twentieth century, scholarship has since questioned this. Perhaps the most dramatic shock has been the breaking of any close link between Locke's political theory and 1688–1689. Most importantly it has been realised that *Two Treatises of Government* had not been written in response to the Revolution (Laslett 1956). In fact, the work had originally been penned during the exclusion crisis, nearly a decade before. Its main purpose had been to justify resistance by the early Whig party to Charles II's government, but Locke had been forced into exile in 1683, and the tract had not been published. The author may have tweaked it before it was printed in 1689 to reflect some of the details of what had happened in William's advance to the throne, but these changes were minor. Locke had not had 1688–1689 in mind when he conceived his account of how a ruler might forfeit his position.

This realisation has encouraged attention to the considerable distance between the processes Locke described in his philosophical work on changes of regime, and what had actually happened as James fell from power. A fully Lockean revolution would have seen power revert to the whole body of the people once a tyrant had forfeited their authority, and all existing constitutional forms would have fallen into abeyance. But in 1688–1689, the whole people had not decided what would happen once James had fled. Instead the parliament-like convention had resolved these issues. This body had retained considerable features of the old constitution. It consisted of the existing House of Lords, and a lower chamber elected on the complex, but mainly property-based, franchise of the traditional House of Commons. The elections thus excluded large sections of the people from representation of any meaningful kind in the discussions of what should happen to government, let alone the grant of the direct and equal voice that Locke's principles would require. Locke himself, it seems, did not object to the form of the convocation. He knew very well that this was not the reversion to popular sovereignty he had outlined in his philosophical writing, but he thought the convention was a sensible and practical solution to the challenges England faced once her monarch had deserted the kingdom (Schwoerer 1991).

Scholarship also started to notice how little Locke was discussed in the immediate aftermath of the Revolution. Far from being a quasi-official explanation of the principles embodied in the triumph of William III, Locke's tract remained fairly obscure for a good decade. It was cited by a few radical Whig commentators in the 1690s, but these were a small minority for most of William's reign. The *Two Treatises* only began to receive interest in 1701, when the issue was not the contest between crown and parliament that had shaped discourse in 1688–1689, but rather the very different question of whether power ultimately lay in the people, and whether both monarch and parliament must bow to their will (the issue was raised by Whig attempts to use mass petitioning to alter England's foreign policy).

As Locke was dethroned as the great guide to the Glorious Revolution, other strands of argument took his place. Scholars began to stress that most of the people who lived through James' fall did not justify it in terms of a reversion of popular sovereignty, and that many did not explain it as a breach of contract by a ruler who had violated subjects' rights. What would become liberal ideals thus played a far smaller role in characterising 1688–1689 among contemporaries than had been supposed. The post-revolutionary rhetorical field was in fact dominated by a number of quite different arguments.

To start, a good number of late Stuart English people rejected the Revolution entirely. Since the 1980s, there has been a renaissance of study of the 'Jacobites'—those who thought William's arrival was an illegal usurpation and who continued to believe that James remained the legitimate king of England. These Jacobites were, it has been suggested, more numerous and closer to the centre of political opinion than had been depicted. This scholarly trend has emphasised that many people continued to be attracted to ideas of hereditary divine right and to theories of non-resistance by subjects against rulers, even after James' fall (Monod 1988; Szechi 1994).

But even among those who accepted the change of regime, liberal ideas played a very limited role. Most Whigs acknowledged that kings enjoyed power by contract. They believed James had forfeited his position by breaking this agreement: he had exceeded the authority granted to him and had trespassed on others' rights. But for most of these Whigs, the contract was not with a sovereign people. Rather it was embedded in an 'ancient constitution'. Whig writers suggested that since 'time immemorial' (so there was no record of the popular creation of English government, if this had ever happened) English kings had recognised limitations on their power and had known they could be legitimately removed for tyranny. The truths had been asserted and demonstrated down the ages: for example in the coronation oaths that all monarchs had sworn to protect the law and their subjects; and in the regular depositions of bad kings—illustrations were drawn from Anglo-Saxon history as well as the more recent removals of Edward II and Richard II in the high middle ages. The constitutional limitations on monarchs therefore came less from liberal principles of government by consent or respect for human rights, and more from simple prescription. It was the raw length of time English government had been in place, not any liberal theory about its fundamental axioms, that explained why its rules were as they were. (Claydon 2020, 67–78).

Most Whigs were therefore not liberals; and neither were the large numbers of Tories who accepted William as king, and whose support or acquiescence was probably vital to the survival of the new regime. These 'Williamite' Tories argued that the 1688–1689 revolution was legitimate, but they did so in ways that explicitly rejected any notion of popular sovereignty, or the right to resist a tyrant's encroachments on liberty. Tories were worried that spreading such 'liberal' ideas might encourage disorder, with subjects feeling they had a right to rebel at the slightest discontent. They also wanted to stay as consistent in their teachings as possible, given that they had denied a right to popular resistance in the debates of the exclusion crisis. Consequently, a number of non-liberal explanations of the Revolution was floated in a vigorous outpouring of Tory pamphleteering after 1688–1689. Many writers relied on providence. For them, James had not been removed by his subjects, but rather by a God who had resolved to destroy a threat to the true protestant religion, and who had intervened in worldly affairs to establish William as a champion of the Reformation. Some Tory commentators advanced the idea that William had beaten James in a just war, and so was king by right of conquest. Some suggested James had removed himself from power. They interpreted his flight to France (and particularly his throwing his Great Seal, the symbol of his authority, in the Thames when he fled) as a voluntary renunciation of his position. Finally, some Tories urged people not to worry too much how William had come to power, but rather just obey him on simple *de facto* grounds. Political prudence, the need to end constant challenges to ruling powers, and biblical passages, all argued that people should submit to any figure who was effectively exercising power (as William was after 1689), whatever the rights and wrongs of their climb to authority. All these arguments allowed Tories to accept James' replacement by William; but all denied the people's legitimate resistance to a tyrant, or a defence of their rights, had played any part in the process (Goldie 1980).

Historians have thus realised that 1688–1689 was not a Lockean revolution. Locke himself did not think it had been, and his *Two Treatises* had not been written to describe or justify it. In the Revolution's aftermath, as people tried to explain what had happened, Lockean ideas played a very minor role. This acknowledgment has encouraged further questioning of any innovative liberalism in 1688–1689. For some scholars, particularly those writing in the 1970s, the Revolution was, in fact, a highly conservative event (Horwitz 1974; Jones 1972; Nenner 1977; Kenyon 1977). For example, the radicalism of the Declaration of Rights was questioned. This document deliberately avoided making new law that would restrict the monarchy (clauses that might have done so were dropped in the drafting process); and it limited itself to principles that had long been agreed (such as parliament's consent being necessary for new taxes, or changes in the law). Indeed, the Declaration's text claimed it was simply 'vindicating and asserting [...] ancient rights and liberties', as the authors' ancestors had frequently done in the past. The Declaration also restricted its pronouncements to specific areas where James was widely thought to have exceeded his prerogatives. It was therefore not a wholesale fencing of royal power, so monarchs remained puissant central executives in English government. Kings still set public policy and appointed to all public offices; they were still in charge of the day to day running of government; and they were still expected to perform these roles without parliamentary scrutiny for long periods (the Declaration had talked of the need for 'frequent' parliaments, but it was unclear what this meant, and nobody seemed to envisage that the legislatures would become a standing institution of state). Monarchs also remained the fountains of justice and honour; they were still heads of the church of England; they remained commanders in chief of all armed forces; and they retained control of foreign relations, including formation of alliances and declarations of war and peace.

Moreover, if the power of the monarchy was diminished, the essential conception of government as dynastic kingdom (rather than as a state legitimated by popular consent) remained. Very few seriously thought the Revolution might be the moment to convert England to a republic, as had happened in 1649 after the execution of Charles I. The convention was very clear that its role was to fill a royal throne that must remain the source of power in England, not to debate alternative constitutional forms. And the people it chose to make good the vacancy were to remain within the ruling family. Mary was James' daughter, whilst William was his son-in-law and nephew; and if the royal couple had children, they would succeed to the throne.

Similarly, scholars have similarly taken aim at the innovation and significance of the 'toleration' act. Its restricted coverage (applying only to orthodox protestants) had long been noted; but scholars came to argue for its conservative purpose. It was not inspired by liberal notions of liberty or pluralism. It aimed, in fact, to secure a church of England that was supposed to hold on to its role as the official and dominant spiritual body in the land. The act's objective was to grant just enough ease to moderate non-conformists, that they would cease to be a political danger to the church and the regime. Accordingly, the church kept all its advantages beyond its ability to enforce compulsory attendance. Test acts still prevented anyone but members of the church of England from taking public office; people still had to pay tithes to the church, even if they did not go to its services; and worship outside the church remained technically illegal. The act did not talk of toleration in either its text or its formal title. All it did was to suspend the penalties (which had been fines and imprisonment) for people who were still held to be breaking the law when they went to non-conformist meetings (Schochet 1996).

After all these revisions, not much seems left of a liberal revolution in 1688–1689. Does it therefore, deserve its place as a major entry in this handbook? There are still reasons to argue yes. First, whatever its actual nature in its late Stuart context, the Revolution undoubtedly became a—perhaps undeserved—icon of liberalism in later decades and centuries. It was seen as a birth of liberty in the Georgian, Victorian and early twentieth century worlds; it was thought to have inspired Locke's writings; it encouraged subsequent rebellions against authority, especially the American Revolution of the 1770s, and perhaps the French Revolution too; and its Declaration of Rights served as a template for later lists of people's freedoms around the world.

Second, the Revolution may have been more liberal in its consequences than its immediate settlement. Crucially, William's triumph led to a long war with France (this had been part of his motivation in invading—he had wanted to use England's resources in his ongoing struggle with the French king, Louis XIV). This conflict meant regular and prolonged sittings of parliament, initially because it was needed to vote the taxes to pay for the military, and then because it had to grant the finance needed to service the national debt that also resulted from the costs of the struggle. By this means, parliament did become the standing institution of government that nobody had planned in 1689. This modified the monarchical constitution, and it allowed parliament to begin to take a role protecting wider liberties (for example in the 1690s it protested against government treatment of those charged with treason). (Carter 1969; Claydon 2002) Similarly, the practice of worshipping outside the church of England allowed under the 1689-act proved easier and more popular than its authors had hoped, and quite rapidly evolved into a celebration of the principle of religious toleration itself. By the mid-eighteenth century, and even—in a rudimentary way—by the mid-1690s, this very limited and conservative statute was being lauded as a cornerstone of British liberty and was permitting a *de facto* spiritual diversity (Claydon 2020, 213–215).

Third, scholars may have been looking in the wrong places for the true radicalism of the 1689 settlement. It is true this did not curtail the power of monarchy greatly (except, perhaps, to rule out some of the more extravagant claims for the prerogative that had been made by the crown at points in the seventeenth century). But it did imply a changed relationship between monarchs and their subjects through its implications for the location of ultimate sovereignty. By granting the throne to William and Mary, the Revolution entrusted power to people whose main claim to legitimacy was their defence of the people's freedoms and religion. William and Mary were chosen as monarchs because they were protestants who shared their subjects' faith, and who had promised to rule according to laws protecting their subjects' rights. They were given the crown together in a wholly novel 'joint monarchy' to consolidate a regime which would pursue these ends; and in a highly significant move, Catholics were barred from the throne for the future, being deemed dangerous to a protestant nation. In this settlement, monarchs were made for the people. Monarchy itself was remodelled to serve the interests of subjects.

As importantly, the body that offered the crown, the convention, may not have represented a return of sovereignty to the entire people in a Lockean sense, but its ability to act in the circumstances of early 1689 may have come closer to this than has been recognised. It was unclear how the convention could make a new constitutional settlement without the assumption that it somehow represented the nation and derived its power from the people. The convention could not claim parliamentary power. It looked like a parliament in many ways, but it was not a parliament. It had not been summoned by a monarch; and it met when there was no monarch (monarchs were essential constituents of parliament). The convention therefore lacked the powers to settle the kingdom that being a parliament would have granted it; and, in this situation, it was hard to see where its authority could come from, other than from a sense that it represented the people. It is true that the convention tried to hide its radicalism. It never officially or explicitly stated that it drew its authority from the nation; and it couched its declarations in a quasi-parliamentary language which pretended it was an ordinary legislature. The distinction between the two kinds of body was, however, real, noticed, and important.

The Glorious Revolution may not therefore have been a Lockean rebellion against a tyrant. Yet in so far as it became a liberal icon; had liberal consequences; and pointed towards an ultimate popular sovereignty—1688–1689 may still claim a place in the history of liberalism.

References

Bailyn, Bernard: The ideological origins of the American revolution. Cambridge, Mass. 1967, 27–30.

Carter, Jennifer: The revolution and the constitution. In Geoffrey Holmes (ed.): Britain after the Glorious Revolution, 1689–1714. London 1969.

Claydon, Tony: William III: profiles in power. Harlow 2002.

Claydon, Tony: The revolution in time. Chronology, modernity and 1688–1689 in England. Oxford 2020.

Dickinson, H.T.: The eighteenth century debates on the Glorious Revolution. In: History 61 (2004), 28–45.

Goldie, Mark: The revolution of 1689 and the structure of political argument. In: Bulletin of Research in the Humanities 83 (1980), 195–236.

Harris, Tim: Revolution. The great crisis of the British monarchy, 1685–1720. London 2006.

Horwitz, Henry: Parliament and the Glorious Revolution. In: Bulletin of the Institute of Historical Research 47 (1974), 36–52.

House of Commons Debate 07 July 1988. In: Hansard 136 (1988), 1233–63.

Jones, J.R: The revolution of 1688 in England. London 1972.

Kenyon, J.P.: Revolution politics. Cambridge 1977.

Laslett, Peter: The English revolution and Locke's Two Treatises of Government. In: Cambridge Historical Journal 12 (1956), 40–55.

Locke, John: Two treatises of government. London 1689.

Ligou, Daniel: Voltaire et la glorieuse revolution anglaise de 1688. In: Parliaments, Estates & Representation 11/2 (1991), 153–162.

Macaulay, T.B.: The history of England from the accession of James II. London 1848.

Monon, Paul: Jacobitism and the English people, 1688–1788. Cambridge 1988.

Nenner, Howard: By colour of law. Legal culture and constitutional politics in England, 1660–1689. Chicago 1977.

Pincus, Steve: 1688. The first modern revolution. New Haven 2009.

Schochet, Gordon J.: The act of toleration and the failure of comprehension. Persecution, nonconformity and religious indifference. In: Dale Hoak and Moredechai Feingold (eds): The world of William and Mary. Anglo-Dutch perspectives on the revolution of 1688–89. Stanford Calif, 1996.

Schwoerer, Lois: Lockean ideas and the Glorious Revolution. In: Journal of the History of Ideas 51 (1990), 531–48

Stephen, Leslie: A history of English political thought in the eighteenth century. New York 1962.

Szechi, Daniel: The Jacobites. Britain and Europe, 1688–1788. Manchester 1994.

Trevelyan, G.M.: The English revolution. Oxford 1938.

Vallance, Edward: The Glorious Revolution. 1688 and England's fight for liberty. London 2006.

51 Die Amerikanische Unabhängigkeit

Michael Hochgeschwender

In der westlichen Geschichtswissenschaft, insbesondere in den USA seit dem 19. Jahrhundert, primär aber im Verlauf des Kalten Kriegs (1947–1991), war es lange Zeit üblich, die amerikanische Unabhängigkeit von Großbritannien 1776/1783 bzw. den vorausgegangenen Unabhängigkeitskrieg (1775–1783) als Meilenstein der Geschichte des aufgeklärten, individualistischen, aber auch des ökonomischen Liberalismus zu interpretieren. (Morgan 2007) Einen Höhepunkt fand diese These in den Arbeiten von R.R. Palmer aus den frühen 1960er Jahren, der basierend auf Thomas Jeffersons Ideal von der jungen amerikanischen Republik „empire of liberty“ (Wood 2009) argumentiert hatte, von der Amerikanischen Revolution sei ein „Virus der Freiheit“ (Palmer 1964) ausgegangen, der u. a. als Initialzündung für die Französische Revolution (1789–1799) (s. Kap. 52) gedient habe. In diesem Zusammenhang kann man auf weitere transatlantische, bürgerliche Revolutionen verweisen, etwa die lateinamerikanischen Unabhängigkeitsbewegungen gegen Spanien in den 1810er und 1820er Jahren, der Sklavenaufstand auf Haiti (die einzige langfristig erfolgreiche Erhebung von Sklaven in der Weltgeschichte) sowie die Revolutionen von 1830/1831 und von 1848/1849. Mit Blick auf Frankreich, Haiti und Lateinamerika konnte sogar auf direkte personelle Querverbindungen zurückgegriffen werden, hatten doch einige der zentralen Akteure dieser Revolutionen im Verlauf des nordamerikanischen Unabhängigkeitskampfes gedient, man denke etwa an den französischen Marquis de Lafayette. Obendrein hatte die Amerikanische Revolution verglichen mit den Ereignissen in Frankreich während des Großen Terrors der Jakobiner und dem Völkermord in der Vendée in den 1790er Jahren den Vorteil einer deutlich geringeren Gewalteskalation und einem höheren Maß an Idealismus. Zusätzlich fehlte, was zu Zeiten des Kalten Kriegs in der systemischen Auseinandersetzung mit dem materialistischen Atheismus des Sowjetkommunismus von Bedeutung war, in der Amerikanischen Revolution trotz der in der Verfassung von 1787/1791 durchgesetzten Trennung von Staat und Kirche jede antireligiöse Note. Die USA blieben sogar, im Vergleich mit Westeuropa, eine im transatlantischen Kulturraum außerordentlich religiöse Nation (Hochgeschwender 2007), basierend auf Religionsfreiheit, Meinungsfreiheit, der Chance zur individuellen Entfaltung der Persönlichkeit und der Heiligkeit des Eigentums bei geringstmöglicher Intervention des Staates in die Wirtschaft. In dieser Sichtweise waren die USA genau genommen die schlechthinnig providentielle Nation des modernen westlichen Liberalismus;

M. Hochgeschwender (✉)
Ludwig-Maximilians-Universität München,
München, Deutschland
E-Mail: michael.hochgeschwender@lrz.uni-muenchen.de

M. G. Festl (Hrsg.), *Handbuch Liberalismus*, https://doi.org/10.1007/978-3-476-05798-3_51

ihr Weg in die Unabhängigkeit wurde dementsprechend als Meilenstein in der historischen Entwicklung des Liberalismus aufgefasst. In der Folge soll diese klassische These in drei Schritten weniger widerlegt als vielmehr im Einklang mit der neueren Forschung relativiert werden: In einem ersten Anlauf sollen die historischen Grundlagen der amerikanischen Unabhängigkeit knapp skizziert werden. Im Anschluss wird auf die Kritik an einer allzu ausufernden Vereinnahmung dieses Geschehens für die Geschichte des Liberalismus einzugehen sein, um in einem dritten Schritt herausarbeiten zu können, was tatsächlich für die etablierte These spricht.

Die Amerikanische Revolution nahm ihren Ausgangspunkt nicht als Unabhängigkeitsbewegung, sondern stellte eine kritische Reaktion der kolonialbritischen Legislativen und der sie tragenden kolonialen Oligarchien gegenüber den finanziellen und politischen Machtansprüchen des gleichfalls oligarchisch angelegten imperialen Parlaments in Westminster dar (Hochgeschwender 2016; Countryman 2003; Bonwick 2005; Conway 2013; Middleton 2012; Ferling 2011; Griffin 2013; Cook 1995). Nach dem Sieg über die Bourbonenmächte Frankreich und Spanien im Siebenjährigen Krieg (1756–1763), der 1754 als Grenzscharmützel in Nordamerika begonnen hatte, sah sich Großbritannien vor das Problem gestellt, die überdehnten staatlichen Finanzen neu zu ordnen. Da die amerikanischen Kolonien, die sich bis 1757 auch immer selbst verteidigt hatten, bislang außer Zöllen keinerlei Abgaben an das Mutterland entrichtet hatten und selbst die Zölle durch Schmuggel vermieden, kam die Regierung in London auf die Idee, die Kolonien an den Kosten für die imperiale Verteidigung durch erhöhte Abgaben zu beteiligen. Dies führte ab 1765 nicht nur auf dem Festland, sondern auch in den reichen Zuckerkolonien der Karibik (Jamaica, Barbados, Bahamas) zu Unruhen, die durch mehrere mit der Steuerfrage direkt oder indirekt verknüpfte Problemlagen verschärft wurden. Zum einen sahen die Festlandskolonien nicht ein, warum sie sich an den Kosten für das britische Militär beteiligen sollten, nachdem es in Nordamerika nach der Eroberung Neufrankreichs (Québecs) kein französisches Militär mehr gab, während auf den karibischen Inseln die Bedrohung durch die französische Flotte und Sklavenaufstände eine konkrete Realität blieben. Zum anderen fühlten sich die Kolonialbriten der oberen Klassen auf dem Festland durch vier weitere Maßnahmen der Londoner Regierung unmittelbar bedroht: 1763 verbot die *Royal Proclamation* die weitere Westexpansion der weißen Siedler auf Kosten der indianischen Stämme im Westen. Während es der königlichen Regierung gleichermaßen um Frieden nach dem Pontiac-Aufstand im Grenzgebiet wie um Kontrolle der Siedler ging, sahen sich die kleinen Siedler an der Grenze und ihre an Bodenspekulation interessierten Geldgeber aus der Ostküstenoligarchie in ihren vitalen Eigentumsinteressen bedroht. Gerade die Siedler verbanden dies mit der Hoffnung, die Indianer – denen man keinerlei Eigentumsrechte zubilligte, da sie nicht als effiziente Bearbeiter und Kultivatoren des Landes im Sinne der lockeanischen Eigentumstheorie, sondern als zivilisationsunfähige Wilde angesehen wurden – würden wahlweise vertrieben oder vernichtet werden. Demgegenüber sahen die Stämme nach dem Verlust aller Optionen, europäische Mächte gegeneinander auszuspielen, in der britischen Krone ihre einzige Zuflucht, was dazu führte, dass sie im Unabhängigkeitskrieg mehrheitlich loyal zur Krone standen oder sich neutral erklärten. Dies sollte sich drei Jahrzehnte später in Lateinamerika wiederholen. Noch mehr Ärger rief die Entscheidung der Londoner Regierung hervor, erstmals auf Dauer reguläre britische Truppen in den Kolonien zu stationieren, ein Akt, der als Schritt in den Absolutismus verstanden wurde. 1772 entschied dann der Lordoberrichter Großbritanniens, die Sklaverei im Mutterland zu verbieten. Dieser Entscheid rief bei den südlichen Eliten der nordamerikanischen Plantagenkolonien blankes Entsetzen hervor. Er wurde als Akt der Despotie und der Tyrannei interpretiert. Wiederum sah man Eigentumsrechte durch Eingriffe des Mutterlandes bedroht. Schließlich sorgte der *Québec Act* von 1774 für den Tropfen, der das Fass zum Überlaufen brachte. Die britische Regierung unterstellte nicht nur die Indianergebiete der vom Militär dominierten Verwaltung der Kolonie Québec mit ihrer mehrheitlich französischen Einwohnerschaft und entzog sie mithin erneut der Westexpansion, sondern richtete obendrein erstmals seit 1534 auf britischem Boden eine reguläre katholische Hierarchie mit einem Bischof an der Spitze für Neufrankreich ein. In den Augen der britischen Kolonisten südlich der Großen Seen wirkte dies als offene Provokation und intensivierte Verschwörungstheorien, die Katholizismus und Absolutismus in eins setzten und die der britischen Regierung absolutistische Tendenzen unterstellten. Die paranoiden Verschwörungsängste der nordamerikanischen Oligarchen, die aber auch unter antikatholischen Evangelikalen aus den unteren Klassen weit verbreitet waren, wurden durch die innerbritischen politischen Entwicklungen seit 1763 enorm beflügelt. Erstmals seit den 1710er Jahren war die auf Ämterpatronage, Korruption und Nepotismus der großen Adelsfamilien basierende Herrschaft der protoliberalen Whigs unter den auf den europäischen Kontinent fixierten frühen Hannoveranerkönigen durch Torykabinette abgelöst worden. Die Whigs zerfielen in rivalisierende Splittergruppen, während sich die Tories der Protektion durch den neuen, in Großbritannien geborenen, durchaus idealistischen König Georg III. erfreuten, der sich als patriotischer König über den Parteien verstand. In Nordamerika rief diese Entwicklung Ängste hervor, weil es dort praktisch keine Tories gab, sondern nur mehr oder minder radikale Whigs, die nun nicht einschätzen konnten, was an der antiabsolutistischen Rhetorik ihrer Parteifreunde in England realistisch und was nur politisch motivierte Panikmache war.

Hinter diesen politischen, interessegeleiteten Prozessen, die dann ab 1775 in den Unabhängigkeitskrieg und 1776 in die Unabhängigkeitserklärung mündeten, standen aber auch ideelle und verfassungsrechtliche Konfliktgemengelagen (Hochgeschwender 2016, 101–107). Unter der Whigherrschaft bis 1763 hatte sich in Großbritannien die Vorstellung durchgesetzt, die Souveränität des Empire liege in der kombinierten Machtausübung von Parlament und Monarchen, dem „King in Parliament“. Das Parlament in Westminster aber sollte – obwohl lediglich in Großbritannien von rund drei Prozent der erwachsenen Einwohnerschaft gewählt – „virtuell“ das gesamte Weltreich repräsentieren und dessen Gesamtinteressen wahrnehmen, so zumindest sein Selbstverständnis. Diese Theorie entstammte dem politischen Selbstverständnis der Whigeliten, war aber im Laufe der 1740er Jahre auch von den Tories, deren unbedingte Königstreue durch die Hannoveraner auf eine harte Probe gestellt worden war, übernommen worden. Für die nordamerikanischen Oligarchen war dies aus einem doppelten Grund weder akzeptabel noch überhaupt einsichtig: Erstens beharrten sie auf der Autonomie ihrer von 60–80 % der männlichen Bevölkerung direkt gewählten lokalen Legislativen und lehnten damit das Prinzip der Virtualität rundweg ab. Ihr Wahlspruch: „No Taxation without Representation“ deutete auf diesen Konflikt hin, wobei sie allerdings auch eine Repräsentation in Westminster ablehnten, da sie dort strukturell in der Minderheit gewesen wären. Hauptziel war es, jegliche Steuerlast angesichts einer rasch wachsenden Wirtschaft zu vermeiden. Wie entscheidend dieser Aspekt war, belegen die zahllosen Steuerrevolten während und nach der Amerikanischen Revolution, nun aber gegen die revolutionären Autoritäten. Zweitens aber, und das war ein offenes Paradox, hatten die nordamerikanischen Whigs vielfach die Souveränitätslehre der britischen Whigs schlicht nicht rezipiert. Für sie galt die im Grunde antiquierte Idee, der König stehe als Souverän über bzw. zwischen den gleichberechtigten Legislativen und entscheide im Fall von Zwist als Souverän. Gerade in der Frühzeit der Revolution kämpften viele Amerikaner für die Souveränität des Königs gegen die ihrer Ansicht nach angemaßten Rechte des Westminsterparlaments. Erst als die Royal Navy als Waffengattung des Königs (das Heer unterstand dem Parlament) auf dessen Befehl hin in die Kämpfe eingriff, rückte ab Februar 1776 die Opposition gegen den Monarchen in den Mittelpunkt der etwa von Thomas Paine befeuerten antiroyalistischen Propaganda.

Die Amerikanische Revolution gründete mithin keineswegs in einer generell antiroyalistischen, liberalen und individualistischen Freiheitsideologie. Sie war vielmehr das Produkt einander überschneidender Interessenlagen, die oft durch die Klassensituation der Beteiligten mitbegründet wurden (Clark 2006, 3–78). So sahen sich die radikalen Handwerker in den urbanen Zentren der Kolonien bald als Verbündete der revolutionären, sklavenhaltenden oder schmuggeltreibenden Oligarchen, die wiederum mit den Kleinbauern an der Grenze durch gemeinsame Expansionsinteressen verbunden waren, während die Kleinbauern der Mittelgebirge sich zwischen 1765 und 1800 im permanenten Konflikt mit Banken und Großgrundbesitzern der Ostküste befanden und entsprechend, wie Indianer und Schwarze, überwiegend für die Krone optierten und deswegen als Toryloyalisten denunziert wurden, obwohl auch sie in der Regel Whigs waren. Die Paradoxie der Revolution zeigte sich demnach am deutlichsten in der ideologischen Grundlegung. Whigrevolutionäre und die Briten mitsamt Toryloyalisten beriefen sich auf die identischen Prinzipien, die traditionalen, aus dem späten Mittelalter stammenden „Rechte freier Engländer". Insofern war die Revolution kein Ringen zwischen Freiheit und Despotie, sondern der Deutungskonflikt um die hegemoniale Auslegung dieser Rechte freier Engländer (Rozbicki 2011). Schon aus diesem Grunde vermieden die französischen Siedler in Québec eine eindeutige Parteinahme, da ihnen diese im Common Law und der mutterländischen Verfassungstradition wurzelnden Rechte (Wahlen, Juryprozess, Petitionsrecht) schlicht nicht einsichtig waren. Konkret: Es handelte sich um Partikularrechte, nicht um universale Menschenrechte, was angesichts der empiristisch-nominalistischen Tradition britischer Philosophie und Jurisprudenz nur folgerichtig war. Insbesondere das von beiden Seiten propagierte Freiheitsverständnis stand ganz im Banne frühneuzeitlicher Weltanschauungen. Sowohl die Revolutionäre wie die Loyalisten beriefen sich auf die enge Verknüpfung von Freiheit und Eigentum bei John Locke (s. Kap. 1) bzw. von Freiheit, Tugend und Eigentum im sog. klassischen Republikanismus. Nur Eigentümer waren im strengen Sinne frei, ihr Eigentum aber galt als heilig und unantastbar. Der Staat wurde als eine Art Eigentümeraktiengesellschaft verstanden, weswegen auch nur Steuerzahler ein Anrecht auf Partizipation haben konnten. Demgegenüber galten die Sklaverei sowie der Ausschluss der nichteffizienten Nichteigentümer als logische Folge. John Locke hatte dies in seiner Verfassung für die Carolinas aus dem 17. Jahrhundert mehr als deutlich gemacht (Isenberg 2016, 43–73). Hier deutete sich bereits ein Grundzug der liberalen Entwicklung des 19. Jahrhunderts an, der elitäre Klassencharakter einer auf Eigentum abhebenden Weltanschauung, die zuvörderst jeder Form universaler, massendemokratischer Machtteilhabe entschieden skeptisch bis ablehnend gegenüberstand. Aus diesem Grund war die amerikanische Verfassung nachgerade ängstlich darum bemüht, etwa in Gestalt der Wahlmänner antidemokratisch-antipopulistische Schranken einzuziehen. Dies war umso wichtiger, als die Verfassung der jungen Republik nach den schlechten Erfahrungen mit einer schwachen Exekutive unter den „Articles of Confederation" (1775–1787) dem Präsidenten der Republik erheblich mehr Prärogativen und damit Macht einräumte, als sie der britische König im 18. Jahrhundert jemals hatte beanspruchen dürfen (Nelson 2014). Auch der Tugendrepublikanismus, der an die Stelle des Eigentumsrechts das Allgemeinwohl und die Bürgertugend setzte und zumindest dem Anschein nach weniger individualistisch ausgerichtet war als der lockeanische Protoliberalismus, blieb diesem elitären Grundmuster verhaftet, da er, ganz in britischer philosophischer Tradition stehend, das „bonum commune" der Gesellschaft und die Gesellschaft als solche rein additiv, d. h. aus der nur äußerlichen Zusammenfassung besitzender Individuen hervorgehen ließ. Die Bürgertugend des Republikanismus, den im Übrigen sogar Georg III. teilte, da es sich ursprünglich um eine Toryideologie gehandelt hatte, basierte auf Eigentum, da nur der Eigentümer in der Lage war, tugendhaft das additive Ganze vor bloße Eigen- oder Sonderinteressen einer nichtbesitzenden Klasse, der es ja doch nur um Enteignung der Besitzenden gehen würde, zu stellen.

Erst im Laufe der Revolution sorgte der Wettlauf zwischen Oligarchen und urbanen Radikalen um die Deutungshoheit über die revolutionäre Ideologie für eine Universalisierung der Rechte freier Engländer sowie für massenpartizipatorisch-demokratische Forderungen, die indes erst in den 1810er Jahren mit der schrittweisen Durchsetzung des allgemeinen Wahlrechts für weiße Männer gegen das bis dahin gültige Zensuswahlrecht Erfolge zeitigten. Bezeichnenderweise geschah dies aber auf Kosten der besitzenden Schwarzen. An die Stelle von Eigentum als zentralem gesellschaftlichem Distinktionsmarker trat die Rasse (Keyssar 1999). Die amerikanische Demokratie mutierte zur „herrenvolk democracy", wodurch die Integration weißer, protestantischer Armer erleichtert wurde, während vielfach etwa irische Katholiken als Farbige ausgegrenzt wurden. Den eigentlichen Durchbruch zum Universalismus brachte die erst im Laufe des 20. Jahrhunderts, vorrangig in der Konfrontation mit dem Nationalsozialismus und dem Kommunismus, nachgeholte Rezeption der moderaten Varianten der Französischen Revolution.

Selbst auf ökonomischer Ebene hält sich der Beitrag der USA zur Entwicklung des Liberalismus in Grenzen, insbesondere wenn man in den Kategorien des Freihandels im Sinne des Manchestertums denkt. Einzig Thomas Jefferson und seine Anhänger plädierten offen für Freihandel, einerseits im Interesse der exportorientierten und von britischen und französischen Importen abhängigen sklavenhaltenden Großgrundbesitzer, anderseits im Interesse des Erhalts einer genuin vormodern-traditionalen „face to face-society", einer Kleinagrarierutopie, in der Kleinproduzenten, Kleinhändler und Kleinkonsumenten im unmittelbaren Austausch rurale Gemeinschaften als Keimzelle der tugendhaften Republik konstituieren sollten. Dem stand die Befürchtung entgegen, Großstädte, abstrakte Märkte und Banken würden für Amoral, Korruption und Unfreiheit sorgen. Demgegenüber plädierten Alexander Hamilton und später im Laufe des 19. Jahrhunderts Henry Clay und Henry Carey für einen regulierten Markt und Schutzzölle, um eine eigene Industrie gegen die Konkurrenz der Briten und Deutschen aufbauen zu können. Erst als die USA wettbewerbsfähig waren, also nach dem Zweiten Weltkrieg, setzten sie sich für freie Märkte ein, sofern dies den nationalen Interessen zuträglich war.

Worin also lag der Beitrag der Amerikanischen Revolution zur Geschichte des Liberalismus? Man wird wohl vier Punkte anführen müssen. Zum einen trug die Debatte um die Rechte der Legislativen und das Souveränitätsverständnis von Krone und Westminsterparlament dazu bei, einen Begriff von Volkssouveränität zu entwickeln und in den Verfassungsdebatten der 1780er Jahre konkret fruchtbar zu machen. Diese Idee der Volkssouveränität dynamisierte schließlich das anfänglich eher rückwärtsgewandte Verständnis der Rechte freier Engländer im Sinne breiterer Partizipation. Aus diesen Debatten über Souveränität, vor allem aber aus ganz praktischen Motiven, wie der Frage nach der Organisation effizienter und dauerhaft tragfähiger Herrschaft erwuchs die Notwendigkeit, sich eine schriftliche Verfassung zu geben, die dann zum Motor und zum zentralen Inhalt einer konstitutionellen Zivilreligion mit Heiligen Texten, geheiligten Gründervätern und einer säkularen, aber gottgewollten zivilisatorisch-politischen weltweiten Freiheitsmission werden konnte. Zum anderen trugen die Konflikte um die Revolution, die bis weit in die Familien hinein reichten, dazu bei, dem Individualismus in der politischen Praxis einen hohen Stellenwert zuzumessen, obschon man die Bedeutung kommunitärer Traditionen in der amerikanischen Gesellschaft keinesfalls unterschätzen darf. Die Dialektik von Individualismus und Kommunitarismus trägt bis zum heutigen Tag das Selbstverständnis der USA. Dabei darf nicht unterschlagen werden, wie hoch der Anteil der evangelikalen Erweckungsbewegungen des 18. und 19. Jahrhunderts am Entstehen des Individualismus war. Sie trugen maßgeblich dazu bei, das Recht auf freie Entscheidung, auf eigenständige, nicht mehr traditionsgebundene Religionsausübung und auf Freiheit von Staatskirchentum im Bewusstsein der Kolonialbriten zu verankern, ohne dass dies notwendig in die Revolution geführt hätte. Viele Evangelikale, allen voran Methodisten, entschieden sich frei für die Monarchie. Der vierte Punkt ist nur für jene Liberale relevant, die Liberalismus und Republik gleichsetzen, denn die USA waren der erste Flächenstaat der Neuzeit, der sich als säkulare Republik konstituierte. Freilich belegen das britische, niederländische und belgische Beispiel, dass Monarchien, selbst mit Staatskirchentum, über eine ausgeprägt liberale Tradition verfügen können.

Die Amerikanische Revolution war keine liberale Revolution. Sie blieb januskópfig, stark der mittelalterlichen und frühneuzeitlichen Tradition Englands verpflichtet. Aber sie gab den Anstoß zu einer Dynamisierung und Universalisierung von spezifisch britischen Weltanschauungsmomenten, die sich dann in der Geschichte des Liberalismus fruchtbar auswirken konnten, allen voran die Ideale von Volkssouveränität, Konstitutionalismus, Individualismus und die republikanische Staatsform.

Literatur

Bonwick, Colin: The American Revolution. London 2005.

Clark, Christopher: Social Change in America: From the Revolution Through the Civil War. Chicago 2006.

Countryman, Edward: The American Revolution. New York: Hill and Wang 2003.

Conway, Stephen: The American Revolutionary War. London 2013.

Cook, Don: The Long Fuse: How England Lost the American Colonies, 1760–1785. New York 1995.

Ferling, John: Independence: The Struggle to Set America Free. New York: 2011.

Griffin, Patrick: America's Revolution. New York 2013.

Hochgeschwender, Michael: Amerikanische Religion: Evangelikalismus, Pfingstlertum und Fundamentalismus. Frankfurt a. M. 2007.

Hochgeschwender, Michael: Die Amerikanische Revolution: Geburt einer Nation, 1763–1815. München 2016.

Isenberg, Nancy: White Trash: The 400 Year Untold History of Class in America. New York 2016.

Keyssar, Alexander: The Right to Vote: The Contested History of Democracy in the United States. New York 1999.

Middleton, Richard: The War of American Independence. London 2012.

Morgan, Gwenda: The Debate on the American Revolution. Manchester: 2007.

Nelson, Eric: The Royalist Revolution: Monarchy and the American Founding. Harvard 2014.

Palmer, Robert A.: The Age of Democratic Revolution: A Political History of Europe and America, 1760–1800. Princeton 1964.

Rozbicki, Mihal Jan: Culture and Liberty in the Age of the American Revolution. Charlottesville 2011.

Wood, Gordon S.: Empire of Liberty: A History of the Early Republic, 1789–1815. New York 2009.

Die Französische Revolution

52

Dieter Thomä

Der Status des Liberalismus in der Französischen Revolution und ihrer Folgezeit lässt sich nicht näher bestimmen, ohne zunächst von dem Wort zu reden, das seinen Kern ausmacht: Freiheit. Zu diskutieren sind die Unterscheidung zwischen zwei Freiheitsbegriffen, die die französischen Liberalen der ersten Stunde vorschlagen, und die These, dass die politische Freiheit als Instrument für die private oder bürgerliche Freiheit anzusehen sei. Am Ende soll das Verhältnis zwischen Französischer Revolution und Liberalismus anhand eines markanten Votums Tocquevilles illustriert werden.

52.1 Von der Freiheit im Plural zur Freiheit im Singular

Dass die Französische Revolution in der Geschichte des Liberalismus eine Schlüsselrolle spielt, ergibt sich allein schon daraus, dass die Freiheit in der Trias ihrer Leitbegriffe „liberté, égalité, fraternité" auf dem ersten Platz steht. Worin ihr Beitrag zur Theorie der Freiheit genau besteht, lässt sich mit einfacher Grammatik erklären: Die Revolution hat an die Stelle der Freiheit im Plural die Freiheit im Singular gesetzt. Die Historikerin Mona Ozouf schreibt:

> Die politischen Kämpfe des 18. Jahrhunderts wurden im Namen der Freiheiten geführt, die durch den Absolutismus bedroht waren. [...] Unter diesen ‚Freiheiten' verstand man die Zollfreiheiten, Schutzrechte und Privilegien, derer sich unter dem *Ancien Régime* die Städte, Gemeinden, geistlichen Orden, Universitäten und Körperschaften erfreuten. (Ozouf 2017, 255; zu den „liberal charters" auch Rosenblatt 2018, 33)

Das Modell der Freiheiten im Plural beruht auf einer „Vielfalt" oder „Komplexität" (Ozouf 2017, 258–259) verschiedener Interessen, die in eine Balance zu bringen sind – so wie dies in Montesquieus Theorie der Gewaltenteilung vorgesehen war. Die Freiheiten im Plural sind eine Sache der Aushandlung.

Aus Großbritannien, dem Land, in dem dieses Modell zur Blüte kam, erhält Montesquieu im April 1749 einen Brief, der einen Vorbehalt gegen die Freiheiten im Plural anmeldet. Sein Verfasser, David Hume, merkt an, dass die „komplizierten Formen, wonach die Parteien sich gegenseitig im Zaum halten, [...] anfällig dafür sind, durch die Unterschiede und Gegensätze zwischen den Parteien in Unordnung zu geraten" (1932, 138). Wenn Freiheiten im Plural stehen, ist die Freiheit des einen nicht die Freiheit des anderen, sondern jeder beharrt auf seinen Beständen.

Nicht in Großbritannien, wohl aber im revolutionären Frankreich wird die genannte „Unordnung" überwunden. Es kommt zu einer

D. Thomä (✉)
Universität St. Gallen, St. Gallen, Schweiz
E-Mail: dieter.thomae@unisg.ch

M. G. Festl (Hrsg.), *Handbuch Liberalismus*, https://doi.org/10.1007/978-3-476-05798-3_52

„Niederlage des historischen Plurals – der Freiheiten – gegenüber dem abstrakten Singular – der Freiheit“ (Ozouf 2017, 261). Was bereits auf vielfältige Weise theoretisch erwogen und historisch vorbereitet worden ist, wird nun politisch vollzogen: Die Freiheit wird zu einer Eigenschaft erklärt, die jedem Menschen zukommt. Die Vorgabe stammt von Rousseau: „Auf seine Freiheit verzichten heißt auf seine Eigenschaft als Mensch […] verzichten“ (Rousseau 1986, 11). Da die Freiheit sich auf die Natur des Menschen gründet, ist sie allen gleichermaßen eigen, und so kommt die Gleichheit im Schlepptau der Freiheit ins Spiel. Erst mit der Freiheit im Singular wird deren Universalisierung denkbar, also die Abkehr von Freiheiten vollzogen, die nur Privilegien bestimmter Gruppen oder von staatlichen Institutionen selektiv gewährte Vorrechte darstellen.

Emmanuel Joseph Sieyés, der im Januar 1789 mit seiner Schrift „Was ist der Dritte Stand?“ der Revolution den Weg geebnet hat, thematisiert den Plural und den Singular der Freiheit 1791 in einem Traktat, in dem er sich mit den Gegnern der Religionsfreiheit auseinandersetzt. Zitat aus einer zeitgenössischen Übersetzung:

> Würden sie z. B. behaupten, daß […] jede Freiheitshandlung nur in so fern erlaubt sey, als sie in einem besondern Gesez auseinandergelegt und namentlich bestimmt worden ist? Würde nach ihrer Meinung die Freiheit nur ein Niederlagsort von Abstraktionen seyn, wovon sich der Gesetzgeber die Schlüssel vorbehalten hätte, um davon nur nach und nach wie es ihm beliebte, einige Theilchen, je nach den Umständen hervorgehen zu lassen? (Sieyés 1796, 174–175; vgl. Ozouf 2017, 261)

Schon im Juli 1789 sagt Sieyés: „Eine Gesellschaft, in der einige Menschen freier sind als andere, ist schlecht eingerichtet, so viel ist sicher. Sie wäre keine freie Gesellschaft mehr und müsste neu gegründet werden.“ (2010a, 247) Nach der Revolution wird der universalisierte Freiheitsbegriff, der sich ihr verdankt, von ihr abgekoppelt. In einer Botschaft vom 5. Juni 1799, die Antoine Français de Nantes im Namen des Parlaments an das Direktorium sendet, heißt es: „Es geht nicht darum, revolutionäre Leidenschaften zu entfesseln, sondern liberale und freizügige Gefühle zu entflammen und zu erreichen, dass die Freiheit nicht der Besitz weniger, sondern die Domäne aller Franzosen ist.“ (Buchez/Lavergne 1836, 52; vgl. Vierhaus 1982, 749) Dieses Zitat ist aus zwei Gründen aufschlussreich. Zum Ersten ist hier von „liberalen Gefühlen“ die Rede – und zwar in dem Sinn, wie das Wort „liberal“ zu diesem Zeitpunkt noch üblicherweise verstanden wurde, nämlich als eine unpolitische, moralische Haltung der Großzügigkeit und Freisinnigkeit (Bertier de Sauvigny 1970, 150–152; Vierhaus 1982, 744–748; Leonhard 2001, 96–126; Rosenblatt 2018, 42, 52). Zum Zweiten wird schon eine Brücke gebaut vom moralischen Gefühl zur politischen Forderung oder von der individuellen Liberalität zur gesellschaftlichen Freiheit.

Diese Politisierung des Wortes „liberal“ rückt im Herbst 1799, mit dem Ende des Direktoriums und Napoleons Staatsstreich, vollends ins Zentrum der Debatte. Nun wird das Wort „liberal“ nämlich zu einem umkämpften Begriff, den Napoleon erstaunlich offensiv für seine eigene Politik reklamiert und der umgekehrt von seinen Kritikern gegen ihn ins Feld geführt wird (Leonhard 2001, 131–148; Rosenblatt 2018, 55–61). Um 1815 erfolgt schließlich die endgültige terminologische Kodifizierung, dann erst ist nämlich explizit vom „Liberalismus“ die Rede – und zwar fast zeitgleich in Frankreich, Spanien, Großbritannien und Deutschland (Bertier de Sauvigny 1970, 154; Leonhard 2001, 162–168; Rosenblatt 2018, 63). Auf diese unübersichtliche, aber inzwischen gut erforschte semantische Konstellation kann hier nicht näher eingegangen werden. Stattdessen soll nun die liberale Fassung des Freiheitsbegriffs erörtert werden.

52.2 Zwei Freiheitsbegriffe: Von Isaiah Berlin zurück zu Emmanuel Joseph Sieyés

Es ist allgemein bekannt, worin der wichtigste systematische Ertrag des frühen Liberalismus zu sehen ist. Er besteht in dem Vorschlag, zwei Freiheitsbegriffe zu unterscheiden, sowie dann in der Empfehlung, einem dieser Begriffe

Priorität zu geben. In der neueren Diskussion ist dieser Vorschlag, der zum „Prüfstein des modernen Liberalismus" geworden ist (Isbell 1996, 440), anhand Isaiah Berlins Unterscheidung zwischen „positiver" und „negativer" Freiheit sowie seiner (etwas diffusen) Parteinahme für Letztere geläufig (Berlin 1995, 197–256). Berlin stützt sich hierzu auf eine berühmte Rede von 1819, in der Benjamin Constant angeblich „ziemlich neue Unterscheidungen zwischen zwei Arten von Freiheit" vornimmt und sie Antike und Moderne zuordnet (Constant 1972, 365).

Dabei entgehen Berlin mehrere wichtige Punkte. Zum Ersten übersieht Berlin, dass die Gegenüberstellung antiker und moderner Freiheit bereits von Madame de Staël in einem Text aus dem Jahr 1798 eingeführt worden ist, an dem Constant wohl am Rande mitgewirkt hat (Holmes 1984, 34). Zum Zweiten entgeht Berlin, dass die grundlegende Unterscheidung zwischen zwei Freiheitsbegriffen zuvor von Emmanuel Joseph Sieyés und anderen skizziert worden ist – und zwar unabhängig von der Gegenüberstellung zwischen Antike und Moderne. Zum Dritten wird diese Gegenüberstellung dadurch entkräftet, dass beide Freiheitsbegriffe durchaus bereits in der Antike vorgedacht worden sind. Zu diesen drei Punkten sind kurze Erläuterungen angebracht.

Madame de Staël unterscheidet in ihrem Text mit dem Titel *Des circonstances actuelles qui peuvent terminer la Révolution* zwischen „bürgerlicher" und „politischer Freiheit" und sagt: „Die Freiheit der heutigen Zeit besteht in all dem, was die Unabhängigkeit der Bürger von der Macht der Regierung garantiert. Die Freiheit der alten Zeit besteht in all dem, was den Bürgern den größten Anteil an der Ausübung der Macht sichert." (1979, 111–112) Fast wörtlich wird diese Passage von Constant 1806 wiederholt (2011, 621). 1819 unterscheidet er dann zwischen dem „friedlichen Genuss der persönlichen Unabhängigkeit" und der „aktiven, ständigen Teilhabe an der kollektiven Gewalt" (Constant 1972, 376). Der Französischen Revolution wird der Vorwurf gemacht, diese kollektive Gewalt zum Schaden persönlicher Freiheit etabliert zu haben. Dahinter steckt eine Kritik am Republikanismus und insbesondere an Rousseau, dessen Modell „kollektiver Souveränität [...] der Tyrannei verhängnisvolle Vorwände geliefert" habe (Constant 1972, 379; vgl. Holmes 1984, 95).

Ob die Kritik an Rousseau berechtigt ist, kann hier nicht geprüft werden; immerhin sei darauf hingewiesen, dass die individualistischen Züge seines Werks nicht unterschätzt werden sollten und Robespierres Rousseau-Verehrung teilweise auf einem Missverständnis beruht (Thomä 2016, 116–120, 127). Mit Bezug auf die Französische Revolution ist jene Kritik jedenfalls arg holzschnittartig. Das zeigt sich daran, dass Constant und Staël die Unterscheidung zwischen zwei Freiheitsbegriffen just dieser Revolution – oder einem ihrer Wortführer – verdanken. Constant verhehlt die Vorgeschichte, auf die er sich stützt.

Sieyés unterscheidet in einem Text aus dem Jahr 1793 zwischen „liberté d'indépendance" und „liberté de pouvoir", zwischen „Freiheit der Unabhängigkeit" und „Freiheit des Vermögens", ohne diese beiden Freiheitsbegriffe historisch zuzuordnen. „Dem allgemeinen Sprachgebrauch zufolge nennt man einen Menschen frei, wenn er nicht von anderen Menschen an der Ausübung seines Willens gehindert wird." Neben diesen „ersten Aspekt der Freiheit", also die „Unabhängigkeit von allem, was seine Ruhe stören oder seine Tätigkeit behindern könnte", stellt Sieyés einen „zweiten Aspekt der Freiheit", eben die „Freiheit des Vermögens":

> Wie könnte der Mensch seine permanenten Bedürfnisse befriedigen, wie könnte er sinnvoll handeln, würde er nicht eine wirkliche Verfügungsgewalt über die äußeren Dinge besitzen, die seine Macht auszeichnet? [...] Das große Ziel der Freiheit muss die Vergrößerung des menschlichen Handlungsvermögens sein. Je mehr es sich ausweitet, desto freier werden wir. [...] Anstatt die spezifischen Fähigkeiten zu beschränken, die der Einzelne zu seinem eigenen Vorteil in die Gesellschaft einbringt, erweitert die Mitgliedschaft seine Handlungsmöglichkeiten [...]. Dieser Zustand versetzt den Menschen in die Lage, seine geistigen und körperlichen Fähigkeiten zu entwickeln und zugleich ein Leben in Freiheit ohne Furcht zu führen. (Sieyés 2010b, 273–274)

In der Diskussion um die Entstehung des Liberalismus aus dem Geist, aber auch aus den Trümmern der Revolution wird seltsamerweise kaum beachtet (vgl. aber Riklin 2001, 174–175), dass die für den Liberalismus leitende Unterscheidung zwischen zwei Freiheitsbegriffen bereits in der Revolution voll ausgebildet vorliegt. Damit erweist es sich als unzulässig, die Revolutionäre in die Ecke eines – je nach Wortwahl – „antiken", „positiven" oder „politischen" Freiheitsverständnisses zu schieben, um den „modernen", „negativen" oder „bürgerlichen" Wortgebrauch der Liberalen davon abzuheben. Das Doppelgesicht der Freiheit ist im Übrigen auch von anderen zeitgenössischen Autoren thematisiert worden – und zwar in Kontexten, die der Sache nach teils als republikanisch, teils als liberal zu charakterisieren sind. Beispiele aus dem amerikanischen und dem deutschen Kontext seien kurz erwähnt.

So findet sich eine Analogie zu Staëls „liberté civile" und „liberté politique" in Thomas Jeffersons Paarung von „private" und „political happiness", der er eine republikanische Wendung gibt (Thomä 2011). Jefferson stand mit Staël und ihrem Umfeld in regem Austausch. Enge Verbindungen reichen auch von Frankreich nach Deutschland. Immanuel Kant hat schon 1781 zwischen der „positiven" Freiheit als „Vermögen" und der „negativen" Freiheit als „Unabhängigkeit" unterschieden (Kant 1983a, 503). Analogien gibt es auch zwischen Sieyés' „liberté d'indépendance" und Wilhelm von Humboldts Appell von 1792, dem Zugriff des Staates auf das „innere Dasein" der Individuen enge Grenzen zu ziehen, sowie zwischen Sieyés' „liberté de pouvoir" und Humboldts Betonung der „Energie" und „Kraft" der Individuen (Humboldt 2010, 61, 64).

Dass politische und private, positive und negative Freiheit schon vor der eigentlichen Begründung des Liberalismus so breit diskutiert werden, ist deshalb nicht verwunderlich, weil sie – dem angeblich einseitigen Freiheitsverständnis der Antike zum Trotz – bereits von Perikles im fünften Jh. v.u.Z. genauso gefasst und positiv bestimmt worden sind (s. Kap. 18). Demnach verfügten die Athener zum einen über die Freiheit als „Bürger im Staat", d. h. in der von ihnen mitgestalteten „Demokratie", zum anderen erfreuten sie sich der Freiheit im „Alltag", in dem sie „ungezwungen" ihre „persönlichen Dinge" regelten und keinen „Unmut" darüber zeigten, wenn der „Nachbar [...] sich einmal ein Vergnügen macht[e]" (Thukydides 2000, 138–139).

52.3 Die liberale These vom instrumentellen Charakter der politischen Freiheit

Die schematische Aufteilung, wonach der Liberalismus als Reaktion auf eine vermeintlich illiberale oder – positiv gewendet – republikanische Revolution anzusehen sei, führt in die Irre. Die Revolution ist – jedenfalls in weiten Teilen – liberaler, als dies ihre Feinde oder falschen Freunde meinen. Damit sollen die scharfen Unterschiede nicht kleingeredet werden, die zwischen verschiedenen revolutionären Gruppierungen sowie zwischen Revolution und Liberalismus bestehen. Wohl aber kann man sagen, dass beim Umgang mit der Freiheit weniger klare Gegensätze als vielmehr verschiedene Akzentsetzungen zu beobachten sind. Deutlich wird dies daran, wie Sieyés auf der einen Seite, Staël und Constant auf der anderen Seite mit positiver und negativer Freiheit umgehen.

Wenn Sieyés zwei Freiheitsbegriffe unterscheidet, liegt der Akzent zweifellos auf „pouvoir", nicht auf „indépendance". Dies ist deshalb verständlich, weil die Machtfrage in der Politik für ihn vordringlich ist. Staël und Constant setzen andere Prioritäten. So schreibt Staël der politischen Freiheit, dem Pendant zu Sieyés' „pouvoir", nur eine instrumentelle Funktion zu. Sie stellt die positive Freiheit nicht, wie dies etwa bei Aristoteles, Jean-Jacques Rousseau, Thomas Jefferson oder Hannah Arendt vorgesehen ist, als eigene Erfüllungsmöglichkeit dar. Vielmehr erschöpft sich politisches Engagement nach Staël darin, dem Individuum Spielräume zu sichern. Sie schreibt im Jahr 1795:

> Die politische Freiheit dient der bürgerlichen Freiheit, indem sie deren Sicherung verbürgt. Sie ist Mittel, nicht Ziel. Zum chaotischen Verlauf der Französischen Revolution hat beigetragen, dass

> es zu einer Verkehrung dieser Ideen gekommen ist. Man wollte die politische Freiheit auf Kosten der bürgerlichen Freiheit, […] während in einem wahrhaft freien Staat das Gegenteil eintreten sollte. Das politische Recht besteht darin, die Pflichten als Bürger auszuüben, doch die Frucht dieser Opfer ist die bürgerliche Freiheit. (Staël 1820, 153–154; vgl. Isbell 1996, 441)

Entsprechend heißt es bei Constant: „Die persönliche Freiheit […] ist die wahre Freiheit unserer Tage. Die politische Freiheit gewährleistet sie. Sie ist demgemäß unentbehrlich." (Constant 1972, 388) An anderer Stelle sagt er:

> Heute vorzugeben, man könne die Menschen mit der politischen Freiheit über den Verlust der bürgerlichen Freiheit hinwegtrösten, läuft darauf hinaus, die Gegenrichtung zu dem Geist der Zeit einzuschlagen, von dem die menschliche Gattung erfüllt ist. Statt diese Freiheiten einander entgegenzusetzen, sollte man nur die erste als Garantie der zweiten ansehen.

Constant sagt weiter: „Was uns von der Antike unterscheidet, bringt mich nicht zu dem Schluss, […] auf die politische Freiheit zu verzichten", sondern den „Genuss" der „bürgerlichen Freiheit" zu fördern (Constant 2011, 625–626; vgl. Vincent 2011, 195). „Diejenigen, die die politische Freiheit opfern, um die bürgerliche Freiheit ruhiger zu genießen, sind genauso auf dem Irrweg wie diejenigen, die die bürgerliche Freiheit in der Hoffnung opfern, auf diese Weise die politische Freiheit zu sichern oder auszuweiten." (Constant 2011, 649).

Dabei ist Constant durchaus das Problem bewusst, das in einem strikt instrumentellen Verständnis der politischen Freiheit verborgen ist: Solange nämlich das „Recht der Teilhabe an der politischen Macht" nur als Mittel zum Zweck der „Verfolgung unserer Privatinteressen" vorgesehen ist, bleibt das Motiv für die Ausübung dieses Rechts indirekt oder extrinsisch. Entsprechend besteht die Gefahr, dass der Liberalismus die Entpolitisierung befördert und damit sich selbst schwächt. Bezeichnenderweise hält Constant an jenem instrumentellen Verständnis fest und relativiert es zugleich, wenn er erklärt, die Ausübung „politische[r] Freiheit" sei „das macht- und kraftvollste Mittel zur Vervollkommnung" unserer „Persönlichkeit" (Constant 1972, 393–394).

Das instrumentelle Verständnis der politischen Freiheit als Garant der bürgerlichen oder privaten Freiheit ist in der Zeit nach 1800 zu einem zentralen Element des klassischen Liberalismus geworden, das es nun kritisch zu analysieren gilt. Zu ihm gehört die Vorstellung, staatliche Institutionen seien als Dienstleister anzusehen, deren Aufgabe sich darin erschöpft, individuelle Freiheit zu sichern. Letztlich führt diese Auffassung zu den Konzeptionen des Nachtwächter- und Minimalstaats, zur ökonomischen Begründung politischer Institutionen und zu bestimmten Versionen des „consumer-citizen"-Modells. Nach dieser Variante des Liberalismus – es gibt, wie dieses Handbuch zeigt, noch andere – machen Individuen ihre Bereitschaft zur Teilhabe am Gemeinwesen davon abhängig, inwieweit sie davon profitieren.

Die Idee des Liberalismus ist nach der Französischen Revolution aufgestiegen wie ein Phönix aus der Asche der *terreur.* Sein politisches Versprechen besteht darin, eine Alternative zur Herrschaft der Gewalt anzubieten und ein friedliches Zusammenleben zu sichern. Diese Vision ist freilich in Frankreich vorerst nicht in die politische Wirklichkeit übersetzt worden. Hegel meint in den 1820er Jahren sogar, der „Liberalismus", der auf dem „Prinzip der Atome, der Einzelwillen" basiere, habe „allenthalben […] bankrott gemacht" (Hegel 1970, 535). Benjamin Constant bleibt in seinen politischen Parteinahmen so unbeständig, dass für ihn der Beiname „Inconstant" erfunden wird, und Alexis de Tocqueville, der von Constant beeinflusst ist (Krause 2017, 22) und ihm als Leitfigur der Liberalen nachfolgt, wird unter der Herrschaft Napoleons III. in die Isolation getrieben.

Unabhängig von der historischen Wirksamkeit ist das große Versprechen des Typs von Liberalismus, der im Anschluss an Constant und andere entwickelt worden ist, durchaus fragwürdig. Verdeckt bleibt dabei ein schmutziges Geheimnis, das in dem gerade geschilderten instrumentellen Verständnis der politischen Freiheit enthalten ist. Wenn Individuen die sich ihnen bietenden Handlungsspielräume zur eigenen Nutzenmaximierung nutzen, dann kommt das freie Spiel der Kräfte mit der ihm eigenen Dynamik der Distinktion und der Konkurrenz in Gang; dabei kann der Vorteil des einen schnell zum Nachteil des anderen werden. Generiert wird – kurz gesagt – Ungleichheit. Mag sich der Liberalismus wohltuend von der *terreur* abheben, so bringt er doch seinen eigenen Schrecken hervor. Er schafft nämlich die Voraussetzungen für Ausbeutung und Unterdrückung diesseits der politischen Freiheit.

Man könnte sagen, dass damit eine Wendung zurück vom Singular der Freiheit zum Plural der Freiheit erfolgt (s. o.). So kommen die einen in den Genuss von Freiheiten, von denen die anderen nicht mal träumen können. 1842 stellt Karl Marx fest, dass sich an der Freiheit das Vorrecht vom Recht trennt wie die Spreu vom Weizen: „Kein Mensch bekämpft die Freiheit; er bekämpft höchstens die Freiheit der andern. Jede Art der Freiheit hat daher immer existiert, nur einmal als besonderes Vorrecht, das andre Mal als allgemeines Recht." (Marx 1981, 51) Das klassische Beispiel für dieses Problem ist die Lage der arbeitenden Klasse im 19. Jahrhundert. Wenn den Mitgliedern dieser Klasse auf politischer Ebene das Recht zugestanden wird, Verträge zu schließen, so heißt dies noch lange nicht, dass sie diese Vertragsfreiheit ohne äußere Hindernisse und Bedrängnisse zum Zweck ihrer individuellen Entfaltung nutzen können. Tatsächlich erweist sich die Vertragsfreiheit, wie Marx gezeigt hat, als Scheinfreiheit.

Es ist Madame de Staël hoch anzurechnen, dass sie die Gefahren durchaus erkannt hat, die mit der von ihr und anderen Gründungsfiguren des Liberalismus favorisierten Abwertung der politischen Freiheit einhergehen. In *Des circonstances actuelles qui peuvent terminer la Révolution* von 1798 findet sich hierzu eine aufschlussreiche Überlegung. Hier bemerkt sie, dass die „liberté civile" durchaus auch in einem Rahmen ausgeübt werden kann, in dem ein autoritäres oder autokratisches Regime herrscht – wenn denn dieses Regime den Individuen Entfaltungsspielräume einräumt. (Ihr Beispiel ist Dänemark.) Gegen ein solches Regime bleibt die Forderung nach „politischer Freiheit" bestehen, und sie ist nach Staël – das ist nun entscheidend – „ein und dasselbe wie politische Gleichheit":

> Man kann sich bei der Verteidigung seiner Interessen nur auf die Interessen verlassen, die den eigenen gleichen, und der Rechtsstaat *[la nation soumise à la loi]* kann seine Wünsche nicht von Menschen verkörpern lassen, die durch ihre Privilegien in einen Gegensatz oder mindestens in eine Unabhängigkeit gegenüber dem Schicksal, das allen gemeinsam ist, versetzt sind. (Staël 1979, 418–419)

Während die politische Freiheit auf der Erfahrung basiert, in Augenhöhe miteinander zu kooperieren, weist die bürgerliche Freiheit nach Staël eine gewisse Gleichgültigkeit gegenüber Ungleichheit auf. Damit spricht sie eine Warnung aus, die der Typ von Liberalismus, der im 19. Jahrhundert den Schulterschluss mit Konkurrenzwirtschaft und Kapitalismus vollzogen hat, nicht beherzigt. Er weist insoweit einen defekten Freiheitsbegriff auf.

Dass dieses Problem schon den Revolutionären selbst gegenwärtig ist, ergibt sich aus einer wütenden Stellungnahme Jacques Roux' vom 25. Juni 1793: „Die Freiheit ist ein leerer Wahn, solange eine Menschenklasse die andere ungestraft aushungern kann. […] Seit vier Jahren ziehen allein die Reichen Nutzen aus der Revolution." (zit.n. Reichardt 1998, 159) Roux zettelt einen Streit mit Robespierre an, den er verliert, und kommt dem Tod unter der Guillotine im Februar 1794 durch Selbstmord zuvor.

52.4 Ein Kompliment für Robespierre aus dem Mund eines Liberalen

Es sprengt den Rahmen dieses Kapitels, die Machtverhältnisse und den Machtmissbrauch innerhalb der Französischen Revolution mit Blick auf Freiheit und Liberalität zu erörtern. Die wohlwollenden, ambivalenten oder kritischen Stimmen, die außerhalb Frankreichs erklingen, müssen hier außer Acht bleiben. Hier interessiert nur, wie sich der französische Liberalismus, dessen „Entstehung" auf die Schriften Staëls und Constants zu datieren ist (Vincent 2011, 38), zur Revolution ins Verhältnis setzt. Dabei fällt auf, dass er anders als konservative oder reaktionäre Kritiker der Revolution (wie etwa

Edmund Burke oder Joseph de Maistre) an der Revolution als positivem Ausgangspunkt festhält. Constant beharrt darauf, die Revolution ungeachtet „ihrer Auswüchse glücklich" zu nennen (Constant 1972, 365). Typischerweise besteht die Strategie der Liberalen darin, der Revolution zugleich treu zu bleiben und wählerisch mit ihr umzugehen. Anstelle eines Resümees soll hier nur ein markanter Beleg angeführt werden, der die enge Verbindung zwischen Liberalismus und Revolution illustriert. Er stammt von Alexis de Tocqueville, neben John Stuart Mill dem wohl wichtigsten Repräsentanten des Liberalismus im 19. Jahrhundert.

In seinem ersten Buch *De la démocratie en Amérique* (1835/1840) hat er nicht nur – gut liberal – das Wort „Individualismus" in die politische Sprache eingeführt, sondern auch die Notwendigkeit betont, neben individuellen Spielräumen das politische Engagement zu stärken und mit „freiheitlichen Einrichtungen" die „Gelegenheiten zu gemeinsamem Handeln [...] zu vermehren" (Tocqueville 1987, Bd. 2, 147, 153, 155). Nicht nur weist Tocquevilles Liberalismus starke Elemente eines „positiven" Freiheitsbegriffs auf, enthält also republikanische Elemente. Er geht sogar noch einen Schritt weiter und betont die liberalen Züge der Revolution selbst. Deutlich wird dies weniger in seinem Buch *L'ancien régime et la révolution* von 1856 als vielmehr in einer selten zitierten Rede vom 12. September 1848. Darin findet sich eines der unwahrscheinlichsten Komplimente, welches die Ideengeschichte zu bieten hat. Tocqueville sagt:

> Wer hat all diese Hindernisse überwunden, welche überall den freien Verkehr der Personen, Güter und Ideen behinderten? [...] Die Französische Revolution. [...] Es sind nicht nur die Mitglieder jener unsterblichen Verfassungsgebenden Versammlung, der Assemblée Constituante [9. Juli 1789–10. August 1792], welche die Freiheit in Frankreich und in der Welt begründet [...] haben, sondern das taten auch die herausragenden Männer aller nachfolgenden Versammlungen, sogar der Anführer der blutigen Diktatur des Konvents. [...] ‚Meiden Sie', sagte Robespierre, ‚meiden Sie die alte Manie [...], alles regeln zu wollen; lassen Sie den Einzelnen, lassen Sie den Familien das Recht, frei alles zu tun, was anderen nicht schadet [...]; kurzum, geben Sie der Freiheit der Einzelnen das zurück, was ihr unrechtmäßig weggenommen wurde, das, was nicht notwendigerweise der öffentlichen Gewalt zusteht.' (Tocqueville 2006, 196)

Man mag die von Tocqueville zitierten Worte Robespierres – sie stammen aus einer Rede vom 10. Mai 1793 (Robespierre 1989, 421) – als Lippenbekenntnis abtun. Man mag sich auch – wie dies schon Hegel getan hat – „gegen diese fürchterliche konsequente Freiheit" Robespierres wenden (Hegel 1970, 533). Und doch darf man Tocqueville wie übrigens auch Hegel zu denjenigen zählen, die beim Rückblick auf die „Revolution eines geistreichen Volks" vom „Enthusiasm" angesichts einer „Tat eines mit Freiheit begabten Wesens" ergriffen worden sind (Kant 1983b, 356, 358).

Literatur

Buchez, Philippe Joseph Benjamin/Roux, Pierre Célestin: Histoire parlementaire de la Révolution française ou Journal des Assemblées Nationales, Bd. 38. Paris 1838.

Bertier de Sauvigny, Guillaume de: Liberalism, Nationalism and Socialism: The Birth of Three Words. In: Review of Politics 32 (1970), 147–166.

Constant, Benjamin: Über die Freiheit der Alten im Vergleich zu der der Heutigen. In: Ders.: Werke in vier Bänden, Bd. 4: Politische Schriften. Hg. von Lothar Gall. Berlin 1972, 363–396.

Constant, Benjamin: Principes de politique applicable à tous les gouvernements représentatifs (texte de 1806). Hg. Von Kurt Kloocke. Berlin 2011.

Hegel, Georg Wilhelm Friedrich: Vorlesungen über die Philosophie der Geschichte. Werke, Bd. 12. Hg. Von Eva Moldenhauer/Karl Markus Michel. Frankfurt a. M. 1970.

Holmes, Stephen: Benjamin Constant and the Making of Modern Liberalism. New Haven/London 1984.

Humboldt, Wilhelm von: Ideen zu einem Versuch, die Gränzen der Wirksamkeit des Staates zu bestimmen. In: Ders.: Werke in fünf Bänden, Bd. I: Schriften zur Anthropologie und Geschichte. Hg. Von Andreas Flitner/Klaus Giel. Darmstadt 2010, 56–233.

Hume, David: The Letters, Vol. I: 1727–1765. Hg. von J.Y.T. Greig. Oxford 1932.

Isbell, John Claiborne: Le contrat social selon Benjamin Constant et Mme de Staël, ou la liberté a-t-elle un sexe? In: Cahiers de l'Association internationale des études francaises 48 (1996), 439–456.

Kant, Immanuel: Werke, Bd. 4: Kritik der reinen Vernunft. 2. Teil. Hg. von Wilhelm Weischedel. Darmstadt 1983a.

Kant, Immanuel: Der Streit der Fakultäten. In: Ders.: Werke, Bd. 9. Hg. von Wilhelm Weischedel. Darmstadt 1983b, 261–393.

Krause, Skadi Siiri: Eine neue politische Wissenschaft für eine neue Welt. Alexis de Tocqueville im Spiegel seiner Zeit. Berlin 2017.

Leonhard, Jörn: Liberalismus. Zur historischen Semantik eines europäischen Deutungsmusters. München 2001.

Marx, Karl: Die Verhandlungen des 6. rheinischen Landtags. In: Karl Marx/Friedrich Engels: Werke, Bd. 1. Berlin 1981, 28–77.

Ozouf, Mona: Liberté. In: François Furet/Mona Ozouf: Dictionnaire critique de la Révolution française. Paris 2017, 253–273.

Reichardt, Rolf E.: Das Blut der Freiheit. Französische Revolution und demokratische Kultur. Frankfurt a. M. 1998.

Riklin, Alois: Emmanuel Joseph Sieyés und die Französische Revolution. Bern 2001.

Robespierre, Maximilien: Über die repräsentative Regierung. In: Ders.: Ausgewählte Texte. Hg. von Andreas J. Meyer. Hamburg 1989, 408–434.

Rosenblatt, Helena: The Lost History of Liberalism: From Ancient Rome to the Twenty-first Century. Princeton/Oxford 2018.

Rousseau, Jean-Jacques: Vom Gesellschaftsvertrag oder Grundsätze des Staatsrechts. Hg. von Hans Brockard. Stuttgart 1986.

Sieyés, Emmanuel Joseph: Sieyés's zweite Vertheidigung des Polizeybeschlusses in der Nationalversammlung. In: Ders.: Politische Schriften. Zweiter Band. Leipzig 1796, 165–184.

Sieyés, Emmanuel Joseph: Einleitung zur Verfassung. Anerkennende und erklärende Darstellung der Menschen- und Bürgerrechte. In: Ders.: Was ist der Dritte Stand? a.a.O. 2010a, 239–257.

Sieyés, Emmanuel Joseph: Vom Zugewinn der Freiheit in der arbeitsteiligen Gesellschaft. In: Ders.: Was ist der Dritte Stand? a.a.O. 2010b, 271–278.

Staël, Germaine de: Réflections sur la paix intérieure. In: Dies.: Œuvres complètes, Bd. 2. Paris 1820, 95–172.

Staël, Germaine de: Des circonstances actuelles qui peuvent terminer la Révolution et des principes qui doivent fonder la république en France. Hg. von Lucia Omacini. Genf 1979.

Thomä, Dieter: Glück, Revolution und revolutionäres Denken im 18. Jahrhundert. Philosophisch-politische Diskurse in den USA und in Frankreich. In: Dieter Thomä/Christoph Henning/Olivia Mitscherlich-Schönherr (Hg.): Glück. Ein interdisziplinäres Handbuch. Stuttgart 2011, 173–182.

Thomä, Dieter: Puer robustus. Eine Philosophie des Störenfrieds. Berlin 2016.

Thukydides: Der Peloponnesische Krieg. Hg. von Helmut Vretska/Werner Rinner. Stuttgart 2000.

Tocqueville, Alexis de: Über die Demokratie in Amerika, Bd. I/II. Hg. von Theodor Eschenburg. Zürich 1987.

Tocqueville, Alexis de: Rede zur Frage des Rechts auf Arbeit. In: Ders.: Kleine politische Schriften. Hg. von Harald Bluhm. Berlin 2006, 191–201.

Vierhaus, Rudolf: Liberalismus. In: Otto Brunner/Werner Conze/Reinhart Koselleck (Hg.): Geschichtliche Grundbegriffe. Historisches Lexikon zur politisch-sozialen Sprache in Deutschland, Bd. 3. Stuttgart 1982, 741–785.

Vincent, K. Steven: Benjamin Constant and the Birth of French Liberalism. New York 2011.

53 Zwischenkriegszeit

Jens Hacke

53.1 Grundlegendes zur Epoche

Die Epoche zwischen den Weltkriegen war eine dramatische Krisenphase, zugleich aber auch die „wichtigste Zeitspanne in der Geschichte des Liberalismus im 20. Jahrhundert“ (Doering-Manteuffel/Leonhard 2015, 21). Dieser paradoxe Befund ist im Wesentlichen der spannungsvollen Gemengelage zwischen demokratischem Aufbruch, revolutionären Wirren, gesellschaftlicher Kriegsfolgenverarbeitung und tiefgreifenden ökonomischen Strukturproblemen geschuldet. Mit dem Ende des Ersten Weltkrieges stürzten die Monarchien der Mittelmächte; gleichzeitig schien Woodrow Wilsons 14-Punkte-Plan eine Blaupause zur Demokratisierung und Neuordnung Europas zu liefern. Die Leitidee einer westlichen liberalen Demokratie hatte sich während des Krieges herausgebildet und war zur wirksamsten Ressource alliierter Propagandaanstrengungen geworden. Aber neben die Hoffnung auf eine umfassende Demokratisierung trat das Ereignis der Russischen Revolution, deren Vorbild den Erwartungshorizont für eine tiefgreifende sozialistische Transformation schuf und länderübergreifend die Forderung nach Räterepubliken aufkommen ließ.

Diese dynamische Konstellation ließ langgehegte Reformbestrebungen für parlamentarische Regierung, freies und gleiches Wahlrecht auch für Frauen, oder den Ausbau des Sozialstaats schnell unter die Räder radikaler politischer Ideologien geraten. Rechte, für die jahrzehntelang vergeblich gestritten worden war, erreichten binnen weniger Monate nahezu ohne Widerstand Verfassungsrang und drohten von ganz neuen, sozialistisch befeuerten Entwicklungen überholt zu werden. Während die Debatte des Weltkrieges in Deutschland Demokratisierung in erster Linie als Parlamentarisierung verstand, geriet die repräsentative Regierungsform, kaum war sie mit den Oktoberreformen 1918 verwirklicht, in den Sog der Forderungen nach direkter Demokratie.

Die Dynamisierung eines politischen Bewusstseinswandels ist zu einem guten Teil der tiefgreifenden Transformation von Gesellschaften geschuldet, die durch den Krieg in nie zuvor gekannter Weise mobilisiert wurden und deren Regierungen ganz neue Instrumente der Steuerung und des *social engineering* erprobten, um Ressourcen für die Kampfanstrengungen zu erschließen. Der Einsatz der Frauen an der Heimatfront, ihr Beitrag zur Rüstungsindustrie, die Errichtung einer planmäßigen Kriegswirtschaft, die Erhebung von zusätzlichen Steuern, der allgemeine Koordinierungs- und Regelungsbedarf vervielfachte die Staatsaufgaben und stellte zugleich alte Gewissheiten in Frage. Für Liberale

J. Hacke (✉)
Universität der Bundeswehr München, München, Deutschland

M. G. Festl (Hrsg.), *Handbuch Liberalismus*, https://doi.org/10.1007/978-3-476-05798-3_53

bedeutete dies, dass sich zum einen ganz neue politische Gestaltungsmöglichkeiten auftaten, aber dass sich zum anderen der Staat in den Leviathan zu verwandeln schien, den sie lange gefürchtet hatten. Die Sach- und Kontrollzwänge in Kriegswirtschaft und mobilisierter Gesellschaft erforderten neue Instrumentarien politischer Leitung, die exponentielle Erhöhung der Staatsquote verlangte nach expansiver Besteuerung der Bürger*innen und die zunehmenden Sicherheitsbedürfnisse machten staatliche Garantieleistungen notwendig. Diese Entwicklungen erwiesen sich nach dem Krieg nicht nur als unumkehrbar, sie nahmen sogar noch schnellere Fahrt auf. Der *warfare state* – wie die einhellige Auffassung der Historiker lautet – stand an der Wiege des *welfare state,* und inmitten dieser politischen Modernisierungsschübe mussten Liberale aller Schattierungen sich neu positionieren.

In den Jahrzehnten zuvor war der Liberalismus bereits eine heterogene Formation, denn der *New Liberalism* in Großbritannien, die Ansätze zu einem sozialen Liberalismus im Kaiserreich, aber auch der *Solidarisme* in Frankreich belegten die vielfältigen Berührungspunkte mit sozialdemokratischen Ideen. Der sog. Manchester-Liberalismus, der auf die Entfesselung der Marktkräfte und den weitgehend abstinenten Nachtwächterstaat setzte, war *de facto* ein verzerrtes Bild, das selbst im 19. Jahrhundert niemals hegemonial für das liberale Denken war. Gleichwohl markierte die für Zeitgenossen schnell erkennbare epochale Zäsur des Jahres 1918 die Notwendigkeit, liberale Ideen und Politiken umfassend neu zu justieren.

Neue demokratische Verfassungen in Deutschland, Österreich, in der Tschechoslowakei, Polen, zeitweise in Ungarn, Griechenland oder Spanien signalisierten den Aufbruch in eine demokratische Ära. Die Gründung des Völkerbundes bot die Aussicht auf eine Neustrukturierung internationaler Beziehungen und auf die Aufwertung des internationalen Rechts, so dass in Fragen der Außenpolitik, der Ökonomie und des politischen Systems eine „liberale Hegemonie" (Tooze) befestigt schien. Vor diesem Hintergrund war das Scheitern des Liberalismus nicht unbedingt absehbar, auch wenn die USA als liberale Modernisierungsvormacht nie Mitglied des Völkerbunds wurden und sich aus Europa zurückzogen.

Es sollte sich zeigen, dass die vermeintlich hegemoniale Ordnung alsbald unter Druck geriet: durch nationalen Revanchismus und totalitäre Bewegungen, die im Klima von Wirtschafts- und Modernisierungskrisen auf Massenmobilisierung, Rassismus und Irrationalismus setzten, um den Liberalismus als entscheidendes Feindbild zu bekämpfen. Die Defensivposition eines Liberalismus, der einer massendemokratischen Emotionalisierung wenig entgegenzusetzen hatte, sich unbeholfen auf eine Austeritätspolitik zur Bewältigung der Weltwirtschaftskrise zurückzog und seine Prinzipien in der internationalen Politik einer fatalen Appeasement-Strategie opferte, vermittelte den Eindruck des unaufhaltsamen Niedergangs, zumal die jungen, neu errichteten Demokratien nach und nach kollabierten.

Es lässt sich aber nicht von der Hand weisen, dass diese Lage existenzieller Bedrohung auch eine Phase unvergleichlich kreativer und nachhaltiger liberaler Selbstverständigungsdiskurse mit sich brachte, deren Effekte weit in die Welt nach 1945 ausstrahlten. Die Schwächung des parteipolitischen Liberalismus und die Destabilisierung der Demokratie ging einher mit einer Ideeninventur, deren thematische Breite und intellektuelles Niveau es gerechtfertigt erscheinen lässt, von einer prägenden Epoche, womöglich von einer zweiten Sattelzeit des liberalen Denkens zu sprechen.

53.2 Pluralität des Liberalismus

Die Schwierigkeit, den Liberalismus als einheitliches ideologisches Gebilde zu begreifen, offenbart sich in dreierlei Hinsicht. Erstens koexistieren verschiedene nationale liberale Traditionen, die von unterschiedlichen politischen Kulturen und Systemen geprägt worden sind, aber selbst auch immer wieder neuen geschichtspolitischen Deutungen unterliegen.

Während Großbritannien und die USA gleichsam als Wiege des liberalen Verfassungsdenkens und des Parlamentarismus gelten, stand der Liberalismus in Frankreich stets im Schatten des Republikanismus; in den „verspäteten Nationen" Italien und Deutschland kreiste liberales Denken lange um die Möglichkeit der Nationalstaatsbildung. Neben markanten Unterschieden hat die Forschung allerdings zuletzt das modernisierungstheoretisch geprägte Bild von progressiven liberalen und verzögerten illiberalen Entwicklungspfaden korrigiert, indem ein umfassendes Verständnis von Liberalismus appliziert wurde, das sich eben nicht allein auf politische Trägergruppen bezieht und einen klassischen Liberalismusbegriff (Marktökonomie, negative Freiheiten, Parlamentarismus) zum Maßstab macht. Aus dieser erweiterten Perspektive lassen sich die Ideen, die mit den Anfängen des Sozialstaats im Kaiserreich, dem Bürgerlichen Gesetzbuch oder dem kommunalen Liberalismus verbunden sind, in eine Gesamtgeschichte des Liberalismus einschreiben, die ganz unterschiedliche Bereiche der Liberalisierung berücksichtigt. Diese komplexe Ideengeschichte setzt sich in der Zwischenkriegszeit fort. Damit ist zweitens auch gesagt, dass die Semantik des Liberalismus nach 1918 uneinheitlich bleibt. Zum einen gilt der klassische Liberalismus als ein Relikt des 19. Jahrhunderts, dessen wesentliche Prinzipien angesichts des politischen und sozialen Wandels im angebrochenen Zeitalter der Massendemokratisierung überholt erscheinen – das Ideal einer deliberierenden bürgerlichen Öffentlichkeit, der Marktliberalismus, Universalismus und Kosmopolitismus (Schmitt 1996). Zum anderen etabliert sich der Sozialliberalismus als eine zukunftsträchtige Verheißung, die Demokratie, Ökonomie und Wohlfahrtsstaat in eine neue Balance zu bringen verspricht. Die Leitbegriffe „soziale Demokratie" bzw. „sozialer Rechtsstaat" gehören zum Inventar dieses neuen Linksliberalismus, der ein positives Verhältnis zur Demokratie gewinnt.

Das gespaltene Verhältnis zum Liberalismusbegriff wird auch in der Namensgebung der „Deutschen Demokratischen Partei" manifest, die damit ihren Status als verfassungstragende Kraft unterstreicht und die problematischen Bindungen an die deutsche liberale Tradition in den Hintergrund verbannt. In der Weimarer Republik zeigt sich die Spaltung des parteipolitischen Liberalismus im Versäumnis, eine lagerübergreifende liberale Partei zu etablieren; die ehemaligen Nationalliberalen sammeln sich in der DVP, während der erstarkende Block der ehemaligen Fortschrittspartei in die Gründung der DDP mündete, die sich einerseits den Interessen des Mittelstands verschrieb, andererseits von Anfang an einen gewissen Appeal für Intellektuelle besaß und den Ruf einer Professorenpartei innehatte (Max und Alfred Weber, Hugo Preuß, Ernst Troeltsch, Moritz Julius Bonn u. a.). Demgegenüber wurde die DVP eher mit den Interessen der Schwer- und Großindustrie identifiziert. Da der Liberalismus weiterhin als milieu- und klassengebundene Ideologie des Bürgertums in all seinen Facetten galt, erwies sich die zunehmende Fragmentierung der politischen Mitte als eine weitere Belastung für nominell liberale Parteien, die sich mit der von Friedrich Naumann früh geforderten Öffnung gegenüber der Sozialdemokratie schwertaten. Der Zerfall der Mitglieder- und Wählerbasis von DVP und DDP korreliert überdies mit den ökonomischen Krisen, die nach Inflation und Wirtschaftskrise zur Vernichtung privater Vermögen führte.

Die wesentliche Konfliktlinie bestand zwischen einem normativ auf die Demokratie festgelegten Liberalismus, der gesellschaftliche Modernisierung guthieß und sich für die Möglichkeiten einer politischen Regulierung des Wirtschaftslebens öffnete und einer demokratieskeptischen Interessenpolitik, die in krisenanfälligen Zeiten zunehmend auf Distanz zur Weimarer Ordnung ging. Der Riss, der durch das Lager des Liberalismus ging, trennte also die Fraktion der ökonomisch ausgerichteten Besitzstandswahrer von den sozialliberalen Modernisierern.

Insgesamt wurde das Problem der Heterogenität liberaler Vorstellungen von den Zeitgenossen klar erkannt. Nicht allein die Vielfalt der Anschauung unter denjenigen, die sich selbst als

Liberale verstanden, war problematisch, sondern darüber hinaus hatte eine Diffusion liberaler Werte und Ideen auf gesamtgesellschaftlicher Ebene staatgefunden. Damit drohte das Alleinstellungsmerkmal als Ideologie verloren zu gehen, denn die Etablierung langgehegter politischer Ziele in der neuen Verfassungswirklichkeit konnte zum Eindruck führen, dass der Liberalismus „sich überflüssig gemacht" (Friedrich Meinecke) und gewissermaßen zu Tode gesiegt habe. Diese Gemengelage wurde von vielen Zeitgenossen ähnlich wahrgenommen und kulminierte in einem geschärften Krisenbewusstsein, das sich als ein gesamteuropäisches Phänomen erwies (vgl. Bonn 1925; Ruggiero 1930). Dementsprechend sind die Debatten über die Zukunft des Liberalismus nicht auf die desolater werdende Lage der liberalen Parteien begrenzt, sondern machen die liberale Demokratie und die Identität einer westlichen freien Zivilisation zu ihrem Thema. Dieser Diskurs wird von den Intellektuellen einer liberalen Internationale geführt, deren begrüßenswerter kooperativer Kosmopolitismus angesichts der Hausse von sozialistischen und faschistischen Kollektivismen einerseits zunehmend idealistisch und elitär wirken musste, andererseits aber gedanklich ein neoliberales globalisiertes Wirtschaftssystem vorbereitete, um das Zeitalter des Imperialismus und des nationalen Egoismus zu überwinden (Slobodian 2018).

53.3 Verteidigung und Evolution liberaler Ideen

Zur Krisendebatte um den Liberalismus in der Zwischenkriegszeit gehört in selbstverständlicher Weise die Erosion liberaler Kernüberzeugungen und die Anfälligkeit bürgerlich-liberaler Kreise für einen neuen Autoritarismus. Insbesondere die Sehnsucht nach einer starken Führungsfigur ließ zahlreiche liberale Intellektuelle mit der parlamentarischen Praxis hadern und Modelle einer „autoritären Demokratie" (K. Loewenstein) oder „Führerdemokratie" (A. Weber) ventilieren. Klassisch ausgerichtete Wirtschaftsliberale, die den politischen Gegner traditionell im Marxismus verorteten, standen nun vor dem Problem, dass die Ökonomie zur Disposition des demokratischen Parteienwettbewerbs stand. Obzwar die bürgerlichen Parteien in der aufgeheizten Atmosphäre der Novemberrevolution aus taktischen Gründen programmatische Zugeständnisse an die allgemeinen Forderungen nach einer Sozialisierung der Schlüsselindustrien gemacht hatten, favorisierten liberale Ökonomen rationale Marktmodelle ohne den störenden Einfluss eines demokratischen Souveräns. Ludwig von Mises würdigte darum folgerichtig den Faschismus als Aufhalter einer sozialistischen Revolution und demonstrierte auf diese Weise ein instrumentelles Verständnis von Politik, die in erster Linie dem Markt zu dienen habe. Eine solche Haltung beförderte zu Recht das Schreckbild eines „autoritären Liberalismus" (Hermann Heller), der im Interesse des Kapitals agierte. Ideengeschichtlich fruchtbarer, als die normativ und theoretisch problematischen Verfehlungen innerhalb liberaler Strategiedebatten aufzulisten, ist es allerdings, die innovativen Potentiale zu berücksichtigen, mit denen Liberale Neuland erschlossen, auch wenn ihnen der unmittelbare diskursive oder politische Erfolg zunächst versagt blieb.

Unterschiedliche liberale Denkstile, die von grundsätzlicher Bedeutung sind, lassen sich anhand zwei repräsentativer Denker herausarbeiten: die selbstbewusste Verteidigung liberaler Errungenschaften verbunden mit den Tugenden der pragmatischen Vernunft einerseits sowie die innovative Erschließung neuer Themen als offensiv-evolutive Krisenprophylaxe.

Moritz Julius Bonn verkörperte den realpolitisch orientierten prinzipienfesten Liberalen, der die Orientierung an den Grundsätzen von Freiheit und Chancengleichheit zur Geltung brachte, für Minderheitenschutz, „sozialen Pluralismus", parlamentarische Regierung und Mehrheitsentscheidung warb sowie den Rationalismus, die Kompromiss- und Friedensfähigkeit des Liberalismus hervorhob. Die Dynamik der Marktwirtschaft wollte er, einem idealisierten Vorbild der Vereinigten Staaten nacheifernd, nutzen, um einen demokratischen Kapitalismus zu verwirklichen. Der Liberalismus blieb für ihn ein unabgeschlossenes Projekt, weil er sich immer wieder aufs Neue dem Ansturm des Irrationalismus, der ideologisch inspirierten Gewaltbereitschaft und den regressiven Mächten des Nationalismus, Rassismus und Antisemitismus entgegenstellen müsse.

John Maynard Keynes hingegen avancierte zum prominentesten liberalen Intellektuellen seiner Zeit, indem er nicht nur das „Ende des Laissez-faire" verkündete, sondern zugleich eine umfassende Modernisierung des Liberalismus forderte (s. Kap. 16). Keynes stellte nicht, wie ihm unterstellt wurde, den Freihandel in Frage, er bezweifelte nur, dass sich auf einer ökonomischen Doktrin eine politische Theorie gründen lasse. Dem Kapitalismus attestierte er die Unfähigkeit zur geistigen Selbstverteidigung, weil er keinen politischen Appeal mehr besitze. Der Liberalismus müsse sich von seiner ökonomischen Fixierung lösen und neue Antworten für die Aufgaben des Tages finden. Damit meinte Keynes nicht nur eine interventionistische Wirtschafts- und Geldpolitik, also die aktive Gestaltung ökonomischer Rahmenbedingungen, sondern auch eine grundsätzliche politische Neuorientierung: in Friedensfragen, im Hinblick auf eine dezentrale und effiziente Governance, aber auch gesellschaftspolitisch müsse man sich an die Spitze sozialer Entwicklungen stellen, um die Stellung der Frau, Heiratsgesetze, gleichgeschlechtliche Beziehungen und den Drogenkonsum zu liberalisieren. Undogmatisch fordert er eine Unvoreingenommenheit des Denkens, die sich an den Freiheitsbedürfnissen des Individuums orientiert. Keynes' denkerische Liberalität – abseits seiner *General Theory* – greift nicht nur weit voraus, sondern verdeutlicht auch, dass der politische Liberalismus der Zwischenkriegszeit große Mühe hatte, den Anschluss an die vibrierende kulturelle Moderne der Zwischenkriegszeit zu halten. Thomas Mann, einer der wichtigsten liberalen Fürsprecher der Demokratie und der kulturellen Moderne, hatte ein gutes Gespür für dieses Defizit und machte sich die Ambitionen eines progressiven Sozialliberalismus zu eigen.

53.4 Einhegung des Kapitalismus und dritte Wege

Die Zwischenkriegszeit erwies sich als ein „Laboratorium der Moderne" (Detlev Peukert), denn die Steuerungskompetenzen des Staates, die Möglichkeiten eines *social engineering,* technokratische Visionen aber auch die Ansprüche der BürgerInnen waren sprunghaft gewachsen. Sozialer respektive demokratischer Kapitalismus, Wirtschaftsdemokratie, soziale Demokratie lauteten die Schlagworte, unter denen Denkmodelle eines „dritten Weges" zwischen Kapitalismus und Sozialismus entwickelt wurden. Ein „neuer Liberalismus" machte es sich zur Aufgabe, die produktiven Marktkräfte mit politischen Rahmensetzungen neu zur Geltung zu bringen. Die späteren Ordoliberalen Walter Eucken, Alexander Rüstow und Wilhelm Röpke formulierten Anfang der 1930 Jahre maßgebliche Ideen, die ein starker Staat oberhalb der Wirtschaft als Leitlinien umsetzen sollte (s. Kap. 47). Dazu gehörten eine Entflechtung von Staat und Wirtschaft, die Beschränkung des Staates auf eine rechtliche Rahmung des Wirtschaftslebens, eine restriktive Kartellgesetzgebung und eben auch eine Immunisierung der Ökonomie von pluralistischen Interessen. Allerdings schlossen weder Röpke noch Eucken staatlichen Interventionismus in Zeiten der Krise aus.

Die Wirtschaftskrise inspirierte Liberale in den Vereinigten Staaten dazu, neue Wege zu beschreiten. Roosevelts *New Deal* war nicht nur der Versuch, sozial-, gesellschafts- und wirtschaftspolitisch Krisenbewältigungsmaßnahmen zu ergreifen, sondern erwies sich auch als ein durch Intellektuelle angestoßenes Projekt, das den Imaginationsraum liberaler Politik erheblich erweiterte (s. Kap. 54). (Nebenbei etablierte sich in den USA während dieser Phase „liberal" als ein neuer progressiver Begriff, der bis heute eher die Nähe zur europäischen Sozialdemokratie kennzeichnet.) Keynes war der maßgebliche Vordenker solcher planerisch-interventionistischen Konzeptionen. Der Staat setzte Beschäftigungs- und Konjunkturprogramme auf, investierte in Infrastrukturprojekte, um Arbeitssuchende zu aktivieren und die Wirtschaft anzukurbeln. Zwar wandelte sich einer der bedeutendsten amerikanischen Publizisten, Walter Lippmann, später zum Kritiker Roosevelts, aber sein viel diskutiertes und einflussreiches Buch *The Good Society* signalisierte bereits im Titel, dass es nicht mehr allein um die Freiheit des Einzelnen, sondern um eine „Gesellschaft freier Menschen“ ging. Lippmann plädierte für eine Erziehung zur Demokratie und für einen sozialreformerischen Liberalismus, versuchte allerdings gleichzeitig eine scharfe Abgrenzung zum Kollektivismus, dessen Tendenzen er in jeder Form ökonomischer Planung ausmachte. Das berühmte Walter Lippmann Colloque, das 1938 in Paris stattfand, legte schließlich den Grundstein für die Mont Pèlerin Society, deren illustre Mitgliedschaft den *Cold War Liberalism* nachhaltig prägen sollte (F.A. Hayek, K. Popper, W. Röpke u. a.), auch in der Rigidität gegenüber jedem Anflug sozialistischen Denkens.

53.5 Totalitarismustheorie und wehrhafte Demokratie

Liberale begründeten die Vorzüge der parlamentarischen Demokratie seit den 1920er Jahren überwiegend ex negativo, d. h. in der Abwehr neuer totalitärer Angriffe auf die Verfassungsordnung. Die Etablierung der faschistischen Herrschaft in Italien zeigte dabei offensichtliche Strukturanalogien zum Bolschewismus: Parteienstaat, Führerkult, Militarisierung des öffentlichen Lebens, Antiliberalismus, Beseitigung des Rechtsstaates – diese Aspekte zeigten verblüffende Gemeinsamkeiten, die Liberale in Italien, Deutschland und anderswo umso sensibler registrieren, als sie selbst im Fadenkreuz der Demokratiegegner standen. Diese Bedrohung der Demokratie von links und rechts führte in ersten systematischen Auseinandersetzungen zu den Frühformen der Totalitarismustheorie, die im Kalten Krieg schließlich breite Wirkung entfalten sollte – ironischerweise erst nach dem Untergang von Nationalsozialismus und Faschismus, die dann nur noch als historische Vergleichsgrößen fungierten.

In der Zwischenkriegszeit wandelte sich auch für Liberale die Demokratie von einem Erwartungs- zu einem Erfahrungsbegriff, und die prominenten Fürsprecher der Weimarer Republik verteidigten die repräsentative Regierungsform gegen alternative identitär-rousseauistische oder rätedemokratische Konzeptionen. In seiner wegweisenden Schrift „Vom Wesen und Wert der Demokratie“ lieferte Hans Kelsen (2019) die umfassende Begründung, dass die moderne Demokratie nur als parlamentarische möglich sei, sie auf einer relativistischen Weltanschauung und der allgemeinen Kompromissfähigkeit beruhen müsse und dem sozialen Frieden zu dienen habe. Freilich sah auch Kelsen, dass die liberale Demokratie die Zustimmung der BürgerInnen zu verlieren drohe. Seine strikte Haltung, dass die Demokratie zwar Anstrengungen zur politischen Erziehung ihrer BürgerInnen unternehmen sollte, aber sich dennoch im Untergang dem Mehrheitsentscheid beugen müsse, markierte die wesentliche Konfliktlinie innerhalb des liberalen Denkens.

Die Erkenntnis, dass die demokratische Lebensform einen besonderen Schutz benötigte, war ins Zentrum der Aufmerksamkeit gerückt. Der Staatsrechtler und Max-Weber-Schüler Karl Loewenstein sollte im amerikanischen Exil das Konzept der „militant democracy“ entwickeln. Es verdankt sich zu wesentlichen Teilen der Weimarer Erfahrung, und Loewenstein hatte auf der Staatsrechtslehrertagung 1931 in Halle bereits erste Ansätze dazu formuliert: „Der Staat, der von zwei radikalen Flügelparteien bewußt bedroht wird, muß sich entschlossen dagegen zur Wehr setzen.“ Loewenstein war sich aber auch der Tatsache bewusst, dass der wirksamste Schutz in der Einübung und Pflege einer demokratischen Kultur liege.

So beinhaltete die liberale Thematisierung der „wehrhaften Demokratie“ zweierlei: das Nachdenken über Maßnahmen zum Schutz von Staat und Verfassung und zugleich eine Betonung demokratischer Normen. Denn angesichts existenzieller Bedrohung durch Gewaltregime gewann für Liberale die demokratische

Lebensform als zivilisatorische Errungenschaft der Moderne an Gewicht. Charakteristisch dafür war der neuerliche Rekurs auf den Humanismus und die Menschenrechte. Kurz vor dem Zweiten Weltkrieg plädierte auch Thomas Mann für einen „militanten Humanismus", der die westliche Demokratie verteidigen sollte. Diese Haltung galt für die innenpolitische Bekämpfung der Demokratiegegner und die Opposition gegen die Appeasement-Politik der Westmächte, die dem Expansionswillen der NS-Diktatur wenig entgegensetzte, gleichermaßen. Das Bekenntnis zu Werten und die Frontstellung gegen den Totalitarismus schufen den neuen *common ground* für einen demokratischen Liberalismus.

53.6 Bilanz und Ausblick

Die Belastungsprobe des Liberalismus in der Zwischenkriegszeit lässt sich weder einseitig als eine Ära des Scheiterns begreifen noch als eine Krisenüberwindungsgeschichte erzählen, an deren Ende die Läuterung durch reflexive Lernprozesse steht. Die dramatischen Ereignisketten dieser Jahre machten das Geschäft ungestörten Theoretisierens nahezu unmöglich. Liberale Reflexion erwies sich als eine konstellationsabhängige Praxis, die nicht unbedingt neue Ideen hervorbrachte, aber das Reservoir liberaler Theorie auf neue Herausforderungen applizierte. Zum einen galt es, die Errungenschaften der liberalen Moderne gegen Feinde der Aufklärung mit guten Argumenten zu verteidigen. Zum anderen war es nötig, alte Vorbehalte gegen Demokratisierung und Massengesellschaft abzubauen. Kulturpessimismus, bourgeoiser Elitismus, sozialpolitische Ignoranz, nationalistische Ressentiments reichten bis tief in die liberalen Parteien hinein und machten den Weg zur Akzeptanz der Demokratie beschwerlich. Gleichwohl stand am Ende der Weltkriegsepoche die alternativlose Anerkennung der Demokratie, der sich seither kein nomineller Liberaler mehr versperren konnte. Der „grand bargain" (Fawcett) zwischen Sozialdemokratie und Liberalismus, der die liberale Demokratie als hart erkämpften Kompromiss aushandelte, war ein Ergebnis dieser Krisenepoche und bildete die Basis für den Konsensliberalismus der *trente glorieuses* nach 1945. Die sozialliberale Utopie einer gerechteren Gesellschaft bot lange Zeit einen Anknüpfungspunkt und scheint (nach einem neoliberalen Intermezzo) wieder an Bedeutung zu gewinnen.

In vielerlei Hinsicht erlebten die Ideen eines internationalen Liberalismus nun eine erfolgreichere Neuauflage: Die Gründung der UNO, die europäische Integration, aber auch die Dekolonisation und die Förderung globalisierter Handelsbeziehungen rekurrierten auf bekannte liberale Vorstellungen.

Der Blick auf den Liberalismus der Zwischenkriegszeit führt allerdings auch vor Augen, wie fragil und kontingent die Arrangements der liberalen Demokratie und der internationalen Kooperation sind. Diese Erfahrung erscheint auch in rezenten Krisen der liberalen Demokratie – die einzige Staatsform, welche den Zweifel, die Kritik und die Möglichkeit zur Selbstkorrektur ausdrücklich vorsieht – wertvoll, da neue Konjunkturen des Irrationalismus, des Antiliberalismus und des rechtsradikalen Populismus die 1920/1930er Jahre weniger fremd erscheinen lassen, als man lange vermuten konnte.

Literatur

Bellamy, Richard: Liberalism and Modern Society. A Historical Argument. Pennsylvania 1992.

Bonn, Moritz Julius: Die Krisis der europäischen Demokratie. München 1925.

Brinkley, Alan: Liberalism and its Discontents. Cambridge 1998.

Doering-Manteuffel, Anselm /Leonhard, Jörn (Hg.): Liberalismus im 20. Jahrhundert. Stuttgart 2015.

Fawcett, Edmund: Liberalism. The Life of an Idea. Princeton 2014.

Hacke, Jens: Existenzkrise der Demokratie. Zur politischen Theorie des Liberalismus in der Zwischenkriegszeit. Berlin 2018.

Kelsen, Hans: Vom Wesen und Wert der Demokratie [1929]. Stuttgart 2019.

Lippmann, Walter: Die Gesellschaft freier Menschen [1937]. Bern 1945.

Müller, Tim. B.: Nach dem Ersten Weltkrieg. Überlebensversuche moderner Demokratien. Hamburg 2014.

Raphael, Lutz: Imperiale Gewalt und mobilisierte Nation. Europa 1914–1945. München 2011.
Ruggiero, Guido de: Geschichte des Liberalismus in Europa. München 1930.
Schmitt, Carl: Die geistesgeschichtliche Lage des heutigen Parlamentarismus. Nachdruck der 1926 erschienenen 2. Aufl. Berlin ^{8}1996.
Slobodian, Quinn: Globalisten. Das Ende der Imperien und die Geburt des Neoliberalismus. Berlin 2019.
Thadden, Rudolf von (Hg.): Die Krise des Liberalismus zwischen den Weltkriegen. Göttingen 1978.
Tooze, Adam: Sintflut. Die Neuordnung der Welt 1916–1931. München 2015.

New Deal

54

Mason B. Williams

In January 1937, as his first term drew to a close, United States President Franklin Roosevelt looked back on the distance the country had traveled since his inauguration four years earlier. Then, the United States had been mired in the depths of the Great Depression—rocked by catastrophic levels of unemployment, foreclosures, evictions, bank runs, and everyday hardship. But it "was not only that the visible mechanism of economic life had broken down", Roosevelt told Congress and the nation. "More disturbing was the fact that long neglect of the needs of the underprivileged had brought too many of our people to the verge of doubt as to the successful adaptation of our historic traditions to the complex modern world. In that lay a challenge to our democratic form of Government itself" (Roosevelt 1937).

Roosevelt did not exaggerate—the long crisis that began with the First World War and which had deepened with the arrival of the Great Depression in the early 1930 s had put liberal democracy to the test across the globe. As liberal regimes struggled to meet the challenges of the modern world, new, self-consciously antiliberal alternatives appeared on the scene: Soviet communism, Italian fascism, and, nearly concurrent with Roosevelt's own ascent to power, Nazism. "By the 1930 s", the historian Mark Mazower wrote, "parliaments seemed to be going the way of kings". "The liberal state is destined to perish," Italian premier Benito Mussolini boasted in 1932. "All the great political experiments of our day are antiliberal" (Katznelson 2013, 105, 5).

The fundamental challenge of his first term, Roosevelt thus suggested, had been not only to alleviate the immediate hardships of the Depression and revive the American economy, but also "to prove that democracy could be made to function in the world of today as effectively as in the simpler world of a hundred years ago"—that it was not so impotent in the face of modern challenges as its critics claimed.

> The times required the confident answer of performance to those whose instinctive faith in humanity made them want to believe that in the long run democracy would prove superior to more extreme forms of Government as a process of getting action when action was wisdom, without the spiritual sacrifices which those other forms of Government exact. That challenge we met. (Roosevelt 1937)

Not all Americans were so persuaded. Roosevelt's New Deal and its alleged intrusions into the spheres of commerce, industry, and agriculture, former President Herbert Hoover wrote two years into Roosevelt's presidency, represented a perversion of American liberalism—a "false Liberalism" which "poison[ed] political equality, free thought, free press, and equality of opportunity" (Hoover 1934, 203–204).

M. B. Williams (✉)
Williams College, Williamstown, MA, USA
E-Mail: mbw2@williams.edu

M. G. Festl (Hrsg.), *Handbuch Liberalismus*, https://doi.org/10.1007/978-3-476-05798-3_54

Three years later, as Roosevelt was applauding the New Deal's efforts to rescue liberal democracy, Hoover applied a different appellation to the philosophy he called true liberalism: "The New Deal having corrupted the label of liberalism for collectivism, coercion [and] concentration of political power" he wrote, "it seems Historic Liberalism must be conservatism in contrast" (Nash 2013, xxii).

The New Deal—the period of reform undertaken by Roosevelt and the Democratic Congress between 1933 and 1945—revived faith in political liberalism in the face of the challenges posed by antiliberal regimes. It did so by asserting a new meaning of "liberalism" in the United States: In the philosophical struggle between Roosevelt and Hoover, and in the New Deal's reconstruction of the American state, one finds the transmutation of nineteenth century American liberalism into the political languages and identities of "liberalism" and "conservatism" that have characterized American politics ever since. And yet illiberal forces within the United States, particularly the elected representatives from the white-supremacist Jim Crow South, exercised a profound influence on New Deal policymaking. The New Deal's efforts to reconstruct liberal democracy in alliance with illiberal forces produced an ambiguous legacy which continues to shape American life in myriad ways.

By the time Roosevelt took office, Americans had been contesting the meanings of political liberalism for several decades. Some liberals had called on the government to assume new responsibilities in response to the rise of industrial capitalism and the globalization of agriculture, likening wage labor to the unfreedom of slavery. Others had emphasized above all the right of individuals to enter into contracts, assailing government interference as an affront to individual liberty and an undesirable interference with the "natural laws" of society. As the twentieth century dawned, the latter argument, though increasingly challenged, remained ascendant, at least in the economic sphere. In 1905, the Supreme Court overturned a New York State law mandating a 60-h work week for bakers; such regulations, the court found in the landmark decision *Lochner v. New York*, violated the fundamental right of contract implied in the 14th Amendment's "due process" clause.

Yet even as a laissez-faire version of liberalism was being encoded in law, it was coming under increasing scrutiny from a generation of liberals who questioned its value in an era of rapid industrialization and urbanization. The philosopher John Dewey (s. Chap. 13), who became perhaps the best-known liberal thinker of the era, represented this intellectual shift. Inspired in part by the labor movement of the 1890 s, he came to see existing ideas of individual liberty as inconsistent with the fundamental objectives of liberalism. "The idea and ideal of more liberty for individuals and of the release of the potentialities of individuals, the enduring core of the liberal spirit, is as sound as it ever was", he would later write. But "the rise of business to a dominant position has, in fact, given anti-social liberty to the few [...]". Liberal ends, he argued, remained valid. "But the means of attaining them demand a radical change in economic institutions and the political arrangements based upon them." Given the necessity of social cooperation in an increasingly complex, interdependent society, liberals of Dewey's bent looked to government as a means by which to ensure that the "social control of forces and agencies socially created may accrue to the liberation of all individuals associated together in the great undertaking of building a life that expresses and promotes human liberty" (Dewey 1935, 367).

Whether they read Dewey or not, this conception of the state's role as a means of social cooperation became a kind of common sense to a generation of progressive reformers. A young Franklin Roosevelt, then a state senator in New York, wrote in 1912:

> Conditions of civilization that come with individual freedom are inevitably bound to bring up many questions that mere individual liberty cannot solve. That is to my mind exactly what has happened in the past century. We have acquired new sets of conditions of life, that require new theories for their solution [...]. I have always called this theory the struggle for the liberty of the Community rather than the liberty of

> the individual […]. And if we use the word liberty in conjunction with the word community we necessarily give to that word liberty a higher and nobler meaning than where the same word is applied to an individual. (1912)

This conception of the state as a means of social cooperation inspired a range of social reforms; what was coming in Britain to be known as the "new liberalism" had its counterpart in the United States in the social politics of the Progressive Era, which saw the enactment of new regulations: food and drug laws at the national level; new labor regulations in the states; and municipal tenement laws, among many others (Rodgers 1998). But progressive reformers also confronted many obstacles, not least the *Lochner*-era courts and the power of entrenched business interests. At the national level, the collapse of Woodrow Wilson's Democratic coalition during the First World War and the eclipse of progressives such as Theodore Roosevelt and Robert LaFollette within the Republican Party paved the way for a modernized version of nineteenth century American liberalism, which reached its apogee under President Herbert Hoover, a widely admired self-made engineer turned government official elected on the Republican ticket in 1928.

The coming of the Great Depression put Hoover's associationalist model of liberalism to the test. For several years he urged mostly voluntary measures, urging Americans to believe that recovery was around the corner. By the end of 1931, however, the deepening economic crisis, and particularly an acute financial panic, had forced him to take extraordinary steps. Most significantly, Hoover and Congress created the Reconstruction Finance Corporation, which injected liquidity into the country's most important financial institutions. But Hoover's reinvestment policies failed to revive the economy, and by the summer progressives in Congress had pushed through legislation to provide federal loans for state and local public works and relief programs.

The presidential campaign of 1932 offered Americans two distinct versions of liberalism. As governor of New York, Franklin Roosevelt had pioneered emergency relief for the unemployed; he was also known as a proponent of social insurance and public provision of electrical power. Speaking of "social action for social justice" and promising to uplift the "forgotten man", Roosevelt called for expanded unemployment relief, an "ambitious program of public works", lower tariffs, a system of supports for agriculture, minimum wage and maximum hours laws for workers, the "regulation of stock sales", and social insurance programs to protect against unemployment and old age. Hoover responded that Roosevelt's program would not only "break down the savings, the wages, the equality of opportunity among our people", but would also "break down our form of government. It would crack the timbers of our Constitution". "[S]o-called new deals", he warned, "would destroy the very foundations of the American system of life" (Rauchway 2018, 7–8, 10–11). Roosevelt won in a landslide, carrying all but six of the forty-eight states.

Roosevelt's election opened the door, not only to more extensive relief for the victims of the Depression, but also to the wealth of progressive policy ideas and proposals that had collected over the course of the previous few decades (Rodgers 1998). As the New Dealers scrambled to meet the needs of the emergency and to enact long-desired policies, their efforts could defy easy characterization: Though the New Deal represented, broadly, an effort to domesticate modern capitalism—to provide greater security and a higher standard of living for the great masses of Americans—its methods were diverse and occasionally in tension with each other; one historian famously described the New Deal as a "chaos of experimentation" (Richard Hofstadter, quoted in Brinkley 1995, 5). As a consequence, scholars have devised several frameworks for thinking about the New Deal as a basket of policies and programs. Perhaps the most enduring distinguishes between "relief", immediate help for victims of the Depression such as the unemployed and those at risk of losing farms or homes; "recovery", consisting of programs to stimulate industrial and agricultural output and to boost private sector employment; and "reform", programs intended to render the entire economic structure more secure and more stable, to raise living standards and spread purchasing power, to level the playing field between business, labor, and consumers, and to encourage economic development.

Roosevelt assumed office in March with a flurry of activity—a burst of lawmaking that became known as the "First Hundred Days". Given unusual deference by Congress on account of the emergency and displaying an extraordinary command of the instruments of mass communications (especially the radio), his administration immediately secured an Emergency Banking Act to shore up the financial sector. Four months later, Roosevelt signed the Glass-Steagall Act, which aimed to prevent future financial crises by separating commercial and investment banking and creating a new agency, the Federal Deposit Insurance Corporation (The following year, Congress would enact the Securities and Exchange Act, which placed new regulations on the finance industry). To provide relief to the victims of the Great Depression, Roosevelt and Congress created the Federal Emergency Relief Administration, which channeled federal money through state and local governments to provide aid for the unemployed; the Home Owners' Loan Corporation, which aimed to prevent home foreclosures; and the Civilian Conservation Corps, which provided emergency work for unemployed, unmarried young men on conservation and forestry projects. To stimulate economic development in parts of the southern United States, Roosevelt and Congress created the Tennessee Valley Authority.

The core of the early New Deal consisted of two laws aimed at economic recovery: the National Industrial Recovery Act and the Agricultural Adjustment Act, which sought to stimulate the industrial and agricultural sectors, respectively, through a mix of planning, regulation, and government support. The former suspended antitrust laws in order to permit industries to devise "codes of fair competition"; it also imposed new restrictions on child labor, included minimum-wage and maximum-hours provisions; recognized the right of workers to form labor unions; and provided money for major public works projects (and the first federally-supported public housing projects). The latter supported agricultural prices to boost farmers' purchasing power while also requiring farmers to restrict output in order to keep prices stable (Kennedy 1999, Chap. 5).

Though unemployment remained stubbornly high, the American economy recovered rapidly in the first two years of Roosevelt's presidency. Together with Roosevelt's own popularity, this recovery permitted the Democratic party to sweep to victory in the 1934 midterm elections. Amid intense unrest among industrial, agricultural, and unemployed workers, the New Dealers embarked on a new burst of lawmaking during what became known as the "Second Hundred Days". Among many other measures, Roosevelt and Congress created the Works Progress Administration (WPA), which provided emergency jobs on public projects to some four million unemployed people, and the Wagner Act, which created a process by which workers could choose to form an independent labor union, supervised by a National Labor Relations Board. And it enacted perhaps the most enduring New Deal law: the Social Security Act, which created both needs-based programs such as Aid to Dependent Children, a program to support children without wage-earners in the family, and two landmark social insurance programs, unemployment insurance and old-age insurance (ibid., Chap. 9).

The New Deal's programs were not equally accessible to all Americans, however. Because the Democratic Party had long controlled politics in the Jim Crow South, many of the most senior (and hence most powerful) Democrats in Congress were white southerners—who took care to ensure that the New Deal's expansion of national authority did not disturb the racial hierarchy of the Jim Crow South and the southern elite's hold on the racialized labor market. The Social Security Act, for example, excluded agricultural and domestic workers, by far the largest occupational categories among Black Americans (Katznelson 2005). At the same time, public officials implemented New Deal programs in unequal ways. Within the South, local officials and businessmen used New Deal spending to modernize Jim Crow (Connolly 2014). But even outside the South, local housing officials designed segregated public housing projects and agents for the Home Owners' Loan Corporation used race to determine the degree of risk in mortgage lending, ensuring that non-white neighborhoods would be locked out of the New Deal's housing programs (a practice that became known as "redlining"). Other groups of Americans, such as women and workers of Mexican ancestry, likewise found themselves excluded from (or granted unequal access to) key New Deal programs (E.g. Mettler 1998; Kessler-Harris 2001; Vargas 2005).

By the time Roosevelt stood for reelection in 1936, the national government had become a tangible presence in everyday American life and a vital source of support for many working-class and middle-class Americans who had previously felt marginal to democratic politics. On election day, in the industrial cities outside the South, hundreds of thousands of new voters, particularly first- and second-generation Americans and African American migrants from the South, went to the polls for the first time to support Roosevelt and his party (Cohen 1990, Chap. 6). In parts of the deep South, Roosevelt won nearly unanimously—an indication of how little he had done to challenge Jim Crow in his first term. Consolidating a new Democratic coalition which would continue to shape American politics for decades, Roosevelt swept to reelection, carrying forty-six of the forty-eight states.

The New Deal's reinvention of the national government, of course, had set it on a collision course with the *Lochner*-era Supreme Court. In 1935 and 1936, respectively, the Supreme Court invalidated the centerpieces of Roosevelt's First Hundred Days, the National Industrial Recovery Act and the Agricultural Adjustment Act (The latter would be revised and reenacted in 1938). As Roosevelt began his second term, court challenges to many more New Deal programs seemed imminent. Believing a constitutional amendment impractical, Roosevelt announced a plan to reform the federal judiciary: For every justice over the age of 70, he would appoint an additional one. Though presented as an efficiency measure, the plan was plainly designed to allow Roosevelt to change the composition of the court by appointing additional justices—and it quickly became known as Roosevelt's "court-packing plan". The plan stoked a powerful backlash, and it played into conservatives' view of Roosevelt as a power-hungry would-be dictator. It ran aground in Congress, and by mid-summer of 1937 was effectively dead. But in the meantime, two of the nine justices shifted their positions—first in *West Coast Hotel v. Parrish*, which deemed a state-level minimum wage law constitutional, then in a series of decisions which upheld the constitutionality of the Wagner Act and the Social Security Act. This shift in jurisprudence is often referred to as the Constitutional Revolution of 1937 (Leuchtenburg 1995).

In part because of his controversial court plan, and in part because some Democrats were beginning to turn against reform, the pace of New Deal policymaking slowed during Roosevelt's second term. Even so, Roosevelt managed to secure the Fair Labor Standards Act, which established a federal minimum wage. And beginning in 1938, in response to a sharp economic contraction, his administration pioneered new ways of managing the American economy, deliberately running budget deficits to stimulate consumption and investment—an approach that would come to be associated with the British economist John Maynard Keynes (s. Chap. 16). In all, the late 1930 s saw the beginning of a gradual diminution of the New Deal's interest in structural reform of the American economy. "New Deal liberalism" came increasingly to focus on fiscal and monetary management of the economy, expansion of the social-safety net, and, eventually, attention to social injustices such as racial discrimination (Brinkley 1995).

With the coming of the Second World War, Roosevelt and Congress shifted their attention away from domestic reform; as a consequence, liberal reformers often found themselves frustrated (ibid.). Even so, the mobilization required by the war effort opened the door for exercises of state power beyond what the New Deal itself had undertaken, making the American state a still-more prominent presence in American life. To prevent inflation and secure home front morale, the national government instituted price and rent controls; initially envisioned as a technocratic expediency, their presence stimulated a powerful grassroots consumer politics which in some localities (such as New York City) sustained these emergency policies long after the war ended (Jacobs 2005, Chaps. 5–6). Needing revenue for the war, Roosevelt and Congress dramatically expanded the federal income tax, bringing many more Americans into direct contact with the fiscal state. At Roosevelt's insistence, Congress made the federal income tax highly progressive, and thus the wartime government accomplished something the New Deal never did: a real redistribution of income from the wealthiest Americans to the bottom fifty percent of earners (Sparrow 2010).

Pushed hard by Black leaders, Roosevelt even took steps toward racial justice. In 1941, a movement led by the labor leader A. Philip Randolph announced a march on Washington to demand that Roosevelt take action against discrimination in the booming defense industries; alarmed at the prospect, Roosevelt agreed to create the Fair Employment Practices Committee, the first federal agency dedicated specifically to racial discrimination since the end of Reconstruction. Yet these tentative steps at racial justice occurred alongside new instances of illiberalism—most infamously, the summary internment of more than one hundred thousand people of Japanese descent, the majority of them American citizens (Kennedy 1999, 763–768, 748–760).

As victory appeared on the horizon, liberal congressmen began to introduce a series of measures which together promised a new burst of liberal reform: legislation to create a national health insurance program, to mandate that the government pursue full employment, and to expand the social security system to include workers from occupations that had been left out of the 1935 act. In his 1944 State of the Union message, Roosevelt embraced this vision of an expansive social citizenship. The war had demonstrated, he said, that "'Necessitous men are not free men'. People who are hungry and out of a job are the stuff of which dictatorships are made". And so Americans had accepted, he claimed, "a second Bill of Rights under which a new basis of security and prosperity can be established for all regardless of station, race, or creed". He went on to enumerate these rights: a decent job at decent pay; a decent home; adequate medical care; adequate protection against old-age, sickness, accident, and unemployment; a good education (Sunstein 2004).

The great majority of this wartime liberal agenda ended up getting watered down (as in the case of the full employment bill) or failing altogether (as did proposals for a national health insurance system). And in 1947, Congress would place new constraints in the way of labor organizing, further circumscribing the possibilities of an expanded New Deal. One group of Americans, however, did enjoy access to a version of the expansive social citizenship envisioned in Roosevelt's "Second Bill of Rights": servicemen, who through the Servicemen's Readjustment Act of 1944 (better known as the G.I. Bill) could claim low-interest home loans, educational and job training benefits, and health care through the Veterans' Administration. More than four million veterans utilized the G.I. Bill to purchase homes, some 5.6 million received vocational training, and 2.34 million used the benefits to go to college—together with the economic expansion of the 1940 s, a vital hand up for working-class Americans and a key force in the making of the modern American middle class (Katznelson 2005, Chap. 5).

Like the New Deal measures of the 1930 s, however, the benefits of these facially-nondiscriminatory programs did not flow evenly. Because the national government did little to prevent racial discrimination by state and local governments and private institutions, nonwhite veterans had difficulty claiming G.I. Bill benefits. In the New York and northern New Jersey suburbs, for instance, about 67,000 mortgages were insured under the G.I. Bill, but fewer than 100 were taken out by non-white veterans.

And because the program was built upon the ideal of a male breadwinner, the G.I. Bill effectively worked to reinforce a normative vision of straight-white-male citizenship at the expense of queer veterans and women (Katznelson 2005; Canaday 2009; Sparrow 2010).

While congressional New Dealers were envisioning an expanded postwar liberalism at home, a variety of planners and policymakers were also at work establishing a postwar liberal international order. Roosevelt had laid out the liniments of this postwar world in the Atlantic Charter, issued with British Prime Minister Winston Churchill in 1941, which included objectives such as free trade, economic cooperation, self-determination, and shared security. As the war drew to a close, the United States helped to construct new institutions to pursue this vision: the United Nations; the Bretton Woods system (and institutions such as the International Monetary Fund and the World Bank); and, later, aid for the reconstruction of postwar Europe (Borgwardt 2005). At the same time, American policymakers arrived at a new commitment to maintaining a preponderance of power, setting the stage for the entrenchment of America's military and national security state in the context of the early Cold War (Sparrow 2010; Wertheim 2020).

By the time World War II drew to a close in August 1945, American liberalism differed significantly from what it had been, not only in 1929, but also at the height of New Deal reform in the mid-1930 s. Forging a new national state, it had made "fundamental adjustments to the character of government and governance", crafting "not just a new set of policies, but also new forms of institutional meaning, language, and possibility" for America's constitutional order (Katznelson 2013, 18, 6). The New Deal itself, though, was hardly static; by the late 1940 s, the historian Alan Brinkley wrote, American liberals had "reached an accommodation with modern capitalism", detaching American liberalism "from its earlier emphasis on reform—its preoccupation with issues of class, its tendency to equate freedom and democracy with economic autonomy, its hostility to concentrated economic power" (Brinkley 1995, 269). Political scientists such as Theodore Lowi and Ira Katznelson and political philosophers such as Michael Sandel have argued that the reconstruction of the liberal state during the New Deal era failed to endow it with instruments of collective civic purpose, leaving a procedural state "defined less by purpose than by process" and hence lacking the capacity to identify and pursue public values (Katznelson 2013, 18–19, 477–478). The extrusion of the political Left during the McCarthy era and a diminished interest in distributional questions in the era of postwar growth would only amplify these trends.

Together with the inequalities built into key New Deal programs, the limits of New Deal reform have left the United States ill-prepared to deal with some of the key problems of the last 50 years: economic restructuring, persistent poverty, economic and racial inequality, and climate change. Such failures, Katznelson notes, have helped generate "recurring crises of public authority and civic trust" which have at times challenged the legitimacy of liberalism itself (ibid., 479). And yet amid the challenges of our own time, what the New Deal did accomplish appears yet more extraordinary. The New Deal, Katznelson writes, "offers the past century's most striking example of how democracy grappled with fear-generating crises [...]. Of the New Deal's many achievements, none was more important than the demonstration that liberal democracy [...] could govern effectively in the face of great danger" (ibid., 5–6). It is, then, perhaps appropriate that contemporary Americans, such as the advocates of a "Green New Deal", are turning to the New Deal as an inspiration for how they might meet the crises and contend with the illiberalisms of our own time.

References

Borgwardt, Elizabeth: A New Deal for the World: America's Vision for Human Rights. Cambridge, Mass. 2005.

Brinkley, Alan: The End of Reform: New Deal Liberalism in Recession and War. New York 1995.

Canaday, Margot: The Straight State: Sexuality and Citizenship in Twentieth-Century America. Princeton 2009.

Cohen, Lizabeth: Making a New Deal: Industrial Workers in Chicago. New York 1990.
Connolly, N.D.B.: A World More Concrete: Real Estate and the Making of Jim Crow South Florida. Chicago 2014.
Dewey, John: The Meaning of Liberalism. In: The Later Works, 1925–1953. Volume 11, 1935–1937. Ed. Jo Ann Boydston. Carbondale 1984.
Hoover, Herbert: The Challenge to Liberty. New York 1934.
Jacobs, Meg: Pocketbook Politics: Economic Citizenship in Twentieth-Century America. Princeton 2005.
Katznelson, Ira: When Affirmative Action Was White: An Untold History of Racial Inequality in Twentieth-Century America. New York 2005.
Katznelson, Ira: Fear Itself: The New Deal and the Origins of Our Time. New York 2013.
Kennedy, David M.: Freedom from Fear: The American People in Depression and War, 1929–1945. New York 1999.
Kessler-Harris, Alice: In Pursuit of Equity: Women, Men, and the Quest for Economic Citizenship in 20th-Century America. New York 2001.
Leuchtenburg, William E.: The Supreme Court Reborn: The Constitutional Revolution in the Age of Roosevelt. New York 1995.
Mettler, Suzanne: Dividing Citizens: Gender and Federalism in New Deal Public Policy. Ithaca 1998.
Nash, George H.: Introduction. In: Hoover, Herbert: The Crusade Years, 1933–1955: Herbert Hoover's Lost Memoir of the New Deal Era and Its Aftermath. Ed. by George Nash. Stanford 2013.
Rauchway, Eric: Winter War: Hoover, Roosevelt, and the First Clash Over the New Deal. New York 2018.
Rodgers, Daniel T.: Atlantic Crossings: Social Politics in a Progressive Age. Cambridge, Mass. 1998.
Roosevelt, Franklin: Speech at Troy, New York, March 3, 1912, "Master Speech Files," Franklin D. Roosevelt Presidential Library and Museum (http://www.fdrlibrary.marist.edu/_resources/images/msf/msf00015).
Roosevelt, Franklin: Annual Message to Congress, January 6, 1937, The American Presidency Project, UC Santa Barbara (https://www.presidency.ucsb.edu/documents/annual-message-congress-1).
Sparrow, James T.: Warfare State: World War II Americans and the Age of Big Government. New York 2011.
Sunstein, Cass: The Second Bill of Rights: FDR's Unfinished Revolution and Why We Need It More than Ever. New York 2004.
Vargas, Zaragosa: Labor Rights Are Civil Rights: Mexican American Workers in Twentieth-Century America. Princeton 2005.
Wertheim, Stephen: Tomorrow, the World: The Birth of U.S. Global Supremacy. Cambridge, Mass. 2020.

55 Kalter Krieg

Bernd Stöver

Der Begriff Kalter Krieg bezeichnet die radikalste Phase des seit der Oktoberrevolution 1917 bestehenden ideologischen Ost-West-Konflikts zwischen der Sowjetunion und ihren Verbündeten – ‚dem Osten' – und ‚dem Westen', die offiziell 1947 mit zwei ‚Quasi-Kriegserklärungen', der ‚Truman-Doktrin' im März und der ‚Zwei-Lager-Theorie' im September, begann und im Dezember 1991 ebenso offiziell mit der Auflösung der UdSSR endete. Kern war die Auseinandersetzung zwischen dem kommunistischen Modell der staatssozialistischen ‚Volksdemokratie' auf der einen und dem westlichen Modell einer liberalkapitalistischen parlamentarischen Demokratie auf der anderen Seite. Prinzipiell beharrten beide Seiten auf universaler Anwendung und globaler Gültigkeit. Unbestrittene Führer der Lager waren die Hauptsiegermächte des Zweiten Weltkrieges, die USA und die Sowjetunion, die sich mit dem Erreichen ihres wichtigsten gemeinsamen Ziels, der Zerstörung des Nationalsozialismus, entfremdeten. Im Mittelpunkt aller Überlegungen des Kalten Krieges standen die Atomwaffen. „Die Bombe" ließ nichts von dem, was bis dahin galt, unberührt.

In der Konfrontation zwischen den Führungsmächten Sowjetunion und USA ordnete sich ein Großteil der anderen Staaten den jeweiligen Blöcken zu. Die Ausnahme bildete schließlich China sowie die Gruppe der ‚Blockfreien', die ohne (Vertrags-) Bindung an den Westen und den Osten größtmögliche politisch-wirtschaftliche Unabhängigkeit bewahren wollten. Daneben existierten zahlreiche kleine, manchmal überraschend eigenständige Mitspieler, so die beiden deutschen Staaten, aber auch zahlreiche Lobbygruppen.

Das zwischen den USA und der Sowjetunion 1941 geschlossene ‚unnatürliche Bündnis' war nur bis zur Erreichung seines Hauptziels, der Kapitulation Deutschlands unter Hitler, handlungsfähig. Seit dem 8. Mai 1945 zeigten sich die zuvor nur mühsam unterdrückten Konflikte unverhohlen. Schon in der Frage, wie man das gemeinsam besiegte Deutschland verwalten wolle und erst recht in der Frage, wie der Krieg gegen Japan zusammen weitergeführt werden sollte, gab es keine Einigung. Die Potsdamer Konferenz im Juli und August 1945, die ohne den kurz zuvor verstorbenen US-Präsidenten Roosevelt, der die eigentliche treibende Kraft der West-Ost Anti-Hitler-Koalition aus Demokratie und Diktatur gewesen war, stattfinden musste, machte das Misstrauen unmissverständlich sichtbar.

Das seit 1950 bereits global verwendete Wort vom Kalten Krieg hat eine längere Entstehungsgeschichte. Sucht man nach seinem Ursprung wird deutlich, dass die Entwicklung als

B. Stöver (✉)
Universität Potsdam, Potsdam, Deutschland
E-Mail: stoever@uni-potsdam.de

M. G. Festl (Hrsg.), *Handbuch Liberalismus*, https://doi.org/10.1007/978-3-476-05798-3_55

definierter und dann öffentlich verwandter politischer Begriff eng mit der Erfindung und den ersten Einsätzen der Atombombe zu tun hatte. Er entstand 1946 in der Kommission zum Studium internationaler Kontrolle der Atomenergie der Vereinten Nationen (UNO). Ihre Aufgabe war es auszuhandeln, ob und inwieweit sich die Sowjets, die früher oder später im Besitz von Nuklearwaffen sein würden, in eine globale Abmachung zur Nichtverbreitung von Atomwaffen einbinden lassen würden. Als sein ‚Erfinder' gilt der als *phrase-maker* in der *yellow press* sozialisierte Herbert B. Swope, der die Treffen als Mitarbeiter des amerikanischen Präsidentenberaters und Leiters der US-Delegation, Bernard M. Baruch, miterlebte. ‚Kalter Krieg' war, wie auch Swope einräumte, bereits ein ‚vagabundierender Begriff', der allerdings bislang nur unspezifisch verwandt wurde. Er selbst dachte an den *drôle de guerre* 1940, als Deutsche und Alliierte sich lauernd, doch im Wesentlichen ohne direkte Kampfhandlungen gegenüber lagen. Die Deutschen nannten ihn ‚Sitzkrieg' und die Briten *‚funny'* oder *‚phoney war'*. Dass das Wort vom *‚Cold War'* tatsächlich ‚in der Luft lag', zeigte auch ein Artikel George Orwells für den britischen *Observer*, der im März 1946 erschien, als die UNO-Kommission noch tagte. Etwa ein Jahr später erschien dann die Broschüre *The Cold War*, die anders als der Titel glauben machen wollte, allerdings nur eine Abrechnung des den Republikanern nahestehenden Journalisten Walter Lippmann mit der Demokratischen Partei um den amtierenden US-Präsidenten Harry S. Truman war. Den Begriff suchte der Leser im Buch vergeblich. Allerdings machte die Titelauswahl deutlich, dass ‚Cold War' schon als Verkaufsargument taugte. Dass nicht Lippmann, sondern Swope den vagabundierenden zu einem politisch definierten, öffentlichen Begriff gemacht hatte, machte erst 1950 eine in vielen Zeitungen veröffentlichte Meldung der Nachrichtenagentur *Associated Press* klar.

Die von Swope miterlebten UN-Verhandlungen beruhten auf einer von Großbritannien, den USA und Kanada im November 1945 verabschiedeten Atom-Charta: Eine internationale Kontrolle sollte alle Vorhaben überwachen, die auf der neuen Kerntechnik fußten. Unübersehbar stand dahinter bereits die Furcht, dass ein neuer Krieg atomar geführt werden würde, wie auch Baruch später in seinen Memoiren ausdrücklich bestätigte. (1960, 388) In der Öffentlichkeit kursierten seit den Atombombenabwürfen auf Hiroshima und Nagasaki im August 1945 und den von Baruch am 14. Juni 1946 vorgelegten amerikanischen Vorschlägen ohnehin apokalyptische Szenarien. Auch Truman sprach in seiner Rundfunkansprache am 9. August 1945, als die zweite Atombombe gerade Japan getroffen hatte, ausdrücklich von der Gefahr eines nuklearen Dritten Weltkriegs. (Deuerlein 1963, 375) Weltweit gelesene Zeitschriften wie *LIFE* breiteten Nuklearkriegsszenarien aus, die u. a. auch vom westdeutschen *Spiegel* nachgedruckt wurden. Selbst die Elite der amerikanischen Atomphysiker, die davor am Manhattan-Projekt, der Entwicklung der ersten Atombombe, beteiligt gewesen waren, sah dies nicht anders. J.R. Oppenheimer und andere leiteten aus ihrer Erfindung ab, dass von nun an kein Krieg, sondern nur noch internationale Verständigung möglich sei. Albert Einsteins Bonmot, er wisse zwar nicht, wie der Dritte Weltkrieg geführt, wohl aber, wie der Vierte ausgetragen werde: nämlich mit Stöcken und Steinen, brachte die Sorgen auf einen Nenner. Auch Baruchs öffentliche Präsentation des US-Vorschlags zur Atomwaffenkontrolle war entsprechend apokalyptisch.

Für die UdSSR allerdings, die seit 1943 an der Entwicklung von Kernwaffen arbeitete und dabei durch Spione in den US-Labors unterstützt wurde, war der Baruch-Plan unannehmbar. Eine Ablieferung der bisherigen Ergebnisse ‚an die Amerikaner' sei eine Selbstentwaffnung, meinte Dimitri Skolbetsin, einer der sowjetischen Unterhändler (zit.n. Holloway 1994, 164). Dahinter stand, dass Stalin nun befürchtete, der Westen werde ihn mit ‚der Bombe' erpressen können. Trumans Verhalten seit dem Tod Roosevelts, namentlich während der Potsdamer Konferenz, erschien ihm als Bestätigung. Elf Tage nach dem zweiten Atombombeneinsatz in Japan am 20. August 1945 unterschrieb Stalin das offizielle Dekret, das bezeichnenderweise seinen Geheimdienstchef, Lawrentij Berija, zum Chef des sowjetischen Nuklearwaffenprogramms machte. Mit entsprechendem Druck auf alle Beteiligten gelang es fast auf den Tag genau vier Jahre später, die erste sowjetische Atombombe zu zünden. In der Zwischenzeit spielten die Sowjets auch am UN-Verhandlungstisch auf Zeit. Sie präsentierten in den monatelangen Gesprächen mit den Amerikanern diverse Gegenvorschläge, die wiederum den USA unannehmbar erschienen. „Wir sollten unter keinen Umständen unsere Waffe wegwerfen", hatte Truman Baruch eingeschärft, „solange wir nicht sicher sind, dass der Rest der Welt nicht gegen uns rüsten kann" (zit.n. Baruch 1960, 374).

Die Verweigerung der USA gegenüber ihren Vorschlägen wiederum bot Moskau weitere Argumente gegen Washington. Am 17. September 1946 schließlich teilte ein frustrierter Baruch Truman mit, er sehe überhaupt keine Möglichkeit mehr, die Ansichten des Westens mit denen der Sowjets in Einklang zu bringen. Am 30. Dezember 1946 nahm die Atomenergiekommission der UNO ohne die Stimmen der UdSSR und Polens den ‚Baruch-Plan' zur internationalen Kontrolle der Nuklearenergie zwar an. Die Stimmenthaltung Moskaus machte den Konsens der anderen Staaten allerdings wirkungslos. Der gescheiterte Baruch reichte am 4. Januar 1947 seinen endgültigen Abschied ein. Drei Monate später folgte seine Rede, die als erste öffentliche Präsentation des Begriffs „Kalter Krieg" gelten darf. Im Abgeordnetenhaus von Columbia, der Hauptstadt des US-Bundesstaats South Carolina, verwendete er zum ersten Mal die Wendung seines Mitarbeiters Swope, um den Konflikt mit den Sowjets als „eine neue Art von Krieg" zu beschreiben. „Wir sollten uns nicht täuschen", so führte Baruch aus, „wir sind heute inmitten eines Kalten Krieges. Unsere Feinde sind sowohl außerhalb als auch innerhalb des Landes." Das sei bereits eine Vorstufe des militärischen Konflikts (zit.n. Schwarz 1981, 508).

Kurz danach erschien Lippmanns Buch *The Cold War,* in dem auch von einem ‚speziellen Krieg' *(particular war)* die Rede war. Dessen Besonderheit sah der Autor in gegnerischer Obstruktion, diplomatischem Krieg, Propaganda und geheimer Infiltration. Und auch Lippmann betonte das revolutionär Neue dieser Auseinandersetzung: Der Kalte Krieg werde geführt, weil ein militärischer Konflikt – „ein ausgewachsener Weltkrieg mit Atombomben und dem ganzen Rest", wie er schrieb – für die Sowjetunion noch nicht machbar sei (1947, 25–26).

Mit dem schmalen Band zur Kritik der US-Eindämmungspolitik trat der zwar sachlich ungenaue, nichtsdestoweniger aber emotional zutreffende Begriff des Kalten Krieges seit Herbst 1947 seinen Siegeszug an. Dass er sich rasch in beiden Lagern durchsetzte und ab 1950 in der Literatur allgemein nachweisbar ist, zeigt allerdings wie übereinstimmend er in Ost und West als zutreffende Beschreibung der Auseinandersetzung akzeptiert wurde. In der Bundesrepublik richtete die Zeitschrift *Außenpolitik* sogar eine eigene Rubrik dazu ein. Wenig später wurde der Begriff auch im sowjetisch kontrollierten Ostmitteleuropa üblich, wo man den Kalten Krieg als Teil des globalen Klassenkampfes begriff. In der DDR erschien 1950 die deutsche Übersetzung von *The Cold War in Germany* von Wilfred G. Burchett, der als Erster den neuen Begriff verwendete. Im folgenden Jahr fand sich das Wort vom Kalten Krieg dann auch auf dem sowjetischen Buchmarkt und seit 1955 als Definition in der *Großen Sowjetenzyklopädie,* wo man ihn im Verlauf der nächsten Jahrzehnte hin und wieder inhaltlich anpasste, aber in seiner Grundaussage unangetastet ließ: Die Amerikaner und der Westen zielten mit der Auslösung des Kalten Krieges auf die Beherrschung der Welt.

Die Erfindung und der Einsatz der Atombombe blieb die Zäsur in der Ost-West-Auseinandersetzung. Der Kalte Krieg wurde als die radikalisierte Fortsetzung des Ost-West-Konflikts seit der Russischen Revolution 1917 begriffen. Dessen Wurzeln reichten mindestens bis in den Krimkrieg in der Mitte des 19. Jahrhunderts, den Zeitgenossen schon als Konfrontation zwischen Ost und West, zwischen ‚asiatisch-russischer' und ‚europäisch-zivilisierter Welt', wahrnahmen. 1917 war dieser noch eher traditionelle machtpolitische Konflikt durch eine ideologische Komponente ergänzt worden und damit in der Wahrnehmung der Zeit bereits zu einer globalen Auseinandersetzung geworden. Man sprach vom ‚Weltbürgerkrieg‘.

Der grundsätzliche Streit zwischen liberalen Demokratievorstellungen und autoritären Gesellschaftsideen war allerdings viel älter. Lässt man einmal die antike Konfrontation zwischen Athen und Sparta unbeachtet, über deren angebliche Parallelen im Kalten Krieg jedoch viel diskutiert wurde, so finden sich die Anfänge vor allem seit der Aufklärung. Der Liberalismus war die Antwort auf staatlich-autoritäre Bevormundungen in Politik, Wirtschaft, Religion und Lebensführung. Er beharrte in seinem Kern vor allem auf der Freiheit des Individuums, die gegen Eingriffe verteidigt werden müsse. Demokratische Mitsprache und deren Aushandlung, Selbstbestimmung, Widerspruch, Eigenverantwortung, Pluralität Rechtsstaatlichkeit und vor allem der Widerstand gegen staatliche Allmachtsvorstellungen wurden zu zentralen Prinzipien.

Als Vorbild erschienen seit dem 19. Jahrhundert vor allem die USA, die sich in ihrer eigenen und der Fremdwahrnehmung erfolgreich zum Vorbild einer funktionierenden liberalkapitalistischen parlamentarischen Demokratie entwickelten. Als der französische Philosoph und Politiker Alexis de Tocqueville dort für seine 1835 erschienene Darstellung *Über die Demokratie in Amerika* recherchierte, glaubte er, hier die am weitesten fortgeschrittene liberale Gesellschaft gefunden zu haben (s. Kap. 11). Allerdings vermutete er gleichzeitig, dass dies nicht ohne Widerspruch bleiben werde. Russland sei der zukünftige Gegner, da das idealistisch verstandene demokratische Prinzip der USA dem monarchischen Prinzip unvereinbar gegenüberstehe. (Tocqueville 1976, 476–477).

Tatsächlich war die berühmte außenpolitische Rede des amerikanischen Präsidenten James Monroe aus dem Jahr 1823, die dann zwanzig Jahre später völkerrechtlich zur ‚Monroe-Doktrin‘ umgedeutet wurde und auch während des Kalten Krieges eine wichtige außenpolitische Leitlinie blieb, bereits eine politische Kampfansage der Demokratie an die ‚Despoten‘ gewesen. Monroe hatte sich allerdings vorwiegend – aber ganz im Verständnis des ‚permanenten Krieges‘, wie ihn die Französische Revolution entwickelt hatte – gegen die befürchtete Einmischung der Heiligen Allianz auf der Seite Spaniens gegen die südamerikanischen Kolonien sowie gegen Russlands Expansionsbestrebungen an der Nordwestspitze des amerikanischen Kontinents aussprechen wollen. Er postulierte dafür einerseits ein prinzipielles Interventionsverbot europäischer Mächte in diesem Raum, andererseits den Willen, Freiheitsbewegungen auf der ganzen Welt zu unterstützen. Der zweite Aspekt wurde zwar aus der Rede entfernt, aber schon 1830 erfolgte eine solche Erklärung für die polnische Freiheitsbewegung. In der Ungarischen Revolution 1848/1849 waren die Vereinigten Staaten sogar die einzige Nation, die die Unabhängigkeitserklärung der neuen Regierung unter Lajos Kossuth diplomatisch anerkannte.

Zwar blieben solche Erklärungen im 19. Jahrhundert weitgehend ohne Folgen, weil die USA weder politisch noch militärisch in der Lage waren, solchen Versprechen Taten folgen zu lassen. Dennoch waren es diese Traditionen, die vor allem in den Anfangsjahren des Kalten Krieges als Begründung herangezogen wurden, wenn es um Konzepte ging, die ‚Versklavten Nationen‘ in Ostmitteleuropa von der sowjetischen Herrschaft zu lösen. Der ideologische Gegensatz zwischen Russland und den USA verschärfte sich im 19. Jahrhundert noch einmal erkennbar in den 1880er Jahren, als nach der Ermordung von Zar Alexander II. die Unterdrückung revolutionärer Bewegungen in Russland zunahm.

Zwangsläufig wurden die Russische Revolution und der Beginn des institutionalisierten Ost-West-Konflikts 1917 zur Zäsur. Es war das bolschewistische Russland und seine ‚Diktatur des Proletariats‘, auf das sich das Negativbild der USA und ‚des Westens‘ nun projizierte. Nach dem Sturz der noch als rechtmäßig anerkannten ‚Provisorischen Regierung‘ verweigerte US-Präsident Woodrow Wilson der neuen bolschewistischen Staatsführung jede Anerkennung. Parallel dazu griffen u. a. Frankreich, Großbritannien und die USA in den bis 1921 andauernden Russischen Bürgerkrieg zugunsten der antikommunistischen ‚weißen‘ Truppen ein. Die USA blieben vor allem antikommunistisch.

Die Landesverratsbestimmungen des 1940 erlassenen *Smith Act* wurden bis 1945 weit häufiger gegen „kommunistische Bestrebungen" angewandt als gegen Nationalsozialisten. Man hat im Rückblick darin häufig die Grundlegung des McCarthyism der 1950er gesehen.

Die Spezifika des global geführten Kalten Krieges lassen sich wie folgt auflisten:

(I.) Einheit der Epoche des Kalten Krieges: Es gab keinen ersten, zweiten und dritten Kalten Krieg, sondern Konflikt und Entspannung verliefen über seine gesamte Dauer gleichzeitig. Die Auflösung der Sowjetunion 1991 beschloss offiziell eine Auseinandersetzung, die ebenso amtlich mit zwei „Kriegserklärungen", der Truman-Rede im März und der Zwei-Lager-Rede Andrej Schdanows im September 1947 begonnen und durch teilweise ineinander übergehende Eskalations- und Entspannungsphasen geführt hatte. Diese waren: 1.) Formierung und offizielle Eröffnung (1945/1947), 2.) Blockbindung (1947/1948–1955), 3.) Eskalation und Stilllegung in Europa (1953–1961), 4.) Verlagerung in die Dritte Welt (seit 1961), 5.) Entspannung (1953–1980), 6.) Rückkehr zur Konfrontation (1979–1989) und 7.) die Auflösung des Ostblocks (1985–1991).

(II.) Totalität und Ubiquität des Kalten Krieges: Nicht nur in der Wahrnehmung, sondern vor allem in seiner Praxis entwickelte sich der Kalte Krieg zu einer Art ‚totalen Krieg', da in ihm und für ihn mit Ausnahme der atomaren Waffen auf beiden Seiten tendenziell alles materiell und immateriell Verfügbare zur Anwendung kam oder zumindest bereitgestellt wurde, um diesen Konflikt zu gewinnen. Gleichzeitig okkupierte der Kalte Krieg direkt oder indirekt sogar Bereiche, die auf den ersten Blick wenig mit ihm zu tun hatten. Der Kalte Krieg wurde zu einer entgrenzten politisch-ideologischen, ökonomischen, technologisch-wissenschaftlichen und kulturell-sozialen Auseinandersetzung, die ihre Auswirkungen bis in den Alltag zeigte.

Das zentrale Paradoxon des Kalten Krieges war die Vorstellung, sich in einer Art ‚totalem Krieg' zu befinden, den man aber im Gegensatz zu den bisher bekannten Phasen ‚totaler Kriegsführung' nicht mit Aufbietung *aller,* d. h. auch militärischer Mittel führen konnte und die Mehrheit auf diese Weise auch nicht führen wollte. Gleichzeitig sah man sich aber genötigt, sich auf den Eventualfall des großen militärischen Konflikts umfassend vorzubereiten. Dazu gehörten die Suche und Anwerbung von Bündnispartnern, die Reklamierung von tatsächlichen oder prospektiven Interessengebieten, die Fabrikation, Erweiterung und ständige Modernisierung von wirtschaftlichen, technischen, militärischen, zivilen und politischen Ressourcen und nicht zuletzt die Herstellung oder Erzwingung innerer Geschlossenheit. Milliarden wurden investiert, um auch die Funktionsfähigkeit einer politischen und militärischen Führung in und nach einem Atomkrieg zu gewährleisten. Die Bunkeranlagen des Kalten Krieges stellten in Qualität und Quantität alles in den Schatten, was der Zweite Weltkrieg hervorgebracht hatte. Bis weit in die Bündnisstaaten hinein wurde eine Debatte um das Überleben im Atomkrieg geführt, die nachhaltig auch die Mentalität des Kalten Krieges bestimmte.

Besonders anschaulich lässt sich die Totalität und Ubiquität des Konflikts dort nachvollziehen, wo der Konflikt angeblich unpolitische Bereiche berührte oder sogar okkupierte, so etwa die Kulturpolitik. In den einzelnen Gesellschaften führte der totale Konflikt darüber hinaus zu deutlichen Polarisierungen. Annäherungen an die jeweils andere Seite oder Neutralität blieben nicht nur in der Sowjetunion und in den USA bis zum Schluss verdächtig. Für dieses Phänomen eines ‚inneren Belagerungszustands' unter dem angenommenen Druck von außen wurde bereits in den 1950er Jahren der Begriff des ‚Kalten Bürgerkriegs' geläufig. Gerade hier wird erkennbar, dass der Kalte Krieg in seiner dichotomischen Sichtweise eigentlich nur Kombattanten kannte – Teilnehmer auf dieser oder jener Seite. Anschauungsunterricht bot im Osten etwa die Behandlung von Dissidenten oder sonstigen ‚Verrätern'. Im Westen gehörte dazu das Verhalten gegenüber tatsächlichen oder vermeintlichen Sympathisanten der anderen Seite, so etwa gegenüber der Friedensbewegung.

(III.) Multipolarität des Kalten Krieges: Nur auf den ersten Blick war der Kalte Krieg eine bipolare Auseinandersetzung zweier „Supermächte" mit ihren jeweiligen Verbündeten. Schon wenige Jahre nach dem offiziellen Beginn des Kalten Krieges 1947 entsprach dies der Realität nicht mehr. Als dritte, jedoch neben den Hauptkontrahenten sekundäre Macht konnte sich das kommunistische China etablieren, welches sich rasch westlichem, dann auch Moskaus Einfluss entzog und darüber hinaus versuchte, die Blockfreienbewegung (*Nonaligned Movement,* NAM) zu dominieren. 1964 stieg Peking in den Kreis der Atommächte auf und konnte 1967 sogar seine erste Wasserstoffbombe zünden. Aber auch der 1954/1955 entstandenen Blockfreienbewegung gelang es, sich als ein Pol in der Weltpolitik zu etablieren. Die NAM-Staaten konnten über Jahre erfolgreich zwischen den drei anderen Blöcken arbeiten und in der zweiten Hälfte des Kalten Krieges sogar zeitweilig den Ölpreis wirkungsvoll als Waffe einsetzen. Zudem lässt sich die UNO als eigener Machtblock im Kalten Krieg begreifen, darüber hinaus gab es innerhalb der einzelnen Blöcke oder auch blockübergreifend transnationale, nationale und innerstaatliche Subsysteme, die den Verlauf des Kalten Krieges zeitweilig erheblich beeinflussten, aber kaum mehr in das Schema klarer dualistischer Konfrontation passten, wenngleich sie natürlich alle auf irgendeine Weise direkt oder indirekt mit dem Hauptkonflikt verbunden blieben. So fand ein Teil der Entspannungspolitik ihren Ursprung viel deutlicher in den nationalen Interessen des deutsch-deutschen Sonderkonflikts als im Antagonismus der Supermächte.

Ähnliche Subsysteme mit spezifischen Interessenlagen jenseits der großen Blöcke waren auch innerhalb der organisierten Dritten Welt auszumachen. Hier konnte man z. B. zwischen Staaten mit Atomwaffenbesitz und entsprechend offensiver Außenpolitik und Staaten ohne Zugang zu Nuklearwaffen oder zwischen Ländern mit wichtigen Rohstoffvorkommen und solchen ohne Ressourcen unterscheiden. Dass darüber hinaus ethnisch-religiöse Gegensätze, die an sich wenig mit den Fronten des globalen Konflikts zu tun hatten, den Kalten Krieg nachhaltig beeinflussten, zeigte der über Jahrzehnte geführte Sonderkonflikt zwischen dem mehrheitlich hinduistischen Indien und dem islamischen Pakistan. Überdies kann man die politischen Interessen und Aktivitäten einiger weltweit organisierter Religionsgemeinschaften als nationale oder transnationale Subsysteme des Kalten Krieges begreifen. Zwar ordneten sich einige Religionen oder Konfessionen seit dem Beginn des Konflikts offiziell einer Seite zu, so etwa der Vatikan.

Darüber hinaus gab es allerdings eine Vielzahl von Versuchen von Religionsgemeinschaften, jenseits der politischen Blockinteressen zu arbeiten. Dazu gehörten in Teilen z. B. die Kirchen im geteilten Deutschland, die sich auf beiden Seiten etwa für die Abrüstung engagierten. Jenseits der Blöcke arbeiteten aber auch die radikalethischen katholischen ‚Befreiungskirchen' in der Dritten Welt und seit den 1970er Jahren zunehmend auch der Islam. Seit 1979 entzog sich der iranische ‚Gottesstaat' zunächst allen internationalen Beziehungen und versuchte erst nach dem Ende des Kalten Krieges, sie wieder aufzubauen. Nicht zuletzt kann man auch private Organisationen als nationale oder supranationale Subsysteme des Kalten Krieges verstehen. Dazu gehörten zahlreiche politische Lobby-Gruppen, die sich speziell für die Interessen der „Dritten Welt" einsetzten oder auch *Non-Governmental Organizations* (NGO), über die während des Kalten Krieges die Industriestaaten bis zu 60 % ihrer Entwicklungshilfe abwickelten, aber auch die nicht staatlich gebundenen und zum Teil illegal tätigen internationalen Menschenrechts-, Umwelt- oder ‚Befreiungsorganisationen'.

(IV.) Pluralität der Geschichte des Kalten Krieges: So unterschiedlich wie die Orte des Kalten Krieges wurden notwendigerweise die kollektiven und individuellen Verortungen im Konflikt. Wie sie sich unterschieden, zeigt nicht zuletzt die Gedenkkultur. In den USA entstand eine in Teilen kritische, dennoch aber durch den eigenen ‚Sieg' mehrheitlich positive Erinnerung. Relativ rasch wurde in den USA dafür gesorgt, dass in die angesehene Liste des *National Register of Historic Places* Dutzende von ‚Cold War Resources' als offizielle ‚Erinnerungsorte' aufgenommen wurden. Dass die sowjetisch-russische Erinnerung an den Kalten Krieg dagegen viel stärker vom Verlust der einstigen Supermachtrolle und einem Gefühl der Niederlage geprägt ist, zeigt das weitgehende Fehlen solcher offiziellen Gedenkorte. Die offizielle Identitätssuche *(Identičnost)* ist weitgehend zu einer vorkommunistischen ‚russischen Idee' zurückgegangen, die nun die Zeit des Ost-West-Konflikts, aber nicht oder weniger die Geschichte des Kalten Krieges, in eine gesamtrussische Geschichte einzuordnen sucht.

Nachdem während des Konflikts immer wieder das Ende des Kalten Krieges in Entspannungsphasen (1955, 1963, 1969, 1972) erklärt war, ist nach dem Untergang der Sowjetunion erkennbar, dass damit die ‚Schlacht der Ideen' zwischen Sowjetsystem und liberaldemokratischer Gesellschaft, als die der Kalte Krieg 1947 offiziell erklärt wurde, beendet ist. Die Auflösung der UdSSR 1991 markiert den Ausgang der fast genau 45 Jahre dauernden Auseinandersetzung, die von Entspannungs- und Eskalationsphasen unterbrochen wurde. Bezeichnenderweise hat sich der Begriff des „Zweiten Kalten Krieges", der 1983 angesichts der Verschärfung des internationalen Klimas auftauchte, nicht durchgesetzt.

Die Deutungen, die die historische Forschung in den 45 Jahren der Auseinandersetzung zur Entstehung und Dynamik des Kalten Krieges vorlegte, entstanden aus den politisch motivierten Schuldzuweisungen des Konflikts. Es macht daher Sinn, sie jeweils als zeitgebundene ‚Historische Meistererzählungen' *(Master Narratives)* zum Konflikt zu begreifen. So sollte der Kalte Krieg zu dieser Zeit verstanden und vermittelt werden, so sollte er in der Erinnerung bleiben. Während die traditionelle wie auch die revisionistische Interpretation der 1940er bzw. der 1950er und 1960er Jahre entweder allein den USA oder der UdSSR die Alleinschuld zuwies, zeigte sich die in der ersten Konjunktur der Entspannungspolitik entstandene postrevisionistische Auslegung der 1970er Jahre versöhnend. Der Konflikt wurde als sich immer wieder erneuerndes Missverständnis beider Seiten beschrieben.

Die neueste, nach 1991 unter Nutzung aktuell freigegebener Archivalien entstandene mentalitätsgeschichtlich-empirische Interpretation hingegen hat sich gegen alle drei vorherigen eher in den Denkschablonen des Kalten Krieges verwurzelten Deutungen gewandt. Weder sei nur eine Seite für den Beginn und die Führung des Kalten Krieges verantwortlich, noch sei der Konflikt ein schlichtes Missverständnis. Stattdessen sei die Auseinandersetzung von Anfang an, auf beiden Seiten und mit vollem Einsatz als globaler ‚Krieg anderer Art' geführt worden, weil es sich um einen grundsätzlichen Konflikt zweier sich ausschließender Ordnungs- und Gesellschaftssysteme gehandelt habe. Er sollte zwar – wenn möglich – nicht zum Atomkrieg führen, aber er sollte gewonnen werden. Dass diese Interpretation die Realität am besten trifft, zeigen nicht zuletzt die nach 1991 geführten heftigen Debatten um Sieger und Besiegte.

Es blieb und bleibt bis heute die Frage, warum die UdSSR und mit ihr der gesamte Ostblock nach Jahrzehnten des Kalten Krieges untergegangen waren. Die US-Regierung unter Präsident Bush erklärte nach der Auflösung der UdSSR, der freie Westen habe die Diktatur niedergerungen (zit.n. Beschloss/Talbott 1993, 220). Demgegenüber beharrte der sowjetische Generalsekretär und spätere russische Präsident, Michail Gorbatschow, darauf, dass das Ende der Konfrontation der gemeinsame Sieg von Ost und West über den Kalten Krieg gewesen sei. Was den Untergang der UdSSR herbeigeführt hatte, blieb ein Streitpunkt. Die Kompromissformel hieß, nicht ‚westlich-liberale', sondern ‚demokratische Werte' hätten sich durchgesetzt.

Heute zeigen sich zwei Hauptrichtungen der Deutung für den Untergang des ‚Ostblocks‘. Nach der ersten waren vor allem interne Faktoren, die schon in der Gründungsphase der UdSSR angelegt worden waren, für den Zerfall verantwortlich. Die Sowjetunion blieb nach dieser Theorie aufgrund fehlender intellektueller und wirtschaftlicher Ressourcen unfähig, die ihr von Lenin zugedachte Rolle als Wegbereiter der ‚Weltrevolution‘ zu spielen. Schon unter Stalin sei der Weg ideologischer Überzeugung zugunsten politisch-militärischen Drucks verlassen worden. Hieraus seien die Widerstände entstanden.

Die zweite Erklärung, die in der Literatur unter dem Begriff des ‚Cold War Triumphalism‘ (Schrecker 2004) zusammengefasst wurde, sieht in externen Gründen die Hauptverantwortung. Im Mittelpunkt steht der Sieg des Westens, insbesondere seiner ‚Liberation Policy‘, die mit ihrer politisch-wirtschaftlichen und militärischen Überzeugung ‚den Ostblock‘ zur Aufgabe gezwungen habe.

Der US-Neokonservativismus fand hier seine wichtigste Erklärung. Francis Fukuyamas Essay *The End of History and the Last Man* (1989), der 1992 als Buch den Verfasser zum Bestsellerautor machte, argumentierte ganz in der Tradition amerikanischer Theologen des 17. Jahrhunderts wie Increase und Cotton Mather und US-Historiker des 19. Jahrhunderts wie George Bancroft für ein heilsgeschichtliches Verständnis der Menschheitsgeschichte. Am Ende stehe immer der Wunsch nach Freiheit, Demokratie, Selbstbestimmung und offenem Markt. Solchen Herausforderungen gegenüber sei das sowjetische System chancenlos geblieben.

Zwischen diesen Meinungen ist noch eine dritte Erklärung möglich, die beide Auffassungen verknüpft, aber die Bedeutung der Verständigung, der Entspannungspolitik, stärker berücksichtigt. US-Präsident John F. Kennedy hatte ebenso wie der damalige Westberliner Regierende Bürgermeister und spätere westdeutsche Bundeskanzler Willy Brandt schon in den 1960er Jahren eine liberale Informations- und Handelspolitik sowie freie Kontakte als Strategie zwischen Ost und West vorgeschlagen, um zu einer inneren Auflösung des ‚Ostblocks‘ zu kommen. Man kann nicht bestreiten, dass sich dies zumindest für Europa als erfolgreich erwies.

Letztendlich trifft allerdings wohl die Verknüpfung aller Thesen die historische Wahrheit: Die Sowjetunion stand in den 1980er Jahren innen- wie außenpolitisch vor enormen Herausforderungen. Gleichzeitig schien auf die bisherige Weise keine tragfähige Lösung mehr möglich. Wenn man davon ausgeht, dass der risikobehaftete Weg liberaler Reformen von der Sowjetunion nicht zwangsläufig hätte beschritten werden müssen und die UdSSR und auch Teile des Ostblocks in irgendeiner Form hätten weiterbestehen können, bleibt die ausschlaggebende Rolle für das Ende des Kalten Krieges beim Ausnahmepolitiker Gorbatschow.

Literatur

Baruch, Bernard M.: Public Years. New York 1960.

Beschloss, Michael R./Talbott, Strobe: Auf höchster Ebene. Das Ende des Kalten Krieges und die Geheimdiplomatie der Supermächte 1989–1991. Düsseldorf 1993.

Deuerlein, Ernst (Hg.): Potsdam 1945. Quellen zur Konferenz der „Großen Drei“. München 1963.

Fukuyama, Francis: The End of History and the Last Man. New York 1992.

Holloway, David: Stalin and the Bomb. The Soviet Union and the Atomic Energy, 1939–1956. New Haven 1994.

Lippmann, Walter: The Cold War. A Study in Foreign Policy. New York 1947.

Schwarz, Jordan A.: The Speculator. Bernard M. Baruch in Washington, 1917–1965. Chapel Hill 1981.

Stöver, Bernd: Der Kalte Krieg. Geschichte eines radikalen Zeitalters. München 2017.

Stöver, Bernd: Die Befreiung vom Kommunismus. Amerikanische Liberation Policy im Kalten Krieg, 1947–1991. Wien/Köln/Weimar 2002.

Tocqueville, Alexis de: Über die Demokratie in Amerika [1835]. München 1976.

Wiederkehr, Stefan: Die Verwendung des Terminus „Kalter Krieg“ in der Sowjetunion und in Russland. Ein Indikator für den historischen Wandel der marxistisch-leninistischen Ideologie und ihrer Überwindung. In: Forum für osteuropäische Ideen- und Zeitgeschichte 7/1 (2003), 53–83.

Schrecker, Ellen (Ed.): Cold War Triumphalism. The Misuse of History after the Fall of Communism. New York 2004.

Summy, Ralph/Salla, Michael E. (Hg.): Why the Cold War ended. A Range of Interpretations. Westport 1995.

56 68er-Bewegung

Wolfgang Kraushaar

56.1 Ein ambivalentes Verhältnis zum Liberalismus

Die Bezeichnung „68er-Bewegung" ist alles andere als selbstverständlich. Denn inzwischen ist sie soweit kulturalistisch entgrenzt worden, dass nicht mehr ganz klar ist, auf welchen sozialen Träger sie bezogen und für welchen Zeitraum sie angewendet werden kann. Am Ende der 1960er Jahre war ja zumeist von der Studentenbewegung oder von der „Außerparlamentarischen Opposition", der APO die Rede, bis sich ein Jahrzehnt danach das Etikett „68" eingebürgert hat, das die Akteurinnen und Akteure selbst noch gar nicht gekannt hatten.

Wenn hier von der 68er-Bewegung gesprochen wird, dann ist eine Protestbewegung gemeint, die aus einer studentischen Bewegung heraus entstanden ist, rasch Züge einer umfassenderen Jugendbewegung angenommen und sich zur Zeit der ersten großen Koalition (1966–1969) zu einer außerparlamentarischen Opposition weiterentwickelt hat. Ihre Zeitdauer reichte im Kern vom Juni 1967 bis zum Oktober 1969. Was nach ihrem Zerfall geschehen ist, steht auf einem anderen Blatt. Wenn hier von der 68er-Bewegung die Rede ist, dann geht es vor allem um die sog. antiautoritäre Bewegung, jene Mehrheitsfraktion in dem aus der SPD verstoßenen *Sozialistischen Deutschen Studentenbund* (SDS), die mit ihren politischen Experimenten im Spektrum der von den Jungsozialisten und der DKP bis zu den Linkssozialisten, den Rätekommunisten und den Anarchisten reichenden unterschiedlichen Strömungen wohl die nachhaltigsten soziokulturellen Veränderungen angestoßen hat.

56.2 Eine widersprüchliche Grundbeziehung zum Liberalismus

Auf den ersten Blick ist das Bild vom Verhältnis der 68er-Bewegung zum Liberalismus uneindeutig, widersprüchlich, ja zwiespältig gewesen. Denn einerseits war diese Bewegung aus der Sicht nicht weniger ihrer Akteure – zumindest der antiautoritär unter ihnen eingestellten – vor allem eines: eine „Freiheitsrevolte". Das hat der langjährige Europa-Abgeordnete Daniel Cohn-Bendit so gesehen und der spätere Bundesaußenminister Joschka Fischer ebenso. Dieser hatte auf dem Höhepunkt der im Jahr 2001 ausgebrochenen Kontroverse um seine gewaltaffine linksradikale Vergangenheit erklärt: „1968 war für mich eine Freiheitsrevolte, aber teilweise haben wir auch schlimme Irrtümer begangen." Diese Einstellung muss zwar nicht

W. Kraushaar (✉)
Hamburger Institut für Sozialforschung,
Hamburg, Deutschland
E-Mail: wolfgang.kraushaar@wiku-hamburg.de

M. G. Festl (Hrsg.), *Handbuch Liberalismus*, https://doi.org/10.1007/978-3-476-05798-3_56

unbedingt mit einem tiefergehenden Verständnis von Liberalismus gleichbedeutend sein; es zeigt aber zumindest den außerordentlich hohen Stellenwert von Freiheit im Selbstverständnis vieler damaliger Akteure an.

Andererseits aber ist die Verachtung für den Liberalismus unter anderen Wortführern der Protestbewegung außerordentlich groß gewesen. Im Grunde genommen galt der Liberalismus für die meisten Protestierenden schon aus historischen Gründen als ein erledigter Fall. Ihn nach dem Scheitern der Nationalversammlung in der Paulskirche 1848 und dem Niedergang der Weimarer Republik wiederbeleben zu wollen, wurde gemeinhin als Illusion betrachtet. Sich mit ihm auseinanderzusetzen schien deshalb mehr oder weniger überflüssig zu sein. Assoziationen mit einem Sumpf, in dem prinzipienlose Akteure angeblich dem Untergang geweiht seien, waren deshalb durchaus an der Tagesordnung. Der Kommunarde Dieter Kunzelmann etwa, *Spiritus Rector* der *Kommune I,* brachte seine Antipathie unmissverständlich in dem Selbstbekenntnis auf den Punkt: „Ohne Kampf versacken wir im liberalen Morast, der sich in unserer Gegengesellschaft breitmacht" (1969, 5). Das war nichts anderes als ein Warnruf und bedeutete, liberalen Strömungen in den eigenen Reihen die rote Karte zu zeigen. Die verächtliche Rede vom „Scheißliberalismus" und den „Scheißliberalen" gehörte zu den selbstverständlichen Äußerungen soweit dazu, dass sie Teil eines nicht weiter hinterfragten politischen Profils werden konnte. Diese Verbalinjurien waren jedoch nicht unbedingt an die Adresse der Freidemokraten gerichtet. Dahinter verbarg sich eine Ablehnung der bürgerlichen Gesellschaft insgesamt, ihrer Institutionen, ihrer Rollen und ihres häufig als „Charaktermasken" disqualifizierten Personals. Und in dieser Hinsicht wiederum haben die Antiautoritären kaum eine Ausnahme gemacht. Das Befreiungspathos auf der einen und der Antiliberalismus auf der anderen Seite schlossen sich nicht unbedingt aus. Sie stellten eher ein *Mixtum compositum* dar, für das es keiner weiteren Rechtfertigungen bedurfte.

War das nun – so ist zu fragen – Anzeichen für eine widersprüchliche Selbstwahrnehmung oder aber lag hier etwa nur eine Differenz zwischen einer libertären und einer liberalen Grundorientierung vor? Gab es Überschneidungen mit dem politischen Liberalismus? Und falls ja, was bedeutete das wiederum für die in den besonders radikalen Teilen unbestreitbar vorherrschende antiliberale Grundhaltung? Es scheint ganz so zu sein, dass sich das Thema einer einfachen Zuordnung entzieht und von komplexerer Natur ist.

56.3 Marcuses Liberalismuskritik

In ihrer Kernorganisation, dem bereits erwähnten SDS, war die 68er-Bewegung nicht zuletzt eine hochtheoretische Angelegenheit. Für jede ihrer drei Grundpositionen – den Antifaschismus, den Antikapitalismus und den Antiimperialismus – wurde ein hoher und zum Teil überaus elaborierter Begründungsaufwand betrieben. Im Fall des Liberalismus glaubte man sich dieser Mühe schon deshalb nicht unterziehen zu müssen, weil bereits eine als maßgeblich geltende Interpretation vorlag, die nicht nur von einem Vertreter der Frankfurter Schule stammte, sondern gerade von jenem Mann, der wie kein zweiter als eine Art Vordenker der Studentenbewegung im Rampenlicht der internationalen Öffentlichkeit stand. Die Liberalismus-Definition, die für die Aktivisten tonangebend war, die sich der undogmatischen Linken zurechneten, hatte kein Geringerer als Herbert Marcuse geliefert. In dessen 1934 für die *Zeitschrift für Sozialforschung* verfassten Abhandlung „Der Kampf gegen den Liberalismus in der totalitären Staatsauffassung", in seiner 1965 publizierten Aufsatzsammlung „Kultur und Gesellschaft I" erneut vorgelegt, hieß es:

> Der Liberalismus ist die Gesellschafts- und Wirtschaftstheorie des europäischen Industriekapitalismus in jener Periode, da der eigentliche ökonomische Träger des Kapitalismus der ‚Einzelkapitalist' war, der Privat-Unternehmer im wörtlichen Sinne. Bei aller strukturellen Verschiedenheit des Liberalismus und seiner Träger in den einzelnen Ländern und Epochen bleibt die einheitliche

> Grundlage erhalten: die freie Verfügung des individuellen Wirtschaftssubjekts über das Privateigentum und die staatlich-rechtlich garantierte Sicherheit dieser Verfügung. Alle ökonomischen und sozialen Forderungen des Liberalismus sind wandelbar um dies eine stabile Zentrum – wandelbar bis zur Selbstauflösung (1965a, 22).

Das war für die Autoren der zumeist als „Frankfurter Schule" verorteten Kritischen Theorie – ebenso wie sehr viel später für die antiautoritäre Mehrheitsfraktion im SDS – die maßgebliche Definition: Der Liberalismus wurde als *die* Ideologie des Konkurrenzkapitalismus betrachtet, für die es nach dessen Ablösung durch den Monopolkapitalismus angeblich keine Existenzgrundlage mehr gab. Verfechter des Liberalismus galten daher als bedauernswerte Narren, für deren politische Ausrichtung es objektiv an den nötigen Voraussetzungen mangele.

Die Quintessenz von Marcuses Abhandlung bestand im Übrigen darin, dass er den Liberalismus als eine Vorstufe für die Machtergreifung des Faschismus betrachtete. So führte er nicht nur aus, dass etwa der „charismatisch-autoritäre Führergedanke [...] in der liberalistischen Feier des genialen Wirtschaftsführers, des ‚geborenen' Chefs" bereits präformiert gewesen sei, sondern dass es „der Liberalismus selbst" gewesen sei, der „den total-autoritären Staat aus sich ‚erzeugt'" habe (ebd., 32). Das war ein weitreichender Vorwurf, der aber insbesondere von Max Horkheimer, dem Chef des Frankfurter Instituts für Sozialforschung, durchaus geteilt wurde.

Es gehört zur Geschichte des Reaktualisierungsversuchs der Liberalismus-Kritik dazu, dass Marcuse 1965 zusammen mit zwei seiner amerikanischen Kollegen eine Aufsehen erregende „Kritik der reinen Toleranz" vorlegte, in der ein Zentralbegriff liberaler Weltanschauung einer scharfen Kritik unterzogen wurde (Wolff/Moore/Marcuse 1965). In seinem Beitrag ging Marcuse so weit zu behaupten, dass die Toleranz in der fortgeschrittenen Industriegesellschaft zum „Selbstzweck" geworden sei, in deren Schatten Verbrechen begangen werden könnten und sie insofern in Wahrheit „den Interessen der Unterdrückung" diene (Marcuse 1965b, 93).

Während sich Marcuse 1969 mit seinem „Versuch über die Befreiung" (1969) daran wagte, die triebökonomischen Voraussetzungen für ein Gelingen der internationalen Protestbewegungen zu formulieren, legte mit dem an der Columbia University lehrenden Robert Paul Wolff einer seiner Mitstreiter unter dem Titel „Das Elend des Liberalismus" (1969) eine Dekonstruktion der für diese Form der politischen Philosophie zentralen Kategorien wie Freiheit, Loyalität, Macht, Toleranz usw. vor. Wolff warf darin der US-amerikanischen Gesellschaft vor, dass sie durch eine intellektuelle und moralische Apathie für das „Desaster der Politik" – womit er nicht nur, aber vor allem den Vietnamkrieg meinte – mitverantwortlich sei. Seiner ideologiekritisch verfahrenden Arbeit sollte man allerdings zugutehalten, dass ihr nicht an einer Abschaffung des Liberalismus, sondern eher umgekehrt an einer Rückbesinnung auf seine grundlegenden Werte lag. Das wiederum teilten die Wortführer der 68er-Bewegung allerdings gerade nicht.

56.4 Der Abgesang auf den Liberalismus

Die Vorstellung, die bürgerlich-liberale Gesellschaft sei Schein und ihre Idee ein uneinlösbares Emanzipationsversprechen, galt in den Reihen der aktivsten 68er so sehr als Gemeinplatz, dass es zumeist für überflüssig angesehen wurde, sich mit einer expliziten Begründung abzumühen. Eine der seltenen Gelegenheiten, in denen diese Haltung kommentiert wurde, war der überraschende Tod Theodor W. Adornos im August 1969. In einer Mischung aus Sentimentalität und schlechtem Gewissen verfasste mit Hans-Jürgen Krahl der theoretische Kopf des Frankfurter SDS, der unerbittlichste Kontrahent der kritischen Professorenschaft und dennoch einer von Adornos Lieblingsschülern einen Nachruf, in dem er zugleich dem der Kritischen Theorie inhärenten politischen Widerspruch auf den Grund zu gehen versuchte. So sehr er dabei bestrebt war, Adornos *Negativer Dialektik* die ihr immanenten Grenzen einer bloß abstrakt verfahrenden Negation aufzuzeigen, so wenig wollte er sich einer bestimmten Einsicht verschließen: „In seiner Ideologiekritik am Tod des bürgerlichen Individuums zittert ein Moment berechtigter Trauer nach" (Krahl 1971a, 267). So radikal Adornos Denken in bestimmter Hinsicht auch gewesen sei, es sei unwiderstehlich in die „Ruine" des bürgerlichen Individuums gebannt gewesen.

Als Krahl dann wenige Monate später vor Gericht stand und Fragen zu seiner Person beantworten sollte, nutzte er die Gelegenheit, in einer bis dahin nicht gekannten Radikalität die Grundzüge seiner politischen Biographie zu skizzieren. Das entscheidende Motiv seiner Schilderung bestand in der Darlegung von Gründen, die für einen Entschluss in Rechnung gestellt werden konnten, der in der marxistischen Tradition ebenso schlicht wie entschieden als „Klassenverrat" bezeichnet wurde. Aufgrund seiner Herkunft aus den als besonders reaktionär geltenden Teilen Niedersachsens habe er besonders große Umwege machen müssen, erklärte Krahl dem staunenden, im Gerichtssaal versammelten Publikum, um die bürgerliche Klasse, aus der er stamme, zu „verraten". Seinen Entschluss, 1961 in seiner Heimatstadt Alfeld die *Junge Union* zu gründen und damit der CDU beizutreten, qualifizierte er nachträglich als einen ersten bedeutenden Schritt, sich aus den Fesseln der in seiner Gegend immer noch verbreiteten Blut-und-Boden-Ideologie zu befreien. Der zweite Schritt habe dann darin bestanden, Mitglied im SDS zu werden. Das habe er getan, um seine Klasse „gründlich zu verraten".

Als Grund für diese mit geradezu existenzieller Schärfe vollzogenen Abwendung vom Bürgertum führte er den in seinen Augen unbestreitbaren Niedergang des bürgerlichen Subjekts an:

> „Dieser Verfall des bürgerlichen Individuums ist eine der wesentlichen Begründungen, aus der die Studentenbewegung den antiautoritären Protest entwickelte. In Wirklichkeit bedeutete ihr antiautoritärer Anfang ein Trauern um den Tod des bürgerlichen Individuums, um den endgültigen Verlust der Ideologie liberaler Öffentlichkeit und herrschaftsfreier Kommunikation [...] Die Form liberaler Öffentlichkeit, gewaltlosen Machtkampfes im Parlament, und auch jene forensischen emanzipativen Leistungen, die einstmals die Zwangsgewalt im Bürgertum, die Zwangsgewalt der richterlichen Gewalt, parlamentarisieren sollten – all diese emanzipativen Gehalte des Bürgertums sind längst zerfallen" (Krahl 1971b, 25).

Krahls „Angaben zur Person" waren in großen Zügen nichts anderes als ein Nachruf auf die bürgerliche Gesellschaft und damit zugleich auch ein Abgesang auf den Liberalismus. Die Überzeugung, dass jeder Versuch einer Reaktualisierung der bürgerlichen Demokratie dem Untergang geweiht sein würde, war deshalb so sehr verbreitet, weil der Zerfall der Weimarer Republik und der Aufstieg der Nationalsozialisten als Beweis für deren Untauglichkeit angesehen wurden.

56.5 Öffentlichkeit als aufklärerischer Grundimpuls

Diese grundlegenden Vorbehalte änderten jedoch nichts daran, dass man in praktisch-organisatorischer Hinsicht von politischen Verkehrsformen Gebrauch zu machen versuchte, die als genuin liberale verstanden werden müssen. Für die politisierten Teile der Studentenschaft war von Anfang an eine Forderung ins Zentrum ihrer Aktivitäten gerückt worden – die nach Öffentlichkeit und Diskussion. Es existierte die Vorstellung einer ursprünglichen Einheit von Demokratie und Öffentlichkeit. Ohne eine funktionierende Öffentlichkeit, lautete die Überzeugung, könne auch keine funktionsfähige Demokratie zu erwarten sein (s. Kap. 24).

Aus diesem Grunde war die studentische Bewegung von nichts anderem so sehr geprägt, wie von dem Versuch, Öffentlichkeitsformen zu erringen, durchzusetzen und dauerhaft zu etablieren. Bevor irgendein politisches Ziel geäußert werden konnte, ging es zunächst einmal darum, sich des öffentlichen Raums zu versichern. Insbesondere Demonstrationen und Kundgebungen wurden so zu maßgeblichen Formen der politischen Willensartikulation. Von ihrem jeweiligen Verlauf war abhängig, welche Resonanz die jeweiligen Forderungen in den Medien und der Öffentlichkeit gewannen. Auch die aus den USA übernommene Form des Teach-Ins war integraler Bestandteil einer solchen Öffentlichkeitsstrategie. Oft diente sie dazu, vor Beginn einer Demonstration oder Kampagne, die Interessierten über Hintergründe zu informieren und zugleich die Möglichkeit anzubieten, sich kontrovers darüber auszutauschen.

Die Soziologin Susanne Kleemann, die seinerzeit am Max-Planck-Institut für Bildungsforschung beschäftigt und im SDS organisiert war, fasste den Kerngedanken dieser Öffentlichkeitsform mit den Worten zusammen:

> Die Konzeption des Teach-Ins gründet auf der liberalen Idee der öffentlichen Diskussion mit Andersdenkenden, in der man durch bessere Information, rationale Argumentation und publizistische Enthüllungen aufklären und überzeugen will. Die direkte Aktion in der Form des Teach-ins setzt an bei der konkreten Erfahrung einer theoretischen Unrichtigkeit oder eines praktischen Unrechts. Durch sachliche Kontroverse um die Analyse der Fakten versucht sie, die inneren Widersprüche in der Argumentation des Gegners aufzudecken und die Irrationalität seiner Logik nachzuweisen. Die Idee des Teach-ins setzt voraus, dass die Bereitschaft, mit dem Gegner zu diskutieren, keineswegs zur Aufgabe dezidierter Ansichten oder zu Kompromissen führen muss, sondern dass im Gegenteil das Argument in der Auseinandersetzung geschärft wird. Die Teach-ins waren eine Form der Opposition, in der Wissenschaftler und Intellektuelle sich demonstrativ auf die Seite der protestierenden Studenten stellten (1971, 98).

Dieser aufklärerische Grundimpuls, historische, soziale und ökonomische Zusammenhänge sichtbar zu machen, insbesondere in politischer Hinsicht Transparenz herzustellen und dabei mitunter Dinge ans Tageslicht zu zerren, die unerwünscht waren, spielte in der 68er-Bewegung eine maßgebliche Rolle.

56.6 Die Entgrenzung der „Freiheitsrevolte" in der Kommune-Bewegung

In der Differenzierung der Angriffsziele, die die 68er-Bewegung nun in ihren Attacken auf die bürgerliche Gesellschaft verfolgte, wurde im Übergang von staatlichen und gesellschaftlichen Infrastrukturen zu persönlichen und intrapsychischen Charakterformen deutlich, dass darin neben aller Kritik und Destruktion auch ein nicht unerhebliches Erneuerungspotential enthalten war, das seine Wurzeln im bürgerlichen Individualismus nicht abzuleugnen vermochte. In den Angriffen auf die Bastionen des bürgerlichen Staates ging es im Kern zugleich auch immer um die Entfesselung des Individuums, dessen Persönlichkeitssphäre als höchst eingeschränkt empfunden wurde.

Die 68er-Bewegung trug insofern aller illiberalen Züge zum Trotz zugleich auch tatsächlich Züge einer „Freiheitsrevolte" und war darin dem Liberalismus, wenn auch in einer radikalen, oftmals libertär-anarchistischen Form, verbunden. Das Subjekt sollte in seinem Innersten von seinen bürgerlichen Panzerungen aufgebrochen und in seiner Bedürfnishaftigkeit in einer neuen, ursprünglichen Weise geltend gemacht werden. Erklärtes Ziel war es, die Gesellschaft von Grund auf neu kreieren zu wollen.

Am deutlichsten kam das im Kommune-Projekt, das mit seinem emphatischen Versuch, Gesellschaftspolitik und Persönlichkeitsveränderung miteinander verbinden zu wollen, in gewisser Weise das Herzstück der antiautoritären Bewegung war, zum Vorschein. Im Gegensatz zur *Kommune I,* der zweifelsohne die Protagonistenrolle zugestanden werden muss, hatte die ebenfalls in West-Berlin gegründete *Kommune 2* eine Art Rechenschaftsbericht darüber abgelegt, wie ihr Experiment ausgegangen ist, das kollektive Leben mit der politischen Arbeit verbinden zu wollen. Unter dem emphatischen Titel „Versuch der Revolutionierung des bürgerlichen Individuums" hatte sie aufgezeichnet, wo die Grenzen in der Ersetzung der patriarchalischen Kleinfamilie durch eine im Hinblick auf ihre Arbeits- und Liebesbeziehungen offen strukturierte Großfamilie liegen (Kommune 2 1969). In aller Schonungslosigkeit wurde darin geschildert, zu welchen Frustrationen, Depressionen sowie verdeckten und offenen Konflikten die Versuche geführt hatten, die bürgerliche Familie aufzuheben und soziales wie intimes Neuland zu betreten.

56.7 Gesellschaftsveränderung als Emanzipationsversprechen

Im Zentrum der 68er-Bewegung insgesamt stand ein ebenso schillernder wie ambivalenter Begriff – der der Emanzipation. Dieser Schlüsselbegriff der politischen Philosophie, in dessen Zentrum keine statische Vorstellung von Freiheit, sondern eine dynamische vom *Akt der Befreiung* steht, wurde am Ende der 1960er Jahre zum Leitbegriff, ja zur Kampflosung der Kerngruppen der antiautoritären Revolte. Innerhalb kürzester Zeit verbreitete er sich in geradezu inflationärer Weise und wurde zum Schlag- und Modewort, das mehr und mehr eine emblematische Funktion annahm und sich vielerorts in einem diffusen Nebel aufzulösen drohte.

Das Wort „emancipatio" stammt bekanntlich aus dem Lateinischen und bedeutete ursprünglich „Freilassung aus einem Gewaltverhältnis". Das Verb „emancipare" kommt von „e manu capere" und heißt „aus der Hand nehmen, herauslassen, freilassen, befreien". Der Begriff wurde im römischen Recht als terminus technicus verwandt, um den Rechtsakt zu bezeichnen, mit dem der pater familias seinen Sohn aus der väterlichen Gewalt oder ein Herr einen häuslichen Sklaven aus der Gewalt entließ und ihn mit diesem Schritt im zivilrechtlichen Sinne zum eigenständigen Rechtssubjekt machte.

Seine Bedeutung wandelte sich zur Zeit der Französischen Revolution grundlegend. Der Terminus löste sich aus seinem konkreten rechtssetzenden Zusammenhang und verselbständigte sich zu einem antiständischen Begriff, der geschichtsphilosophisch aufgeladen war und mit dem ganz allgemein die Beseitigung von rechtlicher, sozialer, politischer oder ökonomischer Abhängigkeit gemeint sein konnte. Vermochte es Kant (s. Kap. 4) noch 1784 „Aufklärung" ohne explizite Bezugnahme auf den Begriff der Emanzipation als „Ausgang des Menschen aus seiner selbstverschuldeten Unmündigkeit" zu definieren (Kant 1975), gab es für Heinrich Heine 1828 schon keinen Zweifel mehr daran, dass die „große Aufgabe" seiner Zeit darin bestehe, sich vom Gängelband der Aristokratie loszureißen und die „Emanzipation der ganzen Welt" Wirklichkeit werden zu lassen (1830, 105). Während des Vormärzes wurde der Begriff zum Indikator sozialer Gärungsprozesse und tendierte gar dazu, zum Modewort zu werden. Er stand für ein ganzes Bündel höchst unterschiedlicher Forderungen wie denen nach Beseitigung rechtlicher, sozialer, politischer und ökonomischer Ungleichheit.

Der Emanzipationsbegriff wurde vor allem in gruppenspezifischer Hinsicht verwandt, um die Gleichberechtigung Unterprivilegierter zu fordern. Die Rede war von der Emanzipation religiöser Gruppen wie den Katholiken oder den Juden, sozialer Gruppen wie den Sklaven, den Bauern, den Bürgern oder den Arbeitern und der Emanzipation der Frauen.

Für den jungen Marx, der alle Emanzipation als „Rückführung der menschlichen Welt, der Verhältnisse auf den Menschen selbst" begriff (1970, 370), gipfelte die mit der Kategorie verbundene Vorstellung darin, dass sie mit der vollständigen Aufhebung der Entfremdung geradezu den Rang einer säkularen Erlösung einnahm.

Mit dieser Begriffsentwicklung ging eine semantische Polarisierung zwischen einem politischen Rechtsakt, dem Kampf um die Gleichstellung einer unterprivilegierten Gruppe, auf der einen und einer geschichtsteleologischen Vorstellung, eine Gesellschaft ohne Entfremdung verwirklichen zu können, auf der anderen Seite einher.

> ‚Emanzipation' war zugleich ein Bewegungs- und Zielbegriff, schließlich ein Erfüllungsbegriff geworden. Deshalb kannte er je zwei Bedeutungspole, zwischen denen sich der Wortsinn ausspannte: entweder wurde die Ablösung aus der Vergangenheit, die Befreiung betont oder mehr die Richtung in die Zukunft, das Ziel ins Auge gefasst: die Freiheit. Gerade indem die beiden Bedeutungspole nicht unterschieden wurden, war der Ausdruck hinreichend allgemein, um zahllose, auch heterogene Wünsche abzudecken. Zweitens wurde der Begriff je nach dem Vollstrecker verschieden zugeordnet: Emanzipation konnte entweder gewährt oder erkämpft werden (Grass/Koselleck 1975, 168–169).

Von dieser grundsätzlichen, gleich in doppelter Hinsicht wirksamen Ambivalenz – im Hinblick auf die Zielprojektion ebenso wie auf das Subjekt bzw. das Objekt – ist der Begriff geprägt und seitdem historisch belastet geblieben. Den zentralen Widerspruch, der dem Terminus inhärent geblieben ist, hat im Anschluss an seine Renaissance im Zuge der 68er-Bewegung niemand genauer auf den Punkt zu bringen vermocht als der Philosoph und Adorno-Schüler Hermann Schweppenhäuser:

> Der Begriff der Emanzipation ist doppeldeutig wie die Sache selbst. Beide besagen emancipatio a quaquam und emancipatio in quidquam in einem. Die alte Emanzipation akzentuierte die Freilassung zu etwas bis zur Borniertheit, die neue die Freilassung von etwas bis zur Vagheit. Das liegt in der historischen Veränderung des Status, wozu und wovon emanzipiert wird, selber begründet. Blieb die alte Emanzipation primär Angelegenheit fest umschriebener Praxis, wird die neue primär Angelegenheit der Gesinnung: weil Praxis selber allen Grenzen entlief und die Freilassung wovon ihr Wozu verlor (1973, 387).

In dieser Veränderung, die weit mehr als nur eine Verschiebung ist, liegt bereits die Entgrenzung der Emanzipations- in eine Psychobewegung begründet, die sich im Laufe der 1970er Jahre immer weiter auszubreiten vermochte und mitunter sektenartige Formen annahm.

So wie der Liberalismus die „Emanzipationsbewegung des Bürgertums“ war (Greiffenhagen 1972, 448), so der Sozialismus die des Proletariats. Und so wie der Feminismus die Emanzipationsbewegung der Frauen war, so verhieß die Black-Power-Bewegung diejenige der Afroamerikaner. Die Beseitigung von Ungleichheit und Diskriminierung waren ebenso Ziele wie die Erringung von Gleichberechtigung und Chancengleichheit.

Die antiautoritäre Strömung der 68er-Bewegung lässt sich mit dem von ihr formulierten Emanzipationsziel der „Selbstbefreiung“ jedoch nur bedingt in diesem Zusammenhang nennen. Denn es ging ihr in gewisser Weise um eine Totalisierung der Emanzipationsvorstellung, bei der die Grenzen zwischen Individuum und Gesellschaft ebenso verwischt wurden wie die zwischen innerer und äußerer Natur. Auf diesem Wege verwandelte sich das ursprünglich von unterprivilegierten bzw. diskriminierten Gruppen formulierte Kampfziel Emanzipation in eine Art Lebensideal. Diese Entgrenzung wurde rasch zum Ansatzpunkt der konservativen Kritik, die in der terminologischen Diffundierung einen Anlass sah, sich der Emanzipationsströmungen insgesamt zu erwehren. Das Attribut „emanzipatorisch“ reichte weit über einen zielgerichteten Prozess des Selbständig- und Mündigwerdens hinaus. Sich zu „emanzipieren“ bzw. „emanzipiert“ zu sein, war zum Erkennungsmerkmal für eine Haltung und zum Kennzeichen für ein persönliches Autonomiegefühl geworden, das in seinem gesellschaftlichen Kontext unklar konturiert und höchst diffus war. Das jedoch macht die Ambivalenz in einem Ansatz deutlich, Freiheit als Kernidee des Liberalismus ohne rechtsstaatliche Garantien und die Rahmenbedingungen des Verfassungsstaates überhaupt in soziale Wirklichkeit überführen zu wollen.

56.8 Zwischen Anti-Staatlichkeit und liberalisierender Reformpolitik

Für viele Linksliberale, Sozialdemokraten und Linke überhaupt steht „1968“ im Rückblick betrachtet für den Aufbruch zur einzigen Reformära in der Bundesrepublik, die diesen Namen angeblich auch verdiene – die Ära des sozialdemokratischen Bundeskanzlers Willy Brandt. Der Sozialphilosoph Jürgen Habermas ist zwei Jahrzehnte später in einem Interview so weit gegangen, die Folgen der 68er-Bewegung pauschal als „Fundamentalliberalisierung“ zu charakterisieren. Als Beleg für seine Interpretation führte er die CDU-Politikerin und spätere Bundestagspräsidentin Rita Süssmuth an:

> Eine liberale Familienministerin dieses Zuschnitts wäre vor 1968 in einer CDU-Regierung schwer vorstellbar gewesen. [...] Der Marsch durch die Institutionen hat sogar die CDU erreicht – nicht nur die Sozialarbeit, die Schule, den Kindergarten oder die Medien. Und weiter: dass diese Ministerien ihr

> Ressort um Frauenfragen erweitert und die traditionelle Familien- und Jugendpolitik wenigstens in der Außendarstellung mit bemerkenswerten Akzenten versehen hat, ist Symptom einer Grenzverschiebung (Frankfurter Rundschau 1988).

Unerklärt ist dabei freilich geblieben, mit welch wundersamer Dialektik eine Bewegung, die für den Liberalismus häufig kaum mehr als Verachtung übrig hatte, die Gesellschaft nun grundlegend liberalisiert haben sollte.

Andererseits: Wenn es zutrifft, dass das zentrale Ziel des Liberalismus in der Freiheit des Individuums gegenüber staatlicher Verfügungsgewalt besteht, dann gibt es dafür auch zahlreiche Belegstellen innerhalb der 68er-Bewegung. Sie reichen so weit, dass man durchaus meinen könnte, sie sei in ihrem Kern durchaus von einer liberal-freiheitlichen Grundausrichtung geprägt gewesen. Doch ganz so einfach ist der Sachverhalt nicht. Denn wenn diese Charakterisierung zuträfe, dann müsste auch der Anarchismus (s. Kap. 38) mit dem Liberalismus weitgehend identisch sein. Dass dies jedoch nicht der Fall ist, liegt nicht zuletzt an deren höchst unterschiedlicher Einstellung gegenüber dem Staat.

Während der Anarchismus den Staat vollständig ablehnt und folgerichtig die Anti-Staatlichkeit zu seinen Grundpositionen zählt, begreift der Liberalismus den Staat als einen notwendigen Garanten für Eigentum und Freiheit. Das erzeugt zwar ein Spannungsverhältnis, das es immer wieder neu auszutarieren gilt, es führt aber nicht zu einer antagonistischen Grundkonstellation, in der sich die beiden Bezugsgrößen wechselseitig ausschließen.

Einerseits gibt es zwar – was die Freiheit des Individuums anbetrifft – ein hohes Maß an Übereinstimmung zwischen dem Liberalismus und der Weltanschauung der 68er-Bewegung, andererseits aber tritt in Bezug auf deren staatliche Absicherung eine strikte Divergenz auf. Insofern lässt sich die Ambivalenz, von der eingangs hinsichtlich der Beziehung der damaligen Protestbewegung zum Liberalismus die Rede gewesen ist, auch in diesem Punkt nicht auflösen.

Literatur

Grass, Karl Martin/Koselleck, Reinhart: Emanzipation. In: Otto Brunner/Werner Conze/Reinhart Koselleck (Hg.): Geschichtliche Grundbegriffe. Historisches Lexikon zur politisch-sozialen Sprache in Deutschland. Stuttgart 1975, 153–197.

Greiffenhagen, Martin: Emanzipation. In: Historisches Wörterbuch der Philosophie, Bd. 2: D–F. Hg. von Joachim Ritter. Basel/Stuttgart 1972, 448.

Frankfurter Rundschau: Der Marsch durch die Institutionen hat auch die CDU erreicht – Der Frankfurter Philosoph und Soziologe Jürgen Habermas im Gespräch mit Rainer Erd über die politische Kultur in der Bundesrepublik Deutschland nach 1968. Frankfurter Rundschau vom 11. März 1988.

Heine, Heinrich: Reisebilder, Dritter Teil, Reise von München nach Genua. Hamburg 1830, 105.

Kant, Immanuel: Beantwortung der Frage: Was ist Aufklärung. In: Ders.: Werke, Bd. VI, Schriften zur Anthropologie, Geschichtsphilosophie, Politik und Pädagogik. Hg. von Wilhelm Weischedel. Darmstadt 1975, 53–61.

Kommune 2: Versuch der Revolutionierung des bürgerlichen Individuums. Kollektives Leben mit politischer Arbeit verbinden! West-Berlin 1969.

Kleemann, Susanne: Ursachen und Formen der amerikanischen Studentenopposition. Frankfurt a. M. 1971.

Krahl, Hans-Jürgen: Der politische Widerspruch der Kritischen Theorie Adornos. In: Ders.: Konstitution und Klassenkampf. Zur historischen Dialektik von bürgerlicher Emanzipation und proletarischer Revolution. Schriften, Reden und Entwürfe aus den Jahren 1966–1970. Frankfurt a. M. 1971a.

Krahl, Hans-Jürgen: Angaben zur Person. In: Ders.: Konstitution und Klassenkampf. Frankfurt a. M. 1971b.

Kunzelmann, Dieter: Brief aus Amman. In: Agit 883 vom 27. November 1969, 1. Jg., Nr. 42.

Marcuse, Herbert: Der Kampf gegen den Liberalismus in der totalitären Staatsauffassung. In: Ders.: Kultur und Gesellschaft I. Frankfurt a. M. 1965a, 17–55.

Marcuse, Herbert: Repressive Toleranz. In: Wolff/Moore/Marcuse: Kritik der reinen Toleranz. Frankfurt a. M. 1965b, 91–128.

Marcuse, Herbert: Versuch über die Befreiung. Frankfurt a. M. 1969.

Marx, Karl: Zur Judenfrage In: Karl Marx/Friedrich Engels, Werke, Bd. 1. Hg. vom Institut für Marxismus-Leninismus beim ZK der SED. Ost-Berlin 1970, 370.

Schweppenhäuser, Hermann: Zur Dialektik der Emanzipation. In: Martin Greiffenhagen (Hg.): Emanzipation. Hamburg 1973.

Wolff, Robert Paul: Das Elend des Liberalismus. Frankfurt a. M. 1969.

Wolff, Robert Paul/Moore, Barrington/Marcuse, Herbert: Kritik der reinen Toleranz. Frankfurt a. M. 1965.

1989 – 11. September 2001 – Heute

57

Michael G. Festl

57.1 Die Tyrannei des Unterbietens

Die Tyrannei des Unterbietens ist die große Herausforderung für den Liberalismus der Gegenwart. Diese Tyrannei entsteht aus dem Widerspruch einer in fast jeder Hinsicht (wirtschaftlich, technologisch, kommunikativ, verkehrs- und verschmutzungstechnisch) globalisierten, politisch aber national regulierten Welt. Sie macht sich bemerkbar in den Krisen unserer Zeit. Diese Krisen sind zwar mannigfaltig, teilen aber häufig dieselbe Grundstruktur: das Unterbieten. Dass Regulierung heute (fast) nur auf Ebene des Nationalstaats wirksam ist, hat zur Folge, dass ein Land andere Länder unterbieten kann. Unterbieten worin? In allen möglichen Dingen, z. B. wirtschaftliche: Löhne, Arbeitsschutz, Steuern. Manch Arbeitgeber würde gerne die 80-hwoche in seinem Betrieb einführen, um seine Maschinen effizient laufen zu lassen. In unserem Land ist das zum Schutz der Arbeitnehmerinnen und Arbeitnehmer jedoch verboten. Macht er es trotzdem, wird er bestraft, und zwar empfindlich genug, um es kein zweites Mal zu versuchen. Doch es gibt ja noch andere Länder, und in manchen von ihnen ist die 80-hwoche legal. Also verlegt der Arbeitgeber seine Produktion dorthin. Die Arbeitsplätze in unserem Land gehen verloren. Wir wurden unterboten. Vielleicht lässt sich unser Arbeitnehmer in letzter Minute umstimmen. Etwa indem wir seinen Betrieb subventionieren oder ihm mit anderen Maßnahmen, z. B. Steuergeschenken, entgegenkommen. Jedenfalls hat er uns in der Hand. Wir sind erpressbar, weil Länder existieren, die uns unterbieten und in die unser Arbeitgeber zu unserem Schaden abwandern kann, Länder, in denen wir ihn tun lassen müssen, was wir ihm bei uns zu Hause untersagen. Die Tyrannei des Unterbietens.

Die Tyrannei des Unterbietens ist nicht nur ein Problem der Wirtschaft. Auch andere Probleme sind durch die Logik des Unterbietens gekennzeichnet. Alle Länder wissen, dass ihre Zukunft durch die Klimaerwärmung gefährdet ist. Zugleich hofft ein jedes, dass die anderen die teuren Maßnahmen schultern, die es braucht, um die Erwärmung auf ein erträgliches Maß zu reduzieren. Wir unterbieten uns gegenseitig darin, das Sinnvolle zu tun, denn wenn ein anderer das Sinnvolle tut, kommt uns das aufgrund der Globalität des Klimas genauso zugute, als würden wir es selbst tun, jedoch kostenlos. Oder ein anderes Beispiel: Ein Land versinkt im Chaos, weil seine Eliten davon profitieren, die Maßnahmen *nicht* umzusetzen, die ein funktionierender Staat braucht. Alle anderen Länder müssen etwa in Form einer Flüchtlingskrise die daraus entstehenden Katastrophen mildern, wobei

M. G. Festl (✉)
Universität St. Gallen, St. Gallen, Schweiz
E-Mail: michael.festl@unisg.ch

M. G. Festl (Hrsg.), *Handbuch Liberalismus*, https://doi.org/10.1007/978-3-476-05798-3_57

auch hier wiederum gilt, dass jedes Land (nicht zuletzt die reichen, wie sich gezeigt hat) versucht, möglichst wenig der verursachten Kosten zu übernehmen. Oder: Ein Land wirtschaftet, die Kosten sinnvoller Regulierung scheuend, unverantwortlich und löst eine globale Finanzkrise aus. Oder: Ein Land setzt hygienische Standards nicht durch, alle sind von einer Pandemie betroffen.

Oder, oder, oder – dieses Schauerkabinetts ließe sich fortsetzen. Eine globale Welt ist automatisch eine Welt, in der jedes Land globale Verantwortung trägt. Doch dieser Verantwortung *nicht* nachzukommen, sich in Sachen Verantwortung *gegenseitig zu unterbieten,* ist in Abwesenheit überstaatlicher Sanktionsmechanismen reizvoll. Das Sinnvolle zu tun, ist zeit- und kostenaufwendig. Tut man es nicht, leidet man in einer globalen Welt nicht nur selbst, sondern auch alle anderen – oft profitiert man gar auf Kosten der anderen. Nationale Rationalität, die Sicht einzelner Länder, widerspricht der globalen Rationalität, dem, was gut für alle Länder wäre. In diesen Widerspruch nistet sich die Tyrannei des Unterbietens ein.

Dabei ist es nicht nur so, dass neben einer national regulierten Welt eine nicht-regulierte internationale Welt existiert. Das wäre noch nicht mal so schlimm, dann müsste man wenigstens nicht um Rückschritte besorgt sein. Jedoch unterminiert die fehlende globale Regulierung nicht selten die nationalen Ordnungen. Damit ein Land wettbewerbsfähig bleibt, ist es gezwungen, mitzuziehen, wenn andere es unterbieten. Sind die Arbeitskosten woanders geringer, brauchen auch wir geringere Produktionskosten, z. B. indem wir die Löhne drücken, die Gewerkschaften schwächen, unsere Unternehmenssteuern senken – eine Studie zu OECD-Ländern fand heraus, dass wenn ein Land seine Unternehmenssteuern um eine Einheit senkt, andere Länder mit einer Senkung von im Schnitt 0,7 Einheiten nachziehen (Rodrik 2011, 194). Investieren Firmen in anderen Ländern nicht in Produktionsmaßnahmen, welche die Umwelt schützen, können auch wir uns das nicht leisten, sonst werden unsere Unternehmen ja vom Markt verdrängt. Wenn andere Länder weniger Flüchtlinge aufnehmen, müssen wir natürlich auch reduzieren, sonst tragen wir ja überproportional hohe Kosten. Das Land mit den geringsten Standards, in was auch immer, nimmt die anderen in Geiselhaft, zwingt sie, ebenfalls nach unten anzupassen. Die Logik des Unterbietens erzeugt eine Kultur der Erpressung. Und am Ende machen alle mit, haben alle das Gefühl, mitmachen zu müssen bei dem *Race to the Bottom,* der daraus entsteht, dem Sich-Beugen vor dem einen angeblich alternativlosen Vorgehen, um mit es mit einer Wendung Angela Merkels zu sagen. So ist der Hinweis, ein anderes Land unterbietet uns in irgendetwas und wird deshalb schon bald wettbewerbsfähiger sein als wir, zur Allzweckwaffe geworden, um liberale Errungenschaften abzuwickeln (z. B. Steuern hoch genug, um Ungleichheit in Zaum zu halten) und um neue liberale Anliegen nicht umzusetzen (z. B. eine humane Flüchtlingspolitik oder die radikale Reduzierung von klimaschädlichen Emissionen). Mittlerweile fahren Regierungen liberale Grundprinzipien sogar schon präventiv zurück, weil sie Angst haben, sonst den rechten Populismus weiter anzuschüren, dessen Aufkommen größtenteils ja auch als Ergebnis der Tyrannei des Unterbietens und der mit ihr einhergegangenen Abwanderung von Arbeitsplätzen – mitsamt der Anerkennung und des Stolzes, der an Arbeitsplätzen hängt (Case/Deaton 2020), – interpretiert werden kann. Wohin man auch blickt – ein Ozean des Unterbietens.

Interessant an der Tyrannei des Unterbietens ist, dass sie grundsätzlich nichts mit Feindseligkeit zu tun hat, nichts mit bösen Absichten, gemäß denen ein Land anderen Ländern bewusst schaden will. Im Gegenteil, möglich wird sie nur dadurch, dass die Welt, zumindest ihrem Anspruch nach, eine Kooperationsgemeinschaft zum gegenseitigen Nutzen geworden ist, daraus, dass die Länder sich nicht mehr voneinander abschotten, sondern voneinander profitieren wollen. Nur daraus – aus dem Willen zur Gegenseitigkeit – entsteht die Logik des Unterbietens, welche die Staaten zu Konkurrenten macht. Im Ergebnis schafft die Tyrannei des Unterbietens, trotz ihres kooperativen Ursprungs, eine Welt, die radikal unter den moralischen Möglichkeiten bleibt, den der Stand ihrer Technik erwarten ließe. Auch wenn die Welt aus liberaler Sicht im Vergleich zu früheren Jahrhunderten heute sehr gut dastehen mag, gemessen an ihren Möglichkeiten ist sie moralischer Müll, und nur dieser immanente Vergleich zwischen dem, was erreicht ist, und dem, was möglich wäre, zählt. Die Tyrannei des Unterbietens und die ihr inhärente Dialektik zwischen Kooperation und Konkurrenz ist entscheidend, um zu verstehen, warum wir so weit unter unseren Möglichkeiten bleiben. Außer man strebt ein Ende der Welt als Kooperationsgemeinschaft und den Rückfall in die nationale Isolation an – was nichts anderes bedeuten würde, als das Baby mit dem Badewasser auszuschütten –, kann nur eins für Abhilfe sorgen: eine Regulierung, die zu den globalen Effekten von Handlungen aufschließt und d. h. ebenfalls über den Nationalstaat hinausgeht.

57.2 Fukuyamas Vertauschung

Die Tyrannei des Unterbietens ist das paradigmatische Problem unserer Zeit. Es tritt damit ein langes Erbe an. Die Geschichte der liberalen Freiheit, ist eine Geschichte des Kampfes gegen Tyranneien, wörtliche und bildliche (s. Kap. 22). Dass der Liberalismus ab 1989 und dem Ende einer binär kodierten Welt Gegenwind aus der globalen Richtung bekommen wird, wurde schnell erkannt. Francis Fukuyamas *Das Ende der Geschichte* von 1992 ist die Quelle, die es zu explorieren gilt. Fukuyama realisiert, dass sich mit dem Zusammenbruch des Ostblocks die Herausforderungen des Liberalismus in Richtung Welt verschieben. Es geht nach 1989 nicht mehr darum, den Liberalismus gegen einen gefährlichen Gegner zu verteidigen, sondern darum, ihn mit Demokratie und Kapitalismus als seinen Markenzeichen global auszubreiten. Das im Titel des Buches beschworene Ende der Geschichte besteht darin, dass der Liberalismus seine ehemaligen ideologischen Konkurrenten aus dem Weg geräumt hat und keine neuen mehr zu erwarten sind. Ideengeschichtlich hat der Liberalismus auf ganzer Ebene gesiegt. Jetzt steht seine tatsächliche Ausbreitung überall auf der Welt auf dem Programm.

Niemand kann leugnen, dass Fukuyama mit dieser These den Geist seiner Zeit sichtbar machte. Dennoch gibt es unter den heute lebenden Intellektuellen kaum jemanden der häufiger gescholten wird als Fukuyama – die Geschichte sei gar nicht zu Ende, der Liberalismus mitnichten der einzige Weg, der Optimismus des Buches zeuge von Naivität. Al-Qaida, der wirtschaftliche Aufstieg Chinas, die Anti-Globalisierungs-Bewegung, der rechte Populismus und vieles mehr wurde als Gegenbeweis zu Fukuyamas These angeführt. Bei genauer Betrachtung ist Fukuyamas Buch, wie Müller (2019, 23) darlegt, gar nicht so optimistisch, definitiv nicht naiv. Gerade in den letzten Kapiteln zeigt es neue Gefahren auf, hellsichtig insbesondere, wenn Fukuyama argumentiert, dass die Gefahren für den Liberalismus in der Zukunft vor allem vom rechten politischen Spektrum zu erwarten sind (1992, 287–299). Falsch am Buch ist auch nicht, dass es das Globale betont. In der Tat liegt die Zukunft des Liberalismus in seiner globalen Ausbreitung, auch wenn Krastev und Holmes in ihrem internationalen Bestseller zum Liberalismus dies bestreiten mögen und deshalb die Frage beantworten, was sich daraus ergibt, dass Liberale die „nature of the post-Cold War period" fehlinterpretiert haben – und zwar als Modell des Zusammenlebens von globaler Tragweite (vgl. 2019, 3, 205).

Man kann jedoch argumentieren, dass Fukuyamas Fehler in der geschichtsphilosophischen Färbung seines Arguments besteht, eine Färbung, die der Titel des Buches ebenso wie die Anlehnung an Hegel verraten. So verklärt Fukuyama den Sieg des Liberalismus über alle konkurrierenden Ideologien, von der absolutistischen Monarchie über den Nationalsozialismus bis zum Kommunismus, als eine notwendige und segensreiche Entwicklung der globalen Geschichte. Der Sieg war ausgemacht, so können wir lesen, weil nur der Liberalismus für die individuelle Anerkennung aller Bürgerinnen und Bürger zu sorgen vermag (1992, 126–139). Derart aufgegleist, kommt Fukuyama natürlich zu dem Schluss, dass der ideologische

Sieg des Liberalismus zugleich eine Veranstaltung zum Wohle aller Menschen sei. Diejenigen, die heute noch nicht in liberalen Gesellschaften leben, werden schon bald ebenfalls liberale Beglückung erfahren. So lässt die geschichtsphilosophische Weichenstellung Fukuyama bei der These ankommen, dass die Welt den Liberalismus braucht und ihn nun, da der Weg vom kommunistischen Schutt freigemacht ist, auch überall bekommen wird, wenn auch nicht immer ohne Konflikte.

Auf diese Weise wird Fukuyama blind für das, was die Tyrannei des Unterbietens heute vor Augen führt: dass die liberale Welt die restliche Welt mehr braucht, als die restliche Welt den Liberalismus. Unter den komplexen Bedingungen einer in vielerlei Hinsicht globalisierten Welt als der Art Welt, zu welcher der Liberalismus mit seinem Postulat der Freiheit unweigerlich tendiert – Freiheit lässt sich nur ungern einschränken, erst recht nicht räumlich –, kann die liberale Welt ihre Anliegen nur durchsetzen, wenn der Rest der Welt mitmacht, zumindest nicht dagegen arbeitet. Die Tyrannei des Unterbietens kann nur durch international funktionierende Regulierung überwunden werden. Dazu sind alle gebraucht. Aufgrund seiner geschichtsphilosophischen Perspektive war es für Fukuyama die Welt, die den Liberalismus brauchte. Ersetzen wir diese Perspektive durch eine an Problemen orientierte, erkennen wir, dass der Liberalismus – sofern er tatsächlich gelebt und nicht nur postuliert werden will – die Kooperation der restlichen Welt braucht. Zumindest in rechtlicher Hinsicht, in Sachen Regulierung, müssen alle mitspielen. (Ob die restliche Welt dabei liberal wird oder nicht, ist eine andere Frage, eine Frage, deren Beantwortung in den Händen der restlichen Welt selbst liegt.)

Das ist, was man die fukuyamasche Vertauschung nennen kann. Fukuyama vertauschte, wer eigentlich wen braucht. Er stellte den Fokus auf Geschichtsphilosophie und es sah aus, als bräuchte die Welt den Liberalismus. Bei problemorientierter Einstellung wird dagegen deutlich, dass die liberale Welt auf die Kooperation der restlichen Welt angewiesen ist und natürlich auch – ebenfalls nicht selbstverständlich – auf die Kooperation untereinander. Die Welt *kann*, muss aber nicht liberal werden, der Liberalismus dagegen *muss* global werden. Die Folgen von Fukuyamas falschem Fokus waren tragisch.

57.3 Geschichtsphilosophische Irrwege

Dieser Zusammenhang ist vermutlich nicht notwendig, faktisch geht Geschichtsphilosophie aber mit der Vorstellung einher, dass es *den* einen Weg zum Glück gibt. Mit Multiple Modernities (Eisenstadt), der Auffassung, dass verschiedene Pfade der Entwicklung existieren, verträgt sie sich nur schlecht. So ist es auch bei Fukuyama. Deshalb passten Fukuyama und die Wirtschafts- und Entwicklungshilfepolitik der liberalen Welt mit den USA als ihrem Anführer in den 1990er Jahren so gut zusammen.

Nach dem Zusammenbruch der Sowjetunion stellte sich die Frage, wie die ehemaligen Ostblockstaaten zu entwickeln seien. *Ein* wirtschaftliches Modell war zu dieser Zeit vorherrschend: der Turbokapitalismus der Reagan-Thatcher-Ära (s. Kap. 46). Übersetzt in die Entwicklungsökonomie bedeutete dies Washington Consensus. Dank den Maßnahmen dieses Konsenses, entwickelt an Schreibtischen in supranationalen Organisationen, angesiedelt primär in Washington D.C., daher der Name, sollten die Staaten des ehemaligen Ostblocks wirtschaftlich auf Vordermann gebracht werden. Folglich wurde der Washington Consensus über diese Staaten gehängt wie Christos Verhüllungen über Gebäude. Doch während sich bei Christo die ursprünglichen Konturen der verhüllten Gebäude noch immer erahnen ließen, nahm sich der Washington Consensus vor, so wenig Rücksicht auf lokale Bedingungen und national unterschiedliche Ausgangspositionen zu nehmen, dass alle Länder binnen kurzer Frist ökonomisch gleich aussehen würden – glitzernde Amerikas in Miniatur, das eine und einzige Modell der kapitalistisch-liberalen Zukunft, geschichtsphilosophisch abgesichert.

Die Maßnahmen des Washington Consensus umfassten die Reduzierung von Staatsausgaben, die Senkung von Steuern, insbesondere Unternehmenssteuern, die Deregulierung der Wirtschaft und die Öffnung nationaler Märkte für internationalen Wettbewerb. In Osteuropa nach dem Fall des Eisernen Vorhangs wurde darüber hinaus die Privatisierung vormaliger Staatsbetriebe, welche die dortige Wirtschaft ja dominierten, zu einem entscheidenden Faktor. Dabei bedeutete Privatisierung in der Regel Oligarchisierung. Das Eigentum an den ehemaligen Staatsbetrieben wurde nicht breit unter der Bevölkerung verteilt, sondern ging für gewöhnlich an einige wenige, im alten System gut vernetzte und sich ans neue System schnell anpassende Individuen. Diese konnten vormals politischen Einfluss in ökonomisches Kapital umwandeln. Die Gewinner des alten Systems wurden zugleich die Gewinner des neuen Systems. „What distinguished 1989 from all previous revolutions was the ease with which the ostensibly dethroned elites managed to preserve their power and influence“ (Krastev/Holmes 2019, 66).

Erst im Nachhinein wurde klar, dass die Fernbedienung des Washington Consensus nicht auf den Frequenzen des ehemaligen Ostblocks sendete. Andere Wege in den Kapitalismus wären denkbar gewesen, z. B. eine soziale Marktwirtschaft nach deutschem Vorbild, sprich, mit mehr Regulierung, starken Gewerkschaften und Mitbestimmungsrechten für Arbeitnehmer. Maßnahmen dieser Art, oder ein Mix verschiedener Arten von Kapitalismus (Hall/Soskice 2001), aber auch Marktbeschränkungen, z. B. ein Schutz heimischer Industrien vor zu früher ausländischer Konkurrenz, hätten eher von Erfolg gekrönt sein können. Jedenfalls hätte man von den lokal vorherrschenden Bedingungen ausgehen sollen, anstatt einen angeblich perfekten ökonomischen Blueprint von oben darüberzustülpen. Nicht dass es dann einfach gewesen wäre, den ehemaligen Ostblock ökonomisch zu entwickeln, aber der Blick auf lokale Gegebenheiten ist als *Sine qua non* jeder Wirtschaftspolitik anzusehen. Mit dieser Logik haben es Länder wie Indien und China wirtschaftlich in den letzten Jahrzehnten jedenfalls weit gebracht (Rodrik 2011).

Vor allem die geringe Macht, die der Washington Consensus Gewerkschaften zugesteht, erscheint im Nachhinein als offensichtlicher Fehler, war doch etwa in einem Land wie Polen die Gewerkschaftsbewegung entscheidend am Sturz des vormaligen Regimes beteiligt. Doch eine solche Logik der Pfadabhängigkeiten, des Eingehens auf lokale Bedürfnisse stand damals in geringem Ansehen. Zum einen, weil der Glaube an die Maßnahmen des Washington Consensus unter Ökonomen, Politikern, selbst in der Öffentlichkeit stark verbreitet war – sogar in Ländern wie Deutschland, die sich damals anschickten, ebenfalls stärker in Richtung Deregulierung nach Vorbild des Washington Consensus zu gehen. Zum anderen aber wohl auch, weil der Glaube an die eine und einzige richtige Lösung neuen Aufwind erhalten hatte, und zwar durch die geschichtsphilosophische Art des Denkens, wie Fukuyama sie in dieser Zeit wieder salonfähig gemacht hat. Alles fügte sich zu einem harmonischen Bild – wunderbar ergänzten sich ein Modell ökonomischen Aufstiegs und eine Geschichtsphilosophie, die den Glauben an die Macht des einen und einzigen goldenen Wegs ideentechnisch absicherte.

Die Denkrichtung des Liberalismus der 1990er Jahre war ausgelegt auf die Idee, dass der vom Sowjetkommunismus befreite und damit neu für die Liberalisierung in Frage kommende Teil der Welt mit dem Washington Consensus ökonomisch zu beglücken ist. Auch der Osten kann nun kapitalistisch und damit automatisch irgendwie auch liberal werden und auf diese Weise in die für die Welt als Ganze vorbestimmte Richtung einbiegen. Nicht nur inhaltlich – mit den Postulaten des Washington Consensus – lag man falsch, wie die nur mangelhafte ökonomische Entwicklung und die politisch, wie sich heute zeigt, nicht minder problematische Entwicklung der ehemaligen Ostblockstaaten belegen. Auch was die Denkrichtung betrifft – wer in einer globalisierten Welt eigentlich wen braucht (s. o.) –, hat man sich geirrt. Eine Handvoll Terroristen würde den denkerischen Teil dieses doppelten Irrtums schon bald aufdecken.

57.4 Der 11. September als Wendepunkt

Die Anschläge vom 11. September 2001 auf bedeutende Gebäude der USA haben vieles gezeigt, z. B. welches Zerstörungspotential die Aktionen einzelner Personen entfalten können, dass auch eine Supermacht wie die USA nicht unverwundbar ist, dass Flughäfen, so wie sie damals organisiert waren, ein Sicherheitsrisiko darstellen. Zudem haben sie aufgedeckt, was hier Fukuyamas Vertauschung genannt wird, die Annahme, dass die restliche Welt den Liberalismus mehr braucht, als der Liberalismus die restliche Welt, obwohl das Gegenteil der Fall ist.

Zunächst ist festzustellen, dass 9–11 kein typisches Beispiel für die Tyrannei des Unterbietens darstellt, wie sie eingangs beschrieben wurde. So liegt diesen Anschlägen kein grundsätzlicher Kooperationszusammenhang zwischen Afghanistan als dem Land, das den Terroristen eine Heimat bot, und dem Rest der Welt zugrunde. Vielmehr förderten die seit 1996 herrschenden Taliban die terroristischen Umtriebe in ihrem Land oder haben sie zumindest nicht bekämpft. Dies mit dem Ziel, vor allem den USA Schaden zuzufügen. Es ging um die absichtliche Schädigung eines anderen Landes, was für die Tyrannei des Unterbietens gerade nicht charakteristisch ist. Trotzdem ist auch in den Anschlägen vom 11. September die Tyrannei des Unterbietens als grundsätzliche Problematik einer globalen Welt auszumachen – mangelnde Regulierung in einem Land, Afghanistan, wo diese terroristischen Akte primär vorbereitet und koordiniert wurden, kann katastrophale Konsequenzen in einem anderen zeitigen. Fahrlässiges Verhalten auf Seiten der afghanischen Regierung allein hätte bereits ausgereicht, um diese Katastrophe heraufzubeschwören. Dass böse Absichten von Seiten der Taliban hinzukamen, machte es im vorliegenden Fall einfacher. Aber auch ohne diese bösen Absichten, das ist mein Punkt, wären die Anschläge vom 11. September durchführbar gewesen.

So können auch heute, vielleicht gerade jetzt in diesem Moment in irgendeinem Land der Erde Anschläge geplant werden, die ein anderes Land treffen werden, verschuldet aber durch die nachlässige Sicherheitspolitik des Ersteren. Dies unterstreicht, dass es sich der Liberalismus nicht leisten kann, wenn auch nur ein einziges Land auf der ganzen Welt nicht zumindest ansatzweise – was die elementare Sicherheit betrifft – nach seinen Prinzipien funktioniert. Unter der Bedingung einer globalen Welt kann sich der Liberalismus keine Schurkenstaaten, ja nicht einmal gescheiterte Staaten leisten. Die Wirkungen solcher Staaten mögen für die liberale Welt schon bald, unmittelbar und fürchterlich, zu spüren sein. Schon allein in diesem Sinne braucht der liberale Teil der Welt den Rest der Welt, den ganzen Rest. Die Frage nach Sicherheit offenbart, wie viel die liberale Welt dank der Globalisierung, die sie schuf, zu verlieren hat, wenn der Rest der Welt nicht mitzieht. Wer braucht hier eigentlich wen wie dringend?

Die auf den 11. September folgende Reaktion der USA zeigt, wie schnell diese Lektion verinnerlicht wurde. Sofort ging es nicht nur darum, die Täter und ihre Hintermänner zu bestrafen, sondern darum, das Übel an seiner Wurzel zu packen: der mangelnden Bekämpfung terroristischer Absichten im Staate Afghanistan. Dem Land wurde der Krieg erklärt, das Taliban-Regime gestürzt. Die liberale Welt lernte, dass sie im Bereich Sicherheit nicht nur sich selbst, sondern die ganze restliche Welt kontrollieren muss. Der nächste Schritt bestand folglich darin, den Blick über Afghanistan hinaus zu richten und sich auf die Suche nach dem nächsten Afghanistan zu begeben. Überall, wo ein Land nicht konsequent gegen Terroristen vorgeht oder Massenvernichtungswaffen besitzt, die sie gegen die liberale Welt einsetzen könnte, muss man intervenieren und die Bedingungen herstellen, welche die liberale Welt braucht, um selbst in Sicherheit leben zu können. Als nächstes kam der Irak an die Reihe. Der Grund für die Kriegserklärung war eindeutig: Der Irak bedroht den Rest der Welt durch Massenvernichtungswaffen sowie durch die Unterstützung des islamischen Terrorismus. Im Unterschied zum Krieg in Afghanistan sind viele andere liberale Staaten, allen voran Frankreich und Deutschland, den USA hierbei nicht gefolgt. Damit stellten diese jedoch nicht das neue liberale Prinzip des Eingreifens an sich in Frage. Der Grund, warum sie den USA nicht folgten, bestand vielmehr darin, dass sie nicht glaubten, dass der Fall Irak eine Instanz dieses Prinzips darstellte. Sie sollten Recht behalten. Weder konnten dem Irak Verbindungen zu Al-Qaida nachgewiesen werden noch wurden Massenvernichtungswaffen gefunden. Doch diese Frage nach der Subsumption lässt die Lehre unberührt, welche die liberale Welt aus den Anschlägen vom 11. September zog – dass der Liberalismus nur sicher ist, wenn die Welt frei von gescheiterten Staaten ist. Auch Fukuyama selbst machte diese neue Logik offenbar schnell zu seiner eigenen. Zumindest setzte er seine Unterschrift unter William Kristols Brief an Präsident Georg W. Bush vom 20. September 2001, in dem Kristol forderte, dass nicht nur Osama bin Laden geschnappt, sondern auch Saddam Hussein gestürzt werden müsse.

Was wiederum ist die Erkenntnis für den Liberalismus aus den Erfahrungen, welche diese beiden Kriege zeitigten, beide geführt mit Verweis auf das als Reaktion auf 9–11 entstandene Prinzip globaler Intervention oder, wie es damals hieß, die Erkenntnis, dass unsere Freiheit auch am Hindukusch verteidigt werden muss – und an Euphrat und Tigris, ja überall auf der Welt? Doch wohl, dass der Krieg liberaler Staaten gegen nicht-liberale auch aus rein egoistisch liberaler Sicht eine minderwertige Strategie darstellt und dass es nicht darum gehen kann, permanent alle Staaten Gewehr bei Fuß zu überwachen, um im Fall der Fälle bereit zu sein, deren Regime auszutauschen. Vielmehr muss es unter der Bedingung einer globalen Welt und damit einer Welt, in der auch Terroristen über weitaus tödlichere Fähigkeiten verfügen, darum gehen, diese anderen Staaten mit friedlichen Mitteln dazu zu bringen, eine Grundordnung herzustellen und aufrechtzuerhalten, die terroristische Umtriebe verhindert. Schon allein um willen seiner Sicherheit ist der Liberalismus auf die Kooperation des Rests der Welt angewiesen – mehr als die restliche Welt auf ihn. 9–11 stellte den Liberalismus vom geschichtsphilosophischen Kopf, auf den Fukuyama ihn verkehrt hatte, zurück auf die problemorientierten Beine.

57.5 Liberale Lösungen

Die Zukunft des Liberalismus hängt davon ab, ob er die Tyrannei des Unterbietens in den Griff bekommt. Dazu muss er Formen von Regulierung entwickeln, die auf supranationaler Ebene wirken. Der direkteste Weg wäre, einen Weltstaat zu gründen. Den Nationalstaaten übergelagert würde dieser die Fragen entscheiden, die für die Welt als Ganze relevant sind. Er würde also u. a. die globale Wirtschaft regulieren, Maßnahmen gegen den Klimawandel verabschieden und humanitäre Katastrophen verhindern. Schon für Locke war die Überwindung des Naturzustandes nur vollständig, wenn die gegründeten Nationalstaaten wiederum einen Weltstaat hervorbringen würden. Daran anknüpfend erklärt Kant, warum diese zweite Gründung in der Theorie zwar notwendig, in der Praxis aber zumindest auf absehbare Zeit unmöglich ist: aufgrund des mangelnden Willens der Menschen, eine Souveränität über ihrem Nationalstaat anzuerkennen. Die neuere Debatte um den Weltstaat und seine Surrogate entsteht im Anschluss an Rawls und wird an anderer Stelle dargelegt (s. Kap. 33). Kürzlich hat der chinesische Philosoph ZHAO Tingyang, überlappend, wenn auch nicht deckungsgleich mit liberalen Vorstellungen, für eine Art Weltregierung plädiert, allerdings nach klassisch chinesischem Prinzip als, wie er es nennt, „Alles unter dem Himmel" (2020). Allerdings hat scheinbar noch niemand demonstriert, wie man von da, wo wir heute stehen, zu einem Weltstaat, einer Weltregierung oder Vergleichbarem kommen könnte. Dazu finden sich allenfalls Andeutungen, z. B. von Stephen C. Angle, der anregt, die UNO zu einer Art Weltregierung weiterzuentwickeln (2012).

Natürlich ist es wichtig, sich auch über utopische Ideen Gedanken zu machen. Schließlich ist die Utopie von heute gerne mal die Realität von morgen. Jedoch scheinen mir Debatten über den Weltstaat häufig mit der Auffassung einherzugehen, dass sich mit den heute existierenden Institutionen nichts anfangen ließe. Die Fixierung auf den Weltstaat ist oft nur eine faule Ausrede, um die mühsamen Überlegungen *nicht* anzustellen, welche Probleme wie anzugehen wären – mit den hier und heute existierenden Institutionen und Verhältnissen. Man kann durchaus davon überzeugt sein, dass in der Welt, wie sie jetzt ist, genügend Potentiale schlummern, um unsere Probleme besser zu lösen, als es uns momentan gelingt. Man muss sich nur die Mühe machen, diese Potentiale zu wecken.

Veranschlagen muss man zunächst, dass auch nationale und regionale Institutionen, selbst Individuen und private Assoziationen supranational handeln können. Supranationalität ist nicht Prärogativ des Weltstaats. Jedoch treibt die Logik des Unterbietens den Nationalstaat als bedeutendste der nicht-supranationalen Institutionen immer wieder in Richtung Eigennutzen, selbst wenn dieser Eigennutzen lediglich als Prävention oder Reaktion vor dem Eigennutzen der anderen herrühren mag. Ohne supranationale Organisationen wird es also nicht gehen, soweit ist den Verfechtern des Weltstaats zuzustimmen. Doch es gibt ja bereits eine Reihe supranationaler Organisationen. Auf eine von ihnen soll gleich näher eingegangen werden. Zuvor ist es, was die supranationale Ebene angeht, jedoch wichtig, zwei Bereiche konzeptionell voneinander zu unterscheiden. Zum einen das Verhältnis liberaler Staaten untereinander. Zum anderen – die Erkenntnis unterstreichend, dass der Liberalismus auf den Rest der Welt angewiesen ist – das Verhältnis liberaler Staaten zu nicht-liberalen.

Im Verhältnis liberaler Staaten untereinander ist von einem mehr oder weniger ebenen Spielfeld auszugehen. Liberale Staaten teilen eine Reihe wichtiger Eigenschaften, ein funktionierendes Rechtsystem etwa, ökonomische Sicherheit, demokratische Mitsprache der Bürgerinnen und Bürger. Innerhalb der liberalen Welt interagieren Staaten folglich auf Augenhöhe. Natürlich soll die Existenz von Machtasymmetrien innerhalb dieser Welt nicht in Abrede gestellt werden. Doch im Vergleich zur nicht-liberalen Welt schrumpfen alle binnen-liberalen Unterschiede sofort zusammen. Von Gleichheit kann dort nicht die Rede sein. Das Spielfeld ‚Welt' ist uneben – der nicht-liberalen Partei fallen die Spielsteine entgegen. Auf der einen Seite aufgebockt wurde die Welt im Zeitalter des Kolonialismus – des europäischen Urverbrechens. Die Unebenheit ist somit Ergebnis von Ungerechtigkeit (s. Kap. 15). Und diese Ungerechtigkeit weilt noch immer unter uns (Jasanoff 2020), Ausdruck des momentanen Spielstands, auch wenn der Kolonialismus in formaler Hinsicht weitgehend zu Ende sein mag. Daher ist beim Verhältnis der liberalen Welt zur nicht-liberalen wiedergutmachende Gerechtigkeit zu veranschlagen, etwas, dem die liberale Welt unter sich nicht bedarf. Wie diese Entschädigung konkret auszusehen hat, übersteigt die Kapazitäten dieses Kapitels ebenso wie die Kompetenzen seines Autors. Eindeutig aber ist, dass am Ende eine ebenso starke wie nachhaltig wirkende Einkommens- und Vermögensumverteilung stehen muss.

Des Weiteren trennt die Art der Probleme das Verhältnis der liberalen Welt untereinander vom Verhältnis der liberalen zur nicht-liberalen Welt. Innerhalb der liberalen Welt sind die über die Nationalstaaten hinausgehenden Probleme fast ausschließlich ökonomischer Natur. Dass diese Probleme gleichwohl erheblich sein und zudem Folgeprobleme generieren können (Tooze 2018), hat die Finanzkrise 2008 bewiesen. Trotzdem macht es natürlich einen Unterschied, ob man sich darauf fokussieren kann, ein bestimmtes Wohlstandsniveau abzusichern, oder ob man darüber hinaus auch um Frieden, Sicherheit, medizinische Versorgung und ausreichend Ernährung besorgt sein muss. Letzteres ist der Fall im Verhältnis der liberalen zur nicht-liberalen Welt und die Notwendigkeit der wiedergutmachenden Gerechtigkeit zwingt die liberale Welt mindestens einmal dazu, der nicht-liberalen bei der Lösung ihrer basalen Probleme beizustehen.

Neben dem grundsätzlichen Verhältnis und der Art der Probleme ist die Frage nach Sanktionsmaßnahmen wichtig. Dies vor allem, weil es auf überstaatlicher Ebene viel zu wenige davon gibt. Genau deshalb leidet man ja unter der Tyrannei des Unterdrückens, dem gegenseitigen Unterbieten der Nationalstaaten. Aus dem Winkel der Sanktionsfrage betrachtet, kommt der World Trade Organization (WTO) mit Sitz in Genf eine besondere Rolle zu – sie ist die einzige supranationale Organisation, deren Entscheidungen sich Nationalstaaten, liberale wie nicht-liberale, bisher systematisch (wenn auch nicht in jedem Einzelfall) unterworfen haben. Zwar gibt es Aspekte, die man an der WTO kritisieren muss, oftmals ähnlich zu denen, für die man den Washington Consensus kritisiert, doch neben ihrer Sanktionskraft ist an der WTO auch bemerkenswert, dass sie vorsieht, ihre Handelsregeln zu beugen, wenn schwächere, hilfsbedürftige Ökonomien eine der Streitparteien sind. So gelten für letztere Länder mitunter weniger strenge Handelsregeln als für die etablierten liberalen Länder, sog. *preferential treatment*, Vorzugsbehandlung.

Für liberale Länder untereinander hat die WTO klare Regeln, und noch wichtiger Regeln, die auch tatsächlich eingehalten werden. In Hinblick auf das Verhältnis der liberalen zu den nicht-liberalen Ländern räumt sich die WTO dagegen die Option ein, ihre Regeln zugunsten Letzterer zu beugen. Aus Sicht wiedergutmachender Gerechtigkeit ist dies vorbildlich. Im Grunde bedeutet es, dass die Tyrannei des Unterbietens zwischen liberalen Ländern untersagt wird – alle liberalen Länder müssen nach identischen Handelsregeln spielen, keines kann die anderen ausbeuten. In der Tat können es die liberalen Länder untereinander nicht akzeptieren, dass einige von ihnen auf Kosten der anderen radikal niedrige Steuern einführen, die Vermögenden anderer Staaten mittels Bankgeheimnis anlocken, Arbeitsstandards nach unten setzen, bei der Produktsicherheit sparen, beim Umweltschutz Kompromisse machen etc. Hier muss harmonisiert und sanktioniert werden, um der Tyrannei des Unterbietens und dem liberalen Abwärtsstrudel, zu dem sie führt, entgegenzutreten. Beim Verhältnis liberaler zu nicht-liberalen Staaten kann es dagegen richtig sein, wenn die liberalen Staaten solche und ähnliche Maßnahmen auf Seiten der nicht-liberalen akzeptieren und sich dadurch Arbeitsplätze, Firmen und Vermögende abjagen lassen. Hier mag die Tyrannei des Unterbietens eine rechtmäßige Wiedergutmachung vergangenen Unrechts darstellen. Doch auch dies – diese für Gerechtigkeit sorgende Ungleichbehandlung – sollte, wie im Fall der WTO, nach Regeln geschehen.

Es ist offensichtlich, dass eine solche Vorzugsbehandlung in Widerspruch dazu steht, dass der Tyrannei des Unterbietens der Kampf anzusagen ist. Man kann im Verhältnis zur nicht-liberalen Welt momentan nicht beides haben – wiedergutmachende Gerechtigkeit und radikales Vorgehen gegen die Tyrannei des Unterbietens. Es gilt, einen gesunden Mittelweg zu finden, und das bedeutet, gegenüber der nicht-liberalen Welt so viel gutzumachen wie möglich und gleichzeitig unsere liberalen Staaten gegen die Tyrannei des Unterbietens soweit abzusichern, wie die interne Stabilität es nötig macht. Freilich muss dieser Kompromiss stets neu bezüglich der Frage verhandelt werden, welche nicht-liberalen Länder weiterhin Ausnahmen für Entwicklungsländer und für wiedergutmachende Gerechtigkeit geltend machen können. Sind sie, wie vielleicht China, mittlerweile stark genug, um auf eigenen Beinen zu stehen und/oder mittlerweile nicht mehr Verlierer, sondern Gewinner des unebenen globalen Spielfeldes? Zudem sollten es sich liberale Länder offenhalten, danach zu diskriminieren (das wäre eine Weiterentwicklung der WTO), wie demokratisch die Staaten sind, die *preferential treatment* bekommen sollen. Demokratischen Staaten sollte grundsätzlich stärker unter die Arme gegriffen werden, schlicht und einfach, weil man bei diesen davon ausgehen kann, dass die Gewinne in höherem Maße auch tatsächlich der Bevölkerung und nicht nur der Elite zukommen (Rodrik 2011, 245).

So würde die WTO von einer rein ökonomischen in Richtung einer moralischen Veranstaltung wandern. Die Chance, die darin liegt, ist die Sanktionskraft dieser Institution. Die Gefahr ist, dass eine Verschiebung hin zu Moral die Sanktionskraft der WTO gerade untergräbt, weil sich Nationalstaaten zwar vielleicht ökonomisch bevormunden lassen, nicht aber moralisch. Diese Fragen werden in den nächsten Jahrzehnten verstärkt auf supranationale Institutionen zukommen. Wie zerbrechlich diese weiterhin sind, zeigt sich daran, wie leicht ein aus allen Normen fallender US-Präsident den Streitschlichtungsmechanismus der WTO lahmlegen konnte. Trotzdem könnte die moralische Wette für supranationale Organisationen lohnend sein. Manchmal ist die Gratwanderung der sicherste Weg nach vorne.

Literatur

Angle, Stephen C.: Contemporary Confucian Political Philosophy. Toward Progressive Confucianism. Cambridge 2012.

Case, Anne/Deaton, Angus: Deaths of Despair and the Future of Capitalism. Princeton 2020.

Fukuyama, Francis: The End of History and the Last Man. New York 1992.

Hall, Peter A./Soskice, David: An Introduction to Varieties of Capitalism. In: Dies. (Hg.): Varieties Of Capitalism: The Institutional Foundations of Comparative Advantage. Oxford 2001, 1–69.

Jasanoff, Maya: Misremembering the British Empire (2020). In: https://www.newyorker.com/magazine/2020/11/02/misremembering-the-british-empire (28.10.2020).

Krastev, Ivan/Holmes, Stephen: The Light that Failed. A Reckoning. London 2019.

Müller, Jan-Werner: Furcht und Freiheit. Für einen anderen Liberalismus. Berlin 2019.

Rodrik, Dani: The Globalization Paradox. Democracy and the Future of the World Economy. New York 2011.

Tooze, Adam: Crashed. How a Decade of Financial Crises Changed the World. New York 2018.

Zhao, Tingyang: Alles unter dem Himmel. Vergangenheit und Zukunft der Weltordnung. Berlin 2020.

Teil VI
Über den Westen hinaus

58 Russland

Ulrich Schmid

Die Frage des Liberalismus stellt sich in Russland im langen 19. Jahrhundert ganz anders als im kurzen 20. Jahrhundert. Im Zarenreich galt der Liberalismus selbst als staatsgefährdend, während die Oktoberrevolution eine scharfe Linie zwischen dem bolschewistischen Projekt und liberalen Staatskonzeptionen zog, die nun plötzlich im Verdacht standen, das *Ancien Régime* zu stützen. Während der Sowjetzeit war die Formel „kleinbürgerlicher Liberalismus" fester Bestandteil der offiziellen Rhetorik. Liberale Positionen wurden abgelehnt, weil sie der marxistischen Forderung des Klassenkampfs widersprachen. Nach dem Zusammenbruch der Sowjetunion etablierte sich in Russland unter Boris Jelzin zunächst ein Raubtierkapitalismus, der bis heute das negative Image des Liberalismus in Russland prägt (Light 2013, 237). Wladimir Putin stärkte ab 2000 den Einfluss des Staates wieder und errichtete eine Vertikale der Macht. Der neue Gesellschaftsvertrag lautete nun: „Enrichissez-vous, mais ne vous indignez pas!" (Schmid 2015, 318). Wirtschaftliche Aktivität wurde sogar in Grauzonen der Legalität geduldet, solange die privaten Akteure den exklusiven politischen Gestaltungsanspruch des Kremls nicht in Frage stellten. Besondere Signalwirkung für die Durchsetzung dieses Grundsatzes kam der Verhaftung des Oligarchen Michail Chodorkowski im Jahr 2003 zu. Chodorkowski hatte liberale Parteien und Nichtregierungsorganisationen unterstützt und den ordnungspolitischen Führungsanspruch des Kremls offen in Frage gestellt. Unter der fabrizierten Anklage der Steuerhinterziehung wurde er zu einer mehrjährigen Haftstrafe verurteilt und kam erst in einer Amnestie im Vorfeld der Winterspiele in Sotschi 2014 frei. In der Ära Putin etablierte sich ein antiwestliches Wertesystem, das eine eigengesetzliche russische Kulturentwicklung behauptete. Der Liberalismus westlicher Prägung wurde zu einem Feindbild, weil er angeblich zu politischem Chaos und Massenverarmung führe. Als Beleg für diesen Vorwurf wurde neben den 1990er Jahren auch die Zeit zwischen der Februar- und der Oktoberrevolution 1917 angeführt (Gutorov 2016, 14). Zum wichtigsten Bezugspunkt des politischen Denkens im Kreml wurde nun der Konservatismus, der sich in einer Stärkung traditioneller Werte und in einem autoritären Herrschaftssystem äußert (Robinson 2019).

Die prekäre Lage des Liberalismus in Russland wurde oft durch das angebliche Fehlen einer Aufklärung in der russischen Kulturgeschichte erklärt. Man darf jedoch nicht vergessen, dass deutsche und französische philosophische Konzepte intensiv in Russland rezipiert wurden (Goerdt 1984, 35). Anekdotisch kann man auch auf die Tatsache verweisen, dass

U. Schmid (✉)
Universität St. Gallen, St. Gallen, Schweiz
E-Mail: ulrich.schmid@unisg.ch

M. G. Festl (Hrsg.), *Handbuch Liberalismus,* https://doi.org/10.1007/978-3-476-05798-3_58

Kant (s. Kap. 4) während des Siebenjährigen Kriegs einige Jahre lang auch Untertan des Zarenreichs war. Katharina die Große (1729–1796) förderte die Wissenschaften nach Kräften, korrespondierte mit Voltaire und begriff sich selbst als aufgeklärte Autokratin. Ihren Sohn Alexander, den späteren Thronfolger, ließ Katharina vom republikanisch gesinnten Waadtländer Frédéric-César de La Harpe erziehen. Freilich wurden diese Bestrebungen durch die Französische Revolution jäh beendet.

Zu Beginn seiner Regierungszeit griff Alexander I. (1777–1825) liberale Konzepte auf. Fortschrittliche Denker entwarfen zu seiner Thronbesteigung eine „Charta für das russische Volk", in der freiheitliche Grundrechte für alle Untertanen garantiert werden sollten. Allerdings wurde das Manifest nie verkündet (Raeff 1966, 79–84). Immerhin erhielten aber innerhalb des Zarenreichs das Großfürstentum Finnland im Jahr 1809 und das Königreich Polen im Jahr 1815 Verfassungen. Allerdings geriet Alexander in seinen späten Lebensjahren unter den fatalen Einfluss von reaktionären Bildungspolitikern. Ihr Kampf richtete sich vor allem gegen den Philosophieunterricht an den Universitäten; im deutschen Idealismus sahen sie die Keimzelle revolutionären Gedankenguts. 1819 mussten mehrere Professoren an der Universität Kazan ihren Dienst quittieren, 1821 wiederholte sich eine ähnliche Aktion an der Universität von St. Petersburg. Die zaristischen Behörden reduzierten die russische Kultur immer stärker auf die orthodoxe Tradition und schotteten sie schließlich von allen fremden Einflüssen ab. 1820 wurden die Jesuiten verboten, 1822 die Freimaurer und alle anderen „Geheimgesellschaften", also auch philosophische Privatzirkel. Die schlimmsten Befürchtungen der Regierung schienen sich im Dezember 1825 zu bewahrheiten, als eine Reihe junger Adliger nach dem überraschenden Tod des Zaren einen schlecht vorbereiteten Aufstand gegen die Autokratie inszenierten. Der Thronfolger Nikolaj I. (1796–1855) hatte schon kurz zuvor seinen Offizieren zugerufen: „Meine Herren Offiziere, beschäftigen Sie sich mit dem Militärdienst und nicht mit Philosophie: Ich kann Philosophen nicht ausstehen, sie sollen alle an der Schwindsucht zugrunde gehen!" (Vančugov 1994, 85). Der Dekabristenaufstand prägte als Trauma Nikolajs gesamte Regierungszeit und definierte seine repressive Grundhaltung. Immerhin wurde in den 1830er Jahren eine erste systematische Sammlung des russischen Rechts erstellt. Die liberalen Revolutionen von 1848 präsentierten sich dem Zaren als Katastrophen, die es mit aller Kraft zu bekämpfen galt. Der ungarische Aufstand im Habsburgerreich wurde mit tatkräftiger russischer Hilfe niedergeschlagen.

Alexander II. (1818–1881) trug den Beinamen „Befreierzar", weil er im Jahr 1861 die russischen Bauern aus der Leibeigenschaft entließ. Die Zensur wurde gelockert, das Prinzip der „Öffentlichkeit" (Glasnost) wurde zu einem politischen Schlagwort. Allerdings setzte auch Alexander II. nationalen Autonomiebestrebungen klare Grenzen. Den Polen, die nach dem Novemberaufstand 1830 ihren Sonderstatus verloren hatten und auf eine neue Verfassung hofften, beschied er kühl: „Point de rêveries, messieurs!" In seine Regierungszeit fiel auch die Einrichtung der regionalen Selbstverwaltungen („Semstwo"), die sich schnell zu Keimzellen des Liberalismus entwickelten (Emmons/Vucinich 1982). Diese Versammlungen waren eigentlich für Vertreter aller Stände offen, allerdings wurden die Wahlen so durchgeführt, dass die Adligen die Semstwos dominierten. In vielen Semstwos wurde im späten 19. Jahrhundert über die Einführung einer Verfassung für das Zarenreich diskutiert. Dass ein Parlament eingeführt werden sollte, stand außer Frage. Über die Modalitäten gingen die Meinungen hingegen auseinander: Die Vorschläge reichten von der von den USA inspirierten Idee, die Semstwos als Caucuses einzusetzen, über ein Zweikammersystem mit einer Semstwo- und einer Direktvertretung bis hin zu einer Nationalversammlung nach dem Vorbild Bulgariens, das 1878 zu einer konstitutionellen Monarchie geworden war (Anderson 1967, 273–278). Allerdings setzte die Ermordung Alexanders II. im Jahr 1881 allen diesen Debatten ein Ende.

Immerhin bildete sich in dieser Zeit eine liberale Rechtstradition in Russland heraus. Boris

Tschitscherin und sein akademischer Schüler Anatolij Koni engagierten sich für die Freiheitsrechte des Individuums, stellten aber die Monarchie nicht in Frage. In seinem Buch *Über die Volksvertretung* (1866) schrieb Tschitscherin:

> Der Russe kann nicht den Standpunkt westlicher Liberaler einnehmen, die der Freiheit einen absoluten Wert zumessen und sie zur notwendigen Bedingung allen bürgerlichen Fortschritts erheben. In diesem Fall würden wir uns von unserer ganzen Vergangenheit lossagen und die offensichtliche und umfassende Tatsache unserer Geschichte verleugnen, welche sonnenklar beweist, dass die Autokratie das Volk in Riesenschritten auf den Weg der Bürgergesellschaft und Aufklärung führen kann. (Čičerin 1866, viii)

Tschitscherin hatte durchaus Verständnis für polnische Unabhängigkeitsbestrebungen und kritisierte auch die russische Herrschaft in Polen als „größtenteils ungerecht". Gleichwohl schloss er sich der patriotischen Hochstimmung an, die Großrussland nach dem polnischen Januaraufstand von 1863 erfasste. In einem Privatbrief an seinen Bruder empfahl er sogar „zehn Jahre Terror" und ethnische Säuberungen für Polen, damit keine weiteren Angriffe auf die russische Herrschaft mehr möglich seien (Hamburg 1992, 260–261). Anatolij Koni folgte Tschitscherin in seiner gemäßigten Haltung, wenn er liberale Postulate in den konservativen Diskurs einspielte. Beide Juristen forderten eine „lebendige Verbindung" zwischen Regierung und Gesellschaft und wichen damit der lästigen Frage nach „checks und balances" im Staatsrecht aus (Cordin 2019, 167).

Es gab allerdings im vorrevolutionären Russland nicht nur eine Allianz zwischen Liberalismus und Monarchismus, sondern auch zwischen Liberalismus und der Arbeiterbewegung. Wladimir Lenin arbeitete von 1895 bis 1898 eng mit Pjotr Struve zusammen, der später zu einem der wichtigsten Vordenker des russischen Liberalismus werden sollte. Struve stammte aus einer politisch privilegierten Familie – sein Vater war von 1865 bis 1870 Gouverneur von Perm. Der junge Struve empörte sich gegen die ungerechte Gesellschaftsordnung im Zarenreich und suchte die Nähe linker Denker. Er schlug sogar den Titel für Lenins Hauptwerk *Die Entwicklung des Kapitalismus in Russland* (1896–1899) vor (Pipes 1970, 238). Außerdem verfasste Struve das Manifest für den ersten Kongress von Lenins sozialdemokratischer Arbeiterpartei im Jahr 1898. Darin bestätigte Struve den Klassenkampf als zentrales Element der historischen Entwicklung: „Das russische Proletariat wird das Joch der Autokratie abwerfen, um danach den Kampf mit dem Kapitalismus und der Bourgeoisie bis zum vollen Sieg des Sozialismus weiterzuführen" (Spiridovič 2015, 332). Lenin und Struve stimmten überein, dass eine sozialistische Revolution in Russland eine kapitalistische Entwicklung voraussetze und deshalb die Demokratisierung des Staates vorangetrieben werden müsse (Struve 1934b, 66). Allerdings war ihr Zerwürfnis bereits vorprogrammiert. Beide glaubten zwar an den Marxismus, hatten jedoch ganz unterschiedliche Vorstellungen davon, was sie ‚Kapitalismus' nannten. Für Struve war der Kapitalismus eine leistungsfähige Gesellschaftsordnung, die moderne staatliche Institutionen und eine Hochkultur hervorgebracht hatte. 1894 schloss Struve sein Buch *Kritische Bemerkungen über die Frage der ökonomischen Entwicklung Russlands* mit einem Satz, der berühmt werden sollte: „Lasst uns unseren Mangel an Kultur eingestehen und beim Kapitalismus in die Lehre gehen!" Struve begrüßte die kapitalistische Industrialisierung, weil qualifizierte Arbeiter notwendig eine gewisse Bildung erhielten. Dadurch verstärkten sich auch ihre politischen Forderungen, was letztlich zu mehr Freiheit und gesellschaftlicher Organisation führe (Pipes 1970, 168). Für Lenin hingegen bedeutete Kapitalismus nur ein Ausbeutungssystem, das unbedingt zerstört werden musste (ebd., 128–129). In den 1930er Jahren verfasste Pjotr Struve Memoiren über Lenin, in denen er ein sehr abstoßendes Porträt des späteren Revolutionsführers zeichnete. Natürlich verzerrt hier die negative Erfahrung der Oktoberrevolution das ursprüngliche Bild, gleichwohl scheint Lenins „abstrakter gesellschaftlicher Hass und kalte politische Grausamkeit" für Struve bereits in jungen Jahren ein Problem gewesen zu sein. Lenin sei von asketischem Machthunger besessen gewesen und habe überhaupt keinen Sinn für Kompromisse gehabt (Struve 1934a, 592–593). In einem Buchbeitrag aus dem Jahr 1920 bezeichnete Struve Lenin als „Henker" und attestierte ihm „persönliche Bosheit" und „moralische Perversion" (1920, 125). Umgekehrt schenkte auch Lenin Struve nichts. Nach dem endgültigen Bruch im Jahr 1900 mochte Lenin nicht einmal mehr ausschließen, dass Struve umgebracht werden sollte (Pipes 1970, 279). Ende der 1920er Jahre wandte sich Struve entschieden gegen die naive Einschätzung westlicher Kommentatoren, die dem „guten Lenin" den „bösen Stalin" gegenüberstellten. Für Struve blieb Lenin eine „denkende Guillotine" (Pipes 1980, 403).

Ein interessantes historisches Gedankenexperiment könnte sich mit dem Szenario beschäftigen, wie Russland im 20. Jahrhundert ausgesehen hätte, wenn nicht Lenin, sondern Struve die Geschicke des Landes geleitet hätte. An organisatorischen Initiativen mangelte es nicht. 1903 fand in Schaffhausen eine Versammlung führender liberaler Intellektueller statt. Neben Struve und einer Reihe engagierter Philosophen nahmen die Juristen Bogdan Kistjakowski, Sergej Kotljarewski und Pawel Nowgorodzew teil. Aus dieser Gruppe ging ein Jahr später der „Befreiungsbund" hervor. Die Mitglieder des Befreiungsbundes wandten sich allerdings gegen die radikale Vorstellung eines Nachtwächterstaats und forderten eine soziale, manchmal sogar eine theologische Verantwortung des Staates (Shacillo 1985, 167; Walicki 1987, 340, 369). Ein prominenter Beobachter aus Deutschland nahm diese Vorgänge sehr wohl wahr. Im ersten seiner beiden Russlandberichte aus den Jahren 1905 und 1906 fasste Max Weber das Programm des „Befreiungsbundes" in vier Punkten zusammen: „1. garantierte Freiheitsrechte des Individuums, 2. konstitutioneller Rechtsstaat auf der Grundlage des ‚viergliedrigen Wahlrechtes' [allgemein, direkt, geheim und gleich], 3. Sozialreform nach westeuropäischem Vorbild, 4. Agrarreform" (1980, 43). Kistjakowski diente Weber als wichtigster Informant bei der Abfassung dieses Berichts (Walicki 1987, 347).

Die Umstände für einen liberalen Aufbruch waren zu Beginn des 20. Jahrhunderts günstig. Die Ereignisse von 1848 fanden in Russland mit über einem halben Jahrhundert Verspätung statt (Berlin 1981, 29). Es ist kaum möglich, die gesellschaftliche Mobilisierung nach der ersten Revolution von 1905 zu überschätzen. Erstmals ließ sich der Zar widerwillig auf eine grundrechtliche Regelung seiner Souveränität ein. Der Hof vermied zwar das Wort „Verfassung" mit allen Mitteln. Gleichwohl wurde deutlich, dass der Erlass des Oktobermanifests im Jahr 1905, die Ausarbeitung eines Reichsgrundgesetzes und die Einberufung der Duma im Jahr 1906 einen erheblichen Fortschritt in der politischen Partizipation bürgerlicher Schichten im Zarenreich bedeutete. Besonders wichtig war dabei die Gründung der Konstitutionell-Demokratischen Partei (KD), die 1905 aus der Vereinigung des „Befreiungsbundes" mit der Semstwo-Partei hervorging. Die Mitglieder der Konstitutionell-Demokratischen Partei wurden im Volksmund bald nach den Anfangsbuchstaben ihrer Selbstbezeichnung „Kadetten" genannt. Über weite Strecken liest sich das erste Parteiprogramm wie ein Verfassungsentwurf für eine parlamentarische Monarchie in Russland. Ein Akzent lag auf den bürgerlichen Rechten und Freiheiten, hervorgehoben wurden aber auch die Selbstbestimmung der nationalen Minderheiten, die Reduktion der Staatsquote in der Wirtschaft und die Dezentralisierung der Verwaltung (Scheibert 1972). Eine zentrale Figur in der Konstitutionell-Demokratischen Partei war der Historiker Pawel Miljukow. Er hatte sich in Struves Befreiungsbund engagiert und war in der provisorischen Regierung kurzzeitig Außenminister. Allerdings trat er im Mai 1917 zurück, nachdem bekannt geworden war, dass er trotz der aussichtslosen militärischen Lage weitreichende territoriale Ziele für Russland verfolgte, namentlich eine russische Kontrolle über den Bosporus. Struves und Miljukows weitere Lebenswege sind typisch für das Schicksal russischer Liberaler nach der Oktoberrevolution: Sie flohen vor der bolschewistischen Gewaltherrschaft ins Ausland und engagierten sich in der russischsprachigen Exilpresse für ihr politisches Ideal, das neben den Freiheitsrechten für das Individuum und der Marktwirtschaft auch immer einen starken russischen Staat umfasste.

Stalins Terrorherrschaft ließ neben der offiziellen Parteilinie keine anderen linken, geschweige denn liberalen Positionen zu. Auch das „Tauwetter" unter Stalins Nachfolger Nikita Chruschtschow erlaubte nur punktuelle Kritik an Fehlentwicklungen, aber keine grundsätzlichen Zweifel am Sowjetsystem. Dissidenten wie Alexander Solschenizyn oder Alexander Sinowjew prangerten zwar die kommunistische Herrschaft an, waren selbst aber weit davon entfernt, einen Liberalismus westlicher Prägung zu unterstützen. Sogar Galionsfiguren der Bürgerrechtsbewegung wie der Physiker Andrej Sacharow schlossen in ihre Verlautbarungen immer ein Bekenntnis zum Sozialismus mit ein.

Erst nach dem Zusammenbruch der Sowjetunion konnte sich der Liberalismus als eigene politische Kraft in Russland etablieren. Boris Jelzin ernannte den Ökonomen Jegor Gajdar zu seinem Finanzminister. Gajdar vermutete, dass die sowjetische Planwirtschaft gescheitert war, weil es ihr in sieben Jahrzehnten nicht gelungen sei, eine funktionierende Agrarproduktion zu organisieren. Unter dem Einfluss von Jeffrey Sachs propagierte Gajdar eine „Schocktherapie" für den Übergang von der Plan- zur Marktwirtschaft. Die Folgen waren allerdings fatal und kosteten Gajdar seinen Ministerposten: Die unkontrollierte Privatisierung der Staatsbetriebe und die Freigabe der Preise führten zu einer Hyperinflation und zur Verarmung breiter Bevölkerungsschichten.

Umsichtiger als Gajdar ging Boris Nemzow zu Werk. Die Reaktorkatastrophe von Tschernobyl hatte ihn politisch mobilisiert. Boris Jelzin ernannte ihn bereits 1991 zum Gouverneur von Nischni Nowgorod, wo Nemzow umfangreiche Reformen durchführte. Er verwandelte Staatsbetriebe in Aktiengesellschaften, erlaubte Bauern den Landerwerb, schuf eine lokale Währung und begünstigte kleine und mittlere Unternehmen (Gel'man/Rivera 2018). Durch seinen Erfolg sprach man bald vom „Wunder von Nischni Nowgorod". Auch Margaret Thatcher wurde auf Nemzows Tätigkeit aufmerksam und besuchte Nischni Nowgorod im Juli 1993. Boris Jelzin hoffte, dass Nemzows wirtschaftspolitische Reformen auch auf föderaler Ebene greifen würden. Deshalb berief er ihn im März 1997 zum Vizeministerpräsidenten. Allerdings ließen sich die liberalen Konzepte aus Nischni Nowgorod nicht einfach nach oben skalieren. Im August 1998 musste die Russische Föderation ihre Zahlungsunfähigkeit erklären. Die Börse erlitt massive Kurseinbrüche, der Rubel musste um 60 % abgewertet werden. Als Antwort auf diesen Rückschlag entließ Präsident Jelzin die gesamte Regierung. Nemzow, der durchaus als Kandidat für die Nachfolge Jelzins gegolten hatte, verlegte sich auf die politische Basisarbeit und gründete die „Union der rechten Kräfte", die einen Zusammenschluss liberaler Parteien darstellte. Allerdings erlangte der neue Block nie politische Schlagkraft.

Ein wichtiger Grund für das Scheitern einer liberalen Politik in der Ära Putin war die innere Zerstrittenheit der Parteien, die sich in diesem ideologischen Feld gegenseitig kannibalisierten. Der wichtigste Konkurrent der „Union der rechten Kräfte" war die „Jabloko"-Partei unter der Führung von Grigori Jawlinski. Vor allem persönliche Karrierepläne und inkompatible Führungsansprüche führten zu hitzigen Debatten, die im Streit endeten. Ein Zusammenschluss der liberalen Parteien hätte bei den Dumawahlen von 2003 zumindest die Überwindung der Fünf-Prozent-Hürde gesichert. Im Alleingang scheiterten jedoch beide Bündnisse und sanken in die politische Bedeutungslosigkeit ab.

Der oppositionelle Liberalismus wurde in der Ära Putin einerseits durch gezielte Repressionstechniken geschwächt, andererseits manövrierte er sich auch durch eigenes Verschulden ins Abseits. Es gibt aber eine nicht unbedeutende Fraktion von Kreml-Akteuren, die im politischen Jargon als „liberale Insider" bezeichnet werden. Dazu gehört etwa der langjährige Finanzminister Alexej Kudrin, der aber 2011 von seinem Amt zurücktrat, weil er mit der Erhöhung der Militärausgaben nicht einverstanden war. Seit 2018 leitet er den Rechnungshof der Russischen Föderation. Auch Igor Schuwalow, stellvertretender Ministerpräsident von 2008 bis 2018 vertrat ähnliche wirtschaftspolitische Positionen wie Kudrin. Allerdings wird der Handlungsspielraum der „liberalen Insider" eng begrenzt durch Interessen von mächtigen Oligarchen, durch gesellschaftliche Anspruchsgruppen und durch die protektionistische Linie der Regierung. Zusätzlich geschwächt wurden die „liberalen Insider" durch die Verhaftung des fortschrittlichen Ministers für wirtschaftliche Entwicklung Alexej Uljukajew im Jahr 2016. Uljukajew hatte sich in einen Machtkampf mit dem einflussreichen Chef der Erdölfirma Rosneft, Igor Setschin, eingelassen. Er wurde in einem fragwürdigen Prozess der Korruption angeklagt und zu acht Jahren Lagerhaft verurteilt. Bis heute müssen liberale Regierungsmitglieder zwischen der Notwendigkeit ökonomischer Modernisierung und einer loyalen Haltung zum nationalen Interesse lavieren.

Im staatsnahen öffentlichen Diskurs wird seit etwa 2008 die Kritik am Liberalismus immer lauter. Russische Nationalisten verwenden oft den Begriff „Gayropa". Damit soll signalisiert werden, dass Europa seine traditionellen Werte aufgegeben habe und sich von Minderheiten bestimmen lasse. Eine ähnlich polemische Wortbildung ist der Neologismus „Liberasten". Die liberale Grundhaltung der westlichen Gesellschaften hat sich aus dieser Sicht selbst *ad absurdum* geführt: Wer sogar „Päderasten" (im Russischen bezeichnet diese Vokabel abwertend vor allem Homosexuelle) toleriert, verliert seine eigene kulturelle Identität. Sogar Wladimir Putin selbst vertrat in einem Interview mit der *Financial Times* im Juni 2019 die Ansicht, dass „traditionelle Werte" für Millionen von Menschen wichtiger seien als die „liberale Idee", die sich überlebt habe (The Financial Times 2019).

Literatur

Anderson, Thornton: Russian Political Thought. Ithaca 1967.

Berlin, Isaiah: Russland und 1848. In: Isaiah Berlin: Russische Denker. Frankfurt a. M. 1981, 27–50.

Čičerin, Boris: O narodnom predstavitel'stve. Moskva 1866.

Cordin, Carla: Anatolij F. Koni (1844-1927) zwischen Herrscher und Volk. Ein liberaler Jurist und seine autobiografische Praxis in Zarenreich und Sowjetunion. Wien/Köln/Weimar 2019.

Emmons, Terence/Vucinich, Wayne S. (Hg.): The Zemstvo in Russia. An Experiment in local Self-Government. Cambridge 1982.

Gel'man, Vladimir/Rivera, Sharon: Governing Nizhny Novgorod: Boris Nemtsov as a Regional Leader. In: Andrey Makarychev/Alexandra Yatsyk (Hg.): Boris Nemtsov and Russian Politics. Power and Resistance. Stuttgart 2018, 87–110.

Goerdt, Wilhelm: Russische Philosophie. Zugänge und Durchblicke. Freiburg/München 1984.

Gutorov, V.A.: Rossijskij liberalizm kak istoričeskij i političeskij fenomen: ot utopii k real'nosti. In: Liberalizm. Pro et contra. Russkaja liberal'naja tradicija glazami storonnikov i protivnikov. Antologija. Sankt-Peterburg 2016, 9–118.

Hamburg, Gary M.: Boris Chicherin and Early Russian Liberalism. 1828–1866. Stanford 1992.

Light, Margot: The Export of Liberalism to Russia. In: Rebekka Friedman/Kevork Oskanian (Hg.): After Liberalism? The Future of Liberalism in International Relations. Basingstoke 2013, 236–252.

Pipes, Richard: Struve. Liberal on the Left, 1870–1905. Cambridge, Mass. 1970.

Pipes, Richard: Struve. Liberal on the Right, 1905–1944. Cambridge, Mass. 1980.

Raeff, Marc (Hg.): Plans for Political Reform in Imperial Russia. Englewood Cliffs 1966, 79–84.

Robinson, Paul: Russian Conservatism. Ithaca 2019.

Scheibert, Peter (Hg.): Programm der konstitutionell-demokratischen Partei. In: Ders.: Die russischen politischen Parteien von 1905 bis 1917. Darmstadt 1972, 60–68.

Schmid, Ulrich: Technologien der Seele. Vom Verfertigen der Wahrheit in der russischen Gegenwartskultur. Berlin 2015.

Shacillo, K.F.: Russkij liberalizm nakanune revoljucii 1905–1907gg. Organizacja, programmy, taktika. Moskva 1985.

Spiridovič, A.I.: Revoljucionnoe dviženie v Rossii. Moskva 2015.

Struve, Pierre: Le Bolchévisme et Lénine. In: G. Klutchnikoff: La Russie d'aujourd'hui et de demain. Paris/Neufchâtel 1920, 123–127.

Struve, Peter: My Contacts and Conflicts with Lenin I. In: Slavonic and East European Review 36 (1934a), 573–595.

Struve, Peter: My Contacts and Conflicts with Lenin II. In: Slavonic and East European Review 37 (1934b), 66–84.

The Financial Times: Interview (27.6.2019) http://en.kremlin.ru/events/president/news/60836

Vančugov, V.: Očerk filosofii ,samobytno russkoj'. Moskva 1994, 85.

Walicki, Andrzej: Legal philosophies of Russian liberalism. Oxford 1987.

Weber, Max: Zur Lage der bürgerlichen Demokratie in Russland. In: Ders.: Gesammelte politische Schriften. Tübingen 1980, 33–67.

Latin America

59

Faviola Rivera Castro

In contemporary Latin America "liberalism" has become a political discourse that includes the defense of constitutional democracy and basic individual rights and freedoms, the rule of law, a tolerant social culture that positively values the growing pluralism of ways of life, the rights of minorities—which include both cultural (i.e., indigenous) and sexual minorities, the separation of church and state, and a secularized social and political culture. Regarding economic matters liberals differ on the degree to which the State ought to regulate market forces, alleviate poverty, and take steps to moderate economic inequality. While some liberals reject what they consider "statism", others favor what has been called "socioliberalism" or "social" liberalism. The latter advocates an active regulative role for the state in social and economic matters. Latin American liberals often define themselves by opposition to what they regard as threats to a liberal social and political culture. Prominent among such threats are various forms of authoritarian rule (including so-called "populism") and political forces that seek to curb the expansion of more tolerant, diverse, and secularized societies, such as traditional Catholic social conservatism and relatively recent evangelical political activism.

Although political groups that label themselves "liberal" have existed at different times and places in the region since the mid nineteenth century, the heyday of Latin American liberalism is a thing of the past. The recent revival of liberalism in the region in the aftermath of the cold war greatly pales in comparison to the powerful political ideology that liberalism became in most of the region in the second half of the nineteenth century. By the closing decades of the century, what may be called "oligarchic" liberalism had triumphed as the dominant political discourse of nation building. Triumphant liberalism was a ruling elite's political discourse This elite concentrated most of the benefits of economic growth and limited, through both legal and extra-legal means, the political rights of the majority of the population. After a period of decline in the early twentieth century, the dominant political discourse was displaced by collectivist ideologies that explicitly addressed the social problems that emerged with rapid modernization and integration into the international capitalist economy, such as socialist, agrarian, indigenous, and populist ideologies. At different times and places during the twentieth century authoritarian and sometimes dictatorial and militaristic regimes consolidated themselves in the region. These regimes flatly rejected liberal ideas and values, albeit with the exception, in some places and to varying degrees, of liberal economic rights and market freedoms. At both stages, in its apogee

F. R. Castro (✉)
Universidad Nacional Autónoma de México,
Mexiko-Stadt, Mexiko

M. G. Festl (Hrsg.), *Handbuch Liberalismus*, https://doi.org/10.1007/978-3-476-05798-3_59

in the late nineteenth century and in its recent revival in the late twentieth, the fate of liberalism in Latin America has been part and parcel of the fate of western liberalism more generally. In the nineteenth century, the expansion of liberalism in the region was part of the larger phenomenon of liberalism's success as a political movement in the western hemisphere. Likewise, liberalism's demise and resurgence in Latin America in the twentieth century has been the local expression of the larger process of liberalism's decline and revival in the "West" as a whole.

Despite this historical fact, however, perhaps the most salient difference between the expansion of liberalism in Latin America in the nineteenth century and its recent revival in the late twentieth concerns the perception, by local political actors, of liberalism's aptness or suitability for Latin American societies. While it would be extraordinary today to reject liberal ideas and values on the grounds that they are "foreign" or "alien" to Latin American societies, this was an often-heard complaint in the late nineteenth and early twentieth centuries (Hale 1973). The reason for this pessimistic attitude towards liberalism in the region, however, is not that political actors did not see themselves as members of an "Europeanized" society, which they did, but because the "Europeanization" of Latin America had taken place in terms of the Catholic counterreformation, to which liberal ideas and values were indeed foreign or alien, if not dangerous and threatening. It is no coincidence that this kind of argument against liberalism's aptness or suitability for Latin American societies was often raised in the name of a shared Catholic cultural identity. Latin American liberals often lamented and even vilified the Catholic heritage, which, on their view, made the local adaptation of liberalism a daunting task (e.g., Samper 1861; Lastarria 1844). For reasons such as these, the very possibility of liberal Catholicism in the region has historically been quite feeble.

In what follows I focus on nineteenth and early twentieth Latin American liberalism. Since the meaning of "liberalism" has been highly contested and historically changing, I do not attempt any definition or characterization. Instead, I take a "maximal" view according to which "liberalism" (as a political discourse) and "liberal" (as a political position) is whatever political actors have meant by it (Bell 2014). This implies that what counts as "liberalism" and "liberal" is subject to historical and geographical variation, which is what we should expect. I wish to make clear, however, that this maximal approach does not imply that anything goes and that there can be no limits to what may count as "liberalism" or "liberal." As is well known, political debate has been the medium through which the rough and contested boundaries that divide opposing political positions as well as their core commitments get articulated. Insofar as political debate plays this organizing and delimiting function, there is no reason not to take self-proclaimed liberals' own characterization of their views at face value. To be sure, there will always be disagreements as to whether certain views may or may not count as "truly" liberal, but this can only be sorted out through political debate itself, if at all. A brief historical reconstruction, like the present one, need not attempt to settle such disagreements but must consider the changing meaning of "liberalism" and "liberal" as it unfolded historically and geographically in Latin America.

59.1 First Stage: The Origins

The development of a liberal political movement in Latin America varied greatly depending on the particularities of each geographical location (Safford 1987). Nevertheless, it is possible to discern three stages in the region as a whole: First, the initial use of liberal ideas and values as an emancipatory ideology from colonial rule in the first half of the nineteenth century; second, the consolidation of a distinctive liberal political movement and a liberal ideology of nation building by mid-century; and third, the decline of liberalism in the first half of the twentieth century. Though distinctively liberal ideas were employed in order to articulate a political discourse at the service of emancipation from colonial rule in the early nineteenth century, it would be anachronistic to speak of "liberalism" as a political movement in Latin America at this stage. Liberal notions such as popular sovereignty, natural rights and liberties, civil equality, political representation, and the conventional nature of political authority, provided a common language to political actors who unanimously favored emancipation, but who, later on, when the task of emancipation had been completed, would often stand in ideological opposition. Lucas Alamán in México, for example, never ceased to affirm some liberal ideas and values but became clearly sided with the conservative cause in mid-century. The reason is that the political questions and problems that provided the frame of reference had changed. While emancipation unified the various creole elites in the region around common causes and shared political discourses, the task of nation building provided the conditions for strong divisions within the same elites as well as for the development of differing political positions.

Liberal ideas and values first began to have currency in Latin American societies in the early nineteenth century when a liberal political movement for the first time emerged in the Iberian Peninsula in the aftermath of the Napoleonic invasion in 1808 (Breña 2012). This was also the very first time in Europe that the term "liberal" was employed with an explicitly political meaning to refer to a particular political group. The flight of the Spanish king produced a political vacuum that was filled by the "Spanish Cortes." The latter met as the first national assembly representing Spaniards from both hemispheres. The Spanish liberal political movement developed in the debates that took place in the Cortes, which produced the first liberal Spanish constitution. The Cádiz constitution of 1812 established national sovereignty, a constitutional monarchy, a unicameral legislature, the official recognition of the Catholic religion, the prohibition of the practice of any other religion, abolished multiple feudal privileges and legal immunities, and denied political rights to the Spaniards of African descent. When the king reclaimed the throne in 1814, he dissolved the Cortes and abolished the Constitution. By that time, the American subjects were in rebellion and within two decades most of Hispanic America had become independent.

The Portuguese monarchy, by contrast, responded to the French invasion by moving its location to the Brazilian colony. In this way, the empire never lacked a sovereign, and monarchical rule survived intact overseas. The prince-regent in Brazil eventually declared independence, which was obtained without bloodshed. While emancipation in Hispanic America was obtained through a radical break with the Spanish Empire, the parallel process in Brazil took place through the continuity of monarchical rule. This sharp asymmetry accounts for important differences in the respective developments of the Hispanic and the Brazilian liberal movements. While Brazilian liberals embraced monarchism during most of the nineteenth century, the republican form of government in Hispanic America vividly symbolized the end of colonial subjection. Monarchism was almost universally abhorred in Hispanic America as a remnant of colonialism across political positions. A second difference is that Hispanic liberals were far more committed to formal equality than their Brazilian counterparts (at least on paper). The latter continued to endorse slavery until the end of the nineteenth century when it was abolished in 1888, while the newly established Hispanic republics had all abolished slavery by mid-century with virtually no opposition.

59.2 Second Stage: Consolidation

At the second stage, the task of constructing the new nations in Hispanic America provided the conditions for the emergence of differing political positions. It is against this frame of reference that self-described liberal political groups formed throughout the region, usually in opposition to so-called "conservative" adversaries. A notable exception to this general trend is Argentina, where liberalism was the unchallenged ideology of nation building with no "conservative" adversaries (Halperín 1988). This does not mean that there were no strong ideological divisions within the liberal political elite. Though such divisions existed, they were processed within a unifying liberal ideological framework. Elsewhere conservatives usually stood for a selective defense of the colonial heritage. In particular, they stood for the official recognition and exclusive support of Catholicism as the religion of the new republics, often demanding the prohibition of the practice of any other religion. This defense was grounded on a combination of authentic religious conviction and prudential considerations since the Catholic Church was a powerful political actor to be reckoned with and Catholic traditions constituted a strong social bond that underpinned social stability. As has often been noted, the difference between liberals and conservatives was often not clear cut (s. Chap. 34), but the only issue that consistently placed them at opposite sides was the religious one (Safford 1987).

Liberals engaged in the task of constructing the new nations by rejecting the colonial legacy of despotic and centralized monarchical rule, the dominance of Catholicism in all aspects of social and political life, feudal corporate privileges and legal immunities, among other elements. Liberal ideas and values provided the conceptual tools for conceiving a new kind of political legitimacy and an entirely new social order. In the words of the Colombian José María Samper: "revolution had to destroy everything and to create everything" (1861). While there were important divisions within their ranks, liberals usually favored a federal system and an executive limited by a powerful legislature. This was the case in Colombia, Mexico, and Chile where, in light of local political experiences, liberals strongly feared that a strong executive in a centralist system could lead to unipersonal unchecked rule (Hale 1968; Posada Carbó 2011; Jáksic/Serrano 2011). The exception to this general trend was Argentinian liberals who favored a centralist government with a strong executive given the chronic territorial and political fragmentation in the region (Negretto/Aguilar 2000). The creation of a national central authority capable of producing territorial and political unity was a task that mid-century liberal Argentinians set themselves to accomplish. By contrast, when Chilean liberals took power in the 1860's, they limited the executive through a strong parliament in reaction against decades of highly successful authoritarian and pro-clerical governments (Correa Sutil 2008). Chile had been an exception of political stability to be emulated in a convulsed region. The 1853 Argentinian liberal constitution explicitly sought to emulate the Chilean one of 1833 by establishing a centralist government with a strong executive and qualifications for voting. Juan Bautista Alberdi (1810–1884), the mind behind this constitutional arrangement, maintained that political organization must not be oriented by high and utopian ideals, but must be grounded in historical reality. He strongly criticized Hispanic America's liberal constitutions and maintained that peoples should not be governed by political systems for which they are not prepared. On his view, Hispanic America was not ready for equal political rights but could become capable of it. Despite his great admiration for the North American liberal experience, he famously referred approvingly to Bolívar's dictum that the "new states of formerly Spanish America need kings with the name of president" (Alberdi 1852, 415).

Liberals everywhere favored the protection of individual civil liberties, especially freedom of thought and of the press, but were strongly divided on the question of religious freedom and on the extent of political liberty. Religious freedom posed not only an issue of basic right but also an important prudential matter in light of the power of the Catholic Church. Religious freedom was also instrumental for encouraging immigration in order to populate vast regions in both South and North America. Though liberals demanded equal citizenship, they were strongly divided on the extension of the voting franchise. While "moderate" liberals usually favored qualifications for voting, "radicals" pushed for universal adult male suffrage. Liberals were universally optimistic regarding the possibilities of economic development, which, on their view, required the expansion of economic market forces and freedoms as well as European immigration. One of the main obstacles on the road to progress, as they saw it, was the lingering presence of corporate privileges and legal immunities that were incompatible with both equal citizenship and economic freedoms. José María Luis Mora (1794–1850), the most prominent Mexican liberal intellectual, had argued for the confiscation of the church's property on the grounds that the clergy was not a productive class and lacked an inclination to industrious work (Mora 1837). Dismantling such privileges was a crucial task that proved extremely hard in those places in which the Catholic Church, the wealthiest corporation from the colonial order, still wielded great power of political influence. "Corporate privilege", however, also meant the special protections that indigenous populations had received during colonial times. "Progress", on the liberal view, required dismantling such special protections and forcing the incorporation of indigenous peoples into mainstream society as "equal" citizens despite the extremely disadvantageous social and economic situation in which they found themselves.

By the end of the century, liberalism had established itself as the triumphant political ideology in Argentina, Mexico, and Chile, but had been defeated by the conservative faction in Colombia. Everywhere in the region liberal regimes acquired an anticlerical character in their confrontation with the Catholic Church. Liberal anti-clericalism was a natural reaction to a Church that had condemned liberalism, secularism, freedom of thought, and religious toleration, among other "evils" in Pope Pius IX's *Syllabus of Errors* published in 1864. Where the power of the Catholic Church had been strongest, the confrontation turned violent. This was the case in México where the conflict led to a three-year civil war during which the government confiscated most of the Church's property. Towards the end of the century, all liberal regimes had managed to secularize multiple social functions traditionally performed by the Church and some of them had established a regime of separation between Church and State. The most prominent among such secularizing measures were the creation of a civil registry of births and deaths, the establishment of civil matrimony, the secularization of hospitals and cemeteries, and the creation of official secular school systems. Freedom of religion was granted everywhere during the period, with the exception of Peru and Bolivia, where this right was finally established early in the twentieth century. Religious intolerance continued to be official in Colombia until the 1930's. Although liberal anti-clericalism had developed early in New Granada in the mid nineteenth century and had managed to establish freedom of religion as well as the separation of church and state, the liberal political movement was defeated by the conservative opponents towards the end of the century. The latter, in turn, abolished all liberal reforms and established a conservative pro-clerical regime that lasted over forty years. Partly as a result, the antagonism between conservative clericalism and liberal anti-clericalism continued to play out in Colombia well into the twentieth century.

In its position as the triumphant ideology, official liberalism favored the oligarchical *Status quo* and limited the exercise of political liberties through both legal and extra-legal means. The liberal regimes in Argentina, Chile, and Mexico were successful at maintaining political unity and stability as well as at delivering economic growth and rapid industrialization. Liberalism had completed its "combatant" phase in the struggle for power and was now focused on maintaining stability and promoting progress. As the liberal elites abandoned the natural rights discourse of the emancipatory stage, they turned their attention to philosophical doctrines that spoke to their concern with maintaining stability and promoting progress. Auguste Comte's positivism appeared attractive with its scientific approach to the solution of social and political problems and its theory of progress and mental emancipation. The Chilean Victorino Lastarria (1817–1888) attempted a combination of individual liberty and positivistic doctrine, despite the latter's organic conception of society and its emphasis on the primacy of society over the individual (Lastarria 1875). By contrast, Mexican official liberalism sided with authoritarian governments in the name of order and progress and provided the ideological justification for a liberal regime that had evolved into a one-man dictatorship (Hale 1989). Positivism was most influential in the design of official schooling in a region concerned with the creation of a republican citizenry.

59.3 Third Stage: Decline

By the early twentieth century, the oligarchic form of liberalism that had established itself as the triumphant ideology in Mexico, Chile, and Argentina was unable to respond successfully to the growing social agitation demanding a less unequal distribution of the benefits of economic growth as well as effective political rights. Political instability ensued in the three cases. The Mexican revolution of 1910 successfully toppled the liberal dictatorship and established a socially progressive constitution that vindicated agrarian reform and worker's rights along with centralist rule and a deep anticlericalism. Despite being constitutionally protected, political rights continued to be a dead letter under the regimes that "institutionalized" the revolution and governed for the rest of the century. In Chile and Argentina liberal representative institutions were able to incorporate social demands for a little longer. In Chile, socially progressive forces seized power through free election when universal male suffrage was established beginning in the 1920's. The new constitution enshrined worker's social rights along with liberal rights and freedoms. This combination of liberal and social rights in nationalistic governments came to an abrupt end with a military dictatorship in 1973 in the context of the cold war and the war of the United States against communism in the Americas. In Argentina, likewise, progressive social "radical" forces seized power through free elections beginning in 1916 and introduced a series of social and economic reforms while protecting liberal rights and freedoms. Argentinian radicalism, however, also came to an abrupt end with a military dictatorship in 1930 that abrogated constitutional democracy.

It is a common place in the literature on the topic that the triumphant liberal regimes in Latin America failed to transform the region according to the liberal ideas and values that they affirmed. Early in the century some criticized the way in which liberal regimes had evolved into authoritarian rule, and the question why liberalism failed to take root in the region has occupied scholars ever since (Hale 1973). The question whether liberal ideas and values were "foreign", or otherwise not adequate, to Latin American societies has been hotly debated. Nevertheless, there is also a growing body of research on methodological issues about the right way to approach the study of political ideas in Latin America, which crucially includes the liberal legacy (e.g., Palti 2007). Setting aside questions about the adequacy or inadequacy of liberalism in the region as well as its alleged failure, new approaches have focused on the ways in which Latin American liberals employed liberal ideas and values selectively in order to address their own political questions and problems (e.g., Jaksic/Posada Carbó 2011; Correa Sutil 2008). Despite the colonial legacy, or perhaps because of it, liberal ideas and values appeared attractive to political actors as ideological tools for conceiving their own emancipation and for inventing their new republics.

References

Alberdi, Juan Bautista: Bases y puntos de partida para la organización política de la República Argentina 1852. In: Obras Completas de Juan Bautista Alberdi. Vol. III. Buenos Aires 1886, 371–558.

Bell, Duncan: What Is Liberalism? In: Political Theory 42/ 6 (2014), 682–715.

Breña, Roberto: 'Liberal' y 'liberalismo' en la Nueva España y en México (1808–1848). In: Fernández Sebastián, (Ed.): La aurora de la libertad. Los primeros liberalismos en el mundo iberoamericano. Madrid 2012, 303–332.

Bushnell, David: Assessing the legacy of liberalism. In: Peloso, Vincent C./Tenenbaum, Barbara (Eds.): Liberals, Politics, and Power, State Formation in Nineteenth-Century Latin America. Athens 1996, 278–300.

Correa Sutil, Sofía: Apogeo y crisis del liberalismo en Chile (1870–1920). In: Marcela García Sebastiani/ Fernando del Rey Reguillo (Eds.): Los desafíos de la libertad: transformación y crisis del liberalismo en Europa y América Latina. Madrid 2008.

Donoso, Ricardo: Las ideas políticas en Chile. Chile 1967.

Hale, Charles: Mexican Liberalism in the Age of Mora 1821–1853. New Haven 1968.

Hale, Charles: Political and Social Ideas in Latin America 1870–1930. In: Bethell, Leslie (Ed.): The Cambridge History of Latin America IV c. 1870 to 1930. Cambridge 1984, 367–441.

Hale, Charles: The transformation of liberalism in late nineteenth-century Mexico. Princeton 1989.

Halperín Donghi, Tulio: Argentina: Liberalism in a country born liberal. In: J.L. Love/N. Jacobsen (Eds.): Guiding the Invisible Hand. Economic Liberalism and the State in Latin American History. New York 1988, 99–116.

Jaksic, Iván/Posada Carbó, Eduardo: Liberalismo y Poder. Latinoamérica en el siglo XIX. Chile 2011.

Jaksic, Iván/Serrano, Sol: El gobierno y las libertades. La ruta del liberalismo chileno en el siglo XIX. In: Iván Jaksic/Posada Carbó: Liberalismo y Poder. Latinoamérica en el siglo XIX, 177–206.

Lastarria, Victorino: Investigaciones sobre la influencia social de la conquista y del sistema colonial de los españoles en Chile. Santiago de Chile 1844.

Lastarria, Victorino: Lecciones de política positiva. México 1875.

Mora, José María Luis: Obras sueltas de José María Luis Mora, ciudadano Mexicano. 1837. México 1963.

Negretto, Gabriel/Aguilar, José Antonio: Rethinking the Legacy of the Liberal State in Latin America: The Cases of Argentina (1853–1916) and Mexico (1857–1910). In: Journal of Latin American Studies 32 (2000), 361–397.

Palti, José Elías: El tiempo de la política, el siglo XIX reconsiderado. Siglo XXI. México 2007.

Posada Carbó, Eduardo: La tradición liberal Colombiana del siglo XIX: de Francisco de Paula Santander a Carlos A. Torres. In: Iván Jaksic/Posada Carbó: Liberalismo y Poder. Latinoamérica en el siglo XIX, 153–176.

Rivera Castro, Faviola: Liberalism in Latin America. In: Stanford Encyclopedia of Philosophy https://plato.stanford.edu/entries/liberalism-latin-america/

Safford, Frank: Politics, ideology and society. In: L. Bethell (Ed.): Spanish America After Independence c.1820–c. 1870. Cambridge 1987, 48–122.

Samper, José María: Ensayo sobre las revoluciones políticas y la condición social de las repúblicas colombianas (Hispano-americanas) 1861. México 1979.

60 Subsahara-Afrika

Franziska Dübgen

Vorangestellt sei die Einschränkung, dass es nicht möglich ist, eine umfassende Zusammenschau liberaler Ansätze im gesamten subsahara-afrikanischen Raum zu geben. Das Kapitel konzentriert sich daher in einem ersten Teil auf die historischen, ökonomischen und politischen Rahmenbedingungen, die viele Länder in Subsahara-Afrika teilen und spezifische postkoloniale Bedingungen hervorgebracht haben, die für den Umgang mit liberalen Institutionen und Gedanken prägend sind. Gesonderte Aufmerksamkeit muss hierbei Südafrika und seiner Geschichte der Besiedlung und der Apartheid geschenkt werden, durch die sich das Land von seinen Nachbarstaaten stark unterscheidet. In einem zweiten Teil werden einige philosophische Grundprämissen vorgestellt, die in der aktuellen Afrikanischen Philosophie vorherrschend sind und zu wiederkehrenden Momenten der kritischen Rezeption des Liberalismus führen. Schlaglichtartig werden im dritten Teil verschiedene Ansätze der Rekonzeptualisierung liberaler Konzepte aus einer afrikanischen Perspektive vorgestellt, die aus der Sicht ihrer Autoren eine bessere Verwurzelung liberaler Vorstellungen auf dem Kontinent ermöglichen sollen.

F. Dübgen (✉)
Westfälische Wilhelms-Universität Münster, Münster, Deutschland
E-Mail: fduebgen@uni-muenster.de

60.1 Historische Bedingungen des politischen Liberalismus

Im Kontext der Befreiung afrikanischer Gesellschaften von der Kolonialherrschaft in den 1950er und 1960er Jahre begann eine breite Debatte unter afrikanischen Intellektuellen und den politischen Führern der jungen Nationalstaaten, wie sich die Länder politisch und gesellschaftlich neu organisieren sollten. Viele Anführer der antikolonialen Befreiungsbewegungen übernahmen die Macht (z. B. Kwame Nkrumah in Ghana, Jomo Kenyatta in Kenia und Félix Houphouët-Boigny in der Elfenbeinküste). Sie selbst waren in den stark zentralisierten und autoritären politischen Systemen der Kolonialstaaten sozialisiert worden und orientierten sich im Aufbau der neuen unabhängigen Staaten an bereits bestehenden kapitalistischen Modellen im Westen wie sozialistischen Modellen aus dem Osten. Zugleich strebten die neuen Führungseliten eine Afrikanisierung politischer Strukturen an (bspw. im Rahmen des Afrikanischen Sozialismus). Schließlich hegte die Bevölkerung aufgrund der kolonialen Erfahrung Skepsis gegenüber dem Import und der Transplantation europäischer Modelle nach Afrika, was auch für den Liberalismus galt (Chazan 1994, 71). Zudem erschwerten sozioökonomische Faktoren die Verankerung klassisch liberaler Institutionen in vielen Ländern: Afrika hatte zu dieser Zeit keine Industrialisierung wie Europa im 18. und 19. Jahrhundert

M. G. Festl (Hrsg.), *Handbuch Liberalismus*, https://doi.org/10.1007/978-3-476-05798-3_60

durchlaufen und es fehlte an einer wirtschaftlich starken Mittelklasse. Die Ökonomien waren durch den Kolonialismus rohstoffbasiert und auf den Export vom Primärgütern ausgerichtet und damit international kaum wettbewerbsfähig. Willkürliche Grenzziehungen vereinten ethnisch diverse Gruppen innerhalb von Nationen, was zu regionalen Konflikten führte und die Nationenbildung erschwerte. Die Erfahrung der Staatlichkeit ist zudem mit der kolonialen Unterdrückung verknüpft. Daher hegte ein großer Teil der Bevölkerung eine teils kritische, teils instrumentelle Einstellung gegenüber Vertretern staatlicher Institutionen, die bis heute anhält. Die sich etablierenden autokratischen Strukturen in vielen afrikanischen Ländern rechtfertigten sich u. a. mit der Notwendigkeit nachholender wirtschaftlicher Entwicklung. Mehrparteiensysteme wurden vielerorts abgelehnt mit der Begründung, die jungen Nationen dürften nicht weiter gespalten werden und es bedürfe hierfür starker Führungspersönlichkeiten. Liberale Strömungen spielten in den ersten zwei Jahrzehnten der Unabhängigkeit also eine nachgeordnete Rolle.

Ende der 1970er Jahre wurde der Ruf nach einer breiteren politischen Partizipation der Bevölkerung lauter: Kritiker forderten verstärkt repräsentative Institutionen, die Einhaltung von Individualrechten und eine freie Marktwirtschaft. Als Reaktion auf die ökonomischen Krisen in vielen afrikanischen Ländern forderten Weltbank und Internationaler Währungsfonds in den 1980er Jahren neoliberale Reformen für ihre Kredite, die sog. Strukturanpassungsprogramme. In Afrika führten diese Maßnahmen vielerorts zu der Privatisierung von öffentlichen Gütern, einer Schwächung lokaler Ökonomien, der Verringerung staatlicher Ausgaben für Bildung, Gesundheit und Soziales und hoher Verschuldung. Die Effekte dieser Maßnahmen sind daher bis heute höchst umstritten.

Der Protest gegen autokratische Strukturen zeitigte zu Beginn der 1990er Jahre einen Demokratisierungsschub und zahlreiche neue Verfassungen wurden verabschiedet (u. a. Benin, Namibia), welche teilweise tradierte afrikanische Modelle inkorporierten, bspw. durch die Integration von lokalen Chiefs als beratende Instanzen (vgl. Ghana). Gyimah-Boadi (1998) spricht daher von einem Aufschwung des „afrikanischen Liberalismus“ in diesen Jahren, der sich u. a. in einer erstarkenden Zivilgesellschaft, dem Ruf nach Pressefreiheit, Rechtstaatlichkeit, Parlamentarismus und Privatwirtschaft ausdrückte. Auch wenn sich heute demokratische Institutionen mit freien Wahlen durchgesetzt haben, mangelt es an der Verwurzelung dieser Institutionen auf lokaler Ebene und der Rechenschaftspflichtigkeit *(accountability)* politischer Eliten gegenüber der breiten Bevölkerung (Wingo 2015).

Eine historische Sonderstellung nimmt Südafrika ein. Hier blickt der Liberalismus auf eine über 200-jährige Geschichte zurück mit unterschiedlichsten ideellen und politischen Ausprägungen. Der sog. *Cape Liberalism* entwickelte sich innerhalb der englischsprachigen Siedlergesellschaft der Kapkolonie im 19. Jahrhundert und orientierte sich an der schottischen Aufklärungsphilosophie (u. a. David Hume, Adam Smith, Adam Ferguson). Er betonte Fortschritt, Vernunft und individuelle Rechte, die stärker als in Großbritannien mit kommunitaristischen Annahmen verknüpft wurden (Dubow 2014, 11). Die liberalen Siedler setzten sich gegen Handelsrestriktionen, für demokratische Selbstbestimmung und ein bedingtes *(qualified),* farbenblindes Wahlrecht ein. Trotz dieser Grundprinzipien waren die Liberalen 1936 daran beteiligt, die Privilegien einer weißen Minderheitsbevölkerung institutionell abzusichern, indem sie die Entscheidung mittrugen, dass schwarze Wähler aus den allgemeinen Wahlregistern entfernt wurden und lediglich in einer separaten Wahl eine begrenzte Anzahl weißer Repräsentanten *(native representatives)* wählen durften, wodurch ihre politische Mitbestimmung quasi verhindert wurde. In den 1940er Jahren bekannten sich Liberale mehrheitlich zu wohlfahrtstaatlich orientieren Umverteilungsmaßnahmen und suchten vereinzelt Verbindungen zum schwarzen Widerstand gegen die Apartheid. Die 1951 gegründete *Liberal Party* löste sich aus Protest gegen das Verbot „rassisch“-gemischter Parteien 1968 auf. Eine bedeutsame Stimme gegen das System der Apartheid war die linksliberale Helen Suzmann

(1917–2009), die dreizehn Jahre lang als einzige Abgeordnete für die sich 1959 formierte linksliberale *Progressive Party* im Parlament saß.

Dennoch wurde der Liberalismus von der schwarzen Bevölkerung mehrheitlich als „weiße" Ideologie wahrgenommen, deren Vertreter sich nicht konsequent genug gegen die rassistische Segregation und das ausbeuterische, entrechtende System gewendet und sich paternalistisch gegenüber dem schwarzen Widerstand verhalten haben (Biko 1978). In den 1980er Jahren wendete sich ein Teil der konservativen Fraktion der Liberalen verstärkt dem Neoliberalismus zu und die Partei galt fortan als wirtschaftsnah.

Die nach dem Ende der Apartheid 1996 verabschiedete Verfassung trägt stark liberale Züge und verankert wesentliche Bürger- und Minderheitenrechte in Südafrika.

60.2 Rezeption und Kritik liberaler Ideen in der afrikanischen Philosophie

Bei der Diskussion liberaler Ideen innerhalb der Afrikanischen politischen Philosophie treffen diese auf konzeptuelle Vorannahmen, welche in einem Spannungsverhältnis zu den Voraussetzungen liberalen Denkens stehen. In der Debatte wird der „westliche Liberalismus" häufig dem „afrikanischen Kommunalismus" gegenübergestellt. Selbstverständlich sind hier die Grenzen im Diskurs weitaus fluider, als diese starre Gegenüberstellung vermuten lässt. Zudem gibt es auch in der afrikanischen Philosophie eine starke Kontroverse um das Verhältnis zwischen Individuum und Gemeinschaft, die bis heute fortdauert. Dieser Abschnitt beleuchtet einige wiederkehrende Motive in diesen grundlegenden Debatten.

Eine entscheidende Differenz zwischen liberalen und afrikanisch-kommunitaristischen Ansätzen beginnt mit der Sozialontologie: Während der Liberalismus das Subjekt als frei und autonom vorstellt, wird das „Sein" im afrikanischen Kommunitarismus als relational konzeptualisiert (Masolo 2010, 155). Damit ist gemeint, dass Menschen immer in Beziehungen zu anderen Menschen stehen und von deren Anerkennung und Fürsorge abhängig sind. Diese Sichtweise wird für gewöhnlich mit dem Ausspruch verdeutlicht: „I am because we are; and since we are, therefore I am" (Mbiti 1970, 141). Menschliche Wesen sind zudem nicht nur abhängig von anderen Menschen, sondern auch von der Natur und den Tieren. Ein Mensch wird dadurch zu einer „Person", weil er oder sie sich im Kontext einer Gemeinschaft gegenüber anderen Menschen pflichtbewusst und liebevoll, also „menschlich", verhält. Diese Auffassung der grundlegenden Verbundenheit und wechselseitigen Abhängigkeit des afrikanischen Kommunitarismus wird oft mit der Konzeption unabhängiger und ‚freischwebender' Individuen innerhalb der westlich-liberalen Philosophie kontrastiert. Wenn der liberale Fokus auf das autarke Individuum der afrikanischen Kultur entgegengestellt wird, so wird gleichermaßen betont, dass auch im afrikanischen Denken dem Individuum eine herausgehobene Rolle innewohnt, bspw. bei der Verehrung von Nationalhelden, die für die Gemeinschaft Herausragendes geleistet haben (Wingo 2015). Die Gegenüberstellung sei daher nur graduell zu verstehen (Aborisade 2015, 623). Eine moderate Version des afrikanischen Kommunitarismus müsse auch Individuen angemessene Entfaltungsmöglichkeiten bieten (Gyekye 1997, 35–76).

Diese unterschiedliche Sozialontologie führt auch zu einer anderen moralphilosophischen Gewichtung: Während im Liberalismus die Freiheit des Individuums und dessen Schutz gegenüber Eingriffen von Staat oder Gesellschaft im Zentrum stehen, priorisiert der afrikanische Kommunalismus das Wohl der Gemeinschaft (Oduor 2016, 43). Daher haben die Pflichten gegenüber dem Kollektiv in der Afrikanischen Philosophie tendenziell Vorrang gegenüber den Rechten des Einzelnen gegen die Gemeinschaft. Dies hat u. a. dazu geführt, dass die „Afrikanische Charta der Menschenrechte und Rechte der Völker" (1981) auch Pflichten des Individuums gegenüber der Gemeinschaft enthält, bspw. der Respekt der Familie und die Achtung der Mitmenschen. Neben Individualrechten (und -pflichten) beinhaltet sie auch Rechte der Völker, wie das Recht auf Selbstbestimmung und das Recht auf Entwicklung.

Zudem impliziert diese relationale Auffassung der konstitutiven Verbundenheit, dass Verantwortung für das jeweilige Leben nicht allein dem Individuum zugeschrieben werden kann, sondern die soziale Gemeinschaft mitverantwortlich für das Schicksal des Einzelnen ist. Die Auffassung von ‚freischwebenden', ungebundenen Akteuren blende diese soziale Bedingtheit des Handelns aus und müsse auch rechtsphilosophisch reflektiert werden. Daher bevorzugen viele afrikanische Autorinnen und Autoren restaurative gegenüber retributiven (straforientierten) Modellen der Konfliktlösung.

Die auf einer relationalen Ontologie aufbauende subsaharische Ubuntu-Ethik geht zudem von egalitaristischen Grundprämissen aus, denen zufolge sozioökonomische Unterschiede den Zusammenhalt einer Gesellschaft gefährden. Statt endloses Wachstum dient Suffizienz, also die grundlegende Bedürfnisbefriedigung, als regulatives Ideal. Die auf Privateigentum, Warenzirkulation und freien Wettbewerb ausgelegte liberale Wirtschaftslehre drohe dagegen den sozialen Frieden zu gefährden (Aborisade 2015, 626). Moralphilosophisch plädiert sie für einen fürsorglichen Umgang der Bürger miteinander, der auf gegenseitiger Solidarität und Reziprozität basiert. Im Gegenzug zu liberalen Gerechtigkeitstheorien in Anschluss an John Rawls (s. Kap. 19), die vor allem prozedurale Fairness betonen, fokussieren afrikanische Philosophinnen und Philosophen also auf die materiellen Voraussetzungen, um gleichwertig am politischen Prozess teilzuhaben. Als konkretes Beispiel lässt sich die Moralphilosophie des Kenianers Henry Odera Oruka anführen. Dieser argumentiert für ein „menschliches Minimum" als Grundlage internationaler Gerechtigkeit. Oruka geht davon aus, dass ein gewisser Lebensstandard eine Voraussetzung dafür sei, die jeweiligen politischen Freiheiten effektiv wahrzunehmen (2000, 12). Was solche Minimalbedingungen der menschlichen Existenz genau implizieren, solle im globalen Diskurs festgelegt werden. Als argumentative Grundlage führt Oruka das Prinzip der Selbsterhaltung als zentrales Gerechtigkeitskriterium ein: Jedem Individuum müsse ein menschliches Minimum zugesichert werden, da das physische Überleben ein primäres moralisches Recht darstelle und durch kein anderes Recht eingeschränkt werden könne. Dieses Recht gelte universell, „unabhängig von Rasse, Herkunft oder religiösem Glauben" (ebd., 12). *Prima facie*-Rechte, bspw. das Recht eines Staates auf nationales Eigentum an Gütern wären diesem Recht nachgeordnet. Auch das Recht eines Staates auf sein Territorium gelte nicht absolut, wenn es die Existenzrechte anderer Gesellschaften bedrohe. Die These eines moralischen Grundrechts auf ein menschliches Minimum stellt damit zwei Grundfesten des politischen Liberalismus infrage, und zwar das Recht auf Eigentum und das Recht auf die Integrität territorialer Grenzen.

Nebst dieser kritischen Rezeption bildete die liberale Philosophie gleichermaßen einen Ankerpunkt für afrikanische Intellektuelle, um sich gegen autokratische Herrschaft, die Verletzung von Individualrechten, die Ausgrenzung von Minderheiten, ethnischen Feinseligkeiten und Vetternwirtschaft zu wenden.

60.3 Afrikanische Varianten des Liberalismus

Seit den 1980er Jahren gibt es Bestrebungen innerhalb der afrikanischen Philosophie, liberale Konzepte neu zu denken oder aus einer dezidiert afrikanischen Sichtweise heraus zu beleuchten und damit für lokale Kontexte anschlussfähig zu machen. Im Folgenden werden exemplarisch einige solcher Varianten der transkulturellen Übersetzung vorgestellt.

Der Sambier Chisanga N. Siame (2015) geht der Frage nach, wie sich Freiheit auf der Basis der Erfahrungen des Kolonialismus und der Versklavung aus afrikanischer Sicht bestimmen ließe. Ausgangspunkt seiner Reflexionen ist Isaiah Berlins Freiheitskonzeption in *Freiheit. Vier Versuche* (1958) und dessen Gegenüberstellung von positiver und negativer Freiheit (s. Kap. 18). Berlin priorisiert negative Freiheit, als Abwesenheit von äußerlich auferlegten

Einschränkungen des eigenen Handelns, gegenüber positiver Freiheit, als Verwirklichung eines autonomen Selbst. Zudem verweist Berlin im Rahmen seiner Diskussion positiver Freiheit darauf, dass jüngst befreite Nationen ihre neue Unabhängigkeit häufig als Freiheit missdeuteten. Sie hätten zwar gesellschaftliche Selbstbestimmung und kulturelle Anerkennung erlangt, aber diese Errungenschaften implizierten nicht notwendig individuelle Handlungsfreiheit. Es sei daher paradox, dass die Bürger der jüngst unabhängigen Nationen sich auf einmal freier fühlten, obwohl sie von Diktatoren und Oligarchen regiert würden, die ihre negative Freiheit beschneiden. Siame ist dagegen bestrebt zu zeigen, warum viele Bürger afrikanischer und anderer unabhängig gewordener Nationalstaaten sich „frei" fühlten, auch wenn nicht alle ihre kulturellen und politischen Rechte im neuen politischen System gewahrt würden. Er fundiert seine Argumentation mit einer Sprachanalyse der Freiheitssemantik auf Bemba und anderen sambischen Sprachen. Freiheit werde in diesen Sprachen fast ausschließlich als Gegenbegriff zu „Sklaverei" verstanden (2015, 130). Unabhängigkeit heißt auf Bemba *ubuntungwa.* Das Wort leitet sich von *ubuntu* ab, was der Autor als Eigenschaft, vollständig menschlich zu sein, übersetzt. Im transatlantischen Sklavenhandel erlebten die gefangen genommenen Afrikanerinnen und Afrikaner eine Form der Entmenschlichung, die sich im Kolonialismus fortsetzte. Sie fühlten sich auf den Status von Werkzeugen degradiert, da sie aufgrund ihrer „Rasse" die gesellschaftlich niedrigsten Arbeiten vollziehen mussten (ebd., 134–135). Die Unabhängigkeit ging daher vor allem mit der Erfahrung einher, wieder als Mensch geachtet zu werden. In den sambischen Lokalsprachen „gibt [es] keinen Weg, die Unabhängigkeit eines Landes getrennt von seinem Volk zu beschreiben" (ebd., 137). Spricht man von nationaler Unabhängigkeit, also kollektiver Befreiung, so impliziert dies automatisch auch die Freiheit der Bürger. Ein solcher Ausdruck ist *twalipoka ubuntungwa,* der mit „Wir haben den Status freier Menschen erlangt" übersetzt werden kann (ebd.). Auch wenn durch die neue sambische Regierung repressive Maßnahmen verübt wurden, bspw. Regelungen zur Unterbindung der Prostitution, um die kulturelle moralische Ordnung wiederherzustellen, so fühlten sich Siame zufolge die Bürger trotzdem weiterhin „frei". Schließlich verletzten diese Anordnungen nicht ihren Status als gleichwertige Bürger. Siame leitet daraus ab, dass entgegen Berlins Freiheitskonzeption, die meisten Afrikanerinnen und Afrikaner Freiheit vorrangig als kollektive Selbstbestimmung und kulturelle Autonomie begreifen würden, weil dies mit menschlicher Würde und Selbstwertgefühl verknüpft sei. Diese Priorisierung schließe nicht aus, dass Freiheit ebenfalls individuelle Freiheit umfasse, diese sei jedoch den anderen Freiheiten nachgeordnet (ebd., 145). Während im Kolonialismus Staat und Regierung als ein fremdes, auf-oktroyiertes Konstrukt wahrgenommen wurden, das die Freiheit der kolonisierten Subjekte negierte, versprach die Unabhängigkeit eine Synthese von Gesellschaft und Staat, in der die Regierung als Organ der Umsetzung kollektiver Interessen der Bevölkerung verstanden wurde und damit deren Freiheit realisierte.

Im Hinblick auf die Frage nach der Form politischer Selbstbestimmung steht u. a. das Mehrheitsprinzip als vorrangiger Modus kollektiver Entscheidungsfindung liberaler Demokratien in der Afrikanischen Philosophie zur Diskussion. Der ghanaische Philosoph Kwasi Wiredu (2015) kritisiert, dass in westlichen Systemen mit einem Mehrheitswahlrecht, wie bspw. in Großbritannien, die Mehrheit über die Minderheit herrsche. Dies führe dazu, dass nicht alle gesellschaftlichen Gruppen gleichermaßen repräsentiert werden. Traditionelle Prozesse der Entscheidungsfindung, bspw. in afrikanischen Dorfgemeinschaften, basierten dagegen auf breiter Konsultation und inklusiven Prozessen der Konsensfindung. Wiredu plädiert daher als Alternative zur Mehrheitsdemokratie für eine „Konsensdemokratie", die nicht auf Parteien, sondern auf Repräsentanten einzelner Gruppierungen fußt. Ziel sei es, durch rationalen Dialog die Interessen aller Beteiligten zu berücksichtigen und damit statt rein formaler auch die substantielle Repräsentation der Bürger im politischen Prozess zu ermöglichen.

Der Kameruner Ajume H. Wingo befasst sich in seiner Monographie *Veil Politics in Liberal Democratic States* (2003) mit den Voraussetzungen, liberale Demokratien in Afrika besser kulturell zu verankern. Derzeit seien zwar viele afrikanische Länder formal demokratisch organisiert, es ermangele ihnen *de facto* aber an Rechenschaftspflichtigkeit der Regierungseliten gegenüber der breiten Bevölkerung, was sie zu „illiberalen Demokratien" mache. Es sei daher nötig zu erforschen, wie man Menschen positiv dazu motivieren könne, gemäß liberaler politischer Prinzipien zu handeln. Seine These lautet, dass sich Menschen dann qua Vernunft zu solchem Handeln entscheiden, wenn sie in Kontexten von Werten leben, welche den Liberalismus fördern – bspw. durch Vertrauen und gegenseitiges Verantwortungsgefühl. Dies sei besonders dann nötig, wenn die liberale Demokratie in Länder „transplantiert" werden soll, in denen sie bisher historisch und kulturell nicht verankert ist. Hier müssten vor allem die Bräuche, Rituale und Symbole geschaffen werden, die eine liberale politische Kultur begünstigen (ebd., 48–49). Als ein Beispiel diskutiert Wingo die sog. *Fellowship Associations* in Kamerun. Bei den Nso, einem indigenen Staat im Nordwesten Kameruns, gebe es verschiedene Typen solcher Vereinigungen. Insbesondere die *Njangis* sind Vereinigungen, die prinzipiell jedem offenstehen und in denen Macht horizontal unter den Mitgliedern verteilt ist (Wingo 2004, 455). Sie agieren transparent und treffen Entscheidungen auf Basis des Konsensprinzips. Njangis operieren nach klar definierten Regeln und respektieren ihre Mitglieder unabhängig von Klasse oder ethnischer Zugehörigkeit als gleichwertige Akteure. Ihre Ziele umfassen die gegenseitige Hilfe oder kollektiv organisierte Kreditvergabe. Tugenden, die hier gelebt werden, sind u. a. Respekt, Ehrlichkeit, Verantwortungsbewusstsein und Engagement für die Gemeinschaft. Zudem werden in diesen Vereinen grundlegende Praktiken der kollektiven Deliberation eingeübt, die alle Interessen bündeln soll. Würde man die Institutionen und Praktiken deliberativer Demokratien solchen Vereinigungen anpassen, dann wäre die Wahrscheinlichkeit höher, dass sie in Afrika stärker verwurzelt werden könnten. Voraussetzungen hierfür sind u. a. staatliche Dezentralisierung, die Einbeziehung der Zivilgesellschaft und die Stärkung lokaler Akteure: „legitimate politics in Africa is largely a local affair. People are moved to participate on matters that are closest to them" (ebd., 458). Eine lokal verankerte liberale Demokratie würde auch positive Effekte für den nationalen Kontext haben, da sie insgesamt die politische Kultur verändern könnte und damit die Verantwortlichkeit der Regierung gegenüber der Gesamtbevölkerung zu stärken verspricht.

Als weiteres Beispiel diskutiert Wingo (2015) die zentrale Bedeutung herausragender individueller Persönlichkeiten, den sog. *civic immortals* im afrikanischen Kontext, als Basis für eine kulturelle Fundierung liberaler Demokratie. In einer Hierarchie unterschiedlicher Personen *(personhood)* stellen *civic immortals* die höchste Stufe dar. Durch ihre äußerst mutigen Taten inspirieren diese Helden gewöhnliche Menschen zu bürgerschaftlichem Engagement. Insofern haben sie die pädagogische Funktion, als ein Beispiel dafür zu dienen, was es bedeutet, ein freies Leben zu führen. Auch unter materiell äußerst schwierigen Bedingungen können Menschen ihre Freiheit behaupten und dadurch zeigen, dass sie ihr Schicksal selbst in die Hand nehmen und nicht auf Hilfe von außen warten müssen. Indem sie sich über große Hürden hinwegsetzen und den Tod nicht fürchten, transzendieren *civic immortals* die Grenzen menschlichen Lebens und erlangen kosmische Bedeutung (ebd., 240). Als Beispiel eines *civic immortals* nennt Wingo den ehemaligen südafrikanischen Präsidenten Madiba Mandela. Er habe durch sein Leben gezeigt, wie durch die eigenen Taten, durch Ehrgeiz und erfinderischen Geist Menschen den *Status quo* zu durchbrechen vermögen und Wege zu einer freiheitlichen Gesellschaft ebnen. Die Verehrung solcher Helden des demokratischen Wandels könne herausragende Personen inspirieren, „to apply their talent to aid and refine democracy" (ebd., 251).

60.4 Ausblick

Die historischen Erfahrungen des transatlantischen Sklavenhandels, des Kolonialismus und der Apartheid haben zu einer Skepsis gegenüber dem unreflektierten Import politischer Modelle aus Westeuropa geführt. Wie in diesem Kapitel gezeigt wurde, gibt es verschiedene Versuche von afrikanischen Intellektuellen, liberale Gedanken und Institutionen mit afrikanischen Wertvorstellungen und kulturellen Praktiken zu verbinden. Eine an einem afrikanischen Humanismus orientierte Rekonzeptualisierung liberaler Ideen hinterfragt die vorrangige Orientierung am autonomen Individuum, betont wechselseitige Interdependenz und argumentiert für die Herstellung sozioökonomischer Grundlagen und einer bürgerschaftlich orientierten politischen Kultur als Bedingung liberaler Demokratie in Afrika.

Literatur

Aborisade, Olasunkanmi: Liberal and Communitarian Discourse: An African Perspective. In: Frontiers of Philosophy in China 10/4 (2015), 615–628.

Biko, Steve: I Write What I Like. London 1978.

Chazan, Naomi: Between Liberalism and Statism in African Political Cultures and Democracy. In: Larry Diamond (Hg.): Political Culture and Democracy in Developing Countries. Boulder. 1994, 59–98.

Dubow, Saul: Uncovering the Historic Strands of Egalitarian Liberalism in South Africa. In: Theoria: A Journal of Social and Political Theory 16/140 (2014), 7–24.

Gyekye, Kwame: Tradition and Modernity: Philosophical Reflections on the African Experience. New York/ Oxford 1997.

Gyimah-Boadi, Emmanuel: African Ambiguities: The Rebirth of African Liberalism. In: Journal of Democracy 9/2 (1998), 18–31.

Masolo, Dismas A.: Self and Community in a Changing World. Bloomington 2010.

Mbiti, John S.: African Religions and Philosophies. New York 1970.

Oruka, Henry O.: Philosophie der Entwicklungshilfe. Eine Frage des Rechts auf ein menschliches Minimum. In: Polylog. Zeitschrift für interkulturelles Philosophieren 6 (2000), 6–16.

Oduor, Reginald M.: Western Liberalism, African Communalism and the Quest for an Adequate Ideological Foundation for the Recognition and Protection of the Rights of Persons with Disability in Kenya. In: East African Law Journal, Special Issue on Disability Rights (2016), 29–49.

Siame, Chisanga N.: Zwei Freiheitsbegriffe aus afrikanischer Perspektive. In: Franziska Dübgen/Stefan Skupien (Hg.): Afrikanische politische Philosophie. Postkoloniale Positionen. Berlin 2015, 127–148.

Wingo, Ajume H.: Veil Politics in Liberal Democratic States. Cambridge 2003.

Wingo, Ajume H.: Fellowship Associations as a Foundation for liberal Democracy in Africa. In: Kwasi Wiredu (Hg.): A Companion to African Philosophy. Malden 2004, 450–459.

Wingo, Ajume H.: The Immortals in Our Midst: Why Democracies in Africa Need Them. In: Journal of Ethics: An International Philosophical Review 19/3–4 (2015), 237–255.

Wiredu, Kwasi: Demokratie und Konsensus in traditioneller afrikanischer Politik. In: Franziska Dübgen/Stefan Skupien (Hg.): Afrikanische politische Philosophie. Postkoloniale Positionen. Berlin 2015, 168–181.

61 Naher Osten

Christine Schirrmacher

61.1 Der Begriff der Freiheit im nahöstlichen Kontext

Das sich über Jahrhunderte wandelnde Verständnis von „Freiheit“ im Kontext des Nahen Ostens ist bisher nicht in hinlänglichem Maße erforscht worden: Zum einen scheint dem Begriff der Freiheit in grundlegenden Rechtstexten der islamischen Frühzeit keine prominente Bedeutung zuzukommen (Rosenthal 1991, 34); für spätere Jahrhunderte ist noch kein umfassendes Quellenstudium und die Einbettung der Quellentexte in ihren zeitgeschichtlichen Kontext geleistet worden. Selbst ohne diese durch Quellenstudium abgesicherte Erkenntnis über Konnotation und Genese des Freiheitsbegriffs ist mit Jörn Leonhard anzunehmen, dass im Kontext des Nahen Ostens „keine universelle Bedeutung von europäischen Schlüsselbegriffen“ (2010, 112) existiert und selbst dort, wo der Freiheitsbegriff Verwendung findet, gleichlautenden Begriffen nicht vorschnell identische Inhalte unterstellt werden dürfen. Die eigentliche Erforschung der Thematik steht also noch aus.

C. Schirrmacher (✉)
Universität Bonn, Bonn, Deutschland
E-Mail: Christine.Schirrmacher@uni-bonn.de

61.2 Der Wandel des Freiheitsbegriffs: Schlaglichter

Die Beschäftigung mit Begriff und inhaltlicher Füllung des Terminus der Freiheit eröffnet verschiedene Perspektiven: So kann die „Freiheit von“ (Herrschaft oder Abhängigkeit) im Vordergrund stehen oder die „Freiheit zu“ (die eine Wahl zwischen verschiedenen Handlungsoptionen eröffnet). Auch könnte der Freiheitsbegriff hinsichtlich einer „negativen“ Freiheit (als Beseitigung von Hindernissen für die Umsetzung individueller Pläne und Vorhaben) und eine „positive“ Freiheit (des Individuums) unterteilt werden (so der Vorschlag von Khuri 1998, xx–xxi).

Die Verwendung des wichtigsten Begriffs für Freiheit im Arabischen, *ḥurrīya,* ist zwar bereits im klassischen Arabischen belegt (Rebhan 1986, 99). Ein Begriff für „Freiheit“ als politisches Konzept existiert jedoch in der klassischen Literatur nicht. Die frühislamische Rechtswissenschaft behandelte diesen Terminus kaum (Kamali 1999, 2–3) und die herkömmliche Verwendung des Begriffs „frei“ (arab. *ḥurr*) bezeichnete dort lediglich die rechtliche Stellung eines Menschen, der kein Sklave (mehr) war. Der Begriff umschrieb jedoch nicht die persönliche Freiheit eines Menschen im Sinne einer Unabhängigkeit oder das Freisein von Herrschaft an sich, denn als das Gegenteil von Unfreiheit galt nicht unbedingt Freiheit, sondern Gerechtigkeit (Lewis 1993, 323). Der Begriff des „freien

M. G. Festl (Hrsg.), *Handbuch Liberalismus,* https://doi.org/10.1007/978-3-476-05798-3_61

Mannes“ *(rağulun ḥurrun)* bezeichnete also vor allen Dingen den Nicht-Versklavten oder auch denjenigen, dem eine privilegierte Stellung zukam, da er etwa nicht besteuert wurde (de Blois 1985). Freiheit besaß zwar durchaus eine positive Konnotation und wurde mit einem guten, edlen Charakter assoziiert, aber ob gesellschaftliche Freiheit gut für das Individuum sei, galt dennoch als fraglich (Rosenthal 1991, 120–121).

61.3 Freiheit von oder Freiheit zu? Juristische Konnotationen

Diese im Wesentlichen auf die Frage der Leibeigenschaft reduzierte Füllung des Begriffes der „Freiheit“ in der klassischen Periode wandelte sich erst grundlegend durch die Auseinandersetzung mit westlich geprägten gesellschaftlich-politischen Freiheitskonzepten im Übergang zur Moderne, als der Begriff der „Freiheit“ (arab. *ḥurrīya)* mit der Rezeption westlich-politischer Vorstellungen aus europäischen Staaten eine neue inhaltliche Füllung erhielt (ebd., 11).

Schon zuvor taucht der Begriff der „Freiheit“ in der Mystik auf; dort scheint er vorrangig die Freiheit von allem Irdischen zu bezeichnen, d. h., die Freiheit von einem Leben auf Erden, das als Gefängnis begriffen wurde. Es meint auch das Freisein von allen menschlichen Bedürfnissen und Regungen (ebd., 5, 25, 88, 107). Auch Vertreter der klassischen Theologie beschäftigten sich mit der Frage der Freiheit und benannten in mittelalterlichen Korankommentaren vor allem den Freien (arab. *ḥurr*) als Gegenstück zum Leibeigenen (*ᶜabd*) (ebd., 1, 24), bezeichneten jedoch nicht den Einzelnen als freies Individuum, das nun, daraus abgeleitet, Bürgerrechte geltend machen könnte (Lewis 1991, 112). In der Theologie scheint vielmehr vorrangig erörtert worden zu sein, wie viel Freiheit der Mensch in Anbetracht der Allmacht Gottes und der Prädestination in seinem Handeln besitzt; dies war etwa einer der Streitpunkte zwischen den theologischen Strömungen der Muᶜtazila und der Ashᶜarīya in der Zeit des achten bis elften Jahrhunderts.

Auch Philosophen wie Abū Naṣr Muḥammad al Fārābī (gest. 950) oder Ibn Rushd (gest. 1198) widmeten sich dieser Thematik (Kamali 1999, 3), und durch die Entwicklung einer islamischen Philosophie im Kulturraum des Nahen Ostens auf den Grundlagen der Werke Platons und Aristoteles’ wurde „ein neues politisches Vokabular“ auf der Suche nach „arabischen Entsprechungen für politische Begriffe im Griechischen“ geschaffen (Lewis 1991, 52). Der Begriff der persönlichen Freiheit erhielt dabei jedoch ebenfalls keine prominente Bedeutung. Auch der vielleicht berühmteste Theologe des Mittelalters, al-Ġazālī (gest. 1111), spricht vor allem von der politischen Macht, die Freiheit einschränkt, aber wenig von der Freiheit an sich (Rosenthal 1991, 105, 114). Ibn ᶜArabī (gest. 1204) dagegen räsoniert, dass absolute Freiheit für den Menschen unerreichbar sei, denn wahre Freiheit sei Unabhängigkeit von jeglichen menschlichen Bedürfnissen, was ausschließliche und umfassende Abhängigkeit von Gott bedeute. Diese „Freiheit“ meint, so al-Ġazālī, dass der Mensch Gottes Sklave ist und sich ihm vollkommen unterwirft; Freiheit von Gott sollte der Mensch dagegen nicht anstreben (ebd., 115): „Absolute freedom would lead to absolute disaster, to insanity for man as an individual, and to heresy and damnation for him as a member of society“ (ebd., 119). – So behielt der arabische Begriff der Freiheit bis zum 19. Jahrhundert im politischen Bereich eine vorwiegend juristische Konnotation, während Vertreter der Theologie ihn als Abhängigkeit von Gott deuteten; der Begriff *ḥurrīya* entwickelte sich jedoch nicht zu einem politischen Konzept.

Im Übergang zur Neuzeit formierten sich durch die Konfrontation mit den europäischen Kolonialmächten und ihrem expansiven Imperialismus nicht nur politische Widerstandsbewegungen zur Reklamation von Freiheit und Eigenständigkeit. Politische Ordnungsvorstellungen wurden nun einer kritischen Reflexion unterworfen, infolgedessen wandelte sich auch die politische Terminologie (Ayalon 1987, vii).

Zunächst geriet jedoch das Konzept der Freiheit des Individuums in den kolonial beherrschten Ländern wenig in den Fokus der Debatte;

und wenn, dann waren frühe Erwähnungen des Begriffs *ḥurrīya* am Ende 18. Jahrhunderts Synonyme für Anarchie, Libertinismus, Zügellosigkeit und moralische Schrankenlosigkeit und damit vorwiegend negativ besetzt. Intellektuelle des 18. bis zum Beginn des 19. Jahrhunderts misstrauten ganz überwiegend dem Konzept der „Freiheit" und westliche Konzepte wurden durch Theologen und Rechtsgelehrte kaum rezipiert (Conermann 1996, 119). Religionsgelehrte richten ihre Haltung gegenüber der eigenen Tradition und Kultur ungeachtet der Präsenz europäischer Entwürfe nicht grundlegendend neu aus, weshalb der Transfer dieser europäischen ideengeschichtlichen Konzepte seit dem Einmarsch Napoleons 1798 keineswegs als „Zeitenwende" zu verstehen ist (ebd., 114). Dessen ungeachtet ist die berühmte Ansprache Napoleons an die ägyptische Nation 1798 die erste nachweisbare Verwendung des politischen Begriffs der Freiheit in Ägypten (Lewis 1991, 184). Von einer Übernahme oder Akzeptanz des Begriffes kann aber deshalb nicht gesprochen werden. Das war selbst dann nicht der Fall, als ab etwa Mitte des 19. Jahrhunderts der Begriff der Freiheit häufiger bemüht wurde, aber weder Bürgerrechte noch politische Freiheiten umschrieb (Lewis 1993, 325, 328).

61.4 Der lange Weg zur Freiheit des Individuums

In der ersten Hälfte des 19. Jahrhunderts wurden ideengeschichtliche Konzepte Europas also zunächst nicht übernommen, sondern theologische Diskurse in traditioneller Weise fortgeführt (Conermann 1996, 42). Entsprechend ist in dieser Zeit auch noch keine sprachliche Rezeption der politischen Vorstellungen Europas auszumachen, denn Europa blieb weit ins 19. Jahrhundert hinein „a vague and unattractive entity beyond the horizon" und westliche Ideen waren für Arabischsprechende „vague curiosities professed by remote peoples, occasionally mentioned by way of digression in texts dealing with more interesting local issues" (Ayalon 1987, 8, 16). Es standen in dieser Zeit technische und militärische Errungenschaften Europas im Fokus des Interesses in Ägypten (Conermann 1996, 37) und erst in zweiter Linie Begriffe und Konzepte wie Freiheit und Unabhängigkeit als politische Freiheit der Gemeinschaft (nicht des Individuums!). In Ländern mit geringerer kolonialer Durchdringung geriet die Freiheit des Individuums zwar vermehrt in den Fokus politischer Debatten (Lewis 1991, 180–181); hier wurde diese Idee jedoch vor allem in Anlehnung an europäisch-liberale Konnotationen erörtert und nicht als eigenes Konzept entwickelt.

Im Osmanischen bürgerte sich in der Zeit des Übergangs zum 19. Jahrhundert der osmanisch-türkische Begriff *serbestiyet* immer mehr für Freiheit als eine Form (begrenzter) Autonomie ein (ebd., 183). Im Arabischen gewann er erst im letzten Drittel des 19. Jahrhunderts an Bedeutung, als sich – in Abhängigkeit von Europa – das politische Bewusstsein für Herrschaft und Gesellschaft wandelte, das sich am britischen Parlamentarismus, der Französischen Revolution und den Geheimgesellschaften Italiens und Polens orientierte (Lewis 1993, 330). Bis Ende des 19. Jahrhunderts wurden die Vorstellungen von Europa in seiner Diversität konkreter, und die vielfältigen Einflüsse Europas führten zur Einführung von europäisch-politischen wie gesellschaftlichen Begriffen wie Parlamentarismus, Liberalismus oder Bürgertum in nahöstlichen Gesellschaften. Träger und Motoren der neuen Ideen waren jedoch nicht traditionelle Islamgelehrte, sondern Intellektuelle, die an den von den Kolonialherren eingerichteten Bildungsinstituten oder sogar in Europa ausgebildet worden waren – dennoch wurden die europäischen Konzepte nicht dauerhaft rezipiert und in den traditionellen theologischen Diskurs integriert (Conermann 1996, 124). Stichhaltige Argumente für eine aus Europa angestoßene Aufnahme oder parallele Entwicklung aufklärerischen Gedankenguts im 18. Jahrhundert sind bisher nicht vorgelegt worden (Radtke 2000).

Im letzten Drittel des 19. Jahrhunderts findet sich schließlich der Begriff der Freiheit vermehrt in Rechtstexten: Art. 10 der ersten schriftlich niedergelegten Verfassung des Osmanischen Reiches von 1876 benennt nicht nur die Gleichstellung aller Untertanen, sondern auch deren individuelle Rechte und unverletzlichen Freiheiten (Lewis 1986, 592). Das ist auch die Zeit der Entstehung eines intellektuellen öffentlichen Diskurses, der den politischen Begriff der Freiheit aufgreift und mit dem von nationalistischen Kräften bevorzugten Begriff für Unabhängigkeit *(istiqlāl)* als Freiheit von Unterdrückung und Fremdherrschaft einbürgert (Lewis 1991, 185), während sich in Europa im 18. Jahrhundert bereits eine Trennung zwischen der Auffassung von der „Freiheit von" etwas und der „Freiheit zu" etwas entwickelt hatte, nämlich zu einer kollektiv oder individuell begriffenen Freiheit (Schmidt 2006, 1148).

Bis zur Mitte des 20. Jahrhunderts schlagen sich zahlreiche europäische politische Konzepte in den arabischen Gesellschaften in Veröffentlichungen nieder, werden implementiert und diskutiert und bis zum Ende des 20. Jahrhunderts in der arabischen Terminologie fest verwurzelt (Ayalon 1987, 8–9). So war der Ägypter Aḥmad Luṭfī as-Sayyid (1872–1963) einer derjenigen Autoren, der Freiheit nun als unveräußerliches Recht des Individuums definierte, das durch Bürgerrechte geschützt werden sollte, auch wenn viele seiner Zeitgenossen Freiheit weiter politisch interpretierten und im kollektivistischen Sinne verstanden (Lewis 1993, 335–336). Dennoch entwickelte sich der Terminus der Freiheit auch dann nicht zu einem *Konzept* von Freiheit, das die freie Wahl einer Regierung als inhärentes Recht des Individuums im Sinne einer freien Auswahl zwischen verschiedenen Optionen beschreiben würde – auf politische Wahlfreiheit der Regierung oder der Teilhabe des Einzelnen am politischen Geschehen bezog sich der Begriff gerade nicht (Rosenthal 1986, 589).

61.5 Die Freiheitsdebatte heute

Die heutige theologische Debatte über den Begriff der „Freiheit" im arabischen Raum bezieht sich zu Teilen auf die Kehrseite der Freiheit und betont die Verantwortung und Pflichten des Menschen, während andere Publikationen stärker die Seite der Freiheit als Menschenrecht betonen; dabei ziehen dennoch einige implizit, andere explizit die Grenze der Freiheit beim traditionell interpretierten Schariarecht. Nur wenige Autoren ordnen persönliche Freiheitsrechte – und als konkreter Ausdruck persönlicher Freiheitrechte etwa auch die Religionsfreiheit – schariarechtlichen Vorgaben vor.

Erörterungen über Begriff und Inhalt von „Freiheit" werden im 20. Jahrhundert insgesamt häufiger: Theologen des 20. Jahrhunderts wie Muḥammad Ṭāhir Ibn ᶜĀshūr (gest. 1973) definieren Freiheit zwar noch als „Freiheit von", nämlich als Gegenteil von Sklaverei, erweitern aber den Freiheitsbegriff auch auf „Freiheit zu", nämlich auf die Freiheit zur Regelung der eigenen Belange dem eigenen Wunsch und Willen entsprechend, ohne von anderen daran gehindert zu werden; andere Theologen wie der ägyptische Rechtsgelehrte ᶜAbd al-Wahhāb Khallāf (gest. 1956) erweitern diese Definition persönlicher Freiheiten auf das Recht auf persönliche Sicherheit, Ehre, Besitz und ein Heim, solange die Belange anderer nicht dadurch verletzt werden (Kamali 1999, 3–5) – eine Definition, die fast an die Formulierung des französischen Staatstheoretikers Jean Bodin (1596) in seinen „Sechs Büchern über den Staat" aus dem Jahr 1576 erinnert, dass nämlich die „wahre Freiheit des Volkes nicht in politischer Partizipation" bestehe, „sondern in der Nutzung des Eigentums in Sicherheit, ohne Furcht vor Beeinträchtigung der Ehre, des Lebens und der Familie" (Bodin 2005, 1157).

61.6 Die Vereinnahmung der Freiheit

In der heutigen Freiheitsdebatte wird Freiheit von den einen Autoren zum Prinzip erhoben, das mit dem Islam deckungsgleich sei und damit faktisch als „islamisches Konzept" vereinnahmt, das die Menschen von ihrer Versklavung und ihrem Unglück befreite (Chamene'i 2009, 35, 50). Unter diesem Gesichtspunkt erscheint die „westliche Auffassung von Freiheit [....] als Ungebundenheit und Zügellosigkeit" (ebd., 53) und auch Vertreter eines politischen Islam wie Abū l-Aᶜlā Maudūdī (1903–1979) lassen deutlich erkennen, dass Gedanken- und Meinungsfreiheit nur unter der Bedingung gewährt werden kann, dass sie ausschließlich für die Verbreitung tugendhafter Dinge, nicht jedoch für die Propagierung des Bösen gebraucht würde (Mawdudi 1976, 28).

Wer so im Rahmen traditionell interpretierter Scharianormen argumentiert wie Tuhami Negra, formuliert Freiheiten des Menschen ausschließlich in Abhängigkeit seiner Verantwortung vor Gott, die dem Gemeinwesen dienlich sein sollen. Freiheiten losgelöst von der Verantwortung vor Gott existieren aus dieser Sicht nicht, ja für Negra besteht Freiheit ausschließlich aus Verantwortung. Der Mensch besitzt zwar, so Negra, die Freiheit, eigenständig zu handeln, zu argumentieren und einen Willen zu äußern, müsse dann aber, wenn er so handle, auch akzeptieren, dass für all das Gottes Belohnung oder Bestrafung auf dem Fuß folge, es also kein folgenloses Handeln gäbe (1998, 76).

Traditionelle Stimmen definieren so das schariarechtlich festgelegte Maß an Freiheit als ein scheinbar von allen gleichermaßen bevorzugtes Maß an Freiheit; Einwände gegen diese Vorstellung werden nicht berücksichtigt (El-Gisr 1964, 241). Der Mensch sei solange frei, so El-Gisr, bis er mit der „Wahrheit" oder der „Gerechtigkeit" in Konflikt gerate (ebd., 242) – eine deutliche Einschränkung von Freiheit also, auch wenn der Begriff der Freiheit formal Verwendung findet.

Eine Mittelposition in dieser Debatte nehmen Stimmen wie der Hochschullehrer für islamisches Recht, Mohammad Hashim Kamali (geb. 1944), ein, die einerseits das Recht des Menschen auf Religions-, Meinungs- und Gewissensfreiheit sowie die Entscheidungsfreiheit des Menschen betonen, diese Freiheiten jedoch nicht absolut verstehen, sondern vor dem Hintergrund der Verantwortung des Menschen nur in Anlehnung an das Schariarecht gewährt sehen möchten, das von Kamali als Quelle aller Freiheitsrechte definiert wird (1999, 23). Gesellschaftliche Freiheit und Freiheit von Sklaverei sei eins der Ziele der Verkündigung der Propheten gewesen (ebd., 10).

Die Freiheit des einen müsse in jedem Fall, so die Argumentation, dort begrenzt oder verneint werden, wo sie die Freiheit des anderen verletze (ebd., 7) – dabei definiert Kamali jedoch nicht, wo die Freiheit des einen einem anderen Schaden zufügen könne. Er betont, dass der Koran etwa Religionsfreiheit bejahe (1997, 105), das Schariarecht sogar zur Meinungsfreiheit regelrecht ermuntere, diese Freiheit jedoch nicht der „Blasphemie, Verunglimpfung, Beschimpfung oder Anstiftung zur Sünde" dienen dürfe (2002, 40).

Nicht alle Vertreter eines theologisch ausgerichteten Diskurses können dem Begriff der Freiheit also etwas positives abgewinnen: Bei manchen Autoren weckt der Begriff, so resümiert der iranische Philosoph Abdolkarim Soroush (geb. 1954), nur negative Assoziationen, da er mit Anarchie, geistiger Verwirrtheit und der Auflösung von Ordnung gleichgesetzt werde (2006, 255); so wird der Begriff, wie Soroush vermerkt, von den einen mit „Rebellion", von den anderen mit „Unterwerfung" gleichgesetzt (ebd., 245).

61.7 Die Freiheit zu: Glaubens- oder Religionsfreiheit?

Konkreter werden diese Überlegungen in der Frauen-, Minderheiten- und Menschenrechtsdebatte. Intensiv debattiert wird hier etwa die Frage der Religionsfreiheit: Besitzt dieser Begriff bereits die Konnotation von „Atheismus", wie der tunesische Historiker Mohamed Talbi (geb. 1921) vermutet (2006, 107)?

Was für die eine Seite individuelle und unverzichtbare „Freiheit" ist (der unbeschränkte, auch mehrfache Wechsel der Religionszugehörigkeit in alle Richtungen), kann für die anderen im Interesse des vorlaufenden Schutzes der Gesellschaft vor Aufruhr und Zerstörung kollektiv beschränkt werden, ohne dass damit dem Einzelnen seine Freiheit genommen werde (Wassermann 1998, 172).

Wenn auf der einen Seite die UN-Menschenrechtscharta von 1948 Religionsfreiheit sehr umfassend als Freiheit des öffentlichen Bekenntnisses, des Wechsels der Religion sowie der Freiheit zur Religionslosigkeit definiert, verstehen andererseits Menschenrechtserklärungen wie die Kairoer Menschenrechtserklärung von 1990 bzw. zeitgenössische Autoren, die schariarechtlich argumentieren, unter Religionsfreiheit ausschließlich die Freiheit, zum Islam überzutreten bzw. das islamische Bekenntnis beizubehalten. Auch wenn in diesem Kontext sehr häufig Sure 2,256 („In der Religion gibt es keinen Zwang") bemüht wird und die Ausübung von Druck oder Nötigung im Zusammenhang mit dem Bekenntnis zum Islam explizit abgelehnt wird, unterstreicht dieser Vers nach Auffassung der Mehrheit der Gelehrten zunächst einmal das Existenzrecht des Juden oder Christen, der nicht zum Islam konvertieren muss, was geltender Rechtslage in islamisch geprägten Gesellschaften entspricht. Hamid Naseem Rafiabadi etwa definiert als absolute Religionsfreiheit des Islam, dass niemand gezwungen werde, zu konvertieren, wenn er mit guten Worten und Ermahnungen zum Übertritt aufgefordert worden sei, dieser Aufforderung aber nicht Folge leisten wolle (2007, 1252).

61.8 Religionsfreiheit: Ganz oder gar nicht

In Bezug auf die Frage der Religionsfreiheit lassen sich unter heutigen Gelehrten im Wesentlichen drei Positionen ausmachen: Eine freiheitliche Position, eine gemäßigte und eine restriktive Position: Für eine Minderheit von Theologen besteht Religionsfreiheit ausschließlich darin, sich dem Islam zuzuwenden; wer zweifle oder Kritik äußere, müsse hingerichtet werden. Ein markanter Vertreter dieser Sicht wäre etwa der indisch-pakistanische Theologe Abū l-Aᶜlā Maudūdī (1903–1979), einer der bis heute einflussreichsten Intellektuellen, Ideologen und Theologen des 20. Jahrhunderts, der nicht nur nachhaltig das Selbstverständnis und die ideologische Ausrichtung Pakistans als islamischer Staat als dort zweifellos prominenteste theologische Persönlichkeit beeinflusste. Er brachte darüber hinaus sein politisches Verständnis des Islam – vor allem des islamischen Staates – auch im globalen Rahmen über zahlreiche Kanäle zu Gehör. Maudūdī wirkte als Journalist, Autor, Korankommentator, Theologe, Aktivist und Gründer der politischen Bewegung und späteren Partei der *Jamā ᶜat-i Islāmī* sowie als Berater mehrerer pakistanischer Regierungen; er gilt als der prominenteste Vordenker eines islamisch begründeten Staatswesens. In seiner Schrift *murtadd ki sazā islāmī qānūn mēn̲* (Die Bestrafung des Apostaten nach dem islamischen Gesetz) spricht er sich rückhaltlos für die Hinrichtung des Zweiflers und Apostaten aus (Maudūdī 1980).

Für eine weitere Minderheit der Gelehrten gilt die Religionsfreiheit umfassend und für jedermann, meint also die Freiheit, den Islam anzunehmen oder sich von ihm abzuwenden, ganz im Sinne der UN-Menschenrechtscharta von 1948. Hierzu gehört etwa der tunesische Historiker Mohamed Talbi (geb. 1921), der zwar den Wahrheitsanspruch des Islam nicht opfert, jedoch jegliche weltliche Bestrafung für den Apostaten ablehnt (2006, 109, 117); ebenso der iranische Philosoph Mohsen Kadivar (geb. 1959), der ausdrücklich betont, dass Religionsfreiheit nicht nur eine innerliche Freiheit der Gedanken meine, sondern auch das Recht, die eigenen Kinder und Glaubensgenossen in der eigenen Religion zu unterrichten, öffentlich für sie zu werben und Anbetungsstätten zu erbauen (2006, 119–120).

Auch für den iranischen Philosophen Abdolkarim Soroush gehören im Zusammenhang mit der Religionsfreiheit die innere und äußere Freiheit untrennbar zusammen; die eine kann für ihn nicht ohne die andere existieren (2006, 260). Ein weiterer Vertreter dieser Sichtweise ist der von den Malediven stammende, in Saudi-Arabien ausgebildete und heute an der Universität Melbourne lehrende Professor für Arabische und Islamische Studien des dortigen „Sultan of Oman" Lehrstuhls, Abdullah Saeed (geb. 1960): Er gehört zu den weltweit engagiertesten akademischen Verfechtern von Religionsfreiheit und universalen Menschenrechten im islamischen

Kontext. Abdullah Saeed ist durch zahlreiche Veröffentlichungen, Beiträge zu Dialogveranstaltungen und internationalen Menschenrechtsforen, durch seine Tätigkeit als Professor an zwei Fakultäten der Universität Melbourne und als Berater der australischen Regierung bekannt geworden. Er wirkt regelmäßig bei Dialoginitiativen mit und unterhält Kontakte im interreligiösen Bereich wie etwa zum „Jewish Council of South Australia".

Abdullah Saeed ist einer der wenigen Intellektuellen aus dem islamisch geprägten Kulturkreis, der die Thematik der Apostasie nicht nur in einzelnen Artikeln behandelt, sondern sie in den Mittelpunkt eines selbständigen Werkes gestellt hat. Mit seinem Bruder, dem damaligen Generalstaatsanwalt der Malediven, Hassan Saeed, veröffentlichte er im Jahr 2004 im renommierten „Ashgate Publishing House" unter dem Titel „Freedom of Religion, Apostasy and Islam" (Saeed/Saeed 2004) eine ausführliche Widerlegung der Auffassung von der Rechtmäßigkeit der Todesstrafe für Apostasie heute, verbunden mit einer Begründung der unbedingten Notwendigkeit einer kritischen Neubetrachtung der Quellen zum Abfall vom Islam. Ziel der Publikation ist es, die Religionsfreiheit als im Islam grundlegend verankert vorzustellen. Er lehnt die Berechtigung der Todesstrafe für Apostaten ab, da sie weder mit Koran und Überlieferung noch mit einem global gültigen Verständnis von Menschenrechten vereinbar sei (ebd., 2). Es geht hier also sowohl um eine immanente Argumentation, die die theologische Rechtfertigung der Todesstrafe für Apostasie in Zweifel zieht als auch um eine Infragestellung ihrer Berechtigung angesichts international anerkannter Standards von Menschenrechten.

61.9 Freiheit ja – Anarchie nein?

Neben dieser, volle Religionsfreiheit bejahenden Position existiert eine moderat-restriktive Sichtweise, die eine Mehrheit zeitgenössischer Theologen im Nahen Osten vertreten dürfte. Sie definieren Religionsfreiheit differenziert und bestätigen das historisch verbriefte Recht von Nicht-Muslimen – insbesondere Juden und Christen – nicht zum Islam konvertieren zu müssen. Für Muslime definieren sie jedoch Religionsfreiheit ausschließlich als Freiheit der Gedanken, die ihnen allenfalls gestattet, insgeheim Zweifel am Islam zu hegen. Wer abweichende Auffassungen jedoch propagiert, macht sich nach dieser Meinung des Verrats schuldig und muss daher bestraft werden; häufig wird mit Rückbezug auf eine traditionelle schariarechtliche Auslegung die Todesstrafe angemahnt – auch wenn es nur wenige Länder gibt, in denen es überhaupt möglich wäre, einen Apostaten vor Gericht zu stellen, da die meisten Länder in ihre Rechtskodizes keine rechtlichen Regelungen zum Abfall vom Islam aufgenommen haben.

Literatur

Ayalon, Ami: Language and Change in the Arab Middle East. The Evolution of Modern Political Discourse. Oxford 1987.

De Blois, François: ‚Freemen' and ‚Nobles' in Iranian and Semitic Languages. In: Journal of the Royal Asiatic Society 117 (1985), 5–15.

Bodin, Jean: Über den Staat. Stuttgart 2005 (frz. 1576).

Conermann, Stephan: Muş†afå Maªm¨d (geb. 1921) und der modifizierte islamische Diskurs im modernen Ägypten. Berlin 1996.

Chamene'i, Imam Sayyid Ali: Menschenrechte und Freiheit. Bremen 2009.

El-Gisr, Nadeem: The Philosophy of Freedom in Islam. In: Al Azhar. Academy of Islamic Research. The First Conference of the Academy of Islamic Research. Kairo 1964, 237–254.

Kadivar, Mohsen: Freedom of Religion and Belief in Islam. In: Mehran Kamrava (Hg.): The New Voice of Islam. Rethinking Politics and Modernity. A Reader. Berkeley 2006, 119–142.

Kamali, Mohammad Hashim: Freedom of Expression in Islam. Cambridge 1997.

Kamali: Mohammad Hashim: Freedom, Equality and Justice in Islam. Cambridge 1999.

Kamali, Mohammad: The Dignity of Man. An Islamic Perspective. Cambridge 2002.

Khoury, Adel Theodor: Toleranz im Islam. München 1980.

Khuri, Richard K.: Freedom, Modernity, and Islam. Towards a Creative Synthesis. New York 1998.

Lewis, Bernard: Ḥurriyya. The Modern Period. In: Encyclopaedia of Islam, Bd.3. Leiden ^{2}1986, 589–594.

Lewis, Bernard: Die politische Sprache des Islam. Berlin 1991.

Lewis, Bernard: Islam in History. Ideas, People, and Events in the Middle East. Chicago 1993.

Leonhard, Jörn: Politisches Sprechen im Zeitalter der Extreme. Überlegungen zu einer Erfahrungsgeschichte der Moderne. In: Martin Sabrow (Hg.): Zeit-Räume. Potsdamer Almanach des Zentrums für Zeithistorische Forschung. Göttingen 2010, 107–126.

Maudūdī, Abū l-A^c^lā Syed: murtadd ki sazā islāmī qānūn mēn̠. Delhi [5]1980.

Mawdudi, Abul A'la Mawdudi: Human Rights in Islam. Leicester 1976.

Negra, Tuhami: A Delicate Balance: Rights, Responsibilities, Freedom. In: A. Bouhdiba (Hg.): The Different Aspects of Islamic Culture. The Individual and Society in Islam. Paris 1998, 61–78.

Radtke, Bernd: Autochthone islamische Aufklärung im 18. Jahrhundert: Theoretische und filologische Bemerkungen; Fortführung einer Debatte. Utrecht 2000.

Rafiabadi, Hamid Naseem: Civil Liberties and Islam – Some Reflections on the Freedom of Conscience in Islam. In: Ders. (Hg.): Challenges to Religions and Islam. A Study of Muslim Movements, Personalities, Issues and Trends, Part 3. New Dehli 2007, 1252–1259.

Rebhan, Helga 1986: Geschichte und Funktion einiger politischer Termini im Arabischen des 19. Jahrhunderts (1798–1882). Wiesbaden 1986.

Rosenthal, Franz: Ḥurriyya. In: Encyclopaedia of Islam, Bd. 3. Leiden [2]1986, 589.

Rosenthal, Franz: The Muslim Concept of Freedom prior to the Nineteenth Century. Leiden 1991.

Saeed, Abdullah/Saeed, Hassan: Freedom of Religion, Apostasy and Islam. Aldershot 2004.

Schmidt, Georg: Freiheit. In: Encyclopädie der Neuzeit, Bd 3. Stuttgart 2006, 1146–1164.

Soroush, Abdolkarim: Reason, Freedom, and Democracy in Islam. In: Mehran Kamrava (Hg.): The New Voice of Islam. Rethinking Politics and Modernity. A Reader. Berkeley 2006, 243–261.

Talbi, Mohamed: Religious Liberty: A Muslim Perspective. In: Mehran Kamrava (Hg.): The New Voice of Islam. Rethinking Politics and Modernity. A Reader. Berkeley 2006, 105–118.

Wasserman, David: Public Funding for Science and Art: Censorship, Social Harm, and the Case of Genetic Research into Crime and Violence. In: Robert C. Post (Hg.): Censorship and Silencing. Los Angeles 1998, 169–194.

China

62

Daria Berg und Giorgio Strafella

This chapter aims to sketch the origins and development of liberal ideas in early modern, modern, and contemporary Chinese intellectual history. The first part traces proto-liberal ideas during the Ming (1368–1644) and Qing (1644–1911) dynasties. In this era, no term existed in Chinese for "liberalism"; the modern expression for this concept, *ziyou zhuyi*, would only appear around 1900 in the vocabulary of Chinese intellectuals studying in Japan (Zhang 2011, 35). Nonetheless, inklings of liberalism in the writings of heterodox Confucian thinkers from the early modern era suggest that such ideas were not entirely foreign to China's philosophical tradition before the Sinophone reception of the work of Western liberal thinkers. This chapter contextualises and discusses said reception at the turn of the twentieth century before examining the fate of liberalism under Maoism, its re-emergence during the post-1978 ideological relaxation, and its influence during the reformist phases of the 1980s and 1990s. Finally, the chapter points at the predicament of liberalism in today's China.

D. Berg (✉)
Universität St. Gallen, St. Gallen, Switzerland
E-Mail: daria.berg@unisg.ch

G. Strafella
Palacký University Olomou,
Olomouc, Czechia

62.1 Anti-Absolutism and Proto-Liberalism? Political Philosophy in Early Modern China

In 1644 Manchu forces overran China and usurped the Dragon Throne. They raped, burned and pillaged, plunging the country into a bloodbath. The last emperor of the last native Chinese dynasty, the Royal House of Ming (1368–1644), hung himself on Coal Hill at the rear gate of the Forbidden City. Yet the conquerors reestablished the monarchy, this time under a foreign Manchu emperor. The Manchu founded the Qing Dynasty (1644–1911) and ruled China for nearly three centuries. In the aftermath of the fall of the Ming Dynasty and the foreign conquest of the Chinese world, China's philosophers rallied to find the causes of the catastrophic cataclysm. They began to draw up plans for political reform to exterminate what they regarded as the root of all evils—misgovernment and tyranny (Berg 1988; Fairbank et al. 1978, 209–210; cf. Berg 2002).

Seventeenth-century China, a period characterized by political turmoil, produced some outstanding thinkers preoccupied with the critical analysis of their state and society. The thought of two Neo-Confucian philosophers may serve as examples. TANG Zhen (1630–1704) and HUANG Zongxi (1610–1695) rank among the few courageous philosophers who raised their

M. G. Festl (Hrsg.), *Handbuch Liberalismus*, https://doi.org/10.1007/978-3-476-05798-3_62

voices against the contemporary government system: absolute monarchy. The common denominator and leitmotif of their works is anti-absolutism. The ambiguous term "absolutism" does not imply a comparison with corresponding European systems, but is here used, along with "despotism" and "autocracy", to connote the excesses of the Ming monarchy, its imperial institutions and "arbitrary and coercive rule, incompatible with political liberty" (Miller 1987). Both philosophers belong to the Neo-Confucian school of thought which combines orthodox Confucian tradition with elements of Daoism and Buddhism, leading to the so-called syncretism of the three teachings—Confucianism, Daoism and Buddhism.

A native of Sichuan province, TANG Zhen hailed from Ming China's landed gentry and scholar-official elite. As Ming loyalists, his father and grandfather joined the resistance against both peasant rebellions and Manchu invaders. After the Manchu conquest TANG Zhen had to sustain his family and sought employment in the new imperial bureaucracy. In 1671 he became a magistrate in Shanxi province where he promoted sericulture and implemented economic and judicial reforms. Despite his successes he suffered demotion and died in utter poverty in 1704 (Berg 1988, 5–17). His collected writings entitled *The Book of the Hidden Hero* (*Qian shu*) appeared in print only after TANG Zhen's death (Berg 1988; Gernet 1992).

HUANG Zongxi hailed from the upper echelons of the scholar gentry in Zhejiang province. His father was a prominent Donglin (Eastern Grove) Academy leader and martyr who was thrown into prison and executed for opposing the corrupt eunuchs' power at the imperial court. In 1630 HUANG Zongxi joined the Restoration Society as an activist to continue his father's fight against corruption at court. A Ming loyalist, HUANG Zongxi joined the anti-Manchu resistance in 1644, plunging himself into guerilla warfare. After the fall of the Ming Dynasty, he served the remnant Southern Ming court and refused to ever serve the new Manchu rulers of the Qing Dynasty. HUANG Zongxi wrote his work *My Great Plan for the Prince: Record of Awaiting a Visit by an Enlightened Prince at Twilight before Dawn during the Reign of Dark Forces* (*Mingyi daifang lu*) as a political handbook for the benefit of a resurgent native Chinese power in the future. Both TANG Zhen and HUANG Zongxi composed their works of political philosophy in retirement and seclusion from public life (Berg 1988; de Bary 1993).

TANG Zhen and HUANG Zongxi aim at restoring social equality and harmony which they regard as the ideal conditions of a utopian past. They find Confucianism in need of reform due to the social, economic and political transformations of their time. They look back to the cradle of Confucianism in pre-Qin China (before 221 BC), the era prior to imperialism, for the fundamental social and political values that in their perception have degenerated through the Confucian connection with Legalism, the rule by laws and punishments.

The concept of equality, defined as both foundational and distributional equality—describing all people as equal beings and justifying the equal distribution of economic goods and social opportunities among the people (Miller 1987, 136)—is used in both meanings by TANG Zhen. By contrast, HUANG Zongxi applies social and political equality to the upper strata of society only.

TANG Zhen accuses the despot of plunging the state into a vortex of calamity: "Demolishing all the cities in the empire in order to seize imperial power is nourishing one single man with the flesh of all the people in the empire. How could that be bearable?" (Tang 1984, 2.198).

TANG Zhen attacks the absolute ruler: "Ever since the Qin dynasty all emperors have been bandits!" (ibid., 2.196). With blatant iconoclasm, the philosopher proclaims:

> For all its height, Mount Tai is neither gold nor jade, nor a cinnabar and azure painting, but it is just a heap of earth. For all their vastness, rivers and oceans are neither honey dew, nor sweet springs, but they are just water. For all their majesty, the Sons of Heaven are neither gods, nor divine spirits, but they are just men (ibid., 1.67).

TANG Zhen concludes: "Those at the top of the world should place themselves below everybody else in the world" (ibid., 1.69).

TANG Zhen holds that the introduction of social equality will purify China of all the evils of absolutism. Although he does not advocate government by the people, he strives to create government for the people based upon the premises of social equality:

> The way of Heaven and Earth is equality. When there is equality, then all human beings receive their due. If there is no equality, then some grow fat while others become meagre, and some are happy while others are distressed […]. All men are created equal. But nowadays inequality has taken on disproportionate dimensions (ibid., 1.96-7).

TANG Zhen's iconoclastic voice, coming from seventeenth-century China, sounds ahead of his time and appears to carry universal appeal.

HUANG Zongxi similarly exclaims: "The bane of the entire empire is simply the ruler!" (Huang 1981, 'Yuan jun', 2). In his view, absolutism fails because "badly-advised emperors surround themselves by vile eunuchs who are the arch-enemy of the people" and power is concentrated in one person only (Balazs 1965, 14).

HUANG Zongxi advocates delegation of power by reinstating the position of prime minister in the role of "mentor and friend to the ruler" (Huang 1981, 'Yuan zhen', 5). "Minister and monarch are different in name", HUANG Zongxi holds, "but in reality are exactly the same" (ibid.). HUANG Zongxi's view is more elitist than TANG Zhen's. For him, equality and moral reform concern the scholar elite only, not the common people.

Both thinkers operate within the given constraints of their era. They agree that salvation can come from the ranks of the elite only—i.e., the literati or scholar-officials who function as the imperial bureaucrats governing China –, not from the common people. Both philosophers share an optimistic outlook on civilization, believing that improvement is possible.

Overall, the seventeenth-century Chinese "Renaissance" movement is not only a revival of antiquity, but also entails evolution. Hence modern scholars have discovered "proto-liberalism" and "the seeds of democratic thought" in the ideas of philosophers such as TANG Zhen and HUANG Zongxi. TANG Zhen has even been regarded as the herald of Communism. The philosophers' pragmatism has been associated with the form of the "practical, functional statecraft scholarship" that emerged from their writings. This statecraft includes "managing the world affairs" (*jingshi*) and "achieving proper effects" (*zhiyong*). As such concepts stem from the pre-Qin world before the age of absolute monarchy in China, their use in turn implies the yearning of early modern Chinese minds for a revival of antiquity. HUANG Zongxi went so far to question the entire institution of monarchy itself and its arbitrary authority (de Bary 1993, 82). Modern scholars have discovered a "liberal spirit" already in Song dynasty (960–1279) Neo-Confucianism and described the political philosophy of thinkers such as HUANG Zongxi as liberal (de Bary 1993, 67; Qin 2009).

To conclude, their outcry against absolutism on behalf of the people gave philosophers such as TANG Zhen and HUANG Zongxi prominence as political thinkers. Their attack on absolutism was a two-pronged one: the anti-monarchist movement was closely linked with the anti-Manchu movement. In the Qing dynasty, the monarchy appeared to have been discredited because the rulers and princes were foreigners. The seventeenth-century political philosophers' writings gained great popularity 250 years later. At the end of both China's monarchy and Manchu rule in the late nineteenth century such radical ideas of political reform became political dynamite. The two philosophers TANG Zhen and HUANG Zongxi appear as original, but they were not unique. Other important progressive thinkers in seventeenth-century China who challenged the status quo include WANG Fuzhi (1619–1692) and GU Yanwu (1613–1682) (McMorran 1992; Peterson 1968). They all strove to reform an absolutist system that they perceived as the root of the disaster that led to the loss of China.

In sum, the seventeenth-century reformers may have critiqued absolutism, but they remained Confucian to the core. True to the Confucian spirit, they regarded it as their mission to reform the government in the service of the emperor, rather than calling the monarchy into question. This mission dates back to antiquity and the pre-imperial era of MENCIUS (372–289 BC), a disciple of CONFUCIUS (551–479 BC), who advocated a benevolent government for the people (*minben sixiang*, meaning "the idea of the people as root") in the third century BC. We have to wait until the late nineteenth and early twentieth centuries for radical anti-monarchist views to emerge, gain popularity and change China by ending the imperial system and advocating democracy and a government by the people (*minzhu sixiang*). If the seventeenth-century thinkers' liberal ideas fuelled the revolution that ended the imperial system in 1911, they had not been originally conceived in this spirit.

62.2 Liberalism and the Crises of the Modern Era, ca. 1850–1949

To understand the history of liberalism in China since the turn of the twentieth century one must keep in mind two key points. The first is that Chinese thinkers and politicians have, by and large, viewed and discussed liberalism as an ideology imported from the West. It is true China's most famous liberal thinker, HU Shih (1891–1962), argued in lectures he delivered in the United States during the 1940s that elements of liberalism existed in ancient Confucian philosophy (in Fung 2010, 131; see also de Bary 1983). More recently, QIN Hui (b. 1953), a historian and liberal thinker, acknowledged that HUANG Zongxi and WANG Fuzhi anticipated some aspects of modern Chinese liberalism, such as the belief that free intellectual inquiry and political participation are necessary to constrain the power of the sovereign (Qin 2009). One may also view the New Confucianism (*xin ru jia*) of such twentieth-century thinkers as MOU Zongsan (1909–1995) and TANG Junyi (1909–1978) as a kind of "home-grown liberal thought" based on traditional intellectual resources, as they centred "the autonomy of the individual vis-à-vis social and political restrictions" (Hon 2009).

More importantly, Chinese authors like YAN Fu (1854–1921) and LIANG Qichao (1873–1929) introduced their readers to what they identified as a *Western* philosophy while blending it with elite Confucian ideology (Huang 1972, 68; Huang 2008). By dint of such effort, they turned the abstraction of "liberalism in China" into *Chinese* liberalism (Grieder 1970, 344). Echoing a Confucian emphasis on the inner freedom from one's mind and the search for moral autonomy, LIANG declared that "one must not be a slave to anyone, least of all to oneself. It is possible to liberate [you] from slavery to another person, but definitely not from slavery to yourself" (in Fung 2010, 151). Nonetheless, as the final section of this chapter will show, the notion of liberalism as a foreign import continues to shape its articulation and critique in the Sinophone intellectual sphere.

The notion that modern liberalism in China constitutes "a foreign ideology self-consciously imported" in the country "by elites in the late Qing dynasty" (Jenko 2010, 164) partly stems from the novelty of the ideas that Chinese readers found in books such as YAN Fu's flawed, yet influential translation of *On Liberty* (1859) by John Stuart Mill—ideas like "negative freedom" and "positive freedom", for instance. The fact that subsequent generations of Chinese thinkers would discuss the merits of liberal ideas by referring to authors like Mill, Jeremy Bentham and later Samuel Smiles and Leonard Hobhouse helped consolidate the characterization of such ideas as Western or, more specifically, Anglo-American. The New Culture Movement in the 1910s and 1920s viewed ancient Chinese thought as an obstacle to China's modernisation and cast the quintessentially "modern" liberal ideas of individual freedom, personal initiative and political rights as antithetical to Chinese tradition. Moreover, traditionalist and leftist critics of liberalism in China have been lambasting political liberalism as "Western"—hence incompatible with China's character or imperialistic—since at least the 1930s. It is worth noting that early Chinese debates on people's rights and liberties drew heavily on the thought of white-supremacist Anglo-American theorists such as Walter Bagehot and John William Burges

(Tan 1971, 41). This fact—combined with the influence of Herbert Spencer's "social Darwinism"—helps explain the "blind spot" for racism that continues to affect many Chinese liberals to this day (Lin 2020).

The second point is that the urgency for a solution to China's predicament at the turn of the twentieth century—a predicament that threatened China's civilizational identity as well as territorial integrity—shaped the adoption and reception of liberalism by elite intellectuals. Nationalism might have distorted such ideas beyond recognition since their earliest translation for Sinophone readers (Schwartz 1964). However, it is more likely that a genuine aspiration to "enlightenment" and liberal democracy spread nationwide on the back of the patriotic movement during the 1910s, but as more and more intellectuals became disillusioned with Anglo-American liberalism and embraced Marxism-Leninism after the October Revolution and World War One, national salvation and anti-imperialism took priority over the pursuit of civil rights, constitutionalism and the rule of law (Li 2008, 10–38).

Nonetheless, intellectuals like LIANG Qichao called on their fellow Chinese to become "assertive and intellectually free 'citizens'"—no longer slaves of the ancients and their customs—chiefly because they believed the country needed such people in order to overcome its internal crises and repel external aggressors (Huang 1972, 70). The latter, of course, included the same Western powers (and Japan) from which they declaredly adopted such "modern" concepts. The imperative to save China also informed criticism of Chinese liberalism, in particular of its advocacy for limits to the authority of the government. In the mid-1910s monarchic reformists like KANG Youwei (1858–1927) argued that limits to state power and expanded individual rights were incompatible with the ongoing international struggle as the latter required the strongest and most powerful state (Tan 1971, 25).

This is not to say that modern Chinese liberals were only concerned about the patriotic cause. They sought to address a wide range of practical issues of their era, including poverty, official corruption and one-party rule, as well as imperialism; their answers to such issues included political reform towards liberal democracy and constitutional government, and civil rights protected by the rule of law (Fung 2010, 146). While supporting constitutional limits to state power, Chinese liberals of the modern era generally rejected models of minimal state and laissez-faire capitalism in favour of a strong state with sufficient capacity to maintain order, develop the economy, and address social inequality to prevent a socialist revolution. As corruption and factionalism undermined the ability of CHIANG Kai-shek's government to address urgent social problems, some Chinese liberals even contemplated a "new type" of authoritarian government "with a plan". As Harvard-educated intellectual QIAN Duansheng (1900–1990) wrote in 1935, echoing ancient Chinese concepts of government for the people:

> I now still have limitless hope for governments that take the common people as their primary concern, and have not in the least lessened my detestation for dictatorships that ignore the welfare of the common people. But I cannot ignore a government form that is organised, idealistic, and that can plan for the benefit of the masses – even if it is a dictatorship (in Fung 2010, 171).

As to the cause of China's ills, some Chinese liberals—among them HU Shih's former student and prominent figure in the 1919 May Fourth Movement FU Ssu-nien (1896–1950)—blamed imperialism and the foreign threat to China's sovereignty. Others, like HU Shih, held a more critical view of anti-foreign nationalism and emphasised the indigenous roots of China's problems, specifically the lack of political, economic, educational and military reform (Grieder 1970; Fung 2010, 146–147). Informed by Dewey's pragmatism (s. Chap. 13), HU Shih's liberalism—characterised by an advocacy for reform and evolution rather than revolution, a critique of traditional Chinese institutional culture, and a belief in the human being's capacity for self-government—continued to exert an influence on Chinese society even after the Communist victory of 1949, as suggested by an official campaign "to liquidate the thought of HU Shih" carried out by the Communist Party in 1954–1955 (Chi 1986, 125).

62.3 From the Socialist Era (1949–1978) to the Post-Reform Era (1978–today)

Following the victory of the People's Liberation Army in the post-World War Two civil war (1945–1949) against CHIANG Kai-shek's regime, several liberal and anti-Communist intellectuals (including HU Shih) left mainland China for Taiwan, Hong Kong, and the United States. Those who remained in the newly established People's Republic suffered mounting criticism and hostility, culminating in their violent persecution during the Cultural Revolution (1966–1976). In the context of the revolutionary class struggle that he advocated until his death, MAO Zedong believed that every philosophical and political theory served the interests of a class (Mao 1937a). Western liberalism represented the highest ideological expression of the bourgeoisie and imperialist powers, the principal enemies of the revolution. Furthermore, MAO rejected "liberalism" in a broader sense—as tolerance for intellectual diversity and freedom of enquiry—as a denial of political struggle and therefore "decadent" and "extremely harmful in a revolutionary collective" (Mao 1937b).

Liberal discourse resurfaced in the 1980s thanks to a partial relaxation of the political orthodoxy during the so-called "thought liberation movement". Despite waves of anti-liberal criticism that never reached the intensity of the Cultural Revolution, said relaxation served DENG Xiaoping and the reformists' goal of furthering the legitimation of the post-1978 reforms. These included the re-introduction in the Chinese economy of market forces and material incentives, the opening up of areas to foreign investment, and the return—even encouragement—of private entrepreneurship. The political thaw allowed for a flurry of translations and research into previously off-limits topics of Western philosophy including liberalism, particularly the thought of Hayek and Berlin (Strafella 2017, 133). A Chinese translation of Friedman's *Capitalism and Freedom* (1962) appeared in 1993 and, the same year, its author travelled to China to meet with state officials and private entrepreneurs (Gewirtz 2017, 257).

By the end of the decade, translations of works by Wilhelm von Humboldt, Thomas Jefferson, Alexis de Tocqueville, Herbert Spencer, Frédéric Bastiat, Ludwig von Mises, Karl Popper, James M. Buchanan, Robert Nozick, Alfred North Whitehead, Michael Novak and Ayn Rand had all appeared on the shelves of mainland Chinese bookshops (Guo 2004, 25). A liberal economic doctrine seemed to triumph as JIANG Zemin enacted drastic reforms that would eventually succeed at bringing China into the World Trade Organisation in 2001. As to the political goals of liberalism, the Party responded to the pro-democracy protests of 1989 by signalling the end of every meaningful experimentation with political reform—let alone democratization—and with an erratic tolerance towards intellectual pluralism.

At the same time, the failure of the 1989 pro-democracy movement led many intellectuals to rethink the compatibility of Western democratic values with Chinese realities (Strafella 2017, 2). A growing number of intellectuals embraced the opinion that Western ideas like liberalism could not be fruitfully "imported" into China, and it became common for intellectuals and authors to brush aside and mock liberalism as utopian idealism (Misra 2003, 717–718; Strafella and Berg 2015). Since the mid-1990s Chinese liberals have also faced the ideological challenge coming from a new generation of leftist intellectuals. Liberals labelled them "the new left" and despite the initial derogatory intention of the term, this is now widely employed to categorise thinkers like WANG Hui (b. 1959) who critique Chinese liberalism from an anti-capitalist and anti-imperialist standpoint (Zhang 2001).

To such criticism, Chinese liberals like LIU Qing (b. 1963) have responded by arguing that China's social imaginary has already assimilated liberalism and by advocating its further "localization":

> three main factors [...] favor the localization of liberalism: (1) the appeal of egalitarian values; (2) individuation of self-understanding; and (3) pluralization of life ideals and personal beliefs. These are the three prominent and nearly irreversible trends in the development of China's modernity, and liberal theory has at the same time been able to fit these three tendencies (Liu 2020, 52).

Since the 2010s and especially under XI Jinping (2012–today) official ideology has become increasingly hostile to any expression of liberalism. Updating its ideological apparatus in the pursuit of its long-standing fight against liberalism, the Communist Party has recently adopted stances that echo arguments of the New Left. These include a denunciation of the universal validity of liberal values as cultural imperialism and a refusal to carry out further economic liberalisation and to downsize the role of the state in the economy. The consequence for Chinese liberalism has been a "steady decline in influence over intellectual and public life" since the late 1990s (Tang/McConaghy 2018, 122). In short, reluctance among liberal intellectuals to embrace nationalism and cultural essentialism and to champion a powerful Chinese state "has made it difficult for their work to find widespread support among the general Chinese public" (ibid., 129).

To conclude, liberal ideas can be traced back in China to the early modern age from the seventeenth century onwards when Neo-Confucian philosophers first began to voice their critique of autocracy. While those early modern thinkers regarded it as their mission to cleanse, reform and thereby strengthen the imperial state, reformers at the end of the nineteenth and beginning of the twentieth centuries used the late Ming and early Qing political debates for a new two-pronged attack on both the Manchu rulers and the monarchy. Their anti-Manchu and anti-monarchist activism led to the end of the imperial system in 1911. Native Chinese proto-liberal ideas merged with imported Western thought to form a new modern, Western-inspired philosophical discourse during the May-Fourth-Movement from 1919 through the 1920s. The popularity of such liberal ideas waxed and waned during Republican China and the Mao era until they formed a new wave of thought in the early Reform era from 1979 onwards. Liberal ideas may have finally found their swansong in China during XI Jinping's steady strengthening of central authority.

As part of XI Jinping's grandly ambitious new Silk Road, the so-called "Belt and Road Initiative" to connect China's economy with the world, the Chinese Communist Party backs a new ideology as an alternative route to universal peace, security and prosperity. The world is described by the ancient Chinese concept of Tianxia or "All under Heaven", referring to the Chinese idea of a new world order. State-backed philosopher ZHAO Tingyang (b. 1961) offers All under Heaven as a new utopia to save the world from the perceived catastrophic failure of Western liberalism, democracy, human rights, the UN Charter and the European Enlightenment project as seen from the Chinese perspective (Berg 2020). The latest trend in China's intellectual debate, ZHAO's concept of All under Heaven (2020) sketches the blueprint of a Chinese dream of peace and prosperity to embrace the globe as an alternative to liberalism—this time on Chinese terms.

References

Balazs, Etienne: Political Theory and Administrative Reality in Traditional China. London 1965.

Berg, Daria: Political Thought in Seventeenth-Century China: Tang Chen and Huang Tsung-hsi (M.Litt. Thesis, University of Oxford). Oxford 1988.

Berg, Daria: Carnival in China: A Reading of the *Xingshi yinyuan zhuan*. Leiden 2002.

Berg, Daria: Alles unter dem Himmel und der Chinesische Traum. In: Konfuzius Magazin 2020/04: Schwerpunkt Denkschulen, Philosophien, Religionen (2020).

Chi, Wen-shun. Ideological Conflicts in Modern China: Democracy and Authoritarianism. Berkeley 1986.

de Bary, Wm. Theodore: The Liberal Tradition in China. New York 1983.

de Bary, Wm. Theodore: Waiting for the Dawn: A Plan for the Prince. Huang Tsung-his's *Ming-i tai-fang lu*. New York 1993.

Fairbank, John K./Reischauer, Edwin O./Craig, Albert M.: East Asia: Tradition and Transformation. Boston 1978.

Fung, Edmund S.K.: The Intellectual Foundations of Chinese Modernity. Cambridge 2010.

Gernet, Jacques: TANG Zhen: Écrits d'un sage encore inconnu. Paris 1992.

Gewirtz, Julian: Unlikely Partners: Chinese Reformers, Western Economists, and the Making of Global China. Cambridge, Mass. 2017.

Grieder, Jerome B.: HU Shih and the Chinese Renaissance: Liberalism in the Chinese Revolution, 1917–1937. Cambridge, Mass. 1970.

Guo, Yingjie: Barking up the Wrong Tree: The Liberal-Nationalist Debate on Democracy and Identity. In: Nationalism, Democracy and National Integration in China. Ed. by Leong H. Liew/Shaoguang Wang. London 2004, 23–43.

Hon, Tze-ki: Review of Max Ko-wu Huang, The Meaning of Freedom: YAN Fu and the Origins of Chinese Liberalism. In: China Perspectives 3 (2009), DOI: https://doi.org/10.4000/chinaperspectives.4868.

Huang, Max Ko-wu: The Meaning of Freedom: YAN Fu and the Origins of Chinese Liberalism. Hong Kong 2008.

Huang, Philip C.: Liang Ch'i-ch'ao and Modern Chinese Liberalism. Seattle 1972.

Huang Zongxi: Ming yi dai fang lu. Beijing 1981.

Jenco, Leigh K.: Chinese Liberalism. In: Encyclopedia of Political Theory. Ed. by Mark Bevir. London 2010, 164–166.

Li Zehou: Qimeng yu jiuwang de shuangchong jiezou [1986]. In: Zhongguo xiandai sixiang shi lun. Shanghai 2008, 1–45.

Lin, Yao: Beaconism and the Trumpian Metamorphosis of Chinese Liberal Intellectuals. In: Journal of Contemporary China (2020, ahead of print), DOI: https://doi.org/10.1080/10670564.2020.1766911.

Liu Qing: Liberalism in the Chinese Context (2013). Trans. by Matthew Galway/Lu Hua. In: Voices from the Chinese Century: Public Intellectual Debate from Contemporary China. Ed. by Joshua A. Fogel/David Ownby/Timothy Cheek. New York 2020, 45–71.

McMorran, Ian: The Passionate Realist: An Introduction to the Life and Political Thought of Wang Fuzhi (1619–1692). Hong Kong 1992.

Mao Zedong: Shijian lun (1937a). In: https://www.marxists.org/chinese/maozedong/marxist.org-chinese-mao-193707.htm (01.12.2020).

Mao Zedong: Fan ziyou zhuyi (1937b). In: http://www.qstheory.cn/dukan/qs/2019-06/16/c_1124628370.htm (01.12.2020).

Miller, David: The Blackwell Encyclopaedia of Political Thought. Oxford 1987.

Misra, Kalpana: Neo-Left and Neo-Right in Post-Tiananmen China. In: Asian Survey 43/5 (2003), 717–744.

Peterson, Willard J.: The Life of Ku Yen-wu (1613–1682). In: Harvard Journal of Asiatic Studies 28 (1968), 114–156.

Qin Hui: La culture traditionnelle aujourd'hui: un devoir d'inventaire pour penser le politique. Trans. by Song Gang. In: Extrême-Orient, Extrême-Occident 31 (2009), 63–102.

Schwartz, Benjamin I.: In Search of Wealth and Power: Yen Fu and the West. Cambridge, Mass. 1964.

Strafella, Giorgio: Intellectual Discourse in Reform Era China: The Debate on the Spirit of the Humanities in the 1990s. London 2017.

Strafella, Giorgio/Berg, Daria: The Making of an Online Celebrity: A Critical Analysis of Han Han's Blog. In: China Information 29/3 (2015), 352–376.

Tan, Chester C.: Chinese Political Thought in the Twentieth Century. Newton Abbot 1971.

Tang, Xiaobing/McConaghy, Mark: Liberalism in Contemporary China: Questions, Strategies, Directions. In: China Information 32/1 (2018), 121–138.

Tang, Zhen: Qian shu. Ed. by Wu Zemin. Beijing 1984.

Zhang, Qing: Interpreting "Liberty": An Analysis of the History of Ideas. In: Journal of Modern Chinese History 5/1 (2011), 27-43.

Zhang, Xudong (ed.): Whither China? Intellectual Politics in Contemporary China. Durham 2001.

Zhao, Tingyang: Alles unter dem Himmel. Vergangenheit und Zukunft der Weltordnung. Berlin 2020.

63 Japan

Michael A. Schneider

Liberales Denken wurde in der modernen japanischen Geschichte häufig als randständige Tradition betrachtet, obwohl Japan, von Zeit zu Zeit, eine Vorreiterrolle in der Geschichte des asiatischen Liberalismus innehatte. Einzelne Verfechter liberaler Ideen hatten feste persönliche Überzeugungen und gewannen mit ihren Ansichten ein beachtliches Maß öffentlicher Aufmerksamkeit. Jedoch wurden diese Verfechter als Personen betrachtet, die auf die vorherrschende, politische Führung Druck ausübten. Diese war Liberalismus-resistent und wurzelte vielmehr in autoritären, korporatistischen und nationalistischen Ideologien. Dennoch: Es lassen sich in der ostasiatischen philosophischen Tradition durchweg Vorstufen des modernen Liberalismus auffinden. Liberales Gedankengut war eine Hauptzutat des politischen und sozialen Wandels, der in den 1860er und 1870er Jahren über Japan hinwegfegte. 1889 wurde Japan zum ersten asiatischen Staat, der ein konstitutionelles parlamentarisches System proklamierte. Von diesem Zeitpunkt an – wenn auch noch unter eingeschränkten Bedingungen – hat Japan durchgängig über eine konstitutionelle Regierungsform verfügt, die von Elementen der liberalen Demokratie durchzogen war. Das Verständnis der komplexen Wege, die der Liberalismus beschritt und auf denen er in das moderne japanische Leben einzog, kann einen Beitrag dazu leisten, Abneigungen gegenüber dem japanischen Liberalismus zu mildern.

Aus dem Englischen übersetzt von Cedric Braun.

M. A. Schneider (✉)
Knox College, Galesburg, IL, USA
E-Mail: mschneid@knox.edu

63.1 Die Sprache des Liberalismus im 19. Jahrhundert

Im Zentrum des japanischen Liberalismus des 19. Jahrhunderts steht das vernünftige und autonome Individuum, das Kapitän seiner politischen und sozialen Existenz und Architekt der Geschichte ist. Ostasiatische Philosophien lehrten allerdings, dass die Geschichte eine Bewahrungsstätte von Werten sei. In frühen Darstellungen des japanischen Liberalismus wurde das Individuum deshalb begrifflich einerseits als autonom bestimmt, als eines, das gegen bloß gewohnheitsmäßige Sitten, nicht mehr zeitgemäße Traditionen und sorgsam behütete Privilegien herrschender sozialer Klassen ankämpfte; andererseits aber als eines, das durch traditionelle soziale Zwecksetzungen geleitet war.

Auf diese Weise formuliert hat der Liberalismus Vorläufer im ostasiatischen Denken. Die grundlegende Konzeption der rationalen Selbstbestimmungsfähigkeit von Individuen, die die gute Gesellschaft hervorbringen, reicht sogar bis

M. G. Festl (Hrsg.), *Handbuch Liberalismus,* https://doi.org/10.1007/978-3-476-05798-3_63

zu Konfuzius (551–479 v. Chr.) zurück. Ebenso finden sich Parallelen zwischen diesem Bild des Liberalismus und der Auffassung von Mencius (im 4. Jahrhundert v. Chr.), der Wille des Volkes sei die letztgültige Entscheidungsgewalt einer guten Regierung. Diesen Traditionen folgend wurde in japanischen Debatten über den Zerfall der sozialen Ordnung des *Ancien Régime* gelegentlich ein liberaler Ton angeschlagen. Im Zuge des Nachdenkens über das Wesen der Gesellschaft und über erbschaftsbedingte Statusunterschiede unter dem kollabierenden Tokugawa-Regime (1600–1868) haben Theoretiker vererbte Privilegien durch eine Laissez-Faire-Brille analysiert und die individuelle Vernunft gefeiert. Zum Teil ist es diesen intellektuellen Traditionen zu verdanken, dass die Revolutionäre des 19. Jahrhunderts Vorschläge vorbrachten, das autokratische Tokugawa-System durch eine neue deliberative Volksvertretung zu ersetzen, die dem europäischen und US-amerikanischen Vorbild nachempfunden ist, aber auch die Konzeption des Volkswillens integriert.

In der Ära der sog. „Meiji-Aufklärung" (1860er–1870er) entfalteten sich, im Anschluss an die Revolution von 1868, die liberalen Prinzipien vollständig, während Gestalt und Form der neuen japanischen Politik in der Öffentlichkeit umstritten war. Die letztendlich akzeptierte sino-japanische Wortkombination für den Begriff „Freiheit", *„jiyū"*, war kein Neologismus. Das Wort wurde bereits früher im Sinne des Handelns „gemäß der eigenen Absichten" gebraucht, ohne jegliche politische Konnotation. Im alltäglichen Sprachgebrauch hat *„jiyū"* einen Beigeschmack von Egoismus oder ist mit einer eigennützigen Willensausrichtung konnotiert. Der Denker der Meiji-Aufklärung Fukuzawa Yukichi (1835–1901) sowie der Übersetzer von John Stuart Mills *On Liberty*, Nakamura Keiu [Masanao] (1832–1891), verstanden, dass das Gutheißen „politischer Freiheit" nicht als Billigung freizügigen oder regellosen Sozialverhaltens zu interpretieren ist. Unbedachte Einzelhandlungen in Form politischer Gewalt förderten die Zerstörung der alten Ordnung, jedoch ohne eine Grundlage für den Aufbau einer neuen sozialen Ordnung zu schaffen. Fukuzawa und Nakamura haben der individuellen Freiheit deshalb eine Rolle zugewiesen, die den achtbaren Liberalismus durch die ganze Moderne hindurch prägen sollte. Freiheit des öffentlichen Handelns bedeutete für sie gemeinwohlorientiertes Handeln in einem Bereich, der von den Hindernissen der erbschaftsbedingten Statuszuweisung und von Abstammungsprivilegien befreit ist. Insofern das „Individuum" *(kojin)* – das ein Neologismus der Meiji-Ära war – bürgerliche Freiheiten genoss, so hatte es diese der staatlichen Verpflichtung zu verdanken, Unparteilichkeit in der öffentlichen Sphäre sicherzustellen. Die Freiheiten des Individuums hängen also vom Einfluss anderer ab. Fukuzawas und Nakamuras Bücher wurden zu Bestsellern.

Die Denker der Meiji-Aufklärung erkannten schnell, dass eine konstitutionelle Ordnung die einzige Garantie für Freiheit in diesem Sinne ist. Nach 1874 wurden die Debatten und Proteste in dieser Ära, auch von der nationalen liberalen Partei, allgemein als „Freiheits- und Bürgerrechtsbewegung" *(Jiyū minken undō)* bezeichnet. So bedeutend dieser Strang eines am öffentlichen Zusammenleben orientierten Liberalismus für die Bewegung auch war: es war nicht der einzige. Die „Bürgerrechtsbewegung" zeigte ebenso die dynamische Verbreitung der entgegengesetzten Ansicht in der Politik auf, der zufolge Individuen unabhängig vom Staat über inhärente Freiheitsrechte verfügten. Bspw. stellte Ueki Emoris „Ostasiatischer Entwurf für eine großjapanische Staatsverfassung" explizit heraus, dass die „Bürger" *(jinmin)* eindeutig einige „Freiheiten" und Rechte besäßen.

Diese Denker spielten eine wichtige und anregende Rolle. Die wahre Leistung der politischen Mobilisierung im Namen der Bürgerrechte und einer demokratischen Regierungsform entsprang jedoch den ländlichen Verwaltungsbieten, hauptsächlich, wenn auch nicht ausschließlich, den Gegenden rund um Tokyo. Die Versprechen der Meiji-Führung, bis 1890 ein konstitutionelles System einzuführen, trugen wenig dazu bei, den Aufruhr zu bändigen, der den Wunsch nach einer liberalen politischen Ordnung begleitete. Über all diese Kommunen hinweg entstanden lokale Netzwerke von Bürgern, die sich mit der nationalen liberalen Partei identifizierten; und neben diesen unzählige „Diskussionskreise“, „Vortrags- und Debattiergesellschaften“, „Jugendorganisationen“ sowie gemischte Studiergruppen und Vereine. Viele der Organisatoren stammten aus der Schicht wohlhabender Landwirte, welche Zugang zu Bildung und zudem ein deutliches Interesse an einem liberalen konstitutionellen System hatten. Als oberste Schicht der ländlichen Bevölkerung hatten sie stark vom Ende der feudalen Beschränkungen und der Abschaffung der Samurai-dominierten Gesellschaftsordnung profitieren können. Diese Bündnisse prangerten die autokratische Regierung an und machten sich daran, ihre eigene Verfassung zu schreiben. Dabei beriefen sie sich auf die liberalen Prinzipien von Mill, Locke und Rousseau, um eine neue Beziehung zwischen lokaler und zentraler Autorität zu erschaffen. Diese Bündnisse, von der Polizei verfolgt, radikalisierten sich zunehmend und brachten vermehrt gewaltsame Proteste hervor.

Ein wesentlicher Bestandteil dieser Debatten war die Frage, ob Frauen autonome Handelnde sind, die für ihre eigenen Geschichten verantwortlich gemacht werden sollten. Männliche Denker der Meiji-Aufklärung waren schnell darin aufzuzeigen, dass Praktiken wie die Ehe und das Konkubinat ihrer Konzeption einer liberalen Gesellschaft zuwiderlaufen. Die Frage, ob diese Konzeption damit auch beinhaltet, dass Frauen politische Rechte haben sollten, war für sie allerdings ein Stolperstein. Anstatt die Frage nach politischen Rechten der Überlegung von Männern zu überlassen, erhoben die Frauen kraftvoll ihre Stimme, denunzierten die Beschränkungen der politischen Partizipationsrechte von Frauen und forderten die Sicherstellung ihrer Bürgerrechte, wozu auch die Forderung gehörte, einen eigenen Haushalt führen zu dürfen und über Besitz zu verfügen. Kishida Toshiko (1863–1901), die in eine erfolgreiche Händlerfamilie in Kyoto geboren wurde, gab diesen Frustrationen 1881–1883 mit einer Serie von flammenden Reden eine Stimme, welche regelmäßig durch die Polizei unterbrochen wurden.

Die offizielle Unterdrückung dieser Bewegungen war unerbittlich. Gesetze, die die Pressefreiheit (1875) einschränkten und öffentliche Versammlungen behinderten (1880), wurden erlassen, um Regierungskritiker zu inhaftieren und aus Tokyo zu verbannen. Zugleich drangsalierten die Provinzverwaltungen lokale Aktivisten und zerschlugen ihre Treffen. Während keiner der gewaltsamen Massenproteste länger als einige Tage andauerte und andere Aktionen gegen den Despotismus des Meiji-Staats kläglich scheiterten, muss festgehalten werden, dass die Ereignisse der 1880er Jahre demonstrierten, dass die liberalen Werte für viele Japaner zu einer überzeugenden Sprache der politischen Teilnahme wurden, für deren Realisierung im neuen Staat sie bereit waren, ihr Leben zu riskieren.

63.2 Liberales Kaiserreich

Die Verfassung von 1889, deren Autoren zum Kreis der Führungsclique gehörten, regelte alle Fragen bezüglich der Rechte und der Staatsangehörigkeit. Innerhalb der autokratischen konstitutionellen Ordnung der Meiji Verfassung verkörperte der Kaiser die souveräne Autorität, hatte aber eine Stellung inne, welche diejenige des politischen Systems, das unter seinem Namen operierte, transzendierte. Mit der Verfassung wurden Bürgerrechte zwar etabliert, jedoch rechtlichen Regelungen unterstellt. Anstatt das Konzept politischer Staatsangehörigkeit einzuführen, identifizierte die Verfassung alle Japaner als Untertanen des Kaiserreichs. Eine direkt gewählte Unterkammer des parlamentarischen Systems mit eingegrenzter Macht wurde eingeführt; jedoch verfügte, jedenfalls zunächst, nur ein kleiner Prozentsatz der japanischen Staatsangehörigen über das Wahlrecht. Frauen hatten unter dem neuen parlamentarischen System kein Wahlrecht.

Das vom Kaiser dominierte System, das unter der Geltung der Verfassung erschaffen wurde – „eine Einrichtung, die allen anderen Werten zuwiderläuft“ –, ist zum Gegenstand intensiver akademischer Debatten geworden. (Irokawa 1985, 17; Übers. C.B.) Auf ideologischer Ebene schuf die zentrale Regierung eine feindliche Umgebung für die liberale Konzeption von politischer Partizipation, indem sie einen offiziellen Nationalismus im öffentlichen Leben unterstützte und moralische Erziehung von Kindern einforderte. Statt Individualismus, Leistungsgesellschaft und Unternehmertum voranzubringen, die alle in der Meiji-Ära Verbreitung fanden, betonten der offizielle Nationalismus und die Erziehungspolitik die Unterwerfung unter eine Autorität, hielten zur Selbstaufopferung für das Interesse der Gemeinschaft an und romantisierten das ländliche Leben als Bewahrungsstätte der traditionellen Werte. Eine moderne intellektuelle Elite, deren Zugehörige oft aus reichen Bauernfamilien kamen, wurde von liberalen Theorien des Staats und des öffentlichen Handelns angezogen, weil diese Ideen weiterhin als Rechtfertigungen einer Leistungsgesellschaft jenseits der Schranken erbschaftsbedingter Privilegien dienen konnten. Nationalistische Ideologen belebten *bushidō,* den mutmaßlichen Ethikkodex der Samurai-Klasse wieder, der eine Inspiration für das moderne durch massenhafte Einberufung geprägte Militär darstellen sollte. Liberale, so etwa Nitobe Inazō (1862–1933), bemühten sich jedoch, diese hurrapatriotischen Deutungen zu bekämpfen, wobei sie sich Themen des öffentlichen Diensts zunutze machten, um das Ethos zu modernisieren. Ihrer Ansicht nach lieferten die liberal gebildeten, aber kulturell verwurzelten japanischen Gentlemen ein maßgebliches Vorbild für Männer wie sie selbst, die keinen Elite-Hintergrund haben, an der Entwicklung der Nation mitzuwirken.

Das Leben von Frauen stellte eine deutlichere Diskrepanz zwischen einer offiziell unterstützen Ideologie und der kapitalistischen Lebensrealität dar. Frauen wurde mit dem Wahlgesetz von 1890 das Wahlrecht verwehrt und sie büßten durch das Zivilgesetz von 1898 weitere Rechte ein. Die polizeilichen Sicherheitsbestimmungen von 1900 verboten Frauen jegliche öffentliche politische Aktivität. Zur Rechtfertigung trieben die Bürokraten des Bildungsministeriums die frei erfundene Agenda der *ryōsai kenbo* (gute Frau, weise Mutter) voran, welche ein Bild der Häuslichkeit der Frau zeichnete, das fundamental von der Lebensrealität vieler Frauen abwich, die als Fabrikarbeiterinnen, Krankenschwestern und Schullehrerinnen tätig waren. Mit unbeachteter Ironie verabschiedete das Parlament Bestimmungen, die die Forderung nach Schulbildung von Mädchen in allen Präfekturen beinhaltete – ein Schritt, der die Entstehung einer neuen Klasse von Frauen sichern sollte, die sich gegen diese Art der moralischen Führung wehren würde. Eine feministische Bewegung mit einer primär liberalen Agenda bildete sich mit der neuen Publikation *Seitō (Blaustrumpf)* im Jahre 1911 heraus. Ihre fünf Gründerinnen waren alle Absolventinnen der 1901 gegründeten japanischen Frauenuniversität.

Sowohl in der Sphäre der Staatstätigkeit als auch in ihrer Rolle als Teilnehmer an einem Diskurs zum Fortbestehen der Zivilisation wurden liberale Denker in die territoriale Expansion Japans im späten 19. und frühen 20. Jahrhundert verwickelt. Während veraltete und leer gewordene nationalistische Phrasen die kolonialen Abenteuer Japans rationalisieren sollten, erkannten die liberalen Kommentatoren eine Vielzahl von Möglichkeiten, Japans Verhalten als Teil der globalen Agenda der Expansion der liberalkapitalistischen Ordnung zu deuten. Einer der Wortführer, der symbolhaft für eine Konzeption des liberalen Imperialismus stand, war der in Amerika ausgebildete Professor Ukita Kazutami (1859–1946). Ukita verteidigte einen „ethischen Imperialismus", der den internationalen Handel förderte und den zivilisatorischen Einfluss ausweitete, wobei zugleich das durch räuberisches territoriales Expansionsstreben geprägte internationale Umfeld akzeptiert wurde. Ukita war unter den liberalen Denkern keineswegs allein damit, sich mit der territorialen Expansion Japans angefreundet zu haben. Nitobe Inazō, der gerade seinen englischsprachigen Bestseller *Bushido* fertiggestellt hatte, übte ein Amt im Kolonialreich aus und erhielt prestigeträchtige Positionen als Professor für kolonialpolitische Studien an den Kaiserlichen Universitäten in Kyoto und Tokyo, wo er Vorlesungen für die zukünftige herrschende Elite Japans hielt und sich als Figur profilierte, die dem liberalen Individualismus zu Bekanntheit verhalf.

Liberales Denken trug wenig dazu bei, die zentrale politische Autorität dieser Ära zu stürzen.

Das lag maßgeblich daran, dass sich die verfochtenen Überzeugungen weitgehend mit den nationalen Zielen deckten, die industrielle Entwicklung voranzutreiben und Japans Stellung im außenpolitischen Beziehungsgeflecht im ostasiatischen Raum zu sichern. Die politische Taishō-Krise von 1912 und 1913 machte deutlich, dass die Aufgaben der konstitutionellen Regierung gegenüber dem Vorhaben der Errichtung eines einheitlichen Reichs nur eine untergeordnete Rolle spielten. Durch einen Streit über Rüstungsausgaben und politische Schikane durch die Armee führten die undemokratischen Machenschaften der Regierung zum Entflammen der öffentlichen Meinung. Im Januar und Februar 1913 brachen öffentliche Proteste für die Verteidigung der konstitutionellen Demokratie aus, die, wenn auch kurzlebig, groß und weitverbreitet waren. Obwohl die Proteste nicht zum Einsturz der fest verwurzelten Macht der Cliquen-Regierungen führten, bewirkten sie einen Fortschritt hinsichtlich des liberalen Anliegens, dass parlamentarische Aktivität selbst politisiert sein müsse.

63.3 Das Zeitalter des Massenliberalismus

Diese Ereignisse fanden bald nach dem Tod des Meiji-Kaisers und dem Beginn der Herrschaft von Kaiser Taishō statt. Daher wurden sie zu Symbolen des Beginns einer neuen liberalen Ära. Der Professor der Kaiserlichen Universität Tokyo Yoshino Sakuzō (1878–1933) wurde zum führenden liberalen Theoretiker des Zeitalters. Als eifriger Beobachter der internationalen Angelegenheiten und beeinflusst vom „neuen Liberalismus" von T.H. Green und Hobhouse stellte er in seinen umfangreich veröffentlichten Vorlesungen und Schriften Rechtfertigungen der sich entwickelnden Konzeption der parlamentarischen Demokratie bereit. Yoshino, Sohn eines Seidenhändlers und selbst Erzeugnis der neuen Elite der Leistungsgesellschaft, führte den Begriff *„minponshugi"* ein, welcher für eine Demokratie des Wohlergehens des Volkes steht. Mit diesem Begriff vermied Yoshino die übliche Übersetzung von Demokratie mit dem Ausdruck *„minshūshugi"*, dessen chinesische Schriftzeichen implizierten, dass das Volk Herr über seine eigenen Angelegenheiten sei. Die Meiji-Verfassung machte explizit, dass allein der Kaiser über die Souveränität verfügt; niemand sonst konnte auch nur ein Stück dieser souveränen Macht beanspruchen, ohne dadurch die kaiserliche Herrschaft zu beleidigen. Diese neue Terminologie verwendend argumentierte Yoshino: „Demokratie ist nicht davon abhängig, wo die Rechtstheorie Souveränität verortet". In der Demokratie, „muss die Ausübung politischer Gewalt das Wohl des Volkes zum Gegenstand haben [...] und die Art und Weise der Machtausübung muss sich nach dem Willen des Volkes richten." (Totten 1965, 40–41; Übers. C.B.).

Der Aufstieg des japanischen Premierministers Hara Takashi im Jahr 1918 signalisierte den parlamentarischen Fortschritt dieser neuen liberalen Phase. Hara war ein geschickter Parteipolitiker und der erste Premierminister ohne Adelstitel. Er lenkte die Umstände mit dem Ziel, den Einfluss der Oligarchen und des Militärs in parlamentarischen Angelegenheiten zu untergraben. Er kam infolge der Empörung der Bevölkerung über die horrende Inflation nach dem Ersten Weltkrieg an die Macht. Sein Status als „Bürgerlicher", den er sich selbst zuschrieb, gab seiner Amtszeit einen progressiven Anstrich. Obwohl Hara an sich kein Liberaler war, erkannte er, dass Japans sich modernisierende Gesellschaft und die internationalistische Konzeption der Weltordnung nach 1918 ein neues Verständnis der politischen Organisation benötigten. Hara überlegte sich, dass die Mischung aus einer minimalen Ausweitung des Wahlrechts zusammen mit einer geordneten Kooperation mit dem kapitalistischen Westen die japanische ökonomische Entwicklung antreiben und sogleich die Kontrolle der parlamentarischen Parteien über die japanische Politik zuungunsten von Militaristen, Bürokraten und des vererbbaren Elitenstands sicherstellen könnte. Insofern verfolgte Hara eine Politik der Anpassung an die entstehende liberale internationalistische Ordnung und befürwortete indirekt, was mit dieser Entwicklung einherging. Folglich wurde das Schicksal des

Liberalismus vollständig an das Schicksal des liberalen Internationalismus gekoppelt. Ukita Kazutami drückte dies folgendermaßen aus: „Es wird das Schicksal des abendländischen Liberalismus sein, das über die Zukunft des japanischen Liberalismus bestimmen wird" (1920, 678–9; Übers. C.B.). Liberale Bewegungen aller Ausprägungen würden mit der entstehenden angloamerikanischen Weltordnung assoziiert werden. Die Untermauerung des politischen Internationalismus auf ideologischer Ebene war ein Fundamentstein der liberalen, weltbürgerlichen und pazifistischen Entwürfe über das Wesen der menschlichen Gesellschaft; und ebenso für die Überzeugung, dass der politische Internationalismus es erlaubte, diesen Vorschlägen auf allen gesellschaftlichen Ebenen Ausdruck zu verleihen.

In den mittleren Schichten Japans, unter diesen besonders die neue urbane Mittelschicht, fanden diese Ideen am meisten Anklang. Der wirtschaftliche Boom der Kriegszeit, die Ausweitung der zivilen Bürokratie und der steigende Einfluss privater Universitäten hatten zur Expansion der angestellten Mittelklasse Tokyos geführt, die in den 1920er Jahren über 20 % von dessen Bevölkerung ausmachte. Die Hauptstadt des Kaiserreichs mit ihrem geschäftigen Wirtschaftsleben, ihren lebendigen Medien und ihrer akademischen Aktivität integrierte die umliegenden Wohngegenden für die Mittelklasse ebenso sicher wie sie die Arbeit des Kaiserreichs zentral vernetzte. Ob Individuen in dieser Schicht besonders aktiv oder besonders durch die liberale Agenda mobilisiert waren, war möglicherweise weniger entscheidend als die Tatsache, dass die liberalen Werte der vernünftigen Organisation des Lebens und der Gesellschaft nun ein strukturelles verlässliches Zuhause hatten, so stellten es jedenfalls die liberalen Kommentatoren dar. Als Bestandteil der expandierenden Konsumgesellschaft nahm das Lesen von Zeitungen jeder Art, von allgemein informierenden Zeitungen bis zu Fachmagazinen, ebenso rapide zu wie die Lektüre von Belletristik von einfachem und mittlerem Niveau.

Die eigentliche politische Reform lief Hand in Hand mit diesen sozialen Entwicklungen. Die liberale Feministin Hiratsuka Raichō (1886–1971) schloss sich mit der Wahlrechtsaktivistin Ichikawa Fusae (1893–1981), der Journalistin Oku Mumeo (1895–1997) und weiteren Frauen zusammen, um im Jahr 1920 eine Wahlrechtsorganisation zu gründen: die Neue Frauenvereinigung. Zwar gelang es ihnen nicht, ihre Forderung nach der Ausweitung des aktiven Wahlrechts auf Frauen durchzusetzen, aber sie konnten die Aufhebung der abscheulichen Restriktionen hinsichtlich der öffentlichen politischen Aktivität von Frauen erwirken. Ihr Antrieb war Teil eines allgemeinen Strebens nach erweiterter demokratischer Partizipation. Seit man Wahlrechte an das Einkommen koppelte, weitete sich das Wahlrecht von Männern schrittweise aus. 1925 wurde das allgemeine Wahlrecht für alle über 25 Jahre alten Männer eingeführt. Ein politisches *Quid pro quo* führte jedoch zur zeitgleichen Erweiterung der polizeilichen Kontrolle über politische Aktivitäten und von Zensur. Eine der Tragödien liberaler Politik in dieser Ära war, dass die Liberalen das Gesetz nicht als Gefährdungsfaktor jeder Art des öffentlichen Diskurses über politische Angelegenheiten erkannten. Obwohl Sozialisten und Kommunisten die unmittelbaren Opfer dieser Maßnahmen waren, hatte es ebendieses Gesetz letztlich auch auf das liberale Denken abgesehen.

Zusammenfassend lässt sich festhalten, dass es in den 1920er Jahren den breitesten Ausdruck der liberalen Konzepte des Individuums und der Beziehung des Individuums zu einer sich ausweitenden öffentlichen Sphäre gab. Vortragsgesellschaften, Friedensverbände, Vereine, Verbraucherverbände und andere zielten darauf ab, neue soziale Initiativen voranzutreiben, die eine rationale und freiwillige Grundlage hatten. Der liberale politische Aktivismus blieb zerstreut und rudimentär. Er beeinflusste eine Vielzahl unterschiedlicher Programme, wie etwa die Aufrufe zu einer größeren politischen Partizipationsmöglichkeit, zu Sozialreformen und Arbeiterrechten; aber er informierte auch den Journalismus, die Praktiken der Elitenbildung, wirtschaftliche Gruppierungen und nicht zuletzt politische Parteien selbst. Was die Stadtbewohner betrifft, waren diese Begrifflichkeiten in den alltäglichen

Praktiken sowie den Gewohnheiten des Denkens, Lesens, Sprechens und Wählens verwirklicht. Es hätte sich als schwer erwiesen, den Einfluss dieser Konzepte aus dem Leben der Individuen zu verbannen, selbst wenn sie unter dem Druck politischer Unruhen, internationaler Konflikte und der Sparpolitik der Kriegszeit standen. Bis heute sind die Debatten über den japanischen Liberalismus häufig Debatten um die Bedeutung und den Stellenwert ebendieser Ära.

63.4 Niedergang und Fortbestehen des Vorkriegsliberalismus

Die Verbreitung liberaler Ideen und Praktiken gründete auf vielen neuen Annahmen über Lebensstile, Ausdrucksweisen sowie Gewohnheiten des Denkens, Verhaltens und der Gemeinschaftsbildung, die selbst in den dunkelsten Tagen des Japans der Kriegszeit noch deutlich hervortreten sollten. Allerdings setzten Liberale ein Maß an ökonomischer Sicherheit und materiellem Wohlstand voraus, das Ende der 1920er Jahre, entgegen ihren Erwartungen, nur ungleich verteilt war. Vielleicht schadete der Idee eines japanischen Liberalismus und seiner Verbindung mit internationaler Kooperation in diesem Zusammenhang keine einzelne Handlung mehr als die Rückkehr zum Goldstandard im Jahre 1929. Japans schlecht gewählter Zeitpunkt für die Rückkehr zur Währungsumtauschbarkeit bürdete landwirtschaftlichen Produzenten und Kreditnehmern, die bereits seit Jahren unter der Deflation litten, eine drastische Austeritätspolitik auf. Als andere Staaten vom Goldstandard abkehrten, entfachte Japans Festhalten an diesem eine Vertrauenskrise der zur Elite gehörenden liberalen Politiker, deren Multilateralismus auf dem Rücken der japanischen Landwirte errichtet wurde. Die desaströsen Folgen dieser Maßnahmen passten in das rechtsradikale Narrativ, welches behauptete, die liberalgesonnene Elite sei egoistisch und unsensibel gegenüber den Bedürfnissen der normalen Leute. Rechtsorientierte Politiker verübten politische Gewalt gegen Liberale, was zu Instabilität und sozialem Tumult führte, von dem sie wiederum behaupteten, er hätte seinen eigentlichen Ursprung in der liberalen Sozialpolitik gehabt.

Viele liberale Intellektuelle wurden entweder mundtot gemacht, marginalisiert oder vereinnahmt, wobei ihre Ansichten verwässert und ihre Kritik stumpf gemacht wurde. Der Rechtstheoretiker Minobe Tatsukichi (1873–1948), der von Georg Jellinek beeinflusst war, legte eine von vielen akzeptierte Interpretation der kaiserlichen Autorität vor, die die erweiterte Bedeutung der parlamentarischen Körperschaft begründete. 1935 wurde er, obwohl er dem Oberhaus angehörte, aus dem öffentlichen Leben vertrieben, musste mitansehen, wie seine Arbeiten aufgrund einer öffentlichen Schmierkampagne des rechten Lagers verboten wurden, und er entkam schließlich nur knapp einem Attentat auf sein Leben. Yanaihara Tadao (1893–1961), Professor an der Kaiserlichen Universität Tokyo und liberaler, von J.A. Hobson und Leonard Woolf beeinflusster Kolonialismuskritiker, blieb eine der standhaftesten unabhängigen liberalen Stimmen. Seine Kritik am japanischen Krieg in China im Jahr 1936 kostete ihn seine Anstellung und er war gezwungen, seinen christlichen Glauben im Privaten zu studieren, unter der drohenden Zensur durch die Polizei. Führende liberale Frauen argumentierten, ihre Teilnahme an den Mobilisierungsanstrengungen in der Kriegszeit sei vereinbar mit ihrem höheren Ziel, die staatsbürgerliche Tüchtigkeit von Frauen zu demonstrieren, was wiederum Vorraussetzung für ihren Anspruch auf Bürgerrechte sei.

Rechtsorientierte und konservative Gegner des Fortbestehens liberaler Werte waren laut und wurden immer mächtiger. Sie wurden zurückgeworfen durch zwei Dekaden der Verbreitung liberaler Werte. Nach 1938 dominierten sie. Die Visionäre einer neuen antiliberalen Ordnung erkannten, dass Autonomie, ein Grundwert des Liberalismus, gänzlich aus der Gesellschaft beseitigt werden müsse. 1940 wurden die politischen Parteien zugunsten einer einzigen Partei aufgelöst, eines quasifaschistischen Zusammenschlusses: der Unterstützungsgesellschaft für die Kaiserliche Herrschaft. Die Verfassung blieb in Kraft, die liberalen Werte und ihre Stimmen jedoch wurden attackiert oder der Massenmobilisierung für den Krieg untergeordnet.

63.5 Die liberale Nachkriegsdemokratie

Japans Niederlage im asiatisch-pazifischen Krieg signalisierte eine Niederlage des Militarismus, Autoritarismus und der Autokratie. Liberale hatten Grund, optimistisch auf die politischen Entwicklungen nach dem Krieg zu blicken. Das allgemeine Wahlrecht für alle Erwachsenen über 20 Jahre wurde früh während der Besatzung durch die USA eingeführt. Nachdem die politischen Parteien in parlamentarischen Wahlen wiederhergestellt wurden, konnten 1946 die liberalen und progressiven Parteien in den Wahlen der Unterkammer eine knappe Mehrheit der Sitze gewinnen und eine neue Parteienregierung bilden. Der Anteil der weiblichen Abgeordneten im Unterhaus lag bei fast neun Prozent. Diese Regierung ratifizierte eine neue Verfassung, die zahlreiche Merkmale der undemokratischen Meiji-Verfassung fallen ließ. Die Souveränität wurde dem Volk zugesichert und nicht länger dem Kaiser. Die gesetzgebende Gewalt des Unterhauses vergrößerte sich. Bürgerliche Freiheiten wurden etabliert und für „ewig und unantastbar" erklärt. Am bemerkenswertesten war, dass die Verfassung „dem Krieg als einem souveränen Recht entsagte" und Japan so eine einzigartige Stellung in der internationalen Gemeinschaft als pazifistische Nation zuwies. Wenn man sie vom historischen Kontext isoliert betrachtet, dann waren es ebensolche Ereignisse, die die eindrucksvollsten Fortschritte der liberalen Demokratie in dieser Ära darstellten.

Jeder dieser Schritte war jedoch von immenser Komplexität und bitterer Ironie begleitet, Begleiterscheinungen, die die liberale Nachkriegsdemokratie Japans und den pazifistischen Internationalismus blockierten, schädigten und in einigen Fällen unerfüllt ließen. Eine Problematik war die Assoziation der liberal-demokratischen Reformen mit der Erfahrung der Besatzung durch fremde Mächte (1945–1951) allen voran die USA. Die viel gepriesene Verfassung von 1947 gründete auf den demokratischen Traditionen der japanischen Gesellschaft, wie oben beschrieben, aber die Besatzungsmächte hielten am Kaiser sowie dem kaiserlichen System in einer Weise fest, die es Bewegungen pro radikalem Wandel unmöglich machte, das soziale Fundament des japanischen Militarismus kritisch zu untersuchen. Sie bereinigten das öffentliche Leben von „undemokratischen" Elementen, taten dies jedoch inkonsequent oder auf eine Weise, die die Prioritäten der USA im Kalten Krieg widerspiegelte, und damit die Arbeit konservativer Politiker zuungunsten liberaler Stimmen stärkte. Ishibashi Tanzan (1884–1973), ein renommierter liberaler Ökonom, wurde infolge erbitterter Diskussionen mit den Behörden aus dem öffentlichen Leben verbannt. Obwohl er nach der Besatzung kurzzeitig mit dem Amt des Premierministers betraut war, gab es nach 1955 nur wenige Momente, in denen nicht die „Liberaldemokratische Partei" dominierte und damit (trotz des Namens) eine Koalition rechtsgerichteter und konservativer Fraktionen. Unter dieser Einparteienherrschaft wurden die verschiedenen Standards, an denen sich eine liberale Gesellschaft misst – die Unabhängigkeit der Judikative, das Funktionieren des Schutzes der Bürgerrechte, die Kontrolle über die Bürokratie, das Sicherstellen von Wegen der öffentlichen Kritik –, infrage gestellt.

Die wirtschaftliche Hochkonjunktur der Nachkriegszeit stellte wieder eine sichere ökonomische Grundlage für individuelle Autonomie im Sozialleben her. Eine große Klasse von Fachleuten, der Aufstieg japanischer Bildungseinrichtungen und die aufkeimende Kulturindustrie waren Zeugnisse einer liberalen Ordnung, die das Aufblühen persönlicher Ausdrucks- und Lebensweisen ermöglichte. Durch den Massenkonsum gewann der Liberalismus eine starke intellektuelle und institutionelle Basis. Ein florierendes Verlagswesen und eine eifrige Leserschaft bahnten zahlreiche Wege für liberale Theoretiker, viele nach dem Krieg rehabilitiert, um mit Publikumszeitschriften wie bspw. *Sekai* (Die Welt) eine breite Leserschaft zu erreichen. Der prominenteste liberale Theoretiker der Ära war der Politikwissenschaftler Maruyama Masao (1914–1996), ein Kind der Ära des Taishō-Liberalismus und Kenner des Liberalismus der Meiji-Aufklärung. Maruyama artikulierte zentrale

Probleme des Liberalismusprojekts des modernen Japan und der Bedeutsamkeit seines eigenen Vermächtnisses: Was sind die Perspektiven eines rationalen autonomen Individuums in einer Gesellschaft, die einerseits auf die homogenisierende und demoralisierende Massengesellschaft des Konsumzeitalters gebaut ist, während sie andererseits immer noch mit den Denkschemata der japanischen Vergangenheit ringt, die Japans demokratische Tradition behinderten?

Trotz der breiten Akzeptanz liberaler Ideen in sozialen, kulturellen und ökonomischen Angelegenheiten, taten sich liberale Stimmen schwer damit, sich Gehör zu verschaffen. Bürgerengagement war ein essenzielles Merkmal der politischen Landschaft. Lokale Gruppierungen und Organisationen mobilisierten sich, um bürgerliche Freiheiten sicherzustellen, die Rechte von Minderheiten zu verteidigen, Umweltschutzangelegenheiten zu verfolgen und für Frauenrechte einzutreten. Ein deutliches Beispiel für die angespannte demokratische Politik im Nachkriegsjapan war die anhaltende Macht des Patriarchats im Bereich des Politischen. Die Verfassung von 1947 enthält eine der deutlichsten Erklärungen der Gleichstellung der Geschlechter. Dennoch dauerte es beinahe sechs Jahrzehnte bis der Prozentsatz von weiblichen Abgeordneten im parlamentarischen Unterhaus der ersten Wahl nach der Kapitulation wieder erreicht werden konnte. In der begrenzten politischen Macht von Frauen, aber auch in der Kluft zwischen dem allgemeinen Loyalitätsbekenntnis zur „Friedensverfassung" und der Unterwanderung derselben in der Praxis, können wir konsistente Muster einer politischen Maschinerie und einer nationalen Volksvertretung erkennen, die unabhängig von und im Widerspruch zu den starken demokratischen Impulsen der Bevölkerung operiert. Die Tatsache, dass die Verfassung von 1947 nun schon länger in Kraft ist als die vorherige Meiji-Verfassung, bezeugt jedoch die tiefe Verankerung und Beständigkeit dieser demokratischen Tradition.

Literatur

Bowen, Roger: Rebellion and Democracy in Meiji Japan: A Study of Commoners in the Popular Rights Movement. Berkeley 2006.

Gluck, Carol: Japan's Modern Myths: Ideology in the late Meiji Period. Princeton 1985.

Hiratsuka, Raichō: In the Beginning Woman Was the Sun: The Autobiography of a Japanese Feminist. New York 2007.

Howland, Doug: Translating the West: Language and Political Reason in Nineteenth-Century Japan. Honolulu 2002.

Irokawa, Daikichi: The Culture of the Meiji Period. Princeton 1985.

Kurabe, Tadashi: Maruyama Masao and the Fate of Liberalism in Twentieth-Century Japan. Tokyo 2008.

Metzler, Mark: Lever of Empire: The International Gold Standard and the Crisis of Liberalism in Prewar Japan. Berkeley 2006.

Nolte, Sharon H.: Liberalism in Modern Japan: Ishibashi Tanzan and His Teachers, 1905–1960. Berkeley 1987.

Scalapino, Robert A.: Democracy and the Party Movement in Prewar Japan: The Failure of the First Attempt. Berkeley 1953.

Sievers, Sharon: Flowers in Salt: The Beginnings of Feminist Consciousness in Modern Japan. Stanford 1983.

Totten, George O.: Democracy in Prewar Japan: Groundwork or Façade? Boston 1965.

Ukita, Kazutami: Liberal Movements in Modern Japan. In: The Outlook 15. Dezember 1920, 678–679.

Indien

64

Shruti Rajagopalan

Indische Intellektuelle des 19. Jahrhunderts waren von britischen und kontinentalen liberalen Philosophen beeinflusst. Im Laufe des 20. Jahrhunderts, als die Welt dem Laissez-faire den Rücken kehrte, waren es allerdings sozialistische Ideen, die die Vorstellungskraft der intellektuellen Klasse Indiens auf sich zogen.

In den ersten vier Jahrzehnten nach der Unabhängigkeit herrschte in Indien eine Politik der zentralen Planung. Mit jeder Dekade steigerte sich die staatliche Kontrolle über die Bürger. Die einzige liberale Bewegung dieser Zeit war eine randständige Opposition, die im akademischen Bereich durch den Ökonomen B.R. Shenoy repräsentiert wurde. Die Opposition gegen die politische und zivilgesellschaftliche Planung führten hauptsächlich C. Rajagopalachari und seine Swatantra-Partei an. Von ebenfalls wachsender Bedeutung waren akademische indische Expatriates, die liberale Konzepte für Indien ausarbeiteten. Nach der Befreiung gab es in Indien zahlreiche verschiedene Stimmen in der Presse und der Zivilgesellschaft, die den Liberalismus unterstützten.

Im Folgenden geben wir einen Überblick über klassische liberale Ideen und deren Verfechter in Indien über das vergangene Jahrhundert hinweg. Die liberale Bewegung in Indien wurde, besonders in der postkolonialen Ära, von den sozialistischen Ideen geprägt, gegen die sie sich stellte. Sie war durch drei Komponenten gekennzeichnet: erstens, die Abkehr von der Ideologie der Planung, welche unter der Leitung B.R. Shenoys von den Hörsälen ausging, dem sich in folgenden Jahrzehnten weitere im Ausland lebende Akademiker anschlossen; zweitens, die Anti-Planungsbewegung in Politik und Zivilgesellschaft; und drittens, die liberalen Stimmen, die in jüngerer Zeit in den Medien zu vernehmen sind.

64.1 Intellektuelle Strömungen des kolonialisierten Indien

Intellektuelle des 19. Jahrhunderts wie Ram Mohun Roy, Dadabhai Naoroji, und Sir Syed Ahmed Khan waren von britischen und kontinentalen liberalen Philosophen beeinflusst. Roy (1772–1833) befürwortete „eine eingeschränkte Regierungsgewalt und präsentierte diverse Kontrollmechanismen angesichts möglicher Machtmissbräuche“ (Arnot 1833; Übers. C.B.). Er argumentierte dafür, die Macht der britischen Ostindiengesellschaft zu beschränken und setzte sich für mehr Pressefreiheit, juridische Unabhängigkeit und wählbare Repräsentanten ein (Bayly 2007).

Aus dem Englischen übersetzt von Cedric Braun.
Dieses Kapitel ist eine gekürzte Fassung von: Manish, G.P./Rajagopalan, Shruti/Sutter, Daniel/White, Lawrence H.: Liberalism in India (2015). https://ideas.repec.org/a/ejw/journl/v12y2015i3p432-459.html (10.11.2020).

S. Rajagopalan (✉)
Purchase College, Purchase, NY, USA
E-Mail: Shruti.Rajagopalan@purchase.edu

M. G. Festl (Hrsg.), *Handbuch Liberalismus*, https://doi.org/10.1007/978-3-476-05798-3_64

Frühe Mitglieder der indischen Nationalbewegung wie Dadabhai Naoroji (1825–1917) und Gopal Krishna Gokhale (1866–1915) schrieben umfassend gegen die britische Herrschaft in Indien an. Sie forderten, dass für Inder dieselben Grundrechte und Sicherheiten gelten sollten wie für britische Bürger.

Naoroji war ein von der schottischen Aufklärung inspirierter Liberaler und „vor allen Dingen ein Konstitutionalist" (Doctor 1997, 28; Übers. C.B.). Gokhale, welcher der Partei 1889 beitrat, war von liberalen Denkern wie Edmund Burke und John Stuart Mill inspiriert. Er glaubte an eine freie Gesellschaft, in der der Staat nur eine eingeschränkte Rolle bei der Bereitstellung öffentlicher Güter, darunter Bildung, spielen sollte (Guha 2010, 99). Er fungierte als Mentor Mahatma Gandhis, der zur prominentesten politischen Figur Indiens avancierte. Jedoch distanzierte Gandhi sich von Gokhales westlich geprägten Ideen und orientierte sich stattdessen an den in seiner Heimat entstandenen Graswurzel-Institutionen auf kommunaler Ebene.

In den 1920er Jahren forderte die nächste Generation der indischen Nationalbewegung eine Form von Selbstverwaltung oder *Swaraj.* 1928 schrieb Motilal Nehru einen Verfassungsentwurf und verlangte nach einer demokratischen Republik. In diesem wurde Indien als ein autonomes Herrschaftsgebiet innerhalb des Britischen Empire konzipiert und eine Bill of Rights skizziert.

In den 1930er Jahren hatte sich der einst starke liberale Charakter des Indischen Nationalkongresses verflüchtigt. Die neue Generation der Führungsriege im Kongress war mehr von sozialistischen Ideen inspiriert. Der bekannteste politische Führer, Jawaharlal Nehru (1889–1964), wurde während seines Studiums in England enorm vom Sozialismus der Fabian Society beeinflusst und war überzeugt, dass der Kapitalismus in Indien sowohl die politische als auch die sozioökonomische Gleichheit schwächen würde.

Durch den fabianischen Einfluss gelangten Ideologie und Organisationssystem der Planung allmählich ins Herz der heranwachsenden Unabhängigkeitsbewegung: den Indischen Nationalkongress (Rajagopalan 2020). 1934 wurde innerhalb des Kongresses die Congress Socialist Party gegründet. Wichtiger noch war, dass der Kongress im Jahr 1938 eine nationale Planungskommission einrichtete, deren Vorschläge weitreichenden Einfluss auf die Ziele und die institutionelle Gestaltung der Planungsmechanismen im unabhängigen Indien hatten.

64.2 Die Machtentfaltung der Ideologie der Staatsplanung

Während der zweiten Hälfte des 19. Jahrhunderts sowie den ersten Jahrzehnten des 20. Jahrhunderts erfuhr die indische Ökonomie infolge der vermehrt marktorientierten Landwirtschaft einen Wandel. Dennoch blieb die Ökonomie in hohem Maße landwirtschaftlich geprägt, wobei die Agrarwirtschaft in vielen Teilen des Landes in einem vormodernen institutionellen Rahmen betrieben wurde.

Zwei internationale Ereignisse ließen die indische Bevölkerung zu etatistischen Ideologien und politischen Maßnahmen tendieren (Frankel 1978). Die Große Depression führte zu Chaos in der internationalen Arbeitsteilung und verursachte in Teilen Indiens eine schwerwiegende Agrarkrise. Wichtiger noch war das große Experiment mit dem zentralistischen Planungssystem, das in der Sowjetunion begonnen hatte. Die Vorstellung des Siegeszugs der staatlichen Planung verstärkte die in der intellektuellen Klasse Indiens bereits vorherrschende Idee, dass eine Marktwirtschaft inhärent instabil und unzuverlässig sei, während eine zentralistisch geplante Wirtschaft ein steiles Wachstum und eine rapide Entwicklung hervorbringen könne.

In den 1930er und 1940er Jahren erschienen zahlreiche Pläne für die ökonomische Entwicklung Indiens (Rajagopalan 2020). Politiker diskutierten, welcher Plan befolgt werden sollte, jedoch nicht die Frage, ob der Staat überhaupt die Strategie der zentralen Wirtschaftsplanung wählen sollte. Zwischenzeitlich brachte der Zweite Weltkrieg eine Fülle von wirtschaftlichen Regulierungen, etwa der Preise, Rationierung, Verteilung und Kapitalflüsse sowie des internationalen Handels. Die meisten dieser Regulierungen blieben über den Krieg hinaus bestehen und bildeten die Basis für den zukünftigen Planungsapparat.

1947 machte die Agrarwirtschaft immer noch über 50 % des Bruttonationaleinkommens aus, das verarbeitende Gewerbe dagegen nur 12,3 %. Innerhalb des Industriesektors war die Produktion sehr stark auf Konsumgüter ausgerichtet; ein Kapitalgüter-Sektor war geradezu inexistent (Morris 1983, 642).

Die Unterstützer der staatlichen Planung waren überzeugt, dass die Abhängigkeit der indischen Volkswirtschaft vom Kapitalgüter-Import eines der Haupthindernisse auf dem Weg zu ökonomischem Fortschritt sei. Ein unmittelbares Ziel der staatlichen Planung bestand deshalb darin, Indiens Produktionsbasis zu diversifizieren und die Industrialisierung der Nation schnell voranzutreiben. Dieser Indigenisierungsprozess war jedoch nicht auf das Kapital und die Vorleistungsgüterindustrie beschränkt. Vielmehr sollten die inländisch produzierten Werkzeuge und Maschinen zunehmend genutzt werden, um die künftige nationale Produktion agrarwirtschaftlicher und industrieller Güter anzutreiben. Konsumgüter, die importiert worden waren, sollten zu gegebener Zeit zu Hause produziert werden. Zugleich sollte der Staat Anreize setzen, um den Export von Agrar- und Konsumgütern zu verhindern, da diese Güter der Versorgung des Binnenmarktes vorbehalten bleiben sollten.

Die Akteure der indischen staatlichen Planung waren primär von der Ideologie des ökonomischen Nationalismus angetrieben: einer Mischung aus zentralistischer Wirtschaftsplanung im Inland und autarken Neigungen im Bereich des Außenhandels. Das Ziel war, die nationale Wirtschaftsleistung durch die Einführung der inländischen Produktion von Konsum-, Vorleistungs- und Kapitalgütern zu steigern.

Nach der Unabhängigkeit im Jahr 1947 fuhr die frisch legitimierte indische Regierung fort, die von der Kolonialregierung ererbten Regulierungen und Kontrollmaßnahmen auszuweiten. Die von Premierminister Jawaharlal Nehru geleitete Planungskommission, 1950 einberufen, war für den Entwurf des Fünfjahresplans zuständig. Der ursprüngliche Plan und seine Nachfolger enthielten eine ausführliche Auflistung der Investitionsausgaben, die in den öffentlichen und privaten Sektoren anfielen, die sektorale Zuordnung dieser Investitionen sowie eine Liste von Zielen, die in den verschiedenen Industriezweigen erreicht werden sollten.

64.3 Die liberalen Gegner der staatlichen Planung: 1950–1975

Die Periode von 1950 bis 1975 war von einer gewichtigen und wortgewandten Opposition gegen die staatliche Planung durch den Ökonomen B.R. Shenoy in der akademischen Sphäre Indiens und durch die Entstehung einer breiten zivilgesellschaftlichen Bewegung gekennzeichnet.

B.R. Shenoy: Shenoys Kritik an der indischen Planwirtschaft begann mit seiner bekannten „Widerspruchserklärung" (Shenoy 1955) anlässlich des Entwurfs des zweiten Fünfjahresplans. Unter 20 Ökonomen war er der einzige Abweichler im Beratungsgremium der Regierung (Bauer 1998, 1).

Die grundlegende Schwäche einer zentralistischen Planwirtschaft ist nach Shenoys Ansicht „die Trennung von Produktion und Verbraucherbedürfnissen" (Shenoy 1966, 3; Übers. C.B.), die in scharfem Gegensatz zur marktbasierten Wirtschaft steht, in der das Prinzip der Konsumentensouveränität gilt. Unter dem Regime der zentralistischen Planung, das zu dieser Zeit in Indien vorherrschte, wurde allerdings „die Produktion durch die Planungskommission gelenkt und indirekt kontrolliert" (ebd.; Übers. C.B.).

In einer Welt, in der Produktion und Verbraucherpräferenzen voneinander getrennt werden, „können wir uns nicht länger auf die Statistiken des Bruttonationalprodukts als Indikator für allgemeinen ökonomischen Fortschritt verlassen" (ebd., 4; Übers. C.B.). Shenoy argumentierte, dass man durch Betrachtung dessen, inwiefern „das Nationalprodukt die zufriedenstellende Versorgung mit Konsumgütern" beinhalte, ein deutlich besseres Bild ökonomischer Wohlstandsentwicklung erhielte (ebd.). Die Statistiken zeigten, dass die staatliche Planung die Verfügbarkeit von Nahrungsmitteln pro Kopf nicht signifikant steigerte. Die Pro-Kopf-Verfügbarkeit von Getreide lag im Zeitraum von 1958–1965 durchschnittlich bei 13,9 Unzen pro Tag, was in etwa dem Niveau der Periode zwischen 1931–1938 entsprach, in der der Wert bei 14,2 Unzen pro Tag gelegen hatte – und das trotz der sehr viel größeren Menge an importiertem Getreide zwischen 1958 und 1965 (ebd., 8). Shenoy bemerkte außerdem, dass die Produktionsmenge anderer Massenverbrauchsgüter, etwa von Baumwollgewebe, Streichhölzern und Seife, von 1951 bis 1965 nur geringfügig anstieg (ebd., 8, 16). Die staatliche Planung in Indien hatte zu einem Szenario geführt, in dem die „große Masse der Bevölkerung" inmitten gewaltiger Staudämme und aufblühender Fabriken „misslich gekleidet und unterernährt" war (ebd.; Übers. C.B.).

Was aber könnte Abhilfe schaffen? „Ein entscheidender Richtungswechsel weg vom Interventionismus – der fehlgeleiteten ‚Planung' – hin zu einem freien Markt und einem System freier Preisregulierung ist die erste und grundlegende Reformmaßnahme, nach der die indische Wirtschaftslage förmlich schreit" (ebd., 23; Übers. C.B.).

In B.R. Shenoys späten Jahren schloss sich seine Tochter, Sudha Shenoy, seiner Kritik an der zentralistischen Wirtschaftsplanung und der Lobrede auf freie Märkte an. Dennoch blieb Shenoy im Indien der 1940er und 1950er Jahre der Einzige aus akademischen Kreisen, der gegen den Etatismus und die staatliche Planung ankämpfte (vgl. Manish 2011; 2013; 2014). Demgegenüber wuchs zunehmend eine liberale Bewegung in Politik und Zivilgesellschaft heran.

Chakravarti Rajagopalachari: Rajagopalachari (1878–1972) war die zentrale Figur des Liberalismus im postkolonialen Indien. Allgemein bekannt unter dem Namen Rajaji gehörte er zusammen mit Gandhi, Nehru und Jinnah zu den herausragenden Persönlichkeiten der Unabhängigkeitsbewegung. Nachdem er unmittelbar nach dem Tod Sardar Patels Mitglied von Nehrus Kabinett wurde, schied er 1951 aus diesem aus, u. a. aufgrund seiner starken Einwände gegen die Präferenz der Regierung für die zentralistische Wirtschaftsplanung nach sowjetischem Vorbild.

1952 betrat Rajaji in Madras die politische Bühne. Nachdem er dort Chief Minister war, legte er dieses Amt 1954 mit der Absicht, in den politischen Ruhestand zu gehen, nieder. Als jedoch die Regierung ihre Politik der Wirtschaftsplanung verstärkte und in größerem Umfang umsetzte, fand sich kein Politiker von Rang und Namen, der bereit gewesen wäre, sich der Politik Nehrus entgegenzustellen. Rajaji kehrte aus dem Ruhestand zurück und wurde das Gesicht der politischen Opposition. 1959 gründete er die Swatantra-Partei („Freiheitspartei"), um eine politische Opposition zur Kongresspartei zu errichten. Ihre Gründer formulierten 21 Prinzipien, die das Ziel unterstrichen, individuelle Freiheit zu schützen und die Regierungskompetenzen zu beschränken (vgl. „Statement of Principles of the Swantantra Party" 1959, 894.)

1956 rief er *Swarajya,* ein englischsprachiges, wöchentlich erscheinendes Magazin, ins Leben, für das er eine wöchentliche Kolumne schrieb, in der er die aktuelle ökonomische und sozialpolitische Lage vor dem Hintergrund individueller und ökonomischer Freiheit diskutierte. Er prägte den Begriff der „Lizenzherrschaft" *(permit–quota–license raj)* zur Charakterisierung des nehruschen Sozialismus, einer neuartigen Unterdrückungsform, welche die britische Herrschaft unmittelbar ablöste.

Minoo Masani: Ein weiteres Gründungsmitglied der Swatantra-Partei war Minocher Rustom (Minoo) Masani (1905–1998). Masani trat 1928 der Congress Socialist Party im Indischen Nationalkongress bei. Er pflegte enge Kontakte zu anderen Sozialisten der Unabhängigkeitsbewegung, begann jedoch in den späten 1930er Jahren, hauptsächlich angesichts des Totalitarismus Stalins, kommunistische Ideen zu hinterfragen.

Masanis Hinwendung zum Liberalismus begann in Gesprächen und Debatten mit Gandhi. Er pflichtete der Überzeugung Gandhis bei, dass Zwecke nicht Mittel rechtfertigten und dass der Staat zur größten Gefahr für die Freiheit der Menschen avanciert sei (Masani 1956, 36).

Masani verfasste eine ausführliche Kritik des Sozialismus, Kommunismus und Marxismus: *Socialism Reconsidered* (1944). Er griff die von Kommunisten und Sozialisten genutzten Methoden, wie etwa die Abschaffung von Privateigentum, mit dem Argument an, sie führten niemals zu einer egalitären Gesellschaft. 1952 gründete Masani das Monatsmagazin *Freedom First – The Liberal Monthly,* in dem er häufig die politischen Maßnahmen der amtierenden Regierung kritisierte.

Masani war von 1957 bis 1971 Mitglied des Parlaments, zunächst als Unabhängiger, später als Mitglied der Swatantra-Partei. Einige seiner berühmten Beiträge zu parlamentarischen Debatten ereigneten sich zwischen 1967 und 1970 in der Lok Sabha, als die Premierministerin Indira Gandhi ein umfassendes Nationalisierungsprogramm durchsetzen wollte, gegen das Masani ökonomische und moralische Argumente vorbrachte.

Nachdem er 1971 beträchtliche Wahlverluste an Indira Gandhi hinnehmen musste, übernahm Masani persönlich die Verantwortung für die politische und intellektuelle Niederlage liberaler Ideen und zog sich aus der aktiven Politik zurück. Bis zu seinem Tod im Jahr 1998 suchte Masani außerhalb der Sphäre der aktiven Politik weiterhin die Auseinandersetzung mit Liberalen und führte Diskussionen mit Sozialisten.

Ardeshir Darabshaw Shroff: Shroff (1899–1965) trieb den Liberalismus innerhalb der Geschäftswelt voran. Er war ein sehr aufgeweckter Schüler und ging an die London School of Economics, um Finanzwirtschaft zu studieren. Auch er war dem Fabianismus ausgesetzt, doch ließ er sich nicht zum Sozialismus bekehren. Er kehrte nach Indien zurück, um dort als Börsenmakler zu arbeiten und stieg in den Rängen der Geschäftskreise Mumbais rasch auf. Shroff glaubte stark an die Privatwirtschaft, ließ sich jedoch 1938 als Mitglied des Planungskomitees des Indischen Nationalkongresses aufnehmen. Gemeinsam mit einigen führenden Industriellen wirkte Shroff am „Bombay-Plan“ mit, der einen Mittelweg statt eines vollständigen Staatssozialismus empfahl (Thakurdas 1945).

In den 1950er Jahren nahm Nehrus Vision des Sozialismus mitsamt einer stärkeren Regulierung sämtlicher Aspekte der Wirtschaft reale Züge an, was zur Verstaatlichung vieler Sektoren führte. Shroff sah in der Aufklärung der Bürger über die Wichtigkeit der Privatwirtschaft für eine funktionierende Gesellschaftsordnung den einzigen Weg, den Etatismus erfolgreich zu bekämpfen. 1956 gründete er das Forum of Free Enterprise, das bis in die 1970er Jahre, und sporadisch noch bis 2010, aktiv Broschüren über politische Themen und freie Wirtschaft publizierte. Das Forum veröffentlichte kritische Analysen des Fünfjahresplans der Regierung und von allen Haushaltsplänen. Nani Palkhivala, ein erfahrender Rechtsanwalt und Unterstützer des Forums (auf den unten genauer eingegangen wird), nutze dessen Plattform für eine jährliche Rede, in der er den Staatshausalt analysierte. Zwischen 1956 und 1965 schrieb Shroff eine Vielzahl von Pamphleten, in denen er zwei parallellaufende Kritikpunkte an der sozialistischen Planwirtschaft Indiens entwickelte: erstens, dass die von diesem System hervorgebrachten Resultate von Ineffizienz zeugten und zweitens, dass die eingesetzten Mittel zur Implementierung des Sozialismus die von der Verfassung garantierten Rechte unterminierten.

Nani A. Palkhivala: Palkhivala (1920–2002) war eine außergewöhnliche Persönlichkeit, die zwar mit der klassischen liberalen Bewegung in Verbindung stand, aber auch eine wichtige Rolle außerhalb dieser Bewegung spielte. Palkhivala, der besonders als Senior Advocate am Obersten Gericht Indiens bekannt war, genoss in den Jahrzehnten seiner Aktivität ein herausragendes Ansehen. Er verfasste 1950 *The Law and Practice of Income Tax,* das bis heute als kanonischer juristischer Text gilt (Datar et al. 2013).

Nachdem der zweite Fünfjahresplan angekündigt worden war, begann Palkhivala daran zu arbeiten, das Steuergesetz für die Öffentlichkeit aufzubereiten. Über viele Jahre hielt er an Laien gerichtete Vorlesungen zum Steuerrecht, die jeweiligen Staatshaushalte kommentierend. 1965 hielt Palkhivala einen bemerkenswerten Vortrag in Madras mit dem Titel „The Ideology of Taxation“ (1984). Er kritisierte das indische Steuersystem für dessen Unzuverlässigkeit, Unvorhersehbarkeit, Komplexität, für willkürliche Bestimmungen und eine damit einhergehende unverhältnismäßig hohe finanzielle Belastung – Aspekte, von denen jeder eine der fünf Kardinalregeln für Besteuerung verletzt.

Die indische Verfassung wurde von 1950 bis 1978, der Blütezeit des Sozialismus, regelmäßig abgeändert, um die politischen Richtlinien so anzupassen, dass die Erfüllung der Fünfjahrespläne gerettet werden konnte. Diese Verfassungszusätze waren schwerwiegende Verstöße gegen Individualrechte sowie gegen wichtige Aspekte liberaler Regierungsführung, bspw.

Föderalismus und Gewaltenteilung (Rajagopalan 2015). Palkhivala (1974) beschrieb diesen Prozess der Verfassungsänderungen als systematische Beschmutzung und Entstellung der indischen Verfassung.

Die gesamte Zeit, in der Indira Gandhi als Premierministerin amtierte, fungierte Palkhivala als Schutzherr in wichtigen Fällen, die häufig den Missbrauch von Verfassungsrechten durch die Sozialisten betrafen. 1975 erklärte Gandhi einen nationalen Notstand, der es ihr ermöglichte, Wahlen und bürgerliche Freiheiten auszusetzen und für die nächsten drei Jahre per Dekret zu regieren. Im Zuge dessen unternahm das Parlament den Versuch, die Verfassung durch den 42. Verfassungszusatz so umzuschreiben, dass alle bindenden konstitutionellen Einschränkungen beseitigt würden. Palkhivala argumentierte im Prozess *Minerva Mills Ltd. v. Union of India* (1980), der einen Grundsatzentscheid bringen sollte, erneut mit Erfolg, dass die Macht des Parlaments, Verfassungsänderungen vorzunehmen, begrenzt sei.

64.4 Das Elend des Liberalismus in Indiens Academia: Ein Erklärungsansatz

Wissenschaftliche Studien zur aktuellen Politik beeinflussen die öffentliche Wahrnehmung, und diese wiederum das Fortbestehen der untersuchten politischen Maßnahmen. Infolgedessen haben Regierungen ein Interesse am Inhalt ökonomischer Studien. Da Grundlagenforschung in der Ökonomie hauptsächlich im akademischen Raum stattfindet, kann durch die Kontrolle der Universitäten auch ein hohes Maß an Kontrolle über die ökonomische Forschung erreicht werden. Die Mittel, mit denen Ökonomen ihre Forschung finanzieren, beeinflussen den Inhalt der wissenschaftlichen Arbeiten signifikant. Wagner (2012) argumentiert, ein Berufsstand aus selbstfinanzierten Hobby-Ökonomen würde systematisch andersartige Forschung betreiben als fremdfinanzierte professionelle Ökonomen. Die Dominanz staatlicher Universitäten in Indien stellte einen, wenn auch indirekten, Einflusskanal für die Regierung auf den Berufsstand der Ökonomen dar. Während Indien über eine Reihe von dem Namen nach privaten Hochschulen verfügt, sind diese alle an staatliche Universitäten angegliedert, die die Ausrichtung der Lehre, Prüfungen und Vergabe von Abschlüssen und Titeln kontrollieren.

Der Grad des Regierungseinflusses auf die Hochschulbildung steigerte sich mit der nationalen Unabhängigkeit und der Einführung staatlicher Planung. Die Staatsregierungen „kontrollierten die Haushalte der Universitäten und ihre Finanzierungsgrundlagen und bestimmten über die Stellenvergabe in den leitenden Rängen, die Gehälter der Angestellten sowie die Studiengebühren“; zudem beeinflussten sie die Hochschulpolitik durch ihre „Mitgliedschaft im Universitätssenat“ (Carnoy/Dossani 2011, 11; Übers. C.B.). Gleichzeitig vergrößerte die zentralistische Regierung ihren Einfluss auf die Hochschulbildung durch die Einrichtung der University Grants Commission im Jahr 1956 sowie das Vorschlagen und Durchsetzen nationaler Standards für die universitäre Bildung.

Für Kritiker der staatlichen Planung wurden die Chancen auf eine Anstellung durch die Dominanz der staatlichen Universitäten in Indien minimal gehalten. Darüber hinaus lieferte die intellektuelle Begeisterung für die zentralistische Planung, die Verstand und Gefühl der Elite ergriffen hatte, einen „elementaren gemeinsamen Zweck“ hinsichtlich der Bestrebung, die Industrialisierung der Ökonomie schnell voranzutreiben (*First Five Year Plan,* Kap. 1; Übers. C.B.). Es gab demnach keinen Anlass für die offene Ausübung von Zwängen, da jede Form der Abweichung von Intellektuellen signifikant ihrem Ansehen geschadet und damit ihre Karriereaussichten geschmälert hätte.

Es überrascht daher nicht, dass gerade Gelehrte von Universitäten außerhalb Indiens einen Großteil der ursprünglichen Kritik an der staatlichen Planung vorbrachten.

64.5 Die Expatriates: Jagdish Bhagwati und T.N. Srinivasan

Mit dem Ende der Jahre unter Indira Gandhi waren liberale Ideen aus Indien beinahe gänzlich verschwunden. Die Opposition gegen den

Etatismus in Indien kam von ausländischen Institutionen. Bhagwati übersiedelte 1968 in die USA, zunächst an das MIT und später an die Columbia Universität; Srinivasan wechselte 1980 an die Universität Yale. Dennoch wurden sie wichtige und enthusiastische Unterstützer des indischen Liberalisierungsprozesses.

Mitte der 1960er Jahre konnten Ineffizienz und Korruption des stark interventionistisch geprägten Systems nicht länger ignoriert werden und eine neue Generation von liberalen Wissenschaftlern untersuchte das Beweismaterial. Bhagwati war der prominenteste innerhalb der neuen Generation von Ökonomen, der die mangelhaften Resultate dieses Systems kritisierte. Bhagwatis empirisch fundierte Kritik der detaillierten Wirtschaftsplanung und des Lizensierungsregimes, besonders in den Büchern, die er gemeinsam mit Padma Desai (1970) und T.N. Srinivasan (1975) verfasste, brachte zahlreiche jüngere indische Ökonomen dazu, sich zugunsten der Liberalisierung vom Dirigismus abzuwenden.

Bhagwati und Srinivasan wurden insbesondere nach der Jahrhundertwende von Arvind Panagariya in der Umsetzung ihrer Reformen unterstützt. Deepak Lal schreibt über diese Arbeiten, sie „markierten den Anfang vom Ende des Planungssyndroms, das indische Ökonomen für beinahe ein Jahrhundert unterdrückt hatte" (2008, 215; Übers. C.B.).

64.6 Seit 1991: Die Rückkehr einer liberalen Bewegung

Seit 1991 kommt es in Indien zu einem Wiederaufleben der liberalen Bewegung. In seinem einflussreichen Buch *India: The Emerging Giant* erweitert Panagariya (2008) die Kritik Bhagwatis und Srinivasans an den Fehlern des indischen Planungssystems und entwickelt einen Fahrplan für Reformen in verschiedenen wirtschaftlichen Sektoren. Liberal sind dabei besonders seine Forderungen nach einer größeren Freiheit im Außenhandel und nach der Abschaffung der Regulierungen in vielen Bereichen der Binnenwirtschaft, Regulierungen, die von der Welle von Reformen in den frühen 1990er Jahren unangetastet blieben.

Einige dieser Ideen hatten Einfluss auf indische politische Entscheidungsträger. Panagariya war der erste stellvertretende Vorsitzende der Denkfabrik NITI (National Institution for Transforming India) der indischen Regierung, der als Ersatz für die Planungskommission eingerichtet worden war.

Eine wichtige Persönlichkeit innerhalb dieses Wiederauflebens ist Parth Shah, ein Ökonom der Österreichischen Schule und Leiter des Centre for Civil Society (CCS), einer liberalen Denkfabrik in Neu-Delhi. CCS bietet Unterstützungsangebote für Studierende und engagiert sich für die Förderung individueller Wahlfreiheiten. Ebenfalls mit CCS assoziiert, aber als Gelehrter und Geschäftsmann unabhängig, ist Gurcharan Das, der sich für einen starken liberalen Staat in Indien einsetzt. Ein weiterer Gelehrter des CCS war der späte Sauvik Chakraverti. Dieser trat in seinen Kolumnen als scharfer Kritiker des indischen Staates auf, besonders hinsichtlich der Regelungen, die sich auf die Existenzgrundlage der Bürger auswirken.

Seit 2005 ist die Zahl der Vertriebsmöglichkeiten von liberalen Autoren gewachsen. 2007 kam als wichtige Absatzplattform die Finanztageszeitung *Mint* hinzu. Im eröffnenden Editorial der Tageszeitung verfasste ihr Chefredakteur Niranjan Rajadhyaksha ein Manifest, in dem er verkündete: „Das Editorial dieser Zeitung wird von drei zentralen Themen bestimmt sein: freie Menschen, freie Wirtschaft und freie Gesellschaften" (Rajadhyaksha 2007; Übers. C.B.). Eine weitere Persönlichkeit des klassischen Liberalismus, die erwähnt werden sollte, ist Amit Varma, dessen journalistische Beiträge zweimal mit dem Bastiat-Preis ausgezeichnet wurden und der einen der einflussreichsten Podcasts Indiens betreibt: „The Seen and the Unseen". Auch Vivek Kaul, ebenfalls Journalist, trug mit seinem Buch *India's Big Government* (2017) zu dieser Tradition bei, indem er den Übereifer unterstreicht, mit dem die zunehmend mächtiger werdende indische Regierung den wirtschaftlichen Austausch kontrolliert.

64.7 Fazit

Es gibt drei interessante Trends innerhalb der liberalen Bewegung im Indien nach der Unabhängigkeit. Erstens, die sozialistische Bewegung und der staatliche Planungsapparat waren so aggressiv und dominant, dass ihre Bekämpfung zum einigenden Ziel wurde, das die liberale Bewegung definierte, auch wenn diese klein und randständig blieb. Als die Leidenschaft für den Sozialismus nach dem Ausnahmezustand schwand, verlor auch die liberale Opposition ihr einigendes Ziel, was zum Zerfall der liberalen Bewegung führte. Zweitens, es gibt wenige Liberale in der indischen Hochschullandschaft. In den 1980er und 1990er Jahren stammte ein großer Teil der entstehenden akademischen Kritik von Indern, die ihre Bildung im Ausland erworben hatten und außerhalb Indiens arbeiteten. Etwa seit 2005 hat sich die liberale Bewegung in Indien hauptsächlich in der Politik und der Zivilgesellschaft angesiedelt. Und schließlich, nun da Indien sich liberalisiert hat, haben neue Technologien, Kommunikationsmedien, die Zahl der Absatzplattformen, die Stimmen und Meinungen eine neue liberale Welle in der Zivilgesellschaft hervorgebracht. Zukünftig, so steht zu vermuten, wird die indische liberale Bewegung zahlreiche Stimmen haben.

Literatur

Arnot, Sandford: Ram Mohun Roy. In: Asiatic Journal 2/12 (1833), 195–213.

Bauer, Peter: B.R. Shenoy: Stature and Impact. In: Cato Journal 18/1 (1998), 1–10.

Bayly, C.A.: Rammohan Roy and the Advent of Constitutional Liberalism in India, 1800–30. In: Modern Intellectual History 4/1 (2007), 25–41.

Bhagwati, Jagdish/Desai, Padma: India, Planning for Industrialization: Industrialization and Trade Policies Since 1951. London 1970.

Bhagwati, Jagdish/Srinivasan, T.N.: Foreign Trade Regimes and Economic Development: India. New York 1975.

Carnoy, Martin/Dossani, Rafiq: The Changing Governance of Higher Education in India. Freeman Spogli Institute for International Studies, California 2011.

Datar, Arvind P./Kanga, Jamshedji/Palkhivala, Nani A./Vyas, Dinesh (Hg.): The Law and Practice of Income Tax. Gurgaon [10]2013.

Doctor, Adi H.: Political Thinkers on Modern India. New Delhi 1997.

Frankel, Francine R.: India's Political Economy 1947–1977: The Gradual Revolution. Princeton 1978.

Guha, Ramachandra: Makers of Modern India. New Delhi 2010.

Planning Commission: First Five Year Plan. Delhi 1953.

Lal, Deepak: India, Economics in. In: The New Palgrave Dictionary of Economics Hg. von Steven N. Durlauf/Lawrence E. Blume. London [2]2008.

Kaul, Vivek: India's Big Government: The Intrusive State & How It's Hurting Us. Mumbai 2016.

Manish, G.P.: Central Economic Planning and India's Economic Performance, 1951–65. In: Independent Review 16/2 (2011), 199–219.

Manish, G.P.: Market Reforms in India and the Quality of Economic Growth. In: Independent Review 18/2 (2013), 241–262.

Manish, G.P.: Qualitative Aspects of the Indian Growth Spurt of the 1980s. In: Review of Austrian Economics 27/3 (2014), 325–340.

Masani, M.R.: Socialism Reconsidered. Mumbai 1944.

Masani, M.R.: The Asian Writer. In: Why I Oppose Communism: A Symposium. London 1956.

Minerva Mills Ltd. v. Union of India, AIR 1980 SC 1789.

Morris, D.: The Growth of Large Scale Industry to 1947. In: The Cambridge Economic History of India. Vol. 2 Hg. von Dharma Kumar/Meghnad Desai. Cambridge 1983, 553–676.

Palkhivala, Nani A.: Our Constitution Defaced and Defiled. New Delhi 1974.

Palkhivala, Nani A.: The Ideology of Taxation. In: We, the People: India—The Largest Democracy [1965]. Mumbai 1984, 89–100.

Panagariya, Arvind.: India: The Emerging Giant. New York 2008.

Rajadhyaksha, Niranjan: In Defence of Freedom. In: Mint (2007). http://www.livemint.com/Opinion/7ci-LUfSIe6nmBPnD4V3ZbM/In-defence-of-freedom.html (19.10.2020).

Rajagopalan, Shruti: Incompatible Institutions: Socialism Versus Constitutionalism in India. In: Constitutional Political Economy 26 (2015), 328–355.

Rajagopalan, Shruti: Ideas and Origins of the Planning Commission in India. Planning in the 20th Century and Beyond: India's Planning Commission and the NITI Aayog (2020), 61.

Shenoy, B.R.: A Note of Dissent on the Memorandum of the Panel of Economists. In: Papers Relating to the Formulation of the Second Five Year Plan. Delhi 1955, 15–26.

Shenoy, B.R.: Fifteen Years of Indian Planning. Mumbai 1966.

Statement of Principles of the Swantantra Party. In: Economic and Political Weekly. Delhi 1959, 894.

Thakurdas, Purushottamdas.: A Brief Memorandum Outlining a Plan of Economic Development for India. 2 Vols. London 1945.

Wagner, Richard E.: The Social Construction of Theoretical Landscapes: Some Economics of Economic Theories. In: Different but Equal: Documenting the Contribution of Dissident Scholars Hg. von Daniel Sutter. West Sussex (2012), 43–62.

Teil VII
Neue Herausforderungen

Globalization

65

Manfred B. Steger

Contrary to Francis Fukuyama's (1989) triumphant proclamation of a definite 'endpoint of mankind's ideological evolution' following the collapse of Soviet-style communism, the early twenty-first century has not witnessed a total exhaustion of all systematic alternatives to political and economic liberalism. In fact, the reverse process appears to have taken place as the world experiences what might be called the 'Great Unsettling'—shorthand for a profound global systemic shift toward volatility and destabilization (Benedikter 2013; Steger/James 2019). These dynamics are manifested in economic dislocation, automation, precarious work, inequality, migration, technological transformation, cultural shifts, and climate change.

Moreover, the postwar international order has been unsettled by what influential commentators have characterized as the 'retreat of Western liberalism', 'the crisis of liberal-democratic politics', and even the outright 'failure of liberalism' (Luce 2017; Mouffe 2018; Deneen 2018). Fearing the wholesale dismantling of the liberal order and a return to the destructive great power politics of the past two centuries, leading foreign policy experts have sounded the alarm, wondering whether liberal democracy can survive the current wave of authoritarian populism sweeping across the globe (Ferguson/Zakaria 2017; Castells 2019). While such obituaries to the modern liberal tradition may yet turn out to be premature, it has nonetheless become obvious that the powerful past synergies between liberalism and globalization have come under severe strain by the resurgent forces of nationalism.

But what, precisely, is the nature of the connection between globalization and (neo)liberalism? How has this powerful elective affinity played itself out over the last three decades? Responding to these key questions, this chapter opens with a brief overview of some crucial conceptual and thematic features of globalization and neoliberalism. Discussing their intertwined paths from the 1990s to the 2010s, the main section of this chapter offers an overview of the rise and decline of 'neoliberal globalization'. The chapter ends with a brief reflection on the current national-populist moment and its impact on the future of neoliberal globalization.

65.1 Globalization: Definitions and Dimensions

Although the English–language origins of 'globalization' can be traced back to the late 1920s, the term did not make its formal appearance until the 1951-edition of Webster's dictionary. Picked

M. B. Steger (✉)
Universität von Hawaii in Manoa,
Honolulu, HI, USA
E-Mail: manfred@hawaii.edu

M. G. Festl (Hrsg.), *Handbuch Liberalismus*, https://doi.org/10.1007/978-3-476-05798-3_65

up by British sociologist Roland Robertson (1992) in the early 1980s, 'globalization' emerged in the *fin-de-siècle* context as a pivotal signifier in public debates relating to the latest phase of a long historical process that some thinkers like to characterize as 'time-space compression' (Harvey 1990, 350). The term surfaced as a ubiquitous buzzword because the tangibility and visibility of globally interrelated life called for a single word naming this interconnectedness.

I define globalization as *the expansion and intensification of social relations and consciousness across world-space and world-time* (Steger 2020a). There are five important provisos to this definition. First, globalization is an uneven process, affecting various geographical areas differently. Second, it does not always translate into enhanced mobility, but can also slow down, disrupt, and disconnect existing interdependencies. Third, the intensity and scope of global interconnectivity is routinely overestimated in a world where the nation-state still colors the bulk of social interactions. Fourth, the subjective aspects of globalization—meanings, ideas, moods, sensibilities, identities—tend to be downplayed in a public discourse that still equates globalization with transnational flows of goods, capital, information, and people. In other words, the 'objective' compression of time and space in the material world 'out there' must be complemented with 'subjective' forms of globalization 'in here'. Crucially, this neglected subjective sphere includes deep-seated social imaginaries, which provide the largely pre-reflexive parameters within which people imagine their collective existence (Taylor 2004; Steger 2008). Hence, globalization dynamics do not merely play themselves out on the material plane of traded commodities and migration flows, but also on the level of *consciousness* as a contest between the conventional *national imaginary* and the rising *global imaginary*, both of which are politically manifested as competing ideologies I call 'globalisms' (Steger 2020b).

Fifth, globalization processes unfold across major social dimensions. *Economic globalization* refers to the intensification and stretching of economic interrelations across the globe. Gigantic flows of capital and technology have stimulated trade in goods and services. Markets have extended their reach around the world, in the process creating new linkages among national economies. *Political globalization* involves the intensification and expansion of political interrelations across the globe. These processes raise an important set of political issues pertaining to the principle of state sovereignty, the growing impact of intergovernmental organizations, and the future prospects for regional and global governance. *Cultural globalization* refers to the intensification and expansion of cultural transnational flows. The exploding network of cultural interconnections and interdependencies in the last decades has led some commentators to suggest that cultural practices, not the economy, lie at the very heart of contemporary globalization (Robertson 1992; Tomlinson 1999; Pieterse 2019). Facilitated by the Internet and other new technologies, the dominant symbolic systems of meaning of the global age—individualism, consumerism, and various religious discourses—circulate more freely and widely than ever before. Finally, *ecological globalization* signifies the compression of our natural environment as a result of the processes laid out above. In recent years, global environmental issues such as global climate change and transboundary pollution have received enormous attention from research institutes, the media, politicians and economists. Indeed, the ecological impacts of globalization are increasingly recognized as the most significant and potentially life-threatening global problem.

The recognition of the multidimensionality of globalization implies that an increasing number of globalization researchers recognize that conventional disciplinary border and thematic lines of demarcation are losing their old rationales in a globalizing world. Hence, the application of various transdisciplinary frameworks to the study of globalization has become more common. This has led to the rise of the new transdisciplinary field of Global Studies, which focuses on the study of globalization in all its domains (Steger/Wahlrab 2017; Darian-Smith/McCarty 2017).

65.2 Neoliberalism: Definitions and Dimensions

'Neoliberalism' is a broad concept referring to an economic model or 'paradigm' favoring free markets and free trade that rose to prominence in the 1980s (s. Chap. 46). The term was first coined in post-World War I Germany by a small circle of economists and legal scholars affiliated with the academic 'Freiburg School' to refer to their comprehensive programme of reviving the classical liberal ideal of minimal state interference in the economy. Built upon these classical liberal ideals, neoliberalism comes in several strands and variations in different parts of the world (Steger/Roy 2020). Perhaps the best way to conceptualize neoliberalism is to think of it as four intertwined manifestations: an ideology; a mode of governance; a policy package; and a particular form of capitalism. Let us unpack these fundamental dimensions.

Ideologies are systems of widely shared ideas and patterned beliefs that are accepted as truth by significant groups in society. Such 'isms' serve as indispensable conceptual maps because they guide people through the complexity of their political worlds. They not only offer a more or less coherent picture of the world as it is, but also as it ought to be. In doing so, ideologies organize their core ideas into fairly simple truth-claims that encourage people to act in certain ways. The codifiers of neoliberalism are global power elites that include managers and executives of large transnational corporations, corporate lobbyists, influential journalists and public-relations specialists, intellectuals writing for a large public audience, celebrities and top entertainers, state bureaucrats, and politicians (Robinson 2014; Phillips 2018). Serving as the chief advocates of neoliberalism, these individuals saturate the public discourse with idealized images of a consumerist, free-market world. Skillfully interacting with the media to sell their preferred version of a single global marketplace to the public, neoliberals portray globalizing markets in a positive light as an indispensable tool for the realization of a better world.

The second dimension of neoliberalism refers to what the French philosopher Michel Foucault (2010) calls 'governmentalities'—certain modes of governance based on particular premises, logics, and power relations. A neoliberal governmentality is rooted in entrepreneurial values such as competitiveness, self-interest, and decentralization. It celebrates individual empowerment and the devolution of central state power to smaller localized units. Such a neoliberal mode of governance adopts the self-regulating free market as *the* model for proper government. Neoliberal modes of governance encourage the transformation of bureaucratic mentalities into entrepreneurial identities where government workers see themselves no longer as public servants and guardians of a qualitatively defined 'public good' but as self-interested actors responsible to the market and contributing to the monetary success of slimmed-down state 'enterprises' (Brown 2015).

Third, neoliberalism manifests itself as a concrete set of public policies expressed in what we like to call the 'D-L-P Formula': Deregulation (of the economy); Liberalization (of trade and industry); and Privatization (of state-owned enterprises). Related policy measures include massive tax cuts (especially for businesses and high-income earners); reduction of social services and welfare programs; replacing welfare with 'workfare'; use of interest rates by independent central banks to keep inflation in check (even at the risk of increasing unemployment); the downsizing of government; tax havens for domestic and foreign corporations willing to invest in designated economic zones; new commercial urban spaces shaped by market imperatives; anti-unionization drives in the name of enhancing productivity and 'labor flexibility'; removal of controls on global financial and trade flows; regional and global integration of national economies; and the creation of new political institutions, think tanks, and practices designed to reproduce the neoliberal paradigm.

Fourth, as economist David Kotz (2015) emphasizes, neoliberalism is a particular form of free-market capitalism that replaced the form of controlled capitalism that preceded it. While capitalism has retained certain defining features since its seventeenth-century origin as 'trade capitalism', it assumed a series of distinct social structures of accumulation over time. Each form of capitalism has its own internal coherence, a set of corresponding political and economic institutions, and dominant ideas that reinforce people's belief in the 'naturalness' of these changing social structures of accumulation. Transitions from one institutional form of capitalism to the next occur as a result of general economic crises such as the Great Depression and lead to the restructuring of capitalism. The new neoliberal form of capitalism arose in response to the severe crises of the 1970s and manifested itself in a concrete set of pro-market institutions and policies. Making a strong case for the return to free-market policies of the past, neoliberal politicians in the 1980s and 1990s drew on the neoclassical laissez-faire economic theories of European and American economists such as Friedrich Hayek (s. Chap. 17) and Milton Friedman.

65.3 The Rise of Neoliberal Globalization: The 1990s

As noted in the introduction, after the collapse of Soviet-style communism in 1991, Anglo-American proponents of the nineteenth-century utopia of the *self-regulating market* found in the concept of 'globalization' a new guiding metaphor for their neoliberal message. Throughout the 1990s, the dominant interpretation of globalization as driven by the irresistible forces of the market and technology was frequently expressed in quasi-religious language that bestowed almost divine wisdom on the market. A growing number of influential free-market advocates were making great strides in their efforts to sell liberalism's promise of the good life. Influential journalists and intellectuals, together with powerful international neoliberal elites who gathered annually at the World Economic Forum in Davos, Switzerland, advocated the 'globalization of markets'—a phrase popularized a decade earlier by Theodore Levitt (1983), then Dean of the Harvard Business School. Building on the familiar theme of unstoppable modernization in the image of the West, this shibboleth was meant to evoke a providential dynamism destined to reach the farthest corners of the earth. Amplified in the corporate digital media, the steady stream of hegemonic globalization talk provided the discursive glue that held together the applied neoliberal policy project of deregulating economies, opening up trade, privatizing public enterprises, cutting marginal tax rates, emasculating labor unions, and creating 'flexible' labour markets—both offshore and at home.

The 'globalization of markets' also served as the central metaphor for a refurbished version of the classical liberal utopia of social harmony established by the invisible hand. Economically, this claim of general agreement was presented in the neoliberal formula of globalization as markets-plus-technology: a peerless New Economy powered by new technologies such as the Internet. Its associated culture of consumerism was celebrated as a homogenizing global force that enabled people everywhere to experience the exhilarating freedom of increased buying choices.

Politically, the dominant myth of the neoliberal consensus was promoted as a global *pax mercatus*—an American-led market peace that drastically reduced the likelihood of large-scale conflicts between states. The global integration of markets was portrayed as *the* democratic medium of social harmony because it was said to express the popular will more accurately and more meaningfully than the messy political process controlled by privileged elites who were detached from ordinary people and their everyday concerns. Indeed, the political dimension of neoliberalism received a catchy expression in Margaret Thatcher's famous TINA slogan: 'There Is No Alternative'.

Technologically, the neoliberal myth of benign social convergence found its expression in the neoliberal formulation of globalization as markets-plus-digitalization. Starting in the 1990s, the public discourse became rife with quasi-religious public invocations of the countless blessings of the ICT revolution, especially the Internet's delivery of worldwide simultaneity and instantaneity (s. Chap. 67). The daily glorification of digital technology served to legitimize and naturalize the economic imperatives of what later commentators would call 'cybercapitalism' or 'surveillance capitalism' (Ström 2018; Zuboff 2019).

65.4 The Decline of Neoliberal Globalization: From the 2000s to the 2010s

However, in the first years of the new century, neoliberal globalization encountered unexpected turbulences. As its overly optimistic and simplistic claims began to diverge ever more noticeably from the social reality of runaway levels of inequality and environmental degradation, a growing number of popular commentators and academic observers began to wonder whether the globalization project was getting into serious trouble (Saul 2005). Four major social crises, in particular, undermined the centrality of the neoliberal globalization paradigm in business, political, and academic circles: the worldwide trade clashes of the early 2000s; the 11 September 2001 attacks and the ensuing so-called Global War on Terror; the 2008 Global Financial Crisis and its lingering effects as reflected in the prolonged Great Recession and Eurozone Debt Crisis; and the political success of a specifically anti-globalist strain of national populism on both sides of the Atlantic.

The first period of unsettlement started in the late 1990s with the growing perception that globalization was failing ordinary people, and especially the white working class in the advanced economies of the global North. This drop in public confidence began to undercut the political legitimacy of mainstream neoliberal governments, which, in turn, led to the construction and dissemination of alternative globalization discourses. On the political Left, progressive activists increasingly banded together in transnational 'networks of networks' that converged in the formation of a heterogeneous 'global justice movement' that focused on issues of distributive justice, participatory democracy, solidarity with the Global South, and environmental sustainability. Such 'justice globalism'—the political belief system associated with the movement—emerged as a serious challenge to the dominant model of neoliberal globalization (Steger/Goodman/Wilson 2013). This alternative vision of globalization found its social manifestation in successive waves of worldwide protests against sweeping new free-trade agreements, powerful international economic and political organizations, and other visible social formations of what social activists criticized as neoliberal 'globalization-from-above'. From the spectacular 1999 anti-WTO demonstrations in Seattle to the deadly street protests at the 2001 G-8 Summit in Genoa, massive displays of popular dissent provoked not only a more polarized globalization debate among business and political elites, but also created an upsurge of critical academic literature examining the anti-systemic effects of these transnational social movements (Della Porta/Tarrow 2005; Tarrow 2005).

Then came the spectacular 9/11 al-Qa'ida attacks on U.S soil. Fanning the flames of a growing global climate of fear and insecurity, transnational terrorism exposed what many public commentators now began to call the 'dark side of globalization'. These new anxieties raised the spectre of a return to a deglobalized world of fortified borders and protectionist barriers stemming the global flow of goods, services, ideas, and people. Proliferating news stories of the coming end of neoliberal globalization dovetailed with equally pessimistic academic accounts touting the allegedly impending 'collapse of globalization'.

As Western liberal democracies recovered from their terror-induced shock and pursued their so-called 'Global War on Terror' under American leadership, the world slowly returned to its pre-September-11 formation of neoliberal globalization. Enter the 2008 Global Financial Crisis that morphed into the Eurozone Sovereign Debt Crisis. The unexpected economic meltdown of global proportions shattered the market globalists' newly found confidence in the inexorable integration of finance, trade, and political structures. It affected a profound shift in the public mood away from the neoliberal vision of a globally integrated world. Caught in the immediacy of an unfolding catastrophe, journalists and academics alike proclaimed the end of neoliberal globalization once more, speculating that the Great Recession might turn into a chronic condition, ushering in a long period of economic stagnation, political instability, and social fragmentation. To add insult to injury, when neoliberal governments bailed out the corporate financial sector at the expense of ordinary taxpayers, even avowed neoliberal globalists no longer disparaged a possible retreat to the golden age of regulated capitalism as the unrealistic knee-jerk reaction of 'globalization losers'.

But, once again, neoliberal globalization rebounded. The gradual return to economic stability and thus globalist normalcy in the early to mid-2010s emboldened neoliberal business circles. The zombie-like ability of the neoliberal globalization paradigm to continue defying its predicted demise puzzled scores of discerning social scientists like Colin Crouch (2011) who struggled to make sense of this 'strange non-death of neoliberalism'. Then arrived the watershed year of 2016, which dealt the fourth and perhaps hardest blow to the globalization model. Although public discontent with globalization had been spilling over from the Global South to the privileged developed countries for several years, many commentators found themselves entirely unprepared for the remarkable speed and vigour with which right-wing nationalists in Western democracies exploited this new discontent with those 'globalist elites' widely held responsible for the disappearance of 'good jobs' in manufacture and the service sector. As national populists succeeded at the ballot box beyond their wildest dreams, mainstream journalists and academics went into crisis mode, utterly confounded by the mass appeal of such unabashed antiglobalism. Indeed, the core message of the new nationalism was perhaps most potently sloganized in 'Americanism, not globalism, will be our credo'—the centrepiece of Presidential nominee Donald Trump's 2016 Republican National Convention speech in the Midwestern rust-belt city of Cleveland, Ohio.

Unsurprisingly, a new avalanche of globalization obituaries did not lag far behind the stunning outcome of the 2016 Brexit referendum and Donald Trump's Presidential election victory a few months later. The populist wave swept the globe—a phenomenon reflected in the 2018 Presidential election victories of Mexican left-wing populist Andrés Manuel López Obrador and Brazilian right-wing populist Jair Bolsonaro. Scores of journalists and academics interpreted the populist explosion as portending the end of neoliberal globalization and a 'nationalist revival' (Judis 2016; 2018; King 2017). Had we, indeed, reached a defining moment in modern history, they wondered, a moment that marked the birth of a new nationalist and protectionist era? Ironically, it was left to the nationalist Chinese President Xi Jinping to defend the teetering neoliberal globalization agenda before a dwindling crowd of deflated market globalists at the 2017 World Economic Forum meeting in Davos.

65.5 Concluding Remarks

For the fourth time in less than two decades, neoliberal globalization in the late 2010s had been profoundly unsettled and has remained in that destabilized state ever since. The once hegemonic market-globalist discourse has struggled to contain a rising national populist narrative that unlashed its fury on the grand liberal vision of the good life in open and interconnected societies. As the outcomes of recent elections in Europe and Latin America make clear, frustrated voters across different national and cultural environments continue to vent their anger at 'elitist globalists'. Populist demagogues who capitalized on the backlash against globalization are riding high, demonstrating the resilience of the national imaginary. Neoliberal globalization remains the paradigm to beat, but it is increasingly becoming a pejorative term in an unsettled world increasingly enthralled with an alternative vision of 'deglobalization'.

What is the future of neoliberal globalization? Will it make a comeback or are we on the brink of a new nationalist era of conflict that might halt the powerful momentum of interconnectivity? Having been confronted with the populist backlash to unbridled global market integration, neoliberal globalists might now consider exerting more caution and make some adjustments to their ultimate goal, the creation of a single global free market. Most likely, they might pledge to restore the liberal postwar international order of the past and propose more 'socially responsible' forms of neoliberal globalization to the public. The programmatic outline of such reformed neoliberal globalization for the 2020s is already in the making at important ideological sites of global capitalism such as the World Economic Forum (WEF). Built upon claims of the touted benefits of digital globalization, the new vision has been called 'Globalization 4.0' and has been heavily promoted by Klaus Schwab, the German founder and executive chairman of the WEF.

Asserting that the world finds itself today in the throes of a *fourth industrial revolution*—the 'complete digitization of the social, political, and economic'—Schwab (2019) predicts a transformation of existing social structures in profound ways that would blur the lines between physical, digital, and biological spheres. Admitting that the free-market consensus of the 1990s and 2000s had been smashed by the populist challenge and was beyond repair, the WEF boss further concedes that, although neoliberal globalization has lifted millions out of poverty in the global South, it has also produced eroding incomes and precarious working conditions for many people in the global North. Populists and protectionists had fed on these ills, but their solutions were misguided attempts to return to a less globalized world that had vanished for good. The solution is to reform neoliberal globalization by means of the new leading technologies of the twenty-first century such as artificial intelligence, autonomous vehicles, quantum computing, 3D printing, machine learning, and the Internet of Things.

However, there remain serious issues with this rosy future scenario of a new and 'healthier' neoliberal globalization with a high-tech face. These include the widening gap between winners and losers of the Fourth Industrial Revolution, the digitized spread of misinformation through social media, and the increasing reliance on robots and algorithms in all spheres of life. Indeed, many experts warn that digital technology not only creates conveniences, but also eliminates millions of jobs through automation. The combination of neoliberal globalization and robotics might create what economist Richard Baldwin (2019) calls a *globotics upheaval* that threatens to disrupt the economy and overwhelm society's capacity to adapt. Harvard business expert Shoshana Zuboff (2019) points to another downside of the rebound scenario: the new exploitative capitalist practices of corporate digital giants like Google and Facebook who unilaterally claim human experience as free material for translation into behavioural data designed to fuel and shape consumerist desires towards profitable outcomes.

For all of the inequalities created by unbridled neoliberal globalization, the history of the twentieth century teaches us that trade protectionism often exacerbates a relentless logic of nationalist competition that rarely remains confined to the economic sphere. This danger clearly applies in our present era of an emerging multipolar global order. The global resurgence of national populism in recent years represents a serious threat to liberal democracy as we know it. It is obvious that the world needs, more than ever, a new ethical vision capable of inspiring coordinated policy responses to the major challenges of the twenty-first century: economic inequality, climate change, new pandemics, and multiple forms of insecurity.

The search for more inclusive and sustainable modes of globalization must eschew the nationalist reflex to return to an unrecoverable past and instead draw on a more cosmopolitan spirit that calls for the creation of new global institutions and cooperative networks that would be more attuned to the needs of ordinary people around the world. The emergence of the G20 as a sometimes surprisingly effective deliberative body with the ability to design and coordinate action on a global scale suggests that the liberal idea of global governance is perhaps not as utopian today as it was only a quarter-century ago. Other success stories such as the worldwide reduction of absolute poverty and the formation of an international alliance dedicated to the joint exploration of outer space suggest that the solution to our looming global problems is not less, but more, and better, modes of globalization.

References

Baldwin, Richard: The Globotics Upheaval: Globalization, Robotics, and the Future of Work. Oxford 2019.

Benedikter, Roland: Global Systemic Shift: A Multidimensional Approach to Understanding The Present Phase of Globalization. New Global Studies 7/1 (2013), 32–46.

Brown, Wendy: Undoing Demos: Neoliberalism's Stealth Revolution. New York 2015.

Castells, Manuel: Rupture: The Crisis of Liberal Democracy. Cambridge 2019.

Crouch, Colin: The Strange Non-Death of Neoliberalism. Cambridge 2011.

Darian-Smith, Eve/McCarty, Philip: The Global Turn. Berkeley 2017.

Della Porta, Donatella/Tarrow, Sidney (eds.): Transnational Protest and Global Activism. Lanham 2005.

Deneen, Patrick: The Failure of Liberalism. New Haven 2018.

Ferguson, Niall/Zakaria, Fahrid: Is This the End of the Liberal International Order? Toronto 2017.

Foucault, Michel: The Birth of Biopolitics: Lectures at the College de France, 1978–1979. New York 2010.

Fukuyama, Francis: The End of History? The National Interest 16 (1989), 3–18.

Harvey, David: The Condition of Postmodernity: An Enquiry into the Origins of Cultural Change. Malden 1990.

Judis, John: The Populist Explosion: How the Great Recession Transformed American and European Politics. New York 2016.

Judis, John: The Nationalist Revival: Trade, Immigration, and the Revolt Against Globalization. New York 2018.

King. Stephen D.: Grave New World: The End of Globalization and The Return of History. New Haven 2017.

Kotz, David: The Rise and Fall of Neoliberal Capitalism. Cambridge 2015.

Levitt, Theodore: The Globalization of Markets. Harvard Business Review 61/3 (1983), 92–102.

Luce, Edward: The Retreat of Western Liberalism. New York 2017.

Mouffe, Chantal: For A Left Populism. London 2018.

Phillips, Peter: Giants: The Global Power Elite. New York 2018.

Pieterse, Jan Nederveen: Globalization and Culture: Global Mélange. Lanham [4]2019.

Robertson, Roland: Globalization: Social Theory and Global Culture. London 1992.

Robinson, William I.: Global Capitalism and the Crisis of Humanity. New York 2014.

Saul, John R.: The Collapse of Globalism: And the Reinvention of the World. London 2005

Schwab, Klaus: Globalization 4.0: A New Architecture for the Fourth Industrial Revolution. Foreign Affairs (January 2019). https://www.foreignaffairs.com/articles/world/2019-01-16/globalization-40.

Steger, Manfred B.: The Rise of the Global Imaginary: Political Ideologies from the French Revolution to the Global War on Terror. Oxford 2008.

Steger, Manfred B.: Globalization: A Very Short Introduction. Oxford [5]2020a.

Steger, Manfred B.: Globalisms: Facing the Populist Challenge. Lanham 2020b.

Steger, Manfred B./Goodman, James/Wilson, Erin: Justice Globalism: Ideology, Crises, Policies. London 2013.

Steger, Manfred B./James, Paul: Globalization Matters: Engaging the Global in Unsettled Times. Cambridge 2019.

Steger, Manfred B./Roy, Ravi: Neoliberalism: A Very Short Introduction. Oxford [2]2020.

Steger, Manfred B./Wahlrab, Amentahru: What Is Global Studies? London/New York 2017.

Ström, Timothy: Globalization and Surveillance. Lanham 2020.

Tarrow, Sidney: The New Transnational Activism. Cambridge 2005.

Taylor, Charles: Modern Social Imaginaries. Durham 2004.

Tomlinson, John: Globalization and Culture. Cambridge 1999.

Zuboff, Shoshana: The Age of Surveillance Capitalism: The Fight For a Human Future at the New Frontier of Power. New York 2019.

Populismus

66

Ruth Wodak und Walter Ötsch

66.1 Etymologie und historische Beispiele

Der Begriff Populismus stammt von *populus,* das lateinische Wort für Volk: Das arbiträr als homogen gesetzte „Volk" soll gegen „die Elite/n" vereint werden und seine Interessen gegen diese durchsetzen. Viele politische Bewegungen wurden und werden als populistisch bezeichnet. Die Beispiele reichen zurück bis in das 19. Jahrhundert, z. B. die US-Farmer-Bewegung, die sich ab 1829 als *Farmer's Alliance* bezeichnete und später zur *People's Party* wurde und auch als *Populist Party* bekannt war. Zeitweise war diese Partei die drittgrößte in den USA. Hier kämpften Bauern, die sich in Genossenschaften zusammenschlossen, gegen Großkonzerne, Banken und die ferne Hauptstadt. Eine andere massenwirksame Bewegung bildeten im letzten Drittel des 19. Jahrhunderts die russischen *narodniki* oder Volkstümler/Volksfreunde. Junge gebildete Städter zogen aufs Land und versuchten, die dörfliche Bevölkerung sowohl gegen den Kapitalismus als auch gegen das zaristische System aufzubringen: 1874 kam es zu einem spontanen Aufstand, der schnell niedergeschlagen wurde. Andere Beispiele aus den USA sind die *Greenback Party* (*greenbacks* sind die Banknoten), die den Landwirten, die während der Panik von 1873 finanziell geschädigt wurden, mit Krediten helfen wollte, sowie die *Progressive Party,* die 1912 als Abspaltung von der Republikanischen Partei von dem früheren US-Präsidenten Theodore Roosevelt ins Leben gerufen wurde. Eine gleichnamige Partei wurde 1924 von Robert M. La Follette gegründet, um seine Kandidatur bei der Präsidentschaftswahl zu unterstützen. 1934 etablierte Huey Long als Reaktion auf die Weltwirtschaftskrise die *Share Our Wealth*-Bewegung: Die große Ungleichheit der Vermögen und Einkommen sollte wegbesteuert werden, so könnte – so wurde argumentiert – eine neuerliche Finanzkrise vermieden werden.

In der US-Literatur werden „charismatische" lateinamerikanische Führer in vielen Fällen als Linkspopulisten bezeichnet, wie Juan Domingo Perón in Argentinien, Hugo Chávez in Venezuela (man spricht auch von *chavismo*), Evo Morales in Bolivien (er unterschied zwischen „dem Volk", *el pueblo,* und „der Elite", *la oligarquía*) oder der „Neo-Populist" Alberto Fujimori in Peru (vgl. Mudde/Kaltwasser 2017). Im Allgemeinen werden linkspopulistische Parteien definiert als „die Stärkung des demokratischen Populismus und die Durchsetzung einer populären Politik, die eine radikal egalitäre Er-

R. Wodak (✉)
Lancaster Universität, Lancashire, Vereinigtes Königreich
E-Mail: r.wodak@lancaster.ac.uk

W. Ötsch
Cusanus Hochschule, Bernkastel-Kues, Deutschland
E-Mail: walter.oetsch@liwest.at

M. G. Festl (Hrsg.), *Handbuch Liberalismus,* https://doi.org/10.1007/978-3-476-05798-3_66

mächtigung fördert" (Katsembekis/Kioupkiolis 2019, 4). Zudem wird „das Volk" als ein offenes, inklusives und pluralistisches Subjekt definiert, das einer unzugänglichen und repressiven Elite gegenübersteht. Dies „kann eine Kraft der demokratischen Inklusion und Partizipation verkörpern, die die Demokratie wirksam stärkt" (ebd., 9). Transnationalität und Internationalismus sind ebenfalls wichtige Merkmale des Linkspopulismus. Ein Beispiel dafür ist DIEM25 (Demokratie in Europa-Bewegung), die von dem kroatischen Philosophen Srečko Horvat und dem ehemaligen griechischen Finanzminister Yanis Varoufakis mitbegründet wurde. DIEM25 konstruiert „das Volk" als inklusiv, demokratisch und transnational – auch in Anlehnung an den französischen marxistischen Philosophen Étienne Balibar –, das sich den transnationalen Eliten, der EU-Bürokratie und den internationalen Märkten entgegenstellt und sie herausfordern sollte.

Europäische Bewegungen nach 1945 firmieren meist unter dem Namen „Rechtspopulismus". Bekannte Beispiele sind die *Freiheitliche Partei Österreichs* (ab 1986, als Jörg Haider putschartig die Partei übernahm), die *Front National* in Frankreich unter Jean-Marie Le Pen seit 1972 (jetzt *Rassemblement National* unter Marine Le Pen), die *Freiheitspartei* (*Partij voor de Vrijheid,* PVV) in den Niederlanden unter Geert Wilders oder die *Schweizerische Volkspartei* (bekannt war vor allem Christoph Blocher), die *Lega* (früher *Lega Nord*) unter Matteo Salvini, der 2018 bis 2019 Innenminister in Italien war, der *Ungarische Bürgerbund* (Fidesz) unter Viktor Orbán (von 1998 bis 2002 und seit 2010 wieder Ministerpräsident von Ungarn) oder die Partei *Recht und Gerechtigkeit* (PiS) unter Jarosław Kaczyński, die seit 2015 in Polen alleine regiert. Als endgültiger Durchbruch des Rechtspopulismus auf internationaler Ebene gilt das Jahr 2016: am 23.6. die Abstimmung in Großbritannien zum Austritt aus der Europäischen Gemeinschaft *(Brexit)* und am 8.11. die Wahl von Donald Trump zum 45. Präsidenten der USA.

66.2 Begriffsbestimmungen

Bis heute gibt es keinen Konsens darüber, ob Rechtspopulismus als Ideologie (dünn oder dick), Philosophie, als spezifisches Medienphänomen oder als Organisations- oder sogar als Herrschaftsmethode anzusehen ist, wie die Strategien der Faschisten der Zwischenkriegszeit in den 1930er- und 1940er-Jahren (vgl. dazu ausführlich Wodak 2018). Dennoch unterscheiden sich grundlegende Konzepte des Populismus als politisches Phänomen nicht nur in der Definition, sondern auch in der Bewertung (z. B. Biskamp 2019). So definiert der argentinische Theoretiker Ernesto Laclau (2005) den Populismus als das „Wesen der Politik" und als emanzipatorische Kraft: „Populismus wird zum Synonym für Politik". Der *Popular Agency*-Ansatz, also die Betrachtung als „populäre Handlungsmacht", sieht Populismus als positive Kraft zur Mobilisierung des Volkes, während der sozioökonomische Ansatz ihn als „unverantwortliche Ökonomie" betrachtet (Burgoon et al. 2019). Andere relevante politikwissenschaftliche Ansätze konzentrieren sich vor allem auf die ideologischen, strategischen und darstellenden Aspekte und betonen zugleich seine insgesamt diskriminierende Politik (vgl. die umfassende Internet-Plattform *Center for the Analysis of the Radical Right,* CARR).

Die anfangs angeführten politischen Strömungen unterscheiden sich in vielen Details. Diesen Differenzen zum Trotz wurde in den Wissenschaften versucht, ein allgemeines Konzept von Populismus zu entwickeln (vgl. die Überblicke bei Rydgren 2017 und Wodak 2021). Mudde und Kaltwasser schlagen – in Kritik vieler langer Kataloge – vor, den Ausdruck Populismus auf einen ideologischen Kern zu beschränken: „als eine Ideologie, welche die Gesellschaft als letztlich (oder prinzipiell) aufgeteilt in zwei homogene und antagonistische Gruppen denkt: in ‚das reine Volk' versus ‚die korrupte Elite', und die argumentiert, dass Politik ein Ausdruck des allgemeinen Willens des Volkes *(volonté général)* sein sollte" (Mudde/Kaltwasser 2017,

6; Übers. R.W./W.O.Ö.). Für Jan-Werner Müller (2016, 3) ist diese Definition zu eng. Populismus bedeutet in seinem Verständnis auch einen antipluralistischen Standpunkt: d. h. die Ansicht, dass „das Volk" nur und ausschließlich von der eigenen Bewegung repräsentiert werden könne.

Wodak (2018) schlägt folgende zentrale Charakteristika zur Definition von Rechtspopulismus vor:

- *Nationalismus, nativistischer Nationalismus oder Anti-Pluralismus:* Rechtspopulistische Parteien identifizieren ein scheinbar homogenes Ethnos, ein *Populum,* das willkürlich oft in nativistischen („blutsverwandten") Begriffen definiert wird. Solche Parteien betonen die Heimat, die Schutz vor gefährlichen „Eindringlingen" braucht. Bedrohungsszenarien werden konstruiert, in denen das Heimatland oder das „Wir" durch „Andere" bedroht wird: Fremde innerhalb der Gesellschaft und/oder von außerhalb, seien es Migranten, Flüchtlinge, Türken, Juden, Roma, Bankiers, Muslime usw.
- *Anti-Elitismus:* Solche Parteien teilen eine anti-intellektuelle Haltung – eine „Arroganz der Ignoranz" –, die zumindest in Europa mit einer starken EU-Skepsis verbunden ist und sich in anderen Zusammenhängen oft auf internationale Organisationen und Verträge bezieht. Zudem sollte Demokratie im Wesentlichen auf das Mehrheitsprinzip innerhalb der Nation reduziert werden, d. h. auf die Herrschaft eines (willkürlich definierten) Volkes.
- *Autoritarismus oder hierarchische Führung:* Ein Erlöser/Retter wird erkoren und verehrt, abwechselnd in der Rolle des Robin Hood (den Wohlfahrtsstaat schützen, den Reichen wegnehmen, um den Armen zu geben) und des „strengen Vaters", des Hüters paternalistischer Werte. Solche scheinbar charismatischen (und medienerfahrenen) Führer benötigen eine hierarchisch strukturierte Partei und autoritäre Strukturen, um Recht, Ordnung und Sicherheit zu garantieren.
- *Historische Mythologisierung:* Rechtspopulistische Parteien vertreten traditionelle, konservative Werte und bestehen auf der Bewahrung des *Status quo* oder versprechen eine Rückkehr zu guten alten Zeiten. Das Ziel, das Heimatland zu schützen, baut auf einer gemeinsamen Erzählung der Vergangenheit auf, in der „wir" entweder als Helden oder als Opfer irgendeines Übels (also einer Verschwörung, der Feinde des Vaterlandes usw.) dargestellt werden. Dieser Revisionismus verwandelt vergangenes Leiden oder vergangene Niederlagen in Erfolgsgeschichten des Volkes oder in Geschichten von Betrug und Verrat durch andere. Im daraus resultierenden *Wohlfahrtschauvinismus* soll die soziale Fürsorge nur sog. „wahren" Mitgliedern der (ethnischen) Gemeinschaft gelten.

66.3 Liberalismus und Populismus

Die Auseinandersetzung mit dem Populismus ist ein zentrales Thema des aktuellen Liberalismus. Sie hängt davon ab, welche Variante des Liberalismus vertreten wird, welche Zuschreibungen für den Liberalismus und den Populismus in Differenz vorgenommen und welche Ursachen für das steile Anwachsen des Populismus seit den 2010er Jahren verantwortlich gemacht werden. Diese heftig geführte Debatte betrifft Grundfragen des liberalen Denkens, wie die Stellung zur Individualität, zu personalen Rechten, zur Demokratie, zu einer republikanischen Verfassung, zu Behauptungen, es gäbe einen gesellschaftlichen Fortschritt oder zum Kapitalismus, insbesondere, ob eine Differenz zwischen einem politischen und einem ökonomischen Liberalismus gemacht wird und ob und wie ein Begriff von Neoliberalismus verfügbar ist, mit dem auch ein Zusammenhang mit dem Rechtspopulismus behauptet wird (als Zusammenfassung dieser Debatte vgl. Heitmeyer 2018; Müller 2019; Wodak 2021).

Populistische Richtungen sind im Regelfall gegen den Liberalismus gerichtet, wenngleich die Grenzziehungen fließend verlaufen. Infrage gestellt werden nach Müller (2019) sowohl Varianten eines „Selbstvervollkommnungsliberalismus" (das gute Leben ist ein autonomes Leben unter dem Leitstern maximaler Selbstentfaltung) als auch ein „Liberalismus der Rechte" (der die Sicherung globaler Menschenrechte betont).

Als Gründe für das Anwachsen des Rechtspopulismus werden von liberaler Seite viele Faktoren genannt. Sie reichen von schlichten Zuweisungen an eine ungebildete Bevölkerung, die Behauptung eines unausweichlichen Trends durch „die Globalisierung" bzw. einer unvermeidlichen Begleiterscheinung von „Modernisierungsprozessen", als ungeplantes Auftreten durch den Sieg des Liberalismus (manifestiert durch die historisch hohe Zahl an Demokratien weltweit) – bis hin zu ausgefeilten Modellen mit vielen Wirkungsfaktoren oder detailreichen historischen Studien, in denen das Wachstum populistischer Bewegungen in Phasenmodellen erklärt wird, z. B. der Einfluss von Krisen wie des Finanzsystems (ab 2008), des Wirtschaftssystems (ab 2009), der Staatsschulden (ab 2010) oder der hohen Zahl an Flüchtlingen (ab 2015).

Viele AutorInnen sprechen von einem „Druck" auf den Liberalismus durch den Populismus, von einer Krise des Liberalismus oder von einer Krise von spezifischen Varianten des Liberalismus (wie eines individualistischen, eines identitären oder eines kosmopolitischen Liberalismus) sowie von einer Krise der repräsentativen Demokratie. Eine besondere Pointierung geschieht in Analysen im Zusammenhang mit der Geschichte des Kapitalismus, oft unter Verwendung des (mehrdeutigen) Begriffs ‚Neoliberalismus' (s. Kap. 46). Hier werden transformative Prozesse der Wirtschaft, der Politik und der Gesellschaft als Ursachen genannt. Beispiele sind die Thesen einer „Kolonialisierung der Lebenswelt" (Jürgen Habermas), einer „Landnahme" (Klaus Dörre), verbunden mit einer zunehmenden Beschleunigung (Hartmut Rosa), eines „autoritären Kapitalismus" (Wilhelm Heitmeyer), einer „Ökonomisierung des Politischen" (Wendy Brown) bzw. „der Politik" (Gary S. Schaal) oder des „unternehmerischen Selbst" (Ulrich Bröckling) bzw. auch die Existenz unterschiedlicher kapitalistischer Wirtschaftssysteme in einzelnen Ländern Europas, was zu unterschiedlichen Formen des Populismus geführt habe (Philip Manow), oder unterschiedlicher Kapitalismusmodelle in einem Land (z. B. für Frankreich: Bruno Amable und Stefano Palombini) – viele Ansätze nehmen auch auf die These einer Transformation der Politik zu einer „Postdemokratie" (Colin Crouch) Bezug bzw. diskutieren, ob und wie neben der Anerkennung liberaler Rechte auch die materiellen Bedürfnisse der Bevölkerung berücksichtigt werden müssen (Martha Nussbaum) bzw. auch, ob und wie Kapitalismus mit Demokratie kompatibel sei (z. B. verneint von Stephan Lessenich).

Werden Menschen in einem Prozess einer Ökonomisierung der Gesellschaft zunehmend nach rein ökonomischen Kriterien bewertet und sanktioniert, dann fördere dies eine „rohe Bürgerlichkeit" (Heitmeyer). Prozesse dieser Art erklären Kontrollverluste in der Politik (z. B. im Schlagwort „Es gibt keine Alternative") und für einzelne im Sozialen und im Arbeitsleben. In Analysen dieser Art wird der ökonomische Liberalismus bzw. sein Erfolg in der Transformation gesellschaftlicher Bereiche für das Ansteigen des Rechtspopulismus verantwortlich gemacht bzw. explizit oder implizit eine Trennung von ökonomischem und politischem Liberalismus vorgenommen bzw. vorgeschlagen.

66.4 Der Volksbegriff

Der Begriff Volk hat viele Bedeutungen. Zu klären ist seine Verwendung im Populismus und die Differenz zu Formen des Liberalismus. Der traditionelle Kontraktualismus, der der modernen Staatstheorie zugrunde liegt, verstand vor allem die Stände und die Fürsten als Vertragssubjekte. ‚Volk' erschien hier als eine Summe von ständisch gegliederten Kooperationen. Der moderne Kontraktualismus ab dem 17. Jahrhundert hingegen rekurriert auf Individuen, die grundsätzlich als isoliert und voneinander dissoziiert verstanden werden. Staatliches (und später gesellschaftliches) Handeln muss auf Eigenschaften und/ oder Eigenrechte der Individuen zurückgeführt und legitimiert werden. ‚Volk' erscheint hier als Summe der Individuen bzw. ihrer Merkmale oder Rechte: bei Hobbes als rechtlose Gruppe gegenüber dem „Leviathan" des Staates, bei Locke als der eigentliche Souverän, dem auch ein

Widerstandsrecht gegenüber dem Herrscher zusteht (s. Kap. 1), und bei Rousseau als kollektive Kategorie, die sich durch seine Vergesellschaftung so konstituiert (bzw. konstituieren soll), dass die individuelle Selbstbestimmung im Staat erhalten bleibt (s. Kap. 2).

Die Spannung zwischen einer konstitutiven Demokratieauffassung und einer Volkssouveränität, die repräsentativ gedacht wird, findet sich in vielen demokratischen Staaten. In den entsprechenden Verfassungen wird der Volksbegriff generisch verwendet. Wenn es in der österreichischen Verfassung im 2. Satz heißt: „Ihr Recht geht vom Volk aus", dann wird das Recht der Republik angesprochen, welche ihre Legitimität zur Rechtssetzung durch das Volk als Summe aller StaatsbürgerInnen erhält. Freilich ist damit nicht die gesamte Bevölkerung in einem faktischen Sinn gemeint, weil hier wie in vielen anderen Ländern ein substantieller Teil der Bevölkerung vom Wahlrecht ausgeschlossen ist: Personen, die immigriert sind, auch jene, die schon viele Jahre im Land leben.

66.5 „Das Volk" im Rechtspopulismus

Der populistische Volksbegriff vor allem im europäischen und im US-amerikanischen Rechtspopulismus muss prinzipiell von einem liberalen Volkskonzept unterschieden werden. Zentrale Aspekte des rechtspopulistischen Volksbegriffs sind die Homogenisierung und die antagonistische Gegenüberstellung von „dem Volk" (als „Wir") gegenüber „den Anderen". Werden Kognitionen auf Bilder zurückgeführt (wie z. B. in der Metapherntheorie von Lakoff und Johnson), dann liegt dieser Vorstellung ein imaginiertes Bild einer sozialen Landschaft zugrunde, die aus zwei weit voneinander getrennten Gruppen besteht: eine nahe Gruppe der „Wir" und eine ferne der „Anderen" (vgl. Ötsch/Horaczek 2017). Die erste Gruppe wird stereotyp als moralisch gut, wahrhaft und als Opfer vorgestellt, die zweite als moralisch schlecht, lügenhaft und als Täter. Personen, die keiner der beiden Gruppen zugeordnet werden, kommen in diesem Bild nicht vor. Sie werden im politischen Diskurs nicht adressiert; dieser verbleibt in einem einfachen Schwarz-Weiß-Schema. Die Gruppe der „Anderen" besteht aus drei Subgruppen: „die da oben" (die fiktive Elite), „die da draußen" (das Ausland zur Gänze) sowie „die da unten": das sind Obdachlose, Arbeitslose und Bettler oder „andere, die aus einem Nachbardorf kommen" (Elias/Scotson 1994).

Das Volk als Einheitsbegriff gibt sich nach innen eine Ordnung oder eine Struktur, nach außen eine Grenze, die eine qualitative Differenz zu anderen „Volkskörpern" beschreibt. Die pauschale Abwertung ganzer Personengruppen beschreibt Wilhelm Heitmeyer (2018) als „gruppenbezogene Menschenfeindlichkeit". Sozialpsychologisch kommt es zu einer „Depersonifizierung" bzw. Dehumanisierung: „den anderen" werden Aspekte eines genuinen Menschseins abgesprochen, was oft eine sich selbst verstärkende Eskalation bewirken kann (Ötsch/Horaczek 2017). Die grundlegende Gegenüberstellung „der Wir" und „der anderen" impliziert immer eine Verschwörung: Die Letzteren haben sich gegen „uns" (das „wahre Volk") verschworen – in der Regel gehen Verschwörungen dieser Art auf traditionelle antisemitische Muster zurück (vgl. „Anti-Sorosism", Wodak 2021).

Während also liberal inspirierte Volksbegriffe innerhalb des Landes oder innerhalb einer Nation eine Inklusion versuchen, streben rechtspopulistische Vorstellungen vom Volk eine Exklusion an. Faktisch wird damit in einem solchen Volksbegriff die Mehrheit der Bevölkerung ausgeschlossen. Ihre politischen VertreterInnen gelten als illegitim, weil sie nicht im Einklang mit dem behaupteten „Volkswillen" stehen. Alice Weidel von der AfD sprach 2017 von „Verfassungsfeinden, von denen wir regiert werden. Diese Schweine sind nichts anderes als die Marionetten der Siegermächte des 2. Weltkriegs und haben die Aufgabe, das deutsche Volk klein zu halten, indem molekulare Bürgerkriege in den Ballungszentren durch Überfremdung induziert werden" (*Welt am Sonntag* 10.9.2017, 6; zit.n. Heitmeyer 2018, 266). Ein extremes historisches Beispiel eines exklusiven Volksbegriffs stellt die nationalsozialistische „Volksgemeinschaft" dar, die auf nativistischen, rassistischen und antisemitischen Kriterien basiert. Das „Gemeinschaftsfremde“, das „Fremdvölkische“ und das „Entartete“ und ihre „Anderen“, die „Untermenschen“, gelten als „Volksfeinde“ und „Volksschädlinge“. Sie werden dann in der Öffentlichkeit als solche gekennzeichnet, ausgeschlossen, deportiert und schließlich industriell vernichtet.

66.6 Die diskursive Konstruktion eines homogenen Volkes

In einer phänomenologischen Deutung existiert „das Volk“ nicht *per se,* sondern muss (in Analogie zum Nationenbegriff) als imaginiert hergestellt und immer wieder reproduziert werden. Die Mittel dazu sind Sprache, Bilder und Aktionen. Oft beobachtete Strategien sprachlicher Exklusion sind die Konstruktion von Sündenböcken, Opfer-Täter-Umkehr, Verharmlosung und Leugnung wie auch das Lancieren von (einander im Einzelfall durchaus widersprechender) Verschwörungstheorien.

Gefordert und umgesetzt wird die Beschränkung von Einwanderung und die Rechtfertigung entsprechender Restriktionen, die oft demokratischen Traditionen und Werten vieler Nationalstaaten widersprechen. Exklusionsmittel variieren je nach Genre und Öffentlichkeit: Je anonymer, desto expliziter wird die ausgrenzende Rhetorik. Je formeller die Situation, desto eher werden solche Vorurteile und Stereotype in eine positive Selbstdarstellung eingebettet, mit impliziten Elementen und Klauseln (Präsuppositionen [Vorausannahmen], Anspielungen, Folgerungen usw.) und von *Disclaimers* eingeleitet (vgl. Wodak 2021). Verbreitete Exklusionsstrategien sind die diskursive Konstruktion von Ängsten anhand von Bedrohungsszenarien, die Erfindung von Sündenböcken für Missstände jeder Art und ein hoher Grad an Personalisierung: Die Führungsperson steht für die Bewegung bzw. Partei. Sie muss auch aktuell und aktionistisch die jeweiligen „Anderen“, die ja willkürlich zu „anderen“ gemacht werden, medial als solche benennen.

Insgesamt setzen alle rechtspopulistischen Parteien auf nativistische Wir-Sie-Differenzierungen, je nach sozio-politischem und historischem Kontext auf anti-muslimische, antisemitische, anti-ziganistische und homophobe Tabubrüche, kontinuierliche Skandalisierungen und Provokationen (vgl. das „rechtspopulistische Perpetuum mobile“, Wodak 2021) sowie kalkulierte Ambivalenz (Engel/Wodak 2013; zu vielen anderen Möglichkeiten vgl. Ötsch/Horaczek 2017). Soziale Vergleichsprozesse dieser Art fördern eine Radikalisierung. Heitmeyer (2018) nennt drei Wirkungen: Die Auffüllung offener Themenräume (z. B. basierend auf falschen Belegen zu politischen Aussagen von „Feinden“), die Verschiebung des Sagbaren (die zu einer Normalisierung von ehemals tabuisierten Begriffen führen) sowie der Schaffung einer neuen diskursiven Normalität, vor allem auch mit Hilfe von intellektuellen Eliten, die nicht direkt zum Umfeld rechtspopulistischer Bewegungen gehören (vgl. auch Link 2018). Dies kann weit in konservative Kreise hineinwirken und einen „autoritären Nationalradikalismus“ zur Folge haben. Die dabei auftretenden Eskalationsprozesse beschreibt Heitmeyer über vier Stufen: Provokationsgewinne in den Medien, Raumgewinne auf öffentlichen Plätzen, Räumungsgewinne (wie Brandanschläge gegen Unterkünfte für Flüchtlinge) und Normalisierungsgewinne, bei denen die demokratische Kultur auf der Kippe steht (vgl. die Graphik in: de.wikipedia.org/wiki/Wilhelm_Heitmeyer).

Die Diskussion der Wirkung (die illokutive und perlokutive Kraft) und Bedeutung von Exklusionsmitteln muss den Kontext jeder Äußerung einbeziehen bzw. Form und Inhalt von Äußerungen (geschrieben, mündlich oder visuell) gleichzeitig analysieren. Diskurse sind sowohl thematisch (durch Bezug auf ein Makrothema), multiperspektivisch (d. h. dialogisch-argumentativ) wie auch von der Textsorte, dem Genre, stark bestimmt und werden in einzelnen Texten realisiert. Jeder Text bezieht sich immer auf andere Texte, diachron und synchron gesehen. Aus der Fülle der hier möglichen linguistischen Kategorien kann hier nur ein einziges Element angeführt werden: bestimmte Argumentationsmuster *(Topos, Topoi).* Diese dienen vor allem dazu, die jeweilige (positive oder negative) Charakte-

Tab. 66.1 Wichtige Topoi im rechtspopulistischen Diskurs (adaptiert von Wodak 2021)

Topos	Beschreibung
Topos des Volkes	Wenn das Volk eine Handlung will/nicht will, dann soll diese Handlung erfolgen/nicht erfolgen
Topos von Recht und Ordnung	Wenn ich/wir die Macht haben, dann garantiere/n ich/wir für Recht und Ordnung
Kulturtopos	Weil die Kultur einer bestimmten Gruppe von Leuten ist, wie sie ist, entstehen spezifische Probleme in spezifischen Situationen
Belastungstopos	Wenn eine Person, eine Institution oder ein ,Land' durch spezifische Probleme belastet wird, dann sollten Maßnahmen ergriffen werden, um diese Belastung zu verringern
Topos der Gefahr – Bedrohungstopos	Wenn eine Gefahr besteht oder naht, dann muss man sich wehren und ihre Ursachen bekämpfen
Topos des Retters	Wenn ein ,Volk', ein ,Land' oder eine Institution in Not ist, dann wird eine bestimmte Person auftauchen und dieses ,Volk', ,Land' oder diese Institution retten
Topos der demokratischen Mitbestimmung	Wenn ich/wir die Macht haben, dann wird das Volk demokratisch mitbestimmen
Nutzen-Topos	Wenn eine bestimmte Handlung aus einer spezifischen Sicht als nützlich erscheint, dann sollte sie durchgeführt werden
Geschichts-Topos	Wenn eine Handlung in der Vergangenheit einer Person oder einem ,Land' gedient/geschadet hat, dann wird es sich in der Gegenwart oder Zukunft ähnlich verhalten

risierung von spezifischen Personen bzw. Gruppen von Personen zu rechtfertigen und zu legitimieren. Topoi bezeichnen inhaltsbezogene Schlussfolgerungsregeln, die ein oder mehrere Argumente mit der Schlussfolgerung verknüpfen. Bei der Analyse von rechtspopulistischer Rhetorik kommen vor allem die in Tab. 66.1 genannten Topoi zur Geltung.

Literatur

Biskamp, Floris: Six theories and six strategies concerning right-wing populism. In: Bevelander, Pieter/Wodak, Ruth (Hg.): Europe at the Crossroads. Confronting Populist, Nationalist, and Global Challenges. Lund 2019, 93–112.

Burgoon, Brian/van Noort, Sam/Rooduijn, Matthijs/Underhill, Goffrey: Positional deprivation and support for radical right and radical left parties. In: *Economic Policy* 34/97 (2019), 49–93.

Elias, Norbert/Scotson, John L.: The Establishment and the Outsiders [1965]. London 1994.

Engel, Jakob/Wodak, Ruth: ,Calculated ambivalence' and Holocaust denial in Austria. In: Wodak, Ruth/Richardson, John E. (Hg.): Analysing Fascist Discourse: European Fascism in Talk and Text. London 2013, 73–96.

Heitmeyer, Wilhelm: Autoritäre Versuchungen, Berlin [3]2018.

Katsambekis, Gorgios/Kioupkiolis, Alexandros (Hg.): The Populist Radical Left in Europe. London 2019.

Laclau, Ernesto: On Populist Reason. London 2005.

Link, Jürgen: Normalismus und Antagonismus in der Postmoderne. Göttingen 2018.

Mudde, Cas/Kaltwasser, Christóbal Rovira: Populism. A Very Short Introduction. New York 2017.

Müller, Jan-Werner: Was ist Populismus? Ein Essay. Berlin 2016.

Müller, Jan-Werner: Furcht und Freiheit. Für einen anderen Liberalismus. Berlin 2019.

Ötsch, Walter O./Horaczek, Nina: Populismus für Anfänger. Anleitung zur Volksverführung. Frankfurt a. M. 2017.

Rydgren, Jens: Radical right-wing parties in Europe. What's populism got to do with it? In: Journal of Language and Politics (JLP) 16/4 (2017), 485–496.

Wodak, Ruth: Vom Rand in die Mitte – ,Schamlose Normalisierung'. In: Politische Vierteljahresschrift 59/2, (2018), 323–335 doi: https://doi.org/10.1007/s11615-018-0079-7.

Wodak, Ruth: The Politics of Fear. The shameless normalization of far-right discourses. Los Angeles u. a. 2021 (deutsche Übersetzung 2020: Politik mit der Angst. Die schamlose Normalisierung rechtsextremer und rechtspopulistischer Diskurse. Berlin)

Soziale Medien

67

Wulf Loh

In seiner „Unabhängigkeitserklärung des Cyberspace“ zeichnete John Perry Barlow (1996) eine Welt jenseits staatlicher Kontrolle und kapitalistischer Verwertungslogiken. Diese frühe egalitäre, anarchistische und antikapitalistische Utopie des Internet ist einer gewissen Ernüchterung gewichen. Zwar vermag es das Netz, besonders in seiner Eigenschaft als Agglomeration von vernetzten Öffentlichkeiten, traditionelle Hierarchien und Zugangsbeschränkungen abzubauen und auf diese Weise Partizipation und Teilhabe inklusiver und egalitärer zu gestalten. Dabei sind jedoch eine ganze Reihe neuer Asymmetrien, Zugangsbeschränkungen und wechselseitiger Abschottungen entstanden.

Dies ist zum einen das Ergebnis *nationaler Überwachung* und Regulierung, wie bspw. Chinas Great Firewall oder der NSA-Skandal besonders drastisch vor Augen führen. Gerade die anhaltende Debatte um die Netzneutralität macht jedoch deutlich, dass staatliche Regulierungsversuche auch dazu geeignet sein können, das Netz marktfreundlich umzugestalten. Besonders mit Blick auf das Urheberrecht lässt sich kaum von der Hand weisen, dass hier – speziell in Kombination mit Algorithmen, die urheberrechtlich geschütztes Material erkennen sollen wie bspw. YouTubes „Content ID“ – Räume freien Informationsaustausches zugunsten einer digitalen „corporate sphere“ (Jin 2015, 185) eingeschränkt werden.

Zum anderen werden die netzaktivistischen Ideale von Transparenz, Informationsfreiheit und unbeschränktem Zugang zu Wissen zunehmend von einem *Plattformkapitalismus* (Srnicek 2016) überdeckt. Aus dem strukturellen Novum, dass diese Plattformen „nicht primär Produzenten sind, die auf Märkten agieren, sondern Märkte, auf denen Produzenten agieren“ (Staab 2019, 170), ergeben sich nicht nur strukturlogische Monopolisierungstendenzen, sondern damit auch notwendige Zugangsbeschränkungen und – je nach Plattform – erhebliche Ausschlüsse.

Doch auch wenn staatliche Akteure und die großen Internetunternehmen (vor allem Google, Apple, Facebook, Amazon, Tencent, Baidu, Alibaba) einen nicht zu unterschätzenden Anteil an neuen Ausschlüssen und Zugangsbeschränkungen haben, so dass manche Autor*innen hier sogar von einem „elektronischen Leviathan“ (Hunsinger 2014, 14) sprechen, sind viele der Abschottungen Resultat einer *Eigenlogik der Online-Kommunikation.* Gerade eine fehlende Regulierung verstärkt an bestimmten Stellen bestehende politische Polarisierungen und mangelhafte (digitale) Medienkompetenzen und verhilft so u. a. einer ebenso lauten wie sichtbaren Minderheit von Verschwörungsmystikern zu ungeahnter Aufmerksamkeit. Hier besteht die Gefahr

W. Loh (✉)
Eberhard Karls Universität Tübingen, Tübingen, Deutschland
E-Mail: wulf.loh@izew.uni-tuebingen.de

M. G. Festl (Hrsg.), *Handbuch Liberalismus,* https://doi.org/10.1007/978-3-476-05798-3_67

einer wechselseitigen Immunisierung von lebensanschaulichen und politischen Überzeugungen und damit einer zunehmenden Fragmentierung der Diskursräume, in deren Folge „alternative Fakten“ umso leichteres Spiel haben.

Stärker noch als primäre Tausch-, Handels-, Bewertungs- und Suchplattformen sind soziale Medien von dieser Entwicklung betroffen, da sie einerseits als hauptsächlicher Resonanzboden digitaler Öffentlichkeiten fungieren, andererseits aber als privatwirtschaftliche Unternehmen – wie andere privatwirtschaftliche Medien auch – aufmerksamkeitsökonomischen Notwendigkeiten unterliegen. Im Folgenden sollen die Herausforderungen, die sich aus dieser Gemengelage für liberale Individualrechte wie für liberale Demokratievorstellungen ergeben, dargestellt und eingeordnet werden. Hierfür ist es jedoch zunächst nötig, das Untersuchungsobjekt etwas genauer zu fassen:

Unter „Soziale Medien“ soll im Folgenden *„networked information services designed to support in-depth social interaction, community formation, collaborative opportunities and collaborative work“* (Hunsinger/Senft 2014, 9; Hervorh. WL) verstanden werden. Ein besonderes Augenmerk soll dabei auf die nutzer*innenstarken Plattformen zur Informationsbeschaffung und zum Informationsaustausch wie Facebook, Twitter, YouTube, WhatsApp und Instagram (Gleiches gilt für Baidu, WeChat, AliPay etc.) gerichtet werden, auf die andere Unternehmen oftmals für Informationsverbreitung, Werbung und Kund*innenkommunikation angewiesen sind.

Soziale Medien unterscheiden sich von klassischen Massenmedien vor allem in der veränderten Gatekeeper-Funktion, die sich u. a. durch ihren *Plattformcharakter* ergibt: Im Gegensatz zu Letzteren mit ihren „one-to-many“-Kommunikationsströmen bilden soziale Medien „many-to-many“-Kommunikationsnetzwerke (Shirky 2009, 87). Sie sind Plattformen, auf denen private, halbkommerzielle und kommerzielle Akteure Inhalte bereitstellen und als „Prosumenten“ (Ritzer/Jurgenson 2010) – d. h. gleichzeitig Produzenten und Konsumenten – miteinander interagieren können. Dadurch vermischt sich in sozialen Medien die Ebene „einfacher (Teil-)Öffentlichkeiten“, also die Mikroebene der alltäglichen Face-to-face Kommunikationen, mit der Ebene „komplexer (Teil-) Öffentlichkeiten“, also der Makroebene massenmedial vermittelter Öffentlichkeiten (Klaus 2001, 22).

Diese digitalen Öffentlichkeiten sind dabei jedoch *keinesfalls eigenständig und separat* von den „physischen“ Öffentlichkeiten der Demonstrationen und Straßenproteste zu denken, wie spätestens die Nutzung sozialer Netzwerke während des Arabischen Frühlings gezeigt hat. Ähnliches gilt im Verhältnis zu klassischen „analogen“ Massenmedien: Letztere beobachten die Debatten in den sozialen Netzwerken und beteiligen sich sogar oftmals via twitternder/bloggender/kommentierender/filmender Journalist*innen. Mit ihrer Beteiligung, aber vor allem der eigenen Berichterstattung verstärken sie vielfach diese Online-Debatten. Umgekehrt greifen Letztere häufig Themen aus analogen Medienkanälen auf, verlinken und kommentieren diese.

Dabei spielen auch zunehmend *KI-Systeme* eine Rolle – sei es als Teil der Plattformstruktur bei der individualisierten Auswahl von Inhalten (Newsfeed-Algorithmen) oder dem rechtlichen Inhaltsmanagement in Form von Uploadfiltern und automatisierter Copyright-Erkennung – sei es als artifizielle Prosumenten, die Informationen verbreiten wie bspw. Social Bots oder in Form eines „automatisierten Journalismus“ (Haim/Graefe 2018) selbst Inhalte erstellen.

Zusammenfassend lassen sich soziale Medien als *fluide* (unterschiedliche Medienformate und prosumentischer Wechsel der Akteure zwischen Sender- und Empfängerstatus), *ubiquitär* (Unmittelbarkeit und ständige Verfügbarkeit der Kommunikation) und *global* (keine geographischen Beschränkungen der Kommunikationsreichweite) beschreiben (Ess 2020, 16). Aufgrund dieser Kombination von Eigenschaften nimmt die Interaktion auf diesen Plattformen eine Zwischenstellung zwischen öffentlich und privat ein. Soziale Medien sind als „third spaces“ (Ess 2015) aufgrund der potentiellen Reichweite, Unmittelbarkeit und Vervielfältigungsmöglichkeit von Interaktionen immer auch *teilöffentlich* oder – je nach Perspektive – lediglich *halbprivat.*

67.1 Herausforderungen für liberale Individualrechte

Gerade diese Zwischenstellung macht soziale Medien anfällig für Einschränkungen individueller Autonomie und Privatheit – und damit letztlich für Verletzungen des allgemeinen Persönlichkeitsrechts (Art. 2 Abs. 1 GG i.V.m. Art. 1 Abs. 1 GG). Das *Grundrecht auf freie Persönlichkeitsentfaltung* gründet rechtsmoralisch auf der liberalen Freiheit, eine je eigene „Konzeption des Guten [d. h. eine eigene Vorstellung des guten Lebens; W.L.] auszubilden, zu revidieren und rational zu verfolgen" (Rawls 1992, 93, vgl. auch 120).

Insbesondere die Ubiquität von Interaktionen und die dabei von den Plattformen angesammelten Daten eröffnen die Möglichkeit subtiler *Manipulation.* Die in halbprivaten Kommunikationen preisgegebenen Daten (insbesondere auch Reaktionen wie das Teilen oder Liken), werden von den Plattformen zu individuellen Profilen aggregiert, mit deren Hilfe dann gezielt Werbung geschaltet werden kann. Speziell der Newsfeed-Algorithmus ist immer wieder Gegenstand von Kontroversen, beeinflusst doch die Sortierung und Art der Darstellung von Informationen und Interaktionen die Verweildauer und animiert unter Umständen zur Datenpreisgabe.

Derartige psychomotivationale Mechanismen sind auch als „dark pattern" (Brignull 2013) zu zweifelhaftem Ruhm gelangt. Insgesamt entstehe hier eine *Abhängigkeit von Online-Kommunikation,* ein „tethered life" (Turkle 2011, 208), in dem die Nutzer*innen in manipulativer Weise zu ununterbrochener Interaktion auf den Social-Media-Plattformen angehalten werden. Dies könnte, so die Befürchtung, die freie Persönlichkeitsentfaltung im Sinne der liberalen Freiheit, eigene Lebensentwürfe zu konzipieren und zu verfolgen, zugunsten einer „attention economy" einschränken (Eyal/Hoover 2014).

Hinsichtlich dieser Freiheit ergibt sich mit dem klassischen liberalen Blick auf individuelle Abwehrrechte gegenüber dem Staat eine weitere Herausforderung: Die Möglichkeit *staatlicher Überwachung* digitaler Kommunikationsströme, die spätestens seit dem NSA-Skandal sehr real geworden ist, betrifft auch die sozialen Medien (private Gruppen, Chatverläufe etc.). Sie stellt nicht nur einen erheblichen Eingriff in die informationelle Selbstbestimmung dar (s. u.), sondern kann auch bei den Nutzer*innen Normalisierungseffekte zeitigen, sofern diese einen begründeten Verdacht haben, überwacht zu werden (Kammerer 2016). Unter Umständen reicht die Ungewissheit darüber, ob aus bestimmtem unkonventionellen Verhalten Nachteile entstehen könnten, aus, um nicht nur politische Partizipation effektiv einzuschränken (s. nächster Abschnitt), sondern kann auch die Verfolgung nicht-konventioneller Lebensentwürfe beeinträchtigen.

Staatliche Überwachungsprogramme schränken darüber hinaus das *Recht auf informationelle Selbstbestimmung* ein, das einen Teilaspekt des allgemeinen Persönlichkeitsrechts ausmacht (Jandt 2016) und auf der Begründungsebene Fragen von Datenautonomie und Privatheit betrifft. Mit diesem Recht wird die „Befugnis des Einzelnen, grundsätzlich selbst über die Preisgabe und Verwendung seiner persönlichen Daten zu bestimmen" (BVerfGE 65, 1 „Volkszählung") verfassungsrechtlich geschützt. Aus moralischer Perspektive ist hier eine Abwägung zwischen kollektiver Sicherheit (Gefahrenabwehr, Strafverfolgung) und individueller informationeller Autonomie zu treffen, die aus liberaler Perspektive aufgrund der Machtasymmetrie und der Tendenz zur Kompetenzerweiterung staatlicher Organe im Zweifel zugunsten des Individualschutzes ausfallen sollte.

Da diese Überwachungsprogramme typischerweise den gesamten Datenverkehr anzapfen, sind hier nicht nur E-Mails, sondern ebenso die scheinbar privaten Interaktionen auf Social-Media-Plattformen betroffen. Insgesamt lässt sich aus der Tatsache staatlicher und privatwirtschaftlicher Datensammlung und -aggregation und der damit einhergehenden Gefahr der *Deanonymisierung* festhalten, „dass anonyme Kommunikation heute gerade nicht mehr die default-Option ist und wenn überhaupt bewusst zu erzeugen versucht werden muss" (Thiel 2016, 18).

Gerade auch dauerhafte Speicherung von Informationen im Netz führt in Kombination mit der praktisch uneingeschränkten Zugänglichkeit leicht zu einer unzulässigen Einschränkung des Rechts auf freie Persönlichkeitsentfaltung, das auch „eine relative Erwartungs- und Orientierungssicherheit der Individuen im Hinblick [...] darauf umfasst, [...] dass man nicht in jeder Situation ohne eine Chance des Vergessens mit einer längst überholten Vergangenheit belastet wird" (Albers 2017, 28). Die daraus folgenden Überlegungen zu einem *Recht auf Vergessenwerden* haben sich auch in Urteilen des EuGHs und des Bundesverfassungsgerichts niedergeschlagen (EuGH C-131/12; BVerfG 1 BvR 16/13). Kritiker*innen eines solchen Rechts betonen einerseits den Vorrang von Meinungs- und Pressefreiheit (Larson 2013), andererseits aber auch – wie bei den Uploadfiltern – die Gefahr einer überbordenden Zensur durch die Suchmaschinen und Social-Media-Plattformen (Overblocking), um mögliche rechtliche Auseinandersetzungen und Schadensersatzansprüche zu vermeiden.

Besonders prävalent ist das Recht auf Vergessenwerden in Fällen von *Cyber Mobbing,* wie der Fall von Amanda Todd zeigt. Todd nahm sich das Leben, nachdem Nacktfotos von ihr jahrelang in Chatgruppen ihrer Mitschüler*innen die Runde machten, obwohl sie wiederholt Wohnort wie Schule gewechselt hatte. In einem sehr eindrücklichen YouTube-Video, in dem sie ihren jahrelangen Leidensweg beschreibt, hält sie einen Zettel in die Kamera, auf dem steht: „I can never get that photo back" (Todd 2012, Min. 3:12). Cyber-Mobbing steht sehr häufig in Zusammenhang mit einem erheblichen Eingriff in die informationelle Selbstbestimmung (Entwendung und/oder nicht-autorisierte Veröffentlichung persönlicher Informationen, Identitätsdiebstahl), der durch die Vervielfältigungs- und Reichweitenkapazität sowie eben die Schwierigkeit des Löschens aller Instanzen eines bestimmten Geschehens gravierende Angst- bzw. Stresszustände auslösen und schwere Demütigungen zufügen kann.

67.2 Herausforderungen für die liberale Demokratie

Die oben beschriebenen Strukturmerkmale sozialer Medien bedeuten jedoch nicht nur neue Aufgaben für ein liberales Persönlichkeitsrecht und individuelle Autonomie und Wohlergehen, sondern auch für demokratische Prozesse. Als halbprivate und gleichzeitig teilöffentliche „third spaces" (Ess 2015) bilden Social-Media-Plattformen *digitale Öffentlichkeiten,* in denen wie oben angesprochen alltägliche Face-to-face-Kommunikationen und direkte Peer-Group-Interaktionen mit der potentiellen Reichweite massenmedial vermittelter Öffentlichkeiten und deren hoher „Komplexität" (Klaus 2001, 22) verknüpft werden. Dies hängt auch mit der Vielzahl an Akteuren und deren unterschiedlichen Kommunikationsrollen zusammen. Auf diese Weise vermischen sich in sozialen Medien in besonderer Weise „beobachtende" (Sozialintegration, Bereitstellung von Orientierungswissen), „sozialisierende" (Sozialisation, Herausbildung von Identitäten) und „politische" (politische Selbstverständigung, Meinungsbildung) Öffentlichkeitsaspekte (Heesen 2008, 36).

Diese Öffentlichkeitsaspekte finden sich vielfach in normativen Demokratietheorien in unterschiedlicher Fokussierung und Priorisierung (Habermas 1999). Hieraus lassen sich grob vier Funktionen für demokratische Öffentlichkeiten destillieren (Loh 2020, 166): Öffentlichkeiten unterstützen demokratische Prozesse, indem sie dabei helfen, a) individuelle Interessen oder Gemeinwohlvorstellungen auszubilden und zu aggregieren, b) zivilgesellschaftliche Forderungen für die politischen Institutionen zu übersetzen, c) eine effektive Kontrolle über diese Institutionen auszuüben sowie (d) mindestens eine rudimentäre Form der Sozialintegration zu leisten.

Soziale Medien als digitale Öffentlichkeiten spielen bei jeder dieser vier Funktionen eine zunehmend wichtige Rolle. Gerade aufgrund ihrer Many-to-many Struktur können sie als Sprachrohr für unterrepräsentierte Gruppen und Meinungen dienen. Gleichzeitig bilden sie besonders im Wechselspiel mit klassischen Medien einen Durchlauferhitzer für Informationen und Debatten und tragen so zur Übersetzungs- und Kontrollfunktion bei. Auf der anderen Seite stellen sich mit ihren Strukturelementen aber auch besondere Herausforderungen für diese Funktionen. Hier lassen sich vor allem drei Aspekte ausmachen: 1) Die Gefahr der *Passivierung und Pseudoöffentlichkeit* aufgrund der starken Vermischung „einfacher" und „komplexer Teilöffentlichkeiten" (Klaus 2001), 2) zunehmende *Polarisierungen und Fragmentierungen* politischer Öffentlichkeiten aufgrund der plattformkapitalistischen Strukturen von Social-Media-Plattformen sowie 3) die Möglichkeit von *Manipulationen und Verzerrungen* der Meinungsbildung als Folge einer neuartigen Form von Desinformation im Sinne von Fake News, Social Bots und politischem Microtargeting.

67.3 Passivierung und Pseudoöffentlichkeit

Schon Hannah Arendt (1960) und Jürgen Habermas (1962) kritisierten Anfang der 1960er Jahre den immer größer werdenden Anteil an Boulevardthemen, der ihrer Meinung nach zu einer „Passivierung" des medial versammelten Publikums führe und einer „Pseudoöffentlichkeit" von gesellschaftlichen und halbprivaten Themen Vorschub leiste. Mit dem Aufkommen der sozialen Medien stellen sich diese Problemlagen erneut, auch wenn die prinzipiell prosumentische Kommunikationsstruktur einer solchen Passivierung zunächst einmal vorzubeugen scheint. Doch die grundsätzlich niedrigeren Partizipationsschwellen sozialer Medien werden nicht nur wie gesehen durch anders gelagerte Ausschlüsse erkauft.

Darüber hinaus beschränkt sich die Teilhabe vor allem auf das passive Verbreiten von Beiträgen einiger Weniger durch Liken und Retweeten. Zugespitzt ist dieses Phänomen als *Slacktivismus* bezeichnet worden – wie bspw. das fast schon mechanische Unterzeichnen von Petitionen, das Färben des Facebook-Profilbildes in verschiedenen Nationalfarben oder auch der quasi-habituelle Empörungsimpuls, der sich in kurzen Shitstorms entlädt –, bei dem nachhaltige politische Beteiligung durch Politikkonsum ersetzt wird. Partizipation wird hierbei reduziert auf das kurzfristige, quasi-rauschhafte Ausleben eines Erregungs- und Empörungsimpulses, der zwar mitunter eine hohe Aufmerksamkeit generieren kann, aber aufgrund der Konsumorientierung der Partizipierenden keinerlei nachhaltige Wirkung zeitigt.

Gegen diese Charakterisierung wird häufig auf die „Vernetzungs- und Empfehlungsmöglichkeiten der Online-Kommunikation" verwiesen, die „zur Umformung eines interessierten Publikums in eine politische Öffentlichkeit führen" (Bieber 2016, 68) können. Diese Vernetzungs- und Empfehlungsmöglichkeiten führten aber nicht zu substanzieller Partizipation, so der Slacktivismus-Einwand, weil hier nur schwache Bindungen unter den Beteiligten entstünden, die nicht genügend Motivationsressourcen für sichtbaren und effektiven politischen Aktivismus bereitstellten:

> Social networks are effective at increasing participation – by lessening the level of motivation that participation requires. [...] In other words, Facebook activism succeeds not by motivating people to make a real sacrifice but by motivating them to do the things that people do when they are not motivated enough to make a real sacrifice. (Gladwell 2010)

Diese Kontroverse lässt sich ein Stückweit auflösen, wenn man zwischen „Teilhabe im Netz" und „Teilhabe mithilfe des Netzes" (Schmidt 2015, 58) unterscheidet. Während soziale Medien die Teilhabe an digitalen Öffentlichkeiten im Ganzen inklusiver und egalitärer gestaltet haben, bleibt der Übertrag für politische Prozesse und soziale Bewegungen, also die Übersetzungs- und Kontrollfunktion, prekär. Beispielen von gelungener Vernetzung und Mobilisierung wie dem Arabischen Frühling und der Occupy-Bewegung stehen eine Reihe von Fällen gegenüber, in denen dieser Übertrag nicht stattfand.

67.4 Fragmentierung und Polarisierung

Öffentlichkeiten als politische Diskursräume und -prozesse waren auch schon vor dem Aufkommen sozialer Medien *fragmentiert* (Celikates 2015), sei es durch die weitgehende Exklusion bestimmter marginalisierter Gruppen, die sich erst die Anerkennung als soziale Bewegung und damit die politische Sprechfähigkeit erstreiten müssen, sei es durch den „Superpluralismus der Medien" (Heesen 2016, 54), der jeder politischen Meinung und Agenda ein eigenes Sprachrohr bereitzuhalten versucht. Verstärkend hinzu kommen aber mit den sozialen Medien und den sie generierenden digitalen Öffentlichkeiten bestimmte Strukturmerkmale, die weiter oben schon mehrfach angesprochen wurden: Zum einen plattformkapitalistische Monopolisierungstendenzen, die digitale Öffentlichkeiten in einzelne Plattformen aufteilen und auf diese Weise medial und technisch fragmentieren, zum anderen die Personalisierungen von Newsfeeds und automatisierten Empfehlungssystemen.

Besonders Letztere sind nicht nur darauf optimiert, die Nutzenden möglichst lange auf der Plattform zu halten und auf diese Weise möglichst viel Werbung zeigen und viele persönliche Daten und Präferenzen sammeln zu können, wie weiter oben schon erläutert. Als Nebeneffekt leisten sie auch einer Polarisierung und Radikalisierung Vorschub, die oftmals mit der Häufigkeit und Dauer der Nutzung steigt. Insbesondere die Emotionalisierung von Nachrichteninhalten zur Erhöhung der Wahrscheinlichkeit, dass diese angeklickt und geteilt werden (Clickbait), ist hier problematisch: „The emotions that draw people in – like fear, doubt and anger – are often central features of conspiracy theories, and in particular, experts say, of right-wing extremism" (Fisher/Taub 2019).

Auch wenn die meisten Nutzer*innen wohl keinen Verschwörungsmythen anheimfallen, führen die automatisierten Personalisierungsmechanismen der Social-Media-Plattformen, die zumeist auf einer Kombination aus Vorschlägen ähnlicher Inhalte und Emotionalisierung beruhen, sehr leicht in die berüchtigten *Filterblasen*. Indem sie den Nutzenden unabhängig von Wahrheitsgehalt und Auftrittshäufigkeit mehr vom Gleichen präsentieren – im Gegenteil, wie gesehen, dazu tendieren, noch radikalere, emotionalere, weniger allgemein geteilte Positionen vorzuschlagen –, stellen sie letztlich nichts anderes dar als künstlich von außen erzeugte *confirmation biases*.

Gerade in der Kombination dieser automatisierten Personalisierung mit den genannten plattformmonopolistischen und medienpluralistischen Fragmentierungen liegt die Gefahr für die liberale Demokratie. Letztere ist auf möglichst breite öffentliche Rezeption und Austausch angewiesen, auch wenn das Ideal einer einzigen politischen Öffentlichkeit mit rein argument- und faktenbasierten Redebeiträgen in der Praxis kaum je umsetzbar ist und daher primär als regulative Idee diskursiver Öffentlichkeiten fungiert (Habermas 1998, Kap. VIII). Dennoch bedarf die liberale Demokratie rudimentärer geteilter epistemischer und normativer Grundüberzeugungen und einer politischen Kultur, die sie selbst institutionell nicht herstellen kann. Eine solche politische Hintergrundkultur wird auch wie oben angesprochen durch „sozialisierende" Öffentlichkeiten reproduziert. Sofern eine solche übergreifende politische Residualöffentlichkeit, die die Bürger*innen als Öffentlichkeitsteilnehmende in die politische Kultur hineinsozialisieren kann, verloren geht, kapseln sich – so die Befürchtung – die jeweiligen Teilöffentlichkeiten zu stark gegeneinander ab, um die oben genannten vier Funktion erfüllen zu können.

Die zunehmende Verdatung erleichtert jedoch nicht nur Social-Media-Plattformen die Profilbildung und Personalisierung, sie schafft auch erst die Grundlage für hochpersonalisierte politische Werbung – das *Microtargeting.* Erhebung bzw. Ankauf verschiedenster zusammengeführter Datenspuren von Nutzer*innen ermöglichen die Platzierung politischer Informationen, die individuell auf die jeweiligen demo- und geographischen Besonderheiten der Rezipienten abgestimmt sind und zeitlich passgenau angeboten werden (Kreiss 2012). Dadurch entsteht nicht nur noch einmal ein größeres Manipulationspotential, besonders mit Blick auf Fake News und Desinformationsstrategien (s. u.), auch das Potential für Polarisierungen – nicht nur zwischen politischen Lagern, sondern auch demographischen Gruppen – wird noch einmal erhöht. Durch Microtargeting erhalten Letztere zunehmend unterschiedliche Informationen, seien es Aspekte von Wahlprogrammen, Halb- und Unwahrheiten über den politischen Gegner oder sogar falsche Statistiken zum Wahlausgang.

67.5 Manipulationen und Verzerrungen der Meinungsbildung

Zu Beginn der Covid-19-Pandemie stellte der WHO-Generaldirektor angesichts der schon zu diesem frühen Zeitpunkt grassierenden Falschinformationen im Netz fest: „We're not just fighting an epidemic; we're fighting an infodemic" (Ghebreyesus 2020). Dabei ist die massenmediale Verbreitung von Falschnachrichten und Propaganda so alt wie das jeweilige Medium selbst. Diese bestehenden Phänomene werden jedoch durch die Strukturen von Social-Media-Plattformen noch einmal verstärkt. Zum einen kann nun jede Nutzer*in als Prosument*in ihre eigene Desinformationskampagne starten und Falschnachrichten verbreiten. Zum anderen vereinfachen moderne Bildbearbeitungs- und Layouttools das Fälschen von vermeintlichen Beweisen und ermöglichen es auf diese Weise auch Amateur*innen, echt wirkende Nachrichten zu produzieren.

Entscheidend für die Glaubwürdigkeit solcher Nachrichten ist dabei die Netzstruktur sozialer Medien: Durch das oft unbesehene Liken, Teilen und Retweeten von Meldungen kommen diese häufig von einer Quelle aus dem eigenen Nahfeld und werden nicht so kritisch auf ihren Wahrheitsgehalt untersucht wie andere Quellen. Aus dieser wechselseitigen Verantwortungszuschreibung – die Sender*in schiebt mit dem unkritischen Weiterleiten einer Nachricht der Empfänger*in die Verantwortung für die Richtigkeitsprüfung zu, während diese der Sender*in vertraut und ihr die Verantwortung für den Wahrheitsgehalt überlässt – entsteht eine teils unbewusste, teils bequeme Verantwortungsdelegation. In Wechselwirkung mit den oben angesprochenen Fragmentierungs- und Polarisierungsphänomenen entstehen so Filterblasen als Vertrauensnetzwerke, die sich gegeneinander immunisieren (Pariser 2012).

Verstärkt wird dieser Effekt dadurch, dass die Falschmeldungen aufgrund der netzwerktypischen Verbreitung von verschiedenen Seiten – und damit aus unabhängigen Quellen – zu kommen scheinen. Damit wird der an sich richtige Ansatz, den Wahrheitsgehalt von Nachrichten anhand verschiedener unabhängiger Quellen zu prüfen, zumindest teilweise unterlaufen. Dies lässt sich effektiv und kostengünstig noch durch automatisierte Kommunikationsstrategien wie Social-Bot-Netzwerke verstärken, die Fehlinformationen eine große Reichweite und Aufmerksamkeit („trending topic") verschaffen.

Diese Mechanismen sorgen auch dafür, dass sich die ursprüngliche Hoffnung von Netzaktivist*innen, mit dem Verfügbarmachen von Informationen den Wahrheitsgehalt von Nachrichten und die Transparenz staatlichen und privatwirtschaftlichen Handelns zu erhöhen, bisher nicht erfüllt hat. Zwar lassen sich Originaldokumente hochladen und verlinken, so dass die persönliche Überprüfung direkt an der Quelle theoretisch möglich ist. Aber abgesehen vom schieren Umfang dieser Dokumentsammlungen bedarf es hierbei letztlich doch wieder eines Vertrauens in die hochladende bzw. verlinkende Instanz.

Im Ergebnis macht es die Struktur von Social-Media-Plattformen aufgrund der Pluralität der Akteure und der Unklarheit über deren Kommunikationsziele deutlich schwerer, den Wahrheitsgehalt medialer Inhalte einzuschätzen. Vor diesem Hintergrund ergeben sich erhebliche Herausforderungen für die vier Funktionen demokratischer Öffentlichkeiten, wenn Meinungsbildung und -aggregation sowie die Kontrolle politischer Institutionen auf miteinander inkommensurable Überzeugungssysteme stoßen, die die jeweils anderen Seiten als „verblendet", „irrational" bzw. „fehlgeleitet" begreifen. Auch die Übersetzungs- bzw. Sozialintegrationsfunktion kann auf kurz oder lang an den daraus resultierenden wechselseitigen Immunitäten und der Polarisierung der Bürgerschaft leiden.

67.6 Perspektiven

Die Verbesserung der *Medienkompetenz* der Social-Media-Nutzenden ist sicherlich ein zentraler Ansatz, um die Nutzer*innen resilient zu machen gegen Falschinformationen und manipulative politische Kommunikation, aber auch gegen Eingriffe in das Persönlichkeitsrecht. Gleichzeitig muss in besonderer Weise auch die Social-Media-Kompetenz von Journalist*innen klassischer Massenmedien sichergestellt werden, da diese oftmals Debatten im Netz aufgreifen und so u. U. als Durchlauferhitzer fungieren. Hier spielt die *journalistische Verantwortung und Sorgfaltspflicht* eine besondere Rolle, da die Berichterstattung häufig wieder in den sozialen Medien kommentiert und weitergetragen wird, in vielen Fällen auch in direkter Interaktion mit den zusätzlich tweetenden/bloggenden/teilenden Journalist*innen selbst (Eberwein/Porlezza 2016, 332).

In diesem Zusammenhang hat sich gezeigt, dass als vertrauenswürdig eingestufte klassische Massenmedien auch in ihrer jeweiligen Social-Media-Präsenz ein hohes Vertrauen genießen (Neuberger 2013, 110). Konträr dazu lässt sich jedoch eine Tendenz beobachten, gerade in diesen Internetauftritten einen Überbietungswettbewerb mit Blick auf „breaking news" auszutragen. Zuweilen ging dieser in der Vergangenheit zu Lasten der journalistischen Sorgfaltspflicht, so dass hier leichtfertig Vertrauen verspielt werden kann.

Medienkompetenz, vertrauenswürdige Medienangebote und journalistische Verantwortung reichen jedoch nicht aus, solange die Plattformbetreiber selbst sich nicht in der Verantwortung sehen. Auch wenn es in jüngerer Zeit einige erste Versuche gibt, über die Löschung oder Kennzeichnung von Inhalten und Accounts sowie die Anpassung der Vorschlagsalgorithmen besonders eklatante Desinformationskampagnen abzumildern, besteht hier noch erheblicher Nachholbedarf, im Zweifel auch durch *nationale bzw. internationale Regulierungsstrategien*. Dabei sind diese sorgfältig gegen das Recht auf freie Meinungsäußerung abzuwägen und in Übereinstimmung mit den geltenden rechtlichen Bestimmungen, die sich bspw. aus Art. 5 GG ergeben, zu implementieren.

Mit Blick auf Eingriffe in das Recht auf freie Persönlichkeitsentfaltung sind hier – wie oben teilweise angesprochen – in der Vergangenheit schon einige Regulierungsinitiativen gestartet worden. Auch hier jedoch ist entscheidend, besonders für die Prävention und frühzeitige Erkennung von persönlichkeitsrechtlich relevanten Vorgängen, dass die Plattformbetreiber noch sensibler und proaktiver ihrer spezifischen Verantwortung als „Medienintermediäre" (Schmidt et al. 2017) gerecht werden.

Literatur

Albers, Marion: Informationelle Selbstbestimmung als vielschichtiges Bündel von Rechtsbindungen und Rechtspositionen. In: Michael Friedewald/Jörn Lamla/Alexander Roßnagel (Hg.): Informationelle Selbstbestimmung im digitalen Wandel. Wiesbaden 2017, 11–36.

Arendt, Hannah (1960): Vita activa. Stuttgart 2017.

Barlow, John Perry (1996): A Declaration of the Independence of Cyberspace. https://www.eff.org/de/cyberspace-independence (Download am 05.08.2019).

Bieber, Christoph: Öffentlichkeit, in: Jessica Heesen (Hg.): Handbuch Medien- und Informationsethik. Stuttgart 2016, 67–73.

Brignull, Harry. (2013): 90% of Everything. https://www.90percentofeverything.com/2013/07/23/the-slippery-slope/ (Download am 19.01.2020).

Celikates, Robin: Digital Publics, Digital Contestation. A New Structural Transformation of the Public Sphere? In: Robin Celikates/Regina Kreide/Tilo Wesche (Hg.): Transformations of democracy. Crisis, protest and legitimation. London 2015, 159–174.

Eberwein, Tobias/Porlezza, Colin: Both Sides of the Story: Communication Ethics in Mediatized Worlds. In: Journal of Communication 66 (2) 2016, 328–342.

Ess, Charles: The Onlife Manifesto: Philosophical Backgrounds, Media Usages, and the Futures of Democracy and Equality. In: L. Floridi (Hg.): The Onlife Manifesto. Cham 2015, 89–109.

Ess, Charles: Digital media ethics. Cambridge 2020.

Eyal, Nir/Hoover, Ryan: Hooked. How to build habit-forming products. London/New York/Toronto 2014.
Fisher, Max/Taub, Amanda: How YouTube Radicalized Brazil. In: The New York Times 11.8.2019.
Ghebreyesus, Tedros: Rede auf der Münchner Sicherheitskonferenz. München 2020.
Gladwell, Malcolm: Small Change. Why the revolution will not be tweeted. In: The New Yorker 4.10.2010.
Habermas, Jürgen: Strukturwandel der Öffentlichkeit. Frankfurt a. M. 1962.
Habermas, Jürgen: Faktizität und Geltung. Frankfurt a. M. 1998.
Habermas, Jürgen: Drei normative Modelle der Demokratie. In: Die Einbeziehung des Anderen. Frankfurt a. M. 1999, 277–292.
Haim, Mario/Graefe, Andreas: Automatisierter Journalismus. In: Christian Nuernbergk/Christoph Neuberger (Hg.): Journalismus im Internet. Profession, Partizipation, Technisierung. Wiesbaden 2018, 139–160.
Heesen, Jessica: Medienethik und Netzkommunikation. Frankfurt a. M. 2008.
Heesen, Jessica: Freiheit In: Dies. (Hg.): Handbuch Medien- und Informationsethik. Stuttgart 2016, 52–58.
Hunsinger, Jeremy: Interface and Infrastructure of Social Media. In: Jeremy Hunsinger/Theresa Senft (Hg.): The social media handbook. New York 2014, 14–28.
Hunsinger, Jeremy/Senft, Theresa (Hg.): The social media handbook. New York 2014.
Jandt, Silke: Informationelle Selbstbestimmung. In: Jessica Heesen (Hg.): Handbuch Medien- und Informationsethik. Stuttgart 2016, 195–202.
Jin, Dal Yong: Digital Platforms, Imperialism and Political Culture. Hoboken 2015.
Kammerer, Dietmar: Überwachung. In: Jessica Heesen (Hg.): Handbuch Medien- und Informationsethik. Stuttgart 2016, 188–194.
Klaus, Elisabeth: Das Öffentliche im Privaten – das Private im Öffentlichen. In: Friederike Herrmann/Margret Lünenborg (Hg.): Tabubruch als Programm. Privates und Intimes in den Medien. Wiesbaden 2001, 15–35.
Kreiss, Daniel: Yes We Can (Profile You). A Brief Primer on Campaigns and Political Data. In: Stanford Law Review 64 (2012), 70–74.
Larson, Robert: Forgetting the First Amendment: How Obscurity-Based Privacy and a Right to Be Forgotten Are Incompatible with Free Speech. In: Communication Law and Policy 18/1 (2013), 91–120.
Loh, Wulf: Informationelle Privatheit als Bedingung für Demokratie. In: Archiv für Rechts- und Sozialphilosophie 162 (2020), 165–181.
Neuberger, Christoph: Public Value im Internet. In: Nicole Gonser (Hg.): Die multimediale Zukunft des Qualitätsjournalismus. Wiesbaden 2013, 103–118.
Pariser, Eli: Filter Bubble. München 2012.
Rawls, John: Die Idee des politischen Liberalismus. Aufsätze 1978–1989. Frankfurt a. M. 1992.
Ritzer, George/Jurgenson, Nathan: Production, Consumption, Prosumption. In: Journal of Consumer Culture 10 (1) (2010), 13–36.
Schmidt, Jan-Hinrik: Die sozialen Medien und das Partizipationsparadox. In: Kathrin Voss/Peter Hurrelbrink (Hg.): Die digitale Öffentlichkeit. Band II. Hamburg 2015, 57–63.
Schmidt, Jan-Hinrik/Merten, Lisa/Hasebrink, Uwe: Zur Relevanz von Online-Intermediären für die Meinungsbildung. Hamburg 2017.
Shirky, Clay: Here comes everybody. London 2009.
Srnicek, Nick: Platform capitalism. Cambridge 2016.
Staab, Philipp: Digitaler Kapitalismus. Frankfurt a. M. 2019.
Thiel, Thorsten: Anonymität und der digitale Strukturwandel der Öffentlichkeit. In: Zeitschrift für Menschenrechte 1 (2016), 9–24.
Todd, Amanda: My story: Struggling, bullying, suicide, self harm. 2012.
Turkle, Sherry: Alone together. New York 2011.

68 Terrorismus

Sebastian Lange

68.1 Die Herausforderung des Terrorismus

Strategien des Terrorismus greifen staatliche Ordnungen an. Alle bekannten Erscheinungsformen – rechts- und linksterroristische, separatistische und fundamentalistische Varianten – verfolgen eigene Vorstellungen von einer wünschenswerten Ordnung. Sie wählen die terroristische Methode, wenn sie keine Chancen sehen, ihre Ziele im Rahmen des legalen politischen Systems durchzusetzen und wenn ihre relativen Fähigkeiten es nicht erlauben, ihre Gegner mittels konventioneller Kriegsführung oder einer Guerilla-Taktik zu bekämpfen. Terrorismus lässt sich deshalb als eine Form *asymmetrischer Kriegsführung* verstehen und gilt als Waffe der Schwachen (Mack 1975; Münkler 2006; Wassermann 2015). In Ermangelung konventioneller militärischer Fähigkeiten soll das Monopol legitimer physischer Gewaltsamkeit angegriffen werden, indem zunächst nicht primär das Gewaltmonopol selbst, sondern der Legitimitätsglaube geschwächt werden soll. Anders als konventionelle- oder Kleinkriegstaktiken zielt Terrorismus primär auf psychische Effekte ab. Das Verbreiten von Furcht und Schrecken kann dem Ansatz folgen, eine Gesellschaft zu zermürben, um dadurch politische Konzessionen zu erreichen. Das Kalkül kann auch darin liegen, einen stärkeren Gegner zu Überreaktionen zu provozieren, die seine Legitimität untergraben und die Unterstützung des schwächeren Gewaltakteurs erhöhen. Die Stabilität und Legitimität einer politischen Ordnung können ferner beeinträchtigt werden, indem durch identitätspolitische Polarisierung das Misstrauen zwischen Bevölkerungsgruppen verstärkt wird. In all diesen Fällen stellt Terrorismus eine Form *psychologischer Kriegsführung* dar. Da terroristische Anschläge die Selektionsfaktoren der Massenmedien bedienen, wird ihre Wirkung durch die Berichterstattung der Medien verstärkt (Hoffman 2006, 173–228). Terroristische Akteure können deshalb Aufmerksamkeit für ihr Anliegen generieren und an politischer Bedeutung gewinnen. Da durch Terrorismus Botschaften übermittelt, Konfliktnarrative transportiert und Freund-Feind-Unterscheidungen etabliert werden sollen, ist er eine Strategie *politischer Kommunikation* (Waldmann 1998; Lange 2019).

Die liberale Demokratie bietet terroristischer Kommunikation Gelegenheiten und Rahmenbedingungen, die in autoritären politischen Systemen eingeschränkt sind. Die Pressefreiheit ermöglicht ausführliche Berichterstattung über terroristische Anschläge. Die in einem Rechtsstaat garantierten Bürgerrechte beschränken darüber hinaus die Möglichkeiten der Überwachung und

S. Lange (✉)
Humboldt-Universität zu Berlin, Berlin, Deutschland
E-Mail: sebastian.lange@sowi.hu-berlin.de

M. G. Festl (Hrsg.), *Handbuch Liberalismus*, https://doi.org/10.1007/978-3-476-05798-3_68

der Repression. Staatliche Reaktionen auf terroristische Bedrohungslagen müssen sich zudem an Maßstäben der Verhältnismäßigkeit orientieren. Offene Gesellschaften mit einer rechtsstaatlichen Ordnung weisen deshalb eine erhöhte *Vulnerabilität* gegenüber asymmetrisch-psychologischer Kriegsführung auf (Münkler/Wassermann 2012).

Diese Verwundbarkeit liberaler Demokratien gegenüber terroristischer Gewaltkommunikation geht jedoch nicht mit einer höheren Betroffenheit einher. Terroristische Anschläge finden nicht häufiger in Demokratien als in Autokratien statt. Demokratie und Rechtsstaatlichkeit sind mithin keine Ursache von Terrorismus. Terroristische Gewalt häuft sich stattdessen in Kontexten, in denen *Konflikte um politische Inklusion und Repräsentation* ausgetragen werden. Alle Erscheinungsformen weisen Situationsbeschreibungen auf, die von der Unterdrückung, Fremdbestimmung und Bedrohung einer definierten Gruppe ausgehen (der Kleinbauern, der Arbeiterklasse, eines ethnisch definierten Volkes, einer „Rasse" oder einer Religionsgemeinschaft). Die identitätspolitischen Konfliktnarrative enthalten in aller Regel *defensive Selbstbeschreibungen,* wonach Gewalt zur Selbstverteidigung nötig sei.

Der Erfolg von Terrorgruppen hängt maßgeblich davon ab, ob ihrem Anliegen und der Wahl der Mittel von Seiten der Gruppe, in deren Namen sie auftreten, *Legitimität* zugeschrieben wird. Am Ehesten gelang dies in der Vergangenheit einigen separatistischen Gewaltakteuren. Die meisten Terrorgruppen scheitern jedoch daran und bestehen deshalb nicht lange (Pinker 2011, 441–561).

Die zeitliche Häufung verschiedener Typen des Terrorismus wurde in der Form von *Wellen* beschrieben, die sich aus den historischen und politischen Rahmenbedingungen ergaben (Rapoport 2013). Die Erklärungskraft eines solchen Wellenmodells steht jedoch in Frage, da es als zu pauschal und sequentiell gilt. Rechtsextreme Terrorgruppen waren sowohl zu den Hochzeiten des Linksterrorismus als auch während der Welle des vermeintlich religiösen Terrorismus präsent und aktiv. Zahlreiche Gruppen lassen sich nicht eindeutig einem Typus des Terrorismus zuordnen. Sie können zugleich separatistisch und marxistisch sein, antikolonial und islamisch-fundamentalistisch oder rechtsextrem und christlich-fundamentalistisch. Zudem können sich verschiedene Varianten extremistischer Gewalt wechselseitig verstärken.

Generell nimmt die Häufigkeit terroristischer Anschläge seit den 1980er Jahren ab – wie auch das Ausmaß anderer Formen politischer Gewalt (Human Security Report 2013). Zeitweilige regionale Häufungen sind dort zu verzeichnen, wo innerstaatliche Konflikte gewaltsam ausgetragen werden und Staatlichkeit – das Monopol legitimer physischer Gewalt – schwach und angreifbar ist. Der historisch-empirische Vergleich über alle Erscheinungsformen hinweg ergibt, dass es zwei ähnlich wahrscheinliche langfristige Pfade hin zu einem Ende von Terrorgruppen gibt: Die erfolgreiche polizeilich-justizielle – d. h. rechtsstaatliche – Bearbeitung oder die Überführung in das legale politische System durch die Transformation der Gruppe selbst oder eines politischen Armes in eine zugelassene Partei (Jones/Libicki 2008). Fast niemals setzen sich hingegen terroristische Akteure vollständig durch oder werden erfolgreich militärisch besiegt. Nicht nur für die terroristische Methode, sondern auch für die staatliche Gegenstrategie gilt, dass soziale Zuschreibungen von Legitimität über den Erfolg oder Misserfolg entscheiden. Die eigentlichen Herausforderungen des Terrorismus bestehen mithin darin, einerseits seine Ursachen und begünstigenden Rahmenbedingungen zu verstehen, andererseits verhältnismäßige und legitimitätsorientierte Reaktionen zu wählen.

68.2 Terrorismusbekämpfung und Freiheit

Der empirische Befund, dass militärische Terrorismusbekämpfung in den wenigsten Fällen zum Ziel führt, wird auch durch die Bilanz des nach den Anschlägen vom 11. September 2001 initiierten *Krieges gegen den Terrorismus* bestätigt. Dieser hat sich nicht nur als ineffektiv, sondern auch als kontraproduktiv erwiesen (Lia 2016; Thrall/Goepner 2017; Lange 2019). Allein die USA haben für den als Terrorismusbekämpfung begründeten Militäreinsatz seit 2001 geschätzte 6500 Mrd. US-Dollar aufgewendet. Gab es im Jahr 2001 weltweit noch einige hundert Dschihadisten, so summiert sich deren Zahl 20 Jahre später auf 100.000 bis 200.000. Sowohl Al-Qaida als auch der „Islamische Staat" haben transnationale Ablegerstrukturen herausgebildet und sind nun in vielen Weltregionen präsent. Der Krieg des Westens gegen den Terrorismus wirkte auf die dschihadistische Bewegung mobilisierend und schuf gerade in den Interventionsräumen des Nahen und Mittleren Ostens neue Gelegenheiten für regionale Dschihadgruppen, in Kontexten angegriffener und schwacher Staatlichkeit zu erstarken.

Die terroristische Provokation kontraproduktiver Überreaktionen konnte gelingen, weil der Angriff durch einen relativ schwachen nichtstaatlichen Gewaltakteur zu einem *Identitäts- und Wertekonflikt* aufgeladen und als existenzielle Bedrohung verstanden wurde (Lange 2019). Präsident George W. Bush kommentierte einen Tag nach den Anschlägen: „Freedom and democracy are under attack" (The White House 2001). Auf diese Kriegerklärung gegen die Freiheit werde man mit einem *war on terror* reagieren. Die Deutung des Konfliktes als einen Angriff auf fundamentale Werte und eine Bedrohung der Identität der freien Welt sowie der Rückgriff auf die Kategorien des Krieges werteten den Gegner politisch auf. Der Krieg zur Verteidigung der Freiheit legitimierte antiliberale Maßnahmen, wie die dauerhafte Inhaftierung verdächtiger „informeller Kämpfer" ohne Anklage und Gerichtsverfahren, die Anwendung „erweiterter Verhörmethoden" oder gezielte Tötungen. Auch die innere Verfasstheit liberaler Demokratien wurde durch *Terrorismusgesetze* verändert (Agamben 2004). Im Zielkonflikt von Sicherheit und Freiheit wurde das Verhältnis von Bürger und Staat nach 2001 neu bestimmt, indem die Kompetenzen der Exekutive ausgedehnt wurden. Der Krieg im Namen der Freiheit schränkte die Freiheit ein.

Dass sowohl terroristische Anschläge als auch die politischen und militärischen Reaktionen eine Herausforderung für offene Gesellschaften und den Rechtsstaat darstellen, ist nicht nur in normativer Hinsicht von Bedeutung. Auch der Erfolg der Terrorismusbekämpfung wird durch die Art und Weise der Reaktion bestimmt. Das Vertrauen auf die Verfahren von Polizei und Justiz – die Behandlung von Terrorismus als Kriminalität – wahrt nicht nur die Konsistenz einer liberalen Ordnung, sondern verspricht langfristigen Erfolg. Der Zusammenhalt einer Gesellschaft und die soziale Legitimität ihres politischen Systems sind die entscheidenden Faktoren für die Eindämmung terroristischer Gewalt. Jens Stoltenberg, damals norwegischer Regierungschef, grenzte sich explizit von der Semantik des Krieges gegen den Terrorismus ab, als er 2011 nach den rechtsterroristischen Morden von Utoya ankündigte: „Our response is more democracy, more openness, and more humanity." (The Guardian 2012).

68.3 Die wehrhafte Demokratie: Freiheit und Gemeinschaft

Um Terrorismus begünstigende Rahmenbedingungen zu verstehen, muss die Bedeutung von *Gruppenidentitäten* anerkannt werden. Individuelle Eigenschaften von Personen können Radikalisierungsprozesse nicht hinreichend erklären (Richardson 2007). Politische und terroristische Gewalt häufen sich dort, wo ein Macht- und Legitimitätsvakuum staatlicher Ordnung besteht und Konflikte um Repräsentation ausgetragen werden. In westlichen Gesellschaften mit einer funktionierenden staatlichen Ordnung versuchen extremistische Akteure Defizite in der Identifikation mit der politischen Gemeinschaft auszunutzen, die Gesellschaft durch die selektive Betonung identitätspolitischer Differenzen zu *polarisieren* und dadurch ein Macht- und Legitimitätsvakuum zu erzeugen. Eine solche Situation soll schließlich die Gelegenheit bieten, um die eigenen Vorstellungen durchzusetzen. Verschiedene Varianten extremistischer Gewalt können sich zudem wechselseitig verstärken. So spiegeln und bestätigen sich bspw. die dschihadistischen und rechtsextremen islamfeindlichen Narrative (Ebner 2018, 188–218).

Die empirische Radikalisierungsforschung verweist darauf, dass sozialer Zusammenhalt die Resilienz einer Gesellschaft gegen extremistische Gewalt stärkt. Kohäsion wird durch die Vermeidung von Erfahrungen der Diskriminierung und Marginalisierung befördert. Sozialstrukturelle Geschlossenheit und räumliche Segregation stehen der Identifikation mit dem Gemeinwesen entgegen. Neben konsequenter Rechtsstaatlichkeit verhindern die sozi-omoralischen Voraussetzungen der liberalen Demokratie das Aufschaukeln und die Eskalation von Konflikten. Ein im Alltag gelebtes und politisch plausibilisiertes Versprechen der Zugehörigkeit und Anerkennung ist die Bedingung für eine inklusive republikanische Identität. Nach dem muslimfeindlichen Anschlag in Christchurch im Jahr 2019 sagte die neuseeländische Premierministerin Jacinda Ardern über die Opfer und ihre Angehörigen: „They are us" (Newshub 2019). Die politische und gesellschaftliche Reaktion auf diesen Terroranschlag stärkte den Zusammenhalt, die Identifikation mit dem Staat und die Wehrhaftigkeit gegenüber extremistischer Gewalt.

Literatur

Agamben, Giorgio: Ausnahmezustand (Homo sacer II.I). Frankfurt a. M. 2004.

Ebner, Julia: Wut. Was Islamisten und Rechtsextreme mit uns machen. Darmstadt 2018.

Hoffman, Bruce: Inside Terrorism. New York 2006.

Human Security Report: The Decline in Global Violence: Evidence, Explanation, and Contestation. Vancouver 2013.

Jones, Seth G./Libicki, Martin C.: How Terrorist Groups End: Lessons for Countering al Qa'ida (2008). In: https://www.rand.org/pubs/monographs/MG741-1.html (15.10.2020).

Lange, Sebastian: Provokante Kommunikation: Strategien im politischen Umgang mit transnationalem Terrorismus. Bielefeld 2019.

Lia, Brynjar: Jihadism in the Arab World after 2011: Explaining its Expansion. In: Middle East Policy 4/23 (2016), 74–91.

Mack, Andrew: Why Big Nations Lose Small Wars: The Politics of Asymmetric Conflict. In: World Politics 27/2 (1975), 175–200.

Münkler, Herfried: Der Wandel des Krieges. Von der Symmetrie zur Asymmetrie. Weilerswist 2006.

Münkler, Herfried/Wassermann, Felix: Von strategischer Vulnerabilität zu strategischer Resilienz. Die Herausforderung zukünftiger Sicherheitsforschung und Sicherheitspolitik. In: Lars Gerhold/Jochen Schiller (Hg.): Perspektiven der Sicherheitsforschung. Beiträge aus dem Forschungsforum Öffentliche Sicherheit. Berlin 2012, 77–95.

Newshub: Jacinda Ardern's response to the Christchurch terror attack, ‚They are us', named Quote of the Year (2019). https://www.newshub.co.nz/home/new-zealand/2019/12/jacinda-ardern-s-response-to-the-christchurch-terror-attack-they-are-us-named-quote-of-the-year.html (15.10.2020).

Pinker, Steven: Gewalt: Eine neue Geschichte der Menschheit. Frankfurt a. M. 2011.

Rapoport, David C.: The four waves of modern terror: International dimensions and consequences (2013). In: https://www.researchgate.net/publication/286896869_The_four_waves_of_modern_terror_International_dimensions_and_consequences/link/5c610d6ea6fdccb608b76831/download (14.10.2020).

Richardson, Louise: Was Terroristen wollen. Frankfurt a. M. 2007.

The Guardian: ‚Answer hatred with love': how Norway tried to cope with the horror of Anders Breivik (2012). In: https://www.theguardian.com/world/2012/apr/15/anders-breivik-norway-copes-horror (15.10.2020).

The White House: Remarks by the President in Photo Opportunity with the National Security Team (2001). In: https://georgewbush-whitehouse.archives.gov/news/releases/2001/09/20010912-4.html (15.10.2020).

Thrall, A. Trevor/Goepner, Erik: Step Back: Lessons for U.S. Foreign Policy from the Failed War on Terror (2017). In: https://www.cato.org/multimedia/multimedia/step-back-lessons-us-foreign-policy-failed-war-terror (15.10.2020).

Waldmann, Peter: Terrorismus: Provokation der Macht. München 1998.

Wassermann, Felix: Asymmetrische Kriege. Eine politiktheoretische Untersuchung zur Kriegführung im 21. Jahrhundert. Frankfurt a. M. 2015.

Flucht und Vertreibung

69

Florian Grosser

69.1 (Zwangs-)Migration und Demokratie heute

In jüngerer Vergangenheit haben sich Flucht und Vertreibung als wichtige neue Herausforderungen sowohl für liberale politische Ordnungen als auch für liberales politisches Denken erwiesen. Dies ist nicht allein darauf zurückzuführen, dass die Zahl der Flüchtlinge und Vertriebenen weltweit auf über 70 Mio. angestiegen ist und sich damit innerhalb der letzten Dekade verdoppelt hat. Zu diesem quantitativen Faktor kommt hinzu, dass sich selbst in vermeintlich gefestigten liberal-demokratischen Ordnungen gewisse qualitative Veränderungen beobachten lassen, die in Zusammenhang mit diesen Migrationsbewegungen stehen, ja sich in unmittelbarer Reaktion auf diese einstellen: So sind es zuwanderungsskeptische bzw. -feindliche Positionen, die z. B. in den Vereinigten Staaten, in Großbritannien, Ungarn oder Italien im Zentrum neuer Populismen stehen und unter der Wählerschaft erhebliche Resonanz erzeugen. Und dies, obwohl die kompromisslose Privilegierung nationalstaatlicher bzw. staatsbürgerlicher Interessen (wie die Wahrung kultureller Homogenität oder ökonomischer Sicherheit) wiederholt in Spannung zu liberalen Errungenschaften und Prinzipien (so vor allem Grundfreiheiten und Menschenrechten) zu stehen und diese zum Teil sogar zu unterminieren scheint.

Wie diese rezenten Phänomene anzeigen, werfen Flucht und Vertreibung somit Fragen grundsätzlicher Art auf, die etwa die Abwägung von demokratischem Selbstbestimmungsrecht und demokratischer Vereinigungsfreiheit einerseits gegen das Grundrecht auf Bewegungsfreiheit andererseits betreffen – und die damit unmittelbar Kernfragen politischer Legitimität berühren. Zudem gehen damit auch angewandte Fragen einher, die sich z. B. auf die rechtliche Situation von Flüchtlingsunterkünften, auf Mindeststandards der Unterbringung in derartigen Einrichtungen, auf den Umgang mit sogenannten ‚irregulären', d. h. ohne Autorisierung durch das Zielland eingereisten Migranten oder auf die von Geflüchteten zu leistende Integration in aufnehmende Staaten bzw. Gesellschaften beziehen. Für liberale Theorien auf der Höhe der Problemlagen, die sich gegenwärtig im Kontext von Flucht und Vertreibung ergeben, gilt es, diese und eine Vielzahl weiterer Fragen zu adressieren.

69.2 Geschlossene vs. offene Grenzen

Angesichts der vielfältigen Spielarten liberalen Denkens kann es nicht überraschen, dass sich in dessen Auseinandersetzung mit Fragen der

F. Grosser (✉)
University of California, Berkeley, CA, USA
E-Mail: fjg@berkeley.edu

M. G. Festl (Hrsg.), *Handbuch Liberalismus*, https://doi.org/10.1007/978-3-476-05798-3_69

Migration im Allgemeinen sowie der Flucht im Besonderen kein einheitliches Bild ergibt. Vielmehr hat sich über die vergangenen vier Jahrzehnte eine große Bandbreite politik- und moralphilosophischer Positionen etabliert. Ebenso lebhafte wie kontroverse Debatten werden insbesondere zwischen Vertreter_Innen eines nationalen oder ‚schwach' kosmopolitischen Liberalismus einerseits und Verfechter_Innen eines multikulturellen oder ‚stark' kosmopolitischen Liberalismus andererseits geführt.

Wesentliche Referenzpunkte dieser Debatten bilden die klassisch liberalen Vertragstheorien. Während Immigration bei Thomas Hobbes oder John Locke nicht behandelt wird, erweisen sich vor allem die von Immanuel Kant und John Rawls entwickelten begrifflichen und normativen Rahmenwerke als maßgeblich. Zwar sind mit der Übertragung der von Kant und Rawls formulierten Positionen auf den Problemkomplex der Migration, zumal der Zwangsmigration in seiner aktuellen Gestalt einige Schwierigkeiten verbunden, die etwa daraus resultieren, dass Kants Einschränkung des ‚Weltbürgerrechts' auf ‚allgemeine Hospitalität' (Kant 2011) sich nicht auf Zuwanderung im heutigen Verständnis bezieht, sondern vielmehr gegen europäische Kolonialpolitik gerichtet ist oder dass Rawls politische Beziehungen und Verbände idealtheoretisch als ‚geschlossen' und ‚vollständig' definiert (Rawls 1999). Wie gegenwärtige Diskurse zur Politik und Ethik von Migration und Flucht verdeutlichen, lässt sich das Verhältnis von partikularer, an den Nationalstaat gekoppelter Souveränität zu universellen moralischen (Hilfs-)Pflichten im Ausgang von deren Überlegungen dennoch ergiebig und kritisch analysieren.

Im Brennpunkt der Auseinandersetzung stehen Fragen der Legitimität bzw. Legitimierbarkeit staatlicher Grenzen. Diese betreffen sowohl deren grundsätzlichen Bestand als auch spezifische Politiken und Praktiken von Grenzziehung und Grenzschutz, die gerade von wohlhabenden Staaten der nördlichen Hemisphäre eingesetzt werden, um den Übertritt von Geflüchteten und Vertriebenen in ihre Territorien zu regulieren bzw. einzudämmen. Die folgenden Bemerkungen zielen darauf ab, die migrationstheoretische Auseinandersetzung, die innerhalb des Liberalismus zwischen Befürworter_Innen geschlossener und solchen offener Grenzen geführt wird, in ihren Grundzügen, d. h. mit Blick auf einige der entscheidenden Argumente zu rekonstruieren sowie anschließend in ihren Implikationen für die Behandlung und Berücksichtigung von Geflüchteten durch demokratische Staaten zu erläutern.

Liberale Theoretiker_Innen, die für geschlossene Grenzen eintreten, suchen ein demokratisches *right to exclude* u. a. mit dem (aufgeklärten) Interesse politischer Gemeinschaften an der Bewahrung kultureller Besonderheiten zu begründen. Die Aufrechterhaltung von Grenzen und die alleinige Kontrolle von Nationalstaaten über diese sind aus dieser Perspektive praktische Voraussetzung für kulturelle Kontinuität und moralisch zulässig, solange demokratische Willensbildung auf derartige Kontinuität zielt. Derlei kulturelle Argumente, werden z. T. mit politischen Argumenten verschränkt. Demnach beruht die Leistungsfähigkeit politischer Verfahren und Institutionen wesentlich auf einem hohen Maß an bürgerlicher Identifikation; die Bereitschaft, sich zu identifizieren und persönlich einzusetzen, geht wiederum auf die Erfahrung einer geteilten, landsmannschaftlichen Kultur zurück (Miller 2017). Andere Theoretiker_Innen verweisen hingegen auf die Auswirkungen von Zuwanderung auf Wirtschaftswachstum, öffentliche Sicherheit oder den Fortbestand wohlfahrtsstaatlicher Sozialsysteme in Aufnahmeländern, um undurchlässige Grenzen zu rechtfertigen. Unabhängig von praktischen Erwägungen wird zudem argumentiert, dass demokratische Regierungsgewalt auf einem in sich geschlossenen *demos* basiere, da nur so zu gewährleisten sei, dass Herrschaft von eben jenen ausgeübt werde, die dieser Herrschaft auch unterworfen seien. Schließlich wird auf politische Selbstbestimmung als Grundlage von geschlossenen Grenzen und Ausschlussrechten verwiesen. Wie Michael Walzer in seiner bis heute einflussreichen, trotz ihrer kommunitaristischen Ausrichtung vielfach von ‚liberal-nationalistischen' Denker_Innen aufgenommenen Diskussion darlegt, erwächst das Anrecht von Bürger_Innen, über Aufnahme bzw. Zurückweisung von Nicht-Mitgliedern zu entscheiden aus dem demokratischen Grundrecht der Versammlungsfreiheit, einem Kernelement von Selbstbestimmung (Walzer 1994).

Gegen diese Argumente erheben Kritiker_Innen jedoch eine Reihe empirischer (bspw. unter Verweis auf vorteilhafte wirtschaftliche Effekte von Zuwanderung, auf mit dieser verbundene kulturelle Gewinne oder auf das Ausbleiben von negativen Auswirkungen auf die nationale Sicherheit), vor allem jedoch prinzipieller Einwände. Die politisch-moralische Zulässigkeit geschlossener Grenzen wird u. a. dadurch infrage gestellt, dass das Interesse von Staatsbürger_Innen an der Bewahrung von kulturellen Eigenheiten, ökonomischem Status oder politischen Vorrechten scharf von einem moralischen Recht auf den Ausschluss von Migrant_Innen unterschieden wird. Im Zentrum der Positionen, die für offene Grenzen eintreten, stehen insbesondere zwei Argumentationslinien, *moral luck* bzw. Bewegungsfreiheit. Wie Joseph Carens paradigmatisch formuliert, verstoße es gegen den Grundsatz gleicher moralischer Berücksichtigung, wenn das Geburtsland, d. h. ein Faktor, der außerhalb der Kontrolle von Individuen liegt, deren Lebensperspektiven maßgeblich bestimme (1987). Die Grenzziehungs- und Grenzschutzmaßnahmen westlicher liberaler Demokratien, die von Leistung bzw. Versagen vollkommen unabhängige Zufälle der Geburt institutionell festschrieben und so die ohnehin privilegierte Stellung ihrer Mitglieder verfestigten, ließen sich daher moralisch nicht rechtfertigen. Aus Warte eines kosmopolitischen Egalitarismus sei deren Öffnung unabdingbare Voraussetzung dafür, weltweite Ungleichheit wirtschaftlicher, sozialer und politischer Art zu überwinden. Diese Ausführungen zu Chancengleichheit im globalen Maßstab verbindet Carens mit Überlegungen zum Individualrecht auf Bewegungsfreiheit, dessen Einschränkung er für moralisch unhaltbar hält. Dabei verweist er u. a. darauf, dass von diesbezüglichen Restriktionen nicht allein Migrant_Innen, sondern in bestimmten Fällen auch Mitglieder der politischen Gemeinschaften, die deren Aufnahme ablehnen, beeinträchtigt werden – so z. B., wenn freiwillige Transaktionen zwischen Mitgliedern und Nicht-Mitgliedern auf dem Arbeitsmarkt verhindert werden. Auf eine Übertragung bzw. Ausweitung des innerstaatlichen Rechts auf Bewegungs- und Niederlassungsfreiheit auf den zwischenstaatlichen Raum zielt auch der ‚kosmopolitische Kontraktualismus' ab, den Andreas Cassee vertritt. Seiner Analyse zufolge sind nicht Migrationsbewegungen, sondern vielmehr Beschränkungen derselben rechtfertigungsbedürftig. Dies bezieht sich auch auf ‚irreguläre' Migration, da es zwar kein ‚absolutes Recht' sei, doch dem Grundsatz nach „das gute Recht jedes Menschen, sich auf der Oberfläche des Planeten, den wir gemeinsam bewohnen, frei zu bewegen" (2016, 279).

Freilich sehen sich auch die Verfechter_Innen offener Grenzen mit zahlreichen Gegenargumenten konfrontiert. Zusätzlich zu den oben angeführten Begründungsansätzen für geschlossene Grenzen zielen kritische Einwände bspw. darauf, dass die Perspektive des *luck egalitarianism* weder alternativlos noch unumstritten, also keineswegs zwingend zu übernehmen sei; dass selbst für den Fall einer Übernahme keineswegs eindeutig sei, ob und in welchem Maße in derlei Erwägungen auch Nicht-Mitglieder wohlhabender demokratischer politischer Gemeinschaften einzubeziehen seien; und dass selbst für den Fall einer Einbeziehung erst zu klären sei, welche Form Umverteilung bzw. Hilfeleistung zugunsten derer anzunehmen habe, die von der ‚natürlichen Lotterie' benachteiligt seien. Gegen Bewegungsfreiheit im skizzierten Sinn wird u. a. ins Feld geführt, dass diese auch im innerstaatlichen Rahmen nur insoweit gelte, als dies mit eigentumsrechtlichen Bedingungen vereinbar sei. Analog zu Grundstücksbesitzern komme so auch politischen Gemeinschaften das einseitige Recht zu, Zugang zu ihrem Besitz zu gewähren bzw. zu verwehren.

69.3 Poröse Grenzen, die natürliche Lotterie und die Frage nach dem *demos*

Wie bereits angedeutet lassen sich die Debatten um geschlossene bzw. offene Grenzen innerhalb des Liberalismus nicht auf unvereinbare Gegenstellungen reduzieren, sondern umfassen auch vermittelnde Sichtweisen. So finden sich auf beiden Seiten Bemühungen, die jeweils propagierten Schließungen bzw. Öffnungen im Sinne eines ‚porösen' Grenzverständnisses zu modifizieren. Ohne die Moralität von Grenzen und Ausschlussrechten grundsätzlich infrage zu stellen, führen ‚schwach' oder ‚indirekt' kosmopolitische Positionen an, dass wohlhabende Demokratien Zuwanderung z. B. dann einseitig zu beschränken bzw. zu verhindern berechtigt sind, wenn ihre Kapazitäten zu globaler Armutsbekämpfung oder zum Aufbau überstaatlicher Organisationen andernfalls beeinträchtigt werden. Zu beachten ist insbesondere, dass auch dort, wo für ein Recht auf Ausschluss argumentiert wird, ein solches einzig legitimen Staaten zuerkannt wird; und dass dieses Recht in bestimmten Fällen hinter gewichtigere moralische Ansprüche und Rechte zurücktreten kann, mit welchen Nicht-Mitglieder solchen Staaten begegnen. Unumstritten ist dabei, dass Geflüchtete und Vertriebene einen derartigen Sonderfall darstellen und entsprechend außergewöhnlich dringende Ansprüche geltend machen können. Deutlich umstrittener ist hingegen, wer dieser Kategorie von Migrant_Innen mit besonderen Ansprüchen auf Zulassung und Asyl zuzurechnen ist. Die Frage ist hier, ob es für eine kritische Politische Philosophie und Moralphilosophie der Migration ausreicht, Flucht allein im Sinne des geltenden Rechts, d. h. auf Basis des Genfer *Abkommens über die Rechtsstellung von Flüchtlingen* von 1951 zu verstehen. Im Anschluss an die Darstellung zweier Positionen, die den Spielraum liberaler migrationstheoretischer Reflexion zu durchlässigen Grenzen erweitern, wird darauf noch einmal ausführlicher zurückzukommen sein.

Ayelet Shachar setzt in ihrer Studie *The Birthright Lottery* bei John Rawls' gerechtigkeitstheoretischen Überlegungen zur *natural lottery,* d. h. zur kontingenten (Ungleich-)Verteilung von Lebenschancen an und entwickelt diese migrationspolitisch bzw. -ethisch fort. Im Unterschied zum rawlsschen Theorieansatz, der auf den innergesellschaftlichen Rahmen beschränkt bleibt, sowie in Anknüpfung an Carens argumentiert Shachar, dass Zufälle der Geburt in bestimmten Staaten unter herrschenden politisch-ökonomischen Bedingungen ererbten Privilegien in Feudalgesellschaften entsprechen. Kritisch wendet sie sich gegen die ‚unbehagliche Verbindung', die gegenwärtig zwischen Geburtsort und daraus resultierendem politischen Status einerseits, Zugang zu Rechten, Wohlstand und Chancen anderseits besteht. Auf dieser Grundlage macht sie zwei Vorschläge, um die negativen Effekte dieser ‚Lotterie' abzumildern: So sieht sie die Einführung eines *birthright privilege levy* vor, der von Bürger_Innen wohlhabender Länder (vor allem in Form von steuerlichen Abgaben) zugunsten derer zu entrichten ist, die kontingenterweise benachteiligt sind (2009, 70–108). Diesen redistributiven Ansatz ergänzt sie rechtstheoretisch, indem sie für ein *ius nexi* als Alternative zu den traditionellen Rechtskategorien von *ius soli* bzw. *ius sanguinis* argumentiert, welche den ‚Zufallsgewinn' Bürgerstatus über Geburtsrecht definieren. Gerade dieser Aspekt von Shachars Versuch, einen Ausgleich zu finden zwischen den emanzipatorisch-befähigenden Momenten von Staatsbürgerschaft sowie dem Wohlergehen derer, die sich qua Geburt außerhalb der politisch-rechtlichen Grenzen wohlhabender Staaten befinden, ist in Hinblick auf Flucht und Vertreibung äußerst implikationsreich: So öffnet sich durch das von ihr angeregte ‚Verknüpfungsrecht', welches nicht auf Boden oder Blut, sondern auf gelebte, über einen längeren Zeitraum bestätigte soziale Verbindungen rekurriert, der Weg zu politischer Vollmitgliedschaft auch für sogenannte ‚illegale' Einwanderer (ebd., 164–191; siehe dazu auch Song 2016).

Arash Abizadehs Überlegungen zu Grenze und Ausschluss setzen dagegen demokratietheoretisch an. Ihm zufolge ist nicht zu rechtfertigen, dass über grenzpolitische Fragen einzig von direkten oder indirekten souveränen Entscheidungsträgern von Zielländern befunden wird. Stattdessen, so seine Argumentation, hätten auch all jene ein begründetes Anrecht auf Mitsprache, die von Grenzziehungen und Grenzkontrollen in erster Linie betroffen sind, d. h. Migrant_Innen. In den Blickpunkt der Kritik Abizadehs gerät damit die zentrale Position, die Staatsbürger bzw. -volk im vertragstheoretischen politischen Denken zukommt. Mit weiteren Verfecher_Innentretern des ‚Unterwerfungsprinzips' (sowie des noch radikaleren, da umfassenderen ‚Betroffenheitsprinzips') stimmt er darin überein, dass die Frage nach dem *demos,* d. h. nach den Grenzen demokratischer Gemeinschaft neu zu stellen sei, da sich die Legitimität demokratischer Systeme in Zeiten erheblicher Migrationsbewegungen nicht mehr hinreichend über die Konstellation Bürger-Volk-Staat bestimmen ließe. Ob und in welchem Maße ein politisches System demokratisch legitimiert ist, hängt aus dieser Perspektive nicht allein von dessen Beziehung zu, d. h. dessen Behandlung und Berücksichtigung von eigenen Bürgern ab, sondern von der Behandlung und Berücksichtigung all jener, die dessen Autorität unterworfen sind – sei es in Form von Zwangsmaßnahmen oder von Zwangsandrohungen. Für den Problemkomplex Flucht und Vertreibung ist Abizadehs Grundgedanke bedeutsam, der *demos* sei *in principle unbounded,* so dass auch bestimmte, d. h. in diesem Sinne ‚unterworfene' Nicht-Mitglieder begründete (Teil-) Ansprüche auf politische Partizipation formulieren könnten (2008). Ableiten lassen sich daraus etwa Modelle ‚disaggregierter' Rechte auf Teilnahme und Mitgliedschaft: Um bspw. die demokratische Legitimation von Sicherheitsüberprüfungen Geflüchteter an den Grenzen von Zielländern oder von deren Situation in Aufnahmestellen und Auffanglagern zu erhöhen, müssten diesen bei spezifischen Fragen, die ihren unmittelbaren Kontakt mit staatlicher Autorität betreffen, Mitbestimmungsrechte zukommen.

Ohne sich auf *open* bzw. *closed borders* festzulegen, setzen sich Ansätze wie diejenigen Shachars oder Abizadehs mit den veränderten Bedingungen von demokratischer Legitimität in der ‚neuen Ära der Migration' auseinander, so der Untertitel von Avner de-Shalits Untersuchung, die in Bezug auf die Rekonfiguration von politischer Partizipation zu ähnlichen Ergebnissen gelangt (2018). Diese Ansätze verdeutlichen überdies, dass und inwiefern das bestehende Migrations- und Fluchtregime, dessen Fundament die „Dreieinigkeit von Volk – Territorium – und Staat" (Arendt 2006) bildet, nicht nur institutionell fragwürdig und politisch instabil ist, sondern grundsätzlich – und gerade aus liberaler Perspektive – unter erheblichem moralischen Rechtfertigungsdruck steht.

69.4 Erweiterungsmöglichkeiten

Gerade vor dem Hintergrund solcher Studien wird erkennbar, dass innerhalb der maßgeblichen liberalen Debatten zu (Zwangs-)Migration in zumindest zweierlei Hinsicht Erweiterungs- bzw. Revisionsbedarf besteht: Zu häufig bleibt in diesen der *Status quo,* so vor allem das existierende internationale politisch-juridische Regime unhinterfragt; und zu ausschließlich werden diese aus der Warte demokratischer Ordnungen und der diesen angehörigen Mitgliedern geführt.

Erstgenanntes Problem zeigt sich u. a. daran, dass liberale Theoretiker_Innen die gängige Unterscheidung zwischen ‚freiwillig' Geflüchteten mit anerkannten Ansprüchen auf Aufnahme und ‚unfreiwilligen' Geflüchteten ohne vergleichbare Ansprüche (bzw. in der gängigen Sprachpraxis zwischen ‚politischen Flüchtlingen' und bloßen ‚Wirtschaftsflüchtlingen') in der Regel nicht infrage stellen. Sieht man von Ausnahmen ab (z. B. bei Andrew Shacknove), wird nicht problematisiert, dass das Prinzip des *non-refoulement* nur für Individuen greift, die unter die völkerrechtlich im Genfer Abkommen von 1951 verankerte Definition von Flucht fallen. Dabei wird nicht nur die in vielerlei Hinsicht von politischem Kalkül, von Willkür und Gewalt bestimmte Entstehungsgeschichte des gegenwärtigen Regimes außer Acht gelassen, die bspw. Hannah Arendt im Imperialismus-Abschnitt ihrer *Elemente und Ursprünge totaler Herrschaft* nachzeichnet. Schwerer wiegt, dass die Übernahme des engen völkerrechtlichen Begriffs von Flucht es verhindert, Vertriebene, die sich kontingenterweise innerhalb ihres Herkunftslandes aufhalten, d. h. (oftmals als Resultat der ‚natürlichen Lotterie') keine international anerkannten Staatsgrenzen überschritten haben, als zumindest potentiell anspruchsberechtigt anzuerkennen – und dies, obwohl es sich nach jüngsten

Schätzungen des UNHCR weltweit bei etwa 40 Mio. der insgesamt über 70 Mio. Vertriebenen um Binnenflüchtlinge handelt. Kaum thematisiert wird in liberalen Migrationsdiskursen schließlich auch die Einschränkung, der gemäß als Flüchtling nur gelten kann, wer sich aus einer ‚begründeten Angst vor Verfolgung aufgrund von Rasse, Religion, Nationalität, Zugehörigkeit zu einer bestimmten gesellschaftlichen Gruppe oder politischen Meinung' außerhalb seines Herkunftslandes befindet. Während die juridische Festschreibung dieser anerkannten Fluchtursachen ganz den politischen Erfahrungen der ersten Hälfte des 20. Jahrhunderts entspricht, ist sie nicht geeignet, die Situation von Personen zu erfassen, welche die Länder ihrer Nationalität oder ihres dauerhaften Aufenthalts in Reaktion auf veränderte klimatische Bedingungen oder auf Verfolgung wegen ihrer sexuellen Orientierung verlassen.

Nicht ausreichend bedacht wird auch, dass die politik- und moraltheoretischen Debatten im Liberalismus fast ausnahmslos die (privilegierte) Position von Mitgliedern widerspiegeln. Auch der Rekurs auf Menschenrechte kann nicht verdecken, in welchem Maße die Perspektive politischer Entscheidungsträger_Innen, von diesen repräsentierten Bürger_Innen und nicht zuletzt auch sich im Sinne von Obmännern begreifender Theoretiker_Innen von Ziel- bzw. aufnehmenden Staaten bestimmend ist. Wenn jedoch vornehmlich auf die moralischen, politisch-juridischen oder bloßen Nützlichkeitserwägungen von Mitgliedern abgehoben wird, bringt dies verzerrende Effekte mit sich. So verstellen Mitgliedschaft und Zugehörigkeit „den Blick darauf, wie stark Einwanderungsbeschränkungen individuelle Autonomie tatsächlich beschneiden" oder inwiefern „die bestehenden Restriktionen die Bewegungsfreiheit der Bürgerinnen wohlhabender Staaten weit weniger [betreffen], als sie dies bei Menschen aus dem globalen Süden tun" (Cassee 2016, 280). Besonders fragwürdig wird ein derartiger *insider bias,* wo für das unilaterale Urteil von Mitgliedern über Maß und Form migrantischer Zulassung und Integration nicht nur deren Rechte oder Interessen, sondern auch deren Vorlieben, Vorurteile und Affekte, z. B. deren Angst vor Überfremdung, geltend gemacht werden (Miller 2017). Hier läuft gerade nichtideale Theorie Gefahr, die gebotene kritische Distanz zu verbreiteten Befindlichkeiten einzubüßen.

Beide Tendenzen treten u. a. dann zutage, wenn ahistorisch, d. h. ohne Berücksichtigung der Auswirkungen westlicher Macht- und insbesondere Kolonialpolitik auf die Herkunftsländer von Geflüchteten argumentiert wird; wenn Staatlichkeit mithilfe von Metaphern (des Hauses oder des Boots) als geschlossen ausgegeben oder Bürgerstatus über Analogieschlüsse zwischen dem Privaten und dem Öffentlichen (Staatsbürgerschaft als Clubmitgliedschaft, migrantische Aufnahmegesuche als Heiratsanträge) allzu rasch als Eigentum bestimmt wird; oder wenn der Sprachgebrauch tagespolitischer, medialer und populärer Migrationsdiskurse übernommen wird. Neben einer naturalisierenden bzw. logistischen Terminologie, der gemäß Migrant_Innen als zu verhandelnde, regulierende und verwaltende Verfügungsmasse zur Sprache kommen, schwingen auch in den in Theoriedebatten geläufigen Ausdrücken wie ‚burden sharing' oder ‚taking up the slack' Voreingenommenheit bzw. Ungleichverteilung politischer Subjektivität und Handlungsfähigkeit mit. Gerade vor dem Hintergrund administrativer Maßnahmen, in welchen die US-Regierung 2017 ‚Integration' durch ‚Assimilation' ersetzt sowie als Auswahlkriterium und Aufenthaltsvoraussetzung in Stellung gebracht hat, scheint auch eine differenziertere Verwendung dieser Begriffe geboten. Schließlich erweist sich die Rede von der ‚europäischen Flüchtlingskrise' angesichts der Tatsache als fragwürdig, dass sich nach Angaben des UNHCR zwar die Türkei, Pakistan, Uganda und Libanon, jedoch keine wohlhabende westliche Demokratie unter den führenden Aufnahmeländern von Geflüchteten findet.

Weitere Beschränkungen des liberalen Migrationsdiskurses zeigen sich, wenn es darum geht, spezifische Probleme zu adressieren. So bleibt wiederholt unklar, was aus den oben genannten allgemeinen Argumenten für offene bzw. geschlossene Grenzen für einen demokratisch legitimierbaren Umgang mit den zwei bis vier Millionen in der EU ‚irregulär' lebenden Migrant_Innen (in den USA sind es zwölf Millionen) folgt, was sich daraus also in Hinblick auf Praktiken der Inhaftierung und Abschiebung oder der Ausbürgerung von deren Kindern ableiten lässt. Besonders begrüßenswert sind daher kritische Interventionen zum ‚warehousing' von Flüchtlingen und Staatenlosen (Parekh 2016) oder zu *Refugee Status Determination Interviews,* Entscheidungsprozeduren über Zulassung/Abweisung, die weniger Iterationen demokratischer Politik als vielmehr ‚emergency iterations' darstellen (Mann 2011).

69.5 Gesprächsangebote

Um den skizzierten Schwierigkeiten zu begegnen, bietet sich für die liberale Politische und Moralphilosophie u. a. die Möglichkeit, verstärkt in Austausch mit alternativen Zugängen zu Migration, Flucht und Vertreibung zu treten – sowohl innerhalb als auch außerhalb disziplinärer Grenzen.

So veranschaulicht die immanente Kritik des Liberalismus, die Arendt neben den genannten Schriften auch in *Wir Flüchtlinge* (1943) oder *Es gibt nur ein einziges Menschenrecht* (1949) entwickelt, die Innenperspektive derer, deren Selbstbeschreibungen und Erfahrungsberichte, deren Formulierungen von Bedürfnissen und Forderungen, deren Überlegungen zu demokratischer Ordnung oder zur Gestaltung des Zusammenlebens unter Vorzeichen der Differenz aufgrund ihres Status als ‚Außenseiter' und ‚Nicht-Mitglieder' gemeinhin in den toten Winkeln des etablierten Diskursfeldes liegen. Arendt problematisiert dabei nicht nur Ungleichverteilungen von politisch-moralischem Stellenwert oder stellt infrage, ob ‚wirkliche Demokratie' sich hinreichend über die ‚Wahrung gewisser Grundrechte' von ‚Angehörigen des gleichen Volkes' legitimieren lässt (Arendt 2006). Ihre Überlegungen machen zudem die existenzielle Dimension von Flucht und Vertreibung deutlich, d. h. Verlusterfahrungen, die nicht nur den rechtlich-politischen, sondern vor allem auch den sozialen Stellenwert von Personen betreffen und entsprechend nicht allein juridisch zu beheben sind. Während liberale Theoretiker_Innen (z. B. bei Seyla Benhabib) vornehmlich den Gedanken eines ‚Rechts auf Rechte' aufgreifen und prozedural-institutionell auszubuchstabieren suchen, werden demgegenüber vernachlässigte Impulse Arendts zu gelebter migrantischer Erfahrung etwa demokratie- oder anerkennungstheoretisch (z. B. bei Bonnie Honig bzw. Judith Butler) weiterentwickelt.

Vermehrt Berücksichtigung könnten daneben auch alternative Ansätze im Sinne einer externen Kritik liberaler Positionen zu Flucht und Vertreibung finden. Zu nennen wären hier etwa historisch und empirisch unterfütterte Analysen von Grenzen in ihrer grundsätzlicher Bedeutung für Staats- und Gesellschaftsbildung sowie in ihren vielfältigen Erscheinungsformen als Mauern, Checkpoints oder biometrische Datenbanken (Nail 2016); phänomenologische Untersuchungen zu Erfahrungen der Koexistenz unter Bedingungen der Fremdheit, so z. B. bei Max Scheler und Günther Anders oder, alteritätstheoretisch zugespitzt, bei Emmanuel Levinas und Bernhard Waldenfels; oder Blickbahnen, die von postkolonialer Theorie, *Critical Race Theory* und *Black Political Thought* eröffnet werden (z. B. Achille Mbembe).

Jenseits philosophischer Auseinandersetzungen können zuletzt auch sozial- bzw. geschichtswissenschaftliche Studien wichtige Anstöße zur Verfeinerung und Selbstkorrektur liberaler Migrationstheorie liefern. Während z. B. die noch junge Disziplin der *Migration Studies* Formen des Zusammenlebens von ‚Fremden' in Städten oder Grenzgebieten beleuchtet, illustrieren historische Studien den gewordenen und damit modifizierbaren Charakter gegenwärtiger Migrationsregime (z. B. Douglas Massey bzw. R. Scott Hanson).

Literatur

Abizadeh, Arash: Democratic Theory and Border Coercion. No Right to Unilaterally Control Your Own Borders. In: Political Theory 36/1 (2008), 37–65.

Arendt, Hannah: Es gibt nur ein einziges Menschenrecht [1949]. In: HannahArendt.net. Zeitschrift für politisches Denken 5/1 (2009).

Arendt, Hannah: Nationalstaat und Demokratie [1963]. In: HannahArendt.net. Zeitschrift für politisches Denken 2/1 (2006).

Arendt, Hannah: Wir Flüchtlinge [1943]. Stuttgart 2016.

Carens, Joseph: Aliens and Citizens. The Case for Open Borders. In: Review of Politics 49 (1987), 251–273.

Carens, Joseph: The Ethics of Immigration. Oxford 2013.

Cassee, Andreas: Globale Bewegungsfreiheit. Ein philosophisches Plädoyer für offene Grenzen. Berlin 2016.

de-Shalit, Avner: Cities and Immigration. Political Moral Dilemmas in the New Era of Migration. Oxford 2018.

Kant, Immanuel: Zum ewigen Frieden [1795]. Berlin [3]2011.

Mann, Itamar: Refugees. In: Mafte'akh. Lexical Review of Political Thought 1/2 (2011), 81–111.

Miller, David: Fremde in unserer Mitte. Politische Philosophie der Einwanderung. Berlin 2017.

Nail, Thomas: Theory of the Border. Oxford 2016.

Parekh, Serena: Refugees and the Ethics of Forced Displacement. New York/London 2017.

Rawls, John: The Domain of the Political and Overlapping Consensus [1989]. In: Samuel Freeman (Hg.): John Rawls. Collected Papers, Cambridge. Mass./London 1999, 473–492.

Shachar, Ayelet: The Birthright Lottery. Citizenship and Global Inequality. Cambridge, Mass. 2009.

Song, Sarah: The Significance of Territorial Presence and the Rights of Immigrants. In: Sarah Fine/Lea Ypi (Hg.): Migration in Political Theory. The Ethics of Movement and Membership. Oxford 2016, 225–247.

Walzer, Michael: Sphären der Gerechtigkeit. Ein Plädoyer für Pluralität und Gleichheit [1983]. Frankfurt a. M. 1994.

70 Klimawandel

Ivo Wallimann-Helmer

Der Klimawandel stellt eine der größten Herausforderungen für die Menschheit dar. Aufgrund der seit der Industrialisierung stark erhöhten, menschengemachten Treibhausgaskonzentration in der Atmosphäre sind bereits jetzt klimatische Veränderungen und negative Konsequenzen spürbar. Wird nichts dagegen unternommen, sind klimabedingte Schäden und Verluste unvermeidbar. Diese werden sich in Zukunft noch verstärken (Intergovernmental Panel on Climate Change (IPCC) 2018). Um die schlimmsten erwarteten negativen Folgen des Klimawandels zu vermeiden, müssen die menschlichen Lebensgewohnheiten verändert, Anpassungsmaßnahmen ergriffen und technologische Eingriffe ins Klima vorgenommen werden. Dies bedeutet ein verändertes Konsumverhalten, aber auch eine Dekarbonisierung der Wirtschaft.

Der Liberalismus mit seinen beiden Grundwerten der Freiheit und Gleichheit ist durch den Klimawandel fundamental herausgefordert. Das liberale Paradigma gilt als eine der grundlegenden Ursachen für den Klimawandel und die mangelnde Bereitschaft der Politik, handfeste Maßnahmen zu ergreifen. Gleichzeitig wird die Notwendigkeit von Klimaschutz häufig aus der Perspektive des liberalen Paradigmas begründet. Zudem sind kurz- und mittelfristig nur Klimaschutzmaßnahmen akzeptabel, die auch mit liberalen Vorstellungen vereinbar sind.

70.1 Liberalismus als Ursache des Klimawandels

Der Liberalismus gilt vielen als eine zentrale Voraussetzung für den anthropogenen Klimawandel. Drei prominente Gründe hierfür sind die folgenden. 1.) Das liberale Paradigma gilt als grundlegende Voraussetzung für die Entstehung einer freien Marktwirtschaft. Die Industrialisierung konnte nur vor diesem Hintergrund vonstattengehen und bildet den Startpunkt der anthropogenen Verursachung des Klimawandels. 2.) Gleichzeitig geht mit dem Liberalismus häufig die Idee einher, dass der Mensch ein rationaler Nutzenmaximierer sei. Dies birgt angesichts des Klimawandels die Gefahr mangelnder Motivation für den Klimaschutz. 3.) Darüber hinaus ist durch den Klimawandel die mit dem liberalen Freiheitsverständnis einhergehende liberale Auffassung von Verantwortung herausgefordert. Die durch den Klimawandel gegebene Fragmentierung von Ursache und Wirkung lässt sich damit nicht angemessen abbilden.

Eine wesentliche Errungenschaft des Liberalismus ist die Anerkennung von Eigentumsrechten. Begründet in der Idee, dass jeder Mensch ein Eigentum am eigenen Körper habe,

I. Wallimann-Helmer (✉)
Universität Fribourg, Fribourg, Schweiz
E-Mail: ivo.wallimann-helmer@unifr.ch

M. G. Festl (Hrsg.), *Handbuch Liberalismus*, https://doi.org/10.1007/978-3-476-05798-3_70

argumentiert John Locke (s. Kap. 1), dass jeder Mensch einen legitimen Anspruch auf die Früchte seiner eigenen Arbeit und den Gewinn aus dem Tausch derselben unter fairen Bedingungen hat. Beides ist eine Grundvoraussetzung für die Entstehung der freien Marktwirtschaft und der Abkehr von mehrheitlich landwirtschaftlich basierten hin zu industrialisierten Gesellschaften. Da der Anstieg der menschengemachten Treibhausgase mit der Industrialisierung eng zusammenfällt, kann dem Liberalismus leicht vorgeworfen werden, er begünstige nicht nur eine freie Marktwirtschaft, sondern auch den anthropogenen Klimawandel.

Wenn der Liberalismus und die damit einhergehende freie Marktwirtschaft den Ursprung für den anthropogenen Klimawandel darstellen, dann muss angemessener Klimaschutz das liberale Paradigma überwinden. Dies bedeutet im Lichte der engen Verbindung zwischen Liberalismus und freier Marktwirtschaft, dass die freie Marktwirtschaft und die Idee des Rechts auf Privateigentum verschwinden müssen. Etwas weniger radikale Positionen fordern eine Abkehr vom ständigen Wachstumsgedanken und eine Hinwendung zu Suffizienz oder gar De-Growth. Aus liberaler Perspektive erscheinen solche Vorschläge allerdings problematisch, weil das Recht auf eine freie Lebensgestaltung als grundlegender Wert mit absolutem Primat gilt. Entsprechend muss in einer liberalen Gesellschaft ein Streben nach marktwirtschaftlichem Gewinn genauso toleriert werden wie der Wunsch nach einer Abkehr von einem emissionsreichen Lebensstil.

Diese Form der Kritik am Liberalismus sieht nicht so sehr ein Problem darin, dass das liberale Primat der Freiheit einen Pluralismus an Lebensstilen ermöglicht, sondern dass die freie Marktwirtschaft nutzenmaximierendes Verhalten fördert, wenn nicht gar eine entsprechende rationale Natur des Menschen als gegeben voraussetzt. Diese Voraussetzung führt zu einem tiefergreifenden Grund, weshalb der Liberalismus als Ursache für den Klimawandel gesehen werden kann. Weil der Liberalismus einen rational nutzenmaximierenden Menschen voraussetzt, ist eine Tragödie der Allmende unabdingbar und kann angesichts des Klimawandels kaum überwunden werden. Daraus folgt eine Erklärung dafür, weshalb die heutige internationale Politik nach wie vor keine effektiven Maßnahmen zum Klimaschutz ergriffen hat. Gemäß Stephen Gardiner stellt dies die tatsächliche Tragödie der Allmende dar, wobei das Allmendegut im Fall des Klimawandels die Senkenkapazität der Bio- bzw. Atmosphäre darstellt (2002).

In der klassischen Darstellung der Tragödie der Allmende wird angenommen, dass diese entsteht, weil rationale Nutzenmaximierer dazu tendieren, eine Allmende zu übernutzen. Auch wenn es in ihrem längerfristigen Interesse liegt, die Allmende zu erhalten, werden sie ihrem individuellen Interesse folgen, den Gewinn aus der Allmende zu maximieren. Da alle an der Allmende Partizipierenden rationale Nutzenmaximierer sind, wird die Allmende deshalb kurz- oder langfristig notwendigerweise übernutzt. Dies gilt allerdings nur, sofern die Nutzung der Allmende keiner sozialen oder institutionellen Kontrolle unterliegt. Sobald entsprechende Kontrollmechanismen installiert sind, kann deshalb eine Übernutzung vermieden werden. Im Kontext des Klimawandels bestünde deshalb die Hoffnung, dass eine Übernutzung der Senkenkapazität der Bio- bzw. Atmosphäre vermieden werden kann, sobald aufgrund sozialer Interaktion oder der Installation von Institutionen der Treibhausgasausstoß reguliert wird. Der Austausch zwischen Staatsvertretern in der internationalen Klimapolitik könnte dies garantieren.

Die Schwierigkeit liegt gemäß Gardiner nun allerdings darin, dass heute produzierte Treibhausgase ihre Wirkung nicht unmittelbar entfalten, sondern erst mit einer zeitlichen Verzögerung von bis zu 100 Jahren. Die negativen Folgen des heutigen Treibhausgasausstoßes bekommen deshalb zukünftige, heute noch nicht lebende Generationen zu spüren, während es heute Lebende sind, die Einschränkungen zu Gunsten des Klimaschutzes in Kauf nehmen müssen. Diese zeitliche Verzögerung hebelt die von Elinor Ostrom festgestellte soziale Kontrolle aus, die erlaubte, die nachhaltige Nutzung der Allmende der Senkenkapazität sicherzustellen. Heute Emittierende können nicht durch noch-nicht-existierende zukünftige Generationen in ihrem Treibhausgasausstoß kontrolliert werden. Nimmt man deshalb im Rahmen des liberalen Paradigmas an, dass Menschen als rationale Nutzenmaximierer dazu tendieren, ihre Emissionen zugunsten ihres individuellen Vorteils zu steigern, dann ist eine Übernutzung der Senkenkapazität der Erde kaum vermeidbar.

Das mit dieser tatsächlichen Tragödie festgestellte Motivationsproblem zu Ungunsten des Klimaschutzes wird noch durch eine weitere Schwierigkeit verschärft. Wo auch immer Treibhausgase ausgestoßen werden, sie entfalten ihre Auswirkungen global und haben ihre stärksten negativen Auswirkungen in Regionen der Erde, die weder historisch noch aktuell den Großteil zum Klimawandel beigetragen haben. Sowohl die zeitliche als auch die geographische Fragmentierung von Ursache und Wirkung fordert das liberale Verständnis von Verantwortung heraus (Jamieson 2010). Gemäß diesem Verständnis sind Individuen für ihr Handeln im Rahmen ihrer freien Lebensgestaltung verantwortlich und müssen sich nur einschränken, sofern ihr Handeln die Freiheit anderer verletzt. Dies setzt üblicherweise voraus, dass die Auswirkungen des eigenen Handelns direkt sichtbar werden und Schädigungen direkt eingeklagt werden können. Angesichts der zeitlichen und geographischen Fragmentierung von Ursache und Wirkung im Fall des Klimawandels ist dies nicht gegeben.

Hinzu kommt, dass das liberale Freiheitsverständnis auf einem starken Individualismus fußt. Es sind einzelne Individuen, denen Freiheitsrechte und entsprechende Verantwortlichkeiten zugesprochen werden. Der Beitrag der Emissionen eines einzelnen Individuums zum Klimawandel ist allerdings so verschwindend klein, dass behauptet werden kann, dieser sei irrelevant, um ernsthaft Verantwortlichkeiten zuzuschreiben (Fragnière 2016). Zudem kann die Verantwortung für Treibhausgas-Emissionen über den vollen relevanten historischen Zeitraum hinweg nur staatlichen Kollektiven zugeschrieben werden, da die heute Lebenden von historischen Emissionen höchstens profitieren, diese aber nicht verursacht haben. Entsprechend werden häufig Staaten als die relevanten verantwortlichen Akteure für den Klimaschutz gesehen und nicht deren Bürgerinnen und Bürger. Ob allerdings die liberale Theorie die nötigen Ressourcen bieten kann, um die von Gardiner festgestellte tatsächliche Tragödie der Allmende zu überwinden, kann bezweifelt werden (Wallimann-Helmer 2015). Es sieht viel eher so aus, als ob eine auf dem Liberalismus basierende Begründung kollektiven Handelns diese Tragödie reproduziert.

70.2 Liberale Rechtfertigung des Klimaschutzes

Auch wenn der Liberalismus und die damit einhergehende freie Marktwirtschaft häufig als Ursache des Klimawandels gesehen werden, ist auf der Basis des liberalen Paradigmas auch eine Verteidigung der Notwendigkeit von Klimaschutzmaßnahmen möglich. Drei Argumentationsstrategien sind die folgenden: 1.) Der Klimawandel führt unweigerlich zur Verletzung von Menschen- oder Grundrechten. Eine Verletzung solcher Rechte gilt es aus liberaler Sicht zu vermeiden. 2.) Bereits jetzt ist klar, dass der Klimawandel zu unvermeidbaren Schäden und Verlusten führen wird. Dies hat die Verletzung von Eigentumsrechten zur Folge und untergräbt die Rechte kultureller und sozialer Gemeinschaften. Auch hier fordert der Liberalismus Maßnahmen. 3.) Der Klimawandel führt zu einer doppelten Ungerechtigkeit. Die stärksten negativen Auswirkungen zeitigt der Klimawandel für zukünftige Generationen in geographischen Regionen, die historisch gesehen am wenigsten zum Klimawandel beigetragen haben. Ein auf sozialer Gerechtigkeit basierender Liberalismus muss dieser Ungerechtigkeit entgegenwirken.

Das prominenteste liberale Argument zugunsten des Klimaschutzes hat zwei Varianten. Die weniger radikale Variante geht von den Sachstandsberichten des Intergovernmental Panel on Climate Change (IPCC) aus und hält fest, dass der Klimawandel mit sehr hoher Wahrscheinlichkeit zur Verletzung etablierter Menschenrechte führen wird (Caney 2010). Die hier angesprochenen Menschenrechte sind

z. B. das Recht auf Leben, das Recht auf Gesundheit und das Recht auf Subsistenzsicherung. Alle diese Rechte stellen fundamentale Interessen von Menschen dar und sind deshalb als liberale Grundrechtsansprüche begründbar. Die Folgen des Klimawandels stellen deren Sicherstellung in Frage. Der Klimawandel birgt die Gefahr von Hungersnöten, Mangelernährung oder Wasserknappheit. Die Zahl der Hitzetode wird zunehmen und die Überlebenssicherung wird in manchen geographischen Regionen drastisch erschwert. Vor diesem Hintergrund schlagen einige liberale Ansätze eine radikalere Begründung vor. Sie fordern ein zusätzliches Menschenrecht, nicht unter veränderten klimatischen Bedingungen leiden zu müssen (Vanderheiden 2008). Entsprechend wäre die allgemeine Erklärung der Menschenrechte um ein solches Recht zu ergänzen.

Rechtebasierte Rechtfertigungen von Klimaschutz sind einer Reihe von Einwänden ausgesetzt. Zunächst ist die zeitliche Dimension relevant. Klimaschutz muss ansetzen, lange bevor konkrete Schädigungen eintreten. Entsprechend können nur erhöhte statistische Risiken von Rechtsverletzungen als Grundlage für eine rechtebasierte Begründung von Klimamaßnahmen herangezogen werden, nicht aber sich bereits materialisierende, konkrete Rechtsverletzungen (Bell 2011). Hinzu kommt, dass die negativen Effekte heutiger Emissionen in erster Linie zukünftige, noch nichtexistierende Generationen betreffen, denen deshalb nur potentiell aber nicht faktisch Rechte zukommen. Beide Argumente schwächen eine rechtebasierte Forderung nach Klimaschutzmaßnahmen, weil keine eindeutige Zuweisung von Verantwortlichkeiten für konkrete Rechtsverletzungen als Grundlage dienen kann. Auch in diesem Zusammenhang wird deshalb klar, dass das klassisch liberale Verantwortungsverständnis angesichts des Klimawandels herausgefordert ist. Gegen eine rechtebasierte Rechtfertigung von Klimaschutz allerdings ökonomische Kostenabwägungen ins Spiel zu bringen, scheint aus liberaler Sicht unangemessen. Grundrechte sind unantastbar. Deshalb sollten die Kosten für den Schutz von Rechten unerheblich bleiben.

Die Schwierigkeit, im Rahmen einer rechtebasierten Rechtfertigung von Klimaschutzmaßnahmen die Verantwortlichkeiten nicht klar zuweisen zu können, rückt in ein anderes Licht, sobald die konkreten Schädigungen in Betracht gezogen werden, die der Klimawandel bereits jetzt nach sich zieht und die sich in Zukunft noch verstärken werden. Auch wenn es wissenschaftlich wohl nie möglich sein wird nachzuweisen, wessen Emissionen genau wen wie stark schädigen werden, so können unabhängig von diesen Kausalketten diejenigen bestimmt werden, welche die größten Schädigungen und Verluste erfahren werden (Huggel/Wallimann-Helmer/Stone/Cramer 2016). Dies sind zu einem großen Teil Menschen und Gemeinschaften, die in Küstennähe leben und massivem Meeresspiegelanstieg und erhöhter Erosion ausgesetzt sein werden. Diese Menschen verlieren je nach Gegend ihr Eigentum oder wertgeschätzte Ländereien und Kulturgüter. Da das Recht auf Eigentum im Zentrum des liberalen Paradigmas steht, sind Klimaschutz- und Anpassungsmaßnahmen unabdingbar, um diese Rechte zu schützen. Sofern liberale Ansätze Minderheitenrechte zugestehen, sind auch Kulturgüter und -orte vor Zerstörung durch Klimaeinflüsse zu schützen.

Problematisch wird eine solche Begründung von Klimaschutz- und Anpassungsmaßnahmen dann, wenn die Schäden und vor allem Verluste nicht vermieden werden können. In einem solchen Fall werden Kompensationsmaßnahmen nötig, die nicht immer monetär beglichen werden können (Wallimann-Helmer/Meyer/Mintz-Woo/Schinko/Serdeczny 2019). Verlust von Eigentum kann häufig monetär kompensiert werden. Für die symbolische Bedeutung einer Kulturstätte ist dies aber kaum möglich. Darüber hinaus bleibt auch in solchen Fällen unklar, wem genau die Verantwortung zur Übernahme von Entschädigungszahlungen zukommt. Ganz allgemein kann man aber feststellen, dass über die Zeit hinweg, die meisten entwickelten Industrienationen mehr Treibhausgase ausgestoßen haben als die meisten Entwicklungs- und Schwellenländer. Darüber hinaus sind es oft die zukünftigen Generationen der Entwicklungs- und Schwellenländer, welche die negativen Konsequenzen des Klimawandels am stärksten zu spüren bekommen. Dies nicht nur, weil die negativen Konsequenzen in diesen Weltregionen am stärksten ausfallen werden, sondern auch, weil diese Weltregionen rein von ihrer Infrastruktur, ihrem Know-How und ihren ökonomischen Ressourcen her, weniger gut Anpassungsmaßnahmen ergreifen können.

Ein auf einer Konzeption sozialer Gerechtigkeit basierender Liberalismus hat deshalb die stärksten Argumente zur Rechtfertigung von Klimaschutzmaßnahmen. Die unverschuldete Benachteiligung zukünftiger Generationen in Entwicklungs- und Schwellenländern aufgrund des Klimawandels muss gemäß dieser Auffassung des Liberalismus entweder vermieden oder ausgeglichen werden (Meyer/Roser 2010). Die bessergestellten Industrienationen stehen in der Pflicht, die Situation der Benachteiligten zu verbessern. Im Kontext des Klimawandels stehen diese allerdings nicht nur deshalb in der Pflicht, weil sie bessergestellt sind. Viel gewichtiger in der philosophischen und politischen Debatte ist, dass diese mehr zum Klimawandel beitragen und mehr von den Treibhausgasen vergangener Generationen profitieren.

Aus diesen liberalen Überlegungen heraus lassen sich denn auch drei der klassischen Prinzipien der Klimagerechtigkeit ableiten (Hayward 2012): Das Verursacherprinzip (Polluter-Pays), das Begünstigtenprinzip (Beneficiary-Pays) und das Fähigkeitenprinzip (Ability-to-Pay). Das Verursacherprinzip verlangt, dass diejenigen mehr zur Behebung eines Missstandes beitragen müssen, die diesen verursacht haben. Das Begünstigtenprinzip verlangt, dass die von einem Missstand Profitierenden stärker in der Pflicht stehen. Beide diese Prinzipien schreiben in erster Linie den entwickelten Industrienationen die größere Verantwortung zu, Klimaschutzmaßnahmen zu ergreifen oder Anpassungsmaßnahmen zu unterstützen bzw. zu realisieren. Weniger eindeutig ist die Verantwortungszuschreibung im Fall des Fähigkeitenprinzips. Zum einen sind nicht alle Mitglieder von entwickelten Industrienationen in gleicher Weise befähigt, Emissionen zu reduzieren oder Anpassungsmaßnahmen zu unterstützen. Gleichzeitig erscheint es unter gewissen Umständen effizienter, wenn sich Entwicklungsländer gegenseitig unterstützen, weil sie ähnliche Erfahrungen teilen.

70.3 Liberaler Rahmen für den Klimaschutz

Genauso wie aus der liberalen Perspektive heraus die Notwendigkeit von Klimaschutzmaßnahmen begründet werden kann, lassen sich aus dem liberalen Paradigma auch zwei Bedingungen ableiten, denen Klimamaßnahmen genügen müssen. 1.) Es wäre aus liberaler Perspektive unzulässig, die individuelle Freiheit des Einzelnen stärker als nötig einzuschränken. Liberale Klimaschutzmaßnahmen setzen deshalb häufig auf die Eigenverantwortung des Einzelnen. 2.) Ungerechtfertigte, ungleiche Belastungen mit Klimamaßnahmen sind aus liberaler Perspektive unzulässig. Es gilt ein Nicht-Diskriminierungsgebot, das ungleiche Belastungen nur begründet zulässt. 3.) Ein prominentes Beispiel, das durch diese beiden Bedingungen inspiriert ist, ist der Emissionszertifikatenhandel. Dieser nutzt Mechanismen der freien Marktwirtschaft, um die Reduktion von Treibhausgasen zu motivieren.

Aus liberaler Perspektive endet die Freiheit des Einzelnen dort, wo die Freiheit anderer verletzt wird. Klimaschutzmaßnahmen und finanzielle Abgaben zur Unterstützung von Klimamaßnahmen bedeuten einen Eingriff in die individuelle Freiheit. Eine liberale Beurteilung von Maßnahmen zum Klimaschutz nimmt deshalb deren Einschränkungen der individuellen Freiheit unter die Lupe. Dabei kann man mit Blick auf die nötige Reduktion von Treibhausgasen drei Bereiche von Maßnahmen unterscheiden: Bevölkerungspolitik, Wirtschaftswachstum und technologischer Fortschritt (Roser/Seidel 2013). Am eindeutigsten wirkt das liberale Paradigma bei der Bevölkerungspolitik. Zum einen ist das Recht, eine Familie nach eigenem Gutdünken zu gründen, ein Menschenrecht und gehört geschützt. Zum anderen würde eine Kontrolle der Familienplanung einen intimen Eingriff in die individuelle Freiheit bedeuten. Deshalb sind aus liberaler Sicht mit Blick auf die Bevölkerungspolitik einzig Maßnahmen wie Armutsbekämpfung und Bildung legitim, da beide die Freiheit nicht einschränken, aber längerfristig zu einer tieferen Geburtenrate führen.

Etwas komplexer fällt die Einschätzung der beiden anderen Maßnahmenbereiche aus. Um die Emissionen des Wirtschaftswachstums zu beschränken muss aus liberaler Perspektive auf Marktmechanismen gesetzt werden. Dies bedeutet etwa, Treibstoffe zu verteuern oder auf Treibhausgase Steuern zu erheben (Sayegh 2019). Ebenso sind Informationskampagnen und Labels Mittel, um das Konsumverhalten zu beeinflussen. Gerade Labels und staatliche Förderung können auch Maßnahmen sein, um die technologische Entwicklung hin zu emissionsärmeren Technologien und Produktionsweisen zu unterstützen. Wo allerdings genau die Grenze zwischen legitimer Beeinflussung und zu starkem Eingriff in die individuelle Freiheit liegt, kann aus liberaler Sicht nicht zweifelsfrei bestimmt werden. Denn jede dieser Maßnahmen bedeutet einen Eingriff in den freien Tausch von Eigentum und die Früchte der eigenen Arbeit. Je nach liberaler Theorie, wäre eine mehr oder weniger starke staatliche Beeinflussung des Preises von Treibstoffen oder Emissionen zulässig.

Die zweite liberale Bedingung für Klimamaßnahmen führt zu einem vierten Prinzip der Klimagerechtigkeit. Das Prinzip der Gleichen-Pro-Kopf-Emissionen (Equal-per-Capita) formuliert im Gegensatz zu den anderen Prinzipien Anspruchsrechte. Es fordert die Sicherung gleicher Emissionsanteile für die gesamte Erdbevölkerung (Singer 2004). Alles andere käme aus liberaler Perspektive ungerechtfertigter Diskriminierung gleich. Gemäß dem liberalen Paradigma kommt allen vollumfänglich Autonomiefähigen ein Anspruch auf gleiche Rechte und entsprechende Freiheit zur Verwirklichung ihrer Lebenspläne zu. Wie umfassend diese Ansprüche auch formuliert werden, wenn jemand in seinen Emissionen ungerechtfertigterweise beschnitten wird, dann wäre das mit liberalen Grundwerten nicht vereinbar. Gleichzeitig sprechen selbstverständlich einige Gründe für die Zusprache ungleicher Emissionsrechte. Je nach klimatischen Bedingungen muss mehr emittiert werden, weil entweder Heizen oder Kühlung nötig ist. Zudem fehlen in Entwicklungsländern häufig die Technologien zur emissionsärmeren Energieproduktion. Dies rechtfertigt zumindest zeitweilig höhere Emissionen.

Weniger prominent in der Klimaethikdebatte ist die Anwendung des Prinzips der Gleichen-Pro-Kopf-Emissionen auf Anpassungsmaßnahmen und den Umgang mit Klimaschäden und -verlusten. In der sozialwissenschaftlichen Debatte um Umweltgerechtigkeit sind solche Überlegungen demgegenüber prominenter. Jede ungleiche Umweltbelastung wird häufig als Ungerechtigkeit beurteilt (Walker 2012). Dasselbe kann im Kontext des Klimawandels auch auf Anpassungsmaßnahmen und den Umgang mit Klimaschäden und -verlusten angewendet werden. Wenn Anpassungsmaßnahmen ungerechtfertigterweise dazu führen, dass einzelne Bevölkerungsgruppen weniger gut geschützt sind oder schlechter für Schäden und Verluste entschädigt werden, dann wäre dies als Ungerechtigkeit zu beurteilen. Aus liberal-egalitärer Perspektive könnte man hierzu allerdings anführen, dass eine ungleiche Belastung gerechtfertigt sei, sofern die stärker Gefährdeten sich dieser potentiellen Gefahr selbst ausgesetzt haben. Dies gilt z. B. für Hauseigentümer an einer klimabedingt erosionsgefährdeten Küste, die ein Haus bauten, obwohl sie keine Versicherung mehr versichern wollte.

Eine äußerst prominente und aus liberaler Sicht einleuchtende Klimaschutzmaßnahme ist der Emissionszertifikatenhandel. Ausgangspunkt dieses Vorschlags ist das Prinzip der Gleichen-Pro-Kopf-Emissionen bei der Annahme eines begrenzten Emissionsbudgets, um gefährlichen Klimawandel zu vermeiden (Wissenschaftlicher Beirat der Bundesregierung Globale Umweltveränderungen (WBGU) 2009). Um gleiche Emissionen pro Kopf sicherzustellen, werden Emissionszertifikate an Staaten oder Individuen ausgegeben. Die Emissionen dieser Zertifikatsbesitzer werden entwertet, sobald sie emittieren. Emittiert ein Besitzer mehr als ihm Zertifikate zustehen, dann müssen über einen künstlich geschaffenen Markt zusätzliche

Zertifikate beschafft werden. Da die Menge der Emissionszertifikate begrenzt ist, steigt der Zertifikatspreis bei hohen Emissionen der Gesamtwirtschaft. Es ist deshalb im Interesse aller Zertifikatsbesitzer, ihre Treibhausgasemissionen zu reduzieren. Entsprechend spielt hier der Mechanismus der freien Marktwirtschaft und gleichzeitig ist die Freiheit der Zertifikatsbesitzenden gesichert, denn wie viel jemand für zusätzliche Emissionszertifikate bereit ist zu zahlen, ist der freien Entscheidung überlassen. Wenn man so will, kann im Fall dieses Vorschlags die mit der Entstehung des Liberalismus einhergehende freie Marktwirtschaft (s. Kap. 29) auch als Teil der Lösung und nicht nur als Ursache des Klimaproblems gesehen werden (Müller 2009).

Damit schließt sich der Kreis. Der Liberalismus als Grundvoraussetzung für die freie Marktwirtschaft gilt nicht nur als eine der zentralen Ursachen für die Entstehung des anthropogenen Klimawandels. Liberale Grundsätze inspirieren auch Lösungsansätze wie den Emissionszertifikatenhandel. Mit Blick auf beide Aspekte spielt das liberale Primat der Freiheit – wie auch immer es genau gefasst wird – eine zentrale Rolle. Freiheit und Privateigentum ermöglichen freie Marktwirtschaft und Wirtschaftswachstum. Die ursprüngliche Gleichverteilung von Emissionszertifikaten ermöglicht auf marktwirtschaftlicher Basis die Kosten von Treibhausgasemissionen zu internalisieren, ohne Freiheitsansprüche empfindlich einzuschränken. Klar sollte zudem geworden sein, dass Klimaschutz auch eine liberale Forderung darstellt. Denn wenn man sich vor Augen führt, dass der Klimawandel die Gefahr von Menschen- und Grundrechtsverletzungen birgt, dann gilt aus liberaler Perspektive dem Schutz dieser Rechte oberste Priorität.

Literatur

Bell, Derek: Does Anthropogenic Climate Change Violate Human Rights? In: Critical Review of International Social and Political Philosophy 14/2 (2011), 99–124.

Caney, Simon: Climate Change, Human Rights, and Moral Thresholds. In: Stephen M. Gardiner/Simon Caney/Dale Jamieson/Henry Shue (Hg.): Climate Ethics. Essential Readings. Oxford/New York 2010, 163–177.

Fragnière, Augustin: Climate change and individual duties. In: Wiley Interdisciplinary Reviews: Climate Change 7/6 (2016), 798–814.

Gardiner, Stephen M.: The Real Tragedy of the Commons. In: Philosophy and Public Affairs 30/4 (2002), 387–416.

Hayward, Tim: Climate change and ethics. In: Nature Climate Change 2/12 (2012), 843–848.

Huggel, Christian/Wallimann-Helmer, Ivo/Stone, Dáithí/Cramer, Wolfgang: Reconciling Justice and Attribution Research to Advance Climate Policy. In: Nature Climate Change 6/10 (2016), 901–908.

Intergovernmental Panel on Climate Change (IPCC): 1,5 °C Globale Erwärmung. Ein IPCC-Sonderbericht über die Folgen einer globalen Erwärmung um 1,5 °C gegenüber vorindustriellem Niveau und die damit verbundenen globalen Treibhausgasemissionspfade im Zusammenhang mit einer Stärkung der weltweiten Reaktion auf die Bedrohung durch den Klimawandel, nachhaltiger Entwicklung und Anstrengungen zur Beseitigung von Armut. Zusammenfassung für politische Entscheidungsträger 2018.

Jamieson, Dale: Climate Change, Responsibility, and Justice. In: Science and Engineering Ethics 16/3 (2010), 431–445.

Meyer, Lukas H./Roser, Dominic: Climate Justice and Historical Emissions. In: Critical Review of International Social and Political Philosophy 13/1 (2010), 229–253.

Müller, Olaf L.: Mikro-Zertifikate. Für Gerechtigkeit unter Luftverschmutzern. In: Archiv für Rechts- und Sozialphilosophie 95 (2009), 167–198.

Roser, Dominic/Seidel, Christian: Ethik des Klimawandels. Eine Einführung. Darmstadt 2013.

Sayegh, Alexandre G.: Pricing Carbon for Climate Justice. In: Ethics, Policy & Environment 22/2 (2019), 109–130.

Singer, Peter: One world. The ethics of globalization. New Haven [2]2004.

Vanderheiden, Steve: Atmospheric justice. A political theory of climate change. Oxford [1]2008.

Walker, Gordon: Environmental justice. Concepts, evidence and politics. London 2012.

Wallimann-Helmer, Ivo: The Liberal Tragedy of the Commons: The Deficiency of Democracy in a Changing Climate. In: Dieter Birnbacher/May Thorseth (Hg.): The Politics of Sustainability. Philosophical Perspectives. New York 2015, 20–35.

Wallimann-Helmer, Ivo/Meyer, Lukas/Mintz-Woo, Kian/Schinko, Thomas/Serdeczny, Olivia: The ethical challenges in the context of climate loss and damage. In: Reinhard Mechler/Laurens M. Bouwer/Thomas Schinko/Swenja Surminski/JoAnne Linnerooth-Bayer (Hg.): Loss and damage from climate change: concepts, methods and policy options. Cham 2019, 39–62.

Wissenschaftlicher Beirat der Bundesregierung Globale Umweltveränderungen: Kassensturz für den Weltklimavertrag – Der Budgetansatz. Sondergutachten. Berlin 2009.

Rassismus

71

Rebecca Brückmann

„We hold these truths to be self-evident, that all men are created equal; that they are endowed by their Creator with certain unalienable rights; that among these are life, liberty, and the pursuit of happiness." Die Präambel der Unabhängigkeitserklärung der USA des Jahres 1776, leitend verfasst von Thomas Jefferson (s. Kap. 5), machte Gleichheit, Freiheit und individuelle Rechte zu den Grundpfeilern liberal-demokratischer, moderner Gesellschaften. Die Worte der Präambel symbolisieren indes auch das Paradoxon liberaler Ideen und Realitäten – Thomas Jefferson und weitere neun der ersten zwölf US-Präsidenten versklavten Schwarze Menschen, und US-amerikanischer Siedlungskolonialismus verdrängte die indigene Bevölkerung. Zugleich wurde diese Präambel 190 Jahre später zur Coda des programmatischen Pamphlets „What We Want, What We Believe" der Black Panther Party for Self-Defense, die Huey Newton und Bobby Seale 1966 in Oakland, Kalifornien gründeten (BPP 1966, 251) und die revolutionäre Forderungen an Politik und Gesellschaft stellte.

Im Jahr 2020 wurden die #BlackLivesMatter-Proteste, die nach der polizeilichen Tötung der Schwarzen US-Amerikaner*innen George Floyd und Breonna Taylor eine neue Dimension erreichten, zur globalen Protestbewegung gegen Rassismus. Zugleich mehrten sich Stimmen, die in der Feststellung und Forderung #BlackLivesMatter essentialistische, antiliberale Identitätspolitik vermuteten, gar einen Generalverdacht gegenüber allen Weißen. Hier kommen unterschiedliche Verständnisse von Rassismus und die Frage der Einbettung der aktuellen Bewegung in die lange Schwarze Befreiungsbewegung des 20. Jahrhunderts zum Tragen, jedoch auch die noch junge Aufarbeitung der Rolle von Rassismus im Liberalismus und, zugleich, der Rolle des Liberalismus für antirassistischen Aktivismus. Keineswegs schlicht als „the master's tool" verbannt, diente Liberalismus immer wieder als Fundus emanzipatorischer Rhetorik und Gerechtigkeitsforderungen sozialer Bewegungen, und Antirassismus beruft sich global auf die universalistischen Ideale der Freiheit und Gleichheit.

Dennoch ist das Verhältnis von Liberalismus und Rassismus ein komplexes und kompliziertes, beruhend auf historischen Entwicklungen und aktuellen Praxen. Liberalismus wird hier als vielfältige und flexible Gesellschafts- und Politikphilosophie verstanden, die sich im 18. Jahrhundert im Widerstand zu Absolutismus und Feudalismus entwickelte und Freiheit, Rationalismus und individuelle moralische Gleichheit postulierte, unter anderem durch Schlüsselfiguren wie John Locke, David Hume, Immanuel Kant, Thomas Jefferson und John Stuart

R. Brückmann (✉)
Ruhr-Universität Bochum, Bochum, Deutschland
E-Mail: rebecca.brueckmann@ruhr-uni-bochum.de

M. G. Festl (Hrsg.), *Handbuch Liberalismus*, https://doi.org/10.1007/978-3-476-05798-3_71

Mill (vgl. Mills 2017, 5). Auch wenn Liberalismus als eine veränderliche Philosophie mit divergenten Strömungen verstanden werden kann, wird in den Schriften vieler ihrer einflussreichsten Philosophen der Aufklärung rassifiziertes Denken deutlich. Kolonialismus und früher Rassismus ist hierbei nicht nur historischer Kontext der Aufklärung, sondern mit deren Theorien und Konzeptionalisierungen von Staat und Gesellschaft verwoben.

‚Rasse' wiederum ist keine biologische Realität, sondern ein soziokulturelles, historisch kontingentes Konstrukt. Um die Prozesshaftigkeit und Relationalität der Kategorie zu verdeutlichen, wird daher von ‚Rassifizierung' und ‚rassifizierten' Menschen gesprochen, also denjenigen, deren Phänotypen von einer postulierten Norm als abweichend gekennzeichnet und hierarchisch geordnet werden (Omi/Winant 2015, 109–111). Rassismus bezeichnet ein ideologisches System rassifizierter Dominanz, in dem eine biologistisch oder kulturell begründete vermeintliche Überlegenheit bestimmter rassifizierter sozialer Gruppen zur Legitimation der soziokulturellen und politischen Subordination, ökonomischen Ausbeutung und abwertender Ungleichbehandlung anderer rassifizierter sozialer Gruppen genutzt wird. Dabei untersuchen Geistes- und Sozialwissenschaften nicht nur individuelle rassistische Denk- und Verhaltensweisen, sondern auch die Institutionalisierung rassistischer Theorien und Praxen in gesellschaftlichen Strukturen, sozialen Systemen und Organisationen (vgl. Mills 2017, 4) sowie die Intersektion von Rassismus und *white supremacy* mit weiteren Formen systematischer Diskriminierung.

Rassismus bleibt auch im 21. Jahrhundert eine Herausforderung für den Liberalismus, wie drei Themenkomplexe, die vorgestellt werden, illustrieren. Die erste Herausforderung besteht in der Aufarbeitung seiner eigenen Vergangenheit, sozusagen eine Aufklärung der Aufklärung und deren Rolle im Kolonialismus sowie in der Entwicklung (heute pseudo-)wissenschaftlicher, moderner Rassifizierungstheorien. Die zweite Herausforderung besteht in einer kritischen Auseinandersetzung des zeitgenössischen Liberalismus mit gegenwärtigen Praxen und der Frage nach Gerechtigkeit durch Gleichheit oder der Anerkennung von Differenz. Zuletzt stellt dieses Kapitel die für den Liberalismus herausfordernde Aufgabe dar, sich kritisch-produktiv mit Rassismus auseinanderzusetzen und antirassistische Strategien für und mit Liberalismus zu entwickeln.

71.1 Aufklärung und Rassismus

Die Entwicklung wissenschaftlicher Rassifizierungstheorien und die philosophische Umwandlung vormoderner Vorurteile in moderne ‚Rasse'-Gedanken ist eng verzahnt mit liberaler Philosophie und Staatskunde der Aufklärung. Dies drückt sich insbesondere in anti-Schwarzem und anti-Indigenem Rassismus aus, der in Verbindung mit imperialer Expansion, Kolonialismus und der primär ökonomisch motivierten und nun grundsätzlich erblichen Versklavung von Afrikanerinnen und Afrikanern diese Entwicklungen proaktiv sowohl retrospektiv als auch perspektivisch zu legitimieren schien.

John Locke investierte in die Royal African Company und nahm von 1669 bis 1675 den Posten des Sekretärs und Finanzadministrators der *Lords Proprietors* der nordamerikanischen Carolina-Kolonie unter Lord Anthony Ashley Cooper ein. Die aller Wahrscheinlichkeit nach von Locke verfasste Kolonialverfassung „The Fundamental Constitutions of Carolina" aus dem Jahr 1669 legte rechtsstaatliche Prinzipien und religiöse Toleranz fest, gab aber zugleich allen freien weißen Bewohnern Carolinas das Recht, absolute Macht und Autorität über ihre explizit als Schwarz benannten Sklavinnen und Sklaven auszuüben. Lockes *Second Treatise of Government* (1690) diente, trotz Lockes ambivalenten Bemerkungen bezüglich indigenen Landbesitzes, als argumentative Grundlage territorialer Expansion und des Siedlungskolonialismus.

David Hume verglich den Schwarzen Poeten Francis William mit einem Papagei, der nur ein paar Worte klar aussprechen könne (vgl. Eze 2011, 77) und merkte in seinem Essay „Of National Characters" 1753 an, dass es niemals eine zivilisierte Nation gegeben habe, deren Einwohnerinnen und Einwohner keine weiße Hautfarbe gehabt hätten. Insbesondere Schwarze seien „naturally inferior" (Hume zit.n. Garrett/Sebastiani 2017, 31).

Jefferson verfasste 1776 einen Entwurf der US-amerikanischen Unabhängigkeitserklärung, die das Unrecht britischer Versklavung von Afrikanerinnen und Afrikanern beklagte – der zweite Kontinentalkongress strich den Abschnitt. Doch auch wenn Jefferson weiterhin öffentlich für Abolitionismus eintrat, versklavte er selbst während seiner Lebzeit mehr als 600 Menschen in Monticello, einschließlich seiner Kinder mit Sally Hemings. Jeffersons Abolitionismus rührte aus abwertenden Annahmen über Schwarze Menschen: Diese seien intellektuell minderwertig; Weiße und versklavte Schwarze seien zwei getrennte Nationen, die unmöglich friedlich in einem gemeinsamen Staat leben könnten. Emanzipation müsse daher mit der Expatriierung und Emigration ehemalig Versklavter nach Afrika oder in die Karibik einhergehen (Jefferson 1787, 148–151).

Vor seiner *Kritik der reinen Vernunft* schrieb Immanuel Kant, dass Afrikanerinnen und Afrikaner „von Natur kein Gefühl" hätten, „welches über das Läppische stiege" und stimmte Hume zu, dass es unter Schwarzen Menschen nie eine einzige Person gegeben habe, die in Kunst oder Wissenschaft Errungenschaften vorweisen könne, da „der Unterschied zwischen diesen zwei Menschengeschlechtern," Schwarzen und Weißen, so „wesentlich" sei (GSE, AA 02, 253). Auch merkte Kant in der gleichen Schrift an, dass die Hautfarbe eines Schwarzen Zimmermanns „ein deutlicher Beweis" dafür sei, dass dessen Worte „dumm" seien (ebd., 254–255). 1775 begann Kant den wissenschaftlichen Versuch, eine Taxonomie vier menschlicher „Racen" zu entwerfen und phänotypische Aspekte wie Hautfarbe und Haartexturen als systematisch vererbt zu beschreiben (VvRM, AA02, 436–440). Im Gegensatz zu Hume war Kant kein Vertreter der Polygenese. Rassifizierung war für Kant mit klimatischen Zonen verknüpft, die sich auf intellektuelle Fähigkeiten, Fleiß und Eigenmotivation auswirkten. Er entwarf eine Rassifizierungshierarchie, in der Weiße an der Spitze standen. Da Schwarze und Indigene zur Etablierung eigenständiger politischer Strukturen nicht fähig seien, eruierte Kant darüber hinaus nicht nur die Nützlichkeit Schwarzer und Indigener für Formen versklavter Arbeit, sondern resümierte auch, dass Europa perspektivisch alle anderen Kontinente dominieren würde (ebd.; ÜGTP, AA08, 164–176; Kleingeld 2007, 573–577). Kants Rassifizierungshierarchie schloss an zeitgenössische Studien Carl von Linnés und Johann Friedrich Blumenbachs an. Zugleich wies Kant „Racen" spezifische Rollen in seiner Geschichtsphilosophie zu und legitimierte die Einschreibung essentialistischer Vorurteile sowohl in wissenschaftliche, biologistische Klassifikationsmodelle als auch in vermeintlich universelle Prinzipien (vgl. Hund 2011, 78–79). Kants Konzeptionen des kategorischen Imperativs als Handlungsmaxime beziehen sich auf alle „vernünftigen" Wesen (KrV, AA 04, 420–433); allerdings marginalisieren Kants Rassismus, Antisemitismus und Antiziganismus bestimmte soziale Gruppen in jenem Universalismusverständnis (Kleingeld 2007, 584; Mills 2017, 94–96).

Oft wird angemerkt, dass Aufklärungsphilosophen Denker ihrer Zeit gewesen seien und sich antirassistische Kritik an ihnen ahistorisch heutiger Paradigmen bediene. Dabei gerät jedoch in Vergessenheit, dass die Rassifizierungstheorien Humes oder Kants keineswegs unwidersprochen blieben (z. B. Beattie 1788, 463–467; vgl. auch Johann Gottfried Herders Ablehnung des Konzepts von „Racen" in seiner Geschichtsphilosophie). Ein lebendiges Gegenbeispiel derselben Epoche war darüber hinaus der ghanaisch-deutsche Philosoph Anton Wilhelm Amo, der bereits 1734 mit *De humanae mentis apatheia* an der Universität Wittenberg promovierte und an den Universitäten Halle und Jena lehrte (vgl. Ette 2014). Auch führte die liberale Unterstützung für die Ziele *liberté, egalité, fraternité* der Französischen Revolution nicht zu einer Unterstützung der Haitianischen Revolution von 1791 – ein weiterer Widerspruch.

Der Philosoph John Stuart Mill kritisierte – wie auch andere liberale Philosophen des 19. Jahrhunderts – die Sklaverei scharf. Dennoch bezog sich Mill, Angestellter der British East India Company, bei der Forderung nach Freiheit, Individualismus und gar Frauenwahlrecht auf „human beings in the maturity of their faculties" (Mill 1878, 6) und rechtfertigte damit kolonialistischen Despotismus als legitime Herrschaftsform für nichtweiße Bevölkerungen.

Die emanzipatorische Zielsetzung des Liberalismus – die Ideale des Rationalismus, Egalitarismus, Individualismus und humanitären Universalismus – hatte demnach mehrere eurozentrische Ausschlussklauseln. Gleichheit wurde für diejenigen gefordert, die man bereits als gleich annahm. Der Liberalismus schuf hierdurch die rationale Grundlage für neue Herrschaftsregime, die – trotz des triumphalistischen, universalistischen Narrativs der Aufklärung – volle Subjektivität nicht allen zustanden, etwas, das der Liberalismus lange Zeit verschwieg (Losurdo 2014, 10; Mills 2017, xiii–xiv). In diesem Sinne ist dieser Liberalismus sowohl in der Praxis als auch bereits in seiner theoretischen Konzeption zentraler Begriffe trotz seines Universalismuspostulats ein Partikularliberalismus (Mills 2017, xv, 31), und damit die *ursprüngliche* Identitätspolitik: für weiße, männliche, besitzende Personen.

71.2 Zeitgenössischer Liberalismus und Rassismus

Aus dem historischen Abriss geht hervor, dass der Liberalismus aufgrund von sozialen Differenzierungen und den daraus resultierenden und sich fortsetzenden Diskriminierungen nicht unwesentlich zur Entwicklung des modernen Rassismus beigetragen hat. Welche Rolle kann nun der zeitgenössische Liberalismus bei der Überwindung dieser Diskriminierungen spielen? Wie die Kapitel dieses Handbuchs verdeutlichen, ist es inadäquat, von ‚dem' Liberalismus zu sprechen. Liberalismus als flexible Politik- und Gesellschaftsphilosophie, deren Kern die Forderungen nach Freiheit, Individualismus, Rechtsstaatlichkeit und Menschenrechten sind, dient als grundständige Definition zeitgenössischer Ausprägungen.

Trotz dieser grundlegenden Elemente ist eine Notiz zum oft divergierenden Verständnis von ‚Liberalismus' in den USA vonnöten. War bis Ende der 1920er die wirtschaftsliberale Politik der Republikanischen Partei der Inbegriff von US-amerikanischem Liberalismus, erfuhr der Begriff im Zuge des New Deal der Franklin D. Roosevelt-Regierung der 1930er eine inhaltliche Reorientierung hin zur politischen, wirtschaftlichen und soziokulturellen Zentrierung von Wohlfahrtsstaatlichkeit und sozialer Gerechtigkeit, die im „Great Society"-Sozialprogramm und der gesetzlichen Festschreibung Schwarzer Bürgerrechte durch die Lyndon B. Johnson-Regierung in den 1960er Jahren einen vorläufigen Höhepunkt fand. Im Zuge des Aufstiegs des Faschismus und deutschen Nationalsozialismus in den 1930ern und 1940ern sowie des Kalten Krieges ab den 1950ern verstand sich US-amerikanischer Liberalismus außerdem als Antitotalitarismus, Hüter repräsentativer Demokratien und Ausdruck eines gesellschaftlichen Konsenses.

Viele der Bruchlinien zwischen Antirassismus und Liberalismus, die in der Aufklärung angelegt wurden, setzen sich bis ins 21. Jahrhundert fort. Mit welchen Herausforderungen ist Liberalismus in den USA und Europa heute konfrontiert? Der postulierte individualistische Universalismus des Liberalismus erschwert die Kritik gruppenbezogener Menschenfeindlichkeit und intersektionaler Machtstrukturen in der Praxis durch die Nichtbenennung, Verschleierung oder gar Leugnung von deren systematischer Existenz. Der Gleichheitsgrundsatz verkennt dabei die Ungleichheit, die durch fehlende Anerkennung von Differenz hergestellt wird.

Liberale Demokratien der zweiten Hälfte des 20. Jahrhunderts sowie des 21. Jahrhunderts ächten biologistischen Rassismus im öffentlichen Diskurs. Frankreich und Deutschland, freilich aus sehr unterschiedlichen historischen Entwicklungen heraus, erheben keine Daten, die Rückschlüsse auf die Rassifizierung einer Person geben könnten. Im Jahr 2019 haben sich dennoch 33 % aller Beschwerden bei der Antidiskriminierungsstelle des Bundes auf eine Diskriminierung bezüglich ethnischer Herkunft oder rassistischer Zuschreibungen bezogen

(Antidiskriminierungsstelle des Bundes, Jahresbericht 2019, 43–44). Es fehlt jedoch an empirischen Erhebungen, die Rassifizierung und Rassismus verdeutlichen – durch diesen Mangel kann Rassismus als marginal charakterisiert werden.

Der Philosoph Charles W. Mills argumentiert außerdem, dass die einflussreichste liberale Gerechtigkeitstheorie des 20. Jahrhunderts, John Rawls' *A Theory of Justice* (s. Kap. 19), rassistische Diskriminierung und somit rassifizierte Ungerechtigkeit nahezu außen vor lässt, und es die ideale Theorie also nicht vermag, gesellschaftlichen Rassismus zu berücksichtigen (2017, 16, 32–45). Die Nichtbenennung von Rassifizierung und Rassismus ist nicht nur hier ein Merkmal des zeitgenössischen Liberalismus. Zeichneten sich bereits vorgestellte Philosophen der Aufklärung durch eine Fixierung auf Rassifizierung und deren Taxonomien aus, verschwanden diese zwar aus dem zeitgenössischen liberalen Vokabular (vgl. Goldberg 2009) – die ökonomische, rechtliche und soziale Ungleichbehandlung nichtweißer Menschen besteht aber weiter fort. Dies beklagen z. B. die #BlackLivesMatter- und *People of Color*-Bewegungen sowie Geflüchteten-Organisationen bezüglich Polizeigewalt und Diskriminierung im Justiz-, Gesundheits- und Bildungssystem sowie auf dem Arbeits- und Wohnungsmarkt.

Die Rhetorik meritokratischer Farbenblindheit durchzieht sowohl den europäischen als auch den US-amerikanischen Liberalismus. Sie postuliert, Menschen als gleichwertige Individuen wahrzunehmen und wertzuschätzen – unabhängig von ihrem Äußeren, abhängig allein von Charakter, Leistung und (Selbst-)Disziplin. Der Soziologe Eduardo Bonilla-Silva bezeichnet dies als das Tandem der „Ideologie der Farbenblindheit" und des Laissez-Faire-Liberalismus, der nichtweißen Menschen die Schuld an ihrer Unterdrückung gebe und Diskriminierungserfahrungen auf Kulturunterschiede oder individuelles Versagen zurückführe (2006, 7–8). Zeitgenössischer Liberalismus sei weiterhin kompatibel mit strukturellem Rassismus, da zum einen rassifizierte Ungleichheit nicht als gruppenspezifisch, sondern individuell verstanden werden würde und zum anderen liberaler Individualismus diskriminierendes Verhalten als „Freiheit der Wahl" euphemisieren und legitimieren könne – nicht zuletzt bedienten sich Segregationistinnen und Segregationisten in den USA des Terminus „Vereinigungsfreiheit" („freedom of association") bei der Weigerung, segregierte Schulen für Weiße auch für Schwarze Kinder zu öffnen. Liberale Rhetorik kann Rassismus somit bewusst umgehen und dennoch materiell umsetzen.

Der individualistische Zugang des diskursiv hegemonialen Liberalismus zu Diskriminierungsformen, der diese vor allem als Charakterfehler diskriminierender Einzelpersonen und nicht als systematisch begreift, führt wiederum dazu, dass kollektive Maßnahmen wie die spezifische Förderung gesellschaftlich benachteiligter Gruppen („affirmative action") als ein Relikt und als Diskriminierung etwa von Männern (z. B. durch Frauenbeauftragte) oder Weißen (z. B. durch Stipendien für *People of Color*) verstanden werden.

Mit freiheitlich-demokratischen Nationalstaaten gehen außerdem nicht zwangsläufig liberale Immigrations- oder Staatsbürgerschaftspolitiken einher. Der „Naturalization Act", der 1790 in den USA verabschiedet wurde, gab allein freien weißen Personen die US-amerikanische Staatsbürgerschaft. Afroamerikanerinnen und Afroamerikaner erhielten diese erst mit dem 14. Verfassungszusatz 1868 und Indigene mit dem Indian Citizenship Act 1924. Der Ausschluss asiatischer Immigrantinnen und Immigranten aus den USA endete mit dem Immigration and Nationality Act 1952. Und erst im Jahr 2000 ersetzte eine Reform des deutschen Staatsbürgerschaftsrechts von 1913 das Prinzip der Abstammung („jus sanguinis") mit dem des Geburtsorts („jus soli").

71.3 Antirassistischer Liberalismus

Wie kann Liberalismus dennoch fruchtbar gemacht werden, um Rassismus zu begegnen? Drei Ansätze können das antirassistische Potential des Liberalismus verdeutlichen, die sich jeweils auf liberale Freiheitsideale stützen.

Die Critical Race Theory, ursprünglich entwickelt in den US-amerikanischen Rechtswissenschaften, um der besonderen gesellschaftlichen Stellung von Afroamerikanerinnen und Afroamerikanern (bedingt durch rassistische Diskriminierung und ökonomische Ungleichheit) auch im Gerichtssaal Gehör zu verschaffen, hielt nicht nur an Universitäten Einzug, sondern auch in gesellschaftlichen Debatten um Rassismus. Rassifizierung wird hierbei als Markierung einer Machtposition verstanden und *white supremacy* als deren gesellschaftliches Fundament. Nichtweiße erlebten demnach Marginalisierung und Diskriminierung; zugleich ermögliche *white supremacy* Weißen sogenannte „weiße Privilegien". Aus Critical Race Theory-Analysen ergibt sich oft ein gewisser Pessimismus: Wenn *white supremacy* allgegenwärtig und strukturell verankert ist, wie kann ein Weg aus diesem System gefunden werden? Können weiße Menschen ‚Allierte' im Kampf gegen Rassismus sein?

Die Fokussierung auf Machtstrukturen, Diskursmacht und Standpunkttheorien kann aber auch zu identitärem Essentialismus führen, der Diskriminierungserfahrungen mit moralischer Überlegenheit gleichsetzt und Privilegien verabsolutiert, ohne dabei auf deren intersektionale Verschränkungen und situative Ausprägungen Rücksicht zu nehmen. Die New Black Panther Party, die 1989 in Dallas gegründet wurde, ist ein Beispiel für diesen identitären Absolutismus, der sich u. a. in Antisemitismus und Xenophobie ausdrückt. Newton und Seale verurteilten die neue Gruppe. Auch können Ausformungen gegenwärtiger Critical Race Theory gesellschaftliche Deliberation erschweren und zum „disempowerment" von Einzelpersonen führen, die unter durch soziale Differenzierung entstandene Gruppenidentitäten subsumiert werden. Ein antirassistischer Liberalismus kann hier intervenieren: Das Ziel von Antirassismus ist zum einen, gegenwärtige Diskriminierungen aufzuzeigen, aber auch, das ‚Meisternarrativ' *race* perspektivisch abzuschaffen (vgl. Eze 2011, 223). Um diese Zielsetzung weiterzuverfolgen, ist ein antiessentialistisches Verständnis von *race* substanziell. Statt farbenblindem Liberalismus ist hier ein (selbst-)kritisch farbenbewusster (Mills 2017, xv), farbenanerkennender und ultimativ farbenüberwindender Liberalismus gefragt, der so eine Kombination aus sozialer Kritik und sozialer Vision ermöglichen könnte. Humanitärer Egalitarismus und gezielte Förderung benachteiligter sozialer Gruppen ist dabei nicht inkompatibel mit Liberalismus: Der Reformzweig der Black Panther Party for Self-Defense erkannte dies, insofern die Präambel der Unabhängigkeitserklärung als Coda auf detaillierte Forderungen zur rechtlichen, ökonomischen und sozialen Gleichstellung Schwarzer Menschen folgte.

Einen anderen Weg gehen antirassistische, liberale Verfechter eines neuen Kosmopolitismus. Die Grundannahme ist hier, dass es kontraproduktiv für die Überwindung von Rassismus sei, sich im 21. Jahrhundert weiterhin verfehlter Begrifflichkeiten und Konzepte wie *race* zu bedienen, da diese „Wegweiser" aus der und in die Vergangenheit seien (Eze 2011, 180) und daher kein emanzipatorisches Potential hätten. Stattdessen fordern *race*-Abolitionistinnen und -Abolitionisten, ein weltbürgerliches Bewusstsein zu entwickeln, wie Kant es 1795 skizzierte (ZEF, AA 08), und ein „wahrhaftig" universalistisches (Eze 2011, 81) Gleichheitsprinzip aller Individuen über Staatsgrenzen hinweg zu vertreten. Der Philosoph Jason D. Hill sieht Kosmopolitismus als moralisches und intellektuelles System, das die soziale Differenzierung in Gruppenidentitäten entmystifiziert und Menschen zu ihrer Individualität zurückführt, welche wiederum nicht auf Herkunft oder Hautfarbe beruht (2017, 407–409). Eine „cosmopolis" sei geprägt durch die essenzielle Gleichheit aller Mitglieder, die durch eine Gesetzgebung gewährleistet wird, die auf gemeinsamen humanitären Prinzipien und moralischen Überzeugungen beruht. Kosmopolitismus wird dennoch nicht als Pluralismus verstanden, da Ersterer Gruppenidentitäten und Gruppensolidarität ablehnt. Stattdessen sei Kosmopolitismus pro-individualistisch, und die Identität jeder Einzelperson beruhe allein auf ihren persönlichen Erfahrungen, nicht auf „Labeln", die man ihr zuschreibe (ebd., 408–409). Diese Vision eines effektiv antirassistischen Liberalismus macht die Kategorisierungen von Phänotyp, Herkunft, Migrationsgeschichte oder Staatsbürgerschaft überflüssig. Durch die Rückbesinnung auf die bzw. die nicht-partikulare Umsetzung der universalistischen, aufklärerischen Ziele von Freiheit und Gleichheit aller Individuen schafft Kosmopolitismus im Idealfall Rassismus und alle anderen Formen sozialer Zuschreibungen ab. Resultat wäre eine vollständige „Derassifizierung" aller Menschen der Welt, sowohl „psychologisch" als auch „moralisch" (ebd., 410).

Diese Motivation kann ebenfalls als ultimatives Ziel einer dritten Variation antirassistischen Liberalismus beschrieben werden, die Mills als Derassifizierung des Liberalismus zugunsten eines „Black Radical Liberalism" vorschlägt (2017, xv). Beabsichtigt ist die Rehabilitierung des Liberalismus für antirassistische Zwecke, indem die als rassifiziert charakterisierten, hegemonialen Formen des Liberalismus ‚entrassifiziert' und in einem nächsten Schritt die historischen Befreiungsversprechen des Liberalismus – gleiche Rechte für alle, eine neue soziale Ordnung – realisiert werden würden. Mills betont, dass Liberalismus, als Sammelbegriff für verschiedene Strömungen, mit einer radikalen Agenda zwecks tatsächlicher Gleichstellung vereinbar sei; so hätten feministischer Liberalismus und Schwarzer Liberalismus gezeigt, dass Liberalismus strukturelle Diskriminierungen durchaus theoretisieren und dabei Makro- und Mikrolevel mitbedenken könne (ebd., 12–18). Auch sei diese Form eines antirassistischen Liberalismus nicht als Partikularbewegung angelegt, sondern für alle gedacht, die sich den liberalen Idealen von Universalismus und Egalität anschließen könnten (ebd., 201). Zur Entwicklung eines Schwarzen Radikalen Liberalismus sei es zum einen notwendig, die unfreiwillige Mitgliedschaft in sozialen Gruppen, wie sie z. B. von Rassismus bedingt wird, und die fehlende Neutralität des juristisch-politischen Systems gegenüber jenen Gruppen und die daraus folgende Enteignung, Unterdrückung und Dehumanisierung zu erkennen und zu bekämpfen. Zum anderen müsse der Eurozentrismus und die Rassifizierung des hegemonialen Liberalismus überarbeitet werden (ebd., 23–44). Mills Idee eines antirassistischen Liberalismus speist sich aus einer Kombination von Theorien des Black Nationalism, des Schwarzen Marxismus und des Liberalismus. Die Werke von Kant, Karl Marx und W.E.B. Du Bois (s. Kap. 15) sind Mills' Referenzpunkte dieser nichtidealen Theorie, die er auch „Black radical Kantianism" nennt, und die als Zielsetzung Freiheit, sozioökonomische Chancen und Respekt verfolgt (ebd., 203–214). Noch ist Mills' Konzept eines Schwarzen Radikalen Liberalismus rudimentär und US-zentrisch, doch es wird eine Ausrichtung auf eine linksliberale Koalition antirassistischer Akteurinnen und Akteure deutlich, die disparate Forderungen wie Chancengleichheit mit Reparationen für die Sklaverei in einem Netzwerk verbinden könnte.

Liberalismus bietet Chancen für Antirassismus. Die Aufarbeitung der historisch-philosophischen Verzahnung von Rassismus, Kolonialismus, Sklaverei und Kapitalismus mit Liberalismus eröffnet sowohl akademische als auch gesamtgesellschaftliche Debatten über zuvor unausgesprochene Paradoxien idealisierter Philosoph(i)en und birgt die Chance der Aufarbeitung und Korrektur. Nicht partikular interpretierte Ideale des Liberalismus – Freiheit, Gleichheit, individuelle Entfaltungsmöglichkeiten – dienen seit ihrer Existenz als ideelles und rhetorisches Archiv antirassistischer und weiterer emanzipatorischer Bewegungen. Liberalismus fungiert hierbei auch als Korrektiv zu potentiellem Essentialismus.

Literatur

Antidiskriminierungsstelle des Bundes: „Jahresbericht 2019". In: https://www.antidiskriminierungsstelle.de/SharedDocs/Downloads/DE/publikationen/Jahresberichte/2019.pdf?__blob=publicationFile&v=2 (1.1.2021).

Black Panther Party for Self-Defense: What We Want, What We Believe. Oakland 1966. In: William L. Van Deburg: Modern Black Nationalism: From Marcus Garvey to Louis Farrakhan. New York/London 1997, 249–251.

Bonilla-Silva, Eduardo: Racism without Racists: Color-Blind Racism and the Persistence of Racial Inequality in the United States. Lanham [2]2006.

Ette, Ottmar: Anton Wilhelm Amo: Philosophieren ohne festen Wohnsitz: Eine Philosophie der Aufklärung zwischen Europa und Afrika. Berlin 2014.

Eze, Emmanuel Chukwudi: Achieving Our Humanity: The Idea of the Postracial Future. London/New York 2011.

Garrett, Aaron/Sebastiani, Silvia: David Hume on Race. In: Naomi Zack (Hg.): The Oxford Handbook of Philosophy and Race. Oxford/New York 2017, 31–43.

Goldberg, David Theo: The Threat of Race. Reflections on Racial Neoliberalism. Malden/Oxford 2009.

Hill, Jason D.: Is it Moral to Hold a Racial Identity? A Cosmopolitan Response. In: Naomi Zack (Hg.): The Oxford Handbook of Philosophy and Race. Oxford/New York 2017, 402–410.

Hund, Wulf D./Koller, Christian/Zimmermann, Moshe (Hg.): Racisms Made in Germany. Berlin/Zürich 2011.

Jefferson, Thomas: Notes on the State of Virginia. Philadelphia 1787, 148–151.

Kant, Immanuel: Akademieausgabe, Gesammelte Schriften, AA 02, Abteilung 1, Band II; AA 04, Abteilung 1, Band III; AA 08, Abteilung 3, Band XX. In: https://korpora.zim.uni-duisburg-essen.de/kant/verzeichnisse-gesamt.html (1.1.2021).

Kleingeld, Pauline: Kant's Second Thoughts on Race. In: The Philosophical Quarterly 57/229 (2007), 573–592.

Losurdo, Domenico: Liberalism: A Counter-History. London/New York 2014.

Mill, John Stuart: On Liberty. London 1868.

Mills, Charles W.: Black Rights/White Wrongs: The Critique of Racial Liberalism. Oxford/New York 2017.

Omi, Michael/Winant, Howard: Racial Formation in the United States. New York [3]2015.

Zack, Naomi: Philosophy of Race: An Introduction. London 2018.

72 Pandemien

Federico Luisetti

72.1 Pandemische Ungerechtigkeit

Wenn sich Epidemien von Infektionskrankheiten global ausbreiten und Menschen weltweit von ihnen betroffen sind, werden sie als Pandemien klassifiziert. So geschah es im Falle der sieben Cholerawellen, die die Welt, beginnend im Jahr 1817, 150 Jahre lang auf verheerende Weise heimsuchten, des dritten Ausbruchs der Pest im Jahr 1855, der Spanischen Grippe von 1918, der Asiatischen Grippe von 1957, des SARS-Virus im Jahr 2003 sowie der anhaltenden Gesundheitsnotstände durch AIDS/HIV und COVID-19. Aufgrund der Bandbreite verschiedener Formen von Epidemien – die von einer mild verlaufenden Grippe bis zu schwerwiegenden epidemischen Krankheiten wie den Pocken reicht – und der unterschiedlichen sozioökologischen Bedingungen, die deren Auftreten und Verbreitung entweder eindämmen oder verstärken, haben die Wechselwirkungsbeziehungen zwischen den Formen politischer Systeme und infektiösen Erkrankungen zahlreiche Gestalten angenommen.

Bereits seit ihrer Entstehung sahen sich liberale Staaten und demokratische Systeme mit Epidemien konfrontiert. Während der Großen Hungersnot in Irland (1845–1849) reagierte die Whig-Regierung des Vereinigten Königreichs auf die ausgefallene Kartoffelernte mit dem Erlass strikter Laissez-Faire-Maßnahmen, welche eine allgemeine Hungersnot sowie Ausbrüche von Cholera, Diphterie, Dysenterie, Grippe und Pocken hervorriefen. Das Resultat war eine der höchsten Sterblichkeitsraten, die weltweit je gemessen wurden, ein Genozid, der durch die Unmöglichkeit charakterisiert ist, Hungerstote von Seuchenopfern unterscheiden zu können. Die Ausrottung wurde von der Einführung der Irischen Armengesetze begleitet, parlamentarischen Gesetzesbeschlüssen, die in Anlehnung an das Neue Englische Armengesetz von 1834 entworfen wurden, welches die erste große sozialpolitische Reform im modernen Europa war. Durch diese Gesetzgebung wurde die kommunale Struktur der irischen Landwirtschaft (das Rundale-System) zerstört, die Enteignung von 75 % der kleinen Grundbesitztümer erlaubt, und die irischen Ländereien in ein Experiment wissenschaftlichen Ackerbaus transformiert. Basierend auf der utilitaristischen Philosophie Jeremy Benthams und der politischen Ökonomie Thomas Malthus' enthielt das Neue Armengesetz ein Programm von Zwangsarbeit und der gefängnisähnlichen Massenunterbringung der arbeitslosen Armen, den Paupern, in Arbeitshäusern. Irland, europäisches Territorium und Kolonialbesitz zugleich, wurde zum idealen Labor für viktorianische Experten: Die Kombina-

Aus dem Englischen übersetzt von Cedric Braun.

F. Luisetti (✉)
Universität St. Gallen, St. Gallen, Schweiz
E-Mail: federico.luisetti@unisg.ch

M. G. Festl (Hrsg.), *Handbuch Liberalismus*, https://doi.org/10.1007/978-3-476-05798-3_72

tion von Hungersnot, Epidemien und Inhaftierung erlaubte es der britischen liberalen Regierung, Seuchen zu einem machtvollen Mittel der Populationsregulierung, sozialen Steuerung und ökonomischen Reform zu erheben, wobei Zerstörung und Fürsorge, Tod und Hilfeleistung auf ein gemeinsames Ziel gerichtet waren: die „Modernisierung" der irischen Ökonomie und die „Zivilisierung" der irischen Bevölkerung (Nally 2008).

Während des Siebenjährigen Kriegs in Nordamerika (1754–1763) setzte die britische Armee die Pocken als biologische Waffe ein. Die spätviktorianische politische Ökologie der Mangelernährung und Epidemien setzte demgegenüber auf eine raffiniertere Beziehung zur öffentlichen Gesundheit: Marktbasierte koloniale Gewalt wurde in Indien und anderen Territorien des Britischen Königreichs angewandt. Dabei zog man Nutzen aus den El Niño-Wetteroszillationen, welche drei globale Subsistenzkrisen während der zweiten Herrschaftsphase Königin Victorias zur Folge hatten (1876–1879, 1889–1891, 1896–1902). Die Monsune blieben aus, wodurch beispiellose Hungersnöte in Asien und Afrika ausbrachen und sich verheerende Epidemien von Malaria, Beulenpest, Dysenterie, Pocken und Cholera verbreiteten, die mindestens 30 Mio. Todesopfer forderten. Diese „spätviktorianischen Holocausts" (Davis 2001, Titel) wurden dadurch verursacht, dass die in Tropenregionen lebenden Menschen einem extremen Maß an Verwundbarkeit ausgesetzt wurden, welches Folge der Zerstörung der regionalen Produktionssysteme sowie der traditionellen Krisenvorkehrungsmechanismen war. Britische Reformer des späten 19. Jahrhunderts begrüßten extreme Dürren und Epidemien als politische Waffen und Mittel zur Umverteilung: Während in Europa Bürgerrechte ausgeweitet wurden und die Sanitärbewegung die Standards des öffentlichen Gesundheitswesens radikal verbesserte, schlug die Kolonialherrschaft aus den Dürren, Hungersnöten und Seuchen in Afrika und Asien Kapital.

Seit den 1970er Jahren setzte der Neoliberalismus diese Praktiken der „kreativen Zerstörung" fort, indem die Existenzgrundlage von Menschen in Entwicklungsländern und schwer zu regulierenden Metropolregionen unterminiert wurde. Der „Volcker-Schock" der frühen 1980er Jahre und die darauffolgende globale Finanzkrise öffneten den Strukturanpassungsprogrammen (SAPs) die Tür, die vom Internationalen Währungsfonds und der Weltbank auf über 70 Länder in der Welt angewandt wurden. Ergebnis war die Auslöschung des Schutzes der Binnenmärkte, drastische Einschnitte in das Gesundheitswesen und im öffentlichen Dienst sowie Verstärkung der Armut und Ungleichheit auf globaler Ebene (Harvey 2007, 34). Das Beispiel New York, Epizentrum der US-amerikanischen AIDS-Epidemie der 1980er Jahre, ist bezeichnend für diesen kombinierten Effekt induzierter sozioökonomischer Krisen, der Notstände im öffentlichen Gesundheitswesen und ökonomischer Reformen. Eine schwerwiegende AIDS Epidemie ging Hand in Hand mit der Beschränkung von Präventionsinitiativen und der Entfaltung von Reagans Rückbildungsprogrammen. Als Bänker es 1975 ablehnten, der Stadt New York helfend beizustehen, wurden ein Austeritätsregime eingeführt und massive Einschnitte in die öffentliche Gesundheitsversorgung vorgenommen, „zu einer Zeit, in der die AIDS-Infektionen mit alarmierender Geschwindigkeit zunahmen" (Cooper 2017, 191; Übers. C.B.).

Die Ungleichheit, die das neoliberale System verbreitete, traf besonders die ärmsten Staaten. Neben COVID-19 entfalten aktuell drei weitere große Epidemien ihre verheerenden Wirkungen in der Welt: AIDS, Tuberkulose und Malaria. Die Lebenserwartung in Subsahara-Afrika und im südasiatischen Raum ist gesunken. Ende 2019 waren 38 Mio. Menschen mit HIV infiziert. COVID-19 ist eine Erinnerung daran, dass Epidemien nicht enden und dass Krankheiten mehr sind als Gegenstände der Biomedizin (Hays 1998). Sie sind Aspekte ökonomischer Kriegsführung und geopolitischer Strategien, von sozialökologischem Management und Kapitalanhäufung, von biopolitischen Regimen und neokolonialen Praktiken.

72.2 Risiko und Schock

Wenn Pandemien liberale Demokratien treffen, befallen sie die Gesundheit der Bevölkerung. Zudem bringen sie aber internationale Beziehungen ins Wanken und globale Wertschöpfungsketten zum Erliegen. Die Schwäche eines nationalen politischen Systems wird von anderen regionalen Wettbewerbern ausgenutzt und die Politik der Großmächte verändert. Die Strategien der USA und Großbritanniens im Umgang mit COVID-19 sind ein gutes Beispiel für die Realpolitik in der Antwort auf die Pandemie: Trotz ihrer verfassungsmäßigen Verpflichtung zum Schutz der „unveräußerlichen Rechte" auf Leben und Freiheit haben die Regierungen dieser liberalen Demokratien innerstaatliche und internationale politische Ziele über die Gesundheit ihrer Bevölkerungen gestellt. Damit haben sie de facto eine signifikante Zahl von gefährdeten Bürgern dem Coronavirus geopfert. In Regionalmächten wie Schweden wurde das Recht auf Leben stattdessen durch die Rolle, die dem Wohlergehen der Wirtschaft für das Land zugewiesen wurde, eingeschränkt, also in der Abwägung des Prinzips, Leben zu schützen mit den Erfordernissen einer funktionierenden Marktwirtschaft. Die meisten kleinen und mittleren Mächte haben sich auf pragmatische Weise für eine Kompromissbildung zwischen dem Recht des Staats, menschliches Leben zu schützen und dem ökonomistischen „Recht überall hingehen zu dürfen" entschieden – mit der Folge, dass dadurch die Definition von Grundrechten in liberalen Demokratien neu entworfen wurde (Habermas/Günther 2020).

Im Hintergrund der Synthese oder des Auseinanderhaltens von ökonomischen Zielen und Verfassungsgrundsätzen, von verhandelbaren Freiheiten und absolutem Schutz des Lebens steht die Wirklichkeit von Pandemien als Gesundheitskrisen. Und dennoch: Krisen existieren nicht an sich, sie müssen ausgerufen werden. Und weil sie die staatliche Stabilität und die internationale Ordnung bedrohen, können sie unmittelbar in Risiken und Schocks übersetzt werden. Durch eine regulierbare Kombination von Sicherheit und Gewalt werden Epidemien von Risikopräventionsmaßnahmen eingedämmt und zu Schocktherapien umfunktioniert. Liberale Demokratien teilen mit illiberalen politischen Systemen einen Ansatz zum Risikomanagement von Epidemien. Die Weltgesundheitsorganisation (WHO) empfiehlt eine detaillierte Überwachungs- und Reaktionsstrategie auf der Grundlage von Monitoring und Überwachungssystemen, epidemiologischen Analysen und Vorhersagen sowie einer Koordination von Versorgungsketten in Pandemien (World Health Organization 2006). Obwohl die lokalen politischen Kulturen sich die idealtypische Reaktionsweise in Anbetracht des Risikos durch COVID-19 zu eigen gemacht haben, wurden die wesentlichen Richtlinien der WHO, um der Pandemie vorzubeugen, sie zu minimieren und zu besiegen, von der internationalen Gemeinschaft bereitwillig angenommen (World Health Organization 2020). Lockdowns und Quarantäneregelungen, Kontaktnachverfolgung, Reisebeschränkungen und Grenzschließungen haben sich gemeinsam mit dem Virus in der Welt verbreitet, ohne dass dabei die spezifischen nationalen Kontexte und Rechtssysteme berücksichtigt wurden. Die weltweite Verwendung digitaler Überwachungstechnologien wie bspw. der Tracking-Apps unterscheidet sich in Abhängigkeit von Datenschutzgesetzen und der politischen Sensibilität; jedoch wäre es ein Fehler, die Unterscheidung zwischen liberalen Informationstechnologien einerseits und digitalem Autoritarismus andererseits zu reifizieren: Eine Vielfalt von auf Big Data gestützten Massenüberwachsungstechnologien breitet sich im Gefolge des Risikomanagements in der Pandemie aus. Sie verwischen die Grenzen zwischen digitaler Demokratie und algorithmischer Gouvernementalität und entwerfen dabei die Bedeutung von Bürgerrechten und politische Handlungsmacht neu (Rouvroy/Stiegler 2016).

Risiko und Zerstörung sind keine Bedingungen, die sich gegenseitig ausschließen. Das simultane Wirken von Risikoprävention und Schocktherapie hat es erlaubt, die COVID-19 Krise in ein handhabbares Ereignis zu verwandeln: Gesundheitsexperten und staatliche Akteure haben COVID-19 als systemisches soziopolitisches Risiko wahrgenommen, das zu kontrollieren ist; und sie haben ein Aufgebot an Maßnahmen „zum Schutz der Menschen" implementiert (European Centre for Disease Prevention and Control 2020). Zwischenzeitlich haben liberale Demokratien systematisch Zustände des Notstands und der Machtkonzentration in der Exekutive ausgerufen und damit Einschränkungen eingeführt, Rechte beschnitten, eine beispiellose staatliche Verschuldung bewirkt, und schließlich multinationalen Technologiekonzernen ein exponentielles Wachstum ermöglicht, die dadurch ihre Marktanteile ausweiten und ihre soziale Hegemonie ausbauen konnten. Neoliberale westliche Demokratien haben ihre klassischen Prinzipien zeitweise ausgesetzt. Stattdessen haben sie sich auf ihre „Schock-Doktrin" (Klein 2014; Übers. C.B.) verlassen, womit sie ihr Selbstvertrauen als Apparate der Vermögensumverteilung von unten nach oben gestärkt und selektiv dominante ökonomische Akteure abgesichert und finanziell unterstützt haben. In den USA, Großbritannien und Brasilien – Ländern, die durch Massenverarmung und den Rückbau des öffentlichen Gesundheitssystems über Jahrzehnte hinweg unter der Führung neoliberaler Regierungen verwüstet wurden – hat die COVID-19 Pandemie hunderttausende sog. disponibler Menschen getötet, massenhafte gewalttätige Auseinandersetzungen zwischen Menschen unterschiedlicher sozialer Klassen und ethnischer Gruppen befeuert und die ökonomische Kriegsführung gegen die Armen verschärft.

Der progressive Liberalismus könnte aus der Geschichte der epidemischen Gewalt lernen, neoliberale Maßnahmen verbannen und die Logik der Privatisierung und Marktausrichtung kritischer sozialer Dienste, des Gemeinwohls und der Allgemeingüter zurückweisen (Saad-Filho 2020). Soziale Ungerechtigkeit und Verwüstungen der Umwelt sollten weder als voneinander abtrennbare noch als unausweichlich vorhandene „Externalitäten" angesehen werden. Die COVID-19 Pandemie gibt uns eine anschauliche Vorahnung von der Klimakatastrophe, dem „ersten umfassenden Zusammenbruch der Ökosysteme […], der ersten Krise, deren ökonomische, gesundheitliche und ökologische Dynamiken so eng miteinander verflochten sind, dass sie ununterscheidbar sind" (Cooper 2020; Übers. C.B.). In den letzten Jahrzehnten verlief die Vervielfachung von Zoonosen – Infektionskrankheiten, die durch von Tieren übertragenen Pathogenen ausgelöst werden – Hand in Hand mit Praktiken wie Land Grabbing, Aussiedlung, Bergbau, Agrobusiness und dem Sicherstellungskampf um Energie, welche das Rückgrat der grünen Ökonomie und der Informationsökonomie bilden (Sassen 2018). Ein emanzipatorischer Ansatz zum Umgang mit Epidemien sollte das momentan vorherrschende Risiko-und-Schock-Reaktionsschema hinterfragen und den strukturellen Konflikt zwischen Umweltbewahrung und neoliberalem Kapitalismus anerkennen. In großem Maß verfügbares Öl hat bisher zusammen mit der als billige Vorratskammer und Müllentsorgungsgrube verstandenen Natur die neoklassische ökonomische Illusion aufrechterhalten, dass Märkte ein transzendentales und autonomes Universum seien. Um sein Fortbestehen nach dem Erreichen des globalen Ölfördermaximums und vor einem Klimazusammenbruch zu garantieren, strebt der Neoliberalismus an, die Zerstörung des Planeten zu verdoppeln, indem er ein kohlenstoffbasiertes Wirtschaftssystem mit einer auf erneuerbaren Energien basierenden industriellen Infrastruktur koppelt, die mit der im globalen Süden beginnenden Ausbeutung aller anderen Bereiche der Natur einhergeht.

Progressive Liberale könnten durch die Konvergenz der globalen Erwärmung mit den Pandemien animiert werden, die westzentrierten und formalistischen Interpretationen von Rechten und Freiheiten, Marktbeziehungen und politischen Dynamiken hinter sich zu lassen. Anstatt Ungleichheiten durch die simple Vergesellschaftung eines hohen Maßes an öffentlichen Schulden, das durch die immensen Kosten der COVID-19 Pandemie entstanden ist, zu verschärfen, sollten liberale politische Programme die klassischen Ansätze zur Nachhaltigkeit hinterfragen und den Fokus ihrer Aufmerksamkeit auf die wirklichen sozioökologischen Beziehungen richten. Umweltgerechtigkeit kann nur dann erreicht werden, wenn Gesellschaften ihre Tauschbeziehung mit der Umwelt in Bezug auf Energie und Rohstoffe neu organisieren. In einer Welt, die durch systemische Asymmetrien gekennzeichnet ist, liegt die Herausforderung darin, die Bedeutung von Demokratie über die Bevölkerung hinaus auf den gesellschaftlichen Stoffwechsel und nichtmenschliches Leben auszuweiten, während der Blick sich dabei nicht von der schmerzlichen Realität ökologischer Verteilungskonflikte abwenden darf (Martinez-Alier/Walter 2016).

Die doppelte Krise durch das Klima und die Pandemien stellt eine Chance für den progressiven Liberalismus dar, ohne Entschuldigung die eigene Vergangenheit zu reflektieren und zu entscheiden, wie das neoliberal geprägte Verhältnis zur Natur bekämpft werden kann. In diesem Prozess könnte der Liberalismus entweder verschwinden und durch effizientere, gerechte oder brutale Ideologien globalen Umweltmanagements ersetzt werden; oder er könnte sich neu erfinden und einen „natürlichen Vertrag" einführen, der die westlichen Prinzipien der individuellen Freiheit und des Eigeninteresses neu gestaltet. Während der klassische Liberalismus dem Kampf gegen aristokratische Privilegien entsprang (s. Kap. 22), können zukünftige Formen eines emanzipatorischen Liberalismus nur durch den Niedergang der umweltzerstörerischen und genozidären Privilegien des Neoliberalismus entstehen.

Literatur

Cooper, Melinda: Family Values: Between Neoliberalism and the New Social Conservatism. Cambridge 2017.

Cooper, Melinda: COVID-19 and Ecosystems Bailout (2020). In: https://www.academia.edu/43147936/COVID_19_and_Ecosystems_Bailout (22.08.2020).

Davis, Mike: Late Victorian Holocausts: El Niño Famines and the Making of the Third World. New York 2001.

European Centre for Disease Prevention and Control: Risk assessment on COVID-19, 10 August 2020 (2020). In: https://www.ecdc.europa.eu/en/current-risk-assessment-novel-coronavirus-situation (22.08.2020).

Habermas, Jürgen/Klaus, Günther: Grundrechte: Kein Grundrecht gilt grenzenlos (2020). In https://www.zeit.de/2020/20/grundrechte-lebensschutz-freiheit-juergen-habermas-klaus-guenther (22.08.2020).

Harvey, David: Neoliberalism as Creative Destruction. In: The Annals of the American Academy of Political and Social Science 610 (2007), 22–44.

Hays, J. N: The Burdens of Disease: Epidemics and Human Response in Western History. New Brunswick 1998.

Klein, Naomi: The Shock Doctrine: The Rise of Disaster Capitalism. London 2014.

Martinez-Alier, Joan/Walter, Mariana: Social Metabolism and Conflicts over Extractivism In: Fábio de Castro/Barbara Hogenboom/Michiel Baud (Hg.) Environmental Governance in Latin America. London 2016, 58–85.

Nally, David: ‚That Coming Storm': The Irish Poor Law, Colonial Biopolitics, and the Great Famine. In: Annals of the Association of American Geographers 98/3 (2008), 714–741.

Rouvroy, Antoinette/Stiegler, Bernard: The Digital Regime of Truth: From the Algorithmic Governmentality to a New Rule of Law. In: La Deleuziana 3 (2016), 6–29.

Saad-Filho, Alfredo: From COVID-19 to the End of Neoliberalism. In: Critical Sociology 46/4–5 (2020), 477–85.

Sassen, Saskia. Expulsions: Brutality and Complexity in the Global Economy. Cambridge 2018.

World Health Organization: Communicable Disease Surveillance and Response Systems. Guide to Monitoring and Evaluating (2006). In: https://www.who.int/csr/resources/publications/surveillance/WHO_CDS_EPR_LYO_2006_2.pdf (22.08.2020).

World Health Organization: WHO COVID-19 Preparedness and Response Progress Report – 1 February to 30 June 2020 (2020). In: https://www.who.int/publications/m/item/who-covid-19-preparedness-and-response-progress-report---1-february-to-30-june-2020 (22.08.2020).

Personenregister

Die im Handbuch dargestellten klassischen Vertreterinnen und Vertreter tauchen nur da im Register auf, wo sie außerhalb des ihnen gewidmeten Kapitels vorkommen.

M. Festl (Hrsg.), *Handbuch Liberalismus,* https://doi.org/10.1007/978-3-476-05798-3

CPSIA information can be obtained
at www.ICGtesting.com
Printed in the USA
LVHW060916050921
696894LV00003BA/120

9 783476 057976